D1751542

Sämtliche Briefe an Johann Heinrich Pestalozzi
Kritische Ausgabe

Band 5: August 1817–1820

Sämtliche Briefe an Johann Heinrich Pestalozzi

Kritische Ausgabe

Band 5: August 1817–1820

Herausgegeben von
Rebekka Horlacher und Daniel Tröhler

Unter Mitarbeit von
Barbara Caluori, Alban Frei, Luca Godenzi,
Norbert Grube, Claudia Mäder, Bastian Röther
und Dominique Schmid-Braun

Verlag Neue Zürcher Zeitung
De Gruyter

Publiziert mit Unterstützung des Schweizerischen Nationalfonds zur Förderung der wissenschaftlichen Forschung, in Zusammenarbeit mit dem Centre de documentation et de recherche Pestalozzi in Yverdon-les-Bains sowie der Loterie Romande und der Fondation Pittet de la Société Académique Vaudoise

Mit Unterstützung der

Fondation **Pittet**
Société Académique *Vaudoise*

Bibliografische Information der Deutschen Nationalbibliothek

Die Deutsche Nationalbibliothek verzeichnet diese Publikation in der Deutschen Nationalbibliografie; detaillierte bibliografische Daten sind im Internet über http://dnb.d-nb.de abrufbar.

© 2013 Verlag Neue Zürcher Zeitung, Zürich

Gestaltung Umschlag: Atelier Mühlberg, Basel
Gestaltung und Satz: Rebekka Horlacher, Zürich
Druck, Einband: Druckerei Kösel GmbH, Altusried-Krugzell

Dieses Werk ist urheberrechtlich geschützt. Die dadurch begründeten Rechte, insbesondere die der Übersetzung, des Nachdrucks, des Vortrags, der Entnahme von Abbildungen und Tabellen, der Funksendung, der Mikroverfilmung oder der Vervielfältigung auf andern Wegen und der Speicherung in Datenverarbeitungsanlagen, bleiben, auch bei nur auszugsweiser Verwertung, vorbehalten. Eine Vervielfältigung dieses Werkes oder von Teilen dieses Werkes ist auch im Einzelfall nur in den Grenzen der gesetzlichen Bestimmungen des Urheberrechtsgesetzes in der jeweils geltenden Fassung zulässig. Sie ist grundsätzlich vergütungspflichtig. Zuwiderhandlungen unterliegen den Strafbestimmungen des Urheberrechts.

ISBN 978-3-03823-840-9

www.nzz-libro.ch
NZZ Libro ist ein Imprint der Neuen Zürcher Zeitung

Vertrieb ausserhalb der Schweiz und E-Book:

Walter de Gruyter GmbH & Co. KG, Berlin / Boston
Print: ISBN 978-3-11-030427-5
E-Book: ISBN 978-3-11-030443-5
www.degruyter.com

Vorwort zum fünften Band

Der fünfte Band der Kritischen Ausgabe der *Sämtlichen Briefe an Pestalozzi* umfasst die letzten fünf Monate des Jahres 1817 sowie die Jahre 1818 bis 1820 und enthält 483 Briefe von 240 Briefschreiberinnen und Briefschreibern. Die Briefe sind sehr ungleich über die Zeitperiode verteilt: Die zwölf Monate von August 1817 bis Juli 1818 umfassen mit knapp 250 Briefen mehr als die Hälfte aller der in diesem Band veröffentlichten Briefe, während für die Jahre 1819 und 1820 noch je gut 80 Briefe überliefert sind.

Der Bestand für die Jahre 1819 und 1820 ist gemessen an der Gesamtkorrespondenz unterdurchschnittlich, derjenige für die Zeit von August 1817 bis Ende 1818 überdurchschnittlich. Während der erste Sachverhalt nicht einfach zu erklären ist – verringertes Interesse von aussen nach den Turbulenzen im Institut und ein nicht zuverlässig funktionierendes «Sekretariat» waren sicherlich wesentliche Faktoren, reichen als Erklärung aber nicht aus –, lässt sich das hohe Korrespondenzvolumen in den ersten 17 Monaten mit zwei Gründen erklären: Einerseits wird Pestalozzi mit Briefen überschwemmt, die im Zusammenhang mit der Subskription seiner *Sämmtlichen Schriften* stehen, andererseits eskaliert der Konflikt mit seinem ehemaligen Mitarbeiter Johannes Niederer, der sich an Pfingsten 1817 von Pestalozzi öffentlich getrennt hatte und ins Nachbargebäude gezogen war, um in dem von seiner Frau Rosette Niederer-Kasthofer geleiteten Töchterinstitut zu arbeiten. Um seinen Vorwürfen und Forderungen gegenüber Pestalozzi Nachdruck zu verleihen, schrieb Niederer zum Teil täglich mehrere und oft seitenlange Briefe, die aus heutiger Sicht an den Begriff des *Stalking* denken lassen und bei denen schwierig zu entscheiden ist, ob die darin formulierten Sachverhalte und Vorwürfe berechtigt, übertrieben oder gar erfunden waren. Deutlich wird jedoch, dass in diesem Streit enttäuschte Erwartungen, überzogene Hoffnungen, organisatorisch-institutionelle Mängel und persönliche Antipathien verhängnisvoll kulminierten und kollidierten.

Aus heutiger Sicht sind die vorwurfsvollen Briefe Niederers an Pestalozzi keine leichte Kost, für den unmittelbar davon betroffenen Pestalozzi müssen sie nur sehr schwer zu ertragen gewesen sein – seine eigenen Briefe, mit denen er Niederer antwortete und teilweise auch dessen Fragen auswich, sind in der Reihe *Pestalozzis Sämtliche Briefe* (Bände 10 und 11) veröffentlicht. Wesentlich mehr Freude bereitete ihm der grosse Erfolg der Subskription für die Publikation seiner *Sämmtlichen Schriften*, für die er vom Verlag Cotta in Stuttgart die ansehnliche Summe von 50 000 Franken überschrieben erhielt. Geplant gewesen waren zwölf Bände, in den Jahren 1819 bis 1824 erschienen sie jedoch in fünfzehn Bänden, wobei die Edition der «überzähligen» Bände noch einigen Unmut bei den Subskribenten auslösen sollte.

Der Erfolg der Subskription belegt eindrucklich Pestalozzis Netzwerk in Europa: Zwischen April 1817 und Januar 1818 trafen aus achtzehn (heutigen) Ländern etwa 1850 Bestellungen für die Gesamtausgabe ein. Die Subskribenten widerspiegeln dabei eine im Entstehen begriffene pädagogische Öffentlichkeit Europas, die schon aus sprachlichen Gründen nationale Schwerpunkte hatte: Die meisten Subskriptionen stammten aus Deutschland (total 756), die zweitmeisten aus der Schweiz (324). Weitere Länder mit hohen Subskriptionszahlen waren das heutige Polen und Ungarn mit je 68 Bestellungen. In Polen kamen 50 Subskribenten aus Schlesien, in Ungarn findet sich ein ähnlich grosses Zentrum in Budapest. In Österreich, wo insgesamt 51 Personen unterzeichneten, fallen Wien mit 24 Personen und Vorarlberg mit 20 Personen als Schwerpunktregionen auf. Während bei den (wenigen) Frauen Vertreterinnen des Adels dominierten, waren bei den 1224 männlichen Subskribenten nur 91 Personen – also deutlich weniger als 10 % – adelig. Die mit 227 Personen grösste Berufsgruppe ging einer pädagogischen Tätigkeit als Lehrer, Institutsleiter oder Erzieher nach. Die zweitgrösste, allerdings fast gleich grosse Berufsgruppe, waren mit 221 Personen die Beamten bzw. politisch Tätigen. Eine weitere grosse Gruppe mit 176 Personen bildeten die geistlichen Berufe, wobei die Pfarrer oft auch als Lehrer wirkten. Bei den freien Berufen gab es in der Kategorie der Bankiers, Fabrikanten, Kauf- und Handelsleute 107 Personen zu verzeichnen, bei den Juristen und Notaren deren 22, Ärzte und Apotheker waren 38 Personen, in die Berufskategorie Militär fielen 19 Namen.

Dieser Subskriptionserfolg ist umso erstaunlicher, hatte Europa doch 1816 unter anderem wegen des 1815 erfolgten Ausbruchs des Vulkans Tambora auf der Insel Sumbawa ein «Jahr ohne Sommer» erlebt, das zu Missernten geführt hatte und 1817 die Lebensmittelpreise stark ansteigen liess: Im Elsass, in der Deutschschweiz, in Baden, Württemberg, Bayern und im österreichischen Vorarlberg erreichte der Getreidepreis im Juni 1817 das Zweieinhalb- bis Dreifache des Niveaus von 1815. Zudem führte die Schneeschmelze 1817 wegen der geringeren Schmelzmenge des Vorjahres und den generell starken Schneefällen in den Alpen zu katastrophalen Überschwemmungen, die Hungersnöte nach sich zogen und Tausende

Menschen, die zudem noch unter den Folgen der Napoleonischen Kriege litten, in die Vereinigten Staaten auswandern liessen. Angesichts dieser Umstände war der Erfolg der Subskription besonders erstaunlich, kostete doch ein einzelner Band 2½ Schweizerfranken, 1 Gulden 45 Kreuzer in Reichswährung oder 1 sächsischer Thaler; die zunächst auf zwölf Bände geplante Gesamtausgabe sollte 30 Franken kosten. Zum Vergleich: Der (Tag-)Lohn eines Mannes in der Textilindustrie betrug 7 Rappen, derjenige der Frauen 5 Rappen; Textilarbeitende hätten also fast eineinhalb Jahre für die Gesamtausgabe arbeiten und dabei den vollen Lohn einsetzen müssen.

In politischer Hinsicht bemühten sich die europäischen Monarchen, das am Wiener Kongress (1814/15) beschlossene Programm der Restauration, das heisst die Etablierung territorialer Identität und stabiler Monarchien, durchzusetzen. Entscheidend war der Aachener Kongress 1818 (29. September bis 21. November), an dem neben den aus den Befreiungskriegen siegreich hervorgegangenen Staaten Österreich, Preussen und Russland auch Grossbritannien und Frankreich teilnahmen und bei dem es in erster Linie darum ging, Massnahmen gegen die anti-monarchisch-demokratische Bewegung in Europa zu entwickeln. Ausgangspunkt dieser Diskussion war die von Zar Alexander I. in Auftrag gegebene Denkschrift *Mémoire sur l'état actuel de l'Allemagne* (Paris 1818) des aus Moldawien stammenden russischen Diplomanten Alexandru Sturdza (1791–1854), in welcher Vorwürfe gegen liberale Tendenzen an deutschen Universitäten erhoben wurden und die unter anderem das Wartburgfest in Eisenach im Oktober 1817 zum Anlass hatte.

Im Rahmen dieser Diskussionen am Aachener Kongress wurden strenge Regeln zur Überwachung des intellektuellen Lebens und insbesondere der Universitäten gefordert. Zusammen mit der Ermordung des konservativen Autors und russischen Generalkonsuls August von Kotzebue (1761–1819) am 23. März durch den Burschenschafter Karl Ludwig Sand (1795–1820), der in Kotzebue einen Feind der Einheit Deutschlands gesehen hatte, gab der Aachener Kongress den Anstoss zu den reaktionären Karlsbader Beschlüssen (1819). Die Empfehlungen an den deutschen Bundestag sahen entscheidende Einschränkungen bei der Freiheit der Universitäten und der Presse vor, Einschränkungen, die in der Schweiz – wie ein Brief des Zürchers David Vogel (1760–1849) im Oktober 1819 zeigt – sehr skeptisch aufgenommen wurden.

Die Subskriptionsliste zu Pestalozzis *Sämmtlichen Schriften* zeigt, wie sich jenseits des Aachener Kongresses und der Karlsbader Beschlüsse eine pädagogische Öffentlichkeit gebildet hatte, die auch eine bürgerliche Öffentlichkeit war und die von der Restauration nicht mehr nachhaltig bekämpft werden konnte. Es handelte sich dabei um eine übernationale Bewegung, die sich parallel zur Entwicklung eines internationalen Wirtschaftsraumes etablieren konnte, der mit der Aufhebung der Napoleonischen Kontinentalsperre gegen England (1806–1814) zusätzlich dynamisiert worden war. Nicht nur wurden ab 1815 günstige, da maschinell erzeugte Industriegüter aus England nach Kontinentaleuropa eingeführt, es reisten auch englische Intellektuelle und Philanthropen mit pädagogischem Interesse auf den Kontinent. Ab dem Jahr 1817 entstanden zwischen Pestalozzi und zahlreichen interessierten Engländern enge Beziehungen, was ab 1820 in Yverdon die Etablierung einer eigentlichen britischen Kolonie zur Folge hatte. Die hier veröffentlichten Briefe zeigen eindrücklich, wie über die Vermittlung des Iren John Synge (1788–1845), der sich schon 1815 bei Pestalozzi in Yverdon aufgehalten hatte, ab 1817 ein Netzwerk aufgebaut wurde, das das krisengeschüttelte Institut in Yverdon für mehrere Jahre stabilisieren half.

Das sich nach 1815 entwickelnde englische Interesse an Pestalozzi war teilweise Ersatz für einen merklichen Rückgang in der Entsendung von Kindern aus den europäischen Ländern, sicher war es aber eine Ergänzung: Die Kinderschar in Yverdon war international und bunt. Die hier abgedruckten Briefe zahlreicher Eltern machen deutlich, wie Yverdon zu einem Geschäftsmodell geworden war, das ein bestimmtes (Bildungs-)Angebot für einigermassen zahlungskräftige Eltern hatte, die ihrerseits aber auch Rechenschaft über Fortschritte und Probleme ihrer Kinder einforderten. Dass Pestalozzi im November 1817 von der Universität Breslau den Ehrendoktortitel erhielt, stärkte das internationale Renommee des (ehemaligen) Ehrenbürgers der Französischen Republik (1793) und Trägers des Kaiserlichen Ordens des Heiligen und Apostelgleichen Grossfürsten Wladimir, kurz den St.-Wladimirs-Orden 4. Grades (1814). Pestalozzi war zu diesem Zeitpunkt 70 Jahre alt und schien gute Gründe dafür zu haben, sein Institut allen internen Schwierigkeiten zum Trotz weiter oder wieder blühen zu sehen. Der sechste und letzte Band dieser Reihe wird allerdings zeigen, dass insbesondere die Nachwehen des Streites mit Niederer für das Institut gravierende Folgen haben sollten, die der alternde Pestalozzi nicht mehr bewältigen konnte.

Wie die vier Bände zuvor wäre auch die Fertigstellung dieses fünften Bandes ohne Mitarbeit und Mithilfe zahlreicher Personen nicht möglich gewesen. Erneut hat Andrea de Vincenti schwer lesbare Stellen in den Briefen entziffert und Ruth Villiger uns bei französischen Texten und bei der Erstellung des Registers und den Korrekturen mit grosser Sachkenntnis unterstützt. Ihnen gehört ebenso unser Dank wie den zahlreichen Archiven und Bibliotheken im In- und Ausland, die eine grosse Anzahl von Anfragen beantworteten und uns halfen, Daten auch über scheinbar unwichtige Ereignisse und Personen in die Kommentierung der Briefe zu integrieren. Ganz besonders möchten wir uns beim Schweizerischen Nationalfonds bedanken, der die Arbeit an dieser Ausgabe finanziert hat, der Universität Zürich, an der das Projekt domiziliert ist und dem *Centre de documentation et de recherche Pestalozzi* in Yverdon und dessen Präsidenten Jean-Jacques Allisson, der uns bei der Finanzierung der Druckkosten wesentlich unterstützt hat. Danken möchten wir diesbezüglich auch der *Loterie Romande*, der *Fondation Pittet de la Société Académique Vaudoise* und dem Schweizerischen Nationalfonds.

Daniel Tröhler / Rebekka Horlacher
Luxemburg / Zürich, April 2013

Editorische Hinweise

Die Edition der Briefe an Pestalozzi hat den Anspruch, sämtliche überlieferten oder erschlossenen Briefe an Pestalozzi zum Abdruck zu bringen. Dabei wird nicht unterschieden, ob die Briefe Pestalozzi tatsächlich erreicht haben, auf dem Weg zu ihm verloren gingen oder gar nie abgeschickt wurden. Entscheidend für die Aufnahme ist die Absicht, einen Brief abzuschicken. Der Begriff «Brief» ist zudem weit gefasst; aufgenommen wurden sämtliche schriftliche Mitteilungen, von denen mit grosser Wahrscheinlichkeit angenommen werden kann, dass sie Pestalozzi zugekommen sind oder ihm hätten zukommen sollen. Briefe umfassen hier denn auch Rechnungen, Gedichte sowie kurze Mitteilungen und Notizen.

Die Briefe wurden textgetreu transkribiert. Die Interpunktion wurde beibehalten, ebenso die Gross-/Kleinschreibung. Von den Herausgebern gesetzte Absätze sind mit ¬ markiert. Kommentarlos verändert wurde ÿ zu y, ß zu ss, die mit einem Strich bezeichnete Verdoppelung der Konsonanten wurde ausgeschrieben, ebenso Abkürzungen, wobei die Ergänzungen in eckige Klammern [ ] gesetzt sind.

Jeder Brief wird nach einem identischen Muster zum Abdruck gebracht, die Sacherklärungen schliessen unmittelbar an. Die Edition orientiert sich an folgendem Schema:

Brieftext
1. Zeile: Briefnummer. Die Briefe sind in chronologischer Reihenfolge nummeriert.
2. Zeile: Name des Absenders. Bei Briefschreiberinnen ist der Name zur Zeit des Briefdatums entscheidend.
3. Zeile: Datum des Briefes. Dieses wird von den Herausgebern gesetzt und verwendet moderne Bezeichnungen für Tag, Monat und Jahr.
4. Zeile: Originaladresse. Der Zeilenumbruch folgt dem Original.
5. Zeile: Originaldatum
6. Zeile: Brieftext. Beginnt mit der Anrede
7. Zeile: Unterschrift
8. Zeile: Nachschrift. Gleiche Gestaltung wie der Brieftext.

Im Original unterstrichene Stellen werden g e s p e r r t gedruckt. Weitere Besonderheiten sind in der Textkritik erwähnt.

Überlieferung

1 Bei handschriftlichen Zeugen erfolgt Siglierung sowie Angaben von Eigentümer, Ort der Aufbewahrung und Signatur.
2 Bei handschriftlichen Zeugen erfolgt Angabe zur Papierform (Blatt oder Bogen). Das Format wird in mm (Breite x Höhe) angegeben. Für die Bestimmung der Breite ist die Schreibrichtung massgebend.
3 Bei handschriftlichen Zeugen werden aussergewöhnliche Merkmale von Blatt und Schriftbild, Beschädigung sowie Unvollständigkeit verzeichnet.
4 Bei handschriftlichen Zeugen werden Angaben zur Adresse, zu Vermerken, zur Paginierung, zu Siegel(spuren) sowie zu Poststempeln gemacht.
5 Bei handschriftlichen Zeugen wird der Status der Handschrift angegeben. Unterschieden werden Original (in der vorliegenden Form zum Adressaten gelangt), Entwurf, Copia (zeitgenössische Abschrift), Abschrift, Protokolleintrag.
6 Probleme der Absender-Zuschreibung, Datierung und Bearbeitung werden hier aufgeführt, sofern sie textologischer Natur oder inhaltlich auf eine knappe Form eingrenzbar sind. Ist dies nicht möglich, werden sie in der Sacherklärung II. diskutiert.

Textkritik

H autorisierter handschriftlicher Zeuge mit Handschrift des Absenders (dazu gehören auch Zeugen, die bloss die Unterschrift des Absenders tragen sowie Zeugen mit gedruckten Bestandteilen)
h autorisierter handschriftlicher Zeuge ohne Handschrift des Absenders
[h] nicht autorisierter handschriftlicher Zeuge
a autorisierter Druck
[a] nicht autorisierter Druck

Sacherklärung

I.
Biographie des Absenders. Diese versucht möglichst die ganze Lebensspanne abzudecken und verortet die Person im geistigen, politischen, ökonomischen und sozialen Kontext. Eine ausführliche Biographie findet sich jeweils beim ersten Brief eines Absenders. An allen anderen Stellen wird mit «→ Nr.» darauf verwiesen.

II.
Kontext zum Brief. Erläutert den Anlass des Briefes, soweit dieser nicht aus dem Brief selbst ersichtlich wird, und verortet den Brief innerhalb einer längeren Korrespondenz oder im historischen Kontext.

III.
Einzelne Sacherklärungen. Hier werden sowohl Personen erläutert, die nicht als Absender in Erscheinung treten, als auch mundartliche Ausdrücke, Helvetismen, unklare Begriffe sowie Anspielungen auf zeitgenössische Ereignisse.

Verwendete Zeichen im Brieftext:
[ ]   Ergänzung des Herausgebers
¬   nicht originaler Absatz
—   Auslassung im Text
*   unleserliche Stelle

Verwendete Zeichen im Anhang:
∫   Einfügungszeichen in der Handschrift
< >   Streichung des Autors

Abkürzungsverzeichnis

Morf I–IV	Heinrich Morf: Zur Biographie Pestalozzi's. Ein Beitrag zur Geschichte der Volkserziehung. 4 Bände. Winterthur 1868–1889
NPS	Neue Pestalozzi-Studien. Daniel Tröhler (Hrsg.). Bern 1993 ff.
PSB I–XIV	Johann Heinrich Pestalozzi: Sämtliche Briefe. Kritische Ausgabe. 14 Bände. Zürich 1946–1995
P.-Bl.	Pestalozzi-Blätter. Otto Hunziker (Hrsg.). Zürich 1878–1906
P.-St.	Pestalozzi-Studien. Ludwig Wilhelm Seyffarth (Hrsg.). Liegnitz 1896–1903
PSW I–XXIX	Johann Heinrich Pestalozzi: Sämtliche Werke. Kritische Ausgabe. 29 Bände. Berlin/Leipzig/Zürich 1927–1996
Schönebaum I–IV	Herbert Schönebaum: Pestalozzi. 4 Bände. Leipzig/Erfurt/Langensalza 1927–1942
StA	Staatsarchiv
Stadler	Peter Stadler: Pestalozzi. Geschichtliche Biographie. Band 1 und 2. Zürich 1988 und 1993
ZB Zürich	Zentralbibliothek Zürich

Briefe an Johann Heinrich Pestalozzi

1717.
Graf Tayt

August 1817

[Reg.] Inhalt unbekannt

Überlieferung

1   PSB X, S. 338.4 f.

Sacherklärung

I.

Weil zu «Graf Tayt» jeglicher Kontext fehlt und überdies die Schreibweise des Namens (vgl. Register der Werke und Briefe Pestalozzis) «sehr ungewiss» ist, lässt sich der Briefschreiber nicht näher bestimmen. Spekulieren könnte man darüber, ob es sich um einen Vertreter der französischen Baronenfamilie «du Taya» handelt, die in der Bretagne zahlreiche Bürgermeister stellte. François-Cyprien-Jules-Rodolphe Marie Baron du Taya (1782–1865) etwa war Bürgermeister von L'Hermitage und könnte als Vater von vier Kindern, deren erstes 1815 zur Welt gekommen ist, Interesse an Pestalozzis Erziehungsinstitut gehabt haben.

1718.
Joseph Schmid

Anfang August 1817

[Reg.] Schmid schickt mehrere Briefe und berichtet über die Situation in Yverdon. Pestalozzi antwortet ihm, dass die Briefe «wegen Niederer nicht sehr tröstlich» seien.

Überlieferung

1   PSB X, S. 335.11

Sacherklärung

I.

Joseph Schmid (1785–1851) ⇒ Nr. 712

II.

Ende Juli 1817 war Pestalozzi für rund einen Monat zur Erholung nach dem oberhalb von Yverdon gelegenen Bullet gereist; wohl auch, um Distanz zu dem öffentlich geführten Streit mit Johannes Niederer (1779–1843, ⇒ Nr. 507) zu gewinnen. Während dieser Zeit hielt ihn Joseph Schmid (1785–1851, ⇒ Nr. 712) schriftlich aber auch durch persönliche Besuche über die Ereignisse in Yverdon auf dem Laufenden. Pestalozzi wurde aber auch von andern Lehrern besucht (vgl. PSB X, Nr. 4733).

III.

Z. 5   *Niederer:* Johannes Niederer (1779–1843) ⇒ Nr. 507

1719.
Sebastian Wick
4. August 1817

a Monsieur Pestalozzi
Chef d'Institut d'Education
à Yverdon
en Suisse

Meyland den 4^n August 1817

HochzuvereEhrender Herr!

Nach deme in einer Zeitung Ihre einladung gelessen Subskribzionen auf Ihre samtliche Werke zu machen die Sie in den Druck zu befördern gesinet sind forderte ich mein Freünd und ehmahlige associé d[en] H[err]n Luigi Torre in Brescia auf; auf ein solches Werk zu unterschreiben welches er mir zusagte, und da ich ein solches auch für mich haben möchte, so können Sie sowohl H[errn] Torre als mich für Subskribenten jeden für ein Werk nottieren lassen. In Zeit von einem Monat circa gedenke nach Hofwyl zu kommen um dassige Agrikultur Anstalten zu besichtigen, und da mir die Zeit nicht erlaubt bis nach Iverdun zu komen, und anderseits Herr Torre wünscht das ich sein Mündel Ihr Zögling den Jungen Eduardo Menn sehe und spreche, so ersuche Sie demselben seiner Zeit zu erlauben nach Hofwyl zu komen um mich dorten sprechen zu können. – So bald ich in der Schweiz angekomen sein werde, so schreibe Ihnen dan von S[ank]t Gallen auss bestimt den Tag meiner Ankunft in Hofwyl damit sich der junge Menn darnach richten kan: Mein dermahliger Aufenthalts Ort mit meiner Familie ist in Brescia, welches zu bemerken ersuche, fahls Sie mir früher oder später zu schreiben nöthig finden würden. Indessen grüsset Sie Achtungs voll.

Ihr aufrichtig Ergebner
Sebstian Wick
di Brescia.

Überlieferung

1 ZB Zürich, Ms Pestal 55a/56, Umschlag 387/1
2 Bogen, 240 x 189 mm
4 Siegelspuren, Dorsualvermerk *Milan le 3e Août 1817, Sebastien Wick, (de Brescia) 9e dit.*
5 Original

Textkritik

Zeuge H

Z. 8	*den <3.> 4^n*
Z. 12	*associé*: lateinische Schrift
Z. 13	*Luigi Torre*: lateinische Schrift
Z. 13	*Brescia*: lateinische Schrift
Z. 15	*Torre*: lateinische Schrift
Z. 19	*Iverdun*: lateinische Schrift
Z. 19	*Torre*: lateinische Schrift
Z. 20	*Eduardo Menn*: lateinische Schrift
Z. 25	*Menn*: lateinische Schrift
Z. 31	*di Brescia*: lateinische Schrift

Sacherklärung

I.

Sebastian Wick (1772–1833) stammt aus Niederbüren (Kt. St. Gallen) und engagiert sich als Mitglied der Gossauer Führungsgruppe aktiv am 1793 beginnenden Aufstand der alten Landschaft gegen das monarchische Regime im St. Galler Fürstenland. Im Frühjahr 1800 reist er nach Italien, kurz danach lässt er sich in Mailand als Baumwollhändler nieder. Dort dürften wohl auch die Geschäftsverbindungen zu Luigi Torre (*um 1758, ⇒ Nr. 1164 c) aufgebaut worden sein. 1807 ist er Kaufmann in Wattwil (Kt. St. Gallen) und zieht ein Jahr später Jahr nach Chiavenna (Lombardei), wo er eine Spinnereifabrik aufbaut, die hauptsächlich Leinen und Tücher herstellt. 1811 stellt er als eines der ersten Unternehmen vor Ort auf eine maschinelle Produktion um. Ab 1822 lebt Wick im St. gallischen Thal. 1826 wird er Mitglied der Schweizerischen Gemeinnützigen Gesellschaft; er stirbt in Brescia (Lombardei). Seiner Heimatgemeinde hinterlässt er grosse Summen für die Armenkasse und die sich im Aufbau befindliche Gemeindeschule.

III.

Z. 11	*Werke*: Johann Heinrich Pestalozzi: Sämmtliche Schriften, 12 Bände. Stuttgart 1819–1824
Z. 13	*Torre*: Luigi Torre (*um 1758) ⇒ Nr. 1164 c
Z. 13	*Brescia*: Stadt in der Lombardei
Z. 18	*Agrikultur Anstalten*: ⇒ Nr. 908
Z. 20	*Menn*: Edoardo Mentz ⇒ Nr. 1676

1720.
Freiherr Johann Lorenz von Schaezler
6. August 1817

S[eine]r Wohlgebohrn
Herrn Pestalozzi
in
Iferten
Schweiz.

Augsburg 6. Augsten 1817.

P[raemissis] P[raemittendis]
Aus dem an mich gerichteten B[rie]fe Ihres H[errn] Jos[eph] Schmidt vom 30. July habe ich ersehen, dass Sie zu Herstellung Ihrer Gesundheit eine kleine Reise unternommen haben. Ich wünschte herzlich dass sie für Sie den heilsamsten Erfolg haben möge.

Sehr angenehm ist es mir zur Beförderung Ihres Unternehmens mein Scherflein beytragen zu können.

In der anliegenden Nota verzeichne ich Ihnen, welche Subscriptionen zu sammeln mir gelungen ist; Ich bitte Sie seiner Zeit mir die Bestellungen einzusenden, und jedes Exemplar mit einem Umschlage zu versehen, worauf die Add[ress]e dessen bemerkt ist, dem es bestimmt ist, damit ich nichts mehr nachzusehen brauche, sondern das Erhaltene tale quale befördern kann.

Gehen mir noch weitere Aufträge zu Subscriptionen ein, so werde ich Ihnen selbe sogleich aufgeben.

Ich empfehle mich Ihnen achtungsvoll und freundschaftlichst.

Joh[ann] Lor[enz] Schäzler

Wahr Scheinlich werden Ihnen auf meine Aufforderung auch mehrere directe Aufträge zugegangen seyn, da ich gar viele Exemplare meiner desfallsigen Anzeige hiesigen und auswärtigen Gelehrten zugesandt habe, die sich dafür intressiren wollen.

Subscriptions Sammlung von J[ohann] L[orenz] Schäzler
in Augsburg.

H[er]r F[ranz] G[ottlieb] Oehler in Wien
    1 Exemplar sämmtl[icher] Werke – gut Druck- oder Schreibpapier
H[er]r Kammerrath Anger in Leipzig
    1 Exemplar sämtl[icher] Werke.

"   Geheimer Rath von Utzschneider in München
        1 Exemplar sämtl[icher] Werke.
"   W[ilhelm] A[dam] Günther in Marktbreit
        1 Exemplar sämtl[icher] Werke.
"   R. de F. J. Feigel in Venedig
        1 Exemplar sämtl[icher] Werke
"   Joh[ann] David von Heinzelmann in Venedig
        1 Exemplar sämtl[icher] Werke
"   Joh[ann] Peter Fäsi von Zür[i]ch in Venedig
        1 Exemplar sämtl[icher] Werke.
H[err] F[rançois] E[manuel] J[oseph] Baraux et Cie. in Triest
        1.) Nachforschungen über den Gang der Natur in der
            Entwicklung des menschlichen Geschlechts.
        2.) Meine Ansichten über Armenbildung und Armenversorgung.
        3.) Meine neuen Ansichten über Erziehung und das Eigenen meiner vorgeschlagenen Erziehungsweise –
"   Joh[ann] Lor[enz] Schäzler in Augsburg, Königl[ich]
        Bayr[isch]er Finanzrath –
        2 Exemplare sämtl[icher] Werke.
"   Ludwig von Goeriz in Augsburg
        1 Exemplar sämtl[icher] Werke.

Überlieferung

1 ZB Zürich, Ms Pestal 55, Umschlag 320/2 (= H1), Umschlag 320/2 a (H2)
2 Bogen, 248 x 204 mm
4 Siegelspuren, Stempel *AUGSBURG 6 AUG 1817.*, Dorsualvermerk *Augsburg, 6. Aug[u]st 1817. Joh[ann] Lor[enz] Schaezler.*
5 Original

Textkritik

Zeuge H
Z. 4–31   H1
Z. 5   *Pestalozzi*: lateinische Schrift
Z. 7   *I f e r t e n* : lateinische Schrift
Z. 17   *Nota*: lateinische Schrift
Z. 17 f.   *Subscriptionen*: lateinische Schrift
Z. 19   und < *auf* > *jedes*
Z. 19   *Exemplar*: lateinische Schrift
Z. 20   *Add[ress]e*: lateinische Schrift
Z. 22   *tale quale*: lateinische Schrift
Z. 23   *Subscriptionen*: lateinische Schrift
Z. 28   *directe*: lateinische Schrift

Z. 28	*Exemplare*: lateinische Schrift
Z. 31-59	H2
Z. 33	*Oehler*: lateinische Schrift
Z. 34	*Exemplar*: lateinische Schrift
Z. 36	*Anger*: lateinische Schrift
Z. 36	*Leipzig*: lateinische Schrift
Z. 37	*Exemplar*: lateinische Schrift
Z. 38	*Utzschneider*: lateinische Schrift
Z. 39	*Exemplar*: lateinische Schrift
Z. 40	*Günther*: lateinische Schrift
Z. 41	*Exemplar*: lateinische Schrift
Z. 42	*R. de F. J. Feigel*: lateinische Schrift
Z. 42	*Venedig*: lateinische Schrift
Z. 43	*Exemplar*: lateinische Schrift
Z. 44	*Joh[ann] David von Heinzelmann*: lateinische Schrift
Z. 44	*Venedig*: lateinische Schrift
Z. 45	*Exemplar*: lateinische Schrift
Z. 46	*Joh[ann] Peter Fäsi*: lateinische Schrift
Z. 46	*Zür[i]ch*: lateinische Schrift
Z. 46	*Venedig*: lateinische Schrift
Z. 47	*Exemplar*: lateinische Schrift
Z. 48	*F[rançois] E[manuel] J[oseph] Baraux*: lateinische Schrift
Z. 48	*Triest*: lateinische Schrift
Z. 55	*Joh[ann] Lor[enz] Schäzler*: lateinische Schrift
Z. 55	*Augsburg*: lateinische Schrift
Z. 58	*Ludwig von Goeriz*: lateinische Schrift
Z. 58	*Augsburg*: lateinische Schrift
Z. 59	*Exemplar*: lateinische Schrift

Sacherklärung

I.

Freiherr Johann Lorenz von Schaezler (1762-1826) ⇒ Nr. 1646

III.

Z. 7	*I f e r t e n* : dt. Name für Yverdon
Z. 10	*P[raemissis] P[raemittendis]*: nach Vorausschickung des Vorauszuschickenden (lat.); in Zirkularen anstelle einer Anrede
Z. 11	*B[rie]fe*: seinen nicht erhalten zu sein
Z. 11	*Schmidt*: Joseph Schmid (1785-1851) ⇒ Nr. 712
Z. 17	*Nota*: Z. 31-59
Z. 22	*tale quale*: so wie (lat.)
Z. 33	*Oehler*: Franz Gottlieb Oehler (†1836) ⇒ Nr. 2509
Z. 36	*Anger*: David Anger (1764-1839), geboren in Annaberg (Sachsen), war als königlich-sächsischer Kammerrat und Kaufmann tätig und besass eine Tuch- und Wollhandlung. 1795 heiratete er eine Leipziger Kaufmannstochter und wurde Vater dreier Kinder.

Z. 38	*Utzschneider*: Joseph von Utzschneider (1763-1840) studierte an der Universität Ingoldstadt (Bayern) Recht und Philosophie und übernahm danach eine Lehrstelle für Kameralwissenschaften an der Marianischen Akademie in München. Nach verschiedenen weiteren Funktionen im bayrischen Staatsdienst wurde er 1801 entlassen, weil ihm umstürzlerische Absichten vorgeworfen wurden. Noch im selben Jahr errichtete er eine Ledermanufaktur in München und gründete 1804 zusammen mit Georg Friedrich von Reichenbach (1771-1826) und Joseph Liebherr (1767-1840) ein mathematisch-mechanisches Institut und 1809 ein optisches Institut. Seit 1807 war er zudem erneut im Staatsdienst tätig, 1814 legte er diese Ämter nieder und gründete eine Tuchmanufaktur sowie eine Brauerei. Von 1818 bis 1823 war er zweiter Bürgermeister von München, 1827 erster Vorstand der *Polytechnischen Centralschule* in München, errichtete 1829 auf dem Gut Erchingen (Bayern) eine landwirtschaftliche Lehr- und Erziehungsanstalt und war in den Jahren 1819 bis 1840 Mitglied mehrerer Ständeversammlungen.
Z. 40	*Günther*: Wilhelm Adam Günther (1795-1824) war als Kaufmann in Marktbreit (Unterfranken, Bayern) tätig und wurde 1818 zum Bürgermeister dieses Ortes gewählt.
Z. 42	*Feigel*: R. de F. J. Feigel konnte nicht näher bestimmt werden.
Z. 44	*Heinzelmann*: Johann David von Heinzelmann (1785-1851) war in Venedig als Kaufmann tätig und mit Johanna Margaretha Maria Daumiller (*1788) verheiratet. Die Kaufmanns- und Bankiersfamilie Heinzelmann stammte ursprünglich aus Kaufbeuren (Allgäu) und war mindestens seit Anfang des 18. Jahrhunderts in Venedig ansässig, wo sie grossen Anteil an der Entwicklung der protestantischen Gemeinde Venedigs hatte.
Z. 46	*Fäsi*: Johann Peter Fäsi (1772-1836) stammte aus einer Zürcher Kaufmannsfamilie. Bereits vor 1799 war er als Kaufmann in Genua, später in Venedig tätig. 1801 heiratete er Anna Margarete Du Seigneur (1777-1856) aus Meuglon (Drôme). Ab 1830 weilte er in Paris, wo er auch starb.
Z. 48	*Baraux*: François Emanuel Joseph Baraux (1750-1829), geboren in Antwerpen, war Kaufmann und wurde 1782 als holländischer Gesandter und Konsul nach Triest entsandt, wo er zunächst als Direktor des Handelshauses *Compagnia Privilegiata di Trieste e Fiume* tätig war. 1786 gründete er das eigene Grosshandelsunternehmen *F. E. J. Baraux e Compagni* und verliess 1789 die *Compagnia Privilegiata di Trieste e Fiume* definitiv.
Z. 58	*Goeriz*: Christian Ludwig von Göritz (1779-1841), verheiratet mit Luise Breitung und Vater von acht Kindern, war als Kauf- und Handelsmann in Augsburg tätig.

1721.
François Gouvet

6. August 1817

[Reg.] Gouvet wünscht Informationen über das Institut.

Überlieferung

1   PSB X, S. 336.21 f.

Sacherklärung

I.

François Gouvet (1771–1859) wird im französischen Leyment geboren und amtet als Notar in Belley (Rhône-Alpes), wo er 1801 Louise Michelle Balme (1777–1851) heiratet, mit der er zwei Kinder hat: Marie Françoise (1807–1887) und Jean François Eugène (1810–1889).

1722.
David Esslinger

7. August 1817

Herrn
Herrn Heinr[ich] Pestalozzi,
Ritter d[e]s Wladim[ir] Ordens
in
Iferten

Hottingen d[en] 7. Aug[u]st [1]817.

Lieber theürer Pestalozzi!
ich habe d[a]s Vernügen Ihnen anzuzeigen, dass m[ei]n l[ieber] Schwiegervater, als (Stief) Grosvater m[eine]s Sohns – auf Ihre Werke unterzeichnen will – sein Name & Titul ist Paravicini Schulthess, Ritter des Militair Verdienst-Ordens, gew[esener] H[au]ptm[ann] in König[lich] franz[ösischen] Diensten –. Haben Sie die Güte, m[eine]m H[errn] Schwäher gefälligst eine diesfällige Notiz Anzeige zu wissen zu lassen.

Ihre stets werthen Zeilen, Fremde & Bekannte empfehlend, habe ich, wie gewohnt, jederzeit zu ehren mich bestrebt, & besonders an H[errn] Lauz eine erfreuliche Bekanntschaft gemacht.

Kommen Sie, lieber Pestalozzi, ja noch in diesem Jahr, ehe d[er] Herbst kommt hieher nach Z[ürich]! Ihre persönliche Erscheinung wird vielleicht mehr als 2 & 3 Ankündigungen für hiesigen Plaz wirken, & wir wollen, wills Gott bieder & herzlich uns gegenseitig geniessen, & alles was uns stören könnte, bey Seite sezen.

Leben Sie wohl, & schreiben Sie mir bald ein paar Worte!

Ihr treü-ergebner
D[avid] Esslinger s[u]s[cripsit]

N.S. Da m[ei]n Schwäher eigentlich um m[eine]s Sohns willen unterz[eichnet], so wäre es ihme gleich angenehm gewes[en] es unter d[em] Namen M[elchior] E[sslinger], Sohn von Obigem E[sslinger] nemmlich D[avid] E[sslinger] zu thun, – allein erst seit dieser Zeit erhielt Er das Verdienstkreuz. Da glaube ich, es sey besser, wie ich oben schrieb – wäre aber d[as] Titulat nicht in Ordnung so werde es später anzeigen.

Überlieferung

1 ZB Zürich, Ms Pestal 50/51, Umschlag 76/2
2 Blatt, 246 x 203 mm
4 Datum am Schluss, Siegelspuren, Stempel ZURICH, Dorsualvermerk *Hottingen, d[en] 7. Aug[st]en 1817 D[avid] Esslinger.*
5 Original

Textkritik

Zeuge H
Z. 4   *Herrn*: lateinische Schrift
Z. 5   *Herrn Heinr[ich]*: lateinische Schrift
Z. 8   *I f e r t e n* : lateinische Schrift
Z. 13   *Paravicini*: lateinische Schrift
Z. 13 f.   *Schulthess, <gew. Haupt> Ritter*
Z. 14   *Militair*: lateinische Schrift
Z. 20   *Lauz*: lateinische Schrift
Z. 24   *Gott <all> bieder*
Z. 34   *Titulat*: lateinische Schrift

Sacherklärung

I.

David Esslinger (1779-1828) ⇒ Nr. 1133 d

III.

Z. 8   *I f e r t e n* : dt. Name für Yverdon
Z. 9   *Hottingen*: heute Teil der Stadt Zürich
Z. 12   *Schwiegervater*: Paravicin Schulthess (1757-1843) von Zürich war von 1773 bi 1792 Leutnant in französischen Diensten, 1794 Hauptmann und 1796 Major im Zürcher Militär. 1798 wurde er zum Kriegskommissär der helvetischen Regierung und zum Oberst der Infanterie ernannt. Schulthess erhielt 1814 vom französischen König Louis XVIII. (1755-1824) den Militärverdienstorden.
Z. 12   *Sohns*: Melchior Esslinger (1803-1855) ⇒ Nr. 1449
Z. 12 f.   *Werke*: Johann Heinrich Pestalozzi: Sämmtliche Schriften, 12 Bände. Stuttgart 1819-1824
Z. 16   *Notiz*: scheint nicht erhalten zu sein
Z. 20   *Lauz*: Joseph Moses Lautz ⇒ Nr. 1637

Z. 28 s[u]s[cripsit]: hat unterschrieben (lat.) (unsichere Lesart)

1723.
Jean Jacques Paschoud
8. August 1817

[Reg.] Rechnungsangelegenheiten.

Überlieferung

1   PSB X, S. 341.27

Sacherklärung
I.
Jean Jacques Paschoud (1768–1826) ⇒ Nr. 1216 a

1724.
Carl Michael Marx
11. August 1817

Lieber väterlicher Freund!
Hier erhalten Sie einen Brief meines Freundes Holzman u[n]d die Liste der von ihm gesammelten Subskribenten. Die meine ist noch nicht gros genug, und da mir Bern schreibt, dass der Subsk[riptions]termin bis zum Januar verlängert worden, so habe ich ja nichts zu eilen. Mit Schmerz musste ich vernehmen, dass in Ihrem Hause die Ruhe noch nicht hergestellt ist u[n]d mache mir Vorwürfe, während meines Dortseins nicht mehr zu ihrer Befestigung beigetragen zu haben. Mit schmerzvoller Sehnsucht schaue ich zu Ihnen zurück u[n]d gebe Ihnen die Versicherung, wenn Sie je glauben meiner zu ihrer endlichen Ruhe zu bedürfen; mit Hintansetzung aller übrigen Verhältnisse, zu Ihnen zu eilen, glaubend, mich nur einer kindlichen Pflicht zu entledigen, wenn zu Ihrem Glücke etwas beitragen kan. Der junge Lehrer, der zu ihnen zu gehen wünscht, findet Schwierigkeiten die Erlaubniss dazu zu erhalten, aber ich hoffe, dass die harten u[n]d kalten Herren von denen sie abhängt, sich noch werden erweichen lassen. Noch immer habe ich, gegen mein schriftlich Versprechen, meine Schuld an Sie nicht entrichtet, aber der Fehler liegt nicht an mir, sondern an denjenigen, die mir das Geld zu zah-

len hatten, u[n]d wegen gebieterischen Umständen noch nicht zahlen konnten. Ich erwarte von Ihrer Freundlichkeit dass Sie mir noch eine kleine Frist gestatten u[n]d empfehle mich Ihrem väterlich gütigem Wohlwollen.

Ihr M[ichael] Marx

Es haben subscribirt:
S[ein]e Durchlaucht der Herzog von Braunschweig
Ihro königl[iche] Hoheit die Frau Herzogin von Braunschweig
Ihro Hoheit die Prinzessin Amalie von Baden
Ihro königl[iche] Hoheit die Frau Markgräfin Amalie von Baden
Ihro Majestät die Königin Friederike von Schweden
Ihro Hoheit die Frau Marggräfin Friedrich von Baden
S[ein]e Erlaucht der H[err] Graf Wilhelm von Hochberg
Monsieur de Polier Governeur du Prince Gustave de Suede
Mademoiselle Duvoisin Gouvernante des princesses royales de Suede
H[err] Professor Doll in Carlsruhe
H[err] Collaborator König in Carlsruhe
H[err] Kriegsministerial-Assessor Wielandt in Carlsruhe
H[err] Cameral Verwalter Fetzer von Herrenalb
H[err] Handelsmann Freitag von Speier
  Das Exemplar für den H[errn] Herzog von Braunschweig ist nach Braunschweig, das für die Frau Herzogin von Braunschweig nach Holland, die übrigen aber sind hieher nach Carlsruhe zu schicken.

Holtzmann.

Überlieferung

1 ZB Zürich, Ms Pestal 53, Umschlag 203/1
2 Bogen, 249 x 206 mm
4 Dorsualvermerk *Carlsruhe Mayer Marx.*
5 Original

Textkritik

Zeuge H
Z. 11   zu <Ih> ihrer
Z. 21   nicht ∫
Z. 27   *M[ichael] Marx*: lateinische Schrift
Z. 29   S[ein]e <Durh> Durchlaucht
Z. 35   <Ihr> S[ein]e
Z. 36–38   lateinische Schrift

Z. 40   *Collaborator*: lateinische Schrift

Sacherklärung

I.

Carl Michael Marx (1794–1864) aus Karlsruhe studiert nach dem Besuch des Karlsruher Gymnasiums ab 1811 klassische Philologie in Heidelberg, wird dort 1813 als erster Jude von der philosophischen Fakultät promoviert und hält 1814/15 Vorlesungen. Vom 6. Dezember 1815 bis Pfingsten 1817 unterrichtet er Latein und Griechisch an Pestalozzis Institut in Yverdon, verfasst 1818 das Lehrbuch *Pestalozzis Methode, die alten Sprachen zu lehren* und wird nach seinen Tätigkeiten als Lehrer am Lyzeum in Karlsruhe (1817–1819) und als Lehrer und Mitvorsteher einer Unterrichtsanstalt in Nürnberg von 1819 bis 1823 Professor für Chemie und Physik am Chirurgischen und Anatomischen Institut des Collegium Carolinums in Braunschweig, wo er 1835 zum Hofrat ernannt wird.

III.

Z. 5   *Brief*: ⇒ Nr. 1725
Z. 5   *Holzmann*: Johann Michael Holtzmann (1774–1820) ⇒ Nr. 1614
Z. 6   *Liste*: Z. 28–47
Z. 17   *Lehrer*: Moritz Beck (1787–1871) ⇒ Nr. 1840
Z. 29   *Herzog*: Herzog Karl II. von Braunschweig (1804–1873), der erstgeborene Sohn von Herzog Friedrich Wilhelm von Braunschweig-Lüneburg-Oels (1771–1815), übernahm 1823 nach der Vormundschaft durch den englischen König Georg IV. August Friedrich (1762–1830) die selbstständige Regentschaft im Herzogtum Braunschweig für seinen 1815 im Krieg gegen Napoleon I. Bonaparte (1769–1821, ⇒ Nr. 580) gefallenen Vater. Während der Revolution 1830 wurde er jedoch wegen seines autokratischen Herrschaftsstils zugunsten seines Bruders Wilhelm (1806–1884) abgesetzt. Er floh nach London, wurde aufgrund seines ausschweifenden Lebensstils 1831 im Frankfurter Bundestag für regierungsunfähig erklärt und starb unverheiratet in Genf.
Z. 30   *Herzogin*: Caroline Amalie Elisabeth von Braunschweig-Wolfenbüttel (1768–1821) war die Tante des Herzogs Karl II. von Braunschweig (1804–1873, ⇒ Z. 29). Sie war seit 1795 unglücklich mit ihrem Cousin, dem König von Grossbritannien und Hannover Georg IV. August Friedrich (1762–1830) verheiratet und verliess England aufgrund schwerer Ehekrisen mehrfach, jedoch unterblieb eine Scheidung.
Z. 31   *Amalie*: Prinzessin Amalie von Baden (1795–1869) war die Tochter des Grossherzogs Karl Friedrich von Baden (1728–1811) und heiratete 1818 Fürst Karl Egon II. zu Fürstenberg (1796–1854), der Vizepräsident der Ersten Kammer der badischen Ständeversammlung und Kunstmäzen mit Residenz in Donaueschingen war.
Z. 32   *Markgräfin*: Markgräfin Amalie von Baden (1754–1832) heiratete 1774 den badischen Erbprinzen Karl Ludwig von Baden (1755–1801). Auch wenn sie die Ehe ihres Sohnes Karl Ludwig Friedrich (1786–1818, ⇒ Nr. 1858) mit Prinzessin Stéphanie de Beauharnais (1789–1860) nicht verhindern konnte, tat sie sich durch eine geschickte Heiratspolitik hervor und vermählte ihre Kinder mit den wichtigsten europäischen Herrschern. Sie sicherte etwa durch ihren Einfluss auf ihren Schwiegersohn Zar Alexander I. (1777–1825, ⇒ Nr. 520) den Bestand des von Napoleon

	I. Bonaparte (1769–1821, ⇒ Nr. 580) geschaffenen Grossherzogtums Baden auf dem Wiener Kongress.
Z. 33	*Friederike*: Königin Friederike von Schweden (1781–1826) war die Tochter des badischen Marktgrafen Karl Ludwig (1755–1801) und heiratete 1797 den schwedischen König Gustav IV. Adolf (1778–1837, ⇒ Nr. 864). Nach dessen Absetzung 1809 kehrte sie in ihr Heimatland zurück, 1812 wurde ihre Ehe geschieden. Sie starb nach langjähriger Krankheit in Lausanne.
Z. 34	*Marggräfin Friedrich*: Luise Karoline von Hochberg (1768–1820) war ab 1787 die zweite Ehefrau des Markgrafen und späteren Grossherzogs Karl Friedrich von Baden (1728–1811). Da sie nicht ebenbürtig war, musste sie auf den Titel einer Markgräfin verzichten (daher vielleicht die seltsame Schreibweise).
Z. 35	*Graf Wilhelm*: Graf Wilhelm Ludwig August von Hochberg (1792–1859), ab 1817 Markgraf Wilhelm von Baden, kommandierte ab 1812 die badische Brigade in der französischen Armee im Feldzug gegen Russland und präsidierte von 1819 bis 1852 die Erste Kammer der badischen Ständeversammlung. Er galt als liberal-fortschrittlich und baute seinen eigenen Besitz zu Mustergütern aus.
Z. 36	*Polier*: Jean Godefroy Polier (1782–1833) ⇒ Nr. 569
Z. 36	*Gustave de Suede*: Prinz Gustav von Schweden (1799–1877) ⇒ Nr. 1519
Z. 37	*Duvoisin*: Isabelle Duvoisin stammte aus der französischsprachigen Schweiz und war die Gouvernante der schwedischen Prinzessinnen. Da ihr Bürgerort unklar ist, konnten auch die Lebensdaten nicht eruiert werden.
Z. 37	*princesses*: Prinzessin Sophie-Wilhelmine (1801–1865, ⇒ Nr. 1519), Prinzessin Amalia Marie (1805–1853, ⇒ Nr. 1519) und Prinzessin Cécilie von Schweden (1807–1844, ⇒ Nr. 1519)
Z. 39	*Doll*: Christoph Heinrich Doll (1776–1825) aus Durlach (Baden-Württemberg) war ab 1797 in Karlsruhe zuerst Hof- und Stadtvikar und ab 1800 Professor am Lyzeum und Kirchenrat.
Z. 40	*König*: Johann Georg König (1781–1842) ⇒ Nr. 972
Z. 41	*Wielandt*: Georg Karl Heinrich Wieland (1792–1824) war Assessor im badischen Kriegsministerium in Karlsruhe.
Z. 42	*Fetzer*: Karl Friedrich Fetzer (1774/76–1849) aus Unteröwisheim (heute Teil von Kraichtal) war zunächst Amtsverweser in Hochberg (1801–1802), wurde 1803 zum Gerichtsschreiber in Plochingen gewählt und dort im selben Jahr zum Amtmann ernannt. Seit 1812 amtierte er in Herrenalb (heute Bad Herrenalb, alle Baden-Württemberg) als königlicher Kameralverwalter bis zu seiner Pensionierung 1819. Er war in erster Ehe seit 1803 mit Juliane Elisabetha Commerell (1783–1823) verheiratet, nach ihrem Tod heiratete er noch zweimal.
Z. 43	*Freitag*: Möglicherweise ist damit der Krappfabrikant und Kaufmann Michael Freytag gemeint, der 1817 mit einem Vermögen von 150 000 Francs zu den reichsten Männern der Stadt Speyer gehörte. Das Handelshaus Freytag zählte zu den drei grossen Handelshäusern in Speyer.

1725.
Johann Michael Holtzmann
11. August 1817

Carlsruhe d[en] 11. Aug[ust] 1817.

Hochverehrter Herr

Hiebei folgt endlich das Verzeichnis von Subscribenten auf die neue Ausgabe Ihrer Werke, welche ich hier und in dem Kreise meiner Bekannten noch finden konnte. Ihr früherer mir zugedachter, aber durch ein Versehen an meinen Collegen u[nd] Freund, H[errn] Prof[essor] Ladomus addressirter Brief hat diesen in solche Thätigkeit gesezt, dass für mich nur noch Weniges zu thun übrig blieb, was ich gütig aufzunehmen bitte.

Ihr grosses Werk hatte ich seit meinem Abgang aus der Schweiz immer im Auge und im Herzen. Zweierlei ist es, was mich in den wenigen Stunden, wo ich nicht gebunden bin, beschäftigte: seine innere Vollendung u[n]d seine äussere Wirksamkeit. Ich verkenne zwar nicht, was richtige, d[as] h[eisst] naturgemässe Entwickelung der geistigen Kräfte des Menschen für einen wohlthätigen Einfluss auch auf seine Sittlichkeit haben müsse. Aber diese Entwickelung blos des intellektuellen Menschen u[nd] der Einfluss derselben auf den begehrenden genügt mir nicht. Der Geist Ihrer Anstalt macht es dem Menschen unmöglich dumm zu bleiben, möge er es ihm auch unmöglich machen, böse zu werden. Ihre Anstalt hat die manchfaltigen Stoffe bearbeitet, an welchen selbstthätig die Erkenntnisskraft des Menschen allmählich von Innen heraus sich selbst bildet; möge es ihr gelingen auch die Stoffe zu bearbeiten, an welchen naturgemäss die Willenskraft zu immer grösserer Reinheit u[nd] Stärke sich entwickelt. Ihre Anstalt werde zur Republik, in welcher es dem jungen Bürger zur andern Natur werde, das nicht einmal zu denken u[nd] zu wollen, was man in gutgeordneten Republiken verbietet und bestraft. Was in der grossen Welt verderblich auf den Menschen und Bürger wirkt u[nd] ihn zu der Erbärmlichkeit verdirbt, die jezt allenthalben zu schauen ist, das lasse die Hand des Meisters allmählich auf den jungen Bürger seiner Republik wirken; dass seine sittliche Kraft daran bis zur gänzlichen Unbesiegbarkeit erstarke. Diese Schule erfordert freilich einen grössern Raum, als die Mauern eines Instituts befassen mögen, und Anstalten, welche die gewöhnlichen Kräfte von Instituten übersteigen. Aber Ihre Anstalt hat auch das Ungewöhnliche schon geleistet, und dann soll ja hier nur das Fundament gelegt werden, worauf der herrliche Bau eines ganzen Standes aufgeführt werden kann. Ihre Zöglinge, wenn sie alle Schulen tadellos durchgangen haben, werden (und damit komme ich auf das zweite, die äussere Wirksamkeit der Anstalt) Glieder eines Bundes für Wahrheit u[nd] Recht, gehen als solche in die Welt, wirken dort, jeder für sich und alle in Gemeinschaft zu einem Zweck u[nd] unter einer Leitung, als Erzieher, Schriftsteller u[nd] Staatsmänner. Dann wird die schöne Zeit kommen, dass in irgend einem grössern oder kleinern Staat die Regierung in die Hände von Schülern Ihrer Anstalt kömmt, die eben dadurch Anstalt des Staats jezt erst wird. Das Grundgesez dieses Staats wird kein anderes sein, als dieses einfache: dass Niemand zur Regierung in demselben gelangen könne, als wer die öffentliche Schule der Gerechtigkeit von der frühsten Kindheit an bis zum vollendeten Mann vollständig u[nd] tadellos durchlaufen habe. Die Regenten des Volks werden jezt wirklich die Besten des Volks sein; und Lehrer und Erzieher der künftigen Regenten sind nicht mehr Maul- und Buchweise, sondern die Edelsten des Volkes, die in Geschäften des Staates vertraut, als Regenten u[nd] Feldherrn erprobt, die süsse Ruhe ihres Alters darin finden, dass sie das aufwachsende Geschlecht fähig machen, ihre Stelle zu vertreten. Lächeln Sie vielleicht meines Traumes? Der Bund, den ich mit Ihrer Anstalt, als die Krone Ihres Werkes, vereinigt wünschte, hat im Alterthum schon einmal existirt, und Jahrhunderte lang herrlich gewirkt. Hätte er es aber auch nie, so soll er zur Existenz gelangen, als das höchste Ziel menschlich-sittlicher Wirksamkeit. Wer mag der Staat sein, der in sich zuerst diese Idee realisirt?

Diese Idee ist es, von der ich mich oft mit H[errn] Marx unterhalte. Wir freuen uns auch H[errn] Stern, den ich herzlich grüsse, in unserer Mitte zu sehn. Zählen Sie darauf, dass dann in Ihrem Geiste kräftig gewirkt werden soll bei uns. Möge es mir nur vergönnt sein, Sie Selbst in dem innern Kreis Ihrer Thätigkeit noch einmal zu schauen, und dort die Weihe für das grosse Werk, das ich betreiben soll, zu erhalten. Aber wie die Natur alles, womit sie den Menschen segnet, geheimnisvoll bereitet, so muss auch diess Werk still u[nd] geheimnisvoll bereitet werden, u[nd] erst nach seiner Vollendung hervortreten segnend unter die Menschen. Leben Sie wohl

Ihr

J[ohann] M[ichael] Holtzmann

Überlieferung

1 ZB Zürich, Ms Pestal 51/52, Umschlag 137/1
2 Bogen, 250 x 206 mm
4 Dorsualvermerk *J[ohann] M[ichael] Holtzmann*.

5 Original

Textkritik

Zeuge H
Z. 21 den <selb> begehrenden
Z. 28 welcher <der> es
Z. 35 Unbesiegbarkeit <daran stark> erstarke

Sacherklärung

I.

Johann Michael Holtzmann (1774–1820) ⇒ Nr. 1614

III.

Z. 6 *Verzeichnis*: ⇒ Nr. 1724
Z. 7 *Werke*: Johann Heinrich Pestalozzi: Sämmtliche Schriften, 12 Bände. Stuttgart 1819–1824
Z. 10 *Ladomus*: Johann Jakob Friedrich Ladomus (1782–1854) ⇒ Nr. 689
Z. 10 *Brief*: PSB X, Nr. 4652
Z. 66 *Marx*: Carl Michael Marx (1794–1864) ⇒ Nr. 1724
Z. 67 *Stern*: Wilhelm Stern (1792–1873) ⇒ Nr. 1469

1726.
Karl Otto von Transehe
11. August 1817

Herrn
5 Herrn Pestalozzi Ritter des
russischen Wolodimers Ordens
in
Y v e r d o n ,
Schweiz.

10 Einschluss.

Riga d[en] 11ten August 1817.
Theurester Freund
Dein Brief vom 24st May ist mir doppelt werth; denn er bezeugt ein liebevolles Andenken an mich und die Fortdauer der Kraft mit der
15 du ein Menschenalter hindurch für den edelsten Lebenszweck gewürkt hast. – Die versprochene vollständige Ausgabe deiner Schriften ist ein Geschenk dessen wir uns herzlich freuen. Möge das Unternehmen dich in jeder Rüksicht befriedigen, wie der Dank der gegenwärtigen und künftiger Geschlechter dir sicher ist. H[err] v[on]

Muralt u[nd] Professor Evers befördern die Subscription mit einem Fleisse der mir wenig übrig lässt. Ich schreibe die Namen, welche ich bisher gesammelt habe und für diese 30 Exemplare wird dir mein hiesiger Freund H[err] Pander eine Anweisung auf 360 R[eichs]th[aler] sächsisch hier beylegen, welche du wo es dir bequem ist, gelten machen kannst. Doch hoffe ich, es soll nicht das lezte seyn. Lebe wohl verehrter Freund und liebe
                                                                                             deinen
                                                                            treuen C[arl] v[on] Transehe.

N.S. Dein Schreiber giebt mir in der Adresse ein Prädikat das mir nicht gebührt. Sie ist: H[err]n Hofrath v[on] T[ransehe] in Riga. Meine Frau und Kinder in Dörgt zu denen ich eben abreise, seyen dir zu geneigter Erinnerung empfohlen.

Subscribenten.
Herr Kammerherr Baron Campenhausen zu Orellen
— Hofgerichts Assessor v[on] Transehe
— Hofgerichts Assessor v[on] Zoeckell
— Landrichter v[on] Jarmerstedt
— Landmarschall Baron Schoultz
— Landrath Graf Mellin.
— Landrichter von Sivers zu Eusekuell
— Landrichter von Samson
— Kapitaine v[on] Bock
— Kapitaine Baron Ungern Sternberg zu Errastfer.
— Oberdirector von Grote
— Assessor v[on] Zimmermann
— Ritterschafts Notaire von Rennenkampff
— Kirchspielsrichter v[on] Transehe zu Erlaa
Die Frau Kreismarschallin v[on] Transehe zu Annenhof
— Frau Assessorin v[on] Schultz zu Alt-Calzenau
H[err] Kapitaine v[on] Transehe zu Neu Wrangelshof
— Hofrath Barron Schoultz genannt v[on] Funcken
— Pastor Muethel zu Sesswegen
— Kirchspielsrichter von der Brueggen
— Assessor v[on] Kahlen zu Neu Calzenau.

Überlieferung
1 ZB Zürich, Ms Pestal 55a, Umschlag 369/1

2 Blatt, 246 x 183 mm
4 Siegelspuren, Dorsualvermerk *Riga, d[en] 11. Augst[en] 1817. C[arl] Transehe.*
5 Original
6 Der Brief ist eingeschlossen in eine Copia (369/1 a) ohne Subskribentenliste, adressiert an *S[eine] Wohlgeboren Herrn Heinrich Pestalozzi p[ar] Add[resse] Em[anue]l de Fellenberg in Hofwil. près Berne.* Stempel *YVERDON*, Siegelspuren

Textkritik

Zeuge H

Z. 5	*Pestalozzi*: lateinische Schrift
Z. 8	*Y v e r d o n* : lateinische Schrift
Z. 11	*Riga*: lateinische Schrift
Z. 20	*Muralt*: lateinische Schrift
Z. 20	*Evers*: lateinische Schrift
Z. 21	*Ich < schicke > schreibe*
Z. 23	*Pander*: lateinische Schrift
Z. 30	*v[on] T[ransehe]*: lateinische Schrift
Z. 30	*Riga*: lateinische Schrift
Z. 34	*Campenhausen*: lateinische Schrift
Z. 34	*Orellen*: lateinische Schrift
Z. 35	*Assessor v[on] Transehe*: lateinische Schrift
Z. 36	*Assesor v[on] Zoeckell*: lateinische Schrift
Z. 37	*v[on] Jarmerstedt*: lateinische Schrift
Z. 38	*Schoultz*: lateinische Schrift
Z. 39	*Mellin*: lateinische Schrift
Z. 40	*von Sivers zu Eusekuell*: lateinische Schrift
Z. 41	*von Samson*: lateinische Schrift
Z. 42	*v[on] Bock*: lateinische Schrift
Z. 43	*Ungern Sternberg zu Errastfer*: lateinische Schrift
Z. 44	*Grote*: lateinische Schrift
Z. 45	*Assessor v[on] Zimmermann*: lateinische Schrift
Z. 46	*Rennenkampff*: lateinische Schrift
Z. 47	*v[on] Transehe zu Erlaa*: lateinische Schrift
Z. 48	*v[on] Transehe zu Annenhof*: lateinische Schrift
Z. 49	*v[on] Schultz zu Alt-Calzenau*: lateinische Schrift
Z. 50	*v[on] Transehe zu Neu Wrangelshof*: lateinische Schrift
Z. 51	*Schoultz*: lateinische Schrift
Z. 51	*Funcken*: lateinische Schrift
Z. 52	*Muethel zu Sesswegen*: lateinische Schrift
Z. 53	*Brueggen*: lateinische Schrift
Z. 54	*v[on] Kahlen zu Neu Calzenau*: lateinische Schrift

Sacherklärung

I.

Karl Otto von Transehe (1761–1837) ⇒ Nr. 1255

III.

Z. 13	*Brief*: scheint nicht erhalten zu sein
Z. 16 f.	*Schriften*: Johann Heinrich Pestalozzi: Sämmtliche Schriften, 12 Bände. Stuttgart 1819–1824
Z. 20	*Muralt*: Johannes von Muralt (1780–1850) ⇒ Nr. 610
Z. 20	*Evers*: Joseph Philipp Gustav Ewers (1781–1830) ⇒ Nr. 1827
Z. 23	*Pander*: Johann Martin Pander (1765–1842) stammte aus einer vor Generationen nach Riga ausgewanderten deutschen Familie. Pander, seit 1791 in Riga mit Ursula Carolina Engel von Wöhrmann (1775–1845) verheiratet, war als Kaufmann und Banquier tätig.
Z. 29	*Prädikat*: Da der Brief Pestalozzis nicht erhalten ist, ist unklar, mit welchem Titel Karl Otto von Transehe (1761–1837, ⇒ Nr. 1255) fälschlicherweise versehen wurde.
Z. 31	*Frau*: Dorothea Margarethe von Transehe-von Gersdorff (1784–1821) ⇒ Nr. 1189
Z. 31	*Kinder*: Karl Friedrich Erich (1802–1868, ⇒ Nr. 1314), Alexander Theodor Otto (1804–1820, ⇒ Nr. 1314), August Ernst Konstantin (1805–1875, ⇒ Nr. 1314), Eugen (1806–1882, ⇒ Nr. 1314), Elise Charlotte Dorothea Marie Agnese (1808–1874), Adam Heinrich Ernst (1813–1829), Georg (1809–1887) und Arthur Michael von Transehe (1817–1846). Elise Charlotte Dorothea Marie Agnese war mit Freiherr Friedrich Schoultz von Ascheraden (1798–1873) verheiratet. Georg wurde Garde-Leutnant der russischen Armee, Kirchspielrichter und Kreisdeputierter. Die letzten Jahre seines Lebens verbrachte er mit seiner Frau Wilhelmine von Löwis of Menar (1822–1868) auf Schloss Helmet, das er 1866 gekauft hatte. Adam Heinrich Ernst wurde kaiserlich russischer Husarenjunker und starb im heute türkischen Adrianopel (Edirne). Arthur Michael kam in Dorpat zur Welt und starb während einer Gebirgsreise im Tirol.
Z. 31	*Dörgt*: Tartu (Estland)
Z. 34	*Campenhausen*: Baron und Freiherr Hermann von Campenhausen (1773–1836) studierte Jura und Mathematik an der Universität Halle (1792–1795). Er war unter anderem sachsen-gothaischer Legationsrat, Gesandter am Bundestag (1800–1803), Kammerherr (1802) und livländischer Landrat in Orellen (1824–1836). Darüber hinaus präsidierte er die Geschichtsgesellschaft Riga und die Rigaer Sektion der evangelischen Bibelgesellschaft. Von Campenhausen gilt als Förderer der Herrnhuter Bewegung und des ländlichen Volksschulwesens. Lit.: Erich Donnert: Agrarfrage und Aufklärung in Lettland und Estland. Frankfurt am Main 2008, S. 61 f.
Z. 35	*Transehe*: Ob hier Erich Johann von Transehe (†1819, ⇒ Z. 47) gemeint war, der allerdings in der Liste nochmals genannt wird, oder ein anderer Hofgerichts Assessor Transehe, der aber nicht näher bestimmt werden konnte, ist unklar.
Z. 36	*Zoeckell*: Friedrich Wilhelm von Zoeckell (1759–1842) war wie schon sein Vater als Hofgerichts-Assessor in Livland tätig. Er war Besitzer des Landguts Adsel Schwarzhof und seit 1778 gehörte ihm auch die Hofanlage Mehrhof, die später dann zu einem Rittergut konstituiert wurde.
Z. 37	*Jarmerstedt*: Georg Karl von Jarmerstedt (1778–1851) war seit 1808 Landrichter in Wenden (Livland), seit 1815 Kreisdeputierter und 1824 bis 1827 Landmarschall.

Z. 38 *Schoultz*: Freiherr Friedrich Reinhold Schoultz von Ascheraden (1766-1833) durchlief eine Laufbahn in der russischen Armee bis zum Rang eines Majors. 1812 wurde er livländischer Landmarschall und war ab 1818 Landrat. Schoultz von Ascheraden amtete ausserdem als Distrikts-Direktor der livländischen adeligen Güterkreditsozietät. Seit 1819 war er Besitzer des elterlichen Landguts Römershof.

Z. 39 *Mellin*: Graf Ludwig August von Mellin (1754-1835), geboren in Toal (Estland), trat 1771 in den russischen Militärdienst ein, wo er ab 1775 im Zeichenkontor der Armee tätig war. Nach seinem Ausscheiden 1783 bekleidete er verschiedene Ämter in der livländischen Selbstverwaltung: Zunächst als Kreishauptmann, 1786 bis 1795 als Kreisrichter des Rigaschen Kreises, danach als Assessor des Gewissensgerichts. 1797 bis 1818 war er Mitglied des Landrats. Von Mellin war Verfasser zahlreicher historischer, geografischer und landwirtschaftlicher Abhandlungen und Mitglied zahlreicher gelehrter Gesellschaften.

Z. 40 *Sivers*: Friedrich August von Sivers (1766-1823), in Dorpat geboren und gestorben, war Agronom, Landrat und Landrichter.

Z. 40 *Eusekuell*: Oisu (Estland)

Z. 41 *Samson*: Reinhold von Samson-Himmelstjerna (1778-1858) trat nach dem Jurastudium in Leipzig (1796-1798) in den livländischen Landesdienst ein, wo er eine einflussreiche Karriere einschlug, so unter anderem als Landrichter in Dorpat (1807-1818) und Kreisdeputierter. Im Rahmen seiner Tätigkeit als Livländischer Landrat (1827-1851) präsidierte er das Livländische Konsistorium (1845-1851) und das Hofgericht (1851-1856) und wurde 1843 Wirklicher Staatsrat. Von Samson-Himmelstjerna wurde auch als Übersetzer Shakespeares und als Mitgründer und Ehrenmitglied der Rigaer Gesellschaft für Geschichte und Altertumskunde bekannt.

Z. 42 *Bock*: Heinrich August von Bock (1771-1863), Erbherr von Kersel (Livland), trat 1786 in den russischen Militärdienst ein, den er 1790 als *Capitain* verliess. 1802 bis 1807 fungierte er als Deputierter in Pärnu (Pernau, Estland), ab 1807 als Adjutant des Kreischefs der Landmiliz und 1827 bis 1847 als livländischer Landmarschall. Von Bock, seit 1815 mit Sophie Auguste Wrangel (1781-1825) verheiratet, war Ehrenmitglied der Gelehrten Estnischen Gesellschaft und Mitstifter der Gesellschaft für Geschichte und Altertumskunde der Ostseeprovinzen Russlands. 1817 erhielt er – wie Pestalozzi – für seine Landrichtertätigkeit im Pernauischen Kreis den St.-Wladimirs-Orden 4. Klasse.

Z. 43 *Ungern*: Karl Johann Emanuel von Ungern-Sternberg (1773-1830), geboren in Paschleb (Estland), studierte Recht und betätigte sich anschliessend hauptsächlich als Porträtmaler und Litograph sowie als Zeichenlehrer an der Domschule Reval. 1803 bis 1806 amtete er als Sekretär der Ritterschaft und ab 1812 als Sekretär der livländischen Kreditkasse. Von Ungern-Sternberg starb im Rang eines Hauptmanns auf seinem Herrensitz in Birkas (Estland).

Z. 43 *Errastfer*: Erastvere (Errestfer, Estland)

Z. 44 *Grote*: Friedrich von Grote (1768-1836) aus Riga war Mitgründer der livländischen Güter-Kredit-Sozietät und 1806 bis 1810 deren Oberdirektor. 1812 bis 1830 fungierte er als Kreisdeputierter und 1830 bis 1833 als Landmarschall.

Z. 45	*Zimmermann*: Christian Bernhard von Zimmermann (1771–1841) war Artillerieleutnant (1806), Oberdirektionsrat (1810–1827) und Landgerichtsassessor in Livland.
Z. 46	*Rennenkampff*: Alexander Reinhold Edler von Rennenkampff (1787–1869) war Erbherr auf Uelzen sowie Herr auf Alt Pigast und Kürbelshof, livländischer Landrat und «Cassadeputirter» seiner Heimatstadt Riga. Im Jahre 1860 wurde ihm der Ehrensessel im Landratskollegium zuteil.
Z. 47	*Transehe*: Erich Johann von Transehe (†1819) war Assessor und Kirchspielrichter in Erlau und mit Barbara (Babette) Elisabeth von Ceumern (1767–1838) verheiratet.
Z. 48	*Transehe*: Charlotte Helene Elisabeth von Transehe (1758–1834) wurde als Tochter eines russischen Oberstleutnants und Adelsmarschalls geboren und war mit dem Kreisrichter und Kreismarschall Alexander von Transehe (1749–1828) verheiratet.
Z. 48	*Annenhof*: Annasmuiza, heute Teil von Riga
Z. 49	*Schultz*: Magdalena Sophie Ottilie von Schultz-Transehe (1780–1841) war die älteste Tochter von Charlotte Helene Elisabeth (1758–1834, ⇒ Z. 48) und Alexander von Transehe (1749–1828). Sie heiratete 1807 den Assessor und nachmaligen Landrat und Oberdirektor der livländischen adeligen Güterkreditsozietät Johann Philipp von Schultz (1780–1862), wodurch sie 1810 in den Besitz von Alt-Kalzenau kam. Sie starb in Riga.
Z. 49	*Alt-Calzenau*: Kalsnava (Lettland)
Z. 50	*Transehe*: Nicolaus Johann von Transehe (1779–1858) war russischer Kapitän, Gutsverwalter, livländischer Landrat (1836–1857) und Präsident des livländischen Konsistoriums.
Z. 50	*Neu Wrangelshof*: Brenguli (Lettland)
Z. 51	*Schoultz*: Freiherr Christoph von Schoultz von Ascheraden (1761–1830), der Bruder von Freiherr Friedrich Reinhold Schoultz von Ascheraden (1766–1833, ⇒ Z. 38), war 1788 livländischer Oberlandsgerichtsassessor und später russischer Hofrat. Im Jahre 1819 übernahm er das familieneigene Gut Ascheraden mit Langholm, das ein Jahr später ganz an ihn überging. Von Schoultz war seit 1793 mit Ebba Katharina von Funcken (1762–1847) verheiratet.
Z. 52	*Muethel*: Christian Wilhelm Müthel (1771–1847) ⇒ Nr. 1347
Z. 52	*Sesswegen*: Cesvaine (Lettland)
Z. 53	*Brueggen*: Diedrich Johann Ernst von der Brüggen (1771–1836) war Richter und Landrat in Livland.
Z. 54	*Kahlen*: Fabian Georg Alexander von Kahlen (1788–1845) war Kreisdeputierter und Landgerichtsassessor in Neu-Calzenau (Livland). 1819 erwarb er die Landgüter Alt-Geistershof und Engelhardshof.
Z. 54	*Neu Calzenau*: Jaunkalsnava (Lettland)

1727.
Johannes Niederer
12. August 1817

Iferten den 12ten August 1817.

Lieber Herr Pestalozzi.

Ich freue mich des erhöhten Gefühls Ihrer Gesundheit und Rüstigkeit, das Sie Salome gestern ausdrückten. Darum hoffe Ihnen nun auch ohne diessfälligen Nachtheil und Schaden die Rechnung meiner Frau, nebst der erläuternden Beilage darüber von ihr, übersenden zu dürfen. Ich bitte Sie, dem Inhalt Ihre strengste Prüfung zu wiedmen, und mir die Anzeige zu machen ob Sie die Rechnung als rechtsgültig annehmen, und a l s   s o l c h e   a n e r k e n n e n.

Im letztern Fall bitte ich Sie noch überdiess, mir anzuzeigen, ob ich auf Sie ziehen kan. In jedem werden Sie durch Bescheinigung dieser Angelegenheit verpflichten

Ihren alten Freund und Verehrer
Niederer

Noch von eine Beilage von Burkardt aus Sachsen.

Überlieferung

1 ZB Zürich, Ms Pestal 53/54, Umschlag 262/IV,69
2 Blatt, 262 x 201 mm
4 Dorsualvermerk *N°. 7, Lettre d'envoi des 3 N^{ov}. précédent Produite en Tribunal du District d'Yverdon, le 1er Octobre 1823 –* G r e f f e
5 Original

Textkritik

Zeuge H
Z. 10   Sie, <dieser> dem

Sacherklärung

I.

Johannes Niederer (1779–1843) ⇒ Nr. 507

II.

Pestalozzi hielt sich im August 1817 zur Erholung in Bullet (Kt. Waadt) auf. Er stand aber nicht nur mit seinem Mitarbeiter Joseph Schmid (1785–1851, ⇒ Nr. 712) in engem Kontakt, sondern wurde auch von anderen (ehemaligen) Mitarbeitern in Yverdon besucht (⇒ Nr. 1718).

III.

Z. 4   *Iferten*: dt. Name für Yverdon
Z. 7   *Salome*: Levin Salomon (1789–1836) ⇒ Nr. 1586
Z. 8   *Rechnung*: Hier dürfte es sich um die Rechnungsaufstellung von Rosette Niederer-Kasthofer (1779–1857, ⇒ Nr. 842) vom 20. Juli 1817 (⇒ Nr. 1700) handeln, die Niederer-Kasthofer einige Tage später in einem ausführlichen Schreiben noch kommentiert hatte (⇒ Nr. 1714). Möglicherweise waren die Rechnung und der Brief von Rosette Niederer erst mit diesem Schreiben von Johannes Niederer (1779–1843, ⇒ Nr. 507) zu Pestalozzi gelangt, jedenfalls ist keine direkte Antwort Pestalozzis auf die beiden Juli-Briefe von Niederer-Kasthofer erhalten.
Z. 9   *Frau*: Rosette Niederer-Kasthofer (1779–1857) ⇒ Nr. 842
Z. 14 *auf Sie ziehen kann*: einen Wechsel einlösen
Z. 18 *Beilage*: ⇒ Nr. 1651
Z. 18 *Burkardt*: Karl Friedrich Cölestin Burkhart (1785–1857) ⇒ Nr. 1428

1728.
Joseph Kieninger
14. August 1817

Verona am 14 August 1817

(P[raemisso] T[itulo])
Hochgelehrtester Herr Direktor! etc.
Ihre unermesslichen Verdienste um die vernünftige Welt, so wie Ihre wohlthätige Liebe, allen guten Menschen, nützlich zu werden geben Muth, Sie mit einer Bitte zu belästigen. Selbe besteht darin. Nach wohl vollendetem Studium der Theologie in Wien, widmete ich mich der Erziehung und trat eine Condition an, welche mir keine andern Vortheile gewähret, als meine erlernten Sprach- und Sachwissenschaften zu vervollkommnen. Da ich also bereits mit sehr guten Erfolg meine Erziehung betreibe und meine Pflichten erfüllte: so entsteht in mir der Wunsch, eine Stelle, welche einen weit grössern Wirkungskreis mit sich führt und mir reichlich Gelegenheit, Gutes zu verbreiten, verschafft und mich auf die höchsten Stufen der Wissenschaften [erheben] kann und wird. Um nun eine solche Erziehungsstelle zu erhalten, welche dem höhern Vernunft[-] und Pflichtgefühle so wie meinen geprüften Kenntnissen entspricht; sind Sie, der einzige Mann in Europa, welcher die ausgebreitesten Verbindungen aller guten Menschen aus allen Weltgegenden besitzt und derohalb Jedem nützlich werden kann und 1000 Mahl schon vielen guten Männern geworden sind; da Sie mit der göttlichen Gabe «stets Wohl und Heil zu verbreiten» im höchsten Grade beseelt sind. Zu meiner Empfehlung in der Form kann ich ihnen keine an-

dere Bürgschaft leisten, als wenn ich Gott zum Zeugen anrufe, dass ich würdig sey, von Ihnen anempfohlen zu werden. Fernere Behelfe, welche mir Ihre Verwendung erwerben sollen sind 1^{tens} Alle meine sehr guten Schulzeugnisse, welche ich, so zu sagen in Saft und Blut verwandelt habe, da ich als ein sehr armer Schullehrerssohn alle Kenntnisse Gott, meinem unermüdeten Fleiss und der dadurch erhaltenen Wohlthäter verdanke. 2^{tens} Bin ich der italiänischen, französischen und insonderheit der lateinischen Sprache so vollkommen mächtig, dass ich dieselben mit aller nur erdenklichen Geläufigkeit und Richtigkeit spreche. 3^{tens} Bin ich erbiethig aus allen Wissenschaften jeder Zeit Prüfung zu machen. 4^{tens} Ein Oestreicher, Schullehrerssohn, 24 Jahr mitterer Statur, blaue Augen, rothgefärbten Gesichte, blonde Haare und sehr gesund. Im vollen Vertrauen auf Ihre göttliche Willfehrigkeit, guten Menschen zu nützen, sehe ich mit Vergnügen einer baldigen Antwort entgegen in dessen ich bin

Dero
ganz ergebenster
Joseph Kieninger
Erzieher.

Adresse: Erzieher der Grafen Sportizzi, in V e r o n a .

Überlieferung

1 ZB Zürich, Ms Pestal 52/53, Umschlag 162/1
2 Bogen, 239 x 180 mm
5 Original

Textkritik

Zeuge H
Z. 11   *Condition*: lateinische Schrift
Z. 44   *Joseph Kieninger*: lateinische Schrift
Z. 46   *Adresse*: lateinische Schrift
Z. 46   *Sportizzi*: lateinische Schrift

Sacherklärung

I.

Joseph Kieninger (*1793) aus Altruppersdorf (Niederösterreich) ist Sohn eines Lehrers und studiert 1814/15 an der Universität Wien während zwei Semestern Erziehungslehre, zudem besucht er 1815 eine Vorlesung in Kirchenrecht. In der Matrikelliste von 1814 wird Kieninger als Kleriker zu Geras (Niederösterreich) geführt.

II.

Mit diesem Brief bewarb sich Joseph Kieninger (*1793, ⇒ Sacherklärung I.) als Lehrer bei Pestalozzi, um seine pädagogische Ausbildung zu vervollständigen. Er scheint aber nicht nach Yverdon gekommen zu sein, zumindest taucht sein Name im Briefwechsel nicht mehr auf.

III.

Z. 5   P[raemisso] T[itulo]: mit Voraussetzung des Titels (lat.)
Z. 46 *Grafen Sportizzi*: Die Grafen Sportizzi konnten nicht näher bestimmt werden. Möglicherweise handelt es sich bei diesem Namen um die italienisierte Form eines österreichischen Nachnamens, der allerdings auch nicht näher bestimmt werden konnte.

1729.
Wilhelm Albrecht Muther
14. August 1817

S[eine]r Wohlgeboren
5 Herrn Pestalozzi
Vorsteher einer Erziehungsanstalt
in
Iferten.

frey.

10   Elfenau bey Bern den 14ten August 1817

Mein herzlichgeliebter Vater und Freund!
Bey meiner gestrigen Rückkehr von einer kleinen Reise ins Oberland fand ich Ihren mir unschätzbaren und gewiss für mein ganzes Lebensziel höchst segensvoll [w]irkenden Brief. Ich eile Ihnen mei-
15 nen herzinnigen Dank dafür einstweilen durch Worte und – so bald mirs der Himmel vergönnen wird – durch die That zu beweisen.
Mein Vater! ich bin Willens die Gedichte für Verehrer Jesu, zu denen noch 6 neue gekommen sind, die ebenfalls den Beyfall des trefflichen Herrn Professor Hünerwadel in Bern haben und wovon
20 ich Ihnen beyfolgend eine zu behaltende Abschrift von dem Gang zur Kirche mittheile, in meiner Vaterstadt Coburg drucken zu lassen. Ihre inhaltsschweren und mir ganz aus der Seele gesprochenen Worte, deren ich aber bey Gott noch unwürdig bin – werde ich, weil Sie mir die Erlaubniss dazu gaben, dem Verleger – wahrscheinlich
25 Herr Senator Meusel in Coburg – mitschicken. Es thut meinem Herzen so wohl durch Sie, ehrwürdiger Vater, dem Volke mich nahen zu dürfen. Sobald die Gedichte erschienen sind werde ich Sie Ihnen

und Herrn Schmid, den ich herzlich grüsse und dessen persönliche
Bekanntschaft ich sehnlichst zu machen wünsche zusenden.
    Seyn Sie versichert, geliebter Vater! dass ich mirs innigst angelegen seyn lassen werde nach Kräften zur Beförderung Ihrer menschenfreundlichen Zwecke beyzutragen und zu Subscriptionen aufzumuntern. Wie freue ich mich in der Arauer Zeitung zu lesen, dass der Subscriptionstermin bis auf den 12ten Januar 1818 Ihren gesegneten Geburtstag verlängert ist. Hoffentlich kann ich vorzüglich auf meine Landsleute, auf die Coburger wirken; auf Berner nicht so sehr.
    Mit dem sehnlichen Wunsche so bald als möglich bey Ihnen zu seyn um mich glücklich zu fühlen durch Ihre herzliche Ansprache, bin ich mit inniger Liebe für Sie und Ihre gute Sache,
                                Ehrwürdiger Vater
                                        Ihr
                                      Muther

    Der Gang zur Kirche.
Horcht der Glocken Festgeläute,
    Wie ergreift es Herz und Sinn!
Väter, Mütter, Kinder, Bräute
    Wallen zu der Kirche hin.
Treten durch die stille Pforte
    In das Haus des Vaters ein
Um an diesem heil'gen Orte
    Frommer Andacht sich zu weihn!
    ———————
Feyerlichen Orgeltönen
    Öffnet sich des Hörers Ohr
Und es tritt das Reich des Schönen
    Aus dem Irdischen hervor.
«Christen gebet Gott die Ehre!»
    Singt der Pfarrer am Altar.
Es erwiedern frohe Chöre
    «Ehre heut' und immerdar!»
    ———————
Nun beginnt des Liedes Weise
    Langsam, ernst und anspruchslos
Und es singt zu Gottes Preise
    Arm und reich und klein und gross.
Zu gemüthlicher Erbauung
    Sind die Herzen angeregt

Und durch innige Beschauung
　　Aufgemuntert und bewegt.

　　Aller Sorg' und Müh' entledigt
70　Freu'n sich alle süsser Ruh
　　Und der würd'ge Pfarrer predigt –
　　Und sie hören gern ihm zu.
　　Seines Herzens weise Lehren
　　　　Stehn in Gottes heil'gem Buch.
75　Rührung netzt den Blick mit Zähren
　　Und zu Herzen dringt sein Spruch.

　　«Einen Freund in Gott zu finden,»
　　　　Spricht er, «ist das höchste Glück –
　　Gott, führt uns aus Irrgewinden
80　　　In der Heimat Land zurück!
　　Unser Thun und unser Streben
　　　　Hat das eine grosse Ziel
　　Immer seliger zu leben
　　　　Durch der Tugend Hochgefühl!

85　Lernt aus unsers Heilands Milde
　　　　Wo des Lebens Freude wohnt –
　　Lernt aus Seiner Güt' und Milde
　　　　Wo die Menschenliebe thront –
　　Lernt aus seinem Geist und Walten
90　　　Das was gross und göttlich ist –
　　Und wenn sich die Hände falten
　　　　Ruft gelobt sei Jesus Christ!

　　Amen!» Feyerliche Stille
　　　　Herrscht im heil'gen Gotteshaus,
95　«Vater es gescheh dein Wille!»
　　　　Sprechen alle betend aus.
　　Und im Geist auf guten Wegen
　　　　Rührt sie keines Spötters Spott
　　Und der Pfarrer spricht den Segen:
100　　«Unsern Ausgang segne Gott!»

Überlieferung

1　ZB Zürich, Ms Pestal 53/54, Umschlag 251/1 (= H1), Umschlag 251/21 (= H2)

2 Bogen, 235 x 190 mm
4 Datum am Schluss, Siegel, Dorsualvermerk *Elfenau, den 14. August 1817. Muther.*
5 Original

Textkritik

Zeuge H
Z. 4-43   H1
Z. 44-100   H2
Z. 58   < Ruft > *Singt*
Z. 89   < Lern > *Lernt*

Sacherklärung

I.

Wilhelm Albrecht Muther (1789-1858) aus Coburg (Bayern) studiert Theologie an der Universität Jena. Nach einer kurzen Tätigkeit im Jahr 1811 als Lehrer am Privatinstitut des Coburger Edukationsrats, späteren Diakons und Pestalozzi-Anhängers Ehregott Wilhelm Gottlieb Bagge (1781-1860), der 1822 die Musterschule in Frankfurt am Main übernimmt, wird er Hauslehrer beim Berner Grossrat Rudolf Abraham von Schiferli (1775-1837, ⇒ Nr. 1382 c). Nach seiner Promotion an der Universität Jena 1819, wo er 1815 wie Pestalozzi Mitglied der *Sozietät für die gesammte Mineralogie* (⇒ Nr. 811) wird, übernimmt er 1820 das Pfarramt in Breitenau (heute Bad Rodach, Bayern). Als Diakon, dann Sub- und schliesslich Archidiakon an den Kirchen Coburg-Heiligkreuz ab 1827 und Coburg-St. Moriz ab 1844 ist er zugleich Inspektor des Waisenhauses, Garnisonsprediger und Mitglied der Armenkommission. Seit 1845 lehrt er am Ernst-Albert-Schullehrerseminar in Coburg, dem er bis 1856 als Co-Leiter vorsteht.

II.

Da der Brief Pestalozzis an Albrecht Muther (1789-1858, ⇒ Sacherklärung I.) nicht erhalten zu sein scheint, ist unklar, worüber sich Muther freut. Möglicherweise hatte Pestalozzi Muthers Gedichte gelobt und ihn ermutigt, diese zu veröffentlichen.

III.

Z. 8   *Iferten*: dt. Name für Yverdon
Z. 14   *Brief*: scheint nicht erhalten zu sein
Z. 17   *Gedichte*: Albrecht Muther: Gedichte für Verehrer Jesu. Zürich 1817
Z. 19   *Hünerwadel*: Samuel Gottlieb Hünerwadel (1771-1848) aus Lenzburg wurde nach seinem Theologiestudium in Tübingen 1807 Professor der Theologie an der Akademie zu Bern und unterstützt als Mitglied des Kirchen- und Schulrates (ab 1813) die Bibelgesellschaften in Basel und Bern.
Z. 20   *Abschrift*: Z. 44-100
Z. 25   *Meusel*: Johann Georg Meusel (1743-1820) aus Coburg wurde nach seinem Geschichts- und Philologiestudium in Göttingen und Wittenberg 1768 Professor für Geschichte in Erfurt und wechselte 1779 an die Universität Erlangen, wo er bis zu seinem Tod blieb. Anerkennung und Bekanntheit verschaffte er sich als Lexikograph und Bibliograph, vor allem durch die Herausgabe des *gelehrten Teutschland oder Lexikon der jetztlebenden teutschen Schriftsteller*. Der Band wurde jedoch nicht wie hier

Wilhelm Albrecht Muther (1789–1858, ⇒ Sacherklärung I.) andeutete, bei Meusel, sondern bei Orell, Füssli & Comp. in Zürich publiziert.

Z. 28 *Schmid*: Joseph Schmid (1785–1851) ⇒ Nr. 712

1730.
Herdersche Buchhandlung
15. August 1817

Herrn Pestalozzi in Yverdon

Freiburg den $^{15}/_8$ 17.

Die mir zugesandte Ankündigung werde bestens verbreiten.
Beifolgend bin ich so frey Ihnen zu den billigsten Preissen nachstehende Werke für I h r   I n s t i t u t zu übermachen

1 Kupferbibel Alt[es] Test[ament] 1 = 4^s Heft	
& 1 = 6^s Heft N[eues] T[estament]	f. 10.–
1 Ewalds Erzählungen A[ltes] T[estament] 1 = 3^s	
& N[eues] T[estament] 1 = 5^s Heft	2.24
1 Knechts Katechismus statt fl. 1.48 nur	1.20
1 — Übungsstücke 1 = 3^s Heft statt f. 2.42 nur	2.–
1 — Knechts Klavierstücke 1 = 6^s Heft statt f. 5.24 nur	4.–
	f. 19.44

Es wir Ihnen leicht seyn, mehrere Exempl[are] besonders von der Kupferbibel für Ihr Institut zu brauchen. Ich nehme soviel Sie davon wählen, von Ihren Schriften dagegen.

Vor der Hand mögen Sie mich für 2 E x e m p l [a r e] als Subscribent vormerken. Solte es Ihnen aber gefällig seyn, auch in dorttige Gegend für meine Kupferbibel Sich zu verwenden, so dörfen Sie darauf rechnen, dass ich Ihnen gegen 12–15 Exempl[are] zu verschliessen mir alle Mühe geben werde.

Hochachtungsvoll
Herdersche Buchhandlung

Überlieferung

1 ZB Zürich, Ms Pestal 51/52, Umschlag 124/1
2 Bogen, 217 × 161 mm
4 Dorsualvermerk *Freiburg, d[en] 15. 8bre 1817. Herdersche Buchh[an]dlung.*
5 Original

Textkritik

Zeuge H

Sacherklärung

I.

Herdersche Buchhandlung ⇒ Nr. 1398 b

III.

Z. 6 *Ankündigung*: Johann Heinrich Pestalozzi: Pestalozzi gegen ein Missverständnis in seinem Subskriptionsplan (PSW XXV, S. 69–80)
Z. 9 *Kupferbibel*: Schriften, die heiligen, des alten und neuen Testaments in biblischen Kupfern nach den besten Meistern. Freiburg 1817
Z. 11 *Ewalds Erzählungen*: Johann Ludwig Ewald: Biblische Erzählungen des alten und neuen Testaments, mit Kupferstichen. Freiburg 1817
Z. 13 *Knechts Katechismus*: Justus Heinrich Knecht: Allgemeiner musikalischer Katechismus, oder Inbegriff der allgemeinen Musiklehre. Vierte, verbesserte Auflage. Freiburg 1816
Z. 13 *fl.*: Abkürzung für Gulden
Z. 14 *Übungsstücke*: Justus Heinrich Knecht: Kleine und leichte Übungsstücke zum Clavierspielen für die ersten Anfänger, Heft 3. Freiburg 1815
Z. 15 *Klavierstücke*: Justus Heinrich Knecht: Neue Sammlung von Clavierstücken, Heft 6. Freiburg 1815
Z. 20 *Schriften*: Johann Heinrich Pestalozzi: Sämmtliche Schriften, 12 Bände. Stuttgart 1819–1824

1731.
Rose Suzanne Maulaz-Combe
16. August 1817

Bern

5   Grandson 16. Augstm[onat] 1817.
Herr Combe alie Klimrath unterschreibt für 2 Exemplar von Pestalozis Werken;

im Namen desselben
S[uzanne] Maulaz née Combe

Überlieferung

1   ZB Zürich, Ms Pestal 53, Umschlag 204/1
2   Blatt, 238 x 191 mm
4   Datum am Schluss, Dorsualvermerk *Grandson, den 16. Augs[t] 1818. S[uzanne] Maulaz née Combe*
5   Original

Textkritik

Zeuge H
Z. 5 *Grandson*: lateinische Schrift
Z. 6 *Combe alie Klimrath*: lateinische Schrift
Z. 9 S[uzanne] Maulaz née Combe

Sacherklärung

I.

Rose Suzanne Maulaz-Combe (1778–1868) ⇒ Nr. 979

III.

Z. 6 *Combe*: David François Combe (1773–1848) aus Orbe (Kt. Waadt), verheiratet mit Dorothea Klimrath, war ab etwa 1817 als Kaufmann in Bern tätig.
Z. 6 *alie*: allié (verheiratet, frz.)

1732.
Johannes Niederer
August 1817

Lieber Herr Pestalozzi.

Ich habe die Ehre, Ihnen 2 gestern Morgen erhaltene Briefe in Copie zu übermachen. Meine persönliche Rücksicht auf Sie macht mirs zur Pflicht Ihnen Kunde davon zu geben.

Der Inhalt überraschte mich einerseits unangenehm, indem ich sah, dass noch immer fortgefahren wird mit Zöglingen meiner Anstalt über Gegenstände zu sprechen die kaineswegs für sie gehören, und deren Folgen die Nothwendigkeit sie ausser Berührung mit Ihrem Haus und sogar mit Ihrer Person zu bringen, täglich mehr rechtfertigen. Dann bemerkte ich aber auch mit wahrem Vergnügen und meiner dankbaren Empfindung gegen Sie, dass es Ihnen ernst scheine, das Rechnungsverhältniss mit meiner Frau zu berichten.

Erlauben Sie mir Ihnen den einfachen und natürlichen Gesichtspunkt dieses Verhältnisses, als die Grundlage vor Augen zu stellen, von der ich auf keine Weise abweichen kann.

Als ich mich von Ihrer Anstalt trennte, wurden von Ihrem Haus aus die schändlichsten Gerüchte über unsern Missbrauch Ihrer oekonomischen Güte und Sorglosigkeit verbreitet. Das sittliche Interesse Ihrer Aufgabe wie Ihre und unsre Ehre und Würde erforderten, diesen Verlaümdungen Einhalt zu thun. Die Wiederherstellung und Fortdauer meiner wohlwollenden und achtungsvollen Stellung zu einander, und die Vereinigung unsrer Kräfte in freyer Selbstständigkeit zur Erreichung des gemeinschaftlichen, der Menschenbildung geweihten Zieles hieng davon ab.

Ein erster, unerläslicher und zugleich sicherer Schritt war die freundschaftliche Auseinandersetzung des Rechnungsverhältnisses mit meiner Frau. Da nur Sie beide allein die Natur und den Umfang desselben kennen können, so lud sie Sie wiederholt zu einer Unterredung ein, und bat Sie wenn Sie es für gut finden würden, vertraute Freünde und Kenner des Gangs und Zustands Ihres Hauses zu zu ziehen. Die Herren Mieg, Kuster etc. wurden dabei ausdrücklich genannt.

Anstatt sich darauf einzulassen, schickten Sie uns eine Generalquittung. Ich bin ganz überzeugt, dass Sie dabei aufrichtig eine Handlung der Grosmuth zu thun glaubten. Allein bei der auch von Ihnen beglaubigten Meinung als komme Ihnen in Hinsicht auf Ihr Verhältniss zu meiner Frau eine bedeutende Summe zu gut, konnte von der Annahme einer solchen um so weniger die Rede seyn, da ja gerade der Missbrauch Ihrer oekonomischen Grossmuth Grund und Vorwand der gegen uns gerichteten Verlaümdung war.

Meine Frau schickte Ihnen daher ihre Rechnung, mit der Aufforderung sie entweder anzuerkennen, oder Ihre Gegenrechnung aufzustellen.

Es war durchaus recht dass Sie sie prüften. Wir waren unbedingt bereit, alles was nur irgend zweifelhaft seyn konnte, wenn es dergleichen gab fallen zu lassen und hingegen alles anzuerkennen, was von Ihrer Seite, auf Wahrheit gegründet, aufgestellt werden konnte.

Statt in diesen auf wahre Liebe gegründeten Gesichtspunkt einzutreten, machte man uns das Aufstellen einer

Überlieferung

1   ZB Zürich, Ms Pestal 53/54, Umschlag 262/IV,79
2   Bogen, 241 x 199 mm
4   Notiz *wegen dem Rechnungsverhältnis*
5   Original

Textkritik

Zeuge H
Z. 11   *Berührung* < *** > *mit*
Z. 14   *Ihnen* < *** > *ernst*
Z. 28 f.   *die* < *andauernde* > *freundschaftliche*
Z. 34   *Mieg*: lateinische Schrift
Z. 36 f.   *Generalquittung*: lateinische Schrift

Z. 44 *daher* <*ihr*> *ihre*
Z. 47 *waren* <*ehe*> *unbedingt*

Sacherklärung

I.

Johannes Niederer (1779–1843) ⇒ Nr. 507

II.

Es ist unklar, ob Johannes Niederer (1779–1843, ⇒ Nr. 507) diesen Brief zu Ende geschrieben und tatsächlich abgeschickt hat. Überliefert ist jedoch, dass Pestalozzi am 15. August 1817 (PSB X, Nr. 4737) Niederer schriftlich anbot, die aus Sicht von Rosette Niederer-Kasthofer (1779–1857, ⇒ Nr. 842) bestehenden Schulden zu begleichen, worauf Niederer Pestalozzi am nächsten Tag mitteilte, dass er 80 Louisdor beziehen werde (⇒ Nr. 1733).

III.

Z. 5   *Briefe*: Es ist unklar, welche Briefe damit gemeint waren.
Z. 15 *Frau*: Rosette Niederer-Kasthofer (1779–1857) ⇒ Nr. 842
Z. 34 *Mieg*: Johann Elias Mieg (1770–1842) ⇒ Nr. 1244
Z. 34 *Kuster*: Laurenz Jakob Custer (1765–1822) ⇒ Nr. 748
Z. 36 *Generalquittung*: ⇒ Nr. 1700

1733.
Johannes Niederer
16. August 1817

Herrn
5 Herrn Pestalozzi
im
S c h l o s s

Iferten den 16ten August 1817.

An Herrn Pestalozzi
10 Ich erkläre, als Antwort auf H[errn] Pestalozzis Zeilen unterm gestrigen Datum, dem 15ten August 1817, dass ich, unter dem Vorbehalt der Rechnungsrichtigkeit, ferner dass diese Rechnungsangelegenheit für mich als bürgerliche Rechts[-] und Pflichtsache angesehen und behandelt werde, 80 Louisdor bis Ende dieses Monats zahlbar, nach
15 dem von H[errn] Pestalozzi gemachten Anerbieten, von ihm beziehen werde. Zur gegenseitigen Darlegung der Bücher, in so fern sie diese Angelegenheit betreffen, und zur Anerkennung von H[errn] Miegs Darzwischenkunft verpflichte ich mich, namens meiner Frau. Ihre v ä t e r l i c h e Handlungsweise betrachten wir von dieser

Rechtssache so unabhängig als unsre k i n d l i c h e gegen Sie. Wir werden uns unaussprechlich freuen den Einfluss der Erstern fortdauernd zu erfahren und bitten Sie um dieselbe so wie uns nichts erfreulicher seyn wird, als Ihnen unsre kindliche Anhänglichkeit und Treue bis an Ihr Grab beweisen zu können.

Joh[annes] Niederer

H[errn] Schmids Billet schicke hirmit zurück, da ich so wenig in Geld als pädagogischen Sachen etwas von ihm will. Ich durfte hoffen und erwarten von I h r e r v ä t e r l i c h e n G e s i n n u n g, Sie würde auch das ohne diesen Dritten, mit mir abmachen.

Überlieferung

1 ZB Zürich, Ms Pestal 53/54, Umschlag 262/IV,70
2 Blatt, 262 x 200 mm
4 Datum am Schluss, Siegelausriss, Dorsualvermerk *Jverdon, 16 August 1817. Niederer. N°. 10, Produit en Tribunal du District d'Yverdon, le 1er Octobre 1823 – Greffe*
5 Original

Textkritik

Zeuge H

Z. 5	*Pestalozzi*: lateinische Schrift
Z. 14	*Louisdor*: lateinische Schrift
Z. 18	*Miegs*: lateinische Schrift
Z. 23	*Ihnen* < * > *unsre*
Z. 26	< *Die* > *H[errn]*

Sacherklärung

I.

Johannes Niederer (1779–1843) ⇒ Nr. 507

II.

⇒ Nr. 1732

III.

Z. 8	*Iferten*: dt. Name für Yverdon
Z. 10	*Zeilen*: PSB X, Nr. 4737
Z. 14	*Louisdor*: frz. Goldmünze
Z. 18	*Miegs*: Johann Elias Mieg (1770–1842) ⇒ Nr. 1244
Z. 18	*Darzwischenkunft*: Wie aus dem vorangehenden Brief Pestalozzis vom 15. August 1817 deutlich wird (PSB X, Nr. 4737), wollte Pestalozzi ausschliesslich unter Beizug von Johann Elias Mieg (1770–1842, ⇒ Nr. 1244)

	über die Rechnungsfragen Auskunft geben. Mieg war auch bei einer früheren vertraglichen Vereinbarung bezüglich des Töchterinstituts (⇒ Nr. 867) hinzugezogen worden.
Z. 18	*Frau*: Rosette Niederer-Kasthofer (1779–1857) ⇒ Nr. 842
Z. 26	*Schmids*: Joseph Schmid (1785–1851) ⇒ Nr. 712
Z. 26	*Billet*: Mit diesem Billet war möglicherweise die Generalquittung (⇒ Nr. 1700) gemeint, welche Pestalozzi über Joseph Schmid (1785–1851, ⇒ Nr. 712) an Johannes Niederer (1779–1843, ⇒ Nr. 507) übermitteln liess. Das Schreiben ist allerdings nicht erhalten.

1734.
John Synge
18. August 1817

Dublin Aout 18. 1817.

Mon cher Pestalozzi.

Je prend l'occasion de Monsieur Scott veritable ami de la sujet d'Education, de vous ecrire quelques lignes vous priant de lui rendre tout l'attention possible dans son visite a l'Institut – Je vous ai ecrit un lettre bien detaille de notre progress dans les pas de Votre System ici en mois de Janvier passée. Mais M[onsieur] Lager m'a dit qu'il n'etoit pas arrivé avant son depart. M[onsieur] Scott peut vous dire appresent tout que nous faisons ici. Mais Je vous prie de m'ecrire quelques lignes pour m'informè de vous même de tems en tems. M[onsieur] S[cott] peu[t] m'apporter chose quelconque que vous avez de nouveau. Particuliairement Lager parle de quelque ouvrage travaillè dernierement par Heïne sur la Langue Allemand, pour l'instruction de chaque Langue Maternelle. Je vous prie de m'envoyer un idea tel courte que ce soit sur se rapport et deux exemplaires du Lesebuch von Tillichs – si vous savez quelques nouvelles de notre ami M[ada]me Pobechien Je vous prie de me le dire il est plus qu'un an que Je n'ai rien entendu.

Faire mes souvenirs véritables a toute Mes amis en Yverdun et restez vous sûre Mon Cher Pestalozze

de l'attachement sincère et fiel
de votre ami toujours devoue
John Synge

Überlieferung
1 ZB Zürich, Ms Pestal 55a, Umschlag 365/2
2 Blatt, 238 x 188 mm

4 Datum am Schluss
5 Original

Textkritik

Zeuge H

Sacherklärung

I.

John Synge (1788-1845) ⇒ Nr. 1500

II.

John Synge (1788-1845, ⇒ Nr. 1500) hatte sich während seiner Europareise 1814 auch während drei Monaten in Yverdon aufgehalten und 1815 in Roundwood (Wicklow) eine Schule (⇒ Nr. 1500) eröffnet. Den Besuch von Carl Wilhelm Weyde Scott (1780-1836, ⇒ Z. 6) nahm er zum Anlass, sich bei Pestalozzi in Erinnerung zu rufen und sich nach neuen Lehrmitteln zu erkundigen.

III.

Z. 6 *Scott*: Möglicherweise ist hier der in Irland geborene Carl Wilhelm Weyde Scott (1780-1836) gemeint. Er studierte in Irland Philosophie und kam 1806 nach Deutschland, wo er in Ludwigslust als Lehrer eine Anstellung fand und später eine eigene Privatschule gründete. Er verfasste Deutschlernmittel für Englischsprachige und mathematische Schriften. Eine direkte Verbindung zwischen Scott und John Synge (1788-1845, ⇒ Nr. 1500) konnte aber ebenso wenig nachgewiesen werden wie ein Besuch in Yverdon, da keine Besucherbücher des Instituts existieren.

Z. 9 *lettre*: ⇒ Nr. 1570

Z. 10 *Lager*: Jean Laager (1791-1843) aus Mollis (Kt. Glarus) war von 1813 bis 1817 zunächst Schüler und dann Lehrer in Yverdon, leitete daraufhin unter Mithilfe von Louis Albert Dupuget (1796-1860, ⇒ Nr. 1189) die nach pestalozzischen Grundsätzen geführte Schule (⇒ Nr. 1955) von John de Vesci (1771-1855, ⇒ Nr. 1500) in Abbeyleix (Leinster, Irland) und arbeitete später als Lehrer in St. Gallen, wo er auch starb.

Z. 16 *ouvrage*: konnte nicht näher bestimmt werden

Z. 19 *Lesebuch*: Ernst Tillich: Erstes Lesebuch für Kinder, 2 Hefte. Leipzig 1809-1811

Z. 20 *Pobechien*: Sophie von Pobeheim (1767-1857) ⇒ Nr. 1260

1735.
Johanna von Vay-von Adelsheim
19. August 1817

An Herrn
Herrn Heinrich Pestalozzi Ritter des St.
Wladimir-Ordens, Wohlgebohren
zu
I f e r t e n.
in der Schweiz.

de M i s k ö l t z
Franco.
über Wien
Augsburg
Basel

Söltza den 19ⁿ August 1817

Erst heute komme ich dazu, innig Verehrtester, Ihnen zu antworten, doch bin ich nicht so träge, wie ich scheine. Gleich nach Empfang Ihres mir so theuern Schreibens liess ich, auf Beistimmung des Herrn Professor Schedius, (Ihres warmen Verehrers) den mir überschickten Prospect Ihrer Werke durch den Druck vervielfältigen. In Pest und Ofen sammelte ich, mit Hülfe der guten Theresse Brunswick, die so glücklich ist Ihnen persöhnlich bekannt zu sein, gegen 40 Suscriptionen, die Ihnen Herr v[on] Schedius bis jetzt hoffentlich schon nahmentlich eingeschickt hat; hier auf dem Lande gedenke ich auch noch mehrere zu bekommen und werde sie Ihnen noch vor Verlauf Septembers übermachen. In Wien habe ich keine Verbindungen von denen ich hoffen könnte, dass sie uns beförderlich sein würden. Zum erstenmal in meinem Leben wünschte ich mir einen ausgedehnten Kreiss von Bekannten um Ihren Wünschen mehr zu entsprechen – und doch auch nicht blos darum, sondern weil ich tief von der Wichtigkeit der Verbreitung Ihrer Ideen über Menschenbildung durchdrungen bin; weil nur aus ihnen allein unserm Zeitalter Rettung und Ruhe hervorgehen kann. Mit inniger Befriedigung las ich und lese ich noch täglich, Ihr leztes Werk über diesen Punkt u[nd] seegne Sie für den reinen Genuss den es mir u[nd] so vielen gewährt; ich seegne Sie noch mehr für den ausgesprochnen Wunsch, den schon lange wohl jede Mutter, der Sie nicht fremd blieben, still im Herzen trägt, dass ein vollständiges B u c h
f ü r M ü t t e r erscheinen möge. Freilich erwarteten wir es blos von Ihnen, unser und unserer Kinder treustem Freunde, oder es müsste

wenigstens in Ihrer Umgebung erscheinen, damit Ihre Erfahrung u[nd] Ihr Gefühl ihm den Stempel der Ächtheit aufdrücken.

Über den Drang zum Wohlthun, der in der lezten Zeit alle Stände und auch mein Geschlecht ergriff, dessen Sie in Ihrem Werk erwähnen, wage ich es Ihnen eine kleine Beobachtung mitzutheilen, die ich täglich zu machen Gelegenheit habe. Auch bei uns bildete sich ein Frauen-Verein, man zog mich dazu; anfänglich sträubte sich mein inneres Gefühl dagegen; mir schien ein Weib solle blos seinem Hause leben; Gelegenheit fremder Noth abzuhelfen findet jedes, dem es herzlich darum zu thun ist, ohne Geräusch u[nd] Gepränge. Aber ich wete; den Armen würde durch öffentliche Vereinigung der Kräfte doch mehr geholfen und, was beinahe noch mehr ist, die Vorsehung bedient sich des phisischen Elendes der Armen um dem moralischen Elende des Wohlhabenden abzuhelfen. Bei der, der Hülfe immer vorangehenden Untersuchung, findet es sich meistens, dass Mangel an Erziehung, Mangel an Sinn für Häuslichkeit, Leichtsinn, Unordnung, Eitelkeit, Trägheit, der Grund davon waren; es kommen Wahrheiten zur Sprache an die sonst die Frauen der grossen Welt nie dachten; in dem sie dem Roman sagen «erziehe dein Kind besser,» fühlen sie dass sie auch selbst Kinder haben, die einer bessern Erziehung bedürfen; man hört wenig mehr über Stadt-Geschichten sprechen, die Unterhaltung gewinnt ein höheres Interesse; das Gefühl, dass noch vielem Elend abzuhelfen ist erstickt den übermässigen Hang zu Putz u[nd] Verschwendung, mit einem Wort, in diesem Augenblick oder nie kann mein Geschlecht auf den Standpunkt zurückgeführt werden, den ihm Gott anwiess, wenn man ihm hülfreiche Hand leistet, und darum sehe ich der baldigen Erscheinung Ihrer Werke mit so vieler Freude u[nd] Sehnsucht entgegen. – Auch mein Haus bleibt nicht ganz unthätig; Szabó gibt in diesem Augenblick, auf Verlangen der protestantischen Schulvorsteher, eine ungarische Schrift über die Verbesserung der Volksschulen heraus, er beweisst sich darinn als Ihr würdiger Schüler; ich hoffe es soll fruchten, wiewohl sich noch immer hien u[nd] wieder Stimmen g e g e n Volksbildung hören lassen.

Meine Söhne blieben nebst den H[erren] Szabó u[nd] Egger in Pest zurück, in einigen Wochen gedenke ich auch wieder bei ihnen zu sein; haben Sie die Güte mir gelegentlich zu sagen oder sagen zu lassen ob das Geld von den Suscribenten jezt oder erst dann eingesammelt wird, wenn ein Band erscheint u[nd] ob es an Sie oder an H[errn] Cotta geschickt wird?

Mein Mann empfiehlt sich Ihnen hochachtungsvoll und ich bin mit aufrichtiger Liebe u[nd] Verehrung
85
Ihre
gehorsamste Dienerin
J[ohanna] Vay geb[ore]ne Adelsheim.

Herr Otrukotsy, der auf Veranlassung meines Mannes in Hofwyl die Landwirtschaft lernte u[nd] Sie damals besuchte, ist in diesem Au-
90 genblick bei mir u[nd] wünscht in Ihr gütiges Andenken zurückgerufen zu werden.

Überlieferung

1 ZB Zürich, Ms Pestal 55a/56, Umschlag 376/2
2 Bogen, 239 x 185 mm
4 Siegelspuren, Dorsualvermerk *Söltza, d[en] 19. Aug[st]en 1817. J[ohanna] Vay geb[oren]e Adelsheim*
5 Original

Textkritik

Zeuge H

Z. 63	*ist < macht > erstickt*
Z. 69	*Szabó*: lateinische Schrift
Z. 75	*Szabó*: lateinische Schrift
Z. 80	*Cotta*: lateinische Schrift
Z. 85	*J[ohanna] Vay*: lateinische Schrift
Z. 86	*Otrukotsy*: lateinische Schrift

Sacherklärung

I.

Johanna von Vay-von Adelsheim (1776–1862) ⇒ Nr. 1238 a

II.

Am 20. bzw. 29. April 1817 (PSB X, Nr. 4614) hatte Pestalozzi einen Aufruf zur Subskription an seine «nähern Freunde» verschickt, der meist noch mit einigen persönlichen Zeilen ergänzt wurde, so wohl auch der Brief an Johanna von Vay-von Adelsheim (1776–1862), ⇒ Nr. 1238 a). Und wie die meisten angeschriebenen Bekannten bemühte sich auch Johanna von Vay, möglichst viele Subskribenten zu sammeln.

III.

Z. 8	*I f e r t e n* : dt. Name für Yverdon
Z. 10	*M i s k ö l t z* : Miskolc (Ungarn)
Z. 15	*Söltza*: Tolcsva (Ungarn)
Z. 18	*Schreibens*: scheint nicht erhalten zu sein

Z. 19	*Schedius*: Ludwig von Schedius (1768–1847) ⇒ Nr. 1740
Z. 21	*Pest*: heute Teil von Budapest
Z. 21	*Ofen*: Obuda, heute Teil von Budapest
Z. 21 f.	*Brunswick*: Gräfin Therese von Brunsvik (1775–1861) ⇒ Nr. 1035
Z. 34	*Werk*: Damit dürfte wohl Johann Heinrich Pestalozzis *Buch der Mütter, oder Anleitung für Mütter, ihre Kinder bemerken und reden zu lehren* (1803) gemein sein (PSW XV, S. 341–424).
Z. 68	*Werke*: Johann Heinrich Pestalozzi: Sämmtliche Schriften, 12 Bände. Stuttgart 1819–1824
Z. 69	*Szabó*: Jánoshoz/János/Johann von Szabó (1783–1864) ⇒ Nr. 1215
Z. 71	*Schrift*: János von Szabó: A' hazabeli kissebb oskoláknak jobb lábra állításokról: nevezetesen hogy kellene azokat a' szorgalom industrialis oskólákkal egybe-kötni: különös tekintettel a' protestánsok' oskoláira. Pest 1817 (*Von der Verbesserung der vaterländischen niederen Schulen, namentlich wie man sie mit Industrie-Schulen verknüpfen soll, mit besonderer Rücksicht auf die protestantischen Schulen*)
Z. 75	*Söhne*: Freiherr Nikolaus (Miklas) (1802–1894, ⇒ Nr. 1552) und Lajos von Vay (1803–1888, ⇒ Nr. 1552)
Z. 75	*Egger*: Wilhelm/Guillaume Egger (1792–1830) ⇒ Nr. 1234 a
Z. 80	*Cotta*: Johann Friedrich Cotta, Freiherr von Cottendorf (1764–1832) ⇒ Nr. 617
Z. 81	*Mann*: Baron Johann Nikolaus von Vay (1756–1824) ⇒ Nr. 1374 a
Z. 86	*Otrukotsy*: Herr Otrukotsy konnte nicht näher bestimmt werden.

1736.
Henriette Monnier-Ormond
19. August 1817

[Reg.] Frau Monnier erkundigt sich, ob ihr Sohn ins Institut eintreten könne.

Überlieferung

1 PSB X, S. 342.23 f.

Sacherklärung

I.

Möglicherweise ist hier Henriette Monnier-Ormond (um 1758–1836) gemeint, die als Tochter eines aus La Tour-de-Peilz stammenden Pfarrers in Deutschland zur Welt kommt. Sie heiratet 1779 in Vevey den Pfarrer Jean-Pierre Monnier (um 1744–1804) und lebt mit diesem, den Stationen seiner Karriere folgend, in Cully, Ormont-Dessous und Savigny, bis sie sich nach seinem Tod in der Heimatgemeinde ihres Vaters niederlässt; sie stirbt 1836 in Vevey (alle Kt. Waadt).

III.

Z. 4	*Sohn*: Damit dürfte wohl Charles Louis Monnier (1802–nach 1875) gemeint gewesen sein, der jüngste Sohn von Henriette Monnier-Ormond

(um 1758–1836, ⇒ Sacherklärung I.). Er kam in Savigny (Kt. Waadt) zur Welt und scheint später als Schreiner in Lausanne gelebt zu haben.

1737.
Elisabeth Krüsi-Näf
August 1817

[Reg.] Inhalt unbekannt.

Überlieferung

1   PSB X, S. 348.13

Sacherklärung

I.

Elisabeth Krüsi-Näf (1762–1836) ⇒ Nr. 594

1738.
J. G. Cottasche Buchhandlung
21. August 1817

S[einer] Wohlgebohrn
5 Herrn Pestalozzi
Iferten

Stuttgart d[en] 21^n Aug[ust] 1817.

Eur Wohlgebohrn
haben wir die Ehre, anliegend eine Bestellung auf Ihrer Wercke, zu
10 übersenden. – Zugleich legen wir hier ein Verzeichniss der bei uns eingegangenen Bestellungen bei.
Mit vollkomener Hochachtung
Eur Wohlgebohrnen
gehorsame
15 J. G. Cotta'sche Buchhandlung

Überlieferung

1   ZB Zürich, Ms Pestal 50/51, Umschlag 56/14
2   Bogen, 222 x 187 mm

4 Siegelspuren, Stempel *STUTTGART 24 AUG 1817*, Dorsualvermerk *Stuttgart, den 21. Aug[st]en 1817. J C Cotta'sche Buchh[an]dl[un]g*
5 Original

Textkritik

Zeuge H
Z. 5   *Pestalozzi*: lateinische Schrift
Z. 6   *I f e r t e n* : lateinische Schrift
Z. 15   *J. G. Cotta'sche*: lateinische Schrift

Sacherklärung

I.

J. G. Cottasche Buchhandlung ⇒ Nr. 1455 b

III.

Z. 6   *I f e r t e n* : dt. Name für Yverdon
Z. 9   *Wercke*: Johann Heinrich Pestalozzi: Sämmtliche Schriften, 12 Bände. Stuttgart 1819–1824

1739.
Marc Antoine Jullien
23. August 1817

J'aimerois qu'il pût vous convenir de quitter pour quelques jours votre montagne de Bullet, et de faire une excursion à Berne, pendant que j'y suis. J'ose croire que ce voyage seroit utile et satisfaisant pour vous et pour l'exécution de vos vues. Si vous vous decidez à venir et si vous me donnez de suite l'avis de votre prochaine arrivée, je prolongerai mon séjour à Berne pour vous attendre. Je désire alors que ma femme et mes enfans viennent m'y joindre, et vous pourriez vous arranger pour faire la route ensemble.

Überlieferung

1   Joseph Schmid: Fellenberg's Klage gegen Pestalozzi. Karlsruhe 1817, S. 12
6   Die Datierung folgt Israel II, S. 259, Anm. 1

Textkritik

Zeuge [a]

Sacherklärung

I.

Marc Antoine Jullien (1775–1848) ⇒ Nr. 1200

II.

Marc Antoine Jullien (1775–1848, ⇒ Nr. 1200) wollte sich mit Pestalozzi in Bern treffen um die Vereinigung des pestalozzischen Instituts mit demjenigen von Philipp Emanuel von Fellenberg (1771–1844, ⇒ Nr. 426) in Hofwyl voranzutreiben. Ende August 1817 reiste Pestalozzi denn auch nach Bern. Die Kooperationsvereinbarung wurde zwar am 17. Oktober 1817 (PSB X, Nr. 4795) unterschrieben, allerdings schon wenig später wieder gekündigt.

III.

Z. 10 *femme*: Sophie Jouvence Jullien-Nioche (†1832) ⇒ Nr. 1239
Z. 10 *enfans*: Adolphe (1805–1873, ⇒ Nr. 1239), Alfred (⇒ Nr. 1239) und Auguste Jullien (1802–1833, ⇒ Nr. 1239)

1740.
Ludwig von Schedius
24. August 1817

Pesth in Ungarn, den 24. August 1817.

Hochverehrter Herr!
Seit dem Augenblick, der mir Ihre herzliche Ankündigung von der vollständigen Ausgabe Ihrer für die ganze Menschheit so höchst wichtigen Werke zuführte, hatte ich mir vorgenommen, die Sammlung der Subscribenten, die sich in unsern Gegenden dazu ausfindig machen liessen, zu unternehmen. Ich habe mich zu dem Ende mit der würdigen Baroninn v[on] Vay, die sich Ihrer persönlichen Bekanntschaft erfreut, und die mich gleichfalls ihrer Gewogenheit würdigt, verbunden. Unsere gemeinschaftlichen Bemühungen sind nun so weit gediehen, dass ich Ihnen bereits 50, sage: f ü n f z i g Subscribenten auf die ganze Sammlung Ihrer Werke zusichern kann. Ich eile, diese Nachricht Ihnen jetzt vorläufig mitzutheilen, weil ich eben eine Reise nach Italien antrete, die mich wohl bis Ende Octobers von den hiesigen Gegenden entfernt halten dürfte. Indessen werden meine Freunde immer noch weiter für dieses Unternehmen sich interessiren, und ich hoffe nach meiner Zurückkunft, Ihnen noch mehrere Subscribenten anzeigen zu können, wo ich sodann auch ihre Namen alle einzeln gehörig einsenden werde. Meine Absicht hiebey, die ich Ihnen offen darlege, weil ich Ihrer Billigung versichert bin, ist folgende. Ich habe in Verbindung mit

einigen gut denkenden Freunden seit zwey Jahren an der hiesigen evangel[ischen] Gemeine die Schule nach Ihren Grundsäzen und Ideen zu organisiren angefangen, und zwar mit dem glücklichsten Erfolge. Nun wünschte ich diese Schule immer mehr zu consolidiern, und ihren Fond so zu sichern, dass ich für die Organisation und innere Einrichtung dieser Anstalt nichts mehr befürchten dürfe. Was ich nun von der Sammlung der Subscribenten für Ihre trefflichen Schriften allenfalls zum Vortheil erhalten kann, das ist Alles zur bessern Begründung meiner Schule bestimmt, deren Vorsteher ich bin, und die in ganz Ungarn zuerst Ihre Methode angenommen hat und mit so vielem Glücke befolgt.

Verzeihen Sie, Verehrter Mann, dass ich Ihnen diess Alles nur wie im Fluge mittheile; meine Geschäfte drängen mich. Alsogleich nach meiner Zurückkunft werde ich Ihnen den weitern Erfolg meiner Bemühungen melden. Indessen verharre ich mit der aufrichtigsten Hochachtung, und Anhänglichkeit
Ihr

wahrer Verehrer
Ludwig Schedius
Professor der Ästhetik an
der kön[iglichen] Universität, und Vorsteher der Schule an der hiesigen
evang[elischen] Gemeine.

Überlieferung

1 ZB Zürich, Ms Pestal 55, Umschlag 322/2
2 Bogen, 230 x 191 mm
4 Dorsualvermerk *Pesth, d[en] 24. Aug[st]en 1817. Lud[wi]g Schedius.*
5 Original

Textkritik

Zeuge H
Z. 11   *Vay*: lateinische Schrift
Z. 29 f.   *Organisation* <*der*> *und*
Z. 33   *bestimmt* ⌠
Z. 43   *Schedius*: lateinische Schrift

Sacherklärung

I.

Ludwig von Schedius (1768–1847) stammt aus einer ursprünglich deutschen Familie in Ungarn und wird 1792, nach einem 1790 mit Promotion abgeschlossenen Philosophie- und Geschichtsstudium in Göttingen, Professor für Philosophie und Ästhetik an der Universität in Pest. Diesen Posten hält er bis zu seiner Pensionierung 1843 inne, betätigt sich daneben aber auch auf zahlreichen anderen Feldern: Schedius ist Inspektor und Gründer mehrere Elementar- und Mittelschulen und Leiter des städtischen Theaters; er betätigt sich schriftstellerisch und macht sich mit einer Erdbeschreibung auch als Geograph einen Namen.

II.

⇒ Nr. 1735

III.

Z. 4   *Pesth*: heute Teil von Budapest
Z. 8   *Werke*: Johann Heinrich Pestalozzi: Sämmtliche Schriften, 12 Bände. Stuttgart 1819–1824
Z. 11   *Vay*: Johanna von Vay-von Adelsheim (1776–1862) ⇒ Nr. 1238 a
Z. 22   *einsenden werde*: ⇒ Nr. 1871
Z. 26   *Schule*: Die kurz nach Erlass des Toleranzedikts 1787 gegründete evangelisch-lutherische Kirchgemeinde in Pest erhielt 1798 eine Schule für zunächst 20 Kinder, die den seit 1792 stattfindenden Schulbetrieb in der Privatwohnung des Organisten institutionalisierte. Ludwig von Schedius (1768–1848, ⇒ Sacherklärung I.), der erste Inspektor der Gemeinde, arbeitete 1809 einen Entwurf aus zur Überführung der Gemeindeschule in ein Gymnasium, das dann bis 1823 allmählich entstand – das zweite Gymnasium der Stadt Pest. 1820 wurde die Schule von über 100 Zöglingen besucht, bot getrennten Unterricht für Mädchen und Knaben an und war mit einer Zeichen- und Gesangsschule verbunden. In seiner 1816 anonym veröffentlichten Schrift *Die Schule der evangelischen Gemeinde A.C. in Pesth* betonte Schedius die Bedeutung der Schule als öffentliche Einrichtung, die Bedeutung der Lehrerbildung und berief sich dabei auf Pestalozzi.

1741.
Christian Heinrich Schumacher
25. August 1817

Düsseldorf d[en] 25. Aug[ust] 1817.

Verehrter Herr Pestalozzi.

Vorigen Winter habe ich, wie Sie wissen, den an mich gerichteten Wechsel bezahlt und also endlich meine Schuld getilgt. Der hässliche Schatten in dem Sie mich hinsichtlich meines Schweigens und meiner Schuld oft werden gesehen haben ist damit jedoch noch nicht ausgelöscht; dieses kann nur in etwa durch ein reines Bekenntniss meiner Sünde geschehen, wenigstens glaubt der, der die Wahrheit sagt, jedem freier ins Gesicht sehen zu können und er fühlt sich auch gewiss erleichtert. Beinahe alle Lehrer, die nach dem Sinne des Worts ihr Amt zu verwalten suchen, haben kein Geld;

wenn es ihnen sehr gut geht, so haben sie satt zu essen. Eben so geht es mir. Oft habe ich so viel Geld vorräthig gehabt als zur Bezahlung der bei Ihnen gemachten Schulden nöthig war, aber in den meisten Fällen verschlepte ich es, einen Wechsel zu kaufen und wenn ich es thun wollte, so waren gerade keine zu haben, oder wenn deren zu haben waren, dann hatte ich kein Geld mehr. Die Ursache meines Schweigens werden Sie mir also hoffentlich nicht als Undankbarkeit der empfangenen Wohlthaten anrechnen; denn der Grund liegt ganz allein darin, dass ich von einer Zeit zur andern beabsichtigte das Schuldige zu bezahlen. Den mir gütigst mitgetheilten Plan zur Subscription Ihrer Werke habe ich empfangen und auch gleich meine Bekannten darüber gesprochen. Leider habe ich bis jetzt erst e i n e n gefunden, der sich zur Subscript[ion] entschlossen hat. Er heisst Birkmann und ist Lehrer hieselbst. Es versteht sich von selbst, dass Sie für mich auch ein Exemplar bei Cotta, wo Sie es glaube ich drucken lassen, bestellen. Dieses sind also erst 2 Exemplar auf die Birkmann und ich subscribiren. Sollte sich noch jemand finden der subscribiren will, so werde ich es Ihnen mit Freuden anzeigen. Mein herzlicher Wunsch ist, dass Ihre Anstalt dadurch so begründet werden möge, als es zur Fortbildung des Volks nöthig und wichtig ist. Die erste Ankündigung, die Sie geschätzter H[er]r Pestalozzi ins Morgenblatt haben rücken lassen, hat hier, so wie ich später las auch in Frankfurth manchen Unsinn veranlasst, gegen den ich mich auf eine ähnliche Art, wie Sie sich zum 2ten mal im Morgenblatt erklärt haben, stellte. Auch die 2te Erklärung ist, wie ich unter dem Publikum vernommen habe, noch nicht so wie die Welt es wünscht. – Man ist hier überall in Bewegung Subscribenten zu sammeln, allein ob viele bei Ihnen angekommen sind, wünschte ich zu wissen. Ueberhaupt ist mein sehnlichster Wunsch, wieder in nähere Verhältnisse mit Ihnen und der ganzen Anstalt zu treten. Es sollen wohl nicht viele von den Lehrern mehr dort sein, die zu meiner Zeit an Ihrer Anstalt arbeiteten. Wenn also nicht H[err] Niederer oder H[err] Krüsi die sicher noch dort sind, sich über meine Bitte erbarmen wollen, so weiss ich keinen Ausweg. Es ist ganz gleich was man mir schreibt, denn alles was dort vorgeht hat für mich Interesse. Porto und alles will ich gerne bezahlen und es auch an der Beantwortung nicht fehlen lassen. Dieser Wunsch kömmt aus einem innern Bedürfniss, nicht dass es mir am Rechten fehle, sondern weil ich 3 Jahre unter den vielen guten Menschen bei Ihnen gelebt habe. Wie leid ist es mir dass ich schon seit 6 Jahren die Verbindung, des dummen Geldes wegen, gebrochen habe. Es hat mir neulich jemand gesagt, dass H[err] J[oseph] Schmid wieder in Ihrer Anstalt sei; wenn das so ist, so grüsse ich ihn herzlich, so wie alle diejenigen, die mich kennen.

Erst seit ¾ Jahren habe ich hier eine öffentliche Privatanstalt, die ich mit 15 Kindern eröffnete, die aber jetzt ohngefähr 40 Kinder zählt. Die Zahl der Köpfe ist also befriedigend gestiegen; es ist nur noch die Haupt Frage, ob auch etwas Befriedigendes geleistet worden ist. Indessen, ich glaube, mit den geistigen Leistungen soll man nie zufrieden sein, wenn man nicht befürchten will, dass das Einschlummern sehr nahe ist. Solches würde jedoch ein Rückschritt sein, den sich ein gesunder Mensch in unserer gewaltsam vorwärts rückenden Zeit nicht zu Schulden kommen lassen muss. Lieber Herr Pestalozzi, schon habe ich Ihnen viel zu viel vorgeschwatzt, welches Sie mir wohl zu Gute halten werden, weil es seit einigen Jahren wieder das erste mal ist, dass ich es thue. Gott erhalte Sie noch lange gesund und gebe Ihnen d a s was Sie lebenslang gesucht haben, wenn auch nur im Keime. Einer baldigen Antwort siehet froh entgegen Ihr

Sie hochachtende
Freund und Diener
C[hristian] H[einrich] Schumacher
Lehrer in Düsseldorf

Überlieferung

1 ZB Zürich, Ms Pestal 55, Umschlag 345/1
2 Bogen, 284 x 200 mm
4 Dorsualvermerk *Düsseldorf, 25. Aug[st]en 1817. C[hristian] H[einrich] Schumacher.*
5 Original

Textkritik

Zeuge H
Z. 29   *Cotta*: lateinische Schrift
Z. 31   *sollte* < n >
Z. 36   *H[er]r* ʃ
Z. 72   *siehet* < bald > *froh*
Z. 76   *C[hristian] H[einrich] Schumacher*: lateinische Schrift
Z. 76 f.   *Schumacher* < *Lehrer Director einer Privatschulanstalt* > *Lehrer*

Sacherklärung

I.

Christian Heinrich Schumacher aus Ründerath (Nordrhein-Westfalen) ist von 1808 bis 1811 Lehrer am pestalozzischen Institut in Yverdon und arbeitet danach in Minden, Düsseldorf und Köln. Schumacher ist Herausgeber verschiedener Rechenlehrbücher.

II.

Christian Heinrich Schumacher (⇨ Sacherklärung I.) hatte Yverdon 1811 verlassen. Mit Aloys/Alois/Aloise Knusert (1789–1836, ⇨ Nr. 715) stand er weiterhin in einem brieflichen Austausch, der ihn über die Ereignisse in Yverdon auf dem Laufenden hielt (vgl. BBF Berlin, Autographen-Sammlung K, Brief von Knusert an Schumacher, 10. April 1812).

III.

Z. 7   *bezahlt*: PSB X, Nr. 4510

Z. 25   *Werke*: Johann Heinrich Pestalozzi: Sämmtliche Schriften, 12 Bände. Stuttgart 1819–1824

Z. 28   *Birkmann*: Lehrer Birkmann kann nicht genauer bestimmt werden. Möglicherweise ist er mit Johannes Birkmann identisch, der 1808 zum Schullehrer und Vorsänger der evangelisch-reformierten Gemeinde Düsseldorf gewählt wurde.

Z. 29   *Cotta*: Johann Friedrich Cotta, Freiherr von Cottendorf (1764–1832) ⇨ Nr. 617

Z. 36   *Morgenblatt*: Die Ankündigung erschien im *Intelligenz-Blatt* Nr. 10, einer Beilage der 75. Nummer des *Morgenblatt für gebildete Stände* vom 28. März 1817.

Z. 47   *Niederer*: Johannes Niederer (1779–1843) ⇨ Nr. 507

Z. 47   *Krüsi*: Hermann Krüsi (1775–1844) ⇨ Nr. 588

Z. 56   *Schmid*: Joseph Schmid (1785–1851) ⇨ Nr. 712

Z. 59   *Privatanstalt*: Über diese Anstalt ist nichts weiter bekannt. In der Akte zu den Privatschulen Düsseldorfs im Landesarchiv Nordrhein-Westfalen, das die Jahre 1820 bis 1844 abdeckt, ist diese Schule oder Christian Heinrich Schumacher (⇨ Sacherklärung I.) nicht erwähnt. Entweder war die Privatanstalt zu diesem Zeitpunkt bereits wieder aufgelöst worden oder sie wurde nicht mehr von Schumacher geleitet.

1742.
Robert Dickinson
25. August 1817

[Reg.] Inhalt unbekannt.

Überlieferung

1   PSB X, S. 373.5

Sacherklärung

I.

Robert Dickinson ⇨ Nr. 1693

1743.
Robert Dickinson
26. August 1817

[Reg.] Inhalt unbekannt.

Überlieferung

1   PSB X, S. 373.5

Sacherklärung

I.

Robert Dickinson ⇒ Nr. 1693

1744.
Josef Andreas Sulzer
27. August 1817

[Reg.] Sulzer will einen Knaben zur Ausbildung nach Yverdon schicken.

Überlieferung

1   PSB X, S. 351.5 f.

Sacherklärung

I.

Josef Anton Sulzer (1778–1854) wird nach dem frühen Tod seiner Mutter von seinem Onkel Johann Anton Sulzer (1752–1828), katholischer Theologe und Professor am Konstanzer Lyzeum, in Obhut genommen und studiert im habsburgischen Freiburg Medizin. Er arbeitet um 1825 als Bezirksarzt und wird um 1842 zum Spitaloberarzt ernannt. Er gilt als Anhänger des Philosophen Friedrich Heinrich Jacobi (1743–1819, ⇒ Nr. 439) und als philanthropischer Förderer von Kunst, Kultur und Theater in Rheinfelden.

III.

Z. 4   *Knaben*: Es ist unklar, wer hier gemeint sein könnte, da Josef Anton Sulzers (1778–1854, ⇒ Sacherklärung I.) Ehe mit Maria Anna Terpin (1781–1818) gemäss den Akten kinderlos geblieben war.

1745.
Joseph Schmid
um 29. August 1817

[Reg.] Schmid teilt Pestalozzi mit, dass Wylenmann ihn am Abend besuchen werde.

Überlieferung

1   PSB X, S. 350.31 f.

Sacherklärung

I.

Joseph Schmid (1785–1851) ⇒ Nr. 712

II.

Pestalozzi war Ende August 1817 nach Bern gereist, um dort Marc Antoine Jullien (1775–1848, ⇒ Nr. 1200) zu treffen und mit ihm die weitere Zusammenarbeit mit Philipp Emanuel von Fellenberg (1771–1844, ⇒ Nr. 426) zu besprechen. Bei dieser Gelegenheit traf er offenbar auch seinen ehemaligen Mitarbeiter Johann Jakob Weilenmann (1787–1827, ⇒ Nr. 1268), der eine Schule in Kloten (Kt. Zürich) leitete. Ob Weilenmann nach Yverdon gereist war, Pestalozzi dort nicht angetroffen und nach Bern geschickt worden war oder ob er sich zufällig gerade zur selben Zeit in Bern aufgehalten hatte, ist unklar.

III.

Z. 4   *Wylenmann*: Johann Jakob Weilenmann (1787–1827) ⇒ Nr. 1268

1746.
Johann Heinrich Rahn
August / September 1817

[Reg.] Rahn schickt eine Liste mit 16 Subskribenten.

Überlieferung

1   Nr. 1769

Sacherklärung

I.

Johann Heinrich Rahn (1777–1836) ist der Sohn eines Zürcher Färbers und wird durch die Heirat mit Salomé Spoerlin (1782–1861) Teilhaber der Tapetenfabrik von Jean Zuber (1773–1852) und seines Schwagers Michael Spoerlin (1784–1857, ⇒

Nr. 2668) in Rixheim (Elsass), bevor er 1809 zusammen mit Spoerlin eine Papier- und Buntpapiertapetenfabrik in Gumpendorf bei Wien gründet und nach erfolgreichem europaweitem Handel 1830/33 eine Filiale in Warschau eröffnet.

II.

Pestalozzi war mit dem Vater von Johann Heinrich Rahn (1777–1836, ⇒ Sacherklärung I.), Hans Heinrich Rahn (1726–1801), schon in Zürich bekannt gewesen.

1747.
Lotte/Charlotte Schütz
1. September 1817

An
Herrn P e s t a l o z z i
zu
I f e r t e n
in der Schweiz

frey bis Franckfurth a[m]/M[ain]

Jena den 1sten Sepdem[ber 18]17

Lieber Vater Pestalozzi

Zwar weiss ich nicht ob Sie mich schon kennen, und meine Briefe durch meinen Freund und Bruder Dreist vor zwei Jahren, erhalten haben, es könnte leicht sein, dass er im prophetischen Geist sie zurück behalten, weil er vielleicht schon damals geahndet dass es mir unmöglich werden würde, zu Ihnen zu gehen wie es damals mein Wunsch und Wille war – Es wäre nun jezt gar nicht mehr am rechten Ort, Ihnen zu sagen wie lange ich im Geiste Ihrer Methode gelebt was ich für sie in kleinen Kreisen zu ihrer Ausbreitung gethan und wie ich später hoffte sie an die Frauenvereine anzuschliessen und dies in e i n e m Kreise auch erreichte – Das Schicksal wollte dass ich die Braut eines Engländers wurde, als ich eben so recht in einem neuen Wirken zu meinem Zweck begriffen war – aber ich gestehe dass auch in diesem neuen Verhältniss das Hauptziel meines Lebens mir Hauptsache geblieben – ich glaubte in England durch ein genaueres Studien der Lancasterschen Methode es möglich zu machen ihre blinden Anhänger in Deutschland zu überzeugen wie wir in der Ihrigen alles Vorzügliche derselben im Kern nur dort anders entwickelt und ausgeputzt besässen – In meinem Büchlein, eine Biographie eines Kindes, von dem diese Michaelis der erste Band erscheint, habe ich auch in dem pädagogischen Theil

desselben dahin zu wirken gesucht, die Mütter Deutschlands auf
Ihre Methode aufmerksamer zu machen – ich werde Ihnen, lieber
Vater ein Exemplar zukommen lassen wenn ich nur wüsste auf
welchem Wege da das Porto zu berücksichtigen ist. – Als ich Ihre
Pränumerations Anzeige las, wurde es mein Vorsatz, in alle mir
bekannte öffentliche Blätter Aufrüfe, und eine Art populärer Uebersicht Ihrer Schriften zu geben – aber von alle dem konnte ich nichts
ausführen, – denn eine Krankheit die mich schon seit vorige Weihnachten ans Bett fesselte, nahm eine ernsthaftere Richtung so dass
ich diesen Sommer keine Buchstaben schreiben durfte – Natürlich
ist nun auch meine Verheirathung auf unbestimmte Zeit hinausge-
schoben, und es liegt in Gottes Hand ob ich je wieder von meinem
Bett aufstehen werde – So konnte ich denn trotz der Liebe und des
innern Dranges die Pränumeration nicht nach Wunsch befördern
selbst unsere Grosfürstin der ich den Vorschlag machen liess L i -
e n h a r d   u [nd]   G e r t r u d als Lesebuch an das Landvolk zu
vertheilen und den Schullehrern im Land Ihre Schriften zu schenken
hat sich immer noch nicht erklärt – Pränumeranten habe ich nur
z w e i – ich musste freilich mich nur bescheiden unter denen Personen zu werben die an mein Krankenbett traten da mir die Kraft
versagte meine mancherlei Verbindungen in der Ferne in Anspruch
zu nehmen, und so kann ich nur

1   Geheimrath Schmidt zu Jena   1 Ex[emplar]
2   Frau Oberhofmeisterin von Hopfgarten
    zu Weimar   1 Ex[emplar]

woran ich zum 3ten m e i n e eigne Person anschliesse – ich hoffe ja
dass mein Büchl[ein] mir wenigstens so viel Gewinn bringen soll
dass ich mir, wenn auch in meiner Armuth, Ihre Schriften die ich
jezt nur theilwes besitze anschaffen kann. – Da ich höre dass Wilhelm Lange jezt Ihr schönes Wirken theilt so bitte ich ihn und seine
Frau herzlich zu grüssen, wenn er so ganz in I h r e m Geiste wirkt
so ist dies ein G u t e r ja der B e s t e den ich kenne, und so sei er
mir tausendmal gegrüsst! – Mein guter lieber Vater – Sie sind viel
geliebt worden auf dieser Welt und werden es in Jener noch mehr
werden, aber i c h nehme es mit Jedem auf – m e h r hat sie niemand geliebt und in dieser und jener Welt wird d a s so bleiben –
Ich mag nicht mehr davon reden, wollte beinahe ich hätte das nicht
gesagt – Ach wenn Gott wollte dass ich noch so lange leben bliebe!,
um Ihren Seegen noch zu empfangen und in Ihr Vaterauge zu bli-
ken! Wie Gott will!

                    Ihr getreues Kind, L o t t e   S c h ü t z

Überlieferung

1 ZB Zürich, Ms Pestal 55, Umschlag 340/1
2 Bogen, 228 x 190 mm
4 Siegelspuren, Stempel WEIMAR, Dorsualvermerk *Jena, d[en] 1. Sept^{re} 1817. Lotte Schütz.*
5 Original

Textkritik

Zeuge H

Z. 13	vor zwei Jahren, ⌡
Z. 16 f.	damals <sein> mein
Z. 19	Kreisen <t> zu
Z. 30	eine ⌡
Z. 35	ich ⌡
Z. 36	las, ⌡ <welche> wurde
Z. 43	Hand ⌡
Z. 44	werde ⌡
Z. 48	im Land ⌡
Z. 58	Siegelausriss
Z. 61	Wirken <z> theilt

Sacherklärung

I.

Lotte/Charlotte Schütz (1789–1817) ⇒ Nr. 1466 a

III.

Z. 7	*I f e r t e n* : dt. Name für Yverdon
Z. 12	*Briefe*: ⇒ Nr. 1446 a
Z. 13	*Dreist*: Karl August Gottlieb Dreist (1784–1836) ⇒ Nr. 1599
Z. 22	*Engländers*: konnte nicht näher bestimmt werden
Z. 26	*Lancasterschen Methode*: ⇒ Nr. 1487
Z. 29 f.	*Büchlein*: Charlotte Schütz: Maria Desdemona. Vierzehn Jahre aus Lydien's Leben. Ein Beitrag zur Erziehungskunde. Halle 1818
Z. 30	*Michaelis*: 29. September
Z. 46	*Grosfürstin*: Marija Pawlowna, Erbgrossherzogin von Sachsen-Weimar-Eisenach (1786–1859) ⇒ Nr. 2351
Z. 47	*L i e n h a r d u [n d] G e r t r u d* : Johann Heinrich Pestalozzi: Lienhard und Gertrud, 4 Bände. Berlin 1781–1787 (PSW II, III)
Z. 48	*Schriften*: Johann Heinrich Pestalozzi: Sämmtliche Schriften, 12 Bände. Stuttgart 1819–1824
Z. 54	*Schmidt*: Karl Christian Ernst Schmidt (1774–1852), geboren in Weimar, studierte von 1793 bis 1796 Jura und Philosophie in Jena und arbeitete als Stadtgerichtsrat und Redaktor einer Bayreuther Tageszeitung bis 1804 in Bayreuth. 1807 wurde Schmidt Regierungsrat in Hildburghausen (Thüringen), ab 1809/10 lehrte er Recht in Jena und wurde dort in den Obergerichtsrat berufen. Schmidt setzte sich für die rechtliche Gleichstellung der Juden ein, arbeitete an der Weimarer Verfassung mit und wurde 1812 zum Geheimrat und 1826 zum Oberordinarius und Vorsteher des

	Schöppenstuhls ernannt. In seiner Tätigkeit als Jurist, Richter und Hochschuldozent arbeitete Schmidt auch an diversen Gesetzes- und Verfassungstexten mit und veröffentlichte juristische und politische Schriften.
Z. 55	*Hopfgarten*: Sophie Caroline von Hopffgarten-von Fritsch (1770–1837) gehörte nach dem frühen Tod ihres Mannes Christian Adolph von Hopffgarten (1751–1815) zum Weimarer Hof der Erbgrossherzogin Marija Pawlowna Romanowa von Sachsen-Weimar-Eisenach (1786–1859, ⇒ Nr. 2351) und war Erzieherin der Prinzessinnen Marie Luise Alexandrina (1808–1877) und Augusta Marie Luise Katharina (1811–1890) von Sachsen-Weimar-Eisenach. 1814 wurde Sophie Caroline von Hopffgarten von der Grossherzogin zur Oberhofmeisterin ernannt.
Z. 61	*Lange*: Johann Friedrich Wilhelm Lange (1786–1858) ⇒ Nr. 1058
Z. 62	*Frau*: Johann Friedrich Wilhelm Lange (1786–1858, ⇒ Nr. 1058) heiratete um 1813 die Schwester seiner wohl um 1812 verstorbenen Frau Jenny Lange-Fiaux (*1784), Rosa Isialine Fiaux. Als Geburtsort von Jenny ist Gübs (heute Teil von Biederitz, Sachsen-Anhalt) überliefert, Rosa Isialine soll aus Moudon (Kt. Waadt) stammen und 9 Kinder gehabt haben. Beide Frauen (und auch die Kinder) sind in den in Frage kommenden Kirchenbüchern aber nicht nachweisbar.

1748.
Johannes Niederer
2. September 1817

An Herrn Pestalozzi
Wolgeboren
im
Schloss

Iferten den 2ten 7brs 1817.

Lieber Herr Pestalozzi!

Jeder bildende Umgang der mir anvertrauten Töchter mit Ihnen, ist mir höchst erwünscht. Allein Besuche im [S]chloss zu machen, wenn es nicht in bestimmtem Auftr[age] und Geschäften geschieht, kan bei keiner ohne Au[ftrag] statt finden. Als Menschenkenner sind Ihnen die [Gebote] bekannt; als Erzieher sind Sie gewiss der Erste, dieselben zu ehren. Ich zeige Ihnen desswegen an, dass ich diese Besuche der J[un]gf[er] Hartmann untersagt habe. Mögen Sie uns die Ehre anthun und dieselbe in unserm Hause sehen, so habe ich nicht nur nichts dagegen, sondern bitte sie darum. Sie hat ein eignes Zimmer, wo Sie ungestört mit ihr sprechen können.

Ihr alter Freund
Niederer

Überlieferung

1 ZB Zürich, Ms Pestal 53/54, Umschlag 262/IV,71
2 Blatt, 250 x 197 mm
4 Siegelausriss, Dorsualvermerk *Iverdon, d[en] 2^{tn} 7^{bris} 1817. Niederer.*
5 Original

Textkritik

Zeuge H
Z. 4 *Pestalozzi*: lateinische Schrift
Z. 11–14 Siegelausriss

Sacherklärung

I.

Johannes Niederer (1779–1843) ⇒ Nr. 507

II.

Wie aus einem am gleichen Tag verfassten Brief von Johannes Niederer (1779–1843, ⇒ Nr. 507) an seine Frau Rosette Niederer-Kasthofer (1779–1857, ⇒ Nr. 842), die sich gerade bei ihrem Bruder in Unterseen (Kt. Bern) aufhielt, deutlich wird, hatte Niederer offenbar befürchtet, dass der Aufenthalt von Klara/Claire von Hartmann (*1774, ⇒ Nr. 984) in Yverdon zu Schwierigkeiten führen könnte: «Mit der J[ungfer] Hartmann treten die Schwierigkeiten ein die ich voraussah. Schon hat sie sich mit Gersbach so überworfen, dass sie seine Stunden nicht mehr besuchte, und die Guyenet hatte die Unvorsichtigkeit ihr zu sagen, sie solle mir ihre Empfindlichkeit verschweigen. Heute Morgen ging sie zu Pestalozzi, und nahm bei ihm das Frühstück. Schmid begleitete sie bis zum Garten. Sie wollte mir gleich ihre Urtheile über beide und Ansichten über unser Verhältniss auskramen, worüber ihr Pestalozzi gesprochen. Auch wollte sie, seiner Aufforderung gemäss ihn oft besuchen. Ich habe kurz abgebrochen, und ihr erklärt, sie sey über dieses Verhältniss keineswegs zu einem Urtheil reif; ferner, ich untersage ihr schlechthin ins Schloss zu gehen, ohne bestimmten Auftrag oder Geschäft. Pestalozzi theilte ich dieses Verboth schriftlich mit, mit der Bitte unser Haus mit seinem Besuche zu beehren, wo sie ein eignes Zimmer habe und er bequem mit ihr sprechen könne. Ich hoffe du werdest das billigen. Ich leide schlechthin keine Zwischenträgerey und keine doppelte Existenz mehr in meinem Hause, und ziehe vor, dass sie unser Haus verlasse. Es that ihr sehr weh, und sie weinte fast den ganzen Morgen darüber. Ich habe mich aber dadurch nicht erschüttern lassen können, so leid mir es thut, dass es so ist und seyn muss. Wäre Pestalozzi Vater der Anstalt, und ein reines Verhältniss mit ihm möglich, wie ganz anders wäre die Sache» (ZB Zürich, Ms Pestal 602b/49).

III.

Z. 8 *Iferten*: dt. Name für Yverdon
Z. 16 *Hartmann*: Klara/Claire von Hartmann (*1774) ⇒ Nr. 984

1749.

Matthias Klein

4. September 1817

Seiner Hochwohlgebornen
Herrn Heinrich Pestalozzi
in seiner Erziehungs Anstalt
in
Yverdun am Neuchateller See in der
Schweitz

                       Mainz d[en] 4ten Sept[em]b[e]r 1817.

Lieber Vater Pestalozzi!
Ihrem mir schätzbaren Auftrage zu folge unternahm ich mit Vergnügen eine Subscpription auf Ihre angekündigten Werke, und brachte folgende zusamen.

                             S t a n d

a.) Klein Mathias   auf alle Bände. – Lehrer
b.) H[err] Baecker   id – id – Regierungscommissaire
c.) H[err] Pfarrer Klemm   id – id – Pfarrer St. Quintin
d.)   Mentges   –   –   id – id – Lehrer
e.) H[err] Billig   –   –   id – id – Notaire
f.) H[err] C[onrad] Mappes –   id – id –   –
g.) H[err] B[aro]n Mappes –   id – id –   –
h.) H[err] Meletta   –   –   id – id – Kaufmann
i.) H[err] Born   –   –   id – id – idem
k.) Herr C[hristian] Lautern –   id – id –   –
l.) Herr S[imon] Henle   –   –   id – id –   –
m.) Herr Heuss   –   –   id – id – Regierungsrath
n.) Herr Creizenach   –   –   id – id – Lehrer

1) Herr Dahm Lehrer von der 1ten Lieferung Nr. 1 et 2. von der 3ten 2, 4, et 5.
2) M[a]d[a]m[e] Hauswald von der 1ten Lieferung N° 1 et 2. von der 2ten 2 et 4. von der 3ten, 2, 4 et 5.
3) H[err] Franz Lehrer von der 2ten Lieferung N° 2. von der 3ten, 4 et 5.
4) H[err] Hartenkeil Lehrer, von der 3ten Lieferung N° 2 et 5.
5) H[err] M[athias] J[oseph] Muller Professor, von der 2ten Lieferung N° 5. von der 3ten, 1 et 4.
6) H[err] Joh[ann] And[reas] Glückert von der 1ten Lieferung N° 1 et 2. von der 2ten N° 1 et 5. von der 3ten, 1 et 2.

7) H[err] Dael, von der 1ten Lieferung N° 1 et 2 von der 2ten N° 2 et 4 von der 3ten N° 2, 4 et 5.

Alle diese Subscribenten sind Aeltern deren Kinder meine Schule besuchen, und, alle sind aus Mainz.

Es wird mich ungemein freuen, wenn Sie sich noch recht wohl befinden, und das ganze Personale Ihres Instituts in der besten Eintracht zu einander steht und in der Folge immer bestehen möge.

Ich grüsse herzlich H[errn] Niederer, Schmidt und alle welche an der guten Sache arbeiten, der ich mit der grössten Hochachtung

Ihr Freund und Diener

Math[ias] Klein

Überlieferung

1 ZB Zürich, Ms Pestal 52/53, Umschlag 163/1
2 Bogen, 245 x 205 mm
4 Datum am Schluss, Siegelspuren, Stempel *MAINZ*, Dorsualvermerk *Mayence 4 Septembre 1817 Klein R 10 dit*
5 Original

Textkritik

Zeuge H

Z. 5	*Heinrich Pestalozzi*: lateinische Schrift
Z. 8	*Yverdun*: lateinische Schrift
Z. 11	*Pestalozzi*: lateinische Schrift
Z. 13	*Subscpription*: lateinische Schrift
Z. 15	*S t a n d*: doppelt unterstrichen
Z. 16	*Klein Mathias*: lateinische Schrift
Z. 17	*Baecker*: lateinische Schrift
Z. 17	*commissaire*: lateinische Schrift
Z. 18	*Klemm*: lateinische Schrift
Z. 18	*St. Quintin*: lateinische Schrift
Z. 19	*d.) <e> Mentges*
Z. 19	*Mentges*: lateinische Schrift
Z. 20	*Billig*: lateinische Schrift
Z. 20	*Notaire*: lateinische Schrift
Z. 21	*C[onrad] Mappes*: lateinische Schrift
Z. 22	*B[aro]n Mappes*: lateinische Schrift
Z. 23	*Meletta*: lateinische Schrift
Z. 24	*Born*: lateinische Schrift
Z. 25	*C[hristian] Lautern*: lateinische Schrift
Z. 26	*S[imon] Henle*: lateinische Schrift
Z. 27	*Heuss*: lateinische Schrift
Z. 28	*Creizenach*: lateinische Schrift
Z. 29	*Dahm*: lateinische Schrift

Z. 29	*et*: lateinische Schrift
Z. 31	*Hauswald*: lateinische Schrift
Z. 31 f.	*et*: lateinische Schrift (3x)
Z. 33	*Franz*: lateinische Schrift
Z. 34	*et*: lateinische Schrift
Z. 35	*Hartenkeil*: lateinische Schrift
Z. 35	*et*: lateinische Schrift
Z. 36	*M[athias] J[oseph] Muller Professor*: lateinische Schrift
Z. 37	*et*: lateinische Schrift
Z. 38	*Joh[ann] And[reas] Glückert*: lateinische Schrift
Z. 39	*et*: lateinische Schrift (3x)
Z. 40	*Dael*: lateinische Schrift
Z. 40 f.	*et*: lateinische Schrift (3x)
Z. 42	*Subscribenten*: lateinische Schrift
Z. 45	*Personale*: lateinische Schrift
Z. 47	*Niederer, Schmidt*: lateinische Schrift
Z. 50	*Math[ias] Klein*: lateinische Schrift

Sacherklärung

I.

Matthias Klein (1782–1857) wurde in Weisenau bei Mainz geboren. 1810 gründete er in Mainz eine Privatschule, der er bis 1853 vorstand. Klein verstarb in Wiesbaden, wohin er zwei Jahre vor seinem Tod hingezogen war.

II.

Mathias Klein (1782–1857, ⇒ Sacherklärung I.) hatte sich schon im Juni 1817 danach erkundigt, «unter welchen Bedingnisse ein junger Mensch, der seit einiger Zeit in meiner Schule Unterricht ertheilen half, in das Institut aufgenommen werden könnte, was er zu zahlen, und was er mitzubringen habe?» Zudem bat er in diesem Brief, der wohl an einen der Mitarbeiter Pestalozzis gerichtet gewesen sein dürfte, «Vater Pestalozzi herzlich zu grüssen u[nd] ihm zu sagen, dass ich vor Empfang seines Briefes eine Subscription auf seinen Werke eröffnet u[nd] bereits 18 Subscribenten dafür hätte» (ZB Zürich, Ms Pestal 51/52, Umschlag 123/2a).

III.

Z. 17	*Baecker*: Johann Alois Becker (1769–1859) wuchs in Mainz als Sohn eines Kaufmanns auf. 1792 trat er in den Mainzer Jakobinerklub ein, der für die Ideale der Französischen Revolution sowie für die Errichtung einer deutschen Republik einstand. Nach seiner Gefangenschaft (1795–1798) übernahm Becker verschiedene Posten bei der Finanzverwaltung der französischen Armee und wurde 1798 in die Mainzer Zentralverwaltung berufen. In der späteren Präfektur stieg er zum Abteilungsleiter auf. Nach 1816 gehörte Becker dann der ersten rheinhessischen Regierung an.
Z. 18	*Klemm*: Joseph Amor Klemm (1763–1827) war von 1796 bis mindestens 1807 zuerst Pfarrer in Lörzweiler, dann Pfarrer der Mainzer Kirche St. Quintin. Er verfasste *Lieder zu: Christkatholisches Lese- und Gebetbuch für heranwachsende Kinder* (1809).

Z. 19	*Mentges*: Hier dürfte wohl Anton Mentges (1777–1833) aus Mainz gemeint sein, der während 34 Jahren am örtlichen Waisenhaus unterrichtete.
Z. 20	*Billig*: Carl Valentin Billig (1783–1826), geboren in Habsheim und in Mainz gestorben, war Notar und ab 1819 auch Anwalt. 1820 war er Mitglied der zweiten hessischen Kammer der Ständeversammlung in Darmstadt.
Z. 21	*Mappes*: Johann Conrad Ignaz Mappes (1764–1839) von Mainz betrieb zusammen mit seinem Bruder Baron Johann Heinrich von Mappes (1757–1845, ⇒ Z. 22) die Weinhandelsfirma *Gebrüder Heinrich und Konrad Mappes*.
Z. 22	*Mappes*: Baron Johann Heinrich von Mappes (1757–1845) war ein Mainzer Weinhändler und Politiker. Als Vizepräsident der Mainzer Handelskammer (1802–1819) erwarb er sich grosse Verdienste um die wirtschaftlichen Verhältnisse der Stadt. Er setzte sich gegenüber Napoleon I. Bonaparte (1769–1821, ⇒ Nr. 580) für die Wiederherstellung des Mainzer Freihafens und die Errichtung eines Zolllagers am Kurfürstlichen Schloss ein. Während der französischen Revolutionskriege gehörte er dem allgemeinen Rat des Département du Mont-Tonnerre sowie von der Gründung 1820 bis 1845 der ersten Kammer der Landstände an. Mappes wurde 1813 als Baron in den kaiserlich französischen Adelsstand und 1839 dann in den grossherzoglich hessischen Adelsstand erhoben.
Z. 23	*Meletta*: Hier ist vermutlich Johann Heinrich Josef Meletta (1771–1851) gemeint, der in seiner Heimatstadt Mainz als Kaufmann und Handelsrichter tätig war.
Z. 24	*Born*: Herr Born konnte nicht näher bestimmt werden.
Z. 25	*Lautern*: Hier dürfte Christian Philipp Anton Franz Lauteren (1755–1843) gemeint sein. Von Beruf Weinhändler war er zeitweilig auch Mitglied des Stadtrates, Handelsrichter und Hessischer Abgeordneter (1820–1824).
Z. 26	*Henle*: Simon Wolf Jacob Henle (1782–1856) wurde als Sohn eines jüdischen Kammeragenten in Fürth geboren. 1815 liess er sich mit seiner Frau Helena Sophia, geborene Diespecker (um 1766–1836) als Kaufmann in Mainz nieder und siedelte 1824 nach Koblenz über. Henle liess sich 1821 auf den Namen Wilhelm taufen.
Z. 27	*Heuss*: Hier dürfte sehr wahrscheinlich Wilhelm Peter Heus(s) (1759–1824) aus Mannheim gemeint sein. Er war zuerst Advokat in Oggersheim, dann Kreisdirektor in Alzey und zuletzt Obergerichtsrat und Stadtrat in Mainz.
Z. 28	*Creizenach*: Michael Creizenach (1789–1842), Rabbiner, Mathematiker und Pädagoge, studierte schon als Kind den Talmud und Hebräisch und betrieb auch schon früh mathematische Studien. Nach Besuch des französischen Lyzeums in Mainz eröffnete er 1813 ebenda eine höhere jüdische Privatschule, die sich 1819 mit einer Mädchenschule zur «Lehr- und Erziehungsanstalt für die Jugend beiderlei Geschlechts» zusammenschloss und der Creizenach ab 1821 als Direktor vorstand. 1823 promovierte er in Giessen mit einer *Abhandlung über den elften Euklidischen Grundsatz*. Im gleichen Jahr gründete er die Monatsschrift *Geist der pharisäischen Lehre*, die aber schon ein Jahr später wieder eingestellt wurde. 1825 folgte er dem Ruf ans Philanthropin in Frankfurt am Main, einer 1804 gegründeten israelitischen Realschule, wo er als Lehrer für Religion, Deutsch, Geschichte und Mathematik sowie als Prediger arbeitete und theologische, mathematische und pädagogische Schriften verfasste.

Z. 29   *Dahm*: Bernhard Dahm (1778–1839) war Lehrer in Mainz.
Z. 31   *Hauswald*: Frau Hauswald konnte nicht näher bestimmt werden.
Z. 33   *Franz*: Ein in Mainz tätiger Lehrer Franz konnte nicht näher bestimmt werden.
Z. 35   *Hartenkeil*: Jakob Ignaz Hartenkeil (1778–1843) aus Limburg war bis zu seiner Pensionierung im Jahre 1840 Lehrer an der Realschule in Mainz.
Z. 36   *Muller*: Mathias Joseph Müller (1764–1844) ⇒ Nr. 634
Z. 38   *Glückert*: Johann Andreas Glückert (1776–1834) stammte aus dem protestantischen Zell bei Schweinfurt in Franken. Sein Beruf wird als «Materialist» angegeben, womit wohl ein Krämer oder Kleinhändler gemeint sein dürfte. Er war mit der aus Santa Maria Maggiore (Piemont) stammenden Susanna Margaretha Borgnis (*1782) verheiratet und hatte einen Sohn, Johann Jakob Glückert (1808–1878). Die drei Töchter starben alle schon im Kindesalter.
Z. 40   *Dael*: Hier ist möglicherweise Georg Simon Hugo Dael (1784–1854) gemeint. Dael stammte aus Mainz und war Gutsbesitzer und Weinhändler, später auch Präsident des Handelsgerichts Mainz und mit der Freiin Maria Sophia Theresia Köth von Wanscheid (1785–1853) verheiratet.
Z. 47   *Niederer*: Johannes Niederer (1779–1843) ⇒ Nr. 507
Z. 47   *Schmidt*: Joseph Schmid (1785–1851) ⇒ Nr. 712

1750.
Johann Christian Joseph Theodosius/Theodor Abs
6. September 1817

An
Herrn Pestalozzi,
Vorsteher einer Erziehungsanstalt
zu
Iferten
in der Schweiz

Halberstadt d[en] 6ten Sept[em]b[e]r 1817.

Ich eile, Ihnen Verehrtester die Subscription auf Ihre Werke zu zu schikken. Ich hofte noch Einige dafür zu gewinnen, desshalb erhalten Sie dieselben erst jezt.

Ich bin gesund, das ist alles, was ich von mir sagen kann. Meine äussere Lage ist von der Art, dass ich die Erlaubniss habe, fast ohne alle Mittel viel zu leisten. Um der Entwikkelung des Realunterrichts und um der Her[ausgabe] einiger Schriften arbeite ich jezt Tag und Na[cht], so dass ich auch meine wenigen Freunde fast darüber [vergessen] könnte.

Als ich vor eilf Jahren dem Predigerberufe entsagte, u[m] der Menschheit von unten auf zu dienen, da schien es mir, als habe das häusliche Leben seine bildende Wirksamkeit verloren, die Schule sei eine Dienstmagd des saumseeligen Altagslebens geworden, und die Kirche fusse auf das, was erstes und zweite geleistet haben müssten. Die Schule hielt ich für den Zentralpunkt meiner diesfälligen Wirksamkeit. Wie ich bei dem Unterrichte das selbständige Schaffen von innen heraus mit dem Empfangen von aussenher in sein naturgemässes Gleichverhältniss zurückzubringen suchte, so sage ich mir jezt bei Entwikkelung des Real-Lebens: die häuslichen Bedürfnisse und deren Befriedigung waren die ursprünglichen Bildungsmittel der Menschheit. Sie müssen es wieder werden. Die Schule gibt die Form, das Haus das Material. Doch hierüber ein ander Mal vollständiger.

Gott erhalte Sie und segne ferner Ihr Wirken. Ich, meine Frau, meine Gehülfen und meine Kinder, grüssen Vater Pestalozzi mit inniger Liebe und Verehrung. Grüssen Sie Niederer, Schmid und Ihr ganzes Haus von

Ihrem Theodosius.

Aus Halberstadt.
Herr Joseph Theodosius Abs, Inspektor des Waisenhauses.
– Vetter, Lehrer am Waisenhause.
– Robolsky, – – –
– Schade, – – –
– Basse.
– Dr. Augustin, Domprediger.
Aus Egeln bei Magdeburg.
Herr Paris, Kreisamtmann.
– Kuthe, Bürgermeister.
– Pökel.
– Mölle Lehrer.
Aus Weferfingen bei Helmstedt.
Herr Büttermann Superintendent.
– Mewes Lehrer.
Aus Seehausen im Magdeburgischen.
Herr Thilo Prediger.
Aus Sommerschenburg bei Helmstedt
Herr Bosse Lehrer.
Aus Coswig bei Wittenberg im Anhalt Bernburg.
Herr Münker, Schullehrer.

Überlieferung

1 ZB Zürich, Ms Pestal 50, Umschlag 2/1 und Umschlag 2/1a
2 Bogen, 255 x 209 mm (H1), Blatt, 97 x 158 mm (H2)
4 Siegel, Stempel *HALBERSTADT*, Dorsualvermerk *Halberstatt, d[en] 6. 7^{br} 1817. Theodosius.*
5 Original

Textkritik

Zeuge H

Z. 11 *Subscription*: lateinische Schrift
Z. 17-20 Siegelausriss
Z. 25 *Schule <ich> hielt*
Z. 31 *wieder <geben> werden*
Z. 36 *Niederer, Schmid*: lateinische Schrift

Sacherklärung

I.

Johann Christian Joseph Theodosius/Theodor Abs (1781-1823) ⇒ Nr. 1011

II.

Johann Christian Joseph Theodosius/Theodor Abs (1781-1823, ⇒ Nr. 1011) hatte im Oktober 1808 (⇒ Nr. 1011) Kontakt mit Pestalozzi aufgenommen und um Bücher gebeten.

III.

Z. 8 *Iferten*: dt. Name für Yverdon
Z. 10 *Halberstadt*: Stadt in Sachsen-Anhalt
Z. 11 *Werke*: Johann Heinrich Pestalozzi: Sämmtliche Schriften, 12 Bände. Stuttgart 1819-1824
Z. 34 *Frau*: Friederike Helene Charlotte Stumpp (*1794/95) war die Tochter eines Halberstädter Schreiners und heiratete am 10. Februar 1813 in der St.-Martini-Kirche zu Halberstadt Johann Christian Joseph Theodosius/Theodor Abs (1781-1823, ⇒ Nr. 1011). Um 1808 war sie dessen Schülerin und später auch Unterrichtsgehilfin.
Z. 35 *Gehülfen*: Johann Christian Joseph Theodosius/Theodor Abs (1781-1823, ⇒ Nr. 1011) bildete von Anfang an Zöglinge zu seinen Gehilfen aus, so auch seine spätere Ehefrau Friederike Helene Charlotte Abs-Stumpp (*1794/95, ⇒ Z. 34), Johann Andreas Vetter (1805-1884, ⇒ Z. 41) und Heinrich Christian Ludwig Bosse/Basse (*1790/91, ⇒ Nr. 2651). Wer genau zum Zeitpunkt des Briefes ausserdem Gehilfe war ist unklar.
Z. 35 *Kinder*: Johann Christian Joseph Theodosius/Theodor Abs (1781-1823, ⇒ Nr. 1011) begriff sich in seiner Funktion als Waisenvater des Halberstädter Waisenhauses mit den Zöglingen samt den Gehilfen und Waisen als eine Art Hausgemeinschaft, weshalb hier wohl die Schülerinnen und Schüler gemeint sind, die er in seinen Schriften auch wiederholt als seine Kinder bezeichnete.
Z. 36 *Niederer*: Johannes Niederer (1779-1843) ⇒ Nr. 507
Z. 36 *Schmid*: Joseph Schmid (1785-1851) ⇒ Nr. 712

Z. 41　*Vetter*: Damit ist möglicherweise Johann Andreas Vetter (1805–1884) gemeint, Schüler von Johann Christian Joseph Theodosius/Theodor Abs (1781–1823, ⇒ Nr. 1011) in Halberstadt, bevor er von ihm zum Lehrer ausgebildet wurde. Vetter begleitete Abs 1818 an das Waisenhaus in Königsberg, wurde dort Seminar-Oberlehrer und publizierte mit dem Königsberger Waisenhausleiter und Seminardirektor August Eduard Preuss (1801–1839) den bis zum Ende des 19. Jahrhunderts in über hundert Auflagen erschienenen *Preussischen Kinderfreund*.

Z. 42　*Robolsky*: Damit ist vermutlich Hermann Robolsky (1795–1849) gemeint, der in den 1830er-Jahren bis zu seinem Tod Lehrer in Neuhaldensleben (bei Magdeburg) war und seit 1827 verschiedene Lesebücher für Volksschulen und Lehrmittel für deutsche Sprache publizierte.

Z. 43　*Schade*: Hier ist vermutlich Karl Schade gemeint, der in den 1830er-Jahren Lehrer an der Bürgerschule in Halberstadt war und zahlreiche Lehrmittel zum Musikunterricht verfasste.

Z. 44　*Basse*: Der Subskribent Basse konnte nicht näher bestimmt werden. Möglicherweise ist diese Person im familiären Umfeld des aus Halberstadt gebürtigen Verlegers Gottfried Basse (1778–1825) zu suchen, der mit seinem in Quedlinburg 1806 gegründeten Verlag zu günstigen Preisen Gauner-, Liebes- und Schauerromane vertrieb. Sein Sohn Karl Georg Heinrich Basse (1798–1874) übernahm das blühende Verlagsgeschäft seines Vaters nach dessen Tod.

Z. 45　*Augustin*: Christian Friedrich Bernhard Augustin (1771–1856) wurde nach seinem Geschichts- und Theologiestudium in Halle, das er mit Promotion abschloss, 1795 zunächst Lehrer, dann im Jahr 1800 Domprediger und 1824 Oberdomprediger in Halberstadt und publizierte zur preussischen Geschichte und zu Martin Luther.

Z. 47　*Paris*: Matthias Paris stammte aus einer hugenottischen Einwandererfamilie und wurde 1807 Kantonsmaire im napoleonischen Königreich Westfalen. Später wurde er in der Nachfolge seines Vaters Johann/Jean Paris (1740/41–1815) Gutsbesitzer von Neuermark sowie Amtmann von Egeln (beide Sachsen-Anhalt) und zählte zu den Initianten der von Johann Wilhelm Mölle (*1790, ⇒ Z. 50) geleiteten und 1816 gegründeten Privatschule. Bis 1827 war Paris Kreisamtmann in Müncheberg (Brandeburg) und schliesslich auch in Kętrzyn (Rastenburg, Ermland-Masuren).

Z. 48　*Kuthe*: Engelhardt Jacob Christian Kuthe (1776–1838) studierte Jura und war von etwa 1803 bis 1806 Aktuar beim hessen-homburgischen Amt Hötensleben (hessische Exklave im Herzogtum Magdeburg). Am 18. Juli 1806 wurde er von der Kriegs- und Domänenkammer zu Magdeburg zum Bürgermeister von Egeln (Sachsen-Anhalt) ernannt und ausserdem als Erfinder einer Flachsbrechmaschine bekannt.

Z. 49　*Pökel*: Herr Pökel war Maurermeister und unterstützte die Gründung der von Johann Wilhelm Mölle (*1790, ⇒ Z. 50) ab 1816 geleiteten Privatschule.

Z. 50　*Mölle*: Johann Wilhelm Mölle (*1790) war Leutnant und wurde 1816 Lehrer an einer Privatschule in Egeln (Sachsen-Anhalt), wo er «nach der Pestalozzischen Methode» unterrichtete und am 4. April 1820 von der königlich-preussischen Kirchen- und Schulkommission geprüft wurde (Landeshauptarchiv Sachsen-Anhalt, MD, A 12 Ältere Konsistorialbehörden im späteren Regierungsbezirk Magdeburg, Spezialia, Egeln Nr. 35).

Z. 52   *Büttermann*: Anton Sigmund Friedrich Buttermann (1765–1834) war Oberprediger und Superintendent in Weferlingen bei Helmstedt (Niedersachsen).
Z. 53   *Mewes*: Martin Mewes ⇒ Nr. 2631
Z. 55   *Thilo*: Johann Friedrich Christian Thilo (1765–1835) studierte von 1784 bis 1787 Theologie in Halle, war anschliessend als Hauslehrer tätig und stand ab 1794 als Rektor der Schule in Seehausen (Börde, Sachsen-Anhalt) vor, bevor er 1798 als Adjunkt seines Vaters im Predigtamt angestellt wurde und nach dessen Tod 1807 den Pfarrdienst bis zu seinem Tod übernahm.
Z. 57   *Bosse*: Heinrich Christian Ludwig Bosse (*1790/91) ⇒ Nr. 2651
Z. 59   *Münker*: Johann Carl August Münker (1791–1865) ⇒ Nr. 2640

1751.
Philipp Emanuel von Fellenberg
7. September 1817

Herrn
5 Herrn Pestalozzi
Iferten

Hofwyl d[en] 7ten 7ber 1 8 1 7.

Verehrter Freund!
Ich freue mich mit H[errn] Schmid ausführlich besprochen zu ha-
10 ben, was Sie betrifft. Wir wünschen dass Sie vor allem aus auf einige
Zeit bei uns wohnen. Alles was Sie für Ihre Arbeit bedürfen soll sich
da finden u[nd] vor allem Ruhe in einer freudigen Existenz in der
Anschauen der Ausführung Ihrer liebsten Plane und in der wach-
senden Überzeugung dass es am Ende, wenn wir [Hand] in Hand
15 schlagen, auf allen Punkten nach Wunsch gehen wird. Ist Iferten
ein[mal] im Gange so kommt Schmid auch zu un[s,] biss Sie ihn
weiter in Anspruch zu [nehmen] haben. Ich ersuche Schmid auch
H[errn] Mieg zu grüssen – Hochachtungs[-] u[nd] Liebe-voll verharrend – und von ganzem Herzen
20   Ihr Fellenberg

Überlieferung
1   ZB Zürich, Ms Pestal 50/51, Umschlag 82/5
2   Blatt, 236 x 194 mm
4   Datum am Schluss, Siegelspuren, Dorsualvermerk *Hofwyl, 7 September 1817. Fellenberg.*
5   Original

Textkritik

Zeuge H
Z. 14–16   Ausriss

Sacherklärung

I.

Philipp Emanuel von Fellenberg (1771–1844) ⇒ Nr. 426

II.

Im Herbst 1817 planten Philipp Emanuel von Fellenberg (1771–1844, ⇒ Nr. 426) und Pestalozzi erneut eine engere Kooperation, die auch in einem Vertrag Ausdruck fand (PSB X, Nr. 4795). Während beim gemeinsamen Institut in Münchenbuchsee 1804/05 die Schule in Zentrum stand, sollte die 1817 geplante Kooperation das «Lebenswerk» Pestalozzis absichern, womit hauptsächlich die Armenanstalt gemeint war. Zudem sollte auch eine Kommission zur Aufsicht über das Institut in Yverdon und ein neues Leitungsgremium für das Institut eingesetzt werden.

III.

Z. 6   *I f e r t e n* : dt. Name für Yverdon
Z. 9   *Schmid*: Joseph Schmid (1785–1851) ⇒ Nr. 712
Z. 18 *Mieg*: Johann Elias Mieg (1770–1842) ⇒ Nr. 1244

1752.
Akademische Bibliotheks-Beamtung
9. September 1817

Freyburg im Breisg[au] am 9ten S[e]p[tem]b[e]r 1817.

5 Unterzeichnete Beamtung subscribirt andurch auf e i n Exemplar von P e s t a l o z z i s Werken, welche bey Cotta erscheinen sollen.

Akadem[ische] Bibliotheks
Beamtung.
Baggati, Bibliotheks-Custos.

Überlieferung

1 ZB Zürich, Ms Pestal 56, Umschlag 416/1
2 Blatt, 105 x 158 mm
4 Datum am Schluss, Dorsualvermerk *Freiburg ^{1}/B 9. 7^{ber} 1817. Akadem[ische] Bibliothek*
5 Original

Textkritik

Zeuge H
Z. 9   *Baggati*: lateinische Schrift

Sacherklärung

I.

Die Akademische Bibliotheksbeamtung, so nennt sich die Körperschaft der Bibliotheksangestellten der Universität Freiburg im Breisgau, bestand aus einem Bibliothekar, einem Adjunkten bzw. einem Kustos (seit 1798) und einem Bibliotheksdiener. Für das Katalogisieren und sonstig anfallende Arbeiten wurden zusätzlich Studenten als Gehilfen angestellt. Die Bibliotheksbeamten unterstanden der Aufsicht der Bibliothekskommission. Letztere setzte sich zusammen aus vier Professoren als Vertreter der Fakultäten, die alle von dem aus der ganzen Professorenschaft bestehenden Beschluss fassenden Organ der Universität, dem *consistorium plenum*, gewählt wurden. Ständiges Mitglied der Bibliothekskommission war auch der Bibliothekar. Dieser hatte zu Sitzungsbeginn schriftlich über die eingegangene Post und andere wichtige Geschäfte zu referieren. Ausser in Fragen der Fakultät hatte er auch Stimmrecht. Der Kustos wirkte ebenfalls mit. Er schrieb das Sitzungsprotokoll, übergab es dem *consistorium plenum* und erstellte einen Index zu den Protokollen, Stimmrecht besass er allerdings nicht.

III.

Z. 6 *Werken*: Johann Heinrich Pestalozzi: Sämmtliche Schriften, 12 Bände. Stuttgart 1819–1824

Z. 6 *Cotta*: Johann Friedrich Cotta, Freiherr von Cottendorf (1764–1832) ⇒ Nr. 617

Z. 9 *Baggati*: Josef Baggati (1756–1823) wurde 1779 Magister der Philosophie und studierte anschliessend Jura. Seine wissenschaftliche Karriere an der Universitätsbibliothek Freiburg begann er 1786 als Adjunkt, um 1798 wurde er zum Kustos und 1821 zum ersten Bibliothekar ernannt. Bagatti legte 1822 sein Amt krankheitshalber nieder.

1753.
Caroline-Elisabeth-Marie de Guimps-Burnand
September 1817

[Reg.] Inhalt unbekannt.

Überlieferung

1   PSB X, S. 353.31 f.

Sacherklärung

I.

Caroline-Elisabeth-Marie de Guimps-Burnand (1774–1819) ⇒ Nr. 1368

1754.
Gottlieb Pestalozzi

Herbst 1817

[Reg.] Inhalt unbekannt.

Überlieferung

1   PSB X, S. 366.8

Sacherklärung

I.

Gottlieb Pestalozzi (1797–1863) ⇒ Nr. 594

1755.
Karl August Zeller

September 1817

[Reg.] Zeller legt seinem Brief eine Anweisung von 63 Gulden bei.

Überlieferung

1   Nr. 1767

Sacherklärung

I.

Karl August Zeller (1774–1846) ⇒ Nr. 656

1756.
Johann Jakob Blendermann
15. September 1817

Dem Herrn Heinr[ich] Pestalozzi
Wohlgeboren
in
Iferten in
der Schweiz

durch Frankfurt

Bremen den 15^{tn} Sept[ember] 1817.

Lieber, theurer Vater Pestalozzi!
Sie haben mir durch die Subscriptionsanzeige Ihrer sämmtlichen Werke Gelegenheit gegeben, an Sie einmal wieder schreiben zu dürfen, und darüber freue ich mich recht herzlich. Sie werden zwar unzufrieden sein, dass ich so spät mit meiner Subscribentenliste komme, aber ich konnte es nicht ändern, da ich durch mancherlei Umstände vom Schreiben abgehalten wurde. Nach Ihrer Anzeige, die in der hiesigen Zeitung abgedruckt war, machte ich gleich bekannt, dass ich die Unterschreibenden sammeln wolle, und so haben sich denn im Verlauf der Zeit nur 7 gemeldet. So gerne hätte ich wenigstens zwanzig zusammengebracht, und hoffte auch darauf; allein es ist gerade in eine Zeit gefallen, wo von allen Seiten her, Beiträge für die Bedürftigen in der Schweiz, am Rhein und Erzgebirge nachgesucht wurde, das manchen nun zurückhielt, der sonst gewiss unterzeichnet hätte.

Die Unterschreibenden sind:
Ein Ungenannter   1 Exemplar
Herr Hein[rich] Wilh[elm] Bartsch, der Rechte Doctor 1 Ex[emplar]
 "   Thomas Martens, Kaufmann   1 Ex[emplar]
 "   Johann Georg Lange,   1 Ex[emplar]
 "   Joh[ann] Heinr[ich] Christ[ian] Frankke,   1 Ex[emplar]
     Kaufmann
 "   C[arl] W[ilhelm] Passawandt, Pastor primarius   1 Ex[emplar]
     an u[nser] L[ieben] Fr[auen]
 "   Joh[ann] Gerh[ard] Ölrichs, Kaufmann   1 Ex[emplar]

Die Nachrichten, welche ich von Zeit zu Zeit noch immer von Ihnen höre, sind mir immer ein grosser Genuss; zuletzt habe ich den Baron Stackelberg gesprochen. Ihre letzte Schrift: An die Unschuld, den Edelmuth meines Vaterlandes etc., zeugt noch von grosser Jugendlichkeit und Wärme. Diese Schrift hat einen Zeitungsschreiber

in Neuwied Stoff zu Witzeleien und fadem Spott gegeben, dem
Prof[essor] Stolz in der hiesigen Zeitung aber auf eine recht kräftige
Weise das Maul stopfte. Möge der liebe Gott Sie doch recht lange so
lebendig, heiter und froh erhalten, dies wünsche ich auf das innigste. Ich habe seit drei Jahren ein Privatinstitut, welches noch immer
sich weiter ausgedehnt hat; es ist jetzt auf drei Classen eingerichtet
für das Alter von 7 bis 14 Jahren, und ausser mir arbeiten noch 5
Lehrer mit in demselben. Die Anzahl der Schüler ist gegenwärtig
106. Die Hauptunterrichtsgegenstände sind S p r a c h e und M a -
t h e m a t i k ; und so fange ich in der untern Klasse mit dem Ele-
mentarunterricht an, oder setze vielmehr denselben fort, denn ich
bekomme die Kinder von der J[un]gf[e]r Henriette Rönneborg schon
vorbereitet, und bringe dann die Kinder so weit, dass sie die Gelehr-
tenschule oder Handlungsschule nachher noch einige Jahre besuchen, um den Schulunterricht zu vollenden. Das Buch der Mütter ist
für eine genetische Entwikkelung der Sprachverhältnisse von ausserordentlicher Wichtigkeit, und diese Sprachverhältnisse, an der
Muttersprache zur Reife gebracht, ist ein grosser Gewinn für den
Fortgang im Latein und Französischen, wie überhaupt jeder fremden Sprache – ich habe grosse Freude über den guten Erfolg dieser
Methode. – In der Mathematik fange ich mit der Form[-] und Grössenlehre an, doch habe ich das Ganze nach einem eigenen Plan
ausgearbeitet, und hieran schliesst sich dann Euklid. Die Geographie
und Naturgeschichte werden ganz ebenso nach Ihren Grundideen
gelehrt. Meine Schule ist mir ausserordentlich lieb, und das verdanke ich Ihnen, denn Ihnen verdanke ich meine ganze Bildung; seit ich
bei Ihnen gewesen bin, habe ich erst erfahren, was ein gründliches
Wissen sei, und habe so von vorn an Alles gelernt, und bin sicher
gestellt worden vor dem oberflächlichen Herumtappen, dem ich gar
zu sehr vorher hingegeben war. Behalten Sie mich doch auch noch
in gütigem Andenken. Sie haben mir ja so viel, so ausserordentlich
viel Gutes gethan. Dass ich verheirathet und in der Ehe höchst glücklich bin, habe ich Ihnen doch gewiss schon geschrieben. Jetzt habe
ich nun auch schon zwei allerliebste Knaben, der eine ist 1 ¾ tel Jahr
alt und der andere ¼ tel Jahr, beide Jungen sind rüstig und gesund.
Meine Frau hat Sie sehr lieb, und ich kann ihr keine gr[össere] Freude machen, als wenn ich ihr aus Ihren Schriften etwas vorlese, dann
wünschen wir oft beide recht sehnlichst Sie doch auch einmal besuchen zu können, aber es wird leider wohl ein frommer Wunsch
bleiben; den lieben, scharfsichtigen Niederer grüssen Sie doch herzlich. Auch Krüsy bitte ich zu grüssen; seinen Religionsunterricht

habe ich angezeigt gelesen, aber noch nicht bekommen. Herr Pastor
Passawandt und J[un]gf[e]r Henriette Rönneberg grüssen Sie herz-
85 lich. Der liebe Gott erhalte Sie noch recht lange, und können Sie mir
mal die grosse Freude machen, so schreiben Sie mir doch ein paar
Zeilen.

Stets mit inniger Liebe und
Hochachtung Ihr ergebener
90 J[akob] Blendermann.

Überlieferung

1 ZB Zürich, Ms Pestal 50, Umschlag 27/2
2 Bogen, 237 x 192 mm
4 Siegel, Stempel BREMEN, Dorsualvermerk *Bremen, den 15. Sept^{re} 1817. J[akob] Blandermann*
5 Original

Textkritik

Zeuge H
Z. 4   *Heinr[ich] Pestalozzi*: lateinische Schrift
Z. 7 f.   *Iferten* ... *Schweiz*: lateinische Schrift
Z. 28   Herr <Doct> *Hein[rich]*
Z. 29   " <***> *Thomas*
Z. 77   Siegelausriss

Sacherklärung

I.

Johann Jakob Blendermann (1783–1862) ⇒ Nr. 627

III.

Z. 7   *Iferten*: dt. Name für Yverdon
Z. 13   *Werke*: Johann Heinrich Pestalozzi: Sämmtliche Schriften, 12 Bände. Stuttgart 1819–1824
Z. 27   *Ungenannter*: konnte nicht näher bestimmt werden
Z. 28   *Bartsch*: Heinrich Wilhelm Bartsch (1787–1866), geboren in Hannover, war promovierter Jurist, Direktor der Stadtpost sowie des königlich-preussischen Postamts in Bremen. Bartsch war mit Henriette Amalia Heineken (1787–1819) verheiratet und hatte zwei Kinder.
Z. 29   *Martens*: Thomas Martens (1768–1838), Kaufmann und Fabrikant in Bremen, eröffnete 1802 mit seinem Bruder Baltus Martens (†1825) die Tabakhandlung und -fabrik *Gebrüder Martens* in Bremen, deren alleiniger Besitzer er kurz vor seinem Tod 1837 wurde. Martens übersetzte zudem englische Texte über Buchhaltung und Rechnungsführung.
Z. 30   *Lange*: Johann Georg Lange (1775–1826) war Schneidermeister und Tuchhändler in Bremen.

Z. 31	*Frankke*: Johann Heinrich Christian Franke (1779-1825) war Kaufmann in Bremen, 1823 Senator, mit Anna Marie Eggers (1784-1837) verheiratet und hatte sieben Kinder.
Z. 33	*Passawandt*: Karl Wilhelm Passavant (1779-1846) ⇒ Nr. 829
Z. 35	*Ölrichs*: Johann Gerhard Oelrichs (1781-1823), Sohn des Syndikus, Konsul und Ratsherrn Gerhard Oelrichs (1727-1789), war Kaufmann und Offizier und seit 1804 Teilhaber der Handelsfirma *Oelrichs & Eitzen* in Bremen.
Z. 38	*Stackelberg*: Christoph Adam von Stackelberg (1777-1841) ⇒ Nr. 1007
Z. 38	*Schrift*: Johann Heinrich Pestalozzi: An die Unschuld, den Ernst und den Edelmuth meines Zeitalters und meines Vaterlandes. Ein Wort der Zeit. Yverdon 1815
Z. 40	*Zeitungsschreiber*: Dieser Artikel ist möglicherweise in der *Bremer Zeitung* erschienen, die allerdings nicht eingesehen werden konnte, weshalb unklar bleibt, um wen es sich bei diesem Autoren handelte.
Z. 41	*Neuwied*: Stadt in Rheinland-Pfalz
Z. 42	*Stolz*: Johann Jakob Stolz (1753-1821), Theologe aus Zürich und Anhänger von Johann Caspar Lavater (1741-1801, ⇒ Nr. 29), kam 1784 nach einem kurzen Aufenthalt in Offenbach am Main nach Bremen und wurde zunächst zweiter und später erster Prediger der Pfarrei St. Martini. Stolz, seit 1798 Doktor der Theologie, wandte sich später von Lavaters Lehren ab und vertrat rationalistische und liberale Ansichten innerhalb der reformierten Kirche, die er in Schriften und seit 1802 als Theologieprofessor am Bremer Gymnasium weitergab. Stolz trat 1811 aus politischen Gründen von seinen Ämtern in Bremen zurück und liess sich als Privatgelehrter in seiner Heimatstadt Zürich nieder, blieb aber Bremen verbunden. Im gleichen Jahr heiratete er Barbara Hess-Wegmann (1764-1829).
Z. 42	*Zeitung*: Möglicherweise ist hier die *Bremer Zeitung* gemeint. Da sie nicht eingesehen werden konnte, und sich bei Johann Jakob Stolz (1753-1821, ⇒ Z. 42) keine Hinweise auf diese Publikation finden lässt, muss diese Frage offen bleiben.
Z. 46	*Privatinstitut*: Johann Jakob Blendermann (1783-1862, ⇒ Nr. 627) erhielt nach erfolglosen früheren Versuchen 1814 die Erlaubnis zur Führung einer privaten Bildungsinstitution in Bremen. Die im gleichen Jahr eröffnete Schule bot eine Elementarbildung für Knaben zwischen sieben und vierzehn Jahren und sollte den Übertritt an weiterführende Schulen ermöglichen. Die Schule profitierte von Blendermanns guter Reputation und hatte zu ihren besten Zeiten etwas über 100 Schüler und knapp zehn Lehrer. Unterrichtet wurden vor allem Sprachen und Mathematik, wobei sich insbesondere der Sprachunterricht an Pestalozzis Methoden orientierte. Nach der von Senator Johann Smidt (1773-1857) vorangetriebenen Bremer Schulreform, schloss Blendermann Ende 1817 sein Institut und trat in den Staatsdienst ein.
Z. 53	*Rönneborg*: Henriette Rönneberg (*1782) ⇒ Nr. 1266
Z. 56	*Buch der Mütter*: Johann Heinrich Pestalozzi: Buch der Mütter, oder Anleitung für Mütter, ihre Kinder bemerken und reden zu lehren. Zürich 1803 (PSW XV, S. 341-424)
Z. 64	*Euklid*: Damit ist Euklids Schrift *Die Elemente* gemeint, in welcher das Wissen der griechischen Mathematik um 325 v.Chr. zusammengetragen ist. Es beinhaltet die Konstruktion geometrischer Objekte, natürlicher Zahlen sowie bestimmter Grössen und untersucht deren Eigenschaften.

Z. 75   *Knaben:* Johann Jacob Blendermann (1816–1835) wurde in Bremen geboren und starb in Neuende (heute Teil von Wilhelmshaven). Ernst Hermann Blendermann (1817–1865) studierte Theologie in Berlin und Bonn, war von 1840 bis 1856 Pfarrer in Ringstedt bei Bremerhaven und von 1856 bis zu seinem Tod zweiter Prediger in der Kirche zu Rablinghausen (Bremen) sowie Generalsuperintendant und Konsistorialrat.
Z. 77   *Frau:* Johanna Juliana Carolina Evers (1786–1834) aus Bremen heiratete ebenda 1815 Johann Jacob Blendermann (1783–1862, ⇒ Nr. 627). Das Paar hatte neben den zwei Söhnen (⇒ Z. 75) noch zwei Töchter: Karoline Juliane Dorothee (*1820) und Marie Christine Charlotte (*1823).
Z. 81   *Niederer:* Johannes Niederer (1779–1843) ⇒ Nr. 507
Z. 82   *Krüsy:* Hermann Krüsi (1775–1844) ⇒ Nr. 588

1757.
Graf Karl Friedrich Moritz Paul von Brühl
16. September 1817

Berlin den 16 September 1817

5   Sehr werther und geehrter Herr!
Mit wahrhaftem Vergnügen habe ich durch Ihr Schreiben einen Beweiss Ihres freundlichen Andenkens bekommen, und ich würde es mir zur angenehmen Pflicht gemacht haben, Ihnen schon längst darauf zu antworten, wenn nicht das Uebermass meiner Dienst
10   Geschäfte, vermehrt durch den unglücklichen Brand des Königlichen Schauspielhauses mir beinah unmöglich gemacht hätten, an irgend etwas anders zu denken, oder etwas anders zu thun, als eben diese Dienstgeschäfte mit unermüdetem Eifer zu betreiben.
  Einer Vergessenheit werden Sie wenigstens, hoffe ich, mein ver-
15   längertes Stillschweigen nicht Schuld geben, denn Ihr Andenken verehrter Mann, ist sehr lebhaft in meiner Seele und mit wahrer inniger Freude denke ich der Zeit, wo ich Ihres so lehrreichen Umganges genoss.
  Mit Vergnügen werde ich zu Ausbreitung der Subscriptions Liste
20   für Ihr Werk thun, was möglich ist; doch darf ich mit Wahrheit sagen, dass die Ankündigung desselben und die Theilname für dasselbe so allgemein ist, dass es meiner spezielleren Beihülfe fast nicht bedürfte.
  Ich ersuche Sie indess meinen Namen auf Ihre Subscriptions Lis-
25   te zu stellen und werde mich freuen, wenn ich vor Ablauf des gesetzten Termins Ihnen noch einige Subscribenten Namen verschaffen kann.
  Da es mir stets wünschenswerth ist und bleiben wird, recht lebhaft in Ihrem Andenken zu sein, so kann ich nicht unterlassen Ihnen

hierbei ein kleines Bild zu übersenden, welches kürzlich von mir gemacht worden, und dessen Aehnlichkeit man sehr rühmt.
Nehmen Sie es freundlich auf und gedenken Sie recht oft bei dessen Anblick des Mannes, der nie aufhören wird, Sie wahrhaft zu verehren und hochzuschätzen.
Meine Frau trägt mir den gefühltesten Dank für Ihr freundliches Andenken und empfiehlt sich der Fortdauer desselben angelegentlichst.
Auch Herrn Niederer bitte ich meiner freundlichsten Hochachtung zu versichern.

Carl Gr[af] Brühl

Überlieferung

1 ZB Zürich, Ms Pestal 50, Umschlag 42/1
2 Bogen, 356 x 207 mm
4 Datum am Schluss, Dorsualvermerk *Berlin, Breslau, 16. Dec^{re} 1817 Carl Graf v[on] Brühl.*
5 Original

Textkritik

Zeuge H
Z. 19 *Subscriptions*: lateinische Schrift
Z. 24 *Subscriptions*: lateinische Schrift
Z. 26 *Subscribenten*: lateinische Schrift
Z. 38 *Niederer*: lateinische Schrift
Z. 40 *Carl Gr[af] Brühl*: lateinische Schrift

Sacherklärung

I.

Graf Karl Friedrich Moritz Paul von Brühl (1772–1837) tritt 1796 nach dem Studium der Forstwissenschaft als Forstreferendar in den preussischen Staatsdienst ein und ist ab 1800 während 13 Jahren als Kammerherr in preussischen Diensten tätig. 1813 nimmt er als Leutnant am Feldzug gegen Napoleon I. Bonaparte (1769–1821, ⇒ Nr. 580) teil und hält sich 1814 als preussischer Kommandant in Neuchâtel auf, wo er Jenny de Pourtalès (1795–1884, ⇒ Z. 35) heiratet. 1815 übernimmt er die Stelle als General-Intendant der königlichen Schauspiele in Berlin, demissioniert 1828 und reist durch Süddeutschland und die Schweiz, bevor er 1830 zum General-Intendanten der Berliner Museen ernannt wird.

II.

Graf Karl Friedrich Moritz Paul von Brühl (1772–1837, ⇒ Sacherklärung I.) hatte sich 1814 während mehrerer Wochen in Yverdon bei Pestalozzi aufgehalten, weshalb er auch in einem persönlichen Brief auf die beginnende Subskription aufmerksam gemacht worden war.

III.

Z. 6 *Schreiben*: scheint nicht erhalten zu sein
Z. 10 *Brand*: Am 29. Juli 1817 war das Königliche Schauspielhaus in Berlin während Proben zu Schillers *Räuber* vollständig ausgebrannt und nur die Grundmauern blieben stehen. Das Feuer war im Dachstuhl ausgebrochen, die Ursache blieb jedoch ungeklärt. Von 1818 bis 1821 wurde das Schauspielhaus nach Plänen von Karl Friedrich Schinkel (1781–1841) neu errichtet.
Z. 30 *Bild*: konnte nicht näher bestimmt werden
Z. 35 *Frau*: Jenny von Brühl-de Pourtalès (1795–1884) aus Neuchâtel war die zweite Frau von Graf Karl Friedrich Moritz Paul von Brühl (1772–1837, ⇒ Sacherklärung I.) und hatte 1814 geheiratet.
Z. 38 *Niederer*: Johannes Niederer (1779–1843) ⇒ Nr. 507

1758.
Betty Gleim
17. September 1817

An
den Herrn Heinrich Pestalozzi
in
Iferten,
in der Schweiz.

durch gütige
Besorgung.

Elberfeld den 17. Sept[ember] 1817.

Theurer Vater Pestalozzi!
Noch ehe Ihre Aufforderung an mich gelangte, war ich schon für Ihre Sache thätig gewesen; Ihr Aufsatz stand bereits im Hermann abgedruckt. Leider ist diese Gegend für Literatur und Pädagogik sehr unfruchtbar, und Sie müssen es daher verzeihen und mir nicht zurechnen, dass ich Ihnen nicht mehr Subscribenten auf Ihre herrlichen, von mir innigst hochgeschätzten Werke, einsende, als die unten bemerkten.

Ich zweifle indess keineswegs, dass Ihre Absicht und Ihr Plan nicht völlig durch Ihr Unternehmen verwirklicht werden sollte; alle ihre Freunde beeifern sich, dazu so thätig zu sein, als es ihnen nur möglich ist. Jeder thut gewiss an seinem Orte, was er nur irgend vermag, und wenn das Jeder thut, so kann der Erfolg unmöglich misslingen.

Sie haben, lieber Vater, mir und meiner Freundinn Aubertin, so oft versprochen, uns schreiben zu wollen; aber dies Versprechen noch bis auf diesen Augenblick nicht erfüllt. Lassen Sie uns nicht länger auf die Erfüllung desselben hoffen, nicht länger Sie vergebens
30 bitten.
Wie geht es jetzt Ihnen, wie Ihrer Anstalt? Schreiben Sie uns doch darüber recht viel; wissen Sie ja, dass Alles, was Sie betrifft, uns auf das Herzlichste interessirt.
Meine Freundinn grüsst Sie mit mir; zugleich bitten wir Sie uns
35 dem Herrn Schmidt zu empfehlen. Schenken Sie uns ferner ein gütiges, wohlwollendes Andenken.

Betty Gleim.

Subscribenten:

Herr Aders	in Elberfeld
40 Herr Platzhoff	" – "
Frau Simons, geb[orene] Hilger	" – "
Herr Peter de Weerth	" – "
Herr J[ohann] F[riedrich] Wülfing Jacobs Sohn in	Elberfeld.
45 Herr Wilhelm Haase in	Elberfeld
Betty Gleim in	Elberfeld
Herr Heilmann in	Elberfeld
Herr Lied in	Ronsdorf.
Herr Freiherr von Syberg zu Busch	bei Hagen.

Überlieferung

1 ZB Zürich, Ms Pestal 50/51, Umschlag 95/1
2 Bogen, 255 x 208 mm
4 Dorsualvermerk *Elberfeld, d[en] 17. Déc[emb]re 1817. Betty Gleim.*
5 Original

Textkritik

Zeuge H
Z. 46   in <Elberfeld> Elberfeld

Sacherklärung

I.

Betty Gleim (1781–1827) ⇒ Nr. 1520 i

III.

Z. 7   *Iferten*: dt. Name für Yverdon
Z. 11   *Elberfeld*: heute Teil von Wuppertal (Nordrhein-Westfalen)
Z. 14   *Aufsatz*: Johann Heinrich Pestalozzi: Pestalozzi an's Publikum (PSW XXV, S. 39–45)
Z. 14   *Hermann*: Hermann. Zeitschrift von und für Westfalen oder der Lande zwischen Weser und Maas (1814–1835)
Z. 26   *Aubertin*: Minna Aubertin arbeitete ab 1806 in der Bremer Töchterschule von Betty Gleim (1781–1827, ⇒ Nr. 1520 i) als Lehrerin und war, aufgrund von Auseinandersetzungen mit den Familien der Mädchen, möglicherweise mitverantwortlich für die Auflösung der Anstalt. Aubertin begleitete Gleim anschliessend auf ihrer Bildungsreise nach England und in die Schweiz; 1816 waren die beiden zu Besuch in Pestalozzis Anstalt in Yverdon, wo Minna Aubertin ein von Hand signiertes Exemplar der *Unschuld* erhielt. Aubertin war auch an Gleims Töchterschule in Elberfeld (heute Teil von Wuppertal, Nordrhein-Westfalen) als Erzieherin beschäftigt, nach der Aufgabe dieser Schule trennten sich deren Wege und über ihr weiteres Leben ist nichts bekannt.
Z. 35   *Schmidt*: Joseph Schmid (1785–1851) ⇒ Nr. 712
Z. 39   *Aders*: Johann Jakob Aders (1768–1825), Kaufmann und Ratsherr in Eberfeld (heute Teil von Wuppertal, Nordrhein-Westfalen), war 1799 Bürgermeister seiner Heimatstadt und seit 1800 Richter am Stadtgericht, dem er von 1802 bis 1807 als Schöffe vorstand. Neben seinen politischen Ämtern war Aders als international tätiger Kaufmann erfolgreich, unter anderem als Teilhaber der Bank seines Schwiegervaters Johann Heinrich Brink (1743–1817) und Gründer der *Rheinisch-westindischen Compagnie*. Ader engagierte sich als Gründungsmitglied der *Allgemeinen Armenanstalt* (1800) und des wohltätigen *Elberfelder Kornvereins* (1816) auch im sozialen Bereich.
Z. 40   *Platzhoff*: Johann Jakob Platzhoff (1769–1843) war Bandfabrikant und Seidenverleger in Elberfeld (heute Teil von Wuppertal, Nordrhein-Westfalen) sowie Inhaber der Firma *J. J. Platzhoff Erben*. Der Besitzer des Kreuzherrenklosters in Brüggen war zudem Mitglied der Landesdelegation, die 1815 zur Huldigung des preussischen Königs Friedrich Wilhelm III. (1770–1840, ⇒ Nr. 568) gebildet wurde und engagiertes Mitglied in der Eberfelder Lesegesellschaft.
Z. 41   *Simons*: Johanna Simons-Hilger (1780–1853) war mit dem Kaufmann und Seidenhändler Johannes Simons (1771–1817) aus Elberfeld (heute Teil von Wuppertal, Nordrhein-Westfalen) verheiratet.
Z. 42   *Weerth*: Peter de Weerth (1767–1855), Schloss- und Grossgrundbesitzer, Kaufmann und Ratsherr, wurde 1798 erstmals Ratsverwandter und 1817 Stadtrat in Elberfeld (heute Teil von Wuppertal, Nordrhein-Westfalen). De Weerth, der seit 1796 mit Elisabeth Gertrud Wülfing (1774–1829), der Schwester des Kaufmanns Johann Friedrich Wülfing (1780–1842, ⇒ Z. 43) verheiratet war, wurde für sein gesellschaftliches Engagement der Titel des kurfürstlich pfälzischen Kommerzienrats verliehen.
Z. 43   *Wülfing*: Johann Friedrich Wülfing (1780–1842) war Kaufmann, Mitglied des *Conseil Général du Département du Rhin* und seit 1803 mit Johanna Maria Christina Siebel (1786–1859) verheiratet. Der vermögende Wülfing war seit 1811 Besitzer von Schloss Eicherhof in Leichlingen (Nordrhein-Westfalen) und beherbergte unter anderem Friedrich Wilhelm III. von

	Preussen (1770-1840, ⇒ Nr. 568) während dessen Aufenthalt in Elberfeld (heute Teil von Wuppertal, Nordrhein-Westfalen).
Z. 44	*Jacobs*: Johann Jakob Wülfing (1732-1801), der Vater von Johann Friedrich Wülfing (1780-1842, ⇒ Z. 43), war langjähriger Elberfelder Bürgermeister und übte dieses Amt bereits in dritter Generation aus.
Z. 45	*Haase*: Wilhelm Haase aus Elberfeld konnte nicht näher bestimmt werden.
Z. 47	*Heilmann*: Valentin Justus Heilmann (1779-1862), Kaufmann und Leiter der Firma *J. J. Platzhoff Erben* in Elberfeld (heute Teil von Wuppertal, Nordrhein-Westfalen), war Mitglied des ersten Direktoriums der *Rheinisch-westindischen Compagnie* und mit Hermine Platzhoff (1788-1813) verheiratet.
Z. 48	*Lied*: Karl Ludwig Theodor Lieth (1776-1850) war seit 1795 an verschiedenen Orten als Lehrer tätig und unterrichtete 1809 bis 1817 in Ronsdorf bei Elberfeld (heute Teil von Wuppertal, Nordrhein-Westfalen). 1817 war er an der Gründung einer Töchterschule in Elberfeld beteiligt, deren Direktor er zwischen 1817 und 1844 war und an deren Schulhausbau er sich finanziell beteiligte. Nach seiner Lehrertätigkeit lebte Lieth in Köln und dichtete Liedtexte.
Z. 48	*Ronsdorf*: heute Teil von Wuppertal (Nordrhein-Westfalen)
Z. 49	*Syberg*: Freiherr Friedrich Heinrich Karl Syberg zum Busch (1761-1827) war Gutsbesitzer in Hagen (Nordrhein-Westfalen), Senior der märkischen Ritterschaft und Mitglied des westfälischen Provinziallandtages.
Z. 49	*Hagen*: Stadt in Nordrhein-Westfalen

1759.
Regierung des Kantons Waadt
17. September 1817

Lausanne, le 17e 7bre 1817.

Monsieur!

Le Conseil d'Etat m'a chargé de souscrire pour deux exemplaires du Recueil de vos intéressans & utiles ouvrages. Desirant n'être pas dans le cas de vous inquiéter a ce sujet, je me suis adressé aux libraires de cette ville, mais ils n'ont pu recevoir cette souscription, n'ayant aucune Commission à cet égard. J'ai donc recouri à votre complaisance, Monsieur, pour vous prier de vouloir bien faire ensorte, que le Conseil d'Etat reçoive dans le tems les deux exemplaires, dont il s'agit, & de m'indiquer ce qu'il peut y avoir à faire plus outre pour les obtenir.

En vous priant, Monsieur, d'agréer les hommages qu'inspirent le talent & la vertu, j'ai l'honneur de vous présenter l'assurance de Ma Considération la plus distinguée.

Boisot Chancelier

Überlieferung

1 ZB Zürich, Ms Pestal 56, Umschlag 426/1
2 Blatt, 227 x 181 mm
4 Dorsualvermerk *Lausanne, 17. 7bre 1817. Boisot, Chancelier*
5 Original

Zeuge H

Textkritik

Sacherklärung

I.

Regierung des Kantons Waadt ⇒ Nr. 667

III.

Z. 7 *ouvrages*: Johann Heinrich Pestalozzi: Sämmtliche Schriften, 12 Bände. Stuttgart 1819–1824
Z. 18 *Boisot*: Georges Boisot (1774–1853) von Mézières (Kt. Waadt) studierte zunächst Theologie an der Akademie Lausanne, bevor er 1795 die Professur für Mathematik übernahm und seine theologischen Studien abbrach. Boisot war politisch aktiv und hatte seit 1798 verschiedene Funktionen in Verwaltung und Politik des Kantons Léman, bzw. des Kantons Waadt inne. Nach einigen Jahren als Sekretär des Kleinen Rates wurde ihm 1815 die Position des Kanzlers der Waadtländer Regierung zugesprochen, die er bis 1829 innehatte. 1830 wurde Boisot in den Lausanner Stadtrat gewählt und arbeitete an verschiedenen Gesetzestexten und der Verfassung von 1831 mit. Bei den politischen Umstürzen von 1845 musste Boisot als Vertreter der konservativen Elite seine Ämter abgeben und zog sich aus der Öffentlichkeit zurück.

1760.
Joseph Schmid

17. September 1817

S[eine]r
Wohlgeboren
Herrn Heinrich Pestalozzi
per Addres[se] Herrn
Emanuel v[on] Fellenberg
in
Hofwyl
Près Berne.

Mitwochen den 7^{bres} 1817.

Der H[err] Graf Blankenstern will ihrem Institut den 10jährigen Sohn anvertrauen. Hier geht alles gut, H[err] Lange ist wieder wie es scheint nach einer Unterredung mit mir zufrieden. – Alles ist in Thätigkeit.

Unter der Hand wurde ich gefragt ob wir gegen das Institut das H[err] Krüsy etc. zu organisiren gedenke etwas einzuwenden habe etc. Ich erklärte mich etwas näher, liess die Geschichte sprechen, bemerkte aber, dass H[err] Pestalozzi niemals eine Protestation dagegen einreichen würde, dafür würde er, wenn dieses zu Stande kommen sollte, sich nicht mehr mit Ihnen herumschlagen wenn die Vereinigung mit H[err]n Fellenberg nicht zu Stande käme, u[nd] sich folglich zurück ziehen u[nd] das so bald er könne –. Es scheint es habe genug Eindruck gemacht, man gab mir den Wink nichts weiter zu sagen bis man mich fragen würde, u[nd] schon sagt man mir, es seye nichts weiter nothwendig –.

Die 5 Berner sind mit einem 6ten aus dem Ementhal bereits angekommen. Immer das Haus mit Fremden [voll]. Ein Freund von H[errn] Sing u[nd] de Vessy war hier, der Subscriptions Plane etc. mit nahm u[nd] 14 Tagen diese seinen Freunden abgeben werde –. Es gehe beyden ziemlich gut, sie haben beyde eine bedeutende Gegenparthie von Geistlichen, besonders der Erstere, Letztere weniger weil er reich u[nd] mächtig sey u[nd] sich in Achtung zu setzen im Stand ist –.

Empfehlen Sie mich H[errn] u[nd] Frau v[on] Fellenberg wie auch H[errn] u[nd] Fr[au] v[an] Meuden aufs herzlichste
Mit kindlicher Liebe

ihr Freund
Jos[eph] Schmidt

Überlieferung

1 ZB Zürich, Ms Pestal 55, Umschlag 333/15
2 Bogen, 284 x 183 mm
4 Datum am Schluss, Siegel, Stempel YVERDON
5 Original

Textkritik

Zeuge H
Z. 17   ob <ich> wir
Z. 21   er, ∫
Z. 29   Siegelausriss
Z. 30   de Vessy: lateinische Schrift
Z. 32 f.   bedeutende <Opposi> Gegenparthie
Z. 35   im <den> Stand
Z. 38   Mit <hochachtungs> kindlicher

Sacherklärung

I.

Joseph Schmid (1785-1851) ⇒ Nr. 712

II.

Philipp Emanuel von Fellenberg (1771-1844, ⇒ Nr. 426) hatte Pestalozzi am 7. September 1817 (⇒ Nr. 1751) mitgeteilt, dass er sich mit Joseph Schmid (1785-1851, ⇒ Nr. 712) ausführlich besprochen habe und dass beide wünschten, dass er für einige Zeit nach Hofwyl ziehe. Wie der vorliegende Brief Schmids zeigt, hat Pestalozzi diesen Wunsch befolgt, allerdings hatte er Yverdon nicht sofort verlassen können, da er wegen eines Besuches noch bis «Dienstag» in Yverdon bleiben wollte (PSB X, Nr. 4761). Möglicherweise war damit der 16. September gemeint, sodass Schmid Pestalozzi dann einen Tag später, also am 17. September, in einem Brief über die Ereignisse in Yverdon informiert hätte.

III.

Z. 8   *Fellenberg*: Philipp Emanuel von Fellenberg (1771-1844) ⇒ Nr. 426
Z. 13   *Blankenstern*: Freiherr Gustav Wetzlar von Plankenstern (1789-1841) ⇒ Nr. 1339 a
Z. 13   *Sohn*: Freiherr Gustav Karl Wetzlar von Plankenstern (1808-1862) ⇒ Nr. 1339 a
Z. 14   *Lange*: Johann Friedrich Wilhelm Lange (1786-1858) ⇒ Nr. 1058
Z. 15   *zufrieden*: Wie aus einem Brief von Johann Friedrich Wilhelm Lange (1786-1858, ⇒ Nr. 1058) deutlich wird, den er am 19. September 1817 an Pestalozzi nach Hofwyl sandte (⇒ Nr. 1763), war er über die mit Philipp Emanuel von Fellenberg (1771-1844, ⇒ Nr. 426) laufenden Kooperationsgespräche beunruhigt, da er befürchtete, dass das Institut in Yverdon Fellenberg übergeben und Pestalozzi sich auf den Neuhof zurückziehen würde.
Z. 18   *Krüsy*: Hermann Krüsi (1775-1844) ⇒ Nr. 588
Z. 23   *Vereinigung*: Im Spätsommer 1817 unternahmen Pestalozzi und Philipp Emanuel von Fellenberg (1771-1844, ⇒ Nr. 426) unter anderem auf Rat

	von Marc Antoine Jullien (1775–1848, ⇒ Nr. 1200) einen zweiten Versuch zur Zusammenlegung der beiden Erziehungsinstitute. Trotz der Unterzeichnung eines Vertrages am 17. Oktober 1817 (PSB X, Nr. 4795) scheiterte die geplante Vereinigung erneut aufgrund unterschiedlicher Ansichten und Ansprüche der beiden Seiten.
Z. 23	*Fellenberg*: Philipp Emanuel von Fellenberg (1771–1844) ⇒ Nr. 426
Z. 28	*5 Berner*: konnten nicht näher bestimmt werden
Z. 28	*6ten*: konnte nicht näher bestimmt werden
Z. 29	*Freund*: Carl Wilhelm Weyde Scott (1780–1836) ⇒ Nr. 1734
Z. 30	*Sing*: John Synge (1788–1845) ⇒ Nr. 1500
Z. 30	*Vessy*: John de Vesci (1771–1855) ⇒ Nr. 1500
Z. 33	*Gegenparthie*: John Synge (1788–1845, ⇒ Nr. 1500), wie alle irischen Pestalozzianer protestantisch, erfuhr als Vertreter der Methode im katholischen Irland grosse Skepsis bis hin zu Ablehnung, da in der Öffentlichkeit Zweifel an der christlichen Einstellung Pestalozzis kursierten. Stein des Anstosses war die Annahme, dass die Konzepte des Pädagogen auf dem Bild des von Natur aus guten Menschen basierten und also dessen fundamentale Schlechtheit bzw. Erbsünde verkannten. Die diesbezügliche Opposition scheint sehr stark gewesen zu sein, sah sich doch Synge im Dezember 1818 veranlasst, Pestalozzi um eine schriftliche Darlegung seiner religiösen Überzeugungen zu bitten (⇒ Nr. 2016).
Z. 36	*Fellenberg*: Margaretha von Fellenberg-von Tscharner (1778–1839) ⇒ Nr. 451
Z. 37	*Meuden*: Jakob Evert van Muyden (1781–1848, ⇒ Nr. 1812) und Louise Sophie van Muyden-Porta (1787–1845). Die aus Lausanne stammende Louise Sophie Porta, Tochter des Lausanner Stadtrats und Forstinspektors Alexandre Théodore Abraham Porta (1761–1831), heiratete 1810 Jakob Evert van Muyden, mit dem sie sieben Kinder hatte.

1761.
Joseph Schmid

18. September 1817

Iferten den 18ten 7bres 1817.

Angebogen einen Auszug aus Herr Transehe Brief. Auch H[err] Abs aus Halberstadt hat 15 Subscribenten mit einem äusserst freundschaftlichen Brief eingeschickt. Wir haben ihm noch gar nicht geschrieben.

Sie müssen H[errn] Abs, H[errn] Transehe, Muralt u[nd] Evers so schnell als möglich selber schreiben u[nd] ihnen die 2 letzten Erklärungen an das Publikum beylegen.

Einen nicht weniger intresanten Brief schrieb Gottfried Steinmann aus St. Gallen, der bey der helvetischen Regierung Administrations Geschäfte leitete u[nd] jetzt auf eine Art schreibt dass ich nicht zu irren glauben wenn ich sage er wünscht die Administrationsgeschäfte der Anstalt auf eine Weise zu besorgen, dass der Menschheit damit gedient wäre, wo er selbst zu jedem Opfer bereit wäre. Auch sprach er schon beynahe in diesem Geist als er uns den jungen Erpf von St. Gallen brachte –. Es scheint ihm nicht mehr zu genügen als reicher Mann zu sterben, er will auch etwas menschenfreundliches gethan zu haben –. Es wäre vielleicht ein Mann der uns sehr dienen könnte, theilen Sie es H[errn] v[on] Fellenberg mit –. Er ist durch ihre letzte Erklärung an das Publikum hiefür erwärmt worden. Er nennt sich persönlich nicht, diess thut aber nichts zur Sache, ich werde ihm heute so schreiben, dass eine bestimmtere Antwort nothwendig erfolgen wird –. Sonntag wird der Russe der bey H[errn] Näf ist nach Hofwil kommen, er wird ihnen die Adresse von H[errn] Evers in Russland etc. geben.

Hier geht alles im Frieden, Ordnung u[nd] Thätigkeit seinen Gang.

Mit herzlichem Gruss an Frau u[nd] H[errn] v[on] Fellenberg, so wie auch an Frau u[nd] Herrn v[an] Meuden.

Von ihrem innig liebenden Freund
u[nd] Verehrer
Jos[eph] Schmidt

Überlieferung

1 ZB Zürich, Ms Pestal 55, Umschlag 333/8
2 Blatt, 261 x 202 mm
4 Datum am Schluss
5 Original

Textkritik

Zeuge H
Z. 9   *Muralt*: lateinische Schrift
Z. 9   *Evers*: lateinische Schrift
Z. 14 f. ich <z> nicht
Z. 26   Russe <von> der
Z. 28   *Evers*: lateinische Schrift

Sacherklärung

I.

Joseph Schmid (1785–1851) ⇒ Nr. 712

II.

Im September 1817 war Pestalozzi zu Philipp Emanuel von Fellenberg (1771–1844, ⇒ Nr. 426) nach Hofwyl gereist, um eine mögliche Zusammenarbeit zu klären. Wie aus dem vorliegenden Brief Joseph Schmids (1785-1851, ⇒ Nr. 712) deutlich wird, war Fellenberg nicht der Einzige, der Pestalozzi in Sachen Administration und Verwaltung unterstützen wollte. In der am 17. Oktober 1817 verabschiedeten Übereinkunft zwischen Fellenberg und Pestalozzi (PSB X, Nr. 4795) wurde Gottfried Steinmann (1766-1846, ⇒ Z. 12 f.) noch als möglicher Administrator genannt, er zog sich aber zur selben Zeit zurück (PSB X, S. 381f.).

III.

Z. 4	*Iferten*: dt. Name für Yverdon
Z. 5	*Transehe*: Karl Otto von Transehe (1761-1837) ⇒ Nr. 1255
Z. 5	*Brief*: ⇒ Nr. 1726
Z. 5	*Abs*: Johann Christian Joseph Theodosius/Theodor Abs (1781-1823) ⇒ Nr. 1011
Z. 7	*Brief*: ⇒ Nr. 1750
Z. 9	*Muralt*: Johannes von Muralt (1780-1850) ⇒ Nr. 619
Z. 9	*Evers*: Joseph Philipp Gustav Ewers (1781-1830) ⇒ Nr. 1827
Z. 10 f.	*Erklärungen*: Pestalozzis Aufruf zur Subskription hatte für einige Verwirrung gesorgt (⇒ Nr. 1619). Er versuchte mit einem auf den 6. Juni 1817 datierten Flugblatt (*Pestalozzi gegen ein Missverständnis in seinem Subskriptionsplan*, PSW XXV, S. 71-80) sowie der Ankündigung der Subskriptionsverlängerung (ebd., S. 89-93) wieder Klarheit zu schaffen.
Z. 12	*Brief*: scheint nicht erhalten zu sein
Z. 12 f.	*Steinmann*: Gottfried Steinmann (1766-1846) aus St. Gallen war von 1796 bis 1798 Stadtrichter, von 1799 bis 1805 Sekretär des Finanzbüros der Kantone Säntis und St. Gallen, von 1805 bis 1813 Liquidator der St. Galler Stiftsgüter, von 1814 bis 1818 städtischer Polizeiverwalter und schliesslich von 1818 bis 1824 Stadtrat. Zudem amtete er von 1816 bis 1829 als Distriktsrichter und war ab 1818 Kassier der städtischen Bodenkommission. Steinmann war zweimal verheiratet, seit 1787 mit Susanna Rheiner, seit 1832 mit Maria Elisabeth Halder und gründete 1809 eine kantonale Ersparniskasse, die heutige *Vadian Bank*, die er zwei Jahre später der Stadt übergab.
Z. 13	*Regierung*: Helvetisches Direktorium ⇒ Nr. 488
Z. 19	*Erpf*: Johann Heinrich Erpf (*1795) wuchs von 1801 bis 1815 im Waisenhaus St. Gallen auf und hielt sich von 1817 bis 1819 zur Ausbildung am pestalozzischen Institut in Yverdon auf. Erpf war Gottfried Steinmanns (1766-1846, ⇒ Z. 12 f.) Mündel. Über sein weiteres Leben ist nichts bekannt.
Z. 22	*Fellenberg*: Philipp Emanuel von Fellenberg (1771-1844) ⇒ Nr. 426
Z. 25	*schreiben*: scheint nicht erhalten zu sein
Z. 26	*Russe*: Joseph Christianowitsch von Hamel (1788-1862) ⇒ Nr. 2181
Z. 27	*Näf*: Johann Konrad Näf (1789-1832) ⇒ Nr. 2304
Z. 31	*Frau*: Margaretha von Fellenberg-von Tscharner (1778-1839) ⇒ Nr. 451
Z. 32	*Frau u[nd] Herrn v[an] Meuden*: Jakob Evert van Muyden (1781-1848, ⇒ Nr. 1812) und Louise Sophie van Muyden-Porta (1787-1845) ⇒ Nr. 1760

1762.
Joseph Schmid
18. September 1817

S[eine]r
Wohlgeboren
Herrn Heinrich Pestalozzi
p[e]r Add[resse] Herrn Em[manue]l v[on] Fellenberg
in
Hofwil.

Güte

Iferten den 18ten 7^{bers} 1817.
Donnerstag Abend.

Herr v[on] Grünwald war heute freundlich hier um Abschied zu nehmen, ich sprach zwar nicht viel mit ihm, er schien aber im Äussern nichts weniger als eingenommen gewesen zu seyn. Auch war heute ein Italienischer Graf hier der den Grafen Descopeli etc. kennt, er war gegen ihre Grundsätze eingenommen wie ich nicht selten einen Mann traf u[nd] der es noch so unumwunden heraussagte –. Er verliess nach einer etwas klugen Demonstration die Anstalt ganz befriedigend –. Auch nahm er hernach für H[errn] Descopli Subscriptions Plane mit. H[err] Lange ist heute noch nicht ganz wohl, er scheint besser gegen mich zu seyn als je, wenigstens ist es seine Frau u[nd] ich halte dieses für ein kleines untrügliches Zeichen –. H[err] Hanghard wird H[errn] v[on] Fellenberg nächster Tage besuchen, u[nd] erwartet dass Sie ihn bei ihm einführen werden.

H[err] Lang wünscht dass wir uns mit Fellenberg nicht vereinigen würden, er hat sich heute sehr frey herausgelassen –. Er weisst auf seine Art viel gegen ihn. Ich habe ihm meine Art zu denken entgegengesetzt u[nd] er schien von deren Richtigkeit überzeugt zu seyn. Ich habe seyd dem Sie fort sind eine weit festere Basis manchem die Wahrheit zu sagen –, u[nd] zwar dass es dem Hause u[nd] der Stadt imponirt –.

Mit herzlichem Gruss an H[errn] u[nd] Frau v[on] Fellenberg H[errn] u[nd] Frau v[an] Meuden etc. von Ihrem innig liebenden Freund

Jos[eph] Schmidt.

Überlieferung

1 ZB Zürich, Ms Pestal 55, Umschlag 333/7
2 Bogen, 248 x 184 mm
4 Datum am Schluss, Siegel
5 Original

Textkritik

Zeuge H
Z. 16 f. *Descopeli*: lateinische Schrift
Z. 19 *Demonstration*: lateinische Schrift
Z. 21 *Descopli*: lateinische Schrift

Sacherklärung

I.

Joseph Schmid (1785–1851) ⇒ Nr. 712

II.

Da sich Pestalozzi immer noch wegen den Kooperationsgesprächen in Hofwyl aufhielt, berichtete Joseph Schmid (1785–1851, ⇒ Nr. 712) in fast täglichen Briefen von den Ereignissen in Yverdon.

III.

Z. 7 *Fellenberg*: Philipp Emanuel von Fellenberg (1771–1844) ⇒ Nr. 426
Z. 11 *Iferten*: dt. Name für Yverdon
Z. 13 *Grünwald*: Johann Engelbrecht Christoph von Grünewaldt (1796–1862) stammte aus Koigi (Koik, Estland) und war Jurist, Ratsherr und Grossgrundbesitzer aus einem deutschbaltischen Adelsgeschlecht. Nach seiner Ausbildung an der Domschule in Tallinn und Studienjahren in Tartu, Berlin und Göttingen, begab er sich auf Europareise, während der er auch Pestalozzis Anstalt in Yverdon besuchte. Ab 1821 bekleidete Grünewaldt verschiedene Ämter im Justiz- und Verwaltungsapparat Estlands, etwa als Gerichtsassistent (1821), Landrat (1833–1841) oder seit 1859 als Geheimrat und Senator. Von 1830 bis 1836 war Grünewaldt Ritterschaftshauptmann der estländischen Ritterschaft. Neben seinen Ämtern engagierte sich Grünewaldt im Bildungsbereich mit der Gründung eines Volksschullehrerseminars und der Förderung des Bauernschulwesens. Er war von 1858 bis zu seinem Tod Ehrenpräsident der Estländischen Literarischen Gesellschaft.
Z. 16 *Graf*: konnte nicht näher bestimmt werden
Z. 16 f. *Descopeli*: Möglicherweise war hier ein Mitglied der Familie Scopelli gemeint, allerdings ist in dieser Familie kein Graf nachweisbar.
Z. 21 *Lange*: Johann Friedrich Wilhelm Lange (1786–1858) ⇒ Nr. 1058
Z. 23 *Frau*: Rosa Isialine Lange-Fiaux ⇒ Nr. 1747
Z. 24 *Hanghard*: Jean Baptiste Hangard (1774–1827) ⇒ Nr. 1403
Z. 34 *Fellenberg*: Margaretha von Fellenberg-von Tscharner (1778–1839) ⇒ Nr. 451
Z. 35 *H[errn] u[nd] Frau v[an] Meuden*: Jakob Evert van Muyden (1781–1848, ⇒ Nr. 1812) und Louise Sophie van Muyden-Porta (1787–1845, ⇒ Nr. 1760

1763.
Johann Friedrich Wilhelm Lange
19. September 1817

Herrn
Herrn Pestalozzi
Hochwohlgeboren
gegenwärtig
in
Hofwyl
bei Bern.

Iferten den 19. Sept[ember 18]17.

Schreiben Sie mir – das waren die letzten Worte, welche Sie mir beim Abschiede sagten. Ich thue es – in Liebe u[n]d kindlicher Ergebenheit. Es ist wahr; die letzten Schritten zur Sicherstellung Ihrer Anstalt hatten mich etwas beunruhigt. Unbekannt mit den Grundlinien, auf welchen diese Vereinigung beruhen sollte; hatte ich mir eingebildet, Sie würden ihre Schöpfung an H[errn] v[on] Fellenberg übergeben u[n]d sich selbst auf ihr Landgut zurückziehen, um in Ihrer zu errichtenden Armenanstalt der Menschheit zu leben. Jetzt denke ich ruhiger darüber nach u[n]d habe mich an die Äusserungen des H[errn] v[on] Fellenberg erinnert, dass er seine Erziehungs-Anstalten unabhängig von seinem Leben zu machen u[n]d eine immer weitere Ausdehnung ihnen zu geben hoffe. Er sagte mir, er habe den Plan, immer mehr Schulen u[n]d Anstalten zu diesem Zwecke unter Einen Gesichtspunkt zu bringen u[n]d eine Art von pädagogischer Republik zu bilden. Grossartig ist der Gedanke u[n]d weitgreifend die Ausführung. Daher biete ich zu einem solchen, der Menschheit wohlthätigen Zwecke von Herzen alle meine Kräfte dar u[n]d werde mein Glück darin finden in dieser pädagogischen Vereinigung zu dem Ziele mitzuwirken. Ich wünsche, dass die Art dieser Vereinigung bald zu Stande kommen u[n]d bekannt werden mögen, da viele gute Menschen, die sich für Ihre Anstalt interessieren beunruhigt fühlen durch das, was die neuste Organisation mit sich führen wird. Kaum – so sprechen Sie – hat man zu organisiren angefangen, der Lange die Leitung des Unterrichts übernommen – als man schon wieder darauf sinnt, wie man eine neue Einrichtung dem Institute gebe, ungeachtet man bemerken müsse, dass die Sachen gut angefangen hätten. – So kam Frau Grellet zu mir, um mir anzuzeigen, dass sie ihren Sohn zurückziehen würde, da sie gehört habe, dass wir bloss eine Elementarschule aus der Anstalt machen u[n]d unsere Schüler der Fellenbergischen Anstalt vorbereiten wollten. Solche u[n]d andere Muthmassungen sind überall verbreitet. Auch unsere Lehrer sind etwas aufstutzig geworden – sie wissen nicht wohin das ausgehen soll. Ausser Stern u[n]d Maurer gehen Heldenmayer u[n]d Comte nächstens ab. Dupuget spricht auch von seinem nahen Abgange. Ein Glück ist es, dass ich die Herren Rang u[n]d Demangeot hierher gezogen habe u[n]d H[err] Pfeffinger gestern Abend gekommen ist. Im Unterrichtsgange, wie in der moralisch-religiösen Leitung unserer Zöglinge geht alles ruhig u[n]d fröhlich fort. Man hört von keinem Klagen, von keiner Widersetzlichkeit, so dass Sie völlig ruhig in Hofwyl ihren Zwecken leben können. Nur eilen Sie, dass das Publikum bald erfahre, was es mit der Vereinigung des H[errn] Fellenberg für eine Bewandnis habe. – Wird der grosse Zweck – «Erhebung der Menschheit» dadurch befördert, so huldige ich jeder Einrichtung von ganzem Herzen. Nur auf einem Posten wünschte ich dabei zu stehen, der meinen Anlagen, Kräften u[n]d Zwecken einen hinlänglichen Spielraum darbietet. Die Stellung, in welcher ich jetzt bin, habe ich lieb gewonnen. Ihr Vertrauen, das mich dahin setzte, habe ich mitten in Stürmen u[n]d Kämpfen gerechtfertigt u[n]d werde demselben entsprechen bis an mein Grab. Das Zutrauen einer ganzen Stadt ist mir ein himmlischer Ruf, dieses Zutrauen täglich mehr verdienen zu suchen. – Gott lob! dass ich wieder gesund bin. Arbeit u[n]d Speise schmecken mir trefflich. Was ich Ihnen also bei den bevorstehenden Änderungen an Ihr Vaterherz legen könnte – ist, mich in der Stellung zu lassen, in welcher ich gegenwärtig bin – leitender Lehrer des Unterrichtswesens. Mehr wünsche ich nicht – ich bin bei meinen mässigen Ansprüchen mit dem zufrieden, was Sie mir ökonomisch geben. Wollen Sie mich, als Familienvater ins Auge fassen u[n]d noch ein Übriges thun, so würde ich als ein Geschenk mit kindlichem Herzen annehmen, was die Vaterhand mir bietet. Meine beiden Zöglinge gewähren mir einige ökonomischen Vorheile. Wollen Sie mir diese lassen, so danke ich Ihnen – wo nicht, so gebe ich Sie Ihnen mit freudiger Seele zurück u[n]d werde nicht minder Sie lieben. Indess verspreche ich Ihnen; dass ich keinen andern Knaben weiter aufnehmen werde. Wenn ich es that, so geschah es ja nur, diese der Anstalt zu erhalten. – Sollte es aber in dem Plane liegen, aus meiner gegenwärtigen Stellung mich zu setzen, so wünschte ich mit Ihrer u[n]d des H[errn] Fellenbergs Genehmigung von einem Anerbieten Gebrauch zu machen, das mir schon früher gezeigt wurde. Es liegt nämlich einigen sehr angesehenen Familien in Latour u[n]d Vevey daran, dass in einer dieser Städte eine Erziehungsan-

stalt errichtet werde. Zu dem Ende machte mir H[err] Hugenin, juge de Paix in Latour, das Anerbieten, auf sein Landgut, wozu Garten
85 u[n]d Ackerland gehört, zu ziehen u[n]d den Grund zu einer solchen Anstalt zu legen. Er hat mir versichert, dass die Stadt mein Unternehmen sehr begünstigen würde – so bekäme man denn vielleicht das dasige schön gelegene Schloss. – Wollten nun Sie u[n]d H[err] v[on] Fellenberg mich in meinem Unternehmen unterstützen, so
90 wollte ich dem schönen pädagogischen Vereine durch Errichtung u[n]d Anschliessung eines neuen Instituts ein Scherflein meiner Ergebenheit u[n]d Anhänglichkeit darbringen. Ich wünschte, Sie theilten diese Gedanken dem H[errn] v[on] Fellenberg mit u[n]d ertheilten mir über diese Angelegenheiten gelegentlich Antwort.
95 Mit der Bitte, mich H[errn] v[on] Fellenberg zu empfehlen bin ich in Verehrung u[n]d Liebe

der Ihrige
Wilh[elm] Lang[e]

P.S. Professor Lindner aus Leipzig hat mir neulich geschrieben.
100 «Grüssen Sie, sagt er, den braven Pestalozzi herzlich und sagen ihm, seine Wünsche würde ich nach Kräften befördern.» – Dass wieder günstige Nachrichten wegen des Fortganges der Subscription eingegangen sind, nebst einem Wechsel von 60 Louis d'or – wird Ihnen Schmidt wohl schon gemeldet haben.

Überlieferung

1 ZB Zürich, Ms Pestal 52/53, Umschlag 183/1
2 Bogen, 261 x 202 mm
4 Siegelspuren
5 Original

Textkritik

Zeuge H

Z. 10   Bern: lateinische Schrift
Z. 17   Fellenberg: lateinische Schrift
Z. 21   Fellenberg: lateinische Schrift
Z. 38   Grellet: lateinische Schrift
Z. 44   Maurer: lateinische Schrift
Z. 45   gehen <auch> Heldenmayer
Z. 45   Heldenmayer: lateinische Schrift
Z. 45   Comte: lateinische Schrift
Z. 45   Dupuget: lateinische Schrift
Z. 47   Rang: lateinische Schrift

Z. 47 Demangeot: lateinische Schrift
Z. 48 Pfeffinger: lateinische Schrift
Z. 53 Fellenberg: lateinische Schrift
Z. 55 da < zu > durch
Z. 62 Zutrauen < mich täg > täglich
Z. 81 Latour: lateinische Schrift
Z. 82 Vevey: lateinische Schrift
Z. 83 f. juge de Paix: lateinische Schrift
Z. 84 Latour: lateinische Schrift
Z. 87 denn < da > vielleicht
Z. 93 Fellenberg: lateinische Schrift
Z. 98 Ausriss
Z. 99 Lindner: lateinische Schrift
Z. 99 Leipzig: lateinische Schrift
Z. 102 Subscription: lateinische Schrift

Sacherklärung

I.

Johann Friedrich Wilhelm Lange (1786–1858) ⇒ Nr. 1058

III.

Z. 11 Iferten: dt. Name für Yverdon
Z. 17 Fellenberg: Philipp Emanuel von Fellenberg (1771–1844) ⇒ Nr. 426
Z. 18 Landgut: Damit dürfte wohl der Neuhof (Kt. Aargau) gemeint gewesen sein.
Z. 19 Armenanstalt: ⇒ Nr. 1369
Z. 38 Grellet: Madame Grellet konnte nicht näher bestimmt werden.
Z. 39 Sohn: Alphonse Grellet hielt sich von 1816 bis 1818 zur Ausbildung in Yverdon auf.
Z. 43 aufstutzig: uneins, streitig
Z. 44 Stern: Wilhelm Stern (1792–1873) ⇒ Nr. 1469
Z. 44 Maurer: Johann Konrad Maurer (1798–1842) ⇒ Nr. 1269 d
Z. 45 Heldenmayer: Beat Rudolf Friedrich Heldenmaier (1795–1873) ⇒ Nr. 2320
Z. 45 Comte: Samuel Beat Comte (1798–1853) ⇒ Nr. 823
Z. 45 Dupuget: Louis Albert Dupuget (1796–1860) ⇒ Nr. 1189
Z. 47 Rang: Andreas Rank (1786–1855) ⇒ Nr. 1840
Z. 47 Demangeot: Sébastien François Demangeot (1800–1874) aus Lunéville (Lothringen) war von 1817 bis 1822 als Musiklehrer am Institut in Yverdon tätig und lebte später bis zu seinem Tod in Moskau. Seiner Vaterstadt Lunéville vermachte er per Testament einen namhaften Betrag zur Verbesserung und Entwicklung der Stadtschulen.
Z. 48 Pfeffinger: Johann Georg Adam Pfeffinger (1790–1857) aus Offenbach studierte an der Universität Heidelberg Theologie und war von 1817 bis 1818 als Lehrer für Naturwissenschaften am pestalozzischen Institut in Yverdon tätig. 1822 übernahm er eine Lehrstelle am Gymnasium in Büdingen (Hessen), die er 1824 wieder aufgab.
Z. 72 Zöglinge: Es ist unklar, um wen es sich bei diesen beiden Zöglingen handelte.

Z. 81   *Latour*: La Tour-de-Peilz (Kt. Waadt)
Z. 82   *Vevey*: Gemeinde im Kt. Waadt
Z. 82 f.   *Erziehungsanstalt*: Johann Friedrich Wilhelm Lange (1786–1858, ⇒ Nr. 1058) gründete und führte von 1818 bis 1821 eine Erziehungsanstalt für rund 20 bis 30 Knaben begüterter Eltern in Vevey (Kt. Waadt). Die Einrichtung scheint nach Langes Rückkehr nach Deutschland nicht weiter bestanden zu haben.
Z. 83   *Hugenin*: Jean François Samuel Hugonin (1774–1830) war Friedensrichter in La Tour-de-Peilz (Kt. Waadt), mit Pauline Ausset (†1851) verheiratet und Vater von vier Kindern.
Z. 99   *Lindner*: Friedrich Wilhelm Lindner (1779–1864) ⇒ Nr. 815
Z. 99   *geschrieben*: scheint nicht erhalten zu sein
Z. 103   *Louis d'or*: frz. Goldmünze
Z. 104   *Schmidt*: Joseph Schmid (1785–1851) ⇒ Nr. 712

1764.
Gabrielle Teisseire-Crétet
20. September 1817

[Reg.] Frau Teisseire macht sich Sorgen wegen der Gesundheit ihres Grossneffen.

Überlieferung

1   PSB X, S. 369.7 ff.

Sacherklärung

I.

Gabrielle Teisseire-Crétet (1735–1829) ⇒ Nr. 1527 a

II.

Am 10. September 1817 war Emanuel de Résicourt (⇒ Nr. 1526 b) in Begleitung von Félix-Eméric (1802–1883, ⇒ Nr. 1465 f), Jean-Soulange (1805–1883, ⇒ Nr. 1465 f) und Eugène Renard (⇒ Nr. 1465 f) zu einem Besuch bei seiner (Gross-)tante Gabrielle Teisseire-Crétet (1735–1829, ⇒ Nr. 1527 a) nach Grenoble aufgebrochen. Diese war offenbar besorgt über das körperliche Befinden ihres (Gross-)neffen. Pestalozzi war allerdings der Meinung, dass der «rapport physique» sich zu dessen Vorteil verändert habe (PSB X, S. 364), eine Einschätzung, die er in seinem Brief vom 5. Oktober 1817 nochmals bestätigte (ebd., Nr. 4783).

III.

Z. 4   *Grossneffen*: Emanuel de Résicourt ⇒ Nr. 1526 b

1765.
Joseph Schmid
20. September 1817

S[eine]r
Wohlgeboren
Herrn Heinrich Pestalozzi
p[er] Add[res]s[e] E[manuel] de Fellenberg
in
H o f w i l.

Iferten den 20tn 7bres 1817

Gestern erhielten Sie von dem Staatsrath des Kantons Waadt von Lausanne eine amtliche Subscription auf 2 Ex[em]pl[are] ihrer sämtlichen Schriften –. Sind es auch wenig Ex[em]pl[are,] so zeigt es in einem französischen Kanton von gutem Willen u[nd] ist zugleich die erste schweizerische Regierung die etwas hiefür gethan hat –. Es wäre gut es würde dem Publikum auf eine gehörige Weise mitgetheilt, es dürfte andere Kantonsregierungen auf irgend e[ine] Art zwingen auch etwas zu thun –.

Auch eine Lotte Schütz aus Jena die krank ist u[nd] nicht ausgehen kann hat 2 Subscribenten eingeschickt. Sie schreibt Ihnen einen äusserst belebten Brief:

H[err] Pfeffinger ist gestern Abend angekommen er missfällt mir nicht.

Alles geht den ungestörten Gang fort.

Mit herzlichen Grüssen an die
Ihrigen dort von ihrem
liebenden Freund
Jos[eph] Schmidt

Überlieferung
1 ZB Zürich, Ms Pestal 55, Umschlag 333/9
2 Blatt, 260 x 202 mm
4 Datum am Schluss, Siegelspuren
5 Original

Textkritik
Zeuge H
Z. 7   p[er] Add[res]s[e] E[manuel] de Fellenberg: lateinische Schrift
Z. 11   Staatsrath < von Lausanne > des
Z. 12   Lausanne: lateinische Schrift

Z. 13 f.   eigentlich: *in in einem*
Z. 19   *Lotte*: lateinische Schrift
Z. 19   *Jena*: lateinische Schrift
Z. 20   kann < subscribirt > hat

Sacherklärung

I.

Joseph Schmid (1785–1851) ⇒ Nr. 712

II.

⇒ Nr. 1762

III.

Z. 7   *Fellenberg*: Philipp Emanuel von Fellenberg (1771–1844) ⇒ Nr. 426
Z. 10   *Iferten*: dt. Name für Yverdon
Z. 11   *Staatsrath*: Regierung des Kt. Waadt (⇒ Nr. 667)
Z. 12   *Subscription*: ⇒ Nr. 1759
Z. 13   *Schriften*: Johann Heinrich Pestalozzi: Sämmtliche Schriften, 12 Bände. Stuttgart 1819–1824
Z. 19   *Schütz*: Lotte/Charlotte Schütz (1789–1817) ⇒ Nr. 1466 a
Z. 21   *Brief*: ⇒ Nr. 1747
Z. 22   *Pfeffinger*: Johann Georg Adam Pfeffinger (1790–1857) ⇒ Nr. 1763

1766.
Joseph Schmid
20. September 1817

S[eine]r
Wohlgeboren
Herrn Heinrich Pestalozzi
p[er] Add[res]s[e] Herrn E[manuel] von Fellenberg
in
H o f w i l .

Güte

Iferten den 20ten 7bres 1817.

Ich habe mit H[errn] Hangard einiges über ihr Verhältniss mit H[errn] Fellenberg gesprochen ohne jedoch näher in dasselbe einzugehen –. Er schien sehr mit dem zufrieden zu seyn was ich sagte –.

Am meisten Eindruck macht dass Sie unter solchen Umständen keine grosse Lust haben hier zu bleiben u[nd] ich bin wirklich über-

zeugt die Regierung wird alles thun Sie zufrieden u[nd] glücklich in den Mauren Ifertens zu erhalten. Man fängt den Gegenstand anders anzusehen an, was mir von neuem Muth macht, die Sach mag gehen wie Sie immer will. Die Stimmung fängt in dieser Hinsicht sich an zu bessern wie ich in so kurzer Zeit nicht erwartet hätte.
Noch haben wir keinen Brief von Ihnen u[nd] natürlich möchten wir auch wissen wie es Ihnen gehen würde u[nd] wie Sie angekommen wären –.
Mit herzlichen Grüssen an alle ihre liebenden in ihrer Umgebung.
Von ihrem innig liebenden
Freund
Jos[eph] Schmidt

Überlieferung

1 ZB Zürich, Ms Pestal 55, Umschlag 333/10
2 Bogen, 260 x 202 mm
4 Datum am Schluss, Siegelspuren
5 Original

Textkritik

Zeuge H
Z. 7   p[er] Add[res]s[e]: lateinische Schrift
Z. 14   sehr < t > mit

Sacherklärung

I.

Joseph Schmid (1785–1851) ⇒ Nr. 712

III.

Z. 7   *Fellenberg*: Philipp Emanuel von Fellenberg (1771–1844) ⇒ Nr. 426
Z. 11   *Iferten*: dt. Name für Yverdon
Z. 12   *Hangard*: Jean Baptiste Hangard (1774–1827) ⇒ Nr. 1403
Z. 19   *Gegenstand*: Damit dürften wohl die Verhandlungen über eine zukünftige Zusammenarbeit mit Philipp Emanuel von Fellenberg (1771–1844, ⇒ Nr. 426) gemeint gewesen sein.

1767.
Joseph Schmid
22. September 1817

S[eine]r
Wohlgeboren
Herrn Heinrich Pestalozzi
p[er] Add[res]s[e] Herrn E[manue]l v[on] Fellenberg
in
H o f w i l.

Iferten den 22ten 7bres 1817.

Montag sind keine wichtig Briefe angekommen. Ein Engeländer mit Frau u[nd] ein paar Knaben war 2 Tag hier, wollen Vevey noch sehen, weil man ihm auch viel Gutes von einer Anstalt dort sagt, entspricht ihm diese nicht, so will er sie noch diese Woche hieher bringen, er erklärt bereits vor seiner Abreise er seye fest entschlossen Sie hieher zu bringen, er verliess die Anstalt ganz befriedigend, u[nd] erklärte es habe ihm hier viel besser gefallen als bey Herrn v[on] Fellenberg dieser Mann habe ihm nicht gefallen etc. etc.

Angebogen erhalten Sie einen Brief von Herr Zeller, der verdient, dass ihm die 2 andern Ankündigungen mit einem herzlichen Brief von Ihnen zugeschickt werden.

Er legte Ihnen eine Anweisung von 63 Gulden bey etc.

Wichtig ist, dass Sie die Herausgabe ihrer Schriften nicht vernachlässigen.

Denken Sie wir sind bald im 8bres u[nd] müssen bis Neujahr den Armenplan etc. bearbeiten. Sorgen Sie das Fellenberg etc. auch a[lles] in Leben setzt.

Hier ist alles gesund, bis an das Küche Mädle, welches aber nichts bedeutendes seyn soll.

Herzliche Grüsse an Herrn u[nd] Frau v[an] Meuden H[errn] u[nd] Frau v[on] Fellenberg, von dem ganzen Haus, das sich recht brav hält, besonders auch die neuen Lehrer,
Von Ihrem innig liebenden

Freund
Jos[eph] Schmidt

Heldenmeyer ist etwa 4 Jahr als Lehrer u[nd] Unterlehrer in der Anstalt gebraucht worden. Besitzt Talente u[nd] macht es in einigen elementarisch bearbeiteten Fächer der Methode recht brav, wenn er will –. Von seinem Charakter seinem moralischen Zustand u[nd]

0 von seinem edelmüthigen Benehmen wird nichts ges[agt] u[nd] es sollte fühlbar seyn dass von Le[hrer] nichts gesagt ist.
Der Brief von Zeller sollte nicht verloren gehen.

Überlieferung

1   ZB Zürich, Ms Pestal 55, Umschlag 333/11
2   Bogen, 247 x 183 mm
4   Datum am Schluss, Siegelspuren, Stempel YVERDON
5   Original

Textkritik

Zeuge H
Z. 7   p[er] Add[res]s[e]: lateinische Schrift
Z. 12   Vevey: lateinische Schrift
Z. 21   zugeschickt <zu> werden
Z. 27   Siegelausriss
Z. 40 f.   Siegelausriss

Sacherklärung

I.

Joseph Schmid (1785–1851) ⇒ Nr. 712

II.

⇒ Nr. 1762

III.

Z. 7   *Fellenberg*: Philipp Emanuel von Fellenberg (1771–1844) ⇒ Nr. 426
Z. 10   *Iferten*: dt. Name für Yverdon
Z. 11   *Engeländer*: Laut dem Geschäftsbuch des Instituts Yverdon waren im Herbst 1817 die beiden Engländer John Comming (⇒ Nr. 2002) und Stanhope Dickinson (*ev. um 1811, ⇒ Nr. 1693) eingetreten. Da Dickinson aber schon am 11. September 1817 angekommen war (PSB X, Nr. 4787) und nicht bekannt ist, dass Comming mit Begleitung unterwegs gewesen war, konnte nicht näher bestimmt werden, welche Engländer hier gemeint sein könnten.
Z. 12   *Frau*: konnte nicht näher bestimmt werden
Z. 12   *Knaben*: konnten nicht näher bestimmt werden
Z. 12   *Anstalt*: ⇒ Nr. 1763
Z. 19   *Brief*: Damit dürfte wohl der Brief vom 10. Juli 1817 (⇒ Nr. 1688) gemeint gewesen sein.
Z. 19   *Zeller*: Karl August Zeller (1774–1846) ⇒ Nr. 656
Z. 22   *Gulden*: weit verbreitete Gold- oder Silbermünze
Z. 23   *Schriften*: Johann Heinrich Pestalozzi: Sämmtliche Schriften, 12 Bände. Stuttgart 1819–1824
Z. 28   *Küche Mädle*: konnte nicht näher bestimmt werden

Z. 30 *Herrn u[nd] Frau v[an] Meden*: Jakob Evert van Muyden (1781–1848, ⇒ Nr. 1812) und Louise Sophie van Muyden-Porta (1787–1845, ⇒ Nr. 1760)
Z. 31 *Frau*: Margaretha von Fellenberg-von Tscharner (1778–1839) ⇒ Nr. 451
Z. 36 *Heldenmeyer*: Beat Rudolf Friedrich Heldenmaier (1795–1873) ⇒ Nr. 2320

1768.
Joseph Schmid

24. September 1817

S[eine]r
5 Wohlgeboren
Herrn Heinrich Pestalozzi
p[er] Addr[es]s[e] E[manuel] von Fellenberg
in
H o f w i l.

10 Iferten den 24ten 7bres 1817.

Herr Niethamer war gestern Abend hier, ich machte etwa 1 Stund lang einen Spatziergang mit ihm, sprach einiges über Sie mit ihm über die Herausgab ihrer Schriften etc.

Die Baierische Regierung hat vor seiner Abreise bereits auf 600
15 Gulden ihrer Werke subscribirt –. Die heutige Post zeigt uns wieder einen Zögling an der aus Frankreich eintreten wird. Ohne dieses nichts –.

Hier fahrt alles fort gut sich zu ben[ehmen.]

Mit herzlichem Gruss an alle, die Sie in ihrem neuen Kreise lie-
20 ben. Bis heute erhielt ich einen einzigen Brief von Ihnen.

Mit herzlichem Gruss vom

Lisabeth etc. von Ihrem Freund

Jos[eph] Schmidt

Überlieferung

1 ZB Zürich, Ms Pestal 55, Umschlag 333/12
2 Bogen, 260 x 202 mm
4 Datum am Schluss
5 Original

Textkritik

Zeuge H
Z. 18   Siegelausriss

Sacherklärung

I.

Joseph Schmid (1785–1851) ⇒ Nr. 712

II.

⇒ Nr. 1762

III.

Z. 7   *Fellenberg*: Philipp Emanuel von Fellenberg (1771–1844) ⇒ Nr. 426
Z. 10 *Iferten*: dt. Name für Yverdon
Z. 11 *Niethamer*: Friedrich Immanuel Niethammer (1766–1848) studierte von 1784 bis 1789 Philosophie und Theologie in Tübingen und promovierte 1792 in Jena. 1793 wurde er zum Ausserordentlichen Professor berufen und gründete 1795 das *Philosophische Journal einer Gesellschaft teutscher Gelehrter*. 1803 folgte er einem Ruf als Professor für Theologie nach Würzburg, wurde 1806 Konsistorial- und Schulrat in Bamberg und 1808 Zentralschul- und Oberkirchenrat in München. 1818 erfolgte seine Ernennung zum Rat am Oberkonsistorium und 1845 die Ernennung zum Geheimrat. Niethammer war seit 1797 mit Rosine Eleonore Eckhardt-Döderlein (1770–1832) verheiratet und verfasste zahlreiche philosophische, religiöse und pädagogische Schriften, so auch die berühmt gewordene Abhandlung *Der Streit des Philanthropinismus und des Humanismus in der Theorie des Erziehungs-Unterrichts unsrer Zeit* (1808).
Z. 13 *Schriften*: Johann Heinrich Pestalozzi: Sämmtliche Schriften, 12 Bände. Stuttgart 1819–1824
Z. 14 *Regierung*: Die Bayrische Regierung wurde von 1799 bis 1817 in ihren Organisationsformen und Inhalten stark vom Staatsminister Graf Maximilian Joseph von Montgelas (1759–1838, ⇒ Nr. 1051), zugleich Minister des Äusseren und zeitweise auch des Inneren und der Finanzen geprägt. Unter seiner Ägide erhielten der Staatsrat, bestehend aus den Fachministern und ihren Referendaren, beratende Regierungsfunktion, und der Ministerrat, dem zusätzlich unter anderen der Generalfeldmarschall Fürst Karl Philipp von Wrede (1767–1838) angehörte, Entscheidungsfunktionen in politischen und militärischen Angelegenheiten. Staats- und Ministerrat standen gemäss des monarchischen Prinzips unter der Leitung des bayrischen Königs Maximilian I. Joseph (1756–1825, ⇒ Nr. 985), konnten personell und funktional konvergieren und von machtvollen Einzelministern geprägt werden: nach dem Rücktritt Montgelas am 2. Februar 1817 folgte ihm nominell Justizminister Heinrich Alois von Reigersberg (1770–1865) als Vorsitzender des Ministerrats nach, doch waren der neue Aussenminister Graf Aloys von Rechberg (1766–1849) und Feldmarschall Fürst Wrede die neuen starken Mitglieder der Regierung, die nach der bayrischen Verfassung von 1818 in gesetzes- und Steuerentscheidungen von der Zustimmung der neuen, aus zwei Kammern bestehenden Ständeversammlung abhing.
Z. 15 *subscribirt*: Weder im Bestand des Bayrischen Innenministeriums, das 1817 für das Schulwesen zuständig war, noch in dem des Aussenministeriums sind Akten zur Subskription der Bayrischen Regierung (⇒ Z. 14) auf die Werke Pestalozzis vorhanden. In einem Schreiben vom 1. Sep-

Z. 15 *Post*: Am 24. September sandte Joseph Schmid (1785-1851, ⇒ Nr. 712) einen Prospekt des Instituts an einen Herrn «Bandon» in Avignon (ZB Zürich, Ms Pestal 1446, S. 469), da sich der Franzose interessiert gezeigt hatte, seinen Neffen ins Institut zu schicken. Möglicherweise verwies er hier also auf die nicht überlieferte postalische Anfrage aus Avignon.
Z. 16 *Zögling*: Der hier allenfalls eintretende Zögling Bandon (⇒ Z. 15) - möglicherweise handelte es sich hier auch um einen Schreibfehler, da in Avignon nämlich mehrere Familien «Bondon» nachgewiesen sind - konnte nicht näher bestimmt werden.
Z. 20 *Brief*: PSB X, Nr. 4765
Z. 22 *Lisabeth*: Elisabeth Krüsi-Näf (1762-1836) ⇒ Nr. 594

1769.
Joseph Schmid
26. September 1817

Iferten den 26ten 7bres 1817.

Mittwoch wird der schon längst angezeigte Zögling aus Zürich hier eintreffen. Heute hat Blendermann aus Bremen geschrieben u[nd] ein Subscriptionsverzeichniss von 7 Personen eingeschickt, welches für Bremen wirklich wenig ist. Es ist nothwendig dass Sie sich noch an mehrere Personen privat wenden müssen wenn dieser Gegenstand mit genugsamer Thätigkeit u[nd] Erfolg betrieben werden soll -. Benutzen Sie ja die Zeit in Hofwil hiefür, wie auch den Kreis den Herr v[on] Fellenberg ihnen anweisen kann. 1½ Tag war H[er]r Bihler aus Wien Erzieher den jungen Buton Banquier von Wien hier, der Sie in Hofwil sah. Er ist entschlossen hier mit seinem Zögling zu verweilen wenn er hiefür Erlaubniss von seinem Vater erhalt.

Sein Zögling gefiel sich besonders hier.

Ich bin ganz überzeugt, die Stadt Iferten wird alles thun, Ihnen den Aufenthalt innert ihren Mauren angenehmer zu machen, u[nd] dafür sorgen, dass keine Opposition Sie zu Grund richten kann, von dieser Seite scheint etwas positives gewonnen zu seyn. Kann etwas solides gethan werden bey der vorhabenden Vereinigung so bin ich mit Herz u[nd] Seele dafür. Im entgegengesetzten Fall sind wir aber auch nicht in der Lage um jeden Preis loszuschlagen. Bisher hab ich immer nur einen Brief von Ihnen -. Wir müssen uns beynahe schämen nichts die Ganze Woche von Ihnen mittheilen zu können.

Mit herzlichem Gruss an ihre liebenden in Hofwil. Von ihrem innig liebenden Freund

Jos[eph] Schmidt

Auch dem Rahn in Wien, der Ihnen 16 Subscribenten zuschickte
o müssen Sie schreiben, Ihnen die Ankündigungen zuschicken, dessgleichen Frau Kulenkampf etc. Geht diese Zeit verloren, so ist natürlich viel verloren.

Überlieferung

1 ZB Zürich, Ms Pestal 55, Umschlag 333/13
2 Blatt, 260 x 202 mm
4 Datum am Schluss
5 Original

Textkritik

Zeuge H
Z. 5   *aus Zürich* ∫
Z. 13   *Buton Banquier*: lateinische Schrift

Sacherklärung

I.

Joseph Schmid (1785–1851) ⇒ Nr. 712

II.

⇒ Nr. 1762

III.

Z. 4   *Iferten*: dt. Name für Yverdon
Z. 5   *Zögling*: Es ist unklar, wer damit gemeint sein könnte.
Z. 6   *Blendermann*: Johann Jakob Blendermann (1783–1862) ⇒ Nr. 627
Z. 6   *geschrieben*: ⇒ Nr. 1756
Z. 12   *Fellenberg*: Philipp Emanuel von Fellenberg (1771–1844) ⇒ Nr. 426
Z. 12 f. *Bihler*: Johann Nepomuk Bihler (†1835), wohl aus Konstanz stammend, war Doktor der Medizin, arbeitete jedoch nahezu ausschliesslich als Hauslehrer grossbürgerlicher und hochadeliger Familien in Wien, so auch bei der Bankiersfamilie von Puthon (⇒ Z. 15). Von 1824 bis 1828 war er als Erzieher der Söhne des Erzherzogs Karl von Österreich (1771–1847) angestellt. Über die Familie Puthon hatte Bihler langjährigen Kontakt zu Ludwig van Beethoven (1770–1827), der wegen der Bildungsreise von Bihler mit Eduard von Puthon (†vermutlich 1830, ⇒ Z. 13) ein Empfehlungsschreiben an Hans Georg Nägeli (1773–1836, ⇒ Nr. 998) vom 19. August 1817 verfasste (Beethoven-Haus Bonn, Sammlung H. C. Bodmer, HCB BBr 83). Bihler vermachte sein Vermögen einer Stiftung zur Ausbildung von Kinderwärterinnen.
Z. 13   *Buton*: Ein Schüler Puthon trat nicht ins Institut in Yverdon ein. Möglicherweise handelt es sich hier um Eduard von Puthon (†vermutlich 1830), der 1819 auf die Cotta-Ausgabe subskribierte. Eduard bestand 1820 sein Chemieexamen am kaiserlich-königlichen polytechnischen Institut in Wien. In Frage kommen aber auch die beiden Cousins von Eduard, der

	Textilunternehmer Rudolf von Puthon (1806–1864) und Ludwig von Puthon (1807–1859).
Z. 15	*Vater*: Falls in Z. 13 Eduard von Puthon (†vermutlich 1830, ⇒ Z. 13) gemeint war, so muss es sich hier beim Vater um Freiherr Johann Baptist von Puthon (1776–1839) handeln, der Direktor der österreichischen Nationalbank in Wien war. Zusammen mit seinem Bruder Karl von Puthon (1780–1863), dem Vater Rudolfs (1806–1864, ⇒ Z. 13) und Ludwigs von Puthon (1807–1859, ⇒ Z. 13), war er Leiter der von seinem Vater ererbten Firma *J. G. Schuller & Comp.* sowie einer fast 20 000 Arbeiter beschäftigenden Spinnerei im niederösterreichischen Teesdorf. Die Gebrüder Puthon hatten grossen Einfluss in Wien, waren mit der Familie des Reichsgrafen Moritz Christian von Fries (1777–1826, ⇒ Nr. 1442) bekannt und gelten als unternehmerische Prototypen der österreichischen Industrialisierung.
Z. 24	*Brief*: PSB X, Nr. 4765
Z. 29	*Rahn*: Johann Heinrich Rahn (1777–1836) ⇒ Nr. 1746
Z. 29	*zuschickte*: ⇒ Nr. 1746
Z. 31	*Kulenkampf*: Charlotte Amalia Kulenkamp-Platzmann (1777–1862) ⇒ Nr. 1148

1770.
Joseph Schmid
27. September 1817

S[eine]r
5 Wohlgeboren
Herrn H[ein]rich Pestalozzi
p[er] Add[resse] Herrn E[manuel] v[on] Fellenberg
in
H o f w i l .

10 L[ectori] s[alutem]

Iferten den 27ten 8bres 1817.

Herzlichen Dank für ihren letzten Brief. Sie sprechen von Aufopferung etc., von solcher wie Sie meinen scheint mir in unsrer Lage keine Rede zu seyn. Wenigstens ich glaube Sie lassen sich zu weit
15 herunter stimmen in ihrer Umgebung wenn man Ihnen vormachen kann zu glauben u[nd] auszusprechen – «Es ist nicht auszusprechen wie weit unsre Oppositions-Männer es in der Verbreitung der Urtheile etc. etc.[»]

Gewiss, wenn wir uns von diesen Männern nicht als gute Prise
20 nehmen lassen wollen, so müssen wir uns in ein Verhältniss setzen

dass wir dieses mehr belächeln können, als dass es Eindruck auf uns macht. Ich bin fest entschlossen von meiner Seite die Sache schon so zu führen, dass ich von diesen Leuten keinen Wirkungs Kreise bedarf anzunehmen in dem ich mich zeigen kann etc. Wahrlich wenn es so weit kommt, dass uns diese Leute den Wirkungskreise einräumen, dann sind wir verloren. Er scheint sie fahren auch dieses mal mit Ihnen so zu verfahren wie der Schweizer der von meinem Vater seelig Kühe kaufen wollte –. Gewiss mit mir hätten diese Mäner einen stärkern Stand, mich würden Sie nicht so leicht in das Bockshorn jagen, diese Art Menschen werden einen schweren Stand haben bis Sie bey ihrem Ziel sind in so fern Sie mit mir etwas zu thun haben werden –. Ich glaube so gar nicht, dass es gut seye wenn Sie lang in den Händen dieser Erzieher bleiben. Es giebt etwas, dass sich in die Länge zieht; folglich nothwendig, dass wir uns auf selbstständigen Füssen erhalten u[nd] bleiben –. Es scheint er habe es auch wie mancher andere, er wolle sich auch in Geldsachen auf Numero sicher setzen. Gewiss geht er von der hohen Ansicht aus von der sprach, so finden wir einander wie wenige, aber dann glaube ich, müsse er mit seinen Anstalten in die nähmliche moralische Stellung treten –.

Ich wünschte Sonntag den 5ten 8bres in Murten mit Ihnen Mittag essen u[nd] einiges mündlich sprechen zu können.

Mit den Arbeiten über die Armenschule ist es absolut nothwendig dass es hier geschehe.

Herzliche Grüsse an alle
von ihrem Freund
Jos[eph] Schmidt

Überlieferung

1 ZB Zürich, Ms Pestal 55, Umschlag 333/14
2 Bogen, 247 x 184 mm
4 Datum am Schluss, Siegel, Stempel *YVERDON*
5 Original

Textkritik

Zeuge H
Z. 37 f.   *auf* <N> *Numero*

Sacherklärung

I.

Joseph Schmid (1785-1851) ⇒ Nr. 712

II.

Da der vorangehende Brief Pestalozzis nicht erhalten ist (⇒ Z. 12), ist unklar, worauf Joseph Schmid (1785-1851, ⇒ Nr. 712) mit seiner Antwort und der Rede von «Aufopferung», die notwendig sei, reagiert.

III.

Z. 7 *Fellenberg*: Philipp Emanuel von Fellenberg (1771-1844) ⇒ Nr. 426
Z. 10 *L[ectori] s[alutem]*: Dem Leser Heil (lat.); Formel zur Begrüssung des Lesers in Briefen
Z. 11 *Iferten*: dt. Name für Yverdon
Z. 12 *Brief*: Es ist unklar, welcher Brief hier gemeint war, da die beiden von Pestalozzi erhaltenen Briefe vom 19. und 20. September 1817 (PSB X, Nr. 4765 und Nr. 4766) inhaltlich nicht passend sind. Möglicherweise handelte es sich hier deshalb um einen nicht erhaltenen Brief Pestalozzis.
Z. 28 *Vater*: Franz Schmid (1745-1810) aus Rehmen (Teil von Au, Vorarlberg) war Viehhändler und Landwirt. Er heiratete 1783 Maria Katharina Berlinger (1762-1802).
Z. 42 *Murten*: Das Städtchen Murten liegt etwa auf halber Strecke zwischen Yverdon und Hofwyl, weshalb Joseph Schmid (1785-1851, ⇒ Nr. 712) dies wohl als Treffpunkt vorgeschlagen hatte.
Z. 44 *Armenschule*: Damit dürfte wohl die geplante gemeinsame Anstalt mit Philipp Emanuel von Fellenberg (1771-1844, ⇒ Nr. 426) gemeint gewesen sein, die Fellenberg als Teil seiner Vorstellung einer «pädagogischen Republik» sah (vgl. ⇒ Nr. 1763).

1771.
Friedrich Christoph Perthes
29. September 1817

Herrn Pestalozzi
5 Vorsteher der Erziehungs-
Anstalt
Iferten
in der Schweitz

p[er] F[rank]furt

10   Hamburg 1817. 7br 29.

Hochverehrter Herr!
In Folge Ihres gütigen, mich ehrenden zutrauensvollen Briefes vom 16ten Mey zeige ich Ihnen gehorsamst an, dass sich bis jetzt Sub-

scribenten auf 12 Ex[emplare] gefunden haben worüber hierbey das
Nahmen Verzeichniss,
hierzu erbitte ich mir für
meine Handlung 13 "
folglich 25 Ex[emplare] überhaupt.
Belieben Sie mir, etwan durch Herrn Cotta anzuzeigen, an wen
ich die Pränumerat[ions] Gelder bezahlen soll. Ich hätte gewünscht
eine grössere Anzahl Subscribenten Ihnen angeben zu können, aber
der Weg des Subscribirens ist in unseren Gegenden fast vertreten.
Späterhin wird der Absatz um so bedeutender seyn.
Gott segne Ihren Eifer für das Wahre u[n]d Gute in diesem Unternehmen u[n]d lasse Ihnen alles nach Wunsch gelingen. Mit der
wahrsten Hochachtung

            ganz ergebenst
            Fr[iedrich] Perthes

1 Ex[emplar] Herr D[oktor] Rösing in Hamburg.
2   — " G[ottlob] F[erdinand] Reinhard Preuss[ischer] Consul in Christiansund.
1   — " Pastor Köster in Crempe.
1   — " D[oktor] Freudentheil in Stade.
1   — " Bach in Hamburg.
1   — " D[oktor] Behrmann in Hamburg.
5   — Grossherzogl[iche] Oldenburgsche Bibliothek.
13 — " Perthes & Besser, Buchhändler in Hamburg.
25. Ex[emplare]

Überlieferung

1 ZB Zürich, Ms Pestal 54 a, Umschlag 280/1 (H1), Umschlag 280/1a (H2)
2 Blatt, 257 x 209 mm (H1), 119 x 192 mm (H2)
4 Stempel *HAMBOURG*, Dorsualvermerk *Hamburg, 29. Déc^{re} 1817. Fr[iedrich] Perthes.*
5 Original

Textkritik

Zeuge H
Z. 4   *Pestalozzi*: lateinische Schrift
Z. 19 *Cotta*: lateinische Schrift
Z. 29 *Rösing*: lateinische Schrift
Z. 30 *G[ottlob] F[erdinand] Reinhard*: lateinische Schrift

Z. 31 *Christiansund*: lateinische Schrift
Z. 32 *Köster*: lateinische Schrift
Z. 32 *Crempe*: lateinische Schrift
Z. 33 *Freudentheil*: lateinische Schrift
Z. 33 *Stade*: lateinische Schrift
Z. 34 *Bach*: lateinische Schrift
Z. 35 *Behrmann*: lateinische Schrift
Z. 36 *Oldenburgsche*: lateinische Schrift
Z. 37 *Perthes & Besser*: lateinische Schrift

Sacherklärung

I.

Friedrich Christoph Perthes (1772–1843) aus Rudolstadt (Thüringen) absolviert 1787 in Leipzig eine Lehre als Buchhändler und arbeitet ab 1793 als Gehilfe in der B. G. Hofmann'schen Buchhandlung (⇒ Nr. 2007) in Hamburg. 1796 gründet er mit der Sortimentsbuchhandlung Friedrich Perthes & Comp. (⇒ Nr. 1709) ein eigenes Geschäft und heiratet 1797 Karoline Claudius (1774–1821), eine Tochter des Dichters Matthias Claudius (1740–1815). 1810 initiiert er das Zeitschriftenprojekt *Vaterländisches Museum* und muss 1813 mit seiner Familie aus Hamburg fliehen, da er sich zuvor im Kampf gegen die französische Besatzung aktiv engagiert hat. Nach einem Jahr im holsteinischen Exil kehrt Perthes nach Hamburg zurück. Nach dem Tod seiner ersten Frau 1822 zieht er nach Gotha, wo er ein neues Verlagsgeschäft mit Schwerpunkt Geschichte und Theologie aufbaut und 1825 Charlotte Becker-Hornbostel (1794–1874) heiratet.

II.

Am 25. April 1818 fügte Friedrich Christoph Perthes (1772–1843, ⇒ Sacherklärung I.) dieser Bestellung in einem Brief an Johann Balthasar Schiegg (1754–1830, ⇒ Nr. 1363 a) eine weitere Subskription von 25 Exemplaren an. Perthes bittet Schiegg in diesem Brief zudem, sich bei nächster Gelegenheit von Pestalozzi «beauftragen zu lassen für die bei ihm bestellten 25 Ex[emplare] s[einer] Werke die Pränumeration in Empfang zu nehmen» (ZB Zürich, Ms Pestal 54 a, Umschlag 280/2).

III.

Z. 7 *I f e r t e n* : dt. Name für Yverdon
Z. 12 *Briefes*: PSB X, Nr. 4645
Z. 19 *Cotta*: Johann Friedrich Cotta, Freiherr von Cottendorf (1764–1832) ⇒ Nr. 617
Z. 29 *Rösing*: Johann Georg Hermann Roesing (um 1782–1854) war Doktor der Philosophie und leitete in Hamburg eine Erziehungs- und Lehranstalt.
Z. 30 *Reinhard*: Gottlob Ferdinand Reinhard (1783–1847) wuchs seit seinem zwölften Lebensjahr in Hamburg im Haushalt seines ältesten Bruders Graf Karl Friedrich Wilhelm von Reinhard (1761–1837) auf, der ebendort als französischer Gesandter stationiert war. Nach einer Handelsausbildung arbeitete er in verschiedenen Hamburger Firmen, zog nach Kristiansand (Norwegen), erhielt 1810 die norwegische Staatsbürgerschaft und wurde 1811 zum königlich preussischen Konsul ernannt. Er war im Holzhandel, Schiffbau und im Havariegeschäft tätig und gründete 1822

	eine eigene Firma, 1828 folgte die Ernennung zum preussischen Geheimen Kommerzienrat.
Z. 31	*Christiansund*: Kristiansund (Norwegen)
Z. 32	*Köster*: Arminius Köster (1772–1848) aus Kollmar bei Glücksstadt (Schleswig-Holstein) studierte in Kiel, Jena und Leipzig und war anschliessend als Diakon (ab 1797), Archidiakon (ab 1801) und Hauptprediger (ab 1802) in Crempe (heute Teil von Neustadt, Schleswig-Holstein) tätig. Von 1819 bis 1848 war er erster Pfarrer in Ottensen bei Altona (heute Teil von Hamburg).
Z. 32	*Crempe*: mittelalterlicher Name von Neustadt (Schleswig-Holstein)
Z. 33	*Freudentheil*: Gottlieb Wilhelm Freudentheil (1792–1869) studierte Rechtswissenschaften und Philosophie in Göttingen und war ab 1814 in Stade (Niedersachsen) tätig, zuerst als Advokat und Kanzleiprocurator, ab 1852 als Obergerichtsanwalt. Stade engagierte sich sehr für die Verbesserung des Ansehens des Anwaltstandes und war auch politisch engagiert. Seit 1830 war er liberaler Führer des Regierungsbezirks Stade und des Königreichs Hannover, 1848 wurde er Mitglied des Vorparlamentes, danach Mitglied des Frankfurter Parlamentes.
Z. 33	*Stade*: Stadt in Niedersachsen
Z. 34	*Bach*: Herr Bach konnte nicht näher bestimmt werden.
Z. 35	*Behrmann*: Rudolf Gerhard Behrmann (1773–1858), Pfarrersohn aus Hamburg, studierte Theologie in Göttingen und Jena, übernahm 1801 eine Stelle als Kanzlist in Hamburg und war später als Notar tätig, von 1816 bis 1835 war er Aktuar des Handelsgerichts Hamburg. Er übersetzte zudem das mehrbändige Werk von François Alexandre Frédéric, Duc de la Rochefoucault-Liancourt (1747–1827) über seine Reiseerfahrungen in Amerika und Kanada.
Z. 36	*Oldenburgsche Bibliothek*: Vermutlich ist hier die 1814 gegründete Grossherzoglich Oldenburgische Militärbibliothek gemeint. Sie war die Hausbibliothek der Militärschule und bestand bis 1921, als sie in die Landesbibliothek Oldenburg eingegliedert wurde und galt mit ihren am Ende 5600 Titeln und 306 Kartenwerken aus dem Zeitraum vom 17. Jahrhundert bis 1914 als eine der grössten Militärbibliotheken Deutschlands.
Z. 37	*Perthes & Besser*: Buchhandlung Perthes & Besser ⇒ Nr. 1709

1772.
Munizipalität Yverdon
29. September 1817

[Reg.] Die Stadt Yverdon wünscht einen «beruhigten und ungestörten Fortgang» des
5 pestalozzischen Instituts.

Überlieferung

1 PSB X, S. 369.23 ff.

Sacherklärung

I.

Munizipalität Yverdon ⇒ Nr. 643

II.

Johannes Niederer (1779–1843, ⇒ Nr. 507) hatte sich am 25. September 1817 mit der Bitte an die Stadtverwaltung gewandt, ein Stück Land als Turnplatz und botanischen Garten für seine Anstalt nutzen zu dürfen. Der hier von Pestalozzi in seiner Antwort an die Munizipalität Yverdon (⇒ Nr. 643) erwähnte Brief ist in den Akten des Stadtarchivs Yverdon nicht aufzufinden. Unter dem Datum vom 27. September 1817 ist allerdings ein Eintrag zum Haus von Hermann Krüsi (1775–1844, ⇒ Nr. 588) vorhanden (Archives de ville d'Yverdon, Registre de la Municipalité 1816–1818, Ab 8). Ob Pestalozzi hier darauf Bezug nimmt, ist unklar. Gesichert ist, dass sich Niederer wegen dieser Sache am 27. Oktober 1817 (⇒ Nr. 1803) nochmals schriftlich an Pestalozzi gewandt hatte.

1773.
Fridolin Leuzinger
30. September 1817

Koblenz d[en] 30ten Septembre 1817.

5 Lieber Herr Pestalozzi.

Es ist wohl hohe Zeit, dass ich Ihnen für Ihren werthen Brief vom 27ten Mai d[es] J[ahre]s meinen aufrichtigen und herzlichen Dank abstatte. Jener Verweis, in Bezug auf eine, von mir gemachte Äusserung in einem meiner Briefen in Rücksicht der Aufnahme Ihrer An-
10 kündigung sämmtlicher Schriften hätte wohl wegbleiben mögen, da er mir nicht persönlich, sondern mehr dem hiessigen Publicum gelten musste, ich bin daher in Betreff jener Äusserung gänzlich unschuldig, und es thut mir leid, dass Ihnen die Sache so vorgestellt wurde, dass Sie darüber auf mich böse werden konnten.
15 Ich befinde mich nun jetz recht wohl und glücklich in meinem Wirkungskreis, die jungen Leute der hiessigen Schule haben grösstentheils mir ihr ganzes Vertrauen u[nd] Liebe geschenkt, was ich ehemals von den Kindern Ihres Hauses in so grossem Maase genoss. Vor 8 Tagen hatten wir Prüfung am hiessigen Gymnasio, die denn
20 meine Klassen auf die ausgezeichneteste Weise bestanden, und das Intresse für Ihr Werk bei dem Publicum von Neuem erregte. Es war mir in dieser kurzen Zeit noch nicht möglich wirkliche Resultate zu zeigen, aber das Leben und die Kraft, die sich in den jungen Leuten allmählig entfaltete hat allgemeine Bewunderung u[nd] Achtung für
25 die Sache erregt.

Ich arbeite übrigens den auch sehr fleissig in den sämtlichen Naturwissenschaften, besonders in denen, welche mit der Mathematik und Naturlehre im Zusammenhang stehen, als Chemie, Naturgeschichte, etc. etc. Das praktische Zeichnen habe ich jetz durchgemacht, und werde es mit Zeit und Gelegenheit in der Schule hier einführen. Man muss überhaupt nur still &, bescheiden seyn und recht tüchtig arbeiten, um die Leute allgemein für die Sache zu intressiren, die Vortrefflichkeit Ihrer Methode ist gewiss allgemein anerkannt, und dem Volke fehlt es durchaus nicht an gutem Willen.

Das hiessige Consistorium hat in Antwort auf meine Vorstellung mir den Auftrag gegeben 15 (fünfzehn) Exemplare Ihrer sämmtlichen Schriften zu subscribiren und Sie hiervon in Kenntniss zu setzen. Die einzelnen Lieferungen dieser Werke wird Herr Cotta am füglichsten an die hiessige neue gelehrte Buchhandlung zur weitern Beförderung einsenden können.

Den haben noch folgenden Personen subscribirt
Herrn Consistorialrath Dominikus   1 Exemplar
— Professor Wagner von hier   4 —
— Leuzinger   1 —
— Pertz (Pertz)   1 —
Herr v[on] Tompa aus Siebenbürgen,   1 —
dessen Adresse ich dem Brief beilege.

Lassen Sie mich doch, mit ein paar Worten den Zustand Ihres Hauses und Ihr Befinden wissen, in der Voraussetzung, dass es Ihnen nicht beschwerlich falle. Grüssen Sie mir alle meine Freunde besonders die Kinder, die mich noch kennen und sich meiner noch erinnern. Ich verbleibe von ganzen Herzen Ihr ewig dankbarer Freund u[nd] Schüler
                                Fr[i]d[olin] Leuzinger

Überlieferung

1 ZB Zürich, Ms Pestal 52/53, Umschlag 193/1
2 Bogen, 238 x 204 mm
4 Dorsualvermerk *Coblenz, d[en] 30. Sept^{re} 1817. Fr. Leuzinger.*
5 Original

Textkritik

Zeuge H
Z. 4   *Septembre*: lateinische Schrift
Z. 5   *Pestalozzi*: lateinische Schrift
Z. 9   *Rücksicht <auf> der*
Z. 11   *Publicum*: lateinische Schrift

Z. 22	*noch* ∫
Z. 23	*das* <*z*> *Leben*
Z. 29	eigentlich: *prastektikische*
Z. 35	*hat* <*te*> *in*
Z. 36	*(fünfzehn)* <*Ihrer sämtlicher Ex[empj]lare*> *Exemplare*
Z. 37	*subscribiren* <*Sie*> *und*
Z. 38	*Cotta*: lateinische Schrift
Z. 47	*Adresse*: lateinische Schrift
Z. 48	*doch,* <*wenig*> *mit*
Z. 54	*Leuzinger*: lateinische Schrift

Sacherklärung

I.

Fridolin Leuzinger (1786-1856) aus Mollis (Kt. Glarus) tritt 1807 als Unterlehrer ins pestalozzische Institut in Yverdon ein. Im Juli 1811 wechselt er mit Wilhelm Christian von Türk (1774-1846) nach Vevey, um an dessen Privatanstalt zu unterrichten und zieht Anfang 1813 nach Heidelberg. Dort vertieft er seine mathematischen und physikalischen Studien an der Universität und unterrichtet an der Knabenanstalt von Friedrich Heinrich Christian Schwarz (1766-1837, ⇒ Nr. 947) sowie am Dapping'schen Mädchenpensionat. Auf Einladung Pestalozzis kehrt Leuzinger an Ostern 1815 als Mathematiklehrer für die oberen Klassen wieder nach Yverdon zurück. Im Februar 1817 erhält er einen Ruf nach Preussen, dem er im April desselben Jahres in der Funktion eines Oberlehrers für Mathematik und Physik am Gymnasium in Koblenz auch folgt. Seiner Verdienste wegen wird Leuzinger, der die Stelle fast vier Jahrzehnte lang bekleiden sollte, der Titel eines königlichen Professors verliehen.

III.

Z. 6	*Brief*: scheint nicht erhalten zu sein
Z. 8 f.	*Äusserung*: Da der entsprechende Brief nicht erhalten ist, ist unklar, was der genaue Inhalt dieser Äusserung von Fridolin Leuzinger (1786-1856, ⇒ Sacherklärung I.) war.
Z. 16	*Schule*: Fridolin Leuzinger (1786-1856, ⇒ Sacherklärung I.) hatte im Februar 1817 eine Stelle als Oberlehrer am Gymnasium in Koblenz angetreten.
Z. 35	*Consistorium*: Das Konsistorium in Koblenz in der preussischen Provinz Grossherzogtum Niederrhein wurde im April 1816 gegründet. Nach Aufhebung des Kölner Konsistoriums 1826 blieb Koblenz kirchlicher Behördensitz für die Rheinprovinz und war auch der Dienstsitz des Generalsuperintendenten.
Z. 37	*Schriften*: Johann Heinrich Pestalozzi: Sämmtliche Schriften, 12 Bände. Stuttgart 1819-1824
Z. 38	*Cotta*: Johann Friedrich Cotta, Freiherr von Cottendorf (1764-1832) ⇒ Nr. 617
Z. 39	*gelehrte Buchhandlung*: Neue Gelehrten-Buchhandlung ⇒ Nr. 1671
Z. 42	*Dominikus*: Johann Jakob Dominikus (1762-1819), geboren in Rheinberg (Nordrhein-Westfalen), war ab 1790 Geschichtsprofessor an der Universität Erfurt, zudem ab 1803 ebendort Sekretär der Akademie gemeinnütziger Wissenschaften. Nach der Schliessung der Universität übernahm er

	1817 eine Professur in Koblenz und wurde Kirchen- und Schulrat im Koblenzer Konsistorium.
Z. 43	*Wagner*: Mathias Wagner (1787–1853) war zuerst Lehrer in Ehrenbreitstein (heute Stadtteil von Koblenz) und unterrichtete danach an einer privaten Schule in Koblenz, ab 1823 war er als Oberlehrer und Inspektor am Schullehrerseminar in Brühl (Nordrhein-Westfalen) tätig. Wagner verfasste diverse Übungsbücher für die Volksschule sowie methodische Hand- und Lehrbücher.
Z. 45	*Pertz*: Georg Heinrich Jakob Pertz (1795–1876) studierte von 1813 bis 1816 Theologie, Geschichte und Philologie an der Universität Göttingen und wurde 1819 Mitglied der *Gesellschaft für Deutschlands ältere Geschichtskunde*, aus der heraus die *Monumenta Germaniae Historica* entstanden sind, deren wissenschaftliche Leitung Pertz 1824 übernahm. 1821 wurde Pertz zum Archivsekretär der königlichen Bibliothek in Hannover ernannt, 1827 zu deren Vorsteher und Archivrat, von 1830 bis 1842 war er Mitglied des Oberschulkollegiums und 1832/33 Abgeordneter in der Ständeversammlung. 1842 wurde er in Berlin zum Geheimen Regierungsrat sowie zum Leiter der königlichen Bibliothek berufen, ein Amt, das er bis 1873 innehatte.
Z. 46	*Tompa*: Adam Tompa (†1855) aus Klopotiva (Rumänien) studierte 1811 in Wien, hielt sich zwei Jahre später während mehreren Monaten in Yverdon auf und lebte von 1815 bis 1817 in Göttingen. Nachdem er 1817 erneut Hofwil und Yverdon besucht hatte, studierte er zunächst in Halle, danach in Amsterdam. Tompa arbeitete später als Lehrer und Erzieher in Aiud (Rumänien), unter anderem 1838 bei der Familie Teleki.

1774.
Joseph Schmid

30. September 1817

S[eine]r
5 Wohlgeboren
Herren Heinrich Pestalozzi
p[er] Add[resse] Herrn E[manuel] v[on] Fellenberg
in
Hofwil.

10   Iferten den 30ten 7bres 1817

Ihr letzter Brief hat mich sehr beruhigt. So wie Sie sich von mir nicht trennen wollen, so sind wir so weit wir wollen immer meister u[nd] ich habe gar keine Furcht mit Fellenberg einzutreten –. So wie es aber gelingen würde, mich an die Spitze einer Armenanstalt etc. zu
15 bringen, wo ich auf eine Art getrennt von Ihnen wirken sollte, hätte man mancherley Mittel gegen mich etc. Ich erkläre zum voraus, mich nie ohne Sie an die Spitze irgend einer Anstalt zu stellen u[nd]

ziehe vor als Lehrer in irgend einer Anstalt in der Sie sich aufhalten zu bleiben –. Mich wird weder Fellenberg noch irgend jemand anderes mit einem freyen u[nd] grossen Wirkungskreis verführen können. Ich bleibe bey Ihnen so lang Sie mich wollen, u[nd] ziehe mich dann wieder in mein Vaterland aus dem ich kam zurück –. Ich will vor Niemand gestellt seyn, ich will Ihnen dienen u[nd] helfen u[nd] wenn ich dieses nicht mehr kann, so will ich mich selber stellen –. Wollen Sie mich an die Spitze irgend einer Anstalt stellen, so bin ich bey Ihnen u[nd] Sie können nur über mich befehlen aber ich lasse mir auch nur von Ihnen befehlen, u[nd] ich bleibe u[nd] gehorche so lang Sie dieses thun. Nach ihrem Tod nehme ich jeden ihrer Wünsche als ein für mich heiliges Gesetz nach dem ich mich zu richten habe, an –. Noch bleibt mir e i n e B i t t e u[nd] e i n W u n s c h übrig, nähmlich: m i r f r e y j e d e n A u g e n b l i c k zu sagen, ich möchte mich z u r ü c k z i e h e n –. Ich werde mich nie gegen Sie beklagen u[nd] hoffe auch bey dieser Stellung werden Sie nie Ursache haben über mich es zu thun. Ich verliess mein Vaterland um ihrentwillen u[nd] wie ich Sie nicht befriedigen kann, hab ich nichts, welches mich länger halten wird –. Kann ich Sie jetzt, oder einst nicht befriedigen, so kehre ich lieber heute als erst morgen dahin zurück, u[nd] ich hoffe, Sie haben keinen Grund auch jetzt schon sich mit der höchsten Freyheit zu erklären was Sie etwa wünschen könnten.

Doch ich gehe noch weiter. Könnte ich mich überzeugen, dass unsre Trennung für Sie gut wäre, ich würde nicht auf ihre Erklärung warten –. Ich würde mich ohne dieselbe zurückziehen. Aber nie würde ich mich entschliessen, an die Spitze einer Anstalt zu stehen, an die ich durch Fellenberg oder Sie oder beyde käme wo ich getrennt von Ihnen wirken müsste. Muss eine Solche Anstalt organisirt werden, so stellen Sie lieber Gottlieb an die Spitze als jeden andern u[nd] was ich an ihrer Seite dann thun kann, dass es gut geht, dürfen Sie bey ihrem Leben u[nd] auch nach ihrem Tod zählen –. Die Gründe warum ich absolut nicht allein an die Spitze einer Anstalt bey ihrem Leben will, hab ich Ihnen schon oft auseinandergesetzt, u[nd] ich kann u[nd] nimm von Ihnen nie etwas zu irgend einer Anstalt an – & –.

Können Sie Sonntag den 5tn 8bres zum Mittagessen in die Krone nach Murten kommen, so wird es mich freuen ein paar Stund mit Ihnen mündlich zu sprechen –. Es geht hier alles gut, u[nd] von dieser Seite können Sie bleiben, wo Sie immer wollen. Aber oft könnten Fremde u[nd] besonders Eltern; wo es absolut nothwenig ist, dass Sie hier sind. Wie z[um] E[xempel] Gonzenbach Meyer etc.

Weil die Sach lang geht, u[nd] eine längere Abwesenheit sehr nachtheilig auf das Ganze wie es ein mal ist, wirkt, so bitte ich den Aufenthalt in Hofwil abzukürzen, ich schreibe desshalb auch an H[errn] Fellenberg. Lesen Sie den Brief u[nd] wenn Sie es nicht für zweckmässig finden, so behalten Sie ihn zurück. Jungfer Hartmann schrieb mir u[nd] will 2 Zögling aus ihrer Gegend uns zuschicken. Francillon nahm seinen ältern Sohn gestern mit sich, u[nd] sagte er hätte es mit Ihnen ausgemacht, denselben im 8bres zu hohlen.
Gestern reiste H[err] Jullien nach Paris durch Lassara wo ihn H[err] Lange noch sah.
Stern, Heldenmeyer u[nd] Maurer werden Sie zu sehen bekommen. Comt sagte ich gestern, dass er diese Woche austreten könne. Sie müssen mir für ihn ein Zeugniss wie für Heldenmeyer zuschicken, nur statt Talente müssen Sie mechanische Fertigkeiten setzen etc.
Lehrer haben wir mit H[errn] Beck der mir gefällt, mehr als genug – So müssen Sie jetzt keinen mehr engag[ieren.] Seranwill ist Sonntag wieder einget[roffen]. Frau Pillichody, Tochter Masset ist auch noch gestorben. H[err] Krüsy ist nach Lausanne um zu erfahren warum man ihm die Erlaubniss zu einem Institut nicht gleich gebe –. Eine baldige Erscheinung von hier, würde wohlthätig werden.
Mit herzlichen Grüssen an alle

von ihrem Freund
Jos[eph] Schmidt

Überlieferung

1 ZB Zürich, Ms Pestal 55, Umschlag 333/16 a
2 Bogen, 247 x 183 mm
4 Datum am Schluss, Stempel YVERDON
5 Original

Textkritik

Zeuge H
Z. 7   p[er] Add[resse]: lateinische Schrift
Z. 26   eigentlich: *befehlen a aber*
Z. 27 f.   gehroche <ich> so
Z. 31   W u n s c h <wach> übrig
Z. 31   nähmlich ʃ
Z. 33   Sie <kl> beklagen
Z. 34   zu <thag> thun
Z. 45   beyde <lk> käme

Z. 49 auch ʃ
Z. 50 ich <b> absolut
Z. 54 den 5tn 8bres ʃ
Z. 58 Eltern <kommen>; wo
Z. 66 seinen <E> ältern
Z. 68 Jullien: lateinische Schrift
Z. 68 Lassara: lateinische Schrift
Z. 70 Stern, <Com> Heldenmeyer
Z. 71 Comt: lateinische Schrift
Z. 76 f. Ausriss
Z. 77 Pillichody: lateinische Schrift
Z. 78 Lausanne: lateinische Schrift
Z. 78 um ʃ
Z. 79 zu <m>
Z. 80 von <Ihnen> hier,

Sacherklärung

I.

Joseph Schmid (1785-1851) ⇒ Nr. 712

II.

Da der Brief Pestalozzis nicht erhalten ist (⇒ Z. 11), ist unklar, was der konkrete Anlass für die Beunruhigung Joseph Schmids (1785-1851, ⇒ Nr. 712) war. Es dürfte sich aber um Fragen im Zusammenhang mit dem Vertrag zwischen Pestalozzi und Philipp Emanuel von Fellenberg (1771-1844, ⇒ Nr. 426) gehandelt haben, den Pestalozzi am 17. Oktober 1817 unterzeichnete (PSB X, Nr. 4795). Möglicherweise verfasste Pestalozzi den folgenden Text, der in der Handschrift Schmids erhalten ist, als Antwort auf die Befürchtungen Schmids: «Ich habe es noch ein mal gelesen das Einzige beruhigende welches ich in dem Verkommnis finde, ist dass es nur eine freundschaftliche Verbindung ohne irgend eine Rechtskraft- u[nd] Rechtsfolg ist, so wie es dasteht, ist es in meinem Verhältniss ganz unausführbar, u[nd] es muss ehe irgend ein positiver Schritt geschieht, eine wirklich ausführbare Grundlag gesucht u[nd] gelegt werden -. Der im Kontrakt bezeichnete Hausvater kann in meiner jetzigen Lage nicht statt finden. Die Besetzung einer solchen Stelle werd ich nicht zugeben, u[nd] erkläre zum voraus, wenn man eine solche Grundlage erzwingen wollte, so sähe ich mich genöthigt jetzt schon auszusprechen, dass ich nach 1½ Jahr aus diesem Verhältniss herauszutreten mich genöthigt sehe, u[nd] werde jetzt schon keinen Schritt mehr erlauben, der mir dieses erschweren könnte.
Schmidt will auf den 12ten Jenner selber u[nd] öffentlich erklären, zu was er sich anheischig gemacht hat, anheischig machen will» (ZB Zürich, Ms Pestal 55, Umschlag 333/1).

III.

Z. 7 Fellenberg: Philipp Emanuel von Fellenberg (1771-1844) ⇒ Nr. 426
Z. 10 Iferten: dt. Name für Yverdon
Z. 11 Brief: scheint nicht erhalten zu sein
Z. 14 Armenanstalt: ⇒ Nr. 1369
Z. 47 Gottlieb: Gottlieb Pestalozzi (1797-1863) ⇒ Nr. 594

Z. 59	*Gonzenbach Meyer*: Johann David/Jakob von Gonzenbach (1777–1842) ⇒ Nr. 1316 a
Z. 63	*Brief*: Joseph Schmid an Philipp Emanuel von Fellenberg, 30. September 1817 (ZB Zürich, Ms Pestal 900, 9/1)
Z. 64	*Hartmann*: Klara/Claire von Hartmann (*1774) ⇒ Nr. 984
Z. 65	*schrieb mir*: scheint nicht erhalten zu sein
Z. 65	*Zögling*: Damit dürften wohl Ludwig/Louis Lorenz Fidel Rosenzweig (1806–1848) und Johann/Jean Rosenzweig (*1807) aus dem aargauischen Olsberg gemeint sein, deren Vater Johann Nepomuk Rosenzweig (*1774) Verwalter des dortigen Klosters war. Die Brüder hielten sich vom Herbst 1817 bis 1821 in Yverdon auf. Über Johann ist nichts bekannt. Ludwig Lorenz Fidel wurde Bezirksrichter in Stein und später Verwalter des Klosters Fahr (beide Kt. Aargau).
Z. 66	*Francillon*: Jacob Francillon (1770–1846) ⇒ Nr. 1144 a
Z. 66	*Sohn*: Albert Louis Francillon (1802–1840) ⇒ Nr. 1144 a
Z. 68	*Jullien*: Marc Antoine Jullien (1775–1848) ⇒ Nr. 1200
Z. 68	*Lassara*: La Sarraz (Kt. Waadt)
Z. 69	*Lange*: Johann Friedrich Wilhelm Lange (1786–1858) ⇒ Nr. 1058
Z. 70	*Stern*: Wilhelm Stern (1792–1873) ⇒ Nr. 1469
Z. 70	*Heldenmeyer*: Beat Rudolf Friedrich Heldenmaier (1795–1873) ⇒ Nr. 2320
Z. 70	*Maurer*: Johann Konrad Maurer (1798–1842) ⇒ Nr. 1269 d
Z. 71	*Comt*: Samuel Beat Comte (1798–1853) ⇒ Nr. 823
Z. 72	*Zeugniss*: scheint nicht erhalten zu sein
Z. 75	*Beck*: Moritz Beck (1787–1871) ⇒ Nr. 1840
Z. 76	*Seranwill*: Henri (Charles Nicolas) de Cérenville (1808–1871) besuchte das Institut in Yverdon von Juni 1815 bis April 1819 und hielt sich anschliessend bei Philipp Emanuel von Fellenberg (1771–1844, ⇒ Nr. 426) in Hofwil auf (1820). Danach studierte er Recht in Lausanne (1824–1828) und wurde Advokat in Orbe. Nach einem weiteren Studium der Forstwirtschaften in Bayreuth und Rothenbuch im Spessart (1833) wurde er zum Forstinspektor des Gebiets um Payerne und Moudon ernannt (1835). Es folgte eine längere Zeit im militärischen Dienst (1845–1862), die er in führender Position als *Lieutenant-Colonel* (ab 1847) der Artillerie absolvierte. In den letzten Jahren seines Lebens amtete er unter anderem als Grossrat des Kantons Waadt (1862–1871).
Z. 77	*Pillichody*: Adélaide Henriette Gabrielle Wilhelmine Masset (1794–1817) wurde in Montavaux bei Yverdon geboren und hatte 1814 (Louis-Rodolphe) François Pillichody (1787–1843) geheiratet.
Z. 77	*Masset*: Charles-Louis Masset (1734–1802) aus Yverdon war Gutsherr von Orges und Mitbesitzer des Landsitzes La Mothe, beide nahe bei Yverdon gelegen. Er heiratete 1790 Alexandrine-Louise-Charlotte de Senarclens de Grancy (1768–1851), ihr gemeinsamer Sohn Charles-Louis Masset (1796–1865) war 1805 bis 1811 Schüler in Yverdon.
Z. 78	*Krüsy*: Hermann Krüsi (1775–1844) ⇒ Nr. 588

1775.
Joseph Schmid
30. September 1817

S[eine]r
Wohlgeboren
Herrn Heinrich Pestalozz
p[er] Add[resse] H[errn] v[on] Fellenberg
in
H o f w i l l .

So eben komm ich von H[errn] Friedensrichter er wünscht so schnell es immer möglich wäre, ohne etwas zu übereilen zu wissen ob eine Vereinigung etc. zwischen H[errn] Fellenberg u[nd] Ihnen zu Stande komme.
Im Fall dieses nicht ist, wird H[err] Krüsy etc. nur eine bedingte Bewilligung zu einem Institut etc. erhalten –.
Die Stadt u[nd] Regierung des Kantons will alles thun Sie ungestört u[nd] ungekränkt in Iferten zu erhalten.
Sie sehen die Fatalität die [aus] einem solchen Verhältniss entstehen könnte, auch dürfen Sie die Schritte des Staats Rath von Lausanne nach H[errn] Faction Aussage aus diesem Gesichtspunkt betrachten.

Mit Liebe ihr
Schmidt

Vor abgang der Post

Überlieferung

1 ZB Zürich, Ms Pestal 55, Umschlag 333/27
2 Blatt, 247 x 184 mm
4 Siegel, Stempel *YVERDON*
5 Original

Textkritik

Zeuge H
Z. 7   *p[er] Add[resse]*: lateinische Schrift
Z. 7   *Fellenberg*: lateinische Schrift
Z. 18   Ausriss
Z. 20   *Lausanne*: lateinische Schrift
Z. 20   *Faction*: lateinische Schrift

Sacherklärung

I.

Joseph Schmid (1785–1851) ⇒ Nr. 712

III.

Z. 7   *Fellenberg*: Philipp Emanuel von Fellenberg (1771–1844) ⇒ Nr. 426
Z. 10   *Friedensrichter*: Jean Antoine Fatio (1769–1855) ⇒ Nr. 1546
Z. 12   *Vereinigung*: PSB X, Nr. 4795
Z. 14   *Krüsy*: Hermann Krüsi (1775–1844) ⇒ Nr. 588
Z. 15   *Institut*: Die Erziehungs-Anstalt von Hermann Krüsi (1775–1844, ⇒ Nr. 588) wurde 1818 offiziell eröffnet und richtete sich an Knaben im schulfähigen Alter bis zum Übergang ins wissenschaftliche oder berufliche Leben. Die ersten Zöglinge waren Schüler, die Krüsi schon in Pestalozzis Institut betreut hatte sowie Kinder aus seiner Heimatgemeinde Gais (Kt. Appenzell-Ausserrhoden). Der Unterricht fand zunächst in einer Wohnung statt. Die Anstalt wuchs bald auf etwa 30 Kinder an, sodass Krüsi sie in ein mit finanzieller Unterstützung Dritter erworbenes Anwesen mit 14 bewohnbaren Zimmern, einem Garten, Spielplatz und Remise verlegte. In den ersten Jahren wurde Krüsi von Lehrern aus dem näheren Umkreis Pestalozzis unterstützt: Johannes Niederer (1779–1843, ⇒ Nr. 507) erteilte Sittenlehre und Religion, Jakob Steiner (1796–1863, ⇒ Nr. 1416) a) Mathematik und auch Andreas Rank (1786–1855, ⇒ Nr. 1840) wurde ein enger Gehilfe. Französisch wurde von Krüsi zusammen mit Abraham Charles Samuel Brousson (1791–1831, ⇒ Nr. 2005) erteilt. Wie auch in Pestalozzis Instituten wurde den Neujahrs-, Geburtstags- und Weihnachtsfesten einen hohen Stellenwert im häuslichen Leben zugesprochen. Als Krüsi 1822 an die Kantonsschule Trogen wechselte, wurde Rank neuer Leiter. Das Institut, das nach der Schliessung von Pestalozzis Anstalt im Jahre 1825 ins Schloss und 1837 dann in die Räume der ehemaligen Niederer'schen Töchteranstalt (⇒ Nr. 867) verlegt worden war, schloss in den 1840er-Jahren.
Z. 16   *Stadt*: Munizipalität Yverdon ⇒ Nr. 643
Z. 16   *Regierung*: Regierung des Kantons Waadt ⇒ Nr. 667
Z. 17   *Iferten*: dt. Name für Yverdon
Z. 20   *Faction*: Louis Frédéric F(e)laction (1772–1841) ⇒ Nr. 643

1776.
Johann Bernhard Gottlieb Denzel

Herbst 1817

Unmöglich kann ich meinen lieben Schwager zu Ihnen, Verehrtes-
5 ter, reisen lassen, ohne ihm ein Wort der Empfehlung mitzugeben.
Wie gerne überbrächte ich das selbst, um wenigstens einige Wochen in Ihrem schönen Kreise zu weilen! Aber das soll für dieses
Jahr wenigstens nicht seyn, und so muss ich mich auch darein fügen. Was mir das künftige Jahr bringen wird, will ich erwarten von

der Leitung meines Gottes, der mir schon manche Freude besonders in der jüngst vergangenen Zeit bereitet hat. Sie werden an meinem Schwager, Repetent Hochstetter, einen sehr kindlichen Menschen finden, der zwar bisher nicht dem pädagogischen Fache lebte; der aber bey seinem regen Sinn für alles Edle und Gute und bey seinem lebhaften Wunsche, auch in Hinsicht der Pädagogik das Ächte zu finden, Ihrem liebenden Herzen theuer werden wird. An wen konnte ich ihn auch besser weisen; als an Sie, an Ihren Geist und Ihr Herz? H[err] Minister von Wangenheim hat auch für seinen Zwek recht willig die Hand geboten. Lassen Sie während seines Aufenthalts Ihrer eigenen Unterweisung und Ihrer Liebe besonders empfohlen seyn. – H[err] Schmid, dem ich für den lezten, in Ihrem Namen geschriebenen Brief sehr dankbar bin, hat mir geschrieben, dass die besten Nachrichten von Ihrem Kur-Aufenthalt einkommen. Sie werden zurükgekehrt seyn, und wie ich hoffe, wird mein Schwager sich von Ihrer gestärkten Gesundheit persönlich überzeugen. – Das Büchlein, welches ich hier, lieber Vater, Ihnen beilege, nehmen Sie mit Nachsicht auf. Sagen Sie mir dabey doch ja alles, was Sie darüber denken, und schelten Sie mich, wo ich es nicht getroffen habe, tüchtig aus; nur bedenken Sie, dass ich für S c h u l m e i s t e r schrieb, denen ich auf anderem Wege (meiner Erfahrung gemäss) habe beikommen müssen, als ich es dem tiefer denkenden Pädagogen gethan hätte. Dem planlosen Umhergreifen wollte ich einmal in etwas steuern, die Sache auf einen festeren Standpunkt bringen, und darum die sonst etwas steife Abgränzung der Lehrcurse. Es ist im Fluge, in 4 Monaten zusammengeschrieben worden, weil die Nassau'sche Regierung und meine Zuhörer in Idstein dringend um die Zusammenstellung der im Lehrcurs vorgetragenen Bruchstüke gebeten hatten. Sonst wäre es wohl etwas besser worden, und hätte nicht soviele Fehler der Gründlichkeit, des Ausdruks und der Darstellung. Ich kann von Ihnen nur lernen, und da aus dem Büchlein selbst erhellt, dass Sie und H[err] Schmid einen sehr grossen Antheil daran haben, so bin ich um so erfreuter, wenn Sie mir zeigen, wo ich zwar den Buchstaben aber nicht den Geist der wahren Elementarmethode getroffen habe. Das Institut dem ich vorgesezt bin, erhält nun durch die Thätigkeit des H[errn] Ministers einen bestimmteren Charakter und eine bessere Einrichtung. Es wird für Stadt- und Real-Schullehrer bestimmt, mit Ausschliessung der künftigen Landschullehrer, welche eine eigene Bildungs-Anstalt erhalten sollen. Ich kann nun viel fester den Gesichtspunkt fassen, und da möchte ich dann nur bei Ihnen seyn, und Ihre Ansichten zu hören. – An Subscribenten für Ihre Werke habe ich erst etwa ein Duzend. Wahrscheinlich gehen noch von andern Seiten Bestellungen bei Ihnen ein. Indessen werden wohl noch mehrere auch bei mir nachkommen, darum verschiebe ich die Einsendung der Namen. Nochmals empfehle ich meinen Schwager Ihrer Liebe und wünsche recht sehr, dass auch die übrigen Herrn Mitarbeiter ihm für seine Zweke liebreiche Anleitung geben möchten. Können Sie ihm auch für seine Kost und seinen Unterhalt einen Rath geben, so bin ich überzeugt, dass Sie, lieber Vater, es thun werden.

Seyn Sie herzlich gegrüsst von dem, der an Ihrer Sache nicht nur sondern auch an Ihrem persönlichen Wohl den innigsten Antheil nimmt

Denzel, Oberschulrath u[nd]
Prof[essor]

Da mein Schwager das Buch vor seiner Abreise nicht mehr erhalten kann, so muss ich die Absendung auf eine andere Gelegenheit ersparen.

Überlieferung

1 ZB Zürich, Ms Pestal 50/51, Umschlag 61/2
2 Bogen, 200 x 244 mm
4 Dorsualvermerk *Esslingen, Denzel, Oberschulrath.*
5 Original

Textkritik

Zeuge H
Z. 20   *Ihrer* <besonderen> *eigenen*
Z. 46   *Einrichtung.* <Sie> *Es*

Sacherklärung

I.

Johann Bernhard Gottlieb Denzel (1773–1838) ⇒ Nr. 1652

II.

Wie hier angekündigt hatte Karl August Bernhard Hochstetter (1790–1867, ⇒ Z. 4) Yverdon besucht, musste aber schon wieder früher als geplant abreisen (⇒ Nr. 1886).

III.

Z. 4   *Schwager*: Karl August Bernhard Hochstetter (1790–1867) war zunächst Diakon in Waiblingen und wurde am Tübinger Stift zum Theologen ausgebildet, wo er von 1814 bis 1818 als junger Dozent (Repetent) unterrichtete, bevor er 1825 zum Pfarrer in Neckartailfingen berufen wurde, von 1833 bis 1841 als Dekan des Kirchenbezirks Cannstadt wirkte und anschliessend bis 1863 als Pfarrer in Gomaringen amtierte. Hochstetter war der Sohn des Stuttgarter Hofrats und Rechtsprofessors Johann Heinrich Hochstetter (1751-1796), dessen Tochter Christiane Dorothea Charlotte (1779-1821) mit Johann Bernhard Gottlieb Denzel (1773-1838, ⇒ Nr. 1652) verheiratet war.

Z. 12 *Repetent*: Hilfslehrer
Z. 18 *Wangenheim*: Karl August von Wangenheim (1773-1850) ⇒ Nr. 977
Z. 21 *Schmid*: Joseph Schmid (1785-1851) ⇒ Nr. 712
Z. 22 *Brief*: scheint nicht erhalten zu sein
Z. 22 *geschrieben*: scheint nicht erhalten zu sein
Z. 26 *Büchlein*: Bernhard Gottlieb Denzel: Die Volksschule. Ein methodologischer Lehrcursus gehalten in Idstein im Herbst 1816 mit einer Anzahl Herzogl. Nassauischer Schullehrer. Stuttgart 1817
Z. 36 *Regierung*: Nassauische Regierung ⇒ Nr. 959
Z. 36 *Zuhörer in Idstein*: Johann Bernhard Gottlieb Denzel (1773-1838, ⇒ Nr. 1652) hatte 1816, nachdem er einen Ruf der Nassauischen Regierung (⇒ Nr. 959) zur Leitung des Idsteiner Lehrerseminars (⇒ Nr. 1890) ausgeschlagen hatte, während eines drei bis vier Monate dauernden Urlaubs das nassauische Schulwesen reorganisiert und einen Methodenkurs für Lehrer abgehalten, wofür er das Angebot zur Anstellung als Oberschulrat im Ratskollegium der Nassauischen Regierung erhalten - und letztlich - ebenfalls ausgeschlagen hatte.
Z. 36 *Idstein*: Stadt in Hessen
Z. 44 *Institut*: ⇒ Nr. 1243
Z. 51 *Werke*: Johann Heinrich Pestalozzi: Sämmtliche Schriften, 12 Bände. Stuttgart 1819-1824

1777.
François Louis Bezencenet
1817

[Reg.] Mehrere Briefe wegen Rechnungsangelegenheiten.

Überlieferung

1   PSB XI, S. 17.26

Sacherklärung

I.

François Louis Bezencenet (1754-1826) ⇒ Nr. 1569

1778.
Philipp Emanuel von Fellenberg
Herbst 1817

Zu Hofwyl unterzeichnen auf Pestalozzi's Werke, nachfolgende Personen:

Emanuel von Fellenberg,	zu Hofwyl
Obrist von Bissing,	aus Schlesien
Eduard Graf von Oppersdorf,	d[it]o
Gustav Prinz von Wrede,	aus Augsburg
Georg Baron von Pfister,	" Wien
Armand von Werdt,	" Bern
Georg Strekeisen,	" Basel
Hypolite von Chambrier,	" Neuenburg
Ami von Chapeaurouge,	" Hamburg
Lucas Schönauer,	" Basel
Carl Graf von Bressler,	" Schlesien
Friedrich Prinz von Sachsen-Hildburghausen,	" Hildburghausen
Christian Lippe,	" Braunschweig
Chr[istian] Aug[ust] Baehr,	" Sachsen
Friedrich Stokar,	" Schaffhausen
Dietrich Preiswerk,	" Basel
J[ohann] J[acob] Burkhart,	" Basel
Rudolph Iselin,	" Basel
Max Graf von Montgelas,	" München
Carlo Leutwein,	" Genua
Alexander Graf v[on] Wurtemberg,	" Stuttgardt
Stephan Graf v[on] Lesniowski,	" Wien
Carl Bignami,	" Mailand

Überlieferung

1 ZB Zürich, Ms Pestal 50/51, Umschlag 82/9a
2 Blatt, 239 x 192 mm
5 Original

Textkritik

Zeuge H
Z. 6   *Emanuel ... Hofwyl*: lateinische Schrift
Z. 7   *von Bissing*: lateinische Schrift
Z. 8   *Eduard*: lateinische Schrift
Z. 8   *von Oppersdorf*: lateinische Schrift
Z. 9   *Gustav*: lateinische Schrift

Z. 9   *von Wrede*: lateinische Schrift
Z. 9   *Augsburg*: lateinische Schrift
Z. 10   *Georg*: lateinische Schrift
Z. 10   *von Pfister Wien*: lateinische Schrift
Z. 11–15 *Armand ... Basel*: lateinische Schrift
Z. 16   *Carl*: lateinische Schrift
Z. 16   *von Bressler Schlesien*: lateinische Schrift
Z. 17   *Friedrich*: lateinische Schrift
Z. 17   *von ... Hildburghausen*: lateinische Schrift
Z. 18–23 *Christian ... Basel*: lateinische Schrift
Z. 24   *Max*: lateinische Schrift
Z. 24   *von ... München*: lateinische Schrift
Z. 25   *Carlo ... Genua*: lateinische Schrift
Z. 26   *Alexander*: lateinische Schrift
Z. 26   *Wurtemberg, Stuttgardt*: lateinische Schrift
Z. 27   *Stephan*: lateinische Schrift
Z. 27   *Lesniowski, Wien*: lateinische Schrift
Z. 28   *Carl ... Mailand*: lateinische Schrift

Sacherklärung

I.

Philipp Emanuel von Fellenberg (1771–1844) ⇒ Nr. 426

II.

Pestalozzi hatte in seinen Briefen an Philipp Emanuel von Fellenberg (1771–1844, ⇒ Nr. 426) vom 29. April und vom 14. Mai 1817 (PSB X, Nr. 4626 und Nr. 4643) den Subskriptionsplan erwähnt. Fellenberg wiederum erwähnt ihn in seinem Brief vom 8. Mai 1817 (⇒ Nr. 1613) und teilt Pestalozzi mit, dass er erst nach der Ernte mit Sammeln beginnen könne. Die Subskriptionsliste dürfte demnach einem nicht mehr erhaltenen Brief Fellenbergs beigelegt worden sein, spricht Fellenberg doch in den beiden nächsten erhaltenen Brief an Pestalozzi vom 2. und 4. November 1817 (⇒ Nr. 1807, ⇒ Nr. 1809) nicht mehr davon. Allenfalls wurde die Subskriptionsliste Pestalozzi auch persönlich übergeben, als er sich Anfang Oktober in Hofwyl aufhielt (⇒ Nr. 1788, ⇒ Nr. 1790).

III.

Z. 7   *Bissing*: Hans August von Bissing (1771–1841) aus Schlesien war königlich preussischer Oberst und entstammte dem aus Schwaben stammenden Uradelsgeschlecht der von Bissing(en). Er war mit Auguste von Gröna (†1841) verheiratet und hatte zwei Söhne, Adolf (1800–1880) und Moritz (1802–1860), die beide am Institut von Philipp Emanuel von Fellenberg erzogen wurden.

Z. 8   *Oppersdorf*: Graf Eduard Georg Maria von Oppersdorf (1800–1889), Majoratsherr aus Głogówek (Oberglogau, Oppeln) und Mitglied des schlesischen Provinziallandtags, wurde 1847 Mitglied der Herrenkurie des Vereinigten Landtages Preussens, 1853 Mitglied der Ersten Kammer des Preussischen Landtags und 1854 erbliches Mitglied des preussischen Herrenhauses, als dessen Alterspräsident er zeitweise fungierte. Oppersdorf war 1817 für einen Kurzaufenthalt bei Philipp Emanuel von Fellenberg (1771-1844, ⇒ Nr. 426) in Hofwyl.

Z. 9 *Wrede*: Prinz Gustav Friedrich von Wrede (1802-1840) ⇒ Nr. 2620

Z. 10 *Pfister*: Baron Georg von Pfister (1772-1846) aus Wien stammte aus einer angesehenen Bankiersfamilie und besass neben einem stattlichen Vermögen auch ein Anwesen an zentraler Lage in Wien.

Z. 11 *Werdt*: Armand Franz Johann von Werdt (1801-1841), Offizier im eidgenössischen Generalstab bis in den Rang des Stabsmajors, kandidierte 1827 für den Grossrat des Kantons Bern und wurde 1831 zum Stadtrat gewählt. Von Werdt starb in Neapel.

Z. 12 *Strekeisen*: Georg Streckeisen (1801-1887), der Sohn des Basler Kaufmanns und Gutbesitzers Emanuel Streckeisen (1743-1826) wurde in Hofwyl unterrichtet. Streckeisen heiratete die Genferin Marianne Amélie Moultou (*1803) und hinterliess nach seinem Tod in Genf dem Basler und Genfer Spital je 25 000 Franken.

Z. 13 *Chambrier*: Charles-Henry-Guillaume-Hippolyte de Saussure-Chambrier (1801-1852) ⇒ Nr. 2587

Z. 14 *Chapeaurouge*: Ami de Chapeaurouge (1800-1860) wurde bis 1820 bei Philipp Emanuel von Fellenberg (1771-1844, ⇒ Nr. 426) in Hofwyl unterrichtet und war später in Hamburg als Kaufmann tätig, wo er 1848 zum Krämereiverordneten und 1852 zum Senator ernannt wurde. De Chapeaurouge war ein Enkel von Jacques de Chapeaurouge (1744-1805), der 1764 von seiner Heimatstadt Genf nach Hamburg auswanderte und sich dort erfolgreich als Kaufmann etablieren konnte.

Z. 15 *Schönauer*: Lukas Schönauer (1801-1832) aus Basel war von 1817 bis 1818 Schüler bei Philipp Emanuel von Fellenberg (1771-1844, ⇒ Nr. 426) in Hofwyl und studierte danach Geschichte und Philosophie in Heidelberg und Basel.

Z. 16 *Bressler*: Graf Hans Wilhelm Carl von Bressler (1801-1865) aus schlesischem Adelsgeschlecht mit Stammsitz Lauske (heute Teil von Weissenberg, Sachsen) war in Hofwyl Schüler von Philipp Emanuel von Fellenberg (1771-1844, ⇒ Nr. 426). 1857 wurden Hans Wilhelm Carl die Stammgüter Lauske und Nostitz von seiner Tante vererbt, welche die Güter seit dem Tod ihres Vaters, des Grafen Gottlieb Wilhelm von Bressler († 1814) verwaltet hatte. Hans Wilhelm Carl wurde damit zum Oberhaupt und Stammhalter des Adelsgeschlechts. Er war mit Anna Henriette Emma Gräfin von Reichenbach-Goschütz (1806-1893) verheiratet und hatte acht Kinder.

Z. 17 *Prinz*: Prinz Friedrich IV. von Sachsen-Gotha-Altenburg (1774-1825) war der jüngste Sohn des Herzogs Ernst II. von Sachsen-Gotha-Altenburg (1745-1804) und übernahm 1822 nach dem Tod seines älteren Bruders die Regierung des Herzogtums. Der Prinz trat nach der Schule in Genf und dem Studium in Staatsrecht, Philosophie und Geschichte 1785 als Oberst in die niederländische Armee ein, wo er in den napoleonischen Feldzügen eingesetzt und 1793 schwer verletzt wurde. In der Folge hielt sich Friedrich IV. in verschiedenen Kurstädten auf, darunter auch im appenzellischen Gais, lebte jedoch von 1804 bis 1810 meistens in Rom. 1814 konvertierte Prinz Friedrich IV. zum römisch-katholischen Glauben, er war überdies stark am alten Ägypten und dem Orient interessiert, finanzierte Forschungsreisen und galt als bedeutender Sammler von Kunstwerken des Altertums und des Orients. Friedrich IV. verstarb kinderlos, mit ihm endete das Haus Sachsen-Gotha-Altenburg und ging im Herzogtum Sachsen-Coburg und Gotha auf.

Z. 18 *Lippe*: Johann Karl Christian Lippe (1779–1853) ⇒ Nr. 1138

Z. 19 *Baehr*: Christian August Baehr (1795–1846), geboren in Atterwasch (Brandenburg) als Sohn eines Müllers, studierte in Leipzig Theologie und Pädagogik und wurde 1814 Mitglied der Lausitzer Predigergesellschaft. Nach einem Jahr als Hilfslehrer an der Leipziger Bürgerschule unterrichtete Baehr zwischen 1817 und 1819 am Institut von Philipp Emanuel von Fellenberg (1771–1844, ⇒ Nr. 426) in Hofwyl. Nach der Rückkehr nach Leipzig wurde er zunächst Magister und Prediger an der Universitätskirche, später Pfarrer in Oppach (Sachsen) und ab 1834 in Wigancice Żytawskie (Weigsdorf, Niederschlesien), wo er bis zu seinem Tod blieb. Baehr trat zudem als Dichter von Kirchenliedern in Erscheinung.

Z. 20 *Stokar*: Johann Friedrich Stokar (1800–1845) aus altem Schaffhauser Patriziat, war Postmeister in seiner Heimatstadt und Adjutant beim Eidgenössischen Generalstab.

Z. 21 *Preiswerk*: Dietrich Preiswerk (1808–1835), Sohn des Basler Seidenbandhändlers, Kaufmanns und Kantonsrats Dietrich Preiswerk (1780–1819, ⇒ Nr. 1625), war von 1816 bis 1825 Schüler in Hofwyl und heiratete 1834 seine Cousine Margaretha Bischoff (1815–1882).

Z. 22 *Burkhart*: Johann Jacob Burckhardt (1809–1888) aus Basel war um 1817 Schüler in Hofwyl. Burckhardt liess sich zum Juristen ausbilden, fungierte seit 1834 als Polizeirichter, später als Kriminal- und Waisenhausrichter und war von 1840 bis 1848 im Präsidium des Basler Appellationsgerichts. Burckhardt war Grossrat (1837–1870), wurde 1848 in den Kleinen Rat gewählt und war von 1849 bis 1859 Bürgermeister der Stadt Basel. 1848 vertrat er zudem als Tagsatzungsgesandter seinen Kanton in Bern. Burckhardt war seit 1835 mit Anna Elise Ryhiner (1815–1899) verheiratet und hatte sechs Kinder.

Z. 23 *Iselin*: Johann Rudolph Iselin (1796–1869), Sohn des Grossrats und Wirten des renommierten Gasthauses «Zu den drei Königen» Johann Ludwig Iselin (1759–1838), war aktives Mitglied der *Gesellschaft zur Beförderung des Guten und Gemeinnützigen* in Basel und setzte sich besonders für das Armenwesen ein. Iselin engagierte sich 1849 finanziell beim Bau des Basler Museums (heute Naturhistorisches Museum) und trat wiederholt als Mäzen auf. Er heiratete 1831 Sophia de Bary (1809–1882), mit der er drei Kinder hatte.

Z. 24 *Montgelas*: Graf Maximilian Joseph von Montgelas (1759–1838) ⇒ Nr. 1051

Z. 25 *Leutwein*: (Philipp) Karl (Ludwig), genannt Carlo Leutwein (1808–1899) war Schüler in Hofwyl. Nach dem Tod seines in Genua als Kaufmann ansässigen Vaters im Jahre 1818 übernahm Philipp Emanuel von Fellenberg (1771–1844, ⇒ Nr. 426) die Vormundschaft. Leutwein verblieb während mehreren Jahren in Hofwyl und war spätestens nach der 1831 erfolgten Heirat mit Fellenbergs Tochter Elisabeth Olympia (1804–1870, ⇒ Nr. 680) auch in die Anstaltsprojekte involviert. 1847 reiste er nach Griechenland, wo er unter anderem das bei Athen gelegene Gut Anavryta kaufte und sich mit dem Anbau von Wein und Olivenbäumen zu etablieren versuchte. Aus wirtschaftlichen, politischen und auch familiären Gründen sah er sich 1864 aber gezwungen, das Gut zu verkaufen und in die Schweiz zurückzukehren.

Z. 26 Wurtemberg: Graf Alexander Christian Friedrich von Württemberg (1801–1844), ein Neffe des württembergischen Königs Friedrich I. (1754–1816, ⇒ Nr. 939), wandte sich nach einer kurzen Offizierslaufbahn der Literatur und romantisch geprägten Literaturkreisen zu. Er teilte eine schwermütige Weltabgewandtheit mit seinem Freund Nikolaus Lenau (1802–1850), die auch seine Gedichte und Sonette prägten.

Z. 27 Lesniowski: Graf Stephan von Lesniowski (1806–1859) war als Oberleutnant und Rittmeister Mitglied des galizischen Ulanenregiments «Fürst zu Schwarenberg» Nr. 2 und 1827 kaiserlich-königlicher Kämmerer. Seine Mutter Franziska von Lesniowska (1781–1853) war nach dem Freitod von Stephans Vater Graf Kasimir von Lesniowksi (1771–1810) in Wien eng mit Karl Wilhelm Friedrich von Schlegel (1772–1829) befreundet, der die psychosomatische Erkrankung Franziskas mittels des animalischen Magnetismus heilen wollte und auch Mitvormund von Stephan und seinem Bruder Eduard (1809–1826) war.

Z. 28 Bignami: Carlo Bignami (1808–1885) wuchs in Mailand und ab 1813 in Bologna als Sohn eines Bankiers und einer bekannten Sängerin auf und besuchte die Anstalt von Philipp Emanuel von Fellenberg (1771–1844, ⇒ Nr. 426) in Hofwyl. Nach Hause zurückgekehrt, begann er an der Universität Bologna ein Studium, das er 1829 in Philosophie und Mathematik abschloss. In den Jahren 1831/32 kämpfte er auf Seiten der liberalen Ziviltruppen gegen die päpstliche Restauration. 1836 stieg er zusammen mit seinen Brüdern ins Bankiergeschäft ein. Nach den italienischen Unabhängigkeitskriegen 1848/49, an denen Bignami als Offizier des ersten Bataillons der Bologneser Legion teilnahm, liess er sich in Lucca (Toskana) nieder, wo er auch verstarb.

1779.
Josef Hermann Gramm

Herbst 1817

Seinr Wohlgebohren
5 Herrn Pestalozzi
Direktor des Erziehungsinstitutes
zu
Yverdon

10 frey
bis zur Grenze

Oberdorf bey Kaufbeuren

Euere Wohlgebohren
bitte ich, H[err]n Rentbeamten von Schanzenbach von hier, H[err]n
15 Distriktsschulinspektor Erhard zu Sulzschneid und mich als Subskri-

benten auf Dero Schriften zu notiren, und an mich davon 3. Exemplar wie sie erscheinen, bestellen zu lassen. Den Betrag dafür werd' ich an Sie, oder Herrn Cotta nach Dero Verordnung einsenden.

20 Mit aller Verehrung

Euerer Wohlgebohren
ergebenster
Gramm s[u]sc[ripsit]
k[öniglich] B[ayrischer] Landrichter

Überlieferung

1   ZB Zürich, Ms Pestal 50/51, Umschlag 97/1
2   Blatt, 230 x 195 mm
4   Siegel, Stempel *OBERNDORFR.S.*, Dorsualvermerk *Oberdorf, (bey Kaufbeuren) Gramm*
5   Original

Textkritik

Zeuge H
Z. 4   *Wohlgebohren*: lateinische Schrift
Z. 5   *Pestalozzi*: lateinische Schrift
Z. 15   *Erhard*: lateinische Schrift
Z. 16 f. *Exemplar* < davon > *wie*
Z. 18   *Cotta*: lateinische Schrift

Sacherklärung

I.

Josef Hermann Gramm (1769–1842) aus dem württembergischen Riedlingen beginnt seine Verwaltungslaufbahn 1796 als Kanzleiverwalter in Spaichingen, wird 1804 Obervogt in Langenargen und 1806 Landrichter in Tettnang. In der Folge wechselt er als Landrichter ins Montafon (1810), nach Thalgau und Oberdorf (1816) und schliesslich 1823 nach Weiler, wo er 1832 des Amtes enthoben wird. Er stirbt in Kempten im Allgäu.

III.

Z. 12   *Oberdorf*: heute Teil von Marktoberdorf (Bayern)
Z. 14   *Schanzenbach*: Der königlich bayrische Rentbeamte Conrad von Schanzenbach (1784/85–1854) war Rechnungskommissar der Finanzdirektion des Illerkreises, wurde 1814 zum Rentbeamten von Oberdorf ernannt und 1818 nach Schrobenhausen versetzt und war in den 1830er-Jahren im Vorstand des Land- und Stadtrentamtes bzw. Rentbeamter von München.
Z. 15   *Erhard*: Johann Michael Erhard (1771–1844) wurde 1798 zum Priester geweiht und übernahm 1813 das Pfarramt in Oberdorf, 1818 dasjenige in Sulzschneid bei Kaufbeuren, wo er bis 1832 zugleich als Distrikts-

Schulinspektor amtierte. 1825 wurde er Priester in Stötten (alle Bayern) und 1832 Dekan.
Z. 15 *Sulzschneid*: heute Teil von Marktoberdorf (Bayern)
Z. 16 *Schriften*: Johann Heinrich Pestalozzi: Sämmtliche Schriften, 12 Bände. Stuttgart 1819–1824
Z. 18 *Cotta*: Johann Friedrich Cotta, Freiherr von Cottendorf (1764–1832) ⇒ Nr. 617
Z. 23 *s[u]sc[ripsit]*: hat unterschrieben (lat.)

1780.
Joseph Schmid
Anfang Oktober 1817

So eben kommt H[err] Brüger an, u[nd] sagt mir, Sie erwarten Briefe von mir. Haben Sie nicht alle paar Tag solche erhalten, so ist nicht alles in Ordnung. Ich habe Ihnen alle Tag geschrieben.

Brüger sagt uns, H[err] v[an] Meuden werde nächstens hieher kommen, u[nd] wahrscheinlich auch H[err] v[on] Fellenberg später. Dass wir über manches gern Aufschluss hätten, versteht sich von selbst –. Giebt es eine Sache die sich in die Länge zieht so weiss ich nicht, wie sich vielleicht am End noch manches anderes gestalten könnte –. Wir, u[nd] nicht Fellenberg verliert, wenn sich die Sach hinaus ziehen sollte. Ein unbestimmter Zustand der übel steht, kann nur durch eine provisorische Führung schon seiner Auflösung so nachgebracht werden, dass es nichts als dieses braucht. Ist es ein in die Länge sich ziehendes Geschäft, so wird es wohl rathsam werden, sich wieder so bald als möglich nach Hause zu begeben.

Mit herzlichem Gruss Ihr
Jos[eph] Schmidt

Überlieferung

1 ZB Zürich, Ms Pestal 55, Umschlag 333/25
2 Blatt, 247 x 183 mm
5 Original
6 Der Brief wurde auf ein Blatt geschrieben, auf welchem schon ein anderer Briefanfang (*Hochgeehrter Herr!*) notiert war.

Textkritik

Zeuge H
Z. 5 *paar* ⌠

Sacherklärung

I.

Joseph Schmid (1785-1851) ⇒ Nr. 712

II.

Pestalozzi führte seit August 1817 Vertragsverhandlungen in Hofwyl bei Philipp Emanuel von Fellenberg (1771-1844, ⇒ Nr. 426), wobei Joseph Schmid (1785-1851, ⇒ Nr. 712) auf einen schnellen Abschluss dieser Verhandlungen drängte, da er Nachteile für Yverdon befürchtete.

III.

Z. 4 *Brüger*: Herr Brüger konnte nicht näher bestimmt werden.
Z. 7 *Meuden*: Jakob Evert van Muyden (1781-1848) ⇒ Nr. 1812
Z. 8 *Fellenberg*: Philipp Emanuel von Fellenberg (1771-1844) ⇒ Nr. 426

1781.
Joseph Schmid

Anfang Oktober 1817

S[eine]r
5 Wohlgeboren
Herrn Heinrich Pestalozzi
p[er] Addr[es]s[e] Herrn E[manuel] v[on] Fellenberg
in
Hofwil.

10 Ich hätte manches zu Schreiben wenn wir uns Sonntag in Murten nicht sehen würden. Ich bin bis 11 oder 12 Uhr längstens bey der Krone u[nd] erwarte Sie unfehlbar daselbst. H[err] Haug von Zürich war ein paar Tag hier. Er wird Sie Sonntag oder Sonnabend in Hofwil vor ihrer Abreise nach Murten sehen –. Hier geht alles gut. In
15 wiefern Sie uns ruhig lassen oder nicht werd ich Morgen näher erfahren.

H[err] Grellett wollte seinen Sohn in Paris haben, die Mutter musste ihn gegen ihren Willen mit nach Paris etc. nehmen –. Die heutige Post hatte gar nichts. H[err] Bezencenet aus Orben ist jetzt
20 in Iferten.

Mit herzlichem Gruss an alle die sich gern dort meiner erinnern.
Von Ihrem liebenden Freund

Jos[eph] Schmidt

Überlieferung

1   ZB Zürich, Ms Pestal 55, Umschlag 333/26
2   Blatt, 260 x 201 mm
4   Siegel, Stempel *YVERDON*
5   Original

Textkritik

Zeuge H
Z. 7   *p[er] Addr[es]s[e]*: lateinische Schrift
Z. 10   <*Zugleich*> *Ich hätte*
Z. 17   *Grellett*: lateinische Schrift
Z. 19   *Bezencenet*: lateinische Schrift

Sacherklärung

I.

Joseph Schmid (1785–1851) ⇒ Nr. 712

II.

⇒ Nr. 1780

III.

Z. 7   *Fellenberg*: Philipp Emanuel von Fellenberg (1771–1844) ⇒ Nr. 426
Z. 12   *Krone*: Noch heute existierendes Hotel an der Rathausgasse in Murten (Kt. Fribourg).
Z. 12   *Haug*: Es ist unklar, wer damit gemeint war. Im Zürcher Bürgeretat von 1815 sind vier Personen verzeichnet, die in Frage kommen könnten: Georg Leonhard Haug (*1745), Kaufmann in Rouen, sein Sohn Wilhelm Heinrich Haug (*1775), Jakob Christoph Haug (*1776), Katechet in Wiedikon (heute Teil von Zürich) oder Hans Kaspar Haug (*1778), Kaufmann und Hauptmann der Infanterie in Reserve. Allerdings sind sie weder in vorangehenden noch in nachfolgenden Verzeichnissen aufgeführt. Möglich ist auch der ursprünglich aus Rohrbach im Elsass stammende Michael Haug (1776–1852), Kleinbäcker in Zürich.
Z. 17   *Grellett*: Joseph Grellet du Peyrat (1764–1849) ⇒ Nr. 1523 a
Z. 17   *Sohn*: Alphonse Grellet ⇒ Nr. 1763
Z. 17   *Mutter*: Madame Grellet ⇒ Nr. 1763
Z. 19   *Bezencenet*: François Louis Bezencenet (1754–1826) ⇒ Nr. 1569
Z. 19   *Orben*: Orbe (Kt. Waadt)
Z. 20   *Iferten*: dt. Name für Yverdon

1782.
Denis/Dionigi Pipino

4. Oktober 1817

[Reg.] Pipino erkundigt sich, ob Pestalozzi die Erziehung seiner Kinder übernehmen
5   könne.

1 PSB X, S. 371.9 ff.

Überlieferung

Sacherklärung

I.

Hier könnte möglicherweise Denis/Dionigi Pipino (*um 1771) aus Neapel gemeint sein, der 1791 als Anhänger der Patrioten Mitglied einer literarischen Gesellschaft ist. Wegen seinen Sympathien zu den Jakobinern wird er 1797 der Beteiligung an einem Staatsverrat bezichtigt. Während der einjährigen Ära der Neapolitanischen Republik (1799) amtiert er als Kommissar der provisorischen Regierung des Departements Vesuvio. Im August 1806 wird er zum Generalsekretär der Provinz Bari und einen Monat später zum Verwalter der Staatsgüter in der Provinz Terra di Lavoro ernannt. 1810 ist Pipino in Neapel «capo di divisione del Ministero delle Finanze», seine Spur verliert sich 1818 in Mailand.

III.

Z. 4 *Kinder*: Alessandro Gherardo Pipino (*1810) wurde in Neapel geboren. Auch sein jüngerer Bruder Jean Baptiste soll dort geboren sein, was aber nicht verifiziert werden konnte. Beide waren 1817 bis 1819 als Schüler in Yverdon. Über das weitere Leben der beiden ist nichts bekannt.

1783.
Central Schulbücher Verlag

4. Oktober 1817

T[i]t[u]l[o] Herrn Pestalozzi
5 Vorsteher der Erziehungs
Anstalt
Wohlgebohrn
zu
Y w e r d e n
10 im
Waadtland
in der Schweiz

München den 4. Oktober 1817

Euer Wohlgebohren
15 beeile ich mich in Kenntniss zu setzen, dass das unterzeichnete Amt in Folge eines allerhöchsten Ministerial Rescripts auf Ihre sämmtliche neu herauszugebenden Schriften mit 400 f –.
– Vierhundert Gulden –

Subscribire und bestehe mit vorzügl[ich]er Hochachtung
Königl[ich] B[ayrisches] Expeditions Amt
des
Central Schulbücher Verlages
Fremd
Expéditor.

P.S. Des Porto wegen bediente ich mich dieses kl[einen] Formates.

Überlieferung

1   ZB Zürich, Ms Pestal 56, Umschlag 421/1a
2   Blatt, 169 x 218 mm
4   Datum am Schluss, Siegelspuren, Stempel *MÜNCHEN. OCT. 1817.*, Dorsualvermerk *München, 4. 8^{ber} 1817. Expédition des Schulbücher-Verlags.*
5   Original

Textkritik

Zeuge H

Z. 4	*Pestalozzi*: lateinische Schrift
Z. 7	*Wohlgebohrn*: lateinische Schrift
Z. 9	*Y w e r d e n* : lateinische Schrift
Z. 11	*Waadtland*: lateinische Schrift
Z. 13	*Oktober*: lateinische Schrift
Z. 14	*Euer Wohlgeboren*: lateinische Schrift
Z. 16	*Ministerial Rescripts*: lateinische Schrift
Z. 18	*V i e r h u n d e r t G u l d e n* : lateinische Schrift
Z. 19	*Subscribire*: lateinische Schrift
Z. 22–24	*Central …Expéditor*: lateinische Schrift
Z. 25	*Porto*: lateinische Schrift

Sacherklärung

I.

Der 1785 gegründete und 1793 mit einer eigenen Druckerei versehene staatliche bayrische Zentralschulbücherverlag verfügt über das Verlagsmonopol von Elementarschulbüchern in Bayern und kontrolliert ab 1834 auch Entstehung, Herstellung und Vertrieb aller Bücher für Studienklassen und -anstalten. Er wird 1862 vom Regensburger Verleger Friedrich Pustet (1798–1882) erworben, der ihn 1874 an den Münchner Verleger Rudolf Oldenbourg (1811–1903) abtritt.

III.

Z. 4	*T[i]t[u]l[o]*: Titel (lat.)
Z. 9	*Y w e r d e n* : Yverdon
Z. 16	*Ministerial Rescripts*: scheint nicht erhalten zu sein

Z. 17   *Schriften*: Johann Heinrich Pestalozzi: Sämmtliche Schriften, 12 Bände. Stuttgart 1819–1824

Z. 17   *f*: Abkürzung für Gulden

Z. 23   *Fremd*: Johann Theodor Fremd (*1771) war Expeditor und Administrator des Bayrischen Central Schulbücher-Verlags (⇨ Sacherklärung I.), bis er 1837 in den Ruhestand versetzt wurde. Zudem war er Mitglied in der bayrisch-königstreuen *Gesellschaft des Frohsinns* in München.

1784.
Carl Geroldsche Buchhandlung

4. Oktober 1817

Wien den 4ten 8^{ber} 1817.

5 Werthester Herr und alter Freund!

Dass ein sonderbares Verhängniss mich nach langen Stürmen hieher geworfen hat, werden Sie wahrscheinlich schon erfahren haben. Ein ebenso sonderbares Ohngefähr brachte den Freund Hofmann, der ehedessen in Aarau an der Kantonsschule, späther aber an Ih-
10 rem Institut angestellt war, mit seiner Familie von Neapel hieher, wo er einige Zeit zu privatisiren gedenkt, während dem ihm die Erziehung zweyer junger, aus Neapel mitgebrachten Grafen übertragen ist. Da ich nun diese mir von früheren Zeiten her schätzbare Familie öfters besuche, so kömmt die Rede mitunter auch auf Sie
15 und Ihr Wirken, werthester Freund.

Bey einem solchen Anlas verwunderte sich Hofmann, dass in dem grossen und für die Litteratur sehr bedeutenden Wien, ja sogar in ganz Oesterreich, sich keine einzige Buchhandlung mit der Pränumerantensammlung auf die von Ihnen angekündigte vollständige
20 Sammlung Ihrer Werke befasse. Ich erwiederte ihm hierauf, was ich durch eigene Erfahrung wahrzunehmen bereits Gelegenheit hatte, dass in der Natur der Ankündigung sowohl; als in den merkantilischen Bedingnissen, die für den Buchhändler gar nicht einladend wären, der Grund davon zu suchen wäre, und doch vergeht beynahe
25 kein Tag, wo nicht Nachfrage in dieser Hinsicht geschähe. Die wenigen Exemplare der uns von Cotta übersandten Ankündigung konnten nur einen kleinen Wirkungs Kreis finden, und doch haben sich schon mehrere Ihrer Verehrer zur Unterstützung Ihres Unternehmens geneigt erklärt, und ich habe Grund zu schliessen, dass bey
30 näherer Bekanntmachung Ihrer Ankündigungen, ein sehr vortheilhaftes Resultat für Sie daraus entspringen dürfte. Nur muss der sich diesem Auftrag unterziehende Buchhändler durch Vortheile begünstigt werden, die mit den grossen Inserationsgebühren, den Kosten

der Anschlagzettel und der Frachten in richtigem Verhältniss stehen. Auch muss diejenige Handlung, welche sich damit befasst, in Stand gesetzt werden, andern Handlungen in den Provinzen, ebenfalls einige Vortheile gestatten zu können. Können Sie dieses nicht, oder kömmt es Sie zu sauer an, ein kleines Opfer zu bringen, so laufen Sie Gefahr, dass die im Hinterhalte lauernden, sehr spekulatigen Nachdrucker, davon es in unsern Staaten wimmelt, ihr Netz nur zu bald auf Ihr Unternehmen auswerfen.

Herr Gerold, bey welchem ich seit 4 Monathen conditionnire, einer der rechtlichsten und wackersten Männer seines Fachs, der vielleicht unter Deutschlands Buchhändlern die ausgebreitetsten Sortimentsgeschäfte macht, in Wien vorzüglich der bedeutendste Buchhändler ist, wäre vielleicht geneigt, um dem Nachdruk in den österreichischen Staaten vorzubeugen, mit Ihnen wegen Unternehmung einer für dieses Land zu veranstaltenden wohlfeilern, oder doch mit dem Originalpreise in gleichem Verhältniss stehenden Ausgabe zu unterhandeln. So hat er es mit Stollbergs Religionsgeschichte gemacht, davon der Hamburger verleger auf seine Kosten eine Ausgabe bey uns veranstalten liess, von welcher ihm H[err] Gerold selbst an die 1500. Ex[emplare] anbrachte.

Denken Sie darüber nach und theilen Sie mir Ihren Entschluss bald mit. Noch muss ich beyfügen, dass insoferne Ihre Verbindung oder Ihr Vertrag mit H[errn] Cotta das nicht zulässt, Sie diesen Brief in Original an denselben übersenden können. Gefahr kann dabey keine seyn, indem es hier Sitte und Übung ist, auf alle zu erscheinenden grössern Werke sich pränumeriren zu lassen. Wenn dann Sie oder H[err] Cotta eine eigends für die österreichischen Staaten eingerichtete Pränumerationsanzeige redigiren wollen, und die Kosten der Ankündigung derselben durch die Zeitungen und durch Anschlagzettel tragen, in welchen H[err] Gerold als Pränumerantensammler ausschliesslich bezeichnet wird, so können Sie auf dessen ganze Thätigkeit für Ihr Unternehmen rechnen, so wie auf die strengste Redlichkeit.

Ich wünschte, dass dieser mein Antrag nicht unbeachtet bleibe, weil er gewiss mehr auf Ihr Interesse als auf jenes H[errn] Gerolds berechnet ist, dem es dabey mehr um eine nützliche Beschäftigung für seine grosse Druckerey als um andern Gewinnst zu thun ist. Vorzüglich aber muss eine eigene Anzeige für Oesterreich redigirt werden, in welcher Zeit und Form der Erscheinung bestimmt erörtert seyn müssen. Die Preise müssen in Wienerwährung bestimmt werden, gegründet auf den Fuss von f 310 p[e]r f 100. Augsst[o]r Co[ura]nt. oder f 120 __ Reichswährungen, und Spielraum zu rabatt

für die Unterhändler gelassen werden. Doch würden Sie oder Herr Cotta besser thun, dieses dem Ermessen H[errn] Gerolds zu überlassen und sich blos darauf zu beschränken, ihm einen Parthiepreis zu machen, nach welchem er sich dann selbst bey Bestimmung der
80 Pränumerationsbedingnisse zu richten wissen würde.

H[err] Gerold, der von diesem Antrag nicht nur Kenntniss hat, sondern meine Iden in allen Theilen billigt, stellt es Ihnen frey, Ihre Antwort direkte an ihn oder an mich zu übersenden.
In dieser Erwartung empfiehlt sich etc. etc.
85 unterz[eichnet] Sam[ue]l Flick,
in der Carl Geroldschen Buchhandlung.

Überlieferung

1 Der Brief liegt als Fotokopie der sich in der Zentralbibliothek Zürich befindlichen Copia im Literaturarchiv Marbach, Cotta-Archiv, Cotta: Briefe Pestalozzi. Die Vorlage ist allerdings zur Zeit nicht auffindbar.
5 Copia

Textkritik

Zeuge h

Z. 19   angekündigte < Werke > vollständige
Z. 56   Cotta: lateinische Schrift
Z. 60   Cotta: lateinische Schrift
Z. 77   Cotta: lateinische Schrift

Sacherklärung

I.

Die Familie Gerold ist während mehreren Generationen als Verleger, Buchdrucker und -händler tätig. Begründet wird das Geschäft von Joseph Gerold (1747–1800), als er 1775 von Leopold Johann Kaliwoda (1705–1781) die kaiserlich königliche Reichshof- und Universitäts-Buchdruckerei in Wien samt dessen Verlag erwirbt. Nach seinem Tod (1800) führt zunächst seine Witwe Marie Magdalena Gerold-Klebinder (1757–1831) das Geschäft weiter, unterstützt vom noch unmündigen Sohn Johann (1782–1806). Nach seinem Tod tritt der jüngere Bruder Karl Gerold (1783–1854, ⇒ Z. 42) an dessen Position, die Firma wird unbenannt in *Josef Gerolds sel. Witwe & Sohn*. 1813 übernimmt Karl die Buchhandlung und das Druckwesen. 1905 wird die Buchdruckerei an die Brüder Robert (1867–1927) und Hugo Hitschmann (*1878) verkauft, 1917 erwerben dieselben zudem den Geroldschen Verlag.

III.

Z. 6   *Verhängniss*: Samuel Flick (1772–1833, ⇒ Nr. 460) war 1817 in derart grosse Zahlungsschwierigkeiten geraten, dass er seine Druckerei an den bei ihm seit 1813 als Geschäftsführer tätigen Schwiegersohn Johann Georg Neukirch (1787–1857) verkaufen musste.

Z. 8	*Hofmann*: Georg Franz/Franz Georg Hofmann (1765–1838) ⇒ Nr. 802
Z. 10	*Familie*: Georg Franz/Franz Georg (1765–1838, ⇒ Nr. 802) und seine Frau Charlotte Hofmann (⇒ Nr. 1170) hatten drei Töchter, Karoline (⇒ Nr. 1166), Amalie und Charlotte.
Z. 12	*Grafen*: Die Schule (⇒ Nr. 1274) von Georg Franz/Franz Georg Hofmann (1765–1838, ⇒ Nr. 802) in Neapel wurde von zahlreichen adeligen Söhnen aus Frankreich, Deutschland und Neapel besucht. Genaue Namen sind nicht bekannt, jedoch dürften ihre Familien dem napoleonisch-muratischen Kreis nahe gestanden haben. Mit dem Ende der Regentschaft des neapolitanischen Königs Joachim Murat (1767–1815, ⇒ Nr. 784) verlor auch Hofmanns Schule ihre Basis in Neapel und schloss 1816.
Z. 26	*Cotta*: Johann Friedrich Cotta, Freiherr von Cottendorf (1764–1832) ⇒ Nr. 617
Z. 26	*Ankündigung*: Ob hier eine eigens von der J. G. Cottaschen Buchhandlung (⇒ Nr. 1455 b) verfasste Anzeige oder die allgemeine Ankündigungen der Subskription gemeint sind, ist unklar. Eine Anzeige der Cottaschen Buchhandlung ist nicht überliefert, der von Pestalozzi formulierte Aufruf erschien in verschiedenen Zeitungen (PSW XXV, S. 41–45) wie auch die anschliessende Klarstellung (ebd., S. 71–80) und die Bekanntmachung der Verlängerung (ebd., S. 89–93).
Z. 42	*Gerold*: Karl Gerold (1783–1854) erlernte zuerst den Beruf des Kaufmanns, liess sich aber nach dem Tod seines älteren Bruders im Jahre 1806 in Brünn (Tschechien) im Buchhandel und -druck ausbilden. 1813 übernahm er die Buchhandlung ganz und baute zudem eine erfolgreiche Sortimentsbuchhandlung auf. Gerold war 1825 Mitbegründer des Börsenvereins deutscher Buchhändler, 1845 Initiator der ersten Versammlung des Buchhändler des österreichischen Kaiserstaates sowie des *Verein österreichischer Buchhändler* und wurde 1848 in das Frankfurter Vorparlament gewählt. Er war seit 1807 mit Franziska Kaltenbrunner (†1856) verheiratet und hatte drei Söhne und eine Tochter.
Z. 50 f.	*Religionsgeschichte*: Friedrich Leopold Stolberg: Geschichte der Religion Jesu Christi, 46 Bände. Hamburg 1806–1864
Z. 51	*verleger*: Buchhandlung Perthes & Besser ⇒ Nr. 1709
Z. 74	*f*: Abkürzung für Gulden
Z. 74	*Augsst[o]r*: Augustdor, eine bis 1845 bestehende Goldmünze
Z. 85	*Flick*: Samuel Flick (1772–1833) ⇒ Nr. 460

1785.
Christian Friedrich Essich
4. Oktober 1817

A
Monsieur, Monsieur Pestalozzi
à
Yverdun.
Canton Léman.
Suisse.
fr[anco] Schaffhouse.

Biberach
im Königr[eich] Würtemberg
d[en] 4. October 1817.

Ehrwürdiger Vater Pestalozzi!

Ein warmer Verehrer Ihrer grossen Verdienste um die gesammte Menschheit, um die Armuth, um die Jugend und um die, welchen die Erziehung und Bildung der Leztern anvertraut ist, unter welcher Zahl er sich selbst auch befindet; rechnet den heutigen Tag unter die schönsten seines Lebens, da er eine Veranlassung hat, Ihnen die hochachtungs vollsten Gefühle, welche sein Herz schon lange gegen Sie hegt, an den Tag zu legen. Mit wahrer Erbauung las er bisher Ihre Schriften, und freute sich sehr, als Sie eine neue vollständige Sammlung derselben ankündigten, nahm sich auch sogleich vor, bei Ihnen darauf zu subskribiren, als ihm einfiel, dass es seine Pflicht seie, für seine Amts-Nachfolger und Kollegen durch Anschaffung eines so vortrefflichen Werkes in die Bibliothek der Lehranstalt, welcher er vorsteht, zu sorgen. Diss zu realisiren, gelang ihm erst jezt. Er bittet Sie daher, ihn mit zwei Exemplaren in Ihr Subskribenten-Verzeichniss zu notiren.

Gott friste Ihr theures Leben noch recht lange, damit Sie die Früchte der guten Saat, welche Sie auszustreuen nie müde wurden, geniesen mögen. Diss wünscht einer Ihrer wärmsten Verehrer

C[hristian] Essich,
Philos[ophischer] D[okto]r, Rector der Latein-
u[nd] Real-Lehranstalt dahier.

Überlieferung

1 ZB Zürich, Ms Pestal 50/51, Umschlag 75/1
2 Bogen, 237 x 197 mm

4 Datum am Schluss, Siegelspuren, Stempel BIBERACH 4 OCT. 1817, Dorsualvermerk Biberach, d[en] 4. Oct[ob]re 1817. C[hristian] Essich.
5 Original

Textkritik

Zeuge H
Z. 4–11   lat. Schrift
Z. 13   October: lateinische Schrift
Z. 15   Ihrer: lateinische Schrift
Z. 19   Ihnen: lateinische Schrift
Z. 22   Ihre: lateinische Schrift
Z. 22   Sie: lateinische Schrift
Z. 24   Ihnen: lateinische Schrift
Z. 25   seine <s> Amts-Nachfolger
Z. 28   Sie: lateinische Schrift
Z. 28   Ihr: lateinische Schrift
Z. 30   Ihr: lateinische Schrift
Z. 30   Sie: lateinische Schrift
Z. 31   Sie: lateinische Schrift
Z. 32   Ihrer: lateinische Schrift
Z. 33   C[hristian] Essich: lateinische Schrift
Z. 34   Philos[ophischer] D[okto]r, Rector: lateinische Schrift

Sacherklärung

I.

Christian Friedrich Essich (1778–1822) aus Cannstatt (Baden-Württemberg) unterrichtet seit 1812 bis zu seinem Tod an der evangelisch-katholischen Latein- und Real-Lehranstalt in Biberach. Essich verfasst historische Schulbücher, so die *Geschichte der Reformation zu Biberach vom Jahr 1517 bis zum Jahr 1650* (1817) und die *Geschichte von Württemberg als Leitfaden beim Unterricht in der vaterländischen Geschichte* (1818).

III.

Z. 23   *Sammlung:* Johann Heinrich Pestalozzi: Sämmtliche Schriften, 12 Bände. Stuttgart 1819–1824
Z. 26   *Lehranstalt:* Im gemischt-konfessionellen Biberach wurde die evangelische und katholische Lateinschule 1806 zu einem Gymnasium zusammengelegt, das sich 1811 bereits wieder in eine zweiklassige Latein- und eine einklassige Realschule differenzierte, aber gleichwohl von einem Rektor geleitet wurde. Nach der Einrichtung einer Oberrealabteilung innerhalb der Realschule erhielt sie ab 1872 einen eigenen Rektor, jedoch erfolgte 1907 eine neuerliche Reorganisation mit der Schaffung einer siebenklassigen Realschule und eines sechsklassigen Progymnasiums, die wiederum unter einem Rektorat standen und die alte Lateinschule ablösten.

1786.
Johann Heinerich/Heinrich Gräff
7. Oktober 1817

[Reg.] Gräff zeigt an, dass bei Huber in Basel einen Wechsel über F. 351.– für Pestalozzi zur Zahlung bereit liege.

Überlieferung

1   PSB X, S. 385.25 ff.

Sacherklärung

I.

Johann Heinerich/Heinrich Gräff (1765–1827) ⇒ Nr. 678

III.

Z. 4   *Huber*: Hier könnte möglicherweise Christoph Huber (1773–1829) gemeint sein, Kaufmann in Basel. Seine Tochter Charlotte (1795–1865) heiratete 1817 den Bankier Johannes Riggenbach (1790–1859), der lange bei Felix Battier (1777–1829, ⇒ Nr. 292) gearbeitet hatte.
Z. 4   *F.*: Abkürzung für Gulden

1787.
Georg Friedrich Fallenstein
7. Oktober 1817

Herrn Pestalozzi
zu
Yverdun
/Schweiz./

frei Grenze!

Düsseldorf am 7. Oktober 1817.

Ehrwürdiger Vater Pestalozzi!
Was ich an Subskribenten bis zu diesem Augenblick für Ihre Werke erhalten konnte, mache ich Ihnen auf der andern Seite nahmhaft; noch sind die Antworten aus 5 Kreisen des hiesigen Regierungs-Bezirkes, in welchem die Ankündigungen noch kreisen, zurück und geben mir Hoffnung, Ihnen bald eine zweite Liste senden zu können.

Der treue Schuhmacher, hoffe ich, wird, wie er versprochen, Ihnen schon gemeldet haben, dass ich mich fortdaurend bemühe Subskribenten zu erhalten. Mögten Sie, Ehrwürdiger Vater, einen schwachen Beweis darin finden, mit welcher Liebe so recht aus deutschem kindlichtreuen Herzen ich an Ihnen hänge, wenn auch mein Name Ihnen zur Zeit noch unbekannt war. Brauchts doch keinen Namen um das Volk und das Gute zu lieben.

Eine Bitte habe ich wohl, – die sollen Sie, Vater, nicht übel nehmen; – Ihren Fabeln, dem treuen Werk, thut für jeden, der nicht die Schweiz, die Zeit wo sie geschrieben wurden und Ihre Verhältnisse, unter welchen Sie sie schrieben, genau kennt, ein Kommentar sehr noth, – können und wollen Sie uns den nicht auch geben? – Noch dankens werther wäre aber ein treues vollständiges Bild Ihres Lebens, Ihres Wirkens und Ihrer selbst! –.

Leben Sie recht, recht wohl, edler lieber Mann – diess mein Vater unser für Sie an jedem Tage, wo ich meine Jungen mehr und mehr heranwachsen sehe.

Dr. Fallenstein
Reg[ierungs] Sekretär

N°	Namen	Stand	Wohnort	Zahl der Exemplare		
				der vollständigen Werke	der Ist Lieferung	der Fabeln.
1.	Heydweiller	Landrath	Lennep	1.	.	.
2.	Wilke	Privatlehrer	Ronsdorf	1.	.	.
3.	Hohenadel, Franz	kathol[ischer] Pfarrer	Mettmann	1.	.	.
4.	Wichelhaus, Johann	reform[ierter] Prediger	"	1.	.	.
5.	Bergerhoff, Christian,	kath[olischer] Schullehrer	"	1.	.	.
6.	Häsch, Kaspar	luther[anischer] Schullehrer	"	1.	.	.
7.	Schollenbruch, Joh[ann]	reform[ier-ter]	"	1.	.	.

8.	Gottfried Laufs, Joh[ann] Meinhard,	ref[ormier-ter] Prediger		"	.	.	1.
9.	Pfeiffer, Josef	kathol[i-scher] Schullehrer	Gerresheim	1.	.	.
10.	Wimmershoff, Christian Wilh[elm]	Posthalter	Mettmann	.	1.	.
11.	Neubauer, Karl	Gerichts Vollzieher	"	.	.	1.
12.	Meisenburg, Wilhelm	Bäcker	"	.	.	1.
13.	Herzog, Christian Wilhelm	Kaufmann	"	.	1.	1.
14.	Freiherr von Schell	Bürgermeister	Schellenberg bei Essen.	1.	.	.
15.	Henkenhaus	Schullehrer	Mettmann	1.	.	.
16.	Freiherr von Pröpper	Landrath	Wevelinghoven	1.	.	.
17.	Der Schulvorstand zu		Linn bei Krefeld	1.	.	.
18.	Die Schulkommission zu		Krefeld	1.	.	.
19.	Compes, J[ohann] L[aurenz]		Neersen, b[ei] Krefeld	1.	.	.
20.	Mertens	Pfarrer	Lanck	1.	.	.
	Betrag			15.	2.	4.

Fallenstein

Überlieferung

1 ZB Zürich, Ms Pestal 50/51, Umschlag 80/1
2 Bogen, 252 x 210 mm
4 Siegel, Stempel DÜSSELDORF 6. OCT., Dorsualvermerk Düsseldorf. 7. Oct[ob]re 1817. Dr. Fallenstein
5 Original

Textkritik

Zeuge H

Z. 4	*Pestalozzi*: lateinische Schrift
Z. 6	*Yverdun*: lateinische Schrift
Z. 43	*Heydweiller*: lateinische Schrift
Z. 43	*Lennep*: lateinische Schrift
Z. 44	*Wilke*: lateinische Schrift
Z. 44	*Ronsdorf*: lateinische Schrift
Z. 45	*Hohenadel*: lateinische Schrift
Z. 45	*Mettmann*: lateinische Schrift
Z. 48	*Wichelhaus, Johann*: lateinische Schrift
Z. 50	*Bergerhoff*: lateinische Schrift
Z. 53	*Häsch*: lateinische Schrift
Z. 56	*Schollenbruch*: lateinische Schrift
Z. 59	*Laufs*: lateinische Schrift
Z. 62	*Pfeiffer*: lateinische Schrift
Z. 62	*Gerresheim*: lateinische Schrift
Z. 65	*Wimmershoff*: lateinische Schrift
Z. 65	*Mettmann*: lateinische Schrift
Z. 68	*Neubauer*: lateinische Schrift
Z. 70	*Meisenburg*: lateinische Schrift
Z. 72	*Herzog*: lateinische Schrift
Z. 75 f.	*Schellenberg*: lateinische Schrift
Z. 76	*Schell*: lateinische Schrift
Z. 78	*Henkenhaus*: lateinische Schrift
Z. 78	*Mettmann*: lateinische Schrift
Z. 79 f.	*Wevelinghoven*: lateinische Schrift
Z. 80	*Pröpper*: lateinische Schrift
Z. 81	*Linn*: lateinische Schrift
Z. 82	*Krefeld*: lateinische Schrift
Z. 83	*Krefeld*: lateinische Schrift
Z. 84	*Compes*: lateinische Schrift
Z. 84	*Neersen*: lateinische Schrift
Z. 87	*Mertens*: lateinische Schrift
Z. 87	*Lanck*: lateinische Schrift

Sacherklärung

I.

Georg Friedrich Fallenstein (1790-1853), Sohn eines Theologen aus Kleve (Nordrhein-Westfalen), studiert in Jena und Halle, arbeitet als Erzieher und meldet sich mehrfach als Freiwilliger für den Kampf gegen die napoleonischen Truppen, bevor er 1815 eine Stelle als Calculator bei der Regierung in Potsdam antritt. 1816 wird er nach Düsseldorf versetzt, wo er bis 1832, da er als Regierungsrat nach Koblenz übersiedelt, das Amt des Sekretärs der neu errichteten Regierung bekleidet. Aus zwei Ehen Fallensteins – 1810 heiratet er Elisabeth Benecke (1792-1831) und nach deren Tod Emilie Souchay (1805-1881) – gehen 12 Kinder hervor, wovon eines, Helene (1844-1919), die Mutter des Soziologen Max Weber (1864-1920) ist.

III.

Z. 11 *Werke*: Johann Heinrich Pestalozzi: Sämmtliche Schriften, 12 Bände. Stuttgart 1819-1824
Z. 17 *Schuhmacher*: Christian Heinrich Schumacher ⇒ Nr. 1741
Z. 25 *Fabeln*: Johann Heinrich Pestalozzi: Fabeln. Basel 1797 (PSW XI, S. 87-332)
Z. 43 *Heydweiller*: Friedrich Jakob Heydweiller (1778-1848) aus Krefeld war Ratsherr und Rittmeister in preussischen Diensten und beteiligte sich 1815 am preussischen Feldzug nach Paris. 1816 wurde er zum kommissarischen Verwaltungsleiter des Kreises Krefeld und 1817 zum Landrat des Kreises Lennep (Nordrhein-Westfalen) ernannt. Er starb in Mannheim.
Z. 43 *Lennep*: Landkreis im preussischen Regierungsbezirk Düsseldorf
Z. 44 *Wilke*: Ein Privatlehrer Wilke konnte nicht näher bestimmt werden.
Z. 44 *Ronsdorf*: heute Teil von Wuppertal (Nordrhein-Westfalen)
Z. 45 *Hohenadel*: Franz Hohenadel (†vor 1855) war katholischer Pfarrer in Mettmann, Privatgeistlicher in Düsseldorf und seit 1846 Stiftsherr in Aachen.
Z. 45 *Mettmann*: Stadt in Nordrhein-Westfalen
Z. 48 *Wichelhaus*: Johannes Wichelhaus (1794-1874), geboren in Elberfeld als Sohn eines Bankiers, studierte Theologie in Marburg und Tübingen, war von 1816 bis 1823 Pfarrer in Mettmann (Nordrhein-Westfalen), danach zweiter Pfarrer in Elberfeld und schliesslich ab 1834 bis zu seiner Emeritierung 1856 reformierter Pfarrer in Bonn. Er war verheiratet mit Wilhelmine von der Heydt (1797-1872) und stand der pietistischen Erweckungsbewegung nahe.
Z. 50 *Bergerhoff*: Christoph Bergerhoff (†1862) war zwischen 1813 und 1847 als Lehrer an der katholischen Schule in Mettmann (Nordrhein-Westfalen) tätig und gelegentlich auch mit dem Kirchendienst betraut.
Z. 53 *Häsch*: Johann Kaspar Häsch aus Herbede (Ruhr) arbeitete seit 1795 als Lehrer an der lutherischen Pfarrschule in Mettmann, die nach seinem Rücktritt 1825 mit der reformierten Pfarrschule vereinigt wurde.
Z. 56 *Schollenbruch*: Johann Gottfried Schollenbruch (1790-1847) war seit 1814 Lehrer an der reformierten Schule in Mettmann (Nordrhein-Westfalen) und massgeblich am Bau eines neuen Schulhauses und der damit verbundenen Zusammenlegung der reformierten und lutherischen Schule beteiligt.
Z. 59 *Laufs*: Johann Meinrad Laufs (1768-1834), geboren in Odenkirchen, war von 1794 bis 1824 reformierter Pfarrer in Mettmann (Nordrhein-Westfalen) und nach der Zusammenlegung der lutherischen und der reformierten Gemeinden noch für ein Jahr Pfarrer der neuen Institution.
Z. 62 *Pfeiffer*: Joseph Pfeiffer (1789-1858), geboren in Ratingen (Nordrhein-Westfalen), arbeitete zwischen 1814 und 1816 in Wermelskirchen als Schulvorsteher und Postexpeditor. Später war er als katholischer Schullehrer in Gerresheim (heute Teil von Düsseldorf) tätig. Pfeiffer war verheiratet und hatte sechs Kinder.
Z. 62 *Gerresheim*: heute Teil von Düsseldorf (Nordrhein-Westfalen)
Z. 65 *Wimmershoff*: Christian Wilhelm Wimmershoff (†1847) war Wirt, Bierbrauer und Posthalter in Mettmann. Er war mit Helena Catharina Bröcking verheiratet und hatte einen Sohn namens Carl (*1801).
Z. 68 *Neubauer*: Carl Gottlieb Neubauer (1787-1860), geboren in Hubbelrath (heute Teil von Ratingen), war Gerichtsvollzieher in Mettmann (beide

	Nordrhein-Westfalen) und seit 1806 mit Ermgard Spiecker (1789–1848) verheiratet.
Z. 70	*Meisenburg*: Johann Wilhelm Meisenburg (*1784), geboren in Mettmann, arbeitete in seiner Heimatstadt als Bäcker und heiratete 1812 Johanna Grevel (1788–1821).
Z. 72	*Herzog*: Christian Wilhelm Herzog (†1862) war Kaufmann und 1834 Ratsherr in Mettmann.
Z. 75 f.	*Schellenberg*: Hellenhahn-Schellenberg (Rheinland-Pfalz)
Z. 76	*Schell*: Freiherr Maximilian Friedrich von Vittinghof (†1835), genannt Schell von Schellenberg, Rittmeister und Gutsherr, war von 1811 bis 1822 Bürgermeister der unter französischer Besatzung vereinten Gemeinden Rellinghausen und Steele (heute Teile von Essen, Nordrhein-Westfalen). Vittinghof liess 1820 ein neues Wohnhaus beim Familienbesitz Schloss Schellenberg errichten.
Z. 78	*Henkenhaus*: Heinrich Henkenhaus (1779–1844) wuchs in einem Armenhaus auf und war seit 1797 Lehrer für Französisch und Mathematik an der evangelischen Schule in Mettmann (Nordrhein-Westfalen).
Z. 79 f.	*Wevelinghoven*: heute Stadtteil von Grevenbroich (Nordrhein-Westfalen)
Z. 80	*Pröpper*: Freiherr Paul Joseph von Pröpper (1765–1848) aus Hülchrath (heute Teil von Grevenbroich, Nordrhein-Westfalen), war Gutsbesitzer, Jurist, Militär und Ratsherr. Nach dem Jura-Studium in Bonn und Heidelberg schlug er 1787 die militärische Laufbahn ein und stieg 1795 in den Rang eines Obersten auf, den er bis zu seinem Rückzug auf Schlossgut Hülchrath 1806 bekleidete. 1816 wurde von Pröpper zum ersten königlich-preussischen Landrat des neu gegründeten Kreises Grevenbroich in Wevelinghoven ernannt und blieb bis 1839 in diesem Amt.
Z. 81	*Schulvorstand*: Damit dürfte die Leitung der evangelischen Realschule in Linn (heute Teil von Krefeld), gemeint sein. Die Zusammensetzung dieser Behörde konnte nicht näher bestimmt werden.
Z. 83	*Schulkommission*: Die städtische Schulkommission Krefelds bestand aus dem Bürgermeister, dem evangelischen und dem katholischen Pfarrer sowie einem alternierenden Mitglied des Stadtrates, den Vorsitz hatte der katholische Oberpfarrer inne. Die Schulkommission war mit der Aufsicht über die evangelischen und katholischen Schulen Krefelds betraut, nahm die Anstellung der Lehrpersonen vor und entschied auch über Unterrichtsinhalte.
Z. 84	*Compes*: Johann Laurenz Compes (*1745) war Steuereintreiber und Gemeindesekretär in Neersen (heute Teil von Willich, Nordrhein-Westfalen) und wurde 1819 aufgrund eines Korruptionsfalls zu einer Gefängnisstrafe verurteilt, gegen die er erfolglos rekurrierte.
Z. 87	*Mertens*: Johannes Laurentius Aegidius Mertens (1773–1837), geboren in St. Tönis (heute Teil von Tönisvorst, Nordrhein-Westfalen), wurde 1796 zum Priester geweiht und versah seit 1798 die Stelle des katholischen Pfarrers in Lank (heute Teil von Meerbusch, Nordrhein-Westfalen).
Z. 87	*Lanck*: heute Teil von Meerbusch (Nordrhein-Westfalen)

1788.
Joseph Schmid
8. Oktober 1817

S[eine]r
Wohlgeboren
Herrn Heinrich Pestalozzi
p[er] Add[resse] Herrn E[manuel] v[on] Fellenberg
in
Hofwil

Iferten den 8t[e]n 8bres 1817.

Heutige Post einen Brief von H[errn] Leuzinger mit 23 Soubcribenten aus Koblenz wovon 15 Ex[em]p[lare] von dem dortigen Konsistorium subscribiert darunter sind. Gottlieb in Mainz auf der Reise nach Leipzig, findet keine Arbeit, u[nd] die Gerberey ist wie er sich ausdrückt ganz erleidet in dem nicht nur Gesellen sondern auch Meister dieses aufgeben. Resicours der immer kränkliche soll allein erzogen werden, wird also nicht mehr aus der Vacanz zurück kommen.

Im Haus geht alles gut, u[nd] zwar so dass heute H[err] Lang anfängt in der 3tn Klasse zu arbeiten u[nd] ich werde etwa in 8 Tagen mit dem nähmlichen anfangen. Durch einen Banquier von Neuenburg wird uns ein Knab der schon auf der Reise ist u[nd] von Triest ist angezeigt.

Mit herzlichem Gruss empfiehlt sich ihr liebender Freund.

Jos[eph] Schmidt

Überlieferung

1 ZB Zürich, Ms Pestal 55, Umschlag 333/17
2 Blatt, 261 x 202 mm
4 Datum am Schluss, Siegel, Stempel *YVERDON*
5 Original

Textkritik

Zeuge H
Z. 7   *p[er] Add[resse]*: lateinische Schrift
Z. 11 f.   *Soubcribenten*: lateinische Schrift
Z. 16   *Resicours*: lateinische Schrift
Z. 21   *Banquier*: lateinische Schrift

Sacherklärung

I.

Joseph Schmid (1785-1851) ⇒ Nr. 712

II.

Die (Gross-)tante von Emanuel de Résicourt (⇒ Nr. 1526 b), Gabrielle Teisseire-Crétet (1735-1829, ⇒ Nr. 1527 a) hatte sich schon am 20. September 1817 (⇒ Nr. 1764) besorgt über den Gesundheitszustand ihres (Gross-)neffen gezeigt. Pestalozzi hatte sie damals zu beschwichtigen versucht, offenbar ohne Erfolg.

III.

Z. 7	*Fellenberg*: Philipp Emanuel von Fellenberg (1771-1844) ⇒ Nr. 426
Z. 10	*Iferten*: dt. Name für Yverdon
Z. 11	*Brief*: ⇒ Nr. 1773
Z. 11	*Leuzinger*: Fridolin Leuzinger (1786-1856) ⇒ Nr. 1773
Z. 12 f.	*Konsistorium*: Koblenzer Konsistorium ⇒ Nr. 1773
Z. 13	*Gottlieb*: Gottlieb Pestalozzi (1797-1863) ⇒ Nr. 594
Z. 16	*Resicours*: Emanuel de Résicourt ⇒ Nr. 1526 b
Z. 19	*Lang*: Johann Friedrich Wilhelm Lange (1786-1858) ⇒ Nr. 1058
Z. 21	*Banquier*: konnte nicht näher bestimmt werden
Z. 22	*Knab*: Garabet/Karabet/Karapet Nubar aus Smyrna (heute Izmir, Türkei) war Kaufmannssohn, traf am 10. Oktober 1817 in Yverdon ein und verliess das Institut am 18. August 1820 wieder Richtung Paris. Möglicherweise war er der Bruder von oder weitläufig verwandt mit Boghos Nubar Pasha (1825-1899), der in Vevey und Toulouse ausgebildet wurde, in den Dienst der ägyptischen Regierung trat, 1866 Aussenminister wurde und zwischen 1878 und 1895 drei Mal kurzzeitig das Amt des Premierministers ausübte.

1789.
Gottlob Friedrich Marsch

8. Oktober 1817

Herrn Heinrich Pestalozzi
in
Iferten

d[urch] Einschluss

Potsdam den 8^{tn} October 1817

Ihrem Auftrage lieber Vater Pestalozzi zufolge, habe ich mich bemüht das gute Werk so viel mir es möglich war zu befördern. Folgende mit Nahmen und Charakter aufgezeichnete Subscribenten erbitten sich:

1 Herr Lutzke Cammerdiener S[einer] Majestät des Königs von Preussen, die sämtlichen Werke
2 Herr Zarnak Direktor des grossen königl[lich]en militärischen Waisenhauses in Potsdam, die sämtlichen Werke.
3 Herr Frank königl[ich]er Hofapotheker in Potsdam, sämtlichen Werke.
4 Herr Prediger Chodowieky in Potsdam sämtlichen Werke
5 Herr Neisch Regierungs Calculator in Potsdam sämtlichen Werke
6 Herr Hesselbarth Regierungs Calculator in Potsdam sämtlichen Werke
7 Herr Schulvorsteher Uhlig in Potsdam sämtlichen Werke
8 Herr Schulvorsteher Stechert in Potsdam sämtlichen Werke
9 Herr Cantor und Lehrer Beilschmidt in Potsdam sämtlichen Werke
10 Herr Keil Lehrer an der Bürgerschule in Potsdam sämtlichen Werke
11 Herr Brüss Lehrer am Gymnasio in Potsdam sämtlichen Werke
12 Herr Thienemann Lehrer am Gymnasio sämtlichen Werke
13 Herr Doktor Breyer in Berlin, sämtlichen Werke
14 Herr Schulvorsteher Uhlig in Berlin sämtlichen Werke
15 Herr Sadowsky Lehrer am Gymnasio in Bromberg sämtlichen Werke
16 Herr Candidat und Waisenhauslehrer Striez in Potsdam auf den ersten Band

Es macht mir grosse Freude dass es mir gelungen ist diese kleine Anzahl an Subscribenten Ihnen lieber Vater als einen Beweis meiner Dankbarkeit und innigsten Ergebenheit zuzueignen. Mehr aber freue ich mich dass durch diese Schriften der Geist der Liebe und [Wah]rheit immer mehr ausgebreitet wird, was wahrhaft noth ist. Ach die Lieblosigkeit die Unwahrheit die Verschrobenheit hat leider noch immer die Oberherrschaft unter den Menschen. Erziehung und Unterricht liegt auch hier noch immer im Argen und der Kampf gegen den bösen Geist ist noch sehr gross. So viel auch über Verbesserung des Schulwesens geschrieben wird, so waltet doch noch so viel Unfug in der Wirklichkeit dass der gute Mensch davor zurückbebt und der Kraftvollste endlich unterliegt. Dennoch wollen wir nicht verzagen sondern wirken so lange es für uns Tag ist. Gott der Alles leitet wird auch endlich alles wohl machen. Ihm nur wollen wir vertrauen und seinen Willen thun so lange sich noch eine Kraft in uns regt.

Herr v[on] Türk hat mir gesagt dass Freund Lange mit unserm Schmidt die Anstalt in Iferten leitet; grüssen Sie lieber Vater doch beide von mir mit Liebe und Achtung. Es würde meinem Herzen wohl thun Sie und diese lieben Freunde in dieser Zeit noch einmal in Iferten zu sehn, die Umstände ab[e]r verbieten es mir, das Geld mangelt dazu; ich muss mich im Geiste mit Ihrem Bilde trösten und der grossen Vereinigung aller guten Geister harren. Gott mit Ihnen lieber Vater und Ihrem ganzen Hause, so wie mit

Ihrem Sie innigst liebenden u[nd] ehrenden F[riedrich] Marsch, subscribirend auf sämtliche Werke

Überlieferung

1 ZB Zürich, Ms Pestal 53, Umschlag 201/2
2 Bogen, 236 x 190 mm
4 Siegelspuren, Dorsualvermerk *Potsdam, d[en] 8. Oct[ob]re 1817. F[riedrich]. Marsch*
5 Original

Textkritik

Zeuge H
Z. 41 Siegelausriss
Z. 53 *Türk*: lateinische Schrift

Sacherklärung

I.

Gottlob Friedrich Marsch (1761–1829) ⇒ Nr. 1160

III.

Z. 6 *I f e r t e n* : dt. Name für Yverdon
Z. 13 *Lutzke*: Johann Friedrich Lutzke (um 1772–1849) ⇒ Nr. 2654
Z. 13 *Königs*: König Friedrich Wilhelm III. von Preussen (1770–1840) ⇒ Nr. 568
Z. 15 *Zarnak*: Joachim August Christian Zarnack (1777–1827) amtierte nach seinem Theologiestudium in Halle an der Saale zunächst als Prediger und Lehrer der höheren Mädchenschule in Beeskow (Brandenburg), bevor er von 1815 bis 1824 als Erziehungsdirektor dem Potsdamer Waisenhaus vorstand. Zarnack wurde zudem als Sammler von Märchenerzählungen und Dichter von Volksliedern bekannt: Er schrieb das tragische Liebeslied *O Tannenbaum*, das 1824 zum gleichnamigen Weihnachtslied umgedichtet wurde.
Z. 16 *Waisenhauses*: Das für 1000 Zöglinge konzipierte *Grosse Militär-Waisenhaus zu Potsdam* ging aus einer Stiftung des preussischen Königs Friedrich Wilhelm I. (1688–1740) aus dem Jahre 1724 hervor, wonach nach dem Vorbild des Waisenhauses in Halle Soldatenkinder und Militärwaisen untergebracht und in den Elementarkenntnissen unterrichtet werden sollten. Das Erziehungsziel, die Befähigung zur eigenverantwortlichen

Subsistenz – bei Knaben durch handwerkliche oder vormilitärische, bei Mädchen durch hauswirtschaftliche Ausbildung – stagnierte rasch, weil das Waisenhaus als Zucht- und Arbeitsanstalt für Potsdamer Manufakturen diente. Der architektonischen Erneuerung des Gebäudeensembles von 1771 bis 1777 durch den Baumeister Carl von Gontard (1731–1791) mit der Errichtung der krönenden Kuppel, die zu einem markanten Wahrzeichen Potsdams werden sollte, folgte seit 1779 die pädagogische Reform, die sich an den Erziehungsmaximen des Gutsherrn Friedrich Eberhard von Rochow (1734–1805) ausrichtete und unter anderem durch den Waisenhauslehrer Carl Friedrich Riemann (1756–1812) umgesetzt werden sollte. Nach der Auflösung der Waisenhausstiftung 1952 wurde sie 1992 wieder ins Leben gerufen.

Z. 17 *Frank*: Johann Ferdinand Frank (1775–1830) war Hofapotheker in Potsdam. Als Mitglied der Freimaurer war er vielfach für das Armenwesen engagiert und stiftete in Potsdam eine Schule für sittlich verwahrloste Kinder.

Z. 19 *Chodowieky*: Isaac Heinrich (Henri) Chodowiecki (1767–1830) war der jüngste Sohn des berühmten Kupferstechers Daniel Nikolaus Chodowiecki (1726–1801). Nach seinem Theologiestudium begab er sich auf eine zweieinhalbjährige Schweiz- und Frankreichreise, predigte in Basel, Genf und Paris, bevor er 1791 das Predigtamt der französischen Kolonie in Halle an der Saale übernahm und 1806 an dieselbe Stelle in Potsdam berufen wurde, die er bis zu seinem Tod leitete.

Z. 20 *Neisch*: Johann Friedrich Wilhelm Neisch (1785–1848) war Regierungskalkulator in Potsdam sowie ab den 1820er-Jahren Rechnungsrat und Geheimer Kalkulator beim preussischen Ministerium der Finanzen in Berlin und veröffentlichte mehrere Tabellen und Anweisungen für Zollvermessungen und Volumenberechnungen. Er war ein früher Anhänger der Stenographie und beteiligte sich finanziell an der von Friedrich Adolph Wilhelm Diesterweg (1790–1866) geleiteten deutschen Pestalozzi-Stiftung.

Z. 22 *Hesselbarth*: Regierungskalkulator Hesselbarth war zunächst bei der Akzise- und Zolldirektion zu Brandenburg an der Havel angestellt, anschliessend in der Kalkulatur bei der Regierung in Potsdam. 1826, bei einer administrativen Klärung seiner Pensionsansprüche, war er rund 60 Jahre alt, 1836 wurde er– annähernd 70-jährig – im Adressbuch als in der Französischen Strasse 1 in Berlin wohnender pensionierter Kalkulator geführt.

Z. 24 *Uhlig*: Ein Schulvorsteher Uhlig aus Potsdam konnte nicht näher bestimmt werden.

Z. 25 *Stechert*: Ein Schulvorsteher Stechert konnte nicht näher bestimmt werden. Möglicherweise handelt es sich dabei um eine der drei 1836 als Lehrpersonen im Adressbuch Potsdam verzeichneten Personen dieses Namens: Lehrer Stechert, wohnhaft in der Saarmunder Strasse 4, unterrichtete am Kadetteninstitut und wurde noch 1845 als Schreib- und Zeichenlehrer erwähnt; C. Stechert, wohnhaft in der Waisenstrasse 21, starb als Rektor an der Garnisonsschule 1848; C. Stechert (1783–1831) war bis zu seinem Tod 29 Jahre lang als Lehrer der Töchterschule in Potsdam tätig.

Z. 26 *Beilschmidt*: Johann Christoph Beilschmidt (1759–1825) stammte aus Thüringen, war zunächst Organist an der St.-Jakobi-Kirche zu Perleberg

	(Brandenburg), bevor er ab 1788 als Kantor und Organist an der Heiliggeistkirche zu Potsdam amtierte.
Z. 28	*Keil*: Friedrich August Keil (1796–1859) aus Halle an der Saale wurde nach seiner Beteiligung an den preussischen Feldzügen gegen Napoleon I. Bonaparte (1769–1821, ⇒ Nr. 580) 1813 Lehrer an der Potsdamer Bürgerschule und beförderte als Anhänger Friedrich Ludwig Jahns (1778–1852, ⇒ Nr. 1422) die Turnbewegung als erster öffentlicher Turn- und Schwimmlehrer in Potsdam. Ab 1823 amtierte er als Lehrer an der neu gestifteten Elementarschule der Potsdamer Vorstadt Teltow und wurde 1842 Inspektor des Waisenhauses (⇒ Z. 16) zu Potsdam.
Z. 30	*Brüss*: Christian Fr. Brüss studierte und promovierte in Greifswald. 1817 wurde er Unterlehrer am Gymnasium Potsdam, dann Kollaborator und 1828 bis zu seiner Pensionierung 1851 Oberlehrer am Potsdamer Gymnasium für Latein, Französisch, Geschichte und Geografie. Er veröffentlichte 1843 die dem Schulprogramm beigegebene Abhandlung *Über das Verhältnis der Schule zum Staate, zur Kirche und zur Familie*.
Z. 31	*Thienemann*: Heinrich Wilhelm Thienemann (1791–1848) wandte sich schon vor seinem 1814 in Göttingen beendeten Theologiestudium philologischen, historischen und mathematischen Studien zu, wurde bereits 1812 Lehrer am Pädagogium und Waisenhaus zu Züllichau, wechselte 1817 als erster Kollaborator an das Gymnasium Potsdam und kehrte 1820 nach seiner Lehrerprüfung und seiner Dissertation in Philosophie in Halle als Oberlehrer ans Züllichauer Pädagogium zurück, wo er 1821 zum Inspektor und 1824 zum Professor ernannt wurde.
Z. 32	*Breyer*: Damit ist wohl der aus dem schlesischen Hirschberg stammende Berliner Arzt Friedrich Wilhelm Breyer gemeint, der 1811 in Medizin promovierte und als Mitglied der 1810 in Berlin gegründeten Gesellschaft für Natur- und Heilkunde über die heilende Wirkung des Bartes publizierte.
Z. 33	*Uhlig*: Uhlig war Schulvorsteher in der Kirchgemeinde St. Sophien in Berlin und wurde 1824/25 in den historischen Adressbüchern als Schulvorsteher und Hauseigentümer in Berlin geführt, wohnhaft in der Hospitalstrasse 49a.
Z. 34	*Sadowsky*: Karl Friedrich Sadowski (1795–1852) war Lehrer am Gymnasium in Bydgoszcz (Kujawien-Pommern).
Z. 34	*Bromberg*: Bydgoszcz (Kujawien-Pommern)
Z. 36	*Striez*: Friedrich Ludwig Striez (1790–1873) war während mehr als fünf Jahren Lehrer am Militärwaisenhaus in Potsdam, bevor er von 1820 bis 1824 Seminardirektor in Neuzelle wurde und anschliessend bis 1834 das Seminar in Potsdam leitete. 1833 wurde er Schulrat, später Regierungs- und Konsistorialrat von Potsdam.
Z. 53	*Türk*: Wilhelm Christian von Türk (1774–1846) ⇒ Nr. 653
Z. 53	*Lange*: Johann Friedrich Wilhelm Lange (1786–1858) ⇒ Nr. 1058
Z. 54	*Schmidt*: Joseph Schmid (1785–1851) ⇒ Nr. 712

1790.
Joseph Schmid
12. Oktober 1817

S[eine]r
Wohlgeborenen
Herrn Heinrich Pestalozzi
p[er] Add[res]s[e] Herrn E[manuel] v[on] Fellenberg
in
Hofwil.

Iferten den 12ten 8bres 1817.

Lieber Freund!
Die heutige Post hat die Anzeig eines Spaniers der vor einigen Tagen von Marseille abgereist ist u[nd] in unser Institut kommt. Er war vor einiger Zeit schon angezeigt. Auch bringt H[err] u[nd] Frau Ausset aus Vevey den ganzen Tag bey uns zu, u[nd] erklärte er werde bey — Tagen auch ihre beyden Söhne bringen.
Alles geht gut u[nd] es mangelt uns ausser Ihnen wirklich Niemand.
Herzliche Grüsse an alle die sich meiner in ihrer Umgebung gern erinnern.

Von ihrem innig liebenden Freund
Jos[eph] Schmidt

Überlieferung
1 ZB Zürich, Ms Pestal 55, Umschlag 333/18
2 Blatt, 245 x 183 mm
4 Datum am Schluss, Siegelspuren, Stempel YVERDON
5 Original

Textkritik
Zeuge H
Z. 13   *Marseille*: lateinische Schrift
Z. 14 f. *Ausset*: lateinische Schrift
Z. 15   *Vevey*: lateinische Schrift
Z. 16   —: Siegelausriss
Z. 17   *Alles* < *** > *geht*

Sacherklärung
I.
Joseph Schmid (1785–1851) ⇒ Nr. 712

III.

Z. 7 *Fellenberg*: Philipp Emanuel von Fellenberg (1771–1844) ⇒ Nr. 426
Z. 10 *Iferten*: dt. Name für Yverdon
Z. 12 *Anzeig*: scheint nicht erhalten zu sein
Z. 12 *Spanier*: Damit dürfte wohl Diego Thomas Antoine André Pascal Marie Cécile Guerrero (*1806, ⇒ Nr. 1677) gemeint sein, der im Oktober 1817 für drei Jahre ins Institut in Yverdon eintrat.
Z. 14 f. *Ausset*: Jean Jacques (François) Ausset (1774–1844, ⇒ Nr. 2035) und Elisabeth Marianne Christine Ausset-Ludert (1778–1842). Die Familie wohnte 1804 bis 1810 in Hamburg.
Z. 15 *Vevey*: Gemeinde im Kt. Waadt
Z. 16 *Söhne*: Paul (Egide) (*1804, ⇒ Nr. 2035) und Victor (Albert) Ausset (*1806, ⇒ Nr. 2035)

1791.
Christian Albrecht Jenni

12. Oktober 1817

Hochgeehrten
Herrn P e s t a l l o z z i
in
Iferten.

Bern den 12^{tn} Oct[ober] 1817.

H[err] Pestalozzi in Iferten

Hochgeehrter Herr,
Ich ersuche Sie hiedurch mich gefälligst für ein Exemplar von Ihren sämtlichen Werken zu subscribieren; so wie mir auch nächstens einige Pläne eben dieses Werkes zu übersenden, damit ich dieselben den einten od[er] andern meiner Handels-Freunde mittheilen könne.
Mit Hoch Achtung verharrend!

Dero
ergebenster Diener
Ch[ristian] Alb[recht] Jennj
Buchhändler

Überlieferung

1 ZB Zürich, Ms Pestal 51/52, Umschlag 149/1
2 Bogen, 238 x 195 mm
3 eigenhändige Unterschrift

4 Datum am Schluss, Siegelspuren, Stempel BERN, Dorsualvermerk Bern, d[en] 12.
   Oct[ob]re 1817. Ch[ristian] Alb[recht] Jenny
5 Original

Textkritik

Zeuge H
Z. 14   andern < * > meiner
Z. 14   mit < zu > theilen

Sacherklärung

I.

Christian Albrecht Jenni (1786–1861) ist Buchdrucker und -händler in Bern. Ab 1834 konzentriert er sich ganz auf das Druckereigeschäft und übergibt die Verlags- und Sortimentsbuchhandlung seinem Sohn, Samuel Friedrich Jenni (1809–1849), der dem unter dem Namen C. A. Jenni, Sohn weitergeführten Verlag in den 1840er-Jahren eine stark politische, liberal-rationalistische Ausrichtung gibt.

III.

Z. 7   Iferten: dt. Name für Yverdon
Z. 12   Werken: Johann Heinrich Pestalozzi: Sämmtliche Schriften, 12 Bände. Stuttgart 1819–1824

1792.
Johannes Ramsauer

13. Oktober 1817

S[eine]r Wohlgeboren
5 Herrn Pestalozzi
Yverdon, Cant[on] de Vaud

Zürich d[en] 3ten October 1817

Lieber Vater!
Ich glaube nicht um Verzeihung bitten zu müssen dass ich nicht
10 nach Yverdon komme, denn es ist mir a b s o l u t   u n m ö g l i c h .
    Ich wollte Ihnen das Verzeichniss der Subscribenten, die ich in Stuttgart gesammelt selbst bringen, muss es Ihnen aber jezt schicken, samt denjenigen welche mir d[er] H[err] Baron v[on] Grundherr gegeben.
15   Es subscribiren in S t u t t g a r t
H[err] General von Misani
H[err] Kübler, erster Lehrer am Königl[ichen] Waisenhaus
H[err] Hofrath Kieser, Instruktor d[er] Oldenburgischen Prinzen
H[err] Staathsrath von Born (noch ein anderer Titel?)
20 H[err] Jäger Lehrer

S[eine] Durchlaucht Prinz Alexander L o u i s v[on] Kirchheim unter
Teck.
H[err] Mag[ister] Hofmann, Erzieher des obigen.
H[err] Geheimer Rath von Lemp. 2 Exemplar
H[err] Graf von Scheeler, General-Lieutenant.
Ramsauer, Vorsteher, und
H[err] Carl Lorenz Collmann   Lehrer an einer
H[err] Jull[ien] Lehmann   Pest[a]l[ozzisch]en
H[err] Carl Trautwein   Lehranstalt.
H[err] Joh[ann] Gottlob Rost, Magister.
   ferner:
H[err] Pfarrer Rösler in Ober-Lenningen
H[err] Pfarrer M[agister] Bardili in Mergenstetten
Fr[au] Weissmann, geb[or]ne Eibler in Friedrichshafen. (wird nach
   Fried[richs]h[afen] geschickt.)
H[err] Wilh[elm] Egger, Erzieher in Pest in Ungarn. (an mich[)].
H[err] Camp Kaufmann in Elberfeld (an mich[)]. –
   Ferner hat H[err] Baron v[on] Grundherr gesammelt, u[nd] werden an ihn geschickt:
H[err] General v[on] Vornbüler   in Ludwigsburg
H[err] Lieutenant Baron v[on] Berlichinger   "   "
Staats-Dame v[on] Röder, geborne v[on]   "   "
   Meklenburg
H[err] General Lieutenant v[on] Röder   "   "
Staats-Dame v[on] Unruh   "   "
Oberschlosshauptmann Baron August v[on] Phull in Stuttgart.
H[err] Waisenhaus Pfarrer Schöll in Ludwigsburg.
   Ich zweifle nicht, lieber Vater, dass ich bis Ends der Subscrib[tions] Zeit noch mehrere Subsc[ribenten] sammeln werde. Auch will die Königinn, wie sie mir sagte, auf 20 Ex[emplare] subs[cribiren]. Nehmen Sie aber diese noch nicht auf, indem ich glaube dass sie mehr nehmen werde.
   Morgen werden, meine M i n n a u [n d] i c h , in Küssnach am See, eingeseegnet – und dann reisen wir sogl[eich] nach Stuttgart. Am 20ten muss ich wieder in Stuttgart seyn. Beglücken Sie uns mit Ihrem väterlichen Seegen.
   Dass Gott Ihnen Ruh u[nd] Frieden im Alter gebe u[nd] Sie an das Ziel führen möge, welches Sie suchen, wünscht von Herzen
                                      Ihr dankbarer Sohn
                                               Ramsauer

in Eil

Überlieferung

1 ZB Zürich, Ms Pestal 54a, Umschlag 300/2
2 Bogen, 229 x 191 mm
4 Datum am Schluss, Siegelspuren, Stempel *ZÜRICH 13 OCTR. 1817*, Dorsualvermerk *Zürich, d[en] 3. Oct[ob]re 1817. Ramsauer*
5 Original

Textkritik

Zeuge H

Z. 5	*Pestalozzi*: lateinische Schrift
Z. 10	*Yverdon*: lateinische Schrift
Z. 11	*Subscribenten*, <*auf*> *die*
Z. 13	*Baron*: lateinische Schrift
Z. 16	*Misani*: lateinische Schrift
Z. 19	*Titel*: lateinische Schrift
Z. 21	*Alexander*: lateinische Schrift
Z. 23	*Mag[ister] Hofmann*: lateinische Schrift
Z. 26	*Ramsauer, Vorsteher* ∫
Z. 27	*Collmann*: lateinische Schrift
Z. 28	*Lehmann*: lateinische Schrift
Z. 29	*Trautwein*: lateinische Schrift
Z. 30	*Joh[ann] Gottlob Rost*: lateinische Schrift
Z. 36	*Pest*: lateinische Schrift
Z. 37	*Camp*: lateinische Schrift
Z. 38	*Baron*: lateinische Schrift
Z. 54	*Stuttgart*: lateinische Schrift
Z. 57	*Gott* <*geb*> *Ihnen*

Sacherklärung

I.
Johannes Ramsauer (1790–1848) ⇒ Nr. 1525

II.
Johannes Ramsauer (1790–1848, ⇒ Nr. 1525) heiratete am 14. Oktober 1817. Deshalb muss der vorliegende Brief – übereinstimmend mit dem Poststempel – am 13. Oktober verfasst worden sein.

III.
Z. 13 f.   *Grundherr*: Karl Alexander Grundherr zu Altenthann und Weyerhaus (1768–1837) ⇒ Nr. 1703

Z. 16   *Misani*: Georg von Misany (1771–1845) stammte aus dem Veltlin, durchlief jedoch nach dem Besuch der Hohen Karlsschule in Stuttgart eine Militärkarriere in der württembergischen Armee, die ihn vom Leutnant 1790 zum Generalmajor 1814 führte. 1817 wurde er zum Stadtkommandanten von Stuttgart ernannt und 1822 dieser Stelle enthoben.

Z. 17	*Kübler*: Gottlob Friedrich Kübler (1787–1843) war Präzeptor am königlichen Waisenhaus in Stuttgart und dort auch Musiklehrer. Er veröffentlichte zahlreiche Musiklehrbücher in den 1820er-Jahren.
Z. 18	*Kieser*: Enoch Christian von Kieser (1784–1838) ⇒ Nr. 1063
Z. 19	*Born*: Johann Georg/Iwan Martynowitsch von Born (1776–1850) aus Estland absolvierte das Gymnasium in St. Petersburg, bevor er 1803 Lehrer an der dortigen St.-Petri-Schule wurde. Als Mitglied der 1801 gegründeten *Freien Gesellschaft der Freunde der Literatur, Wissenschaft und Künste* schrieb er Gedichte, übersetzte Gedichte und Dramen von Johann Wolfgang von Goethe (1749–1831, ⇒ Nr. 811), verfasste eine russische Literaturgeschichte und gelangte als Russischlehrer von Prinz Peter Friedrich Georg von Oldenburg (1784–1812), der 1809 die Zarentochter Katharina Pawlowna (1788–1819, ⇒ Nr. 1394) heiratete, im Rang eines russischen Staatsrats als Kanzleidirektor und Bibliothekar nach Oldenburg. Nach Katharinas Heirat mit dem nachmaligen württembergischen König Wilhelm I. Friedrich Karl (1781–1864, ⇒ Nr. 984) zog er als Sekretär Katharinas und Erzieher ihrer Söhne aus erster Ehe, den beiden Prinzen Peter Georg Paul Alexander (1810–1829, ⇒ Nr. 1561) und Konstantin Friedrich Peter von Oldenburg (1812–1881, ⇒ Nr. 1561), nach Stuttgart, wo er starb.
Z. 20	*Jäger*: Damit ist vermutlich Friedrich Ferdinand Jäger (1792–1849) gemeint. Er war zunächst Lehrer am Institut (⇒ Nr. 1136) von Gottfried Friedrich Oelschläger (1786–1816, ⇒ Nr. 1243) in Stuttgart, ab 1812 Schreibmeister am mittleren Gymnasium und wirkte von 1819 bis zu seinem Tod als Lehrer der Arithmetik mit Präzeptor-Charakter am Katharinen-Stift (⇒ Nr. 2170).
Z. 21	*Prinz Alexander L o u i s* : Alexander Paul Ludwig Konstantin von Württemberg (1804–1885) begründete die württembergische Nebenlinie der Herzöge von Teck, nahm jedoch seinen Sitz in der Ersten Kammer nicht wahr, weil er früh in österreichische Militärdienste wechselte und im Rang eines Generals im Revolutionsjahr 1848 und im Zweiten Italienischen Unabhängigkeitskrieg 1859 Divisionen und Armee-Korps befehligte.
Z. 23	*Hofmann*: Ernst Friedrich Gottlieb Hofmann (1789–1866) war von 1813 bis 1815 Stiftsrepetent in Tübingen und dortiger Universitätsbibliothekar und zwischen 1813 und 1823 Hofmeister von Alexander Paul Ludwig Konstantin von Württemberg (1804–1885, ⇒ Z. 21). Nach seiner Ernennung zum Professor 1820 amtierte er ab 1823 als Diakon und ab 1836 als Dekan an der Stiftskirche von Degerloch bei Stuttgart.
Z. 24	*Lemp*: Albrecht Friedrich Lempp (1758–1819) ⇒ Nr. 1136
Z. 25	*Scheeler*: Graf Johann Georg von Scheeler (1770–1826) durchlief eine Offizierskarriere in der württembergischen Armee, in der er 1810 während der Feldzüge gegen Napoleon I. Bonaparte (1769–1821, ⇒ Nr. 580) zum Generalleutnant und 1812 zum Divisionsgeneral aufstieg und zum Grafen ernannt wurde. Nach dem Oberbefehl über das Okkupationskorps in Frankreich von 1816 bis 1818 wurde er 1821 wie schon kurzzeitig 1815 Gouverneur von Stuttgart.
Z. 27	*Collmann*: Carl Lorenz Collmann (1788–1866) ⇒ Nr. 1952
Z. 28	*Lehmann*: Julius/Julien Adolph Lehmann ⇒ Nr. 1392
Z. 29	*Trautwein*: Karl Trautwein (1792–1858) war zunächst als Lehrer am Institut (⇒ Nr. 1136) von Gottfried Friedrich Oelschläger (1786–1816, ⇒ Nr. 1243) tätig und wurde 1818 von Johannes Ramsauer (1790–1848, ⇒

Nr. 1525) in das neu gegründete Katharinen-Stift (⇒ Nr. 2170) übernommen. Dort lehrte er von 1835 bis 1852 als Professor für Arithmetik und Naturwissenschaften und veröffentlichte 1837 ein Lehrbuch für Arithmetik. Trautwein war Mitglied des württembergischen Vereins für vaterländische Naturkunde.

Z. 30 Rost: Johann Gottlob Rost (1791-1865) wurde nach seiner Tätigkeit im Institut (⇒ Nr. 1136) von Gottfried Friedrich Oelschläger (1786-1816, ⇒ Nr. 1243) 1818 in das Katharinen-Stift (⇒ Nr. 2170) übernommen, wo er bis 1835 als Lehrer, unter anderem für Völkerkunde, arbeitete. Nachdem er ein ihm angetragenes höheres Schulamt in seiner sächsischen Heimatstadt Altenburg ausgeschlagen hatte, wurde er 1835 Erzieher der württembergischen Prinzessinnen Katharina Friederike Charlotte (1821-1898) und Auguste Wilhelmine Henriette (1826-1898) und des Prinzen Karl Friedrich Alexander (1823-1891).

Z. 32 Rösler: Gottfried Friedrich Rösler (1782-1845) ⇒ Nr. 1043
Z. 32 Ober-Lenningen: heute Teil von Lenningen (Baden-Württemberg)
Z. 33 Bardili: Heinrich Friedrich Bardili (1769-1839) war Stipendiat am Tübinger Stift, wurde 1789 Magister und 1800 Feldprediger, bevor er ab 1804 bis zu seinem Tod das Pfarramt in Mergelstetten (heute Teil von Heidenheim, Baden-Württemberg) ausübte, wobei er zahlreiche gedruckte Predigten aus dieser Zeit hinterliess.
Z. 33 Mergenstetten: Mergelstetten (heute Teil von Heidenheim, Baden-Württemberg).
Z. 34 Weissmann: Renate Weissmann-Eibler (1794-1844) ⇒ Nr. 1232
Z. 36 Egger: Wilhelm/Guillaume Egger (1792-1830) ⇒ Nr. 1234 a
Z. 36 Pest: heute Teil von Budapest
Z. 37 Camp: Johann Heinrich Kamp (1786-1853) war nach seiner Ausbildung im Elberfelder Bankhaus von Johann Heinrich Brink (1743-1817), dessen Tochter Henriette (1783-1854) er heiratete, zunächst Teilhaber der Bank und finanzierte dann die gemeinsam mit dem Unternehmer Friedrich Harkort (1793-1880) 1819 gegründete industrielle Fabrik *Mechanische Werkstätte Harkort & Co*. Nach dem Bruch mit Harkort führte Kamp 1834 die Firma unter seinem Namen allein weiter, die schliesslich zur *Deutschen Maschinenfabrik* ausgebaut wurde. Kamp war an zahlreichen weiteren Unternehmensgründungen beteiligt, förderte als Präsident des Elberfelder Komitees den Rhein-Weser Eisenbahnbau und war ab Anfang der 1840er-Jahre erster Direktor der Feuerversicherung Colonia sowie ab 1837 erster Präsident der von ihm initiierten Elberfeld-Barmer Handelskammer. Politisch zunächst im Stadtrat aktiv wurde er 1826 Abgeordneter im rheinischen Landtag und verfügte als Deputierter in Berlin über zahlreiche politische Kontakte, so auch zu Freiherr Heinrich Friedrich Karl vom Stein (1757-1831).
Z. 37 Elberfeld: heute Teil von Wuppertal (Nordrhein-Westfalen)
Z. 38 gesammelt: ⇒ Nr. 1703
Z. 40 Vornbüler: Freiherr Karl Friedrich Gottlob von Varnbüler (1746-1818) durchlief eine militärische Offizierskarriere in der württembergischen Armee, wurde 1806 zum Generalleutnant befördert und war Gouverneur in Ludwigsburg.
Z. 41 Berlichinger: Damit dürfte wohl Freiherr Ernst Ludwig von Berlichingen-Rossach (1739-1819) gemeint sein, bayrischer Kämmerer, Reichsrat und Ritterrat des Ritterkantons Odenwald.

Z. 42	*Röder*: Freifrau Julie Johanna von Röder, geborene Freiin von Mecklenburg (1775–1842) war mit Freiherr Friedrich Eduard Ferdinand Reinhard von Röder (1780–1867, ⇒ Z. 44) verheiratet und Hofdame der württembergischen Königin Charlotte Mathilda (1766–1828) in Ludwigsburg.
Z. 44	*Röder*: Freiherr Friedrich Eduard Ferdinand Reinhard von Röder (1780–1867) durchlief eine militärische Karriere in der württembergischen Armee, in deren Verlauf er 1809 zum Generalmajor, sechs Jahre später zum Generalleutnant und schliesslich 1821 zum Divisionsgeneral der Reiterei in Ludwigsburg aufstieg.
Z. 45	*Unruh*: Wilhelmine von Unruh (†1839) war die Tochter eines kursächsischen Kammerherrn und seit 1802 die Hofdame der württembergischen Prinzessin Katharina (1783–1835), die als Gattin von Jérome Bonaparte (1784–1860) Königin von Westfalen war. Anschliessend wurde Wilhelmine von Unruh Hofdame der württembergischen Königin Charlotte Mathilda (1766–1828) in Ludwigsburg, wohin diese nach dem Tod ihres Mannes König Friedrich I. (1754–1816, ⇒ Nr. 939) gezogen war.
Z. 46	*Phull*: Karl August Friedrich von Phull (1767–1840) ⇒ Nr. 984
Z. 47	*Schöll*: Johann Ulrich Schöll (1751–1823) war Pfarrer in der Zucht- und Waisenanstalt von Ludwigsburg und schrieb mit *Konstanzer Hanss* eine *Schwäbische Jauners-Geschichte aus zuverlässigen Quellen geschöpft und pragmatisch bearbeitet* (1789) und dem *Abriss des Jauner und Bettelwesens in Schwaben* (1793) zwei stark rezipierte Bücher, in denen er kriminelles Verhalten biologistisch und nahezu genetisch bedingt erklärte.
Z. 50	*Königinn*: Königin Katharina Pawlowna von Württemberg (1788–1819) ⇒ Nr. 1394
Z. 53	*M i n n a* : Wilhelmine Ramsauer-Schulthess (1795–1874) war die Tochter des Zürcher Realschullehrers und Predigers Johann Georg Schulthess (1758–1802) und besuchte das Töchterinstitut (⇒ Nr. 867) von Rosette Niederer-Kasthofer (1779–1857, ⇒ Nr. 842) in Yverdon. Anschliessend arbeitete sie kurzzeitig an dem von ihrer Schwester Dorothea Schulthess (1787–1862) und ihrer Kusine Katharina Schulthess (1786–1868) geführten Mädchenerziehungsinstitut in Zürich (eröffnet 1805) als Lehrerin. Nach Johannes Ramsauers Anstellung als Lehrer in Stuttgart heiratete sie ihn 1817 und folgte ihm nach Oldenburg, wo sie unter dem Einfluss des Bremer Predigers Friedrich Ludwig Mallet (1792–1865) und nach dem Tod der Tochter Maria (1825) im Säuglingsalter zur christlichen Erweckungsbewegung tendierte. Zwischen 1818 und 1840 gebar sie 13 Kinder und hielt sich nach dem Tod Ramsauers öfter in der Nähe der Oldenburger Herzogin Therese (1815–1871) am Hof auf.
Z. 53 f.	*Küssnach am See*: Küsnacht (Kt. Zürich)

1793.

Joseph Schmid

14. Oktober 1817

S[eine]r
Wohlgeboren
Herrn Heinrich Pestalozzi
p[er] Add[resse] Herrn E[manuel] v[on] Fellenberg
in
Hofwil

Iferten den 14tn 8bres 1817.

H[err] u[nd] Frau Ausset waren 2 Tag bey uns, u[nd] es gefiel Ihnen so, dass Sie entschlossen sind, auf den 1tn des künftigen Monaths ihre beyde Söhne in die Anstalt zu bringen. Auch glauben Sie, es werden jetzt noch ein paar andere hieher kommen aus Vevey. Auch schrieb gestern Jungfer Hartmann, dass die 2 Zöglinge die Sie vor 8 Tagen anzeigte, in der ersten Woche des künftigen Monaths hier eintreffen werden. In dem Haus geht alles gut, u[nd] von dieser Seite bin ich wie überzeugt, dass nie wieder etwas ähnliches ausbrechen wird, wie wir während den 2 Jahren Tag täglich hatten –.
H[err] Marx schrieb gestern an H[errn] Buck, wo er ihm anrathet u[nd] ihn auffordert auf alle mögliche Weise sich an Sie an zuschliessen, u[nd] ihn fragt, ob er ihm nicht Bürge seyn könnte, was er an H[errn] Pestalozzi zu zahlen hat etc. –; ich that was unter diesen Umständen möglich war –. Auch giengen ein paar Subscribenten ein.

H[err] Jullien wird sich nach Paris ziehen. H[err] Thouvenot schrieb gestern dass Frau Jullien ihren Sohn mit nach Paris nehmen werde, u[nd] dass er mit den Söhnen des erstern erzogen werden soll.

H[err] Krüsy sagte: Es seye Sünde wie man den alten Herr Pestalozzi in der Welt herum jage, er habe nicht den geringsten Antheil an diesem Schritt u[nd] an dieser Handlungsweise – etc.

Aus diesem scheint mir deutlich hervorgehen zu gehen, dass die Opposition den H[errn] von Fellenberg viel weniger wünscht, als sie uns mag –. Gestern Abend war im St[adt] Concert, ich traf H[errn] Hanhart, sein er[stes] Wort war: Ich habe H[errn] v[on] Fellenberg gesehen, aber ihr müsst auf eurer Hut seyn, ich zweifle ob alles rein seye, er spricht an einem fort «ich werde machen, ich werde organisiren etc. etc.» so dass ich glaub H[err] Pestalozzi darf sich eine solche Sprache nie gefallen lassen. Er hat mich zwar auf alle mögliche

Weise vom Gegentheil versichert u[nd] mich von der Reinheit seiner Absicht überreden wollen. Dieses thut aber nichts, ich traue ihm nicht etc. Ich werde ihn nächstens ein mal besuchen, u[nd] dann mehr –. Überhaupt scheint sich eine neue Opposition bey diesem Schritt zu entwickeln, desswegen dürfen Sie nichts thun wenn Sie nicht in eine Lage gesetzt werden, dass diese Opposition Sie nicht mehr berühren kann –.

H[err] Lange arbeitet den ganzen Tag in der 3tn Klasse, ich in der 2tn, kommt Rank der bey H[errn] Thommasse war, so in der I in Thätigkeit, so wird uns in dem Punkt über den Sie ganz vorzüglich klagen nichts mehr mangeln. Wir sehen einem ruhigen Winter entgegen u[nd] können uns für das Frühjahr, in dem es öffentlich u[nd] äusserlich etwas schwerer ist, gehörig stärken –.

Mit herzlichem Gruss an alle, die sich meiner gern erinnern, als Frau u[nd] H[errn] Fellenberg, H[errn] u[nd] Frau v[on] Meuden etc.
Von Ihrem innig liebenden Freund und Verehrer
        Jos[eph] Schmidt

H[err] Flick von Basel ist in Wien in einer Buchhandlung u[nd] hat Ihnen für Osterreich in Hinsicht der Subscriptions einen eignen Vorschlag gemacht, den ich heute nach Stuttgart schicke um mich mit H[errn] Cotta desfalls zu berathen.

Überlieferung

1 ZB Zürich, Ms Pestal 55, Umschlag 333/19
2 Bogen, 249 x 183 mm
3 leicht beschädigt
4 Siegelspuren, Stempel YVERDON
5 Original

Textkritik

Zeuge H
Z. 7 p[er] Add[resse]: lateinische Schrift
Z. 11 Ausset: lateinische Schrift
Z. 14 Vevey: lateinische Schrift
Z. 16 eigentlich: in der der ersten
Z. 21 sich <ihn> an
Z. 23 er <l> an
Z. 26 Jullien: lateinische Schrift
Z. 26 Thouvenot: lateinische Schrift
Z. 27 Jullien: lateinische Schrift

Z. 32	*Schritt ... dieser* ʃ
Z. 35	*Concert*: lateinische Schrift
Z. 35 f.	Siegelausriss
Z. 44	*scheint <es> sich*
Z. 49	*so* ʃ
Z. 50	*Thätigkeit* ʃ, *<u[nd] es> so*
Z. 60	*nach <St[utt]G[art]> Stuttgart*
Z. 61	*Cotta*: lateinische Schrift

Sacherklärung

I.

Joseph Schmid (1785-1851) ⇒ Nr. 712

II.

Der von Pestalozzi und Philipp Emanuel von Fellenberg (1771-1844, ⇒ Nr. 426) am 17. Oktober 1817 unterzeichnete Kooperationsvertrag wurde in Yverdon von verschiedenen Seiten mit gemischten Gefühlen aufgenommen. Das Misstrauen, mit dem Pestalozzis Mitarbeiter Fellenberg schon 1804/05 in Münchenbuchsee begegnet waren, hatte sich in der Zwischenzeit offenbar nicht vermindert und fand auch Widerhall bei anderen Yverdonern.

III.

Z. 7	*Fellenberg*: Philipp Emanuel von Fellenberg (1771-1844) ⇒ Nr. 426
Z. 10	*Iferten*: dt. Name für Yverdon
Z. 11	*Ausset*: Jean Jacques (François) Ausset (1774-1844, ⇒ Nr. 2035) und Elisabeth Marianne Christine Ausset-Ludert (1778-1842, ⇒ Nr. 1790)
Z. 13	*Söhne*: Paul (Egide) (*1804, ⇒ Nr. 2035) und Victor (Albert) Ausset (*1806, ⇒ Nr. 2035)
Z. 15	*Hartmann*: Klara/Claire von Hartmann (*1774) ⇒ Nr. 984
Z. 15	*Zöglinge*: Ludwig/Louis Lorenz Fidel (1806-1848, ⇒ Nr. 1774) und Johann/Jean Rosenzweig (*1807, ⇒ Nr. 1774)
Z. 16	*anzeigte*: ⇒ Nr. 1774
Z. 20	*Marx*: Carl Michael Marx (1794-1864) ⇒ Nr. 1724
Z. 20	*schrieb*: scheint nicht erhalten zu sein
Z. 20	*Buck*: Hier war möglicherweise die Weinhandlung *Jakob und Gebrüder Buck* von Jakob, Anton und Ignaz Buck in Emmen (Kt. Luzern) gemeint, die 1833 in wirtschaftliche Schwierigkeiten und Verschuldung geriet und aufgelöst wurde. Da keine Akten überliefert sind, konnte diese Vermutung nicht verifiziert werden.
Z. 26	*Jullien*: Marc Antoine Jullien (1775-1848) ⇒ Nr. 1200
Z. 26	*Thouvenot*: Vermutlich war hier nicht der 1817 verstorbene Monsieur Pierre Thouvenot (1757-1817, ⇒ Nr. 1312 b) gemeint, sondern dessen Witwe, Marie Victoire Thouvenot-De la Croix (⇒ Nr. 1408), die nach dem Hinschied ihres Gatten ihren Sohn Charles/Télémache/Télémaque Thouvenot (⇒ Nr. 1312 b) offenbar gemeinsam mit den Jullien-Kindern in Paris erziehen lassen wollte.
Z. 27	*Jullien*: Sophie Jouvence Jullien-Nioche (†1832) ⇒ Nr. 1239
Z. 27	*Sohn*: Damit dürfte wohl (entgegen der sprachlichen Logik) Charles/Télémache/Télémaque Thouvenot (⇒ Nr. 1312 b) gemeint sein.

Z. 28	Söhnen: Adolphe (1805-1873), ⇒ Nr. 1239), Alfred (⇒ Nr. 1239) und Auguste Jullien (1802-1833, ⇒ Nr. 1239)
Z. 30	Krüsy: Hermann Krüsi (1775-1844) ⇒ Nr. 588
Z. 36	Hanhart: Johannes Hanhart (1773-1829) ⇒ Nr. 885
Z. 48	Lange: Johann Friedrich Wilhelm Lange (1786-1858) ⇒ Nr. 1058
Z. 49	Rank: Andreas Rank (1786-1855) ⇒ Nr. 1840
Z. 49	Thommasse: Hier ist möglicherweise Emmanuel Thomasset (1772-um 1854) gemeint, dessen Sohn Paul Henri Georges (1798-1841) 1806 bis 1808 Schüler in Pestalozzis Institut in Yverdon war. Emmanuel Thomasset verbrachte seine Jugend in Orbe und stand dann ab 1790 für einige Zeit in holländischen Diensten. 1797 heiratete er (Catherine) Marianne Doxat de Démoret (1777-1839). Die Familie liess sich 1802 in Villars-sous-Champvent (beide Kt. Waadt) nieder, in der Thomasset 1807 und 1808 als *Syndic* amtete und in der er durch den Kauf einiger Anwesen zu einem der reichsten Einwohner wurde.
Z. 55	Frau: Margaretha von Fellenberg-von Tscharner (1778-1839) ⇒ Nr. 451
Z. 55	Meuden: Jakob Evert van Muyden (1781-1848, ⇒ Nr. 1812) und Louise Sophie van Muyden-Porta (1787-1845, ⇒ Nr. 1760)
Z. 58	Flick: Samuel Flick (1772-1833) ⇒ Nr. 460
Z. 58	Buchhandlung: Carl Geroldsche Buchhandlung ⇒ Nr. 1784
Z. 60	Vorschlag: ⇒ Nr. 1784
Z. 61	Cotta: Johann Friedrich Cotta, Freiherr von Cottendorf (1764-1832) ⇒ Nr. 617

1794.
Joseph Schmid

14. Oktober 1817

S[eine]r
Wohlgeboren
Herrn Heinrich Pestalozzi
p[er] Add[resse] Herrn E[manuel] v[on] Fellenberg
in
Hofwil

Iferten den 14tn 8bris 1817.

Die heutige Post brachte uns von einem Düsseldorfer H[errn] Fallenstein etc. 17 Subscribenten u[nd] 28 brachte ein Brief von Ramsauer, der in Zürich ist u[nd] sich einseegnen lässt, u[nd] mit seiner Frau dann gleich wieder nach Stuttgart abreist. Er hofft noch mehr zu finden. Unter diesen 28 befanden sich 6 Subscribenten, v[on] Herrn Grundherr gesamelt –. Die Königinn werde auch auf 20 Ex[em]p[lare] subscribiren doch sollen wir dieses noch nicht aufzeichnen, Er hofft sie werde noch mehr nehmen.

Hier geht alles gut, es fehlt uns u[nd] besonders der Subscription
20 ihre Anwesenheit hier –. Noch hab ich keinen Brief seyd dem Sie
abreisten erhalten – Dass wir doch dann u[nd] wann gern ein paar
Wort von Ihnen hätten, wissen Sie doch gewiss selbst.
Mit herzlichem Gruss an ihre liebste Umgebung von ihrem liebenden Freund
25 Jos[eph] Schmidt

Überlieferung

1 ZB Zürich, Ms Pestal 55, Umschlag 333/20
2 Blatt, 245 x 182 mm
4 Siegelspuren, Stempel YVERDON
5 Original

Textkritik

Zeuge H
Z. 7   p[er] Add[resse]: lateinische Schrift

Sacherklärung

I.

Joseph Schmid (1785–1851) ⇒ Nr. 712

III.

Z. 7   Fellenberg: Philipp Emanuel von Fellenberg (1771–1844) ⇒ Nr. 426
Z. 10   Iferten: dt. Name für Yverdon
Z. 11   Post: ⇒ Nr. 1787
Z. 11 f. Fallenstein: Georg Friedrich Fallenstein (1790–1853) ⇒ Nr. 1787
Z. 12   Brief: ⇒ Nr. 1792
Z. 12 f. Ramsauer: Johannes Ramsauer (1790–1848) ⇒ Nr. 1525
Z. 14   Frau: Wilhelmine Ramsauer-Schulthess (1795–1874) ⇒ Nr. 1792
Z. 16   Grundherr: Karl Alexander Grundherr zu Altenthann und Weyerhaus (1768–1837) ⇒ Nr. 1703
Z. 16   Königinn: Königin Katharina Pawlowna von Württemberg (1788–1819) ⇒ Nr. 1394

1795.
Joseph Schmid
17. Oktober 1817

S[eine]r
Wohlgeboren
Herrn Heinrich Pestalozzi
p[er] Add[resse] Herr E[manuel] v[on] Fellenberg
in
Yverdon.

Freytag, den

Wenn Sie wüssten, wie wir auf Briefe von ihnen warteten Sie würden wenigstens ein paar Wort schreiben.

Gestern Abend sah ich H[errn] Hanhart, er setzte mir weitläufig auseinander dass er nicht glaube dass es H[err] v[on] Fellenberg rein mit Pestalozz meine –; wäre dieses, er gäbe was ihm gut wäre wenn er es hätte, u[nd] sonst seye es sehr gefährlich für uns abzuwarten was er suche –. Er halte ihn für keine reine Natur, er wolle sich hier nur geltend machen –. Seine Art über Pestalozzi zu sprechen seye unerträglich, er würdige ihn herunter um sich leichter geltend zu machen –. Kurz er kam im höchsten Grad gegen Fellenberg eingenommen zurück, er wirft ihm Schlauheit u[nd] Falschheit vor, er sagte: dass er am Abend ganz anders als am Morgen gesprochen habe –. Er glaubte am End wenn es mir wahrhaft darum zu thun seye Pestalozzi zu helfen, so wäre es besser ich würde mich suchen mit seinen alten Freunden zu verständigen.

Ich sagte ich kenne ihre Ungeneigtheit, u[nd] deswegen könne hievon keine Rede seyn etc. Er glaubte dieses könnte am End nicht dem also seyn. Gestern Vormittag war H[err] Justus Gruner Preussischer Gesandter hier. Er schien zufrieden zu seyn, bis an einige äussere Einrichtungen – Er ist ganz gegen H[errn] Fellenberg eingenommen, u[nd] hält nicht nur nichts auf einer Vereinigung von uns, sondern glaubt es seye gar ein Unding. Er hält auch seine schönsten Ansichten nur für Mascen, er schien Mitleid zu hab[en,] wenn Sie in solche Hände fallen sollten. Er es freute ihn ausserordentlich, als ich ihm sagte, Pestalozzi werde ihn von Hofwil aus sehen. – Ich halte es für sehr wesentlich, dass Sie ihn sehen, er fühlt sich durch ihr letztes Benehmen etwas vernachlässigt, es ist wichtig dass Sie Preussen nicht aus den Augen verlieren.

Hier geht es alle Tag besser, Ordnung Thätigkeit, Frieden u[nd] Zusammenwirken ist in dem Haus hergestellt. Ich arbeite jetzt den

ganzen Tag in der Klasse, u[nd] es geht mir vortrefflich, mit den Kindern u[nd] mit allem in dem Haus komm ich so gut aus, dass es mich Überwindung kosten würde, das Haus zu verlassen.
45 Wir sind in der Lage unsern Feinden die Spitze zu biethen auch ohne Fellenberg. Kann mit ihm nichts vernünftiges angebahnt werden, so sind wir wenigstens nicht in dem Fall alles annehmen zu müssen.
Mit herzlichen Grüssen von ihrem liebenden
50 Jos[eph] Schmidt

P.S. Die heutige Post hat nichts gebracht –.

Überlieferung

1 ZB Zürich, Ms Pestal 55, Umschlag 333/24
2 Bogen, 245 x 182 mm
4 Datum am Schluss, Siegelspuren, Stempel YVERDON
5 Original

Textkritik

Zeuge H
Z. 7   p[er] Add[resse]: lateinische Schrift
Z. 9   < Hofwil > Y v e r d o n
Z. 9   Y v e r d o n : lateinische Schrift
Z. 19 herunter < ehr > um
Z. 28 Justus: lateinische Schrift
Z. 29 seyn, < wenn > bis
Z. 33 Siegelausriss
Z. 37 Benehmen < g > etwas
Z. 50 Post < bringt er > hat

Sacherklärung

I.

Joseph Schmid (1785–1851) ⇒ Nr. 712

II.

⇒ Nr. 1793

III.

Z. 7   Fellenberg: Philipp Emanuel von Fellenberg (1771–1844) ⇒ Nr. 426
Z. 13 Hanhart: Johannes Hanhart (1773–1829) ⇒ Nr. 885
Z. 28 Gruner: Karl Justus von Gruner (1777–1820) ⇒ Nr. 1659

1796.
Joseph Schmid
17. Oktober 1817

S[eine]r
Wohlgeboren
Herrn Heinrich Pestalozzi
p[er] Add[resse] Herrn E[manuel] v[on] Fellenberg
in
Yverdon

Iferten den 17tn 8bres.

Kommt Morgen kein Brief der mich anders bestimmt kommt, so hab ich beynahe Lust mit der Diligence Sie abzuholen, nur wünsch ich auf jeden Fall einen Brief Poste restante in Bern zu finden, damit wenn Sie es nicht für zweckmässig finden ich gleich mit der Diligence wieder zurückkehren kann –. Lieber sähe ich Sie in diesem Fall aber selbst in Bern –.
Wir sind über ihr Schweigen unruhig dieses ist der Grund der mich Morgen bestimmen kann, Sie abzuholen, oder wenigstens zu besuchen.

Ihr Freund
Jos[eph] Schmidt

P.S. Vor Abgang der Post,

Überlieferung
1 ZB Zürich, Ms Pestal 55, Umschlag 333/21
2 Blatt, 245 x 182 mm
4 Datum am Schluss, Siegel, Stempel YVERDON
5 Original

Textkritik
Zeuge H
Z. 7   p[er] Add[resse]: lateinische Schrift
Z. 9   <Hofwil> Yverdon
Z. 9   Yverdon: lateinische Schrift
Z. 11 kommt ⌡
Z. 12 Diligence: lateinische Schrift
Z. 13 Poste restante: lateinische Schrift
Z. 14 f. Diligence: lateinische Schrift

Sacherklärung

I.

Joseph Schmid (1785-1851) ⇒ Nr. 712

III.

Z. 7   Fellenberg: Philipp Emanuel von Fellenberg (1771-1844) ⇒ Nr. 426
Z. 12 Diligence: Postkutsche

1797.
Johann Heinerich/Heinrich Gräff
Oktober 1817

[Reg.] Bücherrechnung.

Überlieferung

1   PSB XI, S. 108.34 f.

Sacherklärung

I.

Johann Heinerich/Heinrich Gräff (1765-1827) ⇒ Nr. 678

1798.
Theodor Ziemssen
17. Oktober 1817

Hanshagen bey Greifswald 17 Oct[ober] 1817.

5 Mein theurer, hochverehrter Freund
Die Ankündigung der Herausgabe ihrer sämmtlichen Schriften ist, wie es bey der weiten Entfernung gewöhnlich der Fall ist, erst ziemlich spät zu meiner Kenntniss gekommen. Da ich noch dazu einen etwas länger Aufenthalt in Berlin machte, so habe ich nicht so wirk-
10 sam zur Beförderung Ihres Zweckes mich bemühen können, als ich es wohl gewünscht hätte. Indess sende ich Ihnen hiebey das Verzeichniss von zehn Subscribenten, die ich in meiner Nähe gesammelt habe. Die Bücher bitte ich mir durch den Herrn Mauritius, Buchhändler in Greifswald, zu seiner Zeit zukommen zu lassen,
15 durch welchen ich auch das Geld an Ihren oder H[errn] Cottas Commissionär in Leipzig werde abgeben lassen.

Gott gebe Ihrem Vorhaben, das hoffentlich viel Theilnahme gefunden hat, ein gesegnetes Gelingen, und lasse Ihnen dadurch noch viel Freude nicht nur an dem Eingang, der diesen Schriften nicht fehlen wird, sondern auch an dem Blühen und Gedeihen Ihres menschenfreundlichen Unternehmens, dem Sie auch hiebey so edel Ihre Kräfte weihen, finden. Unverändert bleibt mein herzlicher Antheil, wenn gleich leider so weit Entfernung mich von Ihnen trennt. Ach eine recht innige Sehnsucht ergreift mich oft, Sie noch einmal an mein Herz zu drücken, noch einmal an Ihrer Seite, wenn auch nur wenige Tage zu leben. Lange habe ich nichts von Ihnen gehört, bis die trefflichen Söhne des edlen, leider jezt auch schon hinübergegangenen Bischof Sack in Berlin mir einiges von ihrem Aufenthalte bey Ihnen erzählten. Erfreuen Sie mich, wenn Sie können, doch wieder einmal mit ein paar Zeilen, und bitten Sie meine Freunde in Ihrer Nähe, dass sie mir einmal ein Stündchen schenken, um mir etwas Nachricht von sich, von Ihren und Ihrem Unternehmen zu ertheilen. Ich werde es als die willkommenste Freundschaftsgabe mit dem herzlichsten Dank erkennen, und wenn Ihnen daran gelegen ist, gerne auf gleiche Art vergelten.

Ich lebe übrigens noch ziemlich in der alten, wohlthuenden Lage, obgleich in dem Drange vielfältiger, stets wachsender Geschäfte, wovon viele meinem Herzen sehr werth sind. Meine häuslichen Verhältnisse sind wenn gleich nicht glänzend, und wer kann sich das wünschen, doch sehr glücklich und erfreulich. Meine Kinder gedeihen bis jezt zu meiner grossen Freude sehr gut. Mein ältester Sohn ist nun schon zehn Jahre, und einer der hoffnungsvollsten Zöglinge meines kleinen Instituts, das sonst meist aus grössern Knaben besteht, und woraus schon manche tüchtige Menschen hervorgegangen sind, deren innige Freundschaft zum Glück meines Lebens gehört. In meiner Anstalt habe ich jezt einen recht braven Mitarbeiter, wodurch ich etwas Zeit für meine andern Arbeiten gewinne. – Meine grösste Erquickung ist die Erinnerung an so viele treffliche, im Geiste auch in weiter Ferne mit mir vereinten Freunde, wobey ich mit besonderer Theilnahme u[nd] Verehrung meines herrlichen Pestalozzi gedenke, der seine Liebe gewiss erhält seinem

D[oktor] Theod[or] Ziemssen.

Für die Einlage bitte ich um Entschuldigung und gütige Besorgung.
Verzeichniss der Subscribenten auf Pestalozzis Schriften
1. D[okto]r Ziemssen, General-Superintendent in Greifswald
2. D[okto]r Biederstedt, Consistorialrath in Greifswald
3. D[okto]r Schildener, Professor und Ritter ____

4. G. von Vahl, Commerzienrath ____
5. D[okto]r Mühlenbruch, Professor ____
6. D[okto]r Mende, Professor ____
7. D[okto]r Seifert, Assessor ____
8. Christ[oph] Ziemssen, Prediger in Stralsund
9. Herm[ann] Baier, Pastor in Altenkirchen auf Wittow
10. D[okto]r Theod[or] Ziemssen, Pastor in Hanshagen bey Greifswald.
NB. Die Exemplare sind abzuliefern an H[errn] Buchhändler Mauritius in Greifswald.

Überlieferung

1 ZB Zürich, Ms Pestal 55a/56, Umschlag 400/1
2 Bogen, 241 x 194 mm
4 Dorsualvermerk *Hanshagen, 17. Oc[to]bre 1817. D[okto]r Theod[or] Ziemssen.*
5 Original

Textkritik

Zeuge H
Z. 10   *können* ∫
Z. 13   *Mauritius*: lateinische Schrift
Z. 14   *Greifswald*: lateinische Schrift
Z. 15   *Cottas*: lateinische Schrift
Z. 16   *Leipzig*: lateinische Schrift
Z. 31   dass <S> sie
Z. 31   *ein* ∫
Z. 55   *Ziemssen*: lateinische Schrift
Z. 56   *Biederstedt*: lateinische Schrift
Z. 57   *Schildener*: lateinische Schrift
Z. 58   *G. von Vahl*: lateinische Schrift
Z. 59   *Mühlenbruch*: lateinische Schrift
Z. 60   *Mende*: lateinische Schrift
Z. 61   *Seifert*: lateinische Schrift
Z. 62   *Ziemssen*: lateinische Schrift
Z. 62   *Stralsund*: lateinische Schrift
Z. 63   *Baier*: lateinische Schrift
Z. 63   *Altenkirchen auf Wittow*: lateinische Schrift
Z. 64   *Theod[or] Ziemssen*: lateinische Schrift
Z. 64   *Hanshagen*: lateinische Schrift
Z. 64 f. *Greifswald*: lateinische Schrift
Z. 66 f. *Mauritius*: lateinische Schrift
Z. 67   *Greifswald*: lateinische Schrift

Sacherklärung

I.

Theodor Ziemssen (1777–1843) aus Greifswald besucht daselbst das Gymnasium und von 1794 bis 1798 die Universität, bevor er, nach einem weiteren Studienjahr in Jena, ab 1799 als Hauslehrer in Bern lebt, von wo aus er mehrfach zu Pestalozzi nach Burgdorf reist. 1803 kehrt er in seine Heimatstadt zurück, tritt kurzzeitig als Dozent für Pädagogik an der Universität in Erscheinung und publiziert 1805 *Die Verbesserung der Erziehung als das dringendste Bedürfniss der Gegenwart*, gibt den akademischen Weg aber bald zugunsten des kirchlichen auf: 1806 übernimmt er die Pfarrei Hanshagen (Mecklenburg-Vorpommern), der er, später auch als Superintendent der Landsynode Greifswald amtend, bis zu seinem Tod vorsteht. Stark an pädagogischen Fragen interessiert, setzt sich Ziemssen für die Verbreitung der pestalozzischen Methode in Deutschland ein, gründet und betreibt in Hanshagen ein kleines Erziehungsinstitut (⇒ Z. 43) und wirkt ab 1826 auch als Direktor des Schullehrerseminars in Greifswald.

III.

Z. 6   *Schriften*: Johann Heinrich Pestalozzi: Sämmtliche Schriften, 12 Bände. Stuttgart 1819–1824

Z. 11 f. *Verzeichnis*: Z. 54–65

Z. 13   *Mauritius*: Johann Ernst Gottlieb Mauritius (1774–1840) aus Frankfurt erwarb 1804 das Bürgerrecht von Greifswald, wo er bis 1836 eine eigene Buchhandlung führte.

Z. 15   *Cottas*: Johann Friedrich Cotta, Freiherr von Cottendorf (1764–1832) ⇒ Nr. 617

Z. 27   *Söhne*: Friedrich Ferdinand Adolf Sack (1788–1842) studierte in Göttingen Theologie, war ab 1815 als Feldprediger und von 1819 bis 1842 als Hof- und Domprediger in Berlin tätig. Sein Bruder Karl Heinrich Sack (1789–1875) habilitierte sich nach einem in Göttingen absolvierten Jurastudium in Berlin und arbeitete dort als Privatdozent für Theologie, bis er 1818 nach Bonn übersiedelte, wo er bis zu seiner Emeritierung 1860 als Theologieprofessor und Pfarrer arbeitete.

Z. 28   *Sack*: Friedrich Samuel Gottfried Sack (1738–1817) aus Magdeburg studierte in Frankfurt an der Oder Theologie, wurde 1769 zum Priester ordiniert und kam nach einer Anstellung in seiner Vaterstadt 1777 als Hof- und Domprediger nach Berlin, wo er 1793 zum Oberhofprediger und 1816 zudem ehrenhalber zum Bischof ernannt wurde.

Z. 40   *Kinder*: Mit Wilhelmine Sophie Christiane von Mühlenfels (1782–1859), die Theodor Ziemssen (1777–1843, ⇒ Sacherklärung I.) 1806 heiratete, hatte er fünf Kinder, von denen 1817 vier schon geboren waren, nämlich der spätere Superintendent Theodor Wilhelm (1808–1881), die als Mutter von fünf Kindern in Stralsund gestorbene Alwine Luise (1810–1905), der spätere Gutspächter Rudolph (1813–1872) sowie die in Oberschlesien verstorbene Clara Maria (1815–1901). Als dritte Tochter kam 1824 Wilhelmine Luise (1824–1912) zur Welt. Sie scheint unverheiratet geblieben zu sein und starb in Stralsund.

Z. 43   *Instituts*: Theodor Ziemssen (1777–1843, ⇒ Sacherklärung I.) gründete 1807 in Hanshagen (Mecklenburg-Vorpommern), wo er seit 1806 als Pfarrer arbeitete, eine private Erziehungsanstalt, an der in familiärer Umgebung – alle Schüler wohnten in einem Nebenhaus des Institutgebäudes – zwischen zehn und zwölf Knaben unterrichtet wurden. Den Unterricht in Religion, Mathematik (nach pestalozzischer Methode), Religion und Griechisch besorgte Ziemssen selber, die übrigen Fächer übertrug er einer Hilfskraft. Nachdem 1826 das Pfarrhaus sowie das Institutsgebäude durch einen Brand zerstört worden waren, baute Ziemssen seine Erziehungsanstalt nicht wieder auf, sondern widmete sein pädagogisches Interesse dem Greifswalder Schullehrerseminar, dessen Leitung er übernahm.

Z. 47 *Mitarbeiter*: Vermutlich ist hier Christian Adolf Hasert (1795-1864) gemeint, der aus Stralsund stammte und nach einem in Greifswald und Halle absolvierten Theologiestudium mehrere Jahre an Ziemssens Institut (⇨ Z. 43) in Hanshagen (Mecklenburg-Vorpommern) arbeitete. 1824 übernahm er das Diakonat an der Nicolaikirche in Greifswald, wurde dort 1836 zum ausserordentlichen Pädagogikprofessor ernannt und amtierte auch als Leiter des Schullehrerseminars.

Z. 55 *Ziemssen*: Johann Christoph Ziemssen (1747-1824), der Vater von Theodor Ziemssen (1777-1843, ⇨ Sacherklärung I.), amtierte nach seiner Promovierung zum Doktor der Philosophie als Diakon an der Marienkirche in Greifswald, übernahm dazu an der dortigen Universität die ordentliche Professur für Theologie sowie die Leitung des 1791 neu eingerichteten Schullehrerseminars und hielt alle diese Posten weiter inne, als er 1811 zum Generalsuperintendenten von Pommern und Rügen ernannt wurde.

Z. 56 *Biederstedt*: Dietrich Hermann Biederstedt (1762-1824) aus Stralsund absolvierte in Göttingen und Greifswald ein Theologiestudium, das er 1805 mit Promotion abschloss. 1811 wurde er zum Konsistorialrat ernannt und hielt bis zu seinem Tod das Amt des Archidiakons an der Nicolaikirche in Greifswald inne, das er seit 1788 bekleidete.

Z. 57 *Schildener*: Karl S. Schildener (1777-1843) aus Greifswald studierte zuerst daselbst, später in Jena Jurisprudenz und wurde dort zum Doktor promoviert (1798), bevor er sich nach einem Aufenthalt in Schweden intensiv mit dem alten Volksrecht der Skandinavier auseinanderzusetzen begann und in Anerkennung seiner rechtshistorischen Verdienste 1814 zum ordentlichen Professor der Jurisprudenz an der Universität Greifswald ernannt wurde.

Z. 58 *Vahl*: Hier müsste eigentlich Balzer Peter von Vahl (1755-1825) gemeint sein und nicht sein schon vor sechs Jahren verstorbener Bruder Gottfried Michael (1748-1811), da sie die einzigen Söhne der 1794 in den Adelsstand erhobenen Vahl-Familie waren. Balzer Peter, ein Sohn des einstigen gleichnamigen Bürgermeisters von Greifswald (1718-1792), war Gutsbesitzer, Kaufmann und wie sein Bruder Gottfried Michael königlich-schwedischer Kommerzienrat. Die beiden Brüder waren 1794 zusammen in den Adelsstand erhoben worden. Ob das abgekürzte «G» hier also für «Gottfried» oder «Gutsbesitzer» steht, ist offen.

Z. 59 *Mühlenbruch*: Christian Friedrich Mühlenbruch (1785-1843) aus Rostock studierte an verschiedenen Universitäten Jurisprudenz, zuletzt in Heidelberg, wo er nach seiner Promotion 1805 als Advokat arbeitete, bevor er 1810 eine Professur in Rostock erhielt, 1815 einem Ruf nach Greifswald folgte und später in gleicher Funktion nach Königsberg (1818), Halle (1819) und Göttingen (1833) wechselte.

Z. 60 *Mende*: Ludwig Julius Caspar Mende (1779-1832) aus Greifswald studierte in seiner Vaterstadt sowie in Berlin und Göttingen Medizin, wurde

	1801 zum Doktor promoviert, 1815 in Greifswald zum ordentlichen Professor der Medizin und 1823 in Göttingen zum Professor für Gerichtsmedizin und Geburtshilfe ernannt.
Z. 61	*Seifert*: Philipp Daniel Benjamin Seifert (1767–1836), Arztsohn aus Tribsees (Mecklenburg-Vorpommern), studierte zwischen 1788 und 1792 Medizin in Greifswald und Jena, arbeitete nach seiner Promotion als praktischer Arzt in Greifswald und war von 1796 bis 1819 Assessor im königlichen Gesundheitskollegium für Neu-Vorpommern und Rügen.
Z. 62	*Ziemssen*: Christoph Ziemssen (1791–1868), der jüngste Bruder von Theodor Ziemssen (1777–1843, ⇒ Sacherklärung 1.), studierte an der Universität Greifswald, wurde dort 1812 zum Doktor der Philosophie promoviert, habilitierte sich 1814 an der theologischen und 1815 an der philosophischen Fakultät und siedelte dann nach Stralsund über, wo er als Diakon sowie als Assessor des städtischen Konsortiums amtierte und 1842 zum Stadt-Superintendenten und später zum Regierungs- und Konsistorialrat im Kirchenregiment der Provinz berufen wurde.
Z. 63	*Baier*: Hermann Christoph Baier (1775–1822) ⇒ Nr. 846
Z. 63	*Altenkirchen*: Gemeinde auf Rügen (Mecklenburg-Vorpommern)
Z. 63	*Wittow*: nördlichster Teil der Insel Rügen
Z. 64	*Hanshagen*: Gemeinde in Mecklenburg-Vorpommern

1799.
Cornelius Johann Jacob von Besserer
24. Oktober 1817

An
Herrn Pestalozzi
Wohlgeboren
zu
Yverdun
in der Schweitz.

Burtscheid bei Aachen, vom 24. Octobris 1817

Ehrwürdiger, verdienstvoller Greis!

Sobald mir Ihre Erklärung an das Publicum in Betreff der Herausgabe Ihrer Schriften zu Gesichte gekommen war, trug ich gleich Sorge dafür, dass dieselbe in das Amtsblatt der Regierung zu Aachen aufgenommen und die Herren Landräthe und Schulcommissarien noch in besondern Schreiben zur Subscriptionssammlung aufgefordert wurden, und ich erbot mich selbst in diesem Blatte zu dieser Sammlung.

Da das Ende des bestimmten Termins heranrückt, so säume ich nicht, Ihnen die Subscribentenliste zuzustellen. Ihre Zahl entspricht nicht meinen Wünschen, aber die drückende Zeit, die wir erlebt haben und die fortdauernde Stockung der Geschäfte gereicht dafür zu einiger Entschuldigung. Vielleicht sind auch mehrere Subscriptionen direkt bei Ihnen eingegangen. Das darf ich wenigstens sagen, dass auch unsere Gegend nicht wenige Ihrer Verehrer zählt, und dass viele unsrer Schulen und die in unserm Regierungsbezirke eingerichteten Lehrcurse und Schullehrer-Conferenzgesellschaften von der Anerkennung Ihrer hohen Verdienste zeugen. Möge der Abend Ihres Lebens Ihnen noch den Lohn der Ruhe und Befriedigung bringen, den jeder Edle durch sein Herz gedrängt wird, Ihnen zu wünschen! Möge Ihr Werk immer herrlicher für Mit- und Nachwelt gedeihen! Mit der innigsten Verehrung empfiehlt sich Ihnen

Ihr
ergebenster Diener
C[ornelius] J[ohann] J[akob] Besserer,
K[öniglich] Pr[eussischer] Regierungs- u[nd] Consistorialrath
bei der Regierung zu Aachen u[nd] ev[angelischer] Prediger
zu Burtscheid.

N.S. Wegen der Versendung an die Subscribenten u[nd] besonders wegen des Einkassierens der Gelder würde ich gern eine Buchhandlung, statt meiner, beauftragt sehen.

Liste der Subscribenten
auf Pestalozzi's Werke

I. Auf das Ganze

1. Herr Hüsgen, K[öniglich] pr[eussischer]　　　　1 Ex[emplar]
   Regierungs- u[nd] Schulrath (bei der Regierung zu
   Aachen) und Pfarrer der kathol[ischen] Gemeinde
   zu Richterich bei Aachen.
2. H[er]r C[arl] W[ilhelm] Vetter, K[öniglich]　　　1 Ex[emplar]
   Pr[eussischer] Consistorialrath u[nd] Pfarrer der
   ev[angelisch] ref[ormierten] Gemeinde zu Aachen
3. H[er]r August Binterim, Kaufmann zu Vaals bei　1 "
   Aachen
4. — Eberhard van Spankeren, Pfarrer der　　　　　1 "
   ev[angelisch] reformierten Gemeinde in Eupen
   (Regierungs-Bezirk Aachen) u[nd] Schulcommissarius
5. — Grünewald, ev[angelisch] lutherischer　　　　1 "
   Pfarrer in Aachen

6. — Laufs, Pfarrer der ev[angelisch] 1 "
ref[ormierten] Gemeinde zu Schwanenberg bei
Erkelenz (Reg[ierungs]-Bezirk Aachen) in Aachen
7. — Keller, Pfarrer der ev[angelisch] 1 "
ref[ormierten] Gemeinde zu Kelzenberg
(Regierungs-Bezirk Düsseldorf)
8. — Plum, Pfarrer der Kath[olischen] 1 "
Gemeinde u[nd] Schulcommissarius zu Wegberg bei
Erkelenz (Reg[ierungs]-Bezirk Aachen)
9. — Oeder, Kaufmann in Aachen 1 "
10. — Conrad Pastor, Sohn, Kaufmann in Aachen 1 "
11. — von Creilsheim, K[öniglich] Pr[eussischer] 1 "
Oberst u[nd] Landwehr-Inspector in Aachen
12. — Cramer, K[öniglich] Pr[eussischer] 1 "
Regierungsrath in Aachen
13. — Martin Orsbach, Oberlehrer am Kön[iglichen] 1 "
Gymnasium in Aachen
14. — Nicolas Gerhard Joseph Birven, Gutsbesitzer 1 "
zu Astenet bei Eupen (Reg[ierungs]-Bezirk Aachen)
15. — Egidius Joseph Durieux zu Kettenis bei 1 Ex[emplar]
Eupen (Reg[ierungs]-Bezirk Aachen)
16. — von Kladt, Pfarrer der Kath[olischen] 1 "
Gemeinde zu Gerderath, (Kreis Erkelenz,
Reg[ierungs]-Bezirk Aachen)
17. — Johann Altena, Pfarrer der ev[angelisch] 1 "
luth[erischen] Gemeinde zu Schleiden (Kreis
Blankenheim, Reg[ierungs]-Bez[irk] Aachen)
18. — Böcking, K[öniglich] Pr[eussischer] Landrath 1 "
zu Montjoie (Reg[ierungs]-Bezirk Aachen)
19. — von Sack, K[öniglich] Pr[eussischer] Major 1 "
u[nd] Bataillons-Commandeur ebendas[elbst]
20. — Lejeune Dirichlet, Kön[iglicher] Rentmeister, 1 "
ebendaselbst
21. — P. Jb Scheibler, Tuchfabrikant, 1 "
ebendaselbst
22. — Offermann, K[öniglicher] Bürgermeister zu 1 "
Imgenbroich bei Montjoie
23. — Joh[ann] Fremerey zu Eupen (Reg[ierungs]- 1 "
Bez[irk] Aachen)
24. — Carl Krug, Tuchfabrikant zu Imgenbroich 1 "
bei Montjoie

25. — Pet[er] Wilh[elm] Schmitz, Tuchfabrikant zu 1 "
Montjoie
26. — Jansen, Schullehrer der katholischen 1 "
Gemeinde zu Imgenbroich bei Montjoie
27. — Kron, Schullehrer der ev[angelisch] 1 "
luth[erischen] Gemeinde, ebendaselbst.
28. — Basset, K[öniglich] Preuss[ischer] 1 "
Regierungs-Hauptkassen-Buchhalter in Aachen
29. — Gesell, K[öniglich] Pr[eussischer] 1 "
Landrentmeister, daselbst
30. — Besserer, K[öniglich] Pr[eussischer] 1 "
Regierungs- u[nd] Consistorialrath u[n]d Pfarrer der
ev[angelisch]-ref[ormierten] Gemeinde zu
Burtscheid bei Aachen

Auf einzelne Lieferungen.
1. — F[riedrich] W[ilhelm] Karthauss, K[öniglich] 1 Ex[emplar] der
Pr[eussischer] Kriegssekretär, zu Montjoie 2ten Lieferung.
2. — Schlömer, K[öniglich] Pr[eussischer] 1 Ex[emplar] der
Bürgermeister, daselbst. dritten Lieferung.
3. — H[einri]ch Jos[eph] Uerlichs, K[öniglich] 1 Ex[emplar] der
Pr[eussischer] Notar daselbst. zweiten Lieferung.
4. — W[ilhel]m Jos[eph] Cremer, 1 Ex[emplar] der
Magistrats-Rendant zu Montjoie dritten Lieferung.
5. — Theodor Breuer, Geistlicher daselbst 1 Ex[emplar] der
dritten Lieferung.

Burtscheid, 24 Oct[ober] 1817.

NB. In dem von dem Herrn Landrath Böcking zu Montjoie eingesandten Subscribentenverzeichniss ist noch aufgeführt: H[er]r Joh[ann] Wilh[elm] Victor, Schullehrer zu Simmerath; aber es ist nicht dabei bemerkt, ob derselbe auf der ganzen Sammlung oder nur auf einzelne Lieferungen subscribire. Wahrscheinlich ist das erstere der Fall. Die mit der Vertheilung der Ex[em]p[lare] u[n]d mit dem Einkassiren des Geldes zu beauftragende Buchhandlung wird bei der ersten Sendung darüber wohl des Nähern ausmitteln können. Das Ende des Octobers ist zu nahe, als dass ich erst noch darüber anfragen könnte.

Besserer.

Überlieferung

1 ZB Zürich, Ms Pestal 50, Umschlag 23/1 (H1) und 23/1a (H2)

2 Bogen, 246 x 205 mm
4 Datum am Schluss, Siegelspuren, Stempel *AACHEN 25. OCT*, Dorsualvermerk *Burtscheid, 24. Oct[ob]re 1817. C[ornelius] J[ohann] J[akob] Besserer.*
5 Original
6 Die Wiederaufnahme des Wortes «H[er]r» beim Seitenwechsel im Original der Subskriptionsliste (Z. 79, Z. 122, Z. 124) wird hier nicht abgedruckt.

Textkritik

Zeuge H
Z. 4–44   H1
Z. 4   *An*: lateinische Schrift
Z. 5   *Pestalozzi*: lateinische Schrift
Z. 8   *Yverdun*: lateinische Schrift
Z. 36   *C[ornelius] ... Besserer*: lateinische Schrift
Z. 45–137 H2
Z. 46   *Hüsgen*: lateinische Schrift
Z. 48   *Gemeinde*: lateinische Schrift
Z. 49   *Richterich*: lateinische Schrift
Z. 50   *Vetter*: lateinische Schrift
Z. 53   *August Binterim*: lateinische Schrift
Z. 53   *Vaals*: lateinische Schrift
Z. 54   *Aachen*: lateinische Schrift
Z. 55   *Eberhard van Spankeren*: lateinische Schrift
Z. 56   *Eupen*: lateinische Schrift
Z. 58   *Grünewald*: lateinische Schrift
Z. 59   *Aachen*: lateinische Schrift
Z. 60   *Laufs*: lateinische Schrift
Z. 61   *Schwanenberg*: lateinische Schrift
Z. 62   *Erkelenz*: lateinische Schrift
Z. 63   *Keller*: lateinische Schrift
Z. 64   *Kelzenberg*: lateinische Schrift
Z. 65   *Düsseldorf*: lateinische Schrift
Z. 66   *Plum*: lateinische Schrift
Z. 67   *Wegberg*: lateinische Schrift
Z. 68   *Erkelenz*: lateinische Schrift
Z. 69   *Oeder*: lateinische Schrift
Z. 70   *Conrad*: lateinische Schrift
Z. 71   *von Creilsheim*: lateinische Schrift
Z. 73   *Cramer*: lateinische Schrift
Z. 75   *Martin Orsbach*: lateinische Schrift
Z. 77   *Nicolas Gerhard*: lateinische Schrift
Z. 77   *Gerhard <Johann> Joseph*
Z. 77   *Birven*: lateinische Schrift
Z. 78   *Eupen*: lateinische Schrift
Z. 79   *Egidius*: lateinische Schrift
Z. 79   *Durieux*: lateinische Schrift
Z. 79   *Kettenis*: lateinische Schrift

Z. 80	*Eupen*: lateinische Schrift
Z. 81	*Kladt*: lateinische Schrift
Z. 82	*Gerderath*: lateinische Schrift
Z. 82	*Erkelenz*: lateinische Schrift
Z. 84	*Johann Altena*: lateinische Schrift
Z. 85	*Schleiden*: lateinische Schrift
Z. 86	*Blankenheim*: lateinische Schrift
Z. 87	*Böcking*: lateinische Schrift
Z. 88	*Montjoie*: lateinische Schrift
Z. 89	*von Sack*: lateinische Schrift
Z. 91	*Lejeune Dirichlet*: lateinische Schrift
Z. 93	*P. Jb Scheibler*: lateinische Schrift
Z. 95	*Offermann*: lateinische Schrift
Z. 96	*Imgenbroich*: lateinische Schrift
Z. 96	*Montjoie*: lateinische Schrift
Z. 97	*Joh[ann] Fremerey*: lateinische Schrift
Z. 97	*Eupen*: lateinische Schrift
Z. 99	*Carl Krug*: lateinische Schrift
Z. 99	*Imgenbroich*: lateinische Schrift
Z. 100	*Montjoie*: lateinische Schrift
Z. 101	*Pet[er] Wilh[elm] Schmitz*: lateinische Schrift
Z. 102	*Montjoie*: lateinische Schrift
Z. 103	*Jansen*: lateinische Schrift
Z. 103 f.	*der katholischen Gemeinde* ∫
Z. 104	*Imgenbroich*: lateinische Schrift
Z. 104	*Montjoie*: lateinische Schrift
Z. 105	*Kron*: lateinische Schrift
Z. 107	*Basset*: lateinische Schrift
Z. 107	*K[öniglich] Preuss[ischer]* ∫
Z. 109	*Gesell*: lateinische Schrift
Z. 111	*Besserer*: lateinische Schrift
Z. 112	*u[n]d < Priester > Pfarrer*
Z. 116	*F[riedrich] W[ilhelm]*: lateinische Schrift
Z. 117	*Montjoie*: lateinische Schrift
Z. 118	*Schlömer*: lateinische Schrift
Z. 120	*H[einri]ch Jos[eph] Uerlichs*: lateinische Schrift
Z. 122	*W[ilhel]m Jos[eph] Cremer*: lateinische Schrift
Z. 124	*Theodor Breuer*: lateinische Schrift
Z. 127 f.	*eingesandten Subscribentenverzeichniss* ∫
Z. 128 f.	*Joh[ann] Wilh[elm] Victor*: lateinische Schrift
Z. 129	*Simmerath*: lateinische Schrift
Z. 137	*Besserer*: lateinische Schrift

Sacherklärung

I.

Cornelius Johann Jacob von Besserer (1774-1847) ist in Mühlheim am Rhein als Sohn eines Pfarrers aufgewachsen. Nach dem Theologiestudium, das er Mitte der 1790er-Jahre an der Universität Tübingen absolviert, wird er 1800 evangelischer Pfarrer in Burtscheid. 1802 heiratet er Margaretha Eleonora Fellinger (1777-1812) aus Aachen, zwei Jahre nach dem Tod seiner Frau heiratet er Katharina vom Bruck (1777-1814) aus Krefeld, die aber kurz darauf ebenfalls stirbt. Im Zuge der Eingliederung des Rheinlandes in die preussische Verwaltung (1815) wird Besserer 1816 zum königlich preussischen Regierungs- und Konsistorialrat sowie zum Mitglied der neu gebildeten Schulkommission des Regierungsbezirks Aachen ernannt. 1820 gibt er die Stelle in Burtscheid auf und wird Pfarrer in Aachen.

II.

Die Aachener Bezirksregierung hatte in beinahe allen Kreisen Lehrkurse eingerichtet, in denen die lokale Lehrerschaft von einer ausgesuchten Lehrkraft methodisch fortgebildet wurde und das Unterrichten auch praktisch übte. Die Kurse in Burtscheid fanden vom 19. September 1816 bis zum 21. Januar 1819 einmal monatlich statt und wurden von Johann Wilhelm Hackländer (1784-1829) geleitet. Cornelius Johann Jacob von Besserer (1774-1847, ⇒ Sacherklärung I.) nahm dabei die Schlussprüfungen ab. Im Anschluss an die Einführung der Lehrkurse wurde die Burtscheider Konferenzgesellschaft gegründet. Dabei handelte es sich um meist regelmässige Zusammenkünfte von Lehrern, die dann von einem Prediger weitergeschult wurden. Diese Form vorseminaristischer Lehrerbildung forderte in Preussen schon das Generallandschulreglement von 1763. Verbreitung erfuhr das Konzept indes erst unter dem Schulreformer und Schulverwaltungsbeamten Bernhard Christoph Ludwig Natorp (1774-1846, ⇒ Nr. 1816) in der Kurmark Brandenburg, wo man wenige Jahre nach der Gründung der ersten Konferenzgesellschaft im Jahre 1810 bereits 153 solcher Institutionen zählte. Konferenzgesellschaften boten überdies die Möglichkeit, sich in beruflich definierten Assoziationen zusammenzufinden. So waren an viele Schulkonferenzgesellschaften auch Lesegesellschaften angebunden, in denen vielerorts der Grundstock für die späteren Lehrerbibliotheken gelegt wurde.
Lit.: Michael Sauer: Vom «Schulehalten» zum Unterricht. Preussische Volksschule im 19. Jahrhundert. Köln 1998; Hanno Schmitt: Selbstorganisation, Bildungsfähigkeit und Zwang: Die Reform der Elementarschulen in der Provinz Brandenburg 1809-1816. In: Hans Jürgen Apel/Heidemarie Kemnitz/Uwe Sandfuchs (Hrsg.): Das öffentliche Bildungswesen. Historische Entwicklung, gesellschaftliche Funktionen, pädagogischer Streit. Bad Heilbrunn 2001, S. 125-139; Joachim Scholz: Die Lehrer leuchten wie die hellen Sterne. Landschulreform und Elementarlehrerbildung in Brandenburg-Preussen. Bremen 2011.

III.

Z. 10   *Burtscheid*: heute Teil von Aachen
Z. 13   *Schriften*: Johann Heinrich Pestalozzi: Sämmtliche Schriften, 12 Bände. Stuttgart 1819-1824
Z. 14   *Amtsblatt*: Möglicherweise ist das *Amtsblatt für den Regierungsbezirk Aachen* gemeint, das von 1816 bis 1972 erschien.
Z. 15   *Landräthe*: Als staatlicher Beamter beaufsichtigte der Landrat die Kreise, die nach dem Wiener Kongress (1815) durch Provinzial-Verordnung vom 30. April 1815 als unterste Stufe der staatlichen Verwaltung neu definiert

worden waren; das Landratsamt selbst unterstand der Aufsicht der jeweiligen Regierung. Funktionen und Verhaltensweisen des Landrats waren im *Vorläufigen Entwurf einer Instruktion für die Landräte vom 31. Dezember 1816* in insgesamt 56 Paragraphen geregelt, einem Weisungspapier, das offiziell nie in Kraft gesetzt, faktisch aber als Leitfaden akzeptiert wurde. Laut dieser Instruktion gehörte mit Ausnahme des Gerichtswesens die gesamte Verwaltung des Kreises zum landrätlichen Geschäftsbereich. Mit einer gegenüber Städten, Landsgemeinden und Gutsbezirken ausgestatteten Weisungsbefugnis organisierte der Landrat zusammen mit der Kommission des Kreistages beispielsweise die Einquartierung und Versorgung von Truppen vor Ort, erfasste und loste Rekruten aus, nahm die Einschätzung von Grund- und Einkommenssteuern vor und übte die Polizeigewalt aus.

Z. 15 *Schulcommissarien*: Die *Kirchen- und Schulcommission* war für die Verwaltung aller geistlichen und schulischen Angelegenheiten zuständig, die nicht dem Konsistorium übertragen waren. Dazu gehörte die Besetzung der Schullehrerstellen, die Aufsicht über das fachliche und moralische Verhalten der Lehrpersonen und die Verwaltung des Elementarschulwesens sowie der privaten Bildungseinrichtungen. Sie war der Regierung unterstellt und setzte sich in der Regel aus Einheimischen zusammen. Auf der Landschaft bestand sie aus dem Ortspfarrer, Ortsvorsteher und zwei bis drei Gemeindemitgliedern, in der Stadt aus dem Bürgermeister, dem Distrikts-Schulinspektor und dem Pfarrer als lokalem Schulinspektor sowie einigen Magistratsmitgliedern.

Z. 21 *drückende Zeit*: Nach der Aufhebung der Kontinentalsperre 1814 überschwemmten zum einen günstig hergestellte industrielle Produkte aus England den europäischen Markt und bedrängten die lokalen Produkte. Zum andern war das Jahr 1816 im Westen und Süden Europas ausgesprochen kalt, was zu massiven Ernteeinbussen und im darauffolgenden Jahr zu stark erhöhten Lebensmittelpreisen führte.

Z. 46 *Hüsgen*: Johann Hüsgen (1769–1841) studierte 1787 bis 1791 Theologie in Bonn sowie Köln und erhielt 1792 die Priesterweihe. Nach verschiedenen Anstellungen als Pfarrer trat er 1816 als Kirchen- und Schulrat der Regierung in Aachen bei und erhielt 1820 die Ehrendomherrenwürde. 1825 wurde er zum Generalvikar der Erzdiözese Köln ernannt.

Z. 49 *Richterich*: heute Teil der Stadt Aachen

Z. 50 *Vetter*: Karl Wilhelm Vetter (1741–1820) stammte aus einer Tuchmacherfamilie und studierte ab 1760 zunächst in Frankfurt an der Oder, dann ab 1763 in Leiden Theologie. Von 1767 bis 1819 war er Pfarrer der reformierten Gemeinde in Aachen und preussischer Konsistorialrat.

Z. 53 *Binterim*: August Binterim (1784–1854), geboren in Düsseldorf, kam 1815 als Kaufmann nach Vaals bei Maastricht, wo er sich als Tuchfabrikant etablierte. Binterim wurde 1817 Mitglied der durch königlichen Beschluss neu errichteten Industrie- und Handelskammer, der *Kamer van Koophandel en Fabrieken*.

Z. 53 *Vaals*: Gemeinde in Limburg (Niederlande)

Z. 55 *Spankeren*: Eberhard van Spankeren (1761–1840) wurde in Moers als Sohn eines Rentmeisters geboren. Nach seiner Ordination 1781 war er evangelischer Pfarrer in Waldniel, Jüchen, (Solingen-)Wald und 1792 bis 1840 in Eupen (Bezirk Aachen). Während der Eupener Zeit amtete er zudem als Schulkommissar, ab 1833 als Konsistorialrat und ab 1836 als

	Superintendent der Synode. Van Spankeren war seit 1791 mit Carolina Wilhelmina Klönne (1769–1845) verheiratet.
Z. 56	*Eupen*: Stadt in Lüttich (Belgien)
Z. 58	*Grünewald*: Peter Heinrich Grünewald (1758–1835) wurde in Düsseldorf als Sohn eines Kaufmanns geboren, studierte Theologie in Duisburg und Göttingen, erhielt 1780 die Stelle des zweiten Pfarrers in Wesel (Nordrhein-Westfalen) und folgte 1785 dem Ruf der lutherischen Gemeinde Aachen, die allerdings erst 1802 eine eigene Kirche erhielt. Grünewald war bis zu seinem Tod als Pfarrer und Superintendent der lutherischen Gemeinde Aachen tätig und verstarb ledig.
Z. 60	*Laufs*: Johann Friedrich Laufs (1778–1830), geboren in Wickrathberg (heute Teil von Mönchengladbach), war ab 1803 Pfarrer in Süchteln (heute Teil von Viersen, Nordrhein-Westfalen) und nahm 1806 in Schwanenberg die Stelle als evangelisch-reformierter Pfarrer an, die er bis zu seinem Tod innehatte. Laufs wurde zudem als Autor historischer Schriften bekannt.
Z. 61	*Schwanenberg*: heute Teil von Erkelenz (Nordrhein-Westfalen)
Z. 62	*Erkelenz*: Stadt in Nordrhein-Westfalen
Z. 63	*Keller*: Johann Wilhelm Keller (1794–1885), geboren in Hückelhoven-Hilfarth (Nordrhein-Westfalen), arbeitete als evangelischer Pfarrer in Kelzenberg und ab 1824 in Wermelskirchen, wo er auch als Superintendent tätig war. Er war mit Agnes Sibylla Beckers (1801–1885) verheiratet.
Z. 64	*Kelzenberg*: heute Teil von Jüchen (Nordrhein-Westfalen)
Z. 66	*Plum*: Leonard Pl(o)um (1768–1847) von Aachen, 1792 zum Priester geweiht, war 1804 bis zu seinem Tod Pfarrer der katholischen Gemeinde Wegberg und Schulinspektor des Kreises Erkelenz (Nordrhein-Westfalen).
Z. 67	*Wegberg*: Stadt in Nordrhein-Westfalen
Z. 69	*Oeder*: Hier ist möglicherweise Christian Oeder (um 1774–1837) oder einer seiner Verwandten gemeint. Oeder besass in Aachen eine Wollhandlung und betrieb auch Bankgeschäfte. 1816 wurde er Mitglied des Stadtrats und sass 1826 bis 1830 der Industrie- und Handelskammer vor, 1835 bis 1836 war er deren Präsident.
Z. 70	*Pastor*: Konrad Gotthard Pastor (1796–1835), Sohn eines Aachener Nadelfabrikanten, war ebenda als Kaufmann tätig. 1824 heiratete er in Iserlohn (Nordrhein-Westfalen) Bertha von Scheibler (1806–1867), die Tochter eines Fabrikanten. Die Familie wohnte 1825 in Basel, sie scheint später aber wieder nach Deutschland zurückgekehrt zu sein.
Z. 71	*Creilsheim*: Da verschiedene Mitglieder dieses Geschlechts in preussischen Diensten standen, ist die Person nicht mit Sicherheit zu bestimmen. Angesichts des hier angegebenen Dienstgrades ist möglicherweise Johann Ludwig Christoph von Creilsheim (1767–1821) gemeint, der Generalmajor und Oberst des 15. Infanterieregiments, dann Kommandant von Kostrzyn nad Odrą (Küstrin, Lebus) und zuletzt Kommandeur einer Infanterie-Brigade war.
Z. 73	*Cramer*: Johann Albert Reinhard Cramer (1783–1846) war Domänendirektor des Fuldadepartements und ab 1813 Mitglied der preussischen Verwaltung Paderborn. Im Juni 1816 siedelte er nach Aachen über, später wurde er Oberregierungsrat in Köln.
Z. 75	*Orsbach*: Martin Joseph von Orsbach (1776–1846) aus Aachen, katholischer Priester seit 1799 und Angehöriger des Minoritenordens, wurde 1808 Lehrer an der Sekundarschule und 1815 Religions- und Oberlehrer

am Gymnasium Aachen, wo er bis 1841 unterrichtete. 1831 wurde er zum Honorarkanonikus, ein Jahr später zum Kapitularkanonikus ernannt.

Z. 77 *Birven*: Der Gutsbesitzer Nicolaus Gerhard Joseph Birven lebte in Astenet, einem Dorf bei Eupen (Belgien). Die Familie besass neben dem Schloss Mützhof schon vor 1750 das Schloss Thor, das 1840 durch die Heirat von Josephine Birven an die Familie Lambertz aus Bonn überging.

Z. 78 *Astenet*: heute Teil der Gemeinde Lontzen (Lüttich)

Z. 79 *Durieux*: Egidius Joseph Dürieux konnte nicht näher bestimmt werden.

Z. 79 *Kettenis*: heute Teil von Eupen (Lüttich)

Z. 81 *Kladt*: Adolf Mathias Nepomuk von Kladt (1776–1848) wurde 1791 ordiniert und war von 1808 bis zu seinem Tod katholischer Pfarrer in Gerderath (heute Teil von Erkelenz, Nordrhein-Westfalen).

Z. 84 *Altena*: Johann Altena (1766–1825), geboren in Radevormwald (Nordrhein-Westfalen), studierte Theologie an der Universität Giessen und war von 1799 bis 1825 Pfarrer in Schleiden (Nordrhein-Westfalen).

Z. 87 *Böcking*: Bernhard Boecking (1781–1824), geboren in Trarbach (Rheinland-Pfalz) und aus vermögender Kaufmannsfamilie stammend, betätigte sich seit 1804 in Monschau (Nordrhein-Westfalen) als Feintuchfabrikant und Kaufmann und übte unter französischer Herrschaft bereits einige Verwaltungsfunktionen aus. 1816 wurde er durch die preussische Obrigkeit zum ersten Landrat des neu geschaffenen Kreises Monschau ernannt. Boecking war mit Christine Catharina Clauss (1787–1861) verheiratet und hatte zehn Kinder.

Z. 88 *Montjoie*: Monschau (Nordrhein-Westfalen)

Z. 89 *Sack*: Der königlich-preussische Major Sack konnte nicht näher bestimmt werden.

Z. 91 *Lejeune Dirichlet*: Lejeune Dirichlet wurde in Düren geboren und war von 1814 bis 1817 königlicher Rentmeister in Montjoie (beide Nordrhein-Westfalen). Er verliess heimlich seinen Posten und hinterliess in der Rentkasse ein Defizit.

Z. 93 *Scheibler*: Ein Scheibler mit Initialen P und Jb ist nicht nachzuweisen. Zu finden war allerdings ein Monschauer Tuchfabrikant und Kaufmann (Johann) Karl Wilhelm Scheibler (1783–1847), der seit 1816 mit Sophie Wilhelmine Pastor (†1863), einer Kaufmannstochter aus Burtscheid (heute Teil von Aachen) verheiratet war.

Z. 95 *Offermann*: Johann Heinrich Offermann war 1817 bis 1820 sowie 1843 bis um 1846 Bürgermeister von Imgenbroich. Ob er mit dem 1793 geborenen Imgenbroicher Tuchfabrikanten Johann Heinrich Offermann identisch ist, ist unklar.

Z. 96 *Imgenbroich*: heute Teil von Monschau (Nordrhein-Westfalen)

Z. 97 *Fremerey*: Johann Fremerey (1739–1821) entstammt einer aus Frankreich eingewanderten Hugenottenfamilie, die sich in Eupen (Lüttich) als angesehene Unternehmerdynastie etablierte. Fremerey war Kaufmann und Besitzer einer Wolltuchfabrik und galt als einer der reichsten Fabrikanten vor Ort.

Z. 99 *Krug*: Karl Krug (*1765) aus Nieder-Wiesen (Rheinland-Pfalz) war zuerst Kaufmann in Dalbenden in der Eifel. 1801 heiratete er Anna Dorothea Offermann (1773–1838), die Tochter eines Feintuchfabrikanten aus Imgenbroich (⇒ Z. 95). Mit seinem Schwager Caspar Wilhelm Offermann (1777–1843) führte er in Imgenbroich während einigen Jahren das Handelshaus *Offermann & Krug*. Nachdem das Unternehmen im März 1823 Konkurs ging, liess er sich in Tatar (Russland) als Färber nieder.

Z. 101 *Schmitz*: Peter Wilhelm Schmitz (1752–1819), Tuchfabrikant und Kaufmann in Monschau, wurde 1795 ebenda zum Bürgermeister gewählt. Schmitz war zudem Mitglied der 1798 eingeführten Aachener Unterrichtsjury, trat ab 1804 wiederholt als Kantonspräsident in Erscheinung und durch die Schenkung einer Jahresrente an den Elementarschulfonds auch als Mäzen des örtlichen Schulwesens.

Z. 103 *Jansen*: Mathias Heinrich Jansen (1794–1864) war seit 1813 Lehrer und Organist in Imgenbroich, allerdings noch nicht definitiv angestellt. Als die Gemeinde einen Antrag vom 6. Januar 1818 auf ein Festgeld für Jansen ablehnte, nahm dieser am 7. Mai 1818 eine Stelle in Schleiden (Nordrhein-Westfalen) an.

Z. 105 *Kron*: Peter Daniel Kron (um 1785–1849) von Horn bei Solingen wurde im rheinländischen Leichlingen geboren. Er war zuerst Schullehrer in Kirschseiffen bei Schleiden, ab Juli 1816 bis zu seinem Tod unterrichtete er an der evangelisch-lutherischen Schule in Imgenbroich (beide Nordrhein-Westfalen).

Z. 107 *Basset*: Karl Friedrich Basset (*1785) war von 1816 bis um 1843 als Buchhalter an der Hauptkasse der Regierung Aachen tätig, nachdem er zuvor als Buchhalter bei der Kriegskasse sowie der Hauptkasse des Generalgouvernements gearbeitet hatte.

Z. 109 *Gesell*: Johann Gottlieb Ernst Gesell (1774–1842), geboren in Kroppenstedt bei Magdeburg, war königlich preussischer Regimentsquartiermeister und Auditeur (Angehöriger) im Brandensteinschen Grenadier-Bataillon zu Erlangen. Spätestens ab 1817 bis zu seinem Tod amtete er als Landregimentsmeister in Aachen. Gesell war mit Amalia Friederike Maria Eiselen (1783–1855) verheiratet.

Z. 116 *Karthauss*: Gottfried Friedrich Wilhelm Karthauss (†1851) aus Gummersbach war Calculator beim General-Gouvernement Kommissariat in Aachen und wurde 1816 Kreissekretär von Monschau (beide Nordrhein-Westfalen).

Z. 118 *Schlömer*: Johann Schlömer war 1814 Beigeordneter des Monschauer Bürgermeisters und mangels eines Nachfolgers als kommissarischer Bürgermeister gewählt. Ein Jahr später bat er ohne Erfolg um seine Entlassung – und blieb bis 1850 im Amt.

Z. 120 *Uerlichs*: Heinrich Joseph Uerlichs (†1819) war seit 1806 Notar in Monschau, Mitglied des Stadtrats sowie des Central-Wohltätigkeitsamtes.

Z. 122 *Cremer*: Wilhelm Joseph Cremer war Rendant (Rechnungsführer, Kassenwart).

Z. 124 *Breuer*: Theodor Breuer (1760–1835) von Monschau (Nordrhein-Westfalen) trat 1779 in das dortige Minoritenkloster ein. Um 1804 war er Deservitor (Diener) der Ursulinenkirche. Er starb als Hilfsseelsorger an St. Adalbert in Aachen.

Z. 129 *Victor*: Johann Michael (nicht wie in der Subskriptionsliste wohl fälschlicherweise notiert: Wilhelm) Victor aus Walheim (Aachen) war Küster in Lammersdorf und seit 1813 Lehrer für Deutsch, Französisch und Rechnen in Simmerath. 1821 verliess er die Stelle in unbekannte Richtung.

Z. 129 *Simmerath*: Gemeinde in Nordrhein-Westfalen

1800.
Joseph Röckl

24. Oktober 1817

Dillingen den 24^{tn} Octob[e]r 1817.

Hochwohlgebohrner Hochverehrungswürdiger Herr Direktor! – Unter die Zahl derjenigen, die mit innigem Vergnügen die Veranstaltung einer vollständigen Ausgabe Ihrer sämmtlichen Werke in öffentlichen Blättern angekündet lasen, gehöre auch ich. – Tief bewegt und mit innigster Rührung verweilte ich bey der Stelle: «D a s W e r k m e i n e s L e b e n s s t e h t s c h w a n k e n d u n d k r a f t l o s i n d e r H a n d m e i n e s A l t e r s. E s i s t i n e u r e r H a n d d a s s e l b e z u s t ä r k e n.» Edler, Verehrungswürdiger, Grosser Menschenfreund und Schulmann! – Auch ich möchte gerne beytragen I h r W e r k zu stärken. ich diene dadurch nicht so sehr I h n e n, als der guten Sache und der Menschheit. – Gefälligen Sie daher mir eine Bitte zu gewähren. Ich wünschte recht sehnlich, dass ich durch ein Privatschreiben von Ihnen besonders ersucht und bevollmächtigt würde für Ihr Werk Subscribenten zu sammeln. Ich bin Professor der Pädagogik und Geschichte an dem k[öniglichen] b[ayrischen] Lyceum zu Dillingen im Oberdonau-Kreise. Zugleich bin ich Districts-Schulinspector in mehreren Landgerichts-Bezirken. In dieser Eigenschaft unterhalte ich eine ziemlich ausgebreitete Bekanntschaft mit Schulmännern Bayerns; auch bin ich als pädagogischer Schriftsteller nicht mehr unbemerkt ... durch diese Verhältnisse wäre es mir nun erleichtert für Sie Subscribenten zu sammeln; aber wie gesagt, ich möchte durch einen handschriftlichen Aufruf von Ihnen eigens dazu ersucht und bestellt seyn. Auch möchte ich die Erlaubniss haben in den öffentlichen Blättern meines Vaterlandes Ihres handschriftlichen Aufrufes an mich Erwähnung zu thun. – Ich würde dadurch mehr Eingang und eine günstigere Aufnahme als Subscribenten-Sammler finden; und Ihrem Zwecke Verehrungswürdiger! – mehr nüzlich werden können. Es versteht sich übrigens von selbst, dass Ihr Aufruf an mich so abgefasst seyn muss, dass er aus Ihrem eigenen Antriebe, und nicht durch mich veranlasst erscheint. – Edler-Hochverdienter-Grossherziger Mann! ich verdanke I h r e n S c h r i f t e n bereits viel ... Manche Begeisterung für meinen Berufe ist aus Ihren Schriften für mich gekommen ... Mancher Funke, der in mir glimmte, ist durch Sie, durch Ihre Werke zur Flamme geworden. Wenn ich mich mit Eifer annehme Ihren Werken Verbreitung zu verschaffen, so geschieht es nur, um viele Andere dadurch zu spornen, aus den nemlichen Quellen zu schöpfen und zu lernen, aus denen auch ich geschöpft und gelernt habe. Wie ich schon anführte, ich diene blos der guten Sache und der Menschheit, wenn ich Ihrem Zwecke förderlich bin.

Ich erwarte sehnsuchtsvoll eine geneigte Erwiderung und bin unaufhörlich

Ihr

Verehrer und bereitwilligster
Diener R ö c k l Professor am
b[ayrischen] Lyceum zu Dillingen

Überlieferung

1   ZB Zürich, Ms Pestal 55, Umschlag 306/1
2   Bogen, 275 x 192 mm
4   Dorsualvermerk *Dillingen, den 24. 8bre 1817. Röckl, Professor.*
5   Original

Textkritik

Zeuge H
Z. 18   *Subscribenten*: lateinische Schrift
Z. 20   *k[öniglichen] b[ayrischen] Lyceum*: lateinische Schrift
Z. 25   *Subscribenten*: lateinische Schrift
Z. 50   *b[ayrischen] Lyceum*: lateinische Schrift

Sacherklärung

I.

Joseph Röckl (1780–1826), geboren in Wertingen (Bayern), studierte in Landshut und München an der Philosophischen Fakultät und arbeitete danach einige Jahre als Lehrer. 1805 wurde Röckl zum Professor für Pädagogik, Geschichte und Statistik des neu geschaffenen Lyzeums in Dillingen berufen, konnte sich aber das Privileg herausnehmen, vor Antritt der Stelle eine halbjährige pädagogische Bildungsreise durch Deutschland zu absolvieren. 1807 wurde er zum Schulkommissar und Oberschulinspektor des Distrikts Dillingen ernannt. Röckl hat einige pädagogische und historische Schriften verfasst, darunter auch den Bericht seiner pädagogischen Bildungsreise (*Pädagogische Reise durch Deutschland*, 1808) und war zudem korrespondierendes Mitglied der *Cameralistisch-Ökonomischen Societät* in Erlangen und Ehrenmitglied des *Pegnesischen Blumenordens*, einer Sprach- und Literaturgesellschaft in Nürnberg.

III.

Z. 4   *Dillingen*: Gemeinde in Bayern
Z. 7   *Ausgabe*: Johann Heinrich Pestalozzi: Sämmtliche Schriften, 12 Bände. Stuttgart 1819–1824
Z. 9   *Stelle*: Die Stelle stammt aus der im März 1817 veröffentlichten Schrift *Pestalozzi an's Publikum* (PSW XXV, S. 39–45, Zitat S. 45).

Z. 17 *Privatschreiben*: PSB XIV, Nr. 4824 a; Röckl hatte zudem in der *Augsburger Allgemeinen Zeitung* am 16. November 1817 eine Anzeige mit persönlicher Empfehlung für den Subskriptionsplan einrücken lassen.

Z. 20 *Lyceum*: Das Königlich-Bayrische Lyzeum in Dillingen wurde vom bayrischen Kurfürsten und späteren König Maximilian I. Joseph (1756–1823, ⇒ Nr. 985) im Jahr 1804 als Ersatz für die Universität gegründet, die Dillingen mit Übertritt zu Bayern 1802 verloren hatte. Das Lyzeum hatte den Auftrag, katholische Theologen auszubilden, stand aber auch anderen Studenten offen. Gelehrt wurde der Fächerkanon einer Theologischen und Philosophischen Fakultät, die Lyzeen besassen aber kein Promotionsrecht und keine universitären Freiheitsrechte. Vergleichbare Institutionen gab es im ganzen Königreich Bayern. 1923 wurde das Lyzeum in Philosophisch-Theologische Hochschule Dillingen umbenannt.

1801.
Johannes Niederer

26. Oktober 1817

S[alvo] T[itulo] Herrn
5 Pestalozzi
im
Schloss

Iferten den 26ten 8brs 1817.

S[alvo] T[itulo] Herrn Pestalozzi
10 Der offene Brief ist mir von Betty Gleim durch die Post zugekommen. Den Andern erhielt ich durch den Fourgon heute, nebst einem vom gleichen Datum, vermuthlich, nemlich vom 16 May 1816 – das Paquet in dem er lag, ist wie ich aus einer Nachricht ersehe, viele Monate in Aarau liegen geblieben.

15 H[err] Capitain van Hof, zu Harderwyk in Holland – Carl v[on] Eglof, Gesandschaftssekretair – ersuchen Sie durch mich, jeden für ein Exemplar Ihrer Werke auf die Subscribentenliste zu setzen.

Der Artikel in der letzten Lausanner Zeitung bedarf, wenigstens in betref Ihrer Anciens Collaborateurs einer Berichtigung. Enthält er
20 keine entsprechende von Ihnen, so sehe ich mich genöthigt für eine zu sorgen. Da Ihnen aber der Inhalt einer solchen von mir nicht angenehm seyn möchte, (er würde das Verhältniss derselben zu Ihrem Institut bezeichnen müssen. Die Zeimer sind glücklich in Paris angekommen. Ihr Vater trägt [mir auf], Ihnen seine und ihre
25 Verehrung zu bezeugen.) so glaube ich, es meiner alten Achtung für Ihre Person schuldig, Sie davon zu benachrichtigen.

Joh[annes] Niederer

Überlieferung

1 ZB Zürich, Ms Pestal 53/54, Umschlag 262/IV,72
2 Blatt, 250 x 198 mm
4 Siegelspuren, Dorsualvermerk *Iferten, den 26. 8^{ber} 1817. Joh[annes] Niederer*
5 Original

Textkritik

Zeuge H

Z. 4	*S[alvo] T[itulo]*: lateinische Schrift
Z. 5	*Pestalozzi*: lateinische Schrift
Z. 7	*S c h l o s s* : lateinische Schrift
Z. 10	*Betty*: lateinische Schrift
Z. 12	*Datum*: lateinische Schrift
Z. 12	*May*: lateinische Schrift
Z. 15	*Capitain van Hof*: lateinische Schrift
Z. 15	*Hof,* <*von*> *zu*
Z. 15	*Harderwyk*: lateinische Schrift
Z. 15 f.	*Carl v[on] Eglof*: lateinische Schrift
Z. 18	*Lausanner*: lateinische Schrift
Z. 19	*Ancien Collaborateurs*: lateinische Schrift
Z. 22	*seyn* <*s*> *möchte*
Z. 22 ff.	*(er ... bezeugen.)* ∫
Z. 24	Ausriss

Sacherklärung

I.

Johannes Niederer (1779–1843) ⇒ Nr. 507

III.

Z. 4	*S[alvo] T[itulo]*: mit Wahrung des Titels (lat.)
Z. 8	*Iferten*: dt. Name für Yverdon
Z. 10	*Brief*: ⇒ Nr. 1758
Z. 10	*Gleim*: Betty Gleim (1781–1827) ⇒ Nr. 1520 i
Z. 11	*Andern*: ⇒ Nr. 1520 i
Z. 11	*Fourgon*: Postwagen (frz.)
Z. 15	*Hof*: Georg Wilhelm Friedrich von Hoff (*1779) aus Gotha (Thüringen) war Hauptmann der niederländischen Armee und als Rekrutierungsoffizier für die holländische Kolonial-Armee in Harderwijk (Gelderland) stationiert. Er war zudem Direktor des kolonialen Wohltätigkeitsvereins in Ommen (Overijssel). Von Hoff hatte fünf Kinder mit Henriette Josephine Ferdinandine Louise Stieler (†1824), die bei der Geburt des letzten Kindes starb.
Z. 16	*Eglof*: Karl von Egloff-Stadthof (1784–1866) durchlief eine Ausbildung zum Verwaltungsbeamten in Österreich und taucht 1805 als Kreisamtspraktikant Vorarlberg und Tirol in Innsbruck in den Akten auf, 1817 als österreichischer Gesandtschaftssekretär in Lenzburg. Später war er Gubernial-Konzipist in Innsbruck und ab 1821 Hof-Konzipist (Ministerialbeamter) der Hofkanzlei in Wien. Er starb 1866 in Bregenz.

Z. 18 *Artickel*: In der *Gazette de Lausanne* vom 23. Oktober 1817 (Nr. 84) erschien unter der Rubrik Suisse folgende Notiz: «M. Pestalozzi se trouve depuis quelque tems à Hofwyl, chez M. Fellenberg; il pense même s'y fixer. On assure qu'il cédera son institut d'Yverdon à ces anciens collaborateurs, et que c'est à Hofwyl, et conjointément avec M. Fellenberg, qu'il s'occupera de réaliser son projet primitif d'une école des pauvres.» Der Artikel in der st. gallischen Zeitung *Der Erzähler* vom 31. Oktober 1817 (Nr. 44) lautet: «Das in mehrern Hinsichten erschütterte Pestalozzische Institut will endlich innerer Spaltung erliegen; die wichtigen Männer Niederer, Krüsi und Gersbach haben sich von ihrem Meister getrennt und werden für sich handeln. Ihm bleibt Schmid, der sein Zutrauen gewonnen hat. Der Chw. Julien verwendete sich für einen Zusammentritt zwischen Fellenberg und Pestalozzi, der nicht unfruchtbar blieb, und sinther verlautet, dass letzterer die Lieblingsidee seines Lebens, die Errichtung einer mit Unterricht verbundenen Armenanstalt verwirklichen wolle; dass dieses aber in Hofwyl statt finden werde, ist eine noch unreife Vermuthung.» Pestalozzi sah sich daraufhin verpflichtet, seine Treue zum Institutsstandort Yverdon öffentlich auszudrücken und veröffentlichte bereits am 25. Oktober 1817 eine Replik (PSB X, Nr. 4810).

Z. 19 *Anciens Collaborateurs*: ehemalige Mitarbeiter (frz.)

Z. 23 *Zeimer*: Johann Georg Zeimer und Dorothea Margaretha Elisabeth Zeimer-Schneyder (⇒ Nr. 1496 a) sowie die beiden Söhne Georg (⇒ Nr. 1462) und Ludwig Zeimer/Zeymer (⇒ Nr. 1462)

1802.
Johann Elias Mieg
26. Oktober 1817

Lausanne d[en] 26tn Oct[ober] 1817.

Theurer Vater! Ich danke Ihnen für die Mittheilung der Ubereinkunft, welche Sie mit Herrn Fellenberg abgeschlossen haben, und wünsche von Herzen, dass dadurch für Sie eine wirkliche Erleichterung, und für den Fortgang und das Aufblühen des Instituts eine neue Kraft gewonnen sey. Aus dem was Sie mir mitgetheilt haben, kann ich jedoch noch kein bestimmtes Urtheil fällen, was nach meiner Meynung von dieser Vereinigung zu erwarten ist, und es müssen wie ich vermuthe noch andere Punkte verabredet seyn die mehr in das Detail eingehen, überhaupt scheinen mir 2 Kräfte statt einer in der Yverdoner Anstalt hinfort die Leitung und Belebung übernommen zu haben, es kommt jetzo nur darauf an dass sie harmoniren, od[er] dass etwas bestimmtes abgesprochen ist welche das Ubergewicht haben soll, denn es wäre z[um] B[eispiel] doch möglich, dass Herr Fellenberg Ihnen einen Lehrer vorschlüge, den Sie nicht wollten, so muss doch irgend eine Entscheidung statt finden, von wem soll nun diese abhängen? Ich bin weit entfernt zu glauben dass ein solcher Fall positiv eintreten werde, aber ich glaubte ihn anführen zu müssen als Beleg, dass ich aus dem mitgetheilten noch nicht ganz die künftige Lage der Dinge beurtheilen kann. Was Sie zu thun bereit sind ist mir aus Ihrem Brief ersichtlich, u[nd] bestimmt ausgesprochen, was aber Herr Fellenberg übernommen ist Ihnen wohl nicht so gegenwärtig geblieben, denn Sie erwähnen blos, dass er Ihnen beystehen wolle, ich zweifle jedoch nicht, dass H[err] F[ellenberg] die abgeschlossene Ubereinkunft mehr als moralische Verbindlichkeit, und weniger als bürgerliche Ubereinkunft betrachten wird, es müsste denn seyn dass er Verantwortlichkeiten übernommen habe, die ihn in Verlust bringen können, wodurch er allerdings auf der bürgerlichen Rechtsgültigkeit zu halten genöthigt wäre. Wird mir Herr Fellenberg schreiben, woran ich jedoch zweifle, so werde ich Ihnen sogleich mittheilen was er mir meldet vor der Hand aber bitte ich Sie ruhig abzuwarten was da kommen wird, an der Aufnahme des Instituts aus allen Kräften zu arbeiten, u[nd] um Gottes Willen nicht aufs neue, durch ein Hin u[nd] Herschwanken, die kostbare Zeit zu verlieren. Es wäre sehr zu wünschen gewesen, dass nachdem Sie die Schritte bey der Municipalität für Schmidt u[nd] Lange gethan hatten, nun weiter bestimt u[nd] entschlossen vorgeschritten worden wäre, Sie glaubten diess nicht thun zu dürfen; darüber verging die Zeit, Sie wurden in neue Unterhandlungen gezogen, Sie glaubten diese der guten Sache zuträglicher, und nun scheinen Sie mir schon wieder zu wanken. Verzeihen Sie mir mein verehrter Vater dass ich Ihnen diese Bemerkung mache, aber mein Charakter u[nd] meine Liebe u[nd] Verehrung für Sie drängt sie mir ab, u[nd] ich muss Ihnen bestimmt sagen, dass Sie eine Parthey ergreifen u[nd] dabey bleiben müssen, mag dann erfolgen was da will, ein Mann von festem Willen, und ruhiger Besonnenheit u[nd] klarer Einsicht kann vieles, aber er muss dann nur Eins recht wollen und auch dadurch allein hört jede Opposition auf weil sie voraus sieht dass nichts zu erringen ist, indem alles unumstösslich bestimmt ist, kann man aber noch die Hoffnung nähren etwas zu ändern, und dadurch für sich etwas zu erhalten, so treibt man sein Streben soweit man kann, was dann auch, in so fern erlaubte Mittel dazu angewendet werden, nicht zu tadlen ist.

Ich hoffe dass meine Freymüthigkeit Sie nicht abhalten wird mir ferner das mitzutheilen was Sie so nahe angeht, denn wenn ich auch nicht mit dem übereinstimme was geschieht, so können Sie

doch fest darauf zählen, dass ich Ihre Zwecke verehre, u[nd] dass
ihnen alles mögliche Gedeihen u[nd] Fortgang wünscht

Ihr
Sie innig verehrender
E[lias] Mieg

Überlieferung

1 ZB Zürich, Ms Pestal 53, Umschlag 225/13
2 Bogen, 255 x 199 mm
4 Datum am Schluss
5 Original

Textkritik

Zeuge H
Z. 4 *Lausanne*: lateinische Schrift
Z. 4 *Oct[ober]*: lateinische Schrift
Z. 14 *Yverdoner*: lateinische Schrift
Z. 34 schreiben, <so> woran
Z. 65 *E[lias] Mieg*: lateinische Schrift

Sacherklärung

I.

Johann Elias Mieg (1770–1842) ⇒ Nr. 1244

II.

Johann Elias Mieg (1770–1842, ⇒ Nr. 1244) hatte sich schon 1812/13 um eine institutionelle Reorganisation des Instituts in Yverdon bemüht und war von Pestalozzi gebeten worden, die Leitung zu übernehmen, was er allerdings am 22. Februar 1813 ablehnte (⇒ Nr. 1361). Mieg sah nun in der geplanten Kooperation mit Philipp Emanuel von Fellenberg (1771–1844, ⇒ Nr. 426) eine Möglichkeit, das Institut in Yverdon auf eine sichere Basis zu stellen, auch wenn ihm der Vertragsinhalt noch zu unpräzise erschien. Aufgrund der vielen, zum Teil widersprüchlichen Überlegungen zur Zukunftssicherung des Instituts griff Mieg auch die auf Joseph Schmid (1785–1851, ⇒ Nr. 712) zurückgehende Vereinbarung Pestalozzis mit der Gemeinde Yverdon auf, wonach Schmid und Johann Friedrich Wilhelm Lange (1786–1858, ⇒ Nr. 1058) nach dem Tod Pestalozzis das Schloss mitsamt Anstalt überlassen werde.

III.

Z. 6 *Ubereinkunft*: PSB X, Nr. 4813
Z. 7 *Fellenberg*: Philipp Emanuel von Fellenberg (1771–1844) ⇒ Nr. 426
Z. 25 *Brief*: scheint nicht erhalten zu sein
Z. 40 *Municipalität*: Munizipalität Yverdon ⇒ Nr. 643
Z. 40 *Schmidt*: Joseph Schmid (1785–1851) ⇒ Nr. 712
Z. 40 *Lange*: Johann Friedrich Wilhelm Lange (1786–1858) ⇒ Nr. 1058

1803.
Johannes Niederer
27. Oktober 1817

An Pestalozzi, das Land hinter dem Garten betreffend.

Iferten den 27ten 8brs 1817.

Lieber Herr Pestalozzi

Die Versicherung Ihrer Achtung ist mir unendlich viel werth. In Ihrer Hand ligt es, mir d e n Beweis davon zu geben, den ich als den Einzigen und über alles schätze, wenn Sie nemlich nicht durch immer grössern Widerspruch zwischen Ihrem persönlichen Thun und Ihrem Werk, sich selbst immer mehr um die öffentliche Meinung bringen; wenn Sie sich die Achtung der Mitwelt und Nachwelt auch heüte noch unerschütterlich sichern, und Ihre Freunde, namentlich auch mich, nicht nöthigen, das Werk der Menschheit und Gottes, dessen Werkzeug Sie waren, nicht gegen Ihre Äusserungen und Maasnahmen selber vertheidigen zu müssen.

Erlauben Sie mir hinzuzusetzen, was eigennützig scheinen kan, aber doch mit Obigem genau zusammenhängt. Sie haben mir schon vor drei Jahren das Stück Land hinter meinem Garten, seiner Breite nach, bis zur Mauer, versprochen. Vor zwei Jahren sagten Sie mir die Hälfte zu, und letzten Frühling schlugen Sie mir auf meine Erinnerung und Bitte alles ab. Da meine Achtung für Sie, auch m i t darauf beruht, dass Sie ein Mann von Wort sind, so schrieb ich diesen Abschlag auf Rechnung der von Ihnen bald darauf der Munizipalität erklärten, und mir nun von dorther bekant gewordenen Association mit den Herrn Lange und Schmid zu. Ich wollte Sie von der Verlegenheit, in welche das Interesse dieser Herren Sie in betreff der Erfüllung Ihres gegebenen Worts setzen konte, befreyen, und wandte mich an die Munizipalität. Um Sie auf gar keine Weise zu kompromittiren, d[as] h[eisst] aus Ihnen schuldig gefühlter Achtung, sagte ich dabei nicht einmal ein Wort von Ihrem Versprechen, und führte blos die in der Sache und meiner Lage gegebenen Gründe an.

Auf Ihr hierüber eingereichtes Memoire glaube ich Ihnen die Erklärung schuldig, dass mich noch weit mehr das aufgestellte Räsonnement, als der Abschlag selbst, kränkte. Es geht aus jeder Zeile hervor, dass der Aufsatz nicht von Ihnen, sondern von Leuten ist, die Ihre Würde auf jede Weise preis geben. S i e hätten gewiss nicht eine solche Kleinigkeit, eine wichtige oekonomische Ressource für Ihre Zwecke erklärt, um so weniger, da ich bei Ihnen die Überzeugung voraussetzen muss, Ihre wahrhaften, bleibenden pädagogi-

schen Zwecke werden auch durch meine Unternehmung befördert.
Sie hätten ebenso wenig in dieser Beziehung von Ihrer Armuth gesprochen, da Sie sich so oft und so laut schon durch H[errn] Schmid für reich erklärt haben. Sie wären eingedenk gewesen, dass der
45 Vertrag mit der Munizipalität zur Nutzniessung des genannten Stück Landes durch Ihre Association eine wesentliche Modification erleidet, inso fern nemlich andre gegründete Ansprüche statt finden. Auch hätten S i e nicht den Schein angenommen, als sprächen Sie die Begünstigung der Stadt für das was Sie persönlich unternehmen
50 a l l e i n und ausschliessend an. Am allerwenigsten hätten S i e sich die eben so illusorische als herabwürdigenden Anspielung auf des Caffés und Ihrer Anstalt Nachbarschaft erlaubt. Denn Sie wissen, dass diese Nachbarschaft durch den Besitz jenes Stück Landes weder grösser noch kleiner wird, dass die Munizipalität, mich gegen
55 Monneron v o l l k o m m e n geschützt hat dass, wäre ich es weniger gegen Ihre Zöglinge als gegen die Caffégäste, der Vorwurf und die gerechte Schande davon auf Sie als den Vorsteher der Anstalt der die Zöglinge im Zaun halten, und sie sittlich bilden soll fallen würde.
Ja nicht einmal d i e Indelikatesse hätten S i e sich erlaubt, von der
60 Rücksicht zu sprechen, die ich diessfalls meinen Zöglinginnen schuldig sey, da Sie aus dem Verhältniss in das ich meine Töchtern zu Ihrer Knabenanstalt gesetzt habe, wissen, dass ich meine Obliegenheit diessfalls, und die Garantie, welche ich gegen die Eltern übernommen, tief fühle. Prüfen Sie selbst nach diesem, ob der
65 Redacteur, der von Ihnen unterzeichneten Antwort an die Munizipalität, Ihnen einen Dienst geleistet.
Ich wende mich daher hiemit noch einmal förmlich und schriftlich an Sie, mir Ihr gegebnes Wort zu erfülen, und das verlangte Stück Land abzutreten, d[as] h[eisst] in jener Hinsicht sich selbst zu
70 ehren, und in dieser mir eine wirkliche Gefälligkeit, und wenn Sie wollen, Wohlthat zu erweisen. Sie werden, wenn Sie es recht bedenken, finden, dass die Umstände weit entfernt sind, Ihrem ersten Versprechen eine Veränderung gegen dieses Verlangen hervorzubringen, vielmehr für mich zeugen, und mir gleichsam einen
75 Rechtstitel an die Hand geben, weil durch Ihre der Munizipalität erklärte Association der Genuss des fraglichen Landes keineswegs mehr als Ihr reines, persönliches Eigenthum zu betrachten ist. Eben dadurch haben Sie auf die ä u s s e r l i c h e , o e k o n o m i s c h e H e i l i g k e i t des Verhältnisses zwischen uns, in so fern es ein
80 s o l c h e s heiliges gibt, wie Sie in Ihrem Memoire anzunehmen scheinen, und auf die Rücksicht, welche ich Ihrem hohen Verdienst, wo Ihrer Person a l l e i n und frei steht, eben so unbedingt gewähre,

als ich mich dieser Rücksicht gegen Ihre Associés entschlage, verzichtet. Ich bitte Sie daher um Abtretung des genannten Stück Lands, und werde Sie, wann Sie mir sie freiwillig zusichern, als Gunst und Geschenk von Ihnen, anerkennen. Im entgegengesetzten Fall kan ich Ihnen nicht verhelen, dass ich mich aufs Neue an die Munizipalitat zu wenden, und ihr das Ganze dieses Verhältnisses darzustellen gezwungen sehe.

Da wahre Achtung nie veraltet, so nenne ich mich wiederholt Ihren alten Verehrer

Joh[annes] Niederer

Überlieferung

1 ZB Zürich, Ms Pestal 53/54, Umschlag 262/IV,73
2 Bogen, 250 x 199 mm
5 Original

Textkritik

Zeuge H
Z. 8   *Hand* ∫
Z. 25 f.   *Association*: lateinische Schrift
Z. 27   *Sie* ∫
Z. 33   *Memoire*: lateinische Schrift
Z. 38   *Kleinigkeit*, <*für*> *eine*
Z. 38   *Ressource*: lateinische Schrift
Z. 46   *Association*: lateinische Schrift
Z. 46   *Modification*: lateinische Schrift
Z. 49   *Sie* < * > *persönlich*
Z. 49 f.   *unternehmen* <*für b*> *a l l e i n*
Z. 52   *Caffés*: lateinische Schrift
Z. 55   *Monneron*: lateinische Schrift
Z. 56   *Caffé*: lateinische Schrift
Z. 65   *Redacteur*: lateinische Schrift
Z. 73   *gegen dieses Verlangen* ∫
Z. 76   *Association*: lateinische Schrift
Z. 76   *fraglichen* ∫
Z. 80   *Memoire*: lateinische Schrift
Z. 83   *Associés*: lateinische Schrift

Sacherklärung

I.

Johannes Niederer (1779–1843) ⇒ Nr. 507

II.

Das Café von (François) Louis Monneron (1774–1843, ⇒ Z. 55) war schon im März 1816 Gegenstand eines Briefwechsels zwischen Johannes Niederer (1779–1843, ⇒ Nr. 507), Pestalozzi und der Stadtverwaltung Yverdon (⇒ Nr. 643) gewesen. Streitpunkt war damals nicht grundsätzlich die Einrichtung eines Cafés im Nachbarhaus, sondern die Verwendung des dazugehörigen Gartens als «endroit public». Niederer befürchtete, dass sich diese Nachbarschaft negativ auf sein Mädcheninstitut auswirken würde (Archives de ville Yverdon, Registre de la Municipalité 1816–1818, Ab 8, S. 54, Brief vom 22. März 1816), eine Befürchtung, die Pestalozzi unterstützte (PSB X, Nr. 4233).

III.

Z. 5   *Iferten*: dt. Name für Yverdon
Z. 24 f.   *Munizipalität*: Munizipalität Yverdon ⇒ Nr. 643
Z. 25 f.   *Association*: Damit ist die Vereinbarung Pestalozzis mit der Gemeinde Yverdon gemeint, Joseph Schmid (1785–1851, ⇒ Nr. 712) und Johann Friedrich Wilhelm Lange (1786–1858, ⇒ Nr. 1058) Schloss und Institut nach seinem Tod zu überlassen (⇒ Nr. 1802).
Z. 26   *Lange*: Johann Friedrich Wilhelm Lange (1786–1858) ⇒ Nr. 1058
Z. 26   *Schmid*: Joseph Schmid (1785–1851) ⇒ Nr. 712
Z. 33   *Memoire*: PSB X, Nr. 4784
Z. 51   *Anspielung*: Pestalozzi verneint in seinem Brief an die Munizipalität Yverdon (⇒ Nr. 643) vom 7. Oktober 1817 (PSB X, Nr. 4784) die Eignung des umstrittenen Stück Landes als Erholungsraum für die Niederer'sche Anstalt, da das Grundstück «auf der einen Seite an das Land und den Weg eines Caffeehaus-Gartens und auf der andern an den eines Knaben-Instituts» anschliesse, «von dem Herr Niderer selbst nicht glaubt, dass alle Zöglinge zu der diesfalls höheren Delicatesse erhoben sind» (PSB X, S. 370).
Z. 55   *Monneron*: (François) Louis Monneron (1774–1843) aus Yverdon eröffnete 1814 in Yverdon ein Café, das bis anfangs der 1820er-Jahre bestand. 1823 liess Monneron sein Haus komplett neu bauen und richtete darin ein Lesekabinett ein.
Z. 55   *geschützt hat*: Johannes Niederer (1779–1843, ⇒ Nr. 507) hatte sich 1816 mit mehreren Briefen an die Munizipalität Yverdon (⇒ Nr. 643) dagegen gewehrt, dass (François) Louis Monneron (1774–1843, ⇒ Z. 55) im Nachbarhaus ein Café mit Bad und Kegelspiel einrichtete (Archives de la Ville d'Yverdon, Registre de la Municipalité 1816–1818, Ab 8, S. 54, S. 144, S. 146, S. 156, S. 159f., S. 166, S. 177), was am 9. Oktober 1816 von der Munizipalität bestätigt und Monneron schriftlich mitgeteilt wurde (ebd., S. 177).

1804.
Señor Rodondo

28. Oktober 1817

[Reg.] Rodondo hat sich entschieden, seine beiden Adoptivkinder aus Yverdon zurückzuholen.

1   PSB X, S. 396.33 f. und S. 399.5

Überlieferung

Sacherklärung

I.

Señor Rodondo ⇒ Nr. 1713

II.

In seiner Antwort an Señor Rodondo (⇒ Nr. 1713) in London zeigte sich Pestalozzi sehr überrascht über diesen Entscheid und bat um Aufklärung über die Gründe dafür (PSB X, Nr. 4826). Eine Replik darauf hat sich allerdings nicht erhalten, weshalb unklar ist, welche Gründe Rodondo dazu bewogen hatten, seine beiden Adoptivkinder Dominique (⇒ Nr. 1639) und Louis Joseph Blanco (⇒ Nr. 1639) aus Yverdon zurückzuholen.

III.

Z. 4   *Adoptivkinder:* Dominique (⇒ Nr. 1639) und Louis Joseph Blanco (⇒ Nr. 1639)

1805.
Philipp Emanuel von Fellenberg

29. Oktober 1817

Herrn Pestalozzi

Hofwyl den 29tn 8ber 1817.

Lieber Herr Pestalozzi!
Schmid kam mich gestern zu versichern es könne gar lange noch keine Rede davon sein, dass nach dem Wunsche Ihres Herzens eine Armenschule nach Ihren Ideen gestiftet werde. Ich that was von mir abhieng um ihn zu überzeugen dass Ihre u[nd] seine Ehre endlich einmal eine thatsächliche Darstellung Ihres vortreflichen Willens erfordern u[nd] dass so bald alle äusseren Mittel zu Ihrem Gebot gesezt sein würden, es in dem 73tn Jahr Ihres Lebens nicht mehr heissen dürfe: es seie noch gar zu wenig vorbereitet zur Erfüllung Ihres Lebenszweckes! und Schmid der so vieles zu leisten verheissen – vermöge nichts zu thun! Ich trachtete ihm darzuthun wie günstig die gegenwärtige Epoche zum Handlen seie und entwikelte ihm, wie unsere Übereinkunft nur Ihren Wiedersachern zur Unruhe gereichen köne, Ihren wahren Freunden aber nur zur grösstmöglichen Befriedigung. Da sagte mir Schmid: er habe nicht dazu eingewilliget! als sollten wir unter der Vormundschaft eines solchen Menschen seyn!

Das war mir zu arg! ich sagte ihm nun: mir so schnell als möglich aus den Augen zu gehen. Alles was mir der Mensch sagte, selbst die Verlegenheit die er an den Tag legte, lies mich ihn durchschauen. Es bleibt ihm nun gar keine andere Wahl als mit Schand u[nd] Spot gebrandmarkt zu werden, oder Ihnen getreue u[nd] würdig zu dienen. Wenn Ihre übrigen Umgebungen durch denn über unsere Übereinkunft geworfenen Schleier unruhig gemacht würde, so machen wir Sie bekannt. Nur unlautere, unwürdige Absichten könnten sich dagegen auflehnen – Seien Sie nur ruhig u[nd] auf Got vertrauend! so werden Sie keineswegs Compromittirt und Sie werden keine weiteren Kämpfe zu bestehen haben. Ihre Ehre u[nd] Ihre Sache sollen rein u[nd] glänzend aus Ihrer bissherigen Prüfung hervorgehen! Haben wir doch während Ihrem Aufenthalt bei uns erkannt, dass Sie immer gleich gesinnt sind wie zu der Zeit da Sie Lienhard und Gertrud schrieben und dass die Inconsequenzen die mann Ihnen vorwerfen möchte, nur von äusserem, Ihnen fremdem Einfluss herrühren. An Gehülfen für Ihre Armenschule wird es Ihnen keineswegs fehlen, eben so wenig, als für die Anstalt in Iferten. Der Sohn des Schulmeisters Stünz aus dem Kanton Zürich wird unter anderen vortrefflich. Auf jeden Fall bin ich entschieden für Ihre Ehre u[nd] für Ihre Sache meine Pflicht zu thun so dass ich es vor Got u[nd] vor den Menschen es verantworten könne.

So bald wie möglich mehreres von Ihrem unwandelbar getreuen Freund

Fellenberg

Überlieferung

1 ZB Zürich, Ms Pestal 50/51, Umschlag 82/6
2 Bogen, 194 x 237 mm
4 Datum am Schluss, Dorsualvermerk *Hofwyl, 29 October 1817. Fellenberg.*
5 Original

Textkritik

Zeuge H
Z. 19   wahren ⌡
Z. 20   zur ⌡

Sacherklärung

I.
Philipp Emanuel von Fellenberg (1771–1844) ⇒ Nr. 426

II.

Der am 17. Oktober 1817 zwischen Pestalozzi und Philipp Emanuel von Fellenberg (1771–1844, ⇒ Nr. 426) geschlossene Kooperationsvertrag (PSB X, Nr. 4795) verunsicherte sowohl «Freunde» als auch «Feinde» Pestalozzis in Yverdon (⇒ Nr. 1795).

III.

Z. 7	*Schmid*: Joseph Schmid (1785–1851) ⇒ Nr. 712
Z. 9	*Armenschule*: Armenanstalt Yverdon ⇒ Nr. 1369
Z. 21	*eingewilliget*: Dass Joseph Schmid (1785–1851, ⇒ Nr. 712) die Leitung der geplanten Armenanstalt nicht übernehmen wollte, bekräftigte er einen Tag später auch in einem Brief an die Regierung des Kantons Aargau. Die den beiden Aargauer Staatsräten Albrecht Rengger (1764–1835, (⇒ Nr. 646) und Johannes Herzog von Effingen (1773–1840, ⇒ Nr. 607) schriftlich zugekommene Information, er solle die geplante, mit den Subskriptionsgeldern zu finanzierende Armenanstalt leiten, sei falsch (vgl. ZB Zürich, Ms Pestal 55, Umschlag 33/22 a).
Z. 36 f.	*Lienhard und Gertrud*: Johann Heinrich Pestalozzi: Lienhard und Gertrud, 4 Bände. Berlin 1781–1787 (PSW II, III)
Z. 40	*Iferten*: dt. Name für Yverdon
Z. 41	*Sohn*: Wilhelm/Guillaume Stünzi (*1798) ⇒ Nr. 1275 a
Z. 41	*Stünz*: Heinrich/Henry Stünzi ⇒ Nr. 1275 a

1806.
Karl Justus von Gruner
31. Oktober 1817

Bern 31. Oct[o]b[e]r 1817.

Verehrungswürdiger!
Ihr vertrauensvolles Schreiben vom 21. d[es] M[onats] hat mich warhaft erfreuet. Je aufrichtiger und inniger der Antheil ist, welchen ich an Ihnen, mein Verehrter! und an Ihrem edlen Werke nehme, um so lebhafter theile ich die neuen Hofnungen die demselben erblühen. Mögen sie sich ganz verwirklichen – Ihnen ein neuer Quell des Lebens – der Menschheit ein neuer Born des Heils werden.

Ich bedauerte herzlich Sie in Yverdun nicht zu finden – mehr noch die Ursachen welche Sie hinweggeführt – das Leid so Sie erfahren. Sie waren stets Märtirer der guten Sache, edler Greis! Sie werden es bleiben. Aber die Vorsehung muss und wird Ihnen Kraft der Gesundheit dazu verleihen, welche allen Kämpfen obsiegt.

Ihr Grus hat mir Freude gemacht. Was ich daran bemerkt, habe ich H[er]rn Schmid gesagt. Es ist im Wiederaufleben, also leicht zu bessern, was dessen bedürftig – zu vervollkommnen, was Hindernissen unterlegen. Ich wünsche Ihnen redliche, treue Gehülfen, würdiger Pestalozzi! Schmid gefällt mir. Seine Natur ist kräftig – sein

Wille rein; Ich denke daher mit dieser Hand werden Sie Ihr Werk tüchtig durchführen können. H[er]r Lange wird Vieles fördernd eingreifen und wenn die Übrigen diesen Beiden gleichen, so können Sie am Lebens Abend die Sorge in der Freunde Hände legend, das Gedeihehn von ihnen hoffen.

Noch kenne ich Fellenberg nicht; ich werde ihn nächstens besuchen. Sehr begierig bin ich zu hören, welche Vereinigung unter Ihnen Beiden zu Stande gekommen und werde mit reinem Interesse den Aufsatz empfangen, welchen Sie mir in dieser Beziehung verheissen. Es soll mich erfreuen, wenn Schmid selbst ihn bringen und mir seine vertrautere Bekanntschaft gewähren wird.

Zählen Sie stets für Sich und Ihre gute Sache auf mich, Verehrter! in Allem was ich vermag Ich erfülle nur die Anforderung des eignen Herzens, indem ich Sie und Ihre Endzweke unterstütze. Gern habe ich deshalb auf's Neue nach Berlin geschrieben; wir sind Ihnen dort doppelte Tröstungen schuldig, da Ihnen von daher so viel unwürdig Leid gekommen.

Empfangen Sie meine wärmsten Wünsche für Ihre Gesundheit und für den Erfolg Ihrer Arbeiten, mit der aufrichtigsten Versicherung meiner steten Theilnahme an Beiden und meiner verehrungsvollen Hochachtung für Sie Selbst.

Justus von Gruner

Überlieferung

1 ZB Zürich, Ms Pestal 51/52, Umschlag 103/2
2 Blatt, 245 x 206 mm
4 Datum am Schluss
5 Original

Textkritik

Zeuge H
Z. 12   *Yverdun*: lateinische Schrift
Z. 21   *Pestalozzi! Schmid*: lateinische Schrift
Z. 23   *Lange*: lateinische Schrift
Z. 27   *Fellenberg*: lateinische Schrift
Z. 36   *Berlin*: lateinische Schrift

Sacherklärung

I.

Karl Justus von Gruner (1777-1820) ⇒ Nr. 1659

II.

Karl Justus von Gruner (1777-1820), ⇒ Nr. 1659) hatte Pestalozzi schon 1802 in Burgdorf besucht und seine Anstalt dann anschliessend in verschiedenen Zeitungen empfohlen. Seit 1816 war er als preussischer Gesandter in der Schweiz tätig. Pestalozzi erhoffte von ihm wohl auch jetzt moralische und/oder publizistische Unterstützung für die geplante Armenanstalt (⇒ Nr. 1369).

III.

Z. 6 *Schreiben*: PSB X, Nr. 4799
Z. 18 *Schmid*: Joseph Schmid (1785-1851) ⇒ Nr. 712
Z. 23 *Lange*: Johann Friedrich Wilhelm Lange (1786-1858) ⇒ Nr. 1058
Z. 27 *Fellenberg*: Philipp Emanuel von Fellenberg (1771-1844) ⇒ Nr. 426
Z. 36 *geschrieben*: scheint nicht erhalten zu sein

1807.
Philipp Emanuel von Fellenberg
2. November 1817

S[eine]r Wohlgebohrn
Herrn Heinr[ich] Pestalozzi,
Ritter des St. Wladimir-Ordens
in
Iferten.

Hofwyl den 2tn 9ber 17.

Lieber Herr Pestalozzi
Sie werden eine Abschrift unseres Vertrags empfangen, so bald sie fertig sein kan.
Ich halte mich für versichert Sie haben sich bald eines heitern u[nd] glücklichen Abends Ihres Lebens zu erfreuen u[nd] Ihre Suche eines herrlichen Sieges.
Es empfiehlt sich Ihnen auf's herzlichste

Ihr ergebenster
Fellenberg

Überlieferung

1 ZB Zürich, Ms Pestal 50/51, Umschlag 82/7
2 Blatt, 237 x 132 mm
4 Datum am Schluss, Siegelspuren, Stempel *BERN*
5 Original

Textkritik

Zeuge H
Z. 4   S[eine]r Wohlgebohrn: lateinische Schrift
Z. 5   Heinr[ich] Pestalozzi: lateinische Schrift
Z. 6   St. Wladimir: lateinische Schrift
Z. 8   I f e r t e n : lateinische Schrift

Sacherklärung

I.

Philipp Emanuel von Fellenberg (1771–1844) ⇒ Nr. 426

II.

Philipp Emanuel von Fellenberg (1771–1844, ⇒ Nr. 426) und Pestalozzi hatten den Vertrag am 17. Oktober 1817 unterschrieben, mit welchem sie ihre zukünftige Zusammenarbeit regeln wollten.

III.

Z. 8   I f e r t e n : dt. Name für Yverdon
Z. 11   Vertrags: PSB X, Nr. 4795

1808.
Cornelius Johann Jacob von Besserer
3. November 1817

S[eine]r Wohlgeboren
5 Herrn H[einrich] Pestalozzi,
zu
Yverdun
in der Schweitz.

Burtscheid bei Aachen, am 3. Nov[ember] 1817
10 Ehrwürdiger, verdienstvoller Greis!
Die unter dem 24sten d[es] v[origen] M[onats] Ihnen eingesandte Subscribentenliste auf Ihre Werke wird Ihnen zugekommen seyn. Ich freue mich, Ihnen einen seitdem noch eingegangenen Nachtrag dazu einsenden zu können und hoffe nur dass derselbe nicht zu
15 spät kommt. Die Subscriptionen sind vor dem 31sten October geschehen und gehören also noch Ihnen an. Nur die Arbeiten des Reformationsfestes u[nd] des Sonntages sind Schuld, dass ich sie heute erst einsende. Es sind folgende:
 1. Herr Richard Lynen   1 Ex[emplar] der
20   zu Stollberg bei Aachen   sämmtl[ichen] Werke

2. — Joh[ann] Peter Bansch 1 — —
   zu Inden bei Jülich
3. — Bürgermeister Flügel 1 — —
   zu Düren
4. — Königsfeld, Pfarrer der ev[angelisch] 1 — —
   ref[ormierten] Gemeinde ebendaselbst
5. — Reinhard, ev[angelisch] 1 — —
   lutherischer Pfarrer zu Jülich
6. — Weinbeck, Schullehrer der ev[angelisch] 1 — —
   ref[ormierten] Gem[einde] zu Linnich
7. — Thyssen, Schullehrer der ev[angelisch] 1 — —
   ref[ormierten] Gem[einde] zu Randerath
   bei Geilenkirchen (Regierungsbezirk Aachen)
8. Herr Schlickum, Pfarrer der ev[angelisch] 1 — —
   ref[ormierten] Gem[einde] daselbst
9. — Kaulen, Schul-Kommissarius u[nd] 1 — —
   Pfarrer der ev[angelisch] ref[ormierten]
   Gem[einde] zu Eschweiler
   (alle im Regierungsbezirke Aachen.)
   Genehmigen Sie, verdienstvoller Greis, bei dieser Gelegenheit die abermalige Versicherung meiner ausgezeichneten Verehrung.

Eu[e]r Wohlgeboren
gehorsamer Diener
Besserer

Überlieferung

1 ZB Zürich, Ms Pestal 50, Umschlag 23/2
2 Bogen, 247 x 205 mm
3 leicht defekt
4 Datum am Schluss, Siegelspuren, Stempel *AACHEN 3 NOV.*, Dorsualvermerk *Burtscheid Besserer.*
5 Original
6 Die Wiederaufnahme der Nennung «1 Ex[emplar] der sämmtl[ichen] Werke» beim Seitenwechsel im Original der Subskriptionsliste (Z. 34) wird hier nicht wiedergegeben.

Textkritik

Zeuge H
Z. 5   *H[einrich] Pestalozzi*: lateinische Schrift
Z. 7   *Yverdun*: lateinische Schrift
Z. 9   *Burtscheid*: lateinische Schrift
Z. 9   *Aachen*: lateinische Schrift
Z. 19 *Richard Lynen*: lateinische Schrift

Z. 20   Stollberg: lateinische Schrift
Z. 20   Aachen: lateinische Schrift
Z. 21   Joh[ann] Peter Bansch: lateinische Schrift
Z. 22   Inden: lateinische Schrift
Z. 22   Jülich: lateinische Schrift
Z. 23   Flügel: lateinische Schrift
Z. 24   Düren: lateinische Schrift
Z. 25   Königsfeld: lateinische Schrift
Z. 27   Reinhard: lateinische Schrift
Z. 28   Jülich: lateinische Schrift
Z. 29   Weinbeck: lateinische Schrift
Z. 30   Linnich: lateinische Schrift
Z. 31   Thyssen: lateinische Schrift
Z. 32   Randerath: lateinische Schrift
Z. 33   Geilenkirchen: lateinische Schrift
Z. 34   Schlickum: lateinische Schrift
Z. 36   Kaulen: lateinische Schrift
Z. 36   Schul-Kommissarius ∫
Z. 38   Eschweiler: lateinische Schrift
Z. 44   Besserer: lateinische Schrift

Sacherklärung

I.

Cornelius Johann Jacob von Besserer (1774–1847) ⇒ Nr. 1799

III.

Z. 9   Burtscheid: heute Teil von Aachen
Z. 12   Subscribentenliste: ⇒ Nr. 1799
Z. 12   Werke: Johann Heinrich Pestalozzi: Sämmtliche Schriften, 12 Bände. Stuttgart 1819–1824
Z. 19   Lynen: Laurenz XIX. Richard Lynen (1783–1857) war Kaufmann und Messingfabrikant und Teil der grossen Stolberger Familiendynastie der Lynen-Laurenz. Durch die Heirat mit Catharina Gertraud Schleicher (1790–1850) erbte er den Kupferhof Rosenthal, dessen alleiniger Besitzer er zuletzt war.
Z. 20   Stollberg: Stolberg (Nordrhein-Westfalen)
Z. 21   Bansch: Johann Peter Bansch (1774–1854) war Privatgelehrter und lebte in Inden bei Jülich (Nordrhein-Westfalen).
Z. 23   Flügel: Johann Heinrich Flügel (1761–1831), Sohn eines Dürener Kaufmanns, betätigte sich ebenda als Tuchfabrikant. Er war 1795 Mitglied der Munizipalität und seit 1798 Präsident des neu gebildeten Kantons Düren. Ab Ende 1800 amtete er als Maire, nach der Integration des Rheinlandes zu Preussen im Jahre 1815 bis zu seinem Tode als Bürgermeister der Stadt Düren (Nordrhein-Westfalen).
Z. 25   Königsfeld: Johannes Königsfeld (1774–1851), der in Kreuznach als Sohn des Besitzers eines Weinguts geboren wurde, studierte in Heidelberg und Utrecht. Er war evangelischer Pfarrer in Kaldenkirchen (1804–1807) und

Düren (1807–1851) und Superintendent (1825–1838) der Synode Jülich (Nordrhein-Westfalen).
Z. 27 *Reinhard*: Johann Friedrich Wilhelm Reinhardt (1779–1859) aus Waltershausen bei Gotha war reformierter Pfarrer in Jülich und Geldern (Nordrhein-Westfalen).
Z. 29 *Weinbeck*: Heinrich Weinbeck (1774–1826) aus Mettmann war seit 1813 Lehrer in Linnich bei Jülich (Nordrhein-Westfalen).
Z. 31 *Thyssen*: Johann Abraham Thyssen (1790–1864) war 1817 evangelischer Lehrer an der Elementarschule in Randerath (heute Teil von Heinsberg) bei Aachen. Ab 1819 unterrichtete er in Inrath (heute Teil von Krefeld), wo er bis mindestens 1844 blieb. Als er im Jahre 1859 anlässlich seines 50-jährigen Dienstjubiläums um seine Pensionierung bat, war er als erster Lehrer an der 1845 neu eingerichteten Elementarschule in Beckum (Nordrhein-Westphalen) tätig.
Z. 33 *Geilenkirchen*: Stadt in Nordrhein-Westfalen
Z. 34 *Schlickum*: Johann Peter Isaak Schlickum (1772–1845), Pfarrersohn aus Randerath bei Aachen, übernahm 1798 die Stelle seines Vaters und versah sie bis 1838.
Z. 36 *Kaulen*: Johann Albert Kaulen (1773–1847) wurde in Odenkirchen geboren. Nach dem Studium in Duisburg war er von 1795 bis zu seiner Pensionierung im Jahre 1832 Pfarrer sowie zeitweilig auch Schulinspektor in Eschweiler (Nordrhein-Westfalen).

1809.
Philipp Emanuel von Fellenberg
4. November 1817

Herrn Pestalozzi
in I f e r t e n

Hofwyl d[en] 4ten 9ber 1 8 1 7 .
Lieber Herr Pestalozzi!
Sie empfangen hiermit die verlangte Abschrift unseres Vertrags. Auf I h r V e r l a n g e n blieb er hier unter Sigel. Sie sagten uns auch wiederholt: wenn ich Sie schon nicht darum gebeten hätte, so würden Sie gehandlet haben, wie ich es f ü r S i e wünschte, dass Sie es thun möchten. Schmid schrieb Ihnen wiederholt, er würde alles thun was Sie für Zweckmässig hielten, wenn er nur nicht abhängig würde von andern als von Ihnen – lesen Sie seine Briefe nach da werden Sie Ihre Berechtigung über ihn zu verfügen von Ihm selbst hinlänglich ausgesprochen finden.
Über die uns betreffenden Artikel der Lausanner u[nd] der Sankt Galler Zeitungen bin ich nicht weniger unzufrieden als Sie – ich habe geschrieben um zu entdecken, woher sie kommen. ich vermuthe

20 wir haben sie dem H[errn] Schmid zu verdanken. mit diesem werde
ich schon in's reine kommen, Seien Sie darüber unbesorgt.
Es grüsst Sie hochachtungsvoll u[nd] auf's herzlichste

Ihr
ergebenster
25   Fellenberg.

Überlieferung

1 ZB Zürich, Ms Pestal 50/51, Umschlag 82/8
2 Bogen, 232 x 181 mm
4 Datum am Schluss, Dorsualvermerk *Hofwyl, 4 November 1817. Fellenberg.*
5 Original

Textkritik

Zeuge H

Sacherklärung

I.

Philipp Emanuel von Fellenberg (1771–1844) ⇒ Nr. 426

II.

⇒ Nr. 1807

III.

Z. 5   *I f e r t e n* : dt. Name für Yverdon
Z. 8   *Vertrags*: PSB X, Nr. 4795
Z. 12 *Schmid*: Joseph Schmid (1785–1851) ⇒ Nr. 712
Z. 17 *Artikel*: In der *Gazette de Lausanne* vom 23. Oktober 1817 (Nr. 84) erschien unter der Rubrik Suisse folgende Notiz: «M. Pestalozzi se trouve depuis quelque tems à Hofwyl, chez M. Fellenberg; il pense même s'y fixer. On assure qu'il cédera son institut d'Yverdon à ces anciens collaborateurs, et que c'est à Hofwyl, et conjointement avec M. Fellenberg, qu'il s'occupera de réaliser son projet primitif d'une école des pauvres.» Der Artikel in der st. gallischen Zeitung *Der Erzähler* vom 31. Oktober 1817 (Nr. 44) lautet: «Das in mehrern Hinsichten erschütterte Pestalozzische Institut will endlich innerer Spaltung erliegen; die wichtigen Männer Niederer, Krüsi und Gersbach haben sich von ihrem Meister getrennt und werden für sich handeln. Ihm bleibt Schmid, der sein Zutrauen gewonnen hat. Der Chw. Julien verwendete sich für einen Zusammentritt zwischen Fellenberg und Pestalozzi, der nicht unfruchtbar blieb, und sinther verlautet, dass letzterer die Lieblingsidee seines Lebens, die Errichtung einer mit Unterricht verbundenen Armenanstalt verwirklichen wolle; dass dieses aber in Hofwyl statt finden werde, ist eine noch unreife Vermuthung.» Auf diese Meldung nahm auch Johannes Niederer (1779–1843, ⇒ Nr. 507) in seinem Brief vom 26. Oktober 1817 (⇒ Nr. 1801) Bezug.

1810.
Joseph Schmid

6. November 1817

An
Herrn
Heinrich Pestalozzi,
in
Burgdorf.

Iferten den 6tn 9bres 1817

Kuster kann Ihnen alles mündlich sagen: Ich bin für den Augenblick mit Frau Renard beschäftigt die ihre Söhne brachte, und mancherley Bemerkungen mache –. Es ist Zeit dass wir nach den früh u[nd] auch jetzt ausgesprochnen Grundsätzen in der Wirklichkeit mit der Welt fortschreiten. Gestern hab ich H[errn] Niedrer durch besondre Veranlassung einen Bericht über das Institut gemacht, den er vielleicht für freymüthig halt, aber sich ü[ber] meine Einsitigkeit, [und] Äusserlichkeit klagt –. Er fangt von neuem wieder an die Ruhe etc. als Leben, Nothwendig etc. zu erklären. Es fehlt ihm wenn er so etwas ganz ungereimtes vertheitigen soll, sehr an Beredsamkeit, besonders wenn man ihn auf das praktische aufmerksam macht. Er muss noch viel lernen bis er das ist für was er sich im Erzähler ausrufen lasst –.

Von ihrem Freund u[nd] Sohn

Jos[eph] Schmidt

Überlieferung

1 ZB Zürich, Ms Pestal 55, Umschlag 333/23
2 Blatt, 220 x 168 mm
4 Datum am Schluss, Siegelspuren
5 Original

Textkritik

Zeuge H
Z. 12   mach < t > e
Z. 16   für ∫
Z. 17   meine < Freymüthigkeit > Einsitigkeit
Z. 17   Siegelausriss

Sacherklärung

I.

Joseph Schmid (1785-1851) ⇒ Nr. 712

III.

- Z. 9   *Iferten*: dt. Name für Yverdon
- Z. 10 *Kuster*: Laurenz Jakob Custer (1765-1822) ⇒ Nr. 748
- Z. 11 *Renard*: Marie Joséphine Renard-Caullier (*1769) ⇒ Nr. 1471
- Z. 11 *Söhne*: Félix-Eméric Renard (1802-1883, ⇒ Nr. 1465 f), Jean-Soulange Renard (1805-1879, ⇒ Nr. 1465 f) und Eugène Renard (⇒ Nr. 1465 f)
- Z. 15 *Niedrer*: Johannes Niederer (1779-1843) ⇒ Nr. 507
- Z. 22 *Erzähler*: In den Wochen und Monaten zuvor erschien im *Erzähler* kein Artikel, der explizit von Johannes Niederer (1779-1843, ⇒ Nr. 507) unterzeichnet worden ist. Vielleicht störte sich Joseph Schmid (1785-1851, ⇒ Nr. 712) am Bericht vom 31. Oktober 1817 (Der Erzähler, Nr. 44, ⇒ Nr. 1809).

1811.
Johann Elias Mieg

6. November 1817

A Monsieur
Monsieur H[einrich] Pestalozzi
à
Yverdon

L[ausanne] d[en] 6tn Nov[ember] 1817.

Mein theurer Vater!

Sie haben gewünscht dass ich Ihnen das mittheilen möge, was ich von H[errn] F[ellenberg] mittel od[er] unmittelbar über seine Ansicht von der Stellung zu Ihnen erfahre, ausser weniger Zeilen von ihm selbst vom 29tn Oct[ober] worin er mich fragt was für einen Entschluss Herr Ritter wohl fassen werde, wegen des ihm gemachten Vorschlags, den ich ihm wie ich hoffe auch nach Ihrem Wunsch gemacht, ist mir von H[errn] Fellenberg nichts zugekommen, u[nd] er sagt nur «ich hoffe Ihnen nächstens die erwähnte Ubereinkunft mittheilen zu können.»

Auf erstern Punkt Ritter betreffend sagte ich ihm dass ich darüber nichts sagen könne, da Ritter zwar früher Neigung gehabt sich der praktischen Erziehung zu widmen, dass er aber seit 6 Jahren auf litterarischen Arbeiten seine Zeit u[nd] Kraft verwendet, u[nd] vielleicht andern Sinnes geworden.

In Beziehung der Mittheilung der Übereinkunft würde ich verbunden seyn, wenn er mich damit bekannt machen wolle, indem ich aus dem was Sie mir mitgetheilt keine klare Ansicht erhalte, so wie H[errn] F[ellenberg] nun sein Versprechen erfüllt, will ich Ihnen davon Mittheilung geben.

Ein Artikel in der hiesigen Zeitung Ihren künftigen Aufenthalt betreffend scheint ihn interessirt zu haben, indem er wünschte zu wissen wer ihn eingerückt, aber ich habe erst durch F[ellenberg] veranlasst Kenntniss davon um Ihrer Antwort erhalten, es scheint aber nicht dass man ersterem hier Glauben beymass. Van Möhlen schrieb an De Molin er möge trotz solchen Nachrichten nichts glauben, die Übereinkunft zwischen Ihnen u[nd] F[ellenberg] würde gewiss zu Stande kommen.

Es scheint dass ich bey Herr Lang eben so gut wie bey H[errn] Niederer etwas versehen habe, beyde waren hier, ohne dass ich sie zu sehen bekam, doch das sage ich nur im Scherz, denn ich begreife wohl aus eigner Erfahrung, dass man zum visittlen nicht immer Zeit hat, wenn man an einem fremden Ort ist.

Schmidt sagen Sie dass ich die beyden B[än]de von Müllers Werken erhalten habe; in der Bibel stehe im 1ten Buch Mosis; da wurden ihre Augen aufgethan als Folge eines einfältigen Apfelbisses, es wäre gescheiter gewesen das letztere bleiben zu lassen, u[nd] sich vorher die Augen gehörig kl[ar] zu waschen, um recht zu sehen, das hätte er auch [thun] sollen, so hätte er seine Excursion nach Bern sparen können, würde er aber das folgende beherzigen, «im Schweiss deines Angesichts sollst du dein Brod essen» und darob nicht klein müthig die Hände in Schoos legen, sondern t ü c h t i g u [n d] l i b e r a l zu Erreichung des guten u[nd] edlen Zwecks der Erziehung arbeiten, so werde alles gelingen wie es Erdenkindern gelingen kann.

Ich bleibe in Eile aber unwandelbar

Ihr
E[lias] Mieg

Überlieferung

1 ZB Zürich, Ms Pestal 53, Umschlag 225/9
2 Bogen, 255 x 212 mm
4 Datum am Schluss, Siegelspuren, Stempel *LAUSANNE*
5 Original

Textkritik

Zeuge H	
Z. 8	Nov[ember]: lateinische Schrift
Z. 13	Oct[ober]: lateinische Schrift
Z. 27	F[ellenberg]: lateinische Schrift
Z. 31	F[ellenberg]: lateinische Schrift
Z. 32	Antwort < kenede > erhalten
Z. 33	Van Möhlen: lateinische Schrift
Z. 34	De Molin: lateinische Schrift
Z. 35	F[ellenberg]: lateinische Schrift
Z. 37	Lang: lateinische Schrift
Z. 38	Niederer: lateinische Schrift
Z. 46 f.	Ausriss

Sacherklärung

I.

Johann Elias Mieg (1770–1842) ⇒ Nr. 1244

II.

⇒ Nr. 1802

III.

Z. 11 Fellenberg: Philipp Emanuel von Fellenberg (1771–1844) ⇒ Nr. 426
Z. 12 Zeilen: scheinen nicht erhalten zu sein
Z. 14 Ritter: Karl/Carl Ritter (1779–1859) ⇒ Nr. 908
Z. 24 Ubereinkunft: PSB X, Nr. 4795
Z. 29 Artikel: Hier dürfte die unter der Rubrik Suisse in der Gazette de Lausanne vom 23. Oktober 1817 (Nr. 84) erschienene Nachricht gemeint sein. Dieser ist zu entnehmen, dass Pestalozzi sich seit einiger Zeit bei Philipp Emanuel von Fellenberg (1771–1844, ⇒ Nr. 426) in Hofwyl aufhalte und er sich dort niederzulassen gedenke, um zusammen mit Fellenberg eine Armenschule aufzubauen. Sein Institut in Yverdon, so der Bericht weiter, soll Pestalozzi seinen alten bzw. engsten Mitarbeitern übergeben (⇒ Nr. 1809).
Z. 33 Van Möhlen: Jakob Evert van Muyden (1781–1848) ⇒ Nr. 1812
Z. 34 schrieb: scheint nicht erhalten zu sein
Z. 34 De Molin: Jean Samuel Antoine de Molin (1769–1851) ⇒ Nr. 1013
Z. 37 Lang: Johann Friedrich Wilhelm Lange (1786–1858) ⇒ Nr. 1058
Z. 38 Niederer: Johannes Niederer (1779–1843) ⇒ Nr. 507
Z. 40 visitlen: besuchen (visiter, frz.)
Z. 42 Schmidt: Joseph Schmid (1785–1851) ⇒ Nr. 712
Z. 42 B[än]de: Damit dürften wohl Bände aus der zwischen 1810 und 1819 bei Cotta in 27 Teilen herausgegebenen Werkausgabe des Historikers Johannes von Müller (1752–1809, ⇒ Nr. 1003) gemeint sein, die sein Bruder Johann Georg von Müller (1759–1819, ⇒ Nr. 1087) besorgt hatte.

1812.
Jakob Evert van Muyden
6. November 1817

Monsieur
Monsieur Pestalozzi
Y v e r d o n

Diemerswyl 6. Nov[ember] 1817.

Hochgeehrter Herr und Freund!

Euer Wohlgeb[oren] Briefe vom 30 Oct[ober] und 1 Nov[ember] sind erst heute bey mir angelangt, weil, der Aufschrift D i e m e r s - w y l zu Folge, sie von Bern aus nach Neubrück gesandt worden und da liegen geblieben sind. Mit Dankbarkeit haben wir Ihre werthen Verse empfangen; meine Frau, die sich Ihnen bestens empfiehlt, hofft davon für sich und unsre Kinder einen nützlichen Gebrauch zu machen. Erlauben Sie mir, bey dieser Gelegenheit, Sie an Ihr unsern Knaben gethanes Versprechen zu erinnern; sie erwarten die v e r - k e h r t e   W e l t mit Sehnsucht –.

Ihr Glück, sagen Sie, scheint sich zu trüben, doch Sie hoffen, es werde sich Alles geben; davon bin ich überzeugt; und, obschon meine Erfahrungen noch nicht weit reichen, so weiss ich doch, dass man oft harte Proben ausstehen muss um zu einem dauerhaften Wohlseyn zu gelangen. Dazu wollen alle Ihre wahren Freunde Sie verhelfen, und mit Gottes und Ihrem Beystand wird es ihnen gelingen. Dass man Ihr Verhältniss zu Her[rn] v[on] Fellenberg misdeutet, verwundert mich nicht; was ist je Gutes in der Welt geschehen, welches nicht Anfangs verschrien worden sey! Die Auskunft wird aber zeigen, dass die geschlossene Uebereinkunft Ihnen die Würde und Freiheit sichert, welche Ihnen gebührt. Gegenseitiges Zutrauen kann allein die Ausführung des Verkomnisses erleichtern und zur Zufriedenheit beider Contrahenten zu Stande bringen. –

Ich empfehle mich Ihren gütigen Andenken und bleibe mit Hochachtung und Liebe

Ihr ergebenster
J[akob] van Muyden

Überlieferung

1 ZB Zürich, Ms Pestal 53/54, Umschlag 252/1
2 Bogen, 240 x 193 mm
4 Siegelspuren, Stempel *BERN*

5 Original

Zeuge H

Z. 7 Nov[ember]: lateinische Schrift
Z. 9 Oct[ober]: lateinische Schrift
Z. 9 Nov[ember]: lateinische Schrift
Z. 13 Frau ∫
Z. 24 Fellenberg: lateinische Schrift
Z. 31 mich < * > Ihren

Textkritik

Sacherklärung

I.

Jakob Evert van Muyden (1781–1848) stammt aus Utrecht und schliesst dort ein Rechtsstudium mit Promotion ab, bevor er sich 1809, nach Aufenthalten in Deutschland, Österreich und Italien, in Lausanne niederlässt, wo er 1824 auch das Bürgerrecht erlangt. Zunächst Bezirksrichter in Nyon (ab 1825), später Friedensrichter in Coppet (ab 1828), tritt er in den 1830er-Jahren in die Politik ein: Ab 1833 ist er Mitglied des Waadtländer Grossen Rates und von 1834 bis 1843 amtet er als Staatsrat.

II.

Wie Pestalozzi in seinem Brief an Jakob Evert van Muyden (1781–1848, ⇒ Sacherklärung I.) deutlich macht (PSB X, Nr. 4809) opponierte Joseph Schmid (1785–1851, ⇒ Nr. 712) gegen den mit Philipp Emanuel von Fellenberg (1771–1844, ⇒ Nr. 426) geschlossenen Vertrag.

III.

Z. 7 *Diemerswyl*: Diemerswil (Kt. Bern)
Z. 9 *Briefe*: PSW X, Nr. 4809; der Brief vom 1. November scheint nicht erhalten zu sein.
Z. 11 *Neubrück*: Damit ist wohl die Neubrügg gemeint, die älteste erhaltene Holzbrücke im Kanton Bern. Sie führt westlich von Bremgarten über die Aare und verbindet die beiden Gemeinden Kirchlindach und Bern. Diemerswil grenzt nördlich an Kirchlindach. Bis 1836 war die Brücke auch eine Zollstation.
Z. 13 *Frau*: Louise Sophie van Muyden-Porta (1787–1845) ⇒ Nr. 1760
Z. 14 *Kinder*: Jakob Evert van Muyden (1781–1848, ⇒ Sacherklärung I.) und Louise Sophie van Muyden-Porta (1787–1845, ⇒ Nr. 1760) hatte sieben Kinder. Zum fraglichen Zeitpunkt schon auf der Welt waren Steven Carel Louis (1811–1863), später Anwalt in Lausanne, die ledig gebliebene Théodora Pauline Elisabeth (1812–1845), die ab 1849 mit dem Pfarrer Charles Porta (1807–1864) verheiratete Charlotte (1814–1894) und Emma (1817–1854), die 1843 den Bankier Frédéric de Seigneux (1800–1864) heiratete.
Z. 16 f. *v e r k e h r t e   W e l t*: Damit dürfte wohl das 1798 veröffentlichte Drama *Die verkehrte Welt* von Ludwig Tieck (1773–1853) gemeint sein. Darin geht es vordergründig um die Verkehrung der Rollen: Das Wild jagt den Jäger, der Esel reitet den Menschen, der Ochse schlachtet den Metzger. Doch kritisiert Tieck hier wie auch in manchen seiner anderen Werke die

übertriebene aufklärerische Erziehungsambition, die Kinder zu Erziehungsobjekten degradiere, zu Pseudogelehrtheit und Vielwisserei führe und Auswuchs einer verwöhnenden Affenliebe narzistischer Eltern gegenüber ihren vergötterten Kindern sei; eine Sichtweise, die in Teilen auch bei Pestalozzi anzutreffen ist (vgl. Luca Godenzi/Norbert Grube: Schüler mit Verhaltensauffälligkeiten in Pestalozzis Erziehungsinstituten um 1800? Students with behavioural problems within Pestalozzi's Institutes of Education? In: Paedagogica Historica 45 (2009), No. 1–2, S. 67–81).

Z. 24 *Fellenberg*: Philipp Emanuel von Fellenberg (1771–1844) ⇒ Nr. 426

1813.
Adalbert Bartholomäus Kayssler
6. November 1817

Breslau den 6 November 1817

Ehrwürdiger Vater

Als in jener Versammlung der philosophischen Facultät unserer Universität, welche die Absicht hatte, auf Veranlassung der Reformations-Feier, Einigen durch allgemeineren sittlichen und religiösen Einfluss um Vaterland und Kirche verdienten Männern, durch Übersendung des philosophischen Doctor-Diploms, den Antheil zu erkennen zu geben, den unser Verein an den heiligsten Angelegenheiten der Menschheit nimmt, als in jener Versammlung Ihr Nahme genannt wurde, da erfolgte eine laute und freudige Beistimmung aller, so dass es schien, mit Ihrem Nahmen komme zugleich ein Seegen vom Himmel über unsern wissenschaftlichen Verein.

Aus diesem Geschichtlichen werden Sie ersehen, Ehrwürdiger Vater, mit welcher Gesinnung und mit welchen Gefühlen die Facultät Ihnen dieses Doctor-Diplom übersendet; wir dagegen sind unserer Seites überzeugt, dass, wie gleichgültig auch eine solche Auszeichnung dem über Eitelkeit erhobenen Manne in anderer Hinsicht sein mag, doch die Veranlassung derselben, und die Art, wie sie Ihnen zuerkannt wurde, Ihr Herz erfreuen werde, und dass sich unser Verein hierdurch Ihrem frommen Andenken im Gebeth empfolen habe.

Da mir der ehrenvolle Auftrag geworden ist, Ihnen die Gesinnung der Facultät in dieser Angelegenheit bekannt zu machen: so bitte ich Sie noch, die aufrichtige Versicherung meiner kindlichen Verehrung mit freundlichem Herzen anzunehmen.

D[oktor] A[dalbert] Kayssler
ordentl[icher] Professor d[er] Philosophie

210

1 ZB Zürich, Ms Pestal 200, 2/3
2 Blatt, 354 x 244 mm
4 Datum am Schluss
5 Original

Zeuge H

Überlieferung

Textkritik

Sacherklärung

I.

Adalbert Bartholomäus Kayssler (1769–1821) ist in Landeck in der Grafschaft Glatz (Schlesien) geboren und aufgewachsen. Er absolviert das Theologiestudium an der Leopoldina in Breslau und unterrichtet im Anschluss an die Priesterweihe im Jahre 1792 an den Gymnasien von Żagań (Sagan, Lebus) und Opole (Oppeln). Im Herbst 1799 folgt er dem Ruf als Professor für Philosophie an die Katholische Universität Breslau, die er 1803 nach internen Querelen wieder verlässt. Nach einem zweijährigen Aufenthalt als Privatdozent in Halle kehrt Kayssler, der 1805 zur evangelischen Kirche übertritt, wieder nach Breslau zurück. Dort lehrt er ab 1806 am Friedrich Gymnasium, dem er ab 1815 als Direktor vorstehen sollte. Zugleich ist er ab 1811 als ordentlicher Professor für Philosophie an der Universität und ab 1818 als Direktor des Pädagogischen Seminars für gelehrte Schulen tätig. Kayssler ist Verfasser zahlreicher Schulprogramme, Mitherausgeber des kurzlebigen *Magazins für die psychische Heilkunde* (1805–1806), dem bezüglich der Begründung der naturwissenschaftlichen Psychiatrie (Lehre vom Gehirn als dem Organ der Seele) eine bedeutende Rolle zugesprochen wird.

III.

Z. 18   *Doctor-Diplom*: ⇒ Nr. 1814

1814.
Universität Breslau
7. November 1817

Breslau d[en] 7ten Nov[ember] 1817

5 E[u]er Wohlgeb[oren]
beehrt sich die hiesige philosophische Fakultät das Doctordiplom hiebei zu übersenden. Von dem Tage ausgestellt, an welchem, vor drei Jahrhunderten, für die ganze Erde die Morgenröthe eines neuen hellern Lebens anbrach, wird dieses Dokument gewiss einigen
10 Werth für Sie haben; und der Wunsch der unterzeichneten Fakultät würde in vollem Masse erfüllt seyn, wenn es E[u]er Wohlgeb[oren] freuen sollte, darin die Verehrung zu erkennen, die wir dem Manne zollen, der sich um Aufklärung und Menschenwohl, durch Lehre und

Erziehung, nicht bloss für Sein Zeitalter, sondern für alle folgende Jahrhunderte, ein so hohes unauslöschliches und segenreiches Verdienst erworben hat.

Aus unsrer Mitte hat der Prof[essor] Kaysler es sich vorbehalten, E[u]er Wohlgeb[oren] die Gesinnungen, welche uns für Sie beseelen, noch in einem besondern Schreiben, welches dem Diplome beiliegt, ausführlicher zu erkennen zu geben.

Die philosophische Fakultät
der Universität Breslau
J[ohann] L[udwig] C[hristian] Gravenhorst, z[ur] Z[eit] Dekan

Q[UOD] D[EUS] B[ENE] V[ERTAT]
AUSPICIIS LAETISSIMIS ET SALUBERRIMIS
SERENISSIMI ET POTENTISSIMI PRINCIPIS
FRIDERICI GUILELMI III.
DEI GRATIA REGIS BORUSSIAE ETC.
REGIS AC DOMINI NOSTRI SAPIENTISSIMI
IUSTISSIMI CLEMENTISSIMI
EIUSQUE AUCTORITATE REGIA
UNIVERSITATIS LITTERARIAE VRATISLAVIENSIS
RECTORE MAGNIFICO
LUDOVICO GODOFREDO MADIHN
IURIS UTRIUSQUE DOCTORE EIUSDEMQUE PROFESSORE PUBLICO ORDINARIO
NEC NON FALCUL[ATIS] IURID[ICAE] ORDINARIO
EX DECRETO AMPLISSIMI ORDINIS PHILOSOPHORUM
PROMOTOR LEGITIME CONSTITUTUS
JOHANN[US] LUDOVIC[US] CHRIST[IANUS] GRAVENHORST
PHILOSOPHIAE DOCTOR ET ARTIUM LIB[ERALIUM] MAGISTER PHILOSOPHIAE
PROFESSOR PUBLICUS ORDINARIUS
PLURIUM SOCIETAT[UM] LITTERARIARUM SODALIS
ORDINIS PHILOSOPHORUM H[OC] T[EMPORE] DECANUS
HENRICO PESTALOZZI
TURICENSI
VIRO HAUD UNIUS AEVI, HELVETIARUM DECORI, GENERIS HUMANI VINDICI AC
SOSPITATORI,
OMNIUM QUOTQUOT SALUBRIOREM EDUCANDI VIAM MONSTRANDO NOMINIS
IMMORTALITATEM MERUERE, VETERANO AC PRINCIPI,
SENECTAM VIRIDEM ATQUE SERENAM, SERUMQUE AD PIOS PATRES REDITUM
PRECANS
DOCTORIS PHILOSOPHIAE ET ARTIUM LIBERALIUM MAGISTRI
HONORES PRIVILEGIA ET IURA RITE CONTULIT
DIE XXXI. MENSIS OCTOBRIS ANNI MDCCCXVII
COLLATAQUE
PUBLICO HOC DIPLOMATE
PHILOSOPHORUM ORDINIS OBSIGNATIONE COMPROBATO
DECLARAVIT.
VRATISLAVIAE,
TYPIS UNIVERSITATIS.

Überlieferung

1 ZB Zürich, Ms Pestal 200, Umschlag 2/3 (H 1), Forschungsbibliothek Pestalozzianum Zürich, D II,2 (H 2)
2 Blatt, 220 x 178 mm (H 1), 521 x 389 mm (H 2)
4 Datum am Schluss
5 Original
6 Die Übersetzung der lateinischen Urkunde lautet wie folgt:
Gott möge es zum Guten wenden / Unter der höchst erfreulichen und grosszügigen Schirmherrschaft / des durchlauchtigsten und mächtigsten Herrschers / Friedrich Wilhelm III. / von Gottes Gnaden König von Preussen etc. / unseres äusserst weisen / gerechten und milden Königs und Herrn / und durch dessen königliche Autorität / den Rektor der Universität Breslau / Ludwig Gottfried Madihn / Doktor beider Rechte und ordentlicher Professor / per Dekret der philosophischen Fakultät verleiht der rechtmässig eingesetzte / Johann Ludwig Christian Gravenhorst / Doktor der Philosophie und der Künste / ordentlicher Professor / Mitglied in mehreren literarischen und sozialen Gesellschaften / Dekan der philosophischen Fakultät / dem Zürcher Heinrich Pestalozzi / einem Mann / der nicht einem einzigen Zeitalter angehört / der Zier Helvetiens / des Menschengeschlechts Ritter / und Schützer all derer / die durch Hinweis auf eine heilsamere Bahn der Erziehung sich Unsterblichkeit des Namens erworben / dem Ehrwürdigsten und Höchsten ein kräftiges und frohes Alter / und späten Heimgang zu den frommen Vätern erflehend / ihm Rechte und Privilegien eines Doktors der Philosophie und der Künste / Diese öffentliche Urkunde wurde am 31. Oktober 1817 durch die philosophische Fakultät unterzeichnet und gebilligt. / Universitätsdruckerei der Universität Breslau

Textkritik

Zeuge H (H 1), Zeuge A (H 2)
Z. 4-23   H 1
Z. 4   Nov[ember]: lateinische Schrift
Z. 24-60   H 2

Sacherklärung

I.

Die Universität von Breslau wird 1702 als habsburgisch-katholische Jesuitenuniversität unter dem Namen Leopoldina gegründet und fällt 1741 wegen der Eroberung Schlesiens durch Preussen unter preussisch-protestantische Landeshoheit. Im Zuge der preussischen Staatsreformen, einer Reaktion auf die Niederlage gegen die napoleonischen Truppen, wird 1811 die brandenburgische Landesuniversität Viadrina von Frankfurt an der Oder nach Breslau verlegt und mit der bestehenden Universität vereinigt. Die Breslauer Universität wird neu gegründet und Königliche Universität Breslau, auch Friedrich-Wilhelms-Universität, genannt. Sie ist die erste nicht konfessionelle Universität und verfügt über eine katholische und eine evangelische Fakultät sowie eine medizinische, philosophische und rechtswissenschaftliche Abteilung.

III.

Z. 6   *Doctordiplom*: Z. 24-60
Z. 17   *Kaysler*: Adalbert Bartholomäus Kayssler (1769-1821) ⇒ Nr. 1813
Z. 19   *Schreiben*: ⇒ Nr. 1813

Z. 23 *Gravenhorst:* Johann Ludwig Christian Carl Gravenhorst (1777–1857) studierte Jura in Helmstedt (Niedersachsen) und Naturwissenschaften in Göttingen (Niedersachsen). Nach einer Studienreise nach Paris war er in Braunschweig als Privatgelehrter tätig, habilitierte sich 1804/05 in Naturgeschichte und wurde 1808 zum ausserordentlichen Professor in Göttingen ernannt. 1810 erhielt er an der Universität Frankfurt an der Oder eine ordentliche Professur in Naturgeschichte und wurde zudem Direktor des Botanischen Gartens. Als die Universität nach Breslau verlegt wurde, ging er mit, 1814 begründete er dort durch Überlassung seiner bedeutenden Privatsammlung das Zoologische Museum. Gravenhorst war ein bekannter Entomologe, betrieb daneben aber auch Studien in anderen zoologischen Gebieten und verfasste diverse Schriften dazu.

1815.
Königlich preussisches Konsistorium
7. November 1817

An
den Herrn Heinrich Pestalozzi
zu Iferten
in der Schweiz

H[ocherwürdiger] Schul S[tifter]

Münster d[en] 7ten November 1817

An
den Herrn Heinrich Pestalozzi
zu Iferten
in der Schweiz
Indem wir auf die von Ew[er] Wohlgeboren im 69ten Stück der Hamburger Zeitung angekündigte neue Ausgabe Ihrer Schriften für sechs Exemplare hiemit subscribiren, benachrichtigen wir Sie zugleich, dass wir über die Eröffnung dieser Subscription das Publikum in unserm Consistorial-Bezirke durch die Amtsblätter der drey Regierungen in demselben in Kenntniss gesetzt haben. Wir ersuchen Sie, die erbetenen Exemplare von der Cottaischen Buchhandlung durch die hiesige Coppenrathsche Kunst- und Buchhandlung mit der Bemerkung des Preises an uns gelangen zu lassen, und benutzen diese Gelegenheit, Ihnen unsere aufrichtige Hochschätzung Ihrer grossen Verdienste um das Volkserziehungswesen zu bezeügen.
Königl[ich] Preussisches Konsistorium
Vincke Möller Natorp Scheffer Boichorst
Schlüter.

Überlieferung

1 ZB Zürich, Ms Pestal 53/54, Umschlag 256/2
2 Bogen, 325 x 206 mm
4 Datum am Schluss, eigenhändige Unterschriften, Dorsualvermerk *Münster, den 7.
Nov[emb]re 1817 Königl[iches] Preuss[ische]s Konsistorium*
5 Original

Textkritik

Zeuge H
Z. 5   *Pestalozzi*: lateinische Schrift
Z. 6   *Iferten*: lateinische Schrift
Z. 11   *Pestalozzi*: lateinische Schrift
Z. 12   *Iferten*: lateinische Schrift
Z. 20   *Cottaischen*: lateinische Schrift
Z. 21   *Coppenrathsche*: lateinische Schrift

Sacherklärung

I.

1815 wird in der preussischen Provinz Westfalen das königlich preussische Konsistorium Münster als zentrale kirchliche Verwaltungs- und Aufsichtsbehörde beider Konfessionen geschaffen. Gleichzeitig ist das Konsistorium für das Unterrichts- und Schulwesen zuständig, bis 1817 als Aufsichtsbehörde aller Unterrichtsanstalten mit Ausnahme der Universitäten, danach beschränkt sich der Zuständigkeitsbereich auf die höhere Schulen und die Volksschullehrerseminare. 1825 erfolgt eine Veränderung in der Provinzialverwaltungsbehörde und das Kollegium des Konsistoriums wird in die Abteilungen «Konsistorium» und «Provinzialschulkollegium» aufgeteilt, zudem verliert es die Aufsicht über die katholische Kirche und die katholischen Konsistorialräte scheiden aus dem Rat aus. Verordnungen von 1845 und 1850 haben zur Folge, dass das Konsistorium aus der staatlichen Behördenorganisation herausgelöst wird und fortan als rein kirchliche Behörde weiter besteht.

III.

Z. 6   *Iferten*: dt. Name für Yverdon
Z. 15   *Schriften*: Johann Heinrich Pestalozzi: Sämmtliche Schriften, 12 Bände. Stuttgart 1819–1824
Z. 20 f. *Cottaischen Buchhandlung*: J. G. Cottasche Buchhandlung ⇒ Nr. 1455 b
Z. 21   *Coppenrathsche*: Die Coppenrathsche Kunst- und Buchhandlung wurde 1768 von Josef Heinrich Coppenrath (1761–1853) gegründet, als er die Perrenonsche Hofbuchhandlung übernahm. Bis 1843 führte er den Verlag, danach übernahmen seine Söhne das Geschäft, das bis 1977 im Familienbesitz blieb.
Z. 26   *Vincke*: Ludwig von Vincke (1774–1844) trat nach Studien in Marburg, Erlangen und Göttingen 1795 in den preussischen Staatsdienst ein, wo er bis zum Ausscheiden aus demselbigen im Jahre 1810 diverse Ämter bekleidete. 1813 wurde er zum Zivilgouverneur der Provinzen zwischen Weser und Rhein ernannt, 1815 folgte die Ernennung zum Oberpräsidenten der Provinz Westfalen und zugleich zum Regierungspräsidenten des Regierungsbezirks Münster sowie zum Präsidenten des Konsistori-

ums in Münster. Von Vincke war zweimal verheiratet, von 1810 bis 1826 mit Eleonore von Syberg zum Busch (1788–1826), ab 1827 mit Luise von Hohnhorst (1798–1873).

Z. 26 *Möller*: Anton Wilhelm Peter Möller (1762–1846) studierte ab 1780 an der Universität Duisburg, war 1784 Hilfspfarrer in Dresden und ein Jahr später Pfarrer in Lippstadt (Nordrhein-Westfalen). 1788 folgte die Ernennung zum Professor der evangelischen Theologie in Duisburg, 1805 zog er als Pfarrer und Konsistorialrat nach Münster weiter, bevor er 1810 diese Funktionen in Königsberg übernahm. 1811 erhielt er eine Professur der Theologie in Breslau, wurde dort zugleich Regierungsrat und kehrte rund zwei Jahre später als Pfarrer und Konsistorialrat nach Münster zurück, wo er 1835 zum Oberkonsistorialrat ernannt wurde. Möller veröffentlichte zudem zahlreiche Schriften.

Z. 26 *Natorp*: Bernhard Christian Ludwig Natorp (1774–1846) ⇒ Nr. 1816

Z. 26 *SchefferBoichorst*: Franz-Theodor Hermann Scheffer-Boichorst (1767–1843) wurde nach dem Jurastudium in Mainz und Göttingen und einer Ausbildung am Reichskammergericht in Wetzlar 1791 Advokat, 1792 fürstbischöflicher Rat und anschliessend bis 1802 Bürgermeister in seiner Heimatstadt Münster. Nachdem er von 1803 bis 1806 das Amt des Regierungsrats bekleidet hatte, trat er in den Staatsdienst des Königreichs Westfalen ein, wirkte ab 1815 als Rat beim Oberlandesgericht Münster, seit 1820 bis 1839 als Vizepräsident und seit 1817 als Geheimer Justizrat. Im Konsistorium von Münster war Scheffer-Boichorst für katholischkirchliche Angelegenheiten zuständig.

Z. 27 *Schlüter*: Johann Christoph Schlüter (1767–1841) war nach seinem Theologiestudium in Münster zehn Jahre lang als Hauslehrer tätig, danach wandte er sich 1799 philologischen und philosophischen Studien in Göttingen zu, habilitierte sich in Münster und wurde dort 1801 Professor des deutschen Stils und der deutschen Literatur, 1804 kam die römische Literatur dazu. 1816 folgte seine Ernennung zum katholischen Konsistorialrat des Münster Konsistoriums und Provinzial-Schulkollegiums, 1818 gab er dieses Amt auf und wurde 1831 zum Rektor der inzwischen zur Akademie umgestalteten Universität Münster gewählt, von 1836 bis zu seinem Tod hatte er dieses Amt erneut inne.

1816.
Bernhard Christoph Ludwig Natorp
7. November 1817

Münster in Westphalen Nov[ember] 7. [18]17

Das Schreiben unsers Consistoriums kann ich nicht abgehen lassen, ehrwürdiger Vater Pestalozzi, ohne Sie den zwar Nichtgesehenen, aber Wohlbekannten u[nd] herzlichverehrten mit inniger Liebe zu grüssen. Mit dem Publicum der deutschen Pädagogen bin auch ich Ihnen vielen Dank schuldig für die mannichfachen Belehrungen, welche ich aus Ihren Schriften schöpfte, und für die Begeisterung für die Sache des Volksschulwesens, welche durch Ihr Reden u[nd] Thun in meinem Gemüthe belebt und bekräftigt wurde. Dass ich Ihre Idee gefasst habe, haben Sie mir, ohne es zu wissen, schon selbst gesagt, dadurch, dass Sie in Ihrer Lenzburger Rede aus meinem damals anonymen Berichte eines Landpfarrers über seine Bemühungen für das Schulwesen seiner Gemeinde eine ausführliche Stelle aufnahmen. Ich stand, als ich diesen Bericht schrieb, als Pfarrer zu Essen in der vormaligen westphälischen Abtey dieses Namens u[nd] verwaltete zugleich eine Inspection über die Schulen eines grossen Kreises, welche mich veranlasste, meiner Lieblingsneigung gemäss, das Studium des Volksschulwesen weiter, als sonst gemeiniglich von den Pfarrern geschieht zu verfolgen. Was ich daselbst elf Jahre hindurch im Kleinen betrieb und früherhin zu Hücceswagen einem Fabrikdorfe im Herzogthume Berg noch mehr vom Kleinen betrieben hatte, setzte ich im Jahre 1809 an sieben Jahre hindurch als Schulraht der Regierung zu Potsdam in dem grössern Wirkungskreise der Kurmark Brandenburg fort, wie Sie aus der Beylage ersehen können. Von da aus sandte ich Ihnen auch ein paar junge Schulmänner, nemlich den vortrefflichen Schulinspector Ernst Bernhardt u[nd] den Candidaten Runge zu. Ich war bemüht, nicht allein Ihre pädagogische u[nd] didaktische Grund-Idee, über welche ich schon früh mit Ihnen völlig einverstanden war, in meinem Kreise vorherrschend zu machen u[nd] solche Schriften, in welchen sie angewendet war, zu verbreiten, sondern auch selbst auf das eine u[nd] andre Unterrichtsfach diese Idee in Anwendung zu bringen. Letzteres that ich unter andern in der von mir herausgegebenen Anleitung zur Unterweisung im Singen für Lehrer in Volksschulen. Wie überraschend die Resultate von der Anwendung der von mir nach Ihrer Idee ausgeprägten Lehrmethode waren, steht in der erwähnten Beylage angedeutet. Zur Verbreitung Ihrer Idee benutzte ich vornehmlich den von mir herausgegebenen Briefwechsel einiger Schullehrer u[nd] Schulfreunde, in welchem ich manches zur Sprache bringen konnte, was sich in amtlichen Verordnungen nicht sagen liess. Diesen Briefwechsel habe ich noch jetzt darum lieb, weil er mir so gute Dienste gethan u[nd] mehr gefruchtet hat, als mein sonstiges Wirken von Amts wegen in der Regierungsbehörde. Jetzt fängt die edlere Idee des Volksschulwesens auch in hiesigen Gegenden an Eingang zu finden. Doch bin ich erst zu kurze Zeit hier, um Ihnen in Thatsachen etwas Bestimmtes darüber angeben zu können.

Gott segne Ihre Bemühungen, ehrwürdiger Mann, und verleihe Ihnen zu fernerem edlen Wirken noch lange ein gesundes, heitres

und kräftiges Alter! Dies ist der herzliche Wunsch, mit welchem ich
Ihnen im Geiste die Hand reiche.

Natorp Oberconsisto-
rialrath hieselbst.

N.S. Gern sendete ich Ihnen u[nd] H[err]n Nägeli eine Schrift über
den Gesang in den evangelischen Kirchen u[nd] eine kleinere über
das pädagogische Getreibe der Herren Bell u[nd] Lancaster, welche
ich vor kurzem herausgegeben habe; allein der weiten Entfernung
wegen muss ich hiemit Bedenken tragen, indem das Porto sich höher belaufen würde, als der Preis der Schriften.

Überlieferung

1 ZB Zürich, Ms Pestal 53/54, Umschlag 256/1
2 Bogen, 256 x 209 mm
4 Dorsualvermerk *Münster, d[en] 7. Nov[emb]re 1817. Natorp.*
5 Original

Textkritik

Zeuge H
Z. 4   *Münster*: lateinische Schrift
Z. 4   *Nov[ember]*: lateinische Schrift
Z. 18   *Essen*: lateinische Schrift
Z. 24   *Hücceswagen*: lateinische Schrift
Z. 24   *Berg*: lateinische Schrift
Z. 26   *Potsdam*: lateinische Schrift
Z. 29 f. *Ernst Bernhardt*: lateinische Schrift
Z. 30   *Runge*: lateinische Schrift
Z. 55   N a t o r p : lateinische Schrift
Z. 57   *Nägeli*: lateinische Schrift
Z. 59   *Bell*: lateinische Schrift
Z. 59   *Lancaster*: lateinische Schrift
Z. 61   *Porto*: lateinische Schrift

Sacherklärung

I.

Bernhard Christoph Ludwig Natorp (1774–1846) übernimmt nach seinem 1794
abgeschlossenen Theologiestudium in Halle an der Saale das Predigeramt zunächst in
Hückeswagen, dann von 1798 bis 1810 in Essen, gilt jedoch rasch als Schulexperte
und übt ab 1804 das Kommissariat über den Bochumer Schulkreis aus. 1809 beruft
ihn Wilhelm von Humboldt (1767–1835, ⇒ Nr. 1643) als Oberkonsistorial- und Schulrat der Kurmärkischen Regierung nach Potsdam, wo er als beratendes Mitglied in der

Sektion für den Kultus und den öffentlichen Unterricht (⇒ Nr. 1049) an der Ausarbeitung des 1819 von Johann Wilhelm von Süvern (1775–1829), ⇒ Nr. 1049) vorgelegten Schulgesetzentwurfs mitwirkt. Konkret bemüht er sich um die Verbesserung der Lehrerbildung, richtet eine Reihe von lokalen Schullehrerkonferenzen ein, kehrt jedoch schon 1816 als Oberkonsistorialrat nach Westfalen zurück, wo er von 1836 bis zu seinem Tod als Vizegeneralsuperintendent der evangelischen Kirche amtiert.

III.

Z. 5	*Schreiben*: ⇒ Nr. 1815
Z. 5	*Consistoriums*: Königlich preussisches Konsistorium (⇒ Nr. 1815)
Z. 14	*Lenzburger Rede*: Johann Heinrich Pestalozzi: Über die Idee der Elementarbildung und den Standpunkt ihrer Ausführung in der Pestalozzischen Anstalt zu Iferten. In: Wochenschrift für Menschenbildung 3(1809), Heft 2/3, S. 89–248 und 4(1810), Heft 1, S. 3–90 (PSW XXII, S. 1–324)
Z. 15	*Berichte*: Über die Organisation der niedern deutschen Schulen. Mit besonderer Berücksichtigung auf die gegenwärtigen Bedürfnisse der Grafschaft Mark. In: GutsMuths, Zeitschrift für Pädagogik, Erziehungs- und Schulwesen 2(1807), Heft 6, S. 139–165, Heft 7, S. 219–259, Heft 8, S. 335–353. Dieser publizierte Beitrag ist die Veröffentlichung eines Gutachtens, das Bernhard Christoph Ludwig Natorp (1774–1846, ⇒ Sacherklärung I.) als Inspektor des Bochumer Schulkreises auf Basis von im Zeitraum 1806/07 durchgeführten Visitationen im Auftrag des märkischen Kammerkollegiums in Hamm (Westfalen) erstellt hatte.
Z. 17	*Stelle*: Die exakte Stelle, die Pestalozzi von Bernhard Christian Ludwig Natorp (1774–1846, ⇒ Sacherklärung I.) in seiner *Lenzburger Rede* übernommen habe soll, ist unklar. Da Natorp in seinem Gutachten sehr stark die Schulorganisation fokussiert (Schuldistrikt, Schulbau, Unterrichtsorganisation, Lehrplan) kommt vermutlich nur Natorps Passage zur Lehrmethode in Frage (vgl. Über die Organisation der niedern deutschen Schulen. In: GutsMuths, Zeitschrift für Pädagogik, Erziehungs- und Schulwesen 2(1807), Heft 7, S. 219–259, hier S. 224–228). Darin präferierte Natorp eine Lehrmethode, die nicht nur Verstandesbildung anregen solle, sondern ausgehend von den Naturanlagen des Kindes Phantasie, Gefühl und Gemüt. Dies findet Entsprechungen in Pestalozzis *Lenzburger Rede* (vgl. PSW XXII, S. 156–166).
Z. 24	*Hücceswagen*: Hückeswagen (Nordrhein-Westfalen)
Z. 30	*Bernhardt*: Ernst Bernhardt (1782–1831) ⇒ Nr. 1513
Z. 30	*Runge*: Gustav Wilhelm Runge (1789–1885) ⇒ Nr. 1715
Z. 37	*Anleitung*: Bernhard Christoph Ludwig Natorp: Anleitung zur Unterweisung im Singen für Lehrer in Volksschulen. Potsdam 1813
Z. 41	*Briefwechsel*: Bernhard Christoph Ludwig Natorp: Briefwechsel einer Schullehrer und Schulfreunde, 3 Bände. Duisburg/Essen 1811–1816
Z. 57	*Nägeli*: Hans Georg Nägeli (1773–1836) ⇒ Nr. 998
Z. 57	*Schrift*: Bernhard Christoph Ludwig Natorp: Ueber den Gesang in den Kirchen der Protestanten. Ein Beytrag zu den Vorarbeiten der Synoden für die Veredlung der Liturgie. Essen 1817
Z. 58	*kleinere*: Bernhard Christoph Ludwig Natorp: Andreas Bell und Joseph Lancaster. Bemerkungen über die von denselben eingeführte Schuleinrichtung, Schulzucht und Lehrart. Essen 1817
Z. 59	*Bell*: Andrew Bell (1753–1832) ⇒ Nr. 1487
Z. 59	*Lancaster*: Joseph Lancaster (1778–1838) ⇒ Nr. 1487

1817.
Buchhandlung Heinrich Ludwig Brönner
10. November 1817

S[eine]r Wohlgeborn
Herrn Pestalozzi
in
Iferten.

Frankfurt, d[en] 10ten Novemb[er] 1817.

Euer Wohlgeborn
mir übersandte Pränumerationsanzeige auf Ihre sämmtlichen Schriften habe ich so zweckmässig als möglich zu vertheilen gesucht; worauf sich aber bis jezt erst 2 Subscribenten bey mir gemeldet haben. Laut der Anzeige ist zwar der Subscriptionstermin schon verflossen, doch hoffe ich, dass Sie an die Zeit sich nicht so strickte binden werden, u[nd] ersuche Sie daher auf 3 E x e m p l a r e für mich um Subscriptionspreis Bedacht zu nehmen, welche Gefälligkeit ich mit Dank erkennen würde. Genehmigen Sie meine Bitte, so haben Sie die Güte mir gleich nach Erscheinen den 1ten Band zuzuschicken, u[nd] mit den folgenden Theilen alsdann gefälligst continuiren zu wollen. Den Ihnen zukommenden Betrag erhalten Sie nachher durch die Cottasche Buchhandlung, sobald ich weiss wieviel solcher ausmacht.
Hochachtungsvoll verbleibe

Eu[e]r Wohlgeb[or]en
ergebenster Diener,
p[e]r H[einrich] L[udwig] Brönner
Buchhändler.

Überlieferung

1   ZB Zürich, Ms Pestal 50, Umschlag 38/1
2   Blatt, 230 x 196 mm
4   Siegelspuren, Stempel *STUTTGART 23. NOV. 1817*, Dorsualvermerk *F[rank]furt a[m]/m[ain], Den 10. Nov[emb]re 1817. H[einrich] L[udwig] Brönner*
5   Original

Textkritik

Zeuge H
Z. 5   *Pestalozzi*: lateinische Schrift
Z. 7   *I f e r t e n* : lateinische Schrift

Z. 8   *Frankfurt*: lateinische Schrift
Z. 8   *Novemb[er]*: lateinische Schrift

Sacherklärung

I.

Heinrich Ludwig Brönner (1702–1769) gründet 1727 in Frankfurt eine Buchdruckerei und -handlung, die seinen Sohn, den späteren frankfurtischen Senator Johann Karl Brönner (1738–1812), der das Geschäft zusammen mit seinem Halbbruder Heinrich Remigius (1728–1798) seit dem Tod des Vaters führt, zu einem der reichsten deutschen Verleger macht. 1812 übernimmt dessen Adoptivsohn Heinrich Karl Remigius Brönner (1789–1857) die Leitung des Geschäfts, das sich 1827 in eine separate Buchdruckerei und Schriftgiesserei mit Verlag – im Besitz von Brönner – und eine Sortimentsbuchhandlung aufspaltet.

III.

Z. 11 f.   *Schriften*: Johann Heinrich Pestalozzi: Sämmtliche Schriften, 12 Bände. Stuttgart 1819–1824
Z. 22   *Cottasche Buchhandlung*: J. G. Cottasche Buchhandlung (⇒ Nr. 1455 b)

1818.
David Vogel

10. November 1817

An H[errn] Pestalozzj
in
Yverdon.

Zürich den 10. Nov[ember] 1817.

Mein theürer Freünd!
Vor einem Monat bereits gab mir unser Freünd Schmid Nachricht von deinem Wohlbefinden, dessen ich mich herzlich freüe; er lies mich hoffen, nächstens einige Auskunft über deine mir und allen deinen hiesigen Freünden so unerwartete Vereinigung mit Fellenberg zu erhalten; ich werde so oft und viel befragt, was an der Sache seye, aus guten Gründen muss ich sagen das ich davon n i c h t s wisse, weil es das einzige ist, was ich davon weiss; Jede Frage darüber wäre Unbescheidenheit, wenn du nicht mit freündschaftlicher Dringlichkeit mich diesen Sommer nach Yverdon eingeladen hättest, um über die Maasnahmen mit dir zu sprechen, welche zur Fortdauer des Instituts nothwenig seyen – Ich reise mit der Beruhigung nach Hause, die oconomischen Verhältnise seyen durch Schmids kräftige Maassnahmen und durch die Subscription beseitiget und die Lehrfächer werden durch deine u[nd] H[errn] Langes

Vorsorge neues Leben erhalten. Sint dem las ich, die sich so widersprechenden Zeitungsnachrichten und höre noch widersprechendere mündliche Aüsserungen über die Aufhebung des Instituts und die Vereinigung mit Fellenberg, wesswegen ich dich bitte mir einige Auskunft zu geben. Ich könnte mir wohl ein Verhältniss mit Fellenberg denken, welches für die Sache des Instituts selbst, so wie für Oeconomie und die Stellung bejder gegen einander vortheilhaft und Ehre bringend wäre, dennoch bin ich nicht ohne Besorgniss, dass du, seye es jezt oder in der Folge durch diese Verbindung in eine untergeordnete Stellung gesezt werden könntest: willst du mir darüber einige Kentniss geben, so will ich dir dagegen meine Ansicht offen, wie es unter Freünden seyn soll, genau mittheilen.

Was mich H[err] Schmid wegen Gottlieb ahnden liess, vernehme ich nun aus dem von Gottlieb von Leipzig erhaltnen Brief selbst bestäthigt. Der Inhalt ist so klar dass er keines Comentars bedarf. Die Probe während der kurzen Zeit seiner Wanderung leistet den Beweiss das es ihm an Krafft wie am guten Willen fehlte, seine Wanderzeit dafür zu benuzen, um sich zu einer unabhängigen Existenz fähig zu machen; ich bin sehr besorgt um ihn, denn ich liebe ihn um s[eines] guten Herzens willen wie einen Sohn. Was soll nun aus ihm werden?

Als ein durch s[eine] gute Grosmutter verzärteltes Kind, wegen sehr beschränkten Fähigkeiten für alles Wissenschaftliche unbrauchbar, und mit mangelhaften Vorkenntnissen lernte ich ihn kennen, sein starker Körperbau bey seinem schwachen Geist überzeügte jeden der ihn sah, das er nie zum Erzieher, wohl aber einzig zu Handarbeit tauglich seye: wahrlich nur der Name Pestalozzj und sein Vermögen können die Ideen herbey ruffen, ihn einst zum Vorsteher dem N a m e n   n a c h in bloss untergeordneter Stellung von einem kräftigen Mann geleitet bestimmen zu wollen. Dein Wirken, m[ein] th[eurer] Freünd ist bleibend u[nd] entschieden wenn auch das Institut nicht fortgesezt würde; wäre es nicht ehrenhafter für Gottlieb und er in jeder Hinsicht glüklicher, wenn er ein Meister in s[einer] angefangenen Berufsarbeit würde, seine ausgezeichneten körperlichen Kräffte verbunden mit ausdauerndem Fleiss dazu verwenden würde, sich eine bürgerlich unabhängige Stellung zu sichern um als Hausvatter und Meister in seinem Haus ehrenvoll u[nd] selbständig zu walten. Dis war mein Wunsch; und dafür war er gestimmt, bis sein zu langer müsiger Aufenthalt in Yverdon ihm, verbunden mit andern Ideen die er da erhielt, wieder dem ohnehin indolenten Jüngling den Lust verminderte, Seiner Individualität ist Handarbeit angemessner als das Erziehungsfach, dis

billigten deine Freünde, und du selbst billigtest es. es war auch nicht
Überredung sondern sein freyer Wille bestimmte ihn, auch arbeitete
er mit Lust u[nd] Fleiss. – Doch der ist nun vorbey, ich kann es nicht
hindern, und es bleibt in meiner Stellung mir nichts übrig, als dich
m[ein] th[eürer] Freünd bey aller Liebe für deinen Enkel zu bitten,
ihn nicht eher dieser Berufsart entsagen zu lassen bis er sich für
eine andere, die seinen Fähigkeiten angemessen ist auf eine Weise
erklärt, die hoffen lässt, er werde dabey mit dem Ernst verbleiben,
der zu jeder Auswahl der Berufsart so nöthig ist, und dass dabey die,
jedem Menschen so wünschbare Unabhängigkeit beabsichtigt werde, ohne welche er niemals glüklich seyn würde. – Landwihrtschaft
ist selbst bey vielen Kentnisen in der Schweiz noch keinem Städter
gelungen, oder mann nenne mir einen einzigen. Selbst der reiche
Fellenberg wäre nach meiner Ansicht ohne seine kluge Verbindung
mit lucrativerem Erwerb dabey zu Grund gegangen. Gottliebs Vermögen ist nicht gross genug zu grosser Landwihrtschaft, in Bir würde er in kurzer Zeit sein Vermögen zusezen, und bisher äusserte er
decidierte Abneigung für die Landwihrtschaft. – Mein Zwek ist wenigstens so weit erreicht das er e t w a s ist, ein Gerwer, der im
Stand ist, vielleicht späther dennoch dazu zurükzu kehren, wenn es
denn nur nicht zu späth ist! – alles dises m[ein] Fr[eünd] ist Pflicht,
die mir meine Stellung als Gottliebs Vormund, noch mehr aber,
meine Liebe zu ihm, dir zu sagen unerlässlich vorschrieb, und mit
dem herzlichsten Wunsch für dessen Glük, es vielleicht mit mehr
Wärme geäusert habe, als von dir und den deinigen gebilligt werden
mag. –
    Soeben erhalte ich deinen Brief nebst den Innlagen, er bestäthigt
nur was ich bereits äusserte, und ich sehe auch nichts anderes zu
thun, als ihn einstweilen nach Hausse kommen zu lassen, es wird
denn eine neüe Probe zeigen, zu was er zu bestimmen sey; die Erklärung dass er die Gerwerey für immer verlassen soll, würde ich
einstweilen noch zurükhalten.
    Herzlich grüsst dich m[eine] l[iebe] Fr[au] u[nd] m[ein] Sohn. –
Grüsse mir Freünd Schmid u[nd] Lisebeth.
                                    dein tr[euer] Fr[eund]
                                    D[avid] Vogel.

Wegen dem armen Werdmüller kann ich wenig Trost geben, einige
Unterstüzung erhielt er von dem Stadtrath u[nd] von der Hülfsgesellschaft, aber er sucht einen Posten oder Ämtchen, das geth nicht,
weil er abwesend ist, und für jede solche Stelle 20. sind, die dafür
sich melden. Ich mag ihm auch nicht rathen hieher zu kommen,

weil ich ihm nicht garantieren kann, dass er den sogleich zu etwas
gelange. empfehlen will ich ihn so gut ich kann.

Überlieferung

1 ZB Zürich, Ms Pestal 55a/56, Umschlag 380/12
2 Bogen, 226 x 186 mm
4 Datum am Schluss
5 Original

Textkritik

Zeuge H
Z. 9 f.   *Nachricht* < *** > *von*
Z. 17   *Yverdon*: lateinische Schrift
Z. 18   *dir zu* ʃ
Z. 21   *Subscription*: lateinische Schrift
Z. 29   *Oeconomie*: lateinische Schrift
Z. 37   *Comentars*: lateinische Schrift
Z. 50   *Ideen*: lateinische Schrift
Z. 50   *ihn* ʃ
Z. 51   *zum* ʃ
Z. 57   *Kräffte* < * > *verbunden*
Z. 62   *Yverdon*: lateinische Schrift
Z. 62   *Ideen*: lateinische Schrift
Z. 63 f.   *Individualität*: lateinische Schrift
Z. 79   *lucrativerem*: lateinische Schrift
Z. 82   *decidierte*: lateinische Schrift
Z. 92   *anderes* < *seye* > *zu*
Z. 104   *jede* < *solhe* > *solche*

Sacherklärung

I.

David Vogel (1760–1849) ⇒ Nr. 1187 a

II.

David Vogel (1760–1849, ⇒ Nr. 1187 a) war im Februar 1813 (PSB VIII, Nr. 3262)
von Pestalozzi im Fall seines Todes als Vormund seines Enkels und seiner Frau sowie
als Testamentsvollstrecker eingesetzt worden. Wie dieser Brief deutlich macht, nahm
er seine Rolle als Vormund von Gottlieb Pestalozzi (1797–1863, ⇒ Nr. 594) ernst und
äusserte sich kritisch zu dessen Plänen, den erlernten Beruf als Gerber aufzugeben
und wie sein Grossvater erzieherisch tätig zu werden. Auch sah Vogel für Gottlieb
keine Zukunft als Landwirt auf dem Neuhof.

III.

Z. 9   *Schmid*: Joseph Schmid (1785–1851) ⇒ Nr. 712

Z. 9	*Nachricht*: scheint nicht erhalten zu sein
Z. 12 f.	*Fellenberg*: Philipp Emanuel von Fellenberg (1771–1844) ⇒ Nr. 426
Z. 22	*Langes*: Johann Friedrich Wilhelm Lange (1786–1858) ⇒ Nr. 1058
Z. 35	*Gottlieb*: Gottlieb Pestalozzi (1797–1863) ⇒ Nr. 594
Z. 36	*Brief*: scheint nicht erhalten zu sein
Z. 44	*Grosmutter*: Anna Pestalozzi-Schulthess (1738–1815) ⇒ Nr. 3
Z. 80	*Bir*: In Birr (Kt. Aargau) befand sich der Neuhof, der Landwirtschaftsbetrieb, den Pestalozzi nach seiner Heirat gekauft und zu einem landwirtschaftlichen Mustergut hatte machen wollen.
Z. 83	*Gerwer*: Gerber (mdl.)
Z. 91	*Brief*: scheint nicht erhalten zu sein
Z. 97	*Fr[au]*: Anna Magdalena Vogel-Horner (1764–1841) ⇒ Nr. 1360
Z. 97	*Sohn*: Georg Ludwig Vogel (1788–1879) ⇒ Nr. 1221
Z. 98	*Lisebeth*: Elisabeth Krüsi-Näf (1762–1826) ⇒ Nr. 594
Z. 101	*Werdmüller*: Felix Werdmüller (1775–1835) wurde als uneheliches Kind eines Stadtzürcher Militärs geboren. In jungen Jahren war er in Zürich als Schneider tätig. Die Jahre von 1806 bis 1809 verbrachte er in der französischen Armee. Danach liess er sich in Onnens (Kt. Waadt) nieder, wo er 1810 Rosa Leuber (1786–1843) heiratete. Werdmüller lebte spätestens ab 1823 als Schneider und Weibel des Friedensrichters wieder in Zürich.
Z. 102	*Stadtrath*: ⇒ Nr. 1361
Z. 102 f.	*Hülfsgesellschaft*: Die Zürcher Hülfsgesellschaft wurde 1799 vom Stadtarzt Hans Kaspar/Caspar Hirzel (1751–1817, ⇒ Nr. 1322) und fünf weiteren Personen gegründet. Oberstes Ziel des Vereins war Wohltätigkeit und Linderung der Armut. Finanziert wurde die Arbeit durch private Spenden aus dem In- und Ausland. Neben dem genuinen Betätigungsfeld des Armenwesens engagierte sich die Hülfsgesellschaft auch bald im Schul-, Blinden- und Taubstummenwesen und in der Nahrungsmittelhilfe.

1819.
Gerhard von Buschmann
12. November 1817

Stuttgart den 12ten Nov[ember] 1817.

Verehrungswürdiger
Theurer Freund!
Für die in Ihrem Schreiben vom 21ten vorigen Monats mir mitgetheilten Nachrichten von dem Zustande und dem Fortgange Ihrer Anstalt danke ich Ihnen verbindlich, und versichere Sie zugleich meiner innigsten Theilnahme sowohl in Absicht der Widerwärtigkeiten, welche Sie inzwischen gehabt haben, als besonders auch des guten Fortgangs der Anstalt, dessen Sie sich neuerlich wieder erfreuen. Ich ermangelte nicht, den Inhalt Ihres Schreibens zur Kenntniss Ihrer Majestät der Königin zu bringen, Allerhöchst welche Ihnen ebenfalls Ihre Theilnahme an Ihren Angelegenheiten bezeugen lassen.

Dass es Ihnen unter den in Ihrem Briefe angeführten Umständen nicht früher möglich war, an mich zu schreiben, glaube ich gerne, und bedaure nur, dass Sie desshalb zu entschuldigen sich bemüht haben.

Für 12. Exemplare Ihrer Schriften, auf welche Ihre Majestät die Königin pränumeriren, und welche der Ankündigung gemäss höchstens 13. Bände ausmachen werden, 1. Band à 1 Fl[orin] 45. Kr[euzer] übersende ich Ihnen hiebey einen Wechsel zu Zweyhundert drey u[nd] Siebenzig Gulden, worauf Sie besagte Summen von den Herren Marcuard Beuther u[nd] Co[mpagnie] in Bern beziehen wollen.

Ich wünsche von Herzen, dass Sie Ihre Absicht in Rücksicht auf die festere Begründung Ihrer Anstalt erreichen und durch das Gelingen Ihres begonnenen, das Wohl der Menschheit im allgemeinen bezweckenden, Werkes für die damit verbundenen Bemühungen und Sorgen belohnt werden möchten.

Ich bin mit vollkommenster Hochachtung und der Versicherung Freundschaftlichster Gesinnungen

Ihr
ergebenster Freund u[n]d Diener
G[erhard] von Buschmann

Überlieferung

1 ZB Zürich, Ms Pestal 50, Umschlag 46/4
2 Bogen, 231 x 193 mm
3 leicht defekt
4 Datum am Schluss, Dorsualvermerk Stuttgart, d[en] 12. 9^{ber} 1817. G[erhard] Buschmann.
5 Original

Textkritik

Zeuge H
Z. 13 f.   Ihrer Majestät: lateinische Schrift
Z. 14   Königin: lateinische Schrift
Z. 14   Allerhöchst: lateinische Schrift
Z. 15   Ihre: lateinische Schrift
Z. 20   Exemplare: lateinische Schrift
Z. 20   Ihre Majestät: lateinische Schrift
Z. 25   Marcuard Beuther u[nd] Co[mpagnie]: lateinische Schrift
Z. 36   G[erhard] von Buschmann: lateinische Schrift

Sacherklärung

I.

Gerhard von Buschmann (1780–1856) ⇒ Nr. 1561

II.

1816 hatte Gerhard von Buschmann (1780–1856, ⇒ Nr. 1561) Pestalozzi in Yverdon besucht und stand seit da in einem losen Briefkontakt.

III.

Z. 7 *Schreiben*: scheint nicht erhalten zu sein
Z. 14 *Majestät*: Königin Katharina Pawlowna von Württemberg (1788–1819) ⇒ Nr. 1394
Z. 25 *Marcuard Beuter u[nd] Co[mpagnie]*: Die 1745 von Johann Rudolf Marcuard (1721–1795) eröffnete Berner Privatbank Marcuard & Cie hiess von 1775 bis 1825 Marcuard, Beuther & Cie. Unter der Leitung von Samuel Friedrich Marcuard (1755–1820) und Johann Konrad Beuthner zählte sie im 18. Jahrhundert zu den bedeutendsten Bankhäusern mit Korrespondenten in zahlreichen europäischen Metropolen. Das Bankhaus ging 1919 in die neu gegründete Schweizerische Kreditanstalt über.

1820.
Hans Caspar Brunner

16. November 1817

Herrn Pestalozzi
Yverdon
in der Schweiz.

fr[anc]o Grenze.

München den 16 Nov[ember] 1817.

Lieber Pestalozzi!

Sie erinnern sich wohl noch des unterzeichneten alten Landsmanns und Freündes aus den Zeiten der Freyheit und Gleichheit, oder auch von meinem Ihnen A[nn]o 1804 oder 5 in Burgdorf gemachten Besuche. Seit 13 Jahren hab ich Sie zwar nicht mehr gesehen, aber mit herzlicher Freüde viel gutes und schönes von Ihnen gehört und gelesen. Ich habe während diesen 13 Jahren viel, sehr viel erfahren; die Zürcher haben mir übel mitgespillt, zulezt aber doch ihr Unrecht wieder gutgemacht, und so sey es ihnen zwar vergeben, doch hab ich keine Lust mehr unter ihnen zu wohnen, zumal ich seit 10 Jahren zimlich gut und ehrenvoll hier angestellt bin.

Was mich eigentlich veranlasst an Sie zu schreiben ist folgendes: Ich lese nemlich so eben in der allgemeinen Zeitung Ihr an H[errn] Prof[essor] Röckel in Dillingen erlassnes Schreiben abgedrükt. Sie entschuldigen solches mit Mangel anderer Bekantschaft in Baiern. Ist dem wirklich so, fehlt es Ihnen hier an Bekantschaft oder in andern Theilen unsers Königreichs so glauben Sie der Versicherung dass es mir sehr angenehm sein wird, wenn Sie mir Gelegenheit geben Ihnen zu beweisen dass ich Ihr Freünd bin.

Ihr
Brunner
k[öniglicher] Oberbuchhalter u[nd] Rath
vormals Brunner von Stadelhofen

Überlieferung

1 ZB Zürich, Ms Pestal 50, Umschlag 43/1
2 Bogen, 246 x 203 mm
4 Datum am Schluss, Siegel, Stempel * MÜNCHEN 17. NOV. 1817, Dorsualvermerk München, d[en] 16. Nov[emb]re 1817. Brunner, Oberbuchhalter.
5 Original

Textkritik

Zeuge H

Z. 4 *Pestalozzi*: lateinische Schrift
Z. 5 *Yverdon*: lateinische Schrift
Z. 8 *Nov[ember]*: lateinische Schrift
Z. 17 zwar ſ
Z. 23 Bekantschaft < so > oder

Sacherklärung

I.

Hans Caspar Brunner (1776-1854) ⇒ Nr. 466

III.

Z. 13 *Besuche*: Von diesem Besuch scheinen keine Zeugnisse überliefert zu sein.
Z. 16 *übel mitgespillt*: Hans Caspar Brunner (1776-1854, ⇒ Nr. 466) spielte hier wahrscheinlich auf seinen 1806 erfolgten Konkurs als Strumpffabrikant an, in dessen Folge er nach München auswanderte und königlich bayrischer General-Zoll-Administrations-Buchhalter wurde.
Z. 21 *Zeitung*: Der Brief Pestalozzis war am 16. November 1817 in der *Allgemeinen Zeitung* erschienen. Pestalozzi hatte Joseph Röckl (1780-1826, ⇒ Nr. 1800) um Unterstützung beim Sammeln von Subskriptionen in Bayern gebeten, da er dort nur über ein bescheidenes Netz von Bekannten verfüge (PSB XIV, S. 183).

Z. 22 *Röckel*: Joseph Röckl (1780–1826) ⇒ Nr. 1800
Z. 22 *Schreiben*: PSB XIV, Nr. 4824 a

1821.
Jean Jacques Paschoud
20. November 1817

[Reg.] Rechnungsangelegenheiten.

Überlieferung

1 PSB X, S. 417.30 f.

Sacherklärung

I.

Jean Jacques Paschoud (1768–1826) ⇒ Nr. 1216 a

1822.
Joseph Röckl
21. November 1817

Dillingen den 21^{tn} Nov[em]b[r]e 1817.
5 Hochwohlgebohrner Hochverehrungswürdiger Herr Direktor! –
Ungemein viel Vergnügen hat mir das schöne Schreiben Euer
Hochwohlgebohren verursacht. Ich habe Ihren Brief bereits benüzt
mich als Subscriptionen-Samler für Ihre Werke bekant zu machen.
Die allgemeine Zeitung hat dem Publicum schon öffentlich Kunde
10 davon gegeben. Mehrere Blätter Bayerns werden nachfolgen. Ich
habe vorläufig an mehrere Schulräthe und Professoren geschrieben.
Ich werde aber um in der Correspondenz schneller zum Ziele zu
kommen, ein Einladungsschreiben zur Subscription drucken lassen,
und dann die einzelnen Exemplare dieses Briefes nach allen Rich-
15 tungen versenden. Kurz ich werde thun, was mir möglich – für Ihren schönen grossen Zweck – für Ihre Armen-Schule den Fond der
Hülfsmittel zu vermehren. Aber recht sehr wünschte ich zu wissen;
in welcher Ordnung – Ihre Werke in der Presse aufeinander folgen.
L i e n h a r d   u n d   G e r t r u d wird wohl den Anfang machen. –
20 Manche werden bloss auf einzelne Werke subscribiren; und da wer-

den sie wünschen, wie l a n g e oder wie k u r z sie auf das Werk zu warten haben. – – –

Hochverdienter, Hochverehrter Mann! Schon seit Jahren gehe ich mit dem Gedanken um, eine Wahlfahrt nach Y v e r d o n zu machen, um in persönliche Bekantschaft mit demjenigen zu kommen, der v o n L i s s a b o n b i s P e t e r s b u r g, von S t o c k h o l m b i s n a c h N e a p e l gleich geachtet und gepriesen ist. – Mit glühendem Enthusiasmus lebe ich seit 18 Jahren dem Schulwesen und der Erziehung. Ich machte vor 12. Jahren eine litterarischpädagogische Reise durch mehrere Provinzen Deutschlands; ich befreundete mich mit Pädagogikern und Schulmännern vom ersten Range. – N i e m e y e r hat mir die freundschaftlichsten Gesinnungen bewiesen; der gute und fromme S a l z m a n n (Ich weiss gewiss, Sie haben ihn auch lieb) behandelte mich wie ein Vater. Er ist bereits in seligere Gefilde hinübergegangen. Aber den Würdigsten aus Allen – den Gefeyertsten habe ich noch nicht kennen gelernt – P e s t a l o z z i habe ich noch nicht gesehen, ihm die hohen Gefühle von Achtung und Liebe noch nicht offenbaren können, wovon seit Jahren meine Brust gegen ihn erfüllt ist. Das kommende Jahr hoffe ich, soll es geschehen. – Ich habe die Resultate meiner ersten pädagogischen Reise in Druck gegeben. Zu arglos und zu unbefangen, was in der Regel allemahl die Jugend ist, bin ich zu aufrichtig gewesen, und habe hie und da mit zu wenig Umsicht die Wahrheit gesagt. Manche Liberalität, manche freye Herzensergiessung hätte unterbleiben dürfen; ich würde weniger Gegner gefunden, und mehr Nutzen gestiftet haben. – Aber der pädagogische Sinn meines Buches ist doch l e b e n d i g und n i c h t t o d t; auch glaube ich, dass ers nicht ist; ich fand Gelegenheit über Erziehung und Schulwesen A n s i c h t e n und G r u n d s ä t z e zu entfalten, die auch itzt noch die m e i n i g e n sind, und bey welchen ich mich nicht scheue zu sagen, dass Sie aus meiner lebendigsten Ueberzeugung hervorgehen. –

Ich werde Ihnen dieses Buch, nebst andern meiner Schulschriften schicken. – Itzt habe ich noch eine Bitte. Wie hoch würde mich ein 3 bis 4 Monathe langer Aufenthalt in Y v e r d o n kommen? in Hinsicht auf Kost, Wohnung und andrer kleiner Bedürfnisse? Ich bitte recht dringend mir darüber gütigst eine Nachricht zu geben oder (bey Ihren vielen Geschäften) mirs geben zu lassen. – Vielleicht dass die bayrische Regierung mir die Reise nach Y v e r d o n bezahlt; wie sie meine frühere Schulreise nach O e s t e r r e i c h, S a c h s e n und P r e u s s e n bezahlt hat. Ich lebe der süssen Hoffnung künftigen Sommer Ihnen persönlich die Gefühle von unbe-

grenzter Hochachtung und Ergebenheit zu entwickeln, womit ich
stets seyn werde

65 Euer Hochwohl Gebohren,
Gehorsamster Verehrer
und Fr[eund] Prof[essor] Röckl
in Dillingen. –

Überlieferung

1 ZB Zürich, Ms Pestal 55, Umschlag 306/2
2 Bogen, 239 x 200 mm
4 Dorsualvermerk *Röckl.*
5 Original

Textkritik

Zeuge H
Z. 4   *Nov[em]b[r]e*: lateinische Schrift
Z. 8   *Subscriptionen*: lateinische Schrift
Z. 9   *Publicum*: lateinische Schrift
Z. 12   *Correspondenz*: lateinische Schrift
Z. 13   *Subscription*: lateinische Schrift
Z. 20   *subscribiren*: lateinische Schrift
Z. 47   *glaube* < **ch > *ich*

Sacherklärung

I.

Joseph Röckl (1780–1826) ⇒ Nr. 1800

II.

Joseph Röckl (1780–1826, ⇒ Nr. 1800) hatte sich schon am 24. Oktober 1817 (⇒ Nr. 1800) an Pestalozzi gewandt und ihm mitgeteilt, dass er die Subskription unterstützen werde. Der hier angesprochene Plan, für einige Monate zur Weiterbildung nach Yverdon zu reisen, wurde nicht realisiert. Einige Jahre später zeigte sich Röckl auch sehr enttäuscht über die konkrete Abwicklung der Subskription – wurden doch seine grossen Anstrengungen bei der Einwerbung von Subskribenten weder mit Geld noch mit Freiexemplaren abgegolten (⇒ Nr. 2373).

III.

Z. 4   *Dillingen*: Stadt in Bayern
Z. 6   *Schreiben*: PSB XIV, Nr. 4824 a
Z. 9   *Kunde*: Das Schreiben Pestalozzis wurde am 16. November 1817 in der *Allgemeinen Zeitung* gedruckt.
Z. 16   *Armen-Schule*: Armenanstalt Yverdon ⇒ Nr. 1369
Z. 19   L i e n h a r d   u n d   G e r t r u d : Die dritte Fassung von Pestalozzis *Lienhard und Gertrud* erschien 1819 und 1820 als Band 1 bis 4 der Cotta-Ausgabe (PSW V, VI).

Z. 32   *Niemeyer*: August Hermann Niemeyer (1754–1828) ⇒ Nr. 933
Z. 33   *Salzmann*: Christian Gotthilf Salzmann (1744–1811) ⇒ Nr. 933
Z. 40   *Resultate*: Josef Röckl: Pädagogische Reise durch Deutschland: veranlasst auf allerhöchsten Befehl der bayerischen Regierung im Jahr 1805. Dilingen 1808
Z. 53 f. *Schulschriften*: Josef Röckl: Schulreden gehalten bey öffentlichen Prüfungen und Preisevertheilungen an die Jugend. München 1812; Josef Röckl: Über den wechselseitigen Einfluss des Körpers und Geists aufeinander und über den bewährten Denkspruch: Ein gesunder Geist wohne in einem gesunden Körper: als Hauptaufgabe der Erziehung der Jugend. München 1817

1823.
Johannes Ramsauer
26. November 1817

S[eine]r Wohlgeborn
Herrn P e s t a l o z z i
Y v e r d o n .

durch Gottl[ieb] Pest[alozzi]

Stuttgart 26ten Novemb[er] 1817.

Lieber Vater!
Es hat mich herzlich gefreut von jemanden besucht zu werden der nach Iferten geht, der Ihnen, lieber Vater! sagen kann wie es mir geht, denn ich weiss Sie lieben doch noch Ihren Sohn der sich täglich bemüht in Ihrem Geiste zu leben, und dass ich mich dessen bemühe darf ich aufrichtig sagen.

Ich hätte Sie so gerne von Zürich aus besucht, konnte aber unmöglich, indem ich nur 20 Tage Urlaub hatte, ich habe Ihnen aber von Zürich aus geschrieben und Ihnen etwa 20 Subscribenten auf Ihre Werke zugeschickt, auch hier folgen wieder einige:

1. Ihre Königl[iche] Hoheit die Frau Herzogin Louis   1 Ex[emplar]
   v[on] Würtemberg
2. Ihre Durchlaucht die Erbprinzessin Amalie   1 Ex[emplar]
   von Sachsen-Hildburghausen geb[orene] Prinzessin
   v[on] Würtemberg
3. Ihre Durchlaucht die Prinzessin Marie v[on]   1 Ex[emplar]
   Würtemberg
4.   "   Pauline   "   1 Ex[emplar]
5.   "   Elisabeth   "   1 Ex[emplar]
6. H[err] Assessor Helferich   1 Ex[emplar]

7. H[err] G[eorg] G[ottlieb] H[einrich] Haug, 1 Ex[emplar]
  Schullehrer in Geislingen an der Steig
8. H[err] Ober-Regierungs-Secretair von Klett 1 Ex[emplar]
  Ob ich von Zürich für H[errn] Hofrath Kieser 2 Ex[emplare] bestellt, weiss ich nicht mehr, hätte ich es nicht gethan, so bitte ich ihm 2 Ex[emplare] anzurechnen.

Dass der K u l t M i n i s t e r v[on] Wangenheim als solcher abgesezt, ist ein Unglück fürs ganze Land; Tausende sind darüber betrübt, so wie umgekehrt Tausende froh sind. Mir schadet es persönlich nicht, indem ich und meine Anstalt, welche jetzt 110 Schüler zählt, besonders von der Königinn unterstützt u[nd] beschützt werden, und da ich von mehrern Ministern u[nd] Prälaten Kinder in der Anstalt habe, so wird diese doch immer ihren Gang fortgehen, und was mein v i e l s e i t i g e r s Würken betrift, so wird auch dieses nicht geschmälert.

G o t t l o b zu sehen, freute mich ausserordentlich, besonders da er zu Ihnen zurückkehrt.

Herzlich würde es mich und meine liebe Minna freuen, wenn Sie mir gelegentlich auch wieder durch einige Zeilen sagen würden, wie es Ihnen geht. Meine Minna ist wohl u[nd] glücklich hier, wie

Ihr Sohn
Ramsauer

Überlieferung

1 ZB Zürich, Ms Pestal 54a, Umschlag 300/3
2 Bogen, 242 x 205 mm
4 Siegelspuren, Dorsualvermerk *Stuttgart, d[en] 26. Nov[emb]re 1817. Ramsauer.*
5 Original

Textkritik

Zeuge H

Z. 5	P e s t a l o z z i : lateinische Schrift
Z. 6	Y v e r d o n : lateinische Schrift
Z. 7	*Pest[alozzi]*: lateinische Schrift
Z. 8	*Novemb[er]*: lateinische Schrift
Z. 13	bemü<t>ht
Z. 19	*Louis*: lateinische Schrift
Z. 21	*Amalie*: lateinische Schrift
Z. 24	*Marie*: lateinische Schrift
Z. 26	*Pauline*: lateinische Schrift
Z. 27	*Elisabeth*: lateinische Schrift
Z. 31	*Secretair*: lateinische Schrift
Z. 35	*Wangenheim*: lateinische Schrift

Z. 50   *Ramsauer*: lateinische Schrift

Sacherklärung

I.

Johannes Ramsauer (1790–1848) ⇒ Nr. 1525

II.

Johannes Ramsauer (1790–1848, ⇒ Nr. 1525) hatte seit 1800 bei Pestalozzi gelebt, zuerst als Schüler, dann als Lehrer und zeitweise auch als Privatsekretär. 1816 verliess er Pestalozzi und trat eine Stelle als Lehrer an einer Privatschule in Würzburg (⇒ Nr. 1525) an.

III.

Z. 7   *Gottl[ieb] Pest[alozzi]*: Gottlieb Pestalozzi (1797–1863) ⇒ Nr. 594
Z. 11   *Iferten*: dt. Name für Yverdon
Z. 17   *geschrieben*: ⇒ Nr. 1792
Z. 19   *Herzogin*: Prinzessin Luise von Stolberg-Gedern (1764–1834) hatte in erster Ehe 1780 Karl von Sachsen-Meiningen (1754–1782) geheiratet. Nach seinem Tod heiratete sie 1787 Herzog Eugen Friedrich Heinrich von Württemberg (1758–1822), mit dem sie fünf Kinder hatte.
Z. 21   *Amalie*: Karoline Amalie von Sachsen-Gotha-Altenburg (1771–1848) war die Tochter des Landgrafen und späteren Kurfürsten Wilhelm IX. von Hessen-Kassel (1743–1821) und von Prinzessin Wilhelmine Karoline von Dänemark und Norwegen (1747–1820) und trug bis zu ihrer Heirat den Titel Prinzessin von Hessen-Kassel. Nach einer aufgelösten Verlobung mit ihrem Cousin heiratete sie 1802 den Erbprinzen August von Sachsen-Gotha-Altenburg (1772–1822), die Ehe blieb jedoch kinderlos. Ab 1804 trug Karoline Amalie den Titel der Herzogin von Sachsen-Gotha-Altenburg und wurde zur letzten Trägerin dieses Geschlechts. Sie engagierte sich auch philanthropisch und gründete unter anderem 1824 in Gotha eine Schule für minderbemittelte Mädchen, die 1828 nach ihr benannt wurde.
Z. 24   *Prinzessin Marie*: Erzherzogin Marie Dorothea Wilhelmine von Österreich (1797–1855) war die Tochter des württembergischen Herzogs Ludwig Friedrich Alexander (1756–1817). Die musisch begabte und philosemitisch engagierte Prinzessin heiratete 1819 Erzherzog Joseph Anton Johann (Baptist) von Österreich (1776–1847), doch fand ihre Ehe wegen der konfessionellen Unterschiede keine Akzeptanz vor dem habsburgischen Kaiserhof in Wien, sodass sie nach dem Tod ihres Mannes die Residenz im ungarischen Ofen verlassen musste.
Z. 26   *Pauline*: Königin Pauline Luise Therese von Württemberg (1800–1873), geboren in Riga, war als Gemahlin des württembergischen Königs Wilhelms I., Friedrich Karl (1781–1864, ⇒ Nr. 984) von 1820 bis 1864 Königin von Württemberg.
Z. 27   *Elisabeth*: Elisabeth Marie (Alexandrine) Konstanze von Baden (1802–1864) war die jüngste Tochter des württembergischen Herzogs Ludwig Friedrich Alexander (1756–1817) und heiratete 1830 Prinz Wilhelm von Baden (1792–1859), der als Präsident der ersten badischen Kammer vorstand und als Agrarreformer galt. Das Paar hatte vier Kinder.
Z. 28   *Helferich*: Gottlieb Heinrich Helferich (1768–1846) ⇒ Nr. 1136

Z. 29   Haug: Johann Georg Gottlieb Heinrich Haug (†1865) war bis 1865 Lehrer an der Elementarschule von Geislingen und erteilte nach 1825 zusätzlich auch Zeichenunterricht an den höheren örtlichen Schulen.
Z. 30   Geislingen: Geislingen an der Steige (Baden-Württemberg)
Z. 31   Klett: Hier war vermutlich Jakob Friedrich von Klett (1781–1869) gemeint, der nach seiner Mitwirkung am russischen Feldzug unter Napoleon I. Bonaparte (1769–1821, ⇒ Nr. 580) zunächst Oberregierungssekretär war (1814) und 1817 zum Regierungsassessor in Ludwigsburg befördert wurde. 1822 amtierte er als Regierungsrat, 1831 als Oberregierungsrat von Stuttgart und 1839 bzw. 1841 bis 1843 war er Landtagsabgeordneter für Neckarsulm.
Z. 32   Kieser: Enoch Christian von Kieser (1784–1838) ⇒ Nr. 1063
Z. 35   Wangenheim: Karl August von Wangenheim (1773–1850) ⇒ Nr. 977
Z. 35 f. abgesetzt: 1816 übernahm Karl August von Wangenheim (1773–1850, ⇒ Nr. 977) das württembergische Kultusministerium und sorgte unter anderem für die Berufung Friedrich Lists (1789–1846) an die neu gegründete staatswissenschaftliche Fakultät der Universität Tübingen. Bald geriet er jedoch mit dem Finanzminister Carl August Freiherr von Malchus (1770–1840) in Konflikt und als Mitglied der Verfassungskommission in den 1815 ausgebrochenen Streit um die Verfassung, sodass sich Wangenheim veranlasst sah, 1817 zurückzutreten.
Z. 38   Anstalt: ⇒ Nr. 1136
Z. 39   Königinn: Königin Katharina Pawlowna von Württemberg (1788–1819) ⇒ Nr. 1394
Z. 44   G o t t l o b : Gottlieb Pestalozzi (1797–1863) ⇒ Nr. 594
Z. 46   Minna: Wilhelmine Ramsauer-Schulthess (1795–1874) ⇒ Nr. 1792

1824.
Niklaus Heer

27. November 1817

Herrn Pestalozzi Vatter
5 in
Jverdun

franco Zürich.

Glaris 27 9ᵇ 1817

Edler Mann.
10 Als ich Ihre Zeilen vom 17 May erhielt, drükten Mangel u[nd] Elend hart auf dieses Ländchen, und ich fand den Augenblike für Samlung von Subscribenten nicht günstig: später musste ich vereisen u[nd] blieb etwan 3 M[ona]th[e] abwesend. in dieser Zwischenzeit hate nun ein anderer Ihrer Freünde die Sache besorgt; es bleibt mir also
15 nur noch übrig Sie zu bitten, mich als Subscribent für 1 Exemplar Ihrer Werke auftragen zu lassen.

Möge der almächtige den Abend Ihres thätigen Lebens und Ihres Unternehmens segnen.

Mit Inniger Hochachtung Ihr F[reün]d
N[iklaus] Heer, Landamann

Überlieferung

1 ZB Zürich, Ms Pestal 51/52, Umschlag 122/1
2 Bogen, 211 x 176 mm
4 Datum am Schluss, Siegelspuren, Stempel GLARUS, Dorsualvermerk *Glaris, den 27. Nov[emb]re 1817. N[iklaus] Heer, Landammann.*
5 Original

Textkritik

Zeuge H
Z. 4   *Pestalozzi*: lateinische Schrift
Z. 6   *Jverdun*: lateinische Schrift
Z. 7   *franco Zürich*: lateinische Schrift
Z. 8   *Glaris*: lateinische Schrift
Z. 12 *Subscribenten*: lateinische Schrift
Z. 15 *Subscribent*: lateinische Schrift
Z. 15 *Exemplar*: lateinische Schrift

Sacherklärung

I.

Niklaus Heer (1755–1822) ⇒ Nr. 472

II.

Der Kanton Glarus hatte 1817 nicht nur unter den Folgen des «Jahres ohne Sommer» (1816) zu leiden, sondern kämpfte schon seit 1798 mit der schlechten internationalen Wirtschaftslage, die eine Folge der napoleonischen Kriege war. Da sich die Glarner Baumwollindustrie in der zweiten Hälfte des 18. Jahrhunderts stark auf Weberei und Textildruck spezialisiert hatte, hatte die ausbleibende Nachfrage grosse Arbeitslosigkeit zur Folge

III.

Z. 8   *Glaris*: Glarus (mdl.)
Z. 10 *Zeilen*: scheint nicht erhalten zu sein
Z. 14 *anderer*: Damit dürfte wohl Johann Georg Tobler (1769–1843, ⇒ Nr. 500) gemeint sein, der am 3. Dezember 1817 (⇒ Nr. 1833) einen Brief an Pestalozzi schrieb, in dem er die Subskribenten auflistete, die er im Glarnerland ausfindig machen konnte.

1825.
Philippe Basset
27. November 1817

[Reg.] Erkundigt sich nach einem Schüler in Yverdon.

Überlieferung

1 PSB XI, S. 18.31 ff.

Sacherklärung

I.

Philippe Basset (1763-1841) stammt aus Frankreich und promoviert 1783 an der Akademie in Genf, wo die Familie seit 1790 auch eingebürgert ist. Anschliessend arbeitet er als Suppleant (Stellvertreter) und Katechet in Chancy und St. Gervais (beide Kt. Genf), bevor er ab 1796 Pfarrer in Genf wird. 1825 übernimmt sein Sohn Philippe (1790-1848), der zuvor Pfarrer an der Schweizerkirche in London war, die Stelle.

III.

Z. 4   *Schüler*: Beim Schüler könnte es sich um den aus London stammenden George Mouchet (um 1807/08-1879, ⇒ Nr. 1515 b) handeln, da Philippe Basset (1763-1841, ⇒ Sacherklärung I.) für die Pensionszahlungen von George Mouchet zuständig war (PSB XI, Nr. 4901). Dieser oder dessen Vater Abraham John Mouchet (1760-1846, ⇒ Nr. 1515 b) könnte zudem mit Philippe Bassets Sohn Philippe (1790-1848) in Kontakt gestanden haben, als dieser in England lebte.

1826.
Johann Karl August Gregor Müglich
29. November 1817

[Reg.] Müglich wünscht Auskunft über den Mann, den Pestalozzi in der *Unschuld*
5 «anregt».

Überlieferung

1 ⇒ Nr. 1868

Sacherklärung

I.

Johann Karl August Gregor Müglich (1793–1862) aus der Oberlausitz besucht das Gymnasium in Bautzen und beginnt 1815 ein Theologiestudium in Leipzig, das er zugunsten verschiedener Hofmeisterstellen unterbricht – eine Anstellung in der Schweiz führt ihn 1817 auch nach Yverdon zu Pestalozzi –, sodass er erst 1823 die Kandidatenprüfung zum Priester ablegt. Nachdem er einige Zeit als Lehrer am Institut von Karl Justus Blochmann (1786–1855, ⇒ Nr. 1111) in Dresden gearbeitet hat, amtet er als Pfarrer in Hundshübel (Sachsen), wird dort 1837 wegen Verhöhnung seiner Vorgesetzten entlassen, tritt daraufhin zum katholischen Glauben über und übernimmt 1843, unterdessen in Passau zum Priester geweiht, eine Stelle als Wallfahrtspriester.

II.

Johann Karl August Gregor Müglich (1793–1862, ⇒ Sacherklärung I.) dürfte wohl Auskunft über folgende Stelle in Pestalozzis *Unschuld* gewünscht haben: «Es ist gewiss, das Bedürfnis der Zeit ruft heute jedem edeln Mann, herrsche er als König auf dem Thron, diene er für das Volk dem König, sitze er als Edelmann in seinem Eigenthum und unter den Seinen, lebe er durch bürgerliche Thätigkeit in Verbindung mit dem Volke, sey er von Gottes wegen ihr Lehrer und Tröster, baue er das Land umgeben von Söhnen und Töchtern, von Knechten und Mägden in Wohlstand und Ehre, oder sitze er verborgen in der niedersten Hütte, nur seinem Weib, seinen Kindern und seinen Nachbarn als ein edler Mann bekannt, ihm und allen Edeln ruft der Zustand der Dinge heute zu, wie es seit Jahrhunderten nie geschehen: W a s   d e r   S t a a t   u n d   a l l e   s e i n e n   E i n r i c h t u n g e n   f ü r   d i e   M e n s c h e n b i l d u n g   u n d   d i e   V o l k s k u l t u r   n i c h t   t h u n   u n d   n i c h t   t h u n   k ö n n e n ,   w a s   m ü s s e n   w i r   t h u n . Vaterland! Deutschland! Unter den Tausenden, die sich durch den Schrecken der vergangenen Jahre zur Besonnnenheit einer gereiften Selbstsorge erhoben haben, ist nur eine Stimme: W i r   m ü s s e n   u n s e r e   K i n d e r   b e s s e r   u n d   k r a f t v o l l e r   e r z i e h n ,   a l s   e s   b i s h e r   g e s c h e h e n» (PSW XXVI A, S. 49).

III.

Z. 4   *Unschuld*: Johann Heinrich Pestalozzi: An die Unschuld, den Ernst und den Edelmuth meines Zeitalters und meines Vaterlandes: ein Wort der Zeit. Yverdon 1815 (PSW XXIV A)

1827.
Joseph Philipp Gustav Ewers
30. November 1817

S[eine]r Wohlgeborenen
dem Herrn H[ein]r[ich] Pestalozzi,
Ritter des Wladimir-Ordens etc
zu
Yverdon
in der Schweitz.
frei.

Dorpat in Livland,
am 18./30. Novemb[er] 1817.

Wohlgeborener,
verehrter Herr.

Wenn gleich meine Bemühungen, hiesigen Landes die Zahl der Unterzeichner auf die bevorstehende Ausgabe Ihrer sämmtlichen Schriften zu mehren, keinen glänzenden Erfolg hatte, weil Andere mit mir wetteiferten, so kann ich Ihnen doch eine kleine Nachlese darbieten, die Sie, als Beweis des guten Willens, gefälligst annehmen, und Ihrem Subscribenten-Verzeichnisse nachstehende Namen, unter der Rubrik «Dorpat», einverleiben wollen:

Frau Gräfin von Buxhövden, geborene von Dellingshausen auf Schloss Lohde,
— Haaken, Richterin von Engelhardt, geborene von Grünewaldt auf Koddasem,
Herr Dr. Moritz von Engelhardt.
— Collegien-Rath Dr. L[orenz] Ewers, Professor der Theologie,
— Hofrath Dr. G[ustav] Ewers, Professor der Reichsgeschichte,
— J[ohann] von Grünewaldt auf Koick,
— Ober-Pastor E[duard] Lenz,
— Land-Rath von Maydell auf Stenhusen,
— Land-Rath und Ritter von Richter auf Waimel;
— von Paetz auf Pirck.
— Wöhrmann, Lehrer der alten Litteratur an der Revalischen Dom-Schule.

Diese eilf Exemplare sind an den Herrn Buchhändler P[aul] G[otthelf] Kummer in Leipzig abzuliefern, welchen ich auch beauftragen werde, die Zahlung dafür an Herrn Cotta zu leisten.

Mit dem innigen Wunsche, dass das Schicksal durch Gedeihen Ihrer grossherzigen Zwecke und Entwürfe Ihnen den Abend des

Lebens, das Sie ganz der Menschheit opfern, erheitern möge, versichere ich Sie meiner Liebe und Verehrung. Ich bin in Wahrheit

E[ue]r Wohlgeborener
ergebenster
Gustav Ewers.

Überlieferung

1 ZB Zürich, Ms Pestal 50/51, Umschlag 77/1
2 Bogen, 339 x 188 mm
4 Datum am Schluss, Siegel, Stempel *DORPAT*, Dorsualvermerk *Dorpat, d[en] 18/30. Nov[emb]re 1817. Gustav Ewers.*
5 Original

Textkritik

Zeuge H
Z. 4–11   lateinische Schrift
Z. 21   *Dorpat*: lateinische Schrift
Z. 22   *Buxhövden*: lateinische Schrift
Z. 22   *Dellingshausen*: lateinische Schrift
Z. 23   *Lohde*: lateinische Schrift
Z. 24   *von Engelhardt*: lateinische Schrift
Z. 24   *von Grünewaldt*: lateinische Schrift
Z. 25   *Koddasem*: lateinische Schrift
Z. 26   *Dr. Moritz von Engelhardt*: lateinische Schrift
Z. 27   *L[orenz] Ewers*: lateinische Schrift
Z. 28   *G[ustav] Ewers*: lateinische Schrift
Z. 29   *J[ohann] von Grünewaldt*: lateinische Schrift
Z. 29   *Koick*: lateinische Schrift
Z. 30   *E[duard] Lenz*: lateinische Schrift
Z. 31   *von Maydell*: lateinische Schrift
Z. 31   *Stenhusen*: lateinische Schrift
Z. 32   *von Richter*: lateinische Schrift
Z. 32   *Waimel*: lateinische Schrift
Z. 33   *Paetz*: lateinische Schrift
Z. 33   *Pirck*: lateinische Schrift
Z. 34   *Wöhrmann*: lateinische Schrift
Z. 36 f. *P[aul] G[otthelf] Kummer*: lateinische Schrift
Z. 38   *Cotta*: lateinische Schrift
Z. 45   *Gustav Ewers*: lateinische Schrift

Sacherklärung

I.

Joseph Philipp Gustav Ewers (1781–1830), Geschichtsforscher und Staatsrechtler, wird in Amelunxen (Nordrhein-Westfalen) als Sohn eines Landwirts geboren. Nach dem Besuch der örtlichen Dorfschule und der Klosterschule im niedersächsischen Holzminden studiert er an der Universität Göttingen (ab 1799) Theologie und Staatswissenschaften. Danach nimmt er in Livland auf dem Gut Waimel die Stelle eines Hauslehrers beim Landrat Otto Magnus Johann von Richter (1755-1826, ⇒ Z. 32) an, um für einige Jahre dessen Söhne Eduard (1790-1847) und Otto Friedrich von Richter (1792-1816) zu unterrichten. Im Anschluss daran folgt Ewers dem Ruf an die Universität Dorpat (Tartu, Estland). Zusätzlich zu seiner Haupttätigkeit als Professor für Russische Geschichte (ab 1810) lehrt er dort auch Geografie, Statistik und allgemeine Geschichte (ab 1816) sowie positives Staats- und Völkerrecht (ab 1826). Ewers ist Mitglied der Gesellschaft für Geschichte und Altertumskunde Russlands an der Universität Moskau (ab 1808), korrespondierendes Mitglied der Akademie der Wissenschaften in St. Petersburg (1809) und jährlich wiedergewählter Rektor der Universität (ab 1818). Er verschafft sich nicht nur über zahlreiche historische Abhandlungen, sondern auch als Lehrbuchverfasser einen Namen: Die Schrift *Erstes Schulbuch für die deutsche Jugend im Lehrbezirk der Kaiserlichen Universität Dorpat* (1824) entwickelt sich rasch zu einem in allen Schulen der russischen Ostseeprovinzen oft gebrauchten Lehrmittel.

III.

Z. 17   *Schriften*: Johann Heinrich Pestalozzi: Sämmtliche Schriften, 12 Bände. Stuttgart 1819-1824

Z. 17   *Andere*: Wer hier genau gemeint war, ist unklar. Möglicherweise bezog sich Joseph Philipp Gustav Ewers (1781-1830, ⇒ Sacherklärung I.) auf die Subskriptionsliste, die Karl Otto von Transehe (1761-1837, ⇒ Nr. 1255) Pestalozzi am 11. August 1817 (⇒ Nr. 1726) hatte zukommen lassen.

Z. 22   *Buxhövden*: Gräfin Julie Anna von Buxhoeveden (1793-1849) wurde in Reval als Tochter des estländischen Landrats Freiherr Friedrich Adolf von Dellingshausen (1769-1839) geboren. 1810 heiratete sie Graf Alexander von Buxhoeveden (1783-1837), den kaiserlich russischen Wachtmeister und Herrn auf Lohde. Sie starb in Dresden.

Z. 23   *Schloss Lohde*: Bischofsburg Koluvere (Estland)

Z. 24   *Engelhardt*: Katharina Luise von Engelhardt-von Grünewaldt (1765-1842) wuchs auf dem familieneigenen Gutshof Koik (Estland) auf, wo schon 1757 eine Schule für Bauernkinder eingerichtet worden war. 1787 heiratete sie Karl Wilhelm Reinhold von Engelhardt (1765-1806). Das Paar lebte auf dem Landgut Koddasem (Estland), wo ihr Mann unter anderem als Hakenrichter in Kooperation mit der Bauernschaft die Urteile der Landesregierung umzusetzen hatte. Die Beziehung von Katharina Luise von Engelhardt zu Yverdon dürfte eine traurige gewesen sein, da ihr Sohn Johann Gustav Engelbrecht von Engelhardt (1792-1817) während einer Europareise im Februar 1817 in Yverdon an Nervenfieber gestorben war.

Z. 25   *Koddasem*: Kodasema (Estland)

Z. 26   *Engelhardt*: Moritz von Engelhard (1779-1842) studierte Physik und Chemie in Leipzig (1796-1797) und Göttingen (1797-1798) sowie Mineralogie an der Bergakademie im sächsischen Freiberg (1805-1809). Eine seiner zahlreichen Forschungsreisen führte ihn 1815 bis 1817 auch nach Livland und Estland. In dieser Zeit gab er zusammen mit Joseph Philipp Gustav Ewers (1781-1830, ⇒ Sacherklärung I.) die Schrift *Beyträge zur Kenntniss Russlands und seiner Geschichte* (1816-1818) heraus. Ab 1820 lehrte er als Professor Mineralogie und Geologie an der Universität Dorpat. Von Engelhardt war unter anderem ständiges Mitglied der *Sozietät für die gesammte Mineralogie* in Jena (⇒ Nr. 811), der *Wetterauischen* und der *Moskauer Naturforschenden Gesellschaft* und korrespondierendes Mitglied der *Akademie der Wissenschaften* in St. Petersburg.

Z. 27 *Ewers*: Lorenz Ferdinand Ewers (1742-1830), geboren in Karlskrona, besuchte das Gymnasium in Kalmar (Südschweden) und studierte an der Universität Greifswald, wo er auch promovierte (1770). Danach war er in Dorpat (Tartu, Estland) als Rektor der vereinigten Kron- und Stadtschule (1776-1802) sowie als Professor der Dogmatik und Christlichen Moral an der Universität (1802-1824) tätig.

Z. 29 *Grünewaldt*: Johann Engelbrecht Christoph von Grünewaldt (1796-1862) ⇒ Nr. 1762

Z. 29 *Koick*: Koigi (dt. Koik, Estland)

Z. 30 *Lenz*: Gottlieb Eduard Lenz (1788-1829) studierte in seinem Geburtsort Dorpat (Tartu, Estland) Theologie (1803-1806). Nach einer kurzen Hauslehrertätigkeit im livländischen Nüggen (1808-1809) war er zuerst Oberpastor der deutschen St.-Johannis-Gemeinde in Dorpat (1810-1824), danach ordentlicher Professor für praktische Theologie an der dortigen Universität (ab 1824).

Z. 31 *Maydell*: Damit dürfte wohl Reinhold Gottlieb von Maydell (1771-1846) gemeint sein, Landrat und seit 1792 Besitzer von Stenhusen. Er besuchte ein Herrnhuter Erziehungsinstitut (ab 1781) und anschliessend das Seminar der Brüdergemeinschaft in Niesky (Oberlausitz) (1790-1791). Seine politische Tätigkeit führte ihn vom Assessor des Wiekschen Manngerichts (1797) über das Amt eines Hakenrichters in der Strandwiek (1800) bis hin zum estländischen Landrat (1811-1846). Zudem präsidierte er die estländische Bibelgesellschaft (ab 1816) sowie das Permanente Komitee zur Schulerrichtung (ab 1819).

Z. 31 *Stenhusen*: Teenuse (Estland)

Z. 32 *Richter*: Otto Magnus Johann von Richter (1755-1826), Ritter des St.-Annen-Ordens erster Klasse, war in Livland zuerst als Assessor des Oberlandgerichts (ab 1789) und dann als Kreismarschall (ab 1792) tätig. Während der Zeit als Landrat (1797-1826) versah er unter anderem das Amt des Oberkirchenvorstehers (1806) und leitete das Oberdirektorat der Livländischen Adeligen Güter-Kreditsozietät (1824-1826).

Z. 32 *Waimel*: Väimela (Estland)

Z. 33 *Paetz*: Der auf dem Gut Pirck/Pirgu bei Dorpat (Tartu, Estland) wohnhafte von Paetz konnte nicht näher bestimmt werden.

Z. 33 *Pirck*: Pirgu (dt. Pirk) Estland

Z. 34 *Wöhrmann*: Lehrer Wöhrmann konnte nicht näher bestimmt werden.

Z. 34 f. *Dom-Schule*: Die Domschule zu Reval (Tallin) wurde 1319 gegründet und war während mehreren Jahrhunderten eine Trivialschule. 1765 wurde sie von der estländischen Ritterschaft übernommen und in der Folge unter dem Namen *Estländische Ritter- und Domschule* zu einer privaten Eliteschule umstrukturiert. Nach der estländischen Schulreform von 1804/05 wurde die Domschule den Gouvernementsgymnasien von Reval und Dorpat (Tartu) gleich gestellt. Sie bestand aus fünf Klassen mit acht hauptamtlichen Lehrkräften. Die Schüler erhielten die gleiche Bildung wie die Gymnasiasten und hatten das Recht, in die Universität einzutreten.

Z. 37 *Kummer*: Paul Gotthelf Kummer (1750–1835) ⇒ Nr. 617
Z. 38 *Cotta*: Johann Friedrich Cotta, Freiherr von Cottendorf (1764–1832) ⇒ Nr. 617

1828.
Gottlieb Pestalozzi

Herbst/Winter 1817

[Reg.] Mehrere Briefe mit unbekanntem Inhalt.

Überlieferung

1 PSB X, S. 419.15 f.

Sacherklärung

I.

Gottlieb Pestalozzi (1797–1863) ⇒ Nr. 594

II.

Gottlieb Pestalozzi (1797–1863, ⇒ Nr. 594) hatte 1817 ein Wanderjahr als Gerber absolviert und war anschliessend nach Birr auf den Neuhof zurückgekehrt. Da er sich während seiner Wanderschaft auch in Leipzig bei seiner Grosstante Anna Barbara Gross-Pestalozzi (1751–1832, ⇒ Nr. 2) aufgehalten hatte, teilte Pestalozzi ihr in einem Brief vom 18. Dezember 1817 (PSB X, Nr. 4859) die glückliche Heimkehr mit, meinte aber auch selbstkritisch, dass er Gottlieb nicht zum Gerber hätte ausbilden lassen sollen und dass er seine Fähigkeiten wohl besser als Erzieher einsetze. Dies erlerne er nun unter der Leitung von Joseph Schmid (1785–1851, ⇒ Nr. 712). Darüber dürfte er vermutlich in den nicht erhaltenen Briefen an Pestalozzi berichtet haben, die von Pestalozzi als «sehr brav» bezeichnet werden (ebd., S. 419; vgl. auch ⇒ Nr. 1818).

1829.
Johann Friedrich Miville

Dezember 1817

Herrn
5 Herrn Pestalozzi
in
Yverdon

Theurer, lieber Pestalozzi!
Es gibt Menschen, die, wenn sie sich 20 Jahre lang nie gesehen
10 u[nd] in Briefen kein Wort mit einander gewechselt haben, dennoch

beym ersten Wiederzusammentreffen eben so vertraut sind, als ob sie sich gestern mit einander besprochen hätten. Achtung, Freundschaft, Zutrauen blieben immer dieselben, ohne dass sie jemahls (wie Einer witzig gesagt hat) einer posttäglichen Glaubensstärkung bedurft hatten. So würde ich S i e und so würden Sie m i c h finden, wenn uns das Schicksal je wieder zusammen führen sollte.

Recht erfreulich war mir daher Ihre Zuschrift u[nd] Ihr Zutrauen in Hinsicht auf die Subscription. Fäsch u[nd] ich thaten unser Möglichstes, sie fiel aber dennoch nicht s o aus, wie wir gehofft u[nd] noch viel weniger, wie wir gewünscht hatten. Freylich trug zu der Magerheit unserer Liste auch das bey, dass vorhin schon Frau Preiswerk Subscribenten gesammelt hatte, die wie ich höre, zahlreicher als die unsrigen seyn sollen. Aber dem ungeachtet hätte ich mir unser Publikum für diese höchst wichtige Sache theilnehmender gewünscht. Die Liste liegt bey; es sind ihrer nur 22 zu 25 Exemplarien; u[nd] fast, möchte ich sagen, wie beym Evangelium, Nicht viel Reiche nach dem Fleisch, nicht viel Mächtige, u.s.w. Mich wird freuen, wenn sich die Letztren auf der a n d e r n Liste finden! – In Deutschland wirds besser aussehen. –

Gott gebe Ihnen G e l i n g e n , ehrwürdiger alter Freund, u[nd] lasse Sie das grosse Werk Ihres Lebens noch so vollenden, dass Sie nicht nur mit Ruhe, sondern auch mit Freudigkeit einst Ihr Haupt niederlegen können!

Behalten Sie lieb Ihren alten, Sie von Herzen hochachtenden u[nd] liebenden
J[ohann] F[riedrich] Miville, jetzt Professor
d[er] Theologie.

Subscriptionsliste
von Basel, durch Faesch und Miville.

Herr Bischoff-Merian, Handelsmann	1	Ex[em]plar.
— Rathsherr Carl Burckhardt	1	=
— Burckhardt-Frey, Handelsmann	1	=
— Jakob Dilg, aus Memmingen	1	=
— Fäsch, Oberpfarrer zur St. Theodor	1	=
— Fäsch-Paravicini	1	=
— Christof Guldenmann, von Fühlinsdorf	1	=
— Appellationsrath Daniel Heussler	1	=
— Professor Huber	1	=
— Huber, Stud[entus] Theol[ogiae]	1	=
— Jacob Kindweiler	1	=
— Pfarrer Kraus	1	=

244

— P. J[akob] Künkel, von Bern   1   =
— Legrand, Cand[idatus] Theol[ogiae]   1   =
— Die hiesige öffentliche Lesegesellschaft   1   =
55 Professor Miville   2   =
— Oser-Thurneisen   1   =
— Heinrich von Speyr, Handelsmann   3   =
— Conrad von Speyr   1   =
— Pfarrer Vonbrunn, zu St. Martin   1   =
60 — Johannes Wetzel, von Liestal   1   =
— Isaak Wetzel, von Liestal   1   =

Überlieferung

1 ZB Zürich, Ms Pestal 53, Umschlag 228/1 (H1), Umschlag 228/1a (H2)
2 Blatt, 240 x 196 mm (H1), 196 x 121 mm (H2)
4 Siegel, Stempel *BASEL ** Dec.*, Dorsualvermerk *Basel, J[ohann] F[riedrich] Miville, Prof[esso]r*
5 Original
6 Bei den Namen Künkel und den beiden Wetzel wurde später ein Deleatur-Zeichen eingefügt, da diese drei Personen vor der Auslieferung der Subskriptionsexemplare verstarben.

Textkritik

Zeuge H
Z. 4–37   H1
Z. 5   *Pestalozzi*: lateinische Schrift
Z. 7   *Yverdon*: lateinische Schrift
Z. 18   *Subscription*: lateinische Schrift
Z. 21   schon <durch> Frau
Z. 38–61 H2
Z. 39   *Faesch*: lateinische Schrift
Z. 39   *Miville*: lateinische Schrift
Z. 43   — <Johannes> Jakob
Z. 44   *Theodor*: lateinische Schrift
Z. 45   *Paravicini*: lateinische Schrift

Sacherklärung

I.

Johann Friedrich Miville (1754–1820), Sohn eines Chirurgen aus Basel, durchläuft die Stadtschulen und absolviert ein Studium an der dortigen Universität. Nach der Ordination (1775) ist er während mehreren Jahren als Hauslehrer tätig, so auch in Göttingen. Anschliessend kehrt er nach Basel zurück und wird Pfarrer am Waisenhaus (1782–1784) und an der Kirchgemeinde St. Elisabethen (1784–1800), bevor er Rektor des städtischen Gymnasium (1800–1816) und schliesslich Professor für Theologie (ab 1816) an der Universität Basel wird. 1787 gründet er zusammen mit Johann

Rudolf Huber (1766-1806) eine Lesegesellschaft und 1795 zusammen mit Johann Jakob Fäsch (1752-1832, ⇒ Nr. 1649) ein Lehrinstitut für Knaben.

II.

Pestalozzi kannte Johann Friedrich Miville (1754-1820, ⇒ Sacherklärung I.) schon seit den 1780er-Jahren, als sein Sohn Hans Jacob Pestalozzi (1770-1801, ⇒ Nr. 296) sich zur Ausbildung in Basel bei der Familie Battier aufgehalten hatte.

III.

Z. 17   *Zuschrift*: scheint nicht erhalten zu sein
Z. 18   *Fäsch*: Johann Jakob Fäsch (1752-1832) ⇒ Nr. 1649
Z. 22   *Preiswerk*: Anna Maria Preiswerk-Iselin (1758-1840) ⇒ Nr. 1625
Z. 22   *gesammelt*: ⇒ Nr. 1625
Z. 25   *Liste*: Z. 38-61
Z. 26 f. *Nicht viel Reiche ...*: Die Stelle verweist auf den 1. Korinther 1,26. Allerdings heisst es in der Übersetzung der *Zürcher Bibel* (2007) «Da sind in den Augen der Welt nicht viele Weise, nicht viele Mächtige, nicht viele Vornehme» und in der *Luther Bibel* (1912) «nicht viel Weise nach dem Fleisch, nicht viel Gewaltige».
Z. 40   *Bischoff-Merian*: Johann Jakob Bischoff (1761-1825) aus Basel war Seidenbandfabrikant, Grossrat und Mitglied des Waisenhausgerichts und seit 1785 mit Anna Maria Merian (1769-1822) verheiratet. Ihm gehörten der Wenkenhof (seit 1801) sowie der Glöcklihof bei Riehen, der 1783 zu einem Versammlungsort einer Freimaurerloge erklärt wurde.
Z. 41   *Burckhardt*: Carl Christian Burckhardt (1767-1846) war Basler Handelsherr und Staatsmann. Nach seiner Wahl zum Grossrat und Appellationsrichter gehörte er von 1815 bis 1830 dem Kleinen Rat an, war zudem Staatsrat und Dreierherr zur Kontrolle der Basler Stadtfinanzen, lehnte jedoch 1815 und 1817 die Wahl zum Bürgermeister ab.
Z. 42   *Burckhardt-Frey*: Johann Jakob Burckhardt (1764-1841) war Kaufmann und Bankier in Basel und seit 1786 mit Salome Frey (1767-1822) verheiratet. Vor 1805 wurde er in den Grossrat gewählt und war zudem Zunftmeister der Zunft zum Schlüssel.
Z. 43   *Dilg*: Joseph (Jakob) Dilg (1758-1828) aus Memmingen (Bayern) arbeitete zuerst als Beamter des Deutschen Ordens, später als Polizeikommissar in Memmingen (1808-1818). 1813 wurde er zum Vorstand des Munizipalrats der Stadt ernannt und war seit 1814 ausserdem Vorsteher der Memminger Armendeputation, die sich um den Lebensunterhalt der Armen und Waisen kümmerte und 1815 eine Waisenschule eröffnete, welche nach wenigen Jahren allerdings wieder geschlossen wurde. Dilg wurde 1820 in den Ruhestand versetzt.
Z. 44   *St. Theodor*: Theodorskirchplatz 5, Basel
Z. 45   *Fäsch-Paravicini*: Ulrich Fäsch (1780-1828) aus Basel war der zweitälteste Sohn des Pfarrers Johann Jakob Fäsch (1752-1832, ⇒ Nr. 1649). Er betrieb in seiner Heimatstadt einen Eisenhandel und war seit 1812 mit Anna Margaretha Paravicini (1785-1866) verheiratet.
Z. 46   *Guldenmann*: Johann Christoph Guldenmann (1787-1862), Landjägerkorporal in Frenkendorf (Kt. Basel-Landschaft), heiratete 1818 Margaretha Senn (1793-1861) von Liestal (Kt. Basel-Landschaft), mit der er fünf Kinder hatte.
Z. 46   *Fühlinsdorf*: Füllinsdorf (Kt. Basel-Landschaft)

Z. 47 *Heussler*: Daniel Heusler (1771–1840), der Enkel des Basler Papier-, Strumpf- und Indiennefabrikanten Samuel Heusler (1713–1770), übernahm die Familiengeschäfte und trat als Fabrikant und Kaufmann in Erscheinung. Heusler übte zudem das Amt des Appellationsrats aus und wurde später auch in den Grossen Rat der Stadt Basel gewählt. Er galt als Philanthrop und Förderer der Musik und war 1808 Mitbegründer der *Schweizerischen Musikgesellschaft* und Mitglied der *Gesellschaft zur Beförderung des Guten und Gemeinnützigen* in Basel. Er war verheiratet mit Anna Katharina Kuder (1777–1846).

Z. 48 *Huber*: Daniel Huber (1768–1819) wurde nach einer Reihe von astronomischen Arbeiten 1792 Mathematikprofessor an der Universität Basel und verwaltete ab 1802 das Amt des Universitätsbibliothekars. 1817 gründete er die Basler *Naturforschende Gesellschaft*.

Z. 49 *Huber*: Johann Rudolf Huber (1797–1819) war der Neffe Daniel Hubers (1768–1819, ⇒ Z. 48) und der Sohn des Geschichtsprofessors und Pfarrers Johann Rudolf Huber (1766–1806), der die Basler *Bibelgesellschaft* gegründet hatte. Johann Rudolf junior starb als Theologiestudent in Paris.

Z. 50 *Kindweiler*: Johann Jakob Kindweiler (1796–1845) war Seidenfabrikant in Basel und wurde in Siders (Kt. Wallis) ermordet.

Z. 51 *Kraus*: Daniel Krauss (1786–1846) war von 1808 bis 1830 zweiter Pfarrer zu St. Leonhard in Basel und von 1830 bis 1845 Pfarrer ebenda. Er war ein angesehener und offenbar beliebter Geistlicher und veröffentlichte auch historische Texte über die Geschichte Basels.

Z. 52 *Künkel*: Damit dürfte wohl der Verwalter der Kaufhauswaage in Bern, Joseph Jakob Künkel gemeint sein, allerdings ist unklar, wofür der Buchstabe «P» steht. Sein Vater Jean/Johannes Künkel, Schuhmacher aus Herxheim am Berg in der Grafschaft Leiningen (Rheinland-Pfalz), liess sich 1785 in Echichens (Kt. Waadt) einbürgern. Es ist anzunehmen, dass es sich bei der Familie Künkel um *welsches alémaniques* handelte, das heisst deutschsprechende Familien, die zwar in der Deutschschweiz lebten, sich aber das Bürgerrecht in der Romandie erworben hatten.

Z. 53 *Legrand*: Wilhelm Legrand (1794–1874), Sohn von Johann Lukas Legrand (1755–1836, ⇒ Nr. 526) aus Basel, besuchte das *Collège* im elsässischen Saint-Morand bei Altkirch (ab 1803) sowie die Kantonsschule in Aarau (1810) und studierte anschliessend Theologie in Basel (1813) und Tübingen (1814–1816). Nach einer Vikarstätigkeit im Steintal bei Johann Friedrich Oberlin (1740–1826, ⇒ Nr. 542) unterrichtete er während dreier Jahre am Privatinstitut von Christian Heinrich Zeller (1779–1860, ⇒ Nr. 853) in Beuggen. Daraufhin war er Pfarrer im basellandschaftlichen Oltingen (1820–1832), erster Pfarrer der deutsch-reformierten Kirche in Fribourg (1836–1842) und Vorsteher des theologischen Alumneums in Basel (1844–1873). Legrand war seit 1820 mit Ursula La Roche (1797–1853) verheiratet.

Z. 54 *Lesegesellschaft*: Die *Allgemeine Lesegesellschaft Basel* wurde 1787 von Basler Bürgern gegründet. Ziel war die Pflege der Kultur, die «schon von den Klügern der Vorzeit hochgeschätzt worden, und welche in der Erhöhung des guten Geschmacks und der Ausbreitung solcher Kenntnisse bestehet». Der Sitz der Lesegesellschaft befindet sich seit 1832 am Münsterplatz 8 in Basel.

Z. 56 *Oser*: Johann Heinrich Oser (1784–1828) war Papierfabrikant im St. Albantal bei Basel. Nach seinem Tod wurde der Betrieb von seiner

Z. 57 Frau Maria Juliana Oser-Thurneysen (1788–1853), die er 1810 geheiratet hatte, zuerst allein und ab 1850 dann gemeinsam mit ihrem Sohn Christoph Rudolf Oser (1826–1886) weitergeführt.
Z. 57 *Speyr*: Heinrich von Speyr (1782–1852) war Handelsmann und Antiquar in Basel. Er handelte in ganz Europa mit alten Schriften und war eine Zeit lang Besitzer der sogenannten Bibel von Moutier-Grandval aus dem 9. Jahrhundert, die 1836 in den Besitz der British Library in London kam. 1827 wurde von Speyr Mitglied der *Schweizerischen Gemeinnützigen Gesellschaft*.
Z. 58 *Speyr*: Johann Konrad von Speyr (1774–1833) war Arzt und Chirurg im Waisenhaus in Basel und heiratete 1804 Maria Margaretha Fischer (1780–1861).
Z. 59 *Vonbrunn*: Niklaus von Brunn (1766–1849) ⇒ Nr. 520
Z. 59 *St. Martin*: Martinskirchplatz 4, Basel
Z. 60 *Wetzel*: Johannes/Johann Jacob Wetzel (1795–1829) stammte aus einer Papierformenmacherfamilie und wuchs in Liestal (Kt. Basel-Landschaft) auf. Er arbeitete als Handelskommisär in Basel.
Z. 61 *Wetzel*: Isaak Wetzel (1803–1835) aus Liestal (Kt. Basel-Landschaft), Bruder von Johannes/Johann Jacob Wetzel (1795–1829, ⇒ Z. 60), war Kaufmann und heiratete 1831 Elmira Jeanrenaud (*1803) aus Tragers (Kt. Neuchâtel).

1830.
Jean-Marie Bochaton
1. Dezember 1817

[Reg.] Herr Bochaton erkundigt sich, ob das Gewehr und die Patronentasche seines Sohnes bei der Schlussabrechnung angerechnet werden können.

Überlieferung

1   PSB X, S. 416.14 ff.

Sacherklärung

I.

Jean-Marie Bochaton (1771–1830) ⇒ Nr. 1456 c

III.

Z. 5   *Sohnes*: Jean Marie Bochaton (1800–1823) ⇒ Nr. 1456 c

1831.
Johann Andreas Schmeller
1. Dezember 1817

Herrn
Pestalozzi
in
Yverdon

frank.

München (Platzel N° 243)
den 1^(tn) December 1817.

Verehrungswürdiger

Wenn Ihnen, bey der Erinnerung an die Vielen, auf deren geistiges od[er] körperliches Seyn Ihr wohlthätiges Leben Einfluss gehabt hat, einmal auch mein flüchtiges Bild vorüberschwebt, möge dann kein anderes als das Ihrem Herzen allein natürliche Gefühl des Wohlwollens sich regen! Meine Ehrfurcht gegen den Mann, der den Beruf beurkundt u[nd] die Kraft, da mit Erfolg einzugreifen, wo der Klugheit der Zeit jede menschliche Absicht unzulänglich scheint, ist inniger geworden, je beschränkter ich, aller heuchlerischen Selbsttäuschung entwachsen, den Kreis finde, für welchen ich Kraft u[nd] Liebe in mir zu fühlen glaube.

Die Ankündigung, die Sie zum Zweck des Unternehmens, das Ihr Wirken im strengsten Sinn unsterblich machen soll, den öffentlichen Blättern anvertrauten, hat bey uns vielleicht nicht ganz den Erfolg, welcher derselben anderwärts, besonders in Ihrer republicanischen Schweiz vermuthlich geworden ist. Bey Ihnen regieren die Bürger sich selbst u[nd] eine gewisse Bildung u[nd] Theilnahme am öffentlichen findet sich in allen Klassen der Gesellschaft. Bey uns ist das Regieren ein besonderes Handwerk, in dessen Innung zwar jedermann aufgenommen werden kann, die aber in sich abgeschlossen ist. Diese übermässig zahlreiche Innung von Beamten aller Art steht der Masse von blossen brodschaffenden Bürgern od[er] sogenannten Unterthanen so drückend gegenüber, dass man wahrlich nicht mehr weiss, ob diese für jene od[er] jene für diese da ist. Die regierte Klasse darf u[nd] kann sich wenig um allgemeinere Bildung bekümmern, sie verliert immer mehr den Sinn für alles was nicht unmittelbaren, handgreiflichen Nutzen ins Haus bringt; und die regierende Klasse meist von Besoldungen lebend, hat selten einen Gulden, den nicht der «standesmässige» Haus Etat in Anspruch nähme, zu edleren Ausgaben vorräthig.

Bey Erwähnung Ihres hochherzigen Vorhabens berufen sich die Wenigen, die ich hier zu meinen Bekannten zählen darf, u[nd] welche meistens vom Schulfache sind, gar zu gerne auf das, was von Seite der Regierung aus dem Schulfond gethan werden würde. Wirklich haben sich die Ober-Studien Räthe Hobmann u[nd] Nietham[mer] deshalb viele Mühe gegeben. Sie hofften zu den bewilligten 400 Gulden noch ein mehreres zu erhalten. Vom General Secretär der k[öniglichen] Akademie der Wissenschaften u[nd] Director Ritter v [on] Schlichtegroll, so wie von H[errn] Samuel v [on] Grouner (Grouner), Hauptmann in bayrischen Diensten habe ich Auftrag, sie als Subscribenten anzuzeigen. Als solchen wollen Sie gefälligst auch eintragen lassen

Ihren
ewig dankbaren
H[ans] A[ndreas] Schmeller K[öniglich] bayr[ischer]
OberLieutenant.

Überlieferung

1 ZB Zürich, Ms Pestal 55, Umschlag 331/1
2 Bogen, 207 x 170 mm
4 Siegelspuren, Stempel *MÜNCHEN.*, Dorsualvermerk *München, d[en] 1. Déc[emb]re 1817.* *H[ans] A[ndreas] Schmeller, K[öniglich] B[ayrischer] Ober-Lieut[nan]t*
5 Original

Textkritik

Zeuge H
Z. 5   *Pestalozzi*: lateinische Schrift
Z. 7   *Y v e r d o n* : lateinische Schrift
Z. 14 *mein*: grössere Schrift
Z. 20 *finde* < n >
Z. 45 f. Ausriss
Z. 50 *Grouner*: lateinische Schrift

Sacherklärung

I.

Johann Andreas Schmeller (1785–1852) ⇒ Nr. 841

III.

Z. 45 *Hobmann*: Wolfgang Hobmann (1759–1826) studierte Theologie in Ingolstadt, wurde 1784 zum Priester geweiht und übernahm eine Vikarstelle in Kirchdorf bei Haag. Nach einer Anstellung in Frauenberg, wo er 1806 zum Dekan des Landkapitels Erding (alle Bayern) gewählt wurde, folgte 1808 seine Beförderung zum Münchner Oberschul- und Oberstudienrat.

Z. 45 f. *Nietham[mer]*: Friedrich Immanuel Niethammer (1766–1848) ⇒ Nr. 1768
Z. 49   *Schlichtegroll*: Adolf Heinrich (Friedrich) von Schlichtegroll (1765–1822) ⇒ Nr. 995
Z. 50   *Grouner*: Samuel von Gruner (1766–1824) absolvierte von 1784 bis 1785 ein Praktikum in den Salinen von Bex (Kt. Waadt), studierte bis 1791 an der Bergbauakademie in Freiberg und besuchte die wichtigsten Bergwerke in Deutschland, Frankreich und Italien. Während der Helvetik war er zuerst als Bergbaudirektor tätig, später als Oberberghauptmann aller schweizerischen Berg- und Salzwerke. Das Ende der Helvetik (1803) bedeutete zugleich die Aufhebung seines Amtes und Gruner wanderte nach Bayern aus, nahm als Hauptmann der königlichen-bayrischen Armee an den Befreiungskriegen gegen Napoleon I. Bonaparte (1769–1821, ⇒ Nr. 580) teil und widmet sich ab 1814 als Infanterieoffizier der militärischen Bedeutung der Geologie, worüber er auch publizierte.

1832.
Central Schulbücher Verlag

2. Dezember 1817

fr[ei] gränze
5   Tit[e]l Herrn Pestalozzi
Vorstand einer Erziehungs-Anstalt
Wohlgeboren
in
Iferten
10 in der Schweitz im Waadtland.

München den 2 Dec[embre] 1817
Euer Wohlgeborn
Habe ich unterm 3. Okt[ober] abhin mittelst eines Schreibens in Kenntniss gesetzt, dass das unterzeichnete Amt mit einer Summe
15 von 400 f. auf Ihre sämmentl[iche] Schriften subscribier; nun bin ich durch ein weiteres allerhöchstes Rescript ermächtiget und angewiesen, Euer Wohl[geboren] anzuzeigen, dass über obige 400 f. noch mit 300 f. sohin in Fall mit 700 f. auf genannte Schriften subscribirt werden.

20   Mit besondrer
              Hochachtung verharrend.
              Euer Wohl[gebor]n
           Königl[ich] B[ayrisches] Expeditions Amt
                      des
25   Central Schulbücher Verlages
                     Fremd
                    Expeditor

Überlieferung

1 ZB Zürich, Ms Pestal 56, Umschlag 421/2
2 Blatt, 378 x 215 mm
4 Datum am Schluss, Siegelspuren, Stempel MÜNCHEN, Dorsualvermerk München, d[en] 2. Déc[emb]re 1817. K[öni]gl[ich] Ba[yrisch]es Expeditions-Amt des Schulbücher-Verlags.
5 Original

Textkritik

Zeuge H
Z. 7   Wohlgeboren: lateinische Schrift
Z. 9   Iferten: lateinische Schrift
Z. 13   eines ⌡
Z. 15   subscribier: lateinische Schrift
Z. 16   Rescript: lateinische Schrift
Z. 18   subscribirt: lateinische Schrift
Z. 23   Expeditions Amt: lateinische Schrift
Z. 24–27 teilweise lateinische Schrift

Sacherklärung

I.

Central Schulbücher Verlag ⇒ Nr. 1783

III.

Z. 9   Iferten: dt. Name für Yverdon
Z. 13   Schreibens: ⇒ Nr. 1783; das Schreiben wurde allerdings am 4. Oktober 1817 verfasst.
Z. 15   f.: Abkürzung für Gulden, eine weitverbreitete Gold- oder Silbermünze
Z. 15   Schriften: Johann Heinrich Pestalozzi: Sämmtliche Schriften, 12 Bände. Stuttgart 1819–1824
Z. 26   Fremd: Johann Theodor Fremd (*1771) ⇒ Nr. 1783

1833.
Johann Georg Tobler

3. Dezember 1817

Herrn
Herrn Pestalozzi
in
Iferten.

durch Einschluss

Enenda den 3. Dec[ember] 1817.

Theurer Vater Pestalozzi!
Leider kann ich Ihnen aus meinem Winkel keine grosse Suscribentenzahl übersenden: der Boden ist hier etwas rauh u[nd] wirkt auf Geist und Gemüth zurück. Selbst die zwei Lesezirkel, welche Schriften in Zirkulation setzen, u[nd] von denen einer ein theologischer ist, wollten nicht so viel wagen. Mein ganzes Verzeichniss besteht in folgenden:
Herr Landsfähndrich u[nd] Appellationsrichter Tschudi von Glarus
Herr Kirchenvogt Jenny von Enenda
Herr Adjutant Streif von Mollis u[nd]
N.N. von Mollis.

Den Namen des Letztern weiss ich selbst nicht anzugeben; ich weiss nur, dass es ein sehr gemeiner Mann ist, der dennoch viel auf seine Kinder wendet. Der Zweite scheint auch noch schwanken zu wollen. Ich werde bis Morgen noch nachfragen.

Ich hätte meinen Namen so gerne hinzu gesetzt, allein noch habe ich etwas stark zu kämpfen. Behalten Sie einstweilen ein Exemplar für mich, das ich so bald möglich abfordern werde.

Mein Herz segnet Sie, wie immer, mit innigster Liebe u[nd] wünscht Ihren Zwecken freudigen Fortgang. Meine Frau grüsst u[nd] küsst Sie mit mir herzlich.

Ewig Ihr treüer
Tobler – –

N.S. Alle obigen Suscribenten sind nun gültig; Ich habe noch einmal fragen lassen.

Leben Sie wohl.

Überlieferung

1 ZB Zürich, Ms Pestal 55a, Umschlag 368/37
2 Blatt, 342 x 201 mm
4 Dorsualvermerk *Ennenda, den 3. Déc[emb]re 1817. Tobler.*
5 Original

Textkritik

Zeuge H
Z. 9   *Dec[ember]*: lateinische Schrift
Z. 12 *u[nd]* < * > *wirkt*
Z. 13 *Lesezirkel,* < *di* > *welche*

Sacherklärung

I.

Johann Georg Tobler (1769-1843) ⇒ Nr. 500

II.

Der überlieferte Briefwechsel zwischen Johann Georg Tobler (1769-1843, ⇒ Nr. 500) und Pestalozzi bricht nach 1810 ab, mit Ausnahme des Zeugnisses, das Pestalozzi für Tobler am 21. September 1816 (PSB XIV, Nr. 4405 a) ausstellte. Allerdings bedeutet das nicht zwingend, dass der Kontakt zwischen Yverdon und Tobler abgebrochen war, vielmehr ist davon auszugehen, dass der Briefkontakt von Johannes Niederer (1779-1843, ⇒ Nr. 507) gepflegt wurde, der Tobler auch Pestalozzis Zeugnis zukommen liess.

III.

Z. 7   *Iferten*: dt. Name für Yverdon
Z. 9   *Enenda*: Ennenda (Kt. Glarus)
Z. 13 *Lesezirkel*: Die beiden Lesezirkel können nicht mit Sicherheit bestimmt werden. Möglicherweise ist damit die *Theologische Lesegesellschaft* in Schwanden gemeint, deren Gründungsdatum aber unbekannt ist, ein Nachweis findet sich erst 1828. Denkbar ist auch die *Bibliotheks- und Büchersammlungssozietät* (1759-1839) oder die *Gemeine Bibliothek* in Mollis, die allen Reformierten zugänglich war.
Z. 17 *Tschudi*: Bartholome Tschudy (1786-1852) von Glarus und Ennenda war ein Glarner Politiker. Seine Karriere wurde 1808, dem Jahr seiner Heirat mit Anna Aebli (1790-1836), mit der Wahl zum Fünferrichter lanciert. 1811 wurde er Mitglied des kantonalen Erziehungsrats, 1812 ernannte man ihn zum Appellationsrichter und Ratsherr und 1818 zum Landesfähnrich. 1821 bis 1823 amtete er als Landesstatthalter und Tagsatzungsgesandter, 1823 bis 1826 dann als Landammann des Kantons Glarus.
Z. 18 *Jenny*: Salomon Jenny (1757-1822) von Ennenda (Kt. Glarus) war Kaufmann und *Associé* des Handelsgeschäfts *Jenny und Schiesser* und amtete in seiner Heimatgemeinde als Kirchen- und Schulvogt. Nachdem all seine Firmenpartner gestorben waren, wurde die Firma 1817 liquidiert. In der Folge gründete er in Triest unter dem Namen *Salomon Jenny & Söhne* ein neues Import- und Exporthaus, das sich auf Manufakturen, Kornhandel

	und Geldgeschäfte spezialisierte. Jenny war mit Anna Katherina Schiesser (1760–1837) verheiratet.
Z. 19	*Streif*: Konrad Streiff (1794–1825) ⇒ Nr. 876
Z. 19	*Mollis*: Gemeinde im Kt. Glarus
Z. 20	*N.N.*: Damit könnte möglicherweise Jakob Samuel Schindler (1762–1830, ⇒ Nr. 2125) gemeint sein, da er als Subskribent aufgeführt wurde (XXVI, S. 236), sein Name auf den erhaltenen Subskriptionslisten aber nicht erscheint.
Z. 29	*Frau*: Magdalena Tobler-Gengenbach (1779–1854) ⇒ Nr. 543

1834.
Johann Heinrich Krüger
3. Dezember 1817

Königl[iches] Waisenhaus
von Bunzlau Dec[ember] 3, [18]17

Lieber Vater Pestalozzi!

Meine Bemühungen zur Beförderung Ihrer Wünsche sind wenig fruchtbar gewesen; indessen weiss ich, dass meine Freunde in Mecklenburg sich unmittelbar an Sie oder an einen Buchhändler wegen der Subscription melden werden. Ich subscribiere für d e n A p o t h e k e r T i m m in Malchin in M e k l e n b u r g auf 2 E x e m p l a r e, und f ü r m i c h s e l b s t auf e i n E x e m p l a r. Sie werden einem Buchhändler auftragen, diese drei Exemplare entweder an mich, oder auch nur mein eigenes an mich, und die beiden andern nach Meklenburg zu versenden, worauf die Zahlung erfolgen wird. Gott segne Ihr grosses Vorhaben und dessen Zwecke.

Ich arbeite mit meinen Freunden an einem guten Werke, woraus für die Menschheit Segen fliessen wird. Wir haben aber schwere Arbeit, und führen ein mühevolles Leben, aber zugleich ein müh- s e e l i g e s. Seitdem ich hier bin, seit Ostern, haben meine Kräfte sehr zugenommen, und ich fühle mich öfters noch ganz wieder in jugendlichen Jahren. Desto grösser wird die alte Lust und Liebe in mir von Tage zu Tage, mich in dem methodischen Unterricht zu regen und zu bewegen; desto mehr nimmt meine Dankbarkeit und meine Liebe zu gegen denjenigen, der den Funken d i e s e r Thätigkeit in mir angefacht hat, die Liebe und die Dankbarkeit zu Ihnen, mein Vater, den ich stets fromm und kindlich verehre und als

Ihr
ganz eigener
J[ohann] H[einrich] Krüger.

Überlieferung

1　ZB Zürich, Ms Pestal 52/53, Umschlag 172/1
2　Blatt, 252 x 206 mm
4　Dorsalvermerk Bunzlau, den 4. Merz 1817. J[ohann] H[einrich] Krüger.
5　Original

Textkritik

Zeuge H
Z. 5　Dec[ember]: lateinische Schrift

Sacherklärung

I.

Johann Heinrich Krüger (1769–1848) ⇒ Nr. 1017

II.

Johann Heinrich Krüger (1769–1848, ⇒ Nr. 1017) hatte sich in den Jahren 1809 bis 1812 als Eleve in Yverdon aufgehalten und nutzte hier wohl auch die Gelegenheit der Subskription, Pestalozzi seine Loyalität zu versichern.

III.

Z. 4　Waisenhaus: ⇒ Nr. 1453
Z. 5　Bunzlau: Boleslawiec (Niederschlesien)
Z. 8　Freunde: Es ist unklar, wen hier Johann Heinrich Krüger (1769–1848, ⇒ Nr. 1017) als seine «Freunde» bezeichnete, möglicherweise C. A. F. Becker, Lehrer in Neustrelitz und Adolph Giesebrecht (1790–1855, ⇒ Nr. 1865), die beide auf die Gesamtausgabe Pestalozzis subskribierten.
Z. 11　Timm: Hans Friedrich Timm (1774–1851/52) war Apotheker in Malchin (Mecklenburg-Vorpommern).

1835.
Josef Max und Comp.

4. Dezember 1817

S[eine]r Wohlgeborn
Herrn Dr. Pestalozzi
in
I f e r t e n ,
in der Schweiz.

frei Grenze. v [on] Prag

Breslau 4. Dec[ember] 1817.

Wohlgeborner,
Hochzuverehrender Herr!

Aus inliegender Anzeige werden Euer Wohlgeborn ersehen, wie wir uns bemüht, die Herausgabe Ihrer Werke hier Orts zu verbreiten. Es haben sich aber leider nur 8 Theilnehmer gemeldet, deren Nahmen wir zum Vordrukk Ihrer Werke anliegend übersenden. Laut eingefügter Rechnung empfangen Euer Wohlgeborn, r[eichs]thaler 27. 14 gr[oschen] Cour[ant] welche wir in Anweisung auf Süskind in Augsburg mit 41 Gulden und 22 Kreuzer, baar übersenden.

Um richtige und baldige Übersendung der uns kommenden 8 Ex[em]pl[are] Ihrer Schriften 1^r–4^r Band, gehorsamst bittend, zeichnen wir in grösster Hochachtung

Josef Max und Comp

N o t a.
8 Pestalozzi Schriften, 1^{tr} bis 4^{tr} Band th[aler] 32.
Praenumeration
Drukkosten für eine Anzeige in die Breslauer
Zeitung. th[aler] 2.14 gr[oschen]
Desgleichen in das Intelligenzblatt. 1.11.
Porto für den heutigen Brief, frei Grenze. 9.
 th[aler] 4.10
  4.10
bleiben r[eichs]th[aler] 27.14 gr[oschen]
  Cour[ant]
oder 41 Gulden 22 Kreuzer, Augsburger Kurant.
 Jos[ef] Max u[nd] Comp.

Überlieferung

1 ZB Zürich, Ms Pestal 53, Umschlag 208/1 (H1), Umschlag 208/1a (H2)
2 Blatt, 250 x 211 mm (H1), 250 x 209 mm (H2)
4 Siegel, Stempel *BRESLAU 4. DEC. Chargé*, Dorsualvermerk *Breslau, d[en] 4. Déc[embj]re 1817. Jos[ef] Max Cie.* (H1)
5 Original

Textkritik

Zeuge H
Z. 4–24 H1
Z. 5 *Pestalozzi*: lateinische Schrift
Z. 7 *I f e r t e n* : lateinische Schrift
Z. 18 *Cour[ant]*: lateinische Schrift
Z. 19 *Süskind*: lateinische Schrift

Z. 19	*Augsburg*: lateinische Schrift
Z. 22	*Ex[em]pl[are]*: lateinische Schrift
Z. 24-25	*Josef ... N o t a* : lateinische Schrift
Z. 25-37	H2
Z. 27	*Praenumeration*: lateinische Schrift
Z. 30	*Intelligenzblatt*: lateinische Schrift
Z. 35	*Cour[ant]*: lateinische Schrift
Z. 36	*Gulden*: lateinische Schrift
Z. 36	*Augsburger*: lateinische Schrift
Z. 37	*Jos[ef] ... Comp.*: lateinische Schrift

Sacherklärung

I.

Josef Max (1787-1873) betreibt während vielen Jahrzehnten in Breslau eine Verlagsbuchhandlung, in der unter anderem Werke von Schriftstellern der deutschen Romantik verlegt werden.

III.

Z. 7 *I f e r t e n* : dt. Name für Yverdon
Z. 13 *Anzeige*: Aufforderung an Pestalozzis Verehrer und Freunde, unterzeichnet von Harnisch und Buchhändler Josef Max. Breslau 1817 (vgl. Israel I, S. 495)
Z. 16 *anliegend*: Die Namenliste der hier erwähnten acht Subskribenten ist nicht erhalten. Ein Abgleich der Subskriptionsliste (PSW XXVI, S. 210 f.) mit den von Antonie von Fischer-von Mützschefahl (*um 1784, ⇒ Nr. 1515 c) genannten Breslauer Subskribenten sowie ein Vergleich mit der von der J. G. Cottaschen Buchhandlung (⇒ Nr. 1455 b) am 4. Januar 1821 (⇒ Nr. 2193) an Pestalozzi gesandten Rechnung ergab folgenden Personenkreis, aus dem sich die acht Breslauer Subskribenten rekrutiert haben könnten: Neben Josef Max (1787-1873, ⇒ Sacherklärung I.) und Christian Wilhelm Harnisch (1787-1864 ⇒ Nr. 1422) kommen Peter Friedrich Theodor Kawerau (1789-1844 ⇒ Nr. 1453), der Breslauer Lehrerverein (⇒ Nr. 1418), die mit dem preussischen Generalleutnant und Infanterie-General Friedrich Erhard Leopold von Roeder (1768-1834) verheiratete Henriette Leopoldine von Bardeleben (1766-1844), Johann Simon Schwürtz (1765-1851, ⇒ Nr. 2193) und der Organist Helfer (⇒ Nr. 2193) infrage. Ausserdem kommen Friedrich Heinrich von der Hagen (1780-1856, ⇒ Nr. 2653) und der Historiker und Universitätsrektor von Breslau und Berlin Friedrich Ludwig Georg von Raumer (1781-1873) in Betracht.
Z. 17 *Rechnung*: Z. 25-37
Z. 18 *Cour[ant]*: Die Münzen sind durch den Metallwert gedeckt.
Z. 19 *Süskind*: Johann Gottlieb Süskind (1767-1849) arbeitete im Bankhaus Halder (⇒ Nr. 1650) und eröffnete 1806, nach erfolgreichen Wertpapiertransaktionen in Augsburg, sein Privatbankhaus, das ihn zum reichsten Mann Schwabens machte. 1821 geadelt, erwarb er mehrere Herrschaften, Gutshäuser und Schlösser und etablierte sich in hohen Adelskreisen.
Z. 22 *Schriften*: Johann Heinrich Pestalozzi: Sämmtliche Schriften, 12 Bände. Stuttgart 1819-1824

1836.
Johann Samuel Hopf

8. Dezember 1817

Monsieur
Henry Pestalozzi
Directeur de l'Institut
à
Jverdun

Burgdorf d[en] 8ten X^{ber} 1817.

Verehrungswürdiger Herr!

Ich habe das Vergnügen Ihnen zu melden, dass seit meinem Lezten sich noch einige Unterschriften für Ihre angekündigten sämtlichen Werke gefunden haben. Unter diesen befindet sich die des Herrn D[okto]r Grimm, der mich zuerst hatte abweisen lassen, vor einigen Tagen aber mich besuchte um sich einzuschreiben und mir den freundlichsten Gruss und Glückwunsch an Sie aufzutragen. Es schmerzt mich sehr meinen Namen dem Verzeichnisse nicht beyfügen zu können. Mit Namen ist Ihnen nichts geholfen, und bey meinem – wie Sie wohl wissen – immer noch negativen Vermögenszustande habe ich mir endlich die Verpflichtung auflegen müssen – jedem Gefühle Gewalt anzuthun wenn es um Ausgaben und noch mehr wenn es um Versprechungen zu thun ist.
Die Liste der hiesigen Unterschriften ist nun folgende:
1. Herr Johannes Schnell der Rechte Doktor
2. Herrn Fromm, Handelsmann
3. Herr Doktor Grimm
4. Herr Helfer König für die Stadt-Bibliothek.
5. Herr Ruf, Apotheker.

Seyen Sie versichert dass ich das grösste Vergnügen gehabt hätte, Ihnen ein recht langes Verzeichniss zu übermachen und dass ich Ihnen von Herzen den besten Fortgang Ihrer Unternehmungen und Ihrer edlen Gesundheit wünsche.

Ihr dankbar ergebener
S[amue]l Hopf

Überlieferung

1 ZB Zürich, Ms Pestal 51/52, Umschlag 138/2
2 Bogen, 243 x 184 mm

4 Datum am Schluss, Siegelspuren, Stempel *Burgdorf*, Dorsualvermerk *Burgdorf. Hopf.*
5 Original

Textkritik

Zeuge H
Z. 4–8 lateinische Schrift

Sacherklärung

I.

Johann Samuel Hopf (1784–1830) ⇒ Nr. 1661

III.

Z. 11 *Lezten*: ⇒ Nr. 1661
Z. 13 *Werke*: Johann Heinrich Pestalozzi: Sämmtliche Schriften, 12 Bände. Stuttgart 1819–1824
Z. 14 *Grimm*: Johann Rudolf Grimm (1742–1826) stammte aus einer alteingesessenen Burgdorfer Familie. Er war seit 1760 Arzt, später dann auch Apotheker. Er gehörte zu jenen Burgdorfern, die 1800 freiwillig arme und kriegsvertriebene Kinder aus der Ostschweiz aufnahmen, die dann die ersten Schüler von Pestalozzis Institut im Schloss Burgdorf wurden. Als Förderer Pestalozzis trat er nicht nur als Subskribent, sondern auch als Quartiergeber von Hermann Krüsi (1775–1844, ⇒ Nr. 588) in Erscheinung, der ebenfalls mit diesen Kindertransporten aus der Ostschweiz nach Burgdorf gekommen war.
Z. 19 f. *negativen Vermögenszustande*: Worauf Johann Samuel Hopf (1784–1830, ⇒ Nr. 1661), der seit 1813 an der auf Handel und Handwerk vorbereitenden «Artistenschule» in Burgdorf (⇒ Nr. 1661) arbeitete, hier konkret anspielte, ist unklar. Dass Hopf neben dem Unterricht bisweilen auch als Geometer, Notar und Bibliothekar auftrat, könnte durchaus als Hinweis dafür gelesen werden, dass sein Einkommen als Lehrer nicht sonderlich gut gewesen sein dürfte.
Z. 24 *Schnell*: Johannes Schnell (1751–1824) ⇒ Nr. 504
Z. 25 *Fromm*: Ludwig Fromm (1787–1846) ⇒ Nr. 1661
Z. 27 *König*: Friedrich Ludwig Albrecht König (1778–1831) aus Burgdorf wuchs ebenda als Sohn des Stadtpfarrers Friedrich Ludwig König (1738–1807) auf. Spätestens ab 1803 betätigte er sich als Lateinschullehrer, später dann auch als Helfer an der örtlichen Stadtbibliothek (1819) und als Helfer (ab 1821) am Münster in Bern. König war Mitgründer eines Lesezirkels und seit 1816 Mitglied der *Schweizerischen Naturforschenden Gesellschaft* im Bereich der Entomologie (Insektenkunde).
Z. 28 *Ruf*: Joseph Heinrich Ruef (1786–1870) aus Überlingen und Burgdorf (ab 1826) war Apotheker in Burgdorf. Später wurde er Betriebsleiter einer vor Ort ansässigen Bleiweiss- und Farbenfabrik. Dieser Firma setzte er 1836 dann ein eigenes Konkurrenzunternehmen entgegen.

1837.
Johannes von Muralt
10. Dezember 1817

St. Petersburg, den 10ten December 1817
Theüerster Vater Pestalozzi
Gott schenke Ihnen noch langes Leben zum Wirken fürs Wohl der Menschheit u[n]d zum Trost für die Vielen, die sich die Ihrigen nennen können! Der Allgütige seegne Ihr hohes Alter mit reichem Lohn für den schweren Kampf u[n]d mit der ungetrübten Wirksamkeit Ihres geistigen Lebens, unterhalten durch erheiternde Aussichten u[nd] genussreiche Hoffnung! Der Allbarmherzige kröne Ihre folgenden Jahre mit Ruh u[nd] Frieden. Er versöhne die Gemüther u[nd] umschlinge Alle, die zum grossen Ziel der Menschen-Veredlung hin wirken, mit dem heiligen Bande der christlichen Liebe! – Diess ist mein tief gefühltester, inniger Wunsch, den ich Ihnen für die neüe, so wichtige Lebens Epoche darbringe, in die Sie, verehrter Vater Pestalozzi, nun bald treten. Mein Herz ist fortdauernd, meines Schweigens ungeachtet, bei Ihnen u[nd] folgt Ihrem Hause dankbar u[nd] liebevoll in allen bis jtzt erlittnen, mir genau bekannten Erschütterungen u[nd] Stürmen. Schreiben konnte u[nd] wollte ich nicht zur Zeit der offenbaren u[nd] öffentlichen Zwietracht u[nd] Zerwürfniss, wem u[nd] wie hätte ich schreiben sollen, Partei wollte ich u[nd] konnte ich auch nicht nehmen, weil ich in keiner die Wahrheit fand, dagegen in jeder Versönlichkeit, Schwäche u[nd] Leidenschaft. Beruhigt u[nd] innigst erfreut hat mich Ihr letzter Brief, der von der 2ten Ankündigung begleitet war; noch mehr hat mich in der Überzeügung, dass Versöhnung u[nd] vereinigte Wiederbelebung in Ihre Mitte getreten sey, bestärkt die öffentliche Anzeige der Art Ihrer Verbindung mit Fellenberg, in der Allgemeinen Zeitung. Gebe Gott, dass alle meine desshalb nährenden Hoffnungen verwirklicht werden; Er verhüte durch Seine Gnade, dass die Mutter Anstalt Pestalozzis nicht das Schicksal der Philantropine erfahre, was doch schon so nahe bedrohte! – Nein, die leitende u[nd] leüchtende Anstalt soll u[nd] wird bleibend fortdauern; sie wird, so Gott will, wiedergeboren, nach Kampf u[nd] Streit, sich verjüngen u[nd] zur Muster-Anstalt sich erheben! Die schon so weit in die Kultur eingegriffne Idee kann von ihrem Urheber, bei noch eignem kraftvollen Leben nicht verlassen werden; sie kann nicht mitten in ihrer Entwicklung stille stehen u[n]d in ihrer seegenreichen Anwendung ersterben; das Feuer derselben wird bei frisch aufgelegtem Holze u[nd] Wegschaffung des Schuttes rein wieder auflodern u[nd] lich-

terloh brennen u[nd] leüchten, wie es ihre Bestimmung erheischt; dann wird sie wieder Gnade finden bei Gott u[nd] bei den Menschen. Amen, Hut ab! B'hüeti Gott u[nd] g'seegni Gott! – Dass ich schaffe, arbeite u[nd] wirke, was ich kann, das glauben Sie u[nd] wissen es. Vieles aber mag in schönerm Ton vor Ihre Ohren kommen als es in der Wirklichkeit ist. Doch hoffe ich mich Ihrer, als meinem Meister in Christo, nie unwürdig zu zeigen weder in Sinn noch That. Dass ich nicht mehr bin u[nd] leiste, liegt in meiner persönlichen Beschränktheit u[nd] in den Schranken, die Zeit u[nd] Ort um mich ziehen. Aber Viel ist doch geschehen, für Alles Gelingen fühle ich mich weit über Verdienen belohnt u[nd] danke tief gerührt meinem Schöpfer u[nd] Regierer! Da ich immerfort frei u[nd] anspruchslos auftrete, unbefangen erwartend was da werden möge, sehe ich oft meine Absicht u[nd] mein Thun geseegnet in schönen Folgen u[nd] Wirkungen, wo ich es gar nicht hätte erwarten dürfen. Kurz, es ist mir seitdem ich in Russland bin über die Massen gut ergangen. –

Sie versprechen sich wahrscheinlich von meiner Verwendung in Beförderung Ihres Subscriptionsplans mehr als ich ausführen kann u[nd] werde, u[nd] denken sich vermuthlich die Stimmung in Russland dafür weit günstiger u[nd] seelenvoller, als sie in der That ist. Die Wahrheit ist die: was ich thun konnte geschah u[nd] geschieht täglich. Theilnahme, Belebtheit für die Sache u[nd] Würdigung derselben fand ich nirgends, sie existirt auch nicht, das deütsche Publikum in Russland ist wahrlich für solche Unternehmungen ganz gleichgültig u[nd] ohne Sinn, einzelne, die Ausnahmen machen haben zu viel zu thun u[nd] beziehen Alles mehr auf das unmittelbar Anwendbare od[er] im Zeitgeiste Hervortretende; das Russische u[nd] andre Ausländische Publikum steht demselben ganz fern u[nd] fremd. Hingegen lässt sich jeder allhier treiben, ermahnen u[nd] erwecken, wenn jemand diess Geschäft versteht u[nd] gern übernimmt; jeder Wohlhabende Gebildete giebt auch Geld, wenn es um Unterstützung zu thun ist; so gestehe ich Ihnen aufrichtig, die 60 Subscribenten, welche ich bis heüte aufgeschrieben habe, sind grösstentheils zusammengetrommelt, zusammengepfiffen u[nd] zusammengetrieben auch habe ich Hoffnung, noch hie u[nd] da einen einzufangen. Besser aber u[nd] erfreülicher ist es nicht gegangen. Persönliche Vermittlung, Empfehlung, Reputation u[nd] Protektion sind hier die grossen Hebel die forthelfen. Wenn denn auch einst die Werke werden angekommen u[nd] ausgetheilt seyn, so stellen Sie sich ja nicht vor, dass sie werden gelesen werden sondern sie werden in den schönsten Einbänden an die Wand gestellt, oder vermodern auch uneingebunden. Das ist durchaus keine Übertreibung. Sogar die Männer von Beruf lesen die wichtigsten u[nd] nothwendigsten Schriften nicht, ja ich behaupte: dass in Petersburg von den vielleicht 200 deütschen Lehrern Pensionshaltern Inspektoren u[nd] Direktoren nicht 5 Pestalozzis Lienhard u[nd] Gertrud; Wie Gertrud u[nd] ihre Kinder lehrt gelesen haben. Von Riga schreibt mir der Reform[ierte] Prediger: «Auf Pestalozzis Werke habe ich hier nicht viele Subscribenten finden können, weil die Theilnahme an seiner Schul[-] u[nd] Lehrmethode sich hier verringert zu haben scheint» – Gott sey ewig Lob u[nd] Dank dass in Deütschland die Unternehmung einen so schönen Fortgang hat! – Nun, theurer Vater, leben Sie gesund, glücklich u[nd] geseegnet, wie es mit dem reinsten Herzen Ihr treüer, aber ferner Freünd Ihnen aus voller Seele wünscht; andre Nachrichten theile ich Niederern mit, in Erwartung dass Sie sich gegenseitig die Briefe nicht mehr vorenthalten welches mir allen Muth zu weitern Schreiben nähme. Allen Freünden in Ihrer Umgebung, die meiner noch gedenken reiche ich die brüderliche Freündeshand u[nd] grüsse Sie herzlich.

Muralt

Subscriptions-Liste auf Pestalozzis Werke
Exemplar

1	H[err]	Staats Rath von Engelsohn	1
2	"	Carl Zimmermann Collegien Assessor	1
3	"	Fr[iedrich] Lieb von Bischoffzell in Jamburg	2
4	"	James Meybohm Kaufmann	1
5	"	Duplan de Cossonais Lehrer	1
6	"	S[einer] Exc[ellenz] wirkl[icher] Etats Rath Fourgenev	2
7	"	R[aymond] Boudillon von Genf Lehrer	1
8	"	Pastor Hirschfeld	1
9	"	Jakob Krause, östreichischer General Consul	1
10	"	General Graf von Igelström	1
11	"	Professor Radloff	1
12	"	Dr. Liepmann	1
13	"	Hofrath und Inspector Schuberth	1
14	"	Kaufmann Römpler	1
15	"	David Collins Pastor	1
16.	"	Fr[iedrich] Brehme evang[elisch] Luth[erischer] Prediger z[u] Archangel	1
17.	"	G[enrich] Melin Lehrer	1
18	"	Christ[ian] Seyfert Lehrer	1
19	"	Edward Collins, Adjunct bei d[er] Kais[erlichen]	1

		Academi d[er] Wiss[enschaften]	
20	"	Wilhelm von Herder	1
21	"	M[a]d[am]e Froebelius geb[orene] Pasko	1
22	"	Pastor u[n]d Dr. Volborth	1
23	"	C[arl] D. – Vonderfour	1
24	"	J[ohann] G[ottfried] M[artin] Gerdau	1
25	"	Ph[ilipp] J[akob] Blessig	1
26	"	Jakob Lantz	1
27	"	Carl Gronau, Münz Wardein in Warschau	1
28	"	Carl Salome	1
29	"	F[riedrich] C[hristian] Hanf	1
30	"	J[ohannes] Gysendörfer	1
31	"	J[ohann] Bonen-Blust von Aarburg	1
32	"	Joh[ann] Dyrssen	1
33	"	J[akob] Brieff Buchhandler	2
34	"	G. Feldtmann von Glarus	1
35	"	Paul Kubli idem	1
36	"	Fr[ançois] Duval v[on] Genf Schweiz[er] Gen[eral] Consul	1
37	"	Rudolph Marty in Riga	2
38	"	Pastor von Muralt v[on] Zürich	5
39	"	Salomon Fliers v[on] id[em]	1
40	"	Nicol[aus] Stieglitz	1
41	"	Ph[ilipp] Stieglitz	1
42	"	Ludwig Stieglitz	1
43	"	Bibliothek d[es] Kaiserl[ichen] Lyceums zu Zarskoe Selo	1
	"	Engelhardt wirkl[icher] Etats Rath und Director des Lyceums zu Zarskoe-Selo	1
44	"	Baron Sacken, Gouverneur in Lyceum u[nd] Bibliothekar	1
45		Frau von Gersdorf aus Liefland	1
46		Frau Gräfin Dunten id[em]	1
47.		S[ein]e Exc[ellenz] der wirkl[iche] Etats Rath und Curator des öffentl[ichen] Unterrichts v[om] Gouv[ernement] St Petersburg Ouvaroff	1
48	"	Beise Pastor der deütsch Reform[ierten] Gemeine in Riga	3
49	"	S[eine] E[xcellenz] H[er]r General Graf G[eorg] Sievers	1
50	"	Hofrath u[nd] Ritter Middendorf Inspector des Petersburg[er] Gymna[siums]	1

51.	Staats Rath	1
52.	L[orenz] Graf in Moscau	1
53.	A[lexandre] Pluchart	3
	66 Exemplare.	7

Überlieferung

1 ZB Zürich, Ms Pestal 53, Umschlag 250/12 (H1), Umschlag 250/13a (H2)
2 Bogen, 253 x 210 mm (H1), 202 x 124 mm (H2)
4 Dorsualvermerk S^t. Petersburg, Muralt
5 Original
6 Die Subskriptionsliste wird hier ohne Zwischentotal und Wiederaufnahme von «H[err]» beim Seitenwechsel im Original (Z. 130, Z. 162) abgedruckt.

Textkritik

Zeuge H
Z. 4-102   H1
Z. 4   *St. Petersburg*: lateinische Schrift
Z. 4   *December*: lateinische Schrift
Z. 5   *Pestalozzi*: lateinische Schrift
Z. 17   *Pestalozzi*: lateinische Schrift
Z. 29   *Fellenberg*: lateinische Schrift
Z. 32   *Pestalozzis*: lateinische Schrift
Z. 32   *Philantropine*: lateinische Schrift
Z. 75   *Subscribenten*: lateinische Schrift
Z. 86   *Petersburg*: lateinische Schrift
Z. 88   *Pestalozzis*: lateinische Schrift
Z. 89   *Riga*: lateinische Schrift
Z. 90   *Pestalozzis*: lateinische Schrift
Z. 97   *Niederern*: lateinische Schrift
Z. 103-170 H2
Z. 103   *S u b s c r i p t i o n s ... W e r k e* : doppelt unterstrichen
Z. 103   *Subscriptions*: lateinische Schrift
Z. 103   *Pestalozzis*: lateinische Schrift
Z. 105   *von Engelsohn*: lateinische Schrift
Z. 106   *Carl Zimmermann Collegien*: lateinische Schrift
Z. 107   *Fr[iedrich] Jamburg*: lateinische Schrift
Z. 108   *James Meybohm*: lateinische Schrift
Z. 109   *Duplan de Cossonais*: lateinische Schrift
Z. 110   *Exc[ellenz]*: lateinische Schrift
Z. 110   *Fourgenev*: lateinische Schrift
Z. 111   *R[aymond] Boudillon*: lateinische Schrift
Z. 112   *Pastor Hirschfeld*: lateinische Schrift
Z. 113   *Jakob Krause*: lateinische Schrift

Z. 113 *General Consul*: lateinische Schrift
Z. 114-116 *General ... Liepmann*: lateinische Schrift
Z. 117 *Inspector Schuberth*: lateinische Schrift
Z. 118 *Römpler*: lateinische Schrift
Z. 119 *David ... Pastor*: lateinische Schrift
Z. 120 *Fr[iedrich] Brehme evang[elisch]*: lateinische Schrift
Z. 121 *Archangel*: lateinische Schrift
Z. 122 *G[enrich] Melin*: lateinische Schrift
Z. 123 *Christ[ian] Seyfert*: lateinische Schrift
Z. 124 *Edward Collins, Adjunct*: lateinische Schrift
Z. 125-126 *Academi ... Herder*: lateinische Schrift
Z. 127 *M[a]d[am]e Froebelius*: lateinische Schrift
Z. 127 *Pasko*: lateinische Schrift
Z. 128-130 *Pastor ... Gerdau*: lateinische Schrift
Z. 131 *Ph[ilipp] J[akob] Blessig*: lateinische Schrift
Z. 132 *Jakob Lantz*: lateinische Schrift
Z. 133 *Carl Gronau*: lateinische Schrift
Z. 134-136 *Carl ... Gysendörfer*: lateinische Schrift
Z. 137 *J[ohann] Bonen-Blust*: lateinische Schrift
Z. 137 *Aarburg*: lateinische Schrift
Z. 138 *Joh[ann] Dyrssen*: lateinische Schrift
Z. 139 *J[akob] Brieff*: lateinische Schrift
Z. 140-141 *G. ... idem*: lateinische Schrift
Z. 142 *Fr[ançois] Duval v[on] Genf*: lateinische Schrift
Z. 142 f. *Gen[eral] Consul*: lateinische Schrift
Z. 144-148 *Rudolph ... Stieglitz*: lateinische Schrift
Z. 149 *Stieglitz*: lateinische Schrift
Z. 150 *Bibliothek*: lateinische Schrift
Z. 150 f. *Lyceums zu Zarskoe Selo*: lateinische Schrift
Z. 152 *Engelhardt*: lateinische Schrift
Z. 152 *Director*: lateinische Schrift
Z. 153 *Lyceums zu Zarskoe-Selo*: lateinische Schrift
Z. 154-155 *Baron ... Bibliothekar*: lateinische Schrift
Z. 156 *Frau von Gersdorf*: lateinische Schrift
Z. 156 *Liefland*: lateinische Schrift
Z. 157 *Frau ... id[em]*: lateinische Schrift
Z. 158 *Exc[ellenz]*: lateinische Schrift
Z. 160 *St Petersburg Ouvaroff*: lateinische Schrift
Z. 161 *Beise Pastor*: lateinische Schrift
Z. 161 f. *Gemeine in Riga*: lateinische Schrift
Z. 163 f. *General Graf G[eorg] Sievers*: lateinische Schrift
Z. 165 *Middendorf Inspector*: lateinische Schrift
Z. 166 *Petersburg[er] Gymna[siums]*: lateinische Schrift
Z. 168-169 *L[orenz] ... Pluchart*: lateinische Schrift
Z. 170 *Exemplare*: lateinische Schrift

Sacherklärung

I.

Johannes von Muralt (1780–1850) ⇒ Nr. 610

II.

Während die geplante Zusammenarbeit Pestalozzis mit Philipp Emanuel von Fellenberg (1771–1844, ⇒ Nr. 426) bei einigen Mitarbeitern in Yverdon Unruhe und Befürchtungen auslöste (⇒ Nr. 1793), interpretierte Johannes von Muralt (1780–1850, ⇒ Nr. 610) diese Entwicklung durchaus positiv und als Möglichkeit, die Streitigkeiten zwischen den Lehrern, die für ihn offenbar auch die Kontaktpflege zu Yverdon erschwert oder gar verunmöglicht hatten, zu beenden.

III.

Z. 26 *Brief*: scheint nicht erhalten zu sein
Z. 28 f. *Anzeige*: Dabei dürfte es sich um die Meldung über eine (mögliche) Vereinigung von Pestalozzi mit Philipp Emanuel von Fellenberg (1771–1844, ⇒ Nr. 426) handeln, die am 4. November 1817 in der *Allgemeinen Zeitung* (Nr. 308, S. 1231) erschienen war.
Z. 29 *Fellenberg*: Philipp Emanuel von Fellenberg (1771–1844) ⇒ Nr. 426
Z. 32 *Schicksal der Philantropine*: Johann Bernhard Basedow (1724–1790, ⇒ Nr. 610) hatte 1763 den Plan einer Musterschule entworfen (*Überzeugende Methode der auf das bürgerliche Leben angewendeten Arithmetik zum Vergnügen der nachdenkenden und zur Beförderung des guten Unterrichts in den Schulen*), in der selbstständiges Denken, Menschenfreundschaft und Toleranz gelehrt werden sollte. Dieser Idee folgten die verschiedenen Philanthropine in Dessau (⇒ Nr. 568), Schnepfenthal (⇒ Nr. 640), Vechelde oder Haldenstein/Marschlins, wobei die konkreten Schulen durchaus unterschiedliche Profile verfolgten. Die öffentliche Aufmerksamkeit und die mit den neuen Schulen verbundenen Hoffnungen waren gross, flauten jedoch auch rasch wieder ab.
Z. 44 *B'hüeti Gott*: Gott behüte (mdl.)
Z. 44 *g'seegni Gott*: Gott seegne (mdl.)
Z. 75 *Subscribenten*: Z. 105–171
Z. 88 *Lienhard u[nd] Gertrud*: Johann Heinrich Pestalozzi: Lienhard und Gertrud. Berlin 1781–1787 (PSW II–III)
Z. 89 *Wie Gertrud u[nd] ihre Kinder lehrt*: Johann Heinrich Pestalozzi: Wie Gertrud ihre Kinder lehrt. Bern 1801 (PSW XIII, S. 181–389)
Z. 90 *Prediger*: Jakob Georg Friedrich Beise (1789–1865) aus Jelgava (Mitau, Lettland) wurde im Sommer 1814 nach seinem Theologiestudium in Dorpat (Tartu, Estland) und anschliessender Hauslehrertätigkeit in Kurland von Johannes von Muralt (1780–1850, ⇒ Nr. 610) in St. Petersburg ordiniert und übernahm im gleichen Jahr das Pastorenamt an der reformierten Kirche in Riga. 1834 zum Konsistorialrat ernannt übte Beise das Pastorat in Riga 50 Jahre lang bis kurz vor seinem Tod aus.
Z. 97 *Niederern*: Johannes Niederer (1779–1843) ⇒ Nr. 507
Z. 105 *Engelsohn*: Ernst Gottfried von Engelsohn (1769–1840) war Direktor der Spar- und Darlehenskasse des Vormundschaftsrates und Staatsrat in St. Petersburg sowie Mitglied der dortigen mineralogischen Gesellschaft.
Z. 106 *Zimmermann*: Karl Zimmermann (1785–1860) aus Eisenach stand im Dienst der höheren russischen Verwaltung. Zwischen 1809 und 1811

war er Mitglied der russischen Gesetzeskommission, ab 1831 Vizepräsident der Estnischen und Livländischen Sachen. In der zweiten Abteilung der kaiserlichen Kanzlei wirkte er als Kollegienrat, ab 1834 als Wirklicher Staatsrat und schliesslich seit 1852 als Geheimer Staatsrat.

Z. 107 *Lieb*: Sigmund Friedrich Lieb (1779–1828) war Kaufmann aus Bischofszell (Kt. Thurgau) und Inhaber einer Textilfabrik im russischen Kingissepp (Jamburg, Nordwestrussland). Er kehrte 1821 in die Schweiz zurück und erwarb Schloss Hard bei Ermatingen (Kt. Thurgau).

Z. 108 *Meybohm*: James/Jakob Meybohm (*um 1756) war ein wohlhabender, zur Oberschicht zählender Kaufmann in St. Petersburg und Inhaber der von 1788 bis 1816 bestehenden Firma Meybohm und Co, die unter anderem ausgedehnten Handel mit England betrieb.

Z. 109 *Duplan*: François Joseph Samuel Duplan (1786–1857) ⇒ Nr. 1189

Z. 110 *Fourgenev*: Wahrscheinlich ist hier der Geheime Staatsrat Alexander Iwanowitsch Turgenjew (1784–1845) gemeint, der in Göttingen Jura studiert hatte und früh hohe Aufgaben im Staatsdienst übernahm, so etwa 1805 im Justizministerium, als Staatssekretär im Staatsrat und als Kommissionsmitglied für die Erstellung einer russischen Gesetzessammlung. Nachdem er in Opposition zum repressiven Regime Zar Alexander I. (1777–1825, ⇒ Nr. 520) geriet, wurde er 1824 aus dem Staatsdienst entlassen, lebte fortan weitgehend im Ausland und verfasste 1841/42 eine zweibändige Geschichte Russlands. Es könnte hier aber auch sein Bruder Nikolai Iwanowitsch Turgenjew (1789–1871) gemeint sein, der ebenfalls in Göttingen studiert hatte und 1813 als russischer Kommissar für die von Napoleon I. Bonaparte (1769–1821, ⇒ Nr. 580) wieder gewonnenen Gebiete mit Freiherr Heinrich Friedrich Karl vom Stein (1757–1831) zusammen arbeitete. Er war nach 1816 einer der Mitbegründer des Rettungsbundes, einer Vorgängerorganisation des Wohlfahrtsbundes, und übernahm von 1819 bis 1824 als Staatssekretär im Finanzministerium und als Wirklicher Staatsrat hohe Posten im Staatsdienst, aus dem er nach Entdeckung seiner Verbindung zu aufständischen Dekabristen 1824/25 entlassen wurde. In seiner Abwesenheit wurde er zum Tode verurteilt, weshalb er im Ausland lebte.

Z. 111 *Boudillon*: Jean-Jacques-Raymond Bourdillon (*1787) ⇒ Nr. 1304

Z. 112 *Hirschfeld*: Friedrich August Hirschfeldt (1766–1829) stammte aus Lauenburg an der Elbe (Schleswig-Holstein) und amtierte seit 1803 bis zu seinem Tod als Pastor am Kadettenkorps in St. Petersburg.

Z. 113 *Krause*: Jakob Krause (*1775) war ein wohlhabender Kaufmann und Bankier in St. Petersburg und amtierte dort von 1816 bis 1823 als österreichisch-ungarischer Generalkonsul. Möglicherweise kehrte er anschliessend nach Hamburg zurück und heiratete Julie Kirchenpauer (*1783), deren Bruder Gustav Heinrich Kirchenpauer (1808–1887) Bürgermeister von Hamburg war.

Z. 114 *Igelström*: Alexander von Igelström (1770–1855) aus Estland war Generalmajor der russischen Armee.

Z. 115 *Radloff*: Karl Friedrich Radlow/Radloff (1783–1842) ⇒ Nr. 1189

Z. 116 *Liepmann*: Herr Liepmann ⇒ Nr. 1304

Z. 117 *Schuberth*: Gottlieb Heinrich Schuberth (1778–1866) aus Guben (Brandenburg) war nach der Promotion in Leipzig 1803 zunächst als grossherzoglich hessischer Hofrat Erzieher des Prinzen Emil von Hessen (1790–1856) und amtierte seit 1811 als Inspektor, ab 1818 dann als Direktor der

St. Petrischule in St. Petersburg, wo er als Anhänger christlicher und altsprachlicher Erziehung galt. Nach seinem krankheitsbedingten Rückzug 1832 lebte er bis zu seinem Tod in der St. Petersburger Vorstadt Oranienbaum (Lomonossow).

Z. 118 *Römpler*: Christian Andreas Römpler (†1829) war ein aus Sachsen stammender Goldschmied und Juwelier, der seit 1790 in St. Petersburg lebte, 1793 zum (Galanterie-)Meister der ausländischen Zunft der Goldschmiede ernannt wurde und 1796 eine Goldschmiedefirma und -handlung gründete. 1813 rückte er in den Kirchenvorstand der St. Petrikirche auf und war ab 1822 Mitglied der St. Petersburger Mineralogischen Gesellschaft und Kaufmann der ersten Gilde.

Z. 119 *Collins*: Johann David Collins (1761–1833) ⇒ Nr. 1163

Z. 120 *Brehme*: Friedrich Brehme (1781–1858) aus Breitenstein am Harz war seit 1813 bis zu seinem Tod Pfarrer in Archangelsk (Nordwestrussland).

Z. 121 *Archangel*: Archangelsk (Nordwestrussland)

Z. 122 *Melin*: Heinrich (Genrich) Jakob Melin (1786–1861) stammte aus Linköping (Schweden), ging nach seinem Studium in Uppsala 1809 als Hauslehrer nach Riga, bevor er ab 1813 zehn Jahre lang an Johannes von Muralts (1780–1850, ⇒ Nr. 610) Erziehungsanstalt in St. Petersburg (⇒ Nr. 1304) als Lehrer wirkte, anschliessend kurzzeitig verschiedene Stellen an Schulen übernahm und ab 1827 Lehrer für Geschichte und Statistik an der St. Petrischule in Petersburg wurde.

Z. 123 *Seyfert*: Christian Seyfert (†1849) war zunächst Lehrer und dann ab 1825 und erneut ab 1836 Direktor der evangelischen Kirchenschule in Archangelsk (Nordwestrussland).

Z. 124 *Collins*: Eduard Collins (1791–1840), der älteste Sohn von Johann David Collins (1761–1833, ⇒ Nr. 1163) und Charlotte Anna Wilhelmine Collins-Euler (1773–1831), einer Enkelin Leonhard Eulers (1707–1783), erhielt 1814 eine Anstellung als Adjunkt der Mathematik an der Russischen Akademie der Wissenschaften in St. Petersburg und wurde 1820 als ordentliches Mitglied derselben aufgenommen. Ab 1824 unterrichtete er Mathematik und Geometrie an der evangelisch-lutherischen Hauptschule in St. Petersburg, 1832 wurde er zum Direktor dieser Schule ernannt. Ab 1828 unterrichtete er zudem den Thronfolger und späteren Zaren Alexander II. (1818–1881).

Z. 126 *Herder*: Wilhelm Ludwig Ernst von Herder (1778–1842) kam als dritter Sohn des Schriftstellers und Philosophen Johann Gottfried von Herder (1744–1803, ⇒ Nr. 833) in Weimar zur Welt und war von 1794 bis 1796 zuerst privat und später in einem Institut im preussischen Neuchâtel in der Schweiz zur Erziehung untergebracht. 1796 trat er eine Ausbildung zum Kaufmann in verschiedenen Hamburger Handelsfirmen an, versuchte danach sein Glück als Rechnungsführer eines Landgutes in Stachesried (Bayern), bis er sich um 1803 in St. Petersburg niederliess und dort in der deutschsprachigen Oberschicht als Bankier und Kaufmann Anstellungen und beruflichen Erfolg fand. Um das Jahr 1825 zog Herder nach Kassel weiter; er starb schliesslich in Heidelberg, wo er seine letzten fünf Lebensjahre verbracht hatte. Herder war in erster Ehe mit Amalie Caroline Ellinger (1778–1803) verheiratet, die bei der Geburt des ersten Kindes verstarb, 1818 heiratete er in St. Petersburg Marie Katharina Korn (1798–1858) aus Hamburg, mit der er drei Kinder hatte.

Z. 127 *Froebelius*: Dorothea Fröbelius-Pasko war mit Johann Michael Fröbelius (1754–1809) verheiratet, einem Wagenmeister aus Frankfurt, der sich spätestens 1788 in St. Petersburg niedergelassen hatte. Fröbelius war in erster Ehe mit Anna Catharina Calander verheiratet gewesen, die 1790 in St. Petersburg starb.

Z. 128 *Volborth*: Johann Friedrich August Volborth (1768–1840) aus Nordhausen (Thüringen) wirkte nach seinem Theologiestudium in Jena ab 1797 als Pastor in Mahilou (Mogilew, Weissrussland). Ab 1805 amtierte er als Pastor in Neu-Saratowka bei St. Petersburg, bevor er 1810 in Tartu (Dorpat, Estland) promovierte, anschliessend bis 1813 als Hofprediger des Prinzen Peter Friedrich Georg von Oldenburg (1784–1812) in Twer (Zentralrussland) wirkte und zwischen 1813 und 1839 Pastor der St. Petrikirche in St. Petersburg war. Volborth war ab 1828 Mitglied der Konsistorialsitzung und des Komitees zur Ausarbeitung der Kirchenordnung. Von 1832 bis zu seinem Tod war er Vizepräsident des Generalkonsistoriums.

Z. 129 *Vonderfour*: Damit ist eventuell Karl Friedrich von der Four (1770–1852) gemeint, der als Kaufmann in St. Petersburg lebte. Es ist allerdings unklar, wofür der Buchstaben D vor dem Namen in der Subskriptionsliste steht.

Z. 130 *Gerdau*: Johann Gottfried Martin Gerdau (1785–1855) war von 1823 bis 1852 Inhaber einer Zuckerfabrik in St. Petersburg, die ab 1830 nach einem in England entwickelten verbesserten Zuckersiedeverfahren arbeitete. 1847 wurde Gerdau für ein Jahr als Inhaber einer Chemiefabrik in Narva (Estland) geführt, ausserdem war er Mitglied der ersten und zweiten Kaufmannsgilde in St. Petersburg.

Z. 131 *Blessig*: Philipp Jakob Blessig (1762–1832) war Kaufmann und stammte aus dem Elsass. 1787 wanderte er nach St. Petersburg aus, wo er 1793 Teilhaber der Firma *Blessig und Kümmel* wurde, die unter dem Namen *Blessig & Co* bis 1918 existierte. 1820 wurde er Generalkonsul von Oldenburg und 1821/22 Direktor der Reichskommerzbank.

Z. 132 *Lantz*: Es ist unklar, wer hier gemeint war. Denkbar ist der aus dem Kanton Waadt stammende Kaufmann Jakob Lantz (1782–1816), wohnhaft in St. Petersburg, Mitglied der ersten Kaufmannsgilde und zugleich Bürger von Reval, der aber zum Zeitpunkt des Briefes bereits seit einem Jahr verstorben war. Möglich ist aber auch, allerdings nicht mit dem Vornamen Jakob, der ebenfalls aus der Waadt stammende und in St. Petersburg wohnhafte Kaufmann Karl Franz Rudolf Lantz (1792–1836), der auch Konsul von Parma und Neapel sowie Mitglied der ersten Kaufmannsgilde war.

Z. 133 *Gronau*: Karl Gronau (†1834) stammte aus Sachsen, wahrscheinlich Dresden, und zog 1811 als Angestellter der Münzanstalt nach Polen. Dort überprüfte er 1818 die aus St. Petersburg gelieferten Münzprägemaschinen und war Oberkonsistorialrat und von 1830 bis 1833 Münzmeister/Münzintendant in Warschau.

Z. 133 *Münz Wardein*: Der Münzwardein ist zuständig für die Einhaltung des Feingehalts von Metallen bzw. Legierungen.

Z. 134 *Salome*: Karl/Jean Charles Salome (1764–1821) wurde in Magdeburg geboren, arbeitete als Kaufmann, Fabrikant und Börsenmakler in St. Petersburg und war mit Katharina Elisabeth von Oeding (1775–1831) verheiratet.

Z. 135 *Hanf*: Friedrich Christian Hanff (1783–1835) aus Calbe an der Saale (Sachsen-Anhalt) war Kaufmann in St. Petersburg und wurde seit 1826 in der ersten Kaufmannsgilde geführt. Zugleich amtierte er seit 1819 als Kirchenvorstand und ab 1822 bis zu seinem Tod als Kirchenältester von St. Annen.
Z. 136 *Gysendörfer*: Johannes Gysendörfer (†1824) ⇒ Nr. 1555
Z. 137 *Bonen-Blust*: Johann Bohnenblust (1785–1859), Kaufmann aus Aarburg (Kt. Aargau), wanderte 1810 nach Russland aus und war in St. Petersburg als Fabrikant respektive von 1837 bis 1848 als Schweizer Generalkonsul tätig.
Z. 138 *Dyrssen*: Johann Dyrssen (1781–1856) aus Büsum war seit 1812 Inhaber der Drogerie *Dyrssen & Co* in St. Petersburg, wo er 1836/37 ausserdem Deputierter der St.-Petri-Kaufmannschaft war. 1831 war er als Kaufmann in Narva (Estland) aktiv.
Z. 139 *Brieff*: Jakob Brieff (1780–1861) aus dem Elsass war zunächst Buchhändler in Strassburg und wurde dann als Verleger in St. Petersburg geführt. Er publizierte unter anderem den *Russischen Merkur*.
Z. 140 *Feldtmann*: G. Feldmann konnte nicht näher bestimmt werden.
Z. 141 *Kubli*: Paulus Kubli (1782–1819) aus Netstal (Kt. Glarus) war seit 1806 als Kaufmann in St. Petersburg tätig, unter anderem im Vertrieb von Glarner Stickerei, Seide und Strohhüten. Kubli zählte zu den Gründern der *Schweizer Gemeinnützigen Gesellschaft* in St. Petersburg.
Z. 142 *Duval*: François-David Duval (1776–1854) ⇒ Nr. 1555
Z. 144 *Marty*: Johann Rudolf Marti (1765–1824) ⇒ Nr. 626
Z. 145 *Muralt*: Johannes von Muralt (1780–1850) ⇒ Nr. 610
Z. 146 *Fliers*: Salomon Fries (1765–1838) stammte aus Herrliberg (Kt. Zürich) und war seit den 1790er-Jahren als Kaufmann in Reval (Tallin, Estland) und St. Petersburg tätig, bevor er in die Schweiz zurückgekehrt zu sein scheint, denn er starb in Kefikon (Kt. Thurgau).
Z. 147 *Stieglitz*: Nikolaus (auch Nikolai Ivanovic) Stieglitz (1770–1820) stammte aus einer jüdischen Familie aus Arolsen (Hessen) am Hof des Fürsten von Waldeck und war zunächst Kaufmann, Salzlieferant und Branntweinpächter in Südrussland und Direktor der Schuldentilgungskommission in St. Petersburg im Range eines Hofrates. Als Mäzen stellte er beträchtliche Stiftungsgelder für Schulen in Odessa zur Verfügung.
Z. 148 *Stieglitz*: Philipp Stieglitz (1769–1819) war Geheimrat in Russland. Ob es sich dabei um einen Bruder oder Cousin von Nikolaus (1770–1820, ⇒ Z. 147) oder Ludwig Stieglitz (1778–1843, ⇒ Z. 149) handelt, ist unklar.
Z. 149 *Stieglitz*: Ludwig Stieglitz (1778–1843), der Bruder von Nikolaus Stieglitz (1770–1820, ⇒ Z. 147), gelangte als Inhaber des Bank- und Handelshauses *Stieglitz & Co* zu Vermögen und Ansehen. Er wurde zum russischen Hofbankier ernannt und 1826 in den Adelsstand erhoben. Mit seinen Investitionen trieb er die Dampfschifffahrtslinie zwischen Lübeck und St. Petersburg voran und erwarb eine später renommierte Tuchfabrik in Narva (Estland).
Z. 150 *Lyceums*: Das Kaiserliche Lyzeum in der nahe bei St. Petersburg gelegenen Stadt Puschkin (bis 1918 Zarskoje Selo) wurde am 19. Oktober 1811 offiziell eröffnet. Aufgenommen wurden Knaben adliger Familien, die während sechs Jahren auf ihre spätere Karriere als Staatsbeamte vorbereitet wurden. Die ersten drei Jahre waren vorrangig dem Studium der Sprachen, Mathematik und Rhetorik gewidmet, aber auch Tanz, Schwim-

men, Fechten und Reiten wurden gelehrt. Der zweite Zyklus beinhaltete die Fächer Mathematik, Physik, Sprachen, Literatur und Ethik sowie Studien in den Bereichen Psychologie, Militärstrategie, Wirtschaftspolitik und Strafrecht. Das Lyzeum wurde 1843 nach St. Petersburg verlegt und dort unter dem Namen Alexander Lyzeum weitergeführt.

Z. 152 *Engelhardt*: Baron Georg von Engelhardt (1775–1862) trat 1791 ins russische Militär ein und wurde 1795 zum Kapitän befördert. 1801 wurde er Staatssekretariatsgehilfe beim Reichsrat. Anschliessend leitete er das Pädagogische Institut in St. Petersburg (1812–1816) und das kaiserliche Lyzeum (⇒ Z. 150) in Zarskoje Selo (1816–1822). Von Engelhardt war zeitweilig auch Mitglied des Schulrats der reformierten Gemeinde in St. Petersburg und Herausgeber der Landwirtschaftszeitung (1834–1853).

Z. 154 *Sacken*: Alexander von der Osten, genannt Sacken (1789–1839) aus Ösel (Saaremaa, Lettland) hielt sich wegen seiner landwirtschaftlichen Ausbildung bei Philipp Emanuel von Fellenberg (1771–1844, ⇒ Nr. 426) in Hofwyl auf. 1817 bis 1824 war er Gouverneur und Bibliothekar am kaiserlichen Lyzeum in Zarskoje Selo (⇒ Z. 150), amtete als Redaktor der St. Petersburger Zeitung und als Assesor des Konsistoriums.

Z. 156 *Gersdorf*: Elisabeth Dorothea von Gersdorff-von Rennenkampf, geborene von Anrep (1759–1844) ⇒ Nr. 1057

Z. 157 *Dunten*: Nathalie Karoline Juliane von Dunten (1794–1862) heiratete 1795 den livländischen Adeligen und Gutsbesitzer auf Nurmis und Karkau, Graf Georg Reinhold von Dunten (1766–1843). Nathalie von Dunten war die Tochter des russischen Kavalleriegenerals und Innenministers Graf Peter Ludwig von Pahlen (1745–1826), der zum adeligen Verschwörerkreis zählte, der 1801 den russischen Zaren Paul I. (1754–1801, ⇒ Nr. 520) ermordete.

Z. 160 *Ouvaroff*: Sergej Semenowitsch Uvarow (1786–1855) wurde nach seinem Studium in Göttingen 1811 Kurator (Schulinspektor) der Universität und des Lehrbezirks St. Petersburg. 1818 wurde er zum Präsidenten der Akademie der Wissenschaften ernannt. Nach seinem Rücktritt als Kurator 1821 übernahm er vier Jahre später die Direktion des Handelsdepartments, bevor er 1832/33 (bis 1849) Minister für Volksaufklärung wurde. Uvarow gründete zahlreiche Schulen, Bibliotheken, Museen sowie die Universität Kiew und unterstützte das wechselseitige Unterrichtssystem (⇒ Nr. 1487) von Andrew Bell (1753–1832, ⇒ Nr. 1487) und Joseph Lancaster (1778–1838, ⇒ Nr. 1487).

Z. 164 *Sievers*: Graf Georg von Sievers (1778–1827) ⇒ Nr. 1007

Z. 165 *Middendorf*: Theodor Johann von Middendorf (1776–1856) aus Estland promovierte an der Universität Jena in Philosophie und war ab 1804 als Lehrer am deutschsprachigen Gymnasium angestellt, bevor er 1813 zum Adjunktprofessor am Lehrinstitut ernannt wurde, das er ab 1818 leitete. Seit 1823 war er Direktor der drei Gymnasien in St. Petersburg und von 1828 bis 1846 Direktor des Pädagogischen Hauptinstituts, zuletzt im Rang eines Wirklichen Staatsrats.

Z. 167 *Staats Rath*: Da der Titel «Staatsrat» relativ verbreitet war – allein auf dieser Subskriptionsliste sind mehrere Staatsräte aufgeführt – konnte dieser Staatsrat nicht namentlich genannter Staatsrat nicht näher bestimmt werden.

Z. 168 *Graf*: Lorenz Graf konnte nicht näher bestimmt werden.

Z. 169 *Pluchart*: Alexandre Pluchart (1777–1829) war als Zeichner und Lithograf ab 1805 Direktor der Typografie des Kollegiums für Auswärtige Angelegenheiten in St. Petersburg und ab 1808 Direktor der Senatstypografie. 1813 gründete er eine Druckerei in St. Petersburg und wurde später Inhaber einer Druckerei in Braunschweig.

1838.
David Esslinger

11. Dezember 1817

Herrn
Herrn Heinrich Pestalozzi
Ritt[er] d[es] Wladim[ir]-Ordens.
in
Iferten

Eigenhändig
f [r a n] c o .

Lieber, theürer Pestalozzi!
Ich habe Ihnen vor Monathen Ein bis zweymal geschrieben, ohne zu wissen, durch welchen Zufall oder Hinderniss mir bis heüte keine Zeile als Antwort zu lieb geworden wäre.
Nun bin ich aber geneigt, eine Grosse Gefälligkeit von Ihnen anzusprechen, – im Fall Sie mir solche h e ü t e eben so herzlich zu gewähren Sich gedrungen fühlen, – als ich dessen vor Jahren bewusst war.
ich gedenke nemmlich auf Ostern künftigen Jahres oder etwas weniges später, (in Geschäften, die noch unbestimmt sind), – eine Reise nach Deütschland zu machen, – u[nd] diess veranlaaset mich jetzo schon, S i e um eine Art von Passepartout-Empfehlung anzufragen, und im Falle des Entsprechens, Sie zu ersuchen, solche s o zu stellen, dass ich troz Ihres guten, besten Willens mit der mir so nöthigen als wirklich eingeübten Bescheidenheit nicht zu erröthen brauche, – und die bescheidensten Erwartungen eines von I h n e n Empfohlenen zu erfüllen und zu rechtfertigen imstande sey –!
ich nehme an, dass Sie mir gerne willfahren werden, und in diesem Fall darf sie ganz kurz – doch aber am liebsten von Ihnen e i - g e n h ä n d i g gesudelt seyn! Und wenn ich nun diesen Ihren Finger habe, – so frage ich nach der Hand, und sonach wäre es mir lieb, wenn Sie jeder bedeütenden Stadt, alphab[etisch] gereiht, – Einen od[er] zwey Ihrer persönlich od[er] sonst bekannten vorzüglichsten

Freünde u[nd] Gönner beysezen liessen; diess dürfte von fremder Hand geschrieben u[nd] nur von Ihnen unterzeichnet seyn –.

Verzeihen Sie doch gütig diese m[ein]e (erlaubt-)eigennüzige Zumuthung, – u[nd] dass ich solche vor der Zeit an Sie thue, – S i e nehmen mir auch diess nicht übel u[nd] halten mich auch für keinen Todtenvogel? –

Noch eins bitte ich dringend von Ihnen, dass Sie mir diesen Brief eigenhändig, wenn auch noch so flüchtig, – u[nd] nur zweyer Punkte, halben beantworten möchten:
a. Des Empfangs u[nd] eigenhändiger Verwahrung halber,
b. Ob H[err] M i e g noch bey H[errn] Willmer (?) – od[er] überhaupt noch in F[rank]furth sey? U[nd] seine eigentliche Adresse.

Die vielen u[nd] verschiedenartigen Berichte u[nd] Ankündigungen von u[nd] über Sie, Fellenberg etc etc – verwirren mich fast so arg – als das gesamte Publikum; – darüber wollte ich also am liebsten mündlich mit Ihnen sprechen, kommen Sie nicht etwa im Flug od[er] in Geschäften nach Zürich –.

Die Anecdoten Fabeln etc im Wegweiser N°. 43. unt[er] d[em] Tit[e]l: Fussangeln sind von mir eingerükt, sowie d[a]s Nachw[or]t über Aufkl[ärung]. Meine Eselein zu d[e]n Theaterscenen der Welt od[er] Vorschläge neuer Staatsvertr[äge] zum Wohl künftiger Generationen, – haben Ihnen seiner zeit gefallen –. ich habe nun eine andere Idee zu Papier gebracht, die ich aber nie im Stande wäre auszuführen, vielleicht aber zeichnen lassen, – wenn ich con amore v[on] 1 K[ün]stler verstanden werde. mit d[er] Unterschrift:

Glarner Kind   Wassernoth. 1817.   Kellenland
invenit.   Schwyz d[en] 1 Aprill.   del. et sculpsit.

Wenn ich noch Zeit habe bis, z[um] Abg[an]g d[er] Post, so will ichs abschreiben – Einstweilen so viel zur nächsten Veranlassungs Idee: In Holland werde in d[en] Zuchthäusern die unverbesserlichsten Faullenzer – in Badgewölber gethan – von deren einer Seite Wasser hineinläuft, das der Eingesperte mit einem Schüefj wieder wegschöpfen kann, – lässt ers aber höch anschwellen u[nd] bleibt müssig, so hat er desto mehr u[nd] eifrigere Arbeit u[nd] Anstrengung nöthig, – bleibt er g[an]z unthätig, so muss er ersauffen.

Wir aber wollen leben, u[nd] so Gott u[nd] wir ernstlich wollen, – uns wenigstens lebendig erhalten – Schreiben Sie bald Ihrem –

D[avid] Esslinger

Überlieferung

1   ZB Zürich, Ms Pestal 50/51, Umschlag 76/3

2 Bogen, 254 x 212 mm
4 Siegelspuren, Stempel ZURICH 11 DECR 1817
5 Original

Textkritik

Zeuge H
Z. 4-10   lateinische Schrift
Z. 19   nemmlich < * > auf
Z. 21 f.   mich <je> jetzo
Z. 22   Passepartout: lateinische Schrift
Z. 32   alphab[etisch]: lateinische Schrift
Z. 38   nehmen < * > mir
Z. 38   diess ʃ
Z. 45   Adresse: lateinische Schrift
Z. 51   Anecdoten: lateinische Schrift
Z. 53   zu d[e]n ʃ
Z. 54 f.   Generationen: lateinische Schrift
Z. 57 f.   vielleicht ... werde. ʃ
Z. 57   con amore: lateinische Schrift
Z. 59-60   lateinische Schrift; Glarner Kinder invenit. und Kellenland del. et sculpsit sind leicht schräg gestellt.
Z. 64   Badgewölber: lateinische Schrift
Z. 64   einer ʃ

Sacherklärung

I.

David Esslinger (1779-1828) ⇒ Nr. 1133 d

II.

In den beiden Briefen, auf welche Pestalozzi offenbar nicht reagiert hatte, hatte David Esslinger (1779-1828, ⇒ Nr. 1133 d) die Namen einiger Subskribenten gemeldet.

III.

Z. 8   I f e r t e n : dt. Name für Yverdon
Z. 12   geschrieben: Damit dürfte wohl der Brief vom 17. Mai 1817 (⇒ Nr. 1619) und 7. August 1817 (⇒ Nr. 1722) gemeint sein.
Z. 39   Todtenvogel: Damit dürfte David Esslinger (1779-1828, ⇒ Nr. 1133 d) wohl auf Pestalozzis fortgeschrittenes Alter angespielt haben, da die Bezeichnung Totenvogel für Vögel (Kauz, Eule, Seidenschwanz) verwendet wurde, deren Ankunft oder Geschrei als Vorbote des Todes galten.
Z. 44   M i e g : Johann Elias Mieg (1770-1842) ⇒ Nr. 1244
Z. 44   Willmer: Johann Jakob von Willemer (1760-1838) ⇒ Nr. 875
Z. 46 f. Berichte u[nd] Ankündigungen: Damit waren die Verhandlungen mit Philipp Emanuel von Fellenberg (1771-1844, ⇒ Nr. 426) sowie die entsprechenden Berichte und Debatten darüber in den Zeitungen gemeint.
Z. 47   Fellenberg: Philipp Emanuel von Fellenberg (1771-1844) ⇒ Nr. 426

Z. 51   *Wegweiser*: David Esslinger: Fussangeln. In: Wegweiser in der Eidgenossenschaft für Schweizer und Schweizerfreunde, Nr. 43. St. Gallen 1817
Z. 53   *Eselein*: Es ist unklar, welche Schriften von David Esslinger (1779–1828, ⇒ Nr. 1133 d) hier gemeint sein könnten. Es dürfte sich wohl um Publikationen zur politischen Entwicklung, möglicherweise aus der Zeit der Helvetik, gehandelt haben, die bei Pestalozzi auf Zustimmung gestossen waren.
Z. 57   *con amore*: mit Liebe (ital.)
Z. 59–60 Es ist unklar, welche Bedeutung (und ob überhaupt) diese Wort haben.
Z. 65   *Schüefj*: kleine Schaufel (mdl.)

1839.
Georg Heinrich Ludwig Nicolovius
13. Dezember 1817

An
Herrn Heinrich Pestalozzi
in
Iferten.

Berlin. d[en] 13. Dec[em]b[e]r [18]17.

Deinen neulichen Zeilen, mein lieber alter Vater! empfing ich mit beklommenem Herzen, u[n]d endigte sie mit Entzücken. Die Zeitungen verkündigten so viel Aengstliches von dir u[n]d deinem Hause, dass ich dich in Unruhe u[n]d Nöthen denken musste. Und nun liessest du mir Worte der Ruhe und innigen Friedens laut werden. Helfe Gott dir ferner und ebne deinen Weg! Er wird dich nicht sinken lassen. Nein, an dir geht immer aufs neue die Zusage in Erfüllung, dass, die auf den Herrn vertrauen, auffahren sollen mit Flügeln wie Adler.

Dein Wunsch ist erfüllt. Er ist schleunig in unserm ganzen Lande verfügt, dass dir sogleich u[n]d vor Ablauf des Monats die Subscribenten-Listen zugeschickt werden sollen. Möge die Zahl uns Ehre machen!

H[er]r Wandelt, der nun bey dir arbeitet, ist eine treue fromme Seele. An Schweiss hat es seiner Jugend nicht gefehlt. Ich hoffe, er gewinnt bey dir Freudigkeit u[n]d wirkt desto mehr in Zukunft.

Verworren sieht es in der Welt noch aus, ich bin aber des Bessern sicher. Wenn die Wolkenlagen auf Euern Seen in Bewegung gerathen, und ein arges Treiben entsteht, so kann man wissen, dass die Sonne erschienen ist u[n]d mit ihrer Kraft durchdringen will. So auch nun! Die Aengstlichkeit der Regierungen u[n]d der Ingrimm der Selbstsüchtigen beweiset klar, dass Freyheit u[n]d Gesetzlichkeit im Anzuge sind u[n]d der Sieg sich ihnen bereitet. «Der das hat angefangen, der wird es wohl vollenden!» singt Doctor Luther. Lebe wohl u[n]d sey selig in verklärtem Greisenalter!

Dein N[icolovius]

Überlieferung

1 ZB Zürich, Ms Pestal 53/54, Umschlag 261/12
2 Blatt, 219 x 188 mm
4 Siegelspuren, Dorsualvermerk *Berlin, d[en] 13. Déc[emb]re 1817 Nicolovius.*
5 Original

Zeuge H

Textkritik

Sacherklärung

I.

Georg Heinrich Ludwig Nicolovius (1767–1839) ⇒ Nr. 423

II.

Da der vorangegangene Brief Pestalozzis nicht erhalten zu sein scheint (⇒ Z. 9), ist unklar, was Georg Heinrich Ludwig Nicolovius (1767–1839, ⇒ Nr. 423) beunruhigte bzw. weshalb Pestalozzi ihn mit seinem Brief beruhigen konnte. Denkbar ist, dass auch in den Berliner Zeitungen über die Kooperationsvereinbarung mit Philipp Emanuel von Fellenberg (1771–1844, ⇒ Nr. 426) berichtet worden war und Nicolovius das wie auch Johannes von Muralt (1780–1850, ⇒ Nr. 610) als Zeichen der Beruhigung des Lehrerstreites in Yverdon interpretierte (⇒ Nr. 1837). Diese Hoffnung sollte sich allerdings nicht erfüllen, wie schon der nachfolgende Brief (⇒ Nr. 1840) zeigt.

III.

Z. 7   *Iferten*: dt. Name für Yverdon
Z. 9   *Zeilen*: scheint nicht erhalten zu sein
Z. 22   *Wandelt*: Karl Wandelt (1784–um 1840) ⇒ Nr. 1054
Z. 25   *Verworren*: Möglicherweise sprach Georg Heinrich Ludwig Nicolovius (1767–1839, ⇒ Nr. 423) damit die Vorgänge rund um die Feier des 300. Jahrestags der Reformation an, die der preussische König Friedrich Wilhelm III. (1770–1840, ⇒ Nr. 568) zum Anlass nahm, die Vereinigung der reformierten und der lutherischen Kirchgemeinden zu einer evangelischen Union (Kirche der Altpreussischen Union) zu dekretieren. Dabei kam es auch zu Widerstand, dem der König unter anderem mit Enteignung von Grundbesitz und Inhaftierungen von Geistlichen entgegenwirkte. Am 7. Dezember 1817 verbot der König zudem alle studentischen Verbindungen und stellte die Turnerbewegung unter polizeiliche Aufsicht.
Z. 31 f. *Der das ... vollenden*: Dieses Zitat entspricht den letzten beiden Strophen eines Liedes aus den *Geistlichen Liedern* von Martin Luther, das von zwei Märtyrern handelt, die 1523 von den Sophisten aus Leuven in Brüssel verbrannt wurden (vgl. Martin Luther: Luther deutsch: Die Werke Martin

Luthers in neuer Auswahl für die Gegenwart. Band 6: Kirche und Gemeinde. Kurt Aland (Hrsg.). Stuttgart 1966, S. 295).

Z. 32   *Luther:* Martin Luther (1483–1546) ⇒ Nr. 917

1840.
**Moritz Beck, Karl Brandt, Andreas Rank
und Johann Andreas Stähele**

14. Dezember 1817

Iferten, den 14ten Dec[ember] 1817

Vater Pestalozzi!
Herr Schmid hat uns den Sie betreffenden Artikel in der allgemeinen Zeitung mitgetheilt. Wir haben nach ruhiger Ueberlegung gefunden, dass der Inhalt desselben mit Ihrem individuellen Karakter, mit der in der ganzen Laufbahn Ihres Lebens behaupteten Ehre Ihres Namens, mit der Stellung, in welcher Sie als Vorsteher einer Erziehungsanstalt zum Publikum stehen und stehen müssen, unvereinträglich seie, wir tragen ferner die gegründete Ueberzeugung, dass Herr Schmid Sie zu diesem bedaurungswürdigen Schritte verleitet habe. Diese Betrachtungen haben uns zum unwandelbaren Entschlusse bewogen, Ihnen, lieber Vater Pestalozzi, zu erklären, dass der Fortbestand unserer Verhältnisse unmöglich geworden sei, weil unser Selbstgefühl und die bestimmte Entschiedenheit, mit der wir zu Erhaltung der Ehre Pestalozzis, aber nie zu deren öffentlichen Preisgebung stehen, nicht erlaubt, an der Seite H[er]rn Schmids ferners in dieser Anstalt zu bleiben.

Wir bitten also Sie, Herr Pestalozzi, entweder Herrn Schmid oder die Unterzeichneten unverzüglich zu entlassen. Wir hoffen, Sie, Vater Pestalozzi, – denn so werden wir Sie immer nennen – werden die Reinheit unserer Gesinnungen in jedem Falle anerkennen.

M[oritz] Beck
C[arl] Brandt
A[ndreas] Rank
A[ndreas] Staehele.

Überlieferung

1   ZB Zürich, Ms Pestal 231a, XXI
4   Datum am Schluss, Dorsualvermerk *Jverdon, 14. December 1817 Beck, Brandt, Rank und Stehelin an Pestalozzi*

6 Das Original (Abschrift) ist zurzeit nicht auffindbar. Der entsprechende Umschlag in der ZB Zürich trägt den Vermerk «nach Zürich gesandt». Der Abdruck folgt deshalb einer wohl in den 1920er-Jahren im Pestalozzianum Zürich angefertigten Transkription, die im Nachlass Dejung (Zürich, Forschungsbibliothek Pestalozzianum, Nachlass Dejung, Kritische Ausgabe, I,4) abgelegt ist. Der Brief wurde 1827 auch in einer gedruckten Version veröffentlicht (Josef Schmid: Fellenbergs Klage gegen Pestalozzi. Karlsruhe 1827, S. 37).

Textkritik

Zeuge [h]
Z. 9 f.   *der <g> in*
Z. 22   *also <Herr> Sie,*
Z. 24   *Vat<t>er*

Sacherklärung

I.

Moritz Beck (1787–1871) aus Plzen (Pilsen, Tschechien) unterrichtet seit September 1817 als Mathematiklehrer am Institut in Yverdon und wechselt anschliessend als Gymnasiallehrer für Mathematik nach Biel und Bern, wo er auch an der Universität lehrt. Er ist Verfasser von Geometrielehrbüchern.

Karl Brandt (1769–1848) wird in Angern (Kurland) geboren. Er besucht das Gymnasium in Jelgava (Mitau, Lettland) und studiert 1814 bis 1816 Theologie in Dorpat (Tartu, Estland). Nach einem Aufenthalt in Berlin ist er 1817 bis 1818 Lehrer an Pestalozzis Institut in Yverdon sowie 1821 stellvertretender Lehrer der unteren Klassen am Gymnasium in Mitau. 1822 tritt er an seinem Geburtsort eine Stelle als Pfarrgehilfe bei seinem Vater Johann Peter Brandt (1766–1835, ⇒ Nr. 2004) an, die er ab 1830 als ordentlicher Pfarrer weiterführt. 1836 wird er seines Amtes enthoben. Der schon in Yverdon an einer Geisteskrankheit leidende Brandt verbringt darauf einige Zeit im Irrenhaus. Ab 1842 lebt er erneut in Dorpat.

Andreas Rank (1786–1855) von Jestetten (Baden-Württemberg) ist ab 1815 Lehrer an Pestalozzis Institut in Yverdon. Ein Jahr später verlässt er zusammen mit Hermann Krüsi (1775–1844, ⇒ Nr. 588) die Anstalt und wird 1818 Mitarbeiter an Krüsis neu gegründetem Knabeninstitut (⇒ Nr. 1775), das sich direkt neben dem Schloss Yverdon befindet. Nach Krüsis Weggang im Jahre 1822 geht die Leitung an Rank über.

Johann Andreas Stähele (1794–1864) stammt aus dem Thurgau und ergreift nach kurzem Aufenthalt im Priesterseminar von Einsiedeln 1816 die Lehrerlaufbahn, die er nach der kurzen Zeit als Sprachenlehrer bei Pestalozzi in Yverdon (1817/18) und als Geschichtslehrer am Institut von Philipp Emanuel von Fellenberg (1771–1844, ⇒ Nr. 426) in Hofwyl 1819 als Privatdozent für Geschichte in Bern fortsetzt, wo er wegen seines Eintretens für die Nationalbewegung in Griechenland verhaftet wird. 1831 wirkt er an der Verfassungsänderung in seinem Heimatkanton mit und amtiert bis 1858 als Gross-, Erziehungs- und Regierungsrat.

II.

Was im Detail dazu geführt hatte, dass die am 17. Oktober 1817 zwischen Philipp Emanuel von Fellenberg (1771–1844, ⇒ Nr. 426) und Pestalozzi geschlossene Vereinbarung (PSB X, Nr. 4795) von Pestalozzi öffentlich widerrufen wurde (vgl. PSW XXV, S. 429 ff.; Kurt Guggisberg: Philipp Emanuel von Fellenberg und sein Erziehungsstaat, Band 1. Bern 1953, S. 73 f.) kann nicht restlos geklärt werden. Es ist jedoch zu vermuten, dass neben persönlichen Animositäten oder Ressentiments der beiden Protagonisten auch die Person von Joseph Schmid (1785–1851, ⇒ Nr. 712) eine wesentliche Rolle gespielt haben dürfte, und dass möglicherweise auch die eine oder andere Person in Yverdon oder Hofwyl, die sich ebenfalls in diesem Feld der privaten Schulanstalten bewegt hatte, die geplante Kooperation aktiv bekämpfte, möglicherweise um daraus Vorteile für die eigene Arbeit zu ziehen. Gesichert ist, dass schon der (drohende) Vertragsschluss in Yverdon für Unruhe gesorgt hatte (⇒ Nr. 1793). Der Vertrag wurde wieder aufgekündigt und Schmid festigte seine Position als «rechte Hand» Pestalozzis.

III.

Z. 5   *Iferten*: dt. Name für Yverdon
Z. 7   *Schmid*: Joseph Schmid (1785–1851) ⇒ Nr. 712
Z. 7   *Artikel*: Der Beitrag mit dem Titel *Erklärung, den Vertrag mit Fellenberg betreffend* vom 28. November 1817 erschien am 5. Dezember 1817 in der Allgemeinen Zeitung, Augsburg (PSW XXV, S. 169–174).

1841.
Franz Bernhard Meyer von Schauensee
16. Dezember 1817

Monsieur
Monsieur Pestalozi.
Yverdon.

Luzern den 16. X^{ber} 1817.

Deine Zuschrift vom 29. April lezthin hat mich, lieber Freund, (erlaube mir diesen unter uns bestandenen trauten Ton) tief ergriffen. Das Geständniss gescheiterter Plane am Ende eines so mühesammen und hingebenden Lebens: das gedrukte Gefühl, das dem Kummer und der Sorge unnterliegt, und ein Sehnen nach Ruhe, die die ermüdete Kraft zu fordern schien, haben mich mit Wehmuth erfüllt. Welchen Trost vermögte ich dem Freunde zu ertheilen! wie kan ich ihn stärken, aufmuntern! wie Hilfe leisten, wo er der Hilfe bedarf, bey der Unkunde der eigentlichen Umstände, und der Lage der Dinge! Diese Zweifel machten mich unruhig, und ich trug den Gedanken in mir herum, während dem ich Subscription auf die Ausgabe Deiner Werke anzunemmen mich erklärte. H[er]r Schultheiss Amrhyn bemühte sich seiner Seits ebenfalls dafür. Allein es vereinigte sich ein einziger Freund noch mit mir, so dass ich mich nur im Fall befinde, auf zwey Ex[em]p[lare] zu subscribiren, was Du einstweilen gefälligst vermerken wollest.

Indessen gieng die Zeit vorbey, und da nahme ich mir vor, Dir von Bern aus einen Besuch in Iferten zu machen, um dann an Ort und Stelle nähere Kenntniss von allem zu nemmen, was Dich betrift. Dieses Vorhaben wurde vereitelt, so wie die Hofnung, Dich noch in Hofwyl zu treffen, wohin ich mich Ende Weinmonats begab. Ich vernahm inzwischen allda, dass zwischen Dir und Fellenberg eine Uebereinkunft zu Stande gekommen sey, die mich mit Freude erfüllte. Ich sahe dieses Ereigniss, als eines der glüklichsten an, das Dich in Stand setzte, nun sorgenfrey und ohne Störung jenen Zweck noch zu verfolgen, der die Krone Deines Lebens seyn würde, und den jeder Menschenfreund verwirklicht zu sehen wünscht. Aber was verbinden, was beruhigen, was höhere Zwecke sichern sollte, hat Zwietracht und Groll erweckt, und eine Publicität veranlast, über die man erötend die Augen zuschliessen möchte. Ueberlege, lieber Freund, die Folgen eines solchen Schrittes, und prüfe ruhig die allseitigen Verhältnisse. Sind nicht Deine und Fellenbergs Zwecke die nemmlichen? Wer ist dafür begeisterter, als er? wer verfolgt seine Plane mit einer grössern Beharrlichkeit, mit Aufopferungen und einer Grosmuth, die jedes Privatverhältniss zu übersteigen scheinte? Wäre es nun denkbar, dass er Dich überraschen, dass er Deinen Gang hindern, oder aufhalten wollte, und nicht vielmehr, dass er beabsichtete, Dir alle Mittel zum gemeinschaftlichen Zweck zu erleichtern und ihn auf die Zukunft zu befestigen? Sollte, lieber Freund, Dein Gemüth nicht frey gewesen seyn, als Du den Vertrag unterzeichnetest, so solltest Du genau untersuchen, ob es jezt frey sey, da Du den Vertrag zu zernichten suchst. Gebietet beynebens die Heiligkeit eines gegebenen Worts nicht Achtung, und ist es ehrbar über Anstände das Publikum zum Richter anzurufen? Habt Ihr denn keine Freunde, denen Ihr Euere Späne vortragen könntet, und vorziehen solltet, die Beylegung durch sie zu bewirken, als Euch Euern Feinden bloszustellen, die nicht schonend gegen Euch sich benemmen werden, wenn selbst von Euch der Ton zu Schmähungen und Verfolgungen angegeben wird? Seze Dein Herz nicht in Wiederspruch mit sich selbst, noch Deine bessere Ueberzeugung in Kampf mit Handlungen, die Deine Ruhe stören, und die Kraft Deines Geistes von Pfaden ableitten würden, deren Befolgung Deiner würdiger sind.

Kann hier der Freund zum Freunde sprechen, und vermag dieses Wort etwas zur Aussöhnung und ruhigern Prüffung eines wohlgemeinten Raths beyzutragen, so lasse mir, lieber Pestalozi, diesen Trost werden, und die Versicherung, nicht miskannt zu seyn, in

jenen innigen und herzlichen Gefühlen der Liebe und Achtung, die
ich Dir aufrichtig wiedme.

F[ranz] Meyer von Schauensee

Überlieferung

1 ZB Zürich, Ms Pestal 53, Umschlag 221/9
2 Bogen, 240 x 202 mm
4 Siegelspuren, Stempel *LUCERNE*, Dorsualvermerk *Luzern, den 16. Merz 1817. F[ranz] Meyer von Schauensee.*
5 Original
6 ganzer Brief lateinische Schrift

Textkritik

Zeuge H
Z. 43   *überraschen, < wollte, > dass*
Z. 48   *Du < jezt > genau*
Z. 59   *Befolgung < e >*
Z. 63   *Rath < e > s*

Sacherklärung

I.

Franz Bernhard Meyer von Schauensee (1763–1848) ⇒ Nr. 443

II.

⇒ Nr. 1840

III.

Z. 8   *Zuschrift*: PSB X, Nr. 4614
Z. 19   *Werke*: Johann Heinrich Pestalozzi: Sämmtliche Schriften, 12 Bände. Stuttgart 1819–1824
Z. 20   *Amrhyn*: Josef/Joseph Karl Xaver Aloys Leopold Leodegar Amrhyn (1777–1848) ⇒ Nr. 1120
Z. 25   *Iferten*: dt. Name für Yverdon
Z. 28   *Weinmonats*: Oktober
Z. 29   *Fellenberg*: Philipp Emanuel von Fellenberg (1771–1844) ⇒ Nr. 426
Z. 30   *Uebereinkunft*: PSB X, Nr. 4795

1842.
Johann Christian Hermannsche Buchhandlung
16. Dezember 1817

S[eine]r Wohlgebohren
Herrn Pestalozzi,
Vorsteher der Erziehungsanstalt.
I f e r t e n

f r e y bis B a s e l .

Frankfurt a[m]/m[ain] 16. December 1817.
Ich habe die Ehre hierdurch auf V i e r Exemplare Ihrer sämmtlichen Werke bey Ihnen Bestellung zu machen. Werden die Namen vorgedruckt, so bitte ich folgende gefälligst mit aufzunehmen:

Herr Andreas Finger in Frankfurt a[m]/m[ain]	1 Ex[emplar]
" Hölscher, Buchhändler in Coblenz	1 "
Die Joh[ann] Christ[ian] Hermannsche	2 "
Buchhandlung in Frankfurt a[m]/m[ain]	4 Ex[emplare]
	auf ordin[ärem] Papier

Den Pränumerationsbetrag belieben Sie entweder auf mich anzuweisen, oder ihn mir zu melden, damit ich Ihnen denselben übermache.

Es ist die reinste Verehrung, mit der ich mich bekenne

Ihre
ergebenste
Joh[ann] Christ[ian] Hermannsche Buchhandlung:
Ludw[ig] Reinherz,
Besitzer derselben.

Überlieferung

1 ZB Zürich, Ms Pestal 51/52, Umschlag 127/1
2 Bogen, 258 x 212 mm
4 Siegelspuren, Stempel *FRANCFURTH AM MAIN 16. DECR*, Dorsualvermerk *Frankfurt, 16. Déc[emb]re 1817. Joh[ann] Chr[istian] Hermannsche Buchhandlung.*
5 Original

Textkritik

Zeuge H
Z. 5   *Pestalozzi*: lateinische Schrift
Z. 7   *I f e r t e n* : lateinische Schrift
Z. 13   *Andreas Finger*: lateinische Schrift

Z. 13   *Frankfurt*: lateinische Schrift
Z. 14   *Hölscher*: lateinische Schrift
Z. 14   *Coblenz*: lateinische Schrift
Z. 15   *Joh[ann] Christ[ian] Hermann*: lateinische Schrift
Z. 16   *Frankfurt*: lateinische Schrift
Z. 24   *Joh[ann] Christ[ian] Hermann*: lateinische Schrift
Z. 25   *Ludw[ig] Reinherz*: lateinische Schrift

Sacherklärung

I.

1810 übergibt Johann Christian Hermann (1751–1827) seine Buchhandlung und den Verlag an Arnold Ludwig Gerhard Reinherz (1780–1827, ⇒ Z. 25), der den alten Geschäftsnamen vorerst weiterführt. 1827 trennt Reinherz Verlag und Sortimentsgeschäft, behält ersteren und führt ihn unter eigenem Namen weiter. Das Sortimentsgeschäft, inklusive Abtretung des alten Firmennamens, verkauft er an Georg Ferdinand Kettembeil (†1857?).

III.

Z. 7   *Iferten*: dt. Name für Yverdon
Z. 11   *Werke*: Johann Heinrich Pestalozzi: Sämmtliche Schriften, 12 Bände. Stuttgart 1819–1824
Z. 13   *Finger*: Es ist unklar, wer damit gemeint sein könnte. Wie aus dem Brief der Johann Christian Hermannschen Buchhandlung (⇒ Nr. 1842) vom 12. Juni 1826 (⇒ Nr. 2617) deutlich wird, war Finger seit einigen Jahren verstorben, was für den in den Frankfurter Akten nachweisbaren Frankfurter Kaufmann Andreas Finger (1784–1855) nicht zutrifft. Nachweisbar ist einzig der 1822 verstorbene Handelsmann Samuel Gottlieb Finger (*1751). Entweder wurde hier der Vorname falsch notiert oder es war ein anderer Andres Finger gemeint, der allerdings in den Akten nicht nachweisbar ist.
Z. 14   *Hölscher*: Hermann Joseph Hölscher (1765–1824) war mit Maria Salome Simonis verheiratet und führte in Koblenz einen Buchhandel samt Verlag.
Z. 25   *Reinherz*: Arnold Ludwig Gerhard Reinherz (1780–1827), geboren in Wesel am Niederrhein (Nordrhein-Westfalen), machte eine Ausbildung zum Buchhändler, zog 1806 zu Fortbildungszwecken nach Breslau und übernahm 1810 in Frankfurt am Main die Herrmannsche Buchhandlung inklusive Verlag (⇒ Sacherklärung I.). 1827 verkaufte er wegen gesundheitlicher Probleme das Sortimentsgeschäft und behielt nur noch das Verlagswesen, das er nun unter eigenem Namen weiterführte, wobei er kurz darauf verstarb.

1843.
J. G. Cottasche Buchhandlung
18. Dezember 1817

S[eine]r Wohlgebohrn
Herrn Heinrich Pestalozzi.
Iferten

Stuttgart den 18^n Dec[em]b[e]r 1817.

Euer Wohlgebohrn
haben wir die Ehre anliegend die Namen der bey uns sich gemeldeten Subscribenten auf Ihre Werke anzuzeigen. Wir verharren
Mit aller Hochachtung
Euer Wohlgebohrn
gehorsame
JG Cotta'sche Buchhandl[un]g.

Überlieferung

1 ZB Zürich, Ms Pestal 50/51, Umschlag 56/15
2 Blatt, 241x147 mm
4 Siegelspuren, Stempel STUTTGART 18 DEC 1817, Dorsualvermerk *Stuttgart, 18. Déc[emb]re 1817. J. G. Cotta'sche Buchhandlung.*
5 Original

Textkritik

Zeuge H
Z. 5   *Heinrich Pestalozzi*: lateinische Schrift
Z. 6   *I f e r t e n* : lateinische Schrift
Z. 7   *Stuttgart*: lateinische Schrift
Z. 7   *Dec[em]b[e]r*: lateinische Schrift
Z. 10 *Subscribenten*: lateinische Schrift
Z. 14 *JG Cotta*: lateinische Schrift

Sacherklärung

I.

J. G. Cottasche Buchhandlung ⇒ Nr. 1455 b

III.

Z. 6   *I f e r t e n* : dt. Name für Yverdon
Z. 10 *Werke*: Johann Heinrich Pestalozzi: Sämmtliche Schriften, 12 Bände. Stuttgart 1819–1824

1844.
Charles-Antoine Constantin
19. Dezember 1817

[Reg.] Constantin teilt Pestalozzi mit, dass er aus gesundheitlichen Gründen nicht früher habe schreiben können und dass er sich über das *Journal* von Aristide gefreut habe. Er wünscht zudem, dass sein Sohn einen warmen Umhang erhalte und hofft, dass es Pestalozzi gut gehe.

Überlieferung

1 PSB XI, S. 2.21 ff.

Sacherklärung

I.

Charles-Antoine Constantin lebte als Kaufmann in Valence (Drôme).

III.

Z. 5 *Journal*: Pestalozzi bzw. die Lehrer schickten den Eltern vierteljährliche Berichte über die Fortschritte im Unterricht und das Benehmen ihrer Kinder. Auch die Schüler mussten ihren Eltern regelmässig Bericht erstatten. Möglicherweise war hier mit dem Journal auch ein konkretes Schulheft gemeint.

Z. 5 *Aristide*: Gaspard Felix Aristide Antoine Constantin (*1803) aus Valence (Drôme) weilte von 1815 bis 1818 als Zögling in Yverdon; über sein weiteres Leben konnte nichts in Erfahrung gebracht werden.

1845.
Friedrich/Frédéric William Moritz
19. Dezember 1817

Herrn
Pestalozzi
Yverdon

Neuchatel den 19. X^{bre} 1817.

Lieber bester Herr Pestalozzi.
Herr Tiriot hatte zur Zeit mir die Suscriptionsanzeige Ihrer sämmtlichen Werke mitgetheilt, die zugleich den Wunsch in mir erregt dieselbe zu besitzen; allein grosse bevorstehende Ausgaben haben mich genöthig meinen Wunsch einzuschränken, so dass ich Sie nun ersuche mir ein Exemplar von Lienhard u[nd] Gertrud und eines An

die Unschuld, den Ernst und den Edelmuth etc. zu schiken, denn ich
15 vermuthe dass Sie auch einzeln Bände abgeben,
Empfangen Sie die Versicherung meiner höchsten Achtung
F[riedrich] William Moritz Maler.

Herr W. Goudat empfiehlt sich Ihnen
Von Tiriot habe ich gute Nachricht

Überlieferung

1 ZB Zürich, Ms Pestal 53, Umschlag 235/1
2 Blatt, 202 x 156 mm
4 Siegelspuren, Stempel *NEUCHATEL*, Dorsualvermerk *Neuchâtel, d[en] 19. Déc[emb] re 1817. Will[ia]m Moritz, Mahler*
5 Original

Textkritik

Zeuge H

Z. 5-6   *Pestalozzi Y v e r d o n* : lateinische Schrift
Z. 7   *Neuchatel*: lateinische Schrift
Z. 8   *Pestalozzi*: lateinische Schrift
Z. 9   *Subscription*: lateinische Schrift
Z. 11   *allein* < * > *grosse*
Z. 13   *Lienhard u[nd] Gertrud*: lateinische Schrift
Z. 13 f. *An ... Edelmuth*: lateinische Schrift
Z. 18   *Goudat*: lateinische Schrift

Sacherklärung

I.

Friedrich/Frédéric William Moritz (1783-1855) aus Herborn (Hessen) war Aquarellist und lässt sich 1807 in Neuchâtel nieder. Anschliessend hält er sich während mehreren Jahren in Italien auf bevor er nach Neuchâtel zurückkehrt, wo er von 1831 bis 1855 als Zeichnungslehrer tätig ist.

III.

Z. 9   *Tiriot*: Paul Emil Thiriot (1780-1831) ⇒ Nr. 984
Z. 10   *Werke*: Johann Heinrich Pestalozzi: Sämmtliche Schriften, 12 Bände. Stuttgart 1819-1824
Z. 13   *Lienhard u[nd] Gertrud*: Johann Heinrich Pestalozzi: Sämmtliche Schriften, Band 1-4. Stuttgart 1819
Z. 13 f. *An die Unschuld*: Johann Heinrich Pestalozzi: Sämmtliche Schriften, Band 6. Stuttgart 1820
Z. 18   *Goudat*: Ein Herr W. Goudat konnte nicht näher bestimmt werden.

1846.
Neue Gelehrten-Buchhandlung
20. Dezember 1817

An Herrn Pestalozzi in I f f e r t e n.

Coblenz d[en] 20. Décember 1817.

Subscribenten auf Pestalozzis Werke gesammelt in der Neuen Gelehrten-Buchhandlung in Coblenz:

Herr Simon Kantons Pfarrer in Prümm
" Hepp Professor in Prümm
" Hubert Schafhausen in Coblenz
" Hermann Dietz in Coblenz.
" Hasselbach Schullehr[er] in Winningen
" Gorres Professor in Coblenz.
" Follenius Consist[orial] Rath in Wetzlar.
" Staehler Geh[eimer] Rath in Engers.
" Lieber Regierungs Advok[at] in Engers
" Scheidweiler Bürgermeister in Engers.
" D'Ester Lederfabrikant in Vallendar.
" Weigand Knabenschullehr[er] in Vallendar
" Frank Bürgermeister in Vallendar.
" Gebr[üder] Thilemann in Bendorf.
" Mittag Ober Post Director in Coblenz
" G[eorg] J[osef] Dillmann von Arzheim
" Joh[ann] Dillmann Schullehr[er] in Horchheim
" Jos[eph] Meiler Schullehr[er] in Rens.
" Ad[am] Klasmann — in Gros Maischen
" Dr. Arnoldi in Winningen
" Weinrich Pfarrer in Reihtenbach
" Burret Landrath in Coblenz.
" Linz Amtsschreiber in Engers.
" Wigand Rentmeister in Rommersdorf
" Reuter Landdechant u[nd] Pfar[rer] in Vallendar
" Staich Einnehmer in Vallendar
" Heigmer Mädchenschullehr[er] in Vallendar
" Remmy, Hoffmann & Comp. Huttenherrn in Bendorf.
" Kunz Kantor in Bendorf

später sind mir noch eingegangen:
" Hensch Oberburgermeister in Wittlich
" Berling Kreis Kassen Kontrolleur — —.
" Staadt Kreis Kassen Rendant in Wittlich
" Weis in Wittlich

"   Schwarzenberg Schullehrer in Wittlich.
"   J[ohann] W[ilhelm] C[hristian] Deuster Notar in Wittlich
"   Lauer Distrikts Arzt in Wittlich
"   Schoemann in Wittlich.
"   Schroeder Apotheker in Wittlich
"   Jos[eph] Deuster Notar in Wittlich.
"   Deuster Lieutenant in Wittlich.
"   Molitor Sekretair in Prümm.
     Summa 41.–

Untenstehende 12 kommen etwas spat, Sie werden mich aber sehr verbinden, wenn Sie dieselben auch noch als Subscribenten aufnehmen wollten. Sollten sie auch dem ersten Bande nicht vorgedruckt werden können, so kann dieses ja noch im zweyten nachgeschen. Erhalte ich bald einiges von Ihren Werken? Geben Sie mir doch hierüber einige Auskünfte welches wünscht die, Sie verehrende pr[eussische] Neue Gelehrten-Buchhandlung

Überlieferung

1 ZB Zürich, Ms Pestal 53/54, Umschlag 258/2
2 Blatt, 259 x 186 mm
4 Datum am Schluss, Dorsualvermerk *Coblenz, d[en] 20. Déc[emb]re 1817. Neue Gelehrten-Buchh[an]dl[ung]*
5 Original
6 Die Wiederaufnahme von «Herr» beim Seitenwechsel im Original (Z. 23, Z. 44) wird nicht abgedruckt.

Textkritik

Zeuge H
Z. 4   *Pestalozzi*: lateinische Schrift
Z. 4   *I f f e r t e n* : lateinische Schrift
Z. 5   *Coblenz ... Décember*: lateinische Schrift
Z. 6 f. *Neuen Gelehrten-Buchhandlung*: lateinische Schrift
Z. 7   *Coblenz*: lateinische Schrift
Z. 8   *Simon*: lateinische Schrift
Z. 8   *Prümm*: lateinische Schrift
Z. 9   *Hepp*: lateinische Schrift
Z. 9   *Prümm*: lateinische Schrift
Z. 10   *Hubert Schafhausen*: lateinische Schrift
Z. 10   *Coblenz*: lateinische Schrift
Z. 11   *Hermann Dietz*: lateinische Schrift
Z. 11   *Coblenz*: lateinische Schrift
Z. 12   *Hasselbach*: lateinische Schrift
Z. 12   *Winningen*: lateinische Schrift

Z. 13	Gorres: lateinische Schrift
Z. 13	Coblenz: lateinische Schrift
Z. 14	Follenius: lateinische Schrift
Z. 14	Wetzlar: lateinische Schrift
Z. 15	Staehler: lateinische Schrift
Z. 15	Engers: lateinische Schrift
Z. 16	Lieber: lateinische Schrift
Z. 16	Engers: lateinische Schrift
Z. 17	Scheidweiler: lateinische Schrift
Z. 17	Engers: lateinische Schrift
Z. 18	D'Ester: lateinische Schrift
Z. 18	Vallendar: lateinische Schrift
Z. 19	Weigand: lateinische Schrift
Z. 19	Vallendar: lateinische Schrift
Z. 20	Frank: lateinische Schrift
Z. 20	Vallendar: lateinische Schrift
Z. 21	Thilemann: lateinische Schrift
Z. 21	Bendorf: lateinische Schrift
Z. 22	Mittag: lateinische Schrift
Z. 22	Coblenz: lateinische Schrift
Z. 23	G[eorg] J[osef] Dillmann: lateinische Schrift
Z. 23	Arzheim: lateinische Schrift
Z. 24	Joh[ann] Dillmann: lateinische Schrift
Z. 24	Horchheim: lateinische Schrift
Z. 25	Jos[eph] Meiler: lateinische Schrift
Z. 25	Rens: lateinische Schrift
Z. 26	Ad[am] Klasmann: lateinische Schrift
Z. 27	Arnoldi: lateinische Schrift
Z. 27	Winningen: lateinische Schrift
Z. 28	Weinrich: lateinische Schrift
Z. 28	Reihtenbach: lateinische Schrift
Z. 29	Burret: lateinische Schrift
Z. 29	Coblenz: lateinische Schrift
Z. 30	Linz: lateinische Schrift
Z. 30	Engers: lateinische Schrift
Z. 31	Wigand: lateinische Schrift
Z. 31	Rommersdorf: lateinische Schrift
Z. 32	Reuter: lateinische Schrift
Z. 32	Vallendar: lateinische Schrift
Z. 33	Staich: lateinische Schrift
Z. 33	Vallendar: lateinische Schrift
Z. 34	Heigmer: lateinische Schrift
Z. 34	Vallendar: lateinische Schrift
Z. 35	Remmy, Hoffmann & Comp.: lateinische Schrift
Z. 35	Bendorf: lateinische Schrift
Z. 36	Kunz: lateinische Schrift

Z. 36	*Bendorf*: lateinische Schrift
Z. 38	*Hensch*: lateinische Schrift
Z. 38	*Wittlich*: lateinische Schrift
Z. 39	*Berling*: lateinische Schrift
Z. 40	*Staadt*: lateinische Schrift
Z. 40	*Wittlich*: lateinische Schrift
Z. 41	*Weis*: lateinische Schrift
Z. 41	*Wittlich*: lateinische Schrift
Z. 42	*Schwarzenberg*: lateinische Schrift
Z. 42	*Wittlich*: lateinische Schrift
Z. 43	*J[ohann] W[ilhelm] C[hristian] Deuster*: lateinische Schrift
Z. 43	*Wittlich*: lateinische Schrift
Z. 44	*Lauer*: lateinische Schrift
Z. 44	*Wittlich*: lateinische Schrift
Z. 45	*Schoemann*: lateinische Schrift
Z. 45	*Wittlich*: lateinische Schrift
Z. 46	*Schroeder*: lateinische Schrift
Z. 46	*Wittlich*: lateinische Schrift
Z. 47	*Jos[eph] Deuster*: lateinische Schrift
Z. 47	*Wittlich*: lateinische Schrift
Z. 48	*Deuster*: lateinische Schrift
Z. 48	*Wittlich*: lateinische Schrift
Z. 49	*Molitor*: lateinische Schrift
Z. 49	*Prümm*: lateinische Schrift
Z. 50	*Summa*: lateinische Schrift
Z. 58	*Neue Gelehrten-Buchhandlung*: lateinische Schrift

Sacherklärung

I.

Neue Gelehrten-Buchhandlung ⇒ Nr. 1671

III.

Z. 4	*I f f e r t e n* : dt. Name für Yverdon
Z. 6	*Werke*: Johann Heinrich Pestalozzi: Sämmtliche Schriften, 12 Bände. Stuttgart 1819-1824
Z. 8	*Simon*: Johann Peter Simon (1782-1867) ⇒ Nr. 1671
Z. 8	*Prümm*: Prüm (Rheinland-Pfalz)
Z. 9	*Hepp*: G. Ph. Hepp ⇒ Nr. 1671
Z. 10	*Schafhausen*: Hubert Josef Schaaffhausen (1780-1868) ⇒ Nr. 1671
Z. 11	*Dietz*: Hermann Joseph Dietz (1782-1862) ⇒ Nr. 1671
Z. 12	*Hasselbach*: Johann Peter Hasselbach (1790-1861) ⇒ Nr. 1671
Z. 12	*Winningen*: Gemeinde in Rheinland-Pfalz
Z. 13	*Gorres*: Johann Joseph von Görres (1776-1848) ⇒ Nr. 1469
Z. 14	*Follenius*: Ernst Ludwig Follenius (1769-1826) ⇒ Nr. 1671
Z. 14	*Wetzlar*: Stadt in Hessen
Z. 15	*Staehler*: Johann Jakob Staehler (*vor 1763) ⇒ Nr. 1708
Z. 15	*Engers*: heute Teil von Neuwied (Rheinland-Pfalz)
Z. 16	*Lieber*: Moritz Joseph Josia Lieber (1790-1860) ⇒ Nr. 1708

Z. 17	*Scheidweiler*: Carl Scheidweiler (1777-1861) ⇒ Nr. 1708
Z. 18	*D'Ester*: Theodor Johann von Nepomuk d'Ester (1766-1827) ⇒ Nr. 1708
Z. 18	*Vallendar*: Stadt in Rheinland-Pfalz
Z. 19	*Weigand*: Heinrich Joseph Weigand (†nach 1834) ⇒ Nr. 1708
Z. 20	*Frank*: Johann Josef Frank (*1771) ⇒ Nr. 1708
Z. 21	*Thilemann*: Carl Wilhelm (1772-1847, ⇒ Nr. 1708) und Johann Friedrich Christian Tilemann (1773-1854, ⇒ Nr. 1708)
Z. 21	*Bendorf*: Stadt in Rheinland-Pfalz
Z. 22	*Mittag*: Friedrich Mittag (1775-1838) ⇒ Nr. 1708
Z. 23	*Dillmann*: Georg Josef Dillmann (1795-1857) ⇒ Nr. 1671
Z. 23	*Arzheim*: heute Teil von Koblenz (Rheinland-Pfalz)
Z. 24	*Dillmann*: Johann Dillmann (1792-1868) ⇒ Nr. 1671
Z. 25	*Meiler*: Joseph Meiler (†1824) ⇒ Nr. 1671
Z. 25	*Rens*: Rhens (Rheinland-Pfalz)
Z. 26	*Klasmann*: Johann Adam Klasmann ⇒ Nr. 1671
Z. 26	*Gros Maischen*: Grossmaischeid (Rheinland-Pfalz)
Z. 27	*Arnoldi*: Carl Wilhelm Arnoldi (*1777) ⇒ Nr. 1671
Z. 28	*Weinrich*: Ludwig Alexander Theodor Weinrich (1762-1830) ⇒ Nr. 1671
Z. 28	*Reihtenbach*: heute Teil von Schweigen-Rechtenbach (Rheinland-Pfalz)
Z. 29	*Burret*: Karl Joseph Burret (1761-1828) ⇒ Nr. 1708
Z. 30	*Linz*: Franz Xaver Linz ⇒ Nr. 1708
Z. 31	*Wigand*: Johann Carl Valentin Wiegand ⇒ Nr. 1708
Z. 31	*Rommersdorf*: heute Teil von Neuwied (Rheinland-Pfalz)
Z. 32	*Reuter*: Johann Wilhelm Reuter (1778-1832) ⇒ Nr. 1708
Z. 32	*Landdechant*: Landdekan
Z. 33	*Staich*: Karl Stach (1785-1846) ⇒ Nr. 1708
Z. 34	*Heigmer*: Johann Heigner ⇒ Nr. 1708
Z. 35	*Remmy, Hoffmann & Comp.*: Remmy, Hoffmann & Comp. ⇒ Nr. 1708
Z. 36	*Kunz*: Anton Heinrich Wilhelm Kunz (1771-1824) ⇒ Nr. 1708
Z. 38	*Hensch*: Johann Philipp Hensch (1775-1846) aus Wittlich (Rheinland-Pfalz) war kurfürstlicher Notar und während der französischen Besatzungszeit wahrscheinlich im französischen Staatsdienst tätig. 1815 war er Bürgermeister von Wittlich, später möglicherweise auch Oberbürgermeister. Sein Amt legte er 1827 nieder.
Z. 39	*Berling*: Ein Kontrolleur Berling konnte nicht näher bestimmt werden.
Z. 40	*Staadt*: Ein Rendant (= Rechnungsführer) namens Staadt konnte nicht näher bestimmt werden. Womöglich handelt es sich jedoch um Jakob Staudt (*vor 1801) aus Wittlich (Rheinland-Pfalz), über dessen berufliche Tätigkeit allerdings nichts bekannt ist. Jakob Staudt war in erster Ehe mit Anna Wilhelmi verheiratet und heiratete nach deren Tod 1819 in Trier Margarethe Franzen.
Z. 41	*Weis*: Da im evangelischen Geburtenregister von Wittlich (Rheinland-Pfalz) für die fragliche Zeit neun männliche Personen mit dem Namen Weis aufgeführt sind, kann dieser Subskribent nicht näher bestimmt werden.
Z. 42	*Schwarzenberg*: Johann Sebastian Schwarzenberg (um 1754-1821) war Oberlehrer in Wittlich (Rheinland-Pfalz).
Z. 43	*Deuster*: Johann Wilhelm Christian Deuster (1785-nach 1838) war Notar in Wittlich (Rheinland-Pfalz), bis 1808 Pächter des Hof des Domkapitels von Köln (heutiges Pfarrhaus) und Grossgrundbesitzer. Er heiratete 1812 Anna Elisabeth Becker, 1825 Anna Goedert und 1838 deren Schwester

Clara Goedert. 1834 wurde Deuster wegen Beleidigung einer Amtsperson zu einer geringen Haftstrafe verurteilt.

Z. 44 *Lauer*: Friedrich Lauer (†1837), geboren in Wittlich (Rheinland-Pfalz), schloss sein Medizinstudium 1817 in Giessen mit einer Promotion über Typhusansteckungen ab und war danach als Arzt und Geburtshelfer in Wittlich und Bernkastel (heute Teil von Bernkastel-Kues, Rheinland-Pfalz) tätig. 1828 wurde er als Distriktsarzt/Kreisphysikus für den Kreis Wittlich geführt.

Z. 45 *Schoemann*: Möglicherweise handelt es sich hier um Peter Schömann (1766–1850), Kaufmann und Gutsbesitzer in Wittlich (Rheinland-Pfalz), der von 1817 bis 1847 Erster Beigeordneter in Wittlich und ab 1830 wiederholt Mitglied des Rheinischen Provinziallandtages für den Wahlkreis Merzig-Prüm-Bitburg bzw. Wittlich-Bernkastel-Saarburg war.

Z. 46 *Schroeder*: Gottfried Schröder (um 1777–1849) war Apotheker und Salbenhändler in Wittlich (Rheinland-Pfalz). Er war zweimal verheiratet und hatte elf Kinder.

Z. 47 *Deuster*: (Johann) Josef Deuster (*1788) wurde in Wittlich (Rheinland-Pfalz) geboren, war ebendort Notar und heiratete 1810 Anna Maria Freund.

Z. 48 *Deuster*: Gotthard Deuster (1793–1836) aus Wittlich (Rheinland-Pfalz) war Offizier der Landwehr und heiratete 1819 in Heidweiler Eleonore Sophia Jakobina Bockholz.

Z. 49 *Molitor*: Johann Gerard Molitor (1779–1831), geboren in Blankenheim (Nordrhein-Westfalen) als Sohn eines Landwirtes, war Verwaltungsbeamter und von 1816 bis zu seinem Tod Kreissekretär in Prüm (Rheinland-Pfalz).

1847.
Andreas Meyer
20. Dezember 1817

An
Herrn Pestalozzi
in
Ifferten.

Neuwied den 20sten Christmonats 1817.

Andreas Meyer, b[eider] R[echte] Doctor, an Herrn Pestalozzi.

Hier, würdiger Mann! vier Subscribenten auf Ihre Werke: mehr habe ich nicht bekommen können, ob Sie gleich hier viel Verehrer haben.

Die zurückgekommenen und kehrenden armen Auswandrer nach Amerika, und dann noch das überstandene harte Jahr, haben Einschränkungen nöthig gemacht.

Ich werde suchen diese Nachricht portofrey nach Bern befördern zu können.
Ich bin mit Verehrung

Ihr ergebener
A[ndreas] Meyer.

Unterschrift für des würdigen Pestalozzi's Werke. Nach der Anzeige desselben:

Neuwied den 19ten Maimonat's 1817.

Sorck Post-Secretair in Minden (Preussisch).
Peter Graff, Oeconom zu Neuwied.
A[ndreas] Meyer.
Reck, Prediger in Neuw[ied]

Überlieferung

1 ZB Zürich, Ms Pestal 53, Umschlag 220/1
2 Bogen, 206 x 166 mm
4 Stempel *BERN*, Dorsualvermerk *Neuwied, d[en] 20. Déc[emb]re 1817. A[ndreas] Meyer.*
5 Original
6 Namen auf der Subskriptionsliste von den Unterzeichnern eigenhändig notiert

Textkritik

Zeuge H
Z. 11   *nicht* < nicht > *bekommen*
Z. 23   *Sorck*: lateinische Schrift
Z. 23   *Secretair*: lateinische Schrift
Z. 23   *Minden*: lateinische Schrift
Z. 24   *Peter Graff*: lateinische Schrift

Sacherklärung

I.

Der Jurist Andreas Meyer aus Neuwied konnte nicht näher bestimmt werden.

III.

Z. 7   *I f f e r t e n* : dt. Name für Yverdon
Z. 10   *Werke*: Johann Heinrich Pestalozzi: Sämmtliche Schriften, 12 Bände. Stuttgart 1819–1824
Z. 12   *Auswandrer*: Kriegsschulden und dadurch verursachte Steuererhöhungen, Absatzschwierigkeiten der Neuwieder Fabriken aufgrund nachteiliger Zollbestimmungen und Wettbewerbsnachteilen gegenüber den billiger produzierenden englischen Fabriken sowie Missernten, Lebensmittelnot und massive Teuerung bei den Nahrungsmitteln zwischen 1815 und 1817 (⇒ Z. 13) führten in Neuwied zu Verarmung und Hungersnot, wes-

halb viele Neuwieder auswanderten. Dass bereits zuvor Handelsbeziehungen zu Amerika bestanden hatten, dürfte die Emigration nach Übersee begünstigt haben.

Z. 13 *harte Jahr*: 1816 ist im Nordosten Amerikas sowie im Westen und Süden Europas als «Jahr ohne Sommer» bekannt geworden. Der ausserordentlich kalte und niederschlagsreiche Sommer 1816 ist auf den Ausbruch des Vulkans Tambora (Indonesien) im April 1815 zurückzuführen, da sich die in die Atmosphäre geschleuderte Asche wie ein Schleier um die Erde legte und zu einer Abkühlung des Weltklimas bis 1819 führte. Diese Temperaturveränderung führte zu Unwettern, schlechten Ernten und damit verbunden zu einem teilweise massiven Anstieg der Lebensmittelpreise und eigentlichen Hungersnöte.

Z. 23 *Sorck*: Bei dem Subskribenten handelt es sich womöglich um Heinrich Jochen Sork (*1792) oder Samuel Daniel Georg Sork (*1779). Beide arbeiteten um 1815 als Postsekretär in Minden (Nordrhein-Westfalen).

Z. 24 *Graff*: Der Ökonom Peter Graff aus Neuwied (Rheinland-Pfalz) konnte nicht näher bestimmt werden.

Z. 26 *Reck*: Johann Stephan Reck (1779–1854) aus dem thüringischen Suhl war von 1805 bis 1807 Lehrer am Knabenerziehungsinstitut von Pastor Karl Adolf Gottlob Schellenberg (1764–1835) in Neuwied (Rheinland-Pfalz), übernahm 1813 das Pfarramt der dortigen lutherischen Gemeinde und war von 1845 bis 1853 Superintendent der Wiedischen Lande. Er veröffentlichte 1825 eine umfassende Heimatgeschichte der Region, *Geschichte der gräflichen und fürstlichen Häuser Isenburg, Runkel und Wied*.

1848.
Preussisches Staatsministerium
20. Dezember 1817

Herrn Heinrich Pestalozzi
5 zu
Iferten in der
Schweitz am Neuschateller
See

Merseburg den 20. Dec[em]b[e]r 1817.

10 An
Herrn Heinrich Pestalozzi
in
Iferten.

Die unterzeichnete Regierung erkennt zu sehr die Verdienste an,
15 welche Sie Sich ein mühevolles und thatenreiches Leben hindurch um Wesen und Form der Erziehung mit gewiss dauerndem Erfolge erworben haben, als dass sie nicht gern zur Beförderung Ihrer Absichten auch durch Einsammlung von Subscribenten auf Ihre dem-

nächst herauszugebenden Werke hätte mitwirken sollen. Leider hat die noch bedrängnissvolle Zeit, und der Umstand, dass die Meisten schon in dem Besitze einzelner von Ihren Schriften sich befinden, es nach Verhältniss nur Wenigen verstattet, der von uns eröffneten Unterzeichnung beizutreten; indessen wir dürfen voraussetzen, dass Mehrere sich, auch ohne uns, unmittelbar diessfalls an Sie gewendet haben werden. Wir übersenden Ihnen daher das beiliegende Verzeichniss, mit dem Ersuchen, die darauf bemerkten Schriften direct an uns zu übersenden, und den Betrag der zu seiner Zeit dafür zu zahlenden Summe, wobei wir die von Ihnen verheissene Minderung des Preises zu Gunsten der Bedürftigeren Ihrem eignen Ermessen anheim stellen, nach einzureichender genauer Specification der einzelnen Posten von uns zu erwarten. Wir begleiten diess mit dem Wunsche, dass der Höchste den Abend Ihres Lebens heiter erhalten, und Sie dereinst mit der frohen Zuversicht scheiden lassen möge, welche in uns ist, dass Ihr Werk dauern werde, wenn auch sein Meister selbst es längst nicht mehr fördert.

Königlich Preussische Regierung
Münzer.   Weiss.

Verzeichniss
der Subscribenten auf
1.) Pestalozzi's sämmtliche Schriften:
1. Exemplar für das Soldaten-Knaben-Institut zu Annaburg.
1.   "   für die Schullehrer-Bibliothek der Ephorie Artern.
1.   "   "   "   "   "   Herzberg.
1.   "   "   "   "   "   Merseburg.
1.   "   "   die Bibliothek der Regierung zu Merseburg
1.   "   "   Herrn Superint[endent] M[agister] Camenz in Seyda.
1.   "   "   den königl[ich] Preuss[isc]hen wirklichen Geheimen Ober-Regierungs Rath Friese.
1.   "   "   Herrn Pastor K[arl] Burkhardt in Gross-Korbetha.
1.   "   "   Herrn M[agister] Hennicke, Dom-Diaconus in Merseburg
1.   "   "   Herrn Professor S[amuel] Weiss in Berlin.
1.   "   "   Herrn Regierungsrath Weiss in Merseburg.
2.) Einzelne Abtheilungen derselben:
1. Dritte Lieferung für Herrn Cand[idatus] min[isterii] H[einrich] Grüning in Triestewitz bei Torgau.
1. Darlegung der Erziehungs- und Unterrichts-Mittel etc. für Herrn Superint[endent] M[agister] Weise in Herzberg

1. Lienhardt und Gertrud, für den Cantor und Schullehrer Schulze in Dubro.
1. Christoph und Else, für den Schullehrer Leinich in Beyern.
1. Fabeln für den Schullehrer Berger in Züllsdorf.
1. Fabeln "   "   "   Richter in Madel.

Weiss

Überlieferung

1   ZB Zürich, Ms Pestal 56, Umschlag 420/1 (H1), Umschlag 420/1a (H2)
2   Bogen, 330 x 203 mm (H1), 327 x 203 mm (H2)
3   eigenhändige Unterschriften
4   Datum am Schluss, Siegel, Stempel MERSEBURG 27. DEC., Dorsualvermerk Merseburg, 20. Déc[emb]re 1817. Königl[iche] Preuss[isch]e Regierung. (H1)
5   Original

Textkritik

Zeuge H

Z. 4   *Heinrich Pestalozzi*: lateinische Schrift
Z. 6   *Iferten*: lateinische Schrift
Z. 8   *S e e* : lateinische Schrift
Z. 9   *Dec[em]b[e]r*: lateinische Schrift
Z. 11   *Heinrich Pestalozzi*: lateinische Schrift
Z. 13   *Iferten*: lateinische Schrift
Z. 38   *Verzeichniss*: lateinische Schrift
Z. 46   *M[agister] Camenz*: lateinische Schrift
Z. 48   *Friese*: lateinische Schrift
Z. 50   *M[agister] Hennicke*: lateinische Schrift
Z. 52   *S[amuel] Weiss*: lateinische Schrift
Z. 53   *Weiss*: lateinische Schrift
Z. 55 f.   *Cand[idatus] min[isterii] H[einrich] Grüning*: lateinische Schrift
Z. 58   *M[agister] Weise*: lateinische Schrift
Z. 59   *Cantor*: lateinische Schrift
Z. 59   *Schulze*: lateinische Schrift
Z. 61   *Leinich*: lateinische Schrift

Sacherklärung

I.

Preussisches Staatsministerium ⇒ Nr. 1048

III.

Z. 6   *Iferten*: dt. Name für Yverdon
Z. 19   *Werke*: Johann Heinrich Pestalozzi: Sämmtliche Schriften, 12 Bände. Stuttgart 1819–1824
Z. 25 f.   *Verzeichniss*: Z. 38–64
Z. 37   *Münzer*: Herr Münzer konnte nicht näher bestimmt werden.

Z. 37	*Weiss*: Christian Weiss (1774–1853) ⇒ Nr. 1651
Z. 41	*Institut*: Das Soldatenknaben-Institut wurde 1738 in der Infanteriekaserne in Dresden-Neustadt für 200 zumeist arme oder verwaiste Kinder von sächsischen Soldaten gegründet und sollte sie zum Militärdienst erziehen. Am 1. Oktober 1762 wurde das Institut nach Schloss Annaburg verlegt und vom sächsischen Staatsmann Friedrich August Graf von Zinzendorf (1733–1804) gefördert. Nach der Angliederung Annaburgs an Preussen 1815 wurde es auf das Rittergut Kleinstruppen verlegt und 1822 zur Soldatenknaben-Erziehungsanstalt Kleinstruppen in Verbindung mit einer Unteroffizierschule umgewandelt.
Z. 42	*Ephorie*: Kirchenbezirk
Z. 42	*Artern*: Artern/Unstrut (Sachsen-Anhalt)
Z. 43	*Herzberg*: Herzberg/Elster (Brandenburg)
Z. 46	*Camenz*: Karl Wilhelm Theophil Camenz (1769–1837) war zunächst bis 1807 Pfarrer in Oberau bei Meissen und anschliessend Superintendent in Seyda. Er trat vor allem als Autor von schulischen Gesangs- und Religionsbüchern hervor und verfasste das *Katechetische Handbuch oder: fassliche Darstellung der ganzen christlichen Religion und Moral für Lehrer der Jugend* und das *Lehrbuch der Glaubens- und Sitten-Lehre des Christentums: zum Gebrauch für Schulen* (1811).
Z. 46	*Seyda*: heute Teil von Jessen/Elster (Sachsen-Anhalt)
Z. 48	*Friese*: Karl Ferdinand Friese (1770–1837) war nach seinem Studium in Halle an der Saale und Königsberg von 1796 bis 1807 Mitarbeiter im Kriegs- und Domänenrat in Kwidzyn (Marienwerder, Pommern) sowie beim Generaldirektorium im Departement für Ost- und Westpreussen. Er galt als liberaler Reformer und als Verfasser wichtiger Reformentwürfe für Heinrich Friedrich Karl Freiherr vom Stein (1757–1831) und leitete als Staatsrat im Innenministerium 1808/09 die Reform der Gemeinde- und Polizeiverfassung, bevor er 1813 in die Zentralverwaltung der vormals besetzten preussischen Gebiete berufen wurde. Ab 1817 war er Staatssekretär im Staatsrat und Vorsitzender der Ober-Examinationskommission.
Z. 49	*Burkhardt*: Karl Friedrich Cölestin Burkhart (1785–1857) ⇒ Nr. 1428
Z. 49	*Gross-Korbetha*: heute Teil von Weissenfels (Sachsen-Anhalt)
Z. 50	*Hennicke*: Johann August Philipp Hennicke (1751–1828) ⇒ Nr. 1428
Z. 52	*Weiss*: Christian Samuel Weiss (1780–1856) ⇒ Nr. 946
Z. 55	*Dritte Lieferung*: Damit waren die Bände 9 bis 12 der ursprünglich auf 12 Bände angelegten Cotta-Ausgabe gemeint. Bis 1826 erschienen dann allerdings 15 Bände.
Z. 55 f.	*Grüning*: Friedrich Heinrich Grüning (1794–1867) unterrichtete nach seinem Theologiestudium in Leipzig 1817 als Hauslehrer der Familie des sächsischen Offiziers Hennig Ludwig Adolf von Stammer (1770–1823) auf Triestewitz und Camitz bei Torgau (Sachsen), amtierte 1819 für ein knappes Jahr als Rektor in Freyburg an der Unstrut (Sachsen-Anhalt) und wurde 1820 zunächst Diakon, 1830 dann Pfarrer bzw. Oberpfarrer in Kölleda (Thüringen), wo er bis zu seinem Tod lebte. Er verfasste 1835 *Die neue vervollständigte Chronik der Stadt Cölleda*.
Z. 56	*Triestewitz*: heute Teil von Arzberg (Sachsen)
Z. 56	*Torgau*: Stadt in Sachsen
Z. 57	*Darlegung*: In der Ankündigung der Cotta-Ausgabe vom März 1817 (*Pestalozzi ans Publikum*, PSW XXV, S. 41–45) hatte Pestalozzi für die

dritte Lieferung die «gedrängte und bestimmte Darlegung der Erziehungs- und Unterrichtsmittel, welche sich in meiner Anstalt als gut und ausführbar bewährt haben», angekündigt. Ein Band mit diesem Titel ist nicht erschienen, möglicherweise wurde diese Ankündigung mit den beiden Bänden 14 und 15 eingelöst (*Praktische Elementarübungen zur Zahl-, Form- und Grössenlehre*, 1826).

Z. 58 *Weise*: Wilhelm Christian Gottlob Weise (1757–1834) wurde nach seinem Studium in Leipzig Lehrer und Prediger in Annaburg (Sachsen-Anhalt), bevor er ab 1812 als Superintendent und Oberprediger in Herzberg (Brandenburg) amtierte. Er verfasste mehrere naturkundliche Bücher und die *Geschichte des kurf. sächs. Erziehungsinstituts für Soldatenknaben evangel. und kathol. Religion zu Annaberg* (1803).

Z. 59 *Lienhardt und Gertrud*: Johann Heinrich Pestalozzi: Sämmtliche Schriften, Band 1–4. Stuttgart 1819–1820

Z. 59 *Schulze*: Johann Christoph Schulze (*1756) aus Eichholz bei Dobrilugk (Brandenburg) war ab 1779 Lehrer in Gadegast (Sachsen-Anhalt) und ab 1790 in Dubro (Brandenburg), wo er auch als Kantor tätig war.

Z. 60 *Dubro*: heute Teil von Schönewalde (Brandenburg)

Z. 61 *Christoph und Else*: Johann Heinrich Pestalozzi: Sämmtliche Schriften, Band 12. Stuttgart 1824

Z. 61 *Leinich*: Gottl. Friedrich August Leinich (1797–1877) aus Herzberg wurde 1817 Lehrer in Altherzberg und 1820 Organist und Mädchenlehrer in Elsterwerda (alle Brandenburg) und amtierte von 1824 bis 1870 als Kirchschullehrer und Kantor im sächsischen Zehren (bei Meissen).

Z. 61 *Beyern*: heute Teil von Falkenberg/Elster (Brandenburg)

Z. 62 *Fabeln*: Johann Heinrich Pestalozzi: Sämmtliche Schriften, Band 10. Stuttgart 1823

Z. 62 *Berger*: Johann Gottfried Berger (†1826) arbeitete von 1794 bis 1823 als Schullehrer in Züllsdorf (heute Teil von Herzberg, Brandenburg), bis er aufgrund seines Alters nicht mehr in der Lage war, seinen Dienst zu versehen.

Z. 63 *Richter*: Der Lehrer Richter konnte nicht näher bestimmt werden.

Z. 63 *Madel*: heute Teil von Burg bei Magdeburg (Sachsen-Anhalt)

1849.
Johann (Hans) Heinrich (Ludwig) Isler
21. Dezember 1817

Herrn P e s t a l o z z j
Ritter des St. Vladimirsordens
u[nd] Vorsteher
der Erziehungsanstalt
in I f e r t e n
C[anton] W a a d t

fr[an]c[o]

Wädenschweil den 21ten 10bre

Lieber lieber Vater.

Schon längstens wäre mein einziges Begehren gewesen, nur auch wieder einige Stunden in Ihrer Mitte u[nd] an Ihrer Seite zu seyn um von Ihren vätterlichen Unterhaltungen ermuntert u[nd] belehrt zu werden, allein die Unmöglichkeit setzte demselben Schranken u[nd] meine Verhältnisse legten mir Beweise an den Tag dass es nicht seyn könne.

Nur das Bewusstseyn viele solche glücklichen ja die glücklichsten Stunden meines Lebens genossen zu haben, verbunden mit dem täglichen Streben mehr Kenntniss u[nd] Einsicht in Ihren Schriften zu erlangen, vermochten, mich auch an meinem Ort, im Kreise meiner lieben mir anvertrauten 30 Kinder glücklich zu machen. Die Natur scheint so wohl in phjsischer als in geistiger Hinsicht nichts an ihnen versäumt zu haben. Täglich besuchen sie meinen Unterricht 5 Stunden, u[nd] zwahr mit einem solchen Eifer dass die noch so zart gezogenen, dem Regen u[nd] Schnee trotzen, u[nd] lieber den ganzen [Ta]g nichts zu essen hätten, als dass sie nur eine einzige Stunde vom Unterricht versäumten oder denselben eine Viertelstunde zu spät besuchten. So leben diese Kleinen nicht nur mir sondern auch ihren Eltern zur Freude.

Schon lange wünschte ich Ihnen die seytwärts stehende Subscribtionen zu übersenden, allein, ich hoffte immer noch mehrere erhalten zu können, u[nd] glaube jezt noch dass es noch einige geben wird, welche, so bald ich sie besitze nachfolgen werden. Ihr hochachtender u[nd] dankbarer

Sohn Isler Lehrer

Subscribtionen
40 Die Lesegesellschaft in Wädenschweil   1 Exemplar
    Herrn P[aul] Ph[ilipp] Bruch Pfarrer dito   1   —
    "   Kantonsrath u[nd] Oberamtsschreiber Huber 1   —
        d[i]t[o]
    Herrn Heinrich Isler Lehrer älter, von Wädenschweil 1 —
45 "   Heinrich Hauser Handelsman dito   1   —
        J[aco]b Isler Lehrer jünger dito   1   —
    "   Kantonsrath Billeter von Mänedorf   1   —
    "   Heinrich Adam Bruch Pfarrer zu Steinselz, 1   —
        Kanton Weissenburg niederrheinischen
50   Departements
                                            Suma 8
                                            Isler Lehrer

Überlieferung

1   ZB Zürich, Ms Pestal 50, Umschlag 23/2
2   Bogen, 247 x 205 mm
3   leicht defekt
4   Datum am Schluss, Siegelspuren, Stempel *ZURICH 22. DEC. 1817*, Dorsualvermerk *Wädenschweil, den 24. Déc[emb]re Isler, Lehrer Isler*
5   Original

Textkritik

Zeuge H

Z. 5   *Vladimirsordens*: lateinische Schrift
Z. 10   *f r [a n] c [o]* : doppelt unterstrichen
Z. 11   *ᵗᵉⁿ* : doppelt unterstrichen
Z. 11   *ᵇ ʳ ᵉ* : doppelt unterstrichen
Z. 14   *zu seyn* ⌡
Z. 23   *lieben* <30> *mir*
Z. 24 f. *an* <I> *ihnen*
Z. 28   Ausriss
Z. 32 f. *Subscribtionen*: lateinische Schrift
Z. 38   *Subscribtionen*: lateinische Schrift
Z. 49   *Departements*: lateinische Schrift

Sacherklärung

I.

Johann (Hans) Heinrich (Ludwig) Isler (1793–1828), genannt der ältere, stammt aus Wädenswil (Kt. Zürich) und besucht von 1811 bis 1813 das pestalozzische Institut in Yverdon. Nach seiner Rückkehr erhält er vom Erziehungsrat des Kantons Zürich die Erlaubnis, in Thalwil als Privatlehrer tätig zu sein. 1816 unterrichtet er dort etwa 21 Kinder in Schönschreiben, Rechnen, Französisch und Italienisch und wird ein Jahr später Vorsteher und Lehrer an einem Privatinstitut in Wädenswil. Ab 1819 führt er zusammen mit seinen Brüdern Hans Jakob Isler (1792-1874) und Hans Jakob Isler (1795-1854, ⇒ Z. 45) sowie mit Johann Heinrich Bruch (1801-1855, ⇒ Nr. 2069) in Glarus eine Privatschule.

III.

Z. 8 *Iferten*: dt. Name für Yverdon
Z. 39 *Lesegesellschaft*: Die Lesegesellschaft Wädenswil wurde am 10. Oktober 1790 gegründet. Sie war in erster Linie als Bücher-Einkaufsgenossenschaft konzipiert, wobei der Lesestoff frei von jeglicher behördlichen und pfarrherrlichen Bevormundung beschafft werden sollte. Mitglieder hatten sich einzukaufen und monatlich einen festgelegten Betrag zu bezahlen. Seit 1844 wurden auch Veranstaltungen organisiert, die zuerst in Form von Mitgliedervorträgen, ab den 1870er-Jahren auch von auswärtigen Referenten bestritten wurden.
Z. 39 *Wädenschweil*: Wädenswil (Kt. Zürich)
Z. 40 *Bruch*: Paul Philipp Bruch (1767-1818) ⇒ Nr. 940
Z. 41 *Huber*: Hans/Johann Jakob Huber (1752-1835) aus Wädenswil (Kt. Zürich) war ebenda als Geschworener (ab 1786), Landschreiber (1798-1830), Notar sowie als Grossrat (1803-1830) tätig und Mitglied der Lesegesellschaft Wädenswil (⇒ Z. 39).
Z. 43 *Isler*: Johann (Hans) Heinrich (Ludwig) Isler (1793-1828) ⇒ Sacherklärung I.
Z. 44 *Hauser*: Heinrich Hauser konnte nicht näher bestimmt werden, da der Name in Wädenswil sehr verbreitet war.
Z. 45 *Isler*: Hans Jakob Isler (1795-1854) aus Wädenswil (Kt. Zürich) war von 1815 bis 1818 Lehrer am pestalozzischen Institut in Yverdon. 1819 zog er nach Glarus, wo er mit seinen Brüdern Johann (Hans) Heinrich (Ludwig) Isler (1793-1828, ⇒ Sacherklärung I.) und Jakob Isler (1792-1874) sowie mit Johann Heinrich Bruch (1801-1855, ⇒ Nr. 2069) eine Privatschule eröffnete, die bis 1826 exisitierte und die 1829 nach Lausanne verlegt wurde. Das neue Institut, das 1835 nach La Solitude bei Lausanne zog, richtete sich an Schüler, die sich auf Industrie- und Wissenschaftskarrieren vorbereiten wollten.
Z. 46 *Billeter*: Johann Caspar Billeter (1765-1844) von Stäfa übernahm 1794 als Kanzleisubstitut die Landschreiberstelle in Horgen (beide Kt. Zürich). Nachdem er schon bald in die Auseinandersetzungen zwischen der Zürcher Landbevölkerung und der städtischen Obrigkeit (⇒ Nr. 444) involviert worden war, floh er 1795 zuerst nach Graubünden, später dann nach Frankreich. Nach erlassener Amnestie kehrte er zu Beginn der Helvetik in die Heimat zurück und politisierte von 1798 bis 1800 als Mitglied des helvetischen Senats. In der nachhelvetischen Zeit amtete Billeter 1806 bis 1812 als Prokurator in kantonalen Rechtsangelegenheiten und 1813 bis 1842 als Kantonsfürsprech.
Z. 46 *Mänedorf*: Männedorf (Kt. Zürich)
Z. 47 *Bruch*: Johann Heinrich Adam Bruch (1768-1843), Sohn eines Buchbinders aus Bergzabern (Rheinland-Pfalz), besuchte das Gymnasium in Zweibrücken und war dann in Marburg und Heidelberg immatrikuliert (1789). Anschliessend amtete er als Vikar im elsässischen Hunspach (1792-1793), kehrte als Pfarrer in Alsenbrück (1793-1805) und Pirmasens (1805-1808) nach Rheinland-Pfalz zurück, bevor er wieder ins Elsass, nach Steinseltz (1808-1843) zog.
Z. 48 *Weissenburg*: Wissembourg (Elsass)

1850.
Friedrich Wilhelm Lindner
25. Dezember 1817

An
Heinrich Pestalozzi
Hochw[ohlgebor]en
in
Iferten
b[ei]
Lausanne

Leipzig am Xsttage 1817.

Subscribenten auf Pestalozzis Werke.

Herr Professor G e n s i c h o n in Kiel	2. Exemplare
Herr M[agister] R ö s l e r. Director der Gersdorfschen Anstalt zu Görlitz	1. Exemplar
Herr Director G e d i k e in Leipzig	1. Exemplar
Herr M[agister] Veikardt, Vesperprediger u[nd] Collabor[ant] a[n] d[er] Bürgerschule	1. Exemplar
Herr Professor L i n d n e r in Leipzig.	<u>1. Exemplar</u>
	6. Exemplare

Ehrwürdiger Mann!

Hier erhalten Sie die von mir gesammelten Subscribenten; möge der Herr geben, dass Ihr Werk ein ächter heiliger Xst für die Menschheit werde, dann wird es den Armen nicht an Sättigung mangeln. Alle Kräfte des Menschen können u[nd] dürfen frey sich gestalten, aber nur in S e i n e m Dienste. Jede Individualität lebe u[nd] wirke i n X s t o geheiligt frey in Gott, u[nd] das Reich Gottes wird dann mehr geachtet, als die Zugabe, die man bis jezt überschäzte. Mit inniger Liebe unterzeichnet

Ihr
treu ergebener L i n d n e r

Überlieferung

1 ZB Zürich, Ms Pestal 52/53, Umschlag 194/1
2 Blatt, 241 x 192 mm
4 Datum am Schluss, Siegelspuren, Stempel *LEIPZIG AUSLAND*, Dorsualvermerk *Leipzig, d[en] 25. Déc[emb]re 1817. Lindner.*
5 Original

Textkritik

Zeuge H	
Z. 8	*Iferten*: lateinische Schrift
Z. 10	*Lausanne*: lateinische Schrift
Z. 18	*Collabor[ant]*: lateinische Schrift

Sacherklärung

I.

Friedrich Wilhelm Lindner (1779–1864) ⇒ Nr. 815

II.

Friedrich Wilhelm Lindner (1779–1864, ⇒ Nr. 815), Mitglied der von Pestalozzi mitgegründeten *Schweizerischen Gesellschaft für Erziehung* (⇒ Nr. 1012), hatte mit Pestalozzi schon im Jahr 1806 Kontakt aufgenommen, möglicherweise im Zusammenhang mit seiner Aufnahme in die Gesellschaft deutscher Armenfreunde (⇒ Nr. 815).

III.

Z. 8   *Iferten*: dt. Name für Yverdon

Z. 13   *Gensichon*: Professor Gensichon konnte nicht näher bestimmt werden. Möglicherweise wurde der Name aber auch falsch notiert.

Z. 14   *Rösler*: Heinrich Rösler (*1780), Magister und Schulleiter aus Mittelherwigsdorf, studierte Jura und war seit 1802 Bürger von Görlitz (beide Sachsen), später Lehrer und Direktor der Gersdorffschen Mädchen-Fortbildungsanstalt (⇒ Z. 15) in Görlitz.

Z. 15   *Anstalt*: Die Anstalt unter dem Namen *Gersdorffsches Frauenzimmer-Institut* wurde 1781 nach mehrjähriger Planung als höhere Mädchenschule in Görlitz (Sachsen) eröffnet. Als Namensgeberin stand die vermögende Landesälteste Christiane Louise von Gersdorf-von Hohberg (1721–1779) Pate, welche in ihrem Testament den Bau einer Mädchenschule verfügt hatte. Unter diesem Namen existierte die Erziehungsinstitution rund hundert Jahre, mit Umzügen und Namenswechseln besteht sie als Joliot-Curie-Gymnasium bis heute in Görlitz.

Z. 16   *Gedike*: Ludwig Friedrich Gottlob Ernst Gedike (1760–1838) war Schüler des Schindlerschen Waisenhauses in Berlin, studierte nach dem Besuch des Gymnasiums 1780 Theologie und Pädagogik in Halle, erhielt 1782 eine erste Lehrerstelle, wurde 1791 zum Direktor des Gymnasiums in Bautzen ernannt und war zwischen 1804 und 1832 Generaldirektor der Leipziger Bürgerschule. Gedike trat wiederholt publizistisch in Erscheinung und äusserte sich unter anderem kritisch zu Pestalozzi, 1822 besuchte er die Mädchenschule (⇒ Nr. 867) in Yverdon.

Z. 17   *Veikardt*: Es konnte kein Prediger Veikardt ausgemacht werden, der 1817 an der Bürgerschule in Leipzig (⇒ Z. 18) arbeitete. Möglicherweise handelt es sich bei dem Gesuchten jedoch um Magister Christian Gottfried Klinkhardt (1783–1848). Dieser wurde als Sohn eines Schreibers in Zwickau geboren. Während seiner Laufbahn als Geistlicher der evangelischen Kirche stieg er in Leipzig vom Katechet (ab 1805) zum Sonnabendprediger (ab 1808) und Pfarrer (ab 1810 in Dewitz bei Leipzig),

Z. 18 *Bürgerschule*: Die Bürgerschule zu Leipzig wurde 1795 von Vertretern des bemittelten Bürgerstands angeregt und 1804 eröffnet. Knaben und Mädchen verschiedener Stände sollten in der Leipziger Bürgerschule zu guten Christen, gehorsamen Bürgern und ihrem Stand gemäss brauchbaren Menschen gebildet werden. Zu diesem Zweck erhielten sie unter anderem Unterricht in alten und neuen Sprachen, Realien sowie Religion.

1851.
Karl Ludwig Nonne
25. Dezember 1817

Hildburghausen, am 25. Dec[ember] 1817.

Geht es, wie ich wünsche und hoffe, so kommt dieser Brief noch vor dem 12. Januar nach Iferten, und sagt Ihnen, innigst Verehrter, welchen herzlichen Antheil auch ich an dem frohen Tage nehme, an dem so Viele mit Ihnen u[nd] über Sie sich freuen. Wie tröstend u[nd] erhebend muss es für Sie seyn, zu wissen, dass nah u[nd] fern so Viele an diesem Tage dankbar u[nd] ehrend Ihrer gedenken – eine frohe Bürgschaft, dass Sie in u[nd] durch Andere fortwirken u[nd] fortleben. Das darf ich Ihnen auch von meinem näheren Kreise versichern: wir feiern den Tag Ihrer Geburt, weil wir dankend erkennen, was wir u[nd] Tausende Ihnen schuldig sind; ich weiss, dass Sie, wenn auch nicht mehr Ihr Name einst, doch S i e in meinen Umgebungen auch ohne mich fortleben werden. Und das ist für mich eben so erfreulich, als für Sie, weil ich dadurch weiss, dass auch ich hier nicht umsonst gestanden habe. Mir dünkt, solche Aussichten, solche Gewissheit muss Sie selbst über vorübergehender Stürme in Ihren Umgebungen beruhigen; Ihr Daseyn, Ihr Fortwirken ist ja gesichert, wenn auch das Nächste um Sie zusammenfiele, u[nd] das wird es nicht.

Könnte ich nur eine Stunde bei Ihnen seyn, um zu sehen, was aus dem unruhigen Treiben, in dem ich Sie fand, als ich zuletzt bei Ihnen war, geworden ist. Tausend widersprechende Gerüchte durchkreuzen sich in dem deutschen Publikum u[nd] den deutschen Blättern, u[nd] es wäre gut, wenn manchen widersprochen würde. Geben Sie mir Gelegenheit. Besonders gehen so viele Nachrichten von Hofwyl u[nd] von Ihrer angeblichen Vereinigung mit Fellenberg umher. Herrr Schmid schreibt mir zwar in seinem Briefe Einiges davon, u[nd] dass brave neue Lehrer angekommen seyen, aber sehr unbestimmt.

Ein Verzeichniss von Subscribenten auf Ihre Werke lege ich bei. Ich habe Ihre letzte Erklärung besonders in Sachsen, weil mir H[err] Schmid sagte, dass daher am wenigsten Subscribenten da seyen, verbreitet, aber ich fürchte, was ich schon in Iferten sagte, dass der Termin, bis zum 12. Jan[uar] zu kurz war, nicht sowohl zur Subscription auf die sämmtl[ichen] Werke, als auf die einzelnen Bände. Nirgends weiss u[nd] wusste man, dass auch auf einzelne Theile subscribirt werden könne, ich bin aber überzeugt, dass noch in vielen Ländern auf Lienhard u[n]d Gertrud, auf die verbesserten Elementarbücher, auf: Wie Gertrud etc. etc. wäre für Schulen u[nd] Gemeinden subscribirt worden, während man Bedenken trug, für diese auch die übrigen Schriften anzuschaffen. Ist das nun vorüber? wo nicht, so erbiete ich mich, es in Deutschland, besonders dem mittlern u[nd] nördlichen, schnell zu verbreiten. Der Schluss von H[errn] Schmids Brief lässt mich glauben, dass das noch möglich ist.

Auf meiner Reise, von der ich später, als ich wollte, nach Hause gekommen bin, habe ich manche frohe, mehr traurige Erfahrungen in pädagogischer Hinsicht gemacht. Wie viel ist noch in der Schweiz u[nd] in Deutschland zu thun! Ich habe noch ganze Länder gefunden, wo für die Bildung der Lehrer gar nicht gesorgt ist, u[nd] Seminarien, die besser gar nicht vorhanden wären. Es ist recht nothwendig, die Regierungen zu mahnen, für die Lehrerschulen mehr u[nd] Besseres zu thun.

Herrn Schmid grüsse ich herzlich, Ihnen aber wiederhole ich den Wunsch, den Tausende mit mir hegen, dass Erinnerung, – Freundschaft u[nd] Hoffnung den Abend Ihres segenreichen Lebens erheitern mögen!
Mit inniger Liebe und Verehrung

der Ihrige
Dr. Nonne

Auf die sämmtl[ichen] Werke subscribiren:

Die Geschäftsbibliothek der Herzogl[ichen] Landesregierung	1 Ex[emplar]
Die pädagogische Bibliothek	1 —
H[err] Geheimerath Wagner	1 —
H[err] Regierungsrath u[nd] Kammerherr von Uttenhoven	1 —
— Landschaftssyndikus Fischer	1 —
Schulrath Dr. Nonne	1 —

Auf Lienhard u[nd] Gertrud allein:

Schulrath Dr. Nonne	30 Ex[emplare]

Überlieferung

1 ZB Zürich, Ms Pestal 53/54, Umschlag 266/1
2 Bogen, 252 x 208 mm
4 Dorsualvermerk *Hildburghausen, 25. Déc[emb]re 1817, Dr. Nonne.*
5 Original

Textkritik

Zeuge H

Z. 10   *so Viele* ∫

Sacherklärung

I.

Karl Ludwig Nonne (1785–1854) kommt in Hildburghausen (Thüringen) zur Welt, absolviert in Jena ein Theologie- und Philologiestudium und wird 1808, zurück in seiner Vaterstadt, in der er 1807 ein Unterrichtsinstitut gegründet hat, zum Schulrat ernannt. Im Auftrag von Friedrich Herzog von Sachsen-Hildburghausen, ab 1826 Herzog von Sachsen-Altenburg (1763–1834) reist er 1809 nach Yverdon, um sich mit der pestalozzischen Methode vertraut zu machen, die er fortan in seine auf das Schulwesen bezogene Tätigkeit einfliessen lässt: Nonne steht von 1810 bis 1835 dem Hildburghausener Lehrerseminar vor, wirkt bis 1838 als Vorsteher des gesamten Unterrichtswesens des Herzogtums und erlangt so in Südthüringen den Ruf eines bedeutenden Schulreformers. Daneben ist er als Hofprediger (ab 1819), Oberpfarrer und Generalsuperintendent (1833–1854) auch theologisch tätig und tritt überdies als Gründer und Leiter der gesellschaftskritischen *Dorfzeitung* massenwirksam in Erscheinung.

III.

Z. 4   *Hildburghausen*: Stadt in Thüringen
Z. 6   *Iferten*: dt. Name für Yverdon
Z. 25   *Ihnen war*: Im Sommer 1817 war Karl Ludwig Nonne (1785–1854, ⇒ Sacherklärung I.) mit Herzogin Charlotte von Hildburghausen (1787–1847) nach Hofwyl und von dort aus auch nach Yverdon gereist, wo er «alles verändert» und die Anstalt voller «Zerwürfnisse» vorfand. In der Absicht, Frieden zu stiften, besuchte er daraufhin den in Bullet weilenden Pestalozzi und versuchte dort vergeblich, «das gute Verhältniss mit Niederer» wiederherzustellen (vgl. Karl Ludwig Nonne: Die Säcular-Geburtstagsfeier am 12. Januar 1846 zu Hildburghausen. Hildburghausen 1846).
Z. 29   *Vereinigung*: PSB X, Nr. 4795
Z. 29   *Fellenberg*: Philipp Emanuel von Fellenberg (1771–1844) ⇒ Nr. 426
Z. 30   *Schmid*: Joseph Schmid (1785–1851) ⇒ Nr. 712
Z. 30   *Briefe*: scheint nicht erhalten zu sein
Z. 33   *Verzeichniss*: Z. 63–73
Z. 33   *Werke*: Johann Heinrich Pestalozzi: Sämmtliche Schriften, 12 Bände. Stuttgart 1819–1824
Z. 34   *Erklärung*: Damit dürfte wohl die Ankündigung der Verlängerung der Subskription bis zum 12. Januar 1818 gemeint gewesen sein, die im August 1817 veröffentlicht worden war (PSW XXV, S. 87–93).
Z. 41   *Lienhard u[n]d Gertrud*: Johann Heinrich Pestalozzi: Sämmtliche Schriften, Band 1–4. Stuttgart 1819–1820

Z. 41 f. *Elementarbücher*: Damit dürfte wohl die in der Ankündigung der Cotta-Ausgabe vom März 1817 (*Pestalozzi ans Publikum*, PSW XXV, S. 41–45) angekündigte «gedrängte und bestimmte Darlegung der Erziehungs- und Unterrichtsmittel, welche sich in meiner Anstalt als gut und ausführbar bewährt haben», gemeint gewesen sein, die dann in Band 14 und 15 erscheinen sollten.

Z. 42 *Wie Gertrud*: Johann Heinrich Pestalozzi: Sämmtliche Schriften, Band 5. Stuttgart 1820

Z. 65 *Landesregierung*: Die Staatsverwaltung des Herzogtums Sachsen-Hildburghausen bestand aus einem Geheimen Rat unter Vorsitz des Herzogs – zur fraglichen Zeit Herzog Friedrich von Sachsen-Altenburg (1763–1834) – sowie einer diesem untergeordneten Landesregierung. Dieses Kollegium, das alle Zweige des öffentlichen Dienstes umfasste und alle zugehörigen Angelegenheiten leitete, war in folgende sechs Deputationen gegliedert: Justiz, Finanzen, Militär, Kirchen und Schulen, Polizei, Bauwesen.

Z. 67 *Wagner*: Johann Christian Wagner (1747–1825) aus Pössneck (Thüringen) war nach einem in Saale und Leipzig absolvierten Studium zunächst als Hofadvokat tätig und übernahm danach verschiedene Posten in der Hildburghäusischen Verwaltung und Regierung: Wagner war sukzessive herzoglich Hildburghäusischer Amtmann in Heldburg (ab 1774), Regierungs- und Konsistorialrat in Hildburghausen (ab 1799), geheimer Regierungsrat (ab 1801) und erster Vizepräsident der herzoglichen Landesregierung (ab 1817).

Z. 69 *Uttenhoven*: Anton Carl August von Uttenhoven (1790–1828) aus Meiningen besuchte von 1808 bis 1810 die Forstakademie in Dreissigacker (beides Thüringen) und wurde zum Hof- und Jagdjunker ernannt, bevor er 1821 Herzoglich-Meiningscher Kammerherr und 1827 Departementschef des mittelländischen Meiningschen Forstdepartementes wurde.

Z. 70 *Landschaftssyndikus*: Rechtsberater der verschiedenen Stände

Z. 70 *Fischer*: Laurenz Hannibal Fischer (1784–1868) aus Hildburghausen war nach dem Rechtsstudium in Göttingen in seiner Vaterstadt als Anwalt (ab 1805) und Landschaftssyndikus (ab 1811) tätig, stand später in fürstlich Leningenschen (ab 1825) respektive Oldenburgischen (ab 1831) Diensten, amtierte bis 1848 als Regierungspräsident in Birkenfeld an der Nahe und wurde zuletzt, 1853, Kabinettsminister im Fürstentum Lippe, wo er sich wie zuvor schon andernorts als reaktionärer kleinstaatlicher Monarchist rasch unbeliebt machte.

1852.
Königliches Konsistorium zu Köln
26. Dezember 1817

An
den Direktor einer Erziehungs Anstalt
Herrn Pestalozzi
Wohlgeboren
in
Yverdun.
Citissime

H[ohes] Konsist[orium] S[chreiben]
K.C. 5876.

Köln den 26ten Dezember 1817.

An
den Direktor einer Erziehungsanstalt
Herrn Pestalozzi
Wohlgeboren
in
Yverdun. Citissime
K.C. 5876.

Mit Bezug auf Euer Wohlgeboren Bekanntmachung vom März d[ieses] J[ahres] übersenden wir Ihnen in der Hoffnung, dass alle übrigen Subscriptionen, die auf jene Veranlassung in unsrer Provinz gesammelt sein möchten, auf direktem Wege oder durch die benachbarten Buchhandlungen Ihnen zugegangen sein werden, noch eine nachträgliche Subscriptionsliste auf die neue Ausgabe Ihrer Werke, mit dem Ersuchen, in Hinsicht der darin in unserm Namen verlangten 30 Exemplare, welche zur Vertheilung an Schullehrer bestimmt sind, uns die Vortheile zukommen lassen zu wollen, welche Euer Wohlgeboren in Ihrer Bekanntmachung für diesen Zweck zugesichert haben.

Das Königliche Konsistorium
F[riedri]ch z[u] Sol[m]s L[aub]ach   A[ugust] Grashof

Köln den 26ten Dez[em]b[e]r 1817.
Verzeichniss der Subscribenten auf die
neue Ausgabe von Pestalozzi's Werken:
1. S[ein]e Excellenz der Herr Oberpräsident   1 Ex[em]p[lar]
   Graf zu Solms Laubach
2. Das Königliche Konsistorium zu Cöln   30   "
3. Der Konsistorial- und Schulrath Grashof daselbst   1   "
4. Der Papierfabrikant Ludw[ig] Fues in Gladbach   1   "

Überlieferung

1 ZB Zürich, Ms Pestal 56, Umschlag 419/1 (H1), Umschlag 419/1a (H2)
2 Bogen, 330 x 201 mm (H1 + H2)
3 eigenhändige Unterschriften
4 Datum am Schluss, Siegel, Stempel KÖLN 29. DEC., Dorsualvermerk Kölln, den 26. Déc[emb]re 1817. Königl[iches] Consistorium. (H1)
5 Original

Textkritik

Zeuge H

Z. 6   *Pestalozzi*: lateinische Schrift
Z. 9   *Y v e r d u n* : lateinische Schrift
Z. 10   *C i t i s s i m e* : lateinische Schrift
Z. 16   *Pestalozzi*: lateinische Schrift
Z. 19–20 *Y v e r d u n ... K . C .* : lateinische Schrift
Z. 38   *Solms Laubach*: lateinische Schrift
Z. 39   *Cöln*: lateinische Schrift
Z. 40   *Grashof*: lateinische Schrift
Z. 41   *Ludw[ig] Fues*: lateinische Schrift
Z. 41   *Gladbach*: lateinische Schrift

Sacherklärung

I.

Für die Verwaltung der zu einer Kirchenprovinz der preussischen Landeskirche zusammengeschlossenen Rheinländer wird 1814 provisorisch ein Konsistorium in Düsseldorf eingerichtet. 1815 wird die Verwaltungsstruktur der Aufteilung des Rheingebiets in zwei neu geschaffene Provinzen angepasst und dementsprechend zwei Konsistorien eingerichtet – eines in Koblenz für die Provinz Niederrhein, eines für die Provinz Jülich-Kleve-Burg, vorerst mit Sitz in Düsseldorf, 1816 folgt die Versetzung nach Köln. 1826, vier Jahre nach dem Zusammenschluss der beiden Provinzen zur Rheinprovinz, wird das Konsistorium Köln aufgehoben und das Konsistorium in Koblenz zum alleinigen kirchlichen Behördensitz und Dienstsitz des Generalsuperintendenten erklärt.

III.

Z. 10   *C i t i s s i m e* : sehr eilig (lat.)

Z. 21 *Bekanntmachung*: Scheint nicht erhalten zu sein. Im Landesarchiv Nordrhein-Westfalen (BR 0003, Konsistorium Köln, Aktennummer 280) finden sich jedoch mehrere Hinweise, dass ein solches Schreiben vorgelegen haben muss.

Z. 27 *Werke*: Johann Heinrich Pestalozzi: Sämmtliche Schriften, 12 Bände. Stuttgart 1819–1824

Z. 33 *Sol[m]s L[aub]ach*: Graf Friedrich Ludwig Christian zu Solms-Laubach (1769–1822) war nach dem Studium der Rechtswissenschaften in Giessen beim Reichskammergericht in Wetzlar (Hessen) angestellt und wurde 1791 zum Reichshofrat in Wien ernannt. 1797 verliess er diese Stelle, um sich um seine verschuldeten Besitzungen zu kümmern. 1816 folgte seine Ernennung zum Oberpräsidenten der Provinz Jülich-Cleve-Berg und 1820 wurde er Mitglied der Ersten Kammer der Landstände des Grossherzogtums Hessen.

Z. 33 *Grashof*: Karl Friedrich August Grashof (1770–1841), geboren in Gross-Germersleben bei Magdeburg (Sachsen-Anhalt), studierte von 1789 bis 1792 Theologie in Halle und erhielt 1794 eine Lehrerstelle am Pädagogium der Realschule in Berlin. 1798 wurde er als Konrektor an das Lyzeum Prenzlau (Brandenburg) gewählt, wo er 1810 zum Rektor aufstieg. Während der Befreiungskriege trat Grashof 1813 ins preussische Heer ein, wurde 1814 im neu gebildeten Generalgouvernement in Aachen als provisorischer Direktor des öffentlichen Unterrichts eingestellt und 1816 als Konsistorial- und Schulrat an das neu errichtete Konsistorium in Köln (⇒ Sacherklärung I.) versetzt, wo er ab 1820 zudem Leiter des Carmeliten-Collegiums war, das fünf Jahre später zu einem Gymnasium erhoben wurde. Grashof veröffentlichte 1839 *Aus meinem Leben und Wirken, zugleich als Beitrag zur Geschichte der Rheinprovinz in Hinsicht auf Kirche und Schule*.

Z. 41 *Fues*: Ludwig Wilhelm Fues (1785–1817) war seit 1814 mit Anna Johanna Hoesch (1795–1884) verheiratet und wie schon sein Vater als Papierfabrikant in Bergisch Gladbach tätig.

1853.
Haude & Spener

27. Dezember 1817

Herrn Heinr[ich] Pestalozzi
in
Iferten.

Berlin d[en] 27 Xbr 1817

Herrn H[einrich] Pestalozzi: Yverdun
Als Einlage erhalten Sie hirbey das Verzeichniss der Pränumeranten auf Ihre sämmtlichen Werke, die sich bei uns gemeldet haben. Wir würden Ihnen den Betrag dafür sogleich mitgesandt haben, aber es ist uns nicht bekannt, wie viel wir als Buchhändler für das Exemplar zu zahlen haben. Wir bitten dies zu melden, u[n]d zugleich, ob wir

den Betrag an die Cotta'sche Buchh[and]lung zahlen können, oder ob Sie auf uns hier anweisen wollen. Das Letztere wäre uns wohl das liebste, wenn es sich thun lässt.

Hochachtend verharren
Haude Spener

Überlieferung

1 ZB Zürich, Ms Pestal 51/52, Umschlag 121/1
2 Blatt, 200 x 271 mm
4 Stempel STUTTGART 2 JAN Dorsualvermerk *Berlin, d[en] 27 Déc[emb]re 1817 Haude & Spener.*
5 Original

Textkritik

Zeuge H
Z. 4   *Heinr[ich] Pestalozzi*: lateinische Schrift
Z. 6   *Iferten*: lateinische Schrift
Z. 8   *Pestalozzi: Yverdun*: lateinische Schrift
Z. 13 bitten <uns> dies
Z. 14 *Cotta*: lateinische Schrift
Z. 18 *Haude Spener*: lateinische Schrift

Sacherklärung

I.

Haude & Spener ⇒ Nr. 1513 a

III.

Z. 6   *Iferten*: dt. Name für Yverdon
Z. 9   *Verzeichniss*: scheint nicht erhalten zu sein
Z. 10 *Werke*: Johann Heinrich Pestalozzi: Sämmtliche Schriften, 12 Bände. Stuttgart 1819–1824
Z. 14 *Buchh[and]lung*: J. G. Cottasche Buchhandlung ⇒ Nr. 1455 b

1854.
Christian Heinrich Schumacher
27. Dezember 1817

S[eine]r Wohlgeboren
d[em] Herren
Pestalozzi
in
Iferten in der Schweiz.

Düsseldorf d[en] 27. Decemb[er] 1817.

Werther Herr Pestalozzi.
Es haben sich bei mir zur Subscription Ihrer Werke noch folgende Herren gemeldet:
1.) Herr Wilhelm Fohrer, Geometer in Düsseldorf.
2.) Doctor Jaeger Regimentschirurgius beim zweiten Düsseldorfer Landwehr Regiment in Neus bei Düsseldorf.

Ausser genannten Subscribenten haben sich noch einige gemeldet, die aber einstweilen in Ungewissheit mit Ihrer Casse waren, vielleicht können und werden sie mir in einigen Tagen bestimmt zusagen. Es wird überhaupt gut sein, wenn Sie, lieber Herr Pestalozzi mehrere Exemplare für sich nehmen, damit nach dem 12ten Jannuar auch noch jemand damit versorgt werden könne.

Mein Freund Fallenstein wird Ihnen vor einiger Zeit die uebrigen Subscribenten aus dieser Gegend zugeschickt haben. Es sind deren im Ganzen mehr als ich Anfangs vermuthete und so wird es hoffentlich wohl in den mehrsten Gegenden gegangen sein. Gott segne Ihre Unternehmung!

Ist es denn wahr, was man in den Zeitungen liest, nämlich dass Sie sich mit Fellenberg verbunden und Iferten verlassen haben? – Bevor d i e s e s in den Zeitungen stand, kam ein Alarm: Pestalozzi hat sich mit seinen Lehrern, wegen geistiger Verhältnisse, entzweit, seine Anstalt hört auf u.s.w. u.s.w. – Alles, was dagegen vorgebracht wurde fand wenig Gehör; jetzt ist man aber wieder eines Bessern belehrt; denn beinahe jeder glaubt an die Vereinigung mit Fellenberg. Gott wolle Sie noch lange erhalten, und gesund ins neue Jahr treten lassen, damit das neu Begonnene oder noch zu Beginnende desto fester und tüchtiger begründet werde! Immer glaube ich, Sie und Ihre Anstalt noch einmal sehen zu können; es fehlt aber an Zeit und auch oft an dem dazu nöthigen Gelde. Einen herzlichen Gruss von Ihrem

Sie
ehrenden
C[hristian] H[einrich] Schumacher.

P.S. Auch Herrn Schmid, Herrn Niederer und H[errn] Krüsi wünsche ich ein glückliches Jahr mit der Bitte begleitet mir einmal zu schreiben.

Überlieferung

1 ZB Zürich, Ms Pestal 55, Umschlag 345/2
2 Bogen, 247 x 202 mm
3 leicht defekt
4 Siegelspuren, Stempel DÜSSELDORF 27. DEC, Dorsualvermerk Düsseldorf, d[en] 27. Merz 1817. C[hristian] H[einrich] Schumacher.
5 Original

Textkritik

Zeuge H
Z. 17   aber < zuvor > einstweilen
Z. 34 f. und ... lassen ⌡
Z. 43   wünsch < t > e

Sacherklärung

I.

Christian Heinrich Schumacher ⇒ Nr. 1741

II.

Christian Heinrich Schumacher (⇒ Nr. 1741) hatte zusammen mit Georg Friedrich Fallenstein (1790–1853, ⇒ Nr. 1787) Subskribenten gesammelt. Dieser hatte am 7. Oktober 1817 (⇒ Nr. 1787) schon eine Liste mit zwanzig Namen eingeschickt.

III.

Z. 8   Iferten: dt. Name für Yverdon
Z. 13   Fohrer: Der Geometer Wilhelm Fohrer aus Düsseldorf konnte nicht näher bestimmt werden.
Z. 14   Jaeger: Hermann Joseph Jäger (1792–1848) aus Uerdingen (heute Teil von Krefeld) war ab 1815 Regimentsarzt und Chirurg in Neuss, wurde 1820 Kreisphysikus und Regimentsarzt in Grevenbroich (alle Nordrhein-Westfalen) und 1844 Sanitätsrat.
Z. 22   Fallenstein: Georg Friedrich Fallenstein (1790–1853) ⇒ Nr. 1787
Z. 23   zugeschickt: ⇒ Nr. 1787
Z. 28   Fellenberg: Philipp Emanuel von Fellenberg (1771–1844) ⇒ Nr. 426
Z. 43   Schmid: Joseph Schmid (1785–1851) ⇒ Nr. 712
Z. 43   Niederer: Johannes Niederer (1779–1843) ⇒ Nr. 507
Z. 43   Krüsi: Hermann Krüsi (1775–1844) ⇒ Nr. 588

1855.
Königlich preussisches Konsistorium
27. Dezember 1817

An
H[errn] Heinrich Pestalozzi
Wohlgeb[or]en
zu
Yverdun
in der Schweiz

h[ohe] Schul S[ektion]
cito

Münster 27. Dec[em]b[e]r 1817

Nachträglich zu unserm Schreiben vom 7. Nov[em]b[e]r dieses Jahres ersuchen wir Euer Wohlgebohren, statt der darin bemerkten sechs Exemplare der angekündigten neuen Ausgabe Ihrer Schriften, uns deren N e u n auf dem angezeigten Wege zukommen zu lassen und uns mit dieser Zahl unter die Subscribenten aufzunehmen.

Königl[ich] Preuss[isches] Consistorium
Natorp, Scheffer[-]Boichorst, Overberg.

Überlieferung

1 ZB Zürich, Ms Pestal 53/54, Umschlag 256/3
2 Bogen, 323 x 206 mm
3 eigenhändige Unterschriften
4 Siegelspuren, Stempel *MÜNSTER, 6. JANR.*, Dorsualvermerk *Münster, d[en] 27. Déc[emb]re 1817. K[öni]gl[ich] Preuss[isches] Consistorium.*
5 Original

Textkritik

Zeuge H
Z. 5   *Heinrich Pestalozzi*: lateinische Schrift
Z. 8   *Yverdun*: lateinische Schrift
Z. 17   uns ʃ
Z. 19   *Natorp ... Overberg*: lateinische Schrift

Sacherklärung

I.

Königlich preussisches Konsistorium ⇒ Nr. 1815

III.

Z. 11   c i t o : schnell (lat.)
Z. 13   *Schreiben*: ⇒ Nr. 1815

Z. 15   *Schriften*: Johann Heinrich Pestalozzi: Sämmtliche Schriften, 12 Bände. Stuttgart 1819–1824
Z. 19   *Natorp*: Bernhard Christian Ludwig Natorp (1774–1846) ⇒ Nr. 1816
Z. 19   *Scheffer[-]Boichorst*: Franz-Theodor Hermann Scheffer-Boichorst (1767–1843) ⇒ Nr. 1815
Z. 19   *Overberg*: Bernard Heinrich Overberg (1754–1826) war zunächst ab 1780 Kaplan in Everswinkel (Nordrhein-Westfalen) und gab ab 1783 an der nach dem Reformvorbild Johann Ignaz Felbigers (1724–1788) errichteten Normalschule in Münster Weiterbildungskurse für Lehrer. Von 1785 bis 1811 unterrichtete er an der Mädchenschule der Lotharinger Chorfrauen, ebenfalls in Münster. Als aufklärerisch gesonnener Autor von Unterrichtslehrbüchern bestimmte er das katholische Schulwesen massgeblich mit, vor allem nachdem er 1809 zum Regens des Priesterseminars und 1816 von der neuen preussischen Landesherrschaft zum Konsistorialrat für Schulangelegenheiten ernannt wurde.

1856.
Johann Konrad Zuberbühler
28. Dezember 1817

Herrn
Herrn Pestalozzi
in
Yverdün.

Hofwil d[en] 28^{tn} Dec[ember] 1817

Bester Vate[r Pest]alozzi!
Hiermit erhalten Sie das Verzeichniss der von mir in Mühlhausen gesammelten Subscriptionen. Ich hoffte immer, die Zahl derselben würde sich noch um mehrere vergrössern; Allein man schrieb mir nun von da, die schlechten Zeiten beschuldend, dass seit meiner Abreise auch nicht ein einziger hinzu gekommen sey. Dieser Bericht, statt der erwarteten Namen, kränkte mich sehr.

Mich Ihrer Freundschaft u[n]d Liebe herzlich empfehlend, verbleibe ich mit unwandelbarer Hochachtung u[n]d Liebe
Ihr ergebener
Zuberbühler

Überlieferung
1 ZB Zürich, Ms Pestal 56, Umschlag 404/2
2 Blatt, 240 x 194 mm
4 Datum am Schluss, Siegelspuren, Dorsualvermerk *Hofwyl, d[en] 28. Déc[emb]re 1817. Zuberbühler.*
5 Original

Textkritik

Zeuge H
Z. 5 *Pestalozzi*: lateinische Schrift
Z. 7 *Y v e r d ü n* : lateinische Schrift
Z. 8 *Hofwil*: lateinische Schrift
Z. 8 *Dec[ember]*: lateinische Schrift
Z. 9 Siegelausriss
Z. 11 *Subscriptionen*: lateinische Schrift
Z. 14 *ein < e >*

Sacherklärung
I.
Johann Konrad Zuberbühler (1787–1858) ⇒ Nr. 1116

III.
Z. 10 *Verzeichniss*: scheint nicht erhalten zu sein

1857.
Johann Jakob Friedrich Ladomus
28. Dezember 1817

An
Herrn Pestalozzi
in
Yvredon

Theuerster Herr Pestalozzi!
Auf dem Nebenblatt folgt einsweilen, was bey mir sich unterschrieb. Noch haben nicht alle der Auffodrung entsprochen; desswegen ich in der hiesigen Zeitung die Restanten dazu dringend einlud. Vielleicht haben auch mehrere unmittelbar an Sie oder H[errn] Cotta sich gewendet. Mir liegt jetzt Ihre Angelegenheit doppelt am Herzen, einmal wegen Ihrer allseitiger Wichtigkeit u[nd] dann, weil ich durch meine Heurath mit einer Schweizerinn Ihr halber Landsmann geworden bin. Meine liebe Frau ist nämlich eine Züricherinn, eine geb[orene] Ott zum rothen Adler. Sie lässt sich Ihnen bestens empfehlen. Sie hat Sie öfters bey H[errn] Doctor Hoze gesehen. Sie freute Sich ausserordentlich, als ich ihr in dem Schweizer Wochenblatt von Ihnen Ihre ehrenvolle Anzeige über ihres Manns seelig (Aepli) Inoculations Cathechismus zeigte, da derselbe ein sehr grosser Verehrer von Ihnen war u[nd] meine Liebe zu Ihnen mich ihr gleich werth machte. Nun lebt alle wohl u[nd] behaltet auch im neuen Jahr

lieb Euren Euch in jedem Verhältniss u[nd] auf jedem Fleck ewig
liebenden
J[ohann] F[riedrich] Ladomus

Subscribenten-Verzeichnis
auf Pestalozzi's Werke.

1. Die lateinische Schule in Baden	1 Exemplar.
2. Das evangelische Decanat Boxberg zu Schillingstadt	1 Ex[emplar]
3. Die Sinsheimer Schullehrer-Lesegesellschaft	1 Ex[emplar]
4. Die Normal-Schule in Weinheim	1 Ex[emplar]
5. Die Dioecesanlesegesellschaft in Pforzheim	1 Ex[emplar]
6. Die Pastorallesegesellschaft der Dioecesen Nekargemünd, Sinsheim u[nd] Bischoffsheim	1 Ex[emplar]
7. Die Pfarr Dioecesan Lesegesellschaft zu Schopfheim	1 Ex[emplar]
8. Die Schullehrer Dioecesan Lesegesellschaft zu Schopfheim	1 Ex[emplar]
9. Das Paedagogium zu Pforzheim	1 Ex[emplar]
10. Die Pastoral Lesegesellschaft der Dioecese Stein	1 Ex[emplar]
11. Die Schullehrerlesegesellschaft der Dioecese Stein	1 Ex[emplar]
12. Die Pfarrlesegesellschaft d[er] Diöcese Adelsheim	1 Ex[emplar]
13. Die Schullehrerlesegesellschaft d[er] Diöcese Adelsheim	1 Ex[emplar]
14. Die Evangelische Dioecese Endingen	1 Ex[emplar]
15. Die Mosbacher Pastorallesegesellschaft	1 Ex[emplar]
16. Die Pastorallesegesellschaft der Diöcese Kork	1 Ex[emplar]
17. Die Schullehrerlesegesellschaft d[er] Diöcese Kork	1 Ex[emplar]
18. Die Pastorallesegesellschaft d[er] Diöcese Wertheim	1 Ex[emplar]
19. Die Schullehrerlesegesellschaft der Dioecese Wertheim	1 Ex[emplar]
20. Das Lyceum zu Karlsruhe	1 Ex[emplar]
21. Das Paedagogium zu Loerrach	1 Ex[emplar]
22. Das gemeinschaftliche Gymnasium zu Heidelberg	1 Ex[emplar]
23. Das Paedagogium zu Ettlingen	1 Ex[emplar]
24. Das Gymnasium zu Offenburg	1 Ex[emplar]
25. Das Gymnasium zu Donaueschingen	1 Ex[emplar]
26. Die Evangelische Pastoralleseg[esell]sch[a]ft d[er] Dioecese Freyburg	1 Ex[emplar]
27. Das Paedagogium zu Villingen	1 Ex[emplar]

65	28. Die gemischte Lehranstalt zu Mahlberg	1 Ex[emplar]
	29. S[ein]e Excellenz der Herr Graf v[on] Benzel Sternau, Staats Minister,	1 Ex[emplar]
	30. Herr von Gulat (Sohn)	1 Ex[emplar] zu Carlsruhe
	31. Herr Prof[essor] Kleinschmidt	1 Ex[emplar] zu Heydelberg
70	32. Herr Kirchen Rath Hebel	1 Ex[emplar] zu Carlsruhe
	33. Herr Handelsmann Carl Ludwig Roeder zu Frankenthal	1 Ex[emplar]
	34. Herr Abegg, Lieutenant bey der Grossherzogl[ich] Badischen reitenden Artillerie zu Carlsruhe	1 Ex[emplar]
75	35. Herr Prof[essor] Lembke, Vorsteher der Lehranstalt in Mahlberg	1 Ex[emplar]
	36. Die Braunsche Buchhandlung in Carlsruhe	1 Ex[emplar]
	37. Prof[essor] Ladomus in Carlsruhe	1 Ex[emplar]

Überlieferung

1 ZB Zürich, Ms Pestal 52/53, Umschlag 180/5
2 Bogen, 255 x 212 mm
4 Siegel, Stempel *R.I. CARLSRUHE. 28 DEC. 1817.*, Dorsualvermerk *Carlsruhe, J[ohann] F[riedrich] Ladomus.*
5 Original

Textkritik

Zeuge H

Z. 5	*Pestalozzi*: lateinische Schrift
Z. 7	*Y v r e d o n* : lateinische Schrift
Z. 8	*Pestalozzi*: lateinische Schrift
Z. 11	*in < die > der*
Z. 11	*Restanten*: lateinische Schrift
Z. 12	*Cotta*: lateinische Schrift
Z. 13	*sich* ∫
Z. 17	*Ott*: lateinische Schrift
Z. 17	*Adler*: lateinische Schrift
Z. 18	*Doctor Hoze*: lateinische Schrift
Z. 20	*Aepli*: lateinische Schrift
Z. 21	*Inoculations Cathechismus*: lateinische Schrift
Z. 27	*Subscribenten*: lateinische Schrift
Z. 28	*P e s t a l o z z i ' s* : lateinische Schrift
Z. 30	*Decanat*: lateinische Schrift
Z. 33	*Normal*: lateinische Schrift
Z. 34	*Dioecesan*: lateinische Schrift
Z. 35	*Dioecesen*: lateinische Schrift
Z. 37	*Dioecesan*: lateinische Schrift
Z. 39	*Dioecesan*: lateinische Schrift

Z. 41	*Paedagogium*: lateinische Schrift
Z. 42	*Dioecese Stein*: lateinische Schrift
Z. 43	*Dioecese Stein*: lateinische Schrift
Z. 47	*Dioecese Endingen*: lateinische Schrift
Z. 48	*Mosbacher*: lateinische Schrift
Z. 49	*Kork*: lateinische Schrift
Z. 50	*Kork*: lateinische Schrift
Z. 55	*Lyceum*: lateinische Schrift
Z. 56	*Paedagogium*: lateinische Schrift
Z. 56	*Loerrach*: lateinische Schrift
Z. 59	*Paedagogium*: lateinische Schrift
Z. 60	*Gymnasium*: lateinische Schrift
Z. 60	*Offenburg*: lateinische Schrift
Z. 61	*Gymnasium*: lateinische Schrift
Z. 61	*Donaueschingen*: lateinische Schrift
Z. 63	*Dioecese Freyburg*: lateinische Schrift
Z. 64	*Paedagogium*: lateinische Schrift
Z. 64	*Villingen*: lateinische Schrift
Z. 65	zu < Mal > Mahlberg
Z. 65	*Mahlberg*: lateinische Schrift
Z. 67	*Benzel Sternau*: lateinische Schrift
Z. 68	*Gulat*: lateinische Schrift
Z. 69	*Kleinschmidt*: lateinische Schrift
Z. 70	*Hebel*: lateinische Schrift
Z. 70	*Carlsruhe*: lateinische Schrift
Z. 71	*Carl Ludwig Roeder*: lateinische Schrift
Z. 73	*Abegg, Lieutenant*: lateinische Schrift
Z. 74	*Artillerie*: lateinische Schrift
Z. 74	*Carlsruhe*: lateinische Schrift
Z. 75	*Lembke*: lateinische Schrift
Z. 77	*Braunsche*: lateinische Schrift
Z. 77	*Carlsruhe*: lateinische Schrift
Z. 78	*Ladomus*: lateinische Schrift
Z. 78	*Carlsruhe*: lateinische Schrift

Sacherklärung

I.

Johann Jakob Friedrich Ladomus (1782–1854) ⇒ Nr. 689

II.

Die hier aufgeführten badischen Diözesan- oder Schullehrer-Lesegesellschaften lassen sich nur schwierig und unvollständig ermitteln. Sie entstanden seit dem frühen 19. Jahrhundert und bezweckten, so heisst es in einem frühen Plan der Pastoral-Lesegesellschaft für das lutherische Specialat in Heidelberg von 1805, die Weiter- und Fortbildung von Pastoren und Schullehrern. Erst 1829 wurde ihre Gründung obligatorisch. Zuvor existierten sie zum Teil eher informell als Lesezirkel, geistliche Lese-Bibliotheken oder als Lese-Institute. Diese unterschiedlichen Namen deuten an, dass diese Lesezirkel nicht mit den Lesegesellschaften verwechselt werden dürfen, die eher im öffentlich-bürgerlichen Kontext entstanden. Allerdings ergeben sich mitunter Austauschbeziehungen zwischen den geistlich-schulischen Lesezirkeln und den übrigen grösseren Lesegesellschaften.

III.

Z. 9 *Nebenblatt*: Z. 27-78
Z. 12 *Cotta*: Johann Friedrich Cotta, Freiherr von Cottendorf (1764-1832) ⇒ Nr. 617
Z. 15 *Schweizerinn*: Anna Magdalena Ladomus-Aepli, geborene Ott (*1770) stammt aus einer Zürcher Industriellenfamilie. 1792 heiratete sie Johann Melchior Aepli (1744-1813, ⇒ Nr. 297). Die Ehe blieb wahrscheinlich kinderlos. Nach dem Tod Aeplis heiratete Anna Magdalena 1813 Johann Jakob Friedrich Ladomus (1782-1854, ⇒ Nr. 689).
Z. 18 *Hoze*: Johannes Hotz (1734-1801) ⇒ Nr. 115
Z. 20 *Anzeige*: Die Anzeige konnte nicht ausfindig gemacht werden.
Z. 20 *Aepli*: Johann Melchior Aepli (1744-1813) ⇒ Nr. 297
Z. 21 *Cathechismus*: Johann Melchior Aepli: Inoculations-Catechismus für das Landvolk. In: Gazette de Santé oder gemeinnütziges medicinisches Magazin 1782, 1. und 2. Stück, S. 129-177
Z. 29 *lateinische Schule*: Die lateinische Schule in Baden bereitete auf den Besuch des Gymnasiums in Rastatt vor. Die Schule war 1809 von der badischen Stadtverwaltung neu gegründet worden und sollte den Verlust des bis 1808 bestehenden und dann nach Rastatt verlegten Lyceums kompensieren. 1836 wurde die Schule in eine Bürgerschule umgewandelt, womit auch eine Aufwertung in Richtung Gymnasium verbunden war.
Z. 30 *Boxberg*: Stadt in Baden-Württemberg
Z. 31 *Schillingstadt*: heute Teil von Ahorn (Baden-Württemberg)
Z. 32 *Lesegesellschaft*: Die Diözesan-Schullehrerlesegesellschaft wurde 1810 von Johann David Carl Wilhelmi (1786-1857) gegründet, der zunächst Vikar, dann ab 1819 Pfarrer und 1846 Dekan in Sinsheim war. Die Teilnahme an der Lesegesellschaft war für alle Schulmeister Pflicht.
Z. 33 *Normal-Schule*: Aufgrund der Neuordnung des öffentlichen Schulwesens im Grossherzogtum Baden wurde die Weinheimer Volksschule 1806 zur Normal- oder Musterschule bzw. Rektorats- oder lateinischen Schule umbenannt, blieb strukturell jedoch weiterhin eine Volksschule, an welcher elementare Kenntnisse in Lesen, Schreiben und Rechnen vermittelt wurden. Zusätzlich entstand 1812 die besondere Lateinschule zu Weinheim, ein Paedagogium, das der Vorbereitung aufs Gymnasium diente. Die beiden Schulen unterstanden demselben Rektor und ihre Schüler wurden teilweise gemeinsam unterrichtet, was sich allerdings als problematisch erwies. Daher kam es 1823 zur Aufhebung der Normalschule, an derer Stelle eine gemeine Knaben- und Mädchenschule errichtet wurde, während die besondere Lateinschule als eigenständige Schule fortbestand.
Z. 34 *Dioecesanlesegellschaft*: Das sogenannte Lese-Institut für Pfarrer wurde in der Diözese Pforzheim mit breiter Zustimmung 1799 gegründet, nachdem bereits 1793 auf Lehrerinititiave ein Lese-Institut für Schulmeister errichtet worden war. Zuvor hatten sich die Geistlichen der 1785 gegründeten städtischen Lesegesellschaft Pforzheims angeschlossen, mit der die Diözesanlesegesellschaft nach 1799 auch weiterhin kooperierte, indem

	die erworbenen Bücher nach erfolgter Zirkulation an die städtische Lesegesellschaft abgegeben wurden.
Z. 35	*Pastorallesegesellschaft*: Eine Pastorallesegesellschaft der Diözesen Nekargemünd, Sinsheim und Bischoffsheim konnte nicht nachgewiesen werden.
Z. 36	*Nekargemünd*: Neckargemünd (Baden-Württemberg)
Z. 36	*Sinsheim*: Stadt in Baden-Württemberg
Z. 36	*Bischoffsheim*: Stadt im Elsass
Z. 37	*Lesegellschaft*: 1798 wurde in Schopfheim (Baden-Württemberg) die nach dem gastronomischen Versammlungsort benannte Lesegesellschaft *Zum Pflug* gegründet, die 1850 in das Geburtshaus von Johann Peter Hebel (1760–1826, ⇒ Z. 70) umzog. Hier waren aber weder diese noch die erst 1832 gegründete weitere, bürgerliche Lesegesellschaft gemeint, sondern sehr wahrscheinlich eine 1816 errichtete Lesegesellschaft, über die aber nichts weiter bekannt ist.
Z. 39	*Lesegesellschaft*: Es ist unklar, ob hier eine der oben (⇒ Z. 37) genannten Lesegesellschaften gemeint war, oder eine weitere, die allerdings nicht aktenkundig geworden wäre.
Z. 41	*Paedagogium*: Das Pforzheimer Pädagogium, eine evangelische Schule, ging in der zweiten Hälfte des 17. Jahrhunderts aus der alten Lateinschule hervor. Es sollte den Söhnen von Beamten, Geistlichen und gut situierten Bürgern eine über den Volksschulunterricht hinausgehende Allgemeinbildung vermitteln und diente, wie alle badischen Pädagogien, der Vorbereitung für die auswärtigen höheren Gymnasien.
Z. 42	*Lesegesellschaft*: Eine Lesegesellschaft oder auch informeller Pfarrer-Lesezirkel in der Diözese Stein konnte nicht ermittelt werden. 1802 hiess es noch im *Magazin von und für Baden* (Band 1, S. 166), dass aufgrund der Beschränktheit der Diözese weder Lehrer noch Pfarrer eigene Leseinstitute gegründet hätten und sich stattdessen den Lesegesellschaften in Pforzheim oder im Ausland anschlössen.
Z. 43	*Schullehrerlesegesellschaft*: ⇒ Z. 42
Z. 44	*Pfarrlesegesellschaft*: Eine Lesegesellschaft (respektive Leszirkel, Lesebibliothek, Leseinstitut) zu Adelsheim (Baden-Württemberg) konnte nicht ermittelt werden.
Z. 45	*Schullehrerlesegesellschaft*: ⇒ Z. 44
Z. 47	*Endingen*: Endingen am Kaiserstuhl (Baden-Württemberg)
Z. 48	*Pastorallesegesellschaft*: Für Mosbach (Baden-Württemberg) konnte keine Lesegesellschaft ermittelt werden.
Z. 49	*Pastorallesegesellschaft*: Hier dürfte wohl die *Geistliche Lesebibliothek der beyden Diöcesen Kork und Bischofsheim* gemeint gewesen sein, die 1816 auch die *Geschichte der Regierung und Bildung von Baden unter Carl Friederich* von Karl Wilhelm Ludwig Friedrich von Drais von Sauerbronn (1755–1830) subskribiert hatte.
Z. 50	*Schullehrerlesegesellschaft*: Hier dürfte wohl der Lesezirkel von Kork (heute Teil von Kehl, Baden-Württemberg), Bischheim (Elsass) und Kehl gemeint gewesen sein, der auch auf der Subskriptionsliste der *Geschichte der Regierung und Bildung von Baden unter Carl Friederich* (1816) von Karl Wilhelm Ludwig Friedrich von Drais von Sauerbronn (1755–1830) stand.
Z. 51	*Pastorallesegesellschaft*: Eine Pastorallesegesellschaft der Diözese Wertheim (Baden-Württemberg) konnte nicht nachgewiesen werden.

Z. 53 *Schullehrerlesegesellschaft*: Eine Schullehrerlesegesellschaft der Diözese Wertheim (Baden-Württemberg) konnte nicht nachgewiesen werden.

Z. 55 *Lyceum*: 1586 wurde in Durlach ein «Gymnasium illustre» gegründet, welches 1724 nach Karlsruhe verlegt wurde und seit 1806 «Lyceum» hiess. Schwerpunkt der Ausbildung bildete der Unterricht in den klassischen Sprachen und in Religion. Wegen seines Privilegs zum Druck des Badischen Landeskalenders betätigte sich das Lyceum auch publizistisch.

Z. 56 *Paedagogium*: Nach der Gründung der Lateinischen Roetelischen Landschule 1556 und der 1650 nach vorübergehender Schliessung erfolgten Neugründung als Kapitelschule wurde diese 1715 schliesslich zum fürstlichen Paedagogium erhoben. Das Lörracher Paedagogium diente in der Folge der Vorbereitung auf das Durlacher respektive Karlsruher Gymnasium (⇒ Z. 55) und legte daher ebenfalls grossen Wert auf den Sprachunterricht.

Z. 57 *Gymnasium*: Das gemeinschaftliche Gymnasium zu Heidelberg entstand 1809 aufgrund der Vereinigung des 1546 gegründeten reformierten und seit 1705 existierenden katholischen Gymnasiums durch Grossherzog Karl Ludwig Friedrich von Baden (1786–1818, ⇒ Nr. 1858). Die Zusammenführung der konfessionellen Mittelschulen zu einem gemeinschaftlichen, staatlich geführten Gymnasium führte zu Veränderungen bei Stundentafeln und Lehrplänen: Die alten Sprachen verloren an Gewicht, während Französisch und Deutsch, aber auch die Realien an Bedeutung gewannen.

Z. 59 *Paedagogium*: Das Paedagogium zu Ettlingen wurde 1808 vom Grossherzog Karl Ludwig Friedrich von Baden (1786–1818, ⇒ Nr. 1858) gegründet, war im ehemaligen Jesuitenkollegium untergebracht und wurde aus den Mitteln finanziert, die sich aus der Aufhebung und Enteignung des Ordens speisten. Während zu Beginn die sprachlichen und historischen Fächer den Lehrplan dominierten, gewannen die Realfächer bald an Bedeutung. Da ein grosser Teil der Schülerschaft nicht in die Gymnasien von Rastatt oder Karlsruhe (⇒ Z. 55) übertrat, sondern direkt in den Beruf wechselte, sollte das Paedagogium sowohl auf die weiterführenden Schulen als auch aufs bürgerliche Gewerbe und Beamtentum vorbereiten.

Z. 60 *Gymnasium*: Im Zuge der Säkularisierung wurde die 1660 gegründete Lateinschule des Offenburger Franziskanerordens im Jahre 1803 zum staatlichen Gymnasium umfunktioniert. Zu den bisherigen Unterrichtsfächern Religion, Latein, Geschichte, Geografie, Rechnen und Naturwissenschaften kamen neu die beiden Sprachfächer Griechisch und Französisch hinzu. Ausserdem verfügte das Gymnasium über eine Bibliothek, welche Teilbestände der ehemaligen Klosterbibliothek enthielt und die heute als eine der bedeutendsten Gymnasialbibliotheken Baden-Württembergs gilt.

Z. 61 *Gymnasium*: 1778 liess Fürst Joseph Wenzel zu Fürstenberg-Stühlingen (1728–1783) in seiner Residenzstadt Donaueschingen ein Gymnasium errichten mit der Absicht, die zukünftig benötigten Priester und Beamte im eigenen Herrschaftsgebiet vorzubilden. 30 Jahre später ging das Gymnasium an die badische Verwaltung über, was sich zuerst auf die in der Folge bedeutend ansteigende Schülerzahl und später auch auf den Lehrplan auswirkte, der im Gegensatz zum humanistischen Bildungsprogramm nun auch neue Sprachen und Realien beinhaltete.

Z. 62 *Pastorallesegesellschaft*: Eine evangelische Pastorallesegesellschaft der Diözese Freyburg konnte nicht nachgewiesen werden.

Z. 64 *Paedagogium*: Das Paedagogium zu Villingen wurde 1811 als Ersatz für das ehemalige Benediktiner-Gymnasium, welches 1810 von der badischen Regierung zugunsten des finanziell besser abgesicherten Gymnasiums in Donaueschingen (⇒ Z. 61) aufgegeben worden war, gegründet. Der humanistisch ausgerichtete Unterricht ermöglichte den Schulabgängern unter anderem auch den Hochschulzugang, beispielsweise an der Universität in Freiburg im Breisgau. 1818 wurde der Lehrbetrieb des Paedagogiums in die neu gegründete Realschule überführt.

Z. 65 *Lehranstalt*: Die dem 1671 gegründeten Kapuzinerkloster angegliederte Lateinschule im badischen Mahlberg, zwischen Freiburg im Breisgau und Offenburg gelegen, wurde nach der Säkularisation 1804 unter der Bezeichnung *Gemischte Schule* weitergeführt. Somit konnten sie nicht nur katholische, sondern auch evangelische Schüler besuchen, zumal Mahlberg ab 1807 eine eigene evangelische Pfarrei erhielt und der Pfarrer zugleich als Schullehrer tätig war. 1841 wurde die *Gemischte Lateinschule* in *Höhere Bürgerschule* umbenannt.

Z. 67 *Benzel Sternau*: Graf Karl Christian Ernst von Benzel-Sternau (1767–1849) aus Mainz, Staatsmann und Verfasser zahlreicher belletristischer Schriften, betätigte sich nach dem Studium der Rechtswissenschaften zuerst als Regierungsrat in Erfurt (ab 1791) und stand später als Direktor der Generalstudienkommission, als Innenminister und als Präsident des Hofgerichts in badischen Diensten (1806–1811), bis er schliesslich 1812 zum Staats- und Finanzminister des Grossherzogtums Frankfurt erhoben wurde.

Z. 68 *Gulat*: Carl/Karl Joseph Gulat (1794–1860) war Rechtspraktikant (1818), Assessor der katholischen Kirchensektion (1819), Ministerialrat (1827) und geheimer Referendär des Innenministeriums (1837). 1819 heiratete er Sofie Sabine Siegel (1798–1875), das Paar hatte sechs Kinder.

Z. 69 *Kleinschmidt*: Ernst Karl Kleinschmidt (1775–1847) ⇒ Nr. 723

Z. 70 *Hebel*: Johann Peter Hebel (1760–1826) aus Basel, volkstümlicher Dichter, evangelischer Theologe und Schulmann, arbeitete nach dem Abschluss seines Theologiestudiums ab 1783 am Lörracher Paedagogium (⇒ Z. 56), bevor er 1791 ans Gymnasium in Karlsruhe (⇒ Z. 55) berufen wurde, an welchem er ab 1808 auch als Direktor amtete. Zudem betätigte sich Hebel ab 1805 im Kirchenrat und wurde 1819 mit seiner Ernennung zum Prälaten zugleich auch Mitglied des badischen Landtags sowie der kirchlichen Generalsynode.

Z. 71 *Roeder*: Carl/Karl Ludwig Roeder (*1778) wurde in Frankenthal (Rheinland-Pfalz) geboren und heiratete 1810 Caroline Julie Friderique Walz aus Karlsruhe. Das Paar hatte sieben Kinder. Roeder war Handelsmann und stand 1820 wegen seiner Schulden vor dem Handelsgericht Frankenthals.

Z. 73 *Abegg*: Friedrich Julius Abegg (1795–1820) ⇒ Nr. 1151

Z. 75 *Lembke*: Johann Rudolf Lembke (1778–1819) aus dem badischen Ihringen war als evangelischer Pfarrer in Mahlberg zugleich Leiter der dortigen *Gemischten Lateinschule* (⇒ Z. 65) und wurde 1817 zum ersten evangelischen Gemeindpfarrer in Freiburg im Breisgau ernannt. Er übte dieses Amt wegen seines frühen Todes jedoch nur wenige Monate aus.

Z. 76 *Lehranstalt*: ⇒ Z. 65

Z. 77 *Buchhandlung*: 1813 eröffnete Gottlieb Braun (1783–1835) in Karlsruhe die Braunsche Buchhandlung, der sich schon bald ein Verlag angliederte, in welchem wissenschaftliche Werke, Aktualitäten, moralische Traktate und Gedichte veröffentlicht wurden. 1820 erlangte der Buchhändler und Verleger Braun zusätzlich das Privileg, selbst zu drucken. Acht Jahre später ernannte der Grossherzog Ludwig I. von Baden (1763-1830) ihn gar zum Hofbuchhändler und Hofdrucker. Gedruckt wurden hauptsächlich Akzidenzdrucke (Werbebeilagen), aber auch historische und heimatkundliche Werke, Schulbücher und Lexika.

1858.
Grossherzog Karl Ludwig Friedrich von Baden
29. Dezember 1817

Konstanz den 29^t X^{br} 1 8 1 7.

Wohlgebohrner
hochgeehrter Herr!

S[ein]e Königliche Hoheit der Grosherzog v[on] Baden mein gnädigster Souverain haben sich veranlasst gefunden, Euer Wohlgebohren auf Ihre für die Erziehung so vielseitig wirkende Schriften ein Privilegium so wohl gegen den Nachdruck, als auch gegen den Verkauf eines auswärtigen Nachdruks in ihren Staaten zu ertheilen, wie aus der beygefügten Anlage zu ersehen ist.

Hiedurch nun wollte der Edelmüthige Fürst aus eignem Antriebe einen Beweis seines persönlichen Wohlwollens, seiner Theilnahme an Ihren für die Welt so erspriesslichen Bemühungen, und der Schätzung jener ausgezeichneten Verdienste ertheilen, die Sie sich, würdiger Mann, um die Bildung der itzigen und der zukünftigen Generationen erworben haben.

Mir ist es sehr erfreulich, dass ich den Angenehmen Auftrag erhalten habe, Euer Wohlgebohren hievon in Kentniss zu setzen. Ich ergreife dahero diesen Anlass mit Vergnügen, die Versicherung meiner ausgezeichneten persönlichen Hochachtungsvollen Gesinnung bey zufügen.

Euer Wohlgebohren
Ergebenster Diener
v[on] Ittner

S[ein]e Königl[iche] Hoheit des Grosherzogs Von
Baden Staats Rath, ausserordentl[ich]er
Gesandte, bevollmächtigter Minister
bey der Schweiz, Commandeur des
Zähringer Löwenordens.

Privilegium
für
den Schulmann Pestalozzi.

Wir Karl von Gottes Gnaden, Grosherzog zu Baden, Herzog zu Zähringen, Landgraf zu Nellenburg, Graf zu Hanau etc. haben Uns gnädigst bewogen gefunden, den um die Verbesserung und Ausbildung des Erziehungs-Wesens so verdienten und ehrwürdigen Schweizer Pestalozzi ein Privilegium gegen den Nachdruck seiner samtlichen Schriften, in den disseitigen Grossherzoglichen Landen, zu ertheilen. Damit nun diese Unsere Intention auf die beste Art und Meynung in Erfüllung gehe, und der Vorgedachte Pestalozzi bei diesem Privilegio geschützt seye; so befehlen Wir hiermit, dass sich niemand unterfangen solle, irgend etwas von den Pestalozzischen Schriften in Unsern Landen entweder selbst nachzudrucken oder einen auswärtigen Nachdruck auch nur zum Verkauf zu bringen, oder solchen zu gestatten.

Die Contrarcutions-Fälle werden Wir gesetzlich bestrafen, und haben gegenwärtige Tax-, Stempel- und Sportelfreie – mit dem grössten Insiegel Unseres Ministeriums des Innern Versehenen Urkunde, dem Vorerwähnten Pestalozzi zustellen lassen.

So geschehen Carlsruhe 2^{tn} Dec[em]bre 1817.

Auf Seiner Königlichen Hoheit höchsten Befehl
Freyherr von Sensburg
Der geheime Secretair
Wollschlaeger

Überlieferung

1 ZB Zürich, Ms Pestal 1390, Umschlag 14/28 (H1), Umschlag 14/27 (H2)
2 181 x 230 mm (H1), 215 x 338 mm (H2)
3 eigenhändige Unterschriften
4 Datum am Schluss
5 Original

Textkritik

Zeuge H
Z. 8   *Souverain*: lateinische Schrift
Z. 29   *Minister*: lateinische Schrift
Z. 30   *Commandeur*: lateinische Schrift
Z. 32   *Privilegium*: lateinische Schrift
Z. 34   *Pestalozzi*: lateinische Schrift
Z. 35 f. *Wir ... etc.*: gedruckter Text
Z. 43   *Privilegio*: lateinische Schrift
Z. 48   *Contrarcutions*: lateinische Schrift

Z. 52 *Dec[em]bre*: lateinische Schrift
Z. 55 *Secretair*: lateinische Schrift
Z. 56 *Wollschlaeger*: lateinische Schrift

Sacherklärung

I.

Grossherzog Karl Ludwig Friedrich von Baden (1786–1818) übernimmt 1811 die badische Regierungsverantwortung, die vor allem durch die Beendigung des Bündnisses mit Napoleon I. Bonaparte (1769–1821, ⇒ Nr. 580) 1813 und durch die Ausarbeitung der neuen liberalen Landesverfassung gekennzeichnet ist. Die durch den Bündniswechsel 1813 gefährdete Existenz Badens wird vor allem durch die Intervention seiner Schwester Luise Marie Auguste von Baden (1779–1826) gesichert, die sich als Zarin Elisabeth Alexejewna bei ihrem Mann Zar Alexander I. (1777–1825, ⇒ Nr. 520) für den Fortbestand Badens einsetzt.

III.

Z. 9 *Schriften*: Johann Heinrich Pestalozzi: Sämmtliche Schriften, 12 Bände. Stuttgart 1819–1824
Z. 12 *Anlage*: Z. 32–56
Z. 26 *Ittner*: Joseph Albrecht von Ittner (1754–1825) aus Kurmainz trat 1805, nach einem in Mainz und Göttingen absolvierten Rechtsstudium sowie verschiedenen Hofrats-, Archiv- und Kanzleitätigkeiten, in badische Dienste und amtierte von 1807 bis 1818 als ausserordentlicher badischer Gesandter in der Schweiz, wo er mit mehreren eidgenössischen Kantonen Staatsverträge abschloss.
Z. 48 *Contrarcutions*: Verschrieb für «Contrafaction» (unerlaubter Nachdruck von Büchern)
Z. 49 *Sportelfreie*: Sportel ist die Bezeichnung für das Entgelt, das Untertanen für gerichtliche Handlungen oder andere Amtshandlungen entrichten mussten. Sie blieben im Besitz der Beamten und waren Teil der Besoldung.
Z. 54 *Sensburg*: Freiherr Josef Ernst von Sensburg (1787–1870) war nach einem Rechtsstudium als Advokat in Karlsruhe tätig, bevor er in badische Staatsdienste trat, wo er in verschiedenen Städten als Kreis- und Regierungsrat sowie später als Stadt- und Polizeidirektor amtierte und schliesslich zum Geheimen Rat ernannt und ins Innenministerium berufen wurde.
Z. 56 *Wollschlaeger*: Karl Ludwig Theodor Wollschläger (†1837) aus Zweibrücken (Rheinland-Pfalz) war von 1798 bis 1804 in französischen Diensten und anschliessend als Registrator in Leiningen (Baden-Württemberg) tätig, bevor er 1807 in badische Dienste trat und in Karlsruhe sukzessive als Geheimer Sekretär (ab 1814), Kanzleirat (ab 1819), Regierungsrat (ab 1821) und Archivrat (ab 1830) amtierte, bis er 1833 pensioniert wurde.

1859.
Johann Friedrich Haenel
30. Dezember 1817

An
Herrn Pestalozzi
Wohlgeborn
zu
Iferten

d[urch] g[ütigen] Einschl[uss]

Breslau d[en] 30^{tn} Dec[em]b[e]r 1817.

Väterlicher Greis!
Nur ein Paar Worte lege ich dem Schreiben der guten Fr[au] v[on] Fischer bey, als ein Zeichen, dass ich gern Ihrer denke, und namentlich beym Wechsel der Zeit Sie von Herzen grüsse, mit dem Wunsche, dass – wie auch mit dem Laufe der Zeit alles Irdische und irdisch gerichtete wechseln möge, Sie es doch freudig empfinden möchten: Gottes Gnade sey unwandelbar und eben so unwandelbar das heitere Seelenleben dessen, der in diese Gnade sein Ziel, seinen Weg, seine Kraft, seine Ehre, seinen Lohn u[n]d seine Freude sucht. So grüsse ich Sie, verehrter Greis! und mehr schreibe ich nicht, da Sie alles, was ich noch zu sagen hätte, in dem Briefe Ihrer Sie so innig liebenden Freundin lesen werden, deren Gesinnung für Sie ich so gern theile. Die Subscription auf Ihre Schriften ist, wie Sie sehen werden, recht gut von Statten gegangen, und ich freue mich, auch etwas dazu beygetragen zu haben; lassen Sie uns doch ja nicht lange auf die Erfüllung Ihres Versprechens warten, das Verlangen darnach ist gross.

Wir haben Weihnachten gefeiert, das schöne Kindesfest; o dass wir alle Kinder wären! – Der Segen des Kindes, das unser Heil u[n]d unsre Seligkeit wurde, begleite auch Sie ins neue Jahr und gebe Ihnen Kraft, noch viel für unsere Kinder zu wirken! Leben Sie wohl!

In Dank und Liebe
Ihr
Joh[ann] Fr[ie]dr[ich] Hänel.
Lehrer am Elisabetan und am evangel[ischen]
Schullehrer-Seminar zu Breslau.

Herzliche Grüsse an Krüsi, Schmid u[n]d Niederer.

Überlieferung

1 ZB Zürich, Ms Pestal 51/52, Umschlag 106/2
2 Blatt, 227 x 186 mm
4 Siegelspuren, Dorsualvermerk *Breslau, d[en] 30. Déc[emb]re 1817. Joh[ann] Fr[iedrich] Hänel.*
5 Original

Zeuge H

Textkritik

Sacherklärung

I.

Johann Friedrich Haenel (1788-1837) ⇒ Nr. 1635

II.

Johann Friedrich Haenel (1788-1837, ⇒ Nr. 1635) hatte auf 1816 auf seiner Bildungsreise auch Pestalozzi in Yverdon besucht und ihm in einem Brief vom 31. Mai 1817 (⇒ Nr. 1635) versichert, dass er sich um Subskribenten bemühen werde.

III.

Z. 8   *Iferten*: dt. Name für Yverdon
Z. 12 *Schreiben*: ⇒ Nr. 1860
Z. 13 *Fischer*: Antonie von Fischer-von Mützschefahl (*um 1784) ⇒ Nr. 1515 c
Z. 23 *Schriften*: Johann Heinrich Pestalozzi: Sämmtliche Schriften, 12 Bände. Stuttgart 1819-1824
Z. 35 *Elisabetan*: 1293 als Pfarrschule an der Kirche zu Sankt Elisabeth gegründet und in der Reformation evangelisiert, gelangte die Institution seit dem Humanismus als Sankt-Elisabeth-Gymnasium oder eben Elisabethan zur Blüte und bestand bis 1945.
Z. 36 *Schullehrer-Seminar*: ⇒ Nr. 1422
Z. 37 *Krüsi*: Hermann Krüsi (1775-1844) ⇒ Nr. 588
Z. 37 *Schmid*: Joseph Schmid (1785-1851) ⇒ Nr. 712
Z. 37 *Niederer*: Johannes Niederer (1779-1843) ⇒ Nr. 507

1860.
Antonie von Fischer-von Mützschefahl
31. Dezember 1817

An
des Herrn Doctor Pestalozzi
Ritter mehrerer Orden
Wohlgeboren
zu
Yverdun
in der Schweitz

Breslau den 31ten December 1 8 1 7

Zur besondern Freude zähle ich es, geliebter Vater! dass ich Dein Wiegenfest durch die Mittheilung der in Breslau gesammelten Subscribenten begrüssen darf. Und ich wünsche Dir geliebter Vater ein Ruheplätzchen wo Dich n i c h t s störe um den Menschen zu geben was Dein Herz ihnen nicht vorenthalten kann.

Verhehlen kann ich es nicht, dass seit der letzten Bekanntmachung in den Zeitungen, ich diejenigen Worte Deines jüngsten Briefes: «Ich litt viel und leide noch.» aufs schmerzlichste wiedertönen höre, und ich wünsche Dich von Herzen, unerreichbar weit von allem was Dich kränkt. O dürfte ich, Dir genehm, die Bitte wiederhohlen k o m m e z u u n s! - - - - Wir wollen Dich nicht stören und wollen uns bemühen Dich zu verstehen! - - - - - Doch wie D u willst, wo Du froh seyn kannst, da weiss Dich mein Herz am liebsten. Nur lass mich zuweilen etwas von Deinem Ergehen hören, und zwar nicht auf dem Wege der Zeitungen; flehentlich bitte ich, untersage jede öffentliche Bekanntmachung; sie sey rechtfertigend oder anklagend, die Missdeutung bleibt dieselbe. Zur Begründung meiner Bitte erlaube mir die gewöhnlichste Deutung des letzten Bekanntmachens. Schmidt erscheint missgünstig, Herr von Fellenberg nicht weniger, der arme Vater steht mitten inne, und wird geplagt; so erscheint ein drey fach ungünstig Licht, und wozu weiss niemand. Darum, lieber Vater! u n t e r s a g e diese Art Oeffentlichkeit. Deine Freuden Deine Leiden dürfen nicht so abgerissen erscheinen. Dein Leben hat zu viel Wirkung als dass einzelne Momente aus dem Ganzen, unzusammenhängend jeder Deutung Preis gegeben werden dürften.

Weil nun des Bittens Dir gegenüber immer so viel ist so vergönne mir noch die Bitte um Nachricht o b und auf welchem Weege ich schriftlich mit Dir ohne Zeugen reden darf. Obschon ich fühle, dass Alles was eine ungelehrte Frau sagt, dem Dritten albern und interess-

los erscheinen muss so hat doch ein Kind manches mit dem Vater zu reden was es vor Zeugen, nicht vom Munde bringt. Auch weiss ich Deinen bestimmten Auffenthalts-Ort im Jura Gebirg nicht zu finden. Uber diess Alles giebt Deine Liebe mir wohl Aufschluss.
Seit Deinem verwichenen Geburtsfeste bin ich um ein liebes g a r s e h r   l i e b e s   K i n d , irdisch, ärmer geworden; wenn daher in der Zahl der lieben Meinen, e i n e s , Gluckwünschend fehlt; so wird diess Eine, im Bunde mit dem früher Vorangegangenen, der Mutter innigste Wünsche, um so geläuterter der Alliebe fürbittend vortragen, und Deinem Lebensabend, G e l i n g e n   d e s   B e g e h r e n s w e r t h e s t e n Gesundheit, Heiterkeit, und Friede, erflehen. – –
Lebe so wohl und zufrieden wie es mein ganzes Herz wünscht und gedenke in Liebe

Deiner
treu ergebenen Tochter
Antonie v[on] Fisher geborne Mützshefahl

Subscribenten zu Pestalozzi Werken.

Oberlandes Gerichts Chefpräsident Graf v[on] Dankelmann			1 Exemplar.	
"	"	Vicepräsident und Geheimer Oberberg Rath Steinbeck	1	—
"	"	Vicepräsident v[on] Fischer	3	—
	"	Rath Jagwitz	1	—
"	"	" Graf v[on] Matuschka	1	—
"	"	" Gerhard	1	—
"	"	" Reinhart	1	—
"	"	" Wentzel	1	—
"	"	" v[on] Wallenberg der 1te	1	—
"	"	" Freiherr v[on] Kottwitz, sämmtlich in Breslau.	1	—
Johann Abraham Steeger, Lehrer am Waisenhause zu Koenigsberg			1 Exemplar.	
Mogalla, Königl[icher] Regierungs Rath u[nd] Dr. Med.			1 Exemplar.	
Etzler, Rector am Elisabethanschen Gymnasium			1	—
Rother, Diakonus an der Elisabeth-Kirche			1	—
Gerhard, Subsenior an ebenderselben.			1	—
Oelsner, Königl[icher] Commerzien Rath			1	—
Morgenbesser, Justiz Commissarius u[nd] Stadt Rath			1	—
Professor Kahlert			1	—
Aug[ust] Wilh[elm] Foerster, Dr. iur. u[n]d Prof[essor] der Rechte				

Quindt, Cand[idat] der Theol[ogie]	1	—
v[on] Loen, K[öniglicher] Regierungs Rath	1	—
Freih[err] v[on] Kottwitz, K[öniglicher] Regierungs Director sämmtlich in Breslau.	1	—
Brzosowski, K[öniglicher] Regierungs Assessor	1 Exemplar.	
Dr. Med. S[amuel] S[imon] Guttentag	1	—
Zaremba, Kriegs Commissarius	1	—
Carl Hagelweide, des Lehramts Beflissener	1	—
Aug[ust] Wilh[elm] Kephalides, Dr. Phil. u[nd] Professor am Friedrichs Gymnas[ium]	1	—
Joh[ann] Friedr[ich] Haenel, Lehrer am Elisab[ethanischen] Gymnas[ium] u[nd] Schullehrer-Seminar.	1	—
dergl[eichen] für das Gymnasium zu S[an]ct Elisabeth,	6 Exempl[are] von Lienhard u[nd] Gertrud.	
Die Central-Bibliothek in Breslau	1 Exempl[ar] von allen Werken	
Carl Freih[err] v[on] Richthofen auf Brechelshof bei Janer in Schl[esien]. in Breslau	1 dergl[eichen]	

Überlieferung

1 ZB Zürich, Ms Pestal 50/51, Umschlag 83/2 (H1), Umschlag 83/2a (H2)
2 Bogen, 250 x 200 mm (H1), Blatt, 245 x 194 mm (H2)
3 leicht defekt (H1)
4 Datum am Schluss, Siegel, Stempel *BRESLAU 31. DEC*, Dorsualvermerk *Breslau, d[en] 31. Déc[emb]re 1817. Antonia v[on] Fischer geb[orene] Mützshefal* (H1)
5 Original

Textkritik

Zeuge H
Z. 5   *Doctor Pestalozzi*: lateinische Schrift
Z. 9   *Yverdun*: lateinische Schrift
Z. 11 *Breslau*: lateinische Schrift
Z. 11 *December*: lateinische Schrift
Z. 13 in <*Schlesien*> *Breslau*
Z. 13 *Breslau*: lateinische Schrift
Z. 13 f. *Subscribenten*: lateinische Schrift
Z. 44 *Jura*: lateinische Schrift
Z. 57 *Fisher*: lateinische Schrift
Z. 57 *Mützshefahl*: lateinische Schrift
Z. 58 P e s t a l o z z i : lateinische Schrift

Z. 60 Dankelmann: lateinische Schrift
Z. 62 Steinbeck: lateinische Schrift
Z. 63 Fischer: lateinische Schrift
Z. 64 Jagwitz: lateinische Schrift
Z. 65 Matuschka: lateinische Schrift
Z. 66 Gerhard: lateinische Schrift
Z. 67 Reinhart: lateinische Schrift
Z. 68 Wentzel: lateinische Schrift
Z. 69 v[on] Wallenberg: lateinische Schrift
Z. 70 v[on] Kottwitz: lateinische Schrift
Z. 71 Breslau: lateinische Schrift
Z. 72 Johann Abraham Steeger: lateinische Schrift
Z. 73 Koenigsberg: lateinische Schrift
Z. 74 Mogalla: lateinische Schrift
Z. 74 Dr. Med.: lateinische Schrift
Z. 75 Etzler: lateinische Schrift
Z. 76 Rother: lateinische Schrift
Z. 77 Gerhard: lateinische Schrift
Z. 78 Oelsner: lateinische Schrift
Z. 79 Morgenbesser: lateinische Schrift
Z. 80 Kahlert: lateinische Schrift
Z. 81 Foerster: lateinische Schrift
Z. 83 Quindt: lateinische Schrift
Z. 84 v[on] Loen: lateinische Schrift
Z. 85 Kottwitz: lateinische Schrift
Z. 87 Breslau: lateinische Schrift
Z. 88 Brzosowski: lateinische Schrift
Z. 89 Dr. Med. S[amuel] S[imon] Guttentag: lateinische Schrift
Z. 90 Zaremba: lateinische Schrift
Z. 91 Carl Hagelweide: lateinische Schrift
Z. 92 Aug[ust] Wilh[elm] Kephalides: lateinische Schrift
Z. 92 Dr. Phil.: lateinische Schrift
Z. 94 Joh[ann] Friedr[ich] Haenel: lateinische Schrift
Z. 99 Breslau: lateinische Schrift
Z. 101 Carl: lateinische Schrift
Z. 101 v[on] Richthofen: lateinische Schrift
Z. 102 Brechelshof: lateinische Schrift
Z. 102 Janer: lateinische Schrift
Z. 103 Breslau: lateinische Schrift

Sacherklärung

I.

Antonie von Fischer-von Mützschefahl (*um 1784) ⇒ Nr. 1515 c

III.

Z. 13 Wiegenfest: Pestalozzi hatte am 12. Januar Geburtstag.

Z. 18 f.	*Briefes*: scheint nicht erhalten zu sein
Z. 30	*Schmidt*: Joseph Schmid (1785–1851) ⇒ Nr. 712
Z. 31	*Fellenberg*: Philipp Emanuel von Fellenberg (1771–1844) ⇒ Nr. 426
Z. 47	*K i n d :* ⇒ Nr. 1654
Z. 48	*Meinen*: ⇒ Nr. 1654
Z. 60	*Dankelmann*: Graf Carl Ludolf Friedrich von Danckelmann (1766–1819) war nach dem Studium der Rechtswissenschaften in Halle als Mitarbeiter des Justizkollegiums in Breslau tätig und wurde 1790 zum Rat der Breslauer Oberamts-Regierung ernannt. Nebenbei amtete er als Pupillen- und Konsistorialrat, 1793 folgte seine Wahl zum Vize-Präsidenten der Regierung in Posen, ab 1800 war er Regierungspräsident in Kalisch und übernahm 1808 den Posten als Chef-Präsident des Oberlandesgericht in Breslau, den er bis zu seinem Tod innehatte.
Z. 62	*Steinbeck*: Johann Carl Gotthelf Steinbeck (1754–1819) wurde 1782, nach einem Jurastudium in Königsberg und Referendarstellen, zum Regierungsrat zweiter Klasse ernannt, 1787 folgte die Ernennung zum Rat erster Klasse in Breslau. Nachdem er 1793 in die Regierung nach Posen versetzt worden war, kehrte er als Rat der Oberamts-Regierung und Ober-Bergrat nach Breslau zurück, amtierte ab 1795 zudem als Ober-Bergrichter beim Breslauer Ober-Bergamt und war im Nebenamt als Konsistorial- und Pupillenrat tätig. Ab 1806 gehörte er dem Oberlandesgerichtsrat Breslau an, wurde zum Oberlandesgerichtsdirektor berufen und 1813 zum Vizepräsidenten des Oberlandesgerichts und zum Direktor des Pupillenkollegiums Breslau ernannt.
Z. 63	*Fischer*: Maximilian David Benjamin von Fischer (1763–1824) ⇒ Nr. 1654
Z. 64	*Jagwitz*: Wilhelm Jakob Jagwitz (1752–1826) studierte in Frankfurt an der Oder Rechtswissenschaften, war ab 1778 im Justizdienst tätig, erhielt 1792 das Patent als Rat der ersten Klasse in Breslau und gehörte bis 1806 der Breslauer Oberamts-Regierung an, im Nebenamt war er Pupillen- und Konsistorialrat. Von 1806 bis 1820 besetzte Jagwitz einen Posten als Oberlandesgerichtsrat. 1821 verliess er Breslau und zog nach Cieplice Slaskie-Zdrój (heute Teil von Jelenia Góra, Niederschlesien).
Z. 65	*Matuschka*: Graf Heinrich von Matuschka (1768–1845) trat nach dem Studium der Jurisprudenz in Halle in den Justizdienst ein, wurde 1806 Mitglied der Oberamts-Regierung in Breslau und war nebenbei als Konsistorialrat tätig. 1809 folgte die Ernennung zum Rat beim Oberlandesgericht Breslau, 1810 die Ernennung zum Geheimen Justiz- und Oberlandesgerichtsrat in Breslau.
Z. 66	*Gerhard*: Johann David Friedrich Gerhard (1769–1829) studierte Rechtswissenschaften in Halle und wurde nach Referendars- und Assessorenposten 1794 als Regierungsrat in Posen eingesetzt. 1797 erfolgte seine Versetzung in die Oberamts-Regierung nach Schlesien und 1800 nach Breslau, wo er ab 1809 als Rat beim Oberlandesgericht amtierte.
Z. 67	*Reinhart*: Wilhelm Ludwig Reinhar(d)t (1770–1844) studierte Rechtswissenschaften in Halle und trat danach in den Justizdienst ein. Von 1798 bis 1803 gehörte er dem Kollegium des Regierungsrats in Warschau an, 1804 wurde er in den Regierungsrat von Posen versetzt, 1809 folgte die Ernennung zum Breslauer Oberlandesgerichtsrat und 1819 jene zum Geheimen Obertribunalrat in Berlin.

Z. 68   *Wentzel*: Johann August Wentzel (1768–1837) studierte in Halle Rechtswissenschaften und verfolgte danach eine gerichtliche Ausbildung bei der Breslauer Oberamts-Regierung, die er 1789 als Askultator begann und die sich über den Posten als Assessor bis hin zum schlesischen Regierungsrat im Jahre 1798 fortsetzte. Nebenbei war er als Konsistorial- und Pupillenrat tätig, 1806 wurde Wentzel zum Mitglied des Breslauer Oberlandgerichts ernannt. Er war der Schwager von Carl Ernst Gideon von Wallenberg (1777–1830, ⇒ Z. 69).

Z. 69   *Wallenberg*: Carl Ernst Gideon von Wallenberg (1777–1830) war nach dem Studium der Jurisprudenz in Halle bei der Breslauer Oberamts-Regierung tätig, zuerst seit 1796 als Askultator, dann seit 1798 als Referendar, seit 1800 als Assessor und zuletzt seit 1805 als Rat. Um 1806 folgte seine Ernennung zum Rat beim Oberlandesgericht. Wallenberg war der Schwager von Johann August Wentzel (1768–1837, ⇒ Z. 68).

Z. 70   *Kottwitz*: Freiherr Johann Wilhelm von Kottwitz war vor 1814 Assessor in Stettin und seit 1814 ebendort Rat beim Oberlandesgericht. Um 1817 gehörte er dem Oberlandesgerichtsrat in Breslau an, 1832 wurde er zum Geheimen Justizrat ernannt und erhielt 1849 als geheimer Justiz- und Oberlandesgerichtsrat den Roten Adler-Orden II. Klasse.

Z. 72   *Steeger*: Johannes Abraham Steeger (1789–1858) ⇒ Nr. 1054

Z. 74   *Mogalla*: Georg Philipp Mogalla (1766–1831) war von 1784 bis 1787 als erster weltlicher Professor am königlichen Gymnasium in Breslau angestellt, bevor er sich den medizinischen Wissenschaften zuwandte und 1790 in Medizin und Chirurgie an der Universität Frankfurt an der Oder promovierte. Es folgten Anstellungen als Oberarzt beim Schlesischen Bergknappschaftsinstitut (1791), als Assessor beim Schlesischen Medizinal- und Sanitätskollegium (1800) und ebendort als Rat (1803). 1804 wurde Mogalla zum Direktor des Anatomieinstituts ernannt, 1816 trat er in die königliche Regierung in Breslau ein und erhielt 1819 das Patent als königlicher Regierungsrat. Mogalla verfasste verschiedene Beschreibungen über die Mineralquellen und Heilbäder Schlesiens, ebenso Schriften zu medizinischen Themen.

Z. 75   *Etzler*: Karl Friedrich Etzler (1766–1831) begann 1786 in Halle Theologie zu studieren, wandte sich dann aber der Pädagogik zu. 1789 wurde er am Gymnasium Elisabethanum in Breslau als Hilfslehrer eingestellt und 1810 zum Rektor befördert. 1821 legte er diesen Posten aus gesundheitlichen Gründen nieder, behielt seine Lehrerstelle aber bis zur Pensionierung im Jahre 1821. Etzler verfasste Schulprogramme und Lehrbücher.

Z. 76   *Rother*: Karl Heinrich Rother (1779–1858) war um 1815 vierter Diakon der evangelischen Elisabeth-Kirche in Breslau. Er behielt dieses Amt über viele Jahre, bis er zum Pastor an dieser Gemeinde ernannt wurde und 1853 auch die Ehrenpromotion an der evangelisch-theologischen Fakultät der Universität Breslau erhielt. Rother verfasste zahlreiche theologische Schriften, so auch die *Grundzüge des reinen Christenthums für evangelische Katechumenen* (1829).

Z. 77   *Gerhard*: Karl Theodor Christian Gerhard (1773–1841) aus Breslau kehrte nach seinem Studium in Halle nach Breslau zurück, wo er als Pastor und Diakon tätig war, unter anderem seit 1796 als Prediger an der St. Elisabeth-Kirche. 1836 wurde er zum Oberpfarrer dieser Kirche ernannt.

Z. 78   *Oelsner*: Johann Wilhelm Oelsner (1766–1848), Königlich Geheimer Kommerzien- und Konferenzrat, Industrieller und Pädagoge, studierte

1786 bis 1790 Philologie in Halle. Nach einer Tätigkeit als Hilfslehrer gründete er 1794 in Breslau ein Privaterziehungsinstitut mit, dessen Pensionat er leitete. 1802 wurde er ebenda zum Professor an der Elisabethenschule (⇒ Nr. 1859) und 1804 zum Direktor des Seminars (⇒ Nr. 1422) für gelehrte Schulen ernannt. Als er 1809 von seinem Onkel eine Tuchhandlung erbte, trat er von der inzwischen florierenden Privatanstalt zurück und betätigte sich alsdann vor allem als Textilunternehmer.

Z. 79 *Morgenbesser*: Ernst Friedrich Heinrich Morgenbesser war Justizkommissar in Breslau und als Notar am dortigen Oberlandesgericht tätig, bis er 1839 seine Ämter niederlegte. Von 1812 bis 1817 war er unbesoldeter Stadtrat in Breslau.

Z. 80 *Kahlert*: Johann Gottlieb Kahlert (1756–1831) war von 1789 bis 1803 Erzieher der Kinder des schlesischen Gouverneurs Prinz Friedrich von Hohenlohe-Ingelfingen (1746–1818), ab 1803 unterrichtete er als Privatgelehrter in Breslau und war Titularprofessor am Breslauer Marien-Magdalenen-Gymnasium.

Z. 81 *Foerster*: August Wilhelm Förster (1790–1826) studierte ab 1808 in Leipzig und Berlin Rechtswissenschaften, promovierte 1812 in Breslau, nahm 1813 und 1814 an den Freiheitskriegen teil und begab sich 1815 zusammen mit August Wilhelm Kephalides (1789–1820, ⇒ Z. 92) auf eine Italienreise. 1817 folgte seine Ernennung zum ausserordentlichen und 1820 zum ordentlichen Professor an der Universität Breslau, von 1824 bis 1825 amtierte er als Rektor der Universität.

Z. 83 *Quindt*: Der Kandidat der Theologie Quindt konnte nicht näher bestimmt werden.

Z. 84 *Loen*: Damit dürfte wohl Ernst von Loen gemeint gewesen sein, der um 1806 königlicher Justizrat und anschliessend königlicher Regierungsrat von Breslau war.

Z. 85 *Kottwitz*: Freiherr Carl Ferdinand Gottlob von Kottwitz (1781–1861) studierte ab 1800 Rechtswissenschaften in Erlangen (Bayern), war danach Referendar beim Berliner Kammergericht und ab 1805 Kammerjustiziar in Głogów (Glogau, Niederschlesien). 1806 wurde Kottwitz zum Regierungsrat in Legnica (Liegnitz, Niederschlesien) ernannt, danach folgte die Berufung nach Breslau, wo er zuerst als vortragender Rat, dann ab 1816 als Regierungsdirektor und zuletzt als Regierungs-Vizepräsident tätig war.

Z. 88 *Brzosowski*: Johann Wilhelm Broszowsky (*1785) war vermutlich in Breslau Regierungsreferendar und Regierungsassessor und amtierte noch 1845 als Regierungsrat der preussischen Regierung in Posen.

Z. 89 *Guttentag*: Samuel Simon Guttentag (1786–1850) war jüdischer Herkunft und studierte in Göttingen Medizin, danach war er in Breslau als Sanitätsrat, dirigierender Arzt, Spitalarzt und Privatdozent tätig.

Z. 90 *Zaremba*: Johann von Zaremba (†1851) schied 1823 nach einer Laufbahn als preussischer Infanterieoffizier, Kriegskommissar und Intendaturrat beim Sechsten Armeekorps aus der Armee aus und war anschliessend bis zu seiner Pensionierung 1839 in der Regierungshauptkasse von Breslau tätig.

Z. 91 *Hagelweide*: Karl Hagelweide konnte nicht mit Sicherheit bestimmt werden. Es düfte sich wohl entweder um den Schullehrer Karl Hagelweide aus Schemtschuschnoje (Schaaken, Kaliningrad) handeln, der 1830 die

Stelle als Kantor und Organist in Königsberg erhielt und als solcher noch um 1868 mit dem preussischen Orden Adler der Vierten Klasse ausgezeichnet wurde, oder aber um den Seminarlehrer und -direktor Karl Hagelweide (†1859). Dieser war von 1819 bis 1822 Lehrer am Bunzlauer Waisenhaus (⇒ Nr. 1453), unterrichtete ab 1825 als dritter Hauptlehrer, ein Jahr später als Oberlehrer am Seminar in Karalene (⇒ Nr. 1454) und amtierte seit 1838 und bis mindestens 1855 als Direktor des von 1828 bis 1924 bestehenden Seminars in Wegorzewo (Angerburg, Ermland-Masuren).

Z. 92 *Kephalides*: August Wilhelm Kephalides (1789–1820) war seit 1813 als Professor am Friedrich-Gymnasium in Breslau tätig. Er verfasste unter anderem ein zweibändiges Werk *Reise durch Italien und Sicilien*, worin er über eine Reise berichtet, die er 1815 zusammen mit dem Juristen August Wilhelm Förster (1790–1826, ⇒ Z. 81) unternommen hatte.

Z. 94 *Haenel*: Johann Friedrich Haenel (1788–1837) ⇒ Nr. 1635

Z. 97 *Gymnasium*: ⇒ Nr. 1859

Z. 98 *Lienhard und Gertrud*: Johann Heinrich Pestalozzi: Sämmtliche Schriften, Band 1–4. Stuttgart 1819–1820

Z. 99 *Central-Bibliothek*: Gegründet von Johann Gustav Gottlieb Büsching (1783–1829), der nach der Aufhebung der Klöster durch den Preussischen Staat (1810) diverse Klosterbestände in Breslau zusammenführte, operierte die Central-Bibliothek von 1811 bis 1815 und wurde dann zur Universitätsbibliothek umfunktioniert; in dieser Gestalt ist sie heute – nach einem fundamentalen Neuaufbau seit 1945 – eine der grössten Bibliotheken Polens.

Z. 101 *Richthofen*: Karl Friedrich Ernst Richthofen (1787–1841) studierte in Göttingen bei dem Philosophen und Pädagogen Johann Friedrich Herbart (1776–1841, ⇒ Nr. 584). Nach dem frühen Tod seiner ersten Frau Therese Freiin Grote (1791–1811) verbrachte er einige Monate bei Pestalozzi in Yverdon und versuchte in der Auseinandersetzung mit Philipp Emanuel von Fellenberg (1771–1844, ⇒ Nr. 426) zu vermitteln. 1811 erwarb Richthofen vom preussischen Staat Gut Brechelshof, wo er eine auf Herbarts Ideen basierende Mustererziehungsanstalt gründen wollte, was jedoch erfolglos blieb.

1861.
Joseph Jenko
31. Dezember 1817

Herrn Pestalozzi in Yverdon

Gratz in Steyermark, am 31. December 1817

Hochverdienter Greis! Hier übermache ich Ihnen die Nahmen von 18 Pränumeranten, auf die neue Auflage Ihrer Werke, zu Ihrem Vortheile. Herr Cotta, der edelmüthige Verleger, möge die Gefälligkeit haben, diese 18 Exemplare Ihrer Werke nach seiner Einsicht mit den kleinsten Kosten und mit Sicherheit an mich einzusenden.

Kann es nicht bandweise geschehen, so soll er so viele Bände zusammen kommen lassen, bis sie einen mässigen Ballen geben, welcher einem Fuhrmanne aufgegeben werden kann. Weil jedoch von Tübingen nach Gratz kein Fuhrmann unmittelbar kommt, so könnte der Ballen durch Cotta's Commissionär in Wien an mich gelangen. – Ich bitte auch, dass entweder Euer Hochwohlgeborn oder Herr Cotta mir gefälligst anzeige: wo ich das Geld zu erlegen habe, oder wie ich es sonst übermachen soll?

Damit ich gewisser bin, dass diese Nachricht an den gehörigen Ort gelange, habe ich gestern einen Brief, gleichen Inhalts, an Herrn Cotta geschrieben.

Ich bin mit der grössten Hochachtung
Euer Hochwohlgeborner
Verehrer Jos[eph] Jenkossia
Professor der Mathematik
und der Technologie
wohnt in der Herrngasse Nr. 203 im 4. Stock, links

1.) Anton Graf von A t t e m s , Gutsbesitzer
2.) E. von B . , Gutsbesitzer
3.) Franz G a l l i n a , Pfarrer
4.) J[oseph] J [e n k o] , Professor
5.) Thomas J e n k o , Justiciär
6.) Wilhelm Joseph K a l m a n n , Gutsbesitzer
7.) Anton Carl M a r k , Handelsmann
8.) J. M. von N . , k[aiserlich]-k[öniglicher] Beamter
9.) Anton P a c h l e r , Doctor
10.) Carl P a c h l e r , Doctor
11.) Joseph R i t t e r , Oberamtsrath
12.) Magnus R ö c k , Gymnasial-Präfect
13.) Joseph S c h w a m b e r g e r , Doctor
14.) Michäel S c h w a r z l , Spiritual
15.) Jacob Friedrich W e i t z e r , Doctor
16.) Ignatz W e r l e , Doctor
17.) Georg W m a d a s c h , Schullehrer
18.) Mathias L ö s c h n i g , Dechant

Überlieferung

1 ZB Zürich, Ms Pestal 51/52, Umschlag 148/1
2 Bogen, 222 x 179 mm
4 Dorsualvermerk *Grätz, 31. Déc[emb]re 1817. Jos[eph] Jenko.* –
5 Original

Textkritik

Zeuge H
Z. 9 f. Einsicht < nach jener Einsicht > mit
Z. 15 durch < den > Cotta's

Sacherklärung

I.

Joseph Jenko (1776–1858) unterrichtet sieben Jahre lang Mathematik in Ljubljana und kommt 1811 als Professor für reine Elementar-Mathematik an die Universität Wien. Nach Wechseln ans Lyzeum in Linz (1814) respektive Graz (1815) – an beiden Orten lehrt er Mathematik – kehrt er 1819 an die Universität Wien zurück und wird dort 1848 pensioniert.

III.

Z. 7 *Werke*: Johann Heinrich Pestalozzi: Sämmtliche Schriften, 12 Bände. Stuttgart 1819–1824
Z. 8 *Cotta*: Johann Friedrich Cotta, Freiherr von Cottendorf (1764–1832) ⇒ Nr. 617
Z. 15 *Commissionär*: Damit könnte Joseph Geistinger (1769–1829) oder Carl Anton Armbruster (1786–1840) gemeint gewesen sein. Geistinger war Buchhändler und Verleger in Wien und bot eine breite Palette von marktgängigen Büchern an, sehr oft in Kommission. Armbruster aus Konstanz verlegte zunächst von 1812/14 bis 1819 zusammen mit Christian Gottlieb Kaulfuss (1780–1833), dann selbstständig die für Österreich lizensierte Goethe-Ausgabe Cottas (1816–1822). 1812 eröffnete Armbruster eine Leihbibliothek und belieferte die k.u.k.-Hofbibliothek mit deutschen Werken. Von 1821 bis 1830 war er Untervorsteher, danach bis zum Konkurs seines Verlags 1840 Obervorsteher des Wiener Buchhandels-Gremiums und Bücherschätzmeister.
Z. 20 *Brief*: scheint nicht erhalten zu sein
Z. 28 *Attems*: Anton von Attems (1737–1826) war Offizier in der österreichischen Armee, zuletzt ab 1811 im Rang eines Generalmajors, und nahm am Siebenjährigen Krieg (1756–1763) gegen die preussische Armee an den Schlachten von Leuthen 1757 und Kunersdorf sowie als Kommandant von Triest am russisch-österreichischen Türkenkrieg (1787–1792) teil. 1813 trat er in den Ruhestand und zog sich auf seine Güter Rohitsch und Stermol in der Steiermark zurück.
Z. 29 *B.*: Der Gutsbesitzer E. von B. konnte nicht näher bestimmt werden.
Z. 30 *Gallina*: Franz von Gallina (1784–1832) wurde 1810 in St. Andrä (Kärnten) zum Priester ordiniert und bekleidete Kaplanstellen in der Untersteiermark (Slowenien). Als Provisor bzw. Kurator der Pfarre bzw. Kuratie Zagorje von 1821 bis 1824 geriet er in Schulden und wurde auf seine Bitte als Kaplan in Laško/Tüffer (1824/25) und Brežice/Rann (1825–1827) angestellt, bevor er Provisor zu St. Margaretha in Kebelj (1827/28) und Kaplan in Cadram-Oplotnica/Tschadram (1828–1831) wurde.
Z. 32 *Jenko*: Thomas Jenko stammte vermutlich aus Ljubljana und war dort Beamter.
Z. 33 *Kalmann*: Wilhelm Joseph Kalmann (1759–1842) studierte seit 1792 in Jena und Kiel und zählte zum Studentenkreis des Kant-Spezialisten

Karl Leonhard Reinhold (1757–1823, ⇒ Nr. 442), mit dem er durch Nordosteuropa reiste. 1795 musste Kalmann – vielleicht aus finanziellen Gründen – seine Studien beenden und lebte bis zu seinem Tod zunächst als Angestellter, ab 1801 als Pächter des Gutes Riegersburg in der Steiermark des Grafen von Gottfried Wenzel von Purgstall (1773–1812), der wie Kalmann ein Schüler Reinholds und Anhänger der frühen Nationalbewegung war.

Z. 34 *Mark*: Anton Karl Mark war als Handelsmann in Graz ansässig, wo er 1813 und 1816 als Besitzer zweier Häuser geführt wurde.

Z. 35 *N.*: Die Namensabkürzung J. M. von N. konnte nicht vollständig aufgelöst werden. Vom sozio-kulturellen Kontext der übrigen hier aufgelisteten Subskribenten aus Graz und der Steiermark kommt möglicherweise der promovierte Jurist, Hof- und Gerichtsadvokat sowie Agrarexperte und Landwirt Johann Neuhold von Neuoldau (1756–1822) aus Graz infrage.

Z. 36 *Pachler*: Anton Pachler (1786–nach 1848) stammte wie sein Bruder Karl (1789–1850, ⇒ Z. 37) aus einer Grazer Bierbrauerfamilie. Nach seinem Jurastudium in Wien war er Advokat. Er verkehrte in Wiener Künstlerkreisen und zählte zum Bekanntenkreis des Komponisten Ludwig van Beethoven (1770–1827).

Z. 37 *Pachler*: Karl Pachler (1789–1850), der jüngere Bruder von Anton Pachler (1786–nach 1848, ⇒ Z. 36), war Advokat, Brauerei- und Wirtshausbesitzer in Graz. Zusammen mit seiner Frau Marie Leopoldine Pachler-Koschak (1794–1855), die mit den Komponisten Ludwig van Beethoven (1770–1827) und Franz Schubert (1797–1828) bekannt war, führte er in Graz einen Salon, der im Zentrum des Grazer Geisteslebens der Biedermeierzeit stand.

Z. 38 *Ritter*: Joseph Ritter war kaiserlich-königlich wirklicher Salzoberamtsrat und 1818 als Referent in Salzberg-, Sud-, Bau-, Eisenhammer- und Eisenbergsachen beim steirischen Salzoberamt Aussee angestellt. Zudem war er Pfannhausverwalter und Bau-Inspektor. 1827 wurde er eventuell als Bergrat in Salzburg geführt.

Z. 39 *Röck*: Magnus Röck (1781–1863) war seit 1805 Professor für Kirchengeschichte und kanonisches Recht an der Universität Graz. Von 1815 bis 1827 leitete er das königlich-kaiserliche Konvikt und amtierte von 1818 bis 1839 als Präfekt des Staatsgymnasiums. Zugleich war er um 1830 Pfarrer in Frauenberg (Obersteiermark).

Z. 40 *Schwamberger*: Joseph Schwamberger (1772–1850) war als Hof- und Gerichtsadvokat ein bedeutender Anwalt in Graz. Zu seinen Klienten zählte auch August Heinrich Hoffmann von Fallersleben (1798–1874), der als Schriftsteller im Umfeld der deutschen Nationalbewegung und Verfasser des *Liedes der Deutschen* mit Schwambergers Stiefsohn und Universalerben, dem Wiener Romanisten, Literaturhistoriker und Skriptor der Hofbibliothek Ferdinand Wolf (1796–1866), befreundet war.

Z. 41 *Schwarzl*: Michael Schwarzl (1783–1855) war Theologe und bekleidete verschiedene Pfarrämter, unter anderem von 1827 bis 1833 als Dechant in Deutschlandsberg (Steiermark) und anschliessend bis zu seinem Tod als Pfarrer der steirischen Stadt Hartberg.

Z. 42 *Weitzer*: Jakob Friedrich Weitzer (1779–1833) war Hof- und Gerichtsadvokat in Graz.

Z. 43 *Werle*: Ignatz Werle (1777/8–1834) aus Marburg (Steiermark) war promovierter Mediziner und arbeitete von 1824 bis 1827 als Vertreter der Theoretischen Medizin an der Universität in Graz, wo er um 1829 auch als Stadtphysikus amtierte. Bereits 1821/22 machte Werle mit seiner Publikation *Anweisung zum Gebrauch des Johannisbrunnens* auf die Heilquellen des Johannisbrunnens im steirischen Gleichenberg aufmerksam, das sich in der Folge zu einem Bad- und Kurort entwickelte.

Z. 44 *W m a d a s c h* : Georg Wmadasch konnte nicht näher bestimmt werden. Möglicherweise wurde der Nachname falsch notiert.

Z. 45 *L ö s c h n i g* : Mathias Löschnig (1771–1830) war nach Beendigung des Theologiestudiums in Graz 1794 Kaplan in Mureck (Steiermark), 1796 in Apace (Abstall, Slowenien) und ab 1798 Pfarrer in Maribor (Slowenien). Er setzte sich in der steirischen Landwirtschaftsgesellschaft für Agrarverbesserungen ein und engagierte sich in der Armenfürsorge. 1824 wurde er zum Kreisdechant ernannt.

1861 a.
Johann Kaspar Horner

1817

[Reg.] Horner subskribiert die gesammelten Werke für sich und einen Freund.

Überlieferung

1 Nr. 2674

Sacherklärung

I.

Johann Kaspar Horner (1774–1834) studiert Theologie in Zürich, Mathematik, Physik und Astronomie in Göttingen und wird 1799 in Jena zum Doktor promoviert. Nachdem er zwischen 1803 und 1806 als Astronom und Geograf an einer von Russland geleiteten Weltumsegelung teilgenommen hat, wirkt er als Adjunkt an der St. Petersburger Akademie, bevor er 1809 nach Zürich zurückkehrt, um dort als Mathematikprofessor sowie als Gross- und Erziehungsrat zu amtieren.

III.

Z. 4 *Freund*: Es ist unklar, wer damit gemeint sein könnte.

1862.
Wilhelm/Guillaume Egger

gegen Ende 1817

[Rats]heer Vogel
der Schanz,
Zürich.

recht
ist J
lich Pester lu
Schedius; welcher fe * [Uni-]
versität und Inspec[tor]
ein gewisser Willerdi[ng]
Jahren hier in Pest, und Lehrer der franz[ösischen] und ital[ienischen] Sprache ist, das meiste zu dessen Einführung in dieser Schule beigetragen. Er, als Vater von 2 Knaben von 7 u[nd] 8 Jahren, verschaffte sich nach und nach die vorzüglichsten Werke über Ihre Lehrmethode, wendete dieselbe mit dem schönsten Erfolge bei seinen eigenen Kindern an. Zu jener Zeit, vor 3 Jahren als wir uns eben auch hier befanden, machten Szabo und ich seine Bekanntschaft, flössten ihm zur weitern Befolgung des Angefangenen dadurch noch mehr Muth ein, dass wir ihm mit Rath und That an die Hand giengen. Will[erding] empfahl die Methode durch die Fortschritte seiner Kinder selbst, und war vorzüglich darum bemüht seinen Freund Hoffmann, welcher der erste Lehrer, oder der Rector der luth[erischen] Schule war,

* * *

re
sich selbst
[Me]thode an, fest entschlo[ssen]
[l]ernen und selbst zu prü-
[fen] * * * Sache, als wir wieder auf
das Land zurückkehrten, denn noch konnte in der Schule selbst nichts geschehen, obschon es H[err] Schedius Wunsch war, weil Hoffm[ann] der Oberlehrer der Schule war. Wir stunden nun mit Will[erding] in Briefwechsel, ich schrieb ihm vieles über den Zeichnungsunterricht, schickte ihm Modelle. Nach einiger Zeit schrieb uns Will[erding], dass Hoffm[ann] sich ganz bekehrt und nun der eifrigste Anhänger und Vertheidiger der Pest[alozzischen] Meth[ode] sei «ja, meint er, da muss man nicht nur den Niem[eyer] sondern seine eigenen Werke lesen und sie studieren, wenn man diesen Mann kennen lernen will.[»]

Nun begann die Einführung der Math[ematik] in der luth[erischen] Schule, Hoffm[ann] studirte drauf los und übernahm die Formenlehre, das Rechnen, späterhin auch die Geographie und die Sprachen; Will[erding] obschon nicht angestellt an

* * *

Priv
Jahr im August
der Kirche gehalten
Zufriedenheit ausgefallen
die Schüler soweit gekommen, dass viele der schwer[eren] Tappeschen Modelle mit Richtigkeit und Reinheit nachgezeichnet, vorzeigen konnten; W[illerding] schrieb mir dass man allgemein damit zufrieden war, sogar diejenigen Handwerker, welche ihre Mäuler immer am weitesten offen gehabt, und gegen das verfluchte Strichelmachen geschimpft hätten: «heisst denn das Zeichnen? zu was brauchen unsere Kinder das Zeichnen?»

Seit einem Jahr befinden wir uns auch hier in Pest und sind nun im Stande den Lehrern von der luth[erischen] Schule viel zu nützen. Will[erding] hatte, wegen seinem Zeichnungsunterrichte, über ein Jahr lang bei einem hiesigen Meister, zeichnen gelernt, u[nd] sich auf alle mögliche Art bemüht hierinn selbst etwas zu lernen;

* * *

genug
den Punkt bezeug[en]
e treffen müsse, u[nd] wir
nachgemessen, es auf
das Jaar so heraus kam. Nun ertheilte ich ihm den Zeichnungsunterricht, vorzüglich in der Persp[ektive] die er auch sogleich den 4 ältern, besten Schülern seiner Zeichnungsclasse mittheilte; ich war beinahe immer selbst dabei um ihn nicht in Verlegenheit kommen zu lassen; er war gezwungen fleissig zu lernen, denn die Knaben hatten viel Freude daran und begriffen sehr schnell, welches letztere bei meinem Schüler Will[erding] nicht der Fall war, hier könnte man wohl mit Recht sagen: er begreift sehr schwer, wenn er es aber einmal versteht und kann, dann vergisst er es auch gleich wieder. Es gereicht ihm aber sehr zur Ehre, dass er, ein Mann von 35 Jahren sich zu einem solchen Fache entschliesst. In ein Paar Wochen hatten diese 4 Schüler den Curs der Persp[ektive] durchgemacht, währenddem der weit grössere Theil der Classe

* * *

gar nicht dazu g
nen zu können, zu

ren wollte. Den 9ten April unterricht seinen Anfang, 3 mal wöchentlich zu 1 Die Knaben waren so fleissig, dass sie bis zum Examen recht brave Zeichnungen aller Art, theils in Kreide, theils in Tusche, auch in Farben, alles nach Naturgegenständen gezeichnet und schattirt, geliefert; einer hat sogar das Profil von Ciceros Büste, in natürlicher Grösse gezeichnet; diese machten beim Examen grosses Aufsehen, denn dazu hatten wir einige Künstler, Zeichnungsmeister und Bildhauer eingeladen. Die Zeichnungen liefen von Hand zu Hand, u[nd] alles war darüber erstaunt darinn das Resultat vom Strichelmach[en] und nach 3 monatlichem Privatunterricht zu sehen. Die Naturgegenstände, welche die Zeichnungen vorstellten, lie[ss] ich alle auch in die Kirche bringen, damit die Zeichnungen

* * *

uche *
S]chülern im Chor aus aufgeführt. Der G e s a n g [hat]ten am meisten aufsehen erregt.
Nachdem das Examen in der Kirche zu Ende war, liess ich durch den H[errn] Prof[essor] Schedius die Gemeinde auf den gymnastischen Platz einladen, um auch diesen theil der Methode zu prüfen. Trotz einer sehr ungünstigen Witterung hatten sich sehr viele, auch vornehme Damen dabei eingefunden, u[nd] hat allgemeines Gefallen. (ich werde späterhin mehr von der Gymnastik sagen)
Einige Tage nach dem Examen bemühte ich mich zu erfahren was ferner für Urtheile über das eben gehaltene Examen gefällt würden, u[nd] ich erfuhr folgendes: der hiesige Bildhauer Dunajszky war schon längst unserm Will[erding] abgeneigt, und machte andere Mitglieder von der Gemeinde darauf aufmerksam, dass Will[erding] in der Schule den Zeichnungsunterricht gebe und doch selbst nicht zeichnen könne, hat noch eine Menge Lügen hinzugesetzt, dass er dafür freies Quartier u[nd] Holz beziehe etc.

* * *

best
sondern man müsse den
hierum zur Richtschnur n[ehmen]
geschmeckt. Eine Weile darauf sagte Dun[ajszky] war so, dass ich ihn nicht so hätte machen können, u[nd] ich bin überzeugt dass der Schwarz u[nd] Scheft (hiesige Prof[essoren] im Zeichnen) ihn auch nicht so gemacht hätten». Nun erwiderte ihm mein Fr[eun]d: «Aber hören Sie, Sie widersprechen sich ja selbst: soeben sagten Sie dass der Kopf verzeichnet war, und jetzt sagen

Sie, dass Sie selbst nicht im Stande wären, ihn so zu machen.» Nun wusste D[unajszky] nichts mehr zu sagen, er gieng weg u[nd] ist seither meinem Freunde Feind. – Ich musste über die zu grossen Fortschritte herzlich lachen, das ist wohl, seit dem die Welt steht,
130 noch keinem Lehrer vorgeworfen worden, wenigstens geschieht es sehr selten. Dun[ajszky] mochte mich übrigen[s] wohl leiden, wir sahen uns öfters, u[nd] er selbst sagte mir beim Examen, während dem die Zeichnungen herumgiengen: «ja, wir möchten uns glücklich schätzen, wenn wir Sie zum Zeichnungs Prof[essor] an der Schule
135 hätten.» Ich versicherte ihn aber, dass es auch so, gut gehen werde. – Will[erding] war in

* * *

in H
tel dazu an, so solt
140 [un]d ich übernehme den Unter-
[richt] * H[oheiten] waren es sehr zufrieden, der eine gab einen geräumigen Bauplatz her, andere machten Beiträge in Geld. Ich besichtigte den Platz, der 70 Schritte in die Länge, und 21 in die Breite hat, der mit schönem Rasen bewachsen, mit guten Bretter-
145 wänden versehen, u[nd] was für mich besonders angenehm ist: dem Hause, welches wir bewohnen, gerade gegenüber. Auf demselben befindet sich eine geräumige, von Brettern erbaute Hütte, welche mir ebenfals zu dienste steht, und in welcher ich alle beweglichen Materialien des Turnplatzes, wie z[um] B[eispiel] Stricke,
150 Strickleiter, Reife, Springmaschiene, Voltigirstäbe, das Voltigirpferd, Bänke etc. in Verwahrung halte. – Ich nahm den Platz auf, entwarf einen Plan, nach welchem jedes Gerüste und andere Vorkehrungen geordnet u[nd] placirt werden sollten; zeichnete diesen Plan ins Reine auf einen grossen Bogen, nebst der perspectivischen Zeich-
155 nung eines jeden einzelnen Gerüstes und sonstigen Sachen, die zum Unterrichte erforderlich, und

* * *

zu ver
nigen Knaben zuge
160 auch zugleich einen Beitrag, zur Beste
fern. Die übrigen Knaben der Schule hätten freilich al[le] gerne Theil an den Übungen genommen, u[nd] viele befragten mich darum, ich gab ihnen zur Antwort: «wenn es eure Eltern haben wollen, dann könnt ihr herkommen.[»] Sie bathen ihre Eltern darum die meisten
165 wurden aber mit dem: Du brauchst kein Kommediant zu werden, zurückgewiesen. – Die Vorübergehenden wussten nicht was Teufels denn dieser Galgen, diese Mastbäume, Gräben etc.

zu bedeuten hätten: da werden sich ganz sicher Seiltänzer produciren. Die Polizei liess sogar nachfragen; ich gab kurzen Bescheid. Bald kam der Befehl ich möchte mich zum H[err]n Stadthauptmann auf das Stadthaus begeben, wurde von ihm befragt was diess zu bedeuten hätte etc., warum ich ihm keine Anzeige davon gemacht? ich sagte ihm; dass, da es auf einem Grundeigenthum eines hiesigen Bürgers u[nd] Privatsache sei, so hätte ich es nicht für nöthig befunden, noch sonst jemand ander darum zu fragen; ich erklärte ihm nun den Zweck der ganzen Sache den er sehr lobte, er sagte: ich habe im Geringsten nichts dagegen im Gegentheil freut es mich eine nützliche Anstalt entstehen zu sehen, haben Sie nur die Güte mir Ihren Zweck in einer

* * *

unsern
ei[n] junger Graf u[nd] ein Baron
s Sohn kömmt auch jetzt noch beinahe täglich,
auch die jungen Grafen Karoli u[nd] Waldstein zu weilen, diese nebst den jungen Bar[onen] Vay bilden die Volontairs, weil sie nicht eigentlich zu den bestimmten Schülern gehören. Solche Volontairs bekam ich leider nur zu viele, denn nun waren weit mehr Grosse bei den Übungen, als wirkliche Schüler; alles machte mit: Jung u[nd] Alt. Ich liess es zu, weil ich diess als ein gutes Mittel ansah, die Sache zu befördern; ich gestattete jedoch nicht, dass die Grossen die Kleinern in ihren Übungen, welche ich immer leite, im Geringsten stören. So ein Eifer u[nd] so ein Leben hatte ich mir nie geträumt; Ich gieng aber auch überall mit gutem Beispiel vor. Die Knaben fanden sich anfangs täglich 2 Stunden früher vor dem Thor des Platzes ein, als ich ihn, eigener Geschäfte halber öffnen konnte. Was da für Urtheile gefällt worden, das kann man sich leicht denken: der Ungebildete zuckte die Achseln, mit den Worten: ist denn das die ganze Kunst; mancher hungrige Doctor machte ein bedenkliches Gesicht: das ist schädlich, es befördert eine Lungenentzündung; indessen –

* * *

er war * [be-]
friedigt und mit einem Danke
stolz auf die Geschicklichkeit ihrer Kinder * Zahl
Schüler wuchs heran bis 25. Nun werden die Übungen für dieses Jahr bald eingehen; auf künftiges Jahr, hoffe ich einen grössern Platz zu bekommen, und alsdann werde ich auch mehr Schüler annehmen u[nd] die Übungen erweitern können. In Gran und in Waitzen sind im Laufe dieses Sommers in den dortigen Militär-Anstalten, die gymnastischen Übungen ebenfals eingeführt worden. Von Waitzen

her ist der Aufseher jenes Stifts mit einem Unteroffizir selbst zu diesem Entzwecke, während der Übungen auf meinen Turnplatz gekommen, hat alle Gerüste abzeichnen lassen u[nd] sich die verschiedenen Übungen notirt, u[nd] gleich in seinem Stift eingeführt. Der General Leimel schickte seinen Sohn täglich von Ofen herüber zu den Übungen. – Ein guter Anfang ist nun für einmal schon gemacht; künftiges Jahr wird wohl alles noch besser gehen, die Leute mussten in diesem ersten Jahre zuerst darauf vorbereitet werden, u[nd] die Resultate davon sehen.

* * *

sta
Fortschritte Ihrer M[ethode]
im Allgemeinen betreffend, zukommen zu lassen – u[nd] Seien Sie ganz versichert dass ich stets mein Möglichstes dazu beitragen werde.

Ich bin, Gott sei Dank so wohl u[nd] gesund als es nur ein Mensch sein kann, u[nd] es würde mich unendlich wohl freuen auch ein Gleichs von Ihnen, lieber Vater Pestalozzi zu vernehmen.

Mir geht es hier auch recht gut, gebe in der Stadt auch Privatlectionen im Zeichnen, u[nd] im Miniaturmalen habe ich auch Arbeit genug, meine Arbeiten finden grossen Beifall – es ist eben mein Lieblingsgeschäft. – Hier übersende ich Ihnen das Verzeichniss von neuen Subscribenten auf Ihre Werke u[nd] füge 2^{tens} zugleich auch dasjenige bei, welches Ihnen H[err] Prof[essor] Schedius schon früher geschickt hat, im Fall Sie es nicht empfangen haben sollten. Der Herr u[nd] die Frau Baroninn so wie auch die jungen Baronen u[nd] Herr v[on] Szabo u[nd] endlich auch ich lassen sich Ihrem gütigen Andenken bestens empfehlen

Ihr
Wilhelm Egger.

Meine herzlichen Grüsse an H[err]n Niederer, Krüsy u[nd] wer sich sonst meiner noch erinnert.

Leben Sie wohl.

Meine Addresse: beim H[err]n General v[on] Vay in Pest.

Überlieferung

1 ZB Zürich, Ms Pestal 981/17, Umschlag 82/9a
2 Bogen, 126 x 130 mm
3 an den oberen Teilen der Bogen Mäusefrass
5 Original

Textkritik

Zeuge H

Z. 9.	*Pester*: lateinische Schrift
Z. 10	*Schedius*: lateinische Schrift
Z. 11	*Inspec[tor]*: lateinische Schrift
Z. 12	*Willerdi[ng]*: lateinische Schrift
Z. 13	*Pest*: lateinische Schrift
Z. 13 f.	*ital[ienische]*: lateinische Schrift
Z. 22	*Will[erding]*: lateinische Schrift
Z. 24	*Hoffmann*: lateinische Schrift
Z. 24	*Rector*: lateinische Schrift
Z. 33	*Schedius*: lateinische Schrift
Z. 34	*Hoffm[ann]*: lateinische Schrift
Z. 35	*Will[erding]*: lateinische Schrift
Z. 37	*Will[erding]*: lateinische Schrift
Z. 37	*Hoffm[ann]*: lateinische Schrift
Z. 38	*Pest[alozzischen]*: lateinische Schrift
Z. 39	*Niem[eyer]*: lateinische Schrift
Z. 43	*Hoffm[ann]*: lateinische Schrift
Z. 44	*und <auch> die*
Z. 45	*Will[erding]*: lateinische Schrift
Z. 52	*Tappe*: lateinische Schrift
Z. 58	*Pest*: lateinische Schrift
Z. 60	*Will[erding]*: lateinische Schrift
Z. 67	*nachgemessen, <u[nd]> es*
Z. 69	*Persp[ektive]*: lateinische Schrift
Z. 70	*classe*: lateinische Schrift
Z. 74	*Will[erding]*: lateinische Schrift
Z. 74	*man* ∫
Z. 79	*Curs*: lateinische Schrift
Z. 80	*Classe:* lateinische Schrift
Z. 89	*Profil*: lateinische Schrift
Z. 89	*Ciceros*: lateinische Schrift
Z. 103	*Schedius*: lateinische Schrift
Z. 103 f.	*gymnastischen*: lateinische Schrift
Z. 106	*Damen*: lateinische Schrift
Z. 106 f.	*Gefallen <gefunden>. (ich*
Z. 110	*Dunajszky*: lateinische Schrift
Z. 111	*Will[erding]*: lateinische Schrift
Z. 112 f.	*Will[erding]*: lateinische Schrift
Z. 120	*Dun[ajszky]*: lateinische Schrift
Z. 122	*Schwarz*: lateinische Schrift
Z. 122	*Scheft*: lateinische Schrift
Z. 128	*musste <herzlich> über*
Z. 128	*zu* ∫
Z. 131	*Dun[ajszky]*: lateinische Schrift
Z. 147	*geräumige, <u[nd]> von*

Z. 150	*Voltigir*:	lateinische Schrift (2x)
Z. 153	*placirt*:	lateinische Schrift
Z. 184	*Karoli*:	lateinische Schrift
Z. 184	*Waldstein*:	lateinische Schrift
Z. 185	*Vay*:	lateinische Schrift
Z. 185	*Volontairs*:	lateinische Schrift
Z. 186	*Volontairs*:	lateinische Schrift
Z. 192	*ein < en >*	
Z. 207	*Gran*:	lateinische Schrift
Z. 207	*Waitzen*:	lateinische Schrift
Z. 209	*gymnastischen*:	lateinische Schrift
Z. 209	*Waitzen*:	lateinische Schrift
Z. 213	*Übungen < auf > notirt*	
Z. 214	*General Leimel*:	lateinische Schrift
Z. 214	*Ofen*:	lateinische Schrift
Z. 226	*auch* ∫	
Z. 227	*Pestalozzi*:	lateinische Schrift
Z. 228 f.	*lectionen*:	lateinische Schrift
Z. 232	*Subscribenten*:	lateinische Schrift
Z. 233	*Schedius*:	lateinische Schrift
Z. 235	*Herr*:	lateinische Schrift
Z. 236	*Herr*:	lateinische Schrift
Z. 236	*Szabo*:	lateinische Schrift
Z. 240	*Niederer*:	lateinische Schrift
Z. 240	*Krüsy*:	lateinische Schrift
Z. 243	*General*:	lateinische Schrift
Z. 243	*Vay*:	lateinische Schrift
Z. 243	*Pest*:	lateinische Schrift

Sacherklärung

I.

Wilhelm/Guillaume Egger (1792-1830) ⇒ Nr. 1234 a

II.

Dieser teilweise zerstörte Brief bietet einige Unsicherheiten bei der Datierung und der Adressatenzuschreibung. Die Datierung des Briefes folgt der Studie von Leo Weisz über *Pestalozzis Anhänger in Ungarn* (Zwingliana 8/1945, Heft 4, S. 218-240). Gemäss der von Wilhelm/Guillaume Egger (1792-1830, ⇒ Nr. 1234 a) zu Jakob/Jakab Willerding (1781-1823/24, ⇒ Z. 12) gemachten Altersangabe - 35 Jahre - könnte der Brief allerdings auch schon 1816 verfasst worden sein, was allerdings wenig wahrscheinlich ist, da Egger diesem Brief ein Verzeichnis der Subskribenten beilegte (⇒ Z. 231), was vermuten lässt, dass der Brief im Herbst oder Winter 1817 verfasst wurde. Weisz hatte das teilweise zerstörte Manuskript ohne Kennzeichnung der Auslassungen zu einem fortlaufenden Text zusammengesetzt. Die vorliegende Textfassung folgt - wie auch die Fassung von Weisz - nicht der Paginierung des Briefes. Aus inhaltlichen Gründen werden hier die als zweiter Bogen nummerierten Seiten vor den ersten Bogen gesetzt (Adressblatt, S. 5-8, 1-4, 9-12). Die teilweise erhaltene Adresse (Z. 4-6) würde eigentlich David Vogel (1760-1849), ⇒ Nr. 1187 a) als Adressaten nahelegen, was aber durch den erhaltenen Brieftext nicht bestätigt wird (vgl. Z. 227). Vogel als Vormund von Pestalozzis Enkel Gottlieb Pestalozzi (1797-1863, ⇒ Nr. 594) dürfte wohl nur als Kontaktadresse gedient haben.

III.

Z. 4 Vogel: David Vogel (1760-1849) ⇒ Nr. 1187 a
Z. 10 Schedius: Ludwig von Schedius (1768-1847) ⇒ Nr. 1740
Z. 12 Willerdi[ng]: Jakob/Jakab Willerding (1781-1823/24) aus Hildesheim war Sprach- und Zeichenlehrer an der deutschen evangelisch-lutherischen Schule (⇒ Nr. 1740) in Pest und ab 1818 an einer dort neu gegründeten Mädchenschule.
Z. 14 f. Schule: ⇒ Nr. 1740
Z. 15 Knaben: Jakob/Jakab Willerding (1781-1823/24, ⇒ Z. 12) hatte zwei Söhne, Agost (1808-1884), der später in der Österreichischen Armee diente, und Julius (1810-1875), über den nichts Weiteres bekannt ist, als dass er in Monor (Ungarn) starb.
Z. 19 Szabo: Jánoshoz/János/Johann von Szabó (1783-1864) ⇒ Nr. 1215
Z. 24 Hoffmann: Péter Hoffmann (1791-1821) war seit 1813 Lehrer (Rektor) der evangelischen Elementarschule in Pest (⇒ Nr. 1740) und seit 1818 Lateinlehrer der zweiten bzw. oberen Knabenklasse, die eine Vorstufe zum Gymnasium darstellte. Hoffmann, der auch in anderen Schulfächern unterrichtete und die Schulbibliothek begründete, galt als Anhänger Pestalozzis und verteidigte ihn 1817 zusammen mit Ludwig von Schedius (1768-1847, ⇒ Nr. 1740) im Pester Pestalozzi-Streit, der sich um die Rolle von Religion, Moral und Didaktik in Pestalozzis Pädagogik drehte.
Z. 39 Niem[eyer]: August Hermann Niemeyer (1754-1828) ⇒ Nr. 933
Z. 52 Tappeschen Modelle: Hier dürften die Vorschläge gemeint sein, die der westfälische Landbaumeister, Architekturtheoretiker und Zeichenlehrer Wilhelm Tappe (1769-1823) zur Gestaltung des Zeichenunterrichts in Bürgerschulen ausgearbeitet hatte. In einer Schrift von 1812 (Allgemeine erste Uebungen im freien Zeichnen) legte Tappe ein Set von rund 100 Tafeln vor, das Zeichnungen unterschiedlichen Schwierigkeitsgrads zur Nachbildung bot.
Z. 58 Pest: heute Teil von Budapest
Z. 110 Dunajszky: Vavrinec Dunajský (1784-1833), ursprünglich aus dem slowakischen Lubietova stammend, studierte um 1804 an der Akademie der Bildenden Künste in Wien und liess sich um 1809 in Pest nieder, wo er sich als Bildhauer etablierte und sich insbesondere mit kirchlichen Kompositionen einen Namen als Künstler machte.
Z. 122 Schwarz: Professor Schwarz konnte nicht näher bestimmt werden.
Z. 122 Scheft: Professor Scheft konnte nicht näher bestimmt werden.
Z. 170 Stadthauptmann: Benedict/Benedek Fellner (†1827) war von 1813 bis 1819 Stadthauptmann und von 1819 bis zu seinem Tod Bürgermeister von Pest.
Z. 182 Graf: konnte nicht näher bestimmt werden
Z. 182 Baron: konnte nicht näher bestimmt werden
Z. 183 Sohn: konnte nicht näher bestimmt werden
Z. 184 Karoli: Vermutlich sind hier die beiden jüngeren der insgesamt drei Söhne von Graf Jozsef/Joseph von Karolyi (1768-1803) und Gräfin Maria Elisabeth von Waldstein-Wartenberg (1769-1813) gemeint, nämlich

Lajos/Ludwig (1799–1863) und György/Georg (1802–1877) von Karolyi, die sich später beide ebenso als Gönner von wissenschaftlichen und caritativen Einrichtungen hervortaten wie als Politiker, nahmen doch beide Grafensöhne Einsitz in der Magnatentafel, der ersten Kammer des Reichstags im Königreich Ungarn.

Z. 184 *Waldstein*: Damit dürften die ältesten Söhne des Ehepaars von Waldstein-von Sztáray (⇒ Nr. 1871) gemeint sein, nämlich Josef (1801–1844), über den nichts Weiteres bekannt ist, und Albrecht (1802–1868), der eine Militärkarriere einschlug und bis zum Generalmajor aufstieg.

Z. 185 *Vay*: Freiherr Nikolaus (Miklas) (1802–1894, ⇒ Nr. 1552) und Lajos von Vay (1803–1894, ⇒ Nr. 1552)

Z. 207 *Gran*: Esztergom (Ungarn)

Z. 207 *Waitzen*: Vác (Ungarn)

Z. 208 *Militär-Anstalten*: Die Militär-Akademie von Vác (Waitzen) – die erste Ungarns – war durch einen 1808 gestifteten Fonds im kaiserlichen Theresianum eingerichtet worden und diente unter dem in Gedenken an Kaiserin Maria Ludovica von Österreich (1787–1816) gewählten Namen Louisen-Akadmie (auch: Ludoviceum) als militärisch-zivile Ausbildungsstätte für Knaben ab zwölf Jahren. Über die Einrichtung in Esztergom (Gran) ist nichts bekannt.

Z. 210 *Aufseher*: Die Oberleitung der Militärakademie (⇒ Z. 208) lag bei Erzherzog Joseph Anton Johann (Baptist) von Österreich (1776–1847), als Lokaldirektor der Waitzener Einrichtung amtierte Andreas von Petrich (1768–1842); ob mit «Aufseher» jener Letztere gemeint ist, ist offen.

Z. 210 *Unteroffizir*: konnte nicht näher bestimmt werden

Z. 214 *Leimel*: Wolfgang Laiml von Dedina (1767–1839) aus Budweis trat 1785 in die kaiserliche Armee ein, arbeitete sich bis zum Generalmajor vor und kam in dieser Funktion 1817 nach Ofen, wo er 13 Jahre lang blieb; 1831 avancierte er zum Feldmarschall und wurde 1833 in den erbländischen Ritterstand erhoben.

Z. 214 *Sohn*: Wolfgang Laiml von Dedina (1767–1839, ⇒ Z. 214) hatte zwei Söhne, nämlich Alexander (1802–1868) und Friedrich, die beide wie der Vater eine militärische Laufbahn einschlugen und zuletzt als Feldmarschall (Alexander) respektive Oberst (Friedrich) in Bratislava in Pension gingen. Welcher der beiden hier gemeint war, ist unklar.

Z. 214 *Ofen*: dt. Name von Buda, heute Teil von Budapest

Z. 231 *Verzeichniss*: Ludwig von Schedius (1768–1847, ⇒ Nr. 1740) schickte das Verzeichnis ebenfalls nach Yverdon (⇒ Nr. 1871), das hier beigelegte Exemplar scheint aber nicht erhalten geblieben zu sein.

Z. 233 *dasjenige*: Das Verzeichnis lag dem Brief Schedius' vom 24. August 1817 an Pestalozzi nicht bei (⇒ Nr. 1740), sondern wurde erst am 2. Januar 1818 verschickt (⇒ Nr. 1871).

Z. 235 *Herr u[nd] die Frau Baronin*: Baron Johann Nikolaus von Vay (1756–1824, ⇒ Nr. 1374 a) und Baronin Johanna von Vay-von Adelsheim (1776–1862, ⇒ Nr. 1238 a)

Z. 240 *Niederer*: Johannes Niederer (1779–1843) ⇒ Nr. 507

Z. 240 *Krüsy*: Hermann Krüsi (1775–1844) ⇒ Nr. 588

1863.
Friedrich/Frédéric William Moritz

1817/1818

An
Herrn Pestalotzi

[...] und Nachbilden, ohne eigenlliches Sistem, ohne einmal dem Verstande Rechenschaft zu geben. Daher wäre zu fürchten dass die langsamme Entwikelung des Gefühls des Schönen, die Lehre desselben, in einem Institut, wo nur junge Knaben sind und wo die Fähigkeiten im allgemeinen hervorgeruffen werden – kaum anwendbar macht.

Damit will ich aber nicht sagen dass ich an der Möglichkeit der Erfindung eines zwekmässigen Sistems gänzlich zweifle: denn Ihre Methode bringt Wirkungen a u s   d e r   N a t u r hervor, welche die beschränkte Kunst nicht e i n z u i m p f e n vermag.

Ich will dadurch, ohne alle Anmassung allein aus Interesse für Ihr Institut und das Gute im Allgemeinen diese in mir erwekte Ideen Ihnen vorlegen und, insofern dieselben einiger Aufmerksamkeit würdig sind, und die Sache selbst Wichtigkeit genug hat – Sie bitten, Selbst oder durch Andre, darüber die Gedanken Ihres Geistes, mir mitzutheilen, damit ich in den Stand gesezt werde die Meinung über die Anstalt der Sache und diese selbst, von mir noch unbekannten, Seiten, anzusehn.

Wenn ich in Stande wäre nur ein kleines Tröpfchen Öhl in die Lampe zu giessen, die das Leben wärmt und bis in die entfernten Zonen leuchtet, so würde ich mich Selbst mit einer grossen Zufriedenheit bereichern.

F[riedrich] W[illiam] Moritz
Kunstmaler

Überlieferung

1 ZB Zürich, Ms Pestal 53, Umschlag 235/2
2 Bogen, 195 x 118 mm
3 Anfang des Briefes fehlt
5 Original

Textkritik

Zeuge H
Z. 4–5   An ... Pestalotzi: lateinische Schrift
Z. 15   nicht <durch> e i n z u i m p f e n
Z. 28   F[riedrich] ... Moritz: lateinische Schrift

Sacherklärung
I.

Friedrich/Frédéric William Moritz (1783–1855) ⇒ Nr. 1845

1864.
Johann David/Jakob von Gonzenbach
Winter 1817/1818

[Reg.] Gonzenbach teilt Pestalozzi seine Ansichten über Erziehung und Unterricht mit. Diesem Brief könnte folgende Subskriptionsliste beigelegen haben:

Namen der Subscribenten
für die neue Auflage aller Werke H[errn] Pestalozzi's, durch H[errn] Meyer-Gonzenbach gesammelt.

Alex[ander] Aepli, Med[icus] Doct[or], Präsident des Sanitätscollegiums des Kanton, Vice-Präsident der Hilfsgesellschaft, Mitglied des grossen Rathes etc. etc.	1. Exemplar.
Binder von Willer, Kaufmann, Lieutenant in der Stadtlegion	1. dito.
Dietzi, Vorsteher einer Erziehungsanstalt für Knaben	1. dito.
Fels, Herrmann, Kaufmann, Präsident des Stadtrathes, Mitglied des souveränen grossen Rathes etc. etc.	1. dito.
Fehr, J[ohann] C[onrad], Kaufmann, Polizeydirector und Stadtrath	1. dito.
D[avid] von Gonzenbach, Kaufmann, Mitglied des Erziehungsraths und mehrerer gelehrten Gesellschaften	1. dito.
Girtanner, Julius, einer der Vorsteher der Erziehungsanstalt in Schnepfenthal	1. dito.
Girtanner, Dan[ie]l, banquier, Kantonsrath und Mitglied mehrerer gelehrten Gesellschaften	1. dito.
Meyer, Dan[ie]l, Apotheker, Bezirksrichter, Rathsbeysitzer, Sanitätsrath und Mitglied verschiedener gelehrten Gesellschaften	1. dito.
von Gonzenbach, Karl, Kaufmann, Präsident des Bezirksgerichts und Alt-Hauptmann der Grenadiere	1. dito.
A[dolph] Mayer Frege, Banquier in Leipzig	1. dito.
Mayer, J[ohann] J[akob], Kaufmann, Hauptmann	1. dito.
Näff, M[atthias], von Altstädten, Präsident des Bezirksgerichts, Kantons- und Centralrath	1. dito.
Näff, Georg, Med[icus] D[octo]r, Mitglied des Sanitätscollegiums	1. dito.

von Ploss, Banquier in Leipzig, Königl[ich] Sächsischer   1. dito.
Kammerrath
Scherer, G[eorg] C[aspar], Antistes der evang[elischen]   1. dito.
Geistlichkeit des Kantons, Präsident der Hilfsgesell-
schaft und Mitglied mehrerer gelehrten Gesellschaften
Schirmer, Kaufmann, Apellations- und Kantonsrath   1. dito.
Wild, Bernhard, Med[icus] Doctor, Stadt-, Kantons- und   1. dito.
Sanitätsrath
C[aspar] C. Zollikofer, id[em] Appellations- und   1. dito.
Kantonsrath, Mitglied mehrerer gelehrten Gesell-
schaften
Zellweger-Wetter, Kaufmann, Rittmeister der Cavallerie   1. dito.
des löbl[ichen] Standes Appenzell [a]u[sser] Rhoden

In allem 20. Subscribenten für 20. Exemplare.

Überlieferung

1 PSB XI, S. 65.20 f. und ZB Zürich, Ms Pestal 3,82
2 Blatt, 235 x 195 mm
5 Original
6 Die Wiederaufnahme des Stichworts «Exemplar» beim Seitenwechsel im Original
   (Z. 30) wird hier nicht gedruckt.

Textkritik

Zeuge H
Z. 9   *Alex[ander] ... Doct[or]*: lateinische Schrift
Z. 12   *Binder von Willer*: lateinische Schrift
Z. 14   *Dietzi*: lateinische Schrift
Z. 15   *Fels, Herrmann*: lateinische Schrift
Z. 17   *Fehr, J[ohann] C[onrad]*: lateinische Schrift
Z. 19   *D[avid] von Gonzenbach*: lateinische Schrift
Z. 21   *Girtanner, Julius*: lateinische Schrift
Z. 23   *Girtanner, Dan[iel], banquier*: lateinische Schrift
Z. 25   *Meyer, Dan[ie]l*: lateinische Schrift
Z. 28   *von Gonzenbach*: lateinische Schrift
Z. 30   *A[dolph] Mayer Frege, Banquier*: lateinische Schrift
Z. 31   *Mayer, J[ohann] J[akob]*: lateinische Schrift
Z. 32   *Näff, M[atthias]*: lateinische Schrift
Z. 34   *Näff*: lateinische Schrift
Z. 34   *Med[icus] D[octo]r*: lateinische Schrift
Z. 36   *von Ploss, Banquier*: lateinische Schrift
Z. 38   *Scherer, G[eorg] C[aspar]*: lateinische Schrift
Z. 41   *Schirmer*: lateinische Schrift
Z. 42   *Wild*: lateinische Schrift
Z. 42   *Med[icus] Doctor*: lateinische Schrift

Z. 44   C[aspar] C. Zollikofer: lateinische Schrift
Z. 47   Zellweger-Wetter: lateinische Schrift

Sacherklärung

I.

Johann David/Jakob von Gonzenbach (1777–1842) ⇒ Nr. 1316 a

II.

Pestalozzi hatte Johann David/Jakob von Gonzenbach (1777–1842, ⇒ Nr. 1316 a) am 20. April 1817 den Subskriptionsplan zugeschickt und ihn gebeten, bei seinen Bekannten dafür zu werben.

III.

Z. 7   *Werke*: Johann Heinrich Pestalozzi: Sämmtliche Schriften, 12 Bände. Stuttgart 1819–1824
Z. 9   *Aepli*: Alexander Aepli (1767–1832) war Arzt, Politiker und Publizist. Er absolvierte sein Medizinstudium in Zürich, Tübingen, Würzburg und Mainz mit Promotionsabschluss (1788) und praktizierte dann an verschiedenen Orten in der Ostschweiz. In der Helvetik war er Mitglied der Sanitätskommission des Kt. Säntis, in der nachhelvetischen Zeit stand er dem Sanitätsrat des Kt. Gallen zuerst als Vizepräsident (1803–1815) und dann als Präsident (1815–1832) vor. Ab 1814 war er Grossrat und Beisitzer des Stadtrats. Im Rahmen seiner Aktivitäten bei mehreren Gesellschaften und wissenschaftlichen Vereinen präsidierte er unter anderem während vielen Jahren die *Hülfsgesellschaft St. Gallen* sowie die *St. Gallisch-Appenzellerische Gemeinnützige Gesellschaft*. Er publizierte zahlreiche medizinische und gemeinnützige Abhandlungen.
Z. 12 *Binder*: August Binder (1787–1843) war Kaufmann in St. Gallen. 1814 heiratete er Susanna Maria Anna Vonwiller (†1828).
Z. 14 *Dietzi*: Joseph Anton Dietzi ⇒ Nr. 1251
Z. 15 *Fels*: Hermann Fels (1766–1838) von St. Gallen absolvierte ebenda das Gymnasium und bildete sich dann zum Kaufmann aus. Er war zunächst Teilhaber und später auch Leiter der bedeutenden Handelsfirma *Gonzenbach und Binder* bzw. *Gonzenbach & Co.* Als Politiker war er im St. Galler Kantonsrat (1803–1832), im Regierungsrat (1803/04, 1808–1815, 1829–1832) und im Stadtrat (1816–1829) tätig. Zudem war er Landammann (1829, 1831) und Verfassungsratspräsident der Regenerationsverfassung von 1831.
Z. 17 *Fehr*: Johann Conrad Fehr (1777–1829) war Kaufmann und Buchhändler in St. Gallen, gehörte dem Stadt- und Kantonsrat an und war Polizeiverwalter, Kirchenrat, Handelsrichter und Direktor des Kaufmännischen Direktoriums. Fehr war mit Catharina Elisabeth Ernst (1785–1862) verheiratet.
Z. 21 *Girtanner*: Julius Girtanner (1773–1857), der Bruder von Daniel Girtanner (1757–1844, ⇒ Z. 23), wurde als Sohn eines Bankiers in St. Gallen geboren. Ab 1788 war er Schüler an der Salzmann'schen Erziehungsanstalt in Schnepfenthal (⇒ Nr. 640) und ging 1791 nach Basel, wo er bis 1794 das Wechselgeschäft erlernte und dann als Kaufmann arbeitete. 1799 kehrte er als Lehrer und Buchhaltungsgehilfe nach Schnepfenthal zurück. Girtanner heiratete 1811 Johanna Magdalena Eckart (1793–1873). Sein

besonderes Interesse für Botanik und Mineralogie schlug sich in seinen Mitgliedschaften in der Wetterauischen *Gesellschaft für die gesamte Naturkunde*, in der St. gallischen *Naturwissenschaftlichen Gesellschaft* und in der Dresdner *Naturwissenschaftlichen Gesellschaft* nieder.

Z. 23 *Girtanner*: Daniel Girtanner (1757–1844), der älteste Bruder von Julius Girtanner (1773–1857, ⇒ Z. 21), besuchte ab 1785 das Seminar in Haldenstein. Danach arbeitete er im Bankhaus des Vaters mit, das er ab 1798 ganz übernahm. Girtanner war 1803 bis 1811 Volkskommissär, 1811 bis 1816 Gemeinderat und 1825 bis 1832 Präsident des Handelsgerichts und Mitglied zahlreicher Gesellschaften.

Z. 25 *Meyer*: Daniel Meyer (1778–1864) aus St. Gallen besuchte das medizinische Institut in Zürich und studierte Naturwissenschaften in Halle sowie Pharmazie in Berlin. Im Jahre 1803 eröffnete er mit Caspar Tobias Zollikofer (1774–1843, ⇒ Z. 43) in seiner Heimatstadt die Apotheke zum blauen Himmel. Zeitgleich wurde er in den Sanitätsrat des neu gegründeten Kantons St. Gallen berufen. Nach 1816 amtete er auch als Bezirksrichter und 1823 bis 1833 als Grossrat. Meyer war 1819 Mitgründer der St. gallischen *Naturwissenschaftlichen Gesellschaft*, die er 1843 bis 1858 präsidierte.

Z. 28 *Gonzenbach*: Karl August von Gonzenbach (1779–1851) war Kaufmann und Teilhaber am St. Galler Handelshaus der Gebrüder Gonzenbach, durchlief nach einer kurzen militärischen Laufbahn zuletzt von 1806 bis 1810 als Hauptmann der freiwilligen Legion St. Gallens jedoch vornehmlich eine juristische Karriere und war seit 1816 Präsident des St. Galler Bezirksgerichts und von 1838 bis 1849 Kantonsrichter. Daneben übernahm er als Liberalkonservativer zahlreiche politische Ämter in St. Gallen: Während 30 Jahren (ab 1815) war er Mitglied im Grossen Rat, 1830 Tagsatzungsgesandter, Stadtpräsident und Verfassungsrat sowie bis 1851 mehrere Jahre Präsident des kaufmännischen Direktoriums.

Z. 30 *Mayer*: Christian Adolph Mayer (1775–1843) war Bankier und Kammerrat in Leipzig. Er heiratete 1801 Christiane Emilie Frege (1783–1857), die Tochter des Bankherrn Christian Gottlob Frege (1747–1816). Im gleichen Jahr wurde er Teilhaber des angesehenen Bankhauses *Frege und Comp.*, das sich unter der Leitung von Frege und Mayer zu einem der führenden Kreditinstitute Sachsens entwickelte.

Z. 31 *Mayer*: Johann Jakob Mayer (1790–1855) ⇒ Nr. 1520 k
Z. 32 *Näff*: Johann Matthias Näff/Naeff (1773–1853) von Altstätten (Kt. St. Gallen) besuchte Schulen in Zürich, Aarau und Lausanne und liess sich dann in Genua zum Kaufmann ausbilden. Von 1790 bis 1808 leitete er in Altstätten als Grosskaufmann das familieneigene Textilhandelshaus. Näff war 1803 bis 1816 Distriktsrichter, 1816 bis 1826 Bezirksgerichtspräsident des Oberrheintals und 1809 bis 1833 St. Galler Kantonsrat. 1826 wurde er in den Regierungsrat gewählt, musste aber schon ein Jahr später aus gesundheitlichen Gründen zurücktreten.

Z. 34 *Näff*: Georg Näf (1769–1828) ⇒ Nr. 1378
Z. 36 *Ploss*: Christoph Heinrich von Ploss (1757–1838), geboren im württembergischen Kirchheim unter Teck, kam 1771 nach Leipzig. Nach abgebrochenen Studien in Halle fand er eine Anstellung im Bankhaus *Frege und Comp.*, wo er sich bis zum *Associé* hocharbeitete. Aufgrund verschiedener Verdienste – er tat sich zum Beispiel als Mitgründer der Armenschule und der Leipziger Feuerversicherungsanstalt und als langjähriger

städtischer Handlungsdeputierter hervor – wurde ihm 1816 der Titel eines Kammerrats und ein Zivilverdienstorden verliehen. Ploss zog sich 1824 aus dem Bankwesen zurück und starb auf seinem Gut in Schönefeld (heute Teil von Leipzig).

Z. 38 *Scherer*: Georg Kaspar Scherer (1757–1821) aus Hundwil (Kt. Appenzell Ausserrhoden) amtierte daselbst von 1784 bis 1792 als Pfarrer und übersiedelte sodann nach St. Gallen, wo er zunächst als Lateinlehrer, dann wieder als Pfarrer und auch als Antistes tätig war.

Z. 41 *Schirmer*: Johann Jakob Schirmer (1764–1838) von St. Gallen war 1798 bis 1799 Munizipalitätsrat der Stadt St. Gallen, 1808 bis 1831 St. Galler Kantonsrat und 1831 bis 1838 Kantonsrichter. Von 1802 bis 1834 amtete er als kantonaler Erziehungsrat. Schirmer nahm als Vertreter des Kt. St. Gallen mehrfach an der Tagsatzung teil. Zudem war er auch in der reformierten Kirche tätig, so unter anderem als Präsident des Kirchenrats und des Ehegerichts.

Z. 42 *Wild*: Bernhard Wild (1776–1832), Sohn eines Bäckermeisters aus St. Gallen, absolvierte eine Ausbildung zum Chirurgen in Zürich, Würzburg und Jena und war dann als Feldarzt in der oberitalienischen Armee tätig. 1798 liess er sich als Arzt in St. Gallen nieder und promovierte 1801 in Tübingen. Ab 1803 amtete er im Sanitätskollegium des Kantons St. Gallen, zuerst als Mitglied, dann als Aktuar und später als Vizepräsident, 1817 wurde er in den Stadt- und Schulrat, 1827 zum Stadtarzt und 1829 zum Stadtpräsidenten gewählt.

Z. 44 *Zollikofer*: Caspar Tobias Zollikofer (1774–1843) von Altenklingen (Kt. Thurgau) studierte Arzneiwissenschaft in Zürich, Halle und – nach seiner 1794 erworbenen Dissertation – in Edinburgh. 1797 nach St. Gallen zurückgekehrt, engagiert er sich als Obersekretär der Verwaltungskammer beim Aufbau des 1798 neu gegründeten Kantons Säntis. Nachdem die Verwaltungskammer im Jahre 1802 aufgelöst wurde, arbeitete er als Arzt und eröffnete 1803 mit Daniel Meyer (1778–1864, ⇒ Z. 25) die Apotheke zum blauen Himmel, die er ab 1808 dann allein weiterführte. Zollikofer war ab 1803 Sanitätsrat und 1832 bis 1842 Präsident der Sanitätskommission, 1815 bis 1830 Kantonsrat und 1825 bis 1830 Ortsschulrat. Er war Mitglied der *Schweizerischen Gesellschaft correspondierender Aerzte und Wundärzte*, der *Naturforschenden Gesellschaft* (ab 1816) und korrespondierendes Mitglied des *Nationalinstituts zur Beförderung der Wissenschaften* in Washington (ab 1843).

Z. 47 *Zellweger*: Jakob Zellweger (1790–1858) aus Appenzell war Kaufmann und Oberstleutnant und seit 1815 mit Susanna Wetter (1795–1882) aus St. Gallen verheiratet, wo das Paar später auch lebte.

1865.
Adolph Giesebrecht

Winter 1817/1818

[Reg.] Inhalt unbekannt.

Überlieferung

1 Nr. 1914

Sacherklärung

I.

Adolph Giesebrecht (1790–1855) studierte Theologie und Philologie und arbeitete während seiner anschliessenden Pädagogenlaufbahn als Mitarbeiter, Konrektor oder Direktor an verschiedenen deutschen Gymnasien. Nach seiner Reise in die Schweiz, welche er ihm Auftrag des Grossherzogs Georg zu Mecklenburg-Strelitz (1779–1860) unternommen hatte, um Pestalozzis Institut in Yverdon kennen zu lernen, richtete er 1820 ein Schullehrerseminar in seiner Heimatstadt Mirow (Mecklenburg-Vorpommern) ein, dem er bis 1826 vorstand. Später betätigte er sich unter anderem auch als Provinzialschulrat und verfasste einige Schriften.

1866.
Johannes Niederer

Anfang 1818

H[err] Pestalozzi
Als Subscribenten auf Ihre Werke bitten sich einzutragen
H[err] Ernst August Evers, Inspektor und erster
    Professor der Ritterakademie in Lüneburg   2 Ex[em]p[lare]
— Friedrich Wagner von Arau.
Beide empfehlen sich Ihnen so wie

                                                                                                 Niederer

Überlieferung

1 ZB Zürich, Ms Pestal 53/54, Umschlag 262/IV,80
2 Spielkarte (Herz zwei), 57 x 89 mm
4 Dorsualvermerk *Iferten Niederer*
5 Original

Textkritik

Zeuge H
Z. 4 *Pestalozzi*: lateinische Schrift
Z. 5 *Subscribenten*: lateinische Schrift
Z. 6 *Ernst August Evers*: lateinische Schrift
Z. 8 *Wagner*: lateinische Schrift

Sacherklärung

I.

Johannes Niederer (1779–1843) ⇒ Nr. 507

III.

Z. 6 *Evers*: Ernst August Evers (1779–1823) ⇒ Nr. 1081
Z. 7 *Ritterakademie*: Die Ritterakademie in Lüneburg wurde 1655 in dem bereits 1532 reformierten, jedoch bis dahin bestehenden St. Michaelis-Kloster gegründet als Einrichtung für die Bildung und Erziehung adeliger Söhne aus der Ritter- und Landschaft. Im ausgehenden 18. Jahrhundert geriet sie als ein zwischen Lateinschule und Gymnasium anzusiedelndes Bildungsinstitut in die Krise, wurde mit nur wenig Erfolg um 1786 mit philanthropisch-aufklärerischer Tendenz reorganisiert, sodass der Konflikt um Zulassung bürgerlicher Zöglinge weiterschwelte, als der vormalige Rektor der Aargauer Kantonsschule Ernst August Evers (1779–1823, ⇒ Nr. 1081) als Inspektor und Professor ab 1817 die Ritterakademie, die schliesslich 1849 aufgehoben wurde, mit neuhumanistischen Akzentsetzungen prägte.
Z. 8 *Wagner*: Friedrich Wagner (1776–1846), ursprünglich aus Kurhessen stammend, war seit 1804 als Mathematiklehrer an der Kantonsschule Aarau (Kt. Aargau) tätig und arbeitete später ebenda als Sekundarlehrer, bis er 1825 nach Basel übersiedelte, wo er am Pädagogium arbeitete.
Z. 9 *Arau*: Aarau (Kt. Aargau)

1867.
Johann Georg Tobler

Anfang 1818

[Reg.] Äussert sich zu Personalwahlfragen.

Überlieferung

1   PSB XI, S. 93.18 f.

Sacherklärung

I.

Johann Georg Tobler (1769–1843) ⇒ Nr. 500

II.

Wie aus der Antwort Pestalozzis auf diesen nicht erhaltenen Brief Johann Georg Toblers (1769–1843, ⇒ Nr. 500) deutlich wird (PSB XI, Nr. 5011), hatte sich Tobler zu den Mitarbeitern Pestalozzis in Yverdon geäussert und dürfte Pestalozzi in seiner Einschätzung eher bestätigt haben.

1868.
Johann Karl August Gregor Müglich
1. Januar 1818

Hofwyl, d[en] 1. Jan[uar] 1818

Ehrwürdiger Mann
Geliebter Vater Pestalozzi,
Antworten Sie mir auf meinen Brief vom 29 Nov[ember] 18]17 über den Mann, den Sie in Ihrer Schrift «a n den Ernst, meines Zeitalter's» anregen. Ich kann Ihnen die Stelle jetzt angeben: sie steht Seite 46 u. f. Antworten Sie einem Jünglinge, der einer Antwort von Ihnen wohl zu würdigen ist. Man gibt einander Stammbuchblätter, geben Sie mir eins in Form eines kleinen Brief's, eines kleinen Orakels. Bald! Gleich! Bester Vater Pestalozzi –!
Ich erwarte das Briefchen, dann reis' ich nach Deutschland ab. Fellenberg wollte meine Dienste hier in Anspruch nehmen, aber er ist ein grösserer Hin- und Herschwanker, als man denkt. Darum bin ich im Begriff abzureisen, harre nur auf Ihre Antwort. (Adresse: An Müglich in Hofwyl) Der gute Himmel sey Ihnen hold im neuen Jahr!
Mit Verehrung, Achtung und Liebe stets

Euer Wohlgeboren
ergebenster
Karl Müglich

Überlieferung

1 ZB Zürich, Ms Pestal 53, Umschlag 241/1
2 Blatt, 231 x 183 mm
3 ganzer Brief lateinische Schrift
5 Original

Textkritik

Zeuge H

Sacherklärung

I.

Johann Karl August Gregor Müglich (1793–1862) ⇒ Nr. 1826

II.

⇒ Nr. 1826

III.

Z. 7   *Brief*: ⇒ Nr. 1826
Z. 8   *Schrift*: Johann Heinrich Pestalozzi: An die Unschuld, den Ernst und den Edelmuth meines Zeitalters und meines Vaterlandes. Ein Wort der Zeit. Yverdon 1815 (PSW XXIV A)
Z. 10 *S e i t e   4 6   u. f*: PSW XXIV A, S. 49
Z. 15 *F e l l e n b e r g* : Philipp Emanuel von Fellenberg (1771–1844) ⇒ Nr. 426

1869.
Joseph Röckl
1. Januar 1818

Dillingen den 1ten Januar 1 8 1 8

Hochwohlgebohrner Verehrungswürdigster Herr Direktor! –
Ich schicke Ihnen hier in der Beylage einsweilen einiges Resultat von meinen Bemühungen zur Förderung Ihres Subscriptions-Plans. – Ich habe mehr wie 200 gedruckte Briefe (1 Exemplar desselben liegt hier bey) nach allen Richtungen versandt; ich habe an alle Schulräthe, an alle Studienvorstände, noch grösstentheils handschriftliche Briefe geschickt, so dass ich sagen kann, gegen 300 Briefe (gedruckte und geschriebene) sind in das Königreich von mir abgegangen. – Antworten habe ich bisher nur einige und zwanzig erhalten. – Die Hälfte davon fielen ungefähr verneinend aus; die andere Hälfte bejahend. – In jedem Falle werde ich noch nachträgliche Subscribenten-Verzeichnisse schicken können. – Ich erwarte von vielen Orten noch günstige Nachrichten. – Und wenn hir und da das Gegentheil eintritt, so liegt in der m i s s l i c h e n   Z e i t auch eine grosse Ursache. – Zu Ihrem bevorstehenden Geburtstage Verehrungswürdigster! wünsche ich Ihnen Alles Ersinnliche. – Mögen Sie noch lange die Früchte Ihrer Verdienste schauen! – Und wenn der Herr Sie ruft – freuen Sie sich dann auch Ihres Leichenbegängnisses ... es wird gross seyn, festlich gross – d i e   A c h t u n g   a l l   I h r e r   Z e i t g e n o s s e n   w i r d   S i e   z u m   G r a b e   b e g l e i t e n . – Recht viele segens- und liebevolle Begrüssungen an Ihren Freund Herrn S c h m i d .

Von München aus hat man mir officiel angezeigt, dass Sie 700 f Pränumeration von der bayrischen Regierung erhalten haben, nemlich 400 f. aus den Schulfondscassen und 300 f. aus der Central-Staatscassa. – Was ich noch für Ihre Sache thun kann, und je ergiebiger meine Antwort ausfällt, für desto beglückter wird sich halten –

Ihr
ewiger Verehrer R ö c k l

N[achschrift] In der Gegend von Genf, oder vielmehr in Genf selbst
– soll ja auch die Bell-Lancastrische Methode betrieben und geübt
werden; da hätte ich bey meiner Reise in die Schweitz ein Object
mehr. –

Überlieferung

1 ZB Zürich, Ms Pestal 55, Umschlag 306/3
2 Bogen, 228 x 189 mm
4 Datum am Schluss, Dorsualvermerk *Dillingen, d[en] 1. Jan[ua]r 1818. Röckl.*
5 Original

Textkritik

Zeuge H
Z. 4   *1 8 1 < 7 > 8*
Z. 8   *Exemplar*: lateinische Schrift
Z. 16   *Subscribenten*: lateinische Schrift
Z. 36   *Object*: lateinische Schrift

Sacherklärung

I.

Joseph Röckl (1780–1826) ⇒ Nr. 1800

III.

Z. 4   *Dillingen*: Stadt in Bayern
Z. 6   *Beylage*: scheint nicht erhalten zu sein
Z. 9   *liegt hier bey*: scheint nicht erhalten zu sein
Z. 15 f. *nachträgliche*: Am 16. Februar 1818 schickte Joseph Röckl (1780–1826, ⇒ Nr. 1800) dann auch tatsächlich eine weitere Liste mit fünf Namen an Joseph Schmid (1785–1851, ⇒ Nr. 712) und versprach, noch weitere Subskribenten zu sammeln, wenn man ihm noch «einige Zeit» lasse (ZB Zürich, Ms Pestal 911,71).
Z. 26   *S c h m i d* : Joseph Schmid (1785–1851) ⇒ Nr. 712
Z. 27   *f*: Abkürzung für Gulden
Z. 28   *Regierung*: Bayrische Regierung ⇒ Nr. 1768
Z. 35   *Methode*: ⇒ Nr. 1487
Z. 35 f. *betrieben und geübt werden*: Die erste Genfer *école mutuelle*, in welcher nach der Methode von Andrew Bell (1753–1832, ⇒ Nr. 1487) und Joseph Lancaster (1778–1838, ⇒ Nr. 1487) unterrichtet wurde, gründete der Diplomat Charles Pictet de Rochemont (1755–1824) im Frühjahr 1816 in Lancy. 1817 existierten bereits in mehreren ländlichen Vorortsgemeinden Genfs *écoles mutuelles* und auch in der Stadt selbst gab es eine solche Schule. Zudem wurde in einer Klasse des *Collège de Genève* das Modell eingeführt. Während ihrer Blütezeit gab es im Kanton Genf 40 *écoles mutuelles*, die jedoch in den 1830er-Jahren, als die Bewegung erlahmte und an Bedeutung verlor, zum Teil wieder schliessen mussten. Welche dieser

écoles mutuelles Joseph Röckl (1780–1826), ⇒ Nr. 1800) hier gemeint hatte und ob er diese auch tatsächlich besuchte, ist offen.

1870.
Georg Friedrich Fallenstein
1. Januar 1818

Herrn Pestalozzi
zu
Iferten
in d[er] Schweiz.

frei Grenze!

Düsseldorf am 1^n Jan[uar] 1818

Ich habe bisher immer noch gezögert, verehrter Vater, Ihnen das Endresultat meiner Subskripzionssammlung zu melden, in der Hoffnung Ihnen ein in dieser Hinsicht freudiges Neujahrsbriefchen schreiben zu können. Allein andere sind mir zuvorgekommen, und in so fern kann ich nur bedauern dass nicht ich das Mittel gewesen, muss mich aber freuen dass der Endzwek doch erreicht ist

Ich beeile mich daher Ihnen, theurere Greis in Vervolg meiner Meldung v[om] 7 Oktober noch anzuzeigen dass ferner die Herren:
N^{ro} 21. Kayser, kathol[ischer] Lektor zu Knektstaedten bei Neuss
" 22. Cremer, " Pfarrer " Glehn " ",
und
" 23. Kortüm, Direktor des Gymnasiums zu Düsseldorf
auf Ihre sämtl[ichen] Werke subskribirt haben, wodurch also meine Bestellung enthält
18 Ex[emplare] des ganzen Werks
2 " der ersten Lieferung
4 " der Fabeln. –

Nun habe ich ein Anliegen an Sie, – ich bin ein armer Kerl an Mitteln, allein wie ich hoffe reich in Christo und wie ich weiss, an gutem Willen. Ich hätte gar gern Ihre Werke auch u[nd] muss sie für meine Jungens haben, wäre es möglich, dass Sie mir das Exemplar, was ich hiermit bestelle, etwa nach dem Maassstabe etwas wohlfeiler geben könnten, nach welchen Sie in Ihrer ersten Ankündigung für Bestellungen von 20 Exemplaren einen verminderten Preis festgesezt haben? –

Wann wird nun der Druck beginnen? – doch rasch. – Und wie wünschen Sie in den Besitz der Subskriptionsgelder zu kommen? –.

Schuhmacher grüsst herzlich, ich aber bete für Sie, dass es unserm Vater im Himmel gefallen möge Ihnen am 12 Jan[uar] des J[ahres] neben der Freude Ihre Wünsche vollkommen erfüllt zu sehen zu den hingeschiedenen noch viele Jahre der frolichen, freudigen, u[nd] mit der Krone eines reinen u[nd] thätigen Lebens gesegneten Greisen Alters zuzufügen. Diess aus redlichen Herzen mein Wunsch zum heutigen Tage, zum Tage des 12 Januars. –

                                                                                   Fallenstein

Überlieferung

1 ZB Zürich, Ms Pestal 50/51, Umschlag 80/2
2 Bogen, 197 x 158 mm
4 Datum am Schluss, Siegel, Stempel DÜSSELDORF, Dorsualvermerk Düsseldorf, 1. Jan[ua]r 1818. Fallenstein.
5 Original

Textkritik

Zeuge H
Z. 18   Kayser: lateinische Schrift
Z. 18   Knektstaedten: lateinische Schrift
Z. 18   Neuss: lateinische Schrift
Z. 19   Cremer: lateinische Schrift
Z. 19   Glehn: lateinische Schrift
Z. 21   Kortüm: lateinische Schrift
Z. 29   gutem < Willelen > Willen

Sacherklärung

I.
Georg Friedrich Fallenstein (1790–1853) ⇒ Nr. 1787

III.
Z. 17   Meldung: ⇒ Nr. 1787
Z. 18   Kayser: Winand Kayser (1765–1842) aus Köln trat 1784 in den Prämonstratenserorden ein, wurde 1790 zum Priester geweiht und kaufte 1810 die zuvor aufgehobene Abtei Knechtsteden bei Dormegen (Nordrhein-Westfalen), um Kloster und Kirche baulich wiederherzustellen.
Z. 18   Knektstaedten: Damit dürfte wohl das ehemalige Kloster Knechtsteden bei Dormagen (Nordrhein-Westfalen) gemeint sein.
Z. 19   Cremer: Wilhelm Joseph Cremer ⇒ Nr. 1799
Z. 19   Glehn: heute Teil von Korschenbroich (Nordrhein-Westfalen)
Z. 21   Kortüm: Johann Friedrich Christoph Kortüm (1788–1854) ⇒ Nr. 1377
Z. 25   ersten Lieferung: Damit dürften wohl die ersten vier Bände der Sämmtlichen Schriften gemeint gewesen sein, in welchen Lienhard und Gertrud in einer überarbeiteten Version gedruckt wurde.

Z. 26	*Fabeln*: Johann Heinrich Pestalozzi: Sämmtliche Schriften, Band 10. Stuttgart 1823
Z. 30	*Jungens*: Georg Friedrich Fallenstein (1790–1853, ⇒ Nr. 1787) hatte aus zwei Ehen insgesamt sechs Söhne, wovon zwei zur fraglichen Zeit bereits auf der Welt waren, nämlich der schon zu Lebzeiten des Vaters angeblich in den USA verschollene Adalbert Gustav (*1811) und Roderich Fallenstein (1815–1890), der später Techniker und Ingenieur wurde.
Z. 37	*Schuhmacher*: Christian Heinrich Schumacher ⇒ Nr. 1741

1871.
Ludwig von Schedius
2. Januar 1818

Pesth den 2. Jäner 1817.

Hochverehrter!

Erst vor wenig Wochen bin ich von meiner Reise, die ich im August nach Italien unternommen hatte, zurückgekehrt. So wie ich meine dringendsten Geschäfte, die sich während meiner Abwesenheit von Hause ziemlich angehäuft hatten, in Ordnung gebracht habe, eilte ich alsogleich die bereits begonnene Subscription auf Ihre sämmtl[ichen] Werke weiter zu besorgen, um das Verzeichniss der Subscribenten auf den bestimmten Termin einsenden zu können. Ich danke Ihnen recht sehr für die durch H[er]rn Schmidt mir gütigst zugeschickten Nachrichten, in Betreff der so zweckmässig verlängerten Frist für die Subscription, die H[er]rn Cotta sehr zur Ehre gereicht, und alle Ihre Verehrer mit Freude erfüllt hat. Die Missverständnisse, gegen welche Sie in der Schweitz und in Deutschland kämpfen mussten, haben sich bey uns gar nicht gezeigt. Ihre Freunde und Verehrer, deren Sie nun schon viele in unsern Gegenden haben, scheinen Ihre edeln, menschenfreundlichen Zwecke wohl aufzufassen und zu würdigen. Durch diese r e i n e   A n s i c h t werden Sie auch in den Stand gesetzt, mit besonnenem Muthe die Hindernisse allmählig zu besiegen, die sich natürlich allenthalben diesem grossen Werke der Menschenveredlung entgegenstellen.

Ich übersende Ihnen nun, Verehrtester, mit Freuden das beyliegende Verzeichniss der in O f e n und P e s t h gesammelten Subscribenten, wobey die wahrhaft achtungswerthe Baroninn von Vay, die Ihnen auch bekannt ist, mit aller ihrer edelmüthigen Thätigkeit gleichfalls an die Hand gegangen ist. Die Subscribenten, welche auf der Liste von Pesth, von Num[mer] 24 an stehen, hat Ihnen auch schon, während meiner Abwesenheit, H[er]r Egger überschickt, im Namen der Frau Baroninn; ich fügte sie aber hier abermals bey, um die Übersicht aller hieher gehörigen zu erleichtern. Für P e s t h sind also 49 Exemplare, und für O f e n 27 subscribirt; in Summa 76. – Die Namen habe ich so deutlich, als möglich, geschrieben, um dieselben richtig abdrucken lassen zu können.

Möge Ihnen, Hochverehrter, am 12. Jäner aus der Ansicht der vereinten Bemühungen so vieler Freunde der Menschheit die lebendige, tröstliche Überzeugung werden, dass der gute Saame, den Sie ausgestreut, zu tiefe Wurzeln geschlagen und zu weit verbreitet sey, als dass sich nicht bald die schönsten Pflanzungen zeigen sollten; dass Ihr herrlich begonnenes Werk zu gut begründet sey, als dass es nicht vollkommen gedeihen sollte. Diese fröhliche Überzeugung stärke und belebe die Kraft Ihres Alters bis zum längsten Ziele des menschlichen Lebens, um noch selbst an der weitern Ausführung Ihrer hohen Zwecke arbeiten zu können. –

Mit der innigsten Hochachtung und Theilnahme wünschet diess
Ihr
aufrichtiger Verehrer
Ludwig v[on] Schedius,
Professor d[er] Ästhetik an
der kön[iglichen] Universität.

Verzeichniss der S u b s c r i b e n t e n auf H[err]n Pestalozzi's sämmtliche Werke.

In O f e n.   Exemplare.

1. H[err] Graf Joseph Brunsvik, Excellenz   1.–
2. Gräfinn Therese Brunsvik   3.–
3. Gräfinn Henriette Chotek, geb[orene] Gräfinn Brunsvik   1.–
4. Gräfinn Caroline Teleki, geb[orene] Gräfinn Brunsvik   1.–
5. Gräfinn Josephine Stackelberg, geb[orene] Gräfinn Brunsvik   1.–
6. H[err] Graf Franz Brunsvik   1.–
7. Gräfinn Josephine Batthyany, Exc[ellenz], geb[orene] v[on] Rudnyak   1.–
8. H[err] Baron v[on] Forray   1.–
9. Gräfinn Fanny Szécsen, geb[orene] Gräfinn Forgács   1.–
10. H[err] Baron Franz Fellner   1.–
11. H[err] Baron v[on] Liptay   1.–
12. Freyfrau v[on] Wodnyanszky, geb[orene] v[on] Rosti   1.–
13. Gräfinn Schmidegg, geb[orene] v[on] Pethö   1.–
14. H[err] Stephan v[on] Végh, Excellenz   1.–
15. Fr[au] Nina v[on] Majthényi, geb[orene] von Bartakovits   1.–
16. Frau Therese von Babartzi, geb[orene] v[on] Finta   1.–

17. H[err] Maximil[ian] v[on] Ürményi, Stattbalterey Rath 1.–
18. H[err] Paul Simonyi, Domherr zu Stuhlweissenburg 1.–
19. H[err] Carl Schuster, Pfarrer 1.–
20. Fr[au] Elise v[on] Burgmann, geb[orene] Baron[in] v[on] Seeberg 1.–
21. H[err] Joseph Litrow, Professor d[er] Astronomie 1.–
22. H[err] Andreas v[on] Asbóth, Güter Präfect 1.–
23. Freyherr von Wetzlar, k[öniglich] k[aiserlicher] Obristwachtm[eister] b[eim] Genie Corps 1.–
24. H[err] Antonin Rigl, Architect 1.–
25. H[err] Paul Köffinger, Doctor der Arzn[ei] 1.–

Summa 27 Ex[em]plare

In Pesth. Exemplare
1. Baroninn v[on] Rudnyanszky, geb[orene] Baron[in] Liptay 3.–
2. Gräfinn Johanna Teleki, geb[orene] Baron[in] Mészáros 1.–
3. Gräfinn Csaky, geb[orene] Baroninn Vétsey 1.–
4. Gräfinn Waldstein, geb[orene] Gräfinn Sztáray 1.–
5. Baroninn Vay, geb[orene] Baron[in] Adelsheim 1.–
6. Baron Nicolaus v[on] Vay, k[öniglich] k[aiserlicher] General 1.–
7. Herr Emrich v[on] Péchy, Vice Palatin 1.–
8. Frau v[on] Gétzy, geb[orene] v[on] Balogh 1.–
9. Frau v[on] Borbély, geb[orene] v[on] Vay 1.–
10. Frau v[on] Pély, geb[orene] v[on] Vay 1.–
11. H[err] Joseph v[on] Horváth 1.–
12. Frau Rosa v[on] Lukáts 1.–
13. H[err] Sigmund v[on] Lázár 1.–
14. H[err] Carl v[on] Böhm, Prof[essor] an d[er] Universität 1.–
15. H[err] Johann Veletzky, Profess[or] an d[er] Univers[ität] 1.–
16. H[err] Emrich v[on] Kirs 1.–
17. Frau v[on] Szerdahelyi, geb[orene] v[on] Tihanyi 1.–
18. H[err] v[on] Szentgyörgyi 1.–
19. H[err] v[on] Szabó 1.–
20. H[err] Wilhelm Egger 1.–
21. Gräfinn Marie Andrássy, geb[orene] Festetis, Excel[lenz] 1.–
22. Gräfinn Klobusitzky, geb[orene] Jankovits 1.–
23. H[err] Ludwig v[on] Schedius, Profess[or] an d[er] Universität 1.–
24. H[err] Joh[ann] Samuel Liedemann 6.–
25. H[err] Gottlob Chr[istian] Eberhard 1.–
26. H[err] Stephan Böhm 1.–

27. H[err] Barholom[äus] Berta   1.–
28. H[err] Michael Weber   1.–
29. H[err] Johann Engelschall   1.–
30. H[err] Johann Sam[uel] Fröhlich   1.–
31. H[err] Christian Fuchs   3.–
32. H[err] Carl v[on] Gömöry   1.–
33. H[err] Samuel Petz   1.–
34. H[err] Daniel v[on] Zeik, Hofrath   1.–
35. H[err] Alexander v[on] Borbély   1.–
36. Gräfinn Barkótzy, Excell[enz]   1.–
37. Graf Joseph Desseöffi   1.–
38. Graf Stephan Desseöffi   1.–
39. H[err] Eduard v[on] Bujanovits   1.–
40. H[err] Victor d'Este, Abt u[nd] Professor in Kaschau   1.–
                                                       49 Ex[em]plare

Überlieferung

1   ZB Zürich, Ms Pestal 55, Umschlag 322/1 (H1), Umschlag 322/2a (H2)
2   Bogen, 193 x 126 mm (H1), Blatt, 195 x 131 mm (H2)
4   Dorsualvermerk *Pesth, den 2. Jan[ua]r 1817. Lud[wi]g von Schedius.* (H1)
5   Original

Textkritik

Zeuge H
Z. 10   *Subscription*: lateinische Schrift
Z. 15   *Subscription*: lateinische Schrift
Z. 15   *Cotta*: lateinische Schrift
Z. 27   *Baroninn von Vay*: lateinische Schrift
Z. 29   *Subscribenten*: lateinische Schrift
Z. 30   *Num[mer]*: lateinische Schrift
Z. 31   *Egger*: lateinische Schrift
Z. 32   *Baroninn*: lateinische Schrift
Z. 34   *Exemplare*: lateinische Schrift
Z. 56   *Brunsvik*: lateinische Schrift
Z. 57   *Brunsvik*: lateinische Schrift
Z. 58   *Chotek*: lateinische Schrift
Z. 58   *Brunsvik*: lateinische Schrift
Z. 59   *Teleki*: lateinische Schrift
Z. 59   *Brunsvik*: lateinische Schrift
Z. 60   *Stackelberg*: lateinische Schrift
Z. 61   *Brunsvik*: lateinische Schrift
Z. 62   *Brunsvik*: lateinische Schrift
Z. 63   *Batthyany*: lateinische Schrift

Z. 64 Rudnyak: lateinische Schrift
Z. 65 Forray: lateinische Schrift
Z. 66 Szécsen: lateinische Schrift
Z. 66 Forgács: lateinische Schrift
Z. 66 < 10. Baroninn von Rudnyánszky, geb[orene] Baronesse Liptay 3.- >
Z. 67 Fellner: lateinische Schrift
Z. 68 Liptay: lateinische Schrift
Z. 69 Wodnyanszky: lateinische Schrift
Z. 69 Rosti: lateinische Schrift
Z. 70 Pethö: lateinische Schrift
Z. 71 Végh: lateinische Schrift
Z. 72 Majthényi: lateinische Schrift
Z. 72 Bartakovits: lateinische Schrift
Z. 73 Babartzi: lateinische Schrift
Z. 73 Finta: lateinische Schrift
Z. 73 < 16. Frau Rosa v[on] Lukáts 1.- >
Z. 74 Ürményi: lateinische Schrift
Z. 75 Simonyi: lateinische Schrift
Z. 77 Burgmann: lateinische Schrift
Z. 78 Seeberg: lateinische Schrift
Z. 79 Litrow: lateinische Schrift
Z. 80 Asbóth: lateinische Schrift
Z. 81 23. <H> Freyherr
Z. 81 Wetzlar: lateinische Schrift
Z. 82 Genie Corps: lateinische Schrift
Z. 83 Antonin Rigl: lateinische Schrift
Z. 84 Paul: lateinische Schrift
Z. 85 Ex[em]plare: lateinische Schrift
Z. 86 E x e m p l a r e : lateinische Schrift
Z. 87 Rudnyanszky: lateinische Schrift
Z. 88 Liptay: lateinische Schrift
Z. 89 Teleki: lateinische Schrift
Z. 89 Mészáros: lateinische Schrift
Z. 90 Csaky: lateinische Schrift
Z. 90 Vétsey: lateinische Schrift
Z. 91 Sztáray: lateinische Schrift
Z. 92 Vay: lateinische Schrift
Z. 93 Nicolaus: lateinische Schrift
Z. 93 Vay: lateinische Schrift
Z. 95 Péchy: lateinische Schrift
Z. 95 Péchy, <Hofrath> Vice
Z. 96 Gétzy: lateinische Schrift
Z. 96 Balogh: lateinische Schrift
Z. 97 Borbély: lateinische Schrift
Z. 97 Vay: lateinische Schrift
Z. 98 Pély: lateinische Schrift

Z. 98	*Vay*: lateinische Schrift
Z. 99	*Horváth*: lateinische Schrift
Z. 100	*Lukáts*: lateinische Schrift
Z. 101	*Lázár*: lateinische Schrift
Z. 103	*Veletzky*: lateinische Schrift
Z. 105	*Szerdahelyi*: lateinische Schrift
Z. 105	*Tihanyi*: lateinische Schrift
Z. 106	*Szentgyörgyi*: lateinische Schrift
Z. 107	*Szabó*: lateinische Schrift
Z. 108	*Egger*: lateinische Schrift
Z. 109	*Andrássy*: lateinische Schrift
Z. 109	*Festetis*: lateinische Schrift
Z. 110	*Klobusitzky*: lateinische Schrift
Z. 110	*Jankovits*: lateinische Schrift
Z. 111	*Schedius*: lateinische Schrift
Z. 113	*Joh[ann]* ∫
Z. 113	*Liedemann*: lateinische Schrift
Z. 114	*Gottlob*: lateinische Schrift
Z. 114	*Eberhard*: lateinische Schrift
Z. 116	*Berta*: lateinische Schrift
Z. 117	*Weber*: lateinische Schrift
Z. 118	*Engelschall*: lateinische Schrift
Z. 119	*Fröhlich*: lateinische Schrift
Z. 120	*Fuchs*: lateinische Schrift
Z. 121	*Gömöry*: lateinische Schrift
Z. 122	*Petz*: lateinische Schrift
Z. 123	*Zeik*: lateinische Schrift
Z. 124	*Borbély*: lateinische Schrift
Z. 125	*Barkótzy*: lateinische Schrift
Z. 126	*37. < H[err] > Graf*
Z. 126	*Desseöffi*: lateinische Schrift
Z. 127	*Desseöffi*: lateinische Schrift
Z. 128	*Eduard*: lateinische Schrift
Z. 128	*Bujanovits*: lateinische Schrift
Z. 129	*H[err] < de > Victor*
Z. 129	*Victor d'Este*: lateinische Schrift

Sacherklärung

I.

Ludwig von Schedius (1768–1847) ⇒ Nr. 1740

II.

Die Subskribenten aus Ungarn stammten meist aus alten adeligen oder landadeligen Familien, deren männliche Angehörige häufig regionale Regierungs- und Verwaltungsämter innehatten. Subskribenten aus Österreich und zumal aus Wien gehörten dagegen der sehr wohlhabenden, politisch einflussreichen und zumeist nobilitierten bürgerlichen oder adeligen Oberschicht an, wie die Puthons (⇒ Nr. 1769), Hengelmüllers (⇒ Nr. 1896) oder auch Fries' (⇒ Nr. 1430, ⇒ Nr. 1437). Eine Vielzahl der österreichischen und ungarischen Subskribenten zählten zudem zum Kreis um Ludwig van Beethoven (1770-1827), der besonders mit vielen Angehörigen der weit verzweigten Familie Brunsvik (⇒ Nr. 1035) befreundet war, aber auch den Wiener Hauslehrer Johann Nepomuk Bihler (⇒ Nr. 1769) kannte. Dieser Kreis scheint die Rezeption Pestalozzis in Österreich und Ungarn beschleunigt zu haben.

III.

Z. 4 *Pesth*: heute Teil von Budapest
Z. 11 *Werke*: Johann Heinrich Pestalozzi: Sämmtliche Schriften, 12 Bände. Stuttgart 1819-1824
Z. 13 *Schmidt*: Joseph Schmid (1785-1851) ⇒ Nr. 712
Z. 14 *Nachrichten*: scheint nicht erhalten zu sein
Z. 15 *Cotta*: Johann Friedrich Cotta, Freiherr von Cottendorf (1764-1832) ⇒ Nr. 617
Z. 16 f. *Missverständnisse*: Im Aufruf zur Subskription war darauf hingewiesen worden, dass der Verkauf der Gesamtausgabe auch das in Yverdon geplante Institut zur Armenerziehung (⇒ Nr. 1369) unterstützen solle. Diese Verwendung wurde in der Öffentlichkeit auch als Aufruf zur privaten Unterstützung Pestalozzis verstanden, weshalb er sich im Juni 1817 genötigt sah, das «Missverständnis in seinem Subscriptionsplan» zu berichten (PSW XXV, S. 69-80).
Z. 26 *Verzeichniss*: Z. 53-130
Z. 26 *O f e n* : dt. Name für Buda, heute Teil von Budapest
Z. 27 *Vay*: Johanna von Vay-von Adelsheim (1776-1862) ⇒ Nr. 1238 a
Z. 31 *Egger*: Wilhelm/Guillaume Egger (1792-1830) ⇒ Nr. 1234 a
Z. 31 *überschickt*: ⇒ Nr. 1862
Z. 56 *Brunsvik*: Graf Joseph von Brunsvik (1750-1827) war der Onkel der Gräfin Therese von Brunsvik (1775-1861, ⇒ Nr. 1035). Als Geheimer Rat und oberster Richter bekleidete er hohe Positionen in der Staatsverwaltung Ungarns und wurde als Kunstsammler bekannt.
Z. 57 *Brunsvik*: Gräfin Therese von Brunsvik (1775-1861) ⇒ Nr. 1035
Z. 58 *Chotek*: Gräfin Henriette von Chotek-von Brunsvik (1789-1857) war die Tochter des Grafen Joseph von Brunsvik (1750-1827, ⇒ Z. 56) und die Cousine der Gräfin Therese von Brunsvik (1775-1861, ⇒ Nr. 1035). 1813 heiratete sie den Kammerherrn und Genieoberst Hermann Chotek von Chotkow (1786-1822), mit dem sie auf einem Gut in Krompachy (Krompach, Slowakei) lebte.
Z. 59 *Teleki*: Gräfin Caroline von Teleki-von Brunsvik (1782-1843) war die jüngste Schwester der Gräfin Therese von Brunsvik (1775-1861, ⇒ Nr. 1035) und heiratete 1805 Graf Emmerich (Imre) Teleki (1782-1848), der in Satulung (Langendorf, Rumänien) zahlreiche Güter besass. Das Paar hatte drei Kinder, den Sohn Max (1813-1872) und die beiden Töchter Blanka (1806-1862) und Emma von Teleki (1809-1893).
Z. 60 *Stackelberg*: Gräfin Josephine von Stackelberg-von Deym, geborene von Brunsvik (1779-1821), die Schwester der Gräfin Therese von Brunsvik (1775-1861, ⇒ Nr. 1035), heiratete 1799 den Grafen Joseph von Deym (1752-1804), mit dem sie vier Kinder hatte. Nach dessen Tod unterhielt sie eine Beziehung mit Ludwig van Beethoven (1770-1827), bevor sie 1810 Christoph Adam von Stackelberg (1777-1841, ⇒ Nr. 1007) heirate-

te, den sie anlässlich eines Aufenthalts bei Pestalozzi in Yverdon kennengelernt hatte. Das Zusammenleben mit von Stackelberg war von wiederkehrenden Zerwürfnissen geprägt und zwei von Josephines vier weiteren Kindern werden ausserehelichen Verbindungen – unter anderem der wiederaufgenommenen mit Beethoven – zugeschrieben.

Z. 62 *Brunsvik*: Graf Franz von Brunsvik (1777–1849) war der Bruder der Gräfin Therese von Brunsvik (1775–1861, ⇒ Nr. 1035) und Gutsbesitzer in Ofen. Als begabter Cellist war er eng mit Ludwig van Beethoven (1770–1827) befreundet, der ihm um 1806/07 zwei Kompositionen widmete. 1819 übernahm Brunsvik die Leitung des Stadttheaters in Pest und heiratete etwas später Sidonie von Justh (1801–1862), eine bekannte Pianistin.

Z. 63 *Batthyany*: Gräfin Josephine von Rudnyák (1778–1847) heiratete 1801 Vince Batthyány von Német-Uivar (1772–1827), der Kämmerer, Geheimrat und Obergespan im Komitat Hont (Ungarn) war.

Z. 65 *Forray*: Baron András von Forray (1780–1830) war Besitzer der väterlichen Güter in Savârsin (Soborsin, Rumänien). Nach seinem Jura-Studium in Bratislava (Slowakei) war er zunächst in der Kanzlei des königlichen Gerichts in Budapest tätig, wurde 1807 Kämmerer am kaiserlichen Hof, übernahm verschiedene diplomatische Missionen in Europa und wurde schliesslich 1825/27 Obergespan des Komitats Csanad. Forray galt als guter Klavierspieler und zählte wohl nicht zuletzt durch seine 1805 erfolgte Heirat mit Julia von Brunsvik (1786–1866), einer Cousine der Gräfin Therese von Brunsvik (1775–1861, ⇒ Nr. 1035), zum Kreis um Ludwig van Beethoven (1770–1827).

Z. 66 *Szécsen*: Gräfin Franciska von Szécsen-von Forgách (1785–1867) war die Ehefrau des wirklichen Geheimrats Graf Miklos von Szécsen von Temerin (1782–1871) und zählte zum Ausschuss der 1810 gegründeten *Gesellschaft adeliger Frauen zur Beförderung des Guten und Nützlichen* in Wien, einer Fürsorgeorganisation mit Arbeitsanstalt für kranke, verwaiste oder verarmte Kinder.

Z. 67 *Fellner*: Damit könnte möglicherweise Ritter Franz Fellner von Feldegg († 1857) gemeint sein. Dem österreichischen Adelsgeschlecht Fellner von Feldegg entstammten zahlreiche Offiziere und Beamte.

Z. 68 *Liptay*: Hier ist vermutlich Baron Sandor von Liptay (1767–1828) gemeint, Hofrat und Vizegespan (Regierungsbeamter in Ungarn) des Komitats Hont (heute Slowakei und Ungarn).

Z. 69 *Wodnyanszky*: Freifrau von Wodnyanszky-von Rosti konnte nicht näher bestimmt werden.

Z. 70 *Schmidegg*: Gräfin von Schmidegg-von Pethö konnte nicht näher bestimmt werden.

Z. 71 *Végh*: István von Végh (1763–1834) trat 1783 als Sekretär in den königlich-ungarischen Kanzlei ein, wo er 1787 festes Mitglied wurde. 1807 wurde er als Oberdirektor des Komitatausschusses mit der Aufsicht der ungarischen Provinzen beauftragt und 1810 zum Geheimrat ernannt. In dieser Funktion übernahm er Aufgaben in höchsten Steuer- und Verwaltungsämtern.

Z. 72 *Majthényi*: Nina von Majthényi-von Bartakovits konnte nicht näher bestimmt werden. Allenfalls ist sie identisch mit Maria von Bartakovits, die mit Emrich (Imre) von Majthényi verheiratet war. Das Paar hatte zwei Kinder, Alexander und Adrienne, die 1836 bzw. 1837 starben.

Z. 73   *Babartzi*: Therese von Babarczy-von Finta war mit dem Unterpräfekten und Gemeinderat Emrich (Imre) von Babarczy (1773–1840) verheiratet, der auch Dramen ins Ungarische übertrug. Sie hatte zwei Söhne: den konservativen, sich gegen die ungarische Nationalbewegung stellenden kaiserlich-königlichen Hofrat Antal (1813–1881) und Imre (1818–1881), der als Oberstleutnant in Pension ging.

Z. 74   *Ürményi*: Maximilian von Uerményi (1775–1836) war Staatsrat in Ofen (heute Teil von Budapest).

Z. 75   *Simonyi*: Paul Simonyi (1764–1835) war Abt und Dompropst in Székesfehérvar (Ungarn), Landtagsabgeordneter in Ofen und verfasste ein Buch über den griechischen Philosophen Aischines (390/89–um 314 v. Chr.).

Z. 76   *Schuster*: Károly István Schuster (1788–1849) war katholischer Pfarrer zunächst in Ofen und dann von 1814 bis 1834 an der Mariä-Himmelfahrt Pfarrkirche im ungarischen Ercsi (Ertsching).

Z. 77   *Burgmann*: Elise von Burgmann, geborene Baronin von Seeberg konnte nicht näher bestimmt werden.

Z. 79   *Litrow*: Joseph Johann Littrow (1781–1840) wandte sich nach abgebrochenen Studien in Jurisprudenz und Theologie der Mathematik sowie der Astronomie zu und wurde 1807 als Professor für Astronomie nach Krakau berufen, bevor er 1816 die Leitung der Sternwarte in Budapest übernahm und sich ab 1819 als Professor und Sternwartendirektor in Wien etablierte.

Z. 80   *Asbóth*: Andreas von Asbóth konnte nicht näher bestimmt werden.

Z. 81   *Wetzlar*: Freiherr Johann Adam Wetzlar von Plankenstern (1771–1866) entstammte einer wohlhabenden jüdischen Familie, die im Siebenjährigen Krieg zu Reichtum und gesellschaftlichem Ansehen gelangt war. Nach einer Offizierskarriere in der österreichischen Armee quittierte er 1804 den Dienst, trat zum muslimischen Glauben über und galt als gesellschaftlicher Aussenseiter, der von einer kaiserlich bewilligten Rentunterstützung lebte.

Z. 83   *Rigl*: Anton(inus) Pius Rigel (1789–1869), in Rom geborener Sohn eines österreichischen Malers, absolvierte die Wiener Akademie der bildenden Künste, war sodann Architekt im Dienst der Adelsfamilien Auersperg und Brunswik und machte sich später einen Namen als Erbauer von Landpalästen (so etwas des Palais Karolyi in Pest) und Prestigeobjekten insbesondere im ungarischen Teil der österreichischen Monarchie.

Z. 84   *Köffinger*: Johann Paul Köffinger (1786–1845) aus Nürnberg war als Arzt der Stadt Ofen tätig, verfasste zahlreiche Gedichte und publizierte den Musenalmanach von und für Ungarn.

Z. 87   *Rudnyanszky*: Baronin Anna von Rudnyanszky-von Lipthay (1776–1858) war mit Baron Zsigmund Rudolf Rudnyánszky (1766–1845) verheiratet und hatte sechs Töchter und einen Sohn.

Z. 89   *Teleki*: Gräfin Johanna Teleki, geborene Baronin Mészáros (1784–1844) gründete 1818 den *Wohltätigen Frauenverein* in Pest, der sich in der Armenfürsorge engagierte, und förderte die ungarischsprachige Literatur. Nach 1819 war sie Hofdame von Prinzessin Marie Dorothea Wilhelmine von Württemberg (1797–1855, ⇒ Nr. 1823), die durch die Heirat mit Erzherzog Joseph Anton Johann (Baptist) von Österreich (1776–1847) Erzherzogin von Österreich und Palatinissa von Ungarn war. Teleki war mit Ladislaus/Laszlo Teleki (1764–1821) verheiratet, Obergespan in Somogy (Südwestungarn), Mitglied der Septemviraltafel (Obergericht) und Förderer der ungarischen Wissenschaft und Akademie.

Z. 90 *Csaky*: Baronin Anna von Vécsey (1785–1851) heiratete 1808 Graf Antal-Bruno von Csáky (1788–1860), einen kaiserlichen Kämmerer aus einem der ältesten ungarischen Adelsgeschlechter, und scheint sich schriftstellerisch betätigt zu haben, erschien doch 1843 ein von ihr verfasstes *Tagebuch einer überzähligen Ausschussfrau auf einer Reise nach Italien*.

Z. 91 *Waldstein*: Gräfin Maria Theresia von Waldstein-von Sztáray (1776–1827) war mit Graf Emanuel Johann Baptist Josef Leodegar von Waldstein von Wartenberg (1773–1829) verheiratet und hatte mit diesem fünf Kinder, unter anderem Josef (1801–1844, ⇒ Nr. 1862) und Albrecht (1802–1868, ⇒ Nr. 1862).

Z. 93 *Vay*: Baron Johann Nikolaus von Vay (1756–1824) ⇒ Nr. 1374 a

Z. 95 *Péchy*: Imre von Péchy (1753–1841) stammte aus einer protestantischen Familie und bekleidete nach einem an verschiedenen ungarischen Universitäten und in Göttingen absolvierten Rechtsstudium zahlreiche Verwaltungsämter: Zunächst zum Notar in der munizipalen Verwaltung bestellt und später an die Verwaltungsspitze des Komitats Bihar berufen, wurde Péchy 1813 zum Vizepalatin bei der königlichen Tafel und 1824 zum Richter der Septemvirtafel (Obergericht) befördert.

Z. 96 *Gétzy*: Karolina Gétzy-von Balogh, vermutlich die Tochter des einstigen Generalinspektors der evangelischen Gemeinden in Ungarn, Peter Balogh von Ocsa (1748–1818), war mit dem Leutnant István Géczy Garamszegi (1775–1842) verheiratet.

Z. 97 *Borbély*: Damit ist vermutlich Johanna von Vay (1779–1864) gemeint, die um 1800 den Gutsbesitzer Gabor von Borbély (1761–1830) heiratete.

Z. 98 *Pély*: Frau von Pély-von Vay konnte nicht näher bestimmt werden.

Z. 99 *Horváth*: Möglicherweise war hier Joseph von Horváth (1794–1850) gemeint, der nach einem längeren Aufenthalt im Orden der barmherzigen Brüder ab 1814 Philosophie in Szombathely und Pest studierte, wo er 1819 promoviert wurde und daraufhin ein Medizinstudium aufnahm, das er 1822 mit der Doktorwürde abschloss. Anschliessend arbeitete er als praktischer Arzt in Pest und später als Komitatsphysikus im Komitat Hont (heute Slowakei und Ungarn).

Z. 100 *Lukáts*: Möglicherweise handelt es sich hier um Rosa von Lukács-Hutl (um 1778–1851). Die Tochter eines pensionierten Majors war mit dem ursprünglich aus Siebenbürgen stammenden Gregor Nikolaus von Lukács verheiratet, mit dem zusammen sie einen Sohn, nämlich den später als Publizist und Übersetzer bekannten Móric Lukács (1812–1881), hatte.

Z. 101 *Lázár*: Zsigmond von Lázár (1740–1820) verfolgte eine Militärkarriere und wurde 1790 aufgrund einer schweren Verletzung in den Ruhestand versetzt.

Z. 102 *Böhm*: Carl Joseph Friedrich von Böhm (1778–1844) aus Ofen wurde 1804 zum Doktor der Medizin promoviert und 1817 zum Professor für medizinische und gerichtliche Arzneikunde an der Universität Pest ernannt. Zudem amtierte er als Arzt am dortigen General-Priester-Seminar.

Z. 103 *Veletzky*: Johann/János Veleczky (1786–1854) aus Pest studierte an der dortigen Universität Medizin, leitete ab 1812 die Abteilung für Theoretische Chirurgie, wurde 1816 zum Ordinarius ernannt und war 1833/34 Rektor.

Z. 104   *Kirs*: Imre/Emrich Christian Friedrich von Kirs (1775–1831) aus Pest war Oberinspektor der Salpeterfabrik der Familie Vay in Debrecen und betätigte sich zudem als Herausgeber von Gedichten.
Z. 105   *Szerdahelyi*: Frau von Szerdahely-von Tihanyi konnte nicht näher bestimmt werden.
Z. 106   *Szentgyörgyi*: Jozsef von Szentgyörgyi (1765–1832) studierte an verschiedenen deutschen Universitäten Medizin und wurde in Wien zum Doktor promoviert, bevor er zurück in Ungarn als praktischer Arzt – von 1799 bis 1831 als Stadtphysikus in Debrecen – arbeitete.
Z. 107   *Szabó*: Jánoshoz/János/ Johann von Szabó (1783–1864) ⇒ Nr. 1215
Z. 109   *Andrássy*: Gräfin Maria Festetics de Tolna (1770–1828), geboren in Sopron (Ungarn), heiratete den erheblich älteren Grafen Istvan Andrássy de Csikszentkirály et Krasznahorka (1731–1812), mit dem sie mindestens einen Sohn, nämlich Györgyi (1797–1872), hatte.
Z. 110   *Klobusitzky*: Gräfin von Klobusitzky-Jankovits stammt aus einer Mitte des 17. Jahrhunderts von Kroatien eingewanderten Adelsfamilie und heiratete in eine seit dem 15. Jahrhundert in Ungarn nachweisbare Adelsfamilie ein, die zahlreiche amtliche und geistliche Würdenträger stellte. Die hier subskribierende Gräfin konnte allerdings nicht genauer identifiziert werden.
Z. 113   *Liedemann*: Johann Samuel Liedemann (1756–1834) stammte aus einer in die Zips (Slowakei) ausgewanderten sächsischen Familie und absolvierte eine Lehre im väterlichen Geschäft in Spišská Nová Ves sowie einen mehrjährigen Arbeitseinsatz in einer Wiener Speditionsfirma, bevor er in Pest einen Schnittwarenhandel betrieb und diesen zum Grosshandels-, Speditions- und Kommissionsgeschäft ausbaute.
Z. 114   *Eberhard*: Gottlob Christian Eberhard dürfte mit Wilhelm/Guillaume Egger (1792–1830, ⇒ Nr. 1234 a) befreundet gewesen sein, vermachte er ihm doch testamentarisch 20 Gulden.
Z. 115   *Böhm*: Stephan Böhm konnte nicht näher bestimmt werden.
Z. 116   *Berta*: Bartholomäus Berta (1767–1829), aus Ftan (Kt. Graubünden) ausgewanderter Zuckerbäcker, arbeitete während drei Jahren als Zucker- und Pastetenbäckergehilfe in Wien, bevor er nach Ungarn weiterzog, wo er zunächst in Ofen bei den Mandolettibäckern *Nikolaus Hunger & Comp.* angestellt war und später, nachdem er 1793 das Recht auf eine eigene Zuckerbäckerei erhalten hatte, unter dem Namen *Conditorei Berta* in Pest eine eigene Pasteten- und Mandolettibäckerei betrieb.
Z. 117   *Weber*: Michael Weber konnte nicht näher bestimmt werden.
Z. 118   *Engelschall*: Damit ist möglicherweise Johann Engelschalk gemeint, der als Uhrmacher in Pest lebte.
Z. 119   *Fröhlich*: Johann Samuel Fröhlich konnte nicht näher bestimmt werden.
Z. 120   *Fuchs*: Christian Fuchs war als Handelsmann und Tabakfabrikant in Pest tätig, liess seinen Sohn bei Wilhelm Egger (1792–1830, ⇒ Nr. 1234 a) ausbilden und war dessen Testamentsvollstrecker.
Z. 121   *Gömöry*: Karoly Gömöry (1779–1845) war Hauptmann, Inhaber einer renommierten Apotheke in Pest und, wie Ludwig von Schedius (1768–1847, ⇒ Nr. 1740), Mitglied der Kommission der dortigen Armen-Versorgungsanstalten.
Z. 122   *Petz*: Samuel Petz konnte nicht näher bestimmt werden.
Z. 123   *Zeik*: Daniel Zeyk von Zeykfalva (1778–1846) aus Siebenbürgen amtierte nach einem Rechtsstudium als Schöffe der Gerichtstafel und wurde 1823

Mitglied des siebenbürgischen Landtags. Er war verheiratet mit Katharina von Vay (1785-1871).

Z. 124 *Borbély*: Damit ist möglicherweise Sandor Borbély (1768-1839) gemeint, Besitzer des Schlosses in Tiszaroff im mittleren Theisstals (Ungarn). Das Schloss war im 19. Jahrhundert Treffpunkt literarischer Autoren.

Z. 125 *Barkótzy*: Gräfin von Barkoczy war mit Kasimir Deym (von Stritez) verheiratet.

Z. 126 *Desseöffi*: Graf Joseph von Dessewffy (1771-1843) kämpfte nach einem Jurastudium als Hauptmann im Ersten Koalitionskrieg gegen Frankreich, war später, zurückgezogen auf den Familiengütern lebend, als Gelehrter, Schriftsteller und Adelsgesandter mehrerer Komitate auf den Ständetagen tätig und gehörte zu den Mitgründern der Ungarischen Akademie der Wissenschaften, der er ab 1830 als Direktor vorstand.

Z. 127 *Desseöffi*: Graf Stephan von Dessewffy (1776-1850) war ein Halbbruder des Grafen Joseph von Dessewffy (1771-1843, ⇒ Z. 126); über sein Leben ist nichts weiter bekannt.

Z. 128 *Bujanovits*: Ede Bujanovics (1776-1855) aus Aggtelek im Norden Ungarns absolvierte ein Rechtsstudium und war danach als Anwalt tätig. Er wurde aber hauptsächlich als auf Fragen der Landwirtschaft spezialisierter ökonomischer Schriftsteller berühmt.

Z. 129 *d'Este*: Victor de Este (*1752) aus Görz war Weltpriester sowie Professor für Physik und Ökonomie in Košice und wurde später zum Titularabt in Zips (beide Slowakei) ernannt.

Z. 129 *Kaschau*: dt. Name für Košice

1872.
Johann Friedrich Cotta, Freiherr von Cottendorf
3. Januar 1818

A Monsieur
Monsieur Pestalozzi
à
Yverdun
près Berne

Rom 3. Jan[uar] 1818

Möge die gütige Vorsehung das neue Jahr für Sie mein Verehrtester glüklich habe beginnen lassen und Ihre theuren Tage noch lange zum Trost der Menschheit erhalten!

Ihre Anfrage v[om] 5 v[origen] M[onats] ist mir bey eben langsamem Postgang erst mit der lezten Post zugekommen, meine Antwort kan also auf dem gewünschten 12^t diess nicht mehr eintreffen, auch bin ich so ganz ohne Erinnerung über unsern Contract, dass ich bei eben vielseitigen Verbindungen der Art und in Ermanglung meiner Papiere dass ich keine Entscheidung geben könnte, inzwischen sind Sie von meinen Gesinnungen überzeugt und ich werde gewiss nach Möglichkeit Ihre wohlthätigen Zwecke unterstüzen. – Anfangs Aprils hoffe ich Sie bei meiner Rückkehr persönlich hievon überzeugen zu können und bis dahin wird es wohl auch noch mit der trücklichen Dispositeten über den Druck anstehen, wozu die nähere Kenntniss der Subscriptionen doch sehr nothwendig ist und dass der Eingang sich länger als jetz sollte verzögern wird, ligt zu sehr in dem nächsten Gang dringlicher Geschäfte als dass wir uns darüber wundern sollten.

Mit wahrer Hochachtung

Ihr
J[ohann] F[riedrich] Cotta

H[errn] Schmidt die herzlichste Em[pfehlu]ng
J[ohann] F[riedrich] C[otta]

Überlieferung

1   ZB Zürich, Ms Pestal 50/51, Umschlag 56/16
2   Bogen, 210 x 159 mm
4   Siegel, Stempel *ROMA*
5   Original

Textkritik

Zeuge H
Z. 4–9   *A ... Jan[uar]*: lateinische Schrift
Z. 16 f. *dass ich* ⌡
Z. 23   *trücklichen*: unsichere Lesart
Z. 23   *anstehen*: unsichere Lesart

Sacherklärung

I.

Johann Friedrich Cotta, Freiherr von Cottendorf (1764–1832) ⇒ Nr. 617

II.

Pestalozzi hatte in seinem Brief an Johann Friedrich Cotta, Freiherr von Cottendorf (1764–1832, ⇒ Nr. 617) vom 5. Dezember 1817 angekündigt, er plane, Joseph Schmid (1785–1851, ⇒ Nr. 712) im Januar nach Stuttgart zu schicken um Cotta davon zu überzeugen, «die Auflag meiner Schrifften für Ihr immerwehrendes Eigenthum an sich zu bringen» (PSB X, S. 415).

III.

Z. 13   *Anfrage*: PSB X, Nr. 4854

Z. 16   Contract: PSB XIV, Nr. 4539 a
Z. 31   Schmidt: Joseph Schmid (1785–1851) ⇒ Nr. 712

1873.
Orell Füssli & Co.
3. Januar 1818

Monsieur
Henri Pestalozzi
Yverdun.

Zürich den 3ᵗ Januar 1817.

Hochzuverehrender Herr!
Viele dringende Geschäfte verhinderten uns ihnen früher die Liste der für Sie gesammelten Prænumeranten mitzutheilen – es sind folgende

1 Ex[emplar] Junker alt Staathalter Wyss Vice Præsidenten des Ober Gerichts in Zürich
1 " Herr Doctor u[nd] Poliator David Rahn allh[ie]r
1 " " H[einrich] Meyer von Stadelhofen allhier
10 " die Pestalozzische Familie allhier
1 " Herr Heinrich Meister allhier
1 " " David Lavater Pfarrer zu Buch am Irchel
1 " Juncker Bürgermeister Wyss allh[ie]r
1 " H[e]rr H[ein]r[ich] Füssli; (Mitglied unsrer Handlung)
1 " Joh[an]n Hagenbuch (Mitglied unsrer Buchhandlung)
1 " H[er]r Doctor u[nd] Staatsrath Paulus Usteri –
1 " " Rathsherr David Vogel
1 " " Ludwig von Meyer von Knonau, Rathsherr
1 " Die Lesegesellschaft in Horgen
1 " Joh[ann] Heinrich Hoze Doctor in Richtenschweil
1 " Gerichtsvogt Weidmann in Niederweningen
6 " Die Buchhandlung Orell, Füssli und Comp[agn]ie
25 " von Lienhard u[nd] Gertrud, auch für die nehmligen besonders:

Hochachtungsvoll Ihre ergebenste
Orell, Füssli u[nd] Comp[agnie]

Überlieferung
1   ZB Zürich, Ms Pestal 54a, Umschlag 269/1

2 Bogen, 244 x 202 mm
4 Siegelspuren, Stempel ZURICH 5. JAN. 1818, Dorsualvermerk Zürich, den 3. Jan[ua]r 1817. Orell Füssli & Co.
5 Original

Textkritik

Zeuge H

Z. 4-6	Monsieur ... Yverdon: lateinische Schrift
Z. 14	Doctor: lateinische Schrift
Z. 22	Doctor: lateinische Schrift
Z. 24	Meyer: lateinische Schrift
Z. 26	Doctor: lateinische Schrift
Z. 28	Orell: lateinische Schrift
Z. 29	Lienhard: lateinische Schrift

Sacherklärung

I.

Orell Füssli & Co. ⇒ Nr. 1317 b

III.

Z. 12   *Wyss*: Hans Konrad von Wyss (1749–1826) aus Zürich war seit 1772 allmählich die Stufenleiter zürcherischer Ämter emporgestiegen. 1795 wurde er zum Statthalter von Zürich, nach der Annahme der helvetischen Verfassung 1798 zum ersten Mitglied der zürcherischen Verwaltungskammer und mit dem Ende der Helvetik 1803 zum Vizepräsidenten des zürcherischen Obergerichts ernannt.

Z. 14   *Rahn*: David Rahn (1769–1848) studierte Medizin in Zürich und Halle und eröffnete 1793 eine Praxis in Zürich. Ab 1795 lehrte er am Medizinischen Institut und wurde 1803 zum Mitglied des Gesundheitsrates sowie zum Poliator, dem zweiten Staatsarzt und 1817 gar zum Archiator, also zum eigentlichen Staatsarzt gewählt. Zusätzlich hatte er ab 1814 einen Sitz im Grossen Rat inne und engagierte sich auch im Kirchen- und Erziehungsrat sowie im Aufsichtsrat verschiedener Lehranstalten.

Z. 15   *Meyer*: Damit dürfte entweder der Direktor des kaufmännischen Direktoriums und Grossrat in Zürich Heinrich Meyer (1755–1828) oder sein gleichnamiger Neffe (1789–1825) gemeint gewesen sein. Der ältere Meyer verfügte über grossen Reichtum und Grundbesitz, etwa das 1816 von ihm verkaufte Landgut zum Seegarten, der jüngere war Staatsanwalt in Zürich.

Z. 16   *Pestalozzische Familie*: Damit dürfte wohl die Familie von Salomon Pestalozzi (1753–1840, ⇒ Nr. 1354 a) gemeint gewesen sein, der 1781 die Drucklegung von *Christoph und Else* finanziell unterstützt hatte.

Z. 17   *Meister*: Jakob Heinrich Meister (1744–1826) von Zürich, auch Jacques Henri genannt, wuchs im westfälischen Bückeburg und Erlangen auf, wo sein Vater als Pastor in einer Hugenottengemeinde angestellt war. 1757 kehrte die Familie nach Zürich zurück. Meister wurde 1763 ordiniert, der Titel wurde ihm aber 1769 wegen seines deistischen Essays *De l'origine des principes religieux* (1768) wieder aberkannt. Noch im selben Jahr zog er nach Paris, wo ihm 1773 die Redaktion der *Correspondance littéraire*, philosophique et critique übertragen wurde. Des Landesverrats verdächtigt, floh er 1792 nach England. Zwei Jahre später zog er erneut nach Zürich, wo er bis 1813 die *Correspondance littéraire* weiterführte. 1803 wurde Meister von Napoleon I. Bonaparte (1769–1821, ⇒ Nr. 580) zum Präsidenten der Regierungskommission für die Einführung der Mediationsakte im Kt. Zürich ernannt sowie in den Grossen Rat gewählt.

Z. 18 *Lavater*: David Lavater (1773–1828) wurde 1798 ordiniert und war ab 1801 Pfarrer in Buch am Irchel (Kt. Zürich). Neben seiner Pfarrtätigkeit fungierte er auch als Kämmerer des Winterthurer Kapitels und ab 1823 als Kirchenrat.

Z. 19 *Wyss*: David von Wyss (1763–1839) ⇒ Nr. 416

Z. 20 *Füssli*: Johann Heinrich Füssli (1745–1832) ⇒ Nr. 1

Z. 21 *Hagenbuch*: Johann Hagenbuch (1789–1863), Buchhändler in Zürich, trat 1807 als Lehrling in die Firma Orell, Füssli & Co. (⇒ Nr. 1317 b) ein, in die er sich 1817 dann als *Gérant et Associé* einkaufte. Hagenbuch, der ab 1832 auch als Redakteur bei der *Neuen Zürcher Zeitung* tätig war, erwarb nach und nach weitere Teile des Unternehmens, bis es 1854 schliesslich ganz an ihn überging. Unter seiner Ägide entwickelte es sich dann bald zur grössten Verlagsdruckerei der Schweiz.

Z. 22 *Usteri*: Paul Usteri (1768–1831) ⇒ Nr. 823

Z. 23 *Vogel*: David Vogel (1760–1849) ⇒ Nr. 1187 a

Z. 24 *Meyer von Knonau*: Ludwig Meyer von Knonau (1769–1841) ⇒ Nr. 1276

Z. 25 *Lesegesellschaft*: Die Literarische und unterhaltende Gesellschaft Horgen konstituierte sich am 10. Februar 1802 unter der Führung des Grossfabrikanten und helvetischen Senators Heinrich Stapfer (1740–1813) und sieben weiteren Personen. Die Namensgebung diente wohl eher als Deckmantel, zumal es sich im Kern um denjenigen elitären politischen Zirkel handelte, der bereits 1794 als Horgner *Debattier-Club* die aktuellen politischen Fragen kritisch diskutiert hatte. Um eine Popularisierung von Literatur sollte sich jedenfalls erst die 1837 gegründete «jüngere» Lesegesellschaft Horgen bemühen.

Z. 26 *Hoze*: Heinrich Hotz (1779–1866) aus Wädenswil (Kt. Zürich), der Bruder von Ursula Hotz (1774–1828, ⇒ Nr. 1317), war Arzt und seit 1804 mit Anna Maria Blumer (1785–1856) von Glarus verheiratet.

Z. 27 *Weidmann*: Hans Rudolf Weidmann (1749–1829) wuchs als Sohn eines Schulmeisters und Landrichters auf. 1771 trat er eine Ausbildung in Zürich zum Arzt an. Nach einer langjährigen Gehilfenzeit zog er nach Niederweningen (Kt. Zürich), wo er neben seiner ärztlichen Tätigkeit auch als Konstanzer Gerichtsvogt (1783–1797), Zehneninspektor (ab 1798) sowie als Grossrat (ab 1804) und Bezirksstatthalter amtete. Weidmann war Mitglied der *Medizinisch-chirurgischen Gesellschaft* des Kantons Zürich (ab 1810) und korrespondierendes Mitglied der *Gesellschaft schweizerischer Ärzte und Wundärzte*.

1874.
Johannes Niederer
5. Januar 1818

I[ferten] d[en] 5t Jenner 1818

Es bitten H[errn] Pestalozzi ins Subscribentenverzeichniss aufgenommen zu werden
1. H[err] J[osef] W[illibald] Strasser, Landesfürstl[icher] Dekan und geistlicher Regierungsrath in Konstanz,
2. H[err] Professor Fridolin Kaufman in Konstanz.

                                        Niederer

Überlieferung
1   ZB Zürich, Ms Pestal 53/54, Umschlag 262/IV,81
2   Spielkarte (Kreuz sieben), 57 x 89 mm
4   Datum am Schluss
5   Original

Textkritik
Zeuge H
Z. 5   *Subscribenten*: lateinische Schrift
Z. 7   *Strasser*: lateinische Schrift
Z. 7   *Dekan*: lateinische Schrift
Z. 8   *Konstanz*: lateinische Schrift
Z. 9   *Professor Fridolin Kaufman*: lateinische Schrift

Sacherklärung
I.
Johannes Niederer (1779–1843) ⇒ Nr. 507

III.
Z. 4   *I[ferten]*: dt. Name für Yverdon
Z. 7   *Strasser*: Josef Willibald Strasser (1769–1846) wurde 1810 Pfarrer in Meersburg und war ab 1813 am Konstanzer Münster tätig. Als eine Art enger Mitarbeiter von Ignaz Heinrich von Wessenberg (1774–1860, ⇒ Nr. 683) übte Strasser sein Amt als Dekan über die Konstanzer Stadt- und Landschulen aus, verfasste 1827 eine Art Lehrplan für das weibliche Lehrinstitut Zoffingen/Konstanz und zahlreiche Schulbücher zur Erd- und Naturkunde sowie zur Lehrerbildung.
Z. 9   *Kaufmann*: Fridolin Kaufmann (1778–nach 1830) ⇒ Nr. 599

1875.
Mathias Friedrich Nicolovius
9. Januar 1818

Herrn Doctor Pestalozzi
in
Iferten

franco

Königsberg d[en] 9ten Januar 1818

E[u]er Wohlgeborn

enfehle ich mich vor Ablauf des Subscriptionstermin auf die Ausgabe Ihrer sämtlichen Werke die Anzahl meiner Subscribenten hiermit anzuzeigen. Es sind folgende

Madame Consentius à Memel	2 Ex[e]mpl[are]
Herr Jacob Wulff Tobias in Königsberg	1 —
Stadtricher Pohl in Fischhausen	1 —
die Ostpreussische Regierungsbibliothek in Königsberg	1 —
für mich	5 —
in Summe	10 Ex[e]mpl[are]

Ich bitte mir gefälligst gelegentlich über Leipzig durch die Buchhandlung von Herrn W[ern]er Rein & Comp[agnie] zu melden, auf welche Art ich den Betrag dafür übersenden soll. Am besten wär es wohl, wenn Sie in der nächsten Leipziger Jubilate Messe auf mich über diesen Betrag anweisen möchten. Es thut mir leid, dass meine Bemühung Ihnen recht viele Subscribenten hier zu verschaffen, keinen bessern Erfolg gehabt hat.

Mit der grössten Hochachtung bin ich

der Ihrige
Friedrich Nicolovius
Buchhändler.

Überlieferung
1 ZB Zürich, Ms Pestal 53/54, Umschlag 260/1
2 Blatt, 224 x 188 mm
4 Siegelspuren, Stempel *LEIPZIG 19. Jan. 18.*, Dorsualvermerk *Königsberg, d[en] 9. Jan[uar] 1818. Friedr[ich] Nicolovius.*
5 Original

Textkritik

Zeuge H

Z. 4   *Doctor Pestalozzi*: lateinische Schrift
Z. 6   *I f e r t e n* : lateinische Schrift
Z. 7   *f r a n c o* : lateinische Schrift
Z. 29   *Nicolovius*: lateinische Schrift

Sacherklärung

I.

Mathias Friedrich Nicolovius (1768–1836) ⇒ Nr. 440

III.

Z. 6   *I f e r t e n* : dt. Name für Yverdon
Z. 11   *Werke*: Johann Heinrich Pestalozzi: Sämmtliche Schriften, 12 Bände. Stuttgart 1819–1824
Z. 13   *Consentius*: Johanna Consentius-Lorck (1774–1854) ⇒ Nr. 2089
Z. 13   *Memel*: dt. Name für Klaipéda (Litauen)
Z. 14   *Tobias*: Jakob Wulff Tobias war ein Schutzjude in Königsberg. 1805 stellte er den Antrag, seinen künftigen Schwiegersohn David Isaak Wallach nach der Heirat mit seiner Tochter Mathe als zweites Kind in den Schutzbrief aufzunehmen. Der unter anderem an die ostpreussische Kammer gerichtete Antrag wurde trotz königlicher Unterstützung im Zuge der judenfeindlichen Politik des ostpreussischen Ministers Friedrich Leopold von Schrötter (1743–1815, ⇒ Nr. 992) zurückgewiesen.
Z. 15   *Pohl*: Stadtrichter Pohl war ab 1822 Justizassessor im samländischen Fischhausen (heute Primorsk bei Kaliningrad). Eventuell handelt es sich hier um Joh[ann] Fri[edrich] Pohl, der ab 1832 als Stadtjustizrat in Memel (Klaipéda, Litauen) angestellt war und möglicherweise als Richter in Gumbinnen (Gussew, Russland) amtierte.
Z. 15   *Fischhausen*: dt. Name für Primorsk (Kaliningrad)
Z. 21   *Rein*: Georg Carl Wilhelm Rein (1767–1844) lernte nach seinem Aufenthalt im Militärwaisenhaus Potsdam (⇒ Nr. 1789) zunächst in der *Lange'schen Verlagsbuchhandlung* in Berlin, wechselte dann nach der Gehilfenprüfung zu Johann Wilhelm Immanuel Heinsius (1768–1817) nach Leipzig, dessen Buchhandlung er 1795 übernahm und als *Reinsche Buchhandlung* besonders im Kommissionsgeschäft erfolgreich weiterführte. Nach wenigen Jahren verband sich Rein unter dem Verlagsnamen *W. Rein & Co* mit dem Kommissionsrat, Gutsverwalter und Kaufmann Johann Gottlieb Samuel Carl Heun (1771–1854), dessen unter dem Pseudonym Heinrich C. Clauren verfasste sentimentale Unterhaltungstaschenbücher vielfache Übersetzungen erfuhren und in ganz Europa reissenden Absatz fanden. Das 1819 wieder unter dem Namen *Reinsche Buchhandlung* laufende Geschäft wurde 1840 verkauft und blieb schliesslich unter dem neuen Besitzer Friedrich Wilhelm Mauke (1835–1908) bis um 1900 bestehen.
Z. 23   *Jubilate Messe*: Ostermesse

1876.
Wilhelm Albrecht Muther
11. Januar 1818

Elfenau bey Bern den 11ten Januar 1818.

Ehrwürdiger Vater!
Endlich sind meine Gedichte für Verehrer Jesu erschienen, und ich bin so frey Ihnen und Herrn Schmid, den Sie mich gütigst empfehlen werden, Exemplare zu senden. Die Kenneraussprüche der Herren Antistes Hess und Pfarrh[err] Gessner in Zürich über diess Werklein haben mir grosse Freude gemacht. Bin ich so glücklich einige gute Empfindungen geweckt u[n]d genährt und den Beyfall der Gleichgesinnten zu haben; so werde ich mich schön belohnt finden. Die schönste und grösste Aufmunterung, mein Vater! ist und bleibt mir aber immer Ihr Urtheil, dass meine Gesänge aus der Fülle des Herzens gekommen sind.

Morgen ist Ihr Geburtstag – dieser Festtag für Ihre Kinder. Ich u[n]d alle die Ihrigen werden ihn mit Liebe feyern und mit Dank und Gebet. Sie haben des Tages Last empfunden, möge sie sich nun in Lust verwandeln, möge der Abend Ihres Lebens heiter und freundlich und voll Segen seyn!

Unendlich leid that es mir vor einigen Monaten Sie nimmer in Bern zu finden. Ein anders Mal bitte ich Sie mir einen Expressen zu schicken oder wenn nur immer möglich, selbst auf Elfenau zu kommen.

Herr von Schiferli hat kürzlich von Ihnen gesprochen, lässt sich Ihnen empfehlen und hofft bald einmal von Ihnen einen Brief zu erhalten.

Mit unveränderlicher herzlicher Liebe und Anhänglichkeit bin und bleibe ich
Ehrwürdiger Vater
Ihr
Muther.

Überlieferung
1 ZB Zürich, Ms Pestal 53/54, Umschlag 251/2
2 Bogen, 189 x 116 mm
4 Datum am Schluss, Dorsualvermerk *Elfenau, d[en] 11. Jan[ua]r 1818. Muther.*
5 Original

Textkritik

Zeuge H

Sacherklärung

I.

Wilhelm Albrecht Muther (1789-1858) ⇒ Nr. 1729

II.

Die von Wilhelm Albrecht Muther (1789-1858, ⇒ Nr. 1729) publizierten *Gedichte für Verehrer Jesu* stiessen offenbar auf Zustimmung, zumindest äusserte sich Johann Jakob Hess (1741-1828, ⇒ Nr. 560) in einem Brief vom 6. Oktober 1817 an Muther positiv darüber und teilt ihm mit, dass er sie zur Publikation empfehle (ZB Zürich, FA Hess 1741, 181be.336). Ob eine entsprechende Anzeige oder Rezension auch in einer Zürcher Zeitung erschienen ist, konnte nicht nachgewiesen werden (⇒ Z. 8).

III.

Z. 6	*Gedichte*: Albrecht Muther: Gedichte für Verehrer Jesu. Zürich 1818
Z. 7	*Schmid*: Joseph Schmid (1785-1851) ⇒ Nr. 712
Z. 8	*Kenneraussprüche*: ⇒ Sacherklärung II.
Z. 9	*Hess*: Johann Jakob Hess (1741-1828) ⇒ Nr. 560
Z. 9	*Gessner*: Johann Georg Gessner (1765-1843) ⇒ Nr. 586
Z. 25	*Schiferli*: Rudolf Abraham von Schiferli (1775-1837) ⇒ Nr. 1382 c

1877.
Cornelius Johann Jacob von Besserer

12. Januar 1818

An
Herrn Heinr[ich] Pestalozzi
Wohlgeb[o]ren,
zu
Yverdun
(Schweitz)

herrsch[aftliche] Schul-Pension

Burtscheid bei Aachen, am 12. Jan[uar] 1818.

Indem ich, verehrungswürdiger Greis, Ihnen die noch nachträglich, auf Veranlassung der auch in unserm Amtsblatte bekannt gemachten Verlängerung des Subscriptionstermins, mir zugekommenen Subscriptionen auf Ihre Schriften anzeige, denke ich mich in den Kreis der Ihrigen und nehme herzlichen Theil an der, hoffentlich recht frohen Geburtstagsfeier. Erhalte Gott Sie noch lange, hochver-

dienter Mann, u[nd] lasse er Sie noch recht viele u[nd] herrliche Früchte von Ihren menschenfreundlichen Bestrebungen sehen.
Mit der innigsten Verehrung

Ihr
ganz ergebener
Besserer.

Subscriptionen.

Herr Henry Schmalhausen, Tuchfabrikant in Burtscheid bei Aachen — 1 Ex[emplar] d[er] sämmtl[ichen] Werke
— Steffens, Königlich Pr[eussischer] Forstmeister zu Düren (Reg[ierungs]-Bezirk Aachen) — 1 — — —
— Joh[ann] Heinr[ich] Mundt Elementar-Schullehrer zu Dremmen im Kreise Heinsberg (Reg[ierungs] Bezirk Aachen) — 1 — — —
— Joh[ann] Wilh[elm] Hackländer, ev[angelischer] Schullehrer in Burtscheid bei Aachen für die Schulbibliothek der Gemeinde — 1 — — —
Königlich-Preussische Regierung in Aachen — 20 Exemplare

der ersten Lieferung zu 18 Gr[oschen] sächs[isch] (zur Vertheilung bestimmt)

Überlieferung

1 ZB Zürich, Ms Pestal 50, Umschlag 23/3
2 Bogen, 247 x 205 mm
4 Datum am Schluss, Siegel, Stempel *AACHEN 12. JANR*, Dorsualvermerk *Burtscheid, den 12. Jan[uar] 1818 Besserer.*
5 Original

Textkritik

Zeuge H
Z. 5   *Heinr[ich] Pestalozzi*: lateinische Schrift
Z. 8   *Yverdun*: lateinische Schrift
Z. 15 mich < theilnehmend > in
Z. 25 *Henry Schmalhausen*: lateinische Schrift
Z. 27 *Steffens*: lateinische Schrift
Z. 28 *Düren*: lateinische Schrift
Z. 30 *Joh[ann] Heinr[ich] Mundt*: lateinische Schrift
Z. 31 *Dremmen*: lateinische Schrift

Z. 32   *Heinsberg*: lateinische Schrift
Z. 33   *Joh[ann] Wilh[elm] Hackländer*: lateinische Schrift
Z. 34   *ev[angelischer]* ∫
Z. 34   *Schullehrer < der ev > in*
Z. 35   *Aachen*: lateinische Schrift
Z. 36   *Aachen*: lateinische Schrift

Sacherklärung

I.

Cornelius Johann Jacob von Besserer (1774–1748) ⇒ Nr. 1799

III.

Z. 15   *Schriften*: Johann Heinrich Pestalozzi: Sämmtliche Schriften, 12 Bände. Stuttgart 1819–1824
Z. 25   *Schmalhausen*: Heinrich Schmalhausen (1767–1846) von Burtscheid (heute Teil von Aachen) war ebenda als Kaufmann und Tuchfabrikant tätig. Während der napoleonischen Herrschaft war er von 1800 bis 1801 Bürgermeister des Kantons Burtscheid. 1804 bis 1810 war er Mitglied der Aachener Industrie- und Handelskammer und ab 1816 Mitglied des Clubs des Aachener Casinos. Er publizierte eine *Chronique de la ville d'Aix-La-Chapelle* (1828).
Z. 27   *Steffens*: Freiherr Johann Wilhelm von Steffens (1782–1867) studierte 1791 bis 1798 Forstwissenschaften in Jülich und Köln und anschliessend in Heidelberg. Ab 1803 war er als reisender Förster in Pfalzheim, ab 1805 als Revierförster in Winnweiler und ab 1815 bei der Zentralverwaltung Worms als Forstinspektor für die Kreise Birkenfeld, Ottweiler und Saarbrücken tätig. 1817 wurde er zum Oberförster des Kreises Düren befördert. Von Steffens, der überdies 1820 in den Club Aachener Casino eintrat und Ehrenmitglied der königlichen Regierung zu Aachen war, starb in Eschweiler (Nordrhein-Westfalen).
Z. 30   *Mundt*: Johann Heinrich Mundt (1794–1865) hatte 1811 eine erste Lehrerstelle an der Mädchenschule in Erkelenz übernommen und war seit 1814 Schullehrer an der katholischen Pfarrschule in Dremmen (beide Nordrhein-Westfalen), wo er bis zu seiner Pensionierung im Jahr 1865 verblieb.
Z. 31   *Dremmen*: heute Teil von Heinsberg (Nordrhein-Westfalen)
Z. 33   *Hackländer*: Johann Wilhelm Hackländer (1784–1829), Sohn eines Kaufmanns, war zuerst Schullehrer, dann Oberlehrer in Burtscheid bei Aachen. Nebenbei betätigte er sich als Schriftsteller und Organist und war mit der Pfarrerstochter Johanna Louise Röhr (1783–1817) verheiratet.
Z. 36   *Regierung*: Damit ist die Regierung des Regierungsbezirks Aachen gemeint, der von 1816 bis 1822 zusammen mit den Regierungsbezirken Koblenz und Trier der preussischen Provinz Grossherzogtum Niederrhein angehörte. Aachener Regierungspräsident war bis 1834 Johann August von Reimann (1771–1847, ⇒ Nr. 2549). 1822 wurden die Provinzen Jülich-Kleve-Berg und Niederrhein zur preussischen Rheinprovinz zusammengelegt und in die fünf Regierungsbezirke Aachen, Düsseldorf, Köln,

Trier und Koblenz aufgeteilt. Das Oberpräsidium hatte seinen Sitz in Koblenz.

Z. 37 *ersten Lieferung*: Johann Heinrich Pestalozzi: Lienhard und Gertrud, 4 Bände. Stuttgart 1819-1820

1878.
Zöglinge und Freunde in Yverdon
12. Januar 1818

DIE ZOEGLINGE UND
FREUNDE PESTALOZZIS AN
dem Morgen seines Zwei und siebenzigsten
Geburtstags.

Chor
Heil dir, heil dir frommer Greis!
Ein und siebenzig Lebensjahre
Hast du segensreich vollbracht.
Und ein neuer Tag erwacht,
Und an seinem Frühaltare
Bringt der Deinen frohe Schaar
Was sie fühlen, was sie haben,
Ihre Wünsche, ihre Gaben,
Dankerfüllt zum Opfer dar.

I. Stimme
Die Tage die du überwunden,
Die truben und die heitern Stunden.
Verklärt umschweben sie dein Haupt.
Den Kranz erhabener Menschenthaten,
Die schönen Früchte deiner Saaten,
Mit Ros' und Eichenblatt umlaubt,
Umflechten sie den greisen Silberlocken,
Und deine Kinder fühlen's und frohlocken.

II. Stimme
Durch herbe Schmerzen,
Durch sternenloser Næchte finstres Grauen
Hat dich geprüft der Forscher aller Herzen
Ob du verdienst das Licht des Herrn zu schauen.
Mit schnœdem Stolz hat dich die Welt empfangen,
Wie einen schlechten Baustein dich verachtet,
Wie eine Frucht, die wurmzerfressen schmachtet;

35 Sah sie dich vvelk am Lebensbaume hangen.
Selbst deiner Freünde Ringen, Lieben, Streben,
Must' öfter noch dich krænken als erheben.
Und mehr, und immer mehr liess Gott dich missen.
Der Einge, den er dir gab als Erben
40 Ward von der Vaterbrust hinweg gerissen,
Die Gattinn auch, die Leid und Schmerz in Tagen
Angstvoller Prüfung treu mit dir getragen,
Nahm er hinweg von dir, du sahst sie sterben.
Doch endlich naht die Zeit der Huld und Gnade,
45 Und siegreich überwindend stehst du da,
Der Herr, der deine Leiden sah,
Er ist versöhnt, er ist dir nah,
Wie frommen Seelen einst an seiner Bundeslade.

I. Stimme
50 Dank ihm, dem ewigen Menschenvater,
Dass er den Lieblichen uns gegeben,
Dass er beschirmte sein reines Leben,
In der Zeiten Sturme und Hader.

II. Stimme
55 Nicht um Güter und Ehren bat er
In der Iugend kräftigem Streben,
Die Gesunkenen wollte er heben,
Und ward der Armen Sprecher und Rather.

III. Stimme
60 Und sein Herz das zarte, warme,
Sah der Iugend zerdrückte Blüthe,
Und er eifert, in Ernst und Güte
Dass die Zeit sich ihrer erbarme.

IV. Stimme
65 Und er Kämpfte mit Noth und Harme,
Trug Verkennung im stillen Gemüthe,
Und, vvie immer das Böse vvüthe,
Rettet die Menschheit im Mutterarme!

1. St[imme] Des Mittags schvvule Gluth hast du getragen
70 2. St[imme] Nun kuhlt die Schläfe lindes Abendfächeln,
3. St[imme] Der H[i]mmel öffnet sich, und seine Engel lächeln
4. St[imme] Dir freundlich zu und deinen Letzten Tagen,
Mögen sie ruhig voruiberziehen,

Alle 4 Stimen	Wie des Baches glänzende Wellen,
	Die des Fruhlings Kinder umbluhen!
	Mœge ein himmlisches Abendglühen,
	Ihre fernsten Spuren erhellen!
	Mœge unsterbliche Liebe die Deine
	Siegend in Kampf und Tod,
	Weit über Grab und Tod
	Fester und inniger mit dir vereinen.

R e c i t a t i v.
Schau deines Lebens Ziel und Lohn im Bilde!
Erkennend vvas du thatest, vvas du vvirktest
Für Burger Wohl und hauslich Gluck und Seegen
Bringt ihren Kranz dein greises Haupt zu zieren
Die Heilverbreiterinn, die Burgertugend.
Und freudig ruht ihr Blick in tiefer Ferne,
Dem Kunftig Werk für durftige und Waisen
In seinen Folgen ahnungsvoll erhägend. –
Der Eltern heilig Amt hast du verfochten,
Drum bringen Mutterliebe, Vaterfreude,
Die Blumenkrone dankber deiner Stirne.
Doch himmelher kann nur der Friede vvallen
Dem fruh und späth dein Herz entgegenseufzte –
Seh freundlich schvvebt dein Genius hernieder
Den Friedenszvveig dem muden Dulder reichend.
Um Himmelslohn hast mannhaft du gelitten,
Nimm hin die Palme du hast ausgestritten.

S c h l u s s c h o r
Lange, lange
Lass uns ihn feiern,
Lass uns den festlichen Morgen erneuern
Evviger du!
Schutze den Theuern!
Und mit fröhlichem Muthe steuern
Wir dem Kunftigen Iahre zu.

Überlieferung

1   ZB Zürich, Nachlass Xaver Schnyder von Wartensee, Ms V 61:3

Textkritik

Zeuge A

Z. 22   *Menschenthaten*: eigentlich *Mense schen henthaten*
Z. 60   *warme*: eigentlich *narme*
Z. 65   *und*: eigentlich *nud*
Z. 90   *ahnungsvoll*: eigentlich *ahunngsvoll*

Sacherklärung

I.

Die Zöglinge und Freunde Pestalozzis konnten nicht im Einzelnen identifiziert werden. Es ist auch unklar, wer als Verfasser dieses Lobgesanges zu gelten hat.

II.

Von diesem Druck ist auch ein zweites Exemplar erhalten, das mit dem Fragment einer Partitur einer Pestalozzi-Kantate von Franz Xaver Schnyder von Wartensee (1786–1868, ⇒ Nr. 2592) zusammengebunden ist (ZB Zürich, Ms V 61:1).

III.

Z. 39   *Erben*: Hans Jacob Pestalozzi (1770–1801) ⇒ Nr. 296
Z. 41   *Gattin*: Anna Pestalozzi-Schulthess (1738–1815) ⇒ Nr. 3

1879.
Karl Justus Blochmann
12. Januar 1818

Leipzig den 12ten Jan[uar] 1818.

Gott segne Sie mit der Fülle seiner Gnade und Liebe und thue Ihnen unaussprechlich wohl, geliebter, ehrwürdiger Greis!
Ein langes Schweigen durchbricht endlich der heutige Tag. Möchten Sie nicht gerichtet und meinem Herzen Unrecht gethan haben. Diess war immer – so lang auch das Schweigen dauerte, voll Danks, voll Liebe und voll Gebets für Sie. Aber es scheute alle Worte und konnte und wollte von dem kein äusseres Zeugniss geben, dessen innres Zeugniss ihm genügte und wovon es Glauben hoffte; auch widerstand es mir in tiefster Seele, ein Echo der Welturtheile über Sie und Ihre Anstalt zu werden, deren ängstliche Beachtung in einem Werke, das auf Gott gebaut war, mir eine traurige Verirrung schien. –
Theurer Vater! meine Seele hat inbrünstig für Sie gebetet und ist seit dem frühsten Morgen unaufhörlich bey Ihnen, voll Sehnsucht, sich zu öffnen vor der Ihrigen mit aller Wahrheit und Innigkeit des Danks und der Liebe. O theurer lieber Vater! was Gott durch Sie auch an mir gethan hat, welche Gnadenführung mein Aufenthalt bey Ihnen mir war, dess ist mein Herz voll und danket und preiset

den erbarmenden Vater der Liebe und danket und verehret den Diener, das Werkzeug seiner Gnade auch an mir. Gott hat Grosses an Ihnen und durch Sie gethan, ihm allein sey der Preiss und die Ehre! Und was E r durch Sie, seinem gesegneten Werkzeuge that, was zu seiner Ehre l a u t e r l i c h und w a h r h a f t i g geschah, wird e w i g bleiben, weil es das S e i n e ist und Wirken des heiligen Geistes; was Pestalozzi dazu und drüber that, ist theils schon untergegangen und wird und muss vollends ganz untergehn, auf dass G o t tes Werk a l l e i n bestehn und E r allein gepriesen werde. – Jezt schon wird gesichtet, und der immer allgemeiner sich aussprechende Unglaube an Ihr Werk, die Kühnheit, mit der man fast überall den Mangel an Gedeihen in Ihrer eignen Anstalt einen sonnenklaren Beweis des gedeihlosen Wesens Ihrer ganzen Erziehungsidee nennt, dient nur dazu, den Kampf der Sichtung dessen, was Gottes ist und was des Menschen, früher zu entscheiden. Diess ist Gottes Sache. Er wird, was s e i n dran ist, gewiss erhalten und verklären und reinigen von dem, was Menschen dran verderben, weil s i e das Werk wirken und nicht Gott die Ehre geben wollten. Wo aber der Mensch nicht g a n z als Werkzeug Gottes sich fühlt und in diesem Bewusstseyn sich demüthigt und in v o l l e r Gottgelassenheit sich hingiebt der Gnade des in ihm wirkenden heiligen Geistes, da streut in sein Beginnen der Teufel sogleich auch den Saamen des Unkrauts, das wuchernd aufgeht und – je schwächer die Demuth wird, desto verderbender den Saamen Gottes erstickt. Die Stimmung, G o t t a l l e i n die Ehre zu geben, auf I h n a l l e i n zu bauen, und sich in unbedingter, sein ganz vergessender Demuth n u r als Werkzeug der Gnadenwirkung seines heiligen Geistes zu fühlen, dieser rein c h r i s t l i c h e G e i s t , war in Ihrem Hause, so lange ichs kannte, nicht der h e r s c h e n d e , und darin erkenne ich jezt klar den alleinigen Grund und Keim aller innern Spaltung und Zerrüttung und der so segenlosen Mühen. O theurer, im Kampfe so müde gewordener Vater! es kommt k e i n F r i e d e in uns und unser Werk, so lang wir uns Gott nicht g a n z geben, verlassend u n s und die W e l t , s o l a n g e der heilige Geist nicht beginnt, das Zeugniss in uns zu geben: «nicht i c h lebe, sondern C h r i s t u s in mir!» Mein theurer Vater, ich habe solchen seligen Frieden noch nicht, aber ich schmachte darnach und jage ihm nach in Gebet und Glauben und auch mein Gebet für Sie ist nichts als Flehen um d i e s e n F r i e d e n ! – H e u t ist wohl einer Ihrer letzteren Geburtstage. Dieser Gedanke hat für mich der Freude mehr als des Schmerzes. Wen freut es nicht, wenn die Kerkerthür sich öffnet zu ewiger Freiheit, und wer der Kämpfe und Lebensstürme so müde und der endlichen

Ruhe so bedürftig ist, als Sie, vielerschütterter, langgeläuterter Greis, dem ist ja die Gnade der Erlösung die letzte Offenbarung der erbarmenden Liebe auf Erden als höchstes Gut zu wünschen. Doch auch diess sey befohlen in Gebet und Glauben dem, der die rechte Stunde dazu schon erwählt hat und der uns leben lässt aus Erbarmen, und aus Erbarmen sterben. –

Von mir kann ich Ihnen – was äussere Gestaltung und Veränderung des Lebens betrifft – wenig sagen; ich bereite mich vor zu künftiger Verkündigung des Worts vom ewigen Leben – in einigen Monaten ist mein theologisches Examen, dann werde ich gehen, wohin mich Gott rufen wird, eine seiner Herden zu weiden, deren Erziehung im grossen umfassenden Sinn unter Gottes Gnade die Sorge und das Leben meines Lebens (nach aussen) werden soll. Von Veränderungen in meinem innern Leben könnte ich Ihnen desto mehr sagen, geliebter Vater, denn ich fühle eine vollkommne Wiedergeburt in mir, zwar erst im Keim und als Anfänger im Glauben, aber doch im vollen Wesen auch, das ja immer der Keim schon in sich trägt. Ich habe angefangen, Christum zu erkennen und zu lieben; – deshalb habe ich aber auch mich in meiner Verdorbenheit und in meinem unreinen, sündenvollen Leben erkannt und dürste nach Erbarmen, Gnade und Erlösung. –

Indem alle im vergangnen Jahre bey Ihnen gefeyerten Tage Ihrer Geburt in diesem Augenblick lebendiger vor meine Seele treten, dankt sie und preiset aufs neue die Gnade und Liebe des Herrn, der mir in Ihnen wohlgethan und Segen bereitet. Ach er thue Ihnen wieder wohl und erfülle Sie ganz mit seiner Gnade und Liebe, helfe Ihnen die Welt überwinden und der Schlange auf den Kopf treten. Ihr Werk begann mit Liebe und im Glauben – o dass es in der höchsten Liebe, die sich und das Seine nicht mehr kennt, sondern Gott in Christo nur sucht und will – und im reinsten Glauben, der da mit Zuversicht weiss, dass der, welcher das Werk begonnen, es auch herlich hinausführen werde, und dass es allein auf Gottes Zeugniss und nicht auf der Könige Beifall und der Welt Rühmen stehe – auch enden möge! Das walte und gebe Gott, der allein würdig ist zu nehmen Preiss Ehre und Anbetung. Amen, Amen!

Ihr Karl Blochmann.

Überlieferung

1   ZB Zürich, Ms Pestal 50, Umschlag 28/2

2   Bogen, 262 x 210 mm
5   Original

Textkritik

Zeuge H
Z. 4   *Jan[uar]*: lateinische Schrift
Z. 48   *Demuth <sich> n u r*
Z. 103 *< Noch bitte ich Sie, meinen Namen auf das Verzeichniss der Subscribenten Ihrer Werke zu setzen und beyliegenden Brief gütig zu besorgen. >*

Sacherklärung

I.

Karl Justus Blochmann (1786–1855) ⇒ Nr. 1111

II.

Karl Justus Blochmann (1786–1855, ⇒ Nr. 1111) nutzte mit diesem Brief nicht nur die Gelegenheit von Pestalozzis Geburtstag, um sich nach fast zweijährigem Schweigen – der letzte erhaltene Brief stammt vom 4. Februar 1816 (⇒ Nr. 1493) – wieder schriftlich zu melden, sondern wollte sich offenbar auch als Subskribent eintragen lassen (⇒ Z. 103). Weshalb er diese Briefzeile allerdings wieder strich, ist unklar, als Subskribent ist er jedenfalls nicht verzeichnet.

1880.
Johannes Niederer
13. Januar 1818

Herrn Pestalozzi
im
S c h l o s s

Iferten den 13ten Jenner 1818.

Da Sie mich in Ihrer Abhandlung persönlich angeredt haben, lieber Herr Pestalozzi, da ich ferner in der Vorlesung von H[errn] Schmid mehrere Factor zu berichtigen habe und voraussetze, es werde ihnen wenigstens bei diesem Anlasse um faktische Wahrheit zu thun seyn, so hoffe, Sie werden die Bitte um eine Copie Ihrer beidseitigen Vorträge nicht unbescheiden, sondern ganz der Natur der Sache und Ihrer Aufforderung gemäss finden. Um Ihnen nicht die Mühe des Abschreiben lassens zu machen, erbiete ich mich die Copie selbst zu besorgen

Ihr ergebenster
Niederer

Überlieferung

1 ZB Zürich, Ms Pestal 53/54, Umschlag 262/IV,82
2 Blatt, 251 x 200 mm
4 Siegelspuren, Dorsualvermerk *Jverdon, 13 Januar 1818. Niederer.*
5 Original

Textkritik

Zeuge H
Z. 10   habe <(> und

Sacherklärung

I.

Johannes Niederer (1779-1843) ⇒ Nr. 507

II.

In seiner Geburtstagsrede hatte Pestalozzi seine Pläne zur Einrichtung einer Armenanstalt veröffentlicht, die aus dem Ertrag der Subskription seiner gesammelten Schriften finanziert werden sollte (⇒ Nr. 1880). Er bat aber auch seine ehemaligen Mitarbeiter Johannes Niederer (1779-1843, ⇒ Nr. 507) und Hermann Krüsi (1775-1844, ⇒ Nr. 588) um Unterstützung (PSW XXV, S. 321).

III.

Z. 7   *Iferten*: dt. Name für Yverdon
Z. 8   *Abhandlung*: Johann Heinrich Pestalozzi: Rede von Pestalozzi an sein Haus, an seinem 74. Geburtstag, 12. Jänner 1818 (PSW XXV, S. 261-364)
Z. 9   *Vorlesung*: Joseph Schmid: Rede, gehalten am vier und siebenzigsten Geburtstage Pestalozzi's. Zürich 1818
Z. 9   *Schmid*: Joseph Schmid (1785-1851) ⇒ Nr. 712

1881.
Buchhandlung Orell Füssli
Mitte Januar 1818

[Reg.] Die Buchhandlung Orell Füssli schickt die Jahresrechnung 1817.

Überlieferung

1   PSB XI, S. 9.10

Sacherklärung

I.

Buchhandlung Orell Füssli ⇒ Nr. 1317 b

1882.
Abraham John Mouchet
Januar 1818

[Reg.] Mouchet beauftragt Pestalozzi, die noch offen stehenden Pensionskosten seines Sohnes mit Basset zu verrechnen.

Überlieferung

1   PSB XI, S. 18.22 f.

Sacherklärung
I.

Abraham John Mouchet (1860–1846) ⇒ Nr. 1515 b

III.

Z. 5   *Sohnes*: George Mouchet (um 1807/08–1879) ⇒ Nr. 1515 b
Z. 5   *Basset*: Philippe Basset (1763–1841) ⇒ Nr. 1825

1883.
Georg Peter Dambmann
15. Januar 1818

Darmstadt den 15. Januar 1818.

Ein Mann, der das Glück hatte, Sie, würdiger Pestalozzi! in der Oster Messe 1792 durch den leider schon heimgegangenen braven H e i n r i c h G e s s n e r zu Leipzig persönlich kennen zu lernen, hat während der seitdem verflossenen 26 Jahre unverwandt seinen Blick auf die ernste Angelegenheit Ihres Lebens gerichtet, weil auch er überzeugt ist, dass nur durch das, w a s und w i e Sie wollen, die Menschheit endlich ihrem hohen Ziele näher gebracht werden kann.

In der festen Meinung, jeder denkende Mensch und wie viel mehr, jeder Lehrer und Erzieher müsse, gleich mir, von innigster Verehrung für Sie durchdrungen sein und Ihre Bemühungen zu würdigen verstehen, habe ich sogleich, als Ihre Ankündigung in öffentlichen Blättern erschien, in den hiesigen Zeitungen bekannt gemacht, dass ich Unterzeichnung auf Ihre Werke annehmen würde; aber leider! habe ich nur die Wenigen zusammengebracht, die ich in anliegender Liste bemerkt habe.

Ich bin indessen überzeugt, dass aus dem übrigen Deutschlande und dem ganzen gesitteten Europa sich Tausende für Ihre Schriften unterzeichnen werden, und ich habe nur noch den Wunsch hinzuzufügen, dass bei Pestalozzi die Natur eine Ausnahme machen und ihm ein volles Jahrhundert in voller Körpers und Geistes Kraft gönnen möge, damit er selbst es noch erleben und mit ansehen könne, welchen reichen Segen seine unsterblichen Bemühungen für das Beste der Menschheit nothwendig hervorbringen müssen. Kirchen Rath W a g n e r , der mit Lust der schönen Tage sich erinernd, die er bei Ihnen zu Ifferten zubrachte, hat mit mir gemeinschaftlich für die Unterzeichnung gewirkt und stimmt von ganzem Herzen in meine aufrichtigen Wünsche für Sie ein.

D^r. Georg D a m b m a n n
Grossherzogl[ich] Hessischer Hofrath.

Überlieferung

1 ZB Zürich, Ms Pestal 50/51, Umschlag 60/1
2 Bogen, 231 x 189 mm
4 Datum am Schluss, Dorsualvermerk *Darmstatt, den 15. Jan[ua]r 1818 D^r. Georg Dambmann*
5 Original

Textkritik

Zeuge H
Z. 23   *Pestalozzi*: lateinische Schrift
Z. 32   *D a m b m a n n* : lateinische Schrift

Sacherklärung

I.

Georg Peter Dambmann (1761–1826) stammt aus Darmstadt, arbeitet nach einem in Giessen und Jena absolvierten Theologiestudium als Hauslehrer in Frankfurt und promoviert später in Jena zum Doktor der Rechte. Danach ist er zunächst als Geschäftsträger am Reichstag in Regensburg tätig und wechselt daraufhin als Sekretär des österreichischen Ministers Johann Philipp Karl Joseph von Stadion, Graf von Warthausen (1763–1824, ⇒ Nr. 1398) nach Wien. Hier wendet sich Dambmann auch der Literatur zu: Bis zu seinem Tod ist er als Theaterdichter am Hofoperntheater in Darmstadt angestellt.

III.

Z. 7   *G e s s n e r* : Heinrich Gessner (1768–1813) ⇒ Nr. 607
Z. 15   *Ankündigung*: PSW XXV, S. 23–38
Z. 19   *Liste*: scheint nicht erhalten zu sein
Z. 21   *Schriften*: Johann Heinrich Pestalozzi: Sämmtliche Schriften, 12 Bände. Stuttgart 1819–1824
Z. 28   *W a g n e r* : Friedrich Ludwig Wagner (1764–1835), Pfarrersohn aus Seeheim (Hessen), arbeitet nach einem in Giessen absolvierten Theolo-

giestudium zunächst als Hauslehrer, später als Lehrer an der Mädchenschule in Darmstadt und sodann daselbst am Gymnasium (ab 1794). Ab 1802 war er Garnisonsprediger und zeigte sich als Förderer des Volksschulwesens – im Rahmen einer Schweizreise hatte Wagner mehrere Wochen bei Pestalozzi verbracht – und war von 1806 bis 1832 auch Mitglied des Kirchen- und Schulrats.

Z. 29 *Ifferten*: dt. Name für Yverdon

1884.
Johannes Niederer
15. Januar 1818

d[en] 15ten Jenner 1818.
Entsprechend geantwortet und die Schüler, 8 od[er] 9 an der Zahl angenommen.

Überlieferung

1 ZB Zürich, Ms Pestal 3a.96.1, Nr. 25
2 Blatt, 260 x 200 mm
5 Original

Zeuge H

Textkritik

Sacherklärung

I.

Johannes Niederer (1779–1843) ⇒ Nr. 507

II.

Die Antwortnotiz von Johannes Niederer (1779–1843, ⇒ Nr. 507) findet sich auf dem Brief Pestalozzis an Niederer vom 14. Januar 1818 (PSB XI, Nr. 4874). Pestalozzi hatte sich mit diesem Brief bei Niederer dafür bedankt, dass er (Jakob) Friedrich Wyder (*1802) zum Konfirmationsunterricht angenommen hatte und sich erkundigt, ob er diese Aufgabe auch noch bei andern Schüler übernehmen könne.

1885.

Ludwig Rudolf Walthard

16. Januar 1818

Herrn
Pestallozzi
in
Yverdon

Bern, 16. Jan[uar] 1818

Herrn Pestallozzi in Yverdon!
Ich zeige Ihnen hiemit an, dass ich bis den 13ten huius, 4 Abonnenten auf Ihre sämtlichen Werke hatte, wovon aber keiner mir etwas pränumerirt hat; es wird doch nicht Prænumeration seyn? Diese Abonnenten sind sehr begierig zu wissen, wenn sie die ersten Bände erhalten werden.

Bey dieser Gelegenheit bin ich auch so frey Ihnen meine kleine Rechnung zu senden, auf deren baldigen Betrag ich hofe, insonderheit, da Herrn Sterns Conto schon im Anfang des Jahrs für mich fällig ware.

Ich bin in vollkommener Hochachtung,
d[er]o
L[udwig] R[udolf] Walthard

Überlieferung

1 ZB Zürich, Ms Pestal 55a/56, Umschlag 382/1
2 Blatt, 238 x 193 mm
3 leicht beschädigt
4 Datum am Schluss, Siegelspuren, Stempel BERN, Dorsualvermerk *Bern, d[en] 16. Jan[ua]r 1818. L[udwig] R[udolf] Walthard.*
5 Original

Textkritik

Zeuge H
Z. 5   *Pestallozzi*: lateinische Schrift
Z. 7   *Yverdon* : lateinische Schrift
Z. 8   *Jan[uar]*: lateinische Schrift
Z. 9   *Pestallozzi*: lateinische Schrift
Z. 9   *Yverdon*: lateinische Schrift
Z. 10 *huius*: lateinische Schrift
Z. 12 *Prænumeration*: lateinische Schrift
Z. 17 *Conto*: lateinische Schrift

Sacherklärung

I.

Ludwig Rudolf Walthard (1765–1832) ⇒ Nr. 1139 a

III.

- Z. 10 *huius*: dieses (lat.)
- Z. 11 *Werke*: Johann Heinrich Pestalozzi: Sämmtliche Schriften, 12 Bände. Stuttgart 1819–1824
- Z. 16 *Rechnung*: scheint nicht erhalten zu sein
- Z. 17 *Sterns*: Wilhelm Stern (1792–1873) ⇒ Nr. 1469

1886.
Johann Bernhard Gottlieb Denzel
16. Januar 1818

Herrn
Heinrich Pestalozzi,
Vorsteher der Erziehungs-
Anstalt
in
Yverdun.

ganz frei.

Esslingen, d[en] 16. Jan[uar] 1818.

Verehrtester,
Ich habe Sie ungeziemend lange auf die Subscribenten-Liste warten lassen. Allein daran ist mein l[ieber] Schwager Hochstetter schuld, den ich habe erwarten wollen, ehe ich Ihnen schreibe. Statt sogleich uns zu besuchen, hielt er sich noch einige Wochen in der obern Gegend des Landes auf, und kam erst vor einigen Tagen bei uns an. Es hat mich sehr gefreut, so viel Erwünschtes und angenehmes von Ihnen zu hören. Es war mir leid, dass seine Verhältnisse im Lande ihn bälder abriefen von Yverdun, als es sein und unser Wunsch war, denn ich hatte so halb den Plan, ihn im Frühjahr selbst abzuholen. Dieser Plan ist nun freilich schon früher durch den Abgang des Herrn Ministers von Wangenheim gescheitert. – Meine Subscribenten-Liste ist leider nicht sehr gross geworden. Allein da in Stuttgart auch gesammelt worden, so kam an mich nur sehr wenig, und der Aufruf von Seiten des Ministeriums an die Conferenz-Direktoren war nur da von Wirkung, wo die geeigneten Männer an der Spize standen. Ich sende Ihnen nun hier, was ich gesammelt habe. – Schon

lange gehe ich damit um, wie ich einige Exemplare meiner Schulschriften Ihnen und dem Institute zubringe. Allein wir können nur bis Schafhausen frankiren, und da bin ich recht schüchtern, Ihnen von da aus weitere Kosten zu machen, und zweifle, ob die unbedeutenden Dinge des Portos werth sind. Ich will nun mit Herrn Ramsauer reden, wie etwas mit Gelegenheit beizupaken wäre. – Wir Schulmänner erwarten wirklich mit Sehnsucht kräftige Massregeln zu weiterer Emporhebung des Elementar-Schulwesens. Man schleift und polirt immer am Äusseren, und wills nicht begreifen, dass die Ursache des Übels in der heutigen Welt viel tiefer liegt. Rufen Sie, lieber Vater, doch noch einmal recht laut und kräftig, damit die Schläfer erwachen! Dass Sie wieder sich erhohlt haben, und mit kräftigem Muthe vom frühen Morgen an arbeiten, hat mir mein Schwager erzählt, und ich habe mich darüber recht innig gefreut. Gott erhalte Ihnen noch recht lange Ihre Kräfte. In der pädagogischen Welt ist, Gott sey es gedankt, wirklich ein sehr regsames Streben. Die ersten Funken fielen in eine dunkle Nacht, und da gabs dann ein unordentliches Treiben und Reiben, wie natürlich. Nun hat das Licht doch in vielen Gemüthern durchgedrungen, es fängt an helle zu werden, und das Chaos entwirrt sich. Keine Messe ist leer an Schriften, die – wenn ich nicht ganz irre – Ihren Geist mehr oder weniger athmen. Es ist izt nöthig, dass man das einzelne Gute sichte, ordne und zu einem Ganzen verbinde. Das muss Ihnen doch, lieber Vater, unter manchem, das Ihr Gemüth bisher gedrükt und beunruhigt hat, einen erquikenden Trost geben. Möchten Sie uns nur näher seyn! Mag auch die Grenze, an der Sie leben und wirken, manchen allgemeinen Erfahrungen recht günstig seyn; das Allgemeine geht doch nur vom Speziellen aus, und ein d e u t s c h e s Institut und eine d e u t s c h e Kraft gehört doch nur in das Herz von Deutschland, und würde wohl von da aus entschiedener – zunächst für die Umgebung, am Ende aber immer weiter – wirken.

Darf ich bitten, H[errn] Schmidt und Herrn Niederer und Krüsi recht herzlich zu grüssen.

Mit aller Liebe

der Ihrige
Denzel.

Subscribenten auf
Herrn Pestalozzi's Werke.

Bibliothek des Kön[iglichen] Schullehrer-Seminariums zu Esslingen	1 Ex[emplar]
Stadtschulbibliothek zu Esslingen	1 Ex[emplar]

Oberschulrath Professor Denzel daselbst	1 Ex[emplar]
Der katholische H[err] Stadtpfarrer Wildt daselbst	1 Ex[emplar]
Herr Prälat Dapp zu Maulbronn	1 Ex[emplar]
Herr Dekan M[agister] Göriz in Aalen	1 Ex[emplar]
Herr Stiftsdiakonus M[agister] Gerock in Stuttgart	1 Ex[emplar]
Herr Pfarrer M[agister] Wider in Hattenhofen	1 Ex[emplar]
Schul-Conferenz-Bibliothek in Baknang	1 Ex[emplar]
Schul-Conferenz-Bibliothek zu Sulz	1 Ex[emplar]
Schul-Conferenz-Bibliothek zu Dornhan	1 Ex[emplar]
Schul-Conferenz-Bibliothek zu Alpirsbach	1 Ex[emplar]
Schulbibliothek in Aalen	1 Ex[emplar]
	13 Ex[emplare]

Überlieferung

1 ZB Zürich, Ms Pestal 50/51, Umschlag 61/3
2 Bogen, 235 x 186 mm
4 Siegelspuren, Dorsualvermerk *Esslingen, d[en] 16. Jan[uar] 1818 Denzel.*
5 Original

Textkritik

Zeuge H
Z. 9   *Y v e r d u n* : lateinische Schrift
Z. 10 *< frei Schafhaussen. >* ganz frei.
Z. 11 *Jan[uar]*: lateinische Schrift
Z. 71 *Stadtpfarrer < Wild >* Wildt

Sacherklärung

I.

Johann Bernhard Gottlieb Denzel (1773–1838) ⇒ Nr. 1652

III.

Z. 14   *Hochstetter*: Karl August Bernhard Hochstetter (1790–1867) ⇒ Nr. 1776
Z. 23   *Wangenheim*: Karl August von Wangenheim (1773–1850) ⇒ Nr. 977
Z. 26   *Aufruf*: scheint nicht erhalten zu sein
Z. 26   *Conferenz-Direktoren*: Damit dürften wohl die Direktoren der Bezirks-Schulkonferenzen gemeint sein. Die Schulkonferenzen in den Bezirken wurden zumeist von evangelischen oder katholischen Geistlichen geleitet, an die sich wohl der Subskriptionsaufruf richtete.
Z. 29 f. *Schulschriften*: Damit dürften wohl die *Rede bey dem feierlichen Gottesdienst am Schulfeste zu Esslingen* (1812), die *Einleitung in die Erziehungs- und Unterrichts-Lehre für Volks-Schullehrer* (1814) sowie die *Volksschule* (1817) gemeint sein.
Z. 31   *Schafhausen*: Schaffhausen
Z. 33 f. *Ramsauer*: Johannes Ramsauer (1790–1848) ⇒ Nr. 1525

Z. 60	*Schmidt*: Joseph Schmid (1785–1851) ⇒ Nr. 712
Z. 60	*Niederer*: Johannes Niederer (1779–1843) ⇒ Nr. 507
Z. 60	*Krüsi*: Hermann Krüsi (1775–1844) ⇒ Nr. 588
Z. 67	*Seminariums*: Seminar Esslingen ⇒ Nr. 1243
Z. 71	*Wildt*: Franz Xaver Wildt (1780–1844) aus Zöbingen wurde 1802 ordiniert, dozierte von 1813 bis 1816 am katholischen Seminar in Ellwangen und war ab 1816 als Stadt- und Garnisonspfarrer sowie als Schulinspektor in Esslingen tätig. 1825 übernahm er die Stelle als Stadtpfarrer und Dekan in Schwäbisch-Gmünd, ab 1831 amtete er in gleicher Funktion in Ehingen und erhielt 1835 den Württemberger Kronorden.
Z. 72	*Dapp*: Heinrich Wilhelm Gottfried Dapp (1758–1831) war als Repetent am Tübinger Stift tätig und übernahm 1793 eine Pfarrstelle in Stuttgart. Seit 1819 war er Generalsuperintendent von Maulbronn, ab 1823 Generalsuperintendent von Schwäbisch Hall (alle Baden-Württemberg).
Z. 73	*Göriz*: Ludwig Friedrich Göritz (1764–1823), ein Cousin Georg Wilhelm Friedrich Hegels (1770–1831), studierte von 1780 bis 1785 im Tübinger Stift und hielt sich in den 1790er-Jahren als Student und Hofmeister des Frankfurter Adligen Johann Carl von Fichard (1773–1829) in Jena auf, wo er unter anderem Mitglied der Tischgesellschaft Johann Christoph Friedrich von Schillers (1759–1829, ⇒ Nr. 427) war. Nach Württemberg zurückgekehrt wurde Göritz 1799 zum Diakon von Heidenheim berufen, im selben Jahr heiratete er Christina Veronika Buttersack (1769–1800). Seit 1811 war Göritz Dekan und Stadtpfarrer in Aalen (Baden-Württemberg).
Z. 74	*Gerock*: Christoph Friedrich von Gerok (1786–1865) war von 1811 bis 1815 Assistent für klassische Literatur am Tübinger Stift, anschliessend war er bis 1848 in Stuttgart tätig, zunächst als Diakon, später als Dekan. Anschliessend wurde von Gerok zum Prälaten und Generalsuperintendanten in Ludwigsburg ernannt und war zugleich Mitglied des württembergischen Landtags.
Z. 75	*Wider*: Christian Friedrich Wider (1767–1843) hatte sein Studium mit Promotion abgeschlossen und war zwischen 1803 und 1812 als Pfarrer in Cleebronn und anschliessend bis zu seiner Pensionierung im Jahr 1831 in Hattenhofen (beide Baden-Württemberg) tätig.
Z. 76	*Schul-Conferenz-Bibliothek*: Bereits 1798 erging im Königreich Württemberg der Beschluss, je nach Diözesen bzw. Dekanaten Schul-Konferenzen einzurichten. Mit der Generalschulverordnung 1810/11 wurden sie für verbindlich erklärt, sodass unter der Leitung eines Pfarrers und unter dem Vorstand eines Konferenzdirektors viermal jährlich eine Lehrerfortbildung über Unterrichtsfragen und gegenwärtige Probleme der Schulbildung stattzufinden hatte. Zu diesem Zweck war aktuelle Literatur anzuschaffen, wobei die Schul-Konferenzen eng mit den Schullehrer-Lesegesellschaften verbunden waren, zumal sie auch häufig unter der Leitung der jeweiligen Pfarrer standen. Die Umsetzung war jedoch zunächst zögerlich, weil viele Pfarrer sich des Amts der Konferenzdirektoren aufgrund fehlender Vergütungen entziehen wollten und zahlreiche Schullehrer den Schul-Konferenzen fern blieben, sodass zahlreiche Ergänzungsdekrete erfolgten.
Z. 76	*Baknang*: Backnang (Baden-Württemberg)
Z. 77	*Sulz*: Sulz am Neckar (Baden-Württemberg)
Z. 78	*Dornhan*: Stadt in Baden-Württemberg
Z. 79	*Alpirsbach*: Stadt in Baden-Württemberg

1887.
Heinrich Remigius Sauerländer
19. Januar 1818

Arau d[en] 19. Januar 1818.

Hochzuverehrender Herr und Freund!
Es sind verschiedene Gründe und Rücksichten, welche mich zu dem Entschluss brachten, weder eine Schrift von Herrn von Fellenberg, noch diese, wovon Sie mir eben die ersten Bogen des Manuscripts einzusenden beliebten, im gegenwärtigen Moment zu drucken und zu verlegen. Ich bitte Sie daher, es mir nicht zu verargen, wenn ich diese ersten Blätter anbey wieder zurücksende, indem ich mich bereits im ähnlichen Fall auch gegen H[er]rn v[on] Fellenberg erklärt habe, u[nd] dessen Schrift daher nun ebenfalls nicht im Publikum erscheinen wird. –

Zwey der achtungswürdigsten Männer der Schweitz, die in der allgemeinsten Verehrung im Auslande stehen, mögte ich nicht als Werkzeug durch Flugschriften verunreinigt und entzweit dargestellt befördern helfen. Es schmerzte mich tief, zu vernehmen, welche Vorfälle zwischen Ihnen statt gefunden, und es wäre zu wünschen, dass sich Männer im Vaterland fänden, welche die eingetretenen Missverständnisse zwischen Ihnen eher zu beschwichtigen, als zur hellen Flamme des öffentlichen Haders anzuschüren trachteten.

Ich gebe noch nicht alle Hoffnung auf, dass dies nicht möglichst zu bewerkstelligen wäre. Die Ehrwürdigkeit Ihrer Person und Ihres Alters macht es wünschenswerth, dass auch von Ihrer Seite über jene Vorfälle nichts weiter öffentlich mitgetheilt werde, denn schon jener Artikel in der Allg[emeinen] Z[ei]t[un]g ist von der grossen Mehrheit von Lesern entweder gar nicht begriffen, oder doch gänzlich missverstanden worden, und zwar aus der natürlichen Ursache, weil dies grössere Publikum auch nicht im mindesten in Kenntniss der Verhältnisse und Umstände gesetzt worden war. – H[er]r v[on] Fellenberg wäre dadurch gewissermassen aufgefordert, auf gleichem Wege der Oeffentlichkeit etwas mehr zur Berichtigung der Urtheile im Publikum zu sagen. – Aber auch selbst diesen Schritt, so gemässiget und der Wahrheit der Sache möglichst entsprechend er auch geschehen mögte, würde ich wenigstens lieber nicht ausgeführt wünschen.

Ich kenne zwar den Schluss dieses Ihres Manuscripts noch nicht, und weiss folglich auch noch nicht, in wiefern sich derselbe auf jene Vorfälle bezieht oder sich darüber ausspricht, allein es sey derselbe nun wie er wolle, so bleibe ich meinem gefassten Entschluss unabänderlich treu, und kann folglich zu keinem dafür die Hand bieten. Es sind zwar dem Publikum seit Kurzem verschiedenartige Gerüchte über das Mislingen Ihrer nahegelegenen Verbindung mit H[er]rn v[on] F[ellenberg] vorgekommen, allein, in wenigen Wochen denkt auch keine Seele mehr daran, sobald von beiden Seiten ein ruhiges Stillschweigen beobachtet wird. Auf diese Weise bleibt eine Privatangelegenheit öffentlich unberührt, beide achtungswürdige Männer bleiben vor dem Auslande forthin die ungetrübte Zierde Ihres Vaterlandes, und Jeder schreitet auf der von ihm angetretenen Bahne in seiner individuellen Eigenthümlichkeit fort, bis sich vielleicht, wer kann es wissen, eine günstigere Veranlassung darbietet, jene so sehr gewünschte Vereinigung, die schon von allen Freunden der gute Sache im Voraus so sehr applaudirt wurde, dennoch zu bewerkstelligen, und in gegenseitiger Harmonie auszuführen.

Dies, verehrungswürdiger, lieber Herr Pestalozzi, meine offene, herzliche Meinung. – Gott erhalte Sie zur Freude der Welt in Munterkeit u[nd] Heiterkeit, um noch manches zur Vollendung Ihrer grossen Aufgabe zu würken, um dann noch ungetrübt darauf hinblicken zu können.

Mit aufrichtiger Liebe und Hochachtung stets

der Ihrige
H[einrich] R[emigius] Sauerländer

Überlieferung

1   ZB Zürich, Ms Pestal 55, Umschlag 316/3
2   Bogen, 227 x 190 mm
5   Original

Textkritik

Zeuge H
Z. 7   *Fellenberg*: lateinische Schrift
Z. 10   *mir <zu> nicht*
Z. 12   *Fellenberg*: lateinische Schrift
Z. 17   *Flugschriften <he> verunreinigt*
Z. 27   *Allg[emeinen] Z[ei]t[un]g*: lateinische Schrift
Z. 28   *begriffen, <d> oder*
Z. 32   *Fellenberg*: lateinische Schrift

Sacherklärung

I.

Heinrich Remigius Sauerländer (1776–1847) ⇒ Nr. 1084

II.

Der am 17. Oktober 1817 zwischen Pestalozzi und Philipp Emanuel von Fellenberg (1771–1844, ⇒ Nr. 426) geschlossene Kooperationsvertrag (PSB X, Nr. 4795) wurde von Pestalozzi schon im November 1817 widerrufen und zog eine öffentlich geführte Auseinandersetzung nach sich (PSW XXV, S. 429 ff.), an welcher sich Heinrich Remigius Sauerländer (1776–1847, ⇒ Nr. 1084) offensichtlich nicht beteiligen wollte, da er befürchtete, dass dadurch hauptsächlich der Ruf der beiden Protagonisten Schaden nehme.

III.

Z. 4   *Arau*: Aarau (Kt. Aargau)
Z. 7   *Schrift*: Philipp Emanuel von Fellenberg (1771–1844, ⇒ Nr. 426) hatte seine Schrift *Einige Worte über Pestalozzi und seine Anstalt* an den Verleger Heinrich Remigius Sauerländer (1776–1847, ⇒ Nr. 1084) geschickt, der im Januar 1818 64 Seiten davon druckte. Offenbar wurde die Schrift dann jedoch vom Verleger weitgehend zurückgehalten und eliminiert (⇒ Nr. 1893). Dennoch tauchten verschiedene Exemplare noch 1823 auf. Darüber hinaus sind Teilabschriften erhalten, etwa im Nachlass Niederer (P.-Bl. 1901, S. 58–62), und auch 1834 tauchten lange Passagen in einer in Bern gedruckten anonymen Schrift mit dem Titel *Heinrich Pestalozzi's bis dahin unedirte Briefe und letzte Schicksale* wieder auf.
Z. 7   *Fellenberg*: Philipp Emanuel von Fellenberg (1771–1844) ⇒ Nr. 426
Z. 8   *diese*: Pestalozzi schickte am 1. Januar 1818 den Anfang einer Schrift an Heinrich Remigius Sauerländer (1776–1847, ⇒ Nr. 1084), die insgesamt fünf bis sechs Bogen umfassen sollte und nicht zum Verkauf vorgesehen war. Geplant war, 400 Exemplaren zu drucken und diese privat im Freundeskreis Pestalozzis zirkulieren zu lassen. Die Schrift gelangte jedoch nicht zum Druck und es sind weder Manuskript noch Korrekturbogen erhalten (PSB XIV, S. 407 ff.).
Z. 27   *Artikel*: Johann Heinrich Pestalozzi: Erklärung, den Vertrag mit Fellenberg betreffend. In: Allgemeine Zeitung 1817, 5. Dezember, Nr. 339 (vgl. PSW XXV, S. 169–174).
Z. 44   *Verbindung*: Pestalozzi und Philipp Emanuel von Fellenberg (1771–1844, ⇒ Nr. 426) hatten am 17. Oktober 1817 (PSB X, Nr. 4795) eine Übereinkunft bezüglich der «Sicherstellung der Sache des Vaterlandes und der Menschheit im Erziehungsfache» geschlossen und in 18 Punkten die Zusammenarbeit geregelt. Die Vereinbarung wurde allerdings nicht umgesetzt.

1888.
J. G. Cottasche Buchhandlung
20. Januar 1818

S[einer] Wohlgebohren
Herrn Heinrich
Pestalozzi
Yverdun

Stuttgart 20. Jan[uar] 1818

Euer Wohlgebohrn

Geehrtes v[om] 16. h[uius] m[ensis] haben wir nebst dem Aufsatz für das Morgenblatt erhalten und denselben sogleich an die Redaction abgegeben.

Was die Antwort auf Ihr früheres betrift, so haben wir dasselbe unserm Herrn Geh[eimen] Hofrath Cotta von Cottendorff nach Italien nachgesandt, und er schrieb uns, dass er Ihnen selber antworten wolle, und es sollte uns wundern, wenn Sie noch keine Antwort erhalten hätten.

Mit vorzüglicher Hochachtung
Euer Wohlgebohrn

gehorsame
J. G. Cotta^{sche} Buchh[an]dl[un]g

Überlieferung

1 ZB Zürich, Ms Pestal 50/51, Umschlag 56/18
2 Bogen, 242 x 198 mm
4 Siegelspuren, Stempel *STUTTGART 20 Jan 1818*, Dorsualvermerk *Stuttgart, 20. Jan[uar] 1818. J. G. Cotta'sche Buchhandlung*
5 Original

Textkritik

Zeuge H

Z. 5   *Heinrich*: lateinische Schrift
Z. 6   *Pestalozzi*: lateinische Schrift
Z. 7   *Yverdun*: lateinische Schrift
Z. 8   *Stuttgart ... Jan[uar]*: lateinische Schrift
Z. 14   *Cotta*: lateinische Schrift
Z. 14   *Cottendorff*: lateinische Schrift

Sacherklärung

I.

J. G. Cottasche Buchhandlung ⇒ Nr. 1455 b

III.

Z. 10   *Geehrtes*: scheint nicht erhalten zu sein
Z. 10   *Aufsatz*: Am 24. Januar 1818 erschien im *Morgenblatt für gebildete Stände* ein Bericht über die Feier zu Pestalozzis 73. Geburtstag und die zu diesem Anlass gehaltene Rede. Vermutlich ist mit «Aufsatz» dieser Artikel gemeint. Im März 1818 erschien überdies in den Nummern 67, 68 und 69 des Morgenblatts eine stark gekürzte und kommentierte Version von der *Rede von Pestalozzi an sein Haus* (vgl. PSW XXV, S. 261-364).
Z. 13   *früheres*: PSB X, Nr. 4854
Z. 14   *Cotta*: Johann Friedrich Cotta, Freiherr von Cottendorf (1764-1832) ⇒ Nr. 617
Z. 15   *schrieb uns*: scheint nicht erhalten zu sein
Z. 16 f.   *antworten*: ⇒ Nr. 1872

1889.
Johann Andreas Stähele

23. Januar 1818

S[eine]r
Wohlg[ebor]en H[err] H[einrich]
Pestalozzi
in
Iferten.

Hofwil $^{23}/_1$ [18]18

Verehrter Herr Pestalozzi!
Herr Fellenberg hat mir das Schreiben mitgetheilt, das er jüngst von Ihnen erhalten, er scheint nicht entschlossen zu sein, es zu beantworten. Ich könnte im besseren Bewusstsein über die schmerzhaften Empfindungen, die die Durchlesung desselben in mir angeregt hat, ebenfalls schweigen, und das Gefühl erlittener unbilliger Kränkung in meiner Brust zusammendrüken; allein ich habe mich immer gern offen und unbefangen ausgesprochen. Dies will ich auch gegen Sie thun, fern von gebiethendem oder beschränkendem Einfluss, den ich in keiner Stellung dulde.
     Aufgefallen ist es mir vorerst, dass Sie in triumphierendem Tone gleichsam H[er]rn Fellenberg erklären, Sie wissen alles, was H[er]r Fellenberg mir geschrieben. Warum haben Sie nicht gerade heraus

gesagt, ich hätte Ihnen selbst angetragen seine Briefe zu zeigen, aus Schonung für mich haben Sie es gewiss nicht verhehlt, und sie wäre auch nicht am rechten Plaze gewesen, warum haben Sie nicht gerade heraus gesagt, ich hätte sie Beck etc. vorgelesen, sie haben den Kasten geschikt aber den Schlüssel nicht dazu gelegt. Uebrigens ist es leicht, herausgerissene Säze in zweideutigem Lichte darzustellen, aber dass man das Resultat meiner Offenheit, und Unbefangenheit, das Zeugniss eines bessern Bewusstseins – hinterher als Beweis meiner Ungeschiklichkeit aufführt, ist wahrlich nicht aus der Eigenthümlichkeit Ihres ewigen göttlichen Seins, sondern aus der Beschaffenheit des Menschen zu erklären, der seine krummen halblistigen Wege als Wundergänge seines Genies angesehen wissen will.

Auch ist es eine sonderbare Sache mit den Citationen, die man nicht findet, wenn man im Buche nachschlägt – sehen Sie in ihrer Abschrift der Briefe Fellenbergs genau nach – es ist offenbare Unwahrheit dass ich den Auftrag hatte, Ihnen in Bulet nachzufragen.

Sie sprechen von Verrätherei!! Schmid's Absichten, sein Wesen und Treiben welch heilige Maske er auch um die unheiligsten Plane werfe, errathen nicht nur errathen; sondern zur innern moralischen Ueberzeugung bringen, heisst nicht Sie verrathen das v macht hier einen kleinen Unterschied, und demjenigen stehe ich Rede, der mir beweisst, ich hätte in meinen Briefen an Fellenberg, es mag Sie H[er]r Pest[alozzi], oder Schmid oder die Anstalt betreffen, etwas ausgesagt, das mit dem in Wiederspruch stünde, was ich Ihnen zu wiederholten Malen selbst gesagt habe. Über dies war ja H[err] Fellenberg Ihr Freund, und das Streben schien mir weniger, dies freundschaftliche Verhältniss zu erhalten, als es zu zerstören zu suchen. Niedrige zeitliche Absichten wird mir doch wohl niemand zuschreiben, als der der mich nach seinem Massstabe beurtheilt, wie z[um] B[eispiel] ich hätte nach dem Directorat H[er]rn Lange's gestrebt, wie dieser Herr lächerlich genug behauptete u[nd] dieser Armseligkeiten mehr. Erinnern Sie sich des Wortes, das ich Ihnen gesagt habe, und wenn Sie meine Ein- und Ansicht verurtheilen, und über dieselbe den Stab brechen, so lassen Sie doch meinem Herzen Gerechtigkeit wiederfahren. Ich habe, wie A und B thun, blos mein subjektives Dafürhalten ausgesprochen, und habe nie an meine Infallibilität geglaubt, im Gegentheil kam mir manches so mysteriös vor, dass ich gern ein Concilium oecumenicum Eberodunense veranstaltet hätte.

Ich sagte Ihnen in der lezten Unterredung, H[err] Pestalozzi, lassen Sie die Zukunft sprechen!! Was beabsichtigen Sie nun durch das N a c h t g e m ä l d e das Sie von mir machen, die Schatten sind, me hercle, doch zu stark aufgetragen. Wissen Sie, morgen v e r l i e s s ich Hofwil, wenn Fellenberg etwas zu verlangen im Stande wäre, das mit meinem Karakter im Wiederspruch stünde. Auch erschrak ich, als ich las, wie Sie mit Gerichten drohen, so etwas könte gerade den entgegengesezten Eindruk machen, und die ganze Sache ist auf guten Wegen.
Lieber H[er]r Pestalozzi! Es scheint mir, Sie seien geneigt, die Menschen entweder als Teufel – oder als Engel zu denken, da glaube ich nun, vom Schwarz des Ersten dörfte man wohl etwas aufs blendende Weiss des zweiten übertragen, allein da sagen Sie vielleicht, die Teufel bleiben doch Teufel, und die Engel doch Engel, wer weiss!? Die Engel sind auch einmal in ihrem Hochmut Teufel geworden, und die man izt als Teufel ansieht, waren einst Engel, vielleicht gibts doch noch eine Erlösung aus der Hölle!!.
In jedem Fall aber werde ich Ihrer stets in Freudschaft und Liebe gedenken, vorwerts gehen, aber nicht auf dem Wege, auf dem Sie mich vermuthen, und Sie einst in ruhigem Selbstgefühl fragen was Sie halten
von Ihrem
Sie ewig liebenden And[reas] Staehele.

N.S. Ich bitte Sie, H[err] Pest[alozzi] mir die Gedichte, die ich Ihnen gegeben zurükzusenden, weil ich keine Abschrift davon habe.
H[err] Beck hat noch Zeuner Gea mit den Tafeln von mir.

Überlieferung

1 ZB Zürich, Ms Pestal 55a, Umschlag 354/1
2 Bogen, 235 x 192 mm
4 Siegelspuren, Stempel BERN, Dorsualvermerk Hofwyl, 23. Januar 1818. Stähelj.
5 Original

Textkritik

Zeuge H
Z. 6   Pestalozzi: lateinische Schrift
Z. 9   Hofwil: lateinische Schrift
Z. 10 Pestalozzi: lateinische Schrift

Z. 11   *Fellenberg*: lateinische Schrift
Z. 20   *in* ʃ
Z. 22   *Fellenberg*: lateinische Schrift
Z. 23   *Fellenberg*: lateinische Schrift
Z. 23   *Fellenberg < Ihnen > mir*
Z. 28   *B e c k* : lateinische Schrift
Z. 29 f.   *herausgerissene < m > Säze*
Z. 38   *Citationen*: lateinische Schrift
Z. 40   *Fellenbergs*: lateinische Schrift
Z. 43   *Schmid's*: lateinische Schrift
Z. 48   *Briefen < über > an*
Z. 48   *Fellenberg*: lateinische Schrift
Z. 49   *Pest[alozzi]*: lateinische Schrift
Z. 49   *S c h m i d* : lateinische Schrift
Z. 52   *Fellenberg*: lateinische Schrift
Z. 56   *Directorat*: lateinische Schrift
Z. 57   *Lange's*: lateinische Schrift
Z. 64 f.   *Concilium oecumenicum Eberodunense*: lateinische Schrift
Z. 66   *Pestalozzi*: lateinische Schrift
Z. 68   *mir < be > machen*
Z. 68 f.   *me hercle*: lateinische Schrift
Z. 70   *F e l l e n b e r g* : lateinische Schrift
Z. 75   *die ... Wegen*: doppelt unterstrichen
Z. 76   *Pestalozzi*: lateinische Schrift
Z. 90   *Staehele*: lateinische Schrift
Z. 91   *Pest[alozzi]*: lateinische Schrift
Z. 93   *Beck*: lateinische Schrift
Z. 93   *Zeuner Gea*: lateinische Schrift

Sacherklärung

I.

Johann Andreas Stähele (1794–1864) ⇒ Nr. 1840

II.

Pestalozzi hatte in dem hier von Johann Andreas Stähele (1794–1864, ⇒ Nr. 1840) angesprochenen Brief an Philipp Emanuel von Fellenberg (1771–1844, ⇒ Nr. 426) darauf hingewiesen, dass er die Absicht habe, «das Gute, das Sie stiften auch in dem Fall vor Gefahr und Schaden zu schützen, in welchem Sie das Gute, das ich thue, den höchsten menschlichen Gefahren aussetzen. Ich glaube wohl, Sie thun das, was Sie jezt gegen mein Haus thun ... in der guten Absicht, Ihr grosses Werk gegen mich in einer Stellung zu erhalten, die den bezweckten grossen Folgen Ihrer Lebensanstrengungen angemessen ist» (PSB XI, S. 4). Damit machte Pestalozzi deutlich, dass für ihn – ungeachtet des am 17. Oktober 1817 (PSB X, Nr. 4795) unterschriebenen Vertrages – wegen gegenseitiger Unvereinbarkeit der Absichten eine Zusammenarbeit mit Fellenberg unmöglich sei. Stähele war im Herbst 1817 als Vertreter Fellenbergs nach Yverdon geschickt worden. Als im Dezember 1817 klar wurde, dass die geplante

Zusammenarbeit nicht umgesetzt werden würde, kehrte Stähele nach Hofwyl zurück (⇒ Nr. 1840)

III.

Z. 8   *I f e r t e n* : dt. Name für Yverdon
Z. 11 *Fellenberg*: Philipp Emanuel von Fellenberg (1771–1844) ⇒ Nr. 426
Z. 11 *Schreiben*: PSB XI, Nr. 4875
Z. 28 *B e c k* : Moritz Beck (1787–1871) ⇒ Nr. 1840
Z. 42 *B u l e t* : Nach Bullet (Kt. Waadt), oberhalb von Yverdon im Jura gelegen, zog sich Pestalozzi jeweils zur Erholung zurück.
Z. 43 *Schmid's*: Joseph Schmid (1785–1851) ⇒ Nr. 712
Z. 48 *Briefen*: Johann Andreas Stähele (1794–1864, ⇒ Nr. 1840) schrieb zwischen Ende Oktober und Mitte Dezember 1817 wöchentlich Briefe aus Yverdon an Philipp Emanuel von Fellenberg (1771–1844, ⇒ Nr. 426). Darin klagte er über die disziplinarischen Zustände im Institut, über Lehrerkonflikte und über den Einfluss von Joseph Schmid (1785–1851, ⇒ Nr. 712) auf Pestalozzi (Burgerbibliothek Bern, FA von Fellenberg 167; vgl. Kurt Guggisberg: Philipp Emanuel von Fellenberg und sein Erziehungsstaat, Band 2. Bern 1953, S. 73–74).
Z. 57 *Lange's*: Johann Friedrich Wilhelm Lange (1786–1858) ⇒ Nr. 1058
Z. 64 f. *Concilium oecumenicum Eberodunense*: ein ökumenisches Konzil in Yverdon (lat.)
Z. 68 f. *me hercle*: beim Herkules (lat.)
Z. 91 *Gedichte*: Johann Andreas Stähele (1794–1864, ⇒ Nr. 1840) veröffentlichte als junger Mann diverse Gedichte in deutschschweizerischen Zeitschriften und 1817 auch im *Morgenblatt für gebildete Stände*. Welche hier genau gemeint waren, ist unklar.
Z. 93 *Zeuner Gea*: Johann August Zeune: Gea. Versuch einer wissenschaftlichen Erdbeschreibung. Berlin 1808

1890.
Karl Christian Frickhöfer
24. Januar 1818

Idstein den 24ten Januar 1818.

Verehrungswürdiger Vater!
Schon seit 1814 bin ich Ihr Schuldner. Ich konnte Sie bisher unmöglich bezahlen. Endlich ist mirs durch meine öffentliche Anstellung an dem Herzogl[ich] Nassauischen Schullehrerseminar dahier möglich geworden. Zwar auf den grösern Theil meiner Schuld kann ich Ihnen auch jetzt nur eine Anweisung auf Sie selbst und auf den Himmel geben; (wo sichere Zahlung geleistet wird) aber meine Geldschuld kann ich doch nun abtragen. Ich habe Sie schon vor mehreren Wochen durch Herrn Näf um einen Wechsel bitten lassen; wahrscheinlich ist die Sache nun besorgt und der Wechsel un-

terwegs. Empfangen Sie hiermit meinen Dank für bisherigen Kredit und meine wärmsten Wünsche für Ihr ferneres Wohl und Vorhaben, wodurch Sie der Welt so viel u[nd] so vielen Einzelnen Alles geworden sind! Sie erinnern sich wohl noch des Besuchs der Nassauer im vorigen Mai, wo wir bei Ihnen so väterliche Aufnahme u[nd] freundschaftliche Behandlung genossen. Diehl u[nd] ich sind nun im hiesigen Seminar angestellt u[nd] Gruner ist unser Direktor. In Manchem harmoniren wir nicht, viele Wünsche sind zu wünschen übrig geblieben, aber ich verkenne auch das Segenvolle nicht, das die Anstalt in mancher Hinsicht jetzt schon durch Gruners besondere Thätigkeit bezeichnet. Wir haben erst seit November vorigen Jahres gearbeitet, sonst würde ich Ihnen Etwas von unsren Arbeiten u[nd] von dem eigentlichen Stand der Anstalt schreiben. Lassen Sie uns also erst arbeiten. Wann kommt dann die erste Lieferung Ihrer Bücher? Sie wissen, wir drei, Petry, Diehl u[nd] ich, haben bei Ihnen selbst subscribirt, aber später habe ich Ihnen ungefähr noch 15 Namen meiner Bekannten durch de Laspée zugeschickt. Wir alle hoffen mit jeder Post auf, die Ankunft der Bücher. Erlauben Sie mir nun noch eine Bitte; es ist mir äuserst viel daran gelegen, zu wissen, ob Herr Schmid 1.) einen Anfang zu seiner Mathematik, 2.) ob u[nd] wann er eine Anwendung derselben liefern wird? Lassen Sie mich das gefälligst wissen! Ich empfehle mich Ihnen, zu väterlichem u[nd] Ihrem ganzen Hause zu freundschaftlichem Andenken. Mit kindlicher Liebe

Ihr
Carl Frickhöffer
Seminarlehrer.

Überlieferung

1 ZB Zürich, Ms Pestal 50/51, Umschlag 86/1
2 Blatt, 227 x 190 mm
4 Datum am Schluss, Dorsualvermerk *Idstein, d[en] 24. Jan[ua]r 1818. Carl Frickhöffer.*
5 Original

Textkritik

Zeuge H
Z. 31   *de Laspée*: lateinische Schrift
Z. 33   noch < die Gera > eine
Z. 36 f.   väterlichem < Andenken u[nd] da > u[nd]

Sacherklärung

I.

Karl Christian Frickhöfer (1791–1845) kommt nach seiner Ausbildung von 1807 bis 1809 im Lehrerseminar in Idstein (⇒ Z. 8) und der anschliessenden Tätigkeit im Schuldienst in Frücht (heute Teil von Bad Ems, Rheinland-Pfalz) 1813 für zwei Jahre als Lehrer ins Institut in Yverdon. 1815 wechselt er an das Koblenzer Institut (⇒ Nr. 1671) von Johann Philipp Rossel (1791–1831, ⇒ Nr. 1313 c), absolviert ein Jahr später den Seminarkurs von Johann Bernhard Gottlieb Denzel (1773–1838, ⇒ Nr. 1652) in Esslingen und kehrt nach kurzem nochmaligem Aufenthalt im durch den Lehrerstreit geprägten Yverdoner Institut 1817 als Lehrer an das Seminar in Idstein zurück, wo er bis 1844 auch als Konrektor amtiert.

II.

Dass Pensionskosten während längerer Zeit ausstehend waren, war in Yverdon durchaus üblich. Dies sowie eine allgemein eher flüchtig geführte Buchhaltung trugen dazu bei, dass das Institut immer wieder in finanzielle Schieflage geriet.

III.

Z. 8 *Schullehrerseminar*: Das nassauische Schullehrerseminar in Idstein wurde 1779 im Zuge von Schulreformen durch Fürst Karl Wilhelm von Nassau-Usingen (1735–1803) gegründet und dem städtischen Gymnasium angegliedert. Die zweijährige Seminarausbildung in Katechismuslehre, Elementar- und Landwirtschaftskenntnissen sowie Latein sollte verpflichtend sein für die Einstellung von Lehrpersonen. Mit der Bildung des Herzogtums Nassau 1806 setzte sich eine ausgesprochen tolerante und liberale Schulpolitik besonders unter Herzog Wilhelm Georg August Heinrich Belgus (1792–1839) durch, sodass ab 1806 auch katholische Bewerber im Seminar zugelassen waren, das Seminar mit zum Teil 60 Zöglingen vom Gymnasium getrennt, jedoch nach starker Kritik an der Leistungsfähigkeit um 1817 reorganisiert wurde. Doch statt wie gewünscht Johann Bernhard Gottlieb Denzel (1773–1838, ⇒ Nr. 1652), der lediglich einen achtwöchigen Lehrkurs veranstaltete, übernahm Anton Gottlieb Gruner (1778–1844, ⇒ Nr. 611) die Leitung des Seminars und stärkte bis zu seinem Rücktritt 1828 die Reputation der Idsteiner Lehrerausbildung.

Z. 13 *Näf*: Johann Konrad Näf (1789–1832) ⇒ Nr. 2304

Z. 20 *Diehl*: Gottfried Diehl (1786–1861) wurde 1804 Lehrer in Widderstein bei Burbach (Nordrhein-Westfalen), lehrte seit 1816 am Seminar in Idstein (⇒ Z. 8), das Gottlieb Anton Gruner (1778–1844, ⇒ Nr. 611) ab 1817 leitete. Diehl wurde nach einem kurzen Aufenthalt in Yverdon 1817 erster Lehrer und ab 1825 bis zu seiner Pensionierung 1852 Konrektor des Seminars.

Z. 21 *Gruner*: Gottlieb Anton Gruner (1778–1844) ⇒ Nr. 611

Z. 29 *Petry*: Johann Philipp Petri (1787–1841) ⇒ Nr. 1664

Z. 31 *de Laspée*: Johannes de L'Aspée (1783–1825) ⇒ Nr. 959

Z. 31 *zugeschickt*: scheint nicht erhalten zu sein

Z. 34 *Schmid*: Joseph Schmid (1785–1851) ⇒ Nr. 712

Z. 34 *Mathematik*: Damit dürfte wohl Joseph Schmids Schrift *Gedanken über Mathematik und über Anwendung der mathematischen Erkenntnisse auf den bürgerlichen Erwerb besonders zur Verminderung der armen Kinder* (1812) gemeint sein, die noch «unvollkommen» sei und «bis jetzt nur eine allgemeine Anwendung der bisher theoretisch aufgestellten Zahl- und Grössenverhältnisse» darstelle (ebd., S. 10).

1891.
Johann Andreas Stähele

25. Januar 1818

$^{25}/_1$ [18]18

So eben erhalte ich von H[errn] v[on] Fellenberg den bestimmten Auftrag, Ihnen zu melden;
dass er gesonnen gewesen sei, seine schon unter der Presse gelegene Schrift erscheinen zu lassen, so lange er die Hoffnung gehabt, die Anstalt in Iferten neü aufblühen zu sehen durch Herbeiziehung jener Männer, die sich vor Erscheinung des bewussten Art[ikels] in der allg[emeinen] Zeitung bereitwillig gezeigt hätten, der guten Sache in Iferten aufzuhelfen, dass aber nach eingekommener abschlägiger Erklärung jener Männer, und nach Ansicht Ihres Schreibens, worinn die Behauptung, er wolle Sie, H[err] Pest[alozzi] unglüklich machen, ihm sehr wehe thue, er bereits den Entschluss gefasst habe, seine Schrift zurückzuziehen. Nebenbei sei auch H[err] Sauerländer mit Vorstellungen eingekommen. Indessen könne er, H[err] Fellenberg, nichts anders thun, als jene Männer, die H[err] Pestalozzi selbst in die Commission erwählt habe, auffordern, vom ganzen Vorgang der Sache genaue Kentniss zu nehmen, um urtheilen zu können, ob die H[er]rn Fellenberg gemachten Vorwürfe begründet seien, oder nicht.

Überlieferung

1 ZB Zürich, Ms Pestal 55a, Umschlag 354/2
2 Blatt, 235 x 192 mm
5 Original

Textkritik

Zeuge H
Z. 5 *Fellenberg*: lateinische Schrift
Z. 14 *Pest[alozzi]*: lateinische Schrift
Z. 15 ihm ⌠
Z. 16 *Sauerländer*: lateinische Schrift
Z. 17 *Fellenberg*: lateinische Schrift

Z. 18 *Pestalozzi*: lateinische Schrift
Z. 19 *Commission*: lateinische Schrift
Z. 21 *Fellenberg*: lateinische Schrift

Sacherklärung

I.

Johann Andreas Stähele (1794–1864) ⇒ Nr. 1840

II.

⇒ Nr. 1889

III.

Z. 5 *Fellenberg*: Philipp Emanuel von Fellenberg (1771–1844) ⇒ Nr. 426
Z. 8 *Schrift*: ⇒ Nr. 1887
Z. 9 *Iferten*: dt. Name für Yverdon
Z. 10 *Art[ikels]*: ⇒ Z. 8
Z. 16 *Sauerländer*: Heinrich Remigius Sauerländer (1776–1847) ⇒ Nr. 1084
Z. 19 *Commission*: 1817 hatten Pestalozzi und Philipp Emanuel von Fellenberg (1771–1844, ⇒ Nr. 426) zur Sicherung der geplanten Armenschule Pestalozzis und des bestehenden pestalozzischen Instituts eine Übereinkunft abgeschlossen (PSB X, Nr. 4795). Aus den Artikeln 3 und 4 der Konvention geht hervor, dass für die Aufsicht und Kontrolle dieser beiden Schulen, aber auch für die Aufsicht über die Armenschule von Hofwyl eine Kommission eingesetzt werden sollte. Artikel 18 besagt zudem, dass bei Meinungsverschiedenheiten zwischen Pestalozzi und Fellenberg betreffend einen Punkt der Übereinkunft drei Männer aus der Beaufsichtigungs-Kommission darüber entscheiden würden. Diese Funktion dürfte Johann Andreas Stähele (1794–1864, ⇒ Nr. 1840) hier wohl angesprochen haben.

1892.
Johannes Niederer
26. Januar 1818

S[alvo] T[itulo] Herrn
Pestalozzi
im
S c h l o s s

Iferten den 26ten Jenner 1818.

S[alvo] T[itulo] Herrn Pestalozzi.

Ich erhalte so eben aus Tübingen beifolgende Subscribentenliste, welche Sie zu bemerken bittet

Ihr ergebenster Niederer

Überlieferung

1 ZB Zürich, Ms Pestal 53/54, Umschlag 262/IV,83
2 Blatt, 200 x 183 mm
4 Datum am Schluss, Siegelspuren, Dorsualvermerk *Iferten, d[en] 26. Jan[uar] 1818 Niederer.*
5 Original

Textkritik

Zeuge H
Z. 5 *Pestalozzi*: lateinische Schrift
Z. 12 *Niederer*: lateinische Schrift

Sacherklärung

I.

Johannes Niederer (1779–1843) ⇒ Nr. 507

III.

Z. 4 *S[alvo] T[itulo]*: mit Vorbehalt des richtigen Titels (lat.)
Z. 8 *Iferten*: dt. Name für Yverdon
Z. 10 *Subscribentenliste*: scheint nicht erhalten zu sein

1893.
Heinrich Remigius Sauerländer
27. Januar 1818

S[eine]r Wohlgebohren
Herrn H[einrich] Pestalozzi
in
Yverdun.

Arau d[en] 27. Januar 1818.

Verehrtester Herr und Freund!

Mit innigem Vergnügen kann ich Ihnen die bestimmte Zusicherung ertheilen, dass die g a n z e Auflage der bereits gedruckten Bögen von der Schrift des H[er]rn von Fellenberg bis diesen Augenblick in meinen Händen liegt, und da solche nicht zur Hälfte noch im Druck vollendet ist, so kann auch auf keinerlei Weise irgend ein Gebrauch davon gemacht werden. Ich werde selbst Sorge tragen, dass diese gedruckte Bogen nicht einmal als Makulatur verbraucht werden, damit weiter in keines Menschen Hand auch nicht ein einzelnes Blatt davon gelangen möge.

Auf diese meine bestimmte Erklärung hin darf ich hoffen, dass auch Sie den Frieden vorziehen und erhalten werden und somit jede unangenehme Oeffentlichkeit in dieser Sache vermieden bleibt. Ich sehe meine Pressen bis spät in den künftigen Herbst hinein strenge beschäftiget, und dürfte, um mein gegebenes Wort für die bereits eingegangenen Unternehmungen zu halten, bis dahin kein Versprechen mehr für weitere Arbeiten geben. –
Mit aufrichtiger und inniger Verehrung stets
der Ihrige
H[einrich] R[emigius] Sauerländer

Überlieferung

1 ZB Zürich, Ms Pestal 55, Umschlag 316/4
2 Bogen, 227 x 190 mm
4 Siegelspuren, Stempel *ARAU*
5 Original

Textkritik

Zeuge H
Z. 5   *H[einrich] Pestalozzi*: lateinische Schrift
Z. 7   *Yverdun*: lateinische Schrift
Z. 12 *von Fellenberg*: lateinische Schrift

Sacherklärung

I.

Heinrich Remigius Sauerländer (1776–1847) ⇒ Nr. 1084

II.

Heinrich Remigius Sauerländer (1776–1847, ⇒ Nr. 1084) hatte Pestalozzi schon eine Woche früher mitgeteilt (⇒ Nr. 1887), dass er weder Pestalozzis Schrift noch die Schrift von Philipp Emanuel von Fellenberg (1771–1844, ⇒ Nr. 426) in Sachen Auflösung des Kooperationsvertrags drucken werde, da er die öffentliche Debatte darüber nicht unterstützen wolle. In einem nicht erhaltenen Brief hatte sich Pestalozzi bei Sauerländer wohl nochmals versichert, dass auch die – offenbar teilweise schon gedruckt vorliegende – Schrift von Fellenberg ebenfalls nicht veröffentlicht werde.

III.

Z. 8   *Arau*: Aarau (Kt. Aargau)
Z. 12 *Schrift*: ⇒ Nr. 1887
Z. 12 *Fellenberg*: Philipp Emanuel von Fellenberg (1771–1844) ⇒ Nr. 426

1894.
Heubner & Volke
28. Januar 1818

S[eine]r Wohlgebohrn
Herrn Pestalozzi
Iferten
in der Schweitz

Wien d[en] 28. Jan[uar] 1818.

Wohlgebohrner,
hoch zu verehrender Herr!

Die Anzeige, welche Sie in betreff der Herausgabe Ihrer sämtlichen Werke bereit im Merz vor[igen] Jahres ans Publikum ergehen liessen, ist uns leider erst vor 14 Tagen durch Herrn Schieg zu gekommen so dass die gegebene Zeit der Praenumeration uns nicht mehr erlaubte in dem Maase dafür wirksam zu werden wie wir es wünschten

Indess hoffen wir dass es zur Aufnahme folgender 6. Subscribenten
Herrn Peter Muth, K[aiserlich] K[öniglicher] Goubernialrath in   1.
    Brünn
" Mathias Eishl fürstl[icher] Sinsendorfsetzer Oekonomie   1.
    Director
" Heubner & Volke mit   4. Exemplaren
nicht zu spät sein wird u[nd] bitten Sie daher diese 6 Exemplare bei Erscheinung so fort durch Herrn Schiegg zu kommen zu lassen an welchen wir auch den Betrag derselben ohne Rabat bei Empfang baar aus zahlen lassen werden

Mit wahrer Hochachtung haben wir die Ehre zu sein
E[ue]r Wohlgebohrn
                ganz ergebenste Diener
                Heubner & Volke

Überlieferung

1 ZB Zürich, Ms Pestal 51/52, Umschlag 130/1
2 Bogen, 250 x 207 mm
4 Datum am Schluss, Siegelspuren, Stempel *WIEN*, Dorsualvermerk *Wien, d[en] 28. Jan[ua]r 181<7>8. Heubner & Volke.*
5 Original

Textkritik

Zeuge H

Z. 5	*Pestalozzi*: lateinische Schrift
Z. 6	*Iferten*: lateinische Schrift
Z. 8	*Wien ... Jan[uar]*: lateinische Schrift
Z. 13	*Schieg*: lateinische Schrift
Z. 14	*Praenumeration*: lateinische Schrift
Z. 19	*Peter Muth*: lateinische Schrift
Z. 19	*Goubernialrath*: lateinische Schrift
Z. 20	*Brünn*: lateinische Schrift
Z. 21	*Mathias Eishl*: lateinische Schrift
Z. 21 f.	*Sinsendorfsetzer Oekonomie Director*: lateinische Schrift
Z. 23	*Heubner & Volke*: lateinische Schrift
Z. 25	*Schiegg*: lateinische Schrift
Z. 26	*Rabat*: lateinische Schrift
Z. 31	*Heubner & Volke*: lateinische Schrift

Sacherklärung

I.

Heubner & Volke ist ein 1816 von Johann Gottlieb Heubner (1778–1859, ⇒ Nr. 2666) und Friedrich Volke (1780–1830) gegründeter Buchhandlungsverlag, der vorwiegend wissenschaftliche Bücher aus Philosophie, Geschichte, Naturwissenschaft und Medizin im Programm hat, aber auch Kinder- und Jugendbücher verlegt.

III.

Z. 6	*Iferten*: dt. Name für Yverdon
Z. 12	*Werke*: Johann Heinrich Pestalozzi: Sämmtliche Schriften, 12 Bände. Stuttgart 1819–1824
Z. 13	*Schieg*: Johann Balthasar Schiegg (1754–1830) ⇒ Nr. 1363 a
Z. 19	*Muth*: Peter Muth (1784–1855) trat nach einem Jurastudium 1806 in den Wiener Polizeidienst ein, wo er 1813 Leiter des Polizeibezirks Landstrasse wurde. Als Gubernialrat und Polizeidirektor in Brno (Tschechien) ab 1817, als Stadthauptmann von Prag ab 1837 und als Polizeioberdirektor von Wien ab 1845 hatte er mit Choleraepidemien und gegen Revolutionsproteste zu kämpfen.
Z. 20	*Brünn*: Brno (Tschechien)
Z. 21	*Eishl*: Mathias Eissl (1776–1821) setzte sich als Agronom mit der Verbesserung der Landwirtschaft auseinander. Er besuchte auch Philipp Emanuel von Fellenberg (1771–1844, ⇒ Nr. 426), wirkte jedoch vor allem als Güterinspektor und Ökonomiedirektor des Grafen Thurn in Bleiburg (Kärnten), des Grafen Sinzendorf zu Ernstbrunn (Österreich) und des Grafen Hartig zu Niemes (Böhmen).

1895.
William Baring-Gould
Januar/Februar 1818

[Reg.] Gould erkundigt sich, ob seine beiden Kinder nach Yverdon kommen können.

Überlieferung

1 PSB XI, S. 20.12 ff.

Sacherklärung

I.

William Baring-Gould (1770–1846), Spross eines wohlhabenden Bankiersgeschlechts aus Lew Trenchard (Devon), heiratet 1801 Diane Amelia Sabine (1775–1858) und ist Vater von sieben Kindern, nämlich Harriet (1801–1857), Margaret (1803–1853), Edward (1804–1872), William (1805–1839), Charles (1807–1881), Emily (1812–1893) und Alexander (1814–1899).

II.

William Baring-Goulds (1770–1846, ⇒ Sacherklärung I.) Schwester, Frances Jackson-Baring (1769–1851) hatte Yverdon vermutlich 1817 besucht.

III.

Z. 4   *Kinder*: Da keiner der vier Knaben (⇒ Sacherklärung I.) nach Yverdon geschickt wurde, ist unklar, welche beiden hier gemeint waren.

1896.
Michael Hengelmüller
Februar 1818

[Reg.] Hengelmüller möchte seine Söhne nach Yverdon schicken und erkundigt sich,
5   ob dafür auch ein Hofmeister benötigt werde.

Überlieferung

1 PSB XI, S. 21.14 ff.

Sacherklärung

I.

Michael Hengelmüller (1770–1834) zählt zum Gründungsdirektorium der 1819 errichteten ersten Sparkasse in der Leopoldstadt in Wien und ist seit 1810 Besitzer der Herrschaften Loosdorf und Burg-Laa sowie von Hagendorf (Niederösterreich).

Z. 4 *Söhne*: Karl Hengelmüller war von 1818 bis 1822 Schüler in Yverdon. Michael Hengelmüller (1805–1874), seit 1859 de Hengervar, war ebenfalls von 1818 bis 1822 an Pestalozzis Institut in Yverdon und fungierte anschliessend als Hofrat des obersten Gerichtshofs in Wien und Präsident des königlichen Landgerichts in Bratislava.

1897.
Friedrich Jakob Pfleger
1. Februar 1818

Herrn
Herrn J[ohann] H[einrich] Pestalozzi,
in I f e r t e n .

f r a n c o .

Entfelden bei Aarau, 1. Febr[uar] 1818.

Würdiger Vater Pestalozzi!

Ich wandte mich an H[errn] Sauerländer in Aarau mit dem Ansuchen mich auf die Subscribentenliste Ihrer sämmtl[ich]en Werke zu setzen erhielt aber zur Antwort, dass er dieses Verzeichniss schon an Sie abgesandt habe. Da ich Ihre Ankündigung nicht bei der Hand hatte so habe ich, wie es scheint, den Termin versäumt. Ich bin daher so frei mich bei Ihnen zu melden mit der höfl[ichen] Bitte, mich, wenn es immer noch angeht als Subscribenten anzunehmen. –

Vor bald zwei Jahren ward mir das Glück zu Theil, Sie auf einige Augenblike bei meiner Schwester und bei Frau v[on] Hallwyl im Binzenhof zu sprechen, woran Sie sich aber nicht mehr werden erinnern können. –

Es freut mich daher diese Gelegenheit erhalten zu haben Sie auf's neue meiner unbegrenzten Hochachtung zu versichern, mit der ich zeitlebens seyn werde

Ihr
innigster Verehrer
F[riedrich] Pfleger, Pfarrer.

Überlieferung

1 ZB Zürich, Ms Pestal 54a, Umschlag 293/1
2 Bogen, 220 x 180 mm

4   Siegelspuren, Dorsualvermerk *Entfelden, 1. Febr[uar] 1818 F[riedrich] Pfleger, Pfarrer.*
5   Original

Textkritik

Zeuge H
Z. 7   *f r a n c o* : lateinische Schrift
Z. 8   *Aarau*: lateinische Schrift
Z. 8   *Febr[uar]*: lateinische Schrift
Z. 10   *Aarau*: lateinische Schrift

Sacherklärung

I.

Friedrich Jakob Pfleger (1790–1853) wächst in Aarau als Sohn eines Pfarrers auf. Nach kurzzeitiger Tätigkeit als Provisor (1810–1813) in seiner Vaterstadt arbeitet er als Pfarrer in Oberentfelden (1813–1819) und ab 1819 wieder in Aarau. Schon in den ersten Jahren seiner Aarauer Amtszeit wird der als Verfechter einer wissenschaftlichen Bildung geltende Pfleger auf verschiedene Weise aktiv. So initiiert er 1822 die Schaffung einer theologischen Bibliothek, die den Pfarrern eine Weiterbildung ermöglichen soll. Zwei Jahre später sorgt er mit einer am Generalkapitel der evangelischen Geistlichkeit gehaltenen Rede für grosses Aufsehen. Darin lehnt er sich mit scharfen Worten gegen die Bevormundung der reformierten Kirche durch den Staat auf und entwickelt zugleich eine modern anmutende, indes erfolglos gebliebene Gestaltung derselben.

III.

Z. 6   *I f e r t e n* : dt. Name für Yverdon
Z. 10   *Sauerländer*: Heinrich Remigius Sauerländer (1776–1847) ⇒ Nr. 1084
Z. 11   *Werke*: Johann Heinrich Pestalozzi: Sämmtliche Schriften, 12 Bände. Stuttgart 1819–1824
Z. 18   *Schwester*: Rosina Elisabeth Pfleger (1766–1844) war mit Karl Sigmund Rothpletz verheiratet, einem ehemaligen Offizier in holländischen Diensten, und wohnte auf dem Binzenhof bei Aarau.
Z. 18   *Hallwyl*: Franziska Romana von Hallwil (1758–1836) ⇒ Nr. 744
Z. 19   *Binzenhof*: Das bei Aarau am Nordabhang des Distelbergs gelegene Landgut war seit etwa 1800 im Besitz der Familie Rothpletz, die 1815 Franziska Romana von Hallwil (1758–1836, ⇒ Nr. 744) bei sich aufnahm, wo sie bis zum Verkauf des Binzenhofs im Jahre 1828 lebte.

1898.
Jean Jacques Paschoud
2. Februar 1818

[Reg.] Paschoud schickt eine *Grammaire* und den *Dictionnaire d'histoire naturelle.*

Überlieferung

1 PSB XI, S. 19.18 ff.

Sacherklärung

I.

Jean Jacques Paschoud (1768–1826) ⇒ Nr. 1216 a

III.

Z. 4   *Grammaire*: Charles-Pierre Girault-Duvivier: Grammaire des grammaires ou analyse raisonnée des meilleurs traités sur la langue française. Paris 1812

Z. 4   *Dictionnaire*: Um 1818 waren mehrere Bücher mit ähnlich lautenden Titeln auf dem Markt. Da sich Pestalozzi aber 1816 für einen «nouveau Dictionnaire d'histoire naturelle» interessiert hatte, der ihm ebenfalls von Jean Jacques Paschoud (1768–1826, ⇒ Nr. 1216 a) angeboten worden war (PSB X, Nr. 4341), ist denkbar, dass es sich um folgendes Werk handelte: Jacques Eustache de Sève: Nouveau dictionnaire d'histoire naturelle, appliquée aux arts, à l'agriculture, à l'économie rurale et domestique, à la médecine etc., par une société de naturalistes et d'agriculteurs. Nouvelle édition presqu'entièrement refondue et considérablement augmentée. Paris 1816–1819.

1899.
Johannes Niederer

6. Februar 1818

S[alvo] T[itulo] Herrn Pestalozzi
im
Schloss

Iferten den 6ten Febr[uar] 1818.

Lieber Herr Pestalozzi.

Ich erfahre durch den Friedensrichter H[errn] Fatio, dass es Zöglinge Ihrer Anstalt sind, die mir vor ein paar Tagen Nachts eine Scheibe einwarfen, und den Glaser dafür bezahlten. Überhaupt gehen die Nekereyen, wie vorigen Herbst wieder an, bald wird Sand bald Schnee an die Fenster geworffen, die Gänge verunreinigt, u.s.w. Noch kan ich Ihnen mein Erstaunen nicht verbergen, dass mir bis jetz von Ihrer Seite keine Anzeige des Betragens von Jordan gemacht wurde, der aus dem Schloss verwiesen worden. Sie wissen, dass die Überzeügung auf das sittliche und religiöse Leben nicht mehr eingreiffend wirken zu können, mich aus dem Schloss entfernte und zum Entschluss brachte, auch keine Katechumenen da-

20 raus zu übernehmen, denn ich theile mit Ihnen die Überzeügung, dass der Unterricht blosses Wort bleibt, wo die Verhältnisse und der ganze Geist des Lebens und der Umgebungen nicht nachhilft. Allein ich hofte, es sey diessfalls nach allen Ihren Schritten und Äusserungen besser geworden, und der Geist der Lehrer und Schüler in Ihrem
25 Hause sey so, dass der Religionsunterricht darin eine Basis habe. Nur diese Überzeugung kan mich bestimmen, das Angefangne fortzusetzen, und ich bitte Sie herzlich, dafür zu sorgen, dass sie ein Betragen Ihrer Zöglinge finden kann.

Ihr ergebenster Verehrer
30 Niederer

Überlieferung

1 ZB Zürich, Ms Pestal 53/54, Umschlag 262/IV,84
2 Bogen, 251 x 200 mm
4 Siegelspuren, Dorsualvermerk *Jverdon, 6. Februar 1818. Niederer*.
5 Original

Textkritik

Zeuge H
Z. 4   *Pestalozzi*: lateinische Schrift
Z. 7   *Febr[uar]*: lateinische Schrift
Z. 9   *Fatio*: lateinische Schrift
Z. 15 *Jordan*: lateinische Schrift
Z. 25 *Basis*: lateinische Schrift

Sacherklärung

I.

Johannes Niederer (1779–1843) ⇒ Nr. 507

II.

Die hier von Johannes Niederer (1779–1843, ⇒ Nr. 507) erwähnten Streiche vom Herbst 1817 hatten keinen Niederschlag in dem erhaltenen Briefwechsel zwischen ihm und Pestalozzi gefunden. Niederer hatte Pestalozzi allerdings mitgeteilt, dass er die Besuche seiner Schülerin Klara/Claire von Hartmann (*1774, ⇒ Nr. 984) im Schloss nicht mehr länger gestatte (⇒ Nr. 1748), da er befürchte, sie werde sich als eine Art «Spionin» entpuppen (ZB Zürich, Ms Pestal 602b/49).

III.

Z. 4   *S[alvo] T[itulo]*: vorbehältlich des Titels (lat.)
Z. 7   *Iferten*: dt. Name für Yverdon
Z. 9   *Fatio*: Jean Antoine Fatio (1769–1855) ⇒ Nr. 1546
Z. 15 *Jordan*: Vermutlich handelt es sich hier um Louis Jordan, der vom 1. Mai 1815 bis zum 1. Februar 1818 als Schüler bei Pestalozzi war. Der aus

Yverdon stammende Zögling ist nicht mit Sicherheit zu bestimmen, möglicherweise handelte es sich um Jean Louis Frédéric Jordan (*1801), der als Sohn eines Musiklehrers in Yverdon zur Welt kam und dessen Spuren sich daraufhin verlieren.

1900.
François Louis Bezencenet
9. Februar 1818

[Reg.] Rechnungsangelegenheiten betreffend Gostling und Mouchet.

Überlieferung

1   PSB XI, S. 17.5 ff.

Sacherklärung

I.

François Louis Bezencenet (1754–1826) ⇒ Nr. 1569

III.

Z. 4   *Gostling*: Henry Gostling ⇒ Nr. 1518
Z. 4   *Mouchet*: George Mouchet (um 1807/08–1879) ⇒ Nr. 1515 b

1901.
David Vogel
11. Februar 1818

Herren
Herren H[einrich] Pestalozzi
im Institut
in
Ifferten.

Zürich d[en] 11. Feb[ruar] 1818.

Mein th[eurer] Freünd!
Du freüst dich deines Gottliebs und fühlst dich glüklich weil er sich in seine neüe Lauffbahn zu fügen scheint, schon das ist mir grosse Beruhigung für das Aufgeben seiner Profession, mögest du m[ein] th[eurer] Fr[eünd] noch so lange leben, um ihn ausgebildet zu deinen Zweken vor deinen Augen wohlthätig wirken zu sehen; vieles

hat er aber nachzuholen und erst die Folge kann zeigen, wie weit er seiner neüen Lauffbahn gewachsen seye, weil er in früheren Jahren für wissenschaftliche Kentnisse wenig Neigung äusserte, durch Fleiss und entschiednes Streben kann indessen vieles gutgemacht werden.

Ich habe mit Herr Schirmschreiber Paur über dein Begehren gesprochen aus dem Vermögen Gottliebs die f. 2000. Capital an Herrn Hunziker zu bezahlen; wir finden uns in unserer Stellung verpflichtet, dich zu bitten, dieses Capital selbst zu berichtigen, indem die sel[ige] Frau Pestalozz diese f. 2000. an H[errn] Frey als Auslösung dieses Schuldbriefs bereits seinerzeit bezahlt hat, und dagegen der Schuldbrief von dir an Herren Hunziker gegen Empfang von f. 2000, welche durch H[errn] Kastenhofer an das Institut bezahlt wurden, übergeben wurde. Ferner sind f. 2000. an H[errn] Kuster bezahlt worden, vermittelst der Abrechnung von Gottliebs Mutter mit f. 1200 und einem Schuldbrief v[on] f. 800. auf den Neüenhof; dann stehen noch c[irc]a f. 1000. auf den Bücheren zu Gunsten Gottliebs. Sollte desnahen nicht erst für die Rükzahlung dieser Summen gesorgt werden, und zwar jezt, da die Kräffte dafür vorhanden sind, ehe irgend eine anderweitige Stiftung aus den Subscriptionsgeldern gemacht würde. Ich bitte dich zu bedenken, dass von dem Vermögen deiner sel[igen] Gattin ohnehin ein grosser Abbruch erfolgt ist, an welchem Gottlieb einen natürlichen Anspruch hat; mithin sollte die begehrte Capital Zahlung aus Gottliebs Mittlen nicht gefordert werden.

In den Zeitungen las ich zwar mancherley das Institut betreffendes, allein ich glaubte hoffen zu dörffen von dir oder Schmidt das Wesen der so verschiedenartigen Anzeigen zu vernehmen; aus deinen und Schmids Briefen bin ich über gar nichts ins klare gesezt, und ich verhele nicht, dass es mich kränkt, auf blosse Zeitungs Nachrichten verwiesen zu werden; ich glaube das Zutrauen zu verdienen, dass ich jeden guten Zwek gerne so weit befördern helfe als es meine vormundschaftliche Pflichten gegen Gottlieb es zu lassen, und will desnahen gerne, wenn du mit Schmidt nach Birr gehest eüch dort sprechen, in Hoffnung dass dann eher ein Resultat erfolgen werde, als es bey meinem lesten Aufenthalt in Jverdun nicht geschehen ware; Ich hoffe Ihr werdet beyde meine offnen Aüsserungen freundschaftlich aufnehmen.

Lebe wohl, grüsse mir Freünd Schmid, Gottlieb u[nd] Lisabeth.
                dein treüer
                Vogel.

Überlieferung

1 ZB Zürich, Ms Pestal 55a, Umschlag 380/13
2 Bogen, 225 x 184 mm
4 Datum am Schluss, Siegelspuren, Stempel ZURICH 12. FEBR. 1818
5 Original

Textkritik

Zeuge H
Z. 13   *Profession*: lateinische Schrift
Z. 22   *Capital*: lateinische Schrift
Z. 24   *Capital*: lateinische Schrift
Z. 42   ich <*Af*> glaubte
Z. 50   *Resultat*: lateinische Schrift
Z. 51   *Jverdun*: lateinische Schrift

Sacherklärung

I.

David Vogel (1760–1849) ⇒ Nr. 1187 a

II.

Gottlieb Pestalozzi (1797–1863, ⇒ Nr. 594) hatte eine Ausbildung zum Gerber absolviert und ein Jahr als Wandergeselle in Deutschland verbracht, was ihn aber nur in seinem Wunsch nach einem Berufswechsel – er wollte in die Fusstapfen seines Grossvaters treten – bestätigt hatte (⇒ Nr. 1828). Diese neue Ausbildung hatte er nun in Angriff genommen; dies offenbar zur Zufriedenheit seines potenziellen Vormunds David Vogel (1760–1849, ⇒ Nr. 1187 a).

III.

Z. 8   *I f f e r t e n* : lateinische Schrift
Z. 11   *Gottliebs*: Gottlieb Pestalozzi (1797–1863) ⇒ Nr. 594
Z. 21   *Paur*: Salomon Paur (1771–1850) ⇒ Nr. 823
Z. 22   *f.*: Abkürzung für Gulden
Z. 23   *Hunziker*: Johann Georg Hunziker (1774–1850) ⇒ Nr. 1698
Z. 25   *Pestalozz*: Anna Pestalozzi-Schulthess (1738–1815) ⇒ Nr. 3
Z. 25   *Frey*: Daniel Frey (1778–1856) ⇒ Nr. 1698
Z. 26   *Schuldbriefs*: Pestalozzi hatte 1813 seinen Nachlass zugunsten seiner Frau Anna Pestalozzi-Schulthess (1738–1815, ⇒ Nr. 3) und seines Enkels Gottlieb Pestalozzi (1797–1863, ⇒ Nr. 594) geregelt, was bedeutete, dass das von Anna Pestalozzis Erbschaften übrig gebliebene Vermögen ihrem Enkel zukommen sollte.
Z. 28   *Kastenhofer*: Gottlieb Rudolf Kasthofer (1767–1823) ⇒ Nr. 1426
Z. 29   *Kuster*: Laurenz Jakob Custer (1765–1822) ⇒ Nr. 748
Z. 30   *Mutter*: Anna Magdalena Custer-Pestalozzi, geborene Frölich (1767–1814) ⇒ Nr. 547
Z. 42   *Schmidt*: Joseph Schmid (1785–1851) ⇒ Nr. 712
Z. 44   *Briefen*: scheinen nicht erhalten zu sein
Z. 54   *Lisabeth*: Elisabeth Krüsi-Näf (1762–1836) ⇒ Nr. 594

1902.
Heinrich Remigius Sauerländer
12. Februar 1818

Aarau d[en] 12. Febr[uar] 1818

Herrn Heinr[ich] Pestalozzi in Yverdun

Hierbey übersende ich Ihnen als Fortsetzung:
vest N° 307–310. 1 Morgenblatt 1817. N° 301–313, Ende.
1 — 1818. N° 1–18. der ganze Jahr[-
gang] pro completo à 24 L[oui]s[d'or] netto.

Bey dieser Veranlassung zeige ich Ihnen, in Erwiederung Ihres Werthen vom 7ten dies, nachstehend die bey mir sich gemeldeten Subscribenten Ihrer Werke an:
2 Ex[emplare] für H[er]r Fürsprech Kleiner in Zofingen, wovon
    Eins für die Schule zu Eglischwyl
1 — H[err] Diaconus Stockmeyer, bey St. Theodor in Basel
1 — H[err] Jeanrenaud Lehrer an d[er] Cantonsschule in Aarau
1 — H[err] Scheurer Secretair der Central Polizey in Bern
1 — H[err] Staatsrath Courvoisier in Neuchâtel
1 — H[err] Jacob Suter, Caplan in Sirnach
1 — H[err] M[arkus] Salchli, in Zofingen
1 — H[err] Graf von Waldburg-Truchsess, Königl[ich] Preuss[ischer] Gesandter in Turin.
4 — H[err] Justus von Gruner, Königl[ich] Preuss[ischer] Gesandter in Bern
1 — für mich, eigen.

Mit Hochachtung verharre
H[einrich] R[emigius] Sauerländer

Überlieferung

1 ZB Zürich, Ms Pestal 55, Umschlag 316/5
2 Blatt, 227 x 191 mm
4 Dorsualvermerk *Aarau, 12 Febr[uar] 1818. H[einrich] R[emigius] Sauerländer.*
5 Original

Textkritik

Zeuge H

Z. 4	*Febr[uar]*: lateinische Schrift
Z. 5	*Herrn Heinr[ich] Pestalozzi*: lateinische Schrift
Z. 5	*Yverdun*: lateinische Schrift
Z. 9	*netto*: lateinische Schrift
Z. 13	*Kleiner*: lateinische Schrift
Z. 14	*Eglischwyl*: lateinische Schrift
Z. 15	*Diaconus Stockmeyer*: lateinische Schrift
Z. 16	*Basel*: lateinische Schrift
Z. 17	*Jeanrenaud*: lateinische Schrift
Z. 18	*Aarau*: lateinische Schrift
Z. 19	*Scheurer Secretair*: lateinische Schrift
Z. 20	*Bern*: lateinische Schrift
Z. 21	*Courvoisier*: lateinische Schrift
Z. 21	*Neuchâtel*: lateinische Schrift
Z. 22	*Jacob Suter, Caplan*: lateinische Schrift
Z. 22	*Sirnach*: lateinische Schrift
Z. 23	*Salchli*: lateinische Schrift
Z. 23	*Zofingen*: lateinische Schrift
Z. 24	*Graf von Waldburg-Truchsess*: lateinische Schrift
Z. 25	*Turin*: lateinische Schrift
Z. 26	*Justus von Gruner*: lateinische Schrift
Z. 27	*Bern*: lateinische Schrift

Sacherklärung

I.

Heinrich Remigius Sauerländer (1776–1847) ⇒ Nr. 1084

III.

Z. 7	*Morgenblatt*: Morgenblatt für gebildete Stände
Z. 9	*L[oui]s[d'or]*: frz. Goldmünze
Z. 10 f.	*Werthen*: scheint nicht erhalten zu sein
Z. 13	*Kleiner*: Franz Samuel Kleiner (1777–1819) aus Egliswil bei Lenzburg (Kt. Aargau) war mit Verena Kyburz (1781–1826) verheiratet und Vater von zwölf Kindern. Spätestens seit 1801 war er als Fürsprecher in Zofingen tätig.
Z. 14	*Eglischwyl*: Egliswil (Kt. Aargau)
Z. 15	*Stockmeyer*: Johann Jakob Stockmeyer (1788–1821) aus Basel schloss 1810 das Studium der Theologie ab und wurde anschliessend ins geistliche Ministerium aufgenommen. Seit 1812 war er als Diakon an der St.-Theodor-Gemeinde in Basel tätig.
Z. 17	*Jeanrenaud*: Daniel Henri Jeanrenaud (1764–um 1850) aus Neuchâtel heiratete 1791 in Ludwigslust (Mecklenburg-Vorpommern) die Tochter eines Kommissärs der preussischen Militärspitäler und unterrichtete ab 1810 als Professor für Französisch an der Kantonsschule Aarau. Von 1821 bis 1823 übernahm er dort den Posten als Rektor, 1841 soll er nach Sachsen gezogen sein.
Z. 19	*Scheurer*: Jakob Scheurer (1790–1845) aus Erlach (Kt. Bern) war Amtsnotar und von etwa 1815 bis 1836 Polizeisekretär in Bern.

Z. 21   *Courvoisier*: Louis Courvoisier (1769–1847) ⇒ Nr. 1186
Z. 22   *Suter*: Jakob Suter (1768–1844) war Sohn eines Wirtes aus St. Wolfgang (Kt. Zug), Pfarrer in Cheyres (Kt. Fribourg) und von dort aus um 1813/14 als Lehrer für katholische Religion und Latein am Institut in Yverdon tätig, bevor er 1815 als Kaplan nach Sirnach (Kt. Thurgau) kam, wo er unter geistiger Verwirrung zu leiden begann, 1822 von seinem Posten zurücktreten musste und daraufhin nach St. Wolfgang zurückkehrte.
Z. 23   *Salchli*: Markus Salchli (1790–1839) war Buchbinder in Zofingen und verheiratet mit Sophie Rohr (1795–1833) aus Lenzburg (beide Kt. Aargau).
Z. 24   *Waldburg-Truchsess*: Graf Friedrich Ludwig III. von Truchsess zu Waldburg (1776–1844) aus Ostpreussen schlug nach einer militärischen Ausbildung eine Laufbahn im Staatsdienst ein und war Kammerherr am württembergischen Hof in Stuttgart (1801) – im württembergischen Hechingen heiratete er 1803 auch Prinzessin Maria Antonia von Hohenzollern-Hechingen (1781–1831) –, württembergischer Gesandter in Wien (1804) und Paris (1806) sowie Oberhofmeister von König Jérôme Bonaparte (1784–1860) in Kassel (1808), bevor er 1816 als preussischer Gesandter an den Hof des Königs von Sardinien nach Turin kam. 1827 übersiedelte er in gleicher Funktion nach Den Haag, kehrte Anfang der 1830er-Jahre aber wieder nach Turin zurück und blieb bis zu seinem Lebensende in Italien.
Z. 26   *Gruner*: Karl Justus von Gruner (1777–1820) ⇒ Nr. 1659

1903.
François Louis Bezencenet
14. Februar 1818

[Reg.] Rechnungsangelegenheiten.

Überlieferung

1   PSB XI, S. 22.18 ff.

Sacherklärung
I.

François Louis Bezencenet (1754–1826) ⇒ Nr. 1569

1904.
Karl August Zeller
15. Februar 1818

Münsterwalde bey Marienwerder in Westpreussen
den 15. Febr[uar] 1818.

Ich wollte den Abdruck meines schon im Anfang Dec[ember] nach Berlin abgegangenen Aufsatzes abwarten, ehe ich Ihnen, mein verehrter Freund! antwortete. Dieser ist endlich in N[ume]ro 13 der Haude und Spenerschen Zeitung erschienen, sowie in N[ume]ro 15 die Nachricht von der Feier Ihres 73sten Geburtstages, die dem «Sänger Ihres 63sten», um so erfreulicher war, da sie ihn zugleich als Propheten gerechtfertigt hat.

Möchte er doch auch auf dem eigenen Schicksalswege heller sehen. Auch ich soll, will der edle Schön, eine Armenschule auf meinem Gute versuchen. «Ich soll, schreibt er mir am 18. v[origen] M[onats], beide westpreussische Regierungen bitten, dass sie mir alle Kinder, die aus k[öniglichen] Kassen oder aus Communal Armenkassen unterhalten werden, nach Münsterwalde schicken und nur die bisher bezahlte Summe (monatlich 1 r[eichs]th[aler]) dafür entrichten. So können Sie etwas schaffen und nur so und auf keinem andern Wege und so bleibt Ihnen die That.» Ich habe mich bereit erklärt, seinem Rathe zu folgen, je nachdem Sie, Hohepriester am gemeinschaftlichen Altare entschieden, ob ich unter eigener Firma diess Geschäft unternehmen, oder unter der Ihrigen und mit Ihnen arbeiten soll. Ihr Urtheil soll meinen Muth beleben und erhöhen und als Stimme von oben gelten.

Dem ersten Versuch steht folgendes entgegen:
1. Ich habe 5 eigene Kinder von ½ bis 6 Jahren, einen Sohn und 5 Töchter. Jener ist in allen Fächern des Grundunterrichts ungewöhnlich vorgerückt und müsste, indess ich Einzelner die Waisenschule gründete und in Gang brächte, zurück bleiben.

Das kann und wird die Vaterliebe nie zugeben. Ich müsste also um seinetwillen eine kleinere Anstalt einrichten, habe aber leider wenig oder keine Hoffnung, brauchbare Lehrer zu finden da meine Pflegesöhne so vortheilhaft versorgt sind, dass ich sie nicht entschädigen kann.

2. Mein Gut, das jetzt einen fleissigen Landwirth reichlich nährt, hat mich durch Bau- und andere Einrichtkosten so erschöpft, dass ich, dem Ihr ökonomisches Sündenbekenntniss zur Lehre geschrieben ist, und der, im Bewusstsein seines Verdienstemangels nicht hoffen darf, das Publikum zu seinem Bankier zu machen, nicht ab-

sehe, wie ich, der dann einen Wirtschafter halten und wohl gar verpachten muss, mit meiner schwachen Finanzkraft durchdringen soll.

Antworten Sie daher bald möglichst auf die Frage: Kann ich, wenn ich mich an Sie anschliesse, um mit einer Summe von Erfahrungen, die auch ihren Werth haben, Ihr Herz zu dem Meinigen zu machen, nicht mehr nützen?

Ich darf an der herzlichen Zustimmung meines Königs und meiner Vorgesetzten nicht zweifeln und bin der Bereitwilligkeit meines braven Weibes versichert wenn sie nur hoffen darf dass ihre Kinder gut erzogen werden.

Sie, so oft Misskannter! werden mich hiebey nicht misskennen. Ich werde, so lang ich, zumal bei den jetzigen Preisen selbst wirtschafte, allem Anschein nach ein wohlhabender Mann, da ich schuldenfrei und im Stande bin, mein Gut in Aufnahme zu bringen. Doch leb ich, so wenig, wie Sie, vom Brod allein, und ist mir, solang ich dieses Glaubens gelebt, alles Uebrige zugefallen.

Und du, Sohn Tirols, bist auch heimgekehrt ins Vaterhaus! Wohl Ihnen und der Sache, der Sie nun dienen, wenn die Schule des Lebens Sie fortgebildet hat. Mit herzlicher Theilnahme habe ich von Xlingern gehört, was diese von Ihrem Bregenzer Thun gewusst.

Wenn übrigens die Post die Unart an sich hat, zu früh abzugehen, so bleibt nichts übrig, als sich noch früher hinzusetzen und mit mehr Bequemlichkeit auszusprechen.

Gott befohlen.

Zeller.

Überlieferung

1 ZB Zürich, Ms Pestal 55a/56, Umschlag 398/11
2 Bogen, 220 x 186 mm
5 Original

Textkritik

Zeuge H
Z. 5   *Febr[uar]*: lateinische Schrift
Z. 6   *Dec[ember]*: lateinische Schrift
Z. 11   *Sänger*: lateinische Schrift
Z. 12   *Propheten*: lateinische Schrift
Z. 14   *Schön*: lateinische Schrift
Z. 23   *Firma*: lateinische Schrift
Z. 24   *mit Ihnen*: lateinische und grössere Schrift

Z. 34 *meine*: lateinische Schrift
Z. 45 *daher* <,> *bald*
Z. 45-48 *Kann ... nützen*: lateinische Schrift
Z. 49 *darf* <*von*> *an*
Z. 50 *Vorgesetzten* <*> *nicht*

Sacherklärung

I.

Karl August Zeller (1774–1846) ⇒ Nr. 656

II.

Auf welchen Brief Pestalozzis Karl August Zeller (1774–1846, ⇒ Nr. 656) hier antworten wollte, ist unklar, da der letzte erhaltene Brief Pestalozzis an Zeller wohl im Frühjahr 1808 verfasst wurde (PSB VI, Nr. 1383). Zeller hatte allerdings eine Aufforderung zur Subskription erhalten, auf die er erfreut antwortete (⇒ Nr. 1688). Möglicherweise hatte Pestalozzi oder sonst jemand aus Yverdon – möglicherweise Joseph Schmid (1785–1851, ⇒ Nr. 712), da die Nachschrift an ihn gerichtet ist – daraufhin Zeller geantwortet. Auf das Angebot Zellers zu einer Zusammenarbeit ist ebenfalls keine Antwort Pestalozzis überliefert.

III.

Z. 4 *Münsterwalde*: Opalenie (Pommern)
Z. 7 *Aufsatzes*: Karl August Zeller: Pestalozzi. In: Berlinische Nachrichten von staats- und gelehrten Sachen, No. 13, 29. Januar 1818
Z. 8 *antwortete*: scheint nicht erhalten zu sein
Z. 10 *73sten Geburtstages*: Karl August Zeller (1774–1846, ⇒ Nr. 656) irrte sich hier bei der Altersangabe, Pestalozzi wurde 1818 erst 72 Jahre alt.
Z. 11 *Sänger*: Damit dürfte Karl August Zeller (1774–1846, ⇒ Nr. 656) wohl auf sich selber verwiesen haben. Einen Brief oder eine Veröffentlichung von ihm zu Pestalozzis 63. Geburtstag 1808 liegt allerdings nicht vor. Da Zeller aber von November 1807 bis Februar 1808 als Lehrer in Yverdon weilte, dürfte er den Gesang mündlich vorgetragen haben.
Z. 14 *Schön*: Heinrich Theodor von Schön (1773–1856) trat nach seinem 1796 abgeschlossenen Studium der Rechts- und Staatswissenschaften in den preussischen Verwaltungsdienst ein. Zunächst ab 1799 Kriegs- und Domänenrat in Białystok und Marienwerder (Kwidzyn, Pommern) wurde er rasch Geheimer Oberfinanzrat und als einer der engsten Mitarbeiter des Freiherrn Heinrich Friedrich Karl vom Stein (1757–1831), dessen Reformpolitik von Schön prägte, Geheimer Oberfinanzrat. Nach 1813 trug von Schön mit zur Aufstellung der Landwehr durch die preussischen Stände bei, übernahm 1815 das Oberpräsidium von Westpreussen, 1824 dasjenige von Ost- und Westpreussen und trat als Vertreter der «liberalen» Fraktion nach seinen um 1840 veröffentlichen Forderungen nach Erlass einer preussischen Verfassung und Einsetzung eines ständischen Repräsentativorgans 1842 in den Ruhestand, wurde jedoch 1848 in die preussische Nationalversammlung gewählt, wo er Alterspräsident war.
Z. 15 *schreibt*: Das Schreiben ist weder im Nachlass Theodor von Schön noch im Bestand des westpreussisches Oberpräsidiums (beide Geheimes Staatsarchiv Preussischer Kulturbesitz) erhalten geblieben.

Z. 16 *Regierungen*: Die Provinz Westpreussen wurde nach dem Wiener Kongress 1815 in zwei Regierungsbezirke mit je eigenen Regierungen eingeteilt: den Regierungsbezirk Danzig mit acht Stadt- und Landkreisen und den Regierungsbezirk Marienwerder mit 13 Landkreisen.

Z. 28 *Kinder*: Paul (Ernst Ludwig) Zeller (1812–1867, ⇒ Nr. 1688), Irene Kieser-Zeller (1814–1898, ⇒ Nr. 1688), Elise Rosalie Keller-Zeller (*1815, ⇒ Nr. 1688) und Emma Göpel-Zeller (1816–1893, ⇒ Nr. 1688)

Z. 35 *Pflegesöhne*: Über die Ankündigung, zum Unterricht für seine Kinder auch andere Schüler aufzunehmen (⇒ Nr. 1688), ist Karl August Zeller (1774–1846, ⇒ Nr. 656) wohl nie hinausgekommen. Mit Pflegesöhnen meinte er damit wohl jene Seminaristen, die er in Königsberg ausgebildet hatte, sie jedoch für eine grössere, von ihm betriebene Anstalt angesichts ihrer guten Anstellung andernorts nicht angemessen entlohnen konnte. In seinem Brief an Pestalozzi vom 10. Juli 1817 (⇒ Nr. 1688) nennt er als Beispiel für die erfolgreiche berufliche Etablierung einer seiner Zöglinge August Ferdinand Sommer (1796–1852, ⇒ Nr. 1688), Lehrer an der Normalschule in Malbork (Marienburg, Pommern) ab 1813.

Z. 49 *Königs*: König Friedrich Wilhelm III. von Preussen (1770–1840) ⇒ Nr. 568

Z. 50 *Vorgesetzten*: Damit dürfte wohl die westpreussische Regierung (⇒ Z. 16) gemeint sein, die Karl August Zeller (1774–1846, ⇒ Nr. 656) mit verschiedenen Gutachten betraute, so etwa zur Reorganisation der grossen Strafanstalt in Grudziądz (Graudenz, Kujawien-Pommern). Denkbar ist aber auch Kriegsminister Ludwig Leopold Gottlieb Hermann von Boyen (1771–1848), der ihn schon im Frühjahr 1815 beauftragt hatte, ein Lehrbuch für polnische Soldaten in der preussischen Armee zu verfassen, das allerdings erst 1823 gedruckt wurde (*Woyciech, eine Soldatengeschichte*).

Z. 51 *Weibes*: Charlotte Zeller-Rottmann (1793–1833) ⇒ Nr. 1688

Z. 59 *Sohn Tirols*: Joseph Schmid (1785–1851) ⇒ Nr. 712

Z. 61 *Xlingern*: Kreuzlingern

Z. 62 *Bregenzer Thun*: Joseph Schmid (1785–1851, ⇒ Nr. 712) hatte Yverdon 1810 in Richtung seiner Heimat Vorarlberg verlassen und drei Bücher veröffentlicht: *Erfahrungen und Ansichten über Erziehung, Institute und Schulen* (1810), *Die Elemente der Algebra* (1810) und *Die Anwendung der Zahl auf Raum, Zeit, Werth und Ziffer, nach Pestalozzischen Grundsätzen* (1812). Für sein Vorhaben, im leer stehenden Kloster Mehrerau (Bregenzer Wald) eine Armenschule mitsamt Lehrerseminar zu gründen, erhielt Schmid allerdings keine Erlaubnis seitens der Vorarlberger Regierung, weshalb er im Mai 1812 Lehrer an der oberen Bregenzer Knabenschule wurde. Wenngleich diese Position als «Vorsteher» bezeichnet wurde, stockte Schmids Karriere in Bregenz, zumal sein Antrag zur Gründung einer Sekundarschule in Bregenz ebenfalls erfolglos blieb. Bereits 1815 kehrte Schmid nach Yverdon zurück – Karl August Zeller (1774–1846, ⇒ Nr. 656) scheint hier über die zeitlichen Abläufe wenig informiert gewesen zu sein.

1905.
Jean Jacques Paschoud
Februar 1818

[Reg.] Paschoud schickt eine Bücherrechnung für Pestalozzi sowie eine Rechnung für italienische Bücher für Monsieur Janvrin.

Überlieferung

1   PSB XI, S. 34.6 f.

Sacherklärung

I.

Jean Jacques Paschoud (1768–1826) ⇒ Nr. 1216 a

III.

Z. 5   *Janvrin*: Hier war entweder Daniel (um 1780–um 1851, ⇒ Nr. 1457 d) oder sein älterer Bruder François Janvrin (um 1779–1837, ⇒ Nr. 1522 c) gemeint, die beide Schüler in Yverdon waren.

1905 a.
Munizipalität Yverdon
20. Februar 1818

Pestalozzy
Chef de l'Institut

20ᵉ février 1818.

3° Selon l'avis de la Commission, et d'après la demande de Monsieur Pestalozzy: l'on souscrit à lui remettre en amodiation dès le 1ᵉʳ Janvier dernier la Prairie derrière le lac de la Plaine appelée le Pré-Bertrand, pour la cultiver et bonifier à l'usage de son Institut: Et c'est moyennant un loyer de seize louis soit L[ivres] 256 par an: et pour un terme de neuf années ou à son choix pendant sa Vie et 5 ans de plus en faveur de ses successeurs à l'Institut; ainsi que le Chateau lui a été en dernier lieu remis par délibéré du 5ᵉ Juillet 1817. Ce sur quoi M[onsieu]r Pestalozzy fera connoître sa détermination pour faire règle dans cette amodiation.

Überlieferung

1   Archives de la Ville d'Yverdon-les-Bains, Régistre de la Municipalité, Ab 8, S. 475
5   Original

Zeuge H

Textkritik

Sacherklärung

I.

Munizipalität Yverdon ⇒ Nr. 643

II.

Pestalozzi hatte im Januar 1818 bei der Stadtverwaltung beantragt, das hinter dem Schloss liegende Gelände nutzen zu können. Dieser Antrag wurde am 17. Januar 1818 bewilligt (Régistre de la Municipalité, Ab 8, S. 457). Am 16. März 1818 teilte Pestalozzi dann der Gemeinde mit, dass er mit dem Preis von 256 Livres einverstanden sei (Régistre de la Municipalité, Ab 8, S. 491).

III.

Z. 7   *demande*: ⇒ Sacherklärung II.
Z. 10 *L[ivres]*: frz. Einheit der Silberwährung

1906.
Karl/Carl Ritter

Februar 1818

[Reg.] Ritter schickt Pestalozzi sein Buch.

Überlieferung

1   PSB XI, S. 67.33 f.

Sacherklärung

I.

Karl/Carl Ritter (1779–1859) ⇒ Nr. 908

III.

Z. 4   *Buch*: Carl Ritter: Die Erdkunde im Verhältniss zur Natur und zur Geschichte des Menschen, oder allgemeine, vergleichende Geographie: als sicherer Grundlage des Studiums und Unterrichts in physikalischen und historischen Wissenschaften, 2 Bände. Berlin 1817–1818

1907.
Johannes Niederer
23. Februar 1818

S[alvo] T[itulo] Herrn   Herrn
Pestalozzi
im
S c h l o s s

Iferten den 23ten Februar 1818.

Lieber Herr Pestalozzi.

Da Sie nun ein grosses Stück Land erhalten, so hoffe ich, Sie werden mir meine Bitte gewähren, und das kleine, der Breite meines Gartens nach, bis zur Mauer, das Sie mir versprochen haben, und das ohnedem einen natürlichen Antheil der Besitzung meines Hauses ausmacht, gefälligst abtreten. Ich verpflichte mich nicht nur, pro Rata, den Zins, den Sie der Munizipalität entrichten, über mich zu nehmen, sondern mache mich auch zu einer billigen Entschädigung für das was Sie an dem Boden verbessert haben, anheischig. Überdiess werde ich diese Gefälligkeit als einen Beweis der Wahrheit Ihrer so oft wiederholten Äusserung ansehen, in der Liebe und im Frieden leben zu wollen, eine Gesinnung, von der ich Ihnen meinerseits durch Annahme Ihrer Zöglinge in den Confirmationsunterricht, einen aufrichtigen Beweis gab, und fernerhin in allem geben werde, wo man nicht, ungerecht, verfänglich, und heraus fordernd gegen mich handelt.

Haben Sie die Güte mich so bald möglich Ihre Entscheidung wissen zu lassen, und zugleich, was Sie in Betref der früher von Ihnen anerkannten, von meinem Neffen Ihnen jüngst überschickten Rechnung beschlossen.

Ihr gehorsamster Diener
Joh[annes] Niederer

Überlieferung

1   ZB Zürich, Ms Pestal 53/54, Umschlag 262/IV,85
2   Blatt, 251 x 201 mm
4   Siegelspuren, Dorsualvermerk *Jverdon, d[en] 23ten Februar 1818. Niederer.*
5   Original

Textkritik

Zeuge H
Z. 5   *Pestalozzi*: lateinische Schrift

Z. 8 *Februar*: lateinische Schrift
Z. 14 f. *pro Rata*: lateinische Schrift

Sacherklärung

I.

Johannes Niederer (1779–1843) ⇒ Nr. 507

II.

Pestalozzi sah in seiner Antwort vom 24. Februar 1818 davon ab, Johannes Niederer (1779–1843, ⇒ Nr. 507) das gewünschte Stück Land zu übertragen, da er Niederers Mädcheninstitut (⇒ Nr. 867) nicht zu nahe an seinem Knabeninstitut wissen wollte. «Knaben sind Knaben, und Töchtern können auch fehlen» (PSB XI, Nr. 4914; ⇒ Nr. 1905 a).

III.

Z. 4 *S[alvo] T[itulo]*: mit Vorbehalt des Titels (lat.)
Z. 8 *Iferten*: dt. Name für Yverdon
Z. 15 *Munizipalität*: Munizipalität Yverdon ⇒ Nr. 643
Z. 27 *Neffen*: Johann Jakob Niederer (1789–1849) ⇒ Nr. 1716
Z. 27 f. *Rechnung*: scheint nicht erhalten zu sein

1908.
Johannes Niederer
26. Februar 1818

S[alvo] T[itulo] Herrn
Herrn Pestalozzi
im
Schloss

Iferten den 26ten Februar 1818.

Erster Theil

Lieber Herr Pestalozzi.
Die liebreichen Worte Ihres Briefes vom 24ten verdienen als solche meinen Dank. Wären sie mit der That begleitet, so würde auch meine Erkentlichkeit vollkommen seyn. Seyen Sie indess versichert, dass ich sie gehörig zu schätzen weiss, und erlauben Sie mir, alte Wohlmeinenheit mit alter Aufrichtigkeit zu erwiedern.
  Mein Verlangen, mir das Grundstück hinter dem Hause abzutreten, ist einfach. Ihr Brief enthält einen Umweg, der nicht in der Natur der Sache und eben so wenig in unserm Verhältniss ligt.

Wäre es mir blos um ein Stück Land zu thun, so hätte mirs nie einfallen können, Ihnen, der Sie selbst in Empfang nehmen, mit einer solchen Ansprache beschwerlich zu fallen. Allein eben so wenig hätte ich von Ihnen den Einfall erwartet, mir statt des Verlangten ein anderes anzubieten.

Ich verlange den Boden hinter meinem Garten, der Breite des Letztern nach bis zur Mauer, nicht blos des Anbaus, sondern weit mehr der Lage willen. Sie selbst haben die Schicklichkeit ja Nothwendigkeit dieses Besitzes für mein Haus gefühlt, und mir denselben vor ein paar Jahren schon von freyen Stücken zugesichert. Meine Gründe, gegenwärtig auf die Erfüllung dieses Worts zu dringen, sind

1. Weil Ihnen der Gegenstand eine Kleinigkeit, mir aber von grosser Wichtigkeit ist.
2. Weil ich nicht glauben kan, dass Sie da, wo Sie frey und selbstständig sind, (und als so, als Ihnen selbst wiedergegeben haben Sie sich auch in Ihrer Geburtstagsrede erklärt) an Ihrem Wort mäckeln wollen, wo es etwas für Ihre Unternehmung durchaus Gleichgültiges betrifft.
3. Weil das Stück mir einen freyen Eingang und Ausgang von der Südseite und aufs Land für Garten und Wohnung gibt und sichert.
4. Weil alle Häuserbesitzer meiner Reihe verhältnissmässig den gleichen Vortheil geniessen, und daher der angesprochne Boden als zu meiner Wohnung gehörig angesehen werden kan.
5. Weil Sie als damaliger Locataire meiner Wohnung denselben empfiengen, und es daher von Ihrem diessfälligen Nachfolger wenigstens keine Anmassung ist, den gleichen Besitz anzusprechen.
6. Weil ich dadurch allein in den Stand gesetzt werde, ohne täglichen Zeitverlust und oekonomischen Schaden für meine Zöglinge unmittelbar am Hause an, nemlich in meinem jetzigen Garten einen freyen Erholungs[-] und Übungsplatz einzurichten.

Der Letztre Grund kan Ihnen, dem Erzieher, der alles für die Jugend aufopfert, nicht fremd seyn.

Hiemit hoffe ich auch den von Ihnen angegebnen Grund Ihres Abschlags gerade dieses Stücks durch uns beseitigt. Es scheint mir aus doppeltem Grunde ein blosser Scherz. Denn einerseits, wäre die Nachbarschaft Ihrer Zöglinge wirklich so gefährlich für mich, so läge darin das offenbare Geständniss, Sie seyen unfähig, sie im Zaum zu halten. Sie wollen aber sicher nicht, dass man d a r a n glaube. Anderseits kommen wir einander nicht neher. Mein Garten gränzt jetz eben so wohl unmittelbar an den Ihrigen, und ist, wenn es Ihren Zöglingen beliebt, weder von ihren Steinwürfen, noch von ihren Einbrüchen sicher. Im Gegentheil kan ich, wenn ich das Stück erhalte, meine Zöglinge von den Ihrigen getrennt, unter meinen Fenstern auch bei den Spielen erhalten, und sie durch einen tüchtigen Zaun von meinem jetzigen Garten völlig abwehren.

Ich mache mich, ausser dem wiederholten Anbieten, der in meinem vorigen Briefe angebottnen Entschädigung anheischig, einen solchen machen zu lassen, und so viel von mir abhängt, Sie und mich diessfalls ausser alle Unannehmlichkeit zu setzen. Auch versichere ich Sie, dass ich, was mir an sich recht scheint, diessfalls ohne alle Pratension als eine Gunst von Ihnen annehmen werde, wenn Sie mirs gewähren. –

Ich bitte Sie auf diesen Punkt, wo möglich, Morgen, durch Ihren Gottlieb oder einen der zum Religionsunterricht kommenden Zöglinge, um eine bestimmte Antwort.

Der zweite Theil Ihres Briefs fordert Erläuterungen, die ich nicht anstehen werde, Ihnen diese Woche noch zu geben. –

Genehmigen Sie unterdessen den Ausdruck der schuldigen Verehrung

von
Joh[annes] Niederer

Überlieferung

1   ZB Zürich, Ms Pestal 53/54, Umschlag 262/IV,86
2   Bogen, 257 x 198 mm
4   Siegelspuren, Dorsualvermerk *Jverdon, d[en] 26 Februar 1818. Niederer.*
5   Original

Textkritik

Zeuge H

Z. 5	*Pestalozzi*: lateinische Schrift
Z. 8	*Februar*: lateinische Schrift
Z. 28	*schon* <*freyen f*> *von*
Z. 44	*Locataire*: lateinische Schrift
Z. 48	*werde* <*n*>, *ohne*
Z. 49 f.	*Zöglinge* <*zum*> *unmittelbar*
Z. 68	*Briefe* <*angespro*> *angebottnen*
Z. 68	*anheischig* ∫
Z. 72	*Pratension*: lateinische Schrift

Sacherklärung

I.

Johannes Niederer (1779-1843) ⇒ Nr. 507

II.

Pestalozzi hatte Johannes Niederer (1779-1843, ⇒ Nr. 507) im hier angesprochenen Brief vom 24. Februar 1818 (PSB XI, Nr. 4914) mitgeteilt, dass er ihm anstelle des von Niederer gewünschten Stück Landes hinter dessen Garten einen Teil der nun neu von der Munizipalität (⇒ Nr. 643) ihm zugesprochenen Pré-Bertrand abgeben werde (⇒ Nr. 1905 a).

III.

Z. 4   S[alvo] T[itulo]: mit Vorbehalt des Titels (lat.)
Z. 8   Iferten: lateinische Schrift
Z. 11 Briefes: PSB XI, Nr. 4914
Z. 44 Locataire: Mieter (frz.)
Z. 75 Gottlieb: Gottlieb Pestalozzi (1797-1863) ⇒ Nr. 594

1909.
Johannes Niederer
28. Februar 1818

Iferten den 28ten Febr[uar] 1818.

Lieber Herr Pestalozzi.

V o r l ä u f i g habe die Ehre, auf Ihren heutigen Brief zu antworten
a. Dass Ihre Ausserung in Gegenwart Orpens am vorletzten Abend seines Hierseyns das Sandkorn auf die bisher noch immer stehende Wage unsres Verhältnisses war. Ich bat, ich flehte Sie, Ihre Aufforderung zur Mitwirkung an Ihrer Stiftung zu unterdrücken, und erklärte Ihnen meinen festen Entschluss die Ursachen unsrer Weigerung anzugeben, wenn Sie darauf beharrten. Sie bestanden auf dieser Aufforderung mit Heftigkeit. Meine Antwort auf das mir etliche Tage später in die Handgefallene der allgemeinen Zeitung ist die Bestätigung meines Ihnen gegebenen Worts. Ich wiederhole es hiemit, mit der Ihnen damals gegebenen Versicherung, dass Sie keinen Fellenberg an mir finden werden, der seine Schritte zurücknimmt, weil ich keine persönlichen, selbstsüchtigen Zwecke im Hintergrund habe. Das Gesagte bleibt unwiderruflich, weil es keine Drohung, sondern ein Ausdruck des reinen Entschlusses war.
b. Was Sie in Hinsicht auf Ihre Stellung zum Töchterinstitut sagen, ist um so mehr für mich, als ich von jeher allem aufbott, Sie als Haupt und Mittelpunkt aller Bildung und aller Bildungsanstalten in

Ihrem Geiste anerkennen zu machen, und dahin zu vermögen, dass
Sie sich selbst dafür anerkennen. Dass Ihr Schmid Sie davon trennte, war sein erstes Verbrechen, der Anfang wodurch er an Ihnen und Ihrem Werk zum Verräther wurde.

Meine Forderung des Stück Landes hinter meinem Garten finde ich nicht die mindeste Ursache zurückzunehmen. Sie ist auf nichts Persönliches, sondern auf die Natur der Dinge gegründet. Bei Ihrem Leben thue ich, aus Ehrfurcht für Ihre Person, gern darauf und auf mehr als das Verzicht. Gegen Ihre Stellvertreter und Nachfolger verwahre ich mich aber feyerlichst dagegen.

Auf Ihre Zurückforderung der von Ihnen in Händen habenden Schriften habe ich ganz einfach zu bemerken

1. Dass ich sie mit dem gleichen Recht vorbringen kan, als Sie mir eine verlangte Copie meiner eignen Briefe an Schmid verweigerten. Diese Verweigerung, und die Leidenschaft, mit der Sie sie durchsetzten, wird Ihnen vermuthlich sehr gegenwärtig seyn. Sie hat mein Urtheil über Ihr Verhältniss zu Schmid bestimmt.

2. Wenn Sie einer Garantie für Ihre und der Ihrigen E h r e bedürfen, so bedarf auch ich einer solchen. Ihre Äusserungen über mich, meine Frau, stellen uns in einem so niederträchtigen Licht dar, dass wir mit gleichem Recht den Gebrauch dessen was wir von Ihnen in Händen haben gegen den, was wir von Ihnen besitzen ansprechen.

3. Die wesentlichsten Papiere wurden mir gestohlen. Schmid mag davon zeugen der mir erklärte, es sey ihm ein grosses Pack davon in sein Zimmer geworfen worden. Indem ich ihn des Diebstahls selbst nicht anklage, muss ich ihn doch als Hehler Ihnen anzeigen, indem er, was die Pflicht jedes ehrlichen Mannes war, mir das ihm Zugeworfene

Überlieferung

1 ZB Zürich, Ms Pestal 53/54, Umschlag 262/IV,87
2 Blatt, 256 x 199 mm
5 Entwurf

Textkritik

Zeuge H
Z. 4   *Febr[uar]*: lateinische Schrift
Z. 41   *Garantie*: lateinische Schrift

Sacherklärung

I.

Johannes Niederer (1779–1843) ⇒ Nr. 507

III.

Z. 4 *Iferten*: dt. Name für Yverdon
Z. 6 *Brief*: PSB XI, Nr. 4916
Z. 7 *Orpens*: Charles Edward Herbert Orpen (1791–1856) ⇒ Nr. 1925
Z. 10 *Stiftung*: Pestalozzi hatte in seiner *Rede an sein Haus* vom 12. Januar 1818 (PSW XXV, S. 320 ff.) Pläne zur Einrichtung einer Stiftung zur langjährigen Sicherung des Instituts in Yverdon vorgestellt. Das Stiftungskapital sollte sich hauptsächlich aus den Erlösen aus der Subskription speisen. Doch erhoffte sich Pestalozzi auch finanzielle Unterstützung von der Stadt Yverdon, dem Kanton Waadt und der Eidgenössischen Tagsatzung. Im Gegenzug sollte die Stiftung unter städtisch-kantonale Aufsicht und Kontrolle genommen werden und das Journal *Stiftungsblätter von Iferten* für öffentlichkeitswirksame Werbung sorgen. Die Stiftung selbst sei jedoch vor allem an personelle Unterstützung gebunden und daher rief Pestalozzi in seiner Rede Hermann Krüsi (1775–1844, ⇒ Nr. 588) und Johannes Niederer (1779–1843, ⇒ Nr. 507) auf, sich an der Stiftung zu beteiligen. Dieser Aufforderung widersprach Niederer in einem Beitrag in der *Augsburger Allgemeinen Zeitung* vom 24. Februar 1818 (S. 102).
Z. 17 *Fellenberg*: Philipp Emanuel von Fellenberg (1771–1844) ⇒ Nr. 426
Z. 21 *Töchterinstitut*: ⇒ Nr. 867
Z. 25 *Schmid*: Joseph Schmid (1785–1851) ⇒ Nr. 712
Z. 28 *Forderung*: ⇒ Nr. 1907
Z. 34 *Zurückforderung*: Um welche Schriften es konkret ging, ist nicht klar. Pestalozzi schrieb in seinem Brief an Johannes Niederer (1779–1843, ⇒ Nr. 507) vom 28. Februar 1818 (PSB XI, S. 32 f.), dass er Niederer «Belege seines Lebens» überlassen habe, womit möglicherweise Unterlagen gemeint sein könnten, die Niederer 1805 gesammelt hatte, als er plante, eine Biografie Pestalozzis zu verfassen (⇒ Nr. 783). Angesichts Niederers Opposition gegen die Stiftungspläne forderte Pestalozzi diese nun wieder zurück, versprach jedoch, sie nach Überprüfung und Durchsicht wieder in Kopie zuzustellen.
Z. 37 f. *verweigerten*: Möglicherweise war hier der Brief vom 5. Februar 1816 (PSB X, Nr. 4188) gemeint, in welchem Pestalozzi Johannes Niederer (1779–1843, ⇒ Nr. 507) das Recht verweigerte, von einem Aktenstück gegen Joseph Schmid (1785–1851, ⇒ Nr. 712) Gebrauch zu machen.
Z. 43 *Frau*: Rosette Niederer-Kasthofer (1779–1857) ⇒ Nr. 842

1910.
Johannes Niederer
1. März 1818

Iferten den 1sten März 1818.

II Th[eil]

Lieber Herr Pestalozzi.

In vorläufiger Beantwortung Ihres gestrigen Briefs habe die Ehre Ihnen zu melden, dass der Artikel in der allgemeinen Zeitung der erste Schritt zur Erfüllung des Ihnen ich glaube am 6ten Hornung in der Theegesellschaft mit Orpen gegebenen, unwiderruflichen Worts ist.

Sie erklärten, entschieden auf Ihrer öffentlichen Aufforderung in der Rede zu beharren. Diese Erklärung war das Sandkorn auf die bisher noch immer stehende Wage unsres Verhältnisses.

Wie auf den auffordernden Zeitungsartikel vom 6ten, so werde ich, wenn Ihre Rede würklich als gedruckt die gedachte Aufforderung enthält, auch auf sie antworten.

Auch ich habe, und ich glaube richtiger als Sie, vorausgesehen und Ihnen vorausgesagt, was bei dem von Ihnen eingeschlagenen Wege erfolgen würde. Es lag in Ihrer Hand dasselbe zu vermeiden. Allein Sie liessen sich nicht warnen. Der Stein flog, der Fels rollt, was er mit sich fortreisse, nur der vollendete Fall kan ihn aufhalten. Was damals hätte helfen können und verschmäht wurde, eine aus dem innern Gesetz Ihrer Unternehmung geschöpfte, der bisherigen entgegengesetzte Verfahrungsweise, ist jetz doppelt schwer, und Ihrer ganzen Ansicht nach unmöglich, damit aber auch, wie ich vor Gott überzeügt bin, der glückliche Ä u s s e r e Fortgang Ihrer Sache.

Der erste, durchgreifende, den fortschreitenden Gang Ihrer Unternehmung durchaus und in allen Rücksichten stillstellende und gefährdende Missgriff war der Widerspruch in den Sie Ihre Person mit Ihrem bestehenden Werk, Ihrer Methode und Ihren Umgebungen setzten, in dem Sie statt das Mangelnde an das Errungene anzuschliessen und daraus zu entwickeln, das Letztere verwarffen, um Erstres zu finden. Ich setzte den besten Theil meiner Kraft daran, die Folgen dieses Irthums zu besiegen, und ihn nicht nur unschädlich zu machen, sondern in Ihnen selbst zu bekämpfen. Schmid machte diesen Wiederspruch von seinem zweiten Eintritt in Ihr Haus an geradezu zum Grundsatz, und führte ihn so konsequent durch, dass Sie nicht nur Ihre alten Gehülfen, sondern auch alle Ihre in der Anstalt gebildeten Werkzeuge verlohren, und sich selbst erklärten, Sie seyen aus einem alten, 69jährigen Traum und Irrthum erwacht und streben nach einem neüen Leben und neüen Werkzeügen, welche Sie gefunden.

Dadurch war für Sie freilich viel, nemlich die ganze Geschichte Ihres Lebens von Burgdorf aus, und alle ä u s s e r n Resultate derselben verlohren. Allein damit blieb Ihnen, Ihre Kraft, Ihre Ruhe, Ihre Anstalt und Ihre methodischen Hilfsmittel. Sie konnten wirklich ein neües Unternehmen, oder vielmehr Ihr altes neü gründen. Neüe, durch Ihr persönliches Wesen und eminentes Übergewicht ergriffene Menschen konnten Ihrem Unternehmen aufs Neüe Selbstständigkeit geben.

Auch geschah das. Ihre alten Freünde und Werkzeüge verstummten und waren gleichsam zum Schweigen gebracht. Was weder Ihre neüen Maasregeln, noch Ihre neuen Helfer je vermocht hätten, vermochte die Ehrfurcht gegen Sie. Krüsi und ich liessen uns alles gefallen, und Sie wissen wie viel, wie unendlich viel geschah, was uns nicht gefiel und tief kränkte. Dennoch liessen wir seit drei Jahren kein Wort drucken über und gegen Sie oder unsre Verhältnisse zu Ihnen. Der Vortheil um mich so gemein als möglich auszudrücken, war ganz auf Ihrer Seite, und durch Ihre Stiftung der Sieg Ihrer n e ü e n Stellung gegen alle persönlichen wie oekonomischen und gesellschaftlichen Hindernisse vollendet, wenn nicht der Zweite, in jeder Rücksicht unbegreifliche Missgriff geschehen, Ihre alten Freünde, von denen Sie sich zwar nie in Ihren Gefühlen, aber durch aus in Ihrer Ansicht losgesagt, gegen alle mögliche Natur und Vernunft, zur Mitstiftung Ihrer neüen Richtung aufzufordern, oder sie vielmehr durch Ihren Aufruf in die Lage zu setzen, dass sie sich entweder zu blinden Werkzeugen eines ohne sie entworffenen Plans hingaben, oder im Weigerungsfalle sich vor dem Publikum entehren. –

Das Schlechte und Unsittliche, das im ersten Missgriff, der alles Gewonnene, und besonders Ihre Gehülfen von Ihnen entfernte, liegt, kan ich Ihrem Schmid verzeihen. Wem der geistig nothwendige, sittliche gesetzmässige Zusammenhang der Dinge nicht aufgegangen ist, der ist darüber auch keiner Zurechnung fähig, und seine Handlungen dürfen nicht unter den Maasstab des Rechten und Guten gestellt werden.

Dass aber Ihr Schmid durch die Aufforderung zur Theilnahme an Ihrer n e ü e n Stiftung ein Meisterstück der Klugheit gemacht zu haben glaubt, ist unverzeihlich. Er hätte aus allen Kräften Sie davon abhalten sollen, theils weil aus wiederstreitenden Elementen und Gesinnungen nie etwas Harmonisches und Gedeihliches entspringen kan, theils weil er voraussehen musste, dass wir, wenn wir genö-

thigt seyn würden, uns denselben entgegen zu setzen, genöthigt
85 seyn würden einen Zusammenhang aufzustellen, der

Überlieferung

1 ZB Zürich, Ms Pestal 53/54, Umschlag 262/IV,88
2 Bogen, 257 x 197 mm
4 Dorsualvermerk *1818. 1sten März Niederer an Pestalozzi.*
5 Entwurf

Textkritik

Zeuge H

Z. 10	*Orpen*: lateinische Schrift
Z. 30	*Ihre < n > Person*
Z. 31 f.	*Ihren < Ihre > Umgebungen*
Z. 37	*zweiten* ⌠
Z. 69 f.	*Publikum < zu > entehren*
Z. 71	*der < Ih > alles*
Z. 78	*Schmid < *** > durch*
Z. 80	*haben < scheint > glaubt* ⌠
Z. 81	*theils < aus Einsicht, dass > weil* ⌠
Z. 83	*wir, < und * > wenn*

Sacherklärung

I.

Johannes Niederer (1779–1843) ⇒ Nr. 507

II.

Johannes Niederer (1779–1843, ⇒ Nr. 507) reagierte mit diesem Schreiben auf Pestalozzis Brief vom 28. Februar (PSB XI, Nr. 4916). Er hatte allerdings bereits einen Tag zuvor, am 28. Februar 1818, eine Antwort an Pestalozzi formuliert (⇒ Nr. 1909), die aber offenbar nicht abgeschickt worden war.

III.

Z. 4	*Iferten*: dt. Name für Yverdon
Z. 7	*Briefs*: PSB XI, Nr. 4916
Z. 8	*Artikel*: Der Artikel war in der Rubrik «Schweiz» mit dem Vermerk «Iferten, 14. Februar (eingesandt)» ohne Titel und Nennung des Verfassers erschienen: Es sprechen Johannes Niederer (1779–1843, ⇒ Nr. 507) und Hermann Krüsi (1775–1844, ⇒ Nr. 588) in der 3. Person Plural von sich selber («Die Herren K. und N. ....»).
Z. 10	*Orpen*: Charles Edward Herbert Orpen (1791–1856) ⇒ Nr. 1925
Z. 13	*Rede*: Johann Heinrich Pestalozzi: Rede an sein Haus, an seinem 74. Geburtstag, 12. Jänner 1818 (PSW XXV, S. 261–364)
Z. 36	*Schmid*: Joseph Schmid (1785–1851) ⇒ Nr. 712
Z. 55	*Krüsi*: Hermann Krüsi (1775–1844) ⇒ Nr. 588

Z. 60   *Stiftung*: ⇒ Nr. 1909

1911.
Johannes Niederer
2. März 1818

Iferten den 2ten März 1818.

Lieber Herr Pestalozzi.

Ihre Erklärung in Orpens Gegenwart beim Thee (den 6ten Febr[uar]?) Ihre Aufforderung an uns durchaus nicht zurückzunehmen, so sehr ich Ihnen die daraus entspringenden Folgen vorstellte, war das Sandkorn auf die bis dahin noch stehende Wage unsres Verhältnisses.

Der erste Schritt zur Erfüllung meines Ihnen damals gegebenen Wortes ist der Zusatz zu dem mir etwa 8 Tage später zu Gesicht gekommenen Artikel in der allgemeinen Zeitung. Ich wiederhole Ihnen hiemit feyerlich, dass so gewiss im gleichen Geiste fortgefahren wird, ich jenes Wort öffentlich fortfahren werde, zu lösen.

Was Sie mir als Grund der Verweigerung des verlangten Stück Bodens hinter meinem Hause entgegensetzen, ist längst beantwortet. Ihre in Betref des Töchterinstituts und Ihres Verhältnisses zu demselben geäusserte Stimmung und Sehnsucht hingegen ist mir ganz neü. Belieben Sie sich zu erinnern, dass mein ganzes Bestreben dahin gerichtet war, Sie als Vater dieser Anstalt zu erhalten, und dass Ihre Absichtlich herbeigeführte Trennung davon, eine der ersten Handlungen war, in der mir das Werkzeug Ihrer geglaubten Rettung, in Beziehung auf Sie in seiner ganzen Schädlichkeit und Gefährlichkeit, an sich aber in seiner vollen Nichtswürdigkeit erschien.

Sie dürfen nur wollen, und Sie sind heüte noch Vater meiner Töchter und das Haupt, die Seele meiner Anstalt, wie Sie es ehe Sie dieselbe meiner Frau abtraten, gewesen sind.

Die Ursachen warum ich das Stück Boden verlange, haben mit meinem Zeitungsartikel nicht angefangen. Sie hören desswegen nicht mit ihm auf, und ich bestehe allerdings auf dieser Abtretung nachher wie vorher. Alle meine Gründe bestehen und ich bitte Sie aufs Neüe, dieselben zu beherzigen. (S[iehe] die Nachschrift.) –

Obgleich kein Mensch mehr Ursache hat als ich, sich über das Vergangene zu beklagen, so wünscht kein Mensch aufrichtiger Vergessen des Vergangenen, und eine redliche Versöhnung als ich. Allein es muss eine Versöhnung im Geist und in der Wahrheit seyn.

Eine hinterlistige, heimtückische, ja auch nur eine durch aüssere, zeitliche Beweggründe hervorgebrachte verachte ich als das gedenkbar verächtlichste der Welt, und wer nur eine s o l c h e sucht, um zu temporisiren, und die Welt zu betrügen, um zu heucheln, der ist in so fern in das Tiefste dieser Verachtung mit eingeschlossen. Sie täuschen sich mächtig, indem Sie die Verbindung unsrer 3 Häuser, nemlich Krüsis, Näf's und des Meinigen als eine Verbindung g e g e n Sie ansehen. Prüfen Sie unsre Grundsätze, fassen Sie zuletzt nur meinen Zeitungsartikel als der alte, wahre Pestalozzi ins Auge, und Sie werden finden, dass es eine Verbindung ist f ü r Sie. Es ligt ganz in Ihrer Hand, das, was Sie als Batterien gegen das Schloss ansehen, in wachsame und wirksame Vorposten gegen Ihre Feinde (zu verwandeln,) und für Ihr Haus[.]

Was Sie über Ihr Vorhaben, das Schloss zu verlassen, so wie über Schmids Entgegenwirken sagen kan mich nicht im Mindesten berühren, da ich eben so wenig ins Schloss ziehen würde, als ich weit von dem Gedanken entfernt bin, Ihr Nachfolger seyn, d[as] h[eisst] wesentlich an Ihre Stelle treten zu können. Es braucht einen Schmid zu solchem Hochmuth. Die diessfällige Stelle Ihres Briefs verfehlt daher alle Beziehung.

Über die Zurückforderung Ihrer Schriften habe ich zu bemerken:
1. dass Sie vergessen haben, oder zu haben scheinen, mit welcher Heftigkeit und Leidenschaft Sie mir die C o p i e meiner Briefe an Schmid, die ich in einem Zeitpunkt, wo es meine Persönlichkeit galt, und wo es Sie selbst gar nicht betraf, abschlugen. Sie machten meine und Schmids Sache auf eine Weise zu Ihrer Persönlichen, die mich v o r I h r e n M e n s c h l i c h k e i t e n zum Zittern brachte, und das in einer höchst einfachen und untunlichen Sache.
2. Wissen Sie vielleicht nicht, dass mir die wichtigsten Papiere von Ihnen und mir gestohlen wurden. Schmid bekannte mir ausdrücklich, es sey ein grosses Paquet, in seyn Zimmer geworfen worden, und gab dieses als einen rechtfertigenden Grund seines Benehmens gegen mich, mir selbst an. Diese von ihm selbst als mir gestohlen, bekannten Papiere, hatte er freilich nicht die Ehrlichkeit mir zurück zu geben. Es kam ihm sogar kein Sinn davon, dass sie von Rechts wegen mir gehören könnten.
3. Bin ich gerade in dem Fall, den Sie von sich voraussetzen, die geretteten Papiere nemlich zu meiner Sicherheit nöthig zu haben. Ihr vorletzter Brief, worin Sie meine Frau auf eine Weise anklagen, die mich gegen jeden andern als Sie zu einem Injurienprozess veranlassen würde, worin Sie mir ferner von Mittheilungen an Orpen auf eine Weise sprechen, die mir die Verwahrung meiner sittlichen

Natur gegen Sie zur Pflicht macht, zwingen mich, dieselben zu meinem Schutze vorzubehalten.

Ich bitte Sie, diese drei Punkte als die e n t s c h e i d e n d e Antwort auf welche Sie dringen anzusehen. Diese Antwort ist kein Sicherungswort gegen I h r e M e n s c h l i c h k e i t, wohl aber gegen die zu b e f ü r c h t e n d e B o s h e i t derer, die Ihre Menschlichkeit gegenwärtig in ihrer Gewalt haben. (S[iehe] auch hierüber die Nachschrift.)

Über alles dieses hätte ich Ihnen unendlich viel zu sagen. Allein ich bitte Sie, mich zu entschuldigen, dass ich mich Ihnen nicht mit der zärtlichen Empfindung des Herzens, womit ich Ihnen angehöre, darüber ausdrücke. Es ist von meiner herzlichen Art der Mittheilung nicht nur ein so schändlicher Missbrauch gemacht worden, sondern Sie selbst haben, was mir die tiefste Empfindung gegen Sie eingab, so übel ausgelegt, dass ich mich, der Gefahr auch der Bewegung meines Herzens Ihnen gegenüber zu überlassen nicht mehr Preis geben darf.

Indem ich Ihnen wiederhole, dass der Verfasser des Zeitungsartikels den begehrten Spatziergang (wie Sie es nennen) auch jetzt noch will, ferner dass meine Frau Ihnen auf den betreffenden Inhalt Ihres vorhergehenden Briefs antworten wird, so wie ich mir das Allgemeine desselben vorbehalte, habe ich die Ehre mich zu nennen
Ihren gehorsamsten Diener
Dr. Niederer

Nachschrift im folgenden Blatt
Nachschrift

In Betref des verlangten Stück Landes sehe ich weder den Grund Ihrer Empfindungen ein, wenn Sie mir dasselbe abtreten, noch wie, wenn Ihnen meine Nachbarschaft und der Anblick meiner Töchter so beschwerlich ist, etwas gewonnen wäre, wenn Sie es behalten. Überhaupt fällt es mir schwer zu fassen wie Empfindungen ein Vorwand werden können, Sachen, die an sich natürlich, vernünftig und recht sind zu verweigern. Ich will die Ihrigen indess dadurch ehren, dass ich von meiner Forderung während Ihrem Leben absehe, wenn mir der Besitz davon schriftlich und gültig nach Ihrem Tode gesichert wird.

Was die Rückforderung Ihrer Schriften anlangt, so will ich ebenfalls rechtlicher und billiger seyn, als man gegen mich gewesen ist, oder ich will vielmehr rechtlich seyn, was man gegen mich nicht war. Ich trage Ihnen nemlich an, Ihnen eine vollständige und rechtlich vidimirte Copie aller Sie betreffenden Papiere zustellen zu lassen, unter der Bedingung dass mir eine solche Copie von allen in Ihren und Schmids Händen befindlichen mich betreffenden Papiere Briefschaften etc. zugestellt wird.

Niederer

Überlieferung

1 ZB Zürich, Ms Pestal 53/54, Umschlag 262/IV,89
2 Bogen, 257 x 198 mm
5 Original

Textkritik

Zeuge H

Z. 6 f.   *Febr[uar]*: lateinische Schrift
Z. 8   *Ihnen <das> die*
Z. 13   *Artikel <s>*
Z. 23 f.   *geglaubten <Wiederherstellung> Rettung,* ⌠
Z. 25   *seiner <ganzen> vollen*
Z. 37   *eine <aufrichtige> redliche*
Z. 53   *mich <*> nicht*
Z. 54   *weit* ⌠
Z. 68 f.   *ausdrücklich, <s*> es* ⌠ *sey ein* ⌠ *grosses* ⌠ *Paquet,* ⌠
Z. 70   *einen <G> rechtfertigenden*
Z. 75 f.   *die <***> geretteten*
Z. 76   *meiner <Rechtfertigung> Sicherheit*
Z. 79   *Sie* ⌠ *mir ferner* ⌠
Z. 84 f.   *Sicher<heit> ungswort*
Z. 89   *dieses* ⌠
Z. 92   *von <der> meiner* ⌠
Z. 98   *der* ⌠
Z. 100   *ferner* ⌠ *dass meine Frau Ihnen <dass> auf*
Z. 123 f.   *befindlichen <Pa> mich*

Sacherklärung

I.

Johannes Niederer (1779–1843) ⇒ Nr. 507

II.

In mehreren Briefen versuchte Johannes Niederer (1779–1843, ⇒ Nr. 507), Pestalozzi seinen Standpunkt in der Frage der öffentlichen Auseinandersetzung und der Überlassung des Grundstücks zu erklären (⇒ Nr. 1908–1912). Welcher dieser Briefe dann auch tatsächlich abgeschickt wurde, ist nicht immer schlüssig zu klären, so auch im vorliegenden Fall.

III.

Z. 4	*Iferten*: dt. Name für Yverdon
Z. 6	*Orpens*: Charles Edward Herbert Orpen (1791–1856) ⇒ Nr. 1925
Z. 13	*Artikel*: Der Artikel war in der Rubrik «Schweiz» mit dem Vermerk «Iferten, 14. Februar (eingesandt)» ohne Titel und Nennung des Verfassers erschienen: Es sprechen Johannes Niederer (1779–1843, ⇒ Nr. 507) und Hermann Krüsi (1775–1844, ⇒ Nr. 588) in der 3. Person Plural von sich selber («Die Herren K. und N. ....»).
Z. 18	*Töchterinstituts*: ⇒ Nr. 867
Z. 29	*Frau*: Rosette Niederer-Kasthofer (1779–1857) ⇒ Nr. 842
Z. 45	*Krüsis*: ⇒ Nr. 1775
Z. 45	*Näf's*: Die Taubstummenanstalt von Johann Konrad Näf (1789–1832, ⇒ Nr. 2304) wurde im Juli 1813 gegründet. Die Basis dazu legte Näf durch einen Bildungsaufenthalt 1811 am *Institut Nationale des Sourds-Muets* in Paris und seinen darauf folgenden, rasch publik gewordenen Erziehungsversuchen, die er mit zwei Zöglingen an Pestalozzis Institut machte. Näf war der Ansicht, dass sich die Erziehung von Taubstummen keinesfalls von der üblichen Erziehung unterscheiden sollte, der imperfekte Organismus mache allenfalls andere Erziehungsmittel erforderlich. Zum Unterrichtsprogramm gehörten Fächer wie Zeichnen, Kalkulieren, Geometrie, Geografie, Gymnastik und durch Gestik unterstütztes Sprachenlernen. Dabei sollten die Sprechorgane stets rege gebraucht werden, da sich dadurch der sprachliche Ausdruck aufbauen lasse. Die Zöglinge wurden anfänglich von Näf alleine unterrichtet, ab etwa 1815 auch von Hermann Krüsi (1755–1844, ⇒ Nr. 588), Johannes Ramsauer (1790–1848, ⇒ Nr. 1525) und Johann Walder (1797–1862). Die Anstalt befand sich anfänglich in Krüsis Wohnung, ab 1815 wurde sie in das Haus der Familie Näf verlegt. Bis 1826 wurden insgesamt 26 Zöglinge unterrichtet. Ab 1827 wurde die Anstalt vom Kanton Waadt finanziell unterstützt. Nach Näfs Tod ging die Führung an seine Frau Charlotte Frédérique Catherine Françoise Näf-Scherer (1791–1848, ⇒ Nr. 1347) über und im Jahre 1847 an den gemeinsamen Sohn Charles Näf (1821–1892).
Z. 53	*Schmids*: Joseph Schmid (1785–1851) ⇒ Nr. 712
Z. 77	*Brief*: PSB XI, Nr. 4914
Z. 101	*Briefs*: PSB XI, Nr. 4916
Z. 121	*vidimirte*: beglaubigt

1912.
Johannes Niederer

5. März 1818

Iferten den 5ten März 1818.

Lieber Herr Pestalozzi.

Sie sprechen von Versöhnung und wollen mich nicht einmal anhören. Man fordert mich von Ihrem Haus aus in Zeitungsartikeln dringend zur Theilnahme und Mitstiftung auf, und ich soll die Ursachen, warum eine solche Einladung abgelehnt werden muss, eben so öffentlich zu machen, kein Recht haben. Sie bieten mir in Ihrem drittletzten Briefe Geld an, es soll aber eine Ungerechtigkeit seyn, Sie zu ersuchen, dass Sie eine wirklich eingestandne Schuld abtragen, oder mit meiner Frau unpartheiische Abrechnung halten. – Sie wollen mir Land geben, aber nicht das was mir gebührt, und was Sie mir versprachen. Sie erklären alle, von mir gethane Vorschläge zur Mitwirkung als einen Ihrer Individualität und Freiheit angethanen Zwang, und wollen mich doch durch Ihre Aufforderungen zur Mitwirkung zwingen. Sie halten die Akten unsres diessfälligen Verhältnisses für geschlossen, und bedenken gar nicht, dass das audiatur et altera pars wesentlich zu geschlossen, spruchfertigen Akten gehört. Sie versichern mich, Orpen wisse alles; d[as] h[eisst] von Ihnen, von Ihrer Seite, wie Sie Sache ansehen und auslegen; Sie wollen achtungswürdige Männer vom Gleichen, auf gleiche Weise unterrichten, und vergessen, dass solche, was Orpen nicht thut, nothwendig auch m i c h hören müssen, wenn ihr Urtheil achtungswürdig seyn soll; vergessen, dass ich Sie um dieses Grundes willen pflichtgemäss auffordern m u s s und hiemit wirklich auffordre, alle Ihre diessfälligen Aktenstücke der Welt gedruckt mitzutheilen, damit es nicht heissen könne, Sie greiffen mich rücklings an, ohne mir die Mittel zu einer o f f e n e n Vertheidigung zu lassen.

Lieber Herr Pestalozzi, nehmen Sie mir es nicht übel, aber es thut mir unaussprechlich weh, Sie in allen diesen Widersprüchen zu sehen. Sie thun warlich unrecht, dass Sie glauben, ich soll mit einem Manne gemeinschaftliche Sache in Ihrer hohen, heiligen Bildungsangelegenheit machen, der Sie in diese und viel schädlichere Widersprüche unauflöslich verstrickte, und der mich d a d u r c h um das theuerste, köstlichste Kleinod meines Herzens und Lebens, um mein kindliches Verhältniss zu Ihnen, um das unbedingt sich hingebende Vertrauen an Ihre Person und an Ihr W o r t gebracht hat. Nur Eines kan mir Gottlob niemand rauben, das Vertrauen zu der in Ihrer Idee und Methode vollzogenen That.

Lieber Herr Pestalozzi, Sie hätten recht, ich wäre der unversöhnliche, d[as] h[eisst] erzschlechte Mensch wirklich für den Sie mich halten, wenn ich mich mit Ihnen, d[as] h[eisst] mit der Wahrheit, dem Recht und der Liebe in Ihnen versöhnen müsste. Sie selbst werden einmal noch gewiss erkennen, dass das nicht der Fall ist. Als ein Zeugniss davon mag die Achtung, Liebe und Verehrung meiner Töchter gegen Sie dienen. Kommen Sie unter uns und sehen und fragen Sie, nicht nach methodischen Formeln, sondern nach dem Geist und Gemüth unsrer Kinder, ob Sie es verschmähen können, unser Haus für ein Ihriges anzuerkennen, obgleich wir noch weit vom Ziele entfernt sind, es Ihrem unsterblichen Geiste als Denkmal ansehen und weihen zu dürfen.

Noch einmal, lieber Herr Pestalozzi, wollen Sie nur, und alles ist und gehört Ihnen, inniger als je, alles ligt Ihnen zu Füssen, nicht bürgerlich durch Herabwürdigung, aber im Geist und in der Wahrheit. Fühlen Sie sich, handeln Sie als der Centralpunkt der Menschenbildung für beide Geschlechter und für alle Stufen der Entwicklung, wie Sie ein solcher durch die Idee wirklich sind, und es wird sich alles an Sie anschliessen, und alles von Ihnen aus eine neüe, Leben offenbarende und gebende Gestalt gewinnen. Darzu müssen Sie aber nicht Tauben und Geyer, Lämmer und Ziegen miteinander paaren wollen. Jedem werde was sein ist und wohin er gehört. Die Menschen die vom Misstrauen ausgehen und e s zur Grundlage ihrer Handlungen machen, können nicht mit denen Haus halten, die das Vertrauen als Grundlage aller Menschenbildung aufstellen, und die in diesem Vertrauen und um desselben willen mannigfaltig zerrissen und zerfleischt wurden. Lassen Sie Ihr Herz erweichen. Vereinigen Sie mit Ihrem väterlichen Sinn die Stimme der Weisheit und Erfahrung, und mit diesen das Gesetz, das Ihr Genius offenbarte, wie nemlich auch in der Bildung jedes in seiner Art sey. Fassen Sie das Interesse Ihrer Anstalt, und Ihrer neuen Stiftung so bestimmt als möglich ins Auge, lassen Sie die Sicherheit und den Besitz derselben nicht um ein Haar verkürzen, geben Sie aber auch dem Nächsten, was des Nächsten ist. Erklären Sie sich als Haupt unsrer Vereinigung, als Vater und geistiger Leiter des Töchterinstituts und der Krüsischen Anstalt, laden Sie Nabholz ein, nicht in Ihr Haus, sondern als Gehülfe für Ihre Zwecke und Mitarbeiter von uns, und Sie werden sehen, alle Widersprüche fallen, der Verein um Sie her wird nach allen Seiten wirksam, und Sie bilden die Sonne einer göttlich schönen Vereinigung. – Schmid hätte das vereint mit Ihnen, wissen sollen von Anfang. Eine geistig würdigere Laufbahn lag nur in eines Menschen Hand. Sie zu ergreifen ist der einzig mögliche Beweis der Friedfertigkeit und Versöhnlichkeit, so wie, sie früher zu finden, der einzige Beweis von Tugend, Tüchtigkeit und wahrem Genie für ihn war. Allein wie Sie selbst in einem frühern Briefe sagen, es ist nun warlich Zeit darzu und jeder Aufschub, so wie jeder diessfällige Missgriff bringt unausweichlich Verderben.

Schmid mag wie er will, Ihre dortige Anstalt leiten. Aber er bleibe fern von uns, wie fern wir von ihm bleiben. Sein Unrecht, oder wenn Sie wollen sein Missgriff, sein Unglück war, Ihren Irrthum in Beurtheilung dessen was Sie schon gethan, und dessen was noch zu leisten übrig war, die Entgegensetzung Ihrer Werkzeüge und Ihres

Werks zum Grundsatz zu erheben, und zur Maxime Ihrer Äusserungen und Ihres Verfahrens seit drey Jahren zu erheben. Die Folgen dieses Vergehens an Ihnen und Ihrem Werk, falls sie noch zu verhüten sind, können nur durch den Vorschlag den ich Ihnen mache, vergütet werden.

Wenn Sie meinen, gegenwärtigen, in der jetzigen Lage der Dinge einzig möglich zum Ziel führenden Vorschlag nicht annehmen, so habe ich Ihnen nichts mehr zu sagen, oder vielmehr ich d a r f Ihnen nichts mehr sagen, nach dem ausdrücklichen Verbott Ihres gestrigen Briefs. Gehen Sie denn so weit Sie können, ich werde Schritt für Schritt thun was meine Pflicht ist, und die Folgen davon erwarten. Das Recht und die Wahrheit werden sich am Ende um so sicherer ausweisen, da ich nur sie suche, und ich darf es getrost sagen, in allein meinen Ansprüchen und Forderungen an Sie, lieber Herr Pestalozzi, eben nichts andres suche, als einen wahrhaft weisen und gerechten, von der Erhabenheit seines Standpunkts erfüllten Mann in Ihnen zu finden, dem ich meine ganze, unbedingte Verehrung und Liebe wieder schenken könne, die Ihnen so ganz zollte

Ihr alter Niederer

Überlieferung

1 ZB Zürich, Ms Pestal 53/54, Umschlag 262/IV,90
2 Bogen und Blatt, 257 x 200 mm
5 Original

Textkritik

Zeuge H

Z. 12	eine <frühere> wirklich
Z. 15	alle ʃ
Z. 19 f.	audiatur et altera pars: lateinische Schrift
Z. 25	Urtheil <***> achtungswürdig ʃ
Z. 34	in <*> Ihrer
Z. 35	und ʃ viel ʃ schädlichere ʃ
Z. 39	W o r t : doppelt unterstrichen
Z. 54	wollen Sie nur ʃ
Z. 55	und ʃ gehört ʃ
Z. 56	durch ʃ Herabwürdigung ʃ
Z. 58	für ʃ
Z. 59	Sie <*> ein ʃ solcher ʃ
Z. 60	von ʃ Ihnen ʃ aus ʃ
Z. 70	Genius: lateinische Schrift
Z. 85	Genie: lateinische Schrift

Z. 90	*fern* ⟨
Z. 93	*die* ⟨ *Entgegensetzung* ⟨
Z. 94	*Werks* < *einander entgegen zu setzen;* > *zum*
Z. 99	*gegenwärtigen,* ⟨ < *dem* > *in*
Z. 104	*Schritt* ⟨ *für* ⟨ *Schritt* ⟨ *thun was meine Pflicht ist,* < *bis* > *und*

Sacherklärung

I.

Johannes Niederer (1779–1843) ⇒ Nr. 507

II.

Dieses Schreiben ist eine Reaktion auf Pestalozzis Brief entweder vom 3. März 1818 (PSB XI, Nr. 4919) oder vom 4. März 1818 (PSB XI, Nr. 4926) (oder auf beide), wobei in dem intensiven Briefwechsel jener Wochen nicht immer gesichert ist, welche der zahlreichen Briefe, die überliefert sind, auch tatsächlich abgeschickt wurden (vgl. auch ⇒ Nr. 1911)

III.

Z. 4	*Iferten*: dt. Name für Yverdon
Z. 7	*Zeitungsartikeln*: Der Artikel war in der Rubrik «Schweiz» mit dem Vermerk «Iferten, 14. Februar (eingesandt)» ohne Titel und Nennung des Verfassers erschienen: Es sprechen Johannes Niederer (1779–1843, ⇒ Nr. 507) und Hermann Krüsi (1775–1844, ⇒ Nr. 588) in der 3. Person Plural von sich selber («Die Herren K. und N. ....»).
Z. 11	*Briefe*: PSB XI, Nr. 4914
Z. 13	*Frau*: Rosette Niederer-Kasthofer (1779–1857) ⇒ Nr. 842
Z. 19 f.	*audiatur et altera pars*: man höre auch die andere Seite (lat.); Rechtsgrundsatz des römischen Rechts
Z. 21	*Orpen*: Charles Edward Herbert Orpen (1791–1856) ⇒ Nr. 1925
Z. 76	*Töchterinstituts*: ⇒ Nr. 867
Z. 77	*Krüsischen Anstalt*: ⇒ Nr. 1775
Z. 77	*Nabholz*: Philipp Nabholz (1782–1842) ⇒ Nr. 967
Z. 81	*Schmid*: Joseph Schmid (1785–1851) ⇒ Nr. 712
Z. 86	*Briefe*: Damit dürften wohl die Briefe vom 28. Februar und 5. März 1818 gemeint sein (PSB XI, Nr. 4916, 4926).
Z. 103	*Briefs*: PSB XI, Nr. 4926

1913.
Monsieur Meynadier

9. März 1818

[Reg.] Meynadier beauftragt Pestalozzi, seinen Sohn wegen dessen Nachlässigkeit im Schreiben zu tadeln.

Überlieferung

1   PSB XI, S. 73.18 f.

Sacherklärung

I.

Monsieur Meynadier ⇒ Nr. 1434 a

III.

Z. 4   *Sohn*: Auguste Meynadier ⇒ Nr. 1440 a

1914.
Adolph Giesebrecht

10. März 1818

An
Herrn Pestalozzi
in
Iferten

Neustrelitz den 10ten März 1818.

Wohlgeborner Herr,
Hochgeehrtester Herr Doctor,
Mit dem herzlichsten Danke für die gütige Antwort, die Euer Wohlgeboren mir auf meinen vorigen Brief ertheilt haben, wende ich mich noch einmal schriftlich an Sie, um Gebrauch von dem liebreichen Anerbieten Ihrer Unterstützung in Betreff meines dortigen Unterkommens zu machen. Meine Abreise von hier wird in der Osterwoche geschehen, und ich hoffe demnach, in den ersten Tagen des May bey Ihnen eintreffen zu können. Dürfte ich also Ihnen mit der Bitte beschwerlich fallen, Ihrem gütigen Versprechen gemäss für mein Unterkommen in Ansehung der Wohnung und der Kost Sich zu verwenden? Da ich der Örtlichkeit ganz unkundig bin, so bitte ich Sie, alles ganz nach Ihrem Ermessen einzurichten, und versichert zu seyn, dass ich gewiss nicht durch Unzufriedenheit mich der Undankbarkeit gegen Sie schuldig machen werde. Was die Dauer meines Aufenthaltes in Iferten betrifft, so wird auf eine längere Zeit, als auf 5 bis 6 Monate wohl kaum zu rechnen seyn. Noch erlaube ich mir, das Einzige als W u n s c h hinzuzufügen, dass es mir am liebsten seyn würde, wenn eine treue Bürgerfamilie mich für die Dauer meines Aufenthalts so in ihre Mitte aufnehmen wollte,

dass ich an ihrem Tische Kost fände, und in ihrem Umgange mich einem häuslichen Vereine angehörig fühlte.

Noch statte ich Euer Wohlgeborn meinen, ergebensten Dank für die Uebersendung der beiden Pränumerationsanzeigen ab; ich hoffe, aus derselben schliessen zu dürfen, dass, ungeachtet dessen, was am 12t e n Januar geschehen ist, es vielleicht noch jetzt nicht unmöglich seyn werde, den Unterlassungsfehler eines Freundes in Ihrer Nähe wieder gut zu machen, welchem ich den Auftrag gegeben hatte, für mich auf Ihre Werke zu subscribiren, der dies aber wahrscheinlich unterlassen haben wird, wenigstens sich gar nicht über diesen Gegenstand geäusssert hat. Sollte also die Subscription etwa noch jetzt offen seyn, so würde ich Euer Wohlgeborn recht sehr bitten, mich unter die Zahl der Subscribenten aufzunehmen.

Mit der Bitte an Euer Wohlgeborn und an Ihre würdigen Freunde, mich zum Voraus Ihrer Liebe empfohlen seyn zu lassen, und mit dem herzlichsten Danke für die Mühwaltung, die ich Ihnen verursache, habe ich die Ehre, mich mit der schuldigen Verehrung zu nennen
Euer Wohlgeborn
ergebenster Diener
A[dolph] Giesebrecht.

Überlieferung

1 ZB Zürich, Ms Pestal 50/51, Umschlag 94/1
2 Bogen, 252 x 208 mm
4 Siegel, Stempel *BERN*, Dorsualvermerk *Neustrelitz, den 10. Merz 1818. A[dolph] Giesebrecht*
5 Original

Textkritik

Zeuge H
Z. 5   *Pestalozzi*: lateinische Schrift
Z. 7   *I f e r t e n* : lateinische Schrift

Sacherklärung

I.

Adolph Giesebrecht (1790–1855) ⇒ Nr. 1865

III.

Z. 7   *I f e r t e n* : dt. Name für Yverdon
Z. 11 *Antwort*: scheint nicht erhalten zu sein
Z. 12 *Brief*: ⇒ Nr. 1865

458

Z. 34   *geschehen ist*: Am 12. Januar 1818, dem Geburtstag Pestalozzis, endete das ursprünglich bereits auf Ende Oktober 1817 terminierte, dann im August 1817 verlängerte Subskriptionsangebot auf Pestalozzis Werkausgabe im Verlag Cotta (vgl. PSW XXV, S. 89). Da Adolph Giesebrecht (1790–1855, ⇒ Nr. 1865) seinen Subskriptionswunsch nicht rechtzeitig einsandte, hoffte er hier auf Nachsicht.

Z. 37   *Werke*: Johann Heinrich Pestalozzi: Sämmtliche Schriften, 12 Bände. Stuttgart 1819–1824

1915/1.
Johannes Niederer
11. März 1818

Iferten den 11ten März 1818.

Lieber Herr Pestalozzi.

Ich habe Ihren Brief, den ich gestern Nachts erhielt, mit all der Liebe und Hofnung empfangen, die Ihr Billet vom Sonntag in mir erweckte. Mit redlichem Willen, mir durchaus unrecht zu geben, wo ich unrecht hätte, las und prüfte ich ihn Zeile vor Zeile. Das Resultat davon ist, dass Ihre ganze Beantwortung und Darstellung ruht, die nach Ihrem Ausdruk «mehr geeignet ist, uns von unserm Ziel zu entfernen, als uns demselben zu nähern» –

Sie verwechseln zuvorderst, u[nd] zwar von Anfang bis zum Ende, zwei wie Ihnen jeder besonnene Mensch und jeder Christ wird sagen können, durchaus verschiedene, und in unserer Sache scharf zu unterscheidende Dinge: Versöhnung, und unsere persönliche Vereinigung zu einem speziellen Geschäfte. Man kan ganz versöhnt seyn, ja einander von Herzen lieb haben, und muss einander darum doch nicht heürathen.

Überlieferung

1   ZB Zürich, Ms Pestal 53/54, Umschlag 262/IV,92
2   Blatt, 257 x 199 mm
4   Notiz auf der Rückseite *So lange Pesta[loz]zi u[n]d Schmid uns für unredl[ich] erklärten, das Rechnungsverhältnis da in Ordnung bringen wollten, in ihrer Verläumdung immer Fortschritte, waren ihre Anträge zu der Vereinigung für* <*das*> *die* <***> *Stiftung l. Infamie*
5   Entwurf

Textkritik

Zeuge H

Z. 7   *in* ʃ
Z. 15   können, <gewi> durchaus

Sacherklärung

I.
Johannes Niederer (1779–1843) ⇒ Nr. 507

II.
Dieses Schreiben war eine Reaktion auf Pestalozzis Brief vom 10. März 1818 (PSB XI, Nr. 4931; vgl. ⇒ Nr. 1911). Ob dieser Brief oder der nachfolgende (⇒ Nr. 1915/2) abgeschickt wurden, ist unklar.

III.
Z. 4   *Iferten*: dt. Name für Yverdon
Z. 6   *Brief*: PSB XI, Nr. 4931
Z. 7   *Billet*: Ein briefähnliches Dokument Pestalozzis mit dem Datum 8. März 1818 ist nicht erhalten.

1915/2.
Johannes Niederer
11. März 1818

Iferten den 11ten März 1818.

Lieber Herr Pestalozzi.

Ihren gestern nachts erhaltenen Brief empfieng ich mit all der Hofnung und Liebe, die Ihr Billet vom Sonntag erwecken musste.

In dieser Gemüthsstimmung, mir in allem wo ich unrecht hätte, laut unrecht zu geben, und mit entschiedenem Willen, auch gerechte Ansprüche fahren zu lassen, die der äussern Wiedervereinigung mit Ihnen im Wege stehen könnten, wenn das Wesen meines Verhältnisses zu Ihnen behauptet und gesichert würde, las und prüfte ich ihn Zeile für Zeile.

Das Resultat brauche ich Ihnen nicht zu sagen. Sie haben es voraus gewusst, und in den Worten niedergeschrieben: «Sie müssen in Beantwortungen eintreten die mehr geeignet sind, uns von unserm Ziel zu entfernen, als uns demselben zu nähern» –

Da Sie seit langer Zeit unsre Bedingungen zu einer Wiedervereinigung mit unserm Thun kennen, und meine Erklärung in der allgemeinen Zeitung als eine Folge der gänzlichen Hintansetzung derselben in Ihrer Geburtstagsstiftung ansehen müssen, so ist es um so auffallender, dass auch Ihr letzter Brief, als erklärt letzte Aufforderung zu dieser Vereinigung nicht die geringste Rücksicht darauf enthält.

Das Wenigste, was ich darin erwarten durfte, waren Vorschläge, die von einer Rückkehr «alles Unglücks, aller Elendigkeiten und alles Unrechts», das Sie «hinter uns» nennen, zu sichern geeignet sind. Statt dessen versuchen Sie, das Unrecht zu rechtfertigen, aus dem alles Unglück und alle Elendigkeiten die hinter uns sind, entsprangen. Dieses Unrecht ist kurz zu sagen, der Irrthum, in welchem Sie über die Hemmung der Fortschritte Ihrer Anstalt, über die Quellen ihres oekonomischen Verfalls, und über das Verhältniss Ihrer alten und neüen Gehülfen zu derselben befangen sind.

Lieber Herr Pestalozzi, dieser Irrthum hat uns von Ihrer Person äusserlich getrennt, und uns Ihrem Hause entfernt. Alle Ihre Schritte, Ihr Brief vom 10ten dieses Zuletzt, beweisen durch und durch die Fortdauer dieses Irrthums. Wie können Sie glauben, dass eine durchgeführte Behauptung dessen, was uns aus Ihrem Hause trieb, eine Wiedervereinigung mit Ihnen herbeiführen könnte. Doch, wie gesagt, Sie haben das Resultat vorausgesehen und erwartet.

Dass Schmid diesen Irrthum zum Grundsatz erhoben, und dass das ganze Verfahren im Innern und Äussern Ihrer Unternehmung seit seinem Wiedereintritt in Ihre Anstalt daraus hervorgegangen, dass auch Ihre letzte Stiftung darauf ruht, hat unser Verhältniss zu ihm, und in so ferne Sie auf seine Person bauen, und wie in Ihrem letzten Briefe noch, als sein Sachwalter auftreten, auch zu Ihrem jetzigen Thun und Ihrer Stellung, unwiederruflich entschieden.

Da Sie das aufs Klarste und Bestimmteste wussten, konnte in Ihrer Stiftung für uns von keiner Überraschung die Rede seyn. Ihr Innerstes sagte Ihnen, wir müssten Ihre Einladung um der Persönlichkeit willen, an welche Sie sie knüpften, schlechthin verwerfen – es sagte Ihnen bei der Abfassung Ihres gestrigen Briefes das Gleiche.

Überlieferung

1 ZB Zürich, Ms Pestal 53/54, Umschlag 262/IV,93
2 Blatt, 257 x 198 mm
5 Original

Textkritik

Zeuge H
Z. 6   *Brief <empfieng> empfieng*
Z. 12 *behauptet <be> und*
Z. 39 *Doch, <wie gesagt> wie*

461

Sacherklärung

I.

Johannes Niederer (1779–1843) ⇒ Nr. 507

II.

Dieses Schreiben war eine Reaktion auf Pestalozzis Brief vom 10. März 1818 (PSB XI, Nr. 4931; vgl. ⇒ Nr. 1911). Ob dieser Brief oder der vorangegangene (⇒ Nr. 1915/1) abgeschickt wurden, ist unklar.

III.

Z. 4 *Iferten*: dt. Name für Yverdon
Z. 6 *Brief*: PSB XI, Nr. 4931
Z. 7 *Billet*: Ein Brief von Pestalozzi mit dem Datum 8. März 1818 ist nicht erhalten.
Z. 19 *Erklärung*: Der Artikel war in der Rubrik «Schweiz» mit dem Vermerk «Iferten, 14. Februar (eingesandt)» ohne Titel und Nennung des Verfassers erschienen: Es sprechen Johannes Niederer (1779–1843, ⇒ Nr. 507) und Hermann Krüsi (1775–1844, ⇒ Nr. 588) in der 3. Person Plural von sich selber («Die Herren K. und N. ...»).
Z. 41 *Schmid*: Joseph Schmid (1785–1851) ⇒ Nr. 712

1916.
Johannes Niederer
12. März 1818

If[erten] 12. März 1818.

Es subscribirt auf die Werke von H[errn] Pestalozzi
H[er]r Pfarrer Mäder in Markirch (Elsass)

J[ohannes] Niederer

Überlieferung

1 ZB Zürich, Ms Pestal 53/54, Umschlag 262/IV,94
2 Spielkarte (Kreuz drei), 57 x 89 mm
4 Datum am Schluss
5 Original

Textkritik

Zeuge H
Z. 6 *Pfarrer Mäder*: lateinische Schrift
Z. 6 *Markirch (Elsass)*: lateinische Schrift

Sacherklärung

I.
Johannes Niederer (1779–1843) ⇒ Nr. 507

III.
Z. 4 *Ifferten]*: dt. Name für Yverdon
Z. 5 *Werke*: Johann Heinrich Pestalozzi: Sämmtliche Schriften, 12 Bände. Stuttgart 1819–1824
Z. 6 *Mäder*: Abel Théodore Guillaume Mäder (1765–1834) ⇒ Nr. 910
Z. 6 *Markirch*: dt. Name für Sainte-Marie-aux-Mines (Elsass)

1917.
Heinrich Stammer
14. März 1818

Herrn
5 Herrn Pestalozzi
Vorsteher eines
Erziehungsinstituts
in
I f e r t e n
10 am Neuenburgersee
in der
S c h w e i z

f r e i

       Aus Luxemburg, Grossherzogthum gleichen
15   Namens am 14. Merz 1818.
Stammer Professor an dem hiesigen Athenäum entbietet dem Herrn Pestalozi einen freundschaftlichen Gruss.
Verehrungswürdiger Herr Pestalozi!
Es war im Jahre 1812 als ich in Gesellschaft meiner 2 Freunde De-
20 laspée das Glükk hatte, Sie persönlich kennen zu lernen. Für meine Reise vom Rheine nach Iferten ward ich in Ihrem Institute hinlänglich entschädigt – –. Wie sehne ich mich noch einmal zu Ihnen! Sie versprachen mir, lieber Vater – verzeihen Sie mir, dass ich Sie so nenne, denn wie ein Kind liebe ich Sie – beim Abschiede, den ich
25 neben Ihnen auf Ihrem Kanape nahm, Ihre vollkommene Hülfe in der Zeit der Noth. Sie wiederholten dieses Versprechen bald darauf in einem eigenhändigen Schreiben, durch H[errn] Niederer, als ich in Hofwyl eine kurze Zeit mich aufhielt. Seit dieser Zeit hatte ich

zwar oft als Hofmeister Ihren Rath nöthig, aber ich wagte es nicht Sie darum zu bitten, aus Furcht, Ihnen damit lästig zu werden, auch, weil man mir gesagt hatte, Sie würden mit zu vielen Anfragen überhäuft, die ich durch die meinen nicht vermehren wollte. Nun aber, da mein Wirkungskreis sich erweidert, und ein ganz anderer geworden, das seit 6 Monaten sich gebildete Jury des Primarunterrichts mich als Examinator der zu prüfenden Schullehrer zu sich gezogen hat, und vor einigen Tagen von demselben ersucht worden bin, einen Plan von einer Schullehrerschule, die man hier zu errichten hofft – noch nie bestand eine in diesem Ländchen – binnen einer kurzen Zeit zu entwerfen, so zweifle ich gar nicht, dass Sie mir es verargen, wenn ich bei einer so erwünschten Gelegenheit Gutes zu stiften, und auf diese Art Ihren Wunsch zu erfüllen, von Ihrem frühern liebevollen Anerbieten Gebrauch mache. Ich hoffe es um so mehr, da es gerade hier der Ort ist, wo Sie sich durch mich um die Menschheit wieder verdient machen können. Ich rede aus der Seele und gehe zur nähern Bestimmung meines Wunsches.

Ein vielfältiges Prüfen alter und junger Schullehrer führte mich, während 6 Wochen auf die grosse Armuth des Herzens und Geistes dieser Menschen. Kaum dass sie kärglich lesen, schreiben, und rechnen können; von einer verständigen Art und Weise dieses bischen Wissen den armen Kleinen mitzutheilen, sieht man nicht das Mindeste, eben so wenig vermögen sie das sittliche Gefühl der Kinder zu wekken und zu veredeln. Von Gott und Religion geben sie nicht mehr, als was ihnen ein schlechter Katechismus in unverständigen Formeln vorschreibt. Hier schaudert man. Dieses Ländchen ist pur katholisch, und man sieht es ihm auch gleich an. Herrschte noch ein reiner Katholizismus in demselben, und predigten ihn vernünftige Religionslehrer; aber leider, dieser zählt man nicht 5 in demselben. Wahrlich, ich übertreibe es nicht, l[ieber] Vater. Seit meinem 3monatlichen hiesigen Aufenthalte habe ich mich zu sehr davon überzeugt. Gefesselt liegen Herzen und Geister im Aberglauben. Es schmerzt mich, als Katholikken meine Kirchengenossen in einer solchen Knechtschaft unter der Zucht dummer Priester zu sehen. O, wie das Herz mir zuweilen blutet! Unter solchen Schriftlehrern stehen nun die Schullehrer, denen Alles fehlt, was ihr Amt erfordert. Ich führte sie mit freundlichen brüderlichen Worten zum Erkennen desselben. Viele äusserten den Wunsch, das Fehlende zu suchen, und noch zu lernen; aber es fehlt ihnen an Brod, das sie essen müssen, während ihres Aufenthalts an irgend einer Schule. Von dem armseligen Gebühr, oder Lohn, wie sie es nennen, bleibt ihnen nach Anschaffung eines Rokkes von grobem Tuche kaum soviel übrig, dass sie nicht mit blossem Kopfe und barfüssig gehen müssen; denn sie halten gemeiniglich nur 3 Monate Winterschule. Die armen Kinder, welche 9 Monate hindurch, auch sogar ohne das ABC. herumirren müssen!

Das Ländchen wie die Stadt und seine Flekken ist arm. Die Reichen sind hier wie anderstwo, noch karger, weil der Reichthum im Verhältniss zur Armuth steht. So ist der Noth nicht abgeholfen.

Wie ich aber aus dem vorliegenden Schreiben des besagten Jury, an mich, sehe, so hofft dasselbe, dass die Gemeinden zu einem kleinen Beisteuer eine Schullehrerschule zu errichten, angehalten werden könnten, bemerken aber, dass der zu entwerfende Plan vor der Hand auf den Unterricht von einigen Sommermonaten berechnet werden müsse, dass der Unterricht nicht sowohl in Büchern als in allgemeinen Tabellen gefasst werde, kurz, dass ich mich auf die allernöthigste Lehrmittel beschränken möchte, um die Lasten zu schonen, bis der dringendsten Noth abgeholfen, und die Zeit eine mögliche Vervollkommnung herbeiführte.

Wie sich aber aller Unterricht in Tabellen bringen lassen könnte, wie der daraus hervorgehende Mechanismus verhindert werde mit noch vielen andern übeln Folgen, begreife ich nicht. Eine schwerere Aufgabe däucht mir diese zu sein; soll Ungründlichkeit, und Maschinerei verhütet werden; um so schwerer scheint mir die Aufgabe, als ich nicht gerne im Widerspruche mit der Überzeugung die ich von Ihrer Erziehungsweise, hinsichtlich ihres absoluten Vorzugs, gewonnen habe, stehe. Sie sehen eben so gut als ich, und besser, was von dem Werke aus geschaffen werden soll, abhängt, welche grosse nicht zu berechnende Vortheile für dieses in Finsterniss liegende Waldländchen hervorgehen kann. Diese Hoffnung ist es auch allein, die mich für meine schöne Rheingegend, wo ich gebohren und erzogen worden, entschädigt, und mir ein Entgelt gewährt für das Opfer was ich bringe. Und meiner Schüler Liebe zu mir, die Empfänglichkeit für meinen Willen zeigen, bestärken mich in meiner Hoffnung auch auf den andern Zwekk. Drum l[ieber] guter Vater, sagen Sie mir doch, sobald Sie nur können, was ich thun soll, welche Mittel zu wählen sind; Zeichnen Sie mir in kurzen Worten, wenn Sie zu vielen keine Zeit haben, den Gang vor, den ich zu nehmen habe. Sie leisten mir einen wichtigen Dienst, einen noch wichtigern der Jugend, die in den Dörfern nach dem Brode des Lebens verlangt. Ihr Rath wird gut sein, das weiss ich, gerne will ich ihn befolgen; gerne will ich den Rest der Zeit, der mir von den Stunden des Unterrichts am Collegium unter 200 Schülern, die deutsch lernen, bleibt, zu jenem Zwekke verwenden. Mag meine

Hülle brechen, wenn nur die Sache da steht, und so viel Kraft genommen, dass sie nicht mehr untergeht. O, Vater, der Kampf den ich hier bestehen muss indem mir Viele widerstehen, und meine Grundsätze, die nicht die eines Tagelöhners sind, anfeinden und verspotten, ist nicht klein; aber ich zittere nicht und halte fest an den Willen meines Gottes, den ich gerne höre. Besser erginge es mir, wären einige meiner Collegen wie sie sein sollten, meine Helfer; aber sie können mir nicht helfen, solange sie kein anderes Erziehungsmittel kennen, als die todte Grammatik, nicht anderst unter die Jugend treten, als mit der Furcht und dem Schrekken, die der Geisel folgen; sie erscheint zwar nicht mehr als solche, aber nur zu scharf noch im Einsperren Ponitenzen, Untersagen aller Heiterkeit, und Beschränkung der nöthigen Erholung u.s.w. Doch von diesem Elende der armen Jugend für jetzt genug, das Angeführte reicht schon hin Sie zu Thränen zu rühren. Helfen Sie mir nur l[ieber] Vater r e c h t b a l d, dass ich dort Thränen der Freude Ihnen verursache, wenn es mir gelungen dem Lande und der Stadt bessere Lehrer gebildet zu haben.

Sie geben, wie ich gelesen habe, Ihre sämmtlichen Erziehungsschriften heraus, deren Erlös zur Gründung einer Armenschule bestimm[t] sein soll? Nehmen Sie auch mich unter [die] Zahl der Subskribenten für 4 Exemplare [auf] und zeigen mir gefälligst den Preis derselben und den Weg an, auf dem ich Ihnen denselben zusenden kann, vielleicht über Francf[urt] a[m]/m[ain] durch die Hermannsche Buchhandlung?

Empfehlen Sie mich dem H[errn] Niederer u[nd] Krusi und nehmen Sie die Versicherung einer beständigen Hochachtung und der wärmsten Liebe zu Ihnen von dem, der einer baldigen Antwort entgegen sieht.

Stammer

Überlieferung

1 ZB Zürich, Ms Pestal 55a, Umschlag 356/1 (=H1)
2 Bogen, 229 x 183 mm (=H1)
4 Siegelspuren, Stempel *LUXEMBURG FRANCO* und *FRANCE GRENZEN*, Dorsualvermerk *Luxemburg, 14. März 1818. Stammer.* (=H1)
5 Original

Textkritik

Zeuge H
Z. 5   *Pestalozzi*: lateinische Schrift
Z. 9   *I f e r t e n* : lateinische Schrift

Z. 12	*S c h w e i z* : lateinische Schrift
Z. 14	*Luxemburg*: lateinische Schrift
Z. 15	*Merz*: lateinische Schrift
Z. 16	*Stammer Professor*: lateinische Schrift
Z. 17	*Pestalozi*: lateinische Schrift
Z. 18	*Pestalozi*: lateinische Schrift
Z. 19 f.	*Delaspée*: lateinische Schrift
Z. 27	*Niederer*: lateinische Schrift
Z. 28	*Hofwyl*: lateinische Schrift
Z. 34	*Jury*: lateinische Schrift
Z. 35	*Examinator*: lateinische Schrift
Z. 36	Tagen ∫
Z. 59	hiesigen <*Aufenthalte*> Aufenthalte
Z. 78	*Jury*: lateinische Schrift
Z. 111	*Collegium*: lateinische Schrift
Z. 122	dem ∫
Z. 124	*Ponitenzen*: lateinische Schrift
Z. 133 f.	Siegelausriss
Z. 136	*Francf[urt] a[m]/m[ain]*: lateinische Schrift
Z. 136 f.	*Hermannsche*: lateinische Schrift
Z. 138	*Niederer*: lateinische Schrift
Z. 138	*Krusi*: lateinische Schrift
Z. 142	*Stammer*: lateinische Schrift

Sacherklärung

I.

Heinrich Stammer (1785–1859) aus Boppard (Rheinland-Pfalz) besucht die Lateinschule und von 1807 bis 1808 das bischöfliche Seminar in Trier, wo er Philosophie, Theologie und Rhetorik belegt, bevor er fast zehn Jahre lang an verschiedenen Orten und in mehreren Institutionen als Hofmeister und Lehrer tätig ist. Im Rahmen dieser Beschäftigungen reist er 1812 mit Johannes de l'Aspée (1783–1825, ⇒ Nr. 959), an dessen Elementarschule in Wiesbaden er sich mit Pestalozzis Methode vertraut gemacht hat, nach Yverdon. 1817 wird Stammer Deutschlehrer am Elitengymnasium Athenäum in Luxemburg und bleibt dort, 1824 zum «Wirklichen Professor der deutschen Literatur» ernannt, bis 1851 angestellt. 1839 nimmt er die luxemburgische Staatsbürgerschaft an, nach seiner Pensionierung kehrt er mit seiner Frau, Dorothea Caroline Stammer-Cramer (1801–1891), aber gleichwohl nach Deutschland zurück; Stammer stirbt in Düsseldorf.

III.

Z. 9	*I f e r t e n* : dt. Name für Yverdon
Z. 16	*Athenäum*: Das 1603 durch die Jesuiten gegründete älteste Gymnasium Luxemburgs vermittelte eine humanistische, auf klassische Sprachen fokussierte Bildung, bis es sich ab 1773 – nach der Auflösung des Jesuitenordens verstaatlicht und unter dem Namen «Königliches Kolleg» oder auch «Theresianum» geführt – verstärkt auch der Wissenschaft und der Mathematik zuwandte. Zur Zeit der Franzosenherrschaft zeitweilig geschlossen und später als *Collège* betrieben, wurde die Schule als «Königli-

Z. 19 f.	*Delaspée*: Johannes de L'Aspée (1783–1825, ⇒ Nr. 959) und Jakob de l'Aspée (1789/90–1817, ⇒ Nr. 1434)
Z. 27	*Schreiben*: scheint nicht erhalten zu sein
Z. 27	*Niederer*: Johannes Niederer (1779–1843) ⇒ Nr. 507
Z. 37	*Plan*: Am 19. Mai 1818 wurde unter dem Namen *École modèle* oder auch *École pédagogique* eine dem Athenäum angegliederte Anstalt zur Ausbildung von Volksschullehrern eröffnet, in der Lehrer des Athenäums sowie Geistliche im Sommer unentgeltliche Kurse erteilten. Der entsprechende Plan – *Etablissement d'une école normale moyenne et permanente – réunion des pièces qui ont servi à traiter cette affaire* – ist in den Archives nationales de Luxembourg unter der Signatur C-0692 erhalten.
Z. 78	*Schreiben*: Mehrere Schreiben, die die Verwaltung des Primarunterrichts im Zusammenhang mit der Einrichtung der Schullehrerschule an Heinrich Stammer (1785–1859, ⇒ Sacherklärung I.) gesandt hatte, sind in den Archives nationales de Luxembourg unter der Signatur C-0692 einzusehen.
Z. 124	*Ponitenzen*: Pönitenz: (kirchliche) Busse, Bussübung
Z. 131 f.	*Erziehungsschriften*: Johann Heinrich Pestalozzi: Sämmtliche Schriften, 12 Bände. Stuttgart 1819–1824
Z. 132	*Armenschule*: ⇒ Nr. 1369
Z. 136 f.	*Hermannsche*: Johann Christian Hermannsche Buchhandlung ⇒ Nr. 1842
Z. 138	*Krusi*: Hermann Krüsi (1775–1844) ⇒ Nr. 588

1918/1.
Johannes Niederer
16. März 1818

Iferten den 16. März 1818.

Lieber Herr Pestalozzi.

Die Verspätung der Beantwortung Ihres, am 10ten dieses, nachts, erhaltenen Briefs entsprang aus der Unentschlossenheit, ob ich denselben beantworten soll. Der Beweggrund überwog, Sie über mehrere Ihnen vielleicht nicht gleichgültige Betrachtungen in Kenntniss zu setzen, und unser Verhältniss endlich über allen Zweifel zu entscheiden.

Gewissenhaft betheuere ich Ihnen, dass ich Ihren Brief mit all der Hofnung und Liebe empfieng, die mir die Zeilen, womit Sie denselben am 7ten ankündigten, und womit Sie so freündlich eine Prüfung meines Briefs und Vorschläge zu einer endlichen Vereinigung versprachen, erweckten.

In dieser Gemüthsstimmung las und prüfte ich ihn, Zeile für Zeile. Mein fester Vorsatz war, jeden, auch den gerechtesten persönlichen Anspruch fahren zu lassen, wenn das Wesen meines Verhältnisses zu Ihnen, eine der Menschenbildung entsprechende, Ihren Fortschritt sichernde, meinen Kräften angemessene Stellung durch Ihre Ansicht möglich würde. Es lag mir von Herzen daran, jede Erinnerung an das Vergangene, in so fern sie nicht selbst als eine für die Leitung in der Zukunft lehrreiche Erfahrung nothwendig, ja unentbehrlich war, die gegenwärtig zu nehmenden Entschlüsse zu bestimmen, zu unterdrücken. Ich suchte in Ihren Äusserungen und Vorschlägen das allerwenigste, ich will nicht sagen was Ihre alten Freunde erwarten durften, sondern was Sie schlechthin für Sie selbst nicht minder als für Ihr Werk suchen mussten: eine Sicherheit gegen die Erneüerung der bisherigen Irrthümer und gegen das alte Unrecht; eine Gewährleistung gegen die Wiederholung der Verhältnisse, die die Stillstellung der Entwicklung der Methode in Ihrer Umgebung, das innere Verderben Ihrer Anstalt und die unseligen Missverhältnisse und Widersprüche zur Folge hatten, über welche Sie sich beklagen, und welche Sie selbst dem Publikum bekant machten.

Krüsi theilt ganz diese Gesinnung und mit ihm alle alten Freunde von Ihnen, die wir zu den unsrigen zählen. Alle würden sichs zum höchsten Glück anrechnen, in der Idee, d[as] h[eisst] im Geist und Leben Ihrer Unternehmung mit Ihnen vereinigt, sich an Sie anzuschliessen und durch Sie mit Ihnen zu arbeiten.

Von nun an aber müssen wir alle Hofnung aufgeben, und völlig darauf Verzicht thun, weil Sie die Art unsrer Vereinigung mit Ihnen, das unzerreissbare und heilige Band, wodurch wir an Sie geknüpft sind, mit Gewalt von sich werfen.

In der Erkenntniss der Ursachen vergangener Übel ligt das einzige Mittel, künftige Übel zu verhüten. Hiedurch hatte ich nicht nur ein Recht, sondern es war meine Pflicht, Sie auf jene Ursachen aufmerksam zu machen. Sie stempeln das zur «Rechthaberey». Der Inhalt Ihres Briefs von Anfang bis zum Ende ist hieraus geflossen. –

Er enthält, statt dem «Schritte» zur Vereinigung, und einer Annäherung des Mannes, der dem Ziel, das wir suchen sollen, mit Einfachheit, Gradsinn und Selbstüberwindung entgegengeht, mit einem Wort, statt eines «sich für seine Zwecke von Gott und seinem Gewissen zu erneuern suchenden Pestalozzi» eine auf dem Grundirrthum des alten Pestalozzi, aus dem nach seinem Ausdruck alles Unglück, alle Elendigkeiten, und alles Unrecht das hinter uns ligt entsprungen sind, gebaute, erneuerte Anklage gegen die Mitgehülfen seiner Unternehmung seit 16 und mehr Jahren von Burgdorf aus, namentlich gegen mich. Sie versuchen darin, aus dem Geiste dieses Irrthums, des Irrthums der uns aus Ihrem Hause vertrieben hat, eine darum gänzliche verfehlte Wiederlegung einiger Äusserungen meines letzten Briefes und einiger Stellen meines Nachtrags in der allgemeinen Zeitung, lassen aber gerade die Hauptsache unberührt, nemlich die, dass man sich mit denen, die man zur Mitwirkung anspricht, auch über sein Wirken verständigen müsse. Das Ganze läuft auf eine Apologie von Schmid hinaus, der statt Ihre Zeit und Ihre Kräfte, Ihr Alter und Ihre Würde, was seit Jahren geschah zu seiner Vertheidigung zu missbrauchen oder missbrauchen zu lassen, Sie endlich von diesem eben so vergeblichen als unschicklichen Geschäft, oder vielmehr dieser schädlichen Zerstreüung abhalten sollte.

Einladen ist allerdings nicht zwingen. Allein wie können Sie sagen, dass «wenn Pestalozzi einladet, der Gedanke an zwingen wollen gewiss keinem vernünftigen Menschen in Sinn komme», da Sie uns das Anschliessen an Schmid in Ihrem Brief «zur Pflicht» machen, da Sie mir drohen, ich werde das Versagen dieser Aufforderung «mit bittern Thränen bereüen» da Sie endlich gerade durch die Hartnäckigkeit, womit Sie in Ihrer öffentlichen Aufforderung beharren, zeigen, Sie wollen uns entweder vor dem Publikum als treulos gegen Sie und Ihr Werk erscheinen machen oder zu Schmids Werkzeugen, oder wenn Sie lieber wollen, «Gehülfen» erniedrigen? –

Lieber Herr Pestalozzi, es gibt allerdings einen moralischen Zwang: der die Forderung des Gewissens selbst ist, und darum mit der Freiheit und Selbstständigkeit des Menschen zusammenfällt. Als einen solchen erkennen Krüsi und ich die Treüe an Ihrem Werk, das Festhalten an den Wahrheiten an die Sie als ein Werkzeug der Versöhnung aufgestellt, durch Ihre Lehren und Thaten beurkundet, und mit der harten Armuth, der bittern Aufopferung Ihres Lebens versiegelt haben. In diesem Sinne, in so fern sich das Wahre Gute und Heilige in Ihrer Person offenbarte, bleiben wir auch Ihrer Person ewig zugethan. Sie anerkennen zu machen, das der Menschheit durch Sie Gewordene in der Bildung zu beleben und zu fördern, betrachten wir als den Mittelpunkt unsrer Bestrebungen und als den diessfälligen Entscheidungsgrund der Pflichten unsres Berufs. Allein, wie wir mit Ihrer Person nur durch die Idee, d[as] h[eisst] durch das in ihr geoffenbarte Wahre und Gute verbunden sind, so sind wir im Leben und durch Ihre Person selbst mit Ihrer äussern Anstalt verbunden, und durch das Wahre und Gute in Ihrer Anstalt mit Ihrer Person. Nichts kan uns an das Äussere Ihrer Unternehmung anschliessen, als eben das darinn herrschende Wahre und Gute selbst, insofern es als Prinzip alles regiert.

Dieses Prinzip vermögen wir in Schmid auf keine Weise zu erkennen. Darum können und wollen wir uns auch auf keine Weise in ihm und durch ihn an Ihre neue Stiftung anschliessen. Wir betrachten das Dringende Ihrer Forderung auf diesem Wege um so mehr als einen der Natur Ihrer Unternehmung selbst wiedersprechenden, Sie herabwürdigenden, unsittlichen Zwangsversuch, je mehr er an unsre frühern Verhältnisse zu Ihnen geknüpft ist.

Unser ursprüngliches Verhältniss zu Ihnen, und Ihrem Werk verträgt keine Mittelsperson, am wenigsten eine solche, die Ihre Idee nie auffasste, und sich feindselig gegen Sie, und gegen das innerste Wesen, gegen die geistige Bedeutung Ihrer Schöpfung stellt; die Sie mit einem Wort dahin bringt, dass Sie der Idee selbst als eines Traumes spotten, und den Werth Ihrer Methode in eine erkentnisslose Handwerksfertigkeit setzen. Diese Ansicht dürfte und würde ich zuverlässig nicht aussprechen, sondern mich als den des Standpunkts derselben nicht «gewachsenen» Mann ansehen, der die «Vertheidigung des Gesetzes der Menschenbildung über alle Massen ungeschickt zur Hand nimmt», bei dem diese Vertheidigung eine «Anmassung» ist, wenn sich in der jetz herrschenden Ansicht auch nur eine Spur von Anerkennung dieses Standpunkts, und damit die Fähigkeit zeigte, irgend etwas, das aus diesem Standpunkt hervorgeht, zu beurtheilen.

Lieber Herr Pestalozzi; wir sind mit Ihrer Idee und Unternehmung geistig verbunden. Jede andre Verbindung mit Ihnen muss darauf gegründet seyn. In Ihrer Person haben wir die Idee gefunden, in dieser wieder Ihre Person. Diess macht Sie uns zu dem wofür wir Sie halten. Es erlaubt uns kein andres als ein reines unmittelbares Verhältniss zu Ihnen. Wir bedürfen keiner Mittelsperson. Unser Anschliessen an Sie duldet keine, und, wenn ich den sehr unschicklichen, von Ihnen mit grossem Unrecht gebrauchten Ausdruck: «Versöhnung» brauchen darf, nicht in Schmid und durch ihn können wir mit Ihnen «versöhnt» seyn!

Überlieferung

1 ZB Zürich, Ms Pestal 53/54, Umschlag 262/IV,95
2 Bogen und Blatt, 257 x 199 mm
5 Original

Textkritik

Zeuge H
Z. 42   *aber* ∫

Z. 61	*hat,* <*und*> *eine* ⎬
Z. 66	*Ganze* <***> *läuft*
Z. 86	*an* ⎬
Z. 111	*gegen* ⎬
Z. 112	*gegen* ⎬
Z. 114	*Methode* <***> *in*

Sacherklärung

I.

Johannes Niederer (1779–1843) ⇒ Nr. 507

II.

Mit diesem Schreiben reagierte Johannes Niederer (1779–1843, ⇒ Nr. 507) auf einen sehr ausführlichen Brief Pestalozzis (PSB XI, Nr. 4931; vgl. auch ⇒ Nr. 1911). Ob dieses Schreiben auch tatsächlich abgeschickt wurde oder eher der nachfolgende Brief (⇒ Nr. 1918/2), ist unklar.

III.

Z. 4	*Iferten*: dt. Name für Yverdon
Z. 6	*Ihres*: PSB XI, Nr. 4931
Z. 14	*ankündigten*: Diese Ankündigung muss mündlich erfolgt sein, zumindest ist kein Brief von Pestalozzi an Johannes Niederer (1779–1843, ⇒ Nr. 507) von diesem Datum erhalten.
Z. 37	*Krüsi*: Hermann Krüsi (1775–1844) ⇒ Nr. 588
Z. 63	*Briefes*: ⇒ Nr. 1912
Z. 63	*Nachtrags*: ⇒ Nr. 1911
Z. 67	*Schmid*: Joseph Schmid (1785–1851) ⇒ Nr. 712
Z. 104	*Stiftung*: ⇒ Nr. 1910

1918/2.
Johannes Niederer

16. März 1818

Iferten den 16. März 1818.

Lieber Herr Pestalozzi

Die Verspätung der Antwort auf Ihren Brief, der mir am 10ten nachts zukam, entstand aus der Unentschlossenheit, ob er überhaupt zu beantworten sey. Die Betrachtung der Pflicht überwog endlich, Sie so viel und wenn es immer möglich, in den richtigen Standpunkt unsres Verhältnisses zu versetzen, um damit unsre Correspondenz ein für allemal zu enden.

Gewissenhaft betheüre ich Ihnen, dass ich Ihren Brief mit all der Hofnung und Liebe empfieng, welche Ihre Zeilen vom 7ten, worinn

Sie mir ihn ankündigten und so freündlich einen endlich entscheidend annähernden Schritt versprachen, erwecken mussten. –
In dieser Gemüthsstimmung las ich ihn Zeile für Zeile. Mein fester Vorsatz war, jeden auch den gerechtesten, blos persönlichen Anspruch fahren zu lassen, wenn das Wesen einer neüen Anschliessung an Sie, nemlich eine der Menschenbildung entsprechende, ihren Fortschritt sichernde, meinen Kräften angemessene Stellung durch Ihre Ansicht möglich würde. Es lag mir von Herzen daran, jede Erinnerung an das Vergangne, die nicht selbst zur Leitung für die Zukunft lehrreich, und unentbehrlich ist die gegenwärtig aber zu nehmenden Entschlüsse zu bestimmen, zu unterdrücken.

Krüsi theilt ganz diese Gesinnung. Mit ihm, ich kan es für gewiss behaupten, theilen sie alle Ihre alten Freünde die zu den Unsrigen gehören. Keiner kennte ein grösseres Glück, als nicht nur im Geiste mit Ihnen, sondern auch mit Ihrer Person äusserlich vereinigt zu seyn, um gemeinschaftlich an Ihrem Werk zu arbeiten.

Nur das erwarteten wir alle von Ihnen, was Sie für Ihre Person und Ihr Werk nicht weniger als wir suchen mussten: Ansichten und Vorschläge, welche vor einer Erneüerung der alten Irrthümer und des alten Unrechts sichern konnten. Wir wollten eine Gewährleistung gegen die Wiederholung von Umständen und Verhältnissen, welche den Stillstand der Methode, das Verderben der Anstalt, und alle die Missverständnisse zur Folge hatten, worüber Sie sich beklagen, und welche Sie selbst dem Publikum bekant machten. Was ich Ihnen geschrieben hatte, war nicht im Sinn von Vorwürfen zu betrachten über das Geschehene und nicht mehr zu Ändernde, sondern als leitende Gesichtspunkte auf das was theils gethan, theils vermieden werden müsste, um nicht nur das Vertrauen, sondern den Gang der Sache in ihrer vollen Kraft herzustellen. Am wenigsten leitete mich Rechthaberey, sondern die Überzeugung, dass in der Erkentniss der vergangnen Übel und ihrer Ursachen, das einzige Mittel liege, künftige Übel zu verhüten, und dass es also auch gegen Sie eine Pflicht sey, Sie auf jene Ursachen aufmerksam zu machen.

Meine Bestürzung beim Lesen Ihres Briefs wuchs von Zeile zu Zeile, als ich fand er enthalte statt solcher, natürlicher und, wird sie in der That redlich gesucht, sich von selbst ergebender «Schritte zur Vereinigung und einer Annäherung, einer besonnenen Verständigung des Mannes, der dem Ziel, das wir suchen sollen, mit Einfachheit, Geradsinn und Selbstüberwindung entgegengeht», mit einem Wort statt der Ausserungen eines «sich für seine Zwecke vor Gott und seinem Gewissen zu erneuern suchenden Pestalozzi» eine auf den Grundirrthum des alten Pestalozzi, aus dem «alles Unglück, alle

Elendigkeiten, und alles Unrecht das hinter uns ligt», entsprungen sind, hervorgehende, erneüerte Anklage gegen die Mitgehülfen seiner Unternehmung namentlich gegen mich. Sie fordern uns zur Versöhnung auf, da wir als Menschen und als Christen immer mit Ihnen versöhnt waren, als Ihre Gehülfen und Werkzeüge aber einige Ansprüche und Forderungen an Sie machen müssen, die aber den Zustand der Versöhnung ausdrücken. Sie versuchen aus dem Geiste des Irrthums und des Unrechts, der uns aus Ihrem Hause vertrieben hat, und womit Sie hoffentlich nicht wollen, dass wir uns versöhnen sollen, eine, eben darum gänzlich verfehlte Wiederlegung einiger Stellen meines Briefs und meines Nachtrags in der allgemeinen Zeitung. Sie schreiben eine Apologie von Schmid, lassen aber gerade das unberührt worauf es einzig ankommt, nemlich die Grundsätze, wonach Ihre Anstalt und Stiftung geführt werden sollen. Ja Sie setzen der einzig möglichen Bedingung unseres äussern Anschliessens an Sie, der, mit Schmid auf keine Weise dadurch in Verbindung zu treten, die geradezu entgegengesetzte, alle weitre Rede davon aufhebende Bedingung entgegen, eine Anschliessung an ihn als Conditio sine qua non der Wiedervereinigung mit Ihnen zu betrachten.

Lieber Herr Pestalozzi, wie kan es Ihnen mit einer Verbindung ernst seyn, bei der Sie die Ursache der Trennung selbst zur Grundlage machen! Wie ist es möglich, dass Sie uns, dass Sie die Geschichte Ihres Hauses und Ihrer Unternehmung, dass Sie auch nur im Geringsten die Natur der Dinge und die menschliche Natur kennen, und doch auf diesem Einfall bestehn!

Die Sache und unsre Gesinnung duldet keine Mittelsperson zwischen Ihnen und uns, am wenigsten die, deren Grundsätze, deren Ansicht und Behandlungsweise Ihrer Person und Ihrer Gehülfen, Ihrer Anstalt und Ihrer Methode hier zu allen den Erklärungen und Schritten vermocht hat, welche uns aus Ihrem Hause vertrieben haben. Sie wissen, dass wir äusserlich nur mit Ihnen und durch Sie vereinigt seyn wollen und können, wie wir innerlich nur mit Ihnen und durch Sie vereinigt sind.

Zwar könnten wir uns auch mit Schmid vereinigen, ja er könnte der Weg zur Anschliessung an Sie werden. Diess wäre aber nur dadurch möglich, wenn er den falschen Weg den er eingeschlagen, und die schlechten Mittel, die er sich erlaubt, Mittel die schon darum schlecht und verwerflich sind, weil sie statt zum gemeinschaftlichen Ziele, von demselben abführen, mit Einfachheit, Geradsinn und Selbstüberwindung als falsch und schlecht erklärte, und den entgegengesetzten Weg, nemlich den der wahren Grundsätze der Menschenbildung einschlüge. Bis das der Fall ist, wird eher die Sonne am Himmel still stehen, als dass wir uns an ihn anschlössen.

100 Lieber Herrr Pestalozzi, Sie erklärten Schmid hundertmal, und noch in dem Bruchstück Ihrer Geburtstagsrede das ich las, öffent[-lich] für Ihren Retter im Allgemeinen, und Ihren Befreyer aus unsern Händen insbesondre. Hieran müssten Sie sich, wenn das wirklich der Fall ist, begnügen, und nicht erwarten, Sie würden uns am glei-
105 chen Tage und im gleichen Aufsatz durch eine Einladung uns mit ihnen gegen uns zu verschwören, freundlich überraschen. –

Wie können Sie ferner glauben, dass auch nach meiner Unterredung mit Ihnen in Orpens Gegenwart, nach meinem Zeitungsartickel, und selbst nach meinem letzten Briefe, die völlige Hintanset-
110 zung ich dürfte sagen der offenbare Spott und Hohn gegen einen unveränderlich entschiednen, Ihnen tausendfach durch Wort und That erklärten Grundsatz, der geistig erzeugt, geschichtlich bewährt, moralisch begründet ist, dass kurz Ihre rein persönliche Willkühr und Ihre grundlose Behauptung wir thun Schmid unrecht, und müs-
115 sen uns daher an ihn anschliessen, eine Wiedervereinigung mit Ihnen herbeiführen könne. –

Doch das ist Ihnen wirklich nicht eingefallen. Sie wussten, was erfolgen musste, und geben sich gewissermassen zum voraus selbst unrecht, indem Sie gleich im Anfang Ihres Briefs sagen: «Ich muss
120 wieder in Beantwortungen eintreten, die, mehr geeignet sind, uns von unserm Ziel zu entfernen, als uns demselben zu nähern».

Lieber Herrr Pestalozzi, ich kenne den Grund Ihres Irrthums. Es ist mir durch das 16Jährige Studium Ihres Geistes und Ihres Schicksals klar geworden. Er stellt sich in Ihrem Briefe vom 10ten gleich-
125 sam als in einer reifen, vollendeten Frucht dar. Ich möchte sagen jedes Wort darin ist ein Beleg dafür. Sie bleiben nemlich überall blos bei den Thatsachen und Umständen stehen, welche Sie drücken, ohne in die Ursachen derselben und in den Zusammenhang der Verhältnisse und des Verfahrens, welches jene widrigen Thatsa-
130 chen und Umstände herbeiführte eintreten zu wollen. Sie weisen das Licht dieser Thatsachen, zum grössten Nachtheil für Sie selbst, mit der entschiedensten Härte von sich. Sie nehmen einen Salto mortale darüber hinweg, den Sie im alleruneigentlichsten Sinne «Versöhnung» nennen, und glauben es sey damit alles abgemacht,
135 indem Sie nebst allen Mitversöhnten morgen den Faden da fortsetzen wo Sie ihn gestern gelassen haben. Damit kommen Sie aber auch nie auf den Grund und Anfangspunkt des neüen Lebens, das Sie sich und Ihren Mitversöhnten gewiss rei[ch]lich versprochen. Sie wälzen Sisyphusstein, und Ihr Leben wird diessfalls zu einer

unendlich traurigen, ermüdenden und Erschöpfenden Wiederholung von Auftritten, die immer zum gleichen Resultat, nemlich zur Nothwendigkeit führen, die «Versöhnung» zu erneüern, ohne die Sache weiter zu bringen. –

Aus dem nemlichen Grunde glauben Sie auch, uns durch Dinge bewegen oder schrecken zu können, die durchaus nichtig sind. Sie meinen z[um] B[eispiel] die Umstände, in denen Sie sich befanden rechtfertigen Ihre drey Ankündigungen, indessen Ihre Rechtfertigung in der gesucht werden müsste, was jene Umstände hervorbrachte, und bei dessen Erörterung manches in einer ganz andern Gestalt erscheinen dürfte, als Sie sichs vorstellen. So wäre es möglich, dass nicht die Art und der Inhalt Ihrer geschlossenen Convention mit Fellenberg, sondern die seit vielen Jahren früher genommenen Maasregeln, welche Sie endlich zu einem solchen Verzweiflungsschritt zwangen, etwa Ihren Retter, der doch Jahrelang schon wieder bei Ihnen war, in einem dem Nimbus womit Sie ihn zu umhüllen belieben entgegengesetzten Lichte zeigen dürfte. So Manches spätere Ihre einmal vorhandene Verwirrung rechtfertigen oder entschuldigen mag, so wird es bei den Unbefangenen darauf ankommen, was denn Ihre Verwirrung selbst rechtfertige, wodurch nämlich der Zustand in den Sie gerathen sind, motivirt sey. –

Lieber Herr Pestalozzi, als letzte Erklärung an Sie, und aus alter Liebe zu Ihnen, ohne die geringste Erwartung eines Erfolgs, erkenne ich es als Pflicht, Ihnen über die Ursachen und den Zusammenhang der von Ihnen aufgestellten Behauptungen Licht zu geben, insofern Sie auf mich Bezug haben. So wie ich bis jetzt alles that, Sie vor Missschritten zu warnen, wenn gleich ohne allen Erfolg, indem ich nur Ihre leidenschaftliche Empörung dagegen reitzte, halte ich es für Pflicht bis ans Ende handeln zu müssen. – Erfolge daraus was wolle, geben Sie ihm immer die Auslegung als einer Handlung gegen Sie, welche Sie meinen Schritten für Sie bisher gegeben haben, ich habe das meinige gethan.

Überlieferung

1 ZB Zürich, Ms Pestal 53/54, Umschlag 262/IV,96
2 Bogen, 257 x 199 mm
4 Dorsualvermerk *1818. d[en] 16 März. Niederer an Pestalozzi.*
5 Original

Textkritik

Zeuge H

Z. 58	*Unternehmung* ∫
Z. 61	*aber* <*diese*> *den*
Z. 62	*versuchen* <***> *aus*
Z. 74	*Conditio sine qua non*: lateinische Schrift
Z. 78	*die* ∫
Z. 79	*nur* ∫
Z. 132 f.	*Salto mortale*: lateinische Schrift
Z. 139	*Sisyphus*: lateinische Schrift
Z. 151	*Convention*: lateinische Schrift
Z. 155	*bei* <*> *Ihnen*
Z. 155	*Nimbus*: lateinische Schrift
Z. 156 ff.	*spätere* ∫ *Ihre einmal* ∫ *vorhandene* ∫ *Verwirrung rechtfertigen oder* ∫ *entschuldigen* ∫
Z. 166	*warnen,* <*auch*> *wenn*

Sacherklärung

I.

Johannes Niederer (1779–1843) ⇒ Nr. 507

II.

Mit diesem Schreiben reagierte Johannes Niederer (1779–1843, ⇒ Nr. 507) auf einen ausführlichen Brief Pestalozzis (PSB XI, Nr. 4931; vgl. auch ⇒ Nr. 1911). Ob dieses Schreiben auch tatsächlich abgeschickt wurde oder der vorangehende Brief (⇒ Nr. 1918/1), ist unklar. Da dieser Brief allerdings als einziger einen Dorsualvermerk trägt, kann davon ausgegangen werden, dass es diese Version war, die Pestalozzi dann auch wirklich zugekommen ist. Allerdings ist auch eine mit 19. März datierte Antwort erhalten (⇒ Nr. 1920), sodass unklar bleibt, welcher Brief tatsächlich verschickt wurde.

III.

Z. 4	*Iferten*: dt. Name für Yverdon
Z. 6	*Brief*: PSB XI, Nr. 4931
Z. 13	*Zeilen*: scheinen nicht erhalten zu sein
Z. 25	*Krüsi*: Hermann Krüsi (1775–1844) ⇒ Nr. 588
Z. 66	*Briefs*: ⇒ Nr. 1910
Z. 67	*Schmid*: Joseph Schmid (1785–1851) ⇒ Nr. 712
Z. 69	*Stiftung*: ⇒ Nr. 1910
Z. 74	*Conditio sine qua non*: Bedingung, ohne die nicht (lat.)
Z. 101	*Geburtstagsrede*: PSW XXV, S. 261–364
Z. 108	*Orpens*: Charles Edward Herbert Orpen (1791–1856) ⇒ Nr. 1925
Z. 109	*Briefe*: ⇒ Nr. 1915/1 oder ⇒ Nr. 1915/2
Z. 132 f.	*Salto mortale*: Todessprung (ital.)
Z. 147	*Ankündigungen*: Damit dürften wohl die drei Ankündigungen aus dem Jahre 1817 gemeint sein, die Pestalozzi im Zusammenhang mit der Cotta-Edition verfasst und veröffentlicht hatte, nämlich *Pestalozzi an's Publikum* (PSW XXV, S. 41–45), *Pestalozzi gegen ein Missverständnis in seinem Subscriptionsplan* (ebd., S. 71–80) und die *Subskriptions-Verlängerung* (ebd., S. 89–93).

Z. 151   *Convention*: PSB X, Nr. 4795
Z. 152   *Fellenberg*: Philipp Emanuel von Fellenberg (1771–1844) ⇒ Nr. 426

1919.
Johannes Niederer
18. März 1818

Iferten den 18ten März 1818.

Lieber Herr Pestalozzi.
Als ich zu Ihnen kam, war es der Glaube an das Leben einer unsterblichen Wahrheit und Güte in Ihnen, was mich mit Ihnen verband. Ich glaube dieses Leben erkannt, zum Grundsatz erhoben, vertheidigt und in mancher Hinsicht auch entwickelt zu haben.

Meine Liebe zu Ihnen, war eine Seelenliebe, die mich gleichsam zum Organ des in Ihnen angeschauten Wesens machte. Ich fühlte mich nur in Ihnen und durch Sie[.]

Damit hatte ich aber auch die Überzeügung, dass Ihre Einheit mit sich selbst der Friede Ihres Alters und der Erfolg Ihres Werks einzig und allein auf dem Festhalten und der allseitigen Einführung der von Ihnen aufgestellten Wahrheit ins Leben beruhe, dass Ihre Anstalt nichts anders als das Organ dieser Wahrheit in allen ihren Theilen seyn müsse, und dass der Erfolg derselben einzig und allein von einer Einrichtung und Leitung abhange, durch die alle Werkzeüge der Anstalt ins Wesen derselben eingeführt und von ihm aus entwickelt, handeln würden.

Die erste, unerlässliche Bedingung war, dass Sie selbst mit sich Eins, und harmonisch fortschreitend, dem Gesetz Ihrer Unternehmung treu blieben, und das Ganze in freyer Selbstständigkeit darin fortführten.

Die Beobachtung, dass Sie davon abwichen ist die traurigste meines Lebens. Die Anstrengung, Sie darinn zu erhalten, und darauf zurückzuführen wurde von jenem Augenblick an die heilige Aufgabe meines Lebens.

Die zweite Bedingung war, dass Ihre Werkzeüge in Ihrem Geist und in Ihrer Wahrheit blieben. So lange Sie dieselben darnach, nemlich der Natur Ihrer Unternehmung gemäss behandelten, war mein Geschäft bei Ihnen eine freudige, erhebende Begeisterung.

Als Ihre Missgriffe diessfalls Hemmungen und Wiedersprüche erzeügten, wurde die Stellung schwierig. Aber auch da noch war die freiwillig übernommene Pflicht, mich der Misskennung und dem Tadel Ihrer Gehülfen auszusetzen, ja diese Gehülfen selbst preis zu geben, um Ihre Würde in der Wahrheit unbefleckt zu erhalten bei allem Kummer Genuss für mich.

Als Sie aber im Fortschritte vom Ziel und von der Vervollkommnung der Anstalt und Methode abführenden Maasregeln, vor durchaus unreifen, noch in den blossen Formeln der Methode befangnen Jünglingen, in der Hoffnung durch sie Rettung zu erhalten, knieten, und sie mit Wiederspruch gegen das Wesen und Gesetz der Anstalt erfüllten als Sie mich dadurch zwangen gegen Ihre Persönlichkeits und Augenblicks Maasregeln zu kämpfen, und wider Ihre Person an Ihren Geist zu appellieren, da wurden meine Leiden unaussprechlich.

Ich sah einen Ihrer Gehülfen nach dem Andern dahin gehen, die Anstalt in beschleünigtem Verfalle, und mich der ich einzig die wesentlichen, psychologischen Ursachen davon kannte, und dessen Vorschläge, gerade dann verworffen wurden, einer nach dem Andern, so bald sie das innere Leben der Anstalt berührten, als den Urheber davon angeklagt und allgemein geglaubt.

Auch da wich ich nicht aus meiner Stellung, und bot meine Hand zur Rückkehr Schmids als zur letzten Maasregel, zum endlichen Versuch, ob Ihnen durch die Anstalt, ob der Anstalt durch Sie, d[as] h[eisst] durch Ihre wesentliche Wahrheit und Güte wieder aufzuhelfen sey.

Geschah das Recht, so konnte und musste alles nicht nur neu, sondern viel herrlicher aufblühen.

Von der Richtung hiengs ab die Schmid nahm. Erkannte er den Grund Ihres Werks, das Wesen Ihrer Wahrheit und Güte, so hätten nicht nur alle Ihre alten Werkzeüge sich neü um Sie versamelt, sondern Sie wären, wie Sie es jetz nur geistig sind, auch äusserlich und praktisch der Mittelpunkt der pädagogischen Kultur der Menschheit geworden.

So vertrauensvoll und herzlich ich mich alsobald bei seinem ersten Erscheinen an ihn anschloss, so wiederholt, so dringend, so ausführlich machte ich Sie und ihn aufmerksam auf das, was darzu geschehen und vermieden werden müsste. –

Ich sagte Ihnen alle Folgen, Stufe für Stufe und Schritt für Schritt voraus, wenn das Gegentheil stattfände. Ich weinte, bat, flehte, drohte, drückte Ihnen bei jedem neuen Schritt vorwärts, der von einer harmonischfortschreitenden Entwicklung abführte, aus, was mir die schreckliche Gewissheit, dass Sie sich auf dem eingeschlagnen Wege Ihrer bereiteten geistigen und persönlichen Hilfsmittel begaben und sie verliehren würden, eingab.

Es ist geschehen. Wie Sie mit Schmid alles auslegten wissen Sie, dass Sie alle Schritte und Briefe, um Sie auf dem wesentlichen Gesichtspunkt zu erhalten, als Verbrechen erklärten, dass Sie, auf das hin, was ich stufenweise und Schritt vor Schritt that, Sie vor Maasregeln zu bewahren, die Sie zum Aüssersten führen mussten, mich als die Ursache der äussersten Noth und Verzweiflung, in die Sie gerathen sind, anklagen, bezeügt noch Ihr letzter Brief.

Hier müssen sich unsre Wege scheiden, nachdem Sie, warlich nicht gegen mich, sondern gegen Sie selbst, auf dem, den Schmid Sie führte, beharren, und nachdem dieser die Krone des Verdienstes Ihrer wahren Rettung, die ich selber mit Entzücken auf sein Haupt gesetzt haben würde, verscherzt hat!

So wie der Irrthum über mich und mein und meiner Freünde Verhältniss zu Ihnen, oder vielmehr Ihr Irrthum über den Gang Ihrer Unternehmung selbst und die dabei gemachten Erfahrungen und Thatsachen unüberwindlich ist, so muss es die Trennung von Ihnen auch seyn, so gewiss sie auf der Erkenntniss der Natur und Wahrheit Ihres eignen Werks ruht.

Haben aber Ihre alten Freunde diese Erkenntniss nicht, so können sie auch nie als wohlthätige Werkzeüge Ihrer Unternehmung wirken.

Schmid hat sich eben so bestimmt als das Organ Ihres Irrthums konstituirt, als ich redlich strebte, mich zum Organ Ihrer Wahrheit zu bilden. Gibt er seinen bisherigen Weg nicht geradezu auf so werde ich mich so gewiss nicht mit ihm vereinigen zu Ihrem gemeinschaftlichen Werk, als gewiss die Sonne am Himmel ist.

Wenn Sie Ihren Brief vom 10ten aus dem psychologisch geschichtlichen Standpunkt meines Verhältnisses zu Ihnen, nemlich im Lichte der Wahrheit betrachten, so werden Sie finden, ich würde Ihnen, wollte ich ihn beantworten, gar keinen Wahrheitssinn zutrauen. Zum Überfluss versichere ich Sie, dass er auch nicht e i n e n Punkt berührt, den die Natur der Sache nicht berichtigte oder wiederlegte. Ich werde diese Wiederlegung Punkt für Punkt für unpartheiische Richter aufstellen. Da Sie aber gleich von vorn herein, alle meine Aufklärungen und Gründe für Rechthaberey angeben, und sogar den hohen, heiligen Begriff der Versöhnung in einer Sache missbrauchen, wo es auf eine Übereinstimmung zu meinem Unternehmen, auf einen Vertrag ankommt, und Ihre alten Freünde dadurch eigentlich verschreyen, so habe ich Ihnen nichts weiter zu sagen in dieser Hinsicht, als Sie zu bitten, mit Ihrem Briefe vom 10ten, und dieser Erwiederung, die Unterhandlungen über das Anschliessen an Ihre Anstalt als geschlossen anzusehen, und auch die

Aufforderungen an etwas, das Sie selbst unmöglich machten, (da Sie die Vereinigung mit Schmid, als Conditio sine qua non der Vereinigung mit Ihnen aufstellen,) endlich einmal zu endigen. –
Die Ansicht meiner Frau über ihr Rechnungsverhältniss lege ich
125 Ihnen bei. Dabei habe ich Ihnen zu sagen, dass Ihre Briefe mit Ihren Büchern in einem wunderlichen Widerspruch sind, und dass Sie die Schritte dieses Verhältniss zu beendigen, sonderbar vergessen haben, nemlich erst die Rückweisung unsrer Mittheilungen weil sie (in Buley) so leidend und krank seyen, dass wir Sie dadurch ins Grab
130 stürzen könnten, dann die Sendung meines Schwagers und endlich Herr Hangards an Sie, und ihre Abweisung.
Mit aller schuldigen Achtung

                                  Ihr gehorsamster Diener
                                  Joh[annes] Niederer

Überlieferung

1   ZB Zürich, Ms Pestal 53/54, Umschlag 262/IV,98
2   Bogen und Blatt, 257 x 200 mm
4   (spätere) Notiz *der erste Brief, worin das Rechnungsverhältniss berührt wird.*
5   Original

Textkritik

Zeuge H

Z. 18 f.	*allein* <*davon abh*> *von*
Z. 19	*abhange,* <*dass*> *durch* ⌠ *die* ⌠
Z. 21	*handeln* ⌠
Z. 33	*bei* ⌠ *Ihnen* ⌠
Z. 34	*Ihre* ⌠ *Missgriffe diessfalls* ⌠
Z. 41	*Maasregeln,* <*sich*> *vor*
Z. 69	*an* ⌠ *ihn* ⌠
Z. 79	*wissen* ⌠ *Sie,* ⌠
Z. 80	*Sie* <*mir*> *alle*
Z. 81	*Verbrechen* <*auslegten*> *erklärten* ⌠*, dass Sie,* <*mich*> *auf*
Z. 83	*mussten,* <*mich*> *mich*
Z. 104	*gewiss* ⌠
Z. 116 f.	*und* <*mit* *> *Ihre* ⌠ *alten* ⌠ *Freünde* ⌠ *dadurch* ⌠ *eigentlich* ⌠
Z. 122	*mit* <*Ihnen*> *Schmid,*
Z. 122	*Conditio sine qua non*: lateinische Schrift
Z. 129	*dadurch* ⌠

Sacherklärung

I.

Johannes Niederer (1779–1843) ⇒ Nr. 507

II.

Einen unmittelbaren Anlass für dieses Schreiben, das heisst ein neuerlicher Brief Pestalozzis, ist nicht überliefert. Vielmehr ist anzunehmen, dass dieser Brief eine weitere Reaktion auf die teils undurchsichtigen Probleme darstellt, die in diesen Wochen verhandelt wurden (vgl. auch ⇒ Nr. 1911).

III.

Z. 4	*Iferten*: dt. Name für Yverdon
Z. 56	*Schmids*: Joseph Schmid (1785–1851) ⇒ Nr. 712
Z. 85	*Brief*: PSB XI, Nr. 4931
Z. 122	*Conditio sine qua non*: Bedingung, ohne die nicht (lat.)
Z. 124	*Frau*: Rosette Niederer-Kasthofer (1779–1857) ⇒ Nr. 842
Z. 124 f.	*lege ... bei*: Die hier erwähnte Beilage scheint nicht erhalten zu sein, sie dürfte aber identisch gewesen sein mit der im Sommer 1817 übersandten Rechnung (⇒ Nr. 1700).
Z. 129	*Buley*: Bullet (Kt. Waadt)
Z. 130	*Schwagers*: Karl Kasthofer (1777–1853) ⇒ Nr. 1161
Z. 131	*Hangards*: Jean Baptiste Hangard (1774–1827) ⇒ Nr. 1403

1920.
Johannes Niederer
19. März 1818

Iferten den 19ten März 1818.

Lieber Herr Pestalozzi!
Ihren Brief vom 10ten dieses empfieng ich mit aller der Hofnung und Liebe, welche Ihr Billet von Ihnen erwecken musste.

Ich las ihn wiederholt, und suchte Zeile für Zeile auch nur irgend etwas, was mir Vertrauen zu einem günstigen Erfolg eines neuen Anschliessens an Ihre Anstalt und Stiftung einflössen könnte.

Allein Ihre ganze Ansicht ist ohne Ausnahme auf den Irrthum selbst gebaut der von Ihnen uns trennte. Sie machen das Anschliessen an die Person, in welcher dieser Irrthum zum herrschenden Prinzip Ihrer Anstalt geworden, und als solcher in Wort und That täglich und stündlich wirket, zur Conditio sine qua non der Wiedervereinigung mit Ihnen. Wir können darin keineswegs den im Geiste seiner Stiftung, d[as] h[eisst] in Wahrheit und Liebe sich erneuernden Pestalozzi erkennen. Die Handlung selbst in welcher Sie das grosse Wort aussprechen widerspricht ihm unmittelbar.

Lieber Herr Pestalozzi, als ich zu Ihnen kam, war es der Glaube an das Leben einer unsterblichen, in die menschliche Natur wesentlich eingreiffenden, sie geistig und sittlich, wie irdisch harmonisch erhebenden Wahrheit und Güte in Ihnen, was mich mit Ihnen verband.

Ich glaube dieses Leben erkannt, zum Grundsatz erhoben, vertheidigt, und in mancher Hinsicht auch entwickelt zu haben.

Meine Liebe zu Ihnen war dadurch eine S e e l e n l i e b e , die mich gleichsam zum Organ des in Ihnen angeschauten Wesens machte. Ich fühlte mich nur in Ihnen und durch Sie, vermittelst dieses Wesens.

Damit hatte ich aber auch die unerschütterliche Überzeügung, dass Ihre Einheit mit sich selbst, der Friede Ihres Alters, und der äussere Erfolg Ihres Werks einzig und allein auf dem Festhalten und der allseitigen Einführung der von Ihnen aufgestellten Wahrheit ins Wirkliche Ihrer Unternehmung beruhe; dass Ihre Anstalt das Organ dieser Wahrheit in allen ihren Theilen seyn müsse; dass auch dieses hinwieder nur durch eine Einrichtung und Leitung zu erzielen sey, die alle Werkzeüge der Anstalt gleichsam in Ihren Geist hinein führe, sie aus ihm bilde und mit ihm innig vereinige.

Die erste, unerlässliche Bedingung hierzu war, dass Sie selbst in sich Eins und harmonisch fortschreitend, dem Gesetz Ihrer Unternehmung treü blieben, und Ihre Gehülfen darnach wählten, beurtheilten, stellten und allmählich zu bilden suchten, kurz das Ganze in freyer Selbstständigkeit darinn fortführten.

Die Beobachtung Ihres Abweichens davon, der daraus entspringenden Widersprüche und Hemmungen im Gange der Ausbildung der Methode und Anstalt, ist die traurigste meines Lebens. Sie setzte mich in den härtesten innern Kampf den der Mensch geistig erfahren kann.

Die Liebe zu Ihrer Person und die Treüe an Ihrem Werk reiften ihn, sie konnten nicht anders, zum Entschluss, die Anstrengung Sie auf der Bahn Ihrer Wahrheit der Menschenbildung, zu erhalten zum Ziel meines Lebens zu machen. Ich beschloss, mein möglichstes zu thun, Sie jedesmal darauf aufmerksam zu machen und zurückzuführen, mit Verläugnung meiner Gefühle und koste es mich, was es wolle. –

– Eine zweite Bedingung war, dass Ihre Werkzeüge und Gehülfen sich in diesem Sinne frey an Sie anschlossen, und dass Ihr Geist, Ihre Wahrheit das Band derselben untereinander würde, wie sich das Band der Gemeinschaft mit Ihnen und Ihrem Werk war. Nur dadurch konnte die Thätigkeit und die Liebe in Ihrem Hause allseitig harmonisch, und die Vereinigung um Sie eine edle Verbrüderung zu einer der edelsten, menschenfreundlichsten Stiftungen werden die je gemacht worden sind.

So lange Sie in diesem Sinne alles beurtheilten und behandelten, war das Leben in Ihrem Hause eine freüdige Begeisterung. Die Zöglinge wie die Lehrer waren innerlich erhoben. Es wurden im Gebieth der Methode täglich neüe Fortschritte gemacht. Die am Geist Starken und die in der Liebe und Treüe Grossen waren im Gleichgewicht. Es waren freilich auch grosse Schwachheiten und Fehler da, aber sie wurden durch höhere Tugenden bedeckt und unschädlich gemacht. Das innerlich Schlechte und Unreine sönderte sich ab, und alles Bewährte, Tüchtige gestaltete sich immer mehr zu einem herrlichen Ganzen.

Die höhere Stufe, auf welche sich dieses durch seine Entwicklung erhob, und die verschiednen, grossen Richtungen, in welche es ausstralte, der deütlichere Unterschied der dabei in den Kräften und Bedürfnissen Ihrer einzelnen Gehülfen hervortrat, die grössern Ansprüche die durch den höhern Standpunkt der Unternehmung an diese selbst und an die Werkzeüge gemacht wurden, erforderten nothwendig eine immer neüe Herstellung des Gleichgewichts von dem jedes maligen Zustand, und den jedes maligen Mitteln, Kräften, Personen und Verhältnissen aus.

Diese fortdauernde Erneuerung des Gleichgewichts lag in dem, dessen Hand die Wage hielt. Es ist und bleibt ewiges Naturgesetz, dass es nur vom Mittelpunkt ausgehen, und darin schweben kan.

Der Stein des Anstosses erschien mit dem Widerspruch, den Sie, um mich so auszudrücken, zwischen Körper und Geist Kopf und Herz Ihrer Anstalt setzten. Sie stellten einander entgegen, was Gott und die Natur zusammengefügt haben, Theorie und Praxis, Gedanke und That, die Erkenntniss und die Ausübung. Anstatt die Individuen in denen die Eine oder die Andre dieser Kräfte und Richtungen überwiegend hervortrat im höhern Ganzen Ihrer Unternehmung und zum Vortheil derselben zu vereinigen, anstatt das Höchste und Unentbehrlichste von allem, die Nothwendigkeit zu fassen, dass ein solches Ganzes gleich einem organischen Wesen aus Werkzeügen, welche die verschiedensten, zu einer Einheit verbundenen Verrichtungen haben, besteht, und dass Sie jedes dieser Werkzeüge blos an seinen Ort zu stellen und seiner Natur gemäss wirken zu lassen hätten, um die schönste Harmonie hervorzubringen, und Ihre Schöpfung mit Sicherheit zu bewegen und zu vollenden, anstatt dessen, sage ich, rissen Sie diese organischen Bestandtheile auseinander; lähmten bald das Auge, bald den Fuss, bald ein anderes Werkzeug Ihrer Anstalt, und verwarfen als unbrauchbar was Ihnen gerade noth that und sich Ihnen mit der innigsten Liebe anbott, indessen Sie zur gleichen Zeit irgend ein anders Gefäss zu allem in allem machten, und dadurch zu dem verdarben, was es seiner Natur nach treflich seyn konnte.

Ohne Bild zu reden. Das Verderben trat in Ihre Anstalt ein, als Sie durch einzelne, glänzende Erfolge und Kräfte hingerissen und geblendet, das was seiner Natur nach blos im Stillen wirkt und wirken muss, ob es gleich höher als jenes steht, und das Hervortreten jenes erst möglich macht, keiner wesentlichen Beachtung mehr würdigten; als Sie anfiengen, so zu handeln, als seyen Sie dem, womit Sie brilliren konnten, a l l e s , dem, was darzu nicht tauglich war, n i c h t s schuldig.

In diesem Grundirrthum, ich sage mehr, in dieser Grundungerechtlichkeit, wurde die mathematische Seite der Methode und Anstalt hervorgehoben, als wäre sie einzig und allein das Wesen der Methode und das Heil der Menschheit. Einseitige, niedrige Kräfte hob man auf Kosten der höhern. Die Kraft des Gemüths, die Treüe, die Liebe, wenn sie nicht mit jenen äussern Kräften verbunden waren (wie sie denn im Bewusstseyn ihrer selbst wirklich die Ansprüche auf Letztre oft absichtlich und wissentlich verschmähen) wurden in den Personen in denen sie wirkten, hintangesetzt und herabgewürdigt. Sie setzten, in der Art des Lobes, das Sie den Handwerksfertigkeiten durchaus unerfahrner Jünglinge in einzelnen Fächern ertheilten, diese Fertigkeiten, über Einsicht, Wissenschaft und Erfahrung. Sie erweckten die Leidenschaft und erhitzten den Ehrgeiz dieser Unmündigen, durch tausendfach wiederholte Erklärungen, sie seyen die wahren Repräsentanten der Methode und die wesentlichen Stützen der Anstalt. Sie machten ihnen die Ruhe der ältern Gehülfen als Unthätigkeit, ihre Forderungen als Anmassung; und ihre Bestrebungen, die Idee mit der That, die Erkentniss mit der Ausübung in Übereinstimmung zu bringen, als eine eitle Wortkrämerey ins Aug fallen.

Dadurch war das Verhältniss Ihrer ältern Gehülfen zu den jüngern völlig zerrüttet. Aber zugleich auch der Fortschritt der Methode die Vervollkommnung der Anstalt, vor allem das vertrauensvolle, alles miteinander verbindende, fröhliche Leben stillgestellt oder vernichtet.

Sie wurden unglücklich, denn Sie konnten nicht anders, als sich gehemmt fühlen, so wie das Leben in Ihrer Anstalt selbst gehemmt und gespannt war. Diese Hemmung wurde im Oekonomischen drückend, das ohnedem nie von Ihnen mit dem Wesen der Anstalt in Übereinstimmung gebracht worden. Ich machte Sie auf die Ursachen aufmerksam, schlug Ihnen die zu nehmenden Maasregeln vor. Es war Ihnen weder gegeben die Erstern zu erkennen noch die Letztern zu benützen. Die schrecklichen Szenen, die Sie mir statt dessen, bei jedem Anlas machten, sind mir nicht minder als Ihnen im Gedächtniss. Meine Stellung wurde schwieriger, sie wurde innerlich schrecklich. Ich hatte mit Ihnen und mit Ihren Umgebungen zugleich zu kämpfen. Mit Ihnen, um die Fortdauer der Maasnahmen, welche Ihr Haus zum Ruin führen könnten zu verhüten; mit ihren Umgebungen, um sie im Sinn und in der Empfänglichkeit für die Erkentniss Ihrer Wahrheit und Güte zu erhalten, und die Folgen des Misstrauens, das Sie gegen die Einsicht und das Studium der Grundsätze der Methode ihnen eingeflösst hatten, zu überwinden.

Ich konnte mich dabei nicht anders, als der Misskennung und dem Tadel von beiden Seiten aussetzen. Entschlossen aber, dem Besten Ihrer Person und Unternehmung, nicht nur jeden andern Menschen, der sich Ihrer nicht würdig zeigte, sondern mich selbst preiszugeben, um Ihre Würde in der Wahrheit unbefleckt zu erhalten, fühlte ich mich über jeden Kummer dieser Stellung erhaben, in der Hofnung Sie kommen zu sich selber; im unzerstörbaren Glauben, an die Vortreflichkeit Ihrer Natur.

Mein Glaube täuschte mich. Es geschah nichts. Sie würdigten sich darzu herab, nicht nur vor mir wild leidenschaftlich zu knien, um mich zu einer nach meiner Gewissensüberzeugung gegen Sie selbst gerichteten Handlungsweise zu bewegen. Sondern Sie knieten ebenso vor durchaus unreifen, in blossen Formen der Methode aufs einseitigste befangnen Jünglingen, um sie um Rettung Ihrer Anstalt, und auch um Schutz gegen mich zu bewegen.

Jünglinge in Beziehung auf Ihre Anstalt und Methode wenn Sie wollen, waren diese noch um so mehr Kinder für das Wesen Ihrer Unternehmung und im Blick auf die Verhältnisse derselben, als Ihr Widerspruch gegen die Geistige Ausbildung sie vom Studium der Grundsätze und des Ziels des Ganzen entfernt hatte.

Je treüer ich Ihnen, je anhänglicher ich Ihrem Werk war, desto entschiedner wurde ich nun gezwungen, gegen Ihre Persönlichkeits[-] und Augenblicksmaasregeln, am meisten gegen diese Herabwürdigung Ihrer Person zu kämpfen. Eben weil ich Ihre Sache zur meinigen gemacht hatte, appellirte ich von Ihrer Persönlichkeit an Ihren Geist, vom Irrthum Ihrer Leidenschaft an Ihre Idee.

Ich sah einen Ihrer Gehülfen um den Andern dahin gehen, die Anstalt in beschleünigtem Verfalle, und mich, der ich, wie vielleicht kein einziger andrer, und gewiss unpartheiischer als Sie selbst, die wesentlichen psychologischen Ursachen davon kannte, und dessen Vorschläge, einen um den andern gerade in dem Verhältniss verworffen wurden, als sie auf das Wesen der Wiederherstellung der Anstalt giengen, als den Urheber ihres Ruins angeklagt und allgemein geglaubt.

Auch da noch wich ich nicht. Gegen die Meinung aller Ihrer alten Gehülfen bot ich die Hand zur Rückkehr Schmids, als zur letzten Maasregel, zum endlichen Versuch ob Ihnen durch die Anstalt, der Anstalt durch Sie, d[as] h[eisst] durch Ihre Wahrheit und Güte zu helfen sey:

Noch konnte alles hergestellt werden. Geschah das Rechte, d[as] h[eisst] stellten Sie Schmid an den Platz auf dem er unübertreflich wirken konnte, verdarben Sie ihn sich und Ihrem Werk nicht selbst dadurch dass Sie ihm eine falsche Meinung und Richtung gaben, so konnte musste alles nicht nur neü, sondern viel herrlicher aufblühen.

Durchdrungen von der Wichtigkeit des Augenblicks, erfüllt von Schmids hoher Bestimmung, begeistert, entzückt von der Zukunft, die ich im Geiste für Sie vorhersah, wenn geschah was geschehen sollte, machte ich Sie auf die Stellung die Sie Schmid anweisen, auf die Art wie Sie ihn behandeln, und ihm die Leitung Ihres Werks übergeben mussten, mit der grössten Theilnahme, mit dem lebendigsten Eifer aufmerksam. Ich bat ich beschwor Sie, die Uberzeugung bei ihm festzuhalten, dass auf das Vorhandne, durch Sie geschaffne Wahre und Gute fortgebaut werden müsse, um ihn vor dem Wahn zu bewahren, dass er der Schöpfer der Kräfte und Mittel sey, welche Sie ihm in die Hand gaben. Er konnte Ihnen entscheidend helfen, Sie retten, aber nur durch die Benützung und den Gebrauch der Mittel, welche Sie vor und unabhängig von ihm bereitet hatten.

An diese Mittel, an die von Ihnen gebildeten Werkzeuge, an Sie musste er sich anschliessen.

Diese naturgemässe, nothwendige Richtung hätte nicht nur alle Ihre alten Werkzeüge neü um Sie versammelt, sondern Sie wären, wie Sie es jetz nur geistig sind, auch äusserlich und praktisch der Mittelpunkt der pädagogischen Kultur der Menschheit geworden.

Was thaten Sie, unglücklicherweise, zum unersetzlichen Verlust für Sie und Ihr Werk? Statt Schmid an Sie anzuschliessen, schlossen Sie sich an ihn an. Statt ihn zum Leiter und Gehülfen Ihrer Gehülfen und Werkzeuge zu machen, wollten Sie ihm Letztre unterwerffen. Statt ihm Ihre Mittel zur Benützung und vortheilhaftesten Anwendung für Ihre Unternehmung in die Hand zu geben, erklären Sie ihn zum Schöpfer derselben.

Sie giengen weiter. Um ihn zu erheben, würdigen Sie alle Ihre Gehülfen, alles was bis auf diesen Tag geschehen ist, und nicht nur das, sondern sich selbst, Ihr Streben, Ihre Erfolge, was Gott an Ihnen für Sie und durch Sie gethan hat, auf die aller schmählichste Weise herab.

Ich sagte Ihnen alle Folgen dieses Verfahrens Schritt für Schritt und Stufe für Stufe voraus. Ich bat, flehte, weinte, drohte, drückte Ihnen alles aus, was mir bei jedem neüen Ereigniss die erschütternde Gewissheit, Sie würden auf diesem Wege alle Ihre bereiteten Werkzeuge und Gehülfen verliehren, eingab.

Und Sie, wie nahmen Sie das auf? Als eine Eifersucht gegen Schmid. Als eine Gewalthätigkeit gegen Sie. Sie waren schwach, ja ungerecht genug, zu erklären, wir seyen Schmid's Feinde, w e i l   e r   i n   u n s e r e   W i n k e l   z ü n d e. Sie machen mir jetz noch die Schritte und Briefe, die ich gegen Sie that und an Sie schrieb, um Ihnen die Folgen dieser Ihrer Maasregel, so wie sie sich entwickelte, vorzustellen zum eigentlichen Verbrechen, zum Grund, mich wenn nicht vor der Welt doch Ihren Vertrauten, als einen Mann darzustellen, der mit unmenschlicher Härte gegen Sie gehandelt, und Sie misshandelt habe, als die Ursache die Sie in die äusserste Noth und Verzweiflung gestürzt, in welche Sie freilich, ohne Wiederrede, gesunken waren. –

Lieber Herr Pestalozzi! Welches Licht wird auf unser Verhältniss und auf Ihr Schicksal fallen, wenn ich den Schlüssel zu jeder einzelnen Thatsache, und jedem Brief gebe, den Sie bisher angesehen und benützt haben, mich zum Verbrecher gegen Sie zu stempeln! –

Und Schmid, was that er dabei? Er, dem ich mich als Ihrem Liebling und Vertrauten, so frey, so unbefangen, so ausführlich über alles was geschehen und vermieden werden müsste, als Ihnen selbst aussprach? Er, dem ich mich bei seinem Wiedereintritt so unbedingt vertrauensvoll als Ihnen hingab? Er den ich für fähig hielt, der herrliche Segler und Steuermann nach Ihrem entdeckten Land zu werden? –

Er feyert den Triumpf Ihrer Missgriffe auf Ihren Trümmern. Er lässt sichs trefflich gefallen, dass Sie ihn ich möchte fast sagen, die Vorsehung und sich, und Ihr Werk und die Menschheit die Ihnen die Hand bott, wo nicht lästernd, doch vergessend, für Ihren Heiland und Retter erklären. Es ist ihm ganz recht, dass Sie, statt Ihr Werk zu fördern, Ihre beste Zeit und Kraft zu Apologien für ihn verwenden, und das Anschliessen an ihn, zur Conditio sine qua non, der Vereinigung mit Ihnen machen.

Lieber Herr Pestalozzi, ich habe von Tausenden nur Eins, und gewiss noch das Schwächste gesagt, das sich diessfalls sagen liesse. Aber dieses Schwache sollte genug seyn, Sie zur Besinnung zu bringen.

An Schmid scheiden sich unsre Wege.

Er hat die Krone des Verdienstes Ihrer wahren Rettung, das ich von ihm erwartete, und die ich selbst mit Wonne auf sein Haupt gesetzt haben würde, unwiederbringlich verscherzt.

Er hat sich eben so bestimmt als das Organ Ihres Irrthums in Betreff Ihrer Unternehmung konstituirt, als ich redlich strebte, mich zum Organ Ihrer Wahrheit zu bilden.

Als solches Organ kan er seinen bisherigen Weg so wenig aufgeben, seinen falschen Grundsätzen so wenig entsagen, als nach Ihrem Brief zu hoffen ist, Sie werden zu einer unbefangnen Ansicht über das Verhältniss Ihrer alten Freünde zu Ihnen zurückkehren.

In diesem Zustande ist eine Vereinigung mit ihm so wenig möglich, als es unmöglich ist, dass eine Sonne am Himmel sey.

Mag er Vertrauen finden, das geht mich nichts an. Er ist nicht der Erste und wird schwerlich der Letzte seyn, durch den der Weltsinn betrogen hat, als durch den die Welt betrogen worden ist.

Mit Ihrem Beharren auf unserm Anschliessen an ihn, ist aber auch unsre persönliche Trennung von Ihnen unwiederruflich ausgesprochen. Jede Mühe, die Sie sich diessfalls noch geben könnten, würde vergeblich seyn.

Sie wäre es um so mehr, da Ihr letzter Brief Satz für Satz auf der falschen Ansicht ruht, deren Quelle mein Heütiges aufdeckt.

Er enthält auch nicht einen Punkt, der nicht in der Natur der Sache berichtigt oder wiederlegt wäre, so wie ich keinen Einzigen, weder meiner Briefe, noch meines Zeitungsartikels zurücknehmen kan.

Wohl aber enthält er viele Punkte, in denen Sie sich auf die unbegreiflichste Weise widersprechen.

Ich hebe nur einen heraus, den, dass Sie den hohen heiligen Begriff der V e r s ö h n u n g in einer Sache missbrauchen, wo es gar nicht um Versöhnung, sondern auf die Vereinigung zu einem Unternehmen, auf einen Vertrag ankommt.

Nicht nur jeder Christ, sondern jedes Kind kennt den Unterschied zwischen diesen beiden Dingen. Jeder Schuster hat das Recht, sich von einem Gesellen zu scheiden, der ihm statt Schuhe zu fertigen, das Leder unbrauchbar macht. Und als einen solchen Gesellen betrachte ich Schmid. –

Ich muss Ihnen sagen, dass dieser Gebrauch des Worts der Versöhnung gegen uns so wie der Religion überhaupt gegen mich, eine Verschreiungsmaasregel ist, die ich schon seit längerer Zeit als Ihrer im höchsten Grade unwürdig, und als für Ihr greises Haupt entwürdigend betrachte.

Mit andern Berichtigungen Ihres Briefs will ich Sie nicht weiter belästigen. Ihrer Ansicht gemäss, dass nur Rechthaberey sie mir eingibt, wären sie umsonst.

Nur muss ich Ihnen sagen, dass ich eine solche Berichtigung in Handschrift Punkt für Punkt aufstellen werde, und jeden Gebrauch und Missbrauch Ihrer Darstellung meines Verhältnisses zu Ihnen, so lange für Verläumdung erkläre, als eine solche hinter meinem Rücken geschieht. –

Meine Frau wird ihre Rechtfertigung gegen Ihre Anklagen selbst zu Ende führen. Ich habe Ihnen über Ihr Rechnungsverhältniss mit ihr nur noch zu sagen, dass Ihre Briefe ganz anders als Ihre, uns aufgestellten Rechnungsbücher lauten, und dass Sie vergessen haben 1. dass unsre Antwort auf Ihren Brief durch die uns vorgemachte Drohung abgehalten wurde, Sie seyen so krank und gegen uns eingenommen, dass wir Sie, wenn wir die Sache aufs Reine bringen wollen, ins Grab stürzen 2. dass unser Bruder, der Förster Kasthofer, 3. H[err] Hangard an Sie zur Berichtigung gesandt wurden und Sie sie leidenschaftlich von sich wiesen.

In Beziehung auf Ihre neüe Stiftung und Ihre Aufforderung von ihr aus muss ich Ihnen noch bemerken, dass dieselbe nicht nur in der That und Wahrheit auf Persönlichkeit beruht, weil Sie Schmid zum Stützpunkt derselben machten, sondern, dass ich durch mein psychologisches Verhältniss zu Ihnen nicht blos ein Recht errungen, sondern eine Pflicht von der Vorsehung (durch mein Schicksal) überkommen habe, meinen Weg selbstständig fortzusetzen. Dieses Erstgeburthsrecht in der Unternehmung der Menschenbildung, werde ich an kein Linsengericht, d[as] h[eisst] an keine oekonomischen Vortheile verkauffen, die Ihr oekonomischer Schmid Sie nun oekonomisch genug in Ihrer Rede anbieten lässt.

Ihr gehorsamster Diener u[nd] Verehrer
Joh[annes] Niederer

P.S. Ich wiederhole, dass ich mit Gegenwärtigem die Unterhandlung zu meinem Anschliessen an Sie als durchaus geschlossen ansehe. Ihrer gedruckten Rede werde ich, falls es zu meiner Rechtfertigung nöthig ist, öffentlich antworten, je nach Maasgabe des Inhalts, und überhaupt alle meine Schritte nach dem Betragen richten, das gegen mich eingeschlagen wird. Dessen können Sie sicher seyn, dass ich, worzu Sie mich auch zwingen, nichts als die Wahrheit im Auge behalten, Ihre Würde und Bestimmung unerschütterlich verehren, aber auch den Schlüssel zu allen vorhandenen Thatsachen geben, und zeigen werde, nicht nur was geschehen ist, sondern w i e und w a r u m es geschehen musste. –

Der Aufschluss oder vielmehr die Rechtfertigung meiner Worte, dass Schmid den Glauben an Sie nicht hätte erschüttern lassen sollen, glaube ich Ihnen in diesem Briefe nahe genug gelegt. Muss ich sie ganz und öffentlich geben so wird das Publikum, nicht geahnete Dinge, die aber für das Gesetz der Menschenbildung selbst lehrreich sind, lernen. Es wird erschrecken und Sie bedauern, aber auch mich.

Mein Wunsch und mein ganzes Bestreben ist nur, ruhig meinen Weg zu gehen, und Sie den Ihrigen gehen zu lassen, so gewiss Sie mich ruhig ziehen lassen, ohne mich in Ihr Unternehmen hinein zu ziehen. So gewiss aber Letzteres geschieht, und Sie mich in ein falsches Licht stellen, so gewiss werde ich auch volles Licht über den jedesmaligen Punkt geben, und diessfalls so zuverlässig Wort halten, als ich es in Hinsicht auf die in Orpens Gegenwart gegebne Erklärung gehalten habe.

Der Obige.

Überlieferung

1 ZB Zürich, Ms Pestal 53/54, Umschlag 262/IV,97
2 Bogen, 257 x 199 mm
4 spätere Notiz *Produit en Tribunal du District d'Yverdon, le 1er Octobre 1823. G r e f - f e N° 9*
5 Original

Textkritik

Zeuge H
Z. 7 *Billet*: lateinische Schrift
Z. 15 *Conditio sine qua non*: lateinische Schrift
Z. 22 *harmonisch* ⌡
Z. 52 f. *zum Ziel meines Lebens zu machen. Ich beschloss,* ⌡ <*und*> *mein*
Z. 55 *mich,* ⌡
Z. 56 *wolle.* <*Zur ****> –
Z. 63 *edelsten,* <*Stif*> *menschenfreundlichsten*
Z. 138 f. *Methode* <*und*> *die*
Z. 143 *das* <*****> *Leben*
Z. 172 *ebenso* ⌡
Z. 173 *Rettung* <*,um S*> *Ihrer*

Z. 235	Sie < * > und
Z. 245	jetz noch ʃ
Z. 247	Maasregel < n > , so
Z. 249	einen < Person > Mann
Z. 250	Sie < b > gehandelt,
Z. 263	herrliche < n >
Z. 271	Conditio sine qua non: lateinische Schrift
Z. 297	mehr, < dass l > da
Z. 315	gegen uns so wie der Religion überhaupt gegen mich, ʃ
Z. 328	zu Ende führen. ʃ Ich < selbst > habe
Z. 329	nur ʃ
Z. 346	Sie ʃ
Z. 347	genug < *** > in
Z. 353	Maasgabe < Inh > des
Z. 354	Schritte < *** > nach
Z. 370	mich < *** > ruhig
Z. 371 f.	mich < dadurch > in ein falsches Licht < zu > stellen

Sacherklärung

I.

Johannes Niederer (1779–1843) ⇒ Nr. 507

II.

Mit diesem Brief wollte Johannes Niederer (1779–1843, ⇒ Nr. 507) wohl aus seiner Sicht einen Schlussstrich unter die schriftliche Auseinandersetzung mit Pestalozzi setzen (vgl. schon ⇒ Nr. 1918/1 und ⇒ Nr. 1918/2). Schon zehn Tage später schrieb er allerdings den nächsten Brief, mit welchem er sich erneut zu rechtfertigen suchte (⇒ Nr. 1922).

III.

Z. 4	Iferten: dt. Name für Yverdon
Z. 6	Brief: PSB XI, Nr. 4931
Z. 10	Stiftung: ⇒ Nr. 1909
Z. 15	Conditio sine qua non: Bedingung, ohne die nicht (lat.)
Z. 195	Schmids: Joseph Schmid (1785–1851) ⇒ Nr. 712
Z. 301	Zeitungsartikels: Der Artikel war in der Rubrik «Schweiz» mit dem Vermerk «Iferten, 14. Februar (eingesandt)» ohne Titel und Nennung des Verfassers erschienen: Es sprechen Johannes Niederer (1779–1843, ⇒ Nr. 507) und Hermann Krüsi (1775–1844, ⇒ Nr. 588) in der 3. Person Plural von sich selber («Die Herren K. und N. ....»).
Z. 327	Frau: Rosette Niederer-Kasthofer (1779–1857) ⇒ Nr. 842
Z. 331	Brief: PSB X, Nr. 4708
Z. 334	Bruder: Karl Kasthofer (1777–1853) ⇒ Nr. 1161
Z. 335	Hangard: Jean Baptiste Hangard (1774–1827) ⇒ Nr. 1403
Z. 352	Rede: PSW XXV, S. 261–364

1921.
Margaretha Elisabeth Faesch-Passavant
22. März 1818

[Reg.] Frau Faesch erkundigt sich im Auftrag der Prinzessin Wolkonski, ob ein junger Mann in Yverdon aufgenommen werden könne.

Überlieferung

1   PSB XI, S. 70.26 ff.

Sacherklärung

I.

Margaretha Elisabeth Faesch-Passavant (1783–1859) ist die Tochter des Basler Bankiers Hans Franz Passavant (1751–1834) und heiratet 1801 den Kaufmann Emanuel Faesch (1772–1827), der Teilhaber der Bank Passavant & Faesch (⇒ Nr. 1148) wird und Plantagen in Surinam besitzt, die er von Sklaven bearbeiten lässt. Das Paar hat zwei Kinder, François Alphonse (1802–1889) und Marie Valerie Faesch (1804–1895).

III.

Z. 4   *Wolkonski*: Sophia Grigojewna Wolkonski (1786–1868) war mit dem General und Leiter des russischen Generalstabs, Piotr Michailowitsch Wolkonski (1776–1852, ⇒ Nr. 1189) verheiratet und zugleich Staatsdame bei Zar Alexander I. (1777–1825, ⇒ Nr. 520); das Paar hatte drei Kinder, Alexandrine (1804–1869, ⇒ Nr. 1189), Dimitri (1805–1859, ⇒ Nr. 1189) und Gregor (1808–1882, ⇒ Nr. 1555). Sie pflegte Verbindungen zu den adeligen Dekabristen-Aufständischen von 1825.

Z. 5   *Mann*: Da weder Dimitri (1805–1859, ⇒ Nr. 1189) noch Gregor Wolkonski (1808–1882, ⇒ Nr. 1555) nach Yverdon gingen, ist unklar, welcher der Brüder hier gemeint war.

1922/1.
Johannes Niederer
29. März 1818

Iferten den 29ten März 1818.

Lieber Herr Pestalozzi!
Ich danke Ihnen für die Übersendung Ihrer Rede. Allein als eine Bitte um «Versöhnung» kan ich diese Sendung nicht auffassen. Sie wissen, dass ich meiner Gesinnung und Stimmung gegen Sie noch immer mit Ihnen versöhnt war, und dass das Wort «V e r s ö h n u n g» auf die Anknüpfung eines neüen äusserlichen Verhältnisses

nicht anwendbar ist. Sein diessfälliger Gebrauch ist daher entweder irrig oder unredlich.

Die persönliche Annäherung ligt in Ihrer Hand. Ich bin immer bereit, Sie mit offenen Armen zu empfangen, und Ihnen Liebe zu beweisen. Dabei kan ich aber meine gerechte, Sie selber ehrende Forderung, dass Sie als ein Mann von Wort dasselbe redlich halten, nicht abstehen. Ich habe zu traurige Folgen von einer blinden Gefühlsstimmung, die sich gegen Licht und Recht verhärtet, erlebt, um mich länger dadurch täuschen zu lassen.

Sie versprachen mir aufs Bestimteste das Stück Land hinter meinem Garten, und nehmen Ihr Wort zu rück. Sie schreiben mir wiederholt es sey zwischen meiner Frau und Ihnen keine bürgerliche Abrechnung möglich, weil nichts aufgeschrieben worden, und trotzen jetz auf Ihren Rechnungsbücher. Sie trugen uns feindlich und schriftlich so oft Schiedsrichter an, namentl[ich] die H[erren] Constanson und Hangard und nahmen eben so oft ihr Wort zurück, wie ich es annahm. Auch beim letzten Antrag von Ihnen war dieses wieder der Fall. Ich frage Sie selbst, da Ihrem Wort, Ihren Versprechungen so wenig zu trauen ist, da jeder Tag eine andre Stimmung herbeiführt, und Sie das Festhalten an Ihren Gestern gegebnen Worte, heüte für eine Anmassung und Sünde gegen Sie erklären, ich frage Sie selbst, wie kan ich mich Ihnen in die Arme werfen? Woran mich halten? an was mich anschliessen?

Es gab einen Beweis, einen Bürgen für die Zuverlässigkeit Ihres Vorgebens: «Sie haben sich für Ihr Werk vor Gott erneüert» wenn Sie nemlich selbst das Vergangne vergangen seyn liessen, und sich in der Erneüerung Ihres Werks, als der in neüer Fülle von Wahrheit, Recht, Weisheit und Güte sich darstellenden Pestalozzi gezeigt hätten. Allein ich darf es Ihnen nicht verbergen, dass ich diese herrliche Reiffe Ihres Wesens, die ich mit meinem Leben heüte noch erkaufen, und jeden Augenblick es dafür hingeben würde, weder in Ihrer Handlungsweisen noch in Ihrer Rede, so glänzend die Verkündigung davon, wo Sie von sich sprechen und so idealisch erhaben sie am Schluss derselben hervorleuchtet, zu erkennen vermag.

Nicht in Ihrer Handlungsweise; weil Sie alles versagen was zu einer im Geist und in der Wahrheit gegründeten Annäherung führen könnte.

Nicht in Ihrer Rede. Sie ist in wissenschaftlicher Hinsicht ungenügend, weit hinter dem zurück was Sie schon in der Gertrud aufgestellt haben, voll Widersprüche, und stellt gerade an der wichtigsten Stelle ein durchaus falsches Prinzip auf. In psychologischer Hinsicht, so sehr sie in einzelnen Stellen fulgurirt und Lichtblicke wirft, verbreitet sie, weit entfernt, die alte Nacht und den Nebel zu zerstreüen, die theilsweise auf Ihrer bisherigen Psychologie ruhten, und welche die letzte 20Jährige Erfahrung seit Burgdorf (Stanz) hätte zerstreüen sollen, neüe Nacht und neüen Nebel. In geschichtlicher Hinsicht ist sie, besonders in dem letzten Theile, nach meiner Überzeügung (Ihre Absicht freilich abgerechnet, denn Sie konnten nur die Wahrheit reden wollen, und sagten die Sache wie Sie sie fühlten) ein eigentlicher Anklags[-] und Verläumdungsakt gegen Sie selbst, gegen Ihre Unternehmung, gegen Ihre Gehülfen und ich möchte sagen gegen die menschliche Natur. Das Publikum i m G a n z e n wird Mitleiden haben, aber eben weil es d a s m u s s, Ihre S a c h e verwerffen. Waren Sie in der Fülle Ihrer Kraft so voll Schwachheit und Irrthum, so werden die Versicherungen des noch so ehrwürdigen 74Jährigen Mannes, die Augen seyen ihm jetz, und zwar e r s t jetz aufgegangen, warlich keinen Enthusiasmus für das, was er sieht hervorbringen. Es durfte nie zu einem solchen Geständniss kommen, oder Sie müssten, besonders bei dem jetz neu erwachten Leben, Treiben und Knüpfen unter den Menschen, auf die höchste Krone Ihres Alters, die Theilnahme der Würdigsten, welche Sie ansprechen; Verzicht thun. Dass Schmid das nicht fühlte, dass er dem nicht, w i e e r k o n n t e, vorbog, dass er glaubte sich einen Ehrentittel daraus machen zu können, in dem sein Verdienst um so grösser scheinen musste, Sie zu heben, je tiefer Sie versunken waren, das ist eben die Sünde, die er, wenn er sie einmal einsieht am schmerzlichsten bereuen, und sich am spätesten vergeben wird.

Da aber weder Sie noch er, diese Verkennung des Innersten und Heiligsten im Gang und Verhältniss Ihrer Unternehmung, eine Verkennung, aus der Ihre Selbstherabwürdigung mit der Ihres Werks entsprungen ist, einsehen, ja da Sie sich auf die Folgen derselben und Ihre daraus geflossnen Schritte noch Grosses zu gut thun, und gleichsam Ihren Triumpf darauf setzen, so ist auch mein Anschliessen an Ihr äusseres Thun unmöglich. Es wird mit jedem Schritte, den Sie auf diesem Wege versuchen unmöglicher, denn ich bin so gewiss, als ich meines Daseyns selbst bin, dass Sie auf diesem Wege weder der Menschenbildung noch der h e i l i g e n Armuth und ihrer Rettung einen Tempel erbauen.

Dieser konnte nur erbaut werden, wenn Sie, wie es in der Kraft

Überlieferung
1 ZB Zürich, Ms Pestal 53/54, Umschlag 262/IV,99

2 Bogen, 257 x 198 mm
4 Notiz *Eine Kopie dieses wichtigen Briefes ist im Foliobuch* < N 14 > *17 S. 115–119r120.*
5 Original

Textkritik

Zeuge H

Z. 10	*neüen* ⌠
Z. 25 f.	*Constanson*: lateinische Schrift
Z. 26	*Hangard*: lateinische Schrift
Z. 32	*Ihnen* < *Sie* > *in*
Z. 36	*Vergangne* < *** > *vergangen*
Z. 43	*wo Sie von sich sprechen* ⌠
Z. 51	*auf.* < *Möge* > *In*
Z. 55	*(Stanz)* ⌠
Z. 57	*Hinsicht* < *ertheilt* > *ist*
Z. 63	*weil* < *das* > *es*
Z. 63	*d a s* : doppelt unterstrichen

Sacherklärung

I.

Johannes Niederer (1779–1843) ⇒ Nr. 507

II.

Ob dieser oder der folgende Brief (⇒ Nr. 1922/2) tatsächlich verschickt wurde, ist unklar (vgl. auch ⇒ Nr. 1920).

III.

Z. 4	*Iferten*: dt. Name für Yverdon
Z. 6	*Rede*: Damit dürfte vermutlich die 1818 erschienene *Rede von Pestalozzi an sein Haus an seinem vier und siebenzigsten Geburtstage den 12. Jänner 1818* gemeint gewesen sein (PSW XXV, S. 261–364).
Z. 22	*Frau*: Rosette Niederer-Kasthofer (1779–1857) ⇒ Nr. 842
Z. 25 f.	*Constanson*: Charles Etienne Constançon (1743–1828) aus dem waadtländischen Orbe war während der bernischen Herrschaft zeitweilig *Justicier* und *Gouverneur* seiner Heimatgemeinde sowie Mitglied des Zwölferrats. Während der Helvetik amtete er als *Syndic* und als Präsident der *Chambre de Régie*, einer Behörde der Güterverwaltung. Seine lokalpolitische Tätigkeit setze er als Mitglied des Grossen Rats (1803–1815) und als Distriktsrichter (ab 1804) fort. Er war mit Marianne Christin (1757–1780) aus Noréaz (Kt. Fribourg) verheiratet.
Z. 26	*Hangard*: Jean Baptiste Hangard (1774–1827) ⇒ Nr. 1403
Z. 49	*Gertrud*: Johann Heinrich Pestalozzi: Wie Gertrud ihre Kinder lehrt. Bern 1801 (PSW XIII, S. 181–359)
Z. 52	*fulgurirt*: blitzen, hervorleuchten (lat. fulgurare)
Z. 72	*Schmid*: Joseph Schmid (1785–1851) ⇒ Nr. 712

1922/2.
Johannes Niederer

29. März 1818

Iferten den 29ten März 1818.

Lieber Herr Pestalozzi.
Ich danke Ihnen für die Übersendung Ihrer Rede. Als «Bitte um Versöhnung» kan ich sie jedoch nicht ansehen. Versöhnung setzt Freündschaft voraus. Sie wissen, dass diese bei mir nicht statt findet, und dass ich jenen Ausdruck in Beziehung auf unser Verhältniss, wenn nicht für u n r e d l i c h , doch bestimmt für i r r i g ansehe.
Meine Annäherung an Sie und der Grad derselben ligt heüte noch wie von je her in Ihrer Hand. Ich und mein Haus sind immer bereit, Sie mit offnen Armen zu empfangen.
Allein ich kan dabei von meiner Forderung dass Sie Wort halten und in persönlichen Verhältnissen, sich einfach, redlich und rechtlich benehmen, nicht abstehen.
Eine sinnliche Versöhnungsszene, wo die Quelle der Entzweiung nur verdeckter wird, und das Unrecht beim ersten Schritte vorwärts wieder von vorne anfängt, kan mich nicht bethören. Ich habe zuviel dergleichen Theaterszenen in Ihrem Hause erlebt, wobei der Letzte Betrug ärger war als der erste, und wovon jede die Grundlage einer neüen grössern Verwirrung wurde. Auch Sie sollten endlich daran satt haben und diessfalls mehr als in allem Andern, vom Äussern und Sinnlichen aufs Innere zurückkommen. Kein Mensch wie Sie, Ihre Rede ist davon Zeüge, hat die verwirrenden Folgen einer blinden Gefühlsstimmung erfahren, und wie eine solche gegen Licht und Recht verhärtet. Sie sind wie Sie sagen, durch die Folgen des Übermasses dieser Blindheit selbst sehend geworden. Wie können Sie denn noch auf eine Wiederholung dessen, wodurch Sie so sehr litten, antragen? –
Indem Sie eine Annäherung zu Ihnen und unser Anschliessen an Sie fordern thun Sie alles was dasselbe unmöglich macht, oder vielmehr gerade d a s n i c h t , was darzu führen könnte – die Haltung nemlich Ihres Worts, die Begründung des Vertrauens zu Ihren Versprechungen. So läugnen Sie mir und meiner Frau nicht nur ab, was Sie uns früher aufs bestimmteste verheissen, und was kein Mensch als übereiltes, von unsrer Seite missbrauchtes Versprechen ansehen kan, sondern was Sie schriftlich gegen uns benützten, um unsre Forderungen ungültig zu machen, nemlich die Möglichkeit einer Abrechnung, indem Sie jetz auf Ihre Bücher trotzen, als wären

sie wirklich regelmässig geführt worden. Sie boten uns so oft unpartheiische Männer zu Schiedsrichtern an, und traten nicht nur jedesmal zurück indem wir dieses Anerbieten jedesmal annahmen, sondern schlugen diesen H[errn] Hangard angebottenen Ausweg ihm selbst noch bei Ihrem Letzten Antrage zu einer von Ihnen genannten «Versöhnung» ab. Wenn es mit Ihren Büchern so richtig steht, und wenn Sie vom Unrecht der Forderungen meiner Frau so gänzlich überzeugt sind, warum wollen Sie nicht mit gleichem Vertrauen wie wir, die Sache unpartheiischen Männern, ja nicht so wohl unsern als Ihren Freunden zur Untersuchung übergeben? Diese Untersuchung könnte ja Ihr Recht, wenn es wirklich gegründet ist, nur glänzender an den Tag bringen. Und wir wollen nichts andres. –

Wie soll ich Ihren Einladungen, w i e Ihren Versprechungen trauen, da Sie so wenig ein Mann von Wort sind? – Da Sie nur Gefühlen nicht Grundsätzen, nur der veränderlichen Stimmung, und nicht der unveränderlichen Einsicht folgen, da Sie sogar die aus den erstern entspringende Willkühr und Veränderlichkeit gegen Ihre Pflicht und das Recht Andrer im Verhältniss zu Ihnen in Schutz nehmen, da Sie es so weit treiben, das Festhalten an Ihrem Wort, wenn es Ihnen nicht zusagt, als eine Sünde gegen Sie zu brandmarken, wie können Sie, ich frage Sie selbst, in diesem von Ihnen zum Theil selbst in Ihrer Rede öffentlich bekannten Zustande wollen, dass man sich hingebend und vertrauensvoll in Ihre Arme werffe? Woran kan man sich halten? an was in solchem Zustande anschliessen? –

Es gab eine Bürgschaft Ihres Vorgebens «Sie haben sich für Ihr Werk vor Gott erneüert» nemlich die, dass Sie mit wahrer Erhebung über das Vergangene, sich in Wort und That, als der in Wahrheit Recht, Güte, Weisheit, lebende Pestalozzi, im neüen Leben, darstellten. Sie mussten, um das zu beweisen, wirklich wesentliche, selbstständige Grundsätze, Maasregeln und Mittel aufstellen, die Sie mit der Vergangenheit Ihres Lebens, Ihren früheren Ansichten und Ihren Gehülfen wahrhaft, im Geiste; versöhnten, die geeignet waren, durch ihr inneres Wesen unsern Geist und unser Herz Ihnen zu gewinnen.

Eine solche herrliche Reiffe Ihres Wesens würde ich heüte noch mit meinem Leben erkauffen.

Sie wissen was ich darunter verstehe. Sie kündigen Sie in Ihrer Rede selbst an und sprechen sie sich zu, indem Sie von dem Einflusse Ihrer Erfahrungen und Leiden auf Ihre Ausbildung reden. Auch weiss ich dass Sie mir die Kraft zutrauen, jeden Augenblick mein Leben für eine solche Vollendung Ihrer Persönlichkeit hinzugeben.

Allein, ich darf es Ihnen nicht verbergen; dass ich sie so wenig in Ihrer Rede gefunden habe, als in Ihrer Handlungsweise.

Trotz allen herrlichen, unvergleichlichen Stellen der Rede, trotz ihrem wahrhaft erhabnen Schlusse, kan ich mir nicht verbergen, dass gerade ihr Inhalt mehr als alles Vorhergehende geeignet ist, sie von dem vorgesetzten Ziel zu entfernen.

An Lobgesängen wird's nicht fehlen. Aber ich fürchte es werden eben Lobpreisungen bleiben, und was Sie so mächtig abzuwehren suchen, das Mistrauen in Ihren Plan und Ihre Kräfte, werde dadurch begründet.

Sie, Ihre Rede, ist in w i s s e n s c h a f t l i c h e r Hinsicht nicht nur für den jetzigen Standpunkt, der Pädagogik ungenügend, sondern sogar weit hinter dem zurück, was Sie in der Gertrud aufstellten. Sie unterscheiden weder die Fundamente noch die Stufen der Entwicklung, und stellen bei allem Vortreflichen was Sie über die Wohnstube sagen, an der wichtigsten Stelle ein durchaus falsches Prinzip auf. Ihre Ansichten sind voll Widersprüche, weil Sie Wissenschaftliches Streben ansprechen, und dem geradezu widersprechen, was es an sich ist und fordert. In p s y c h o l o g i s c h e r Hinsicht werfen Sie im Einzelnen merkwürdige Lichtblicke, aber in Hinsicht des Zusammenhangs und des Ursprungs der Ursachen und Wirkungen von denen Sie reden, so wie des Ziels das Sie anstreben, ist kaum eine grössere Unpsychologie als die Ihrer Rede gedenkbar. Sie verbreitet wiederum die alte Nacht und den Nebel, die Ihre 20 Jährige Erfahrung seit Stanz und Burgdorf hätte zerstreuen sollen, neüe Dunkelheit. In g e s c h i c h t l i c h e r Hinsicht ist Ihre Rede ein eigentlicher Verläumdungsakt gegen Sie selbst, Ihre Unternehmung und Ihre Gehülfen. Ich weiss dass Sie nur sagen, was Sie glauben und fühlen, aber eben dass sie s o glauben und fühlen ist das Unglück, und eine Quelle fortdauernder Übel.

Das Publikum wird Mitleiden haben. Tausende werden Sie aufs Neüe ehren und bewundern, aber ich fürchte unfruchtbar für Ihre Zwecke. Man wird, eben weil man mit Ihnen Mitleiden haben m u s s , Ihre Sache verwerffen.

Waren Sie in der Fülle Ihrer Kraft so voll Schwachheit und Irthum, so werden die Versicherungen des noch so ehrwürdigen 74 Jährigen Mannes, die Augen seyen ihm aufgegangen, und zwar jetz, e r s t jetz, warlich keinen Enthusiasmus für das, was er sieht, hervorbringen.

Sie durften nie ein solches Geständniss machen, oder mussten, besonders bei dem jetz neü erwachten Leben und Streben der Menschen und Völker auf die Theilnahme die Sie ansprechen, besonders der Würdigsten, d[as] h[eisst] derer die ein eignes inneres Leben haben, Verzicht thun.

Dass Schmid das nicht fühlte; dass er dem nicht, was in seiner Macht stund, vorbog, dass er glaubte, sein Ruhm werde desto grösser, und sein Verdienst müsse nothwendig um so höher scheinen, je versunkener Sie seyen und sich darstellen, das ist eben die Sünde, die er, kommt er einmal zu ihrer Erkenntniss, am schwersten bereüen und sich am spätesten vergeben wird.

Da aber weder Sie noch er dieses einsehen, ja, da Sie auf die Schritte die aus dieser Verkennung flossen, gleichsam Ihren Triumpf gethan, so ist jede Aufforderung uns an Ihren jetzigen Gang und Ihr Thun anzuschliessen vergeblich.

Ich bin so gewiss als meines eignen Lebens, dass Sie auf diesem Wege weder der Menschenbildung noch der heiligen Armuth und ihrer Rettung einen Tempel erbauen, so viel Strahlen auch aus der Vergangenheit auf Ihre Gegenwart fallen.

Ein solcher Tempel konnte nur erbaut werden, wenn Sie, wie es in der Kraft Ihrer Person und Ihrer Grundsätze lag, eine heilige pädagogische Gemeine um Sie stifteten. Ich bediene mich dieses Ausdrucks trotz des Spottes, womit Sie in Ihrer Rede selbst ein solches Streben als träumerisch und phantastisch behandeln.

Für sich haben Sie recht. Ihr eingeschlagner Weg macht die Ausführung eines solchen Gedankens unmöglich.

Mit heiligen Dingen lässt sich nicht spotten. Man kan sie nicht verwerfen, und dann doch versuchen und ausführen wollen, wie jetz bei Ihrem Schmid der Fall ist, der erst den Glauben an einen solchen Zusammenhang der Glieder Ihres Hauses lächerlich machte und zu zerstören suchte, und jetz von Versöhnung, d[as] h[eisst] Zusammenwirken im Geist einer solchen Gemeinschaft spricht.

Wer sich auch an Sie anschliesse, und welche Werkzeüge für einzelne Zwecke Sie noch finden, er hat die heilige Weihe eines solchen Zusammenhangs um Sie und mit Ihnen unwiederbringlich zerstört.

Sie selbst können nicht anders mehr handeln. Die Stellung die Sie Schmid durch Ihre Ernennung zu Ihrem Nachfolger und in Ihrer Rede angewiesen haben, entscheidet unwiederruflich darüber.

Ihr künftiges, so wie Ihren persönlichen Unternehmung Schicksal ist dadurch unveränderlich bestimmt. Statt des Einen, haben Sie alle Ihre frühern Werkzeüge, insoferne sie die Idee und Aufgabe der Menschenbildung wahrhaft erkennen, in dieser Hinsicht, ohne Rückkehr verlohren. –

Sie waren gewarnt. Auch Schmid war es. Er hatte die, ich möchte sagen anschaulichsten, ergreifendsten Aufforderungen von der Vorsehung im Gange des Schicksals selbst erhalten.

Sein erster Abfall war ihm vergeben.

Sein zweiter ligt in der Art, wie er Ihre Verirrung, Noth und Missstimmung benützte, und statt von der Wahrheit und dem Wesen aus das Getrennte in gegenseitiger Liebe und Anerkennung zu versöhnen; das eitle Gebäude seines Ruhmes auf die Herabwürdigung beider, nemlich Ihrer selbst, und Ihrer Gehülfen baute, indem er das Sittliche Ihrer Anstalt und Ihrer Zöglinge aufs tiefste fallen liess, und das Religiöse höhnte.

Dieser zweite Abfall kostete mich die Trennung von Ihnen. Nicht aber nur mich, sondern derer die am Längsten bei Ihnen ausharten, und vielen Andren die, im Wiederspruch mit uns in ihren Gefühlen und Ansichten, Ihnen mit Liebe und Treue, ich möchte sagen bis zum Tod ergeben waren.

Hieher soll es aber bei mir auch nur kommen, und nicht weiter. Ich lasse es zuverlässig auf keinen dritten B e t r u g ankommen.

Lieber Herr Pestalozzi, suchen Sie immer mehr bei denen Anschliessung und Stütze, die den Ursprung und den Entwicklungsgang Ihrer Methode, den Geist und die psychologischen Gesetze Ihrer Unternehmung, die innere Geschichte und den Zusammenhang der Erscheinungen Ihrer Anstalt, die Gründe der Erfolge und Nichterfolge Ihres Strebens, und Schmids Gang und Verhältnisse zu diesem Allem kennen.

Ist es wahr dass Sie Ihre Selbstständigkeit wieder gefunden haben, so danken Sie Gott dafür und ehren Sie dieselbe dadurch, dass Sie d i e j e n i g e n fern von Ihnen halten, von denen Sie sagen, sie haben sie zertreten.

Da Sie mich nach vielfach wiederholtem Geständniss nicht verstehen, so durften Sie mich auch nicht beurtheilen.

Das kan jedoch gleichgültig seyn. Allein keineswegs ist es der aus Ihrer eignen Ansicht geschöpfte Grundsatz: dass das, was jemand nicht versteht, nicht für ihn ist.

Sie sind daher im Widerspruch mit sich selbst, dass Sie mich so lange nicht aufgaben, und ich muss dieses Aufgeben nun wirklich ernsthaft, und entschieden fordern, so wie ich die Anforderung, dass Sie mich verstehen sollen seit längerer Zeit entschieden aufgeben habe, obgleich ich nichts andres suchte, als Sie zum Verständniss Ihrer selbst zu bringen.

Da bisher alle diessfällige Anstrengung umsonst war, wie dürften Sie hoffen, dass erst jetz, wo Sie Ihre Parthie und ich die Meinige ergriffen haben, von einem Verstehen die Rede seyn könnte? – Lieber Herr Pestalozzi was durch Sie, für Sie, und um Ihrentwillen in mir lebt, bin ich weniger als Sie geneigt aufzugeben. Ich kan meine Ehre, den Beifall der Welt, meine oekonomischen Vortheile den Schmähungen und Beschimpfungen, welche Sie über mich ausgiessen, aufopfern aber nicht die Überzeugung meines Innersten, nicht die durch Sie selbst gewonnene Wahrheit. Die grösste Liebe, die ich Ihnen beweisen kan, ist die, Sie von dem vergeblichen Versuche zu bewahren, das Unmögliche möglich zu machen. Sie wollen Frieden, Sie haben ihn, wie Sie vorgeben. Ich würde mich selbst verabscheuen, wenn ich ihn stören wollte. Und doch würde, doch müsste nach meiner innersten Überzeügung, wie Sie aus dieser Ansicht von Ihrer Rede sehen mein erster Schritt bei Ihnen eine Protestation gegen Ihre jetzigen Ansichten und Maasregeln seyn.

Bewahre Gott Sie und mich vor einer Wiederholung des schrecklichen Verhältnisses, das wir durchlebt haben. Haben Sie einmal das Band zerrissen oder zerreissen lassen, das die Freünde der Menschenbildung untereinander und mit Ihnen verknüpfte, so ist nun auch nothwendig, dass jeder seinen eignen Weg gehe. Dass es in geistiger Vereinigung mit Ihnen, d[as] h[eisst] in der Wahrheit, Kraft und Liebe geschehe, welche Ihre Methode geschaffen haben, können Sie selbst nicht hindern, und darum auch nicht meinen höhern, innern Zusammenhang mit Ihnen.

Joh[annes] Niederer

Überlieferung

1 ZB Zürich, Ms Pestal 53/54, Umschlag 262/IV,100
2 Bogen, 257 x 198 mm
4 spätere Notiz < Derselbe in veränderter (erweiterter Reduktion liegt bei den zu druckenden. >
5 Original

Textkritik

Zeuge H
Z. 57 f.   erstern < E > entspringende
Z. 73   die < Ih > geeignet
Z. 107   wiederum ∫ < statt > die
Z. 107   wiederum: fremde Hand
Z. 174   eitle ∫

Z. 187 f. psychologischen < Erscheinungen > Gesetze Ihrer < Anstalt, > Unternehmung,
Z. 201   daher ⌡
Z. 222   Ihnen < aus Widerspruch > eine
Z. 222   jetzigen ⌡

Sacherklärung

I.

Johannes Niederer (1779–1843) ⇒ Nr. 507

II.

Ob dieser oder der vorhergehende Brief (⇒ Nr. 1922/1) tatsächlich verschickt wurden, ist unklar (vgl. ⇒ Nr. 1920). Bei der vorliegenden Fassung dürfte es sich allerdings um eine Endfassung handeln. Da die beiden Versionen (⇒ Nr. 1922/1 und ⇒ Nr. 1922/2) grössere Abweichungen voneinander aufweisen, wurden hier beide Texte aufgenommen. Möglicherweise wurde allerdings auch erst der Brief, den Johannes Niederer (1779–1843, ⇒ Nr. 507) drei Tage später zusammen mit Hermann Krüsi (1775–1844, ⇒ Nr. 588) verfasste, abgeschickt.

III.

Z. 4   *Iferten*: dt. Name für Yverdon
Z. 6   *Rede*: PSW XXV, S. 261–364
Z. 36   *Frau*: Rosette Niederer-Kasthofer (1779–1857) ⇒ Nr. 842
Z. 45   *Hangard*: Jean Baptiste Hangard (1774–1827) ⇒ Nr. 1403
Z. 96   *Gertrud*: Johann Heinrich Pestalozzi: Wie Gertrud ihre Kinder lehrt. Bern 1801 (PSW XIII, S. 181–359)
Z. 128   *Schmid*: Joseph Schmid (1785–1851) ⇒ Nr. 712

1923.
Johannes Niederer und Hermann Krüsi
31. März 1818

Iferten den 31ten März 1818.

5 Lieber Herr Pestalozzi

Für die Sendung Ihrer Rede danke ich Ihnen. Ich habe sie mit Krüsi gelesen. Wir finden sie in pädagogischer, psychologischer und historischer Hinsicht nicht nur weit unter dem, was Sie früher schon aufgestellt haben, sondern voll von d e r Verwirrung, worinn wir die
10 Q u e l l e aller Verwirrungen in Ihrer Anstalt erkennen. Wir behalten uns eine ausführliche Erörterung ihres Innhalts vor, die wir, wenn die Umstände es fordern, öffentlich machen werden.

Was Ihre letzte Bitte um Versöhnung betrifft, so können Krüsi und ich uns desto weniger vorstellen, was Sie darunter meinen, da
15 auch die Rede gar nichts Klares darüber ausspricht.

Das neue Verhältniss, wozu Sie uns einladen, muss der Natur der Sache nach im Einzelnen angegeben seyn, wenn etwas daraus werden soll. So lange Sie uns nichts Bestimmtes vorschlagen, können wir uns nur an den alten Erfahrungen halten. Jeder Vernünftige muss es billigen, dass wir uns von einem Mann entfernt halten, und kein Zutrauen zu ihm fassen können, der solche Geständnisse von seiner Verwirrung und Schwäche bis in sein 74tes Jahr ablegt. Wodurch wollen Sie beweisen dass Sie in Ihrem Vertrauen und in Ihrer Beurtheilung des Menschen, dem Sie sich hingeben, jetzt in der offenbaren Schwäche Ihres [Alte]rs Recht haben, nachdem Sie laut Ihrem eignen Geständniss so lange und immer in Ihrem Vertrauen und in Ihrer Beurtheilung der Menschen Unrecht hatten?

Wir sind indessen bereit uns darüber hinweg zu setzen wenn Sie uns ganz genau anzeigen, was Sie von uns haben, und in welches Verhältniss Sie uns zu Ihrer Unternehmung stellen wollen? welche Pflichten Sie von uns fordern? welche Rechte Sie uns sichern? was Sie in Hinsicht auf den Unterricht, die Zöglinge und die Methode uns anvertrauen und als wesentlich von uns ausgehend erkennen? Wir erwarten darüber Ihre Vorschläge im Detail. Wollen Sie uns wirklich zu Werkzeugen so muss die Stellung die Sie uns anweisen, entschieden und ausgemacht seyn; die Bestimmung derselben kann aber nicht von uns, sie muss von Ihnen ausgehen. Denn nicht wir wollen diessfalls etwas von Ihnen, sondern Sie fordern uns auf zu Ihrem Werk.

                                                                 Joh[annes] Niederer
                                                                                  Krüsi

Überlieferung

1 ZB Zürich, Ms Pestal 53/54, Umschlag 262/IV,101
2 Blatt, 257 x 200 mm
4 Datum am Schluss
5 Original

Textkritik

Zeuge H
Z. 25   Ausriss

Sacherklärung

I.

Johannes Niederer (1779–1843, ⇒ Nr. 507) und Hermann Krüsi (1775–1844, ⇒ Nr. 588)

II.

⇒ Nr. 1922/2

III.

Z. 4   *Iferten*: dt. Name für Yverdon
Z. 6   *Rede*: PSW XXV, S. 261–364

1924/1.
Johannes Niederer
März 1818

Lieber Herr Pestalozzi! Die oekonomischen Beweggründe zu unsrer Vereinigung würdige ich in ihrem ganzen Umfang. Ich weiss, dass sie mit den sittlichen und geistigen zusammenhangen. Aber eben dieser Zusammenhang entscheidet über ihren Werth. Unser diessfällige Grundsatz ist unerschütterlich; das Oekonomische soll nicht über jenes herrschen und es bestimmen, sondern ihm dienen und von ihm bestimmt werden. Im Geist und in der Kraft dieses Grundsatzes hoften wir, würde Schmid an Ihrer Seite handeln, und Sie nicht durch Ausserungen und eine Verfahrungsweise herabwürdigen, die Ihre oekonomischen Anerbietungen als eine Lockspeise, als ein Bestechungsmittel gleichsam, Ihrer alten Gehülfen erscheinen lassen würde, wie diess in seiner Geburtstagsrede, und in der Phrase die er Ihrem uns mitgetheilten Bruchstück einrückte, der Fall war. Nicht unsre, sondern Ihre Herabwürdigung wars, die uns diessfalls tief schmerzte.

Für meine Person waren mir, offenherzig zu gestehen, dergleichen Anerbietungen desto auffallender, da Sie positive Rechnungsverhältnisse so entschieden von der Hand weisen, und bis diesen Augenblick verweigernd, das Ihrige mit meiner Frau auf eine einfache Weise ins Klare zu setzen, nemlich durch gegenseitige Erläuterung.

Auf Ihre wiederholte Darstellung unsrer Ansicht über Sie habe ich nur Ihre Worte zu wiederholen: «Sie ist gewiss nicht richtig.» «Fassen Sie doch (meine Äusserungen) mit ruhigem, unbefangenem Ernst ins Aug» «Nehmen Sie doch zu Herzen, welche Elendigkeiten» (Sie mir zuschreiben.).

Sie glauben Leidenschaft, wo keine ist, in meinen gegenwärtigen Urtheilen über die Resultate Ihrer Maasregeln, wie Sie seit drey Jahren in meinen Warnungen und Vorhersagungen dieser Resultate Leidenschaft glaubten. Kämen Sie von dieser «verhärteten»

Ansicht zurück, wir würden uns warlich auf einem «s c h ö n e n», auf einem himmlischen «W e g e» begegnen.
Meine Erkenntniss des Guten in Schmid habe ich viel überschwenglicher bewiesen, als es sich äusserte, selbst auf Kosten der Wahrheit und Ihrer Freunde und Gehülfen. Ich habe ihn bis zum «R a s e n» vertheidigt, selbst da wo er vernünftigerweise nicht mehr zu vertheidigen war. Mein Lohn dafür war Ihre und Ihres Werks geistige, gemüthliche und sittliche Zerrüttung, und wenn ich Ihnen in der spätern Zeit ein Beckentniss abzulegen habe, so ist es das, mich in ihm durchaus getäuscht, und statt eines Werkzeugs zur Erhebung und Entwicklung Ihrer Unternehmung

Überlieferung

1 ZB Zürich, Ms Pestal 53/54, Umschlag 262/IV,43
2 Blatt, 237 x 200 mm
5 Original

Textkritik

Zeuge H
Z. 11   *w e r d e n*   *< werden >*. *Im*
Z. 45   *Ihrer < Anstalt > Unternehmung*

Sacherklärung

I.

Johannes Niederer (1779–1843) ⇒ Nr. 507

II.

Johannes Niederer (1779–1843, ⇒ Nr. 507) hatte sowohl mit dem Brief vom 19. März 1818 (⇒ Nr. 1920) als auch mit den Briefen vom 29. (⇒ Nr. 1922) und 31. März 1818 (⇒ Nr. 1923) versucht, die Auseinandersetzungen mit Pestalozzi zu einem Ende zu bringen. Das Thema beschäftigte ihn allerdings auch darüber hinaus, wie diese beiden nicht datierten Briefentwürfe zeigen (⇒ Nr. 1924/1 und ⇒ Nr. 1924/2), die in diesem Kontext entstanden sein müssen.

III.

Z. 12   *Schmid*: Joseph Schmid (1785–1851) ⇒ Nr. 712
Z. 16   *Geburtstagsrede*: Joseph Schmid: Rede gehalten am vier [richtig zwei] und siebenzigsten Geburtstage Pestalozzi's von Joseph Schmid. Zürich 1818
Z. 17   *Bruchstück*: Es ist unklar, was damit gemeint sein könnte.
Z. 23   *Frau*: Rosette Niederer-Kasthofer (1779–1857) ⇒ Nr. 842

1924/2.

Johannes Niederer

März 1818

Lieber Herr Pestalozzi, Sie wissen, wie sehr ich immer die Nothwendigkeit der Benützung der oekonomischen Vortheile und Hülfsmittel, und das Bedürfniss eines Mannes, der dieser Seite Ihrer Unternehmung ganz gewachsen sey, fühlte, und Ihnen einen solchen an die Seite zu bringen suchte, indem ich Ihnen zugleich unaufhörlich erklärte und bewies, dass es darzu einen e i g n e n Gehülfen fordre. Die oekonomischen Vortheile unsrer Vereinigung entgehen mir daher so wenig, als früher die diessfälligen Bedürfnisse Ihres Hauses, und die «Verachtung, womit Sie uns die Ansicht und Behandlung des diessfälligen Gesichtspunkts» vorwerfen, ligt eben, wie so vieles andre, weder in uns noch in der Wahrheit, sondern in Ihrer Einbildung. Allein auch hierin steht unser Grundsatz unerschütterlich fest: D a s O e k o n o m i s c h e s o l l n i c h t h e r r s c h e n s o n d e r n d i e n e n. «E s s o l l n i c h t s g e s c h e h e n, w a s d i e O e k o n o m i e n i c h t e r l a u b t, a b e r s i e s e l b s t s o l l a u f W a h r h e i t u n d R e c h t, a u f V e r n u n f t u n d L i e b e g e g r ü n d e t s e y n, u n d d a d u r c h b e s t i m m t w e r d e n.»

Dieser Grundsatz bestimmt unser Urtheil und Verfahren im Verhältniss zu Ihnen ohne Ausnahme. Die oekonomischen Anerbietungen, die Schmid, in das uns von Ihnen mitgetheilte Bruchstück Ihrer Rede und in seine eigne, ebenfalls unterdrückte einschob, sind in der That um so verächtlicher, je weniger darin etwas geschah, uns in den Grundsätzen über das Wesentliche, die Menschenbildung zu befriedigen. Sie wurden gleichsam als Lockspeise hingeworfen, als Bestechungsmittel, wie wenn oekonomische Vortheile, unabhängig von Grundsätzen und in Widerspruch mit ihnen, als Beweggrund auf uns wirken könnte. Nicht unsre Herabwürdigung, sondern die I h - r i g e wars, was uns dabei schmerzte.

Auch Ihre Ausflucht mit der Rechnungssache ist warlich eine willkührliche und gemachte. Sie haben den Theil, der Ihnen letzthin in Rechnung gestellt worden, schriftlich anerkannt. Es thäte mir warlich leid, wenn ich und die Welt, das Wort und Versprechen des Mannes, der wenigstens zu meiner Zeit das sich und andern Worthalten in manchem rührenden und erhebenden Morgen[-] und Abendgebeth als eine der ersten Pflichten und Tugenden seinen Zöglingen ans Herz legte, auch gar in allem und in allen Rücksichten als ungültig und nichtswürdig erfahren müsste, wenn mit einem Wort das Leben Pestalozzi's der Herstellung und Erhebung reiner unschuldiger und gesicherter Verhältnisse unter den Menschen damit endete, die allerzügelloseste Rechtslosigkeit für sich anzusprechen und darnach zu handeln. Wenn darinn die Liebe, die Versöhnung der Friede, das Christenthum besteht, welche Sie so oft ansprechen, so möge der Himmel künftig einen Jeden vor meinem Unglück bewahren: sich mit kindlichem Vertrauen in Ihre Hände zu geben und auf Ihre Versprechungen zu bauen.

In den Augen eines jeden vernünftigen Menschen hebt die Trennung unsrer Häuser die Nothwendigkeit einer Abrechnung nicht auf, es sey denn man wolle im Trüben fischen, woran einigen Menschen freilich gelegen seyn könnte. Im Gegentheil macht eben diese Trennung eine Abrechnung nöthig.

In diesem Gefühl hat meine Frau Abrechnung mit Ihnen gefordert. Sie sandte Ihnen wie schicklich und nothwendig war, die Rechnung und forderte dagegen Ihre Gegenrechnung, dann eine Unterhaltung mit Ihnen sich darüber ins Klare zu setzen, und als Sie diess verweigerten, unpartheiische Männer zur Untersuchung und Entscheidung.

Sie wiesen mit Leidenschaft alles weg, was höchst einfach war, sich mit einem Schritt abmachen liess, und um so weniger als verfänglich aufgenommen werden konnte, als wir Ihnen mündlich und schriftlich wiederholten, es sey um eine Verständigung und Erweiterung des Rechnungsverhältnisses und so wenig um Missbrauch etwa Ihres Vermögens zu thun, dass wenn sich eine Schuld von unsrer Seite ausweist, wir eben so bereit seyen sie zu bezahlen, als wir erwarten bezahlt zu werden wenn uns etwas zu gut kommen möchte.

Was thaten Sie? Sie erklärten schriftlich ausdrücklich: Es seyen keine Bücher vorhanden, und keine Dokumente auf welche eine solche Auseinandersetzung, überhaupt eine Rechnung gegründet werden könnte. Sie setzten Ihre Achtung gegen uns, Ihre Schuldigkeit gegen Ihr Werk und Ihre Pflicht gegen Sie selbst, dass Sie uns hundert und zweihundert Louisd'or zu bezahlen anboten, aus Liebe, aus Grosmuth für uns, aber keine Abrechnung eingehen zu wollen – als hätten wir nehmen und sie geben können und dürfen, was keinem gebührt, aber nicht fordern, was Sie uns, oder wir Ihnen schuldig sind.

Sie schreckten uns und liessen uns vom Verfolgen des rechtmässigen Weges zur Einsicht in unser diessfälliges Verhältnis zu gelangen abschrecken durch den Vorwand Sie fordern Schonung, wir trieben Sie zum Wahnsinn und stiessen Sie an den Rand des Grabes.

Als ob es eine andre Schonung hätte geben können, als die Sache in Wahrheit und Liebe, treu und ehrlich, so schnell als möglich abzumachen; als ob Letzteres Sie in die mindeste Verlegenheit hätte setzen können, als ob eine unschuldige und pflichtmässige Untersuchung die mit gutem Willen in wenigen Augenblicken abgethan war, jemand wahnsinnig machen und umbringen könnte, der ein sittlich wackerer und gerader Mann ist! –

Ist das einfach? Ist das naturgemäss? Erkennt sich darin der Schöpfer einer naturgemässen Bildungsweise? –

Als Sie vom Berge zurück waren und meine Frau bei Hause, schickten wir Ihnen meinen Schwager, die Sache abzumachen. Sie wiesen ihn von sich.

Später übernahm H[err] Hangard den Auftrag. Sie wollten nichts hören. Geschenke sollten wir von Ihnen annehmen, aber ein 10 und ein fünfzehnjähriges Verhältniss, enthält nichts rechtliches. Bei Ihnen ist alles Gnade bei uns soll alles Dank seyn? Ich begreife, dass man Neigung und Ursache haben kan, die Dinge so anzusehen. Aber nicht alle Gemüther sind geschaffen, niederträchtig zu seyn.

Meine Frau war 9–10 Jahre bei Ihnen. Sie sprechen von Ihren Büchern seit 5 Jahren. Gesetzt sie seyen richtig, was meine Frau in einem Briefe an Sie, so wie die ganze Sache, welche sie betrifft nächstens besonders erörtern wird, so bleibt eine frühere Zeit übrig, in der sie auch bei Ihnen lebte.

Und wie können Sie von einem so vermuthlichen Ohneantwortseyn sagen, da so viele Schritte und Erklärungen sicher geschehen sind.

Lieber Herr Pestalozzi, trotzen Sie nicht auf ihr Gewissen. Wenn im zeitlichen Leben das Gewissen treu seyn soll, so muss auch das Gedächtniss treu seyn. Aber es kommt eine Zeit, wo die Erinnerung zurückkehrt.

Lieber Herr Pestalozzi, beweisen Sie durch die That dass Sie es gut mit mir meinen, dass Sie ein zuverlässiger Mann sind. Zeigen Sie mit einem Wort, dass Ihre Liebe wahre Liebe ist, und ich will wieder wie niemand an Ihre Liebe glauben, wie ich vor Jahren, wie niemand an Ihre Liebe glaubte.

Lieber Herr Pestalozzi, in unsrer Rechnungssache, wie in der Sache des Bodens gibt es einen einzigen Weg mich von Ihrer Wahrhaftigkeit, und wirklichen Liebe zu überzeugen, den Weg den alle Welt und jedes Gewissen anerkennen muss – den nemlich, die Rechnungssache entweder selbst oder durch andere unpartheiisch abzumachen –

Täuschen auch Sie sich nicht, theürer, verehrter Greiss. Umtriebe und Künste sind bei einem klaren Verstande der Sache, und gegen ein reines Herz, das ich in Betref meines Verhältnisses zu Ihnen mit Stolz anspreche nicht anwendbar. Rechnen Sie, ernennen Sie unpartheiische Rechner meiner Frau gegenüber, damit die Sache abgemacht sey –

Theürer, verehrter Greis, glauben Sie nicht, glauben Sie nie, dass mich Ihre Drohungen schrecken. Ich habe keine Furcht entlarvt zu werden, und falsche Auslegungen der ganzen Welt sind mir gleichgültig und ich verachte sie, seit der Mann den ich über alles ehrte, und allen Sterblichen vorzog, durch seine traurigen Auslegungen nicht nur meines, sondern auch seines Thuns sich so tief herabwürdigen konnte.

Theürer, verehrter Greis! Der Mann der sich in den Menschen und den Dingen so wenig kennt, dass er seit 19 Jahren, jedes Jahr sagte, er habe das Rechte gefunden, und, im 20ten diese 19 Jahre alle für eine durch gängige Täuschung öffentlich erklärt, dessen ganzes Leben beinahe eine Reihe von Geständnissen übereilten Vertrauens und ungerechten Misstrauens ist, sollte es nicht so leichthin wagen, meiner Frau Unbesonnenheiten vorzuwerfen.

Lieber Herr Pestalozzi, fünfzehn Jahre war ich bei Ihnen, und Sie kennen mich noch nicht im Geringsten. Sie halten mich für einen Teig Ihrer Hand für ein schwaches Geschöpf, das durch selbstsüchtige Triebe geleitet, von Drohungen erschreckt, von Versprächungen äusserer Vortheile und Hofnungen gegängelt und gelobt werden kan – dem Ihre Persönlichkeit, Ihr Ruhm, ihre Triumphe, in denen allen Sie die Menschen als armselige und selbstsüchtige Tröpfe erkannt haben, imponieren könnte, unrecht recht und recht unrecht zu heissen. Wie falsch ist der Ort wo Sie mich suchen –

Die Geldanerbietungen und Belohnungen die einer in Ihrer Geburtstagsrede schamlos genug war, Ihnen in den Mund zu legen, halte ich nur für niederträchtig.

Das Morgenroth, dessen Aussicht Sie mir eröffnen, kan mich nur dann reizen, wenn es auf der Wahrheit, der Natur und der Gerechtigkeit gefunden wird. Der Theilnahme zu der Sie mich einladen, kan mich nur dann bewegen, wenn die Theilnehmenden meiner sittlichen Achtung und sittlichen Vertrauens werth sind.

Wer in sittlichen Verhältnissen das Vertrauen missbraucht, wer niederträchtig nicht etwa blos gegen meine Person, sondern in einer gemeinschaftlichen heiligen Aufgabe gehandelt hat, dem kan kein redlicher Mann die Hand bieten, bis er sich innerlich anders und besser zeigt. Ihr Gehilfe hat nicht bewiesen, dass er anders geworden. Die Geschichte des Geburtstages und seit ihm hat keine Rückkehr zur Wahrheit und Redlichkeit gezeigt, und erlauben Sie mir es zu sagen, ich finde in den Äusserungen und Anbietungen Ihres Briefes keine Spur von einem solchen bessern Einfluss auf Ihre Entschlüsse. –

Lieber Herr Pestalozzi, fassen Sie es ins Auge. Ich bin weder für Geld noch Ehre zu Ihnen gekommen. Eben so wenig bin ich Gelder und Ehre wegen aus Ihrem Haus getreten. Das Bedürfniss an die Würde der Menschheit zu glauben, der Trieb in der Person und im Werke zu stehen, die Begeisterung des Gedankens, das Wahre Gute und Heilige im Wollen und in der That des Menschen unmittelbar zu erblicken und an dieser That Antheil zu nehmen, haben mich zu Ihnen geführt. Wie ich es auffasste und was ich dafür vermochte, ligt in meinen, zu Ihrer Rechtfertigung und Erklärung abgefassten Schriften. Aus dem gleichen Grunde war der Austritt nothwendig, als ich es in der Leitung, dem Geist und dem Zustand Ihrer Umgebungen nicht mehr zu erkennen vermochte. Was mich das erstemal zu Ihnen brachte, kan mich allein zum zweitenmal wieder an Sie schliessen.

Täuschen Sie sich nicht, lieber H[err] Pestalozzi, ausser diesem sind alle Versuche schlechthin vergeblich.

Täuschen Sie sich auch nicht, als ob es bei den Forderungen an Sie, an sich für Geld und Ehre zu thun sey. Alles was mir diessfalls nicht gebührt wäre nur Diebstahl an Ihren Armenzwecken. Und was die Ehre betrifft, so kenne ich keine andre als die Ihrige. Sie anerkennen, fördern aus inniger Überzeugung für Sie zeügen, zu können, ist der höchste Wunsch meines Herzens, und jeder Schritt ist mir wichtig, ein solches Zeugniss möglich zu machen. Aber ich fürchte auch das Gegentheil nicht, ich will, ich muss es thun, wenn Sie mich darzu zwingen.

Ich habe den schönsten Theil meines Lebens daran gewandt, dass die Menschheit an Ihren Werth und an Ihr Werk glaube und glauben könne. Von Ihnen hängts ab ob ich fortfahren kan, und ich werde der Glücklichere seyn, wenn Sie mirs möglich machen, aber auch die Prüfung des Gegentheils nicht scheüen. Um meinetwillen bedarf es Orpens Rath nicht. Man mag mich ansehen wie man will, so ist nichts verlohren, kein Glaube an mein Thun wird zerstört, und ich fange diessfalls erst an zu thun. Was darinn werden soll, können Sie mir nicht, ich muss es mir selbst geben.

Täuschen Sie sich nicht, lieber Herr Pestalozzi, dass Orpen alles wisse. Er weiss es nur von Ihnen. Ich danke Ihnen dass Sie mir das sagen. Aber es kan mein Betragen um so weniger bestimmen, als

Orpen auch das meinige wissen müsste, um richtig zu urtheilen – Ja er hätte es sicher sollen zu wissen, um nicht einseitig zu urtheilen. Nur seiner Jugend darf man diese Einseitigkeit verzeihen.

Täuschen Sie sich auch darin nicht, ich bitte Sie herzlich, als sey es jetz noch in Ihrer Macht mir einen heitern Tag und sich den himmlischen Abend zu verschaffen, der vor drey Jahren noch in Ihrer Hand lag, und der von der Stellung abhing, die Sie damals jedem Ihrer Freünde und Werkzeüge anzuweisen vermochten. Ich machte Sie [da]mals aufmerksam, ich bat, flehte, sagte Ihnen die Folgen voraus und setzte mich, um Sie vor unheilbaren Schritten zu bewahren, Ihrem ganzen Unwillen Preis. Es ist geschehen. Sie haben sich gegen ihr altes schon historisch gewordnes Werk, und ihre Alten Gefährten erklärt, und ein neües Leben und neües Werk und neüe Menschen angesprochen. Was aus diesem Neüen werden mag wird werden, und es ligt insofern Ihr einziges Glück darinn, dass Sie sich ganz daran anschliessen, und des Alten besonders der Ihnen angehörigen Menschen völlig vergessen. Der grösste Missgriff den Sie thun konnten, ist uns zu berücksichtigen und durch Ihre Aufforderung uns, die wir seit Jahren still geschwiegen und vor dem Publikum alles über uns ergehen gelassen haben, zu zwingen, im Gegensatz gegen Ihr Neües aufzutreten. Wenn es eine Unbesonnenheit in der Welt gibt, so ist es die, dass der von Ihnen erklärte neüe Heiland diesen Widerspruch nicht hinderte, sondern noch darzu half. Wir wären in unserm verborgnen und verkannten Seyn und Wirken neben dem Ihrigen verschwunden. – So aber wäre das Anschliessen selbst von uns das Übel Ihrer Unternehmung –

Überlieferung

1 ZB Zürich, Ms Pestal 53/54, Umschlag 262/IV,74 (H1), Umschlag 262/75, 78 (H2)
2 Blatt, 242 x 200 mm (H1), Blatt und Bogen 254 x 196 mm (H2)
4 Dorsualvermerk *1818 nach der Rede* (H1), *1818. nach der Rede Niederer an Pestalozzi* (H2)
5 Original

Textkritik

Zeuge H
Z. 3–32   H1
Z. 15   *Einbildungs* < *skraft* >
Z. 27   *Grundsätzen* < *zu befriedigen* > *über*
Z. 33–235 H2

Z. 33 < 2 Theile - Rechnung - u[nd] Verhältniss.
haben, dass Sie mir ohne mein Verlangen nie mit dem Anerbieten davon entgegen gekommen wären >
Z. 167 f. geworden. < Was > Die
Z. 193 < s > Sie
Z. 194 f. ist mir ∫
Z. 234 aber < können Sie nicht anders, als je weiters Sie gegen uns vorschreiten, und um so mehr Selbstständigkeit geben > wäre

Sacherklärung

I.
Johannes Niederer (1779-1843) ⇒ Nr. 507

II.
⇒ Nr. 1924/1

III.
Z. 24 *Schmid*: Joseph Schmid (1785-1851) ⇒ Nr. 712
Z. 25 *Rede*: PSW XXV, S. 261-364
Z. 25 *eigne*: Joseph Schmid: Rede gehalten am vier [richtig zwei] und siebenzigsten Geburtstage Pestalozzi's von Joseph Schmid. Zürich 1818
Z. 55 *Frau*: Rosette Niederer-Kasthofer (1779-1857) ⇒ Nr. 842
Z. 75 *Louisd'or*: frz. Goldmünze
Z. 95 *Schwager*: Karl Kasthofer (1777-1853) ⇒ Nr. 1161
Z. 97 *Hangard*: Jean Baptiste Hangard (1774-1827) ⇒ Nr. 1403
Z. 203 *Orpens*: Charles Edward Herbert Orpen (1791-1856) ⇒ Nr. 1925

1925.
Charles Edward Herbert Orpen
31. März 1818

A Monsieur
5 Monsieur Pestalozzi
Yverdon
Suisse

Londres. mardi - mars 31st 1818

Pestalozzi, mon ami -
10 Quoique je n'ai pas dernièrement écrit j'ai été tant occupé de vous; a Paris j'ai parlai a plusieurs anglais et jai interessé quelques uns - Ici jai vu M[onsieu]r A c k e r m a n n et je lui ai parlé de votre projet, il voudrait aider mais il ne connaît pas vos ouvrages il me disait et il ne pense pas quon pourrait publier par souscription un ouvrage
15 d'une telle etendue - il parle trop en calculateur - mais aussi il pour-

ra aider. – J'ai vu A l l e n il sinteresse beaucoup de vous – vous pourrez compter sur lui, il vous aidera tout ce qu'il pourra. – – J'ai vu aussi M[onsieu]r G r e a v e s qui a le projet d'aller chez vous apres quelques semaines avec huit ou douze jeunes garcons anglais tous destinés a la profession paedagogique – il restera quelques ans avec vous. Je l'ai preparé bien pour vous aimer – il vous aime d'avance – vous le trouverez devoué a votre projet – ces seront les premiers qui se sont allés d'angleterre pour se perfectionner dans votre methode – il n'est pas necessaire de vous les recommander. – J'ai vu un M[onsieu]r P u l l e n un maitre d'école qui s'occupe beaucoup de votre methode – il a promis d'agir en secrétaire pour une comité qu'on doit former ici dans quelques jours pour ouvrir une correspondance avec vous et pour avancer vos vues. – Aussi jai vu une Mrs M o l i n e qui s'intéresse de cœur et dâme pour vos objets – Nous nous rencontrerons tous demain pour tâcher d'arranger quelque chose je leur ai éxpliqué ce que vous voulez faire relatif à la traduction de vos ouvrages – et je leur ai communiqué votre adresse au public ils le traduiront et les publiéront. – Je ferai le meme en Irelande. – M[onsieu]r Greaves partira d'ici en deux ou trois semaines il vous expliquera tout ce qu'il a pu faire et tout ce que j'ai fait – M[onsieu]r Allen voudrait avoir vos ouvrages pour les montrer a quelques libraires. – Aussitôt que, la premiere partie est publie en Allemagne il faut qu'elle soit envoyee a cette comité à Londres. M[onsieu]r Greaves vous expliquera tout cela – J'ai fait tout ce que j'ai pu ici mais je n'ai pas fait beaucoup – Je crois qu'il faut agir par les libraires – mais le comites de vos amis qu'on doit former ici apres quelques jours considera toutes ces choses, et vous les expliquera – il falloit former premierement le comité – apres cela ouvrir une correspondance avec vous – et publier votre addresse dans les feuilles publiques et dans les journaux et magazins periodiques en indiquant quelques personnes a Londres qui recevront les noms des souscripteurs – Nous ferons ce meme à Dublin – Si je pourrais rester ici quelques mois je pourrais faire beaucoup mais cela mest impossible – et il me faut me borner ici a expliquer vos vues a réunir vos amis dans un comité et a donner l'impulsion – Je pourrai faire plus a Dublin – J'ai vu aussi Sir Thomas A c k l a n d il se souvienne beaucoup de vous il aidera aussi – B a b i n g t o n ne s'intéress plus beaucoup – il m'a donné son ouvrage sur léducation de l'infance pour vous – j'espère que quand on publie votre prospectus et le premier volume de vos ouvrages, il trouvera que c'est plus important. – W i l b e r f o r c e est malade – je ne peux pas le voir – je laisserai sa lettre avec le comité – B r o u g h a m est a la campagne, je donnerai sa lettre à M[onsieu]r A l l e n – C'est dommage que tous vos ouvrages ne sont pas deja republiés – Je crois bien que si on les avait a Londres on pourrait trouver des libraires qui seraient bien content d'aider a recevoir les noms des souscripteurs afin qu'ils seraient publiés par souscriptions – L'interet que le public ici prend a votre methode va toujours en augmentant – Plusieurs maitres décole demande des renseignements sur vos vues plus etendues et plus precises qu'ils ne trouvent dans les ecritures de M[onsieu]r Synge – il faudra que vos ouvrages soient accompagnés et suivies par quelque ouvrages sur la p r a t i q u e de votre methode – Je crois qu'une de mes amies partira d'ici bientôt avec ses six filles pour étudier votre methode et vos vues chez l'Institut de Niederer – une Madame Spears – Je la recommande a vous – ces premiers (primitice) (first fruits) d'angleterre vous seront sans doute agreables – L'adresse de M[onsieu]r Allen est «Plough Court – Lombard Street – London» vous pourrez correspondre avec lui relatif la traduction il voyait tout de suite l'importance de votre projet – il pourra influer le public beaucoup parcequ'il a des correspondances par tous les royaumes – Il faut avoir des prospectus pour les donner aux voyageurs Anglais en Suisse, etc. – M[onsieu]r Greaves vous portera notre traduction de votre addresse – vous pourrez la republier a Yverdon – il a traduit et publie votre prospectus sur votre Institut que vous aviez envoyé à M[onsieu]r Stock – il me dit de vous dire que s'il vous le voudrait – M[onsieu]r Stock vous envoyerait deux jeunes hommes Anglais pour etudier votre methode au lieu de deux jeunes Suisses ou Allemands qui seraient envoyés a son Institut par vous – les depenses de voyage devraient être payes par leurs amis – par ces moyens vous pourriez obtenir deux aides Anglais pour l'enseignment de cette langue dans votre Institut sans depenses ulterieurs – Schmidt pourra considerer et calculer les avantages quon pourrait tirer de cette reciprocité. Si vous et lui voulez l'arranger vous pourrez ecrire la dessus a M[onsieu]r Stock. Je vous supplie vous et Schmidt de faire tout ce que vous pourrez pour interesser les Anglais – cest infiniment important pour les resultats de vos efforts – Les Anglais tiennent beaucoup a la p r o p r i é t é d'une ecole et je trouve que quelques voyageurs qui ont visites votre ecole se plaignent que les murs des chambres ne sont pas bien blanchés et quelques autres choses de la meme especer – ces sont des choses de rien en réalité mais cest facile de les corriger – Quelques uns aussi disent qu'on n'observé pas les Dimanche aussi exactement en Suisse qu'ici – les Anglais tous tiennent beaucoup a l'observance religieuse du jour du Seigneur – angleterre est rempli d'ecoles de

Dimanche ou Les jeunes gens riches donnent l'instruction gratuite dans la lecture de l'écriture Sainte aux enfans des Pauvres – il m'a paru que peutetre vous pourrez occuper quelques uns de vos eleves sur le Dimanche en donnant l'instruction aux enfans des pauvres – M[onsieu]r Greaves pense qu'il pourra trouver des personnes qui feront une souscription de cent guinées pour vous payer pour le maintien de dix enfans p a u v r e s par an – mais cela n'est pas encore arrangé il vous l'expliquera – Cette Lettre ne contiene pas tant de choses positives que je n'avais esperé, mais vous verrez que j'ai fait quelqué chose, et je ne doute pas que vous croirez que j'ai fait tout ce que j'ai pu ici et que je n'ai pas manqué de bonne volonté – Je pars d'ici demain pour Dublin – voulez vous envoyer dire a Naef que j'ai laissé avec Boniface à Paris deux livres pour lui sur l'education des Sourds muets et que je lui prie de les accepter – Dites aux Bezencenets aussi que je me souviens beaucoup d'eux et que je donnerai a Madame Spears une lettre d'introduction pour Madame Bezencenet – Je leur écrirai bientot – je vous ecrirai aussi de Dublin – J'espere que Schmidt me considere son ami – Croyez moi que je suis sincerement votre ami et serviteur en Jesus Christ
           Charles H[erbert] Orpen

Je vous supplie de soigner l'education religieuse de ces jeunes Anglais – m'aimez toujours je ne cesse pas de m'occuper de vos affaires – Que Dieu unisse nos cœurs dans la simplicite de la foi de Jesus Christ. J'ai trouvee quelques personnes qui souscriront pour la traduction de vos ouvrages. Mais avant qu'au moins une partie de la nouvelle edition soit ici c'est impossible de dire precisement combien la publication couterait ici – Je crois que M[onsieu]r Greaves trouvera des personnes qui les traduiront pour très peu de choses – Il partira dans 2 ou 3 semaines – je crois qu'il sera mieux de l'attendre avant d'envoyer un exemplaire ici mais si vous l'envoyez en envoyez un a M[onsieu]r Allen.

           Überlieferung
1 ZB Zürich, Ms Pestal 54a, Umschlag 272/1
2 Bogen, 257 x 186 mm
4 Siegelspuren, Stempel *ANGLETERRE*
5 Original

Textkritik

Zeuge H

Z. 10	*tant* ʃ
Z. 14	*souscription* <*une*> *un*
Z. 36	*pour* <*leur*> *les*
Z. 44	*vous* – <*ensuite*> *et*
Z. 45	*magazins* <*public*> *periodiques*
Z. 55	*c'est* <*tres*> *plus*
Z. 88	*reciprocité.* <*S'il*> *Si*

Sacherklärung

I.

Charles Edward Herbert Orpen (1791–1856) kommt in Cork (Munster, Irland) zur Welt, studiert an der Universität in Edinburgh Medizin und gründet 1816 in der Nähe von Dublin die landesweit erste Schule für taubstumme Kinder, die alsbald als *National Institution for the Education of the Deaf and Dumb* bekannt wird. Auf einer Europareise, die er in den Jahren 1817 und 1818 unternimmt, um sich dortige Taubstummenerziehungsinstitute anzusehen, kommt Orpen nach Yverdon, besucht die Schule (⇒ Nr. 1911) von Johann Konrad Näf (1789–1832, ⇒ Nr. 2304) und verbringt mehrere Monate bei Pestalozzi. Nach seiner Rückkehr setzt er sich in Dublin, wo er als Arzt arbeitet, für die Verbreitung der pestalozzischen Methode ein, bis er schliesslich 1848 mit seiner Familie – 1823 heiratet Orpen Alicia Francis Sirr (1796–1869) und hat mit ihr neun Kinder – nach Südafrika auswandert, um in Colesberg einer englischen Kirchengemeinde als Geistlicher vorzustehen.

III.

Z. 12   A c k e r m a n n : Wilhelm Heinrich Ackermann (1789–1848) ⇒ Nr. 2634

Z. 16   A l l e n : William Allen (1770–1843) ⇒ Nr. 1935

Z. 18   G r e a v e s : James Pierrepoint Greaves (1777–1842), ein aus der Grafschaft Surrey stammender Sohn eines Tuchhändlers, war in London als Kaufmann tätig, bevor er den Drang zur Erfüllung spiritueller Mission zu spüren begann und in diesem Zusammenhang 1818 zu Pestalozzi nach Yverdon kam, um dort vier Jahre lang als Englischlehrer zu arbeiten. Nach Aufenthalten in Basel und Tübingen – von wo er 1824 im Zuge der Karlsbader Beschlüsse aufgrund seiner mystisch-sozialistischen Ansichten weg gewiesen wurde – kehrte er nach England zurück, wo er zunächst als Schriftführer der Londoner Kleinkinderschulgesellschaft amtierte, 1837 eine eigene, nach pestalozzischen Grundsätzen geführte Schule gründete und eine Gemeinschaftssiedlung für arme Industriearbeiter aufzuziehen versuchte. Bekanntheit erlangte Greaves unter anderem auch als Adressat einer Serie von Briefen, in denen Pestalozzi seine Ideen zur Kleinkindererziehung darlegte, und die er auf eigene Kosten unter dem Titel *Letters on Early Education* (PSW XXVI, S. 45–142) veröffentlichte.

Z. 19   *jeunes garcons anglais*: James Pierrepoint Greaves (1777–1842, ⇒ Z. 18) kam am 9. Juni 1818 in Yverdon an. An diesem Tag – und damit wohl zusammen mit ihm – ist nur ein einziger Knabe aus England nachweislich ins Institut eingetreten, nämlich der nicht näher zu bestimmende U. B. Bingley (⇒ Nr. 1925) aus London, der bis 1819 bei Pestalozzi blieb.

Jedoch sind im Sommer 1818 einige weitere englische Kinder in Yverdon angekommen, die möglicherweise von Greaves mobilisiert worden waren, nämlich am 6. Juli die nicht näher bekannten Gebrüder Duff, am 21. August T. W. Jones (⇒ Nr. 1935), am 27. August Wellesley Pol Pigott (1808–1890), der bis Oktober 1819 in Yverdon blieb und später ein Pfarramt in Irland führte und Ende September 1818 Edmund Arthur Guerin (1804–1895), der Oberst in der britischen Indienarmee wurde.

Z. 25 *P u l l e n* : Philip H. Pullen bot in London Privatstunden für Erwachsene in Rechnen, Geometrie, Geografie und Zeichnen auf pestalozzischer Grundlage an und verfasste mehrere Bücher, die sich mit Pestalozzis Konzepten auseinandersetzten.

Z. 27 *comité*: Die privaten Komitees, die sowohl Charles Edward Herbert Orpen (1791–1856, ⇒ Sacherklärung I.) als auch William Allen (1770–1843, ⇒ Nr. 1935) in London und Dublin gründen wollten, um Pestalozzis Ideen und Werke zu verbreiten, scheinen nicht über das Projektstadium hinausgekommen zu sein. 1823 hatte Charles Mayo (1792–1846, ⇒ 2270) die Idee eines Freundeskomitees wieder aufgenommen und auch umgesetzt (⇒ Nr. 2411). Diese Gruppe entschied aber im März 1824, die Kooperation mit Pestalozzi respektive dessen immer stärker in Schieflage geratenen Einrichtungen nicht weiter zu fördern (⇒ Nr. 2454).

Z. 29 *M o l i n e* : Mrs Moline konnte nicht näher bestimmt werden.

Z. 51 *A c k l a n d* : Thomas Gilbank Ackland (1791–1844) wurde nach seiner Ausbildung am St. John's College in Cambridge 1814 zum Priester ordiniert, übernahm nach einigen Stipendiaten 1818 die St. Mildred's Pfarrei in London und wirkte dort bis zu seinem Tod.

Z. 52 *B a b i n g t o n* : Thomas Babington (1758–1837), ein evangelikaler Anglikaner aus Leicestershire, tat sich nach seiner Ausbildung am St. John's College in Cambridge als Philanthrop hervor und war ab 1800 Mitglied des englischen Parlaments, wo er sich wie sein Bekannter William Wilberforce (1759–1833, ⇒ Nr. 427) für die Abschaffung des Sklavenhandels einsetzte.

Z. 53 *ouvrage*: Thomas Babington: A Practical View of Christian Education in its Early Stages. London 1817

Z. 56 *W i l b e r f o r c e* : William Wilberforce (1759–1833) ⇒ Nr. 427

Z. 57 *lettre*: konnte nicht näher bestimmt werden

Z. 57 *B r o u g h a m* : Henry Peter Brougham (1778–1868) studierte in Edinburgh Natur-, Rechtswissenschaften und Mathematik und etablierte sich darauf als intellektueller Publizist in London, wo er 1810 auch erstmals ins Parlament einzog. Ab 1816, als er seinen zwischenzeitlich verlorenen Sitz im Unterhaus wiedererlangte, entwickelte sich der liberale Politiker zu einem der einflussreichsten Parlamentsmitglieder und setzte sich als solcher insbesondere für die Förderung der Volkserziehung ein – ein Anliegen, für das ihn nicht zuletzt die Besuche sensibilisiert hatten, die er 1816 im Rahmen einer Erholungsreise den Anstalten in Yverdon und Hofwyl abgestattet hatte. 1830 wurde Brougham zum Lordkanzler ernannt und als Baron in den Adelsstand erhoben, seinen Lebensabend verbrachte er nach der 1834 im Zuge eines Regierungswechsels erfolgten Absetzung als Lordkanzler zeitweise in Cannes.

Z. 58 *lettre:* konnte nicht näher bestimmt werden

Z. 65 *ecritures*: John Synge: A biographical sketch of the struggles of Pestalozzi, to establish his system of education; compiled and translated chiefly

	from his own works. Dublin 1815; John Synge: A sketch of Pestalozzi's intuitive system of calculation. Dublin 1815
Z. 66	*Synge*: John Synge (1788–1845) ⇒ Nr. 1500
Z. 68	*amies*: Mrs Spears und ihre sechs Töchter konnten nicht näher bestimmt werden.
Z. 69	*Institut*: ⇒ Nr. 867
Z. 69	*Niederer*: Johannes Niederer (1779–1843) ⇒ Nr. 507
Z. 80	*Stock*: John Stock (1763/64–1842) ⇒ Nr. 1926
Z. 82	*hommes*: Edward Stock (1799–1852) und A. Quertier. Edward war der Sohn von John Stock (1763/64–1842, ⇒ Nr. 1926), hielt sich von April 1818 bis Ende Juni 1818 in Yverdon auf und führte später die Schule seines Vaters in London. Der vermutlich französischstämmige Quertier, der als Kaufmann in London lebte und sich schon im November 1817 für Pestalozzis Institut interessiert hatte (vgl. PSB X, S. 411), konnte nicht näher bestimmt werden.
Z. 81 f.	*deux jeunes Suisses ou Allemands*: konnten nicht näher bestimmt werden
Z. 87	*Schmidt*: Joseph Schmid (1785–1851) ⇒ Nr. 712
Z. 112	*Naef*: Johann Konrad Näf (1789–1832) ⇒ Nr. 2304
Z. 112	*Boniface*: Alexandre Antoine Boniface (1790–1841) ⇒ Nr. 1435 a
Z. 112	*livres*: Es ist unklar, welche Bücher hier konkret gemeint sein könnten.
Z. 114	*Bezencenets*: François Louis Bezencenet (1754–1826, ⇒ Nr. 1569) und Marie Gabrielle Bezencenet-Hutter (1754–1831). Marie Gabrielle stammte aus Yverdon, wo sie sich 1776 verheiratete und als Mutter von vier Kindern – darunter Jean Jacques (1776–1812, ⇒ Nr. 1139 b) – lebte und später als Kauffrau tätig war.
Z. 115	*lettre*: scheint nicht erhalten zu sein
Z. 125	*nouvelle edition*: Damit war die geplante englischsprachige Gesamtausgabe gemeint, für die zwar eine Subskription gestartet und auch Geld eingeworben wurde (⇒ Nr. 2044), die aber nie im Druck erschienen ist.

1926.
John Stock
31. März 1818

[Reg.] Stock teilt Pestalozzi mit, dass er seinen Sohn unter der Aufsicht von Monsieur
5 Quertier nach Yverdon schicken werde.

Überlieferung

1   PSB XIV, S. 187.6 ff.

Sacherklärung
I.

John Stock (1763/64–1842) leitete in Poplar, London, eine unter dem Namen *Poplar House Academy* bekannte Knabenschule, die sowohl als Internat fungierte als auch Kinder von lokalen Firmeninhabern unterrichtete, und zwar insbesondere im praktischen Umgang mit den Errungenschaften der modernen Wissenschaften (Maschinen, Modelle u.ä.), für die sich Stock stark interessierte. Nach seinem Tod führte sein Sohn Edward (1799-1852, ⇒ Nr. 1925) die Schule bis mindestens 1849 weiter.

III.

Z. 4 *Sohn*: Edward Stock (1799-1852) ⇒ Nr. 1925
Z. 5 *Quertier*: A. Quertier ⇒ Nr. 1925

1927.
Joseph Schmid
Frühjahr 1818

Ich bin seyd 8 Tag hier u[nd] Tag u[nd] Nacht beschäftigt mit H[errn] v[on] Cotta die Sache ins Reine zu bringen. Diesen Abend hab ich das Resultat meiner Arbeit abgegeben u[nd] Morgen soll es sich entscheiden, wenn nichts mehr dazwischen kommt. Fällt es aus, wie ich glaube, so seid ihr sicher damit zufrieden. Ich aber nicht. Wäre die Sache mein gewesen, ich hätte sicher einige Tausend, wenn auch nicht gleich sicher aber in kurzer Zeit mehr erhalten. Ich dürfte aber dieses Spiel bey den Neuhofer Bewohner denen es öfters an Geduld fehlt nicht wagen –. So viel für einmal über diesen Punkt.

Ihr werdet aber der Summe nachfragen. diese sage ich erst, wenn alles weiss auf schwarz ist. Doch könnte er wenigstens sagen, wie sich H[err] v[on] C[otta] in dieser Angelegenheit benohmen habe. Ich antworte: An gewissen Tagen war ich sein wahrer Freund, den andern aber gieng es mir auch in Stuttgard wie in Iferten u[nd] auf dem Neuhof –. Er glaubte ein grosses Recht zu haben mir jede Grobheit sagen zu dürfen u[nd] fehlte so gar nicht an Drohungen. Ich war überlegend, kalt u[nd] zahlte immer mit vernünftigen Antworten, in denen ich aber nicht immer freygebig war. Nach jeder Schlacht war ich aber meinem Ziele immer näher u[nd] drey Nächte habe ich in Stuttgard kein Aug zugethan um den folgenden Tag H[errn] Cotta u[nd] seine Handlung wieder zu überzeugen, zu überweisen u[nd] unser Recht nach allen Seiten in ein heiteres Licht zu setzen – Die ganze Liste Schriften weiss ich bereits auswendig –.

Aber auch H[err] Cotta war nicht unthätig, 3 Tag arbeitete ich in seinem Zimer mit einigen Schreibern u[nd] etwa 2 Tag sind alle Schreiber seiner Handlung mit mir beschäftigt gewesen –. Ihr werdet mir sagen, hier müsse ein fürcherliche Unordnung seyn oder H[err] Cotta sey nicht redlich –. Ich halte H[errn] Cotta für nicht unredlich, aber die Handlung scheint mir in den Geschäften ganz erlegen, mit Unordnung verbunden mit keiner Macht versehen, er abwesend, alt reich, ein grosser Herr, einen Sohn der sich über all wie ein grosser Herr zeigt, aber nicht arbeitet –. Kurz die Handlung gehört in eine bürgerliche Thätigkeit u[nd] sie steht auf der e[u]ropäischen Gaukelhöhe. Grosse Handlung u[nd] Landgüter fordern thätige Hände, anhaltende u[nd] anstrengende Aufmerksamkeit auf alles was den Flor derselben zu befördern geeignet ist u[nd] dieses lässt sich mit gewissen Anmassungshöhen nicht verbinden, ausser es seye einer selber Schöpfer u[nd] Erhalter eines ähnlichen Werkes. Ich kann also H[errn] C[otta] nicht loben aber auch nicht tadeln, aber ein anderer Mann hätte in dieser Stellung, nur aus uns wenigstens 10000 Fl. mehr gezogen. Bey seiner Behandlung bin ich erstaunt noch ein solches Resultat finden zu können. Ich überzeuge mich erst hier recht von der Wichtigkeit der schriftstellerischen Thätigkeit u[nd] werde sicher immer meine ganze Aufmerksamkeit da[hin] zu richten wissen u[nd] wünsche, dass diese auch von Ihnen mit allem Ernst betrieben werde.

Aber, werdet ihr mich fragen, wie es möglich sey dass uns H[err] C[otta] eine solche Buchung machen konnte; mehr als nur 1160 Exemplar sind doch wohl abgesetzt, die du doch mit deinen 140 Briefen beweisen konntest. Ich antworte, was möglich ist, mir den Beweis unmöglich zu machen ist geschehen u[nd] wäre ich nicht Schmid gewesen, sicher wäre es mir nicht gelungen. Nach dem ein Beweis aber geleistet war, bewies er seinen Verlust, der uns zwar nichts angeht aber nun war er auf einem Punkt von dem er nicht mehr weg zu bringen war.

Ich bewies ihm aber, dass er nicht nur nicht verlohren sondern gewonnen haben würde, wenn er als bürgerlicher Buchhändler u[nd] nicht als Cramer gehandelt hätte. Ich kam am Ende so weit mit ihm, dass er mir auch eingestunden, dass bey seiner Verwaltung u[nd] Besorgung auch an seinen Gütern die er im Grossen u[nd] grosser Zahl besitzt, ebenfalls verliere –.

Kurz ich konnte ihm deutlich machen, dass auch sein Zurückkommen bey ihm gesucht werden müsse.

Überlieferung

1 ZB Zürich, Ms Pestal 55, Umschlag 333/28
2 Bogen, 235 x 199 mm
5 Original

6   Möglicherweise war der Brief ab Z. 51 an einen weiteren Adressaten gerichtet, da der vorherige Satz am Rand der ersten Seite fertig geschrieben wurde und sich an dieser Stelle auch die Anredeform vom Sie zum Du ändert.

Textkritik

Zeuge H
Z. 5   *Cotta*: lateinische Schrift
Z. 25   *Cotta*: lateinische Schrift
Z. 28   *Cotta*: lateinische Schrift
Z. 32   *Cotta* (2x): lateinische Schrift
Z. 44   *nur* < *aus* > *aus*
Z. 49   Ausriss

Sacherklärung

I.

Joseph Schmid (1785–1851) ⇒ Nr. 712

II.

Am 3. Januar 1818 hatte Johann Friedrich Cotta, Freiherr von Cottendorf (1764–1832, ⇒ Nr. 617) Pestalozzi aus Rom mitgeteilt, dass er erst im April wieder in Stuttgart sein und sich dann mit den Subskriptionsfragen beschäftigen werde (⇒ Nr. 1872). Möglicherweise reiste Joseph Schmid (1785–1851) deshalb im April 1818 nach Stuttgart, um die noch offenen Fragen zu klären.

III.

Z. 5   *Cotta*: Johann Friedrich Cotta, Freiherr von Cottendorf (1764–1832) ⇒ Nr. 617
Z. 11   *Neuhofer Bewohner*: Pestalozzis Gut Neuhof bei Birr (Kt. Aargau) war seit 1807 an Hans Jakob Frei (1782–1843, ⇒ Nr. 1423) verpachtet, der im selben Jahr Barbara Gallmann (1784–1814, ⇒ Nr. 594) geheiratet hatte, deren Mutter, Elsbeth Gallmann-Näf (1754–1829, ⇒ Nr. 1423), um 1780 als Magd auf den Neuhof gekommen war. Der Neuhof diente der erweiterten Familie Pestalozzi immer wieder als Rückzugs- und Erholungsort, nach seiner Heirat 1822 zog der Enkel Gottlieb Pestalozzi (1797–1863, ⇒ Nr. 594) definitiv dort ein.
Z. 18   *Iferten*: dt. Name für Yverdon
Z. 45   *Fl.*: Abkürzung für Gulden
Z. 53 f. *mit deinen 140 Briefen*: Damit verwies Joseph Schmid (1785–1851, ⇒ Nr. 712) auf die hohe Anzahl Briefe, die bis zum Ende der Subskriptionsfrist am 12. Januar 1818 mit Subskriptionszusagen eingetroffen waren.

1928.
Zacharias Falk

April 1818

[Reg.] Falk erkundigt sich für einen Freund nach den Aufnahmebedingungen in
5 Yverdon, da dieser seinen Sohn dorthin schicken möchte.

Überlieferung

1 PSB XI, S. 76.8 ff.

Sacherklärung

I.

Zacharias Falk (1766–1837) aus der bayrischen Reichsstadt Lindau am Bodensee gehört als Kauf- und Handelsherr dem Lindauer Patriziat an, ist Mitglied in der jahrhundertealten, 1830 aufgelösten Patriziergesellschaft *Zum Sünfzen* und hat verschiedene Ämter inne: Er wird als Schützenmeister aufgeführt, als Assessor des Quartieramtsmeisters (1799) und des Kommerzienrats (1802) sowie als Beisitzer des Stadtgerichts (1802). 1815 ist er Hauptmann in der Schützen-Kompanie des Lindauer Bataillons.

III.

Z. 4 *Freund*: Möglicherweise Johann/Giovanni von Stampa-Borgonovo ⇒ Nr. 2222

Z. 5 *Sohn*: Johannes (Jean) Stampa (*1806) – möglicherweise identisch mit Johann Stampa von Stampa-Borgonovo (1806–1886), der auch als Bankier in Bergamo erwähnt wird – besuchte das Institut in Yverdon ab Oktober 1820 während genau eines Jahres und wurde in den Lindauer Kirchenbüchern als Privatier geführt. 1844 heiratete er Maria Karoline Josephine Schwarz (*1820), mit der er zwei Söhne hatte.

1929.
Alvaro Flórez Estrada

8. April 1818

[Reg.] Estrada ist erfreut über den Bericht über seinen Sohn.

Überlieferung

1 PSB XI, S. 88.5 ff.

Sacherklärung

I.

Alvaro Flórez Estrada (1769–1853) ist ein führender Vertreter der liberalen Bewegung Spaniens und schreibt bereits früh gegen Napoleon I. Bonaparte (1769–1821, ⇒ Nr. 580) und dessen Politik. 1812 wird er Abgeordneter der Cortes (Parlament) von Cadiz. Nach der absolutistischen Wende unter dem 1814 nach Spanien zurückgekehrten König Ferdinand VII. (1784–1833, ⇒ Nr. 893) wird Estrada zum Tode verurteilt, kann aber nach London fliehen. Von dort aus verteidigt er weiterhin die spanischen Nationalrechte, so in einer vielbeachteten Schrift *Representación hecha a S. M. C. el Sr. D. Fernando VII en defensa de las Cortes* (1818). Während des liberalen Trienniums (1820–1823) kehrt er als Parlamentsabgeordneter von Asturien in seine Heimat zurück, die Jahre 1823 bis 1834 verbringt er wieder im Exil in England und Frankreich. Estrada wird 1846 zum Senator auf Lebenszeit gewählt.

II.

Am 17. März 1818 hatte Pestalozzi Alvaro Flórez Estrada (1769–1853, ⇒ Sacherklärung I.) den üblichen Quartalsbericht über seinen gleichnamigen Sohn (⇒ Nr. 1519) zukommen lassen (ZB Zürich, Ms Pestal 1446, S. 384 f.).

III.

Z. 4   *Sohn*: Alvaro Flórez Estrada ⇒ Nr. 1519

1930/1.
Johannes Niederer

11. April 1818

Lieber Herr Pestalozzi!

Ihre bisherigen Ansichten und Verfahrungsweisen über und gegen mich bewiesen mir, dass Sie trotz meiner Anstrengung mich Ihnen verständlich zu machen, mich wirklich nicht verstehen. Auch haben Sie dieses mündlich und schriftlich so oft gesagt und in Ihrer Rede so bestimmt angedeütet, dass es unrecht wäre, daran länger zu zweifeln. Ihr Brief vom 10ten Aprill zeigt mir aber noch mehr nemlich, dass Sie mich, selbst in den einfachsten und natürlichsten Ausserungen über unser Verhältniss, folglich über dieses Verhältniss selbst, nicht mehr verstehen k ö n n e n . Die Art wie Sie jeden Vorschlag auslegen, jedem Antrag, der zu einer Verständigung führen könnte, ausweichen, setzt es ausser allen Zweifel.

Sie verwechseln nicht nur, sondern vermischen, wie von jeher, so in Ihrer Rede so in Ihrem heütigen Briefe das Persönliche mit der Sache auf eine Weise, die mir schlechthin keine Hofnung eines Verständnisses zu gemeinschaftlicher Thätigkeit mehr übrig lässt.

Die Beckentnisse die ich Ihnen machte, waren Beckentnisse eines Kindes gegen seinen Vater. Wie dürfen Sie Ihre Gestängnisse vor dem Publikum damit vergleichen in denen Sie sich selbst, Ihr Werk und Ihre Gehülfen falscher und ungerechterweise herabwürdigen?

Da der Mensch der Sie leitet, ein Katholik ist, so hätte die Heiligkeit des Beichtgeheimnisses schon ihn dahin bringen sollen, Sie auf den Unterschied zwischen kindlich vertrauensvoller Mittheilung und dem was Sie in die Welt hinaus schrieben, aufmerksam zu machen.

Allein, das ist ja eben der Punkt worin wir uns scheiden, und ein neuer Beleg meines Urtheils, dass ihm kein Heiliges, ja nicht einmal das Menschliche aufgegangen sey. Er baute auf meine kindlichen Beckentnisse einen Kalkul und benutzte sie bei Ihnen gegen mich, um Ihr M i s s t r a u e n zu begründen, und wie Sie sagten: mir «in die Winkel zu zünden.»

Er hätte bedenken sollen, was auch Sie zu vergessen scheinen, dass ich seither aus dem Kinde zum Manne geworden.

Wenn ich Ihnen jetz keine solche Selbstbeckentnisse mehr ablege, so kömmt es lediglich daher, weil ich mir keines weitern w e - s e n t l i c h e n Unrechts gegen Sie, ja nicht nur des redlichen Strebens Ihnen zu helfen, sondern dessen bewusst bin, dass meine Vorschläge, richtig und in ihrem ganzen Zusammenhang e r k a n n t und ausgeführt, Ihnen nicht nur alles und viel mehr erworben haben würde, was Sie jetz besitzen, sondern Ihnen alles Frühere, jetz unwiederbringlich Verlorne erhalten hätten.

Meine Briefe vom 5ten und 19ten März sind in völliger Ubereinstimmung. Ihnen kan ich freilich nicht zumuthen, dass Sie diese Übereinstimmung sähen, noch weniger darf ich von Ihrer Umgebung erwarten, dass sie Ihnen zur Erkenntniss derselben verhelfe. Ihre Selbstbeckentnisse sehe ich keineswegs als die Hauptursache, sondern als einen der Hauptausbrüche der Ursache unsrer Trennung an.

Ihren einstiger Vorwurf: «wer zu viel sagt, sagt nichts oder das Gegentheil», gebe ich Ihnen zurück.

Überlieferung

1 ZB Zürich, Ms Pestal 53/54, Umschlag 262/I,3
2 Bogen, 252 x 198 mm
5 Original

Textkritik

Zeuge H
Z. 9 *länger* ſ

Z. 38   weitern ⌉
Z. 43   Frühere ⌉
Z. 50   einen der ⌉
Z. 52   <Sie sagt> < <Wer Ihnen etwas sagte,> Ihren
Z. 53   Ihnen <wieder> zurück

Sacherklärung

I.

Johannes Niederer (1779–1843) ⇒ Nr. 507

II.

Da der hier von Johannes Niederer (1779–1843, ⇒ Nr. 507) angesprochene Brief von Pestalozzi vom 10. April 1818 nicht überliefert ist, ist unklar, in welchen Punkten sich Niederer von Pestalozzi missverstanden fühlte. Der Brief steht in einer Reihe von ähnlichen Briefen aus dem Frühjahr 1818, in denen Niederer versuchte, Pestalozzi seine Sichtweise verständlich zu machen. Dies führte allerdings nicht zu einer Klärung der Streitpunkte.

III.

Z. 8   *Rede*: PSW XXV, S. 261–364 (vgl. ⇒ Nr. 1922/1)
Z. 10   *Brief*: scheint nicht erhalten zu sein
Z. 25   *Mensch*: Joseph Schmid (1785–1851) ⇒ Nr. 712
Z. 45   *Briefe*: ⇒ Nr. 1912 und ⇒ Nr. 1920

1930/2.
Johannes Niederer

11. April 1818

Iferten den 11. Aprill 1818.

Lieber Herr Pestalozzi!

Da unsre Correspondenz schlechthin zu keinem Resultat führen kan, so ist es Zeit sie zu enden. Unser jetzige Standpunkt und Gesichtskreis in Hinsicht auf unser Verhältniss ist so gänzlich verschieden, dass ich Ihnen nicht nur recht geben muss, wenn Sie sagen «Sie verstehen mich nicht», sondern die Anbahnung eines Verständnisses, das ich immer noch hofte, seit Ihrem gestrigen Briefe für unmöglich halte.

Die Art wie Sie jeden Vorschlag auslegen, jedem Antrag ausweichen, bringt uns bei jedem Schritt unvermeidlich weiter auseinander.

Nur eine klare Unterscheidung des Persönlichen und der Sache, und in der Sache selbst des Ziels und der Mittel könnte zu einer Vereinigung im Geist und in der Wahrheit führen. Je mehr ich mir Mühe gebe, Sie über die Vermischung beider zu erheben, desto stärker erscheint sie in Ihren Äusserungen und Ihrem ganzen Benehmen.

Meine Beckentnisse betreffend, muss ich Ihnen sagen: es waren Beckentnisse eines Kindes gegen seinen Vater. Das Vertrauen, womit ein kindliches Herz sich eröffnet ist heilig, und wenn, es Sie nur näher an mich kettete, so bewiesen Sie sich dadurch eben nur wahrhaft väterlich. Wenn Sie aber heüte diese Beckentnisse benützen, um mein jetziges Recht als Unrecht sich vorzuspiegeln, wenn Sie Ihre Beckentnisse vor dem Publikum, in denen Sie sich selbst, Ihr Werk, ihre Gehülfen, ich möchte sagen, die menschliche Natur selbst, nach meiner innigsten Überzeügung herabwürdigen, auf alle Fälle aber dem Spott der unreinen Welt preisgeben, wenn Sie diese Beckentnisse mit jenen für das Gleiche halten, so erkenne ich darin nicht nur nicht mehr den Vater gegen das Kind, sondern frage, wo der Sinn für das Heilige, oder auch nur für das Menschliche geblieben sey? –

Hätte der Mensch der Sie leitet, religiöses und sittliches Gefühl, solche Unterschiede würden ihm nicht entgehen. Schon der Beichtstuhl müsste bei ihm als Katholiken, das Bewusstseyn derselben hervorbringen.

Wäre ich mir indess nach meinem gegenwärtigen Verhältniss eines Unrechts gegen Sie, z[um] B[eispiel] in meinen Forderungen meinem Benehmen gegen Ihre Person, Ihre Gehülfen oder Ihr Werk bewusst, ich würde es mit Eifer gestehen, und mich um keinen Kalkul, der etwa darauf gebaut werden könnte, so wenig als vor 10 Jahren, bekümmern.

Anders musste ich seit dieser Zeit freilich werden, nemlich aus dem Kinde zum Mann. Die Erfahrungen bei, mit und an Ihnen mussten mich darzu machen, oder ich kan es nie werden.

Ich bin wie meines Daseyns gewiss, dass, wenn meine Ansicht gewürdigt und in ihrem ganzen Zusammenhang von Ihnen e r k a n t worden, mit andern Worten, hätten Sie die Gesetze des Fortschritts Ihrer Unternehmung, und das Eigenthümliche Ihrer Bedürfnisse wie Ihrer Werkzeuge begriffen, so wären Sie nicht nur oekonomisch und sittlich wo Sie jetz sind, sondern Sie hätten alles Verlorne behalten, und damit selbst für den äussern Fortgang Ihrer Anstalt eine unermessliche Grundlage.

Da ich nichts wollte als das, und das aus allen Kräften suchte, welches Unrecht hätte ich Ihnen zu Beckennen? –

Lieber Herr Pestalozzi, es ist warlich bedeütend, dass Sie äusserlich alle verlohren, die Ihnen Gott ursprünglich als Gehülfen gab, und nur einen behalten.

Ich weiss wohl, dass Sie das meiner Gegenwirkung zuschreiben. Sie thun es sogar noch in Ihrem gestrigen Briefe, das ist aber so sehr gegen alle Natur dass ein solcher Einfluss unmöglich wäre, selbst, wenn ich die Menschen anzöge statt zurückzustossen, und alle die Eigenschaften besässe, deren Mangel Sie mir aber vorwerffen.

Überlieferung

1 ZB Zürich, Ms Pestal 53/54, Umschlag 262/IV,55
2 Blatt, 256 x 198 mm
5 Original

Textkritik

Zeuge H
Z. 6   *Correspondenz*: lateinische Schrift
Z. 23 wenn < *Sie sich* *** *** >, es
Z. 34 und sittliches ∫
Z. 40 f. Forderungen < * bewusst * > meinem

Sacherklärung

I.

Johannes Niederer (1779–1843) ⇒ Nr. 507

II.

⇒ Nr. 1930/1

III.

Z. 4   *Iferten*: dt. Name für Yverdon
Z. 11 *Briefe*: scheint nicht erhalten zu sein
Z. 35 *Mensch*: Joseph Schmid (1785–1851) ⇒ Nr. 712

1931.
Johann Jacob Dutoit/Du Toit

12. April 1818

Dessau, ☉ 12 ⁴/18 –

Hoher Gehülfe Gottes!
Apostolischer Mann!
Himmel und Erde sind Eins, ein Theil des Himmels sind wir auch. So reines Herzens, so wahr und warm, wie im Geister-Reiche, huldige ich Ihrem Verdienste um die a r m e Menschheit.

Möchten die Blätter, die ich so frei bin, Ihnen zu schiken, in einer Stunde wo Sie Erholung bedürfen, Ihnen erfrischend seyn und dann fernerhin Je länger-Je lieber-Gedanken in Ihrem Gemüthe veranlassen.

Durch Umstände, die ich nicht zu verantworten habe, ist meine Pflicht-Befolgung öffentlich fast ein Jahr später erschienen, als ich wollte.

Dass ich den Behörden nur 4 von Ihren Schriften empfehle – ach! dass es mir gelungen wäre, die Behörden nur erst zur rechten Beachtung und Würdigung von diesen tief genug zu erweken! –

Im Wesentlichen geschah es hoffentlich nie; sollte ich aber im Ausser-Wesentlichen Sie etwa misverstanden haben, so bitte ich um Nachsicht und Zurecht-Weisung.

Darin hoffe ich sicherlich Ihre Ansicht getroffen zu haben, dass ich mit Ihnen fest glaube: «Aus der ganzen Sache der armen Menschheit werde Nichts Rechtes, könne Nichts Rechtes werden, so lange Weisheit und Natur und Menschen-Pflicht – – – a l s D i l e t t a n t e n - S p i e l angesehen werden, als Sache der Neigung, des Geschmaks, allenfalls des Talents, und Nicht als Sache des Genies, des Himmlischen Berufs, des ewigen Gewissens – so lange noch von Wahrheits-Liebe, Weisheits-Liebe, Menschen-Liebe, wohl gar Menschen-Freündschaft Viel gesprochen wird, eben deshalb gesprochen wird, weil Achtung für das Wahre, Achtung für das Weise, Achtung für das Rein-Menschliche noch nicht im Sinne und in der Sitte lebendig und tief genug erwacht sind.»

Es hat der armen Menschheit Nie an Vorgängern – (an Musageten) – gefehlt; sonst wäre sie noch nicht einmal da wo sie Gottlob! doch schon ist – zum Erstaunen weit in Vergleichung mit Busch-Männern und Feuer-Ländern. Es fehlt ihr nur noch an der überwiegenten Menge und Macht recht beschaffener Vorgänger – (der Pseudo-Choragen hat sie, leider, noch immer zu Viel!) – Es müssen erst genug ächte, aufrichtige Vernunft-Verehrer, Weisheit-Verehrer, Menschheit-Verehrer voran gehen, genug Timologen, Timosofen, und Timanthropen.

In einem Moment des Enthousiasm und in seiner jovialen Manier sagte ein Genie von Newton: –

«Quand tous les génies de l'univers seraient arrangés, il conduirait la bande.»

Möchten Sie, Gottes-Gesandter! es hier noch erleben, Généralissimus einer Armée von Vorgängern der Menschheit zu seyn, Alle nach Ihrem Geiste und Sinne begeistert und belebt!

Ich empfand eine Pflicht, in dieser grossen Bedeütung Ihr Werber zu seyn – – – unter den Behörden.

Meine Sehnung ist – (ob wohl bei unermesslichem Abstand des Geistes) – wie die Ihrige «dass Alle Menschen gedeihen, dass Alle Talente, Alle Keime der Vollkommenheit sich entfalten, dass Alle Gewissen befriediget werden, – dass der Wille Gottes geschehe auf Erden wie im Himmel.»

Der frommen Sehnung geschieht gewiss einst Genüge auch durch die crescendo beschleünigte Vermehrung von Gottes-Gehülfen. –

Verzeihung, dass die 2 halben Bogen unangekleidet vor Ihnen erscheinen. Ich habe sie nicht für das Public-Werden druken lassen, und deswegen noch Keinem Buchbinder anvertrauen mögen.

Für die Vollkommenheit – Ihres und der Ihrigen Wohl-Ergehens stimmet voll hoher Achtung,
Sprecher Gottes!

Ihr
Verehrer,
Johann Jakob Du Toit,
Professor der Timosofie

Überlieferung

1 ZB Zürich, Ms Pestal 50/51, Umschlag 67/1
2 Bogen, 237 x 200 mm
3 ganzer Brief in lateinischer Schrift
5 Original

Textkritik

Zeuge H

Z. 5–6	*Hoher ... Mann*: grössere Schrift
Z. 20	*Wesentlichen*: grössere Schrift
Z. 48 f.	*Généralissimus*: grössere Schrift
Z. 49	*Armée*: grössere Schrift
Z. 49	*Vorgängern*: grössere Schrift
Z. 51 f.	*Ihr Werber*: grössere Schrift
Z. 63	*Wohl-Ergehens*: grössere Schrift
Z. 65	*Sprecher Gottes*: grössere Schrift

Sacherklärung

I.

Johann Jacob Dutoit/Du Toit (1750–1826) aus Nidau (Kt. Bern) kam 1778 an das Philantropin in Dessau (⇒ Nr. 568), wo er bald Leiter der gymnastischen Erziehung wurde und Übungen einführte, die er schon in seinem 1775 veröffentlichten *Plan einer Erziehungs-Anstalt* entworfen hatte. Nach der Schliessung der Anstalt im Jahre 1793 zog er sich ins Privatleben zurück.

III.

Z. 4   ☉: Planetenzeichen für Sonntag

Z. 15   *Pflicht-Befolgung*: Timaleth: Pflicht-Befolgung, das seinige beizutragen, dass vier Schriften von Pestalozzi über das «Eins ist Noth für die Menschheit!» von den Behörden gehörig durch-gedacht und beherziget werden! Germanien 1817

Z. 35 f.   *Musageten*: Freunde und Förderer der Künste und Wissenschaften

Z. 42   *Timologen*: Werttheoretiker

Z. 42   *Timosofen*: der Gelehrte, der der Weisheit bzw. dem Menschen Ehre zukommen lässt (gr.)

Z. 43   *Timanthropen*: der den Menschen Verehrende (gr.)

Z. 45   *Newton*: Sir Isaac Newton (1643–1727) ⇒ Nr. 855

Z. 46 f.   *Quand ... bande*: Das Zitat stammt von Voltaire (1694–1778) und ist zu finden in: Louis Dutens: Mémoires d'un voyageur qui se repose: contenant des anecdotes historiques, politiques et littéraires, relatives à plusieurs des principaux personnages du siècle, Band 3. Paris 1806, S. 5.

1932.
Johannes Niederer
14. April 1818

Iferten den 14. Aprill 1818.

Lieber Herr Pestalozzi!

Die Ansicht, welche Sie in Ihrem Brieffe vom 10ten dieses wiederholen, ist so vielfach zwischen uns verhandelt worden, ohne irgend ein Ziel hervorzubringen und weicht so ganz und in allen Punkten von der meinigen ab, dass ich nicht begreiffe, wie Sie noch etwas davon erwarten können.

Sie verwechseln und vermischen durchaus das Persönliche und die Sache, den Zweck und die Mittel, die Ursachen und die Folgen. Sie stellen Gesichtspunkte auf und wiedersprechen unmittelbar wieder dem, was nothwendig daraus hervorgeht. Diese Haltungslosigkeit ist es eben, was unsre Trennung herbeiführte und was unsre Wiedervereinigung zu gemeinschaftlichem Wirken unmöglich macht.

Nach der Art, wie Sie jeden meiner Vorschläge auslegen, jedem Antrag ausweichen, das Ganze meiner Äusserungen ins Aug fassen, sehe ich nun klar ein, dass Sie mich, wie Sie es oft sagen, nicht verstehen, und zwar nicht nur in Hinsicht auf theoretische Grundsätze, sondern in Hinsicht auf unser ganzes Lebensverhältniss.

Sie erinnern mich an Beckenntnisse, die ich Ihnen schon vor 10 Jahren that, das Kind dem Vater, im heiligen Vertrauen und gläubigen Bedürfniss des Herzens, und wollen dadurch mein Urtheil über Ihre Beckenntnisse, die Sie dem Publikum, der unreinen Welt machten, worinn Sie sich selbst, Ihr Werk und Ihre Gehülfen herabwürdigten, dem Spott der Thorheit, dem Hohn der Bosheit preisgaben, widerlegen!

Lieber Herr Pestalozzi, wie ist es möglich, dass Sie bei der sonstigen Fülle und dem Zartgefühl Ihres Gemüths, den Unterschied zwischen diesen beiden Beckentnissen nicht wahrnehmen, dass Sie nicht einsehen, wie sehr diese Vergleichung zu Ihrem Nachtheil ausfallen muss, und wie sehr sie die Richtigkeit unsres Glaubens von Ihrem gegenwärtigen Zustand beurkundet. –

Meine Beckentnisse waren Beckentnisse eines nach Vervollkommnung seiner selbst ringenden, sich Ihnen unbedingt hingebenden und an Ihrer bewunderten Grösse sich aufrichtenden Herzens, das sicher nicht erwarten durfte, Sie würden seine Regungen Leüten preisgeben, die fähig sind, einen Kalkul darauf zu bauen. Es lässt sich aber auch keiner darauf bauen, und wenn Sie sie Heüte noch sogar drucken lassen wollen, so ist mir das ganz gleichgültig, und kan meine Überzeügung und mein Betragen um kein Haar ändern. –

Nahmen Sie sie damals gut auf, so bewiesen Sie, dass Sie eines solchen Vertrauens würdig, und ganz Vater waren, wie ich Kind. Auch Sie vertrauten mir das Innerste Ihres Herzens. Ich habe es heilig bewahrt, und keine Pläne darauf gebaut, Sie zu diesem oder jenem zu bewegen. Sie wissen wie wir beide fxxx Art, dergleichen als Mittel zu Zwecken zu benützen, unsittlich, nichtswürdig, schändlich fanden.

Lieber, in dieser Hinsicht sonst so durchaus reiner und edler Pestalozzi, wohin ist es mit Ihnen gekommen, dass Sie jene Beckentnisse darzu benützen, sich mein jetziges Recht als Unrecht vorzuspiegeln? –

Dass Schmid solche Beckentnisse und Verhältnisse entheiligt, dass er das worin sich das Heiligste im Leben, und das Streben jugendlicher Seelen nach Veredlung in seiner zartesten Blüthe offenbart, zu einem Rechtstittel machen möchte, um Sie des Unrechts zu bezichtigen und es als Mittel gegen sie in praktischen Lebensverhältnissen zu gebrauchen, das ist mir eben der Erkentnisgrund des wahren Gehalts seiner Natur.

Dass er Sie dieses Heilige entheiligen, und geschehen liess, dass Sie alles, was blos für das Forum des Gewissens, wie Sie selbst sagen, in den Kreis Ihrer Vertrauten und in die vertrauten Wände des Wohnzimmers gehört, dem Publikum h i n w e r f f e n, ist mir der Maasstab seines Werths für Ihre Person und Ihr Werk.

Sie wissen was ich alles that und mir gefallen liess, diese Entehrung zu verhüten. Nun ist es geschehen. Die Folgen sind unwiederbringlich. Ich muss sie mit Ihnen tragen. Aber dass ich mich nach diesem an das anschliesse, was ich vor diesem verhüten wollte, darzu wird mich nichts in der Welt bringen.

Hätte Schmid frommen und sittlichen Sinn, so musste ihm als Katholiken schon der Beichtstühl Ehrfurcht vor Herzensverhältnissen einflössen.

Wäre ich indessen, seit meiner Trennung von Ihnen, mir eines Unrechts gegen S i e oder i h n vor Gott und meinem Gewissen bewusst, so würde ich Ihnen ohne die geringste Rücksicht auf alles Obige, das reüvolle Geständniss davon ablegen. Allein ich darf auch Ihnen zu lieb nicht gegen mein Gewissen lügen.

Insofern bin ich allerdings «a n d e r s g e w o r d e n a l s i c h d a m a l s w a r ,» nemlich aus dem Kinde zum Manne, insofern ich überhaupt Letzteres werden kan. Sie selbst, die Erfahrungen an, mit, und bei Ihnen, haben mich darzu erzogen.

In meinen Brieffen liegt gewiss kein Wiederspruch. Ihre citirte Stelle aus dem vom 5ten März, wäre jetz noch wie damals wahr, wenn Sie sich «wahrhaft und nicht vom eignen Gefühl zum Centralpunkt der Menschenbildung für beide Geschlechter und alle Entwicklungsstufen erhüben». Ihre Rede hat mich überzeügt, dass Sie das nicht wollen und daher auch nicht können. Durch die Unrichtigkeit und Beschränktheit der darin aufgestellten pädagogischen Grundsätze haben Sie selbst darauf Verzicht geleistet. Der Brief vom 19ten ist eine mit obiger Ansicht zusammenhängende Antwort auf Ihren Vorhergehenden, in welchem ich Ihnen den G r u n d , warum Sie jenen Mittelpunkt nicht darstellen, und was von Ihnen geschehen musste, um auch äusserlich und thatsächlich ein solcher zu werden, und dem Gange Ihres Verhältnisses zu Ihrer Unternehmung ins Licht setzte. Der Brief vom 31ten enthält das gemeinsame Resultat Ihrer öffentlichen Aufforderung in der Rede von Krüsi und mir, ein Resultat, an dem ich kein Wort zu ändern wüsste.

Ich muss Ihnen indess Ihren Vorwurf «wer zu viel sagt, sagt nichts» in Ihren diessfälligen Äusserungen vielfältig zurückgeben, denn 1 . «werfe ich durchaus nicht alle Schuld des Stillstellens und Verderbens unsrer pädagogischen Anstrengungen gänzlich auf Sie» sondern in meiner Ansicht ligt klar: die herrschenden Mängel und Fehler in den Personen und Sachen, (ich erkenne diese also an) konnten nur vom Mittelpunkt, d[as] h[eisst] von Ihnen selbst aus überwunden werden, dieser aber mangelte nach Ihrem eignen Geständniss. 2. Ich mahle mich ganz und gar nicht als den «einzig von Ihnen und von Ihren Fehlern aufgeopferten Engel Ihres Heils ab», sondern behaupte nur, dass, hätten Sie, w a s i c h I h n e n m i t d e r r e d l i c h s t e n A n s t r e n g u n g k l a r z u m a c h e n s u c h t e , und mir zum höchsten Ziel meines Lebens und meiner Ihnen zu leistenden Hülfe setzte, die Natur und die Gesetze des Fortschritts Ihrer Unternehmung, Ihr eignes und jedes Gehülfen besondres Verhältniss zu ihr, und das Eigenthümliche ihrer Bedürfnisse allseitig begriffen, so wären Sie nie in die unglückliche Lage gekommen in die Sie geriethen, so hätten Sie sich auf eine würdigere Weise daraus gezogen als Sie darin waren, so stünden Sie bürgerlich und sittlich nicht nur auf der Stufe auf der Sie jetz stehen, sondern alle Ihre Getreüen wären noch um Sie versammelt und schützten Sie wie ein ehernes Schild, – kämpften für Sie wie ein schneidendes Schwert. Sie würden alles Verlorne behalten und damit selbst für den Glanz und äussern Fortgang Ihrer Anstalt unermesslich gewonnen haben, da Ihnen jetz leider aus allen die Ihnen Gott ursprünglich gab, und die aus Ihrem geistigen Leben, von dem Punkt aus aus dem es sich entwickelte, geistig gebohren wurden, nur noch e i n e r übrig blieb, der der Ihre Anstalt verlaugnete, und sich doch an ihre Spitze setzte, der Erziehungsinstitute für eine Schande der Menschheit erklärte, und nun doch alles Verdienst des Ihrigen usurpirt. 3. ist es ganz falsch dass ich sage «Ihr Benehmen müsse das Zutrauen aller Vernünftigen von Ihnen entfernt halten.» Ich sage alle Vernünftigen müssen es billigen, dass w i r , Ihre alten F r e ü n d e , K r ü s i u n d i c h uns von Ihnen entfernt halten. Das wiederhole ich Kein Vernünftiger kan Ihre Darstellung über den Versuch den Sie mit uns gemacht haben, und die ungeheüre Art, wie Sie sich in uns, und in Beziehung auf uns über Sie selbst täuschten, lesen, ohne sagen zu müssen, diese Leüte sind, wo nicht seiner unwürdig, doch können sie auf keine Weise mehr für ihn taugen. 4. Ist das Gemälde, das Sie von meiner jetzigen Ansicht über Sie und Ihr Thun entwerffen, a b s c h e ü l i c h . Auch im Abfall, den ich allerdings bei Ihnen von der Höhe der Wahrheit und Reinheit Ihrer Ansichten und Grundsätze annehme (ich muss es um so mehr, weil Sie dieselben in Ihrer Rede gleichsam systematisch durchgeführt haben, und in Ihren Privatäusserungen die Idee und Methode als nichtig, als träumerisch angeben) auch im Abfall sage ich wirkt das einmal in Form und Thätigkeit übergegangne Gute und Göttliche fort, nur nicht in der Blüthe der Unschuld, nicht in der Fülle der Kraft, nicht in der Klarheit eines in sich übereinstimmenden, mit sich verständigten Geistes, mit der Reinheit eines unbefleckten Herzens. Dass Ich Ihnen diessfalls nicht unrecht thue, darzu brauche ich kein anderes Zeugniss als Ihre eigne Rede. Es kömmt aber darauf an, welches von beiden die herrschende Richtung sey, ob das Gute oder das Böse siegen werde, mit einem Wort ob Ihre Bildungsanstalt, ich sage nicht der Weltansicht, sondern den Irrthümern über ihre eigne Aufgabe und Bestimmung unterliege, oder ob sie sich zu einem Organ der geistigen und sittlichen und vom Geist und Gewissen aus der körperlichen und gesellschaftlichen Wiedergeburth der Menschennatur entfalte. 5. Ist gar kein Gedanke daran, dass «i c h , K r ü s i , N ä f , N a b h o l z etc. über Ihnen geschweige u n e n d l i c h   h o c h stehen.» Jeder Einzelne und alle insgesammt, stellen wir uns u n e n d l i c h   t i e f unter Sie. Allein Sie brauchen zur Aufführung Ihres Gebäudes Werkzeüge, und die Wahrheit zu gestehen, wir kennen darzu, wenn auch Fähigere, doch keine Redlichern, und setzen uns getrost an die Seite von Ihrem S c h m i d in dieser Hinsicht. Wir sind weit entfernt, dass wir ausser dem ursprünglichen, geistigen, wahrhaftigen Seyn und Thun, das sich in Ihnen offenbarte, nemlich dem Göttlichen, dessen die Vorsehung Sie als Werkzeüg würdigte, etwas vermögen. Es ist aber auch nun eben so bestimmt dieses Höhere, dieses Göttliche, worinn und worzu wir mit Ihrer Person und Ihrem Werk verbunden sind, und so gewiss Sie selbst zum Dienst Ihrer Unternehmung Werkzeüge wählen, die dieses Höhere, dieses Göttliche nicht erkennen, nicht darinn leben, die sogar statt es zu suchen, es zum Spott machen, so gewiss ist es auch, dass wir dasselbe unabhängig von Ihrer Person, und über die von Ihnen als tauglich erklärten Werkzeüge und Mittel hinaus, und setzten Sie sich diesem Streben entgegen, eben so entschieden gegen Sie zu ergreifen und festzuhalten suchen müssen. Unsre Anstalten sind allerdings noch im Keime, aber dieser Keimm ist schön genug um Ihre Billigung zu verdienen. Und gelingt es uns den Plan, den wir als Entwicklung Ihrer Grundsätze und als Rechtfertigung Ihres Unternehmens in der Wochenschrift und in meiner Vertheidigungsschrift angezeigt haben, auszuführen, so sind unsre Anstalten wirklich geeignet, Ihrem unsterblichen Geiste eine Wohnung zu erbauen.

Wie aus dieser Ansicht folge, «d a s s d i e V o r s c h l ä g e z u e i n e r V e r e i n i g u n g m i t I h n e n v o n u n s a u s g e h e n m ü s s e n», kan ich freilich nicht begreiffen. Unsre Grundsätze sind klar und entschieden. Wir sind entschlossen, sie unabänderlich festzuhalten. Sie kennen Sie. Wir haben sie Ihnen seit vielen Jahren und noch im vorigen Jahre in allen Organisationsmitteln Ihrer Anstalt vorgeschlagen. Sie haben Sie damals verworffen und erklärt, dass Sie keine Menschen brauchen können oder wollen, die an diesen Grundsätzen hangen. Sie haben in Ihrer Rede unser Bestehen auf diesen vorgeschlagenen Organisationsmitteln, ohne die wir kein geistig und sittlich gesichertes Verhältniss Ihrer Gehülfen, keine wesentliche Entwicklung Ihrer Methode, und vor allem aus keine zum Ziel führende Erziehung Ihrer Zöglinge für möglich hielten, als eine Ihrer Person und Ihrer Freiheit angelegte Fessel öffentlich erklärt. Diese öffentlich erklärte Unfähigkeit, die als Gewaltthätigkeit zugleich eine moralische ist, steht freilich mit Ihrer in der gleichen Schrift an uns gelangten Aufforderung im unbedingtesten Widerspruch. Es gab von unsrer Seite keinen sichern Beweis unsers Willens «d e r V e r s ö h n u n g» wie Sie es nennen, als dass wir uns darüber hinwegsetzten, um Ihre Vorschläge, ob Sie uns, bei unsern Grundsätzen und ungeachtet derselben brauchen könnten, zu verlangen.

Da Sie aber nicht wollen, dass wir uns darüber h i n w e g s e t z e n, so werden wir es auch nicht. Da Sie uns keine Vorschläge machen, so betrachten wir diese Weigerung als einen Abschlag.

Lieber Herr Pestalozzi, ich werde Ihren Willen, «uns selbst Häuser zu bauen, und Ihren Geist ihm selber zu überlassen» von nun als Befehl annehmen. Das Wort, dass ich eine p e s t a l o z z i s c h e Anstalt habe, und p e s t a l o z z i s c h e Grundsätze befolge, soll, obgleich die Sache sich so verhält, nicht mehr über meine Lippen kommen. Die Menschennatur an sich, das Wesen, der Stoff, das Gesetz ihrer Bildung soll von nun an allein die Richtschnur meines Strebens seyn.

Sie sagen, «wir haben bis dahin jeden von Ihrer Seite ausgegangenen Wink dass eine herzliche Vereinigung zwischen uns, uns auch oekonomisch gegenseitig erleichtern könnte, als einen uns herabwürdigenden und tief unter unserer Beachtung liegenden Gesichtspunkt angesehen und behandelt.»

Lieber Herrr Pestalozzi, wir würdigen Ihre oekonomischen Beweggründe zu unsrer Vereinigung in ihrem ganzen Umfang. Seit Sie H[err]n Collomb, der Ihnen warlich vortheilhaft war, beseitigten, habe ich Ihnen die Nothwendigkeit eines Oekonomen, d e r I h r e n A n s i c h t e n u n d B e d ü r f n i s s e n e n t s p r ä c h e, unaufhörlich vorgestellt. Wir wissen sehr genau, dass das Oekonomische mit dem Geistigen und Sittlichen einer Anstalt innig zusammenhängt.

Allein eben dieser Zusammenhang entscheidet über das Wesen und den Werth des Oekonomischen. Unser Grundsatz darüber ist unerschütterlich: D a s O e k o n o m i s c h e s o l l s o w e n i g ü b e r d a s G e i s t i g e u n d S i t t l i c h e e i n e r E r z i e h u n g s a n s t a l t h e r r s c h e n , u n d e s b e s t i m m e n , a l s d e r L e i b ü b e r d e n G e i s t , sondern es soll umgekehrt i h m d i e n e n u n d v o n i h m b e s t i m m t w e r d e n .

In der Kraft dieses Grundsatzes hofften wir, würde Schmid an Ihrer Seite handeln. I m G e i s t e d e s s e l b e n erwarteten wir oekonomische Anerbietungen von Ihnen. Wir durften voraussetzen, Sie kennen uns durch eine mehr als 15jährige Erfahrung genug, um zu wissen, dass oekonomische Anerbietungen, die nicht als Resultate aus unseren Grundsätzen und Zwecken hervorgehen und eine diessfällige Frucht unsrer Anstrengungen sind, keine Lockspeise für uns seyn können.

Schmid würdigte Sie in Ihrer Geburtstagsrede darzu herab, uns oekonomische Vortheile gleichsam als B e s t e c h u n g s m i t t e l anzubieten. Wenn wir diess verachteten, so kränkte es uns doppelt in Beziehung auf Sie.

Eine solche Anerbietung war mir desto auffallender, da Sie das Rechnungsverhältniss mit meiner Frau, vorher wie jetz, so entschieden von der Hand gewiesen, und jeden Weg es durch gegenseitige Erläuterung ins klare zu setzen, bis diesen Augenblick verweigert haben.

Über Ihre Darstellung dessen, was wir von Ihnen wollen, habe ich Ihnen nur Ihre eignen Worte zu wiederholen: «Ihre Meinung davon ist gewiss nicht richtig. Fassen Sie doch» (meine Äusserungen) «mit ruhigem, unbefangenem Ernst ins Aug» – Nehmen Sie doch zu Herzen welche Elendigkeiten «Sie mir zuschreiben») –

Sie glauben Leidenschaft, wo ruhige aber feste Überzeugung stattfindet. Seit drey Jahren setzten Sie immer voraus, meine Warnungen und Vorhersagungen der Resultate Ihrer Maasregeln seyen eine Folge der Leidenschaft, wie Sie jetz mein ganz kaltblütiges, ich möchte sagen, gleichgültiges Urtheil über die eingetroffenen Resultate der Leidenschaft zuschreiben.

Kämen Sie von dieser verhärteten Ansicht zurück, lernten Sie einmal die Natur der Sache selbst und die Folgen eines bestimmten Verfahrens ins Aug fassen, statt das was Ihnen unangenehm ist, Personen beizumessen, wir würden uns warlich auf einem «schönen», einem himlischen «Wege» begegnen.

Sie schreiben meine Ansichten über Schmid einer persönlichen «H ä r t e » und Ungerechtigkeit zu. Lieber Herr Pestalozzi, wie sehr vergessen Sie, dass ich die Erkentniss des Guten in ihm überschwenglich, selbst auf Kosten der Wahrheit und Ihrer Freünde und Gehülfen, die heller sahen als ich, bewiesen. Wenn ich Ihnen seit seinem Eintritt in Ihr Haus ein Bekentniss des Unrechts abzulegen habe, so ist es das, dass ich mich so arg in ihm täuschte. Ich vertheidigte ihn, selbst da wo er vernünftigerweise nicht mehr zu vertheidigen war, bis zum «R a s e n». Mein Lohn dafür war, wie Sie sich ausdrücken «das Zünden in die Winkel», mit anderen Worten, statt der Herstellung Ihrer Anstalt und Ihrer Unternehmung im Grossen und Ganzen, wie ich Sie mit ihm als letzte Hofnung meiner Hingebung an Sie anstrebte, die Vollendung Ihrer und Ihres Werks geistiger, gemüthlicher und sittlicher Zerrüttung.

Dass diese Vollendung anderthalb Jahre nach seiner Rückkehr und unserm Austritt eintraf, sollte Ihnen wenigstens zu d e n k e n geben.

Lieber H[err] Pestalozzi! ich habe Ihnen «hiemit meine Erkentniss darüber» die Sie verlangen, ausgesprochen, und «fordre kein Gegenopfer dafür» als dass Sie Ihres Werks und Ihrer Person dabei wahrnehmen.

Es ist warlich schrecklich unglücklich für Sie, und eben der gröste Vorwurf, den ich ihm mache, dass «Ihr Gutes» an das «Seinige» gebunden ist, und keine Selbstständigkeit, kein eignes Leben mehr hat. Wenn Sie d a s beherzigen, so müssen Sie warlich selbst gestehen, dass Sie Ihre Ausfälle in der Rede gegen die Ihrer Freiheit angethane Gewalt auf eine andre Seite hätten richten sollen.

Lieber, Lieber Herr Pestalozzi! ich kan Ihnen gewiss jetz auf keine andre Weise Gutes thun, als indem ich Sie auf die Gefahr, sich s o hingegeben zu haben, aufmerksam mache, und Sie vor den Folgen einer Verbindung warne, die nach Ihrem eignen Ausdruck «enger ist, als es sonst geschehen, und als es nothwendig gewesen wäre.»

Nur irren Sie sich darinn, wenn Sie diese traurige Hingebung als ein nothwendiges Opfer der Verlassenheit Ihres Guten von Ihren Umgebungen betrachten. Nicht Ihre Umgebungen haben Ihr Gutes, sondern Sie selbst haben in einer unglücklichen Stimmung das Vertrauen auf Ihr Gutes verlassen.

Den Glauben an Sie selbst und an Ihr Werk, an Gott der mit Ihnen war und durch Sie wirkte, in Ihnen zu erhalten, war in den fürchterlichen Augenblicken Ihrer Leidenschaft, das, leider, vergebliche Bestreben Ihrer wahren Freünde.

Der Mensch, an den Sie sich anschlossen in dem Sie sich selbst aufgaben, hätte Sie wahrhaft retten, und zum Höchsten des Daseyns erheben können, wenn er Ihren Zustand und den göttlichen Willen verstanden hätte. Er zog es vor, Sie zu sich selbst herabzuziehen, und statt, Sie Ihnen wiederzugeben, Sie zu seinem Associé zu machen. –

Sie haben in dieser schrecklichen Stimmung der Selbstverkennung d a s G u t e Ihrer Umgebungen gewälttätig von sich gestossen, verworffen und es beschimpft, wie Sie es noch in Ihrer Rede thun. Sie sind dabei nicht nur gegen Ihre Gehülfen hart und ungerecht gewesen, sondern wie es Ihre Rede schon im Eingange beweist, gegen die Menschheit, selbst d a s miskennend, was Gott durch Sie, seit Ihrem Auftreten, Besseres bewirkt hat. –

Schmid war in diesem Irrthum Ihr getreües Werkzeüg und ist es noch. Er setzte sich zwischen Sie, und das von Ihnen erzeügte Gute, und machte den Bruch unheilbar.

Nein, Lieber Herr Pestalozzi, er hat sich nicht geändert seit seiner Rückkehr in Ihr Haus, i n   s e i n e r   i n n e r n   N a t u r sonst würde er damit anfangen, Sie zu bewegen, dass Sie gegen Ihre alten Freünde W o r t und R e c h t hielten und Bedingungen vorschlagen, die ein gemeinsames Wirken möglich machten. Er hat nur andre Mittel, nur eine andre Form zum gleichen Zweck gewählt. Eine innere Besserung von ihm würde auch auf Sie einen ganz andern Einfluss haben, und Ihrer Stimmung, Ihren Ansichten über Ihre Verhältnisse eine andre Richtung geben. Ich halte seine Demüthigung die sich alles gefallen lässt, ohne irgend ein begangenes Unrecht zu vergüten, für den höchsten Ausbruch sich selbst täuschender, egoistischer Verirrung.

Die Schuld der U n m ö g l i c h k e i t einer Confrontirung alles Guten und aller Kräfte von Ihnen aus zu einem Zweck ist daher allerdings S c h m i d s und I h r e. Es ist nicht d i e Ihrer Vereinigung mit ihm, und noch weniger, dass Sie das, was er Ihnen war und für Sie that dankbar anerkennen. Niemand kan Ihr Freünd seyn, der sich ihm nicht für das, was er w i r k l i c h an Ihnen und für Sie that und noch thut, dankbar beweise. Aber die Ansicht welche Sie von diesem Thun haben, die Bedeutung welche Sie ihr geben, die Folgen, welche Sie für Ihr Werk darauf bauen, die Grundsätze zu deren Aufstellung Sie sich dadurch verleiten lassen, und selbst der Glaube, dass Sie ohne ihn ein rettungsloser Schifbrüchiger gewesen seyen, mit einem Wort, das Verhältniss in das Sie ihn zu allem Übrigen Ihres Daseyns und Ihrer Umgebungen setzen, d a s ists, was Ihren Zusammenhang mit diesem Übrigen unmöglich macht.

Dass Sie selbst in diesem Irthum «alles Recht an die Menschlichkeit Ihrer Mitmenschen irgend einen Anspruch zu machen, verlohren» diese Meinung, die Sie mir beimessen, ist eben auch eine von den Übertreibungen und falschen Auslegungen meiner Äusserungen. Aber d a s Recht haben Sie nicht, zu f o r d e r n , dass wir uns an Schmid anschliessen müssen, und die Weigerung dieses Anschliessens für ein U n r e c h t g e g e n S i e , und für eine sündliche Verhärtung eines unversöhnlichen Herzens zu erklären.

Lieber Herr Pestalozzi, man schlägt nicht auf die Hand die man sucht, man lähmt sie nicht, wenn man Hülfe von ihr erwartet. Man verschreit die Menschen, mit denen man sich zu einem grossen Werk verbinden will, nicht als rath-, that- und kraftlose Träumer! –

Dass «an Schmid sich unsre Wege scheiden», ist kein R i c h t e r w o r t , sondern eine Thatsache, die aus unsrer Erfahrung an ihm mit psychologischer Nothwendigkeit hervorgeht, und die stattfände, wenn ich darüber ganz blind wäre. Ob aber das, was er seit seinem Wiedereintritt «H a n d i n H a n d m i t I h n e n t h a t » und worzu er Sie und Ihre Schwächen benützte, «G o t t e s W e g e g e g a n g e n s e y », mögen Sie selbst entscheiden.

Durchaus unwahr ist Ihre Behauptung: «ich spreche aus, S i e m ü s s e n v o n s e i n e m W e g e n a u f m e i n e W e g e k e h r e n » Läge das auch nur im hintersten Winkel meiner Gedanken, so wäre ich freilich der anmaslichste und verächtlichste Thor, und nicht werth Schmid selber die Schuhriemen aufzulösen. Ich fordre Sie sollen Ihrem Genius, der Natur und dem Gesetz Ihrer Unternehmung folgen, und nach dem Wesen Ihrer Grundsätze, nemlich dem Wahren und Rechten in der menschlichen Natur verfahren. Lieber Herr Pestalozzi, wie ist es denn ohne solche klar erkannte, entschieden fest gehaltene Grundsätze auch nur möglich dass Sie wissen können, ob, und worin ich recht oder unrecht habe? –

In wiefern Sie sich gerettet glauben hängt freilich von Ihrem Gefühl ab, in das sich kein andrer Mensch zu mischen hat. Was aber das Werk der Menschenbildung bedarf, und was zu seiner Ausführung nothwendig ist, darüber steht mir und jedem andern Menschen ein freies selbstständiges Urtheil zu. Und darüber, das bekenne ich Ihnen offen, halte ich das, was Sie Hand in Hand mit Schmid thaten, für durchaus keinen Fortschritt, sondern für einen in bestimmter Beziehung unersetzlich nachtheiligen Rückschritt.

Mein Glaube an eine Verläumdung hinter meinem Rücken gründet sich auf Ihre Erklärung «Sie werden meine Briefe etc., natürlich mit Auslegungen, wie selbst Ihre vorliegende Zuschrift nach dem Gesagten, allenthalben aufweist, achtungswürdigen Männern vorlegen[»]. Sie haben es nach Ihren eignen Beckentniss gegen Orpen unter anderm wirklich gethan. Ich wiederhole Ihnen aber, dass ich nicht verlange, dass eins meiner Worte, und einer meiner Schritte verborgen bleibe. Die Erklärung darüber muss ich aber mir vorbehalten.

Lieber Herr Pestalozzi, wie können Sie doch von meinem Verhältniss reden, «wodurch alles, was hinter uns ist, in die Tiefe des Meers vergraben werden kann», nachdem Sie seit Ihrer unseligen Ankündigung bis auf Ihre Rede das Publikum damit unterhielten? – So ein dummer Straus – bin ich denn doch nicht, zu glauben, dass wenn nur ich den Kopf verstecke und die Augen schliesse über das was Sie von mir und in Beziehung auf unser Verhältniss drucken lassen, mich kein Mensch sehe.

Wenn Sie keinen Richter zwischen Ihnen und mir wollen, warum tragen Sie mir jeden Augenblick Schiedsrichter an? Warum thaten Sie es noch vor Orpen? Warum nannten Sie schriftlich noch im Streit mit meiner Frau H[errn] Constançon? Es ist wahr dass Sie so oft ich es annehme, Ihr Wort wieder zurücknehmen. Aber wenn Sie Vertrauen zu Ihnen wollen, warum ziehen Sie sich bei jedem gegebenen Verprechen zurück? Da Sie wissen wohin blindes Glauben, blindes Handeln führt, und in Ihrer Rede ein so entsetzliches Gemälde davon entwerfen, warum wollen Sie unbestimmte, jeder Verfänglichkeit und jeder gegenseitigen Anklage Thür und Thor öffnende Verhältnisse? Warum verwerffen Sie die Abrechnung mit meiner Frau? Warum H[errn] Hangnards und Constançons Untersuchung und Entscheidung, die Sie doch selbst forderten? Warum läugnen Sie erst mündlich und schriftlich, dass eine Abrechnung möglich sey weil die Bücher nichts enthalten, und trotzen dann wieder auf Ihre Bücher? Warum fordern Sie beim Antrag unsrer Wiedervereinigung mit Ihnen ein neues blindes Hineinstürzen, statt sich selbst gegen unsre möglichen Verirrungen durch eine klar bestimmte Stellung, die Sie uns anweisen, zu sichern? –

Nein, lieber Herr Pestalozzi: wir sind es Ihnen selbst am meisten schuldig, eine Wiederholung des alten Skandals ein für allemal zu verhüten.

Ja, das Gewissen ist in unserm Fall der einzige wahre und wirkliche Richter! aber eben das Gewissen selbst, das Erleuchtete, nicht die Neigung, nicht der Instinkt, nicht das blinde Fühlen und Meinen, das so oft für Gewissen genommen wird; das Gewissen das Licht sucht, das Recht will, das sich nicht willkührlich in sich selbst verhärtet, sondern eben darin seine Kraft beweist, dass es sich gegen eigne Vergesslichkeit, Schwäche, Irthümer, durch das Urtheil andrer unbefangener und unpartheiischer Menschen sichert.

Mein Gewissen sagt mir, dass ich in meinem Verhältniss zu Ihnen gegen Sie recht habe. Das Ihrige sagt Ihnen das Gegentheil. Sie können Ihr Gewissen nicht dem Meinigen aufopfern, aber ich eben so wenig Meins dem Ihrigen. In sofern müssen wir uns also durchaus trennen, oder es muss ein Drittes, Höheres, Unpartheiisches da seyn, was den Widerspruch vermittelt.

Dieses Vermittelnde finde ich in Hinsicht auf das Bürgerliche unsres Verhältnisses in jedem einsichtsvollen, rechtlichen Mann, in Hinsicht auf das Innere eben in der Vernunft, Wahrheit – –

Aber der Unterschied zwischen uns ist, dass sie behaupten, das Herz müsse sich nicht in der Vernunft und durch sie leiten und reinigen – dass Sie dem Licht im Gebiete des Gefühls kein Recht und keine Macht einräumen, dass Sie da, wo die Vernunft sprechen muss, das blinde Gefühl zum Richter machen, wenigstens thatsächlich, in Dingen die Ihre Person angehen.

Wie das Gewissen ohne Vernunft und wahrhafte Einsicht seiner selbst gewiss seyn kann, ist mir ein Räthsel.

«Die Kraft der Liebe, die Kraft des Glaubens» sagen Sie ganz richtig ist die einzig wahre Basis der Versöhnung streitender Menschen» – aber gewiss nicht die unvernünftige Liebe, gewiss nicht der falsche Glaube.

Die Kraft des Glaubens, die Kraft der Liebe, folglich das Vorhandenseyn beider offenbart sich eben darin, dass sie alles will und thut, was zum Ziel des Glaubens und der Liebe führt. Sie folgt der Vernunft, sie will Licht, sie will Recht, sie vergütet unrecht. Sie geht auf die Ursachen, und Quellen des Widerspruchs zurück, um sie zu verstopfen, und Verirrungen vorzubeugen. Sie hält sich nicht an persönlichen Gelüsten und individuellen Gefühlen, sondern strebt nach dem was ewig wahr, und über alles blos Individuelle und Persönliche des Daseyns erhaben ist. S i e h ä l t W o r t , sie ist folgerecht, eben weil sie gerecht, weil sie die Richtschnur des Rechten und das Rechte selbst ist. Sie braucht nicht das Wort der Versöhnung um Unterwerfung unter persönliche Willkühr und blinde Hingebung von Andern zu fordern, sondern sie übt die That der Versöhnung in dem sie das t h u t , was die welche sie sucht, und die ihrer Gemeinschaft fähig und würdig sind, mit Vertrauen, mit Sicherheit des Herzens erfüllen kann.

Ein entgegengesetztes Verfahren kan ich nicht für Kraft des Glaubens und der Liebe halten, und wenn es sich ins Heiligthum der Menschenbildung einschleicht, so scheint mir der Eifer dagegen gerecht und meine Pflicht, und der Begriff der Nöthigung fällt gar nicht in diese Kategorie.

Die Art wie Ihr Hausstreit geführt worden, wurde bestimmt durch die Aufstellung falscher Grundsätze, verderblicher Maasregeln, und eines consequent gegen Ihre alten Freünde und Gehülfen durchgeführten Plans der Selbstsucht. So lang noch Hofnung war, dieses Böse zu überwinden, musste es aus dem möglichsten Eifer bekämpft werden, und wo möglich mit 10fach stärkerer Gluth, als wirklich geschehen ist. Länger hat dieser Streit indess gewährt, als er sollte. Das habe ich mir vorzuwerffen. Denn so bald Sie sich selbst so entschieden für die Durchsetzung desselben erklärt hatten, als Sie es wirklich thaten, hätte ich auf der Stelle abtreten sollen. Allein es war mir nicht möglich, die Hofnung, dass es nicht aus Ihrem Innern hervorgehe, und nur eine durch Umstände erzeugte, vorübergehende Richtung von Ihnen sey, aufzugeben.

Lieber Herr Pestalozzi, ich rede Ihnen frey, und wie Sie mich auffordern in Rücksicht auf Sie und Ihre Verhätnisse aus der innersten Tiefe meiner selbst. Ich habe, wie gegen Ihre frühern Gegner, so gegen Schmid und gegen Sie selbst die Grundsätze der Menschenbildung, und Ihrer Anstalt, in soweit sie darauf Anspruch macht, Werkzeüg der Menschenbildung zu seyn, vertheidigt. Ich werde in dieser Vertheidigung fortfahren, so lange ich kan und so eifrig ich es vermag, und keine menschliche Rücksicht soll mich davon abhalten, jedesmal, wenn ich diese Grundsätze sey es von Ihnen oder wem es will, für gefährdet halten muss, und glaube, dass meine Stimme etwas bewirken könne.

Sie haben diese Vertheidigung für persönlichen Hass gegen Schmid für Selbstsucht und Leidenschaft genommen, und thun es noch. Sie halten mich für schlecht genug «Oel ins Feüer gegossen zu haben als die Menge seiner Widersacher wie tolle Hunde auf ihn losgiengen» – Gegen diese Ihre Meinung kan ich nichts – Sie ist eben der Sitz, die fixe Idee Ihres Irrthums. Wie es aber in Ihrer Anstalt so viele und eigentlich, rücksichtlich auf Schmid auf einmal lauter tolle Hunde geben konnte, denn er hatte keinen einzigen Ihrer Gehülfen für sich, muss gewiss aus einem andern Grunde als «a u s   m e i n e m   O e l   i n s   F e u e r   s c h ü t t e n» erklärt werden.

Wenn Sie diessfalls nur die geringste Gedankenverbindung beobachtet, so würden Sie in Ihrem eignen Zeugniss, so wie in dem, der Sie damals Umgebenden in Hinsicht auf das Wesen und Gesetz Ihrer Unternehmung allerdings Unmündigen, die «wie tolle Hunde auf Schmid losgiengen» eine Ursache zur Bedenklichkeit darüber finden. Denn Sie alle sagen ja, «ich habe eben so wenig Achtung und Vertrauen als Schmid besessen.» «Mein Zurückstossen der Menschen sey Schuld an dem übeln Gang der Dinge gewesen». Wie kam ich denn auf einmal zu einem so allmächtigen Einfluss auf die Gemüther? –

In Hinsicht auf mein Benehmen gegen Ihre Person und meine Ausdrücke habe ich Ihnen nur zu sagen: ich habe leider Wahrheiten und Thatsachen zu bezeichnen gehabt, die heüte noch in ihren Folgen sichtbar sind. Diese konnte ich nicht ändern und hielt es für meine erste Pflicht, sie Ihnen geradezu so vor Augen zu legen, wie ich sie fühlte. Hätte ich mich und nicht Sie gesucht, ich hätte anders gesprochen. Es lag in meiner Hand, Sie zu benützen, so wie ich heute noch, wenn ich Ihrer Ansicht zu Gefallen redte, mir mancherley Vortheile versprechen könnte.

Hätte ich kein inneres Wesen in Ihrer Unternehmung erkannt, wäre mir die Bedeütung Ihrer Person weniger hoch und heilig gewesen, so hätte ich Sie wie einen gewöhnlichen Menschen behandelt, hätte Ihnen vielleicht selbst geschmeichelt, und wäre über alles leicht und gleichgültig, nur meinen persönlichen Zweck im Auge, hinweggegangen.

Über unsern Streit wird die Nachwelt sich vermuthlich wenig bekümmern. Aber sie wird nach dem bleibenden Heil fragen, das Ihre Unternehmung der Menschheit gebracht hat, Sie wird warlich jeden einzelnen, von Ihnen aufgestellten Bildungsgrundsatz, der die Probe hält, höher als Ihre 50000 Frankenstiftung in Anschlag bringen.

So lange und noch länger als Sie mich, nach Ihrem Ausdruck um M ä s s i g u n g gebeten, bat ich Sie um B e s o n n e n h e i t, um C o n s e q u e n z, und besonders um V o r s i c h t und W e i s h e i t in Behandlung Ihrer Gehülfen. Und warlich Herr Pestalozzi, darin, und darin allein, und nicht in den Fehlern oder Tugenden meiner Persönlichkeit, lag das Mittel, «unsern Übeln vorzubeügen» Ich war Ihr Werkzeüg und musste wie alle andern nothwendig entweder verschwinden, oder mich zur Klarheit und Kraft Ihres Geistes erheben, wenn Sie Ihre Anstalt nach dem Gesetz der Bildung und den Foderungen der Menschennatur organisirten. Ihr Werk hatte Maas, und Ziel und Gesetz in sich selbst. Es konnte nie von meiner Mässigung abhängen, sondern musste sie bestimmen. Die Unschuld, Demuth und Innigkeit, mit der ich zu Ihnen kam und Ihnen anhieng, machte mich derselben fähig. Und wenn ich das Gleichgewicht verlor, so geschah es durch die Widersprüche, die sich in Ihren Ansichten und Verhältnissen zu Ihrer Unternehmung bei der Erweiterung derselben immer stärker entwickelten, und sich endlich in «I h r e n A u s b r ü c h e n d e r W u t h u n d d e s E n t s e t z e n s» äusserten, derer Sie in Ihren gedruckten Reden gedenken.

So wenig aber damals meine persönliche Mässigung den Übeln einer Anstalt hätte vorbeugen können, die kein Maas, kein Gleichgewicht mehr in sich selbst hatte, so wenig kan das, was Sie Bitte um Versöhnung an mich nennen, das Zerrissene und Getrennte wieder vereinigen. Diese Wiedervereinigung kan durch keine noch so edle persönliche Gesinnung, durch keine Überwindung seiner selbst, sie kann nur durch die Herstellung des Wesens der Unternehmung der Menschenbildung selbst, durch die Kraft des göttlichen Gedankens auf welchem sie ruht, durch ihre Entfaltung von ihrem ursprünglichen, innern Lebensprinzip aus wieder hergestellt werden. Personen, Individuen gelten diessfalls nichts mehr. Die Idee, der Bildung ist frei und selbstständig geworden. Sie selbst und sie allein ist das Centrum der Menschenbildung. Sie vereinigt aber alle die als Organe, in denen sie wirkt, sich ihr hingeben. Ein anderes Anschliessen und Vereinigen ist nicht mehr möglich – am allerwenigsten ein Anschliessen an d i e Persönlichkeit, welche S i e , der Stifter der Menschenbildung, in d e m die Person und die Idee ursprünglich Eins war, und in welchem Letzre sich offenbarte um diese Herrlichkeit der Einheit mit Ihrer höchsten Würde, und endlich um den Glauben an die Idee selbst brachte.

Gewiss, lieber Herr Pestalozzi, wenn wir uns alle gegen Pflicht und Gewissen an Schmid anschlössen, und wäre doch nichts; wir würden mit der grössten Anstrengung nichts ausrichten, weil ein solches Streben wider den Geist der Wahrheit und der Menschheit ist, und der letzte Betrug würde ärger als der Erste. Sie müssten sich, wie ich Ihnen am 5ten März schrieb, frey und selbstständig, ich möchte sagen mit göttlicher Kraft zum Mittelpunkt der Menschenbildung, zum Centralorgan der Idee aufs Neüe erheben, um aufs Neüe eine Vereinigung im Geist und in der Wahrheit zu Stand zu bringen. – Das können, das wollen Sie nicht. Darum müssen Sie auch auf den freilich unaussprechlichen Segen einer solchen Vereinigung Verzicht thun. –

Dass Sie es nach Ihrem gegenwärtigen, psychologischen Zustand müssen, beweist Ihr Bild von der Feüersbrust. Nein, lieber, edler, unglücklicher Mann, unser Streit ist nicht über die U r s a c h e n d i e s e r B r u n s t . Wäre er das, so würden und müssten wir uns leicht darüber hinwegsetzen. Die Sache wäre mit einer Umarmung abgethan. Allein der Streit ist über die Grundlagen des Gebäudes der Menschenbildung über die Ecksteine Ihres neüen Plans, über den Riss und die Eintheilung des Baues, über die Materialien des Fundaments, welche das Ganze tragen sollen. Holz, Stroh, Bappeln, können es warlich nicht thun.

Uns kommt es dabei nicht auf Ihre Umgebungen an, so schätzenswürdig dieselben an sich seyn mögen, sondern auf Sie –, auf die Richtung die S i e nehmen, auf die Anordnungen die S i e treffen, auf das, was S i e persönlich wollen oder thun.

Mit Schmid habe ich für mich keine Probe mehr zu machen. M e i n e Erfahrungen an ihm sind vollendet und abgeschlossen.

Wer zum erstenmal S i e und Ihre Anstalt verrieth, zum 2tenmal Ihre Grundsätze und Ihre Gehülfen, dem will ich für meine Person den dritten Abfall erparen. Gesetzt es wäre ihm zu viel geschehen, was ich durchaus läugne, so konnte ein wahres Werkzeug der Menschenbildung nie wie er handeln. Nur in Kupfer erzeügt der Essig Grünspan, nie in Gold.

Ich wünsche von Herzen dass es Ihnen gut gehe, und dass Ihre Hofnungen auch von ihm alle erfüllt werden. Möge auch meine Ansicht von ihm, und sie wird es vielleicht, darzu beitragen, dass er nie werde, was ich auch für Ihre Person von ihm fürchte!

Dessen bin ich gewiss, dass der wesentliche Fortgang Ihrer Unternehmung nur durch den Weg und die Mittel gelingen wird, deren Anwendung Sie uns standhaft verweigern. Ich hoffe und erwarte, andre und neue Gehülfen Ihrer Anstalt werden darin glücklicher als wir seyn. Ihre Darstellung der Folgen unsres Anschliessens ist eben darum ein Traum, und muss es bleiben, weil keine Ahnung mehr über die Bedingungen, die die Ausführung schlechthin erheischt, bei Ihnen statt findet.

Ja Herr Pestalozzi, ich achte den Inhalt meines Briefes vom 19ten März als Wahrheit, wirklich real, gedacht und empfunden im vollsten Wachen und in der klarsten Besonnenheit, und würde auf das Fundament dieser Wahrheit fortfahren zu denken, zu fühlen und zu handeln. Darum habe ich Ihnen nun auch nichts weiter zu sagen und erwarte keine weitre Anträge von Ihnen. Da Sie die einzig möglichen Bedingungen unsers neüen Anschliessens an Sie verwerffen, so würden sie in jeder Hinsicht vergeblich seyn.

Joh[annes] Niederer

Überlieferung

1 ZB Zürich, Ms Pestal 53/54, Umschlag 262/IV,103
2 Bogen, 242 x 200 mm
4 Dorsualvermerk *Jverdon, 14 April 1818. Joh[annes] Niederer,*
5 Original

Textkritik

Zeuge H
Z. 6 f.   *dieses <bef> wiederholen*
Z. 14   *was <*> nothwendig <folgen> daraus*
Z. 26   *mein Urtheil über* ⌡
Z. 35   *wie sehr sie* ⌡
Z. 65   *Sie* ⌡
Z. 65 f.   *wie Sie selbst sagen.* ⌡
Z. 68   *seines Werths* ⌡

Z. 87	aus dem ʃ
Z. 87	März ʃ
Z. 91	und < dadurch > daher
Z. 92	aufgestellten < Gru > pädagogischen
Z. 94	mit < dieser > obiger
Z. 104	1 . : doppelt unterstrichen
Z. 110	2 . : doppelt unterstrichen
Z. 110	Ich < stelle > mahle
Z. 120	als Sie darin waren, ʃ
Z. 132	3 . : doppelt unterstrichen
Z. 138	wie < sich > Sie
Z. 140	können < S > sie
Z. 140	4 . : doppelt unterstrichen
Z. 146	und Methode ʃ
Z. 160	5 . : doppelt unterstrichen
Z. 177	tauglich < * > erklärten
Z. 191	haben < S > sie
Z. 201	Unfähigkeit, < steht frei > die
Z. 203	Aufforderung < der *** > im
Z. 205 f.	uns < unser *** > darüber
Z. 207	könnten, < * > zu
Z. 209	aber ʃ
Z. 213	eigentlich: als als
Z. 240 f.	oekonomische < Antriegen von Ihnen > Anerbietungen
Z. 244	aus ʃ
Z. 260	Herzen < (> welche
Z. 263	der < Maasregeln seyen > Resultate
Z. 284	die Vollendung ʃ
Z. 287	und unserm Austritt ʃ
Z. 298	jetz ʃ
Z. 315	sich selbst ʃ
Z. 316	Associé: lateinische Schrift
Z. 317 f.	Selbstverkennung < der > d a s
Z. 329 ff.	sonst ... machten ʃ
Z. 338	Ausbruch < *** *** > sich
Z. 341	daher ʃ
Z. 358	nicht, < dass wir > zu
Z. 360	für < die > eine
Z. 369 f.	seit < 1 > seinem
Z. 385	zu < *** > mischen
Z. 395 f.	vorlegen[»]. < Sie *** > Sie
Z. 400 f.	Verhältniss < *** > reden,
Z. 411	Constançon: lateinische Schrift
Z. 415	Rede < E > ein
Z. 419	Constançons: lateinische Schrift
Z. 448	durch < S > sie

Z. 456	*Basis*: lateinische Schrift
Z. 457	*gewiss nicht* ⌡
Z. 462	*Vernunft,* < S > *sie*
Z. 463	*und Quellen* ⌡
Z. 463	eigentlich: *Quellen die Widerspruchs*
Z. 466	*über* < zu > *alles*
Z. 466	*blos* ⌡
Z. 472	*was* < * > *die*
Z. 473 f.	*mit* ⌡ *Vertrauen, mit* ⌡ *Sicherheit*
Z. 474	*Herzens,* < *** *** > *erfüllen*
Z. 495	*gegen* < Gegner > *Ihre*
Z. 497	*macht* ⌡
Z. 508	*ist* ⌡
Z. 509	*Irrthums.* < *** *** > *Wie*
Z. 523	*–* < *** *** *** >
Z. 545	*G e h ü l f e n .* < *** > *Und*
Z. 575	*die* < O > *als*
Z. 586 f.	*müssten* < S > *sich,*
Z. 589	*aufs Neüe* ⌡
Z. 590	*aufs Neüe* ⌡
Z. 590	*Wahrheit* < *aufs* *** > *zu*
Z. 597	*d i e s e r B r u n s t* : doppelt unterstrichen
Z. 626 f.	*bei Ihnen* ⌡

Sacherklärung

I.

Johannes Niederer (1779–1843) ⇒ Nr. 507

II.

⇒ Nr. 1930/1

III.

Z. 4	*Iferten*: dt. Name für Yverdon
Z. 6	*Brieffe*: Ein Brief Pestalozzis mit dem Datum 10. April 1818 ist nicht überliefert, allerdings einer vom 10. März 1818 (PSB XI, Nr. 4931), den Johannes Niederer (1779–1843, ⇒ Nr. 507) wohl gemeint haben dürfte.
Z. 50	*fxxx*: Es ist unklar, was damit gemeint sein könnte.
Z. 57	*Schmid*: Joseph Schmid (1785–1851) ⇒ Nr. 712
Z. 87	*Stelle*: Die Stelle ist nicht zu identifizieren, da Pestalozzi in seinem Antwortschreiben (PSB XI, Nr. 4931) auf alle von Johannes Niederer (⇒ Nr. 507) im Brief vom 5. März 1818 (⇒ Nr. 1912) angesprochenen Punkte eingeht und sie, wenn auch meist in indirekter Form, zitiert.
Z. 87	*dem*: ⇒ Nr. 1912
Z. 90	*Rede*: Rede von Pestalozzi an sein Haus an seinem zwei und siebenzigsten Geburtstage, den 12. Jänner 1818 (PSW XXV, S. 261–364)
Z. 93	*Brief*: ⇒ Nr. 1920
Z. 99	*Brief*: ⇒ Nr. 1923
Z. 100	*Krüsi*: Hermann Krüsi (1775–1844) ⇒ Nr. 588

Z. 131   Schande der Menschheit: «Ich habe ausgesprochen, Erziehungsinstitute seyen die Schande der Menschheit. Es fragt sich: Ob das Pestalozzische auch in diese Reihe gehöre? Und ich antworte kühn: Ja!» (Joseph Schmid: Erfahrungen und Ansichten über Erziehung, Institute und Schulen. Heidelberg 1810, S. 108).
Z. 161   N ä f : Johann Konrad Näf (1789–1832) ⇒ Nr. 2304
Z: 161   N a b h o l z : Philipp Nabholz (1782–1842) ⇒ Nr. 967
Z. 183   Wochenschrift: Wochenschrift für Menschenbildung (1807–1811)
Z. 183 f. Vertheidigungsschrift: Johannes Niederer: Das Pestalozzische Institut an das Publikum: eine Schutzrede gegen verläumderische Angriffe, veranlasst durch eine Rezension in den Göttingischen gelehrten Anzeigen, und zugleich ein vorläufiger Beitrag zur Feststellung des Verhältnisses der gewöhnlichen Darstellungen und Beurtheilungen, besonders des offiziellen Berichts an die Tagsatzung zu Pestalozzi's wirklicher Unternehmung. Yferten 1811
Z. 215   Anstalt: ⇒ Nr. 867
Z. 227   Collomb: Jean Etienne/Georges Collomb (1767–1826) ⇒ Nr. 797
Z. 252   Frau: Rosette Niederer-Kasthofer (1779–1857) ⇒ Nr. 842
Z. 316   Associé: Mitarbeiter (frz.)
Z. 396   Orpen: Charles Edward Herbert Orpen (1791–1856) ⇒ Nr. 1925
Z. 411   Constançon: Charles Etienne Constançon (1743–1828) ⇒ Nr. 1922/1
Z. 421   Hangnards: Jean Baptiste Hangard (1774–1827) ⇒ Nr. 1403
Z. 602   Bappeln: Pappeln

1933/1.
Johannes Niederer
14. April 1818

Iferten den 14ten Aprill 1818.

5 Lieber Herr Pestalozzi.
Als ich Ihnen heüte Mittag meinen Brief sandte, war mir Schmids gedruckte Rede noch gänzlich unbekannt. Unerwartet theilte Krüsi sie mir mit, der sie zufällig aus der Stadt erhalten. Dieses g e - d r u c k t e B u b e n s t ü c k bewegt mich Ihnen zu erklären, dass
10 ich auch, nach vollendetem Religionskurs der gegenwärtigen Katechumenen, auf keine Weise und unter keiner Bedingung mehr, mit einem Hause in Verbindung stehen will, dass sich L ü g e und V e r - l ä u m d u n g gegen die welche es erbauen halfen, zu seinem ö f - f e n t l i c h e n Geschäft macht.
15   Joh[annes] Niederer

Überlieferung

1 ZB Zürich, Ms Pestal 53/54, Umschlag 262/I,4
2 Blatt, 242 x 200 mm

4   Notiz 1818 14ten Aprill. Niederers Erklärung an Pest[aloz]zi wegen seines Rücktritts <z> von <Predig> der Anstalt auch als Religionslehrer u[nd] Katechumenen. N.B. Es ist zu bemerken dass P[estalozzi] auch nach S[chmids] Eintritt auf Pfingsten 1817. Niederern gebeten hat d[en] Rel[igions] Unterricht fortzu setzen. Die 2te gemässigtere Redaktion zum Druck gegeben.
5   Original

Textkritik

Zeuge H
Z. 9   B u b e n s t ü c k : doppelt unterstrichen

Sacherklärung

I.

Johannes Niederer (1779–1843) ⇒ Nr. 507

II.

⇒ Nr. 1930/1

III.

Z. 6   Brief: ⇒ Nr. 1932
Z. 6   Schmids: Joseph Schmid (1785–1851) ⇒ Nr. 712
Z. 7   Rede: Joseph Schmid: Rede gehalten am vier [richtig zwei] und siebenzigsten Geburtstage Pestalozzi's. Zürich 1818
Z. 7   Krüsi: Hermann Krüsi (1775–1844) ⇒ Nr. 588

1933/2.
Johannes Niederer
14. April 1818

S[alvo] T[itulo]
Herrn
Herrn Heinrich Pestalozzi
im Schloss
Iferten

Iferten den 14ten Aprill 1818.
Lieber Herr Pestalozzi.
Ich habe so eben Schmids Rede gelesen, deren Druck und Inhalt mir bei der Absendung meines heütigen Briefs an Sie noch gänzlich unbekant war.
  Dieser Inhalt, da er nicht nur unter Ihrer Auctorität, sondern sichtbar durch Ihre Mitwirkung verfasst ist, zerreisst nicht blos die Bande unsrer Gemeinschaft im Allgemeinen, nach Ihrer Rede, doppelt und aufs Neüe, sondern zwingt mich, Ihnen zu erklären, dass

ich, nach geendigtem Religionskurs den gegenwärtigen Katechumenen, auf keine Weise und auf keine Bedingung mehr, auch in sittlicher und religiöser Hinsicht als Werkzeüg mit Ihrem Hause in Verbindung stehen will und kann. –

Joh[annes] Niederer

Überlieferung

1 ZB Zürich, Ms Pestal 53/54, Umschlag 262/IV,102
2 Blatt, 242 x 200 mm
4 Siegelspuren, Dorsualvermerk *Jverdon, 14. April 1818. Joh[annes] Niederer,*
5 Original

Textkritik

Zeuge H
Z. 6 *Pestalozzi*: lateinische Schrift

Sacherklärung

I.

Johannes Niederer (1779–1843) ⇒ Nr. 507

II.

⇒ Nr. 1930/1

III.

Z. 4 *S[alvo] T[itulo]*: mit Vorbehalt des richtigen Titels (lat.)
Z. 8 *I f e r t e n* : dt. Name für Yverdon
Z. 11 *Schmids*: Joseph Schmid (1785–1851) ⇒ Nr. 712
Z. 11 *Rede*: Joseph Schmid: Rede gehalten am vier [richtig zwei] und siebenzigsten Geburtstage Pestalozzi's. Zürich 1818
Z. 12 *Briefs*: ⇒ Nr. 1932

1934.
Johann Jakob Steffan

16. April 1818

Seiner Wolgeborn
Herrn Pestalozzi
in Yverdon.

F[rei]b[ur]g 16. April 1818.

Vater!
Ich liebe Sie. Ich liebe Sie mit innigem Gemüthe und mit aller meiner Seele innwohnenden Kraft. Ich war so glücklich davon Proben

zu geben. Was ich mit Fellenberg Usteri und Meyer von Schauensee verhandelte, füllt einen vollen Tag aus. Daher werde ich kommen sobald ich aus dem Koth der nothwendigsten Berufs Arbeit heraus bin. Seit 8 Tagen bin ich zurück, u[n]d erhielt gestern die Rede, die schon circulirt. Ich vesprach 2 nach Wädenschweil, eine dem Kath[olisch]en Pfarrer in Zurich und die 4te H[errn] S[taats] S[ec]k[el]m[ei]st[e]r Meyer von Schauensee. Ich bitte bitte lassen Sie's doch von Zurich aus besorgen, die nach Wäd[enswi]l an H[errn] Pf[arrer] Bruch. –

Nebenstehend noch 14 Subscrib[en]ten wenn Fontanna nicht schon in der 1^t Liste steht.

Ihnen, Hochwürdigster und Schmid mit Leib und Seele ergeben
Steffan.

oder wollen Sie, dass ich früher nach Payerne komme? par retour du courier reponse, s['il] v[ous] p[laît]

Basel.
Herr J[ohann] J[akob] Stapfer von Horgen Kaufmann.
Bern.
Herrn J[ohann] J[akob] Hauser von Wädenschweil, Kaufmann.
Genf.
" Carl Soglio von Strassburg im Hause d[er] H[erren] Hay u[nd] Richard.
Zürich
" Jacob Kündig von Wellnau. Kaufmann.
Freyburg in d[er] Schw[ei]z.
Herr Joseph von Reynold von Perolla, Ritter des S^t. Michaelordens.
" Carl von Griset, Baron von Forel, Königl[ich] Sächsischer Kammerherr und Secretair der ökonomischen Gesellschaft des Cantons Freyburg.
" Xavier von Lenzburg, Mitglied des grossen Raths.
" Jacob Xav[ier] Fontana, Theologiae Candid[atus] Einem Schüler Sailers etc.
" Franz v[on] Weck, Mitglied des grossen Raths und Amts Richter.
" David Lüthy Apotheker.
" Ignatz Müller Apotheker.
" Amadeus Chiffel-Gendre, Kaufmann.
S[ein]e Hochw[ürden] Herr Esseiva, Professor, und Ökonomie Verwalter des Collegium zu S^t. Michael.

50 " " Joh[annes] Jäger, Canonicus an der Liebfrauen Kirche. –

Überlieferung
1 ZB Zürich, Ms Pestal 55a, Umschlag 358/2
2 Bogen, 254 x 197 mm
3 leicht defekt
4 Siegelspuren, Stempel *Fribourg* Dorsualvermerk *Freiburg, den 16 April 1818 Steffan*
5 Original

Textkritik
Zeuge H

Z. 4	*Wolgeborn*: lateinische Schrift
Z. 5	*Pestalozzi*: lateinische Schrift
Z. 6	*Yverdon*: lateinische Schrift
Z. 7–8	*F[rei]b[ur]g ... Vater*: lateinische Schrift
Z. 11	*Fellenberg Usteri*: lateinische Schrift
Z. 11	*Meyer von Schauensee*: lateinische Schrift
Z. 15	*circulirt*: lateinische Schrift
Z. 17	*Meyer von Schauensee*: lateinische Schrift
Z. 19	*Bruch*: lateinische Schrift
Z. 20	*Subscrib[en]ten*: lateinische Schrift
Z. 20	*Fontanna*: lateinische Schrift
Z. 22	*Hochwürdigster*: lateinische Schrift
Z. 22	*Schmid*: lateinische Schrift
Z. 24	*Steffan*: lateinische Schrift
Z. 25	*Payerne*: lateinische Schrift
Z. 26	*B a s e l* : lateinische Schrift
Z. 27	*J[ohann] J[akob] Stapfer*: lateinische Schrift
Z. 27	*Horgen*: lateinische Schrift
Z. 28	*B e r n* : lateinische Schrift
Z. 29	*J[ohann] J[akob] Hauser*: lateinische Schrift
Z. 30	*G e n f* : lateinische Schrift
Z. 31	*Carl Soglio*: lateinische Schrift
Z. 31 f.	*Hay u[nd] Richard*: lateinische Schrift
Z. 33	*Z ü r i c h* : lateinische Schrift
Z. 34	*Jacob Kündig*: lateinische Schrift
Z. 34	*Wellnau*: lateinische Schrift
Z. 35	*Freyburg*: lateinische Schrift
Z. 36	*Joseph von Reynold von Perolla*: lateinische Schrift
Z. 36	*Michaelordens*: lateinische Schrift
Z. 37	*Carl von Griset, Baron von Forel*: lateinische Schrift
Z. 38	*Secretair*: lateinische Schrift

Z. 38   *ökonomischen*: lateinische Schrift
Z. 39   *Cantons Freyburg*: lateinische Schrift
Z. 40   *Xavier von Lenzburg*: lateinische Schrift
Z. 41   *Jacob Xav[ier] Fontana, Theologiae Candid[atus]*: lateinische Schrift
Z. 41 f.   *Einem Schüler Sailers etc.*: fremde, wahrscheinlich spätere Hand
Z. 43   *Franz*: lateinische Schrift
Z. 43   *Weck*: lateinische Schrift
Z. 45   *David Lüthy*: lateinische Schrift
Z. 46   *Ignatz Müller*: lateinische Schrift
Z. 47   *Amadeus Chiffel-Gendre*: lateinische Schrift
Z. 48   *Esseiva*: lateinische Schrift
Z. 48   *Ökonomie*: lateinische Schrift
Z. 49   *Collegium*: lateinische Schrift
Z. 49   *Michael*: lateinische Schrift
Z. 50   *Joh[annes] Jäger, Canonicus*: lateinische Schrift

Sacherklärung

I.

Johann Jakob Steffan (1790–1859) ⇒ Nr. 1603

II.

Johann Jakob Steffan (1790–1859, ⇒ Nr. 1603) arbeitete spätestens seit 1817 als kaufmännischer Angestellter in Fribourg und pflegte während dieser Zeit Kontakt zu Pestalozzi. Er war auch teilweise in den Lehrerstreit involviert, allerdings eher als Berichterstatter denn als Partei.

III.

Z. 11   *Fellenberg*: Philipp Emanuel von Fellenberg (1771–1844) ⇒ Nr. 426
Z. 11   *Usteri*: Paul Usteri (1768–1831) ⇒ Nr. 823
Z. 11   *Meyer*: Franz Bernhard Meyer von Schauensee (1763–1848) ⇒ Nr. 443
Z. 14   *Rede*: Joseph Schmid: Rede gehalten am vier [richtig zwei] und siebenzigsten Geburtstage Pestalozzi's. Zürich 1818
Z. 15   *Wädenschweil*: Wädenswil (Kt. Zürich)
Z. 16   *Pfarrer*: Moritz Meyer (1778–1857) von Olten (Kt. Solothurn) wurde nach der Priesterweihe 1802 Lehrer an der Stiftsschule von Rheinau. Von 1807 bis 1833 amtete er als erster katholischer Pfarrer von Zürich. Er verstarb als Chorherr von Schönenwerd (Kt. Solothurn).
Z. 19   *Bruch*: Paul Philipp Bruch (1767–1818) ⇒ Nr. 940
Z. 20   *Fontanna*: Jacques Xavier/Jakob Xaver Fontana (1795–1874) ⇒ Nr. 1614
Z. 22   *Schmid*: Joseph Schmid (1785–1851) ⇒ Nr. 712
Z. 24   *Payerne*: Gemeinde im Kt. Waadt
Z. 27   *Stapfer*: Johann Jakob Stapfer (1786–1854), der Sohn des Horgner Grossfabrikanten Heinrich Stapfer (1740–1813), war Handelsmann und lebte 1818 in Basel, wo er 1816 eingebürgert worden war, 1810 Anna Barbara Dietrich (1790–1872) geheiratet und vier Kinder hatte.
Z. 29   *Hauser*: Es ist unklar, welcher Johann Jakob Hauser der weitverzweigten Wädenswiler Familie hier gemeint war, da aufgrund der Lebensdaten Mehrere infrage kommen.

Z. 31	*Soglio*: Karl/Charles André Joseph Saglio (1799–1862), aus Strassburg gebürtiger Spross einer italienischstämmigen Lebens- und Färbereimitteldynastie, war Zuckerraffineur und heiratete 1822 in Paris die Bankierstochter Josephine Paravey (1803–1853), mit der er drei Söhne hatte.
Z. 31 f.	*Hay u[nd] Richard*: Henry Hay und Jean-François Richard gründeten 1816 in Genf unter dem Namen *Henry Hay et Richard* ein Kommissionshandelshaus, das bis 1831 bestand.
Z. 34	*Kündig*: Jakob Kündig (1788–1833) ⇒ Nr. 2599
Z. 34	*Wellnau*: Wellenau, heute Teil von Bauma (Kt. Zürich)
Z. 36	*Reynold*: Simon Frédéric Joseph de Reynold (1798–1871) aus Cressier (Kt. Fribourg) war Grossrat und hatte zahlreiche militärische Ränge inne, bis er 1847 Mitglied des katholischen Kriegsrates im Sonderbund und Generalstabschef der Freiburger Division wurde.
Z. 36	*Michaelordens*: Der *Ordre de Saint-Michel* wurde im 15. Jahrhundert vom französischen König Louis XI. (1423–1483) zur Stärkung der königlichen Zentralgewalt ins Leben gerufen und an ausgewählte Vertreter des Hochadels verliehen. Später inflationär verteilt und seit Louis XIV. (1638–1715) zur Auszeichnung künstlerischer oder wissenschaftlicher Leistungen insbesondere auch an Vertreter des niederen Adels und des Bürgertums verliehen, wurde der Orden schliesslich von der Revolution aufgehoben und 1816 für eine bloss kurze Zeitdauer – die endgültige Aufhebung erfolgte 1830 – wieder eingesetzt.
Z. 37	*Griset*: Karl von/Charles des Griset, Baron von/de Forell (1787–1860) aus Dresden lebte ab 1812 im Kanton Fribourg, wo er im Grossen Rat (1821–1828 sowie 1837–1847), und im Staatsrat (1828–1831 sowie 1843–1847) sass und als Oberamtmann von Murten (1824–1828) respektive Fribourg (1840–1843) amtierte.
Z. 38	*Gesellschaft*: Die *Société économique*, später *Société économique et d'utilité publique*, wurde 1813 von General Nicolas de Gady (1766–1840) und Père Grégoire Girard (1765–1850, ⇒ Nr. 1156) mit dem Ziel gegründet, die Ursachen und Verbreitung der Armut zu bekämpfen. Dafür rief die von Mitgliedern der Oberschicht getragene Gesellschaft verschiedene Arbeitssektionen – Ökonomie, Agrikultur und Industrie waren ebenso Gegenstand der Bemühungen wie Gesundheit, Moral, Hygiene und Erziehung – ins Leben und legte eine Bibliothek an, deren Bestände dem Volk offenstanden und einen wichtigen Fonds der späteren Universitätsbibliothek Fribourg bildeten. Die Gesellschaft bestand bis ins 20. Jahrhundert.
Z. 40	*Lenzburg*: Louis Stanislas Xavier de Lenzbourg (1778–1838) war Hauptmann in englischen Diensten – von 1803 bis 1806 hatte er in Indien gedient – und Mitglied des Freiburger Grossen Rates (1816–1819).
Z. 42	*Sailers*: Johann Michael Sailer (1751–1832) ⇒ Nr. 1478
Z. 43	*Weck*: Franz/Louis Joseph François Xavier de Weck (1746–1833) war Landvogt von Gruyère (1781–1786), Mitglied des Kleinen (1797–1798) und später des Grossen Rats (1803–1814) sowie Mitglied des Appellationsgerichts (1803–1831).
Z. 45	*Lüthy*: David Lüthy (1785–1862) stammte aus Biglen (Kt. Bern), war Apotheker in Fribourg und Mitglied der Schweizerischen Naturforschenden Gesellschaft.
Z. 46	*Müller*: Ignaz Müller (1789–1820) war seit 1812 als Apotheker in Fribourg tätig.

Z. 47 *Chiffel-Gendre*: David Amédée/Amadeus Chiffelle (1781–vor 1830) stammte aus La Neuveville (Kt. Bern) und etablierte sich als Tuchhändler in Fribourg, wo er 1803 Marie-Barbe Gendre (*1781) heiratete, mit der er vier Kinder hatte.
Z. 48 *Esseiva*: Jean Esseiva (1784–1856), ein aus Fribourg stammender Jesuit, war Lehrer und Gutsverwalter am dortigen Kollegium (⇒ Z. 49).
Z. 49 *Collegium*: 1581 auf Betreiben Papst Gregor XIII. (1502–1585) hin gegründet und 1582 eröffnet, stand das Kollegium St. Michael unter Leitung des Jesuitenordens, bis dieser 1773 aufgehoben wurde. Zwischenzeitlich wieder mit der Führung der Institution betraut – nachdem der Jesuitenorden 1814 restituiert worden war, waren ab 1818 erneut Ordensmänner für das Kollegium verantwortlich –, mussten die Jesuiten die Schule nach der Niederlage Fribourgs im Sonderbundkrieg endgültig verlassen; die Einrichtung, deren theologische Fakultät die Keimzelle der späteren Universität Fribourg bildete, wurde in eine Kantonsschule umgewandelt und existiert als solche bis heute.
Z. 50 *Jäger*: Johann Philipp Jäger (1781–1839) ⇒ Nr. 564

1935.
William Allen
17. April 1818

Plough Court 17 of 4th month 1818

My dear Friend

I have received thy interesting Letter and after my return from Edinburg etc. I shall be happy to promote thy views and indeed have already thought of a Plan which I have suggested to Dr. Orpen. I purpose to form a small Committee in London of Gentlemen known to the Public – for considering the whole subject. I propose that such of thy works as are ready should be sent over to me as soon as possible – we would then consider about the translation. The price of the Copies etc. and promote a subscription among our Friends all over England. Dr. Orpen will get a similar Committee for Ireland as soon as the names subscribed amounted to a sufficient number – we would treat with the Booksellers and put the work to press – informing thee from time to time of the sales and engaging to remit to thee the whole proceeds after the expenses of printing are paid.

I have much to say but have no time to write at present. I wish to recommend to thy kind notice my worthy Friend Thomas Jones who wishes to put his son under thy care this Gentleman is a warm Friend to the education of the Poor.

I remain with great regard and esteem thine affectionately

W[illia]m Allen

Überlieferung

1 ZB Zürich, Ms Pestal 50, Umschlag 5/1
2 Blatt, 252 x 202 mm
4 Datum am Schluss
5 Original

Zeuge H

Textkritik

Sacherklärung

I.

William Allen (1770–1843), Sohn eines englischen Seidenproduzenten, ist Pharmazeut und Chemiker und als solcher Leiter eines renommierten Unternehmens, Dozent an der Königlichen Hochschule und Mitglied zahlreicher wissenschaftlicher Gesellschaften. Als Quäker und Philanthrop – wobei er sich insbesondere durch die Bekämpfung der Sklaverei einen Namen macht – an Erziehungsfragen interessiert, besucht er im Rahmen einer mehrjährigen europäischen Missionsreise Pestalozzi in Yverdon und gründet 1824 in Stoke Newington (heute Teil von London) eine Quäker-Schule für Mädchen, der er bis 1838 vorsteht.

III.

Z. 6   *Letter*: scheint nicht erhalten zu sein
Z. 8   *Orpen*: Charles Edward Herbert Orpen (1791–1856) ⇒ Nr. 1925
Z. 9   *Committee*: Die privaten Komitees, die sowohl Charles Edward Herbert Orpen (1791–1856, ⇒ Nr. 1925) als auch William Allen (1770–1843, ⇒ Sacherklärung I.) in London und Dublin gründen wollten, um Pestalozzis Ideen und Werke zu verbreiten, scheinen nicht über das Projektstadium hinausgekommen zu sein. 1823 hatte Charles Mayo (1792–1846, ⇒ 2270) diese Idee wieder aufgenommen (⇒ Nr. 2411), die dann zusammengesetzte Gruppe entschied allerdings, die Kooperation mit Pestalozzi respektive dessen immer stärker in Schieflage geratenen Einrichtungen nicht weiter zu fördern (⇒ Nr. 2454).
Z. 14 *Committee*: ⇒ Z. 9
Z. 20 *Jones*: Thomas Jones war Pfarrer und wurde 1813 auf Lebzeiten zum Morgenlektor der königlichen Kapelle (Chapel Royal) des Whitehall-Palasts bestellt. Um 1819, als sein Sohn bei Pestalozzi weilte, hielt auch er sich im Waadtland auf.
Z. 21 *son*: T. W. Jones, der Sohn von Thomas Jones (⇒ Z. 20), war von 1818 bis 1819 Schüler in Yverdon.

1936.
Johannes Niederer
17. April 1818

Herrn
Herrn Dr. Pestalozzi
Wolgeboren
im
Schloss

Iferten den 17ten Aprill 1818.

Lieber Herr Pestalozzi!
Frau Mayer, ehemalige Jungfer Schnewlin schickt mir die Inlage, und trägt mir auf, Ihnen dieselbe mitzutheilen. So unangenehm mir dieser Auftrag ist, so glaube ich mich demselben nicht entziehen zu dürfen und habe die Ehre zu seyn

Ihr ergebenster
Niederer

Überlieferung

1 ZB Zürich, Ms Pestal 53/54, Umschlag 262/IV,104
2 Blatt, 222 x 176 mm
4 Siegelspuren
5 Original

Textkritik

Zeuge H
Z. 5   *Pestalozzi*: lateinische Schrift
Z. 11 *Frau Mayer*: lateinische Schrift

Sacherklärung

I.

Johannes Niederer (1779–1843) ⇒ Nr. 507

III.

Z. 9   *Iferten*: dt. Name für Yverdon
Z. 11 *Mayer*: Anna Magdalene, genannt Marie Meyer-Schnewlin (1784–1868) ⇒ Nr. 1083
Z. 11 *Inlage*: Dabei handelte es sich vermutlich um eine über Johannes Niederer (1779–1843, ⇒ Nr. 507) an Pestalozzi gerichtete Bittschrift von Anna Magdalene, genannt Marie Meyer-Schnewlin (1784–1868, ⇒ Nr. 1083), auf die noch ausstehenden Zahlungen für ihren von 1809 bis 1813 währenden Aufenthalt im Yverdoner Töchterinstitut (⇒ Nr. 867) zu verzich-

ten. Pestalozzi hatte sich bereits am 8. März 1818 an Verena Margarete Maurer-Fischer (1775–1847, ⇒ Nr. 1350) und am 18. September 1818 und 27. Februar 1819 vergeblich direkt mit der Aufforderung an Marie Meyer-Schnewlin gewandt, die Pensionskosten zu begleichen (PSB XI, Nr. 4930, Nr. 5079, Nr. 5210).

1937.
Jean Jacques Paschoud
28. April 1818

[Reg.] Paschoud schickt Pestalozzi 6 Exemplare von Ovids *Metamorphosen* und ein
5   Paket für Herrn Ferrier.

Überlieferung
1   PSB XI, S. 92.20 f.

Sacherklärung
I.
Jean Jacques Paschoud (1768–1826) ⇒ Nr. 1216 a

III.
Z. 4   *Metamorphosen*: Da zu Beginn des 19. Jahrhunderts mehrere Ausgaben von Ovids *Metamorphosen* erschienen waren, ist unklar, welche Ausgabe Pestalozzi hier konkret bestellt hatte.
Z. 5   *Ferrier*: François Ferrier aus Genf arbeitete von 1817 bis 1820 als Lehrer an Pestalozzis Institut in Yverdon und bis 1824 am Philanthropin von Johann Christian Karl Salzmann (1784–1870, ⇒ Nr. 933) in Schnepfenthal (⇒ Nr. 640). Später kooperierte er mit Charles Mayo (1792–1846, ⇒ Nr. 2270) und dessen Institut (⇒ Nr. 2288) in London.

1938.
Johann Friedrich Cotta, Freiherr von Cottendorf
28. April 1818

S[einer] Wohlgebohren
Herrn Schmid
im Pestalozzischen Institut
Yverdun
in der Schweitz

Stuttgart 28 Apr[il] 1818

Ihr Werthes v[om] 17 mein Verehrter Freund, erheischte die genauste Prüfung, die ich nun angestellt u[n]d folgendes Resultat gefunden habe: Angenommen, dass sämtl[iche] Werke, 12 B[änd]e jeden zu 20 Bogen gäbe, so wäre der Betrag des Honorars nebst der Hälfte Subscriptions G[elder] von 1940 Subsc[ribenten] hinreichend die 50'000 fl. Franken die der edle Pestalozzi zu so schönen Zwecken bestimmte, zu decken und in so weit können wir also beruhigt seyn.

Was nun weiter noch geschehen könnte scheint meiner Ansicht nach einzig an d[er] fortdauernder Bemühung, Abnehmer der Werke zu bewirken, abzuhangen. Hirzu muss immer der Hebel benutzt werden, dass der Vortheil zum Besten Pestal[ozzis] u[nd] seiner Stiftung abzwecke und es ja auch der Fall ist wenn die Subscription als geschlossen betrachtet wird. Würde man bekannt machen, dass der Absaz der Werke, einzig nur meine Sache sey um meine Auslagen zu decken, so würde der Eifer gleich erkalten, während ich doch nicht wohl weiter gehen kann, so fern der Stand der Dinge sich nicht bessert –

Denn angenommen ich drucke 3000 über die Subs[criptions] Zahl, zahle also f 33 p[er] Bogen Honorar u[nd] die Hälfte der Subs[criptions] Gelder, so bliebe ich bey 1940 Subscr[ibenten] mit 19–20'000 Gulden im Rückstand – Vermindert sich diese Summe auch in Etwas, wenn man die von Russland, Preussen und Bairen eingegangnen Gelder als Subsc[riptions] Gelder betrachtet und dagegen Ex[emplare] abliefert, so ist dies doch nicht bedeutend dass nicht der Gedanke im Publikum als vorherrschend erhalten werden müsste, der Absaz der Werke sey zum Vortheil von Pestalozzi und seiner Stiftung –

So weit ich das Publ[ikum] kenne, glaube ich nicht, in meiner Ansicht zu irren und glauben Sie, verehrter Freund übriges, und glaubt Pestalozzi, dem ich mich herzl[ich] anempfehle, andre Ansichten begründen andre Vorschläge, so bitte ich, sie mir mitzutheilen an meiner Bereitwilligkeit, nach Möglichkeit das Gute zu fördern, fehlt es gewiss nicht.

Gehorsamst
Cotta.

Das M[anu]sc[ip]t der Bände, oder doch des ersten Bandes bitte ich bald möglichst zu senden sonst kann der Anfang zu Michaelis Messe nicht erscheinen.

Überlieferung

1   ZB Zürich, Ms Pestal 910.12, Nr. 6
2   Blatt, 240 x 200 mm

4 Dorsualvermerk *Stuttgart Cotta*
5 Original

Textkritik

Zeuge H
Z. 5   *Schmid*: lateinische Schrift
Z. 7   *Yverdun*: lateinische Schrift

Sacherklärung

I.

Johann Friedrich Cotta, Freiherr von Cottendorf (1764-1832) ⇒ Nr. 617

II.

Dieses an Joseph Schmid (1785-1851, ⇒ Nr. 712) gerichtete Schreiben wird hier abgedruckt, weil Pestalozzi in seinem Antwortwortbrief vom 9. Mai 1818 (PSB XI, Nr. 4982) diesen Brief als an ihn gerichtet behandelt und er auch in der Literatur (Israel I, S. 497) als ein Schreiben an Pestalozzi behandelt wird.

III.

Z. 5   *Schmid*: Joseph Schmid (1785-1851) ⇒ Nr. 712
Z. 10   *Werthes*: Joseph Schmid an Johann Friedrich Cotta, 17. April 1818 (ZB Zürich Ms Pestal 1, 19b, 23)
Z. 12   *Werke*: Johann Heinrich Pestalozzi: Sämmtliche Schriften, 12 Bände. Stuttgart 1819-1824
Z. 14   *fl.*: Abkürzung für Gulden
Z. 40   *Michaelis*: 29. September

1939.
Johann Jakob Friedrich Ladomus

1. Mai 1818

An
5 Herrn Pestalozzi
in
Yverdon
Lac de Neufchatel.

Carlsruhe den 1ten May 1818.

10 Theurer Vater Pestalozzi!
Die Ursache, warum ich Ihnen mir so werthen Brief vom 7ten März noch nicht beantwortete, war folgende. Da es mir nach Euer Aller Sinn hauptsächlich darum zu thun war, Eure Bücher solchen Lesern in die Hände zu schaffen, die es für sich nicht vermögen u[nd] bey

denen die Lesung lebendige Frucht bringt, so habe ich ausser den Lesezirkeln für Geistliche u[nd] Schullehrer auch das zu erstreben mich bemüht, dass für Preisse fleissiger Schüler auf Euer Werk subscribirt werde. Allein der Geschäftsgang ist so langsam, dass ich bisher noch keinen Erfolg actenmässig habe, aber ihn doch noch sicher hoffe, wie mich neulich noch ein Referent versicherte. Ist das Lyceum zu Rastadt noch nicht auf meiner früh geschickten Liste, so tragt es dazu, so wie den Privatlehrer H[errn] Trefzer u[nd] den H[errn] Geistlichen Rath Schaefer, beyde hier wohnend, jeden für ein Exemplar. Es wäre mir sehr lieb, wenn Ihr mir die Euch geschickte Liste klein abgeschrieben wieder zukommen lasst, da ich zur Vervollständigung sie brauche. Glaubt sicher, dass ich nicht nur jetzt sondern während meines ganzen Lebens für Eure edeln Zwecke bemüht bin, langsam aber sicher schreitend, besonders seit ich einsehen gelernt habe, dass in vielen Verhältnissen das gewaltsame Thun nicht zum Ziele führt. – Auf die mir versprochene Rede freue ich mich sehr, so wie jedesmal, wenn ich von Euch was Erfreuliches erfahre denn ich bin u[nd] bleibe Euer Euch u[nd] Eure Zwecke ewigliebender wandelloser dankbarer Anhänger

J[ohann] F[riedrich] Ladomus

Grüsse an Schmid u[nd] alle Euch Lieben

Überlieferung

1 ZB Zürich, Ms Pestal 52/53, Umschlag 180/6
2 Bogen, 242 x 202 mm
4 Datum am Schluss, Siegel, Stempel R*** M***, Dorsualvermerk *Carlsruhe le 1er Mars 1818. Ladomus R[épondu] 6e dit*
5 Original

Textkritik

Zeuge H
Z. 5   *Pestalozzi*: lateinische Schrift
Z. 7–8   *Y v e r d o n ... Neufchatel*: lateinische Schrift
Z. 10   *Pestalozzi*: lateinische Schrift
Z. 17 f.   *subscribirt*: lateinische Schrift
Z. 21   *Lyceum*: lateinische Schrift
Z. 21   *Rastadt*: lateinische Schrift
Z. 22   *Trefzer*: lateinische Schrift
Z. 23   *Schaefer*: lateinische Schrift
Z. 35   *Schmid*: lateinische Schrift

Sacherklärung

I.

Johann Jakob Friedrich Ladomus (1782–1854) ⇒ Nr. 689

III.

Z. 11 *Brief*: scheint nicht erhalten zu sein
Z. 21 *Lyceum*: Das Grossherzogliche Lyzeum in Rastatt wurde 1808 in den Räumen der ehemaligen Piaristenschule eröffnet und stellte gleichsam eine Vereinigung des Jesuitenkollegs Baden-Baden und des Rastatter Piaristenkollegs dar. Anlässlich seiner Hundert-Jahr-Feier wurde das Lyzeum in Ludwig-Wilhelm Gymnasium umbenannt und besteht noch heute. Mit dem Lyzeum war auch das Rastatter Seminar (⇒ Nr. 1674) verbunden.
Z. 21 *Liste*: Johann Jakob Friedrich Ladomus (1782–1854, ⇒ Nr. 689) hatte die Subskription am 28. Dezember 1817 abgeschickt (⇒ Nr. 1857).
Z. 22 *Trefzer*: Johann Mathias Trefzer (1796–1868) aus Keppenbach (Baden-Württemberg) wurde auf dem Kollegium in Montbéliard (Franche-Comté) und dem Lyceum in Karlsruhe ausgebildet, wurde 1816 dort Privatlehrer, amtierte dann von 1818 bis 1820 als Hauslehrer und Hofmeister in Seelbach und von 1821 bis 1828 als Lehrer in Kehl (beide Baden-Württemberg). Anschliessend zog er in die Schweiz und trat aus dem Schuldienst aus, versuchte sich als Komponist (*IX Variations pour le pianoforte: sur l'air favorite: Nur noch ein Walzer*, 1830) sowie als Autor von Natur- und Wanderbüchern, nachdem er bereits Lehrbücher für Erdkunde und Arithmetik verfasst hatte. Seine 1833 bei der Zweiten Badischen Kammer eingereichte Reformschrift *Die Gewerbeschulen im Grossherzogthum Baden. Versuch einer auf die Natur der Sache gegründete Darstellung der Lehrgegenstände und des Unterrichts in diesen Anstalten* fand keine Resonanz.
Z. 23 *Schaefer*: Franz Schäfer (1768–1823) aus Buchen (Baden-Württemberg) studierte Philosophie und Theologie in Würzburg, bevor er als Subregens und Theologieprofessor im bischöflichen Seminar Meersburg amtierte. 1807 wurde er als geistlicher Regierungsrat und Referent in Schul- und Kirchensachen zur Regierung des Unterrheins nach Mannheim, 1813 als geistlicher Rat in das grossherzogliche Innenministerium nach Karlsruhe berufen, wo er unter anderem für die Schulaufsicht zuständig war. Im selben Jahr wurde er auch Pfarrer in Ottenheim (Baden-Württemberg).
Z. 35 *Schmid*: Joseph Schmid (1785–1851) ⇒ Nr. 712

1940.
Monsieur Meynadier

6. Mai 1818

[Reg.] Meynadier berichtet von Verdruss und beauftragt Pestalozzi, gewisse Unterrichtsstunden seines Sohnes zu unterbrechen.

Überlieferung

1   PSB XI, S. 86.19 ff.

Sacherklärung

I.

Monsieur Meynadier ⇒ Nr. 1434 a

III.

Z. 5   *Sohnes*: Auguste Meynadier ⇒ Nr. 1440 a

1941.
Charles Eugène Longuemare und
Jean-Baptiste Augustin Joseph Fréville

19. Mai 1818

[Reg.] Die beiden Familien Longuemare und Fréville erkundigen sich nach den Gründen für das Ausbleiben von Briefen ihrer Kinder an sie.

Überlieferung

1   PSB XI, S. 80.20 f.

Sacherklärung

I.

Charles Eugène Longuemare (1773–1845) und Jean-Baptiste Augustin Joseph Fréville (1777–1860) führen in Paris mit einem dritten Partner ein Handelsunternehmen für Stoffe, das unter dem Namen *Longuemare, Jannon et Fréville* firmiert, und lassen ab 1816 je einen ihrer Söhne – Longuemare ist Vater von fünf Kindern und Fréville, verheiratet mit Marie Augustine Fréville-Payen (1787–1876, ⇒ Nr. 2081), hat drei Kinder – in Yverdon ausbilden.

III.

Z. 5   *Kinder*: Léon Longuemare (1807–1897) und Eugène Fréville (1809–1888) besuchten von 1816 bis 1820 Pestalozzis Institut in Yverdon. Während Léon in die USA auswanderte und sich in St. Louis (Missouri) als Spirituosenhändler etablierte, lebte Eugène als Kaufmann und Bankier in Paris.

1942.
Johann Heinerich/Heinrich Gräff

20. Mai 1818

[Reg.] Gräff schickt eine Rechnung.

1 PSB XI, S. 82.9 f.

Überlieferung

Sacherklärung

I.

Johann Heinrich Gräff (1765–1827) ⇒ Nr. 678

1943.
Auguste Droz
26. Mai 1818

[Reg.] Droz erkundigt sich, ob Pestalozzi einen Waisen aufnehmen könne.

Überlieferung

1 PSB XI, S. 81.10 f.

Sacherklärung

I.

Auguste Droz ⇒ Nr. 1027

III.

Z. 4 *Waisen*: Eugène Droz (†1824) war der illegitime Sohn Auguste Droz' (⇒ Nr. 1027) und von 1818 bis 1824 Schüler des pestalozzischen Instituts in Yverdon. Er starb 1824 an einer Hirnhautentzündung.

1944.
Johann Heinerich/Heinrich Gräff
26. Mai 1818

[Reg.] Gräff schickt eine Rechnung als Nachtrag auf die von Pestalozzi nicht ange-
5 nommene Rechnung vom 20. Mai 1818.

Überlieferung

1 PSB XI, S. 5 f.

Sacherklärung

I.

Johann Heinerich/Heinrich Gräff (1765–1827) ⇒ Nr. 678

III.

Z. 5   Rechnung: ⇒ Nr. 1942

1945.
Buchhandlung Josef Max und Comp.

29. Mai 1818

Des Wohlgeborenen
Herrn Doctor H[einrich] Pestalozzi
Vorsteher einer Erziehungs Anstalt
zu
Yverdon
im Waadtland
Schweiz.

fr[ei] Gränze
sehr empfohlen.
v[on] H o f

Breslau 29 Mai 1818.

Wohlgeborener Herr,
hochverehrtester Herr Doctor,
E[u]er Wohlgeboren haben wir das Vergnügen gehabt unterm 4ten Dec[em]b[e]r des vor[igen] Jahres, nebst einem Schreiben und Pränumeranten Verzeichniss
    r[eichs]th[aler] 27. 14 gr[oschen] preuss[isch] Courant
in Anweisung auf A c h t Exempl[are] Ihrer Werke p[er] Post ganz ergebenst zu übersenden.
    Ohne alle Nachricht, ob E[u]er Wohlgeboren dies Schreiben richtig zugekommen und von mehreren Pränumeranten mit häufigen Nachfragen bestürmt, nehmen wir uns hierdurch die Freiheit Sie höflichst zu ersuchen uns durch einige Zeilen gefälligst wissen zu lassen:
    wann wir dem Eingange der vorausbezalten 8 Ersten Lieferungen der Sämmtl[ichen] Werke entgegensehen dürfen?

um die Besteller vorläufig damit bescheiden zu können, wohin Sie geneigtest den richtigen Empfang der oben erwähnten 27 r[eichstaler] 14 gr[oschen] zugleich mit bescheinigen wollen.

Sobald die Exempl[are] zur Absendung bereit sind, bitten wir ergebenst, an unsere Handl[ung] nur S i e b e n etc. Werke expediren zu lassen und das Achte unter nachstehender Adresse

An Herrn Professor Andr[eas] R[osius] a Porta
in Fettan
über Chur in Graubünden

gefälligst abzuschicken. Dieses Exempl[ar] bestellte früher der hiesige Conditor H[er]r Steiner, der dessen Bestimmung aber an Herrn etc. Porta abgeändert.

Der höflich erbetenen Auskunft recht bald entgegensehend, gereicht es uns zur Auszeichnung mit besonderer Verehrung beharren zu dürfen

E[u]er Wohlgeboren
ganz ergebenste
Buchhandlung
Jos[ef] Max u[nd] Cie.

Überlieferung

1 ZB Zürich, Ms Pestal 53, Umschlag 208/2
2 Bogen, 241 x 196 mm
4 Siegel, Stempel *BRESLAU 30 MAI*, Dorsualvermerk *Breslau, d[en] 29. May 1818 Jos[ef] Max & Cie*
5 Original

Textkritik

Zeuge H

Z. 5	*Doctor H[einrich] Pestalozzi*: lateinische Schrift
Z. 8	*Yverdon*: lateinische Schrift
Z. 9	*Waadtland*: lateinische Schrift
Z. 14	*Mai*: lateinische Schrift
Z. 16	*Doctor*: lateinische Schrift
Z. 20	*Courant*: lateinische Schrift
Z. 21	*p[er] Post*: lateinische Schrift
Z. 36	*Professor Andr[eas] R[osius] a Porta*: lateinische Schrift
Z. 37	*Fettan*: lateinische Schrift
Z. 38	*Chur*: lateinische Schrift
Z. 38	*Graubünden*: lateinische Schrift
Z. 40	*Conditor H[er]r Steiner*: lateinische Schrift
Z. 41	*Porta*: lateinische Schrift
Z. 48	*Jos[ef] ... Cie.*: lateinische Schrift

Sacherklärung

I.

Buchhandlung Josef Max und Comp. ⇒ Nr. 1835

III.

Z. 13   *H o f*: Damit dürfte wohl Hof an der Saale (Bayern) gemeint sein.
Z. 18   *Schreiben*: ⇒ Nr. 1835
Z. 20   *Courant*: Damit werden Münzen bezeichnet, die durch den Metallwert gedeckt sind.
Z. 21   *Werke*: Johann Heinrich Pestalozzi: Sämmtliche Schriften, 12 Bände. Stuttgart 1819–1824
Z. 36   *Porta*: Andreas Rosius a Porta (1754–1838) ⇒ Nr. 2635
Z. 37   *Fettan*: Ftan (Kt. Graubünden)
Z. 40   *Steiner*: Damit dürfte wohl Gaudenz Steiner (1770–1851) von Lavin (Kt. Graubünden) gemeint sein, der Zuckerbäcker und Mitinhaber der Konditorei *Orlandi & Steiner* in Breslau war. Steiner war seit 1803 mit Chatrina à Porta (1788–1862) verheiratet, der Tochter von Andreas Rosius à Porta (1754–1838, ⇒ Nr. 2635).

1946.
Ruprecht Zollikofer

Anfang Juni 1818

St. Gallen

[Reg.] Zollikofer möchte Johann Wild in die Armenschule schicken.

Überlieferung

1   PSB XI, S. 82

Sacherklärung

I.

Ruprecht Zollikofer (1787–1872) ⇒ Nr. 1309

II.

Ruprecht Zollikofer (1787–1872, ⇒ Nr. 1309) hatte wiederholt Schüler oder Lehrer nach Yverdon vermittelt.

III.

Z. 5   *Wild*: Vermutlich handelt es sich um Johannes Wild (1808–1887) aus Albikon (heute Teil von Kirchberg, Kt. St. Gallen), der von 1818 bis 1821 in Pestalozzis Institut in Yverdon war und später als Sekretär arbeitete.

1947.
Johann Friedrich Cotta, Freiherr von Cottendorf
4. Juni 1818

S[eine]r Wohlgebohrn
Herrn Heinrich Pestalozzi
Yverdun

Stuttgart 4. Jun[i] 1818

Entschuldigen Sie, mein Verehrtester durch eine dreiwochige Abwesenheit auf meinen Gütern dass ich Ihr Werthes v[om] 9ten erst heute beantworten –
Wir sind in Allem einverstanden, da auch Sie die Fortdauer des Subscriptions Wesen als das Nüzlichste für die Begründung Ihrer schönen Anstalt ansehen – an Freund Schmid gehe ich hierüber ins Detail und hoffe, dass Sie darüber zufrieden seyn werden.

Herzlichen, unwandelbaren Verehrer
Cotta

Überlieferung

1 ZB Zürich, Ms Pestal 50/51, Umschlag 56/17
2 Blatt, 240 x 200 mm
5 Original

Textkritik

Zeuge H
Z. 5   *Heinrich Pestalozzi*: lateinische Schrift
Z. 6   *Yverdun*: lateinische Schrift
Z. 16 *Cotta*: lateinische Schrift

Sacherklärung

I.

Johann Friedrich Cotta, Freiherr von Cottendorf (1764–1832) ⇒ Nr. 617

II.

Pestalozzi hatte in seinem Brief vom 9. Mai 1818 (PSB XI, Nr. 4982) nochmals betont, wie entscheidend der Erfolg der Subskription für seine Anstalt in Clindy (⇒ Nr. 1369) sei. Allerdings sei auch diese für den Erfolg der Subskription entscheidend, da «die Welt ... gegenwärtig Thatsachen» sehen wolle «um die Idee zu belegen, über die lange genug geschrieben worden ist» (PSB XI, S. 78).

III.

Z. 9   *Werthes*: PSB XI, Nr. 4982
Z. 13 *Schmid*: Joseph Schmid (1785–1851) ⇒ Nr. 712

1948.
Denis Pipino
6. Juni 1818

[Reg.] Pipino erkundigt sich nach der Möglichkeit einer Reduktion der Pensionskosten seiner Söhne.

Überlieferung

1   PSB XI, S. 87.8 ff.

Sacherklärung

I.

Denis Pipino (*um 1771) ⇒ Nr. 1782

III.

Z. 5   *Söhne*: Alessandro Gherardo (*1810, ⇒ Nr. 1961) und Jean-Baptiste Pipino (⇒ Nr. 1961)

1949.
Johannes Niederer
um 9. Juni 1818

[Reg.] Inhalt unbekannt.

Überlieferung

1   PSB XI, S. 85.31 f.

Sacherklärung

I.

Johannes Niederer (1779–1843) ⇒ Nr. 507

II.

Aus der Antwort Pestalozzis (PSB XI, Nr. 4999) auf diesen nicht erhaltenen Brief von Johannes Niederer (1779–1843, ⇒ Nr. 507) wird nicht deutlich, was der Inhalt des Briefes gewesen sein könnte. In der Sacherklärung zu Pestalozzis Brief wird vermutet, dass Niederer einen Knaben in Pestalozzis Institut schicken wollte. Pestalozzi spricht zwar vom «Angedenken des Vatters» eines Knaben und verlangt hierzu direkte Auskunft vom Betreffenden, von der Entsendung eines Zöglings ist aber nicht die Rede.

1950.
Louis Marie Guerrero
16. Juni 1818

[Reg.] Guerrero beauftragt Pestalozzi, den Musik- und Lateinunterricht seines Sohnes zu beenden und dafür mit Englisch zu beginnen.

Überlieferung

1   PSB XI, S. 102.23 f.

Sacherklärung

I.

Louis Marie Guerrero (1777–1858) ⇒ Nr. 1677

III.

Z. 4   *Sohnes*: Diego Thomas Antoine André Pascal Marie Cécile Guerrero (*1806) ⇒ Nr. 1677

1951.
Lady Elizabeth Huntly-Brodie
25. Juni 1818

A Monsieur
Monsieur Pestalozzi
au Chateau
à
Yverdun.

Lucerne le 25 Juin 1818.

Monsieur,
Une famille Ecossoise de nos Amis qui arriverent à Genève persuaderent a Lord Huntly et moi de les accompagner pour faire le tour des Petits Cantons ce qui nous eloigna d'Yverdun. La Dissolution du Parliament et d'autres affaires nous obligent de partir pour l'Angleterre par la route la plus courte de sorte qu'il nous faut abandonner l'Esperance de Vous voir ce qui nous a Empecher jusque ici de repondre a votre lettre et de vous assurer que si une souscription pour la maintenance de votre Etablissement est levée En Angleterre Lord Huntly Sera charmé d'ajouter Son Nom a la liste. Il vous fait des

compliments Empressee et jai l'honneur d'etre Monsieur avec bien du Respect

V[otre] T[rès] H[umble] Ser[vi]te[ur]

E[lizabeth] Huntly

Überlieferung

1 ZB Zürich, Ms Pestal 51/52, Umschlag 145/1
2 Bogen, 185 x 115 mm
4 Datum am Schluss, Siegel, Stempel *LUCERNE*
5 Original

Textkritik

Zeuge H

Sacherklärung

I.

Elizabeth Brodie (1794–1864) kommt in London als Tochter eines wohlhabenden Kaufmanns zur Welt und heiratet 1813 den schottischen Adligen George, 5th Duke of Gordon, jetzt Marquess of Huntly (1770–1836, ⇒ Z. 12). Als Lady Huntly widmet sich Elizabeth der christlichen Wohltätigkeit und entwickelt auch ein Interesse am Erziehungswesen; nach dem Tod ihres Mannes zieht sie sich auf den schottischen Familiensitz zurück.

III.

Z. 11 *famille Ecossoise*: Es ist unklar, wer damit gemeint sein könnte.
Z. 12 *Huntly*: George, 5th Duke of Gordon, jetzt Marquess of Huntly (1770–1836) kam in Edinburgh zur Welt und verfolgte eine Militärkarriere – 1819 erreichte er den Grad eines Generals –, die ihn in den 1790er-Jahren unter anderem als Regimentskommandant nach Spanien, Korsika und Holland führte. Ab 1806 war er auch politisch tätig, zunächst als Parlamentsmitglied im Unterhaus und ab 1807 im Oberhaus. Er bereiste den europäischen Kontinent und erhielt 1815 das Bürgerrecht von Genf, wo er früher zur Erziehung geweilt hatte.
Z. 13 *Dissolution*: «Dissolution» ist der offizielle Ausdruck für das Ende einer Parlamentsperiode, die zur fraglichen Zeit auf maximal 7 Jahre festgesetzt war, wobei sie in der Regel vom König oder der Königin verkürzt wurden und deshalb vor Ablauf der 7 Jahre Neuwahlen durchgeführt werden mussten, so auch 1818. Das 1812 bestellte Parlament wurde am 10. Juni 1818 aufgelöst und trat, nach Neuwahlen, im August in geänderter Formation wieder zusammen.
Z. 17 *lettre*: scheint nicht erhalten zu sein

1952.
Carl Lorenz Collmann

26. Juni 1818

Herrn Dr. Pestalozzi
Ritter des St. Wladimirordens
in
Iferten.

d[urch] Güte.

Cassel, am 26ten Jun[i] 1818.

Verehrungswürdiger Vater Pestalozzi!
Ueberbringer dieser Zeilen ist der Kandidat der Theologie Bernhardi, der Sohn eines würdigen Mannes. Er ist im Begriff eine Reise in das schöne Schweizerland zu machen, und wird bei dieser Gelegenheit auch durch das liebe Iferten kommen, um die Freude zu haben, Ihre persönliche Bekanntschaft zu machen und, so weit es ihm die kurze Zeit seines Aufenthalts vergönnen wird, Ihr Institut kennen zu lernen. Es bedarf nicht, den jungen Reisenden Ihrem liebevollen Herzen erst zu empfehlen, da ich weiss, dass Ihnen jeder willkommen ist, der sich für die heiligste Angelegenheit der Menschheit interessirt.

Beinahe sind es schon zwei Jahre, dass ich mit wehmüthigem Herzen von Ihnen, mein Vater, mich trennen musste; aber Ihr Geist hat mich während dieser Zeit immer wohlthätig umschwebt, und täglich noch danke ich innigst meinem himmlischen Vater, dass er mich in Ihr geweihetes Haus einst führte, dass durch den Umgang mit dem Edelsten meines Geschlechtes mein Geist und mein Herz erhoben und veredelt worden ist. Dass mein Herz für die Veredlung und das Wohl der Brüder höher schlägt, dass mir der Zweck meines Lebens klar geworden ist und meine Einsichten über Erziehung und Unterricht des Volkes heiterer und richtiger geworden sind diess verdanke ich Ihnen, edler Mann! Möchte der Vergelter alles Guten dafür Sie und Ihr Werk segnen möchte Er Ihr Alter krönen mit Ruhe.

Vor etwa Sechs Wochen bin ich in mein engeres Vaterland Hessen zurückgekehrt. Bis dahin hatte ich im Königreich Würtemberg nach meinen schwachen Kräften gewirkt. Vier Monate lang verrichtete ich in einer Waldensergemeinde Predigergeschäfte. Ich traf in Pinache, so hiess der Waldenserort, wo ich lebte, ein zweites Bonnal an, da man die Erziehung und den Unterricht gänzlich vernachlässigt hatte. Ich hoffte, auf die verwahrlosten Schulen wirken und aus den Kindern ein neues Geschlecht ziehen zu können; allein da die Lehrer Menschen ohne Einsicht, ohne Liebe und Vertrauen waren, so war es mir bei dem besten Willen nicht möglich, viel zu wirken; meine schöne Hoffnung schwand – und ich folgte der Einladung des damaligen Kultministers v[on] Wangenheim, nach Stuttgart zu kommen und mit Freund Ransauer gemeinschaftlich an einem Institute zu arbeiten. Da ich voraussetzen darf, dass Ramsauer Ihnen über seinen Wirkungskreis in Stuttgart und insbesondere über sein Institut wird Alles mitgetheilt haben, was Sie vielleicht zu wissen wünschen, so schweige ich davon. Nur kann ich den Wunsch nicht unterdrücken, dass Ramsauer nicht für Armenbildung und Armenerziehung, wofür er doch ursprünglich von Ihnen bestimmt und erzogen wurde, möge verloren gehen, was leider bei seinem jetzigen Wirkungskreise fast zu befürchten ist.

Mein Plan für die Zukunft ist, wenn Gott mir seinen Beistand dazu verleihet, der Methode in meinem Vaterlande, wo sie leider noch wenig bekannt ist, Eingang zu verschaffen und für Vervollkommnung der niedern Volksschulen thätig zu seyn. Wenn es Ihnen, mein Vater, nicht unangenehm ist, so werde ich Ihnen von Zeit zu Zeit von meinem Wirken Rechenschaft ablegen.

Meine Freude darüber, dass Ihre sämtlichen Werke neu im Drucke erscheinen, ist sehr gross. Es wird dieses zur Beförderung der wichtigsten aller Angelegenheiten Vieles beitragen. Ich habe [bei] Ramsauer für zwei Exemplare subscribirt und seh[ne mich] sehr nach dem Erscheinen der ersten Bände. – Möchten Sie doch bald Ihre trefflichen Ideen über Armenbildung in einer Anstalt verwirklichen, die als Muster für alle Nationen und für alle Zeiten Segen verbreitet.

Sollten Sie von Ihren wichtigen Geschäften einige Augenblicke erübrigen können, um mich durch einige Zeilen von Ihrer Hand zu beglücken: so würde mir dieses neuen Muth und neuen Eifer verleihen, in dem Weinberge des Herrn zu arbeiten. Erhalten Sie Ihre Liebe
Ihrem
Sie hochverehrenden und
mit unendlicher Liebe umfassenden
Collmann.

Überlieferung
1   ZB Zürich, Ms Pestal 50/51, Umschlag 53/1
2   Bogen, 244 x 203 mm
4   Datum am Schluss, Siegelspuren, Dorsualvermerk *Cassel Collmann*.
5   Original

Textkritik

Zeuge H
Z. 4   *Dr. Pestalozzi*: lateinische Schrift
Z. 44   gemeinschaftlich <*zu*> an
Z. 61 f. Siegelausriss

Sacherklärung

I.

Carl Lorenz Collmann (1788–1866) aus Sontra ist von 1809 bis 1814 als Rektor der Stadtschule in Melsungen (beide Hessen) tätig. Nach einem Aufenthalt in London besucht er 1815 Pestalozzis Institut in Yverdon und übernimmt 1816 zuerst eine Pfarrstelle in der Waldensergemeinde Pinache (Baden-Württemberg), dann in Stuttgart. 1819 kehrt Collmann nach Hessen zurück und leitet von 1819 bis 1829 eine private Erziehungsanstalt in Kassel, es folgen am selben Ort Anstellungen als städtischer Lehrer und von 1835 bis 1857 als Schulinspektor. Collmann verfasst pädagogische Schriften, auch zu Pestalozzis Leben und Werken.

III.

Z. 7   *I f e r t e n* : dt. Name für Yverdon
Z. 11   *Bernhardi*: Karl Christian Sigismund Bernhardi (1799–1874), geboren in Ottrau, studierte in Marburg (beide Hessen) Theologie, danach übernahm er in Brüssel eine Stelle als Hauslehrer beim Grafen Wilhelm von Bylandt (1771–1855). 1823 begleitete er seine drei Zöglinge an die Universität von Leuven und begann ein zweites Studium. 1826, nach bestandener philosophischer Doktorprüfung, wurde er an der dortigen Universitätsbibliothek zum Bibliothekar ernannt. 1830 kehrte er nach Hessen zurück, wurde zum Bibliothekar der Landesbibliothek Kassel berufen und gehörte 1834 zu den Gründern des *Vereins für hessische Geschichte und Landeskunde*. 1848 wurde Bernhardi, der sich für die liberale Bewegung einsetzte, ins Frankfurter Parlament gewählt, 1867 folgten die Wahlen in den Norddeutschen Reichstag sowie den Preussischen Landtag. Bernhardi war Mitbegründer zweier Zeitungen, in denen er auch eigene Aufsätze zu verschiedenen Themen publizierte.
Z. 12   *Mannes* Johann Christian Arnold Bernhardi (1762–1837) aus Bacharach (Rheinland-Pfalz) war Pfarrer in Ottrau und seit 1812 Metropolitan in Zierenberg (beide Hessen).
Z. 36   *Pinache*: heute Teil von Wiernsheim (Baden-Württemberg)
Z. 36   *Bonnal*: Pestalozzis Erfolgsroman *Lienhard und Gertrud* spielt in einem Dorf namens Bonnal und erzählt die Geschichte eines wirtschaftlich und moralisch heruntergekommenen Dorfes, das in den Einflussbereich eines tugendhaften Obervogts gelangt, wobei Schulreform erst im dritten Teil des Romans wichtig wird.
Z. 43   *Wangenheim*: Karl August von Wangenheim (1773–1850) ⇒ Nr. 977
Z. 44   *Ransauer*: Johannes Ramsauer (1790–1848) ⇒ Nr. 1525
Z. 54   *Wirkungskreise*: ⇒ Nr. 1136
Z. 59   *Werke*: Johann Heinrich Pestalozzi: Sämmtliche Schriften, 12 Bände. Stuttgart 1819–1824
Z. 62   *subscribirt*: ⇒ Nr. 1792

1953.
Johannes Ramsauer
Sommer 1818

[Reg.] Ramsauer erkundigt sich, ob Pestalozzi Pate seines Kindes werden möchte.

Überlieferung

1   PSB XI, S. 157.28 f.

Sacherklärung

I.

Johannes Ramsauer (1790–1848) ⇒ Nr. 1525

II.

Johannes Ramsauer (1790–1848, ⇒ Nr. 1525) war 1800 mit den Appenzeller Kindern nach Burgdorf gekommen und im Laufe der Zeit zum Privatsekretär und Lehrer aufgestiegen. 1816 verliess er Yverdon und nahm eine Stelle an der Privatschule in Würzburg an (⇒ Nr. 1525), blieb aber mit Pestalozzi in schriftlichem Kontakt. Ramsauers Anfrage löste bei Pestalozzi grosse Freude aus (PSB XI, S. 157 f.).

III.

Z. 4   *Kindes*: Carl Ramsauer (1818–1883) war körperlich behindert und wurde vor allem von der frömmelnden Mutter Wilhelmine Ramsauer-Schulthess (1795–1874, ⇒ Nr. 1792) geprägt. Nach seinem Theologiestudium in Berlin und Bonn war er Pfarrer in Bardewisch (heute Teil von Lemwerder) und Osternburg (heute Teil von Oldenburg, beide Niedersachsen), galt in der Oldenburger Kirche jedoch als Aussenseiter.

1954.
Jean Jacques Paschoud
3. Juli 1818

[Reg.] Rechnungsangelegenheiten.

Überlieferung

1   PSB XI, S. 112.11 f.

Sacherklärung

I.

Jean Jacques Paschoud (1768–1826) ⇒ Nr. 1216 a

1955.
Charles Edward Herbert Orpen
4. Juli 1818

Samedi 4 Juillet 1818
54 Excleques Street. Dublin Ireland

Mon ami.
J'etais bien content d'entendre l'autre jour que M[onsieu]r Greaves soit arrivé a Yverdon, avec des élèves – Jespère que ce n'est que le commencement d'un grand nombre de jeunes anglais, qui se dévoueront à l'étude de vos principes sous vos yeux. J'ai trouvé quelques souscripteurs pour la traduction de vos ouvrages; mais non pas assez encore pour vous en envoyer les noms. J'ai été jusqu'ici si occupé depuis mon arrivée à Dublin, par les affaires de notre école des sourds et muets et par la maladie de quelques uns des élèves, que je n'ai pas pu faire beaucoup d'execution pour vos vues à cet égard, et de plus M[onsieu]r Synge s'est marié depuis quelques semaines, qui m'a empêché de le voir et aussi l'a empêché d'avancer vos veux, mais a présent nous commençons. Je l'ai vu aujourd'hui, il publiera tout de suite votre adresse à la nation anglaise, et nous en mettrons un exemplaire chez tous les libraires and tacherons d'augmenter le nombre des noms des souscripteurs. M[onsieu]r Synge a fait parmi ses amis une collation pour avancer vos objets, quant à votre école des Pauvres, et il vous la remettra bientôt. Je crois il a reçu. Je suppose 2500 francs de france au moins, pour lesquels il vous remettra dans quelques semaines une lettre de crédit (sur Lausanne je crois). Il me disait aussi qu'il vous avait promis lui même une autre 50.e de Louis, aussitôt que vous auriez publié votre livre sur l'éducation des Pauvres. Je suppose qu'il vous remettra cette somme aussi au même temps. L'interêt de la nation Britannique va en augmentant toujours pour votre méthode, on parle presque partout de votre Institut, et on demande des livres de renseignemens précises sur ce que vous avez fait et ce que vous faites à présent pour l'avenir. Les petites brochures que M[onsieu]r Synge a publié ont fait beaucoup pour attirer l'attention du public sur vous; et de plus l'école qu'il a établi sur ses terres pour les pauvres, l'école que Lord de Vescy a établi sur ses terres pour ses propres enfans et les riches, et notre école pour les sourds et muets à Dublin, ou nous tâchons d'agir tant que nous pouvons et que nous sachons sur vos vues, ont aussi augmenté la curiosité publique pour savoir plus profondément tout ce que vous avez développé, de la vraie éducation. Ne désespérer pas, vous avez ici et en angleterre et Ecosse, un

grand nombre d'amis, qui tous se rejouiront d'apprendre qu'on travaille à leur donner une traduction de vos ouvrages. M[onsieu]r Synge et moi espérons de recevoir bientôt des exemplaires des premières parties de votre édition allemande. C'est indispensable de les avoir avant de savoir comment on peut arranger pour les faire traduire et publier. Schmid les remettra à nous aussitôt qu'il est possible, qu'il n'oublie pas de mettre vos prospectus d'une traduction anglaise de vos ouvrages partout ou les anglais passent par la Suisse. J'ai été quelques jours la semaines passé chez Lord de Vesci, il s'occupe beaucoup de vous, il vous aidera aussi. M[onsieu]r Laager ne se porte pas bien du tout, il souffre beaucoup dans la poitrine. M[onsieu]r Du Puget est arrivé et s'occupe avec Laager dans les écoles de Lord de Vesci, il se porte bien. Lord de Vesci espère de recevoir aussi bientôt vos Livres. J'espère que M[onsieur] Greaves se donne simplement à l'etude de vos vues telles que vous les expliquez vous même et qu'il renonce à toute idée preconçue pour recevoir en simplicité la vérité de vos principes. J'espère aussi que ses jeunes amis s'appliquent tous a profiter de leurs avantages, afin de saisir les véritables caractères de votre méthode d'enseignement, pour les introduire dans notre pays. J'espère que tous vos maîtres soient en harmonie entre eux à présent et que tout se rétabli en votre Institut. Vous n'avez pas besoin de l'assurance que je vous aime de tout mon coeur et que je m'intéresse de tout ce qui est relatif a vous et le votre. Je n'oublierai jamais ce que j'ai appris de vous et le plaisir pur dont jai joui dans votre société. Toute ma vie je m'occuperai d'avancer vos veux p[ou]r l'amélioration de l'éducation domestique des pauvres.

    Dites à Schmidt encore que je l'aime, et que je n'oublie pas son amitié. Dites lui aussi que les yeux de tous ceux qui ont aimé votre cause seront toujours sur l'homme que vous choisissez pour continuer vos projets de bienfaisance. J'espère de recevoir de lui une lettre avant qu'il soit longtems. Dites aussi à votre petit fils que je me souviens de lui et que j'espère d'entendre toujours qu'il marche dans vos pas. Donnez attention à votre santé, vous avez encore quelque chose à faire, pour le bonheur du monde et la gloire de votre Dieu. Vous le faites, je sais à ce moment, vivez donc afin de le perfectionner.

    Oh que nous ayons l'honneur de vous aider dans quelque manière. Nous tâcherons de le faire. Synge m'a prié de vous dire qu'il vous aime de plus en plus – nous vous aimons comme un père, comme un ami en Christ, qui est mort pour nos péchés afin que, pour l'avenir nous ne vivions pas pour nous mêmes mais pour lui qui nous a acheté, par son sang. N[ou]s aimons le même Dieu, nous sommes sauvés par le même redempteur, nos péchés ont été pardonnés par la même miséricorde, Nous sommes justifiés devant Dieu par la même grâce, nous espérons les mêmes choses dans ce monde ci et dans l'autre. Le même Esprit d'ami nous guide et dirige nos coeurs les mêmes promesses nous sont chères. Ce sont des liens qui sont indissolubles, ils endurent pour jamais, réjouissons ensemble, nous nous verrons encore une fois dans un monde, qui ne passe pas, devant le trône de Dieu, et de l'agneau. Faites mes complimens et plus mes souvenirs d'amitié et de reconnaissance à toute la Famille Bezencenet, à chaque individu. J'espère que le Docteur a reçu le petit instrument pour la cataracte, que je lui avois envoyé. Dites lui de faire mes complimens sincères à Mess[ieurs] Naef, Krusi Niederer, en un mot à tous ceux que j'ai connu à Yverdon. Dites à M[onsieu]r Greaves que j'ai reçu une lettre de son ami M[onsieu]r C. T. Wood en Ecosse. J'espère que M[onsieu]r Greaves écrira une lettre bientôt ou a moi ou a M[onsieu]r Synge. Solicitez de lui pour moi de le faire. Cette Lettre ne contient pas beaucoup, mais elle contienne quelque chose qui vous interessera. M'aimez toujours et dites à Schmidt de m'aimer. Croyez moi que je suis votre ami devoué et sincère dans le service de l'humanité et dans les liens de Jésus Christ.

Signé Ch[arle]s Herbert Orpen

Überlieferung

1 ZB Zürich, Ms Pestal 54a, Umschlag 272/2
2 Bogen und Blatt, 255 x 198 mm
4 eigenhändige Unterschrift
5 Copia

Textkritik

Zeuge H
Z. 24   crois <y> il
Z. 46   avant de <s> savoir
Z. 101   beaucoup <de>, mais

Sacherklärung

I.

Charles Edward Herbert Orpen (1791–1856) ⇒ Nr. 1925

II.

Charles Edward Herbert Orpen (1791–1856, ⇒ Nr. 1925) hatte 1816 in der Nähe von Dublin eine Schule für taubstumme Kinder gegründet (⇒ Z. 13) und auf einer ausgedehnten Europareise auch die verschiedenen Institute in Yverdon besucht. Nach seiner Rückkehr engagierte er sich zusammen mit anderen für die Bekanntmachung und Verbreitung der pestalozzischen Methode und für eine Übersetzung von Pestalozzis Schriften, worüber er hier berichtet.

III.

Z. 7   *Greaves*: James Pierrepoint Greaves (1777–1842) ⇒ Nr. 1925
Z. 8   *élèves*: Damit dürften wohl U. B. Bingley (⇒ Nr. 1925), die Gebrüder Duff (⇒ Nr. 1925), Wellesley Pol Pigott (1808–1890, ⇒ Nr. 1925) und Edmund Arthur Guerin (1804–1895, ⇒ Nr. 1925) gemeint gewesen sein.
Z. 13 *école*: Nachdem sich Charles Edward Herbert Orpen (1791–1856, ⇒ Nr. 1925) schon während des Studiums für die Taubstummheit interessiert und 1814 einen tauben Jungen bei sich zu Hause geschult hatte, eröffnete er 1816 in Claremont die erste Taubstummenschule Irlands. Anfänglich Platz für acht Knaben bietend, vergrösserte sich die Schule zusehends – 1822 verzeichnete sie um die 40 Schüler –, nahm bald auch Mädchen auf und bildete bis zum Ende ihres Bestehens 1978 rund 2500 taube Kinder aus.
Z. 16 *Synge*: John Synge (1788–1845) ⇒ Nr. 1500
Z. 23 *école*: Armenanstalt Yverdon ⇒ Nr. 1369
Z. 33 *brochures*: John Synge: A biographical sketch of the struggles of Pestalozzi, to establish his system of education. Dublin 1815; John Synge: A sketch of Pestalozzi's intuitive system of calculation. Dublin 1815; John Synge: Spelling and reading lesson. Devised for the Pestalozzi educational scheme. Dublin 1815; John Synge: Pestalozzi's Intuitive relations of numbers. Part I – Part IV. Dublin 1817–1819.
Z. 35 *école*: ⇒ Nr. 1500
Z. 35 *école:* John de Vesci (1771–1855, ⇒ Nr. 1500) eröffnete 1817 nach einem Aufenthalt in Yverdon auf seinem Gut im irischen Abbeyleix (Laois) eine Schule nach pestalozzischen Grundsätzen. Die für Kinder wohlhabender Eltern geschaffene Einrichtung wurde so gut 15 Schülern – darunter Vescis eigenen: Catherine (1802–1882), Thomas (1803–1875) und William John (1806–1853) – besucht und von Jean Laager (1791–1843, ⇒ Nr. 1734) und Louis Albert Dupuget (1796–1860, ⇒ Nr. 1189) geleitet. Wie lange sie Bestand hatte, ist ungewiss, vermutlich wurde sie aber mindestens solange betrieben, wie Vescis Kinder schulischen Unterrichts bedurften.
Z. 36 *Vescy*: John de Vesci (1771–1855) ⇒ Nr. 1500
Z. 45 *édition*: Johann Heinrich Pestalozzi: Sämmtliche Schriften, 12 Bände. Stuttgart 1819–1824
Z. 47 *Schmid*: Joseph Schmid (1785–1851) ⇒ Nr. 712
Z. 48 *prospectus*: Johann Heinrich Pestalozzi: The address of Pestalozzi to the British public soliciting them to aid by subscriptions his plan of preparing school masters and mistresses for the people that mankind may in time receive the first principles of intellectual instruction from their mothers. Yverdon 1818 (PSW XXVI, S. 25–35)
Z. 51 *Laager*: Jean Laager (1791–1843) ⇒ Nr. 1734
Z. 53 *Du Puget*: Louis Albert Dupuget (1796–1860) ⇒ Nr. 1189

Z. 73   *petit fils*: Gottlieb Pestalozzi (1797–1863) ⇒ Nr. 594
Z. 94   *Bezencenet*: François Louis Bezencenet (1754–1826, ⇒ Nr. 1569) und Marie Gabrielle Bezencenet-Hutter (1754–1831, ⇒ Nr. 1925)
Z. 94 f.   *Docteur*: Vermutlich ist hier der Yverdoner Arzt Georges-Auguste Bezencenet (1771–um 1828) gemeint. Er studierte in Montpellier und Paris, erhielt 1793 sein Chirurgenpatent und praktizierte in Orbe und Yverdon, bevor er sich in Lausanne niederliess.
Z. 97   *Naef*: Johann Konrad Näf (1789–1832) ⇒ Nr. 2304
Z. 97   *Krusi*: Hermann Krüsi (1775–1844) ⇒ Nr. 588
Z. 97   *Niederer*: Johannes Niederer (1779–1843) ⇒ Nr. 507
Z. 98   *lettre*: scheint nicht erhalten zu sein
Z. 99   *Wood*: Der schottische Geschäftsmann und Grundeigentümer C. T. Wood konnte nicht näher bestimmt werden.

1956.
Jean Pierre Amiet et Perceret
10. Juli 1818

Yverdon le 10 Juillet 1818.

Doit	Monsieur Pestalozzi, son C[omp]te C[ouran]t à 5% l'an au 30 Juin 1818		Avoir
1817			
D[écem]bre 31	Solde à ce jour	L 2493.7	180 448740
Juin 30	Une note de n[otr]e F[rançoi]s Perceret	12.2	
" "	Intérêts	59.6.6	
	Ns 127167 gr 7200	L 2564.15.6	N: 448740
1818			
Fév[rie]r 23	Sa remise s[u]r nous au 24ᵉ Mars	L. 160	96 15360
Juni 11	Son C[omp]te pour M[onsieur] de Hochepied	266.17.6	
" "	Sa remise sur nous	60	19 6213
" "	30 Balance des Nombres		427167
" "	Solde transporté à son C[omp]te partic[ulier]	2077.18	
		L 2564.15.6	N: 448740

Doit	son [Compt]te Particulier		Avoir
1817			
Mai 9	Son mandat de Michaud Schérer	L 636.13	411 261807
" 16	Son dit de Béat Michaud	434.10.6	404 175740

" 20 Son dit de J[ea]n Bégré	407.2.6	400 162800
Juin 2 Son dit de Roulet	285.15	388 110968
" 26 Son dit de Niederer	233.15	364 85176
8bre 3 Payement pour son C[omp]te à Berne	491.17.6	267 131364
D[écem]bre 15 Son mandat de L[aurenz] Custer	272	195 53040

1817
Mars 18 Sa remise sur Auguste   L. 868.15   426 401478
      F. 500.34.9
"   31 Sa dite s[ur] idem   1737.10   450 782100
      " 1000 id[em
Avril 23 Sa dite s[ur] idem   1737.10   427 74212
      " 1000 id[em]
Mai   17 Sa dite s[ur] idem   1737.10   413 700414
      " 1000 id[em]
Juin   5 Sa dite s[ur] idem   868.15   385 334565
      " 500 id[em]
1818   "   30 Intérêts N 1979788   274.19.6
      gr. 7200
"   " Solde à nouveau s[ur] Nul.
                                  L. 7224.19.6 N: 2960683

1818
Juin   30 Solde de son Co[mp]te C[ouran]t   2077.18
"   "   Balance des Nombres   1979788
"   "   A lui remis en espèces   800.
"   "   Solde en sa faveur   1585.8
      nouveau
                                  L. 7224.19.6 N: 2960683.
Juillet 2e A lui remis en espèces   L. 800
1818
Juin 30 Solde à ce jour   L. 1585.8
                      S[on] E[minant] et O[béissant]
               M[onsieur] J[ea]n P[ier]re Amiet et Perceret.

Überlieferung

1   ZB Zürich, Ms Pestal 230/42, Umschlag 56/19
2   Bogen, 190 x 240 mm
4   Datum am Schluss
5   Original

6 Diese Rechnung fand auch 1824 im Prozess zwischen Pestalozzi und Johannes Niederer (1779–1843, ⇒ Nr. 507) Verwendung, weshalb folgende Anmerkungen angefügt wurden:

Yverdun le 19 Novembre 1824

Comme Membre de l'ancienne maison de Commerce J[ean] P[ierre] Amiet & Perceret, je declare que la signature apposée au pied de ce Compte est bien celle de Monsieur J[ea]n
65 Amiet fils aussi associé de dittè maison.

Ch[arle]s Perceret

Yverdun le 19 Novembre 1824

Vu en légalisation la signature d'autre part de Monsieur Charles Perceret.

Le Juge de Paix du Cercle
70 d'Yverdun
Fatio

Textkritik

Zeuge H

Sacherklärung

I.

Jean Pierre Amiet et Perceret ⇒ Nr. 1650

III.

Z. 8   L: Abkürzung für Louis d'or
Z. 10   Perceret: François Louis Perceret (1750–1823) ⇒ Nr. 1386 a
Z. 18   Hochepied: Jean Edmond de Hochepied (1809–1840) ⇒ Nr. 2099
Z. 12   Ns: Neutaler
Z. 12   gr: Groschen
Z. 24   Schérer: Jean Samuel Michod Scherer/Schärer (vermutlich 1790–1844) war wie sein Bruder Abram Béat Michod (um 1766–1818, ⇒ Z. 25) Metzger in Yverdon. Er heiratete 1810 die Metzgertochter Marianne Scherer. Die Familie Michod stammte aus Lucens (Kt. Waadt) und hatte erst 1788 das Bürgerrecht von Yverdon erhalten.
Z. 25   Michaud: Abram Béat Michod (um 1766–1818) war wie sein Bruder Samuel Michod Scherer/Schärer (⇒ Z. 24) Metzger in Yverdon.
Z. 27   son dit: idem
Z. 28   Bégré: Jean Ferdinand Emanuel Charles Bégré (*1785) war wie sein Vater Jacob Brégré (1851–1822) Metzger in Yverdon. Bei der Familie Bégré wohnten häufig Lehrer des Instituts.
Z. 29   Roulet: Möglicherweise handelte es sich bei dem Schuldiger um David Roulet-Py (1781–1828), Weinbauer aus Peseux (Kt. Neuchâtel), oder um den ebenfalls aus Peseux stammenden François de Roulet Mézerac (1768–1845), Bankier und Geschäftsmann, der als Kunstfreund und Mäzen des Neuenburger Künstlers Léopold Robert (1794–1835) bekannt

wurde. De Roulet Mézeracs Tochter Rose-Olympe-Adéline (1795–1852) war mit Jean Jacques Frédéric Du Pasquier (1783–1838, ⇒ Nr. 1624) verheiratet.

Z. 30 *Niederer*: Johannes Niederer (1779–1843) ⇒ Nr. 507
Z. 34 *Custer*: Laurenz Jakob Custer (1765–1822) ⇒ Nr. 748
Z. 62 *Amiet*: Jean Amiet ist in den genealogischen Verzeichnissen des Staatsarchivs Waadt und den Sterbebüchern von Yverdon bis 1821 nicht verzeichnet. Es könnte sich um einen entfernten Verwandten handeln, der als Juniorpartner in das Geschäft von Jean Pierre Amiet et Perceret (⇒ Nr. 1650) eintrat.

1957.
Heinrich Ludwig Brönner
10. Juli 1818

S[eine]r Wohlgeboren
Herrn Pestalozzi
Lehrer
zu
Iferten

Frankfurt $^{a[m]}$/$_{m[ain]}$ den 10 July 1818

Euer Wohlgeb[or]en
würden mich verbinden, wenn Sie mir durch die Cottasche Buchhandlung gefälligst wollten wissen lassen, wo u[nd] in welcher Buchhandlung Ihre Ansichten über Armenbildung u[nd] Armenversorgung erschienen sind. – Die bey Ihnen bestellten Exemplare Ihrer Werke werde ich doch zu seiner Zeit [um] den Præn[umerations] Preis erhalten. – Einer gefälligen Antwort entgegensehend habe die Ehre hochachtungsvoll zu verbleiben

Euer Wohlgeb[or]en
ergebenster Diener,
pr[eussische] H[einrich] L[udwig] Brönner,
Buchhändler.

Überlieferung
1 ZB Zürich, Ms Pestal 50, Umschlag 38/2
2 Blatt, 201×119 mm
4 Datum am Schluss, Siegelspuren, Stempel *STUTTGA 18 JUL* Dorsualvermerk *Frankfurt den, 10. Juli 1818. H[einrich] L[udwig] Brönner*.
5 Original

Textkritik

Zeuge H
Z. 5   *Pestalozzi*: lateinische Schrift
Z. 8   *Iferten*: lateinische Schrift
Z. 15 f.   Siegelausriss

Sacherklärung

I.

Heinrich Ludwig Brönner ⇒ Nr. 1817

III.

Z. 8   *Iferten*: dt. Name für Yverdon
Z. 11 f.   *Cottasche Buchhandlung*: J. G. Cottasche Buchhandlung ⇒ Nr. 1455 b
Z. 13   *Ansichten*: Johann Heinrich Pestalozzi: Rede von Pestalozzi an sein Haus, an seinem vier und siebenzigsten Geburtstage, den 12. Jänner 1818. Zürich 1818
Z. 15   *Werke*: Johann Heinrich Pestalozzi: Sämmtliche Schriften, 12 Bände. Stuttgart 1819–1824

1958.
Johann Jakob Friedrich Ladomus
17. Juli 1818

S[alvo] T[itulo] An
Herrn Pestalozzi
in
Yverdon

frey.

Constanz d[en] 17ᵗ July 1818.

Verehrtester Vater Pestalozzi

Obgleich ich immer noch nicht meinen im letzten Brief gemeldeten Zweck erreicht habe, so kann ich doch nicht umhin, von hier aus Ihnen einige Zeilen zum Beweiss zu schreiben, dass ich nichts desto weniger aufhöre für Ihre Subscription thätig zu seyn. Eins weilen bitte ich das Constanzer u[nd] das Bruchsaler Gymnasium, jedes für ein Exemplar zu notiren. Da ich nächster Tage von hier aus nach St. Gallen u[nd] Zurich, an welchen letztern Ort ich gegen Ende dieses Monats eintreffen u[nd] mich daselbst u[nd] in der Umgegend bis zum 10ᵗ August aufhalten werde, so bitte ich, im Falle Sie mir Etwas zu wissen zu thun hätten nur nach Zürich die Briefe addressiren zu lassen. Ich logire bey meinem Schwager, H[errn] Ott-Oery in der

Krone. Bey meiner Abreise von Carlsruhe erfuhr ich, dass H[err] Nehrlich sich bey Ihnen als Lehrer zu melden gedenkt. Da er ein Kunst u[nd] Kentniss reicher, überdiess ein vom Schicksal geprüfter Mann ist, so dürfte er wohl eine gute Acquisition seyn, zumal er nach allen Nachrichten auch ein moralisch guter Mensch ist. Sollten Sie für eine Hofmeisterstelle in Russland, ein gutes Subject nennen können, so würde es mir sehr lieb seyn. Begehrt wird ein gutes Exterieur u[nd] Lebensgewandtheit im Umgang, Kenntniss der französischen, lateinischen Sprache, Geschichte, Geographie u[nd] womöglich, doch nicht absolut, der englischen Sprache. Dagegen wird gegeben, freye Station u[nd] 1500 Rubel jährlich nebst freyen Reisekosten u[nd] dem Versprechen, dass wenn die Erziehung des jetzt 10jährigen Knaben vollendet ist, der Graf für eine Anstellung in Civil oder Militair behülflich seyn will. Gesellschaftliche Bildung wird hauptsächlich desswegen mit begehrt, weil man in freundschaftlosem Verhältniss mit dem Hofmeister zu leben wünscht. –

Unter herzlichster Begrüssung an Alle die mich noch lieben,

Ihr Sie ewig liebender
J[ohann] F[riedrich] Ladomus

Überlieferung

1 ZB Zürich, Ms Pestal 52/53, Umschlag 180/7
2 Bogen, 240 x 201 mm
4 Siegelspuren, Stempel *P.2 KONSTANZ 17 JULI*, Dorsualvermerk *Constanz, d[en] 17. Juli 1818. J[ohann] F[riedrich] Ladomus.*
5 Original

Textkritik

Zeuge H

Z. 5	*Pestalozzi*: lateinische Schrift
Z. 7	*Y v e r d o n* : lateinische Schrift
Z. 10	*Pestalozzi*: lateinische Schrift
Z. 14	*Subscription*: lateinische Schrift
Z. 15	*Constanzer*: lateinische Schrift
Z. 15	*Bruchsaler*: lateinische Schrift
Z. 16	*notiren*: lateinische Schrift
Z. 16 f.	*St. Gallen*: lateinische Schrift
Z. 17	*Zurich*: lateinische Schrift
Z. 19	*August*: lateinische Schrift
Z. 20	*addressiren*: lateinische Schrift
Z. 21	*logire*: lateinische Schrift
Z. 21	*Ott-Oery*: lateinische Schrift
Z. 22	*Carlsruhe*: lateinische Schrift

Z. 23	Nehrlich: lateinische Schrift
Z. 25	Acquisition: lateinische Schrift
Z. 26	moralisch: lateinische Schrift
Z. 27	Subject: lateinische Schrift
Z. 29	Exterieur: lateinische Schrift
Z. 30	Geographie: lateinische Schrift
Z. 31	absolut: lateinische Schrift
Z. 32	Station: lateinische Schrift
Z. 34	Civil: lateinische Schrift
Z. 35	Militair: lateinische Schrift
Z. 40	J[ohann] ... Ladomus: lateinische Schrift

Sacherklärung

I.

Johann Jakob Friedrich Ladomus (1782–1854) ⇒ Nr. 689

II.

Johann Jakob Friedrich Ladomus (1782–1854, ⇒ Nr. 689) hatte Pestalozzi am 1. Mai 1818 (⇒ Nr. 1939) mitgeteilt, dass er versuche, Lesegesellschaften und ähnliche Institutionen für die Subskription der *Sämmtlichen Werke* zu gewinnen, da er sich davon eine grössere Verbreitung der pestalozzischen Ideen verspreche.

III.

Z. 4	S[alvo] T[itulo]: mit Vorbehalt des richtigen Titels (lat.)
Z. 11	Brief: ⇒ Nr. 1939
Z. 21	Schwager: Hans Conrad Ott (1775–1858) aus Zürich, der Bruder von Anna Magdalena Ladomus-Aepli, geborene Ott (*1770, ⇒ Nr. 1857), war Kaufmann und seit 1803 mit Elisabetha Oeri (1785–1818) verheiratet.
Z. 23	Nehrlich: Damit könnte Karl Nehrlich (1773–1849) aus Eisenach gemeint sein, der 1802 Maria Ritsch aus Corneau (Kt. Waadt) heiratete. Seit 1815 arbeitete er in Karlsruhe als Zeichen- und Mallehrer, wo er wiederholt um Unterstützung für seine kinderreiche Familie bat und sich immer wieder vergeblich um eine Lehrerstelle bewarb, weshalb er auch stets von der Ausweisung bedroht war und was auch der Grund gewesen sein könnte, weshalb er sich auch in Yverdon als Lehrer melden wollte.
Z. 27	Subject: Ob Pestalozzi Johann Jakob Friedrich Ladomus (1782–1854, ⇒ Nr. 689) einen Namen genannt hat, ist mangels Antwortschreiben offen.
Z. 34	Knaben: konnte nicht näher bestimmt werden
Z. 34	Graf: konnte nicht näher bestimmt werden

1959.

Ruprecht Zollikofer

25. Juli 1818

[Reg.] Zollikofer schlägt Wartmann, Staehelin und die Geschwister Wild als Zöglinge
5 für die Armenanstalt in Clindy vor.

Überlieferung

1   PSB XI, S. 113.12 ff., vgl. auch S. 316.15

Sacherklärung

I.

Ruprecht Zollikofer (1787–1872) ⇒ Nr. 1309

II.

Ruprecht Zollikofer (1787–1872, ⇒ Nr. 1309) hatte Johannes Wild (1808–1887, ⇒ Nr. 1946) schon Anfang Juni 1818 (⇒ Nr. 1946) als kostenfreier Zögling für die Armenanstalt in Clindy (⇒ Nr. 1369) vorgeschlagen. Hier ergänzte er diesen Vorschlag noch mit weiteren Namen. Pestalozzi akzeptierte den Vorschlag für Wild und Sabine Katharina Staehelin (†1820, ⇒ Z. 4), erbat sich aber etwas finanzielle Unterstützung für die Geschwister Wild (PSB XI, Nr. 5055).

III.

Z. 4   *Wartmann*: Magdalena Wartmann (1800–1859), die Tochter des Fabrikanten Georg Wartmann (1771–1855) aus St. Gallen, hielt sich von September 1818 bis Anfang 1824 in Yverdon auf. Im Mai 1824 verreiste sie nach Isny (Baden-Württemberg), um bei einer Familie Schlegel als Kindererzieherin zu arbeiten. Nach dem Tod von Frau Schlegel heiratete sie 1824 den verwitweten Eduard Schlegel (1746–1830), einen Kaufmann. Das Ehepaar richtete im Oktober 1825 im eigenen Hause eine evangelische Elementarschule ein. Magdalena Wartmann zog zwei Jahre nach dem Tod ihres Mannes wieder nach St. Gallen zurück.

Z. 4   *Staehelin*: Sabine Katharina Staehelin (†1820) konnte nicht näher bestimmt werden.

Z. 4   *Wild*: Johannes Wild (1808–1887, ⇒ Nr. 1946) kam 1818 gemeinsam mit Babette Wild nach Yverdon und verblieb dort bis 1821. Zwar verwies Pestalozzi in der Korrespondenz mit Ruprecht Zollikofer (1787–1872, ⇒ Nr. 1309) mehrfach auf «Bruder und Schwester» oder «Kinder» Wild, doch bleibt deren verwandtschaftliches Verhältnis unklar: Das Bürgerregister verzeichnet in der Familie von Johann Jakob Wild (1776–1852), dem Vater von Johannes, keine Tochter. Ob die Kinder einer anderen, nicht zu eruierenden Familie Wild entstammten, Babette ein Adoptivkind oder Pestalozzis Angabe mangelhaft war, muss offen bleiben.

Z. 5   *Armenanstalt*: ⇒ Nr. 1369

1960.
Johann Jakob Mayer

Juli 1818

[Reg.] Mayer verlangt die Rechnung für Guinchard.

Überlieferung

1   PSB XI, S. 103.9 f.

Sacherklärung

I.

Johann Jakob Mayer (1790–1855) ⇒ Nr. 1520 k

II.

Johann Jakob Mayer (1790–1855, ⇒ Nr. 1520 k) betreute Jean Joseph Guinchard (1802–1878, ⇒ Nr. 1458 a) zusammen mit seinem Schwager Johann David/Jakob von Gonzenbach (1777–1842, ⇒ Nr. 1316 a). Die Gründe für dieses Betreuungsverhältnis bleiben allerdings mangels Hinweisen in den Quellen offen.

III.

Z. 4   Jean Joseph Guinchard (1802–1878) ⇒ Nr. 1458 a

1961.
Denis/Dionigi Pipino
Juli 1818

[Reg.] Pipino erkundigt sich, ob Pestalozzi immer noch in Yverdon sei und wünscht
5   einen Bericht über seine Kinder.

Überlieferung

1   PSB XI, S. 105.27 ff.

Sacherklärung

I.

Denis/Dionigi Pipino (*um 1771) ⇒ Nr. 1782

II.

Gerüchte, Pestalozzi habe Yverdon verlassen, machten immer wieder die Runde, seit der Streit zwischen ihm und seinen Lehrern öffentlich geworden war. Der im Herbst 1817 mit Philipp Emanuel von Fellenberg (1771–1844, ⇒ Nr. 426) geschlossene Zusammenarbeitsvertrag (PSB X, Nr. 4795) hatte diese Gerüchte zusätzlich angeheizt.

III.

Z. 5   *Kinder*: Alessandro Gherardo (*1810, ⇒ Nr. 1782) und Jean-Baptiste Pipino (⇒ Nr. 1782)

1962.
François Gouvet
28. Juli 1818

[Reg.] Gouvet teilt Pestalozzi mit, dass er darüber nachdenke, seine beiden Mündel von Yverdon wegzubringen.

Überlieferung

1 PSB XI, S. 104.5 ff.

Sacherklärung
I.

François Gouvet (1771–1859) ⇒ Nr. 1721

III.

Z. 4   *Mündel*: Eugène (1809–1876) und Nestor d'Andert (1807–1878). Eugène studierte in Paris Medizin, promovierte zum Doktor und lebte, verheiratet mit Louise Clotilde Vilhelmine Giroud de Fontanille (1822–1894), in Grenoble. Sein älterer Bruder Nestor wurde Genremaler und war mit Nancy Beaufort de Lamarre (1822–1912) verheiratet.

1963.
Johann Heinerich/Heinrich Gräff
31. Juli 1818

[Reg.] Abrechnung für Bücher.

Überlieferung

1 PSB XI, S. 108.35 f. und S. 120.10

Sacherklärung
I.

Johann Heinerich/Heinrich Gräff (1765–1827) ⇒ Nr. 678

1964.
Monsieur Meynadier

9. August 1818

[Reg.] Meynadier bittet um einen Zahlungsaufschub.

Überlieferung

1 PSB XI, S. 110.34 ff.

Sacherklärung

I.

Monsieur Meynadier ⇒ Nr. 1434 a

1965.
Charles Eugène Longuemare und
Jean-Baptiste Augustin Joseph Fréville

24. August 1818

5 [Reg.] Longuemare und Fréville wünschen, dass Léon Unterricht an der Drehbank erhält.

Überlieferung

1 PSB XI, S. 132.21 ff.

Sacherklärung

I.

Charles Eugène Longuemare (1773–1845, ⇒ Nr. 1941) und Jean-Baptiste Augustin Joseph Fréville (1777–1860, ⇒ Nr. 1941)

III.

Z. 4   *Léon*: Léon Longuemare (1807–1897) ⇒ Nr. 1941

1966.
Jean Jacques Paschoud

1. September 1818

[Reg.] Bücherlieferung.

1 PSB XI, S. 131.25

Überlieferung

I.

Sacherklärung

Jean Jacques Paschoud (1768-1826) ⇒ Nr. 1216 a

1967.
Karl/Carl Ritter
1. September 1818

S[eine]r Hochwolgeboren
Herrn H[einrich] Pestalozzi Dr
und Ritter des St Annen-Ordens
Director seiner Erziehungsanstalt
in
Iferten.

Göttingen d[en] 1 September 1818.

Ehrwürdiger Mann!
Nur wenige Zeilen, so hoffe ich zu Ihrer mir unvergesslichen Güte, werden hinreichen, meinen theuern Freund den Professor Hausmann aus Göttingen Ihrem ganzen Vertrauen als einen höchst würdigen zu empfehlen. Er wird Ihnen über Alles, was Sie von hier, und etwa von mir wissen wollten, sehr gründlichen Bericht geben können. Er ist mit dem Erb Prinzen von Lippe Detmold, dessen Mutter die regierende Fürstin zu Ihren vorzüglichen Verehrerinnen gehört auf einer Reise durch die Schweitz nach Italien begriffen und wird sich glücklich schätzen, wenn Sie ihm eine Stunde Ihrer kostbaren Zeit schenken wollen. Er ist hier Professor der Oekonomie, Technologie, des Bergwerkswesens und als unser grösster deutscher Mineralog und praktischer wie theoretischer Geolog im In[-] und Auslande allgemein anerkannt. Ich mache Sie hierauf aufmerksam, da Sie vielleicht in diesen Beziehungen ein Interesse finden könnten, mit ihm auch über Ihre besondere Zwecke und Angelegenheiten frey und offen sprechen zu können.

Da ich nicht weiss, wann diese Zeilen in Ihre Hände kommen werden, so füge ich ihnen jetzt nichts Besondres hinzu, in der Hoffnung Ihnen recht bald ein mehreres von mir und meiner Bestimmung sagen zu können. Ich höre, dass unser Mieg Sie vor kurzem so heiter und wirksam gefunden hat; möchte es mir doch zu Theil

werden meinen lange gehegten Wunsch Sie, Ehrwürdigster, recht bald wieder zu sehen, folgen zu können. Nach vielem Mühen und
35 Streben erreicht man ja doch wohl endlich noch das ersehnte Ziel. Ich habe die Hoffnung unsern Mieg bald zu sprechen; dann soll er mir viel von Ihnen sagen. Die Gegenwart drückt mich mit Lasten vieler Art, deren Überwältigung mir oft schwer und sauer ist. Aber ich sehe doch, dass ich fortschreiten werde und dass ich Ihnen treu
40 bleiben kann und muss nahe oder fern bis in das Grab. Mit unveränderter kindlicher Anhänglichkeit und Liebe

der Ihrige
C[arl] Ritter

Überlieferung

1 ZB Zürich, Ms Pestal 55, Umschlag 305/6
2 Bogen, 235 x 195 mm
4 Datum am Schluss, Siegel, Dorsualvermerk *p [r o]* *n [o t i t i a]* Göttingen 1818 Carl Ritter.
5 Original

Textkritik

Zeuge H
Z. 5   H [e i n r i c h] P e s t a l o z z i : lateinische Schrift
Z. 7   *Director*: lateinische Schrift
Z. 9   *I f e r t e n* : lateinische Schrift
Z. 10   *September*: lateinische Schrift
Z. 28   diese < r >
Z. 33   Wunsch < e >

Sacherklärung

I.

Karl/Carl Ritter (1779–1859) ⇒ Nr. 908

II.

Karl/Carl Ritter (1779–1859, ⇒ Nr. 908) hatte 1807 und 1809 in seiner Funktion als Hauslehrer der Frankfurter Bankiersfamilie Bethman-Hollweg Yverdon besucht und stand seit da in regelmässigem Briefkontakt mit Pestalozzi.

III.

Z. 6   *St Annen-Ordens*: Karl/Carl Ritter (1779–1859, ⇒ Nr. 908) verwechselte wohl die Orden, denn Pestalozzi war seit Ende 1814 Träger des von Zar Alexander I. (1777–1825, ⇒ Nr. 520) verliehenen und von Katharina der Grossen (1729–1796) 1782 aus Anlass ihres 20jährigen Thronjubiläums gestifteten Wladimir-Ordens. Er wurde in Erinnerung an den christianisierten Kiewer Fürsten Wladimir den Heiligen (um 960–1015) in vier

Klassen für zivile und militärische Verdienste verliehen. Der Annen-Orden wiederum wurde 1735 von Herzog Carl Friedrich von Holstein-Gottorf (1700-1739) in Erinnerung an seine verstorbene Frau Anna Petrowna (1708-1728), der ältesten Tochter des Zaren Peter I. (1672-1725), gestiftet. Erst 1797 wurde der dreiklassige, ab 1815 vierklassige Orden durch Zar Paul I. (1754-1801, ⇒ Nr. 520) in das russische Verdienstordenssystem aufgenommen.

Z. 9 *I f e r t e n* : dt. Name für Yverdon
Z. 13 f. *Hausmann*: Johann Friedrich Ludwig Hausmann (1782-1859) war ein deutscher Mineraloge, Geologe und Bodenkundler. Nach dem Studium am Collegium Carolinum in Braunschweig und an der Universität Göttingen trat er 1803 als Auditor beim Bergamt in Clausthal ein, wurde 1805 Kammersekretär beim Bau- und Hüttendepartement in Braunschweig und 1809 Generalinspektor der Berg-, Hütten- und Salzwerke des Königreiches Westfalen in Kassel. Ab 1811 lehrte er als Professor für Mineralogie und Technologie an der Universität Göttingen. 1821 initiierte er den *Göttinger Verein bergmännischer Freunde*, dessen Publikationsorgan *Studien* er von 1824 bis 1858 herausgab und redaktionell betreute. Hausmann war seit 1809 mit Wilhelmine Lüder (1786-1841) verheiratet. Aus der Ehe gingen sechs Kinder hervor.
Z. 17 *Erb Prinzen*: Fürst Leopold II. zu Lippe-Detmold (1796-1851) ⇒ Nr. 2354
Z. 17 *Mutter*: Fürstin Pauline zu Lippe-Detmold (1769-1820) ⇒ Nr. 829
Z. 31 *Mieg*: Johann Elias Mieg (1770-1842) ⇒ Nr. 1244

1968.
Felice Mazzi
5. September 1818

[Reg.] Mazzi erkundigt sich, ob er einen jungen Mann nach Yverdon schicken könne.

Überlieferung

1 PSB XI, S. 121.34 f.

Sacherklärung

I.

Felice Mazzi (1776-1820) ist Kaufmann in Mailand.

III.

Z. 4 *jungen Mann*: Es ist unklar, wer hier gemeint sein könnte. Da keine weitere Korrespondenz mit Felice Mazzi (1776-1820, ⇒ Sacherklärung I.) erhalten ist und auch kein Sohn Mazzis in den Schülerlisten von Yverdon auftaucht, muss wohl eher davon ausgegangen werden, dass sich die Pläne zerschlagen haben und der junge Mann nicht nach Yverdon geschickt wurde.

1969.
Freiherr Johann Lorenz von Schaezler

6. September 1818

S[eine]r Wohlgeborn
Herrn Pestalozzi
Director der Erziehungs Anstalt
in
Ifferten
Schweiz.

Augsburg 6. Sept[embe]r 1818.

Euer. Wohlgebohrn
hatte ich die Ehre am 6. Aug[u]st vorigen Jahres anzuzeigen, welche Subscriptionen mir zu sammeln gelungen ist – Unter den Subscribenten befindet sich auch:
Herr R. de F. J. Feigel in Venedig mit 1. Exemplar. Da mir nun derselbe dieser Tagen schrieb, dass er Venedig verlasse und nach Olten in der Schweiz zurückkehre, so ersuche ich Sie davon Vormerkung zu machen, und daher dieses Exemplar seiner Zeit nicht hieher an mich sondern an H[errn] Feigel in Olten direct zu senden, und Sich mit ihm zu berechnen.
Mit vollkommenster Hochachtung

Euer. Wohlgebohrn
ergebenster
Joh[ann] Lor[enz] Schäzler

Überlieferung
1 ZB Zürich, Ms Pestal 55, Umschlag 320/3
2 Bogen, 242 x 203 mm
4 Datum am Schluss, Siegelspuren, Stempel *R.4. AUGSBURG. 6 SEP. 1818.*, Dorsualvermerk *Augsburg Schätzer.*
5 Original

Textkritik
Zeuge H
Z. 5 *Pestalozzi*: lateinische Schrift
Z. 6 *Director*: lateinische Schrift
Z. 8 *I f f e r t e n* : lateinische Schrift
Z. 10 *Augsburg 6. Sept[embe]r*: lateinische Schrift
Z. 13 *Subscriptionen*: lateinische Schrift
Z. 13 f. *Subscribenten*: lateinische Schrift

Z. 15	*R. de F. J. Feigel*: lateinische Schrift
Z. 15	*Venedig*: lateinische Schrift
Z. 15	*Exemplar*: lateinische Schrift
Z. 16	*Venedig*: lateinische Schrift
Z. 17	*Olten*: lateinische Schrift
Z. 18	*Exemplar*: lateinische Schrift
Z. 19	*Feigel*: lateinische Schrift
Z. 19	*Olten*: lateinische Schrift
Z. 19	*direct*: lateinische Schrift

Sacherklärung

I.

Freiherr Johann Lorenz von Schaezler (1762-1826) ⇒ Nr. 1646

III.

Z. 8	*I f f e r t e n* : dt. Name für Yverdon
Z. 12	*anzuzeigen*: ⇒ Nr. 1720
Z. 15	*Feigel*: R. de F. J. Feigel ⇒ Nr. 1720
Z. 17	*Olten*: Gemeinde im Kt. Solothurn

1970.
Charles Eugène Longuemare und
Jean-Baptiste Augustin Joseph Fréville
12. September 1818

[Reg.] Longuemare und Fréville schicken einen Wechsel über 1000 Franc Français.

Überlieferung

1   PSB XI, S. 132.21 ff.

Sacherklärung

I.

Charles Eugène Longuemare (1773-1845, ⇒ Nr. 1941) und Jean-Baptiste Augustin Joseph Fréville (1777-1860, ⇒ Nr. 1941)

1971.
Alvaro Flórez Estrada
15. September 1818

[Reg.] Estrada zeigt sich erschüttert über die langsamen Fortschritte und das Verhalten seines Sohnes, was er dem Zwischenbericht aus Yverdon entnehmen konnte.

Überlieferung

1   PSB XI, S. 152.25 ff.

Sacherklärung

I.

Alvaro Flórez Estrada (1769–1853) ⇒ Nr. 1929

II.

In einem Brief vom 10. August 1818 (PSB XI, Nr. 5047) an Alvaro Flórez Estrada (1769–1853, ⇒ Nr. 1929) teilte Pestalozzi mit, dass sein Sohn (⇒ Nr. 1519) trotz guter Gesundheit manchmal Kopfschmerzen und eine langsame und unsichere Gangart habe. Seine Fortschritte seien mittelmässig und er würde sich nur oberflächlich mit den Wissenschaften beschäftigen. Auch gebe er an, krank zu sein, um Lektionen zu verpassen. Zudem lüge er gerne und habe wenig Anstand. Da man ihn allein nicht korrigieren könne, bat Pestalozzi den Vater um Unterstützung. Es scheint, als ob Estrada auf seinen Sohn eingewirkt hatte, denn am 10. November 1818 berichtete Pestalozzi über Fortschritte von Alvaro Flórez (PSB XI, Nr. 5108).

III.

Z. 5   *Sohnes*: Alvaro Flórez Estrada ⇒ Nr. 1519

1972.
Johann Heinerich/Heinrich Gräff
18. September 1818

[Reg.] Rechnungsangelegenheiten.

Überlieferung

1   PSB XI, S. 129.31 f.

Sacherklärung

I.

Johann Heinerich/Heinrich Gräff (1765–1827) ⇒ Nr. 678

II.

Johann Heinerich/Heinrich Gräff (1765–1827), ⇒ Nr. 678) hatte am 31. Juli 1818 (⇒ Nr. 1963) eine Abrechnung geschickt, die Pestalozzi am 14. August 1818 (PSB XI, Nr. 5048) beanstandete. Die nicht erhaltene Antwort Gräffs schien jedoch nicht zur Zufriedenheit Pestalozzis ausgefallen zu sein, wie aus seiner Antwort vom 3. Oktober 1818 (PSB XI, Nr. 5086) deutlich wird.

1973.
Jean Jacques Paschoud

22. September 1818

[Reg.] Bücherlieferung.

Überlieferung

1   PSB XI, S. 131.26

Sacherklärung

I.

Jean Jacques Paschoud (1768–1826) ⇒ Nr. 1216 a

1973 a.
Heinrich Stammer

29. September 1818

5 Exemplare von Pestalozzis Werken für H[errn] Professor Stammer in Luxemburg.

den 29ten 7bres 1818.

Von Herrn Wagner gesammelt u[nd] wenn er 30 sammelt so soll er eines frey erhalten.

p[our] Pestalozzi
Schmidt.

Überlieferung

1   ZB Zürich, Ms Pestal 55a, Umschlag 356/1a
2   Blatt, 115 x 197 mm
3   leicht beschädigt, fremde Hand

4 Dorsualvermerk *Stammer. Luxemburg.*
5 Original

Textkritik

Z. 4   *Exemplare*: lateinische Schrift
Z. 4   *Pestalozzis*: lateinische Schrift
Z. 4   *Professor Stammer*: lateinische Schrift

Sacherklärung

I.

Heinrich Stammer (1785–1859) ⇒ Nr. 1917

III.

Z. 4   *Werken*: Johann Heinrich Pestalozzi: Sämmtliche Schriften, 12 Bände. Stuttgart 1819–1824
Z. 7   *Wagner*: Damit dürfte wohl Mathias Wagner (1787–1853, ⇒ Nr. 1773) gemeint gewesen sein, der im Band 5 der *Sämmtlichen Schriften* im Nachtrag des Subskribentenverzeichnisses mit 30 Bestellungen aufgeführt ist (PSW XXVI, S. 262).
Z. 10 *Schmidt*: Joseph Schmid (1785–1851) ⇒ Nr. 712

1974.
Westzynthius, Gil et Compagnie
Herbst 1818

[Reg.] Westzynthius, Gil und Compagnie erkundigen sich, ob Pestalozzi ihnen eine
5 Lehrerin empfehlen könne.

Überlieferung

1   PSB XI, S. 148.31 ff.

Sacherklärung

I.

Das Handelshaus *Westzynthius, Gil et Compagnie* ist ab 1815 in Marseille nachgewiesen, läuft ab 1821 unter dem Namen *Westzynthius et Robert Gower* und scheint bis 1824 bestanden zu haben. Beim Inhaber Étienne Westzynthius handelt es sich möglicherweise um den aus Schweden stammenden Stefanias Petterinpoika Westzynthius (1780–1847), der zu Beginn des 19. Jahrhunderts in Spanien lebt, ab Ende der 1820er-Jahre als schwedischer Konsul in Livorno wirkt und zur fraglichen Zeit einen Sohn, Charles Adolf (1812–1845), im schulfähigen Alter hat.

III.

Z. 5 *Lehrerin*: Da keine weitere Korrespondenz überliefert ist, muss davon ausgegangen werden, dass Pestalozzi keine Lehrerin empfehlen konnte.

1975.
Claude Doux

Herbst 1818

[Reg.] Doux möchte seinen Sohn nach Yverdon schicken.

Überlieferung

1   PSB XI, S. 158.25 f.

Sacherklärung

I.

Möglicherweise ist hier Claude Doux (1755–1841) gemeint, der als Grundbesitzer in Saint-Cyr-au-Mont-d'Or (Rhône) lebt und, verheiratet mit Marie Marion Bayard (*1771), mindestens ein Kind, nämlich Marcelin (*1802, ⇒ Z. 4), hat.

III.

Z. 4 *Sohn*: Möglicherweise handelt es sich hier um Marcelin Doux (*1802), der aber, möglicherweise wegen seines fortgeschrittenen Alters, nicht nach Yverdon gekommen zu sein scheint und über dessen weiteres Leben nichts in Erfahrung gebracht werden konnte.

1976.
Louis Marie Guerrero

Herbst 1818

[Reg.] Guerrero lässt Pestalozzi ein Geschenk zukommen.

Überlieferung

1   PSB XI, S. 160.4 f.

Sacherklärung

I.

Louis Marie Guerrero (1777–1858) ⇒ Nr. 1677

1977.
Leonhard Si(e)ber

Herbst 1818

[Reg.] Sieber wünscht Auskunft über sein Mündel Peter.

Überlieferung

1   PSB XI, S. 182.19 f.

Sacherklärung

I.

Leonhard Si(e)ber (1771–1819) wächst in Fluntern (heute Teil der Stadt Zürich) als Sohn eines Säckelmeisters auf und lässt sich zum Orgel- und Klavierbauer ausbilden. Neben seiner beruflichen Tätigkeit ist er auf lokaler Ebene politisch aktiv. So amtet er während der Helvetik als Agent, 1803 bis 1806 ist er Gemeindepräsident von Fluntern und danach Gemeinderat. Sieber ist seit 1790 mit Margaretha Meyer (*1767) aus Hottingen (heute Teil von Zürich) verheiratet.

III.

Z. 4   *Peter*: Rudolf Peter, Neffe und Mündel von Leonhard Si(e)ber (1771–1819, ⇒ Sacherklärung I.), war 1817 bis 1819 Schüler in Pestalozzis Anstalt in Yverdon. 1820 bot Pestalozzi ihm zu einem reduzierten Preis einen Ausbildungsplatz zum Lehrer an. Peter scheint das Angebot aber nicht angenommen zu haben (PSB XII, Nr. 5411). Möglicherweise ist Rudolf Peter identisch mit Rudolf Peter von Hottingen (*1802), der seit 1829 mit Susanna Hasler von Männedorf (*1803) verheiratet war und 1832 erstmals im Bürger- und Ansässenetat als Tapezierer in Zürich erwähnt wird. Im Bürgeretat von 1843 sind er und seine Frau nicht mehr verzeichnet, ob sie weggezogen oder verstorben waren, ist unklar.

1978.
Stephan Gottlieb Roth

Herbst 1818

[Reg.] Inhalt unbekannt.

Überlieferung

1   PSB XI, S. 183.28

Sacherklärung

I.

Stephan Gottlieb Roth (1762-1847) ist Konrektor, ab 1798 Rektor des evangelischen Gymnasiums im siebenbürgischen Medias (Mediasch). 1800 wird er Pfarrer in Nemsa (Niemesch) und übernimmt drei Jahre später die Pfarrei im nahe gelegenen Seica Mica (Kleinschelken). Roth ist mit Elisabeth Gunnesch (1773-1835) verheiratet.

1979.
Unbekannt

Herbst 1818

[Reg.] Ein unbekannter Briefschreiber erkundigt sich, ob ein Knabe in die Armenanstalt aufgenommen werden könne.

Überlieferung

1   PSB XI, S. 128.21 ff.

Sacherklärung

I.

Da der Brief Pestalozzis nicht adressiert ist, ist unklar, von wem diese Anfrage stammt. Aufgrund der Formulierung des Antwortschreibens dürfte der Absender Pestalozzi bekannt gewesen sein.

III.

Z. 4   *Knabe*: Es ist anzunehmen, dass dieser Junge nicht nach Yverdon gekommen ist, da Pestalozzi die gewünschte kostenlose Aufnahme ablehnte (PSB XI, Nr. 5083).

1980.
Karl Brandt

Herbst 1818

An
H[einrich] Pestalozzi
in
Iferten

Theurer Vater Pestalozzi! –
Nach meinem Herzen und meinen geistigen Beschäftigungen glaube ich das Recht zu haben, mich an Sie mit folgender Bitte wenden zu

können: Ich lese gegenwärtig Ihre Werke; es fehlen mir die drey lezten Bände von Lienhard und Gertrud; ich weiss, dass Sie dieselben von Krüsi haben; lezterer erlaubt mir sie eine kurze Zeit zu gebrauchen; ich bitte Sie, theurer Vater! daher mir dieselben nach Ihrer Bequemlichkeit entweder alle Bände zugleich oder gegenwärtig nur den zweyten, nach dessen Zurücksendung nach der Reihe die folgenden durch Uberbringerin dieser zuzuschicken, worin Ihre Vater-Güte anerkennen wird
Ihr
scheinbar gegen Sie verhärteter und für ihn noch lange so bleibender, im Herzen aber
Sie innig innig liebender
Brandt.

Überlieferung

1 ZB Zürich, Ms Pestal 50, Umschlag 33/1
2 Blatt, 256 x 206 mm
4 Siegelspuren, Dorsualvermerk *Brandt. p [r o] n [o t i t i a]*
5 Original

Textkritik

Zeuge H
Z. 5 *H [e i n r i c h] P e s t a l o z z i* : lateinische Schrift
Z. 8 *Pestalozzi*: lateinische Schrift
Z. 23 *Sie ... liebender*: dreifach unterstrichen
Z. 24 *B r a n d t* : lateinische Schrift

Sacherklärung

I.

Karl Brandt (1769–1848) ⇒ Nr. 1840

II.

Am 14. Oktober 1818 (⇒ Nr. 1988) antwortete Karl Brandt (1769–1848, ⇒ Nr. 1840) auf einen nicht erhalten gebliebenen Brief Pestalozzis, der als Antwort auf diesen nicht datierten Brief Brandts gelesen werden muss. Eine Reaktion Pestalozzis auf Brandts Anfrage ist nicht überliefert.

III.

Z. 7 *I f e r t e n* : dt. Name für Yverdon
Z. 12 *Lienhard und Gertrud*: Johann Heinrich Pestalozzi: Lienhard und Gertrud, 4 Bände (1781–1787)
Z. 13 *Krüsi*: Hermann Krüsi (1775–1844) ⇒ Nr. 588

1981.
Francesco/François Strachan
3. Oktober 1818

[Reg.] Strachan teilt Pestalozzi in einem Brief aus Altona mit, dass er sich zurzeit auf einer Reise befinde.

Überlieferung

1   PSB XI, S. 147.5 ff. und S. 269.28 f.

Sacherklärung

I.

Francesco/François Strachan (1799–1821) ⇒ Nr. 1432

II.

Edouard Strachan (⇒ Nr. 1438) war seit diesem Jahr Schüler in Yverdon. Für die regelmässige Korrespondenz zwischen dem Institut und der Familie war offenbar der Bruder Francesco/François Strachan (1799–1821, ⇒ Nr. 1432) zuständig (PSB XI, Nr. 5101).

III.

Z. 4   *Altona*: Das zum Herzogtum Holstein gehörende Altona (heute Teil von Hamburg) wurde von der dänischen Krone verwaltet.

1982.
Johann Friedrich Wilhelm Lange
4. Oktober 1818

Herrn
Herrn H[einrich] Pestalozzi
Hochwohlgeboren
auf
dem Schloss.

Iferten d[en] 4. Oct[ober] 1818.

Unserer heutigen Unterredung zufolge, erkläre ich Ihnen Herr Pestalozzi, dass ich aus Berücksichtigung der Wiederbesetzung meiner Stelle noch vier Wochen bei Ihnen bleiben werde. Sollte Ihnen indess die frühere Auflösung unserer Verhältnisse wünschenswerth seyn, so bin ich auch damit zufrieden.

15 Zugleich zeige ich Ihnen an, dass ich die noch übrige Ferienzeit
zu einer kleinen Reise benutzen werde.

ergebenster
W[ilhelm] Lange

Überlieferung

1 ZB Zürich, Ms Pestal 52/53, Umschlag 183/2
2 Bogen, 238 x 200 mm
4 Datum am Schluss
5 Original
6 Von diesem Brief ist auch eine französische Abschrift erhalten (ZB Zürich, Ms Pestal 3.65.1)

Textkritik

Zeuge H
Z. 5   H[einrich] Pestalozzi: lateinische Schrift
Z. 9   Oct[ober]: lateinische Schrift

Sacherklärung

I.
Johann Friedrich Wilhelm Lange (1786–1858) ⇒ Nr. 1058

II.
Johann Friedrich Wilhelm Lange (1786–1858, ⇒ Nr. 1058) war seit 1817 pädagogischer Leiter der Anstalt in Yverdon, die er im Herbst 1818 wegen Differenzen mit Joseph Schmid (1785–1851, ⇒ Nr. 712) verliess. Pestalozzi reagierte auf dieses Schreiben mit der Frage, ob Lange gedenke, in Yverdon als Konkurrent aufzutreten (PSB XI, Nr. 5087). Die Antwort Langes (⇒ Nr. 1984) fiel ausweichend aus, was Pestalozzi zu einem neuerlichen Brief veranlasste (PSB XI, Nr. 5088), der sofort wieder beantwortet wurde (⇒ Nr. 1985). Pestalozzi intervenierte in der Folge am 31. Oktober 1818 beim Waadtländer Staatsrat (PSB XI, Nr. 5095), um die Eröffnung eines Instituts durch Lange zu verhindern. Der Staatsrat folgte diesem Antrag am 22. Oktober (⇒ Nr. 1992).

III.
Z. 9   Iferten: dt. Name für Yverdon

1983.
Vinzenz Jakob Buess

5. Oktober 1818

[Reg.] Buess teilt Pestalozzi mit, dass er den angekündigten Prospekt nicht erhalten
5 habe.

Überlieferung

1   ZB Zürich, Ms Pestal 13a/2 (vgl. PSB XI, Nr. 5090)

Sacherklärung

Vinzenz Jakob Buess (1765–1844) aus Aarau ist nach seinem Theologiestudium in Bern ab 1789 Provisor in Brugg. Anschliessend bekleidet er die Pfarrämter in Mönthal (Kt. Aargau), ab 1795 in Zweisimmen (Kt. Bern) und von 1814 bis zu seinem Tod in Unterkulm (Kt. Aargau). Er ist mit einer unehelichen Tochter von Abraham Johannes von Hallwil (1746–1779), dem Ehemann von Franziska Romana von Hallwil (1758–1836, ⇒ Nr. 744), Angelika Juliana Emerentiana von Hallwyl (*1772) verheiratet.

III.

Z. 4   *Prospekt*: Johann Heinrich Pestalozzi: Plan der Pestalozzischen Erziehungs-Anstalt in Yverdon (um 1816). In: PSW XXIV B, S. 85–89

1984.
Johann Friedrich Wilhelm Lange

6. Oktober 1818

Herrn
Herrn H[einrich] Pestalozzi
Hochwohlgeboren
im
Schloss.

Iferten d[en] 6ten Octob[er] 1818.

Lieber Herr Pestalozzi!

Mein Herz ist zerrissen von Schmerz – dass es auch zwischen uns beiden zu gegenwärtigen Unterhandlungen kommen musste! –

Ihre Anfrage, was ich nach meiner Trennung von Ihnen zu thun gedenke, hat mich etwas befremdet.

Was meine, allen rechtlichen Verhältnissen zu Ihnen entgegenstehende Äusserung, wie Sie Sich auszudrücken belieben, betrifft, so bin ich bereit, dieselbe überall zu verantworten.

W[ilhelm] Lange

Überlieferung

1   ZB Zürich, Ms Pestal 52/53, Umschlag 183/3
2   Bogen, 258 x 198 mm
4   Datum am Schluss, Siegel
5   Original

Zeuge H

Textkritik

Z. 5   H[einrich] Pestalozzi: lateinische Schrift
Z. 9   Octob[er]: lateinische Schrift

Sacherklärung

I.

Johann Friedrich Wilhelm Lange (1786–1858) ⇒ Nr. 1058

II.

⇒ Nr. 1982

III.

Z. 9   Iferten: dt. Name für Yverdon

1985.
Johann Friedrich Wilhelm Lange

7. Oktober 1818

Herrn H[einrich] Pestalozzi
im
Schloss.

Iferten d[en] 7. Oct[o]b[e]r 1818

Sie machen mich, Herr Pestalozzi, in Ihrem Briefe zu einem Fabrikgesellen u[n]d zwar zu einem solchen, der, sobald es ihm gelüstet, die Arbeit aufsagt, wenn ihm der Fabrikant nicht auf der Stelle verspricht, mehr Lohn u[n]d weniger Arbeit zu geben. Diese gegen Grund u[n]d Recht mir vorgeworfene Anschuldigung macht es mir zur Pflicht bis auf Weiteres, das ich von den Verfügungen der Regierung erwarte, Ihr Haus nicht zu betreten. –
Zugleich bitte ich um Abschliessung meiner Privatrechnung, wie auch um die Rechnungen meiner Zöglinge.

Lange.

Überlieferung

1   ZB Zürich, Ms Pestal 52/53, Umschlag 183/4
2   Bogen, 258 x 198 mm
4   Datum am Schluss
5   Original

Textkritik

Zeuge H	
Z. 4	H[einrich] Pestalozzi: lateinische Schrift
Z. 7	Oct[o]b[e]r: lateinische Schrift
Z. 17	Lange: lateinische Schrift

Sacherklärung

I.

Johann Friedrich Wilhelm Lange (1786–1858) ⇒ Nr. 1058

II.

Pestalozzi hatte Johann Friedrich Wilhelm Lange (1786–1858, ⇒ Nr. 1058) in seinem Brief vom 6. Oktober 1818 (PSB XI, Nr. 5088) egoistisches Verhalten vorgeworfen, da er, Pestalozzi, ihm, Lange, 4000 Livres Entschädigung zahlen müsste, falls er ihn nicht die vereinbarten vier Jahre beschäftigen würde. Lange hingegen habe das Institut einfach so verlasse und sogar noch einige Schüler mitgenommen, was ihn an das Verhalten der streikenden Arbeiter in Birmingham erinnere.

III.

Z. 7	Iferten: dt. Name für Yverdon
Z. 8	Briefe: PSB XI, Nr. 5088

1986.
Charles Eugène Longuemare und Jean-Baptiste Augustin Joseph Fréville
7. Oktober 1818

[Reg.] Longuemare und Fréville erkundigen sich, weshalb sie nicht über die Masernerkrankung ihrer Söhne informiert worden seien.

Überlieferung

1   PSB XI, S. 132.21 ff.

Sacherklärung

I.

Charles Eugène Longuemare (1773–1845, ⇒ Nr. 1941) und Jean-Baptiste Augustin Joseph Fréville (1777–1860, ⇒ Nr. 1941)

II.

Pestalozzi beantwortete diesen Brief am 13. Oktober 1818 (PSB XI, Nr. 5091) etwas ausweichend.

III.

Z. 6 Söhne: Léon Longuemare (1807-1897, ⇒ Nr. 1941) und Eugène Fréville (1809-1888, ⇒ Nr. 1941)

1987.
Jean Jacques Paschoud

13. Oktober 1818

[Reg.] Bücherlieferung.

Überlieferung

1   PSB XI, S. 145.17 f.

Sacherklärung

I.

Jean Jacques Paschoud (1768-1826) ⇒ Nr. 1216 a

1988.
Karl Brandt

14. Oktober 1818

An Herrn
5   Herrn Pestalozzi
in
Iferten

d[en] 14ten October. 1818.

Theurer Pestalozzi! –
10 Dass Sie überzeugt sind, dass ich Sie innig liebe, freut mich unaussprechlich, indem Sie daher mein ganzes Thun in der Zukunft als auf dieser Basis ruhend betrachten werden, auch wenn mein Thun an meiner Liebe zweifeln liesse. Ob ich mich an Ihnen irre, mag die Zukunft lehren; genug, wenn ich bey meiner Meinung mich gegen
15 Sie, wenn auch nicht dem Äusseren, so doch dem Inneren nach, wie ein Kind gegen seinen unaussprechlich geliebten Vater verhalte, wie ein Kind, das wo es seinen Vater im Unglück sieht, mit Aufopferung seines ganzen Vermögens, ja selbst seines Lebens bereit ist, dieses Unglück zu vernichten. Theurer Vater! Legen Sie Ihr unaussprechli-

ches Leiden in die Hand Gottes, des Ewigen, der jedes Redlichen Leiden hört, mindert u[n]d zulezt in unaussprechliche Freude verwandelt. Wenn Sie dieses nicht thun, wer kann Ihnen dann helfend beystehen? Das Verhalten Ihrer alten Freunde gegen Sie ist in ihnen selbst gegründet; aus ihrer Natur können u[n]d dürfen sie, ohne gegen Gott zu sündigen, nicht heraus; ob es ein bis zur Verstockung gesteigertes Unrecht Verhalten sey oder nicht, wird die Zukunft gewiss zeigen. Glauben Sie nicht, theurer Pestalozzi! dass auch die edle Natur Begebenheiten u[n]d Ereignisse hervorbringen kann, die den Künsten der römischen Curie ähnlich zu seyn scheinen? Von mir kann ich Ihnen wenigstens aufs aller heiligste versichern, dass alle meine Ansichten, mein ganzes Verhalten u[n]d Thun aus der reinen Natur fliessen, und dass, wenn Sie glauben, ich sey von den Künsten einer römischen Curie angesteckt, Sie gegen Gott freveln. Was mich betrifft, so werde ich nie von dem Göttlichen in meiner Natur, auch nicht um einen Finger breit abweichen, selbst nicht unter den scheinbar gerechtesten Ausflüchten..

Dass Sie Sich Tag u[n]d Nacht mit Ihrem Buche, Lienhard u[n]d Gertrud beschäftigen, freut mich sehr, denn diese Beschäftigung ist Ihnen der Leiter zu Gott, dem Sich ganz, mit Tilgung jedes einzelnen Schmerzes durch Hingabe derselben in seine Vaterhand, zu vertrauen, ich Sie, ich möchte sagen, im Nahmen des Ewigen selbst, kindlich bitte. Ich habe vor kurzem einen Brief von einem vaterländischen Freunde erhalten, in dem er seine schon vor mehreren Jahren mir auf eine ganz besondere Weise geäusserte Anhänglichkeit an Ihnen u[n]d Ihrem Werke wieder ausspricht und in dem er sich das Glück wünscht, Sie einst von Auge zu Auge zu sehen, das ihm aber jezt seine Verhältnisse nicht erlauben. Er liebt Sie immer auf gleiche Weise, obgleich dann u[n]d wann mit mehreren Schmerzen.

         Ihr
     fast allein an Sie u[n]d
      für Sie denkender
        B r a n d t.

Überlieferung

1 ZB Zürich, Ms Pestal 50, Umschlag 33/2
2 Bogen, 254 x 207 mm
4 Datum am Schluss, Siegelspuren, Dorsualvermerk *Brandt an Pest[alozzi] 1818 p[ro] n[otitia]*
5 Original

Textkritik

Zeuge H		
Z. 5	*P e s t a l o z z i* : lateinische Schrift
Z. 8	*October*: lateinische Schrift
Z. 9	*Pestalozzi*: lateinische Schrift
Z. 29	*der <edlen> römischen*
Z. 29	*Curie*: lateinische Schrift
Z. 43	*vor <vielen> mehreren*
Z. 45	*Werke <w> wieder*
Z. 52	*B r a n d t* : lateinische Schrift

Sacherklärung

I.

Karl Brandt (1769–1848) ⇒ Nr. 1840

II.

⇒ Nr. 1980

III.

Z. 7 *I f e r t e n* : dt. Name für Yverdon
Z. 37 f. *Lienhard u[n]d Gertrud*: Für die Cotta-Ausgabe hatte Pestalozzi seinen Roman *Lienhard und Gertrud* ein drittes Mal überarbeitet (Johann Heinrich Pestalozzi: Sämmtliche Schriften, Band 1–4. Stuttgart 1819–1820).
Z. 42 *Brief*: konnte nicht näher bestimmt werden

1989.
Johann Heinerich/Heinrich Gräff
20. Oktober 1818

[Reg.] Gräff teilt Pestalozzi mit, dass er die Streitigkeiten wegen der Abrechnung
5   öffentlich machen wolle.

Überlieferung

1   PSB XI, S. 153.23 f.

Sacherklärung

I.

Johann Heinerich/Heinrich Gräff (1765–1827) ⇒ Nr. 678

II.

⇒ Nr. 1972

1990.
Johann Heinerich/Heinrich Gräff
20. Oktober 1818

[Reg.] Gräff schreibt Pestalozzi nochmals wegen der Abrechnung.

Überlieferung

1   PSB XI, S. 153.23 f.

Sacherklärung

I.

Johann Heinerich/Heinrich Gräff (1765–1827) ⇒ Nr. 678

II.

⇒ Nr. 1989

1991.
Charles Eugène Longuemare und
Jean-Baptiste Augustin Joseph Fréville
21. Oktober 1818

[Reg.] Longuemare und Fréville erkundigen sich, ob ihre Söhne genügend Möglichkeiten hätten, ihre Muttersprache gründlich zu lernen. Zudem sind sie der Meinung, dass auch Latein lernen wichtig sei.

Überlieferung

1   PSB XI, S. 149.14 ff.

Sacherklärung

I.

Charles Eugène Longuemare (1773–1845, ⇒ Nr. 1941) und Jean-Baptiste Augustin Joseph Fréville (1777–1860, ⇒ Nr. 1941)

II.

Am 3. November 1818 hatte Pestalozzi auf diese Anfrage geantwortet und lobte die entsprechenden Möglichkeiten in seinem Institut (PSB XI, Nr. 5103).

III.

Z. 4 *Söhne*: Léon Longuemare (1807–1897, ⇒ Nr. 1941) und Eugène Fréville (1809–1888, ⇒ Nr. 1941)

1992.
Auguste Pidoux
22. Oktober 1818

LE LANDAMMANN PRÉSIDENT DU CONSEIL D'ÉTAT
DU CANTON DE VAUD.
Monsieur Pestalozzy à Yverdon. –

Lausanne, le 22e Octobre 1818. –

Monsieur!
Le Conseil d'Etat a pris connaissance de votre Mémoire, par lequel vous lui faites part des désagrémens que vous avez éprouvés dans l'intérieur de votre établissement, et des peines que vous avez ressenties par une suite de la conduite qu'ont tenue à votre égard quelques unes des personnes, que vous y aviez admises comme Instituteurs.

Il a paru au Conseil d'Etat que le but de votre Mémoire tend à ce qu'un 4e établissement d'éducation, nouveau démembrement de votre propre Institut, ne puisse se former à Yverdon par un de vos Instituteurs, qui en aurait conçu le dessein.

Le Conseil d'Etat m'a chargé, Monsieur, de vous faire connaître qu'il prend un vif intérêt à votre position, ainsi qu'à vos honorables et utiles travaux, et qu'il est disposé à vous favoriser de son mieux dans les différentes circonstances, ou vous pourriez avoir besoin de son appui. C'est dans cette intention qu'il a chargé le Département de Justice et Police de prendre des informations ultérieures sur ce qui paraît faire en ce moment le sujet de vos inquiétudes et l'objet de votre démarche.

Recevez, Monsieur, l'assurance de ma parfaite Considération.

Le Landammann en Charge,
A[uguste] Pidou.

Überlieferung

1 ZB Zürich, Ms Pestal 56, Umschlag 426/2
2 Blatt, 379 x 222 mm
5 Original

6 Kantonswappen als Briefkopf

Textkritik

Zeuge H
Z. 4–5   *LE ... VAUD.*: vorgedruckt

Sacherklärung

I.

Auguste Pidoux (1754–1821) ⇒ Nr. 663

II.

Pestalozzi hatte am 21. Oktober 1818 ein langes Schreiben an die Waadtländer Regierung verfasst (PSB XI, Nr. 5095), in welchem er die Geschichte und die aktuelle Situation seines Instituts darlegte und die Regierung bat, mit dem geplanten Institut von Johann Friedrich Wilhelm Lange (1786–1858, ⇒ Nr. 1058) nicht noch ein weiteres Institut in Yverdon zu bewilligen. Dieser Wunsch wurde von der Regierung unterstützt und Lange darüber informiert, dass seine Aufenthaltsbewilligung nur dann verlängert werde, wenn er keine eigene Anstalt (*institut*) eröffne. Ein Mitglied des Departements schlug sogar vor, dass Lange auch kein Pensionat (*pensionat*) eröffnen dürfe (StA VD, Régistre du Département de Justice et Police, K VIIb, 1/11, S. 212).

III.

Z. 9   *Conseil d'Etat*: Regierung des Kantons Waadt ⇒ Nr. 667
Z. 9   *Mémoire*: PSB XI, Nr. 5095

1993.
Munizipalität Yverdon

23. Oktober 1818

Pestalozzy
Chef de l'Institut.

Du 23e 8bre 1818.

Plusieurs des Membres de notre Corps s'étant trouvés absents dans notre précédente Séance, l'on n'a pû y expédier que les affaires les plus courantes, et l'on a dû renvoyer à l'assemblée de ce Jour, la lecture du mémoire dont vous avez bien voulu nous faire passer un double. Nous commencerons par vous exprimer Monsieur tous nos regrets et la part sincère que nous prenons aux chagrins que vous éprouvés dans la Marche de votre Etablissement, et nous en sommes d'autant plus peinés, que malgré tout le désir que nous aurions de nous rendre à vos vües, nous ne voyons pas le moyen de pouvoir y parvenir avec efficacité: Vous devez avoir remarqué Mon-

sieur que dès le principe de votre Etablissement ici, nous nous sommes fait la Loy de ne point nous ingérer dans les détails de votre administration, autant par déférence, que pour vous donner
20 une preuve manifeste de la pleine confiance que nous avions en vos propres moyens: C'est ainsi que le Public a jugé la chose. Actuellement quelle impression concevrait-il d'un mode de vivre différent; quand sans voccation et réduits à une volonté stérile, nous irions nous immiscer dans l'intérieur de votre Maison? Il nous parait Mon-
25 sieur que les dégouts et les entraves que v[ou]s éprouves depuis quelques tems, prennent leur Source dans le Contact de vos principaux Collaborateurs au Préposés: il vous importerait dès lors avant tout, d'établir les relations qui doivent exister entre'eux, d'une maniére distincte et délimitée pour chacun, tout en allant au bien géné-
30 ral de la méthode, tellement que celui qui sortirait de l'orniére que vous auriez fondamentalement tracée, sont déja à l'avance à quoi invariablement il s'exposerait de votre part. Quant à la peine à la quelle vous désireriez soumettre quiconque de v[o]s Instituteurs, qui venant à se retirer arbitrairement de votre maison, voudrait ériger
35 dans notre ville un Etablissement particulier; C'est encore à vous seul Monsieur à la règler, en faisant préalablement contracter à tous les Maîtres que vous reçevrez dans v[otr]e maison, l'engagement de ne la quitter qu'après un terme convenu, sans pouvoir ensuite former ici d'Etablissement analogue pour son propre compte: Alors ce
40 contract devenante obligatoire v[ou]s pourriez toujours par droit, en exiger l'exécution; car d'après le vœu de notre Constitution, ni nous, ni même le Gouvernement ne pourrions politiquement exclure de l'exercice de son industrie un Suisse légalement domicilié dans n[otr]e sein.
45 Voila Monsieur quelques réflexions, que le sincére intérêt que nous vous avons voué, nous dicte en réponse à la confiance que v[ou]s avez bien voulu nous accorder dans la communication de v[otr]e mémoire
Agréez Monsieur avec l'expression de nos vœux, la réiteration de
50 n[o]s sentiments d'estime et de considération très particuliére

Überlieferung
1 Archives de la Ville, Yverdon-les-Bains, Ag 4, p. 305–306
5 Copia
6 Eine Abschrift dieses Briefes findet sich ZB Zürich, Ms Pestal 56, Umschlag 428/2.

Zeuge h	Textkritik
	Sacherklärung
	I.
Munizipalität Yverdon ⇒ Nr. 643	
	II.
⇒ Nr. 1993	
	III.
Z. 10 *mémoire*: PSB XI, Nr. 5095	

1994.
Gottlieb Fröhlich
27. Oktober 1818

[Reg.] Rechnungsangelegenheiten.

Überlieferung

1   PSB XIII, S. 312.1 ff.

Sacherklärung

I.

Gottlieb Fröhlich (1788–1828) aus Brugg ist zunächst Pfarrvikar in Kölliken, 1815 Feldprediger und von 1816 bis zu seinem Tod Pfarrer in Aarburg (alle Kt. Aargau). Er vermittelt mehrmals Schüler an Pestalozzi.

1995.
Ignaz Heinrich von Wessenberg
27. Oktober 1818

Feldkirch bei Freyburg im Breisgau am 27. October 1818

Ein Schullehrer dieses Landes Johan Z i e h l e r hat mir seine lebhafte Sehnsucht zu erkennen gegeben, mit dem Geist des Unterrichtswesen in Ihrem Institut durch längeren Aufenthalt vertraut zu werden. Er ist in dieser Absicht im Begriff, nach Iferten zu reisen, u[nd] glaubt, dass eine Empfehlung von mir sein Vorhaben erleichtern möchte. Der Mann hat Instinkt, Talent u[nd] Eifer; wenigstens

scheint er mir diese guten Eigenschaften eines Schullehrers zu haben. Einen etwas hervorstechenden Dünkel von Selbstgefälligkeit wird der Geist Ihres Instituts – der Umgang mit den vorzüglichen Lehrern, die es enthält, am besten abstreifen. Auch die Apostel des
15 Herrn hatten viele Mängel u[nd] Gebrechen der Natur u[nd] Vorurtheile, als Er sie aufnahm. Das Vertrauen des Schülers zum Lehrer besiegt viele Fehler u[nd] die grössten Hindernisse der Ausbildung. Ziehler hat ein unbeschränktes Vertrauen zu Ihnen u[nd] Ihrem Institut. Mithin darf ich hoffen, er werde gute Fortschritte machen,
20 u[nd] dabei die schöne Herzenseinfalt, die sich nie dünkt u[nd] nie prahlt, sich eigen machen; eine Eigenschaft, die für die Schullehrer von der grössten Wichtigkeit ist. Entfacht ist mein Wunsch, Sie, sehr würdiger Freund! wieder einmahl zu besuchen u[nd] die Fortschritte mit Augen zu sehen, die Ihr Unternehmen gemacht hat. Vielleicht
25 wird mir seine Erfüllung im nächsten Jahr gewährt.
Mit inniger Verehrung
Ihr aufrichtiger Freund
J[gnaz] H[einrich] Wessenberg, Bisch[öflicher] Verw[eser]

Überlieferung

1 ZB Zürich, Ms Pestal 55a/56, Umschlag 386/1
2 Bogen, 237 x 187 mm
5 Original

Textkritik

Zeuge H
Z. 20   die < wichtigen > schöne
Z. 24   mit Augen ⌡
Z. 28   Wessenberg: lateinische Schrift

Sacherklärung

I.

Ignaz Heinrich von Wessenberg (1774–1860) ⇒ Nr. 683

II.

Als Generalvikar des Bistums Konstanz engagierte sich Ignaz Heinrich von Wessenberg (1774–1860, ⇒ Nr. 683) auch für die Verbesserung des Schulwesens in seiner Region und hatte Pestalozzi sowohl in Burgdorf als auch in Yverdon besucht.

III.

Z. 5   Z i e h l e r : Johann Ziehler konnte nicht näher bestimmt werden
Z. 8   Iferten: dt. Name für Yverdon

1996.
Reichsgraf Joseph Hugo von Fugger
Herbst 1818

[Reg.] Fugger fordert Pestalozzi auf, ihm eine Einschätzung über seinen Sohn zu geben.

Überlieferung

1   PSB XI, S. 172.1 f.

Sacherklärung

I.

Reichsgraf Joseph Hugo von Fugger (1763-1840) wird nach der standesgemässen Erziehung als Pensionär am Collegium Virgilianum, einer Ritterakademie in Salzburg, nach dem Verlust der Reichsunmittelbarkeit seiner Herrschaften Kirchheim, Eppishausen und Schmiechen erblicher Reichsrat in Bayern sowie Oberst und königlich-bayerischer Kammerherr und steht seit 1833 gemäss des Familienbeschlusses als Senior dem Gesamthaus Fugger vor.

III.

Z. 4   *Sohn*: Maximilian von Fugger (1801-1840) ⇒ Nr. 1660

1997.
Johannes Heinrich Daniel Zschokke
November 1818

Lieber Pestalozzi, Dir empfiehlt Herrn Dr. Witte von Berlin und H[er]rn Graf v[on] Kalkreuth

Heinr[ich] Zschokke

Deine Sachen hab' ich in München besorgt.

Überlieferung

1   ZB Zürich, Ms Pestal 56, Umschlag 403/3
2   Blatt, 60 x 134 mm
5   Original

Textkritik

Zeuge H

Z. 4 *Witte*: lateinische Schrift

Sacherklärung

I.
Johannes Heinrich Daniel Zschokke (1771–1848) ⇒ Nr. 561

III.
Z. 4 *Witte*: Karl Heinrich Gottfried Witte (1767–1845) ⇒ Nr. 720
Z. 5 *Kalkreuth*: Graf Friedrich Ernst Adolf Karl von Kalckreuth (1790–1873) nahm, nach einer militärischen Karriere, die ihn bis zum Rittmeister führte, 1819 seinen Abschied und widmete sich unter dem Pseudonym Felix Marius der Literatur im spätromantischen Liederkreis Dresdens. Nach einer gemeinsam mit Karl Heinrich Gottfried Witte (1767–1845, ⇒ Nr. 720) unternommenen Reise in die Schweiz und nach Italien 1817/18 verfasste er zahlreiche Dramen und Gedichte.
Z. 7 *Sachen*: Damit dürfte wohl die Subskription der Werke Pestalozzis in Bayern gemeint gewesen sein, die hier vor allem durch Joseph Röckl (1780–1826, ⇒ Nr. 1800) vorangetrieben wurde. Aber auch die bayerische Regierung (⇒ Nr. 1768) förderte die Subskription mit 600 Gulden. Johannes Heinrich Daniel Zschokke (1771–1848, ⇒ Nr. 561), der einen Auftrag der Regierung für die dann vierbändig erscheinende Geschichte Bayerns hatte, reiste mehrmals nach München, zuletzt 1817, und besass sehr gute Kontakte, insbesondere zum bayerischen Reformer und Minister Graf Maximilian Joseph von Montgelas (1759–1838, ⇒ Nr. 1051), dessen Sohn Ludwig (1814–1892) von Oktober 1819 bis 1823 das Institut in Yverdon besuchte.

1998.
Johann Friedrich Wilhelm Lange
2. November 1818

Herrn
Herrn H[einrich] Pestalozzi
auf
dem Schloss
Iferten.

Iferten d[en] 2. Nov[em]b[e]r 1818

Herr Pestalozzi!
Ich habe gestern in Lausanne erfahren, dass Sie mit Leidwesen meine Niederlassung in Iferten sähen. In Beziehung darauf erkläre ich Ihnen, dass ich weit entfernt bin, hier ein Institut zu bilden, sondern dass ich mich nur der Erziehung einer kleinen, mich ernährenden Anzahl Knaben in meinem Hause widmen möchte, bis es mir

meine ökonomische Lage u[n]d der Gesundheitszustand meiner
Frau erlauben, mir irgend wo anders ein Unterkommen zu suchen.
Ich bitte Sie daher, mir zu erklären, ob Sie mir meinen Aufenthalt
bis dahin gestatten wollen.

ergebener Lange.

Überlieferung

1   ZB Zürich, Ms Pestal 52/53, Umschlag 183/5
2   Bogen, 238 x 189 mm
4   Datum am Schluss, Siegelspuren
5   Original
6   Von diesem Brief ist auch eine französische Übersetzung überliefert (ZB Zürich, Ms Pestal 52/53, Umschlag 183/5 a).

Textkritik

Zeuge H
Z. 5   H[einrich] Pestalozzi: lateinische Schrift
Z. 9   Nov[em]b[e]r: lateinische Schrift
Z. 12   in <I> Iferten

Sacherklärung

I.

Johann Friedrich Wilhelm Lange (1786–1858) ⇒ Nr. 1058

II.

⇒ Nr. 1992. Da Pestalozzi diesen Brief nicht umgehend beantwortet hatte, schrieb Johann Friedrich Wilhelm Lange (1786–1858, ⇒ Nr. 1058) ihm am nächsten Tag erneut einen Brief (⇒ Nr. 1999). Pestalozzis Antwort, in welcher er zu beiden Briefen Langes Stellung nahm, erfolgte dann am 5. November 1818 (PSB XI, Nr. 5105).

III.

Z. 8   Iferten: dt. Name für Yverdon
Z. 17   Frau: Rosa Isialine Lange-Fiaux ⇒ Nr. 1747

1999.
Johann Friedrich Wilhelm Lange
3. November 1818

Herrn
H[einrich] Pestalozzi
Iferten.

Iferten d[en] 3ᵗ Nov[em]b[er] 1818

Herr Pestalozzi!

Liebe zur stillen Wirksamkeit in meinem Hause hat meine gestrige Anfrage an Sie veranlasst. Sie haben mir nicht darauf geantwortet – u[n]d ich sehe mich nun genöthigt, meine Sache auf anderm Wege ins Reine zu bringen.

W[ilhelm] Lange.

Überlieferung

1 ZB Zürich, Ms Pestal 52/53, Umschlag 183/6
2 Bogen, 240 x 191 mm
4 Datum am Schluss, Siegelspuren
5 Original
6 Von diesem Brief ist auch eine französische Übersetzung überliefert (ZB Zürich, Ms Pestal 52/53, Umschlag 183/5a).

Textkritik

Zeuge H
Z. 5   *Pestalozzi*: lateinische Schrift
Z. 7   *Nov[em]b[er]*: lateinische Schrift

Sacherklärung

I.

Johann Friedrich Wilhelm Lange (1786–1858) ⇒ Nr. 1058

II.

⇒ Nr. 1998

III.

Z. 6   *Iferten*: dt. Name für Yverdon
Z. 10   *Anfrage*: ⇒ Nr. 1998

2000.
Samuel De Bary
3. November 1818

[Reg.] De Bary moniert, dass Pestalozzi nicht alle seine Fragen beantwortet habe.

Überlieferung

1 PSB XI, S. 169.9 und S. 349, Nr. 5094

Sacherklärung

I.

Samuel De Bary (1776–1853) ⇒ Nr. 1304 b

2001.
Joseph Helferich
5. November 1818

[Reg.] Helferich gibt seinem Zögling einen Brief für Pestalozzi mit und wünscht, dass er auch Flötenunterricht erhalte.

Überlieferung

1 PSB XI, S. 157.5 ff.

Sacherklärung

I.

Joseph Helferich (1762–1837) aus dem unterfränkischen Miltenberg wird 1789 Vikar am Stift St. German und Moritz in Speyer, später Präbendar (Inhaber einer kirchlichen Pfründe) am Dom in Speyer, wo er bis zum Ende der napoleonischen Herrschaft als Priester bleibt, bevor er sich zusammen mit dem Wormser Domdekan Franz Christoph Wambold zu Umstatt (1761–1832) als Oratoren der deutschen katholischen Kirche auf dem Wiener Kongress vergeblich um Wiederherstellungen bzw. Kompensationen für die ehemals geistlichen Territorien bemüht. Durch den Kontakt mit dem päpstlichen Kardinalsstaatssekretär Ercole Consalvi (1757–1824) geht er nach Rom und ist mit ihm und dem bayerisch-pfälzischen Bischof Johann Casemir Häffelin (1737–1827) an der Entstehung des Bayerischen Konkordats beteiligt. Von 1821 bis zu seinem Tod amtiert er als Domkapitular des Erzbistums Bamberg.

III.

Z. 4   *Zögling*: Karl Friedrich Reiner (1804–1884) kam 1818 als Zögling zu Pestalozzi, wo er bis 1825 blieb und Pestalozzi daraufhin auf den Neuhof begleitet haben soll. Nach seiner Übersiedlung nach England unterrichtete er als Charles Frederick Reiner von 1826 bis 1846 am Schulinstitut (⇒ Nr. 2288) von Charles Mayo (1792–1846, ⇒ Nr. 2270) in Cheam (Surrey) Mathematik und Naturwissenschaften und verfasste Lehrbücher (*Lessons on Form. An introduction to geometry as given in a Pestalozzian school in Cheam*, 1835). Anschliessend wirkte er in London als Privatlehrer und Lehrer am *Home and Colonial Society's Training College* und unterrichtete die ältesten Kinder der englischen Queen Victoria (1819–1901).

2002.
Johann Friedrich Wilhelm Lange
6. November 1818

Iferten d[en] 6. Nov[em]b[e]r 1818.

Herr Pestalozzi!
Mein Ansuchen an Sie unterm 2ten November war die Folge einer, durch den mir unerwartet zugekommenen Regierungsentschluss veranlassten Uebereilung. Sie sind allerdings nicht b e r e c h t i g t, mir mein pädagogisches Unternehmen und meinen Aufenthalt allhier weder zu erlauben noch zu verbieten. Denn es ist vermöge der Grundsätze der hiesigen Landesconstitution, nach denen ich mich zeither erkundigt habe, die Ausübung jedes rechtlichen und sittlichen Berufs frey. Ich nehme daher den Inhalt jenes Schreibens zurück.

Was die Errichtung von neuen Anstalten überhaupt betrifft, so ist es gar nicht zu denken, dass die Niederlassung Mehrerer, die alle einen Beruf ausüben, die Sittlichkeit und den wahren Berufsinteressen gefährden könnten. Mehrere Anstalten an einem Ort erweitern im Gegentheil den Kreis der Ideen und das Gebieth der Erfahrungen und veranlassen einen edeln und dem Ganzen sehr dienlichen Wetteifer, so fern sie in ihrem Innern auf Wahrheit und Glauben gegründet sind. Wenn schon in Fabriksachen Monopolien mit Recht verachtet werden, so muss man sie in Erziehungssachen verabscheuen – und es gibt wahrlich keinen grössern Beweis der innern Unsittlichkeit und der Erziehungsunfähigkeit, als wenn man, um ein Erziehungsunternehmen zu betreiben, es nicht nur fabrikmässig, sondern sogar monopolistisch behandelt wissen, und wenn sein Vorsteher selbst auf ausschliessliches Privilegium Anspruch machen wollte. Indessen freut es mich ungemein, dass Sie endlich zu der mit Willenskraft unterstützten, Überzeugung gekommen zu seyn scheinen, dass Sittlichkeit die Bedingung glücklicher Erziehungserfolge sey und dass Sie bey Ihren Zöglingen darauf ernstlich Bedacht zu nehmen scheinen. Seyen Sie überzeugt, dass ich in dieser Beziehung nicht nur alles thun, sondern mir auch alles gefallen lassen werde, was dieselbe sichern kann. Nur erlauben Sie mir, zu bemerken, dass dieselbe nie von aussen, wohl aber im Innern Ihres Hauses gefährdet werden kann. Ebensowenig sind es die, auf stille Häuslichkeit gegründete Nebeninstitute, welche dem Erziehungswesen und der Menschheit Verderben drohen – wohl aber ein grosses, dem Familienleben Hohn sprechendes, in Laster und Sünde versunkenes und auf äussern Schein berechnetes Weltinstitut, wie das ist, an deren Spitze Sie stehen. Eben moralische Gründe waren es ja, die seit vielen Jahren Ihre Gehülfen, einen nach dem andern, aus Ihrer Anstalt entfernt haben. Sorgen Sie also nur dafür, dass der Schlechtigkeit in Ihrem Hause ein Ziel gesetzt werde, damit das Zeitverderben, gegen welches Sie in Ihren Schriften so sehr eifern, durch Ihre gegenwärtige Zöglinge nicht vermehrt werde. Sorgen Sie namentlich dafür, dass durch Ihr eigenes Verhalten gegen Ihre Gehilfen der zarte Sinn der Kinder für Anstand und Heilighaltung natürlicher und menschlicher Verhältnisse und Rechte nicht verloren gehe, dass dieselben nicht mehr aufgehezt zu Spionen abgerichtet und gemissbraucht werden; dass sie nicht mehr in Ihre Zerwürfnisse mit Ihren Umgebungen gewaltsam und auf eine unverantwortliche Weise selbst im Unterricht hineingezogen; einer gewissenslosen Disciplin zufolge in Wein- und Unzuchtshäuser zugelassen und dass die, welche sich in Ihrem Hause selbst, der Vergehungen, der Unzucht, der Niederträchtigkeit, der Gewaltthätigkeit bis zum Morde erlauben, aus demselben entfernt werden. Sie haben nur zu verhüten, dass nicht selbst in Stunden heiliger Erklärungen, alles Heilige verletzt, Zimmereröffnungen und Briefentwendungen vorgenommen werden, wie ich Ihnen gegenüber, dergleichen vor Ihr Gewissen führen kann. Sobald Sie solchen Uebeln, welche an dem Herzen Ihrer Anstalt zerstörend nagen, werden abgeholfen haben, wird die Errichtung von Nebeninstituten der Sittlichkeit Ihrer Zöglinge keine Gefahr drohen. So lange ich mich dieser Ueberzeugung aber nicht hingeben darf, werden Sie es auch natürlich finden, dass ich den beyden Knaben Aldama und Comming, bey denen ich Vaterstelle vertrete, nicht erlaube, an dem Unterrichte in Ihrer Anstalt Theil zu nehmen.

Diese Eröffnung bin ich Ihnen bey meiner Trennung auf Veranlassung Ihres Schreibens vom 5$^{t[e]n}$ 9^{ber} schuldig gewesen.

unterz[eichnet] Wilh[elm] Lange.

Überlieferung

1 ZB Zürich, Ms Pestal 52/53, Umschlag 183/7
2 Bogen, 258 x 198 mm
4 Datum am Schluss
5 Copia
6 Von diesem Brief ist auch eine Abschrift überliefert (ZB Zürich, Ms Pestal 52/53, Umschlag 183/7a) sowie zwei französischen Übersetzungen (Umschlag 183/7b und 7c), wobei die eine (7b) für den Friedensrichter angefertigt wurde.

Textkritik

Zeuge H

Z. 4	*Nov[em]b[e]r*: lateinische Schrift
Z. 6	*November*: lateinische Schrift
Z. 52	*dass <S> sie*
Z. 61	*Ihnen <dergleichen> gegenüber,*
Z. 67	*Aldama*: lateinische Schrift
Z. 67	*Comming*: lateinische Schrift

Sacherklärung

I.

Johann Friedrich Wilhelm Lange (1786–1858) ⇒ Nr. 1058

II.

⇒ Nr. 1992 und ⇒ Nr. 1998

III.

Z. 4 *Iferten*: dt. Name für Yverdon
Z. 6 *Ansuchen*: ⇒ Nr. 1998
Z. 67 *Aldama*: Pantaleon Aldama stammte vermutlich aus Madrid und war vom 9. September 1817 bis zum 1. Oktober 1818 Zögling in Yverdon. Anschliessend wurde er wie John Comming (⇒ Z. 67) von Wilhelm Lange (1786–1858, ⇒ Nr. 1763) in dessen Erziehungsinstitut (⇒ Nr. 1763) nach Vevey mitgenommen. Er war möglicherweise ein Sohn des gleichnamigen baskischen Händlers Pantaleon Aldama (*1765) aus Larrinbe, der 1784 nach Mexiko-Stadt zu seinem Landsmann Tomas Domingo auswanderte, wo er als Kaufmann und als Gemeinderat tätig war.
Z. 67 *Comming*: John Comming aus London war vom 14. September 1817 bis 1. Oktober 1818 Zögling in Yverdon und wurde anschliessend von Wilhelm Lange (1786–1858, ⇒ Nr. 1058) in dessen Erziehungsinstitut (⇒ Nr. 1058) nach Vevey mitgenommen.
Z. 71 *Schreibens*: PSB XI, Nr. 5105

2003.
Antoine Rolland

7. November 1818

[Reg.] Rolland ist sehr beunruhigt darüber, dass sein Sohn die Masern hatte und schlägt kleine Vorsichtsmassnahmen zum Erhalt seiner Gesundheit vor. Zudem wünscht er in Zukunft sofort über allfällige Krankheiten informiert zu werden.

Überlieferung

1 PSB XI, S. 156.11 ff.

Sacherklärung

I.

Antoine Rolland (*1770) ist Händler in Nîmes und seit 1798 mit Marie Louise Camplan (*1771) verheiratet; das Paar hat drei Söhne, von denen einer, Antoine Léon (1804-1811), früh stirbt, was die Sorge um den Gesundheitszustand des in Yverdon weilenden César Émile (1805-1825, ⇒ Z. 4.) erklären könnte.

II.

Am 7. Oktober 1818 hatten sich schon Charles Eugène Longuemare (1773-1845, ⇒ Nr. 1941) und Jean-Baptiste Augustin Joseph Fréville (1777-1860, ⇒ Nr. 1941) bei Pestalozzi darüber beklagt, dass sie nicht über die Masernerkrankung ihrer Söhne informiert worden seien (⇒ Nr. 1986). In seiner Antwort an Antoine Rolland (*1770, ⇒ Sacherklärung I.) wiegelte Pestalozzi die Befürchtungen des Vaters ab, indem er ihn darauf hinwies, dass die meisten Kinder an Masern erkrankt seien und man die Eltern nicht unnötig habe beunruhigen wollen (PSB XI, Nr. 5113).

III.

Z. 4   *Sohn*: César Emile Rolland (1805-1825) war der dritte und jüngste Sohn des Ehepaares Rolland-Camplan (⇒ Sacherklärung I.) und starb in Montpellier.

2004.
Julius Christoph Kupffer
12. November 1818

S[eine]r Wohlgebohren
dem Herrn Professor etc. etc.
Pestalozzi
nach
Iferten
in der Schweiz

franco

Mitau d[en] 12. Nov[ember] 1818.
S[alvo] T[itulo].

Ich erfahre zu meiner grossen Betrübnis, dass mein Schwager Carl Brandt, der die Ehre gehabt hat in Ihrer Anstalt angestellt gewesen zu seyn, überspannt ist. Ich bin so frei Ihnen einliegend eine Abschrift des jenigen zu senden was drüber aus Heydelberg geschrieben worden. Ich erhielt noch vor kurzem Briefe von ihm, worinn er mir schrieb, dass er wichtige Pläne hätte, und sich dadurch verherrlichen würde, indem er zugleich 1200 Livres auf mich assignirte, die ich auch bezahlt habe, wovon ich Ihnen eine Abschrift zu begleiten so frei bin. Ich bitte Sie von Ihrer menschenfreundlichen Güte überzeugt, Sorge dafür zu tragen, dass er ohne Aufschub seine Rück Reise hierhin antritt, denn ich bin überzeugt dass er nur hier bei seiner Familie, von seiner Ueberspannung geheilt werden kann. Ich bitte ihm zu dem Ende die Einlage, welche Sie gefälligst erst durchlesen wollen, abzugeben, und auf seine schleunige Abreise zu dringen. Er muss übrigens durchaus nicht wissen, was ich von ihm weiss und Sie werden es ihm auch so ans Herz legen, dass er nicht den wahren Grund erfährt. – Damit Sie ihm mit dem nöthigen Reisegelde versehen können begleite ich Ihren einliegend neben adres Brief R[igsdaler] 100.– holl[ändische] Cour[ant] auf Blankenhagen Cie.

in Amsterdam a 2 Manet
ich bitte ihm jedoch nur so viel Geld zu geben, als er zur Reise bis nach Berlin nothwendig braucht, damit er nicht Umwege macht, oder das Geld anderweitig verwendet. Ich habe auf den Fall er nicht in Ihrem Orte seyn sollte nach Aachen an H[errn] G[ottlob] C[arl] Springsfeldt u[nd] Söhne geschrieben wovon ich Ihnen zu Ihrer Nachricht Abschrift begleite. Mein Schwiegervater darf von dieser Geschichte durchaus nichts wissen, welches seiner schwachen Ge-

sundheit den Rest geben würde, ich bitte Sie daher keinem andern als mir darüber zu schreiben. Indem ich Ihnen diese mir wichtige Angelegenheit recht sehr ans Herz lege und auf Ihre allgemein bekannte Menschenfreundlichkeit baue habe ich die Ehre mich mit besonderer Hochschäzzung zu heissen

E[u]er Wohlgebohren
ergebenster Diener
Jacob Leonhard Kupffer

Abschrift meines Briefs an H[errn] G[ottlob] C[arl] Springsfeldt u[nd] Söhne in Achen

Ein junger Carl Brandt, der aus Iferten nach Ihrem Ort gekommen seyn wird, um einen Plan bei dem Congress aus zuführen, ist zu gegenwartigem die Veranlassung. Es ist mein Schwager, eine schwere Krankheit hat nachtheilig auf seinen Geist gewirkt, wie ich, nicht von ihm, sondern von andern erfahren. Ich bitte Sie alles anzuwenden ihn dort aus zumitteln und ihn bei Abgabe des einliegenden Briefs, den Sie noch durchlesen wollen, dringend aufzufordern, hierher zu kommen, und alle Sorge zu tragen dass er aufs schleunigste nach Berlin abreiset. Sie können wohl denken dass mir viel dran liegt dass er ganz geheilt werde, und dieses kann nur bei seiner Familie geschehen – er muss daher durchaus hierher kommen. – Sie lassen sich gefälligst nichts gegen ihn merken, dass Sie von seinem Zustande etwas wissen. –

Damit Sie ihn mit dem nöthigen Reisegelde bis Berlin versehen können erhalten Sie einliegend
R[igsdaler] 100– holl[ändische] Cour[ant] auf Blankenhagen Cie. geben Sie ihm aber nicht mehr Geld, als er zur Reise nothwendig braucht, damit er nicht Umwege macht oder es anders verwendet. –

Ich habe im Fall er nicht in Ihrem Orte seyn sollte auch an H[errn] Professor Pestalozzi in Iferten geschrieben und sehe Ihren Nachrichten entgegen. –

Das diese Sache so viel wie möglich verheimlicht wird, darum bitte ich Sie recht sehr.

Sollte Carl Brandt nicht dort seyn, und Sie dadurch in dieser Angelegenheit nichts machen können so bitte ich Sie recht sehr mir sowohl die Anweisung auf Blankenhagen Cie., als per Adres Brief zurück zusenden. –

Bericht aus Heydelberg vom 4. Nov[ember] s[tilo] n[ovo] 1818

Einen äusserst traurigen Fall, kann ich nicht umhin dir zu erzählen. Carl Brandt, seit einem Jahre Lehrer an der Pestalozzischen Schule in Iferten war vorigen Sonnabend (31 Oct[ober] s[tilo] n[ovo]) hier und reisete in wichtigen Geschäften, von denen das Wohl der Welt wie er versichert, abhängt, zum Aachener Congress. Gott hat sich ihm offenbaret, und treibt ihn, das wichtige Werk zu vollenden. Es gilt nicht weniger, als den leibhaftigen geoffenbarten Antichrist, der sich in Iferten befindet, den Monarchen zu entdekken, und sie auf das Unheil aufmerken zu machen, das von ihm aus gehen soll. Brandt war von jeher etwas überspannt, und nun haben ihn besondere Verhältnisse in Iferten, weiss Gott wie, völlig den Sinn verrükt. Ich sage dir ich erschrak bei unserm Wiedersehn, so bleich und mager sah er mir dabei aus. – Was haben du und ich uns nicht für Mühe gegeben ihn von seiner Idee abzubringen, aber er antwortete zuletzt immer, was können mir Menschen für Hindernisse in den Weg legen, wo Gott mich treibt – und was wünsche ich denn mehr, als dass wenn meine guten Absichten nicht erkannt werden, ich für die Wahrheit im Gefängniss schmachten oder am Kreuze sterben kann! –

Was will man dagegen machen? – Wir mussten ihn reisen lassen, denn auch das Sprechen mit Daub und Schwartz, half nichts, als dass er sie noch bemitleidete, dass sie noch nicht auf dem hohen Standpunkte die Wahrheit erfasst hätten – du kannst denken dass ihm alles äusserliche dabei ganz gleichgültig war, und er ohne einen Heller in der Tasche bis hierher gereiset war, so dass wir hier, rükund vorwärts für ihn bezahlen mussten. Weiss Gott wie es ihm in Aachen gehen wird. Es ist würklich sehr traurig. –

Überlieferung

1 ZB Zürich, Ms Pestal 52/53, Umschlag 179/1 (H1) und Umschlag 179/1a (H2)
2 Bogen, 225 x 195 mm (H1) und Blatt, 225 x 195 mm (H2)
4 Datum am Schluss, Siegelspuren, Stempel MEMEL 28 NOV., Dorsualvermerk Mietau, 12. Novemb[er] 1818. Jakob Leonhard Kupfer. (H1)
5 Original (H1) und Abschrift (H2)

Textkritik

Zeuge H und [h]
Z. 4–48   H1
Z. 6   *Pestalozzi*: lateinische Schrift
Z. 8   *Iferten*: lateinische Schrift

Z. 11	Nov[ember]: lateinische Schrift
Z. 13 f.	Carl Brandt ∫
Z. 48	Jacob Leonhard Kupffer: lateinische Schrift
Z. 49–106	H2
Z. 64	Berlin: lateinische Schrift
Z. 70	Pestalozzi: lateinische Schrift
Z. 70	Iferten: lateinische Schrift
Z. 78	H e y d e l b e r g : lateinische Schrift
Z. 78	N o v [e m b e r] : lateinische Schrift
Z. 82	Iferten: lateinische Schrift
Z. 82	Oct[ober]: lateinische Schrift
Z. 87	Iferten: lateinische Schrift
Z. 90	Iferten: lateinische Schrift
Z. 96	nicht < *** > erkannt
Z. 100	Daub: lateinische Schrift
Z. 100	Schwartz: lateinische Schrift

Sacherklärung

I.

Obwohl der Brief mit dem Namen Jakob Leonhard Kupffer unterzeichnet ist, muss es sich beim Briefschreiber um Julius Christoph Kupffer (1784–1836) handeln, der älteste Sohn des bereits 1812 verstorbenen Jakob Leonhard Kupffer (*1747), der im Namen seines Vaters schreibt. Julius Christoph lebt als Kaufmann in Jelgava (Mitau, Lettland) und ist mit Charlotta Begnigna Brandt verheiratet.

III.

Z. 8	Iferten: dt. Name für Yverdon
Z. 11	Mitau: Jelgava (Lettland)
Z. 12	S[alvo] T[itulo]: mit Vorbehalt des Titels (lat.)
Z. 13	Schwager: Karl Brandt (1769–1848) ⇒ Nr. 1840
Z. 15 f.	Abschrift: Z. 78–106
Z. 17	Briefe: scheinen nicht erhalten zu sein
Z. 19	Livres: Silberwährungseinheit
Z. 19	assignirte: Geld anweisen
Z. 20	Abschrift: Z. 49–77
Z. 31	R[igsdaler]: Reichstaler
Z. 31 f.	Blankenhagen Cie: Das Amsterdamer Handels- und Bankiershaus S. J. & A. W. Blankenhagen dürfte auf den Talliner Simon Johann Blankenhagen (1725–1790) zurückgehen. Er war einer der vielen Kaufleute, die nach dem Grossen Nordischen Krieg (1700–1721) die Heimat verliessen, um sich am prosperierenden niederländisch-russischen Handel zu beteiligen. 1828 gehörte die Firma zu einer der sieben offiziellen Handelsunternehmen der unter dem niederländischen König Wilhelm I. (1772–1843) ins Leben gerufenen Amsterdamer West India Company.
Z. 33	Manet: Monat (mittelhochdeutsch)
Z. 38	Springsfeldt: Gottlob Carl Springsfeld (1748–1824) hatte in Burtscheid eine Fabrik für Nähringe gegründet, die 1798 nach Aachen zog und sich zu einer der zehn grössten Nähnadelfabriken im Aachener Raum entwi-

630

ckelte. 1822 wurde die Firma Grossaktionärin der ersten Walzdrahtfabrik (Draht-Fabrik-Compagnie) Deutschlands. Springsfeld war mit Maria Josefa Berghorn (1750-1830) verheiratet.

Z. 39 *Schwiegervater*: Johann Peter Brandt (1766-1835), Sohn eines Pastors, besuchte das Gymnasium in seinem Geburtsort Jelgava (Mitau, Lettland). Nach dem Studium der Theologie in Wittenberg war er 1791 bis 1835 Pastor im kurländischen Engure (Angern, Lettland).

Z. 52 *Congress*: Am Aachener Kongress vom 29. September bis zum 21. November 1818 nahmen vor allem Monarchen und Diplomaten der «Heiligen Allianz», also Österreichs, Russlands und Preussens, aber auch Frankreichs und Grossbritanniens teil. In den endgültigen aussenpolitischen Klärungsbemühungen nach den napoleonischen Kriegen wurde eine seltene Einmütigkeit unter den europäischen Grossmächten erzielt, unter anderem weil Einigkeit in der Verfolgung der National- und Demokratiebewegung vorherrschte, wobei besonders die Hochschulen als Hort revolutionärer Umtriebe in den Blick genommen wurden. Insofern war der Aachener Kongress das Präludium der reaktionären Karlsbader Beschlüsse 1819.

Z. 78 f. *s[tilo] n[ovo]*: neuer Stil, nach dem Gregorianischen Kalender

Z. 100 *Daub*: Karl Daub (1765-1836) besuchte das Gymnasium in Kassel und studierte ab 1786 in Marburg Philologie, Philosophie und Theologie. Er wurde dort 1790 Stipendiatenmajor und Privatdozent. Ab 1795 lehrte er als Professor für Theologie in Heidelberg, wurde im Mai 1805 zum Kirchenrat ernannt und 1806 Mitglied der Heidelberger Freimaurerloge *Carl zur guten Hoffnung*. Daub war ursprünglich Anhänger eines Kantschen Kritizismus, dann der Identitätsphilosophie Friedrich Wilhelm Joseph Schellings (1775-1854, ⇒ Nr. 1136), bevor er unter dem Einfluss Georg Wilhelm Friedrich Hegels (1770-1831) zu einem der Hauptvertreter der spekulativen Restauration des orthodoxen Dogmas avancierte.

Z. 100 *Schwartz*: Friedrich Heinrich Christian Schwarz (1766-1837) ⇒ Nr. 947

2005.
Abraham Charles Samuel Brousson
14. November 1818

Monsieur
5 Monsieur Pestalozzi
chez lui

Yverdon 14ᵉ Novembre 1818

Monsieur

Quand j'ai eu l'honneur de Vous rencontrer Mercredi dernier Vous
10 m'avez demandé si je voudrais donner des leçons de religion dans Votre institut, quand je serai déchargé de mes fonctions au collège. Je dois à la vénération que j'ai pour Vous, Monsieur, je me dois à

moi-même, je dois à la vérité de répondre avec toute franchise à cette proposition.

J'ai été en relation avec Votre institut assez longtemps avant de l'être avec M[essieurs] Niederer et Krüsi. Dès le commencement de l'année 1816, je donnai chez vous, pendant environ deux mois, des leçons de latin. C'était précisément dans ce temps là que étant suffragant d'une paroisse voisine d'Yverdon, et voyant toute l'imperfection et l'insuffisance des écoles que j'inspectais, je commençais à désirer et à chercher quelque chose de mieux. Dès ce moment j'eus avec Vous plusieurs conversations. Je fis aussi particulièrement connaissance avec M[onsieu]r Boniface, dans le temps où il était grand partisan de M[onsieu]r Schmid et ennemi déclaré de M[onsieu]r Niederer. Au mois de Mai 1816 j'entrai dans la place de principal du collège d'Yverdon, et ce fut pour moi une raison de plus pour profiter de la bonté que vous aviez de vouloir bien Vous entretenir avec moi et pour cultiver, avec un intérêt toujours croissant, mes liaisons avec votre institut et avec M[onsieu]r Boniface en particulier, espérant y trouver de quoi améliorer essentiellement l'éducation dans notre collège. Au commencement de l'année 1817, je suivis, avec deux instituteurs de notre collège, (M[essieurs] Jordan et Simond) un cours de calcul de tête que nous donna M[onsieu]r Leutzinger et qui me fit beaucoup de plaisir. Quelques mois après, j'appris par hazard que M[onsieu]r Krüsi (dont les personnes avec qui j'avais été jusqu'alors en liaison particulière dans votre institut ne m'avaient jamais fait l'éloge) j'appris, dis-je qu'il avait composé des exercices intéressants sur les éléments de la lecture. Je me rendis auprès de lui. La conversation l'amena à me parler de ses exercices de langage et, dès ce moment, je vis que je trouverais auprès de lui tout ce que je cherchais pour l'éducation. Je me confirmai de plus en plus dans cette idée, lorsque j'appris à connaître plus en détail ses exercices de langage, lorsque je fis avec lui un cours de calcul de tête que je trouvai infinim[en]t supérieur à celui de M[onsieu]r Leutzinger et surtout lorsqu'il m'exposa ses vues sur l'ensemble de l'éducation intellectuelle et morale. Ce fut ensuite des conversations que nous eûmes qu'il composa la brochure intitulée Coup d'œil sur l'ensemble des moyens de l'éducation, dans la rédaction de laquelle je fus son secrétaire et qui me procura une très grande satisfaction. J'ai fait connaissance particulière avec M[onsieu]r Niederer plus tard qu'avec M[onsieu]r Krüsi; ses vues sur l'ensemble de la méthode, dont il connsidère la religion comme l'ame, m'ont pleinement satisfait. Plus j'ai appris à connaître ces deux hommes, plus je me suis intimément convaincu qu'ils sont les véritables disciples de Pestalozzi, les dépositaires de ses véritables principes et de ses véritables sentiments. Suivant ma convictions vos principes passeront à la postérité tels qu'ils ont été saisis, développés et appliqués par M[essieurs] Niederer et Krüsi. Ce sont ces hommes là qui transmettront Votre nom et Votre ouvrage à la reconnaissance des générations futures. Quiconque a travaillé à Vous séparer de tels hommes a arrêté, autant qu'il a été en lui, les progrès de la vérité et en sera responsable à Dieu et aux hommes.

Maintenant je continue à m'appliquer avec zèle à l'étude de Votre méthode telle qu'elle est entre les mains de Vos anciens et vrais amis; je seconde et seconderai, selon mes forces, M[onsieu]r Krüsi dans son établissement où Votre méthode se développe de plus en plus et où j'espère qu'on pourra en voir tous les importants résultats; enfin je ferai mon possible pour faire connaître dans mon pays, Votre méthode telle que je la vois maintenant. Voilà une triple tâche à laquelle je veux consacrer tout le temps que me laisseront mes occupations de catéchiste que je conserve et les études que je dois faire comme Ministre de St. Evangile. Je ne voudrais pas employer mon temps et mes forces dans un établissement d'éducation où tout ne serait pas dans une harmonie fondée sur vos véritables principes, où tout ne serait pas animé par votre esprit et par votre cœur. Or malheureusem[en]t une telle harmonie ne peut pas régner dans votre maison. Celui qui Vous a séparé d'enver les hommes qui soutiennent la vérité, celui qui maintenant emploie le crédit de votre renommée à opprimer un homme uniquem[en]t parce qu'il est en opposition d'intérêt avec Vous, celui-là ne peut pas être animé de l'esprit ni du cœur du vrai Pestalozzi. Quand il en serait animé, des aides venus d'orient et d'occident ne peuvent pas s'être pénétrés tout d'un coup de Vos vues.

En conséquence je ne puis pas me charger de donner des leçons de religion proprement dites dans Votre institut. S'il s'agit de jeunes gens à instruire pour leur première communion, je sais que l'hiver dernier M[onsieu]r Niederer ne fit point difficulté de se charger de ceux de Vos élèves qui étaient dans ce cas là. Au reste tous les jeunes gens résidant en ville ont droit de participer au cours public d'instruction religieuse que je donne comme catéchiste. Je donne même quelquefois des cours particuliers. Mais je ne donnerais un cours particulier à des catéchumènes de Votre institut que dans le cas où M[onsieu]r Niederer aurait refusé de le faire et où les motifs de son refus n'existeraient pas pour moi.

Veuillez, Monsieur, ne point attribuer à M[essieurs] Niederer ou Krüsi la réponse que je fais à la proposition dont Vous m'avez honoré. Je ne leur en ai pas dit un mot, et si je leur en parle, ce ne sera que quand Vous aurez reçu cette lettre. Si je Vous réponds par écrit, plutôt que de vive-voix c'est parce qu'en écrivant on est plus maître de ce que l'on veut dire; en parlant on est exposé à dire trop ou trop peu. Au reste j'aurai l'honneur de Vous faire visite au premier jour, afin de répondre à Vos observations, si Vous jugez à propos de m'en faire, et dans tous les cas, afin de continuer à profiter de ce qu'il y a toujours de précieux à recueillir quand on a le bonheur de s'entretenir avec Vous.

Je suis persuadé, Monsieur, que Vous ne prendrez point en mauvaise part la franchise avec laquelle je Vous ai parlé. Veuillez y voir l'expression de ma profonde vénération et de mon attachement inaltérable pour ce qu'il y a d'immortel en Vous. Un temps viendra, j'espère, où Vous reconnaîtrez Vous-même la vérité de ce que j'ai pris la liberté de Vous dire.

Veuille l'esprit de lumière et de vérité, veuille l'auteur de toute grâce excellente et de tout don parfait hâter ce moment si désiré!

J'ai l'honneur d'être avec un profond respect

Monsieur
Votre très humble
et obéissant serviteur
Brousson Min[istre] du St. Evang[ile]

Überlieferung

1 ZB Zürich, Ms Pestal 50, Umschlag 39/1
2 Bogen und Blatt, 244 x 184 mm
4 Datum am Schluss, Siegelspuren, Dorsualvermerk *Iverdon, 14. Novembris 1818. Brousson.*
5 Original
6 Von diesem Brief ist auch ein identischer Entwurf erhalten (ZB Zürich, Ms Pestal 50, Umschlag 39/1a), allerdings mit einem anderen Schluss (vgl. Textkritik).

Textkritik

Zeuge H
Z. 79   *est* ⌡
Z. 90   *comme* ⌡
Z. 99   *en écrivant on est* ⌡ <*en*> *plus*
Z. 109–111 Variante des Entwurfs: *Un temps viendra, j'espère où vous reconnaîtrez la vérité de tout ce que j'ai pris la liberté de vous dire.*
Z. 113   Variante des Entwurfs: *ce moment si désiré et vous rendre ainsi le bonheur déjà ici bas.* –

Sacherklärung

I.

Abraham Charles Samuel Brousson (1791–1831) stammt aus einer ursprünglich in Nimes ansässigen und nach Genf ausgewanderten Familie, die seit 1807 das Bürgerrecht von Yverdon besitzt. Dort ist Abraham Charles Samuel Katechet und zugleich stundenweise Lateinlehrer bei Pestalozzi sowie ab 1816 auch Lehrer am Städtischen Kollegium, bevor er 1823 Priester in Le Sentier wird und später in gleicher Funktion nach Fiez (beide Kt. Vaud) wechselt, wo er bis zu seinem Tod arbeitet.

II.

In seiner Antwort vom 23. November 1818 wies Pestalozzi nachdrücklich darauf hin, «dass diejenigen Teile meiner Unterrichtsweise, die bisher praktisch ausgeführt worden, in keinem Haus von Iferten mit dem Grad der Kraft und Vollendung gelehrt werden, wie in dem meinigen» (PSB XI, S. 161).

III.

Z. 16   *Niederer*: Johannes Niederer (1779–1843) ⇒ Nr. 507
Z. 16   *Krüsi*: Hermann Krüsi (1775–1844) ⇒ Nr. 588
Z. 23   *Boniface*: Alexandre Antoine Boniface (1790–1841) ⇒ Nr. 1435 a
Z. 24   *Schmid*: Joseph Schmid (1785–1851) ⇒ Nr. 712
Z. 32   *Jordan*: Jean Camille Jordan (1772–1846) aus Yverdon war um 1810 Lehrer am Töchterinstitut (⇒ Nr. 867) und von 1813 bis 1832 Lehrer am *Collège* in Yverdon, wo er wegen Zugehörigkeit zu einer Partei religiöser Eiferer entlassen wurde.
Z. 33   *Simond*: Vermutlich ist hier der aus Yverdon stammende André Albert Henri Simond (1795–1862) gemeint, der von 1820 bis 1862 am *Collège* seiner Vaterstadt unterrichtete und gemeinsam mit Louise Françoise Judith Michod (1801–1841), die er 1820 heiratete, 9 Kinder hatte. Möglicherweise verweist die Stelle aber auch auf André Albert Henris Vater, Jean Louis Simond (*1754), der wie zuvor auch schon dessen Vater, Joseph Simond (1714–1791), am *Collège* unterrichtete.
Z. 33   *Leutzinger*: Fridolin Leuzinger (1786–1856) ⇒ Nr. 1773
Z. 47   *brochure*: Hermann Krüsi: Coup-d'œil sur l'ensemble des moyens de l'éducation, suivi de l'annonce d'un nouvel institut pour les jeunes garçons. Genève 1818
Z. 66   *établissement*: ⇒ Nr. 1775

2006.
Unbekannt

17. November 1818

Bern den 17ⁿ Nov[ember] 1818

5 Vater Pestalozzi.

Gestern gleich nach meiner Ankunft traf ich Krudener an, und speiste bei ihm. Auch seine Mutter, die seit einigen Tagen aus Teutschland hier ist, lud mich auf den Abend zum Thee zu sich ein. Wir sprachen viel von dir. Krudener schätzt dein Unternehmen; er nannte dich einen Helden der Menschenliebe, nur glaubte er nicht dass sich die wissenschaftliche Bildung an deine Methode anknüpfen lasse, welches auch dem mehrsten so scheinen wird, so lange sie noch nicht in der Muttersprache so konsequent als in Zahl und Form ausgearbeitet ist. Mir scheint dennoch jetz die Aufmerksamkeit mehr auf Fellenberg gerichtet. Er sagte mir: er erwarte in diesen Tagen Capo d'Istria, mit dem er nach Hofwyl wolle; fragte mich ob ich glaube dass es die Landwirtschaft in Russland fördern würde, wenn der Kayser junge Russen zur Erlernung derselben nach Hofwyl schickte; und obgleich er auf mein Nein aufmerksam war und nicht widersprach, schien er mir nicht offen genug. Ich sah aus Allem dass er wohl abhängig ist. – Die Mutter, Verfasserin eines vielgelesenen Romans, V[alerie], ist schon seit einigen Jahren, wie du vielleicht wissen wirst, gewaltige Proselytenmacherin für's Christenthum, und spricht nicht anders als in biblischen Ausdrücken. Sie sagte, der Kayser Alexander habe täglich in Paris ihren Betstunden beigewohnt, sey jetz abgegangen von den von La Harpe ihm beigebrachten Grundsätzen, sey jetz ein heiliger Alexander, in dem der heilige Geist wunderbar wirke; er habe seinem Bruder Constantin eine Bibel geschenkt, und alle seine geschwister gebeten sich von Christus wiedergebähren zu lassen, wenn auch diese nachgerade eingehen; sie stehe mit dem Kayser in Correspondenz, wolle ihm von mir schreiben, u[nd] komme wohl auch nach Petersburg, wie sie mit dem Kaiser abgemacht habe. Es gefiel ihr und allen ihren Umgebungen sehr wohl wie ich ihnen zeigte: dass die bisherige Schule und Wissenschaft den Menschen von seiner Unschuld abgeführt habe, und dass durch deine Methode der Kultur ihn in Zukunft nur imer mehr darin sicher und fest halten werde; dass die Verbreitung deiner Methode der bisherigen Sündhaftigkeit in der Wissenschaft entgegen wirkend, das neuaufgehende Christenthum, diesen Geist der Unschuld, in allen Trieben der Menschen dauerhaft macht und es bewahren werde durch ein sündhaftes Wissen und Treiben wieder momentan überwunden zu werden. Sie hatte vielseitig gehört du glaubtest nicht an die Gottheit Christi, und auch ein Herrenhuter aus Bern, der bei ihr war, behauptete dieses. Wenn ich sie in Basel oder Karlsruh wieder antreffen sollte, so werde ich ihr deine Morgen und Abendgebete und deine Predigten mittheilen. Ich bin überzeugt, Freund, dass das Christenthum in unsrer Zeit wieder mit hinreissender Gewalt eingreiffen wird, und wenn es auch hier und da sich nicht ganz rein und kräftig aussprechen sollte, so muss ich doch nach meinen Erfahrungen diese neue Erscheinung zum Theil

einer dazu besonders waltenden unsichtbaren Macht zuschreiben. Kannst du mir etwas schreiben über das Verhältniss deiner Methode zum Christenthum, wie es historisch in der Menschheit wirkt, so wirst du mir manchen Zweifel besser lösen machen, die man mir
55 gewiss noch oft entgegenstellen wird. Ich muss endigen, weil die Diligence in einer Viertelstunde abgeht. An Schmid und Niederer konnte ich nicht schreiben weil die Krudeners mir gestern den ganzen Tag genomen haben; Grüsse Alle von mir. Von Basel mehreres.

Überlieferung

1 ZB Zürich, Ms Pestal 56, Umschlag 410/8
2 Bogen, 222 x 172 mm
5 Original

Textkritik

Zeuge H

Z. 4	Nov[ember]: lateinische Schrift
Z. 13	Muttersprache <ab> so
Z. 16	Capo d'Istria: lateinische Schrift
Z. 26	La Harpe: lateinische Schrift
Z. 38	der <her> bisherigen
Z. 47 f.	mit <Gewalt eingreiffen> hinreissender

Sacherklärung

I.

Es ist unklar, wer diesen Brief verfasst haben könnte. Aus inhaltlichen Gründen denkbar wäre Christoph Adam von Stackelberg (1777-1841, ⇒ Nr. 1007), allerdings ist kein Hinweis darauf zu finden, dass er 1818 in der Schweiz geweilt hätte, sicher ist hingegen, dass er 1818 zum Direktor des Gymnasiums in Tallinn ernannt wird. Auch die am Ende des Briefes angekündigten weiteren Nachrichten von Basel helfen nicht weiter, da in der Folgekorrespondenz nichts Passendes zu finden ist, und das Schreiben zum Christentum, das der Verfasser von Pestalozzi erbeten hat, wurde nicht erstellt oder ist nicht überliefert.

III.

Z. 6	Krudener: Baron Paul von Krüdener (1784-1858) ⇒ Nr. 2051
Z. 7	Mutter: Freifrau Barbara Juliane von Krüdener-von Veitinghoff (1764-1824) ⇒ Nr. 1478
Z. 15	Fellenberg: Philipp Emanuel von Fellenberg (1771-1844) ⇒ Nr. 426
Z. 16	Capo d'Istria: Joannes Antonios Kapodistrias (1776-1831) ⇒ Nr. 1387
Z. 18	Kayser: Zar Alexander I. von Russland (1777-1825) ⇒ Nr. 520
Z. 22	Romans: Barbara Juliane von Krüdener: Valérie ou lettres de Gustave de Linar à Ernest de G... . Paris 1804
Z. 23	Proselytenmacherin: Jemand, der eifrig andere bekehrt

Z. 26	*La Harpe*: Frédéric César de Laharpe (1754–1838) ⇒ Nr. 722
Z. 28	*Bruder*: Grossfürst Konstantin Pawlowitsch von Russland (1779–1831) verzichtete 1825 zugunsten seines Bruder Zar Nikolaus I. (1796–1855, ⇒ Nr. 2680) auf den russischen Thron und war Generalstatthalter, Armeegeneral und bis zur Revolution von 1830 Vizekönig von Polen.
Z. 29	*geschwister*: Der Zar Alexander I. von Russland (1777–1825, ⇒ Nr. 520) hatte neben dem Grossfürsten Konstantin Pawlowitsch von Russland (1779–1831, ⇒ Z. 28) acht weitere Geschwister, von denen 1818 noch fünf lebten: Erbgrossherzogin Marija Pawlowna von Sachsen-Weimar-Eisenach (1786–1859, ⇒ Nr. 2351), Königin Katharina Pawlowna von Württemberg (1788–1819, ⇒ Nr. 1394), Grossfürstin Anna Pawlowna/Paulowna (1795–1865), Nikolaus I. Pawlowitsch (1796–1855, ⇒ Nr. 2680) und Michail (1798–1849). Anna Pawlowna/Paulowna heiratete 1816 Wilhelm Friedrich Georg Ludwig von Oranien-Nassau (1792–1849), den späteren König Wilhelm II. der Niederlande. Michail heiratete 1824 seine Cousine zweiten Grades Friederike Charlotte Marie von Württemberg (1807–1873). Er durchlief eine militärische Karriere und war Grossmeister der Artillerie und Generalinspektor des Geniekorps.
Z. 43 f.	*Herrnhuter*: Es ist unklar, wer damit gemeint sein könnte.
Z. 52	*schreiben*: Pestalozzi scheint diesem Wunsch nicht nachgekommen zu sein, zumindest lässt sich in der erhaltenen Korrespondenz kein Hinweis auf ein solches Schreiben finden.
Z. 56	*Diligence*: Postkutsche (frz.)
Z. 56	*Schmid*: Joseph Schmid (1785–1851) ⇒ Nr. 712
Z. 56	*Niederer*: Johannes Niederer (1779–1843) ⇒ Nr. 507

2007.
J. G. Cottasche Buchhandlung
18. November 1818

H[err] Pestalozzi

Stuttgart 13. Jun[i] 1818

Euer Wohlgebohrn
Herr Hoffmann & Campe Buchhändler in Hamburg subscribirt hiemit auf 4 Ex[emplare] Ihrer Schriften.

den 18 Nov[em]b[e]r

Anliegend eine weitere Bestellung.

Hochachtungsvoll etc.
J. G. Cotta'sche Buchhandl[un]g

638

Überlieferung

1 ZB Zürich, Ms Pestal 50/51, Umschlag 56/19
2 Blatt, 210 x 162 mm
4 Dorsualvermerk *Stuttgart Cotta.*
5 Original

Textkritik

Zeuge H

Z. 4 *H[err] Pestalozzi:* lateinische Schrift
Z. 5 *Stuttgart:* lateinische Schrift
Z. 7 *Hoffmann & Campe:* lateinische Schrift
Z. 7 *Hamburg subscribirt:* lateinische Schrift
Z. 9 *Nov[em]b[e]r:* lateinische Schrift

Sacherklärung

I.

J. G. Cottasche Buchhandlung ⇒ Nr. 1455 b

III.

Z. 7 *Hoffman & Campe:* 1781 gründete der zu den Hamburger Aufklärungskreisen zählende Freimaurer Benjamin Gottlob Hoffmann (1748-1818) die Hamburger Verlagsbuchhandlung. Nach der Heirat seiner Tochter Elise (1786-1873) mit Franz August Gottlob Campe (1773-1826), einem Neffen von Joachim Heinrich Campe (1746-1818, ⇒ Nr. 427), der 1800 in Hamburg eine Buchhandlung eröffnet hatte, trat dieser 1810 als Teilhaber in den Verlag seines Schwiegervaters ein und übernahm diesen 1818. 1823 nahm August seinen Halbbruder Johann Wilhelm Julius Campe (1792-1867) in die Leitung des Verlags auf und wurde zum Verleger des national bewegten literarischen «jungen Deutschland». Selbst das temporäre Verbot im Vormärz verhinderte den Verlagserfolg nicht.

Z. 8 *Schriften:* Johann Heinrich Pestalozzi: Sämmtliche Schriften, 12 Bände. Stuttgart 1819-1824

2008.
Betty Gleim

21. November 1818

Dem
5 Herrn Heinrich Pestalozzi
in
Iferten
in der Schweiz

Lieber Vater Pestalozzi!
10 Sie werden hoffentlich meinen Brief mit dem Subscribtions-Verzeichniss erhalten haben. Wenn ich nicht irre, so habe ich in der

Eile meinen eigenen Namen hinzuzufügen vergessen; sollte dies der Fall sein, so bitte ich Sie, ihn gefälligst noch aufzuzeichnen; so wie den Namen des

Herrn Aders in London.

Leben Sie wohl und sein Sie so glücklich, als meine Freundinn Aubertin, die Sie mit mir herzlich grüsst, und ich, es wünschen.

Betty Gleim.

Überlieferung

1   ZB Zürich, Ms Pestal 50/51, Umschlag 56/19
2   Blatt, 210 x 162 mm
4   Stempel *R.I.CARLSRUHE 21 NOV. 1818*, Dorsualvermerk *Elbenfeld, Betty Gleim.*
5   Original

Textkritik

Zeuge H
Z. 8 f.   *S c h w e i z* < *durch gütige Besorgung* >
Z. 15   *London*: lateinische Schrift
Z. 16   *und* < *leben* > *sein*

Sacherklärung

I.

Betty Gleim (1781–1827) ⇒ Nr. 1520 i

III.

Z. 7   *I f e r t e n* : dt. Name für Yverdon
Z. 10 *Brief*: ⇒ Nr. 1758
Z. 15 *Aders*: Damit dürfte wohl Johann Jakob Aders (1768–1825, ⇒ Nr. 1758) gemeint gewesen sein, der sich im November 1818 womöglich geschäftlich in London aufgehalten hatte. Betty Gleim (1781–1827, ⇒ Nr. 1520 i) hat Aders allerdings schon in ihrem letzten Brief vom September 1817 (⇒ Nr. 1758) als Subskribenten aufgeführt.
Z. 16 f. *Aubertin*: Minna Aubertin ⇒ Nr. 1758

2009.
Johann Friedrich Cotta, Freiherr von Cottendorf
22. November 1818

S[eine]r Wohlgebohrn
Herrn Heinrich Pestalozzi,
Iferten

Stuttgart 22. Nov[ember] 1818

H[err] Pestalozzi

Ihr Geehrtes v[om] 11en brachte mir, mein Verehrtester, den 2ten Theil von Lienhart und Gertrud, dessen Umarbeitung ich mich besonders wegen Ihrer fortdauernden Thätigkeit erfreue. Die Nachrichten aus England waren mir eben so erfreulich, und ich wünsche nichts als dass der gütige Himmel Ihr schönes Alter noch lange mit der besten Gesundheit stärken und erhalten möge.

Unwandelbarer Verehrer
Cotta

Überlieferung

1   ZB Zürich, Ms Pestal 50/51, Umschlag 56/20
2   Bogen, 235 x 202 mm
4   Siegelspuren, Stempel STUTTGART 22 NOV 1818
5   Original

Textkritik

Zeuge H
Z. 5   Heinrich Pestalozzi: lateinische Schrift
Z. 6   I f e r t e n : lateinische Schrift
Z. 8   Pestalozzi: lateinische Schrift
Z. 16   Cotta: lateinische Schrift

Sacherklärung

I.

Johann Friedrich Cotta, Freiherr von Cottendorf (1764–1832) ⇒ Nr. 617

III.

Z. 6   I f e r t e n : dt. Name für Yverdon
Z. 9   Geehrtes: PSB XI, Nr. 5112
Z. 10   Lienhart und Gertrud: Pestalozzi hatte seinen Roman Lienhard und Gertrud, der 1781 bis 1787 in vier Teilen und 1790 bis 1792 in einer dreiteiligen Überarbeitung erschienen war, für die Gesamtausgabe ein drittes Mal überarbeitet und sich dabei an der ersten Fassung orientiert.

Z. 12 *Nachrichten*: Charles Edward Herbert Orpen (1791–1856, ⇒ Nr. 1925) hatte Pestalozzi im Sommer 1818 mitgeteilt (⇒ Nr. 1955), dass er auf der Suche nach Subskribenten für eine englische Übersetzung der Werke Pestalozzis schon recht erfolgreich gewesen sei. Pestalozzi hatte dies auch Johann Friedrich Cotta, Freiherr von Cottendorf (1764–1832, ⇒ Nr. 617) in seinem Brief vom 11. November 1818 (PSB XI, Nr. 5112) mitgeteilt.

2010.
Eugène Dupuy
22. November 1818

[Reg.] Dupuy schickt Pestalozzi Edelkastanien.

Überlieferung

1   PSB XI, S. 177.34 ff.

Sacherklärung

I.

Eugène Dupuy (*1785), Sohn eines aus Montbéliard stammenden Lausanner Goldschmids, absolviert eine Beamtenkarriere – zunächst Sekretär beim Kleinen Rat, ist er ab 1811 Untersekretär im Justiz- und Polizeidepartement und ab 1825 Sekretär in der Postdirektion – und ist ab 1819 parallel dazu auch als Notar tätig. 1831 nimmt er eine einmonatige Auszeit, die ihm die Postdirektion für eine Reise nach England gewährt hat, zum Anlass, seine ungeordneten Geschäftsverhältnisse hinter sich zu lassen und sich in die USA abzusetzen. Seine Frau, Clémentine Dupuy-Bouthenot und ein Sohn sowie eine Tochter folgen ihm später nach New York nach.

2011.
Claude Prosper Gauthier
November/Dezember 1818

[Reg.] Gauthier teilt Pestalozzi mit, dass er sich wegen den Pensionskosten mit Gou-
5   vet in Verbindung setzen solle.

Überlieferung

1   PSB XI, S. 180.14 ff.

Sacherklärung

I.

Möglicherweise handelt es sich hier um Claude Prosper Gauthier (1759–1835) aus Bourg-en-Bresse (Rhônes-Alpes). Diese Vermutung wird dadurch unterstützt, dass Eugène d'Andert (1809–1876, ⇒ Nr. 1962) – die Pensionskosten betreffen seinen Aufenthalt in Yverdon – in seiner Lebensbeschreibung berichtet, dass sein Vormund gegen Ende seiner Studienzeit gestorben sei und er dann nach Erhalt des Diploms, 1837, mit dem Geld, das der Vormund ihm hinterlassen habe, auf Reisen gegangen sei (Henri-Dominique Lacordaire: Correspondance. Tome II: 1840–1846. Fribourg 2007, S. 151–154). Das würde allerdings bedeuten, dass hier nicht der Vormund, sondern eine weitere Person für die Finanzen zuständig war, nämlich François Gouvet (1771–1859, ⇒ Nr. 1721), der am 6. August 1817 Informationen über das Institut angefordert (⇒ Nr. 1721) hatte.

III.

Z. 4   *Gouvet:* François Gouvet (1771–1859) ⇒ Nr. 1721

2012.
Guillermo/Guillaume Strachan
1. Dezember 1818

[Reg.] Strachan kündigt an, dass er einige spanische Schüler nach Yverdon schicken wird.

Überlieferung

1   PSB XI, S. 204.26 ff.

Sacherklärung

I.

Guillermo/Guillaume Strachan ⇒ Nr. 1201 b

III.

Z. 4   *Schüler:* Damit könnten möglicherweise die beiden Brüder Ferdinand und José Fernandez aus Cadiz gemeint sein. Ferdinand war vom April 1819 bis zur Auflösung des Instituts im März 1825 als Schüler in Yverdon und begleitete Pestalozzi anschliessend auf den Neuhof. Da sein Vater Joseph/José Fernandez (†1825 ⇒ Nr. 2053) kurz darauf verstarb, kehrte er nach Madrid zurück. Sein Bruder José taucht in den Schülerverzeichnissen nicht auf, er dürfte demnach nicht nach Yverdon gereist sein.

2013.
Barth. Gottfr[ied] Geisler
1. Dezember 1818

[Reg.] Geisler erkundigt sich nach dem Konzept der Armenanstalt und fragt, ob sein Sohn da aufgenommen werden könne.

Überlieferung

1   PSB XI, S. 220.15 ff.

Sacherklärung

I.

Briefschreiber ist vermutlich Barth. Gottfr[ied] Geisler (1771–nach 1834), der nach dem Besuch des Gymnasiums im niederrheinischen Wesel wie sein Vater preussischer Postdirektor in Emmerich wird. Nach 1815 scheidet er – möglicherweise gezwungenermassen – aus der öffentlichen Verwaltung aus und ist schriftstellerisch tätig: 1817 veröffentlicht er *Über Erziehung und Schulen, mit Bezug auf die Juden* und 1828 einen Aufsatz über Obstbaumzucht. Dem Aufsatz über Kartoffelanbau in den *Landwirtschaftlichen Berichten aus Mittel-Deutschland* von 1836 folgt ein Jahr später das in Weimar erscheinende Buch *Die grossen Vortheile der Düngung durch Knochenmehl*, das 1841 in zweiter Auflage veröffentlicht wird.

III.

Z. 4   *Armenanstalt*: ⇒ Nr. 1369
Z. 5   *Sohn*: konnte nicht näher bestimmt werden

2014.
Mathias Mayor
4. Dezember 1818

[Reg.] Mayor erkundigt sich im Auftrag eines Freundes nach den Aufnahmebedingungen für Yverdon.

Überlieferung

1   PSB XI, S. 176.28 f.

Sacherklärung

I.

Mathias Mayor (1775–1847) aus Grandcour (Kt. Waadt) studiert in Zürich, Mailand, Pavia und Paris Medizin, promoviert 1795, lässt sich 1796 in Murten und später in

Lausanne nieder, wo er vor allem als Chirurg arbeitet. 1803 wird er zum Chefchirurgen am Spital von Lausanne ernannt, im gleichen Jahr erfolgt seine Wahl in den Waadtländer Grossrat, dessen Mitglied er bis 1831 bleibt. Mayor erfindet zahlreiche chirurgische Verfahren, besonders im Bereich der Orthopädie und der Amputationsmedizin, er publiziert zur chirurgischen Technik und wird Mitglied in zahlreichen gelehrten Gesellschaften in der Schweiz und im Ausland. Von 1809 bis 1847 befasst er sich mit der Hebammen-Ausbildung und zählt 1829 zu den Mitbegründern der *Société vaudoise des sciences médicales*. Mayor heiratet 1799 Suzanne Morel und 1841 Louise Hellmold.

III.

Z. 4 *Freundes*: konnte nicht näher bestimmt werden

2015.
Johann Friedrich Wilhelm Lange
9. Dezember 1818

Monsieur Pestalozzi
5 Yverdun

Yverdun le 9. X 1818

Monsieur!
Tout procès m'est extrèmement peinible et surtout avec vous. – Mon plus grand desir est de le terminer. – J'espere que les explica-
10 tions franches que je vais vous donner feront disparaitre toute espèce de mesentendu. –
Je vous declare donc que je n'ai jamais eu l'intention d'attenter a votre honneur et que je n'ai cessé et ne cesserai jamais de vous témoigner mon estime et mon respect et que toute expression of-
15 fensante a été loin de ma pensée et de mon intention dans la lettre que je vous ai ecrite le 6. 9. 1818. Qu'enfin si les avis ou les renseignements que j'ai cru devoir vous donner vous parraissent deplacés ou mal fondés, je consens a ce que ma lettre soit anneantie. –
Ce n'est point sans doute comme reparation d'honneur que je
20 vous fais la présente déclaration, votre honneur est trop au dessus de toute atteinte, mais dans le seul but de vous temoigner ma haute consideration et mon profond respect. –

W[ilhelm] Lange.

Überlieferung

1 ZB Zürich, Ms Pestal 52/53, Umschlag 183/8

2 Bogen, 261 x 198 mm
4 Siegelspuren, Dorsualvermerk *Jverdon, 9. X^{bris} 1818. Lange.*
5 Original

Zeuge H

Textkritik

Sacherklärung

I.

Johann Friedrich Wilhelm Lange (1786-1858) ⇒ Nr. 1058

II.

⇒ Nr. 1992 und ⇒ Nr. 2002

III.

Z. 15   *lettre*: ⇒ Nr. 2002

2016.
John Synge

A Monsieur Pestalozzi
Yverdun
Suisse

10. Dezember 1818

23. Palace Row. Dublin Dec[embe]r 10th 1818 –
Vous ne pouvez concevoir, mon cher Pestalozzi, quel etait mon contentement en recevant une lettre de votre part, et combien ma satisfaction fut augmentée quand j'apprenais en la lisant, que vos affaires commencent à vous donner plus de bonheur – Il est vrai qu'au commencement du Printems j'avais actuellement fait des arrangemens pour vous visiter à Yverdun – mais me trouvant environné d'affaires domestiques qui rendirent ma présence ici absolument nécessaire, je fus contraint, tout affligé que j'en fus, d'abandonner le projet – J'espère cependant, Mon cher Ami, que vous et moi, nous avons déja appris que nous ne pouvons mieux servir notre bon Dieu qu'en bien remplissant les devoirs de la situation où nous sommes placés, lorsque même ils sont un peu contraires à nos inclinations – et à présent je suis convaincu qu'en restant ici j'ai fait plus pour la promotion de notre objet commun, que je n'aurais pu faire par une visite à Yverdun – Je suis ravi que vous avez eu l'opportunité de connaître Monsieur Orpen, parceque je crois que

vous avez trouvé en lui un esprit capable d'apprécier vos sentimens sur votre grand objet – Je me réjouis véritablement en voyant qu'un nombre si considérable de mes compatriotes considèrent attentivement votre Systême, quoique un si grand nombre en sont encore si fortifiés de préjudice qu'ils n'y puissent trouver aucun avantage, et que quelques uns pensent même qu'il mérite une opposition vigoureuse – Il me faut vous raconter une anecdote qui avoue tacitement sa superiorité – Un Gentilhomme Anglais qui visita mon école il y a deux ans, persuada à son retour le Maître de l'école du village où il demeurait de faire preuve de votre Système – Quand j'appris par les lettres de ce dernier qu'il était homme d'intelligence je lui donnais tous les matériaux que je pouvais, et son succès fut égal à ce que nous aurions pu désirer En peu de tems les Gouverneurs de l'école lui avertirent qu'il ne lui fallait pas instruire de cette manière les enfans des pauvres, «parceque, disaient-ils, ces enfans deviendront un jour les serviteurs de nos fils, et nous ne souffrirons pas que les serviteurs sachent plus que leurs Maîtres» – Le Maître d'école fut convaincu de l'excellence du Système qu'il quitta sa situation plutôt que d'y renoncer – C'est ainsi, mon cher Ami, que nous sommes sans cesse avertis de ne pas espérer trop vivement que le monde recevera en silence un systême qui ne peut commencer que par les convaincre de leur propre ignorance – Mon petit école de 12 enfans e[s]t arrangé, autant qu'il est possible, d'après le plan que vous m'avez donné pour une école d'industrie, et j'ai le bonheur de trouver qu'ils se conduisent parfaitement à ma satisfaction, et qu'ils sont apparemment extrèmement heureux – Leur progrès en Langage, Nombre, et forme, et leur bonne manière de s'exprimer ont été très intéressants à tous ceux qui les ont inspectés sans préjudice – Notre Ecole à Abbeyleix, pour les fils de Gentilhommes, supporté par le zéle de Milord De Vesci, succede même au delà de nos plus vives espérances – Mais ce qui vous gratifiera encore plus que les succès des écoles, c'est que plusieurs bonnes Mères ont commencées à suivre les pas surs et patiens de votre Gertrude et les expressions de leur reconnaissance pour l'harmonie qu'elles voient ainsi produite entre elles et leurs enfans excéderaient les limites d'une lettre – L'Enfant d'une de mes Amies qui n'a que dix huit mois commence déjà à begayer le Nom de Pestalozzi – Tel est le progrès certain mais silent et presque imperceptible que font ici vos travaux – En vos lettres à Gesner vous les comparez à une étincelle de feu. Je voudrais plutôt dire que leur progrès ressemble à celui de l'eau qui ne demande que le tems pour produire son effet on ne peut pas discerner son avancement de jour en jour, mais on voit qu'enfin il peut ébranler les rochers les plus fermes, et emporter leur débris à couvrir et enrichir les vastes vallons de la Société Humaine − Mais mon cher Ami, n'oublions jamais, même entre les triomphes, que nous ne pouvons attribuer nos succès à nous-mêmes, mais seulement au Père des Lumières de qui descend toute grace excellente, et tout don parfait − que si au lieu de prendre sa gloire pour notre objet, nous tâcherons de nous immortaliser nous-mêmes, alors tous nos efforts termineront dans notre confusion − Plusieurs personnes dont les services nous seraient bien profitables, objectent à votre Système, parcequ'ils disent que c'est votre principe que le cœur de l'homme est b o n , et non pas tel que les ecritures Saintes le representent, qui déclarent que le cœur est trompeur, et désespérémment malin par dessus toutes choses et que vous feriez penser aux hommes qu'ils puissent atteindre au Ciel par leurs propres efforts sans l'influence et le secours du Saint-Esprit pour leur changer le cœur, et les rendre capables de s'appliquer au Sauveur du Monde pour le pardon qui leur est necessaire, et pour les termes de reconciliation avec leur Dieu saint et Pur. − Vous savez que je n'écoute point les objections des personnes préjugés, Mais voila ce que disent plusieurs de ceux dont l'aide nous serait vraiment avantageux, et qui s'uniraient avec nous de tout leurs cœurs pourvu qu'ils fussent satisfaits sur ces points − Je vous implore donc, Mon cher ami, de me mander bientôt quelques lignes sur ce sujet. Declarez vousmême, ce que j'ai toujours dit en votre Nom, que vous considerez l'homme comme c o r r o m p u dès sa naissance, et que vous croyez qu'il ne peut être justifié que seulement par le sang de Jésus Christ, et qu'il ne peut être sanctifié que par l'influence du Saint Esprit qui lui est également nécessaire pour corriger sa volonté et ses affections, et pour diriger son esprit afin qu'il puisse faire une seule chose qui est bonne − Declarez aussi que vous ne voulez cultiver l'intellect qu'en subordination à ces vûes, et que quand vous parlez, dans vos œuvres, de la bonté de l'homme, vous voulez dire seulement ces traces de l'image de son créateur qui lui restent encore, et que l'on peut voir dans les differentes facultés dont il est doué, et dans cette capacité de connaître et d'aimer son Dieu qui est comme morte dans son cœur, et qui ne peut être ressuscitée pour tous les efforts de la puissance humaine, ni par rien que l'Esprit de Dieu luimême − Je serai bien impatient d'entendre encore de vos nouvelles, et je vous prie de me gratifier bientôt − En attendant donnez mille souvenirs affectionnés à ceux de vos collaborateurs qui sont encore fermement attachés à vos vrais principes Et soyez vous-même toujours assuré que je ne cesserai jamais d'être votre ami le plus sincere et affectionné –

John Synge

Überlieferung

1 ZB Zürich, Ms Pestal 55a, Umschlag 365/3
2 Bogen, 220 x 185 mm
4 Siegelspuren, Stempel *ANGLETERRE*
5 Original

Textkritik

Zeuge H
Z. 76   *b o n* : doppelt unterstrichen

Sacherklärung

I.

John Synge (1788-1845) ⇒ Nr. 1500

II.

John Synge (1788-1845, ⇒ Nr. 1500) hatte 1814 Europa bereist und bei dieser Gelegenheit auch Pestalozzi in Yverdon besucht. Nach seiner Rückkehr nach Irland eröffnete er ein eigenes Institut in Roundwood (Wicklow) (⇒ Nr. 1500) und kümmerte sich durch Publikationen über Pestalozzi um die Verbreitung der pestalozzischen Methode im englischen Sprachraum.

III.

Z. 9   *lettre*: scheint nicht erhalten zu sein
Z. 23   *Orpen*: Charles Edward Herbert Orpen (1791-1856) ⇒ Nr. 1925
Z. 31   *Gentilhomme*: konnte nicht näher bestimmt werden
Z. 32   *Maître*: konnte nicht näher bestimmt werden
Z. 45   *école*: ⇒ Nr. 1500
Z. 46   *plan*: Es ist unklar, was damit gemeint gewesen war. Ein Brief Pestalozzis an John Synge (1788-1845, ⇒ Nr. 1500), in dem er diesem Anweisungen für den Aufbau einer Industrieschule gegeben hätte, ist nicht überliefert. Pestalozzi hatte zwar bereits 1807/08 eine Abhandlung zur *Elementarbildung zur Industrie* verfasst (PSW XX, S. 295-303), dass Synge allerdings darauf verweist, ist wohl eher unwahrscheinlich, denn in diesem Text finden sich kaum praktische Hinweise auf die konkrete Ausgestaltung dieser Elementarbildung.
Z. 52   *Ecole*: ⇒ Nr. 1955
Z. 53   *Vesci*: John de Vesci (1771-1855) ⇒ Nr. 1500
Z. 56   *Gertrude*: Johann Heinrich Pestalozzi: Wie Gertrud ihre Kinder lehrt. Bern 1801 (PSW XIII, S. 181-359)
Z. 59   *L'Enfant*: konnte nicht näher bestimmt werden
Z. 59   *une de mes Amies*: konnte nicht näher bestimmt werden

Z. 62 lettres: Johann Heinrich Pestalozzi: Wie Gertrud ihre Kinder lehrt. Bern 1801 (PSW XIII, S. 181–359)

2016 a.
Christian Heinrich Zeller
15. Dezember 1818

An H[einrich] Pestalozzi

den 15. Dec[ember] 1818.

Verehrungswürdiger Herr!
Ihr letztes, verehrtes Schreiben, worin Sie Ihren Entschluss erklärten die arme Maria Rudolf von hier nicht in Ihrer Armenanstalt zu behalten, wenn nicht von hier aus auch ein Kind nachgeschickt würde, das vereint mit der Tochter des Schusters Rudolf, ein jährliches Kostgeld von 24. = vier und zwanzig Louisd'or bezahlte, hat nicht nur bey dem armen Vater, sondern auch bey mir, grosse Betrübniss und Bestürzung erregt. Ich sprach sogleich mit der jungen Mutter, die vor einiger Zeit den Wunsch geäussert hatte, ihr talentvolles Mädchen auf künftiges Frühjahr Ihrer Anstalt zu übergeben. Allein als Sie das Kostgeld Ihrer Armenschule hörte; so erklärte sie, dass sie Ihren Wunsch zurücknehme, und bat mich, die Sache bey Ihnen abzustellen, indem ihr Herr Hartung gesagt hätte, H[err] Pestalozzi wolle ihr Kind annehmen, wenn sie vereint mit Maria Rudolf ein jährliches Kostgeld von 12–16. Dublonen zusammenlegen würde.

So steht nun der arme Meister Rudolf allein, und hat wenig oder keine Hoffnung, von der hiesigen Stadt für s[ein] Kind Unterstützung zu erhalten da sich ohne Zweifel auch andere Aeltern mit ähnlichen Begehren an die Stadtbehörden wenden würden u[nd] es dem Meister Rudolf viel Mühe kostet, bey dem unschönen Argwillen unsrer Stadt für die hiesigen Anwesenden bey der hiesigen Obrigk[ei]t bittend einzukommen, da er sich bisher durch Fleiss u[nd] Arbeitsamkeit stets durchgeschlagen hatte, ohne für einen Kreuzer jemand zur Last zu fallen.

Zufälliger Weise, war eine Freundin unsers Hauses da, als ich mit dem niedergeschlagnen Meister Rudolf überlegte, was nun zu thun sei. Da erbot sich dieselbe, an eine gute Freundin in Yverdon zu schreiben, um der armen Maria Rudolf ein Platz bey einem Schneider oder Näher zu suchen, um zu versuchen, ob sie daselbst denn als Lehrtochter für ein geringes Kostgeld oder unentgeldlich eintreten könnte, weil die Lehrer an unsrer hiesigen Töchterschule auch in

Handarbeit unterrichten müssen. Allein bis heute ist noch keine Antwort von der Korrespondentin unsrer Freundin eingetroffen; ich aber durfte es nicht länger verschieben, Ihnen ihr verehrtes Schreiben zu beantworten. Eben wollte ich mich hinsetzen, als Meister Rudolf kam, u[nd] mir einen Brief seines Kindes d[es] D[atums] zu d[em] 8. Dec[ember] brachte, worin es sein[em] Vater «mit grosser Betrübniss» meldete, «dass 3. Frauenzimmer gekommen seyen, die hätten ihr die Nachricht gebracht, H[err] Pestalozzi habe nach Zofingen geschrieben, es sey ungesund, u[nd] es solle nun bey einem Schneider in Yverdon in die Lehr gebracht werden. Es bitte seinen Vater um Gottes willen, wenn es ihm möglich sey u[nd] es nicht zuviel koste, so möchte er es doch nicht fort nehmen; denn es habe so eine grosse Lust, Lehrerin zu werden, indem es zuletzt hinzusetzte: Wenn mein Zehen gesund ist: so glaube ich recht gesund zu seyn.»

Dieser bittende, bewegliche Brief ging dem Vater so zu Herzen, dass er mich bat, ich solle doch seine Tochter trösten; er wolle inzwischen trachten, so viel Geld entlehnen zu können, als hinlänglich seyn müsste, ein Ihrem Armenzwek angemessenes Kostgeld zu bezahlen; nun möchte ich H[errn] Pestalozzi ersuchen, sein Kind, das so viel Lust habe, Lehrerin zu werden zu behalten, u[nd] ihm ein möglichst mässiges Kostgeld anzusetzen, wofür er Ihnen lebenslänglich wird dankbar seyn wollen.

Sollten Sie aber gegen des Vaters Hoffnung sich nicht entschliessen können, die arme Maria gegen ein mässiges Kostgeld zu behalten: so bitte ich Sie dringlich das Kind nur noch so lange in Ihrem Hause zu dulden, bis ich Antwort von Yverdon erhalten u[nd] einen Versuch bey H[errn] Pfarrer Niederer gemacht habe, ob er vielleicht das Kind zu sich nehmen wolle.

Wenn auch diese Hoffnung scheitert: so bleibt uns nichts übrig als den Plan auszuführen, dass nehmlich H[er]r Hartung u[nd] ich, in Verbindung mit meiner Frau, dann Maria Rudolf eine kleine Kinderschule allhier zu Stande zu bringen suchen, in welcher sich das Mädchen unter unsren Augen mit dem Unterricht dieser Kleinen sich zu üben anfängt, u[nd] damit von uns Privatlektion für seine künftige Bestimmung der Lehrerin erhält. Wir wollen dann, sobald als möglich das Kind abholen lassen. Da aber durch die Zurücksendung aus Ihrer Anstalt des Mädchens Ehre u[nd] das Zutrauen des Publikums zu ihm als künftige Tochterlehrerin ein gewaltigen Stoss bekommt: so bitte ich Sie um die Güte, dem armen Mädchen bey dem Austritt aus Ihrer Anstalt ein Zeugniss Ihrer Liebe mitzugeben, damit ich dasselbe als ein Beweis Ihrer Zufriedenheit, mit einer kleinen Geschichtserzählung begleitet, in das hiesige Wochenblatt setzen könne.

Erlauben Sie mir aber, verehrter Greis, noch einmahl eine Fürbitte für den Meister Rudolf u[nd] seine Tochter bey Ihnen einzulegen, Ihre Armenzwecken sind mir zwar nicht ganz bekannt, aber so viel weiss und hoffe ich, dass wenn Sie das Kind aufnehmen im Namen unsres Erlösers; so nehmen Sie Ihn auf. Und wenn Sie Ihn in Ihrem Hause haben: so wird Sein Frieden u[nd] Sein Segen Ihnen nicht fehlen, u[nd] an dem ist doch Alles gelegen.

In Erwartung einer gütigen Antwort, auf die wir Sehnsuchtsvoll harren, habe ich die Ehre, Ihnen die Versichrung meiner grossen u[nd] herzlichen Hochachtung darzulegen, mit der ich stets war u[nd] bin

Ihr
ergebenst Diener C[hristian] H[einrich] Zeller.

NS. Zu Ihrer Beruhigung kann ich Sie laut unser Schulregister versichern, dass Maria Rudolf seit Ostern 1816. – Herbst 1818. also in 2½ Jahren kein einziges Mahl die Schule versäumt hat, u[nd] also unser Meister auch n i e k r a n k gelegen ist. Ein Umstand, wodurch dieses Kind sich ausgezeichnet hat.

Überlieferung

1 Privatbesitz FA Zeller, Zürich
2 Blatt, 178 x 217 mm
4 Dorsualvermerk *1818. Dezember. Schreiben v[on] H[einrich] Zeller an Pestalozzi.* –
5 Entwurf
6 Der Briefanfang ist auch in einer zweiten, nicht überarbeiteten Version erhalten. Da diese vom vorliegenden Entwurf abweicht, wird sie hier angefügt:
Ihr letztes verehrtes Schreiben vom ..., worin Sie erklärten, die arme Maria Rudolf nicht behalten zu können, wenn nicht von hier aus noch ein Kind nachgeschickt würde, das mit der armen Maria ein jährliches Kostgeld von 24. Louisd'or, folglich jegliches 12. Louisd'or bezahlte, hat nicht nur bey dem Vater, sondern auch bey allen, die es hörten, grosse Betrübniss und Niedergeschlagenheit erregt. Ich selbst theile mit dem Vater seinen Kummer um so mehr, weil ich weiss, dass ich Ihnen ein gutes, liebenswürdiges, gar nicht unfähiges und sehr fleissiges Kind zugeschickt habe, das hier niemand als ein kränkliches Kind kennet, und das auch keinen einzigen Tag in unser hiesigen oberen Töchterschule Krankheitswegen versäumt hat. Wir hatten hier auch ganz andere Vorstellungen von Ihrer Armenschule; u[nd] glaubten nicht, dass die armen Zöglinge derselben die englische Sprache, sondern das lernen würden, was sie als künftige Lehrer u[nd] Lehrerinnen der armen Kinder unsers Volkes einst brauchen u[nd] anwenden können. Ich selbst war u[nd] bin der Meinung, dass sich die Maria Rudolf so bey Ihnen u[nd] unter Ihrer guten Pflege entwicklen wird, dass sie das Kind

gewiss als eine nützliche Unterlehrerin bey auch armen Kinder brauchen könnten. Hätte ich aber gewusst, dass sie auch reiche u[nd] vornehme u[nd] gar englische Kinder in Ihrer Armenschule aufnehmen würden: so hätte ich nicht das Herz gehabt, Ihnen Maria Rudolf zu empfehlen. Schreiben Sie also diesen Irrthum der Hoffnung zu, die wir hier an Ihre Armenschule, sowie Sie selber seit 20–30. Jahren in den schönsten Augenblicken Ihres Lebens, u[nd] in Ihren süssesten Ahnungen sie dachten u[nd] wünschten, bey uns nährten. Zu einer solchen hoffte ich, könnten sie ein so gutes u[nd] frommes Kind brauchen.

Mit traurigem Herzen hat der Vater, gleich nach Empfang Ihres Schreibens dies einer guten Freundin meines Hauses, nach Yverdon schicken lassen, um das Kind in Yverdun irgendwo in einer unentgeldlichen oder wohlfeilen Lehre als Näherin unterzubringen. Wir haben aber noch keine Antwort von da erhalten. Es hat diesen Versuch machen lassen müssen, weil die Mutter, von der wir hofften, dass sie Ihnen Ihr sehr fähiges Kind übergeben würde.

Textkritik

Zeuge H
Z. 5   Dec[ember]: lateinische Schrift
Z. 6   Verehrungswürdiger < Ge > Herr
Z. 7   Schreiben, < vom > worin
Z. 8   von hier ʃ
Z. 10 das < alsdann > vereint
Z. 10 Tochter < zu > des < armen > Schusters
Z. 10 Rudolf ʃ
Z. 11 Louisd'or: lateinische Schrift
Z. 13 f. erregt. < Wir > Ich sprach < giengen > sogleich < zu > mit der jungen ʃ Mutter, die < mir > vor
Z. 14 ihr < sehr > talentvolles
Z. 16 f. das < hohe > Kostgeld Ihrer Armenschule < vernahm > hörte; so erklärte sie, dass sie < ausser Stand wäre, so viel jährlich zusammenzulegen >, und
Z. 20 zusammen < setzen vermöchte > würde.
Z. 21 ff. < Dem > So ʃ steht ʃ nun ʃ der ʃ arme ʃ Meister Rudolf allein, ʃ und ʃ hat wenig ʃ oder ʃ keine Hoffnung, von < unser > der ʃ hiesigen ʃ Stadt für ʃ s[ein] ʃ Kind ʃ Unterstützung zu erhalten < weil > da sich ohne Zweifel < sich > auch ʃ andere ʃ Aeltern ʃ mit ʃ ähnlichen Begehren < um Unterstützung für eine Tochter > an die Stadtbehörden < ergehen > wenden würden u[nd] es < ihm > dem ʃ Meister ʃ Rudolf ʃ viel Mühe < gemacht > kostet,
Z. 26 f. Obrigk[ei]t < zuletzt zufüllen, und > bittend
Z. 28 f. für ʃ einen Kreuzer < frisch zu meisten > jemand
Z. 31 nun ʃ
Z. 32 Yverdon: lateinische Schrift
Z. 34 um ... daselbst ʃ < anders > denn
Z. 35 ein < kleines für > geringes
Z. 35 f. ein < zu > treten könnte ʃ
Z. 37 heute < haben wir > ist
Z. 38 f. eingetroffen ʃ ; < und > ich aber ʃ
Z. 40 hinsetzen, < so > als
Z. 41 f. Brief < von > seines Kindes d[es] ... Dec[ember] ʃ

Z. 42	Dec[ember]: lateinische Schrift
Z. 44 f.	habe < *** > nach ∫ Zofingen ∫
Z. 46	in ∫ Yverdon ∫
Z. 46	bitte < diese seine Briefe > seinen
Z. 47 f.	u[nd] ... koste ∫
Z. 52	bewegliche ∫
Z. 54 f.	Geld < auf sein Haus zu > entlehnen zu ∫ können ∫, als < was > hinlänglich seyn müsste, < das > ein
Z. 57	ihm ∫
Z. 60	aber < gegen unsre > gegen
Z. 63	Antwort ... u[nd] ∫
Z. 63	Yverdon: lateinische Schrift
Z. 67	als < unser früher > den Plan < sich > auszuführen
Z. 68	Rudolf < Kind > eine
Z. 69	allhier ∫
Z. 69 f.	sich ... Mädchen ∫ < M[eister] Rudolf > unter
Z. 71	uns < dage > Privatlektion
Z. 72	der ∫ Lehrerin ∫
Z. 75	Publikums < für ** künftige legte > künftige Tochterlehrerin < in hieser Stadt > ein
Z. 81	aber ∫
Z. 81 f.	Greis, < diese > noch ... Fürbitte ∫ < hiemit > für den < Schu**ster > Meister
Z. 82	bey ∫ Ihnen ∫
Z. 84	weiss ∫ < ich > und ∫ hoffe ich ∫, dass wenn Sie das ∫
Z. 86	Frieden ... Sein ∫
Z. 87	gelegen; (endlich eine Armenschule.)
Z. 97	unser ∫ Meister ∫

Sacherklärung

I.

Christian Heinrich Zeller (1779–1860) ⇒ Nr. 853

III.

Z. 7	Schreiben: scheint nicht erhalten zu sein
Z. 8	Maria: (Anna) Maria Salome Rudolf (1804–1867) besuchte ab 1816 die obere Töchterschule in ihrem Heimat- und Geburtsort Zofingen (Kt. Aargau). Auf Vermittlung von Christian Heinrich Zeller (1779–1860, ⇒ Nr. 853) trat sie im September 1818 in Pestalozzis neue Armenanstalt (⇒ Nr. 1369) in Clindy ein, um später als Lehrerin tätig zu werden. Maria Salome Rudolf starb unverheiratet.
Z. 8	Armenanstalt: ⇒ Nr. 1369
Z. 10	Rudolf: Jakob Rudolf (1772–1830) wuchs als ältester Sohn eines Schuhmachers und Nachtwächters in Zofingen auf und führte den väterlichen Beruf fort. 1797 heiratete er Verena Rüegger (1773–1810) von Strengelbach (beide Kt. Aargau). Das Paar hatte fünf Kinder, darunter auch (Anna) Maria Salome Rudolf (1804–1867, ⇒ Z. 8).

Z. 11 *Louisd'or*: französische Goldmünze
Z. 13 *Mutter*: Es ist unklar, wer damit gemeint sein könnte.
Z. 15 *Mädchen*: Es ist unklar, wer damit gemeint sein könnte.
Z. 18 *Hartung*: Wilhelm Hartung (⇒ Nr. 1497) wechselte nach der gescheiterten Institutsgründung in Würzburg als Gymnasiallehrer nach Zofingen (Kt. Aargau) und wurde dort 1819 als Promotor der wechselseitigen Schuleinrichtung (⇒ Nr. 1487) bekannt, starb jedoch einige Jahre später als Insasse eines Irrenhauses.
Z. 30 *Freundin*: Damit könnte möglicherweise Margarete Bodmer gemeint sein, die Tochter von Mathias Bodmer (1759–1840), dem Hausarzt der Familie Zeller.
Z. 32 *Freundin*: Es ist unklar, wer damit gemeint sein könnte.
Z. 41 *Brief*: scheint nicht erhalten zu sein
Z. 64 *Niederer*: Johannes Niederer (1779–1843) ⇒ Nr. 507
Z. 68 *Frau*: (Charlotte Dorothee) Sophie Zeller-Siegfried (1791–1858) von Zofingen (Kt. Aargau) wurde als jüngste Tochter eines Pfarrers geboren. Mit 14 Jahren wurde sie nach St. Imier (Kt. Bern) geschickt, um Französisch zu lernen. Nach dem Tod des Vaters (1806) zog sie nach Zofingen, wo sie ihrer Mutter, Anna Maria Siegfried-Salchi (1767–1837), die dort eine Arbeitsschule und eine Pension für Pfarrtöchter unterhielt, als Hilfslehrerin zur Seite stand. 1808 erhielt sie eine Stelle als Lehrerin für Handarbeit und Unterricht in wissenschaftlichen Fächern an der oberen Töchterschule. 1811 heiratete sie Christian Heinrich Zeller (1779–1860, ⇒ Nr. 853), den sie an einem Schullehrerkurs kennengelernt hatte. Ab 1820 war Sophie Hausmutter in der mit ihrem Mann geführten Armenanstalt auf Schloss Beuggen im Badischen.

2017.
François Gouvet
16. Dezember 1818

[Reg.] Gouvet teilt Pestalozzi mit, dass er die Mehrkosten nicht bezahle, die sich aus
5 den Angeboten ergeben, die nicht im normalen Pensionspreis enthalten seien.

Überlieferung

1   PSB XI, S. 180.9 f.

Sacherklärung

I.

François Gouvet (1771–1859) ⇒ Nr. 1721

II.

⇒ Nr. 2011

2018.
Johann Friedrich Wilhelm Lange
24. Dezember 1818

Monsieur
Monsieur H[einrich] Pestalozzi
chez-lui.

Iferten d[en] 24 Xbr. 1818.

Es hat durchaus nicht in meinem Willen gelegen, Ihnen das Ihrige zu versagen – wenn die Rückgabe desselben bis jetzt aber noch nicht erfolgt ist, so bitte ich Sie, mich mit den vielen Unruhen u[n]d häuslichen Störungen zu entschuldigen, welche mir mein Austritt aus dem Schlosse verursacht hat. Sie erhalten anbei Alles gewissenhaft zurück, was ich von Schlosseigenthum besitze. – Ich erwarte dagegen aber auch die endliche Gewährung meines Wunsches, meine ökonomischen Verhältnisse in Richtigkeit zu bringen.

Lange.

Überlieferung

1 ZB Zürich, Ms Pestal 52/53, Umschlag 183/9
2 Bogen, 240 x 192 mm
4 Datum am Schluss, Siegelspuren
5 Original

Textkritik

Zeuge H
Z. 12   anbei <aber> Alles
Z. 16   *Lange*: lateinische Schrift

Sacherklärung

I.

Johann Friedrich Wilhelm Lange (1786–1858) ⇒ Nr. 1058

II.

Johann Friedrich Wilhelm Lange (1786–1858, ⇒ Nr. 1058) hatte die Anstalt im Herbst 1818 wegen Differenzen mit Joseph Schmid (1785–1851, ⇒ Nr. 712) verlassen, was eine längere Auseinandersetzung nach sich zog, da Pestalozzi bei der Regierung beantragt hatte, Lange die Eröffnung einer Privatanstalt in Yverdon zu verbieten (⇒ Nr. 1992, ⇒ Nr. 2012). Im Dezember 1818 glaubte Pestalozzi diesen Konflikt beigelegt zu haben (PSB XI, S. 178), im Februar 1819 kam es allerdings nochmals zu Diskussionen um die Abrechnung (ebd., S. 424).

III.

Z. 7   *Iferten*: dt. Name für Yverdon

2019.
Johann Alois Schlosser
26. Dezember 1818

[Reg.] Schlosser erkundigt sich nach den Kaufbedingungen für die Druckerei in Yverdon.

Überlieferung

1   PSB XI, S. 193.5 f.

Sacherklärung

I.

Johann Alois Schlosser (1777–1858) übernimmt 1809 den Posten als Direktor der *Herderschen Buchhandlung* (⇒ Nr. 1398 b), zunächst in Konstanz, danach in Freiburg im Breisgau, später wird er auch Teilhaber. Seit 1824 ist er als Verleger in Augsburg tätig und erwirbt 1827 die *Buch- und Kunsthandlung von Martin Engelbrechts Erben*, die er in *J. A. Schlossersche Buch- und Kunsthandlung* umbenennt.

III.

Z. 4   *Druckerei*: Der Plan, im Institut in Yverdon eine Buchdruckerei einzurichten, entstand 1809, wurde jedoch erst nach dem Kauf der nötigen Materialien 1811 realisiert. 1815 liess Joseph Schmid (1785–1851, ⇒ Nr. 712) die Institutsdruckerei schliessen, da sie nicht rentabel war.

2020.
J. G. Cottasche Buchhandlung
30. Dezember 1818

S[eine]r Wohlgebohrn
Herrn Heinrich Pestalozzi.
Iferten

Herr Heinr[ich] Pestalozzi in Iferten.

Stuttgart den 30^n Dec[em]b[e]r 1818.

Euer Wohlgebohrn

haben wir die Ehre anzuzeigen dass Herr Buchhändler Lentner in München, für Herrn Rath, K[öniglich] B[ayrischer] Landgerichts-Assessor in Erding, auf ein Ex[emplar] Ihrer Werke subscribirt.

Mit aller Hochachtung
Euer Wohlgebohrn
gehorsame
J. G. Cotta'sche Buchhandl[un]g

Überlieferung

1 ZB Zürich, Ms Pestal 50/51, Umschlag 56/21
2 Bogen, 208 x 165 mm
4 Siegelspuren, Stempel *BERN*, Dorsualvermerk *Cotta Stuttgart*.
5 Original

Textkritik

Zeuge H
Z. 5 *Heinrich Pestalozzi*: lateinische Schrift
Z. 6 *Iferten*: lateinische Schrift
Z. 7 *Heinr[ich] Pestalozzi*: lateinische Schrift
Z. 7 *Iferten*: lateinische Schrift
Z. 8 *Stuttgart*: lateinische Schrift
Z. 8 *Dec[em]b[e]r*: lateinische Schrift
Z. 10 *Lentner*: lateinische Schrift
Z. 11 *München*: lateinische Schrift
Z. 11 *Rath*: lateinische Schrift
Z. 12 *Erding*: lateinische Schrift
Z. 12 *subscribirt*: lateinische Schrift
Z. 16 *J. G. Cotta*: lateinische Schrift

Sacherklärung

I.

J. G. Cottasche Buchhandlung ⇒ Nr. 1455 b

III.

Z. 6 *Iferten*: dt. Name für Yverdon
Z. 10 *Lentner*: Die Lentnersche Buchhandlung wurde bereits 1698 gegründet, erhielt jedoch erst mit der Übernahme 1784 durch Joseph Lentner (1755–1815) ihren trotz zahlreicher Besitzwechsel bis heute gültigen Namen. 1810 übernahm Ignaz Lentner (1787–1853) die Buchhandlung und baute sie zu einem führenden süddeutschen Verlag aus. 1841 verkaufte er sie allerdings, nachdem sein Sohn Josef (1814–1852) seine Tätigkeit im Buchhandel 1835 aufgegeben hatte und als Maler und Romanautor ins Tirol gezogen war.

Z. 11 *Rath*: (Gottfried) Christian Rath (1784–1850) war um 1819 als Assessor am Landgericht in Erding tätig und wurde 1822 als Landgerichtsassessor zu Miesbach geführt. Nachdem er um 1824 als Gerichtsrat am Stadt- und Kreisgericht Regensburg arbeitete, wurde Rath 1839 vom unterfränkischen zum niederbayerischen Appellationsgerichtsrat ernannt und amtierte bis zu seiner Pensionierung 1846 am Appellationsgericht in Passau.
Z. 12 *Erding*: Stadt in Bayern
Z. 12 *Werke*: Johann Heinrich Pestalozzi: Sämmtliche Schriften, 12 Bände. Stuttgart 1819–1824

2021.
Abraham Charles Samuel Brousson
31. Dezember 1818

Monsieur
Monsieur Pestalozzi
en ville

Yverdon, le 31e 10bre 1818

Monsieur
Lorsque j'eus l'honneur de recevoir une lettre de Vous sous la date du 23e 9bre, je le dis à M[onsieu]r Niederer. Il me pria de la lui communiquer et je lui promis de le faire, comme Vous m'y autorisiez vous-même dans la susdite lettre en m'invitant à me faire présenter la correspondence qu'il a eue avec Vous depuis quelques années et en particulier celle qui concerne les rapports économiques entre sa maison et la Vôtre, ainsi qu'en invitant M[onsieu]r Niederer à se faire rendre justice par quelque voie droite, dans le cas où il croirait que Vous eussiez tort contre lui. Comme dès lors j'eus peu d'occasions de voir M[onsieu]r Niederer, je ne lui communiquai Votre lettre que le 17e du courant. Maintenant j'ai le plaisir de Vous annoncer que M[onsieu]r Niederer est-très disposé à régler compte avec Vous par toutes les voies convenables. J'ai l'honneur d'être avec respect
Monsieur
Votre très-humble et
très-obéissant serviteur
Brousson Min[istre]

Überlieferung

1 ZB Zürich, Ms Pestal 50, Umschlag 39/2
2 Bogen, 185 x 140 mm
4 Datum am Schluss, Siegelspuren, Dorsualvermerk *Iverdon, 31.* X^{bris} *1818. Brousson, V[erbi] D[ivini] M[inister]*
5 Original

Textkritik

Zeuge H
Z. 12 *dans la susdite lettre* ∫

Sacherklärung

I.

Abraham Charles Samuel Brousson (1791–1831) ⇒ Nr. 2005

II.

Pestalozzi hatte Abraham Charles Samuel Brousson (1791–1831, ⇒ Nr. 2005) im November 1818 angefragt (⇒ Nr. 2005), ob er den Religionsunterricht im Institut übernehmen wolle, was einen umfangreichen Briefwechsel nach sich zog.

III.

Z. 9 *lettre*: PSB XI, Nr. 5118
Z. 10 *Niederer*: Johannes Niederer (1779–1843) ⇒ Nr. 507

2022.
Johann Balthasar Schiegg
Winter 1818/1819

[Reg.] Rechnungsangelegenheiten.

Überlieferung

1 PSB XI, S. 217.11 f.

Sacherklärung

I.

Johann Balthasar Schiegg (1754–1830) ⇒ Nr. 1363 a

2023.
David Esslinger
1. Hälfte 1819

[Reg.] Inhalt unbekannt.

Überlieferung

1   PSB XI, S. 274.22

Sacherklärung

I.
David Esslinger (1779–1828) ⇒ Nr. 1133 d

2024.
Alvaro Flórez Estrada
Januar 1819

[Reg.] Betrifft die Erziehung seines Sohnes.

Überlieferung

1   PSB XI, S. 202.15 f.

Sacherklärung

I.
Alvaro Flórez Estrada (1769–1853) ⇒ Nr. 1929

III.
Z. 4   *Sohn*: Alvaro Flórez Estrada ⇒ Nr. 1519

2025.
Bernhard Pfister

5. Januar 1819

Herrn
von Pestallozzi
in Yverdon

franco

Affoltern im Emmenthal 5 Januar 1819

Hochzuverehrenster Herr!

Mit Ihrer schäzbahren Zuschrift vom 2 Nov[em]b[er] 1817 versicherten Sie mich dass Sie meine Subscription auf Dero Werke, vorgemerkt hätten –
Da ich nun seither ohne weitern Bericht bin, ob u[n]d wo ich diese Werke beziehen kann, so nehme ich hiemit mir die Freyheit Sie hoflichst zu bitten mir darüber geneigst, Auskunft zu geben, u[n]d verharre: unter besonderer Hochschäzung

Dero!
ergebenster Diener
B[ernhard] Pfister-Sommer

Überlieferung

1 ZB Zürich, Ms Pestal 54a, Umschlag 191/1
2 Bogen, 233 x 191 mm
4 Datum am Schluss, Siegelspuren, Stempel LANGENTHAL, Dorsualvermerk B[ernhard] Pfister Sommer
5 Original

Textkritik

Zeuge H
Z. 5   *Pestallozzi*: lateinische Schrift
Z. 6   *Y v e r d o n* : lateinische Schrift
Z. 7   *f r a n c o* : lateinische Schrift
Z. 8   *Affoltern*: lateinische Schrift
Z. 8   *Januar*: lateinische Schrift
Z. 10 *Nov[em]b[er]*: lateinische Schrift
Z. 11 *Dero*: lateinische Schrift
Z. 19 *Pfister-Sommer*: lateinische Schrift

Sacherklärung

I.

Bernhard Pfister (1790–1859) aus Schaffhausen heiratet 1815 Anna Barbara Sommer (1789–1848) aus Affoltern im Emmental, wo sie zuerst leben, bevor sie nach Schaffhausen ziehen, wo Pfister als Kaufmann und Kaufhaus-Obherr arbeitete sowie Kantonsrat (1836–1852) und Bezirksrichter war.

III.

Z. 8 *Affoltern*: Gemeinde im Kt. Bern
Z. 10 *Zuschrift*: scheint nicht erhalten zu sein
Z. 11 *Werke*: Johann Heinrich Pestalozzi: Sämmtliche Schriften, 12 Bände. Stuttgart 1819–1824

2026.
David Vogel
6. Januar 1819

d[en] 6. Jan[ua]r 1819.

Sint dem July vorigen Jahrs, m[ein] lieber Freünd habe ich keine Nachrichten von Jverdon, endlich erfuhr ich durch die kleine Schwäherin Hartmann, dass mann dort von mir Nachricht erwarte, und ich mithin durch eigne Schuld; weil ich nicht geschrieben haben muss, keine erhielt. – So werde denn diese Schuld getilget, nur verzeihe meine langen Aufschube. Du kannst dir denken wie sehr mich die Nachrichten freüten, dass du froh und gesund seyest, dass, wie unser Schmid mir meldete, das Institut in gutem Fortgang lebe, die Subscription auch in Engeland reussiere und vor allem dass Gottlieb sich auf eine Weise entwikle, die zu den schönsten Hoffnungen berechtigt, über leztern fragte ich Niederer der mich besuchte und im wesentlichen alles bestäthigte, was Schmid mir desfalls gemeldet, mithin bey mir jeder Zweifel disfalls gehoben ist, und gewiss freüt sich des Fleisses und der guten Hoffnungen Gottliebs niemand aufrichtiger als ich es thue. Grüsse mir ihn herzlich, gern würde ich ein paar Zeilen von ihm lesen.

Niederer besuchte mich; was mir gefiel, ist dass er seit Jahren der erste war der nicht that, was alle ehmaligen Lehrer deines Instituts, er schimpfte nicht auf Schmid, sagte kein nachteiliges Wort von ihm, sondern gestund ein, dass er es sey, der dir ein ruhiges und sorgenfreyes Alter verschaffe und die Existenz des Institutes gerettet habe. Die Hartmann glaubt mir viel sagen zu müssen vermuthlich Aufträge von Frau Niederer, und der trübselige H[err] Custer plagte mich mit seinen vermeintlichen Anforderungen, die ich kurz, aber auf eine Weise ablehnte, das er sie schweerlich erneüern wird. Einzig versprach ich ihm mich bey dir zu verwenden, dass der Schuldbrief v[on] f. 800. eingelöst werde, damit alle œconomischen Verbindungen aufhören. Wirklich fänd ich es rathsam und ich will gewärtigen ob du es billigst, dass ich die Ablösung dieses Capitals durch Schirmschr[eiber] Paur besorgen solle; die Zinse sind ohnehin dir zu gut, und der Neüenhof wurde dadurch um diese Summe entledigt.

Die Rechnung v[om] August 1817 bis 1818. übersende dir in Beylage, die Schuldtitel habe ich mir von Schirmschr[eiber] Paur in Original vorzeigen lassen, sie sind in bester Ordnung, die Zinsrestanzen konnten im Jahr 1817 nicht vermindert werden, und die verfallnen Jahrszinse sind bis an einen eingegangen. Die Ausgaben für Gottlieb hätten schon in der früheren Rechnung eingetragen werden sollen, sie war aber schon abgeschlossen u[nd] erscheinen darum in dieser. Ich bitte dich mir diese so wie die vorige, die noch in deinen Handen ist mir wider zurükzusenden und mit deiner Unterschrifft zu begleiten. Was du im Neüenhof im Frühjahr zu disponieren willens bist, will ich gern gewärtigen. Noch das einzige über Rechnungssätze; im Testament der sel[igen] Grosmamma, als Anfang v[om] 1. Juny 1814. ist bestimmt dass der Lisabeth Krüsj die ihr schuldigen f. 250 ausbezahlt, und so sie lebe jährlich f. 30. aus Ihrem Vermögen bezahlt werden sollen. Nun habe ich bis dato alles beysammen gelassen, mir scheint aber besser, dass diese f. 250. nebst Zins v[on] 1814 bis dato, nebst den jährlichen f. 30. entweder ihr bezahlt oder zusamen nebst dem kl[einen] Spaarhaven bey der Spaarcasse, welcher aus dem jährlichen Beytrag zu 1. N[eu]th[a]l[e]r auf f. 49. 12 S[ou] angewachsen, und auf Jacob Krüsj gestellt ist, besonders an Zins gelegt werde, damit die gute Frau doch die Beruhigung habe, über etwas eignes bey Bedörffen disponieren zu können, und zwar mit allem Recht, weil es ihr testamentlich zugesichert ist; ich wollte es jedoch nicht ohne dein Vorwissen besorgen.

Über die Feyer des Reformationsfests mag ich nicht viel erzählen; es ward mit würdigem Fest und von allen Volksclassen mit Theilnahme gefeyert, der Anlass etwas über die Reformation dem Volk zu sagen war umso nöthiger da Zwinglis Namen in den meisten Gemeinden so wenig mehr bekannt war, als die Reformation selbst, so dass mir einer sagte, er habe immer geglaubt, die Reformation sey bey Christi Geburt vorgegangen, und früher wäre alles catholisch gewesen. Das beste aus dem Vielen was gesprochen und gedrukt worden, ist die Rede von Chorh[err]

70 Brämj die er auf den Chorherrn und eine zweite an die Studierenden
bey dem Schulfeste hatte.

Mein Sohn ist nun verheürathet, er hat eine liebenswürdige, anspruchlose herzgute Frau, lebt in meinem Haus, jedoch in eigner Haushaltung, dieses Verhältniss ist für uns Eltern sehr erwünscht.
75 Ob aus m[einem] Project der Stifftungen etwas werde, muss sich nun bald erweisen, ganz habe ich nicht aufgegeben, obgleich die Hoffnung nicht gross ist.

Lebe wohl, m[ein] th[eurer] Freünd, herzlich grüsst dich m[eine] l[iebe] Fr[au] u[nd] m[ein] Sohn und auch meine Tochter. – Gottlieb
80 und Freünd Schmid grüsse mir freündschaftlich

dein Vogel

Überlieferung

1 ZB Zürich, Ms Pestal 55a/56, Umschlag 380/14
2 Blatt, 236 x 198 mm
4 Datum am Schluss
5 Original

Textkritik

Zeuge H

Z. 6	*Jverdon*: lateinische Schrift
Z. 12	*lebe* ∫
Z. 13	*Subscription*: lateinische Schrift
Z. 27	*Frau*: lateinische Schrift
Z. 33	*Capitals*: lateinische Schrift
Z. 39	*Original*: lateinische Schrift
Z. 46	*zu* ∫
Z. 56	*angewachsen,* < *ist* > *und*
Z. 58	*über* ∫
Z. 67	*G e b u r t* < *gewesen* > vorgegangen
Z. 75	*Project*: lateinische Schrift

Sacherklärung

I.

David Vogel (1760–1849) ⇒ Nr. 1187 a

II.

Pestalozzi hatte in einer Vereinbarung mit David Vogel (1760–1849, ⇒ Nr. 1187 a) die finanziellen Angelegenheiten seiner Frau Anna Pestalozzi-Schulthess (1738–1815, ⇒ Nr. 3) geregelt (⇒ Nr. 1360), deren Vermögen von Salomon Paur (1771–1850, ⇒ Nr. 823) verwaltet wurde, und Vogel im Falle des Todes Pestalozzis als Vormund des Enkels Gottlieb Pestalozzi (1797–1853, ⇒ Nr. 594) einsetzte.

III.

Z. 6	*Nachrichten*: Es ist unklar, wer David Vogel (1760-1849, ⇒ Nr. 1187 a) diese Mitteilung überbracht hatte.
Z. 7	*Hartmann*: Damit ist möglicherweise Klara/Claire von Hartmann (*1774, ⇒ Nr. 984) gemeint.
Z. 12	*Schmid*: Joseph Schmid (1785-1851) ⇒ Nr. 712
Z. 13	*Gottlieb*: Gottlieb Pestalozzi (1797-1863) ⇒ Nr. 594
Z. 15	*Niederer*: Johannes Niederer (1779-1843) ⇒ Nr. 507
Z. 27	*Niederer*: Rosette Niederer-Kasthofer (1779-1857) ⇒ Nr. 842
Z. 27 f.	*Custer*: Laurenz Jakob Custer (1765-1822) ⇒ Nr. 748
Z. 31	*f.*: Abkürzung für Gulden, eine weit verbreitete Gold- oder Silbermünze
Z. 34	*Paur*: Salomon Paur (1771-1850) ⇒ Nr. 823
Z. 38	*Beylage*: scheint nicht erhalten zu sein
Z. 48	*Grosmamma*: Anna Pestalozzi-Schulthess (1738-1815) ⇒ Nr. 3
Z. 49	*Krüsj*: Elisabeth Krüsi-Näf (1762-1836) ⇒ Nr. 594
Z. 55	*N[eu]th[a]l[e]r*: französische Grosssilbermünze
Z. 56	*S[ou]*: Der *sou* wurde 1795 als offizielle Währung aufgehoben, blieb aber bis ins 20. Jahrhundert als Synonym für ein 5-Centime-Stück im Sprachgebrauch präsent.
Z. 56	*Krüsj*: Jakob Krüsi (1803-1854) ⇒ Nr. 594
Z. 61	*Feyer*: Am 1. Januar 1519 hatte Huldrych Zwingli (1484-1531, ⇒ Z. 64) erstmals in Zürich im Grossmünster gepredigt, weshalb Anfang 1819 in der reformierten Schweiz Feierlichkeiten zum 300-Jahr-Reformationsjubiläum stattfanden. Dieser Feiertag wurde anschliessend im Reformationssonntag institutionalisiert, der allerdings jeweils am ersten Sonntag im November stattfindet.
Z. 64	*Zwinglis*: Huldrych Zwingli (1484-1531) war Pfarrer und veröffentlichte 1525 das Glaubensbekenntnis *Von der wahren und falschen Religion*, was die Grundzüge der Zürcher Reformation festlegte. Dazu gehörte ein Verbot von Bildern, Messen, die Abschaffung des Zölibats sowie eine enge Zusammenarbeit von Kirche und Staat. Zwingli starb im Zweiten Kappelerkrieg, einem Religionskrieg zwischen den reformierten und katholischen Kantonen der Alten Eidgenossenschaft.
Z. 70	*Brämj*: Johann Heinrich Bremi (1772-1837) ⇒ Nr. 784
Z. 72	*Sohn*: Georg Ludwig Vogel (1788-1879) ⇒ Nr. 1221
Z. 73	*Frau*: Elisabetha Wilhelmina Sulzer (1798-1835) aus Winterthur war seit 1818 mit Georg Ludwig Vogel (1788-1879, ⇒ Nr. 1221) verheiratet.
Z. 74	*Eltern*: David Vogel (1760-1849, ⇒ Nr. 1187 a) war mit Anna Magdalena Vogel-Horner (1764-1841, ⇒ Nr. 1360) verheiratet.
Z. 79	*Tochter*: Die Tochter von David Vogel (1760-1849, ⇒ Nr. 1187 a), Louise (1800-1801), war 1801 als einjähriges Kind verstorben, sodass hier die Schwiegertochter gemeint war.

2027.
Johann Alois Schlosser

11. Januar 1819

[Reg.] Schlosser erkundigt sich nach den Kaufbedingungen für die Druckerei in Yverdon.

1 PSB XI, S. 193.5 f.

Überlieferung

Sacherklärung

I.

Johann Alois Schlosser (1777–1858) ⇒ Nr. 2019

II.

Johann Alois Schlosser (1777–1858, ⇒ Nr. 2019) hatte sich schon am 26. Dezember 1818 (⇒ Nr. 2019) nach den Kaufbedingungen erkundigt. Weil er vermutlich auf den ersten Brief keine Antwort erhalten hatte, erkundigte er sich hier erneut danach.

III.

Z. 4   Druckerei: ⇒ Nr. 2019

2028.
Johannes Niederer

19. Januar 1819

à
5 Monsieur
le Minister Brousson
en
Ville

Iferten den 19ten Jenner 1819.

10 Lieber, ehrwürdiger Freünd! Ich finde es gänzlich unter meiner Würde, auf die zwey Schmähbriefe, die H[err] Pestalozzi unterm 23. 9brs 1818 und dem 6ten Jenner dieses Jahrs an Sie richtete, zu antworten, um so mehr, da die Thatsache meines Benehmens in Rücksicht des Rechnungsverhältnisses mit ihm völlig entstellt ist. Da er sich in seiner eignen Sache
15 zum Richter macht, und zum voraus alle Einwendungen gegen seine Rechnung als einen unerlaubten und widerrechtlichen Angriff auf seine Bücher und seine Ehre erklärte, so ist sein Vorgeben er erwarte diese Einwendungen seit langem, etwas sonderbar, und mit der beständigen Verwerfung aller meiner Vorschläge und Ansprüche ohne Ausnahme, in einem wahrhaft grellen Widerspruch. Ich habe von
20 Anfang an thatsächlich, den ernstesten Willen bewiesen, unser Verhältniss auf einfachem; redlichen Wege in Ordnung zu bringen und ihm darzu unaufhörlich vorgeschlagen: I. Die Sache mit meiner Frau mündlich abzumachen. II. Sie mit einem von uns Bevollmächtigten zu beseitigen. Mein Schwager, der Oberförster Kasthofer und Herr Hangard hatten diesen Auftrag. III. Unpartheiische Schiedsrichter zur Untersu-
25 chung und Entscheidung zu ernennen. IV. Den Streit richterlich entscheiden zu lassen. Er hat jeden dieser Auswege verworffen. Mit welchen ungezügelten, seiner selbst nicht mächtigen Ausbrüchen der Leidenschaft, mit welchen ungerechten, niedrigen Vorwürffen, zeiget der Brief an Sie, aber warlich nicht dieser Brief allein. Fährt H[err] Pestalozzi so fort, und schreitet er nicht zur Annahme eines der obigen, ihm vorge-

schlagnen Auswege, so werde ich sein Benehmen als eine offene Thüre zu Verläumdungen ansehen, die man vom Schloss aus sich gegen mich vorbehalten wollte, mich aber im geringsten nicht darum kümmern, sondern dieselben mit der verdienten Verachtung behandeln. Mit einem Joseph Schmid habe ich keine halbe Minute, geschweige eine halbe Stunde zu sprechen. Meine Rechtfertigung vor Ihnen, theürer, edler Freünd, soll darin bestehen, dass ich Sie bevollmächtige, diese Zeilen H[errn] Pestalozzi mitzutheilen, und aber erkläre, dass ich dieselben so wie H[errn] Pestalozzis beide Briefe an Sie abschriftlich bei Herrn Friedensrichter Fatio niederlegen werde. Ihr zartes und rechtliches Benehmen in dieser Sache ehre ich von Herzen, und bedaure sehr, dass Sie, obgleich ihr fremd, auf eine so unanständige Weise in dieselbe gezogen wurden.

Empfangen Sie die Versicherung der achtungsvollsten Freundschaft Ihres Ihnen von Herzen ergebnen

Dr. Joh[annes] Niederer

Überlieferung

1 ZB Zürich, Ms Pestal 53/54, Umschlag 262/IV,105
2 Bogen, 260 x 400 mm
4 Siegel, Dorsualvermerk *Jverdon, d[en] 19ten Januar 1819. Niederer an Brousson.*
5 Original

Textkritik

Zeuge H
Z. 12   *9brs*: lateinische Schrift
Z. 37   *Fatio*: lateinische Schrift

Sacherklärung

I.

Johannes Niederer (1779–1843) ⇒ Nr. 507

II.

Dieser Brief ist zwar an Abraham Charles Samuel Brousson (1791–1831, ⇒ Nr. 2005) adressiert. Da Johannes Niederer (1779–1843, ⇒ Nr. 507) ihn aber explizit dazu auffordert, «diese Zeilen H[errn] Pestalozzi mitzutheilen», wird er hier trotzdem aufgenommen, allerdings *petit*.

III.

Z. 6   *Brousson*: Abraham Charles Samuel Brousson (1791–1831) ⇒ Nr. 2005
Z. 9   *Iferten*: dt. Name für Yverdon
Z. 11   *Schmähbriefe*: PSB XI, Nr. 5118, Nr. 5153
Z. 22   *Frau*: Rosette Niederer-Kasthofer (1779–1857) ⇒ Nr. 842
Z. 23   *Kasthofer*: Karl Kasthofer (1777–1853) ⇒ Nr. 1161
Z. 24   *Hangard*: Jean Baptiste Hangard (1774–1827) ⇒ Nr. 1403
Z. 33   *Schmid*: Joseph Schmid (1785–1851) ⇒ Nr. 712
Z. 37   *Fatio*: Jean Antoine Fatio (1769–1855) ⇒ Nr. 1546

2029.
Johann von Gile(c)k
21. Januar 1819

[Reg.] Möglicherweise beklagt sich Gile(c)k darüber, dass seine Briefe nicht beantwortet wurden.

Überlieferung

1   PSB XI, S. 209.23 f.

Sacherklärung

I.

Johann von Gile(c)k ist als Militär in österreichischen Diensten tätig und stammt aus einem nicht näher bekannten Ort in Böhmen. Spätestens ab 1815 ist er als Kriegskassensekretär in Padua tätig. 1827 wird er zum Zahlamts-Kontrolleur des Provinzial-Kriegzahlamts in Verona befördert. 1845 ist er immer noch auf demselben Posten tätig, allerdings in Venedig.

2030.
J. G. Cottasche Buchhandlung
21. Januar 1819

S[eine]r Wohlgebohrn
Herrn Heinr[ich] Pestalozzi,
Iferten

Herr Heinr[ich] Pestalozzi in Iferten

Stuttgart den 21^n Jan[uar] 1819.

Euer Wohlgebohrn
nehmen wir uns die Freiheit anzufragen, ob Ihnen der jetzige Aufenthalt des Herrn Schacht vielleicht nicht bekannt ist? welcher mehrere Jahre in Ihrem Institut angestellt war. Wir haben noch eine Forderung an diesen Herrn zu machen, woran wir ihn gerne erinnern möchten.

Mit aller Hochachtung
Euer Wohlgebohrn
gehorsame
J. G. Cotta'sche Buchhandl[un]g

Überlieferung

1 ZB Zürich, Ms Pestal 50/51, Umschlag 56/22
2 Blatt, 200 x 135 mm
4 Dorsualvermerk *Stuttgart. Cotta.*
5 Original

Textkritik

Zeuge H
Z. 5   *Heinr[ich] Pestalozzi*: lateinische Schrift
Z. 6   *I f e r t e n* : lateinische Schrift
Z. 7   *Heinr[ich] Pestalozzi*: lateinische Schrift
Z. 7   *Iferten*: lateinische Schrift
Z. 8   *Stuttgart*: lateinische Schrift
Z. 8   *Jan[uar]*: lateinische Schrift
Z. 11 *Schacht*: lateinische Schrift
Z. 18 *J. G. Cotta'sche Buchhandl[un]g*: lateinische Schrift

Sacherklärung

I.

J. G. Cottasche Buchhandlung ⇒ Nr. 1455 b

III.

Z. 6   *I f e r t e n* : dt. Name für Yverdon
Z. 11 *Schacht*: Theodor Schacht (1786–1870) ⇒ Nr. 1134

2031.
Abraham Charles Samuel Brousson
22. Januar 1819

[Reg.] Brousson bittet Pestalozzi, mit ihm nicht mehr über die ökonomischen Beziehungen zu Herrn Niederer zu sprechen.

Überlieferung

1 Nr. 2032

Sacherklärung

I.

Abraham Charles Samuel Brousson (1791–1931) ⇒ Nr. 2005

II.

⇒ Nr. 2021

III.

Z. 5 *Niederer*: Johannes Niederer (1779–1843) ⇒ Nr. 507

2032.
Abraham Charles Samuel Brousson
23. Januar 1819

Monsieur
Monsieur Pestalozzi
en ville

Yverdon 23ᵉ Janvier 1819

Monsieur
Je vous ai prié, dans ma lettre d'hier, de ne plus me parler de vos rapports économiques avec M[onsieu]r Niederer; parce que je ne peux ni ne veux me mêler dans cette affaire. Craignant que la lettre que vous m'avez envoyée aujourd'hui ne m'en parle, je vous la renvoie sans l'avoir ouverte. Si vous me la renvoyez, je regarderai cela comme une assûrance et une déclaration de votre part qu'elle ne renferme rien de relatif à vos rapports économiques avec M[onsieu]r Niederer. Dans ce cas là seulement je pourrai la recevoir. J'ai l'honneur d'être

M[onsieu]r
Votre très-humble
et obéissant serviteur
Brousson, Min[istre]

Überlieferung

1 ZB Zürich, Ms Pestal 50, Umschlag 39/3
2 Blatt, 245 x 195 mm
4 Datum am Schluss, Siegelspuren, Dorsualvermerk *Jverdon, 23 Januar 1819. Brousson an Pestalozzi.*
5 Original

Textkritik

Zeuge H

Sacherklärung

I.

Abraham Charles Samuel Brousson (1791–1831) ⇒ Nr. 2005

⇒ Nr. 2021

II.

III.

Z. 9   *lettre*: ⇒ Nr. 2031
Z. 10   *Niederer*: Johannes Niederer (1779–1843) ⇒ Nr. 507
Z. 11   *lettre*: PSB XI, Nr. 5168

2033.
Johann Alois Schlosser
24. Januar 1819

[Reg.] Schlosser wünscht ein Verzeichnis der Lettern und Gerätschaften der Yverdoner Druckerei.

Überlieferung

1   PSB XI, S. 205.20 ff.

Sacherklärung

I.

Johann Alois Schlosser (1777–1858) ⇒ Nr. 2019

II.

Johann Alois Schlosser (1777–1858, ⇒ Nr. 2019) hatte sich am 26. Dezember 1818 (⇒ Nr. 2019) und am 11. Januar 1819 (⇒ Nr. 2027) nach den Kaufbedingungen der Anstaltsdruckerei (⇒ Nr. 2019) erkundigt.

III.

Z. 5   *Druckerei*: ⇒ Nr. 2019

2034.
Graf Friedrich von/Frédéric de Kageneck
25. Januar 1819

[Reg.] Kageneck erkundigt sich nach dem pädagogischen Konzept im Allgemeinen und den konfessionellen Ausrichtungen im Besonderen des Instituts in Yverdon und bittet um Zusendung einschlägiger Publikationen.

672

1 PSB XI, S. 201.5 ff.

Überlieferung

Sacherklärung

I.

Graf Friedrich von/Frédéric de Kageneck (1774/75–1840) stammt aus einer elsässischen Adelsfamilie, die sich in Freiburg im Breisgau angesiedelt und 1771 die reichsgräfliche Würde erhalten hatte. Kageneck war in russischen Diensten und wurde 1808 nach einer Verwundung pensioniert. Im Jahre 1809 heiratet er die Marquise Pauline-Anne-Albertine-Françoise-Camille-Louise Du Blaisel (1789–1854) aus Praucourt (Moselle). Die Ehe wird spätestens 1828 wieder geschieden. Kageneck hat sich wohl mit dem Gedanken getragen, seinen Sohn Franz Georg (1812–1828) nach Yverdon zu schicken, er setzt den Plan allerdings nicht um.

2035.
Jean Jacques (François) Ausset
27. Januar 1819

[Reg.] Ausset ist mit der Schlussrechnung für die Pensionskosten seiner Kinder nicht
5 einverstanden.

Überlieferung

1 PSB XI, S. 203.18 ff.

Sacherklärung

I.

Jean Jacques (François) Ausset (1774–1844) stammt aus einer französischen Familie, die sich in Vevey niedergelassen und auch das dortige Bürgerrecht erworben hat. Die Jahre von 1804 bis 1810 verbringt er mit seiner Ehefrau Elisabeth Marianne Christine Ausset-Ludert (1778–1842, ⇒ Nr. 1790) in Hamburg. Ausset ist von Haus aus Kaufmann und tritt darüber hinaus auch als Bankier, Weinhändler sowie als Gutsbesitzer in Erscheinung.

III.

Z. 4   Kinder: Paul (Egide) Ausset (*1804) wurde in Hamburg geboren und besuchte von 1817 bis 1819 das Institut in Yverdon. Victor (Albert) Ausset (*1806) wurde ebenfalls in Hamburg geboren und war auch 1817 bis 1819 Schüler in Yverdon. 1836 heiratete er in Bex (Kt. Vaud) Elisabeth Susanna Challand.

2036.
Defferrari, Vassallo et Compagnie
30. Januar 1819

[Reg.] Defferrarie, Vassallo et Compagnie erkundigen sich im Auftrag von General Abadia nach den Aufnahmebedingungen im Institut in Yverdon.

Überlieferung

1   PSB XI, S. 212.19 f.

Sacherklärung

I.

Das Handelshaus *Defferrari, Vassallo et Compagnie* ist zwischen 1815 und 1824 in Marseille nachgewiesen.

III.

Z. 5   *Abadia*: Francisco Javier Abadia (1774–1860) aus Valencia war zur Zeit der napoleonischen Besetzung Stabschef in der spanischen Armee, ab 1812 Chef der Armee von Galizien und unter der Verfassung von Cadiz kurzzeitig Kriegsminister. Nach 1816 übernahm er als Truppen-Generalinspektor die Beaufsichtigung der Vorbereitungen für die Militärexpeditionen nach Amerika. Abadia hatte geplant, seinen Sohn nach Yverdon zu schicken, der Plan wurde allerdings nicht realisiert.

2037.
Louis Marie Guerrero
Januar/Februar 1819

[Reg.] Guerrero stellt einige kritische Rückfragen über die Erziehung seines Sohnes im Institut.

Überlieferung

1   PSB XI, S. 235.35 ff.

Sacherklärung

I.

Louis Marie Guerrero (1777–1858) ⇒ Nr. 1677

II.

Wie aus der Antwort Pestalozzis auf diesen nicht erhaltenen Brief Louis Marie Guerreros (1777–1858, ⇒ Nr. 1677) deutlich wird, war Pestalozzi von den teilweise kritischen Rückfragen etwas betroffen, zeigte sich aber davon überzeugt, dass die im Brief zum Ausdruck gebrachte «franchise et ... droiture, et ... la capacité et la renonciation à tout ce qui n'est pas indispensable, ... un influence bienfaisante sur votre cher fils» habe (PSB XI, S. 235 f.).

III.

Z. 4   *Sohnes*: Diego Thomas Antoine André Pascal Marie Cécile Guerrero (*1806) ⇒ Nr. 1677

2038.
Ioannes Antonios Kapodistrias
Januar/Februar 1819

[Reg.] Inhalt unbekannt.

Überlieferung

1   PSB XI, S. 222.24 f.

Sacherklärung

I.

Ioannes Antonios Kapodistrias (1776–1831) ⇒ Nr. 1387

II.

Pestalozzi bedankte sich in einem Schreiben an den russischen Gesandten in Bern, Baron Paul von Krüdener (1784–1858, ⇒ Nr. 2051), für die vom russischen Zaren Alexander I. (1777–1825, ⇒ Nr. 520) geschickten und zur Unterstützung der Armenanstalt in Clindy (⇒ Nr. 1369) bestimmten Gelder und legte ihm ein Schreiben von Ioannes Antonios Kapodistrias (1776–1831, ⇒ Nr. 1387) bei, «um Eure Excellenz über die mir zugesagte Summe in richtige Kenntnis zu setzen» (PSB XI, S. 222).

2039.
Jean Jacques (François) Ausset
3. Februar 1819

[Reg.] Ausset bestreitet, dass abgemacht gewesen sei, den Lateinunterricht zusätzlich zu bezahlen.

1 PSB XI, S. 209.11 ff.

Überlieferung

Sacherklärung

I.

Jean Jacques (François) Ausset (1774–1844) ⇒ Nr. 2035

2040.
Johannes Daniel Falk
4. Februar 1819

Schreiben an Pestalozzi

d[en] 4ten Febr[uar] 1819

Es soll mir zu ausnehmder Freude gereichen, wenn ich höre, dass dieses Schreiben Dich in Deinem hohen Alter wohl und gesund angetroffen hat; alter und ehrwürdiger Vater Pestalozzi, und sollst du damit fortfahren, bis ich, dein Sohn, dem Geiste nach, Dich freudig von Angesicht zu Angesicht gesehen habe. Ich schicke dir meine neusten Schriften, und hoffe du wirst dein eignes Herzblut darin nicht verleugnen, sondern deinen eignen lebendigen Puls, für das arme leidende, vom Uebermuth und Weltfrevel zertretene Volk, in mancher Zeile derselben, so du die Hand darauf legst auch in Yverdun klopfen hören. Ich habe einen guten Kampf gekämpfet, aber ich habe im Glauben festgehalten bisher. Es ging mir im Sachsenland, wie es dir in der Schweiz erging; weder Tell noch D[octo]r Martin können vor der Welt u[n]d dem Bösen schützen, wie brünstig wir sie anrufen. In der Kriegs- und Hungersnoth, sass ich mit 500 Kindern da, und hatte die Wahl sie wieder auf die Landstrasse zu schicken, woher sie gekommen waren; aber ich hielt fest an Gott und den Himmel und meinen armen Kindern, und bediente die Welt die unter mir rollte, mit meinem Absatz. Ich verkaufte, versetzte, wie es gehen wollte, riss die Kinder durch, und zerriss so dem Teufel sein Concept, der auch Garn spann, aber kein solches, wie wir in unserer Anstalt, sondern eitel Hanf zu Galgenstricken, womit er ganz Thüringen in seine listigen Netze zu fahen gedachte. Hab' auch nicht ein einziges fortgeschickt. Werkstätten und Landschulen sind von nun an mein einziges Augenmerk. In diese beyden Durchgänge des ganzen deutschen Volkes, muss sich ein neuer Strom von Leben und Bildung ergiessen, die ehrbaren Meister können und dürfen als echte Pädagogen dabey nicht übergangen werden. Denn

ich will das Volk trösten, und freundlich reden mit Jerusalem; ich will es nicht bloss unterrichten, sondern auch speisen, kleiden und
35 tränken, und eben darum bin ich einen echt christlichen Bund, mit zweyhundert Schuhmachern, Leinwebern, Schneidern, eingegangen, wie du das Weitere aus den beygelegten Büchern freudig ersehen wirst. Somit befehle ich dich in den Schutz des allliebenden Gottes ehrwürdiger Vater, von dem deine schöne Seele ein reiner
40 Ausfluss ist, dich und die deinen, und indem ich mich nach deiner leiblichen Gegenwart sehne, verbleibe ich dein in der ewigen Liebe dir treu und unabänderlich verbundener Sohn

Johannes Falk

geboren 1768 in der alten Hanse zu Danzig an der Ostsee; mein
45 Grossvater aber heisst Chaliou, und stammt aus Euern Bergen, nämlich aus Genf her, von wo er als Uhrmacher nach Danzig gekommen ist, und sich daselbst niedergelassen hat.

Überlieferung

1 Klassik Stiftung, Weimar Goethe- und Schiller-Archiv, 15 (Nachlass Falk)/I,20
5 Copia

Textkritik

Zeuge h
Z. 6 *Freude* < *und Trost* > *gereichen*
Z. 14 f. *Yverdun*: lateinische Schrift
Z. 18 *der Welt u[nd]* ʃ
Z. 35 *ich* < *in* > *einen*
Z. 42 *unabänderlich* < *ver* > *verbundener*
Z. 45 *Chaliou*: lateinische Schrift

Sacherklärung

I.

Johannes Daniel Falk (1768–1826) stammt aus einer Danziger Handwerkerfamilie und lässt sich nach dem ab 1791 in Halle an der Saale begonnenen Studium der Theologie, Philologie und Literatur als Privatgelehrter und satirischer Schriftsteller in Weimar nieder, wo er in den Kreis von Johann Wolfgang von Goethe (1749–1831, ⇒ Nr. 811), Johann Gottfried von Herder (1744–1803, ⇒ Nr. 833) und Christoph Martin Wieland (1733–1813, ⇒ Nr. 637) gelangt und unter anderem die *Zeitschrift für Poesie, Kunst und Zeitgeschichte* herausgibt. 1806 wendet er sich unter der Wahrnehmung der Kriegsfolgen von der Schriftstellerei ab, vermittelt als Mitglied einer französischen Kommission bei der Eintreibung von Kriegsabgaben und wird vom Grossherzog Karl August von Sachsen-Weimar-Eisenach (1757–1828, ⇒ Nr. 811) zum Legationsrat ernannt. Falk gründet 1813 die *Gesellschaft der Freunde in der Not*, nimmt in seinem Haus und bei benachbarten Handwerkerfamilien mehrere hundert verarmte, verwahrloste und verwaiste Kinder auf (⇒ Z. 26) und institutionalisiert diese Armenerziehung 1821 durch die Errichtung des Lutherhofes, eine der ersten Kinderheimerziehungseinrichtungen in Deutschland. Breite Bekanntheit erlangt Falk zudem als Autor des Weihnachtsliedes *Oh, du Fröhliche*.

III.

Z. 11 *Schriften*: Damit sind wohl *Johannes Falks auserlesene Werke (alt und neu). In 3 Teilen. 1. Theil oder Liebesbüchlein, 2. Theil oder Osterbüchlein, 3. Theil oder Narrenbüchlein* (1819) gemeint. Diese Werke wurden in Johannes Daniel Falks (1768–1826, ⇒ Sacherklärung I.) Vorwort vom März 1818 als Schriften bezeichnet – wie hier auch in diesem Brief. Allenfalls ist noch möglich: *Aufruf, zunächst an die Landstände des Grossherzogtums Weimar und sodann an das ganze deutsche Volk und dessen Fürsten, über eine der schauderhaftesten Lücken unserer Gesetzgebungen, die durch die traurige Verwechselung von Volkserziehung mit Volksunterricht entstanden ist* (1818).
Z. 15 *Ich ... gekämpfet*: 2. Tim. 4,7
Z. 17 *Tell*: Wilhelm Tell ist ein sagenhafter Schweizer Freiheitskämpfer und Tyrannenmörder, der an der Wende vom 13. zum 14. Jahrhundert in der Innerschweiz gelebt haben soll. Erste schriftliche Spuren von ihm finden sich im 1472 verfassten *Weissen Buch von Sarnen*. Eine europäische Heldengestalt wurde er durch das von Johann Christoph Friedrich von Schiller (1759–1805, ⇒ Nr. 427) verfasste Drama gleichen Namens (1804).
Z. 18 *Martin*: Martin Luther (1483–1546) ⇒ Nr. 917
Z. 26 *Anstalt*: Angesichts der Zerstörungen und Opfer der napoleonischen Kriege – Johannes Daniel Falk (1768–1826, ⇒ Sacherklärung I.) selbst verlor 1813 vier seiner sieben Kinder – gründete er im selben Jahr die *Gesellschaft der Freunde in der Not*. Verwaiste und verwahrloste Kinder sollten nicht in Waisen- oder Arbeitshäusern, sondern in christlich-väterlichem Umfeld erzogen und zur Erwerbstätigkeit gebildet werden. Daher war diese Anstalt zunächst auch in Falks häusliches Umfeld integriert und wurde erst 1821 mit der Errichtung des Lutherhofs, einer Sonntagsschule und des Lehrerseminars Johanneum weitergehend als Fürsorgeheim institutionalisiert.
Z. 33 *freundlich ... Jerusalem*: Jesaja 40,2
Z. 45 *Grossvater*: Michel Chaillou (1715–1787) aus Genf war der Vater von Johannes Daniel Falks (1768–1826, ⇒ Sacherklärung I.) Mutter Constantia (1742–1813), die mit dem Danziger Perückenmacher Johann Daniel Falk (1737–1808) verheiratet war. Chaillou war ebenfalls Perückenmacher und wanderte von Genf nach Danzig aus. Er wird als tief religiös und aufbrausend beschrieben.

2041.
Jean Jacques Paschoud

5. Februar 1819

[Reg.] Paschoud schickt eine Rechnung.

Überlieferung

1   PSB XI, S. 215.5 f.

Sacherklärung

I.

Jean Jacques Paschoud (1768–1826) ⇒ Nr. 1216 a

2042.
Johannes von Muralt

6. Februar 1819

6. Febr[uar] 1819

Indem ich mich dem Vater Pestalozzi ins freündliche Andenken zurückrufe, u[n]d alle seine wahren Freunde u[n]d Freündinen in Yverdon herzlich grüsse, bitte ich, diese Subscribenten noch in die Liste aufzunehmen, u[nd] mir die erste Lieferung, die hoffentlich erschienen seyn wird, an den Buchhändler Gräff für Pastor Joh[annes] von Muralt über Lübek, womöglich mit den ersten Schiffen zuzusenden; mein Bruder Leonhard wird sogleich den Betrag der a b g e s a n d t e n Exemplare bezahlen. Dass Alle meine theüren Freünde in Yverdon wohl seyen, u[n]d es Ihnen gut gehe, wünscht von ganzem Herzen

Muralt,
in St Petersburg.

Neue Subscribenten auf die sämmtlichen Werke Pestalozzis.
Herr Hofrath Friedrich von Sievers
M[adam]e Guizetti.
H[err] Joh[ann] Seideler.
— August Prêtre
H[err] Hofrath u[n]d Professor Reuss.
— Auguste Semen.

— Dr. Bodemüller.
H[err] Kapitain u[n]d Ritter Keresturi
Dr. Treuter.
Czermack, Lehrer.
Negri, Kaufmann
Rosenstrauch, Kaufmann
H[err] G[otthelf] Fischer, Vice-Präsident der Akademie in Moscau.
Dr. u[n]d Prof[essor] Hiltebrandt.
Dr. Kruber.
Alle in Moscau.
Ich bitte Sie, theürer H[err] Pestalozzi, um Beschleünigung der Herausgabe Ihrer Schriften, wenigstens der ersten Lieferung. Sie haben mir nie kein Wort gesagt über die von mir eingesandte Subscribenten Liste, in die ferner aufzunehmen bitte:
Ihre Kais[erliche] Hoheit die Frau Grossfürstin Alexandra Feodorovna geborne Prinzessin von Preussen 5 Exemplare.
Ivan Pavlovitsch Chambeau Kabinets Sekretär der Frau Grossfürstin Alexandra Feodorovna Kaiserl[iche] Hoheit.

Überlieferung

1 ZB Zürich, Ms Pestal 53, Umschlag 250/13 (H1), 250/13b (H2)
2 Blatt, 210 x 124 mm (H1), Blatt 125 x 101 mm (H2)
4 Datum am Schluss, Dorsualvermerk *St. Petersburg Muralt* (H1)
5 Original

Textkritik

Zeuge H
Z. 4-33 H1
Z. 4 *Febr[uar]*: lateinische Schrift
Z. 5 *Pestalozzi*: lateinische Schrift
Z. 7 *Yverdon*: lateinische Schrift
Z. 7 *Subscribenten*: lateinische Schrift
Z. 9 f. *Gräff ... Muralt*: lateinische Schrift
Z. 10 *Lübek*: lateinische Schrift
Z. 11 *Leonhard*: lateinische Schrift
Z. 13 *Yverdon*: lateinische Schrift
Z. 16 *St Petersburg*: lateinische Schrift
Z. 17 *Subscribenten*: lateinische Schrift
Z. 17 *Pestalozzis*: lateinische Schrift
Z. 18 *Friedrich von Sievers*: lateinische Schrift
Z. 19 *Guizetti*: lateinische Schrift
Z. 20 *Joh[ann] Seideler*: lateinische Schrift

Z. 21	*August Prêtre*: lateinische Schrift
Z. 22	*Professor Reuss*: lateinische Schrift
Z. 23	*Auguste Semen*: lateinische Schrift
Z. 24	*Dr. Bodemüller*: lateinische Schrift
Z. 25	*Kapitain*: lateinische Schrift
Z. 25	*Ritter Keresturi*: lateinische Schrift
Z. 26	*Dr. Treuter*: lateinische Schrift
Z. 27	*Czermack*: lateinische Schrift
Z. 28	*Negri*: lateinische Schrift
Z. 29	*Rosenstrauch*: lateinische Schrift
Z. 30	*G[otthelf] Fischer, Vice-Präsident*: lateinische Schrift
Z. 30	*Moscau*: lateinische Schrift
Z. 31	*Dr.*: lateinische Schrift
Z. 31	*Prof[essor] Hiltebrandt*: lateinische Schrift
Z. 32	*Dr. Kruber*: lateinische Schrift
Z. 33	*Moscau*: lateinische Schrift
Z. 34–41	H2
Z. 34	*Pestalozzi*: lateinische Schrift
Z. 36 f.	*Subscribenten*: lateinische Schrift
Z. 38 f.	*Alexandra Feodorovna*: lateinische Schrift
Z. 39	*Preussen*: lateinische Schrift
Z. 40	*Ivan Pavlovitsch Chambeau*: lateinische Schrift
Z. 41	*Alexandra Fevdorovna*: lateinische Schrift

Sacherklärung

I.

Johannes von Muralt (1780–1850) ⇒ Nr. 610

III.

Z. 9   *Gräff*: Johann Heinerich/Heinrich Gräff (1765–1827) ⇒ Nr. 678
Z. 11 *Leonhard*: Leonhard von Muralt (1751–1822) ⇒ Nr. 610
Z. 18 *Sievers*: Friedrich Karl von Sievers (1776–1850) aus Livland war Mitglied des Kollegienrates der Verkehrsverwaltung in Moskau sowie Kirchenältester daselbst (1820–1836) und mit Elisabeth Gardner (1780–1867) verheiratet.
Z. 19 *Guizetti*: Elisabeth Henriette Guizetti-Krüger (1783–1853), Tochter des aus Hamburg stammenden und in Moskau niedergelassenen Kaufmanns Heinrich Friedrich Krüger (1748–1819), heiratete den niedersächsischen Kaufmann Johann Anton Franz Guizetti (1762–1841), der zunächst in Narva (Estland) gearbeitet hatte und ab 1817 im Moskauer Börsen- und Bankgeschäft tätig war; das Paar hatte neun Kinder.
Z. 20 *Seideler*: Gustav Johann Seideler (1755–1818) stammte aus Narva (Estland) und war in St. Petersburg als Kaufmann tätig. Johannes von Muralt (1780–1850, ⇒ Nr. 610) wusste offenbar nicht, dass Seideler schon im vorigen Jahr verstorben war.
Z. 21 *Prêtre*: Julien-Auguste Prêtre (1777–1836) aus Corgémont (Kt. Bern) reiste 1802 nach Russland, um Neuenburger Uhren zu verkaufen, und

	lebte später als Besitzer einer chemischen Fabrik in Moskau. Er war verheiratet und hatte fünf Kinder.
Z. 22	*Reuss*: Ferdinand Friedrich Reuss (1778–1852) aus Tübingen wurde 1801 zum Dr. med. promoviert und 1804 an die Kaiserliche Universität von Moskau berufen, wo er bis 1832 als Professor für Chemie arbeitete und nebst verschiedenen Ämtern (Universitätsbibliothekar, Kirchenältester, Direktor des Gefängniskomitees) zeitweilig auch eine Apotheke führte. Nach seiner Pensionierung 1839 kehrte der mit Elisabeth Henriette von Keresturi (1788–1855) verheiratete Reuss nach Deutschland zurück und starb in Stuttgart.
Z. 23	*Semen*: Auguste Semen war Verleger und Buchdrucker der kaiserlichen medizinisch-chirurgischen Akademie in Moskau.
Z. 24	*Bodemüller*: Ein Arzt namens Bodemüller in Russland konnte nicht bestimmt werden. Zu finden ist allerdings ein Johann Bode (1769–1820), Sohn eines deutschen Tischlers in St. Petersburg, der als Arzt in Livland sowie als Armenarzt in St. Petersburg praktiziert hat. Ob er um 1819 in Moskau war, ist offen, ebenso unklar ist, was der mit leichtem Abstand vermerkte Namenszusatz «müller» zu bedeuten hat.
Z. 25	*Keresturi*: Nikolaus Keresturi (1792–1822) war der Sohn des aus Ungarn stammenden und in Moskau lehrenden Medizinprofessors Franz von Keresturi (1735–1811); er wurde 1817 Hauptmann und später Oberstleutnant.
Z. 26	*Treuter*: Johann Gottlieb Wilhelm Treuter (1780–1855) aus Weimar war an verschiedenen Moskauer Institutionen als Arzt angestellt, Kirchenältester der Michaelis-Kirche, Hofrat sowie Träger des Wladimir-Ordens.
Z. 27	*Czermack*: Herr Czermack stammte vermutlich aus Tschechien und arbeitete als Lehrer in Moskau. Möglicherweise war er der Vater von Karl Czermak (1809–1888), der die Moskauer Realschule leitete und in Tiflis sowie in Baku tätig war.
Z. 28	*Negri*: Herr Negri konnte nicht näher bestimmt werden. Möglicherweise ist damit der griechischstämmige Alexander von Negri (1784–1854) gemeint, der zwar mit Handelsmissionen beauftragt war, diese aber in seiner Funktion als wirklicher Staatsrat ausführte und hier wohl eher mit seinem offiziellen Titel aufgeführt worden wäre, oder der italienischstämmige Joseph Negri, der in Russland als Kaufmann niedergelassen war.
Z. 29	*Rosenstrauch*: Wilhelm Rosenstrauch (1792–1870), aus Holland gebürtig, studierte Pharmazie in Tartu (Dorpat, Estland) und lebte ab 1814 in Moskau, wo er als Kaufmann, Fabrikant künstlicher Mineralwässer und Parfümhändler tätig war und 1829 zum preussischen Honorargeneralkonsul ernannt wurde.
Z. 30	*Fischer*: Gotthelf Fischer von Waldheim (1771–1853) studierte in Leipzig und wurde dort 1797/98 zum Doktor der Medizin sowie der Philosophie promoviert. Anschliessend reiste er mit Wilhelm (1767–1835, ⇒ Nr. 1643) und Alexander von Humboldt (1769–1859, ⇒ Nr. 933) nach Wien und Paris und wurde als Professor der Naturgeschichte nach Mainz berufen, bevor er 1804 an die Universität Moskau wechselte, wo er, spezialisiert auf Zoologie und Paläontologie, bis zu seinem Tod als Professor der Naturgeschichte und Direktor des Naturhistorischen Museums arbeitete.

Z. 31 *Hiltebrandt*: Justus Friedrich Jakob Hiltebrandt (1773–1845) besuchte das Gymnasium in seiner Vaterstadt Worms, bevor er 1789 nach Moskau kam, wo er 1801 zum Dr. med. promovierte und ab 1804 als Professor der Chirurgie an der Universität und ab 1808 auch an der medizinisch-chirurgischen Akademie unterrichtete.

Z. 32 *Kruber*: Johann Justus Kruber (1759–1826) aus Stuttgart war seit 1792 Arzt in Russland und wurde später zum kaiserlichen russischen Hofrat sowie zum Ehrenmitglied der Moskauer Universität und der dortigen medizinisch-chirurgischen Akademie ernannt.

Z. 35 *Schriften*: Johann Heinrich Pestalozzi: Sämmtliche Schriften, 12 Bände. Stuttgart 1819–1824

Z. 38 *Hoheit*: Zarin Alexandra Fjodorowna von Russland (1798–1860), vormals Charlotte Friederieke Louise Wilhelmine, war die älteste Tochter von König Friedrich Wilhelm III. von Preussen (1770–1840, ⇒ Nr. 568). Sie wurde 1817 zur Stärkung des russisch-preussischen Bündnisses mit Grossfürst Nikolaus Pawlowitsch von Russland (1796–1855, ⇒ Nr. 2680) verheiratet und wurde zur Zarin, als dieser 1825 als Nikolaus I. seinen Bruder Alexander I. (1777–1825, ⇒ Nr. 520) an der Staatsspitze ablöste. Das Paar hatte 7 Kinder, darunter Alexander (1818–1881), der ab 1855 als Zar Alexander II. regierte.

Z. 40 *Chambeau*: Johann Samuel Chambeau (1783–1848) aus Berlin wurde 1814 Sekretär von Charlotte Friederieke Louise Wilhelmine von Preussen, der nachmaligen russischen Zarin (1798–1860, ⇒ Z. 38), und hielt dieses Amt, inzwischen 1832 in den preussischen Adel erhoben und zum Geheimrat ernannt, bis zu seinem Tod inne.

2043.
Christiana

6. Februar 1819

a Monsieur
5 Monsieur Pestalozzi
Yverdun
en Suisse

Sehr ehrwurdiger Pestalozzi.
Verzeih die Freyheit, die ich, eine Fremde, nehme, dir zu schreiben.
10 Ich habe einige deiner Schriften gelesen. Ich habe die deutsche Sprache gelernt um dein Lienhard und Gertrud zu lesen, und ich habe deine Rede zu deinem Haus übergesetzt. Ich liebe deine Schriften für ihre Wahrheit. Mich wundert über deiner Geduld und Beharrlichkeit für das Heil deiner Mitmenschen; aber besonders mich er-
15 freut, in deiner Rede zu merken, dass du den Glauben und die Liebe, als die Quellen aller Güte in Menschen ansehest. Denke es nicht eitel Neugierde denke mich nicht eingebildet wenn ich (ein Kind in Alter und Erfahrung in Vergleichung dir und eine Fremde)

dir das wichtigsten und herrlichsten Gegenstand reden wolle; aber die Christen Liebe mich dringt so zu thun; und ich hoffe dass der heiliger Gott seiner Segen zu meinem erniedrigen Unternehmen verleihen wolle und dass er mich brauchen wolle (unwurdige wenn ich sey) für eines Gütes Werkzeug zu dir. Du redest O Pestalozzi in deiner Schriften des gutes Menschenherz. Ach! wie kann irgend ein Menschenherz gut seyn, wenn alle Herzen sind naturlich verdorben wenn «Da ist nicht, der gerecht sey, auch nicht Einer», Romer 3 – v[ers] 10. Du sagst wohl O Pestalozzi dass «die Lagen und Umstanden des einzelnen Menschen sind für die Entfaltung der Gefühle des Glaubens und der Liebe unendlich vortheilhafter als für die Andern»; aber freylich kann die Erziehung den Glauben und die Liebe nicht schaffen; das ist ein Werk das Gott alleine schafft. Er, welcher das Herz geschaffen hat, kann allein es erneuern. Mit deiner Erlaubniss darum ich will dir, die Ansichten des immerwährend Evangelium (das einigen Hoffnung des Sünder) vorlegen, wie sie sind in die Schriften eines unsers vorzüglichsten Pfarrers bestimmt. Zugleich sind mit des Richtmaass der Wahrheit und ich bethe Gott das Durchlesen dir zu beglücken.

Der Text der Predigt von welcher ich habe dieser Extrait angeführt ist:

«Wer zu mir kommt, den werde ich nicht hinaus stossen.» Johannis 6. v[ers] 37. Unser gute Pfarrer sein Text erklärt in diesen Worten

[1.] Wir sind s c h u l d i g vor Gott und wir dörfen von ihm Barmherzigkeit oder Verzeihung nicht hoffen als durch Jesum Christ. Wir sind Ubertreter des heiligen Gesetz welches Verdammung ausspricht am geringsten Fehler. «Verflucht sey, wer nicht alle Worte dieses Gesetzes erfüllet dass er darnach thue» 5. Mose 27. v[ers] 26 aber das nämliche heilige Gesetz kund thut zugleich «Christus hat uns erlöset von dem Fluch des Gesetzes, da er ward ein Fluch für uns» Gal[ater] 3. v[ers] 13. Zu Christo kommen darum ist, Zuflucht suchen bey ihm für die Verzeihung unser Sünden und für die Rechtfertigung unsers Leibes vor Gott, wie die Frucht seines Gehorsam und Todes.

2. Wir sind unwissend von Gottes und der Dinges der Seligkeit. Die Blindheit geistliche ist eine Folge des Fall «der naturliche Mensch vernimmt nichts vom Geist Gottes, es ist ihm Thorheit», 1. Cor[inther] 2. v[ers] 14

Er kenne nicht das Übel der Sünde, auch nicht die Schönheit der Heiligkeit. Er kenne nicht der Charakter Gottes, die Lieblichkeit oder die Reinheit seines Gesetz, die Sündigkeit und das Verderben seines

eigenes Herz, auch nicht das Wesen des Evangelium Gehorsam und darum er erkenne nicht die Schuld und die Verdammung welche er verdient wie ein Sünder, auch nicht die Gütigkeit des Weges Heils bey Christ; aber Christ kam vom Himmel wie das Licht der Welt; Er kam «die Menschen vor Dunkelheit zum Licht zu werden.»
Zu Christo kommen darum ist, Zuflucht suchen bey ihm für Unterricht im geistlichen Dingen, sein Wort für das Kennen unser selbst und für das Kennen Gottes zu durchsuchen, die Lehre seines heiligen Geist zu suchen dass bey seinem Wort und Geist wir seyen «untergewiesen zur Seligkeit.»

3. Wir sind s c h w a c h und h ü l f l o s , unfähig des geistlichen und heiligen Gehorsam, welche Gott fordert, unfähig der Versuchung der Welt, des Fleisch und des Teufel zu überwältigen; aber in Christo ist Macht, also wiewohl ohne ihm wir kennen nichts thun jedoch «wir vermögen Alles durch den, der uns machtig macht, Christum». Phil. – 4. v[ers] 13 –

Er ist ergehoben, die Gabe des heiligen Geist zu geben, unsere Herzen zu reinigen, in uns die Liebe der Güte und der Hass das Ubel zu einpflanzen.

Zu Christo kommen darum ist M a c h t von ihm zu suchen dass wir fähig werden auf ihn zu glauben, die Sünde zu verlassen, den Wille Gottes zu thun und die Erneuerung unsers Wesen in Rechtschaffenheit und Heiligkeit zu suchen.

4. Wir haben die Seligkeit v e r g e w i r k t bey unsern Übertretungen, aber Christ hat das ewige Leben ergeworben für Alle welche auf ihn glauben. Er ist die «Auferstehung und das Leben»; Johannis 11. v[ers] 25

Zu Christo kommen darum ist Zuflucht suchen bey ihm für den Segen d e r e w i g e S e l i g k e i t , von seiner Hand die Befreyung von die Strafe der Sünde und den Genuss der Heiligkeit des Himmel zu erwärten.

Zuflucht suchen bey Christ muss von unserm Gefühl des Mängel dieser Segen ausgehen. Ohne dieses Gefühl wir würden weder eifrig noch ernsthaft werden wenn wir an ihn gehen. Wir mögen zwar beym Einfluss des Beyspiel oder der Erziehung unsern Glauben auf ihm bekennen, wie der Heiland der Welt (dieses thun alles in ein christliche Gemeinde) aber um zu Christo kommen w i r k s a m , wir müssen unser N o t h wie Sünder tief fühlen, wir müssen unser V e r d e r b e n und unsere U n r e i n i g k e i t empfinden, wir müssen unser U n w i s s e n h e i t der geistlichen Dinge erkennen, wir müssen unsselbst v e r l o r n e S ü n d e r bekennen, k e i n Hülfe in u n s e r s e l b s t habend. Weil unser Heiland erselbst gesagt hat «die Starken bedürfen des Arztes nicht, sondern die Kranken» und gewiss niemand will herzlich Zuflucht suchen vom Christ welcher sein Verderben und verlorne Zustand fühle nicht. Wir müssen wenn wir an Christo gehen auf ihn bauen, für die Segen wir von ihm fragen. Seine M a c h t oder seiner W i l l e (uns zu selig machen), zweifeln, ist ihm verunehren. Wir müssen ihm ansehen als «den Weg, die Wahrheit und das Leben» Joh[annes] 14. v[ers] 6 – als den Heiland bey Gott für unsere Mängel bestimmt und wer auch selig machen kann immerdar. Ist es entgedeckt dass er «uns gemacht ist zur Weisheit, zur Gerechtigkeit, zur Heiligung, zur Erlösung» dann mussen wir ihn in eine jeden dieser Charakter annehmen und von seiner Hand alle Segen darum vorgestellt erwarten. Das zu Christo Kommen ist nicht eine i s o l i r t That aber eine That dass wir müssen immerwahrend wiederholen. Es müss die B e s c h a f f e n h e i t der Seele seyn. Wir müssen Zuflucht suchen bey ihm t ä g l i c h für V e r z e i h u n g R u h e und S e l i g k e i t , wir müssen «im Glauben wandeln» 2. Kor[inther] 5.7, wir mussen im Glauben leben, wir müssen «in Ihm bleiben, wie der Rabe bleibe am Weinstock» Joh[annes] 15.4. Wer zu Christum also kommt den werde er nicht hinaus stossen «das Blut Jesu Christi, macht ihn rein von aller Sunde[»], Johan[nes] 1. v[ers] 7 «die herrliche Gnade ihm hat angenehm gemacht in dem Geliebten» Eph[esus] 1. v[ers] 6. «Christ wird ihn unterweisen zur Seligkeit» 2. Tim[otheus] 3. v[ers] 15 «Er wird stark seyn in dem Herrn» Eph[eser] 6. v[ers] 10. Christ wird Ihm das Ewige Leben geben. Johan[nes] 10. v[ers] 28

Ach, glucklich würde ich seyn obwann dieser Extract sey ein Mittel, dich zu führen zum Fels der Seligkeit, wie dein G a n z e , zu welchem du müsste deines A l l e s weihen. Wenn du hast s c h o n ihn Also angenommt, wenn du hast schon das unschätzbar Privilegium (zu Christo kommend) geschmeckt, zweifach glucklich werde ich seyn. Lass mich ein Antwort zu dieser Brief bitten. Ach Pestalozzi! wie erfreure mich einer Balsam zum Wunden deiner Seele zu heften, ein Erquickung zu deiner Furcht, am Ende deiner lange und ermüdend Wahlfahrt. Zu ihm, welche allein es kann, ich wünsche dir zu führen, dass er deine Bemuhung kröne mit Erfolg, und dass er deine Tagen übrigen fröhlich mache, beym Licht seiner Angesicht, bis, er dich nehme zur Herrlichkeit, ist gewesen, und würde stets seyn das eifrig Bitte deiner Freundinn und Mit-Sünderinn in seinem Flehen vor dem Thron der Gnade.

Ich habe 260 Blattseite deiner Lienhard und Gertrud ubergesetzt. Ich denke es v o r z ü g l i c h , aber einige Stelle davon sind nicht für unsere Natur dienlich. Willst du mich erlauben, diese Stelle zu aus-

145 lassen und hier und da eine Stelle der heilige Schrift zu hinzuthun,
wo es dienlich würde seyn.

Willst du die Gutigkeit haben deine Antwort zu addressiren
to Christiana
Post Office
150 Dublin

To be kept till called for.
Du siehest dass ich kenne sehr v i e l   w e n i g deutsche Sprache.

Überlieferung

1 ZB Zürich, Ms Pestal 56, Umschlag 405/1
2 Bogen, 250 x 200 mm
4 Siegelspuren, Stempel *ANGLETERRE PAID 6 FE 6 1819*
5 Original
6 Die Datierung des Briefes folgt dem Briefstempel.

Textkritik

Zeuge H
Z. 62   nicht ⌡
Z. 77   Gabe ⌡
Z. 96   Welt < aber > (dieses
Z. 110 wer ⌡
Z. 131 angen⌠e⌡hmt
Z. 143 Ich < habe > denke
Z. 152 sehr ⌡

Sacherklärung

I.

Das Pseudonym Christiana steht möglicherweise für Jane Pilkington, die gemäss Adèle du Thon (Notice sur Pestalozzi. Genf 1827, S. 26) ebendiese als Übersetzerin der 1825 in London erschienenen Edition von *Lienhard und Gertrud* nennt (Leonard and Gertrude, or a book for the people, 2 vol. London 1825). Die hier im Text erwähnten Auslassungen bzw. die Ersetzungen mit Stellen aus der Bibel sind im Text allerdings nicht zu finden. Da in der Übersetzung aber kein Hinweis auf den Übersetzer oder die Übersetzerin zu finden ist und auch Jane Pilkington nicht näher bestimmt werden kann, bleibt diese Zuordnung einigermassen spekulativ.

III.

Z. 11   *Lienhard und Gertrud*: Johann Heinrich Pestalozzi: Lienhard und Gertrud,
1781–1787 (PSW II, III)

Z. 12 *Rede*: Johann Heinrich Pestalozzi: Rede an sein Haus an seinem vier- und siebenzigsten Geburtstage den 12. Jänner 1818. Zürich 1818 (PSW XXV, S. 261-364)

2044.
John de Vesci

1819

Eine einfache Geschichte Ihres Lebens und Ihrer Bestrebungen, mit allem, was Sie wollten, was Sie thaten und erfuhren, was Sie litten und endlich was Ihnen noch zu thun und zu wünschen übrig bleibt, mit Ihrer gewohnten Treue und Lebendigkeit dargestellt und mit Ihren vielseitigen und gereiften Erfahrungen bestätiget – wäre gewiss eine der wichtigsten Erscheinungen für die englische Nation. Freuen würde es mich, wenn Sie mich die Übersetzung ins Englische besorgen liessen und mir die Verbreitung dieser Schrift in meinem Vaterlande anvertrauen würden. Ich darf bey diesem Anlass noch mehr sagen, ohne Ihrer Empfindung zu nahe zu tretten. Ich bin überzeugt, Sie könnten der englischen Nation nicht leicht etwas geben, welches wichtiger für die pädagogischen Bestrebungen unsrer Zeit wäre, und ich nehme daher gar keinen Anstand, Sie zu bitten, unverzüglich einen Theil Ihrer köstlichen Zeit der Bearbeitung dieser Schrift zu widmen.

Überdiess habe ich einen individuellen Grund zu wünschen, dass diese Schrift von Ihnen selbst bearbeitet werde. Auch ist nicht zu läugnen, dass es äusserst schwer ist, die Lebensgeschichte von einem Manne zu schreiben, dessen Leben eine Reihe von Thaten darstellt, die die Aufmerksamkeit eines halben Jahrhunderts auf sich zogen; aber bey Ihren freyen Ansichten über sich selbst, bey Ihrer Unbefangenheit, Unschuld und Heiterkeit, die Sie durch Ihr Leben begleiteten und in deren Besitz Sie jetzt noch sind, wie in Ihrer schönen Jugend, wird die Erzählung wie Sie Ihre damaligen Träume seither mit so grossen Anstrengungen und Entbehrungen zu verwirklichen suchten, und wie Sie auf die Stufe gelangt sind, wo wir Sie heute stehen sehen – gewiss Züge darbieten, die einzig in der Geschichte sind, und unzweydeutige Winke geben, dessen was Noth thut. Diese eigene Geschichte Ihres Lebens gehört zur Bildung der künftigen Generationen wie Ihre Methode, und darf nicht von ihr getrennt werden.

Entschuldigen Sie mich, wenn ich so zudringlich bin, Sie zu bitten, keinen Augenblick mehr zu säumen, diese Schrift anzufangen.

Wenn Ihr jetziges Thun, welches so entscheidend für Ihre Lebenszwecke ist, nicht von allen Seiten gehemmt werden soll: so müssen äussere Mittel herbeigeschafft werden, die geeignet sind, das innere Gedeihen Ihrer Bestrebungen zu sichern, und ihnen auch äusserlich den Erfolg zu verschaffen, welchen sie in so hohem Grade verdienen.

Sie haben allerdings durch den unveräusserlichen Kapitalfond der fünfzig tausend französischen Livres, den Sie aus der neuen Herausgabe Ihrer Schriften zu ziehen gedenken, den Anfang zu einem kleinen Fundament gelegt, auf dem fortgebaut werden kann. Bedenke ich aber, dass Sie erst nach drey Jahren den kleinen Zins von diesem Kapital beziehen werden, und jetzt schon 74. Jahre zählen, so scheint es mir wahrlich nicht rathsam, Ihre Bestrebungen für die Armuth und das Volk so weit hinauszuschieben. Doch Sie thaten dieses nicht; sie liessen sich durch den Mangel äusserer Mittel nicht davon abschrecken. Das Dutzend armer Kinder die Sie in Ihrer eignen ökonomischen Beschränkung, dennoch in Clindy aufnahmen, um sie zu Lehrern und Lehrerinnen zu bilden, ist ein sprechender Beweis davon. Es ist von der höchsten Wichtigkeit, dass diese neu von Ihnen gegründete Armenanstalt auch mit den nöthigen äusseren Mitteln versehen werde, um eine Anzahl tüchtiger Lehrer und Lehrerinnen nach Ihrer Methode vollendet nach allen Richtungen auszubilden, und die Zahl derselben so viel als immer möglich zu vermehren. Auch ist mir nicht entgangen, dass Ihre Armenanstalt ein vorzügliches Institut werden kann, um auch für England tüchtige Lehrer und Lehrerinnen nach Ihrer Methode zu bilden. Dass die englische Sprache in dieser Anstalt gleichsam zur Muttersprache erhoben würde, ist gewiss eine freudige Erscheinung für jeden Engländer, der Antheil an der Verbesserung der Erziehung und des Unterrichts nimmt. Da ich es für so äusserst wichtig halte, dass nicht nur Ihr hiesiges Erziehungs-Institut von Kindern aus den begüterten Ständen für England wirksam werde, sondern dass auch Ihre Erziehungsanstalt armer Kinder in Clindy, zu unserer Benutzung, so schnell als möglich fortschreite: so sehe ich es als eine meiner ersten Pflichten an, alles zu thun, was von mir abhängen mag, um dazu mitzuwirken, und lege Ihnen in dieser Absicht folgenden Vorschlag zur näheren Prüfung vor:

Ich wünsche Ihre Lebensgeschichte, ins Englische übersetzt, auf Pränumeration herausgeben, und den Ertrag desselben Ihrer Armenanstalt mit der Bedingung übergeben zu dürfen, dass Sie die eingehende Summe sogleich in dieser Anstalt für Ihre Zwecke anwenden, und sich entschliessen schon künftiges Frühjahr ein halbes

Dutzend armer Kinder auf Rechnung des Ertrags dieser Pränumeration in Ihre Anstalt in Clindy aufzunehmen, um dieselben zu Lehrern und Lehrerinnen für England zu bilden.

Überzeugt, dass ich dadurch Ihren Zwecken, Ihrem Herzen, und vor allem aus meinem Vaterlande Dienste leisten werde, habe ich die Ehr zu seyn,

Ihr breitwilliger

Überlieferung

1 ZB Zürich, Ms Pestal 50/51, Umschlag 98/1
2 Bogen, 343 x 216 mm
5 Übersetzung

Textkritik

Zeuge [h]

Z. 4	<(Gewiss ist eine der wichtigsten Erscheinungen für das Englische Volk)> Eine
Z. 8 f.	wäre ... Nation ⌡
Z. 14	englischen <Volk> Nation
Z. 19	zu <wissen> wünschen
Z. 20	bearbeitet <wird> werde
Z. 27	Jugend <ehe Sie durch Ihr Leben mit>, wird
Z. 52	abschrecken. <Die Aufnahme> Das Dutzend armer Kinder <in Clindy> die
Z. 53	Clindy: lateinische Schrift
Z. 66	nimmt. <Die> Da
Z. 67	Institut <für> von
Z. 69	Clindy: lateinische Schrift
Z. 76 f.	die <se> eingehende
Z. 78	sich entschliessen ⌡
Z. 80	Clindy: lateinische Schrift
Z. 82	<Ich, der Ue[bersetzer], bin> Überzeugt
Z. 83	Vaterlande <dadurch> Dienste

Sacherklärung

I.

John de Vesci (1771–1855) ⇒ Nr. 1500

II.

Dieser Brief bietet einige Unklarheiten, was Absender und Datierung betrifft. Der Entscheid, den Brief John de Vesci (1771–1855, ⇒ Nr. 1500) und nicht etwa Charles Eduard Herbert Orpen (1791–1856, ⇒ Nr. 1925) zuzuschreiben und ihn auf die ersten Monate des Jahres 1819 zu datieren, lässt sich nicht nur mit der im Brief erwähnten Altersangabe von Pestalozzi («74. Jahre») begründen, sondern auch mit dem Umstand, dass erst im Spätherbst 1818 die *Address of Pestalozzi to the British Public* (PSX XXVI, S. 25-35) veröffentlicht wurde, deren Erlös der am 13. September 1818 eröffneten Anstalt in Clindy (⇒ Nr. 1369) zukommen sollte. Es ist denkbar, dass es sich bei diesem Brief um eine Antwort auf den am 26. Januar 1819 von Pestalozzi an Unbekannt verfassten Brief handelt, der von den Herausgebern der Briefbände eventuell John de Vesci (1771-1855, ⇒ Nr. 1500) zugeschrieben wurde. Für Vesci spricht, dass er von einem «hiesigen Erziehungs-Institut» schreibt – Vesci leitete eine Schule im irischen Abbeyleix (⇒ Nr. 1955). Dagegen spricht, dass in der überlieferten Korrespondenz in Sachen englischer Werkausgabe und Subskription immer Orpen als Korrespondenzpartner Pestalozzis auftaucht, allerdings liegt diese Korrespondenz, von der nur die Briefe *von* Orpen erhalten sind, vollständig in französischer Sprache vor, während die nur in deutscher Übersetzung vorliegenden Briefe von und an Pestalozzi, die aus dem englischen bzw. irischen Kontext stammen, immer mit unklarem Adressat bzw. Absender bleiben (vgl. PSB XI, Nr. 5170, Nr. 5349).

III.

Z. 43 *Kapitalfond*: Die hier erwähnten 50 000 französischen Livres gedachte Pestalozzi aus der Subskription seiner deutschen Werkausgabe zu ziehen, wie er dem englischen Lesepublikum in seiner 1818 veröffentlichten *Address of Pestalozzi to the British Public. Soliciting them to aid by Subscriptions his Plan of Preparing School Masters and Mistress for the People* kundtat (PSW XXVI, S. 30). Dieser Aufruf erging im Zusammenhang mit der Eröffnung der Armenanstalt in Clindy (⇒ Nr. 1369). Doch auch John Synge (1788-1845, ⇒ Nr. 1500) hatte bereits in seinem 1815 erschienenen Buch *A Biographical Sketch of the Struggles of Pestalozzi to establish his System of Education* finanzielle Unterstützungen für das Fortbestehen von Pestalozzis Institut und der Ermöglichung eines abgesicherten Lebensabends geworben. Wie hoch die eingezahlten Beträge zu diesem *Pestalozzian fund in Britain* waren, ist nicht bekannt.
Z. 44 *Livres*: frz. Einheit der Silberwährung
Z. 45 *Herausgabe*: Pestalozzi regte in seiner *Address to the British Public* eine englische Herausgabe seiner Werke an, die jedoch nicht realisiert wurde (vgl. Stadler II, S. 467).
Z. 53 *Clindy*: heute Teil von Yverdon (Kt. Waadt)
Z. 56 *Armenanstalt*: ⇒ Nr. 1369

2045.
Johannes Niederer
6. Februar 1819

Iferten 6ten Febr[ua]r 1819.

5 Lieber Herr Pestalozzi!
Möge meine Unpässlichkeit die Zögerung meiner Antwort auf Ihre Zeilen vom 23ten vorigen Monats entschuldigen. Es bleibt mir darauf nur Weniges, allein ich hoffe Entscheidendes zu sagen, das

allem zwecklosen Briefwechsel, sey er mittelbar oder unmittelbar, ein Ende machen wird.
Wer wahrhaft Friede will, trägt ihn nicht mit bittren, ja mit den möglichst entehrenden Vorwürffen an. War ja das Erstre Ihre Absicht, wie konnte Letztres in Ihren Briefen an H[errn] Brousson geschehen? –
Wer ernsthaft sucht, dass man sich ihm mit Vertrauen nähere, der erklärt nicht alle Schritte des sich ihm nähernden Vertrauens für Verfänglichkeiten. Sie, lieber Herr Pestalozzi, thaten dieses ohne Ausnahme seit Joseph Schmids Rückfall in Ihre Anstalt. Ihr Förmliches unterm 23ten Jenner ist gleichsam das Sigill darauf. – Wer offen und geradsinnig ist, macht offene und geradsinnige Vorschläge. Er begnügt sich nicht, blos zu verwerffen und zu läugnen, sondern gibt etwas an die Hand, woran man sich halten kan, und wenn er es gethan, so bleibt er dabei. Sie haben von Anfang bis zum Ende entweder blos das Erstre gethan, oder wenn ich Ihren Vorschlag, z[um] B[eispiel] unpartheiische Männer, die Sie nannten, die Streitsache untersuchen zu lassen, annahm, Ihr Wort zurück genommen. Ihr Letztes urkundet darüber. Sie läugnen nur, stellen nur Ausflüchte auf, ohne meinen bestimmten Vorschlägen zur Berichtigung unsrer Rechnung einen Andern entgegenzusetzen.
Lieber Herr Pestalozzi, ich bleibe ganz einfach dabei, dass alles wahr ist, was Sie unter obgenantem Datum läugnen. Als Beweis dafür fordre ich nichts andres, als dass man neben der Untersuchung der Geschichte unsrer diessfälligen Unterhandlung die Herren Hangard und Kasthofer richterlich verhöre.
Vom Gedanken, dass Sie, Ihre Bücher, oder auch Ihre Rechnungsführer auf der Stelle in Criminaluntersuchung gehören, weil Ihre an mich eingegebne Rechnung nicht rechtsgültig ist, bin ich weit entfernt. Ihre Individualität in Rechnungssachen ist bekannt, und sie entschuldigt alles, ausser dem Missbrauch, den eine consequent boshafte Persönlichkeit davon macht, und wodurch sie Ihre eigne Rechtlichkeit kompromittirt.
Halten Sie das, lieber Herr Pestalozzi, nicht für in den Tag hinein geredt! Ihre Rechnung ist wirklich f a l s c h . Es sind mir darin Gegenstände zur Last gerechnet, die früher schon, beweisbar, ins Schloss zurückgenommen waren, z[um] Beispiel C l a v i è r e . Zeügen dafür sind Männer, die sie selbst aus meiner Location forttragen halfen, sie im Schloss gebrauchten, und wissen, in welchen Zimmern sie während ihres dortigen Aufenthalts standen. – Lieber Herr Pestalozzi, nach dieser Thatsache, nach den Resultaten Ihrer öffentlichen Erklärungen und Reden seit mehrern Jahren, nach Ihren Pri-

vatmaasregeln und Ihren gegen uns und hinter unserm Rücken an die hiesige Municipalität und die Cantonsregierung gerichteten Petitionen, nach der Geschichte Ihrer Anstalt und Ihren Geständnissen darüber, habe ich zur Sicherstellung meiner Lebensaufgabe nichts mehr gegen Sie zu thun. Sie selbst haben, vom bösen Genius an Ihrer Seite geleitet, zu meiner Rechtfertigung ans Licht gebracht, was ich nur durch die tiefste Verletzung der kindlichen Pietæt gegen Sie hätte ans Licht bringen können.

Allein auch das betrachte ich nicht als ein Mittel gegen Sie, sondern als ein Unglück für mich, denn alles was Sie herabwürdigt, ist Unglück in meinen Augen.

Auf Ihre übrigen, noch so kränkenden Aüsserungen, so wie auf alle künftigen Angriffe, sey es auf meine Person oder auf unser Rechnungsverhältniss, habe ich Ihnen nur d i e Antwort, die ich H[errn] Brousson gab. Ich kan niemand hindern, weder Böses von uns zu sagen, noch Böses von mir zu glauben. Zur Sicherung meines Wirkungskreises aber werde ich mich bürgerlich dadurch vertheidigen, dass ich, meine Ehre gefährdende Aktenstücke bei der betreffenden Behörde niederlege. Lieber Herr Pestalozzi, Ich hoffe Sie betrachten diesen Ausweg weder als Mistrauen in mein Recht, noch als Verfänglichkeit, noch als Mangel von Achtung gegen Ihre Person. Ich möchte vielmehr Letztre dadurch ehren, dass ich ihr keine Absicht andere herabzuwürdigen, zutraue. In diesem Gefühl sende ich Ihnen den unterm 23ten erhaltenen Brief zurück, dessen Träger an H[errn] Friedensrichter Fatio ich nicht seyn kan. Er ist zu meinem diessfälligen Zwecke völlig null, und ich finde es keineswegs angemessen, dass Sie Männer deren Ehre Sie verletzen, zugleich wie bei H[errn] Brousson geschehen, zu Colporteurs davon machen wollen. In Hinsicht unsrer Rechnung kan kein geradsinniger, ehrlicher Mann etwas für natürlich und recht finden, als eben, d a s s   g e r e c h n e t   w e r d e. Ich habe Ihnen das vorgeschlagen, und schlage es Ihnen noch auf vierfachem Wege vor, nemlich, dass Sie entweder mit meiner Frau die Sache mündlich aus machen, oder mit einem von uns Bevollmächtigten, oder durch Schiedsrichter, oder endlich richterlich. Einen andern Ausweg kennen wir nicht.

Sie erklären das Rechnen selbst für verfänglich. Sie machen eine «m o d i f i z i r t e» Rechnungsweise zur Bedingung. Wolan, bestimmen Sie dieselbe genauer. Geben Sie Punkt für Punkt an, was Sie darunter verstehen. Bis entweder das geschieht, oder Sie in einen der obigen vier Vorschläge eintreten, ist alles Weitre überflüssig, und ich werde einzig nur darauf zurück kommen und alles Andre zurückweisen als unter Ihrer und meiner Würde.

Lieber H[err] Pestalozzi, Ich habe mit Ihnen keinen «K r i e g .» Lassen wir diese Sprache denen die Gewalt haben. Um ungestört mit Ihnen leben zu können habe ich Ihre Anstalt verlassen, und bin Ihnen aus dem Wege gegangen. Ich respektire Ihre Freiheit in dem ich meine Meinung behaupte. Behaupten Sie Ihre Meinung über mich, respektiren Sie aber auch meine Freiheit, d[as] h[eisst] meine persönliche, Gesellschaftliche und bürgerliche Selbstständigkeit. Ich verlange nichts Weiters. Ihr zeitliches Werkzeug zu seyn haben Sie mir durch das Zwischenunsstellen Schmids unmöglich gemacht, und so lange Sie im jitzigen Verhältniss zu ihm stehen werde ich mit Ihnen persönlich nie ruhen, es sey denn dass dieser Mensch zur Achtung vor dem Vorbilde von der Lüge zur Wahrheit, von Verleumdungen zur Rechtlichkeit, vom Charlatanismus und der praktischen Verläugnung des Heiligen der Menschenbildung, zur Anerkennung ihrer über alles Sichtbare erhobnen Idee und zur Unterwerffung unter ihre heiligen Forderungen zurückkehrt.

Dr. Joh[annes] Niederer

Überlieferung

1 ZB Zürich, Ms Pestal 53/54, Umschlag 262/IV,108
2 Bogen, 257 x 204 mm
4 Datum am Schluss, Dorsualvermerk *1819. 15 Febr[uar] Niederer an Pestal[ozzi] Wichtig –*
5 Entwurf

Textkritik

Zeuge H
Z. 4   *Febr[ua]r*: lateinische Schrift
Z. 13   *Brousson*: lateinische Schrift
Z. 34   *Hangard*: lateinische Schrift
Z. 39 f. *eine <boshafte> consequent*
Z. 42   *für ∫*
Z. 45   *C l a v i è r e* : lateinische Schrift
Z. 46   *Location*: lateinische Schrift
Z. 52 f. *gerichteten <Petitizen> Petitionen*
Z. 52 f. *Petitionen*: lateinische Schrift
Z. 55   *Genius*: lateinische Schrift
Z. 57   *Pietæt*: lateinische Schrift
Z. 65   *Brousson*: lateinische Schrift
Z. 66 f. *meines <persönlichen> Wirkungskreises*
Z. 69–78 *Lieber ... wollen. ∫*
Z. 70   *diesen <Ausserung> Ausweg*
Z. 71   *Mangel <pers> von*

Z. 75   Fatio: lateinische Schrift
Z. 75   kan. <Ich Er> Er
Z. 76   es <wenig> keineswegs
Z. 78   Brousson: lateinische Schrift
Z. 78   Colporteurs: lateinische Schrift
Z. 91   werde <möglichst> einzig nur darauf zurück kommen und ʃ
Z. 94   denen ʃ
Z. 97   ich <Ihn> meine
Z. 98   mich <und> respektiren
Z. 100   zeitliches ʃ
Z. 101   das <Da> Zwischenu⌊n⌋s⌊stellen
Z. 102   im <V> jitzigen
Z. 103   ruhen, <bis> es sey denn dass ʃ
Z. 103 f. zur Achtung vor dem Vorbilde ʃ
Z. 104 f. von <*echtung> Verleumdungen
Z. 105   der <f> praktischen
Z. 106 f. Anerkennung <und Unterwerffung> ihrer
Z. 107   alles <Persönlich> Sichtbare
Z. 107   zur <dir> Unterwerffung
Z. 108   heiligen ʃ

Sacherklärung

I.

Johannes Niederer (1779–1843) ⇒ Nr. 507

II.

Die seit Sommer 1817 offenstehende Rechnung zwischen Rosette Niederer-Kasthofer (1779–1857, ⇒ Nr. 842) und Pestalozzi wurde trotz der vielen Briefe, die im Lauf der Jahre zwischen Johannes Niederer (1779–1843, ⇒ Nr. 507) und Pestalozzi in dieser Sache gewechselt wurden, erst mit dem 1824 stattfindenden Prozess abschliessend geklärt (vgl. PSB XI, S. 377 ff.).

III.

Z. 4   Iferten: dt. Name für Yverdon
Z. 7   Zeilen: PSB XI, Nr. 5169
Z. 13   Briefen: PSB XI, Nr. 5153 und Nr. 5168
Z. 13   Brousson: Abraham Charles Samuel Brousson (1791–1831) ⇒ Nr. 2005
Z. 18   Schmids: Joseph Schmid (1785–1851) ⇒ Nr. 712
Z. 19   Sigill: Siegel (lat. Sigillum)
Z. 34   Hangard: Jean Baptiste Hangard (1774–1827) ⇒ Nr. 1403
Z. 34   Kasthofer: Karl Kasthofer (1777–1853) ⇒ Nr. 1161
Z. 64   Antwort: ⇒ Nr. 2028
Z. 75   Fatio: Jean Antoine Fatio (1769–1855) ⇒ Nr. 1546
Z. 83   Frau: Rosette Niederer-Kasthofer (1779–1857) ⇒ Nr. 842

2046.
Johannes Niederer
10. Februar 1819

S[alvo] T[itulo] Herrn Director Ritter Pestalozzi
Wolgeboren in

Iferten den 10ten Februar 1819.

Lieber Herr Pestalozzi. Sie werden die Ursache der Verspätung meiner Antwort auf Ihre Zeilen vom 23ten Jenner meiner Krankheit zuschreiben und damit entschuldigen. Übrigens habe ich Ihnen nur wenig zu sagen.

Ihr genannter Brief ist durch sich selbst zum Theil beantwortet, zum Theil durch meine Antwort auf Ihre beiden an H[errn] Brousson völlig erledigt. Er begründet meinen Entschluss vollends, mich auf gar nichts mehr einzulassen als was unmittelbar zur Sache gehört und zum Zweck führt.

Wenn Sie daher nicht nur noch siebenmal sondern siebenzig mal Schlechters über mich sagen und schreiben, so werde ich mich nimmermehr daran kehren, da es nur Ihnen schaden kan, aber Sie um so mehr bedauren, und immer nur Eine Antwort an Sie haben, nemlich die, dass Sie entweder persönlich mit meiner Frau die Rechnung ausmachen, oder mit einem von uns Beauftragten, oder durch unpartheiische Schiedsrichter, oder endlich richterlich.

Wer ehrlich rechnen will, will eben rechnen und nichts anders. Es bedarf darzu keiner vorläuffigen Modificationen. Seine Garantie ligt in den Titeln die er aufweisen kan.

Dass ich Ihre Rechnung vom 21ten August 1817 verwerffe, wiederhole ich, denn sie ist falsch. Sie schreibt mir Artikel zur Last, die schon lang in Ihrem Hause waren als Sie sie mir zusandten. Diess sey für einmal genug.

An Ihren zwei Brieffen an H[errn] Brousson habe ich für meinen Zweck genug und bedarf keiner andern Hinterlage beim H[errn] Friedensrichter. Lieber Herr Pestalozzi, Sie sehen mich für allzu abhängig von Ihnen an, wenn Sie glauben, ich habe sogar in diesem Punkt noch Aufträge von Ihnen anzunehmen.

Damit Sie aber selbst beliebig über Ihren Brief verfügen können, so schicke ich Ihnen hiemit denselben zurück.

Was Ihr grosses Wort von Krieg und Frieden betrift, so bin ich zu klein für solche Dinge, und will gar nichts als in einem gereinigten, selbstständigen Verhältniss zu Ihnen, nach meiner Überzeügung und meinem Gewissen der Aufgabe meines Lebens folgen.

Joh[annes] Niederer

P. S. Ich habe, um mir selbst über die gegenwärtige Antwort keine Zweifel zu lassen, mir über jeden Satz Ihres Briefs und über den eigentlichen innern Gang unsers Verhältnisses Rechenschaft gege-
45 ben. Die Thatsache aber, dass Sie nur läugnen, was im Hergang der Sache wahr ist, das Sie keinen einzigen bestimmten Vorschlag machen, die Erfahrung wie Sie jede Erörterung von mir bisher aufgenommen, jeden Schritt ausgelegt haben, endlich Ihr Widerwille gegen alles, zur klaren Einsicht eines Gegenstandes noch so nöthige
50 Detail, macht mich billig scheu es Ihnen mitzutheilen: doch steht es Ihnen auf Verlangen zu Diensten.

der Obige.

Überlieferung

1 ZB Zürich, Ms Pestal 53/54, Umschlag 262/IV,107
2 Bogen, 257 x 104 mm
4 Dorsualvermerk *Jverdon, 10 Februar 1819*. Niederer, Notiz N° 8 *Produit en Tribunal du District d'Yverdon, le 1ᵉʳ octobre 1823 – Greffe*
5 Original
6 Von diesem Brief ist auch eine eigenhändige Abschrift / Entwurf erhalten (Umschlag 262/IV,106). Diese(r) ist mit folgender Notiz auf der Rückseite versehen: *Weil S[chmid] P[estalozzi] in Schlechtigkeit verstrickt hatte, so bedurfte er wirk[li]ch eines so erzschlechten Menschen um ihm herauszuhelfen*. Niederer an Pestalozzi *Die Hauptsache ist im Brief vom 16 feb[ruar] enthalten*

Textkritik

Zeuge H
Z. 4   *Director*: lateinische Schrift
Z. 4   *Pestalozzi*: lateinische Schrift
Z. 6   *Februar*: lateinische Schrift
Z. 10   *wenig* < *** > *zu*
Z. 12   *durch* < *durch* > *meine*
Z. 12 f. *Brousson*: lateinische Schrift
Z. 26   *1817* ∫
Z. 30   *Brousson*: lateinische Schrift
Z. 38   *nichts* < *** > *als*
Z. 40   *Aufgabe* < *n* >
Z. 42   *um* < *** > *mir*
Z. 47   *Erörterung* < *** > *von* ∫
Z. 50   *Detail*: lateinische Schrift

Sacherklärung

I.

Johannes Niederer (1779–1843) ⇒ Nr. 507

697

II.

⇒ Nr. 2045

III.

Z. 4   S[alvo] T[itulo]: mit Vorbehalt des richtigen Titels (lat.)
Z. 6   Iferten: dt. Name für Yverdon
Z. 9   Zeilen: PSB XI, Nr. 5169
Z. 12 f. Brousson: Abraham Charles Samuel Brousson (1791–1831) ⇒ Nr. 2005
Z. 20 Frau: Rosette Niederer-Kasthofer (1779–1857) ⇒ Nr. 842
Z. 26 Rechnung: scheint nicht erhalten zu sein
Z. 30 Brieffen: PSB XI, Nr. 5153 und Nr. 5168
Z. 32 Friedensrichter: Jean Antoine Fatio (1769–1855) ⇒ Nr. 1546

2047.
Graf Friedrich von/Frédéric de Kageneck
11. Februar 1819

[Reg.] Graf von Kageneck erkundigt sich nach der Ernährung der Schüler in Yverdon.

Überlieferung

1   PSB XI, S. 213.33 f.

Sacherklärung

I.

Graf Friedrich von/Frédéric de Kageneck (1774/75–1840) ⇒ Nr. 2034

2048.
Westzynthius, Gil et Compagnie
Februar 1819

[Reg.] Betrifft die Pensionskosten der spanischen Schüler. Westzynthius, Gil et Compagnie empfehlen Pestalozzi zudem, sich an den spanischen Botschafter zu wenden.

Überlieferung

1   PSB XI, S. 213.12 ff.

Sacherklärung

I.

Westzynthius, Gil et Compagnie ⇒ Nr. 1974

II.

Die in Marseille ansässige Firma *Westzynthius, Gil et Compagnie* (⇒ Nr. 1974) war als Vermittlerin zwischen Pestalozzi und einigen spanischen Eltern aktiv bzw. zuständig für den Geldtransfer von Spanien nach Yverdon (vgl. PSB XI, Nr. 5102). *Westzynthius* liess nun Pestalozzi über Louis Decoppet (1788–1833, ⇒ Nr. 2049) mitteilen, dass die spanischen Eltern kein Pensionsgeld mehr bezahlen und ihre Kinder somit in der Schweiz ihrem Schicksal überlassen wollten, weshalb sie Pestalozzi wohl auch empfahl, sich an den spanischen Botschafter zu wenden, um die Kinder vor der Verwahrlosung zu bewahren. Pestalozzi wollte dieser Darstellung keinen Glauben schenken und vermutete stattdessen ein Zerwürfnis zwischen *Westzynthius* und den spanischen Eltern. Ob dem tatsächlich so war, ist unklar, der Umstand, dass Pestalozzi die spanischen Eltern anwies, die Geschäfte fortan über einen Bankier in Malaga abzuwickeln (PSB XI, Nr. 5274, Nr. 5277) weist aber darauf hin, dass die Verbindungen zu *Westzynthius* nach diesem Ereignis eingestellt wurden.

III.

Z. 5 *Botschafter*: Der 1819 in der Schweiz tätige spanische Botschafter konnte nicht bestimmt werden.

2049.
Louis Decoppet
13. Februar 1819

[Reg.] Inhalt unbekannt.

Überlieferung

1 PSB XI, S. 213.13

Sacherklärung

I.

Louis Decoppet (1788–1833), der Sohn von Casimir (1758–1831, ⇒ Nr. 1125) und Anne Françoise Decoppet-Perceret (1787–1832, ⇒ Nr. 1555), lebt in seinem Heimatort Yverdon als *négociant*. Er ist mit Philippine Herf (um 1788–1824) aus Kreuznach (Rheinland-Pfalz) verheiratet, der Tochter von Johann Daniel Herf (1752–1816, ⇒ Nr. 1628).

2050.
Charles Badham
16. Februar 1819

[Reg.] Badham möchte seine Söhne nach Yverdon schicken.

Überlieferung

1   PSB XI, S. 217.31 ff.

Sacherklärung

I.

Charles Badham (1780–1845) praktiziert nach seinem Medizinstudium in Edinburgh ab 1803 als Arzt in London und benennt als erster die Krankheit Bronchitis in Abgrenzung zur Brustfell- und Lungenentzündung. Er lehrt als Privatdozent für Medizin, Physik und Chemie und wird als Leibarzt des Duke of Sussex 1818 Mitglied der *Royal Society*, 1821 des *Royal College of Physicians* und 1827 Professor für Medizin an der Universität Glasgow. Badham übersetzt zudem altsprachliche Werke.

III.

Z. 4   *Söhne*: Charles Badham (1780–1845, ⇒ Sacherklärung I.) hatte vier Söhne: Charles David (1806–1857), Charles (1813–1884), John und Robert. Charles David war von 1819 bis 1821 Schüler in Yverdon, studierte anschliessend Medizin und praktizierte nach Studienreisen durch Europa wie sein Vater als Arzt. Charles war von 1819 bis 1822 Schüler in Yverdon, wurde nach mehrjährigem Studium in Eton, Oxford, Italien und Deutschland 1848 Priester, leitete anschliessend verschiedene Schulen, bevor er die Ehrendoktorwürde der Universität Leiden erhielt, als Dozent für klassische Sprachen in London arbeitete und 1867 nach Australien auswanderte, wo er Professor für klassische Sprachen und Logik an der Universität Sydney wurde. John, von 1819 bis 1820 Schüler in Yverdon, schloss sein Medizinstudium 1828 an der Universität Glasgow ab. Robert war ebenfalls von 1819 bis 1822 Zögling in Yverdon.

2051.
Baron Paul von Krüdener
23. Februar 1819

Berne le [11]/23 fevrier 1819.

5   Monsieur!
Lorsque j'eus occasion d'entretenir à Votre sujet Monsieur le Comte Capodistrias à Air la Chapelle il me dit que vous aviez une somme à toucher pour le montant de la part que l'Empereur avoit prise à la

souscription que Vous avez ouverte. Il me dit qu'il ne se souvenait pas au juste quelle étoit la somme et que je devois m'en informer et lui en écrire pour qu'elle fut payée. – Vous voudrez bien vous rappeller Monsieur que c'est la ce que j'eus l'honneur de Vous dire lorsque Vous êtes venu a Berne. – Je suis sans fonds expressément assignés, pour effectuer ce payement. Mais cela ne m'empechera pas de mettre à Votre disposition la somme en question. Veuillez m'indiquer à combien elle se monte car je l'ignore encore à présent. Je prendrai avec plaisir sur moi cette determination dont je rendrai compte à Monsieur de Capodistrias qui se trouve à Corfou. – Je n'ai pas manqué d'écrire dans le tems à Monsieur le Prince Galitzin en lui envoyant Votre lettre et en lui soumettant les motifs qui m'ont engagé à laisser les quatre Eleves séjourner quelque tems encore à Yverdon.

Je suis bien assuré que cette prolongation du tems qu'ils passent auprès de Vous ajoutera un surcroit de fruit precieux à ceux qu'ils rapporterons de leur long voyage.

Recevez Monsieur l'assurance des sentiments sinceres de vénération et d'attachement avec les quels je ne cesserai jamais d'etre
Monsieur
Votre trés humble et trés
obéissant Serviteur
B[aron] de Krudener

Überlieferung

1 ZB Zürich, Ms Pestal 52/53, Umschlag 171/1
2 Bogen, 232 x 190 mm
4 Datum am Schluss, Dorsualvermerk *Bern. B[aron] Kruderer.*
5 Original

Textkritik

Zeuge H

Sacherklärung

I.

Baron Paul von Krüdener (1784–1858), der Sohn von Burchard Alexis (1744–1802) und Freifrau Barbara Juliane von Krüdener-von Vietinghoff (1764–1824, ⇒ Nr. 1478), wird in Jelgava (Mitau, Lettland) geboren. Nach dem Studium in Leipzig tritt er in den Dienst des Kollegiums für Auswärtige Angelegenheiten in St. Petersburg ein (1797) und schlägt damit wie auch schon sein Vater eine Diplomatenkarriere ein. Es folgen Tätigkeiten als Botschaftssekretär in Berlin, Karlsruhe, St. Petersburg (ab 1802), Paris (1807–1812) und Zürich (1814/15). Während der Zeit als Geschäftsträger in Bern (1815–1827) trägt von Krüdener massgeblich dazu bei, das restaurative Bern zur

Tagsatzung der 19 Kantone zu bringen und in den neutralen Staatenbund der Heiligen Allianz zu führen (1817). Nach einer Mission in Washington (1827–1836) kehrt er als Gesandter wieder nach Bern zurück, wo er den Machtkampf zwischen radikalen und konservativen Kantonen vor und während dem Sonderbundskrieg (1847) mässigend zu beeinflussen versucht.

⇒ Nr. 2038

II.

III.

Z. 7   *Capodistrias*: Ioannes Antonios Kapodistrias (1776–1831) ⇒ Nr. 1387
Z. 7   *Air la Chapelle*: frz. Name für Aachen
Z. 8   *l'Empereur*: Zar Alexander I. von Russland (1777–1825) ⇒ Nr. 520
Z. 19 *écrire*: Der Brief ist im Nachlass Krüdener (Stadtarchiv Genf, Ley C.2.2.1 und C.2.2.2) nicht vorhanden.
Z. 20 *Galitzin*: Alexander Nikolajewitsch Galitzin (1773–1844), russischer Fürst und Jugendfreund des Zaren Alexander I. von Russland (1777–1825, ⇒ Nr. 520), war 1805 zum Oberprokuror des dirigierenden Heiligen Synods ernannt worden. 1810 wurde er zudem Generaldirektor der neu errichteten Oberverwaltung der geistlichen Angelegenheiten fremder Konfessionen. Ab 1816 leitete er zusätzlich das Ministerium für Volksaufklärung, ein Jahr später erklärte man ihn zum Minister für geistliche Angelegenheiten und Volksaufklärung. Nach seiner Entmachtung im Jahre 1824 wurde er Generalpostdirektor.
Z. 20 *lettre*: Der Brief ist im Nachlass Krüdener (Stadtarchiv Genf, Ley C.2.2.1 und C.2.2.2) nicht vorhanden.
Z. 22 *Eleves*: Alexander Grigoriewitsch Obodovskij (1795–1852, ⇒ Nr. 1555), Karl Svenske (1796–1871, ⇒ Nr. 1555), Friedrich J. Busse (1799–1859, ⇒ Nr. 1555) und Matvej Maximowitsch Timajev (1798–1858, ⇒ Nr. 1555)

2052.
Johann Jakob Wehrli
28. Februar 1819

Hofwyl d[en] 28st[en] Hor[nung] 1819.

Hochgeachter Herr Pestalozzi!
Dass ich auch gerne mit dem Träger dieses Briefes nach Iferten gekommen wäre, das werden Sie sich leicht vorstellen können. Denn nichts sehnlichers thut mich verlangen als einmal ihre Armenanstalt zu sehen, da die Erziehung Armer mir einmal die gröste Angelegenheitssache ist, u[nd] mein Streben u[nd] Wirken dahin geht dieser Klasse so viel in meinen Kräften liegt, eine Kraft, körperlich u[nd] geistig, zu verschaffen, die sie selbständig macht, oder auf die Stuffe sich selbst helfen zu können, bringt.

Der Bringer dies, will mit mir die gleiche Aufgabe im Glarnerlan-
de zu lösen versuchen, er hat einen Willen u[nd] ein Herz so fest
u[nd] warm für die Belebung der Kräfte des Armen dass ich etwas
hoffen darf. Gott segne unser aller Werk!
Darf ich Sie bitten, diesem Träger, Melchior Lütschg, Zutritt zu
ihrer Armenschule u[nd] nähere Kenntniss von ihrer Einrichtung zu
geben?
Und was leben Sie sonst lieber hochgeschätzter Vater Pestalozzi
in den Schlusstagen eines für Menschenwohl rastlosen Wirkens
dahingebenden Lebens? Immer besser erkenne ich ihre Grundsätze
für die Erziehung u[nd] Kraftentwicklung des Menschen. Ich sehe
immer besser ein zu welcher Festigkeit u[nd] Gründlichkeit sie den
Geist des Menschen bringt. Der Vater im Himmel belohne Sie für all
ihr Thun – er segne ihren Lebensrest – erhalte Sie sofort frey u[nd]
heiter u[nd] lasse Sie sich wieder gleichsam neu entstehen sehen für
das Wohl der Menschheit in ihrem hoffnungsvollen Gottlieb. Ich
grüsse ihn recht herzlich. Grüssen Sie mir Herr Schmid, dessen Ent-
faltungslehre für Formen u[nd] Zeichnen ich hoch schätze, u[nd]
mir vieles erleichtert; Grüssen Sie mir auch den Armenlehrer mein
rechter Amtsbruder.

                Ihr Sie hochverehrende
          dienstbereitwillige u[nd] dankbare
                J[ohann] J[akob] Wehrli.

Überlieferung

1   ZB Zürich, Ms Pestal 55a/56, Umschlag 384/1
2   Blatt, 236 x 193 mm
4   Datum am Schluss
5   Original

Textkritik

Zeuge H
Z. 6   *Träger*: eigentlich Triger
Z. 19   *Armenschule* < u[nd] > u[nd]
Z. 28   *lasse* < Sich > Sie
Z. 31   *für* < e >

Sacherklärung

I.

Johann Jakob Wehrli (1790–1855) wurde in Eschikofen (Kt. Thurgau) geboren. Nach
zweijähriger Beschäftigung als Dorflehrer begann er 1810 an der Armenschule (⇒
Nr. 680) von Philipp Emanuel von Fellenberg (1771–1844, ⇒ Nr. 426) in Hofwyl zu

unterrichten, wo er sich ab 1813 auch an der Ausbildung der Armenlehrer beteiligte. 1833 verliess er Hofwyl, deren Leitung ihm lange oblegen hatte, und arbeitete während der folgenden zwei Jahrzehnte als Leiter des neu gegründeten Lehrerseminars in Kreuzlingen. Oberster Zweck dieser Anstalt war für Wehrli die Ausbildung tüchtiger und volksnaher Lehrer, nicht von Gelehrten. Im Seminar, in welchem unter anderem auch Gärtnerei und Landbau integrierte Bestandteile der Ausbildung darstellten, lebten die angehenden Lehrer wie in einem Konvikt zusammen.

III.

Z. 4   *Hofwyl*: heute Teil von Münchenbuchsee (Kt. Bern)
Z. 6   *Träger*: Johann Melchior Lütschg (1792–1871) ⇒ Nr. 2221
Z. 6   *Iferten*: dt. Name für Yverdon
Z. 8 f. *Armenanstalt*: ⇒ Nr. 1369
Z. 14 *Aufgabe*: 1816 kaufte die *Evangelische Hülfsgesellschaft Glarus* bei Ziegelbrücke ein durch die Linthkorrektion gewonnenes Stück Land, das von Hunderten von Armen in Acker- und Wiesland umgewandelt wurde. Am 8. April 1819 wurde unter dem Namen «Linthkolonie» und mit Melchior Lütschg (1792–1871, ⇒ Nr. 2221) als erstem Erzieher eine Anstalt zum Zweck der «Erziehung armer, verwaister, verwahrloster oder der Verwahrlosung anheimfallender, körperlich und geistig gesunder, bildungsfähiger Knaben» von 11 bis 16 Jahren gegründet. Der Schulunterricht beschränkte sich auf die Elementarfächer. Im Sommer wurden die Zöglinge zudem zu Feldarbeiten angeleitet, im Winter wurden gewobene und geflochtene Produkte gefertigt und in das Buchbinderhandwerk eingeführt. Die Anstalt existiert heute unter dem Namen «Schule an der Linth» (seit 2001) als Sonderschule für Kinder und Jugendliche mit Lern- und Verhaltensschwierigkeiten.
Z. 29 *Gottlieb*: Gottlieb Pestalozzi (1797–1863) ⇒ Nr. 594
Z. 30 *Schmid*: Joseph Schmid (1785–1851) ⇒ Nr. 712

2053.
Joseph/José Fernandez
28. Februar 1819

[Reg.] Fernandez betont Pestalozzi gegenüber die Wichtigkeit seiner Methode für
5 Spanien, fragt nach der Ausbildungszeit für Eleven sowie nach den Aufenthalts- bzw. Pensionskosten.

Überlieferung

1 PSB XI, S. 228.10 ff.

Sacherklärung

I./II.

Joseph/José Fernandez (†1825) aus Cadiz ist mit Anna Maria Jauregui (⇒ Nr. 2472) verheiratet, mit der er zwei Söhne hat: José und Ferdinand (⇒ Nr. 2012). Er lebt in

Madrid, hält sich geschäftlich aber zeitweilig in Paris auf, wo er Bekanntschaft mit Marc Antoine Jullien (1775–1848, ⇒ Nr. 1200) schliesst, der ihn auf Pestalozzis Methode und Institut aufmerksam macht, was wohl auch dazu geführt haben dürfte, dass er seinen Sohn Ferdinand im April 1819 zur Ausbildung nach Yverdon schickt (⇒ Nr. 2068).

2054.
Marie-Elisabeth de Cérenville-Goumoëns
Februar/März 1819

[Reg.] Madame de Cérenville hat die Absicht, ihren Sohn in ein anderes Institut zu
5 versetzen, wo der Fortschritt im Sprachenlernen besser gewährleistet sei.

Überlieferung

1   PSB XI, S. 230.21 ff.

Sacherklärung

I.

Marie-Elisabeth de Cérenville-Goumoëns (1765–1835) stammt aus Orbe (Kt. Waadt), wo sie mit ihrem Mann Jean-Charles-Henri de Cérenville (1781–1812) im Herrenhaus der Familie de Goumoëns lebt. Als dieser 1811 schwer erkrankt, wird der gemeinsame und einzige Sohn Henri (Charles Nicolas) (1808–1871, ⇒ Nr. 1774) für längere Zeit bei Freunden in Neuchâtel untergebracht. 1812 hält sich das Paar bei Verwandten in Paris auf. Nach dem Tod ihres Mannes kehrt sie wieder nach Orbe zurück. Sie gilt als Anhängerin der Bourbonen, Gegnerin des napoleonischen Regimes und als enge Brieffreundin von Maria-Salomé von Bonstetten (1758–1805).

III.

Z. 4   *Sohn*: Henri (Charles Nicolas) de Cérenville (1808–1871) ⇒ Nr. 1774

2055.
Johann Heinrich Murbach
Februar/März 1819

[Reg.] Murbach möchte die Druckerei in Yverdon kaufen.

Überlieferung

1   PSB XI, S. 239.23 f.

Sacherklärung

I.

Johann Heinrich Murbach (1785–1842) aus Schaffhausen ist ebenda Buchdrucker und führt ab 1828 sein Geschäft gemeinsam mit Alexander Gelzer (1794–1862) unter dem Namen *Murbach und Gelzer*.

II.

Seit Ende 1818 verhandelte Pestalozzi mit Johann Alois Schlosser (1777–1858, ⇒ Nr. 2019) über den Verkauf der Druckerei, was Anfang März mit der Unterzeichnung des Kaufvertrages definitiv abgeschlossen wurde (⇒ Nr. 2060). Wie dem Brief Pestalozzis vom 3. Oktober 1819 aber zu entnehmen ist (PSB XI, Nr. 5323), hatte Schlosser nur beschränkte finanzielle Mittel zur Verfügung.

III.

Z. 4   *Druckerei*: ⇒ Nr. 2019

2056.
Johann Heinerich/Heinrich Gräff
März 1819

[Reg.] Gräff teilt Pestalozzi mit, dass er nicht mehr als Kommissär für ihn arbeiten wolle.

Überlieferung

1   PSB XI, S. 239.31 ff.

Sacherklärung

I.

Johann Heinerich/Heinrich Gräff (1765–1827) ⇒ Nr. 678

II.

Da der Brief von Johann Heinerich/Heinrich Gräff (1765–1827, ⇒ Nr. 678) nicht erhalten ist, ist unklar, weshalb Gräff seine Zusammenarbeit mit Pestalozzi beendete.

2057.
Paolo Burrueso
2. März 1819

[Reg.] Burrueso wünscht nicht, dass sein Sohn Deutsch lerne.

Überlieferung

1   PSB XI, S. 269.12 ff.

Sacherklärung

I.

Der Kaufmann Paolo Burrueso aus Malaga kann nicht näher bestimmt werden.

III.

Z. 4   *Sohn*: Joachim Burrueso hielt sich vom Juli 1818 bis April 1820 zur Ausbildung in Yverdon aus.

**2058.
Guillermo/Guillaume Strachan**

3. März 1819

[Reg.] Strachan teilt Pestalozzi mit, dass er zwei Cousins seines Sohnes nach Yverdon
5   schicken werde und dass es schwierig sei, aus Malaga Geld in die Schweiz zu überweisen.

Überlieferung

1   PSB XI, S. 264.30 ff.

Sacherklärung

I.

Guillermo/Guillaume Strachan ⇒ Nr. 1201 b

II.

Der wohl ursprünglich aus London stammende Guillermo/Guillaume Strachan (⇒ Nr. 1201 b) hatte sich spätestens 1800 in Malaga niedergelassen und trat immer wieder als Vermittler spanischer Zöglinge nach Yverdon in Erscheinung.

III.

Z. 4   *Cousins*: Ferdinand (⇒ Nr. 2012) und José Fernandez (⇒ Nr. 2012)
Z. 4   *Sohnes*: Edouard Strachan ⇒ Nr. 1438

2059.
Charles Eugène Longuemare und
Jean-Baptiste Augustin Joseph Fréville
4. März 1819

[Reg.] Longuemare und Fréville bitten Pestalozzi, ihre Söhne in religiösen Fragen offen zu erziehen und teilen ihm gleichzeitig mit, dass diese entgegen der Abmachung den Eltern den monatlichen Brief nicht schreiben. Zudem erkundigen sie sich, ob der Brief Pestalozzis vom 29. Januar 1819 als Rapport über die Kinder zu verstehen sei.

Überlieferung

1   PSB XI, S. 232.5 ff.

Sacherklärung

I.

Charles Eugène Longuemare (1773–1845, ⇒ Nr. 1941) und Jean-Baptiste Augustin Joseph Fréville (1777–1860, ⇒ Nr. 1941)

III.

Z. 4   *Söhne*: Léon Longuemare (1807–1897, ⇒ Nr. 1941) und Eugène Fréville (1809–1888, ⇒ Nr. 1941)
Z. 8   *Brief*: scheint nicht erhalten zu sein

2060.
Johann Alois Schlosser
6. März 1819

[Reg.] Schlosser schickt Pestalozzi den unterschriebenen Kaufvertrag für die Druckerei zurück.

Überlieferung

1   PSB XI, S. 229.16 f.

Sacherklärung

I.

Johann Alois Schlosser (1777–1858) ⇒ Nr. 2019

III.

Z. 4 f.   *Druckerei*: ⇒ Nr. 2019

2061.

Matthias Klein

10. März 1819

[Reg.] Klein teilt Pestalozzi mit, dass er seinen Sohn zum Lehrer ausbilden lassen
5 wolle und erkundigt sich, ob dies in Yverdon möglich sei.

Überlieferung

1   PSB XI, S. 244.20 ff.

Sacherklärung

I.

Matthias Klein (1782–1857) ⇒ Nr. 1749

II.

Matthias Klein (1782–1857, ⇒ Nr. 1749) hatte sich schon im Juni 1817 bei einem Mitarbeiter Pestalozzis erkundigt, ob er einen Schüler seiner Privatschule in Mainz zur Ausbildung nach Yverdon schicken könne (ZB Zürich, Ms Pestal 51/52, Umschlag 123/2a). Seinen Sohn Franz (1806–1870, ⇒ Z. 4) scheint er allerdings nicht nach Yverdon geschickt zu haben, zumindest taucht sein Name in den Schülerverzeichnissen nicht auf.

III.

Z. 4   Sohn: Franz Klein (1806–1870) wurde in Seligenstadt (Hessen) geboren und zog mit seinem Vater nach Mainz, wo er später Lehrer wurde. Klein war seit 1834 mit Elisa Josepha Dubois (1809–1872) aus Mainz verheiratet.

2062.

Kaspar Syz

Frühjahr 1819

[Reg.] Syz erkundigt sich bei Pestalozzi nach einem geeigneten Lehrer für ein grösse-
5 res pädagogisches Projekt.

Überlieferung

1   PSB XI, S. 256.25 ff.

Sacherklärung

I.

Kaspar Syz (1785-1836) von Knonau (Kt. Zürich) wird schon in jungen Jahren Wirt des örtlichen Gasthauses Adler, das vormals von seinem Vater geführt wurde. Im Jahre 1804 heiratet er in Zürich Anna Treichler (1783-1849). Neben seiner Tätigkeit als Gastwirt amtet er zwischen 1812 und 1816 als Gemeinderat, 1831 und 1832 als Gemeindepräsident und ist in derselben Zeit auch als Posthalter tätig. Syz, der schon 1809 zu den vermögendsten Einwohnern zählt, kauft 1832 das Schloss Knonau und errichtet darin eine Poststelle.

III.

Z. 4 *Lehrer*: 1817 war ein Herr Buri/Bury als Elementarlehrer in Yverdon tätig (PSB X, S. 412), dessen Vorname unbekannt ist. Ob dieser Buri mit Caspar Buri/Bury, der als Lehrer für das Projekt (⇒ Z. 5) in Knonau (Kt. Zürich) vorgeschlagen worden war, identisch ist, ist unklar.

Z. 5 *Projekt*: Damit dürfte wohl die im Mai 1819 in Knonau (Kt. Zürich) gegründete Privatschule gemeint sein, die auf einen Antrag einiger Hausväter an den Erziehungsrat des Kantons Zürich zurückging, der gut einen Monat zuvor eingereicht worden war. Die Gesuchsteller schlugen dabei mit Caspar Buri/Bury aus Malters (Kt. Luzern) auch schon eine Lehrkraft vor. Diese wurde amtlich geprüft und erhielt die Bewilligung für den Unterricht in deutscher Sprache, Französisch und Arithmetik. Die Schule musste im Frühling 1821 mangels Schülern wieder schliessen.

2063.
Herr Merwein

23. März 1819

Des Herrn
Pestalozzi Wohlgeboren
in
Yverdon

frei.

p[ar] B[enjamin] Metzler 11 r[eichs]th[aler]

Duisburg am Rhein d[en] 23 März 1819

Verehrtester Herr u[nd] Freund!
Ich erinnere mich mit Vergnügen der Stunden, in welchen ich in verwichenem Jahr die Freude hatte, Ihre Bekantschaft zu machen, und Ihr schönes Institut zu sehen.

Wenn ich nicht irre, so haben Sie auch eine Erziehungsanstalt für 12 arme Knaben eingerichtet. Dürft ich Sie bitten, würdiger Freund, die einliegenden f 50 mit zu diesem Zwek zu verwenden? Ich hoffe,

Sie haben bei irgend einem Bankier Gelegenheit, das Geld für diese Anweisung zu erhalten. Sonst würden H[err] Joh[ann] Rud[olf] de Peter Merian u[nd] Sohn in Basel ohne Zweifel darin behülflich sein.

Ich halte es für das weiseste u[nd] beste Almosen, arme Kinder also zu erziehen, dass sie von dem Jammer und der Verderbniss der Armuth bewahrt bleiben.

Ich hoffe, Sie selbst, theuerster Freund, befinden sich in Ihrem schönen Alter recht wohl. Gott erhalte Sie noch lange also zum Segen der Menschheit.

Vielleicht erinnern Sie sich meiner nicht. Ich war mit meiner Tochter bei Ihnen in Yverdun d[en] 5 Juni 1818.

Sie hatten die Gewogenheit, uns Ihre Anstalt mit der grössten Gefälligkeit sehen zu lassen, u[nd] noch einen Augenblik mit uns ins Gasthaus zu gehen.

Gott erhalte uns Ihr schönes Land, in seiner schönen Verfassung, u[nd] alle guten Anstalten darin.

Mit innigster Verehrung

                                        Ihr
                            ganz erg[ebener]
                                Merwein
                                  Sohn

Des Herrn Pestalozzi
Wohlgeb[or]en
in
Yverdon
frei

Überlieferung

1 ZB Zürich, Ms Pestal 53, Umschlag 215/1
2 Bogen, 250 x 208 mm
4 Siegelspuren, Dorsualvermerk *Duisbourg. Merwein*
5 Original

Textkritik

Zeuge H
Z. 5   *Pestalozzi*: lateinische Schrift
Z. 7   *Y v e r d o n* : lateinische Schrift
Z. 10   *Duisburg*: lateinische Schrift
Z. 19 f. *Joh[ann] ... Merian*: lateinische Schrift
Z. 20   *Basel*: lateinische Schrift

Z. 28   *Yverdun*: lateinische Schrift
Z. 28   *5*: unsichere Lesart
Z. 28   *Juni*: lateinische Schrift
Z. 39   *Pestalozzi*: lateinische Schrift
Z. 42   *Yverdon*: lateinische Schrift

Sacherklärung

I.

Merwein konnte nicht näher bestimmt werden. Ob er in einem verwandtschaftlichen Verhältnis zu Christian Friedrich Meerwein (1770–1843) steht, der seinen Sohn Karl Friedrich (1800–1814, ⇒ Nr. 972) 1808 zur Ausbildung nach Yverdon geschickt hat, ist offen.

III.

Z. 9   *Metzler*: Möglicherweise ist hier das heute noch bestehende Bankhaus *B. Metzler seel. Sohn & Co.* gemeint. Von Benjamin Metzler (1650–1686) 1674 in Frankfurt am Main als Tuchhandel gegründet, verlegte sich das Unternehmen bald auf den Handel mit Spezereiwaren, entwickelte parallel dazu ein Speditionsgeschäft und koppelte an diese Zweige vermehrt auch Geldgeschäfte, sodass sich die Firma im Verlauf des 18. Jahrhunderts schliesslich als Bankhaus positionierte.
Z. 15   *Erziehungsanstalt*: ⇒ Nr. 1369
Z. 17   *f*: Abkürzung für Gulden, eine weitverbreitete Gold- oder Silbermünze
Z. 20   *Merian*: Johann Rudolf Merian (1733–1820) war Fabrikant und Handelsmann in Basel, von 1792 bis 1798 und von 1803 bis 1818 Zunftmeister der Rebleuten-Zunft und seit 1759 mit Maria Sarasin (1737–1795) verheiratet, mit der er vier Kinder hatte.
Z. 20   *Peter Merian u[nd] Sohn*: Das Unternehmen *Johann Rudolf de Peter Merian und Sohn* war in Basel in der Stofffabrikation tätig. Geführt wurde es von Johann Rudolf Merian (1733–1820, ⇒ Z. 20); seine beiden Söhne Peter (1762–1813) und Johann (1766–1800) waren wohl auch in der Firma tätig.
Z. 28   *Tochter*: Die Tochter Merwein konnte nicht näher bestimmt werden.

2064.
Louis Marie Guerrero

Frühjahr 1819

[Reg.] Betrifft die Pensionskosten und die Erziehung seines Sohnes in Yverdon.

Überlieferung

1   PSB XI, S. 271.8 ff.

Sacherklärung

I.

Louis Marie Guerrero (1777-1858) ⇒ Nr. 1677

III.

Z. 4   Sohnes: Diego Thomas Antoine André Pascal Marie Cécile Guerrero
(*1806) ⇒ Nr. 1677

2065.
J. G. Cottasche Buchhandlung
2. April 1819

S[eine]r Wohlgeborn
5 Herrn H[einrich] Pestalozzi
in
Iferten

Nebst 1 Paket unter
gleicher Addresse.

10 An die Freunde und Verehrer Pestalozzi's

Tübingen u[n]d Stuttgart 2 April 1819
Durch verschiedene Hindernisse ist der Druck von Pestalozzi's Werk bisher nur langsam fortgeschritten, wir können nun aber das Publikum mit Gewissheit versichern, dass auf Johannis die 2 ersten Bände, auf Michaelis 2 weitere erscheinen, und so immer 3 zu 3 Monaten fortgefahren werden wird.
15
Die Subscription bleibt unter den bekant gemachten Bedingungen noch ferner zum Besten der guten Sache offen.
J. G. Cotta'sche B[uch]h[an]dl[un]g

Überlieferung

1   ZB Zürich, Ms Pestal 50/51, Umschlag 56/24
2   Blatt, 199 x 138 mm
4   Datum am Schluss, Dorsualvermerk *Stuttgart. Cotta*
5   Original
6   Von diesem Brief ist auch eine Abschrift erhalten (Umschlag 56/23).

Textkritik

Zeuge H

Z. 5   H[einrich] Pestalozzi: lateinische Schrift
Z. 7   I f e r t e n : lateinische Schrift
Z. 10   die < Rech > Freunde
Z. 14   Johannis: lateinische Schrift
Z. 15   erscheinen ∫
Z. 19   Cotta: lateinische Schrift

Sacherklärung

I.

J. G. Cottasche Buchhandlung ⇒ Nr. 1455 b

III.

Z. 7   I f e r t e n : dt. Name für Yverdon
Z. 12   Werk: Johann Heinrich Pestalozzi: Sämmtliche Schriften, 12 Bände. Stuttgart 1819–1824
Z. 14   Johannis: 24. Juni
Z. 15   Michaelis: 29. September

2066.
Johann David/Jakob von Gonzenbach
10. April 1819

[Reg.] Gonzenbach will seine beiden Söhne für einige Wochen nach Hause kommen lassen. Zudem glaubt er, dass der eine Sohn, Karl, unter Heimweh leide.

Überlieferung

1   PSB XI, S. 254.14 ff.

Sacherklärung

I.

Johann David/Jakob von Gonzenbach (1777–1842) ⇒ Nr. 1316 a

III.

Z. 4   Söhne: David Hermann von Gonzenbach (1805–1872, ⇒ Nr. 1316 a) und Carl Arnold von Gonzenbach (1806–1885, ⇒ Nr. 1316 a)

2067.
Jacques, Comte de Hochepied
10. April 1819

[Reg.] Monsieur van Lennep überbringt einen Brief des Comte, in welchem dieser
5   einen weiteren Brief ankündigt, der von Monsieur Caverio überbracht werden soll.

Überlieferung

1   PSB XI, S. 285.17 ff.

Sacherklärung

I.

Jacques, Comte de Hochepied (1765–1824) ist ein Abkömmling einer ursprünglich aus Frankreich stammenden und später in Holland niedergelassenen Hugenottenfamilie, die dank Handelstätigkeiten in der Levante über mehrere Generationen hinweg die niederländischen Konsuln in Izmir – einer der damals für den Handel mit Westeuropa wichtigsten osmanischen Hafenstädten – stellte; Jacques hält von 1787 bis 1797 das Vizekonsulat und von 1797 bis 1810 resp. von 1814 bis 1824 das Konsulat inne. Er ist verheiratet mit Sara Petronella van Lennep (1771–1854) und Vater von acht Kindern, von denen er eins, Jean Edmond (1809–1840, ⇒ Nr. 2099), zur Ausbildung nach Yverdon schickt.

III.

Z. 4   *Lennep*: Jacob van Lennep (1769–1855), der Schwager von Jacques, Comte de Hochepied (1765–1824, ⇒ Sacherklärung I.), führte ab 1792 die auf den Export von türkischen Stoffen und Früchten spezialisierte Handelsfirma mit angegliedertem Bankgeschäft, die sein Vater, David George van Lennep (1712–1797), nach seiner Auswanderung von Holland in Izmir gegründet hatte. 1819 befand sich Jacob, der von 1825 bis 1855 auch als niederländischer Generalkonsul amtierte, auf einer Geschäftsreise durch Europa und dürfte bei dieser Gelegenheit den hier erwähnten Brief bei Pestalozzi abgegeben haben.
Z. 5   *weiteren*: ⇒ Nr. 2069
Z. 5   *Caverio*: Caverio konnte nicht näher bestimmt werden.

2068.
Joseph/José Fernandez
11. April 1819

[Reg.] Fernandez kündigt die Ankunft seines Sohnes in Yverdon an.

1 PSB XI, S. 260.30 ff.

Überlieferung

Sacherklärung

I.

Joseph/José Fernandez (†1825) ⇒ Nr. 2053

II.

Am 28. Februar 1818 (⇒ Nr. 2053) hatte Joseph/José Fernandez (†1825, ⇒ Nr. 2053) Pestalozzi gegenüber betont, dass die Methode für Spanien wichtig sei und sich nach der Ausbildungszeit für Eleven sowie nach den Aufenthalts- bzw. Pensionskosten erkundigt. Pestalozzi hatte interessiert geantwortet, nicht ohne aber indirekt auf die Überlegenheit der Methode gegenüber der Bell-Lancaster-Methode (⇒ Nr. 1487) zu verweisen (PSB XI, Nr. 5224).

III.

Z. 4   *Sohnes*: Ferdinand Fernandez ⇒ Nr. 2012

2069.
Johann Heinrich Bruch

Mitte April 1819

[Reg.] Bruch gibt Pfenninger einen Brief an Pestalozzi mit.

Überlieferung

1 PSB XI, S. 255.18 ff.

Sacherklärung

I.

Johann Heinrich Bruch (1801–1855), Sohn des Pfarrers Paul Philipp Bruch (1767–1818, ⇒ Nr. 940) aus Wädenswil (Kt. Zürich), weilt von 1814 bis 1817 als Zögling in Yverdon und steht von 1819 bis 1826 gemeinsam mit den ebenfalls aus Wädenswil stammenden Brüdern Johann (Hans) Heinrich (Ludwig) Isler (1793–1828, ⇒ Nr. 1849), Hans Jakob Isler (1792–1874) und Hans Jakob Isler (1795–1854, ⇒ Nr. 1849) einer Privatanstalt in Glarus vor, bevor er zur Fortbildung die Universität in Leipzig besucht und ab 1829, wiederum im Verein mit den Wädenswiler Islers, als Direktor einer neu gegründeten Erziehungsanstalt in Lausanne amtet. 1840 übernimmt er die Leitung des Lehrerseminars in Küsnacht (Kt. Zürich) und tritt 1846 von diesem Posten zurück, um ein privates Mädcheninstitut in Zürich zu eröffnen.
    Lit.: Hans Heinrich Isler/Jakob Isler/Johann Heinrich Bruch: Darlegung der unsere Erziehungsbestrebungen leitenden Grundsätze und der veränderten Einrichtung unserer Anstalt. Biel 1836

III.

Z. 4 *Brief*: Möglicherweise handelte es sich bei diesem Brief um ein Empfehlungsschreiben von Johann Heinrich Bruch (1801-1855, ⇒ Sacherklärung I.).

Z. 4 *Pfenninger*: Leonhard Pfenninger (*1802) aus Uetikon (Kt. Zürich) besuchte von April 1819 bis Mai 1821 die pestalozzische Anstalt in Clindy. Im September 1823 erteilte ihm der Erziehungsrat des Kantons Zürich die Bewilligung, in Stäfa als Privatlehrer Knaben zu unterrichten, die von der täglichen Schule entlassen worden waren. Von offizieller Seite durfte er die Fächer Deutsch, Französisch, Rechnen, Geografie, Geschichte, Latein und Mathematik unterrichten. In Stäfa war er bis mindestens 1832 tätig. In den *Verhandlungen der Schweizerischen Gemeinnützigen Gesellschaft* (1836, S. 317) wird er als gewesener Erzieher aufgeführt. Pfenninger war seit 1830 Mitglied der Schweizerischen Gemeinnützigen Gesellschaft und seit 1832 Mitglied der Helvetischen Gesellschaft (⇒ Nr. 971).

2070.
Baron Paul von Krüdener

16. April 1819

A Monsieur Pestalozzi

Berne le ⁴/16 Avril 1819.

Monsieur!

J'ai l'honneur de Vous informer que conformement à l'engagement que j'en avois pris envers vous, j'ai mis à Votre disposition une somme de 5000 Roubles qui se trouve chez M[onsieu]r Louis Zéerleder à Berne et que Vous pouvez y faire prendre quand il vous plaira contre votre reçu.

Je mets également à la disposition des quatre Eleves russes, une somme de 100 Louis pour pourvoir à leurs dépenses les plus pressantes en attendant qu'on m'ait répondu de St. Pétersbourg à leurs sujet.

Recevez Monsieur l'assurance de la consideration trés distinguée avec laquelle j'ai l'honneur d'etre

Monsieur
Votre trés humble
et trés obeiss[ant] serviteur
B[aron] de Krudener

Überlieferung

1 ZB Zürich, Ms Pestal 52/53, Umschlag 171/2

2 Bogen, 233 x 190 mm
4 Datum am Schluss
5 Original

Zeuge H
Z. 13   *pour* ∫

Textkritik

Sacherklärung

I.

Baron Paul von Krüdener (1784–1858) ⇒ Nr. 2051

II.

Der russische Zar Alexander I. (1777–1825, ⇒ Nr. 520) hatte Pestalozzi über Baron Paul von Krüdener (1784–1858, ⇒ Nr. 2051), den russischen Gesandten in Bern, Geld für die Unterstützung der Armenanstalt (⇒ Nr. 1369) in Clindy zukommen lassen.

III.

Z. 9 f.   *Zéerleder*: Ludwig Zeerleder (1772–1840) ⇒ Nr. 908
Z. 12   *Eleves*: Alexander Grigoriewitsch Obodovskij (1795–1852, ⇒ Nr. 1555), Karl Svenske (1796–1871, ⇒ Nr. 1555), Matvej Maximowitsch Timajev (1798–1858, ⇒ Nr. 1555) und Friedrich J. Busse (1799–1859, ⇒ Nr. 1555)

2071.
Jakob Gänsli
20. April 1819

[Reg.] Gänsli wünscht Informationen über das Institut.

Überlieferung

1   PSB XI, S. 259.18

Sacherklärung

I.

Jakob Gänsli (1767–1850) aus Wellhausen ist Regierungssekretär in Frauenfeld (beide Kt. Thurgau) und mit Anna Elisabeth Weber (1782–1838) verheiratet.

2072.
Charles Badham
11. Mai 1819

[Reg.] Inhalt unbekannt.

Überlieferung

1   PSB XI, S. 274.1

Sacherklärung

I.

Charles Badham (1780–1845) ⇒ Nr. 2050

2073.
Johann David/Jakob von Gonzenbach
Mai/Juni 1819

[Reg.] Gonzenbach teilt Pestalozzi mit, dass er einige Wochen abwesend sein und vor
seiner Rückkehr keine Entscheidung wegen seiner Kinder treffe werde. Er erkundigt
sich bei Pestalozzi, «was allenfalls zu thun sey», fragt nach Pestalozzis Einschätzung
der Kinder und nach dem Fortgang des Instituts.

Überlieferung

1   PSB XI, S. 275.21 ff.

Sacherklärung

I.

Johann David/Jakob von Gonzenbach (1777–1842) ⇒ Nr. 1316 a

II.

Schon seit einigen Monaten plante Johann David/Jakob von Gonzenbach (1777–1842,
⇒ Nr. 1316 a), seine beiden Söhne, David Hermann (1805–1872, ⇒ Nr. 1316 a) und
Carl Arnold von Gonzenbach (1806–1885, ⇒ Nr. 1316 a) für einige Wochen nach
Hause zu holen. Im Winter hatte Pestalozzi noch davon abgeraten (PSB XI, Nr. 5144),
der anbrechende Sommer schien ihm jetzt die günstigere Jahreszeit für diese Unternehmung zu sein (ebd., Nr. 5251). Offenbar dachte der Vater auch ganz grundsätzlich
darüber nach, ob das Institut in Yverdon die bestmögliche Ausbildung für seine
Kinder biete, was Pestalozzi dezidiert bejahte, weshalb er die zu erwartenden und
der Weiterführung der Elementarbildung zu verdankenden Entwicklungsschritte der
Kinder detailliert aufzeigte.

III.

Z. 5 Kinder: David Hermann von Gonzenbach (1805–1872), ⇒ Nr. 1316 a) und Carl Arnold von Gonzenbach (1806–1885), ⇒ Nr. 1316 a)

2074.
Johannes von Muralt
14. Juni 1819

$^2/_{14}$ Juni 1819. St Petersburg.

Theüerster Vater Pestalozzi.

Überbringer diess ist ein junger Gervais, Sohn des wirklichen Etats Raths Gervais, von einer mir befreündeten, achtungswerthen Familie. Er wird ein Paar Jahre in Lausanne bei H[er]rn Chatelanat-Gillieron in Pension, leben zur Beförderung seiner weitern Ausbildung. Können Sie diesem empfehlungswerthen jungen Manne nützlich u[nd] angenehm seyn, so thun Sie u[nd] die Ihrigen es gewiss gerne. Herzlich erfreüen mich die manigfaltigen guten Nachrichten von Ihnen, die ich theils durch Ihre Briefe an den Minister, welche wohl gefallen haben, theils durch die Briefe der dortigen Russischen Zöglinge Svenske u[nd] Busse erhalten habe. Gott gebe Ihnen ferner Gesundheit und Gelingen. Die jungen Leüte sind ganz ergriffen von ihrem Aufenthalte in Yverdon. Könnten Sie mir nicht genauen Aufschluss über Strandmann geben? Wir betrachten ihn hier als einen von Fellenberg verfolgten ungerecht Entlassnen u[nd] fälschlich Angeklagten. Es scheint, dass Capodistria den Kaiser in dieser schmutzigen Sache, durch Fellenberg betrieb, umgestimmt hat. – Mit Sehnsucht erwarten die zahlreichen Subscribenten in Russland auf die Herausgabe Ihrer Schriften. Nach Cottas Anzeige wird sie bald erscheinen. Möchte der Friede unter den Gleichgesinnten u[nd] Freünden bei Ihnen wieder hergestellt seyn, u[nd] Zusammenwirken im grossen Hauptwerk der Menschheit auch in Ihrer Mitte wieder stattfinden. Für diesen Seegen erflehe ich den Beistand des guten Geistes.

Ihr treü ergebner
Muralt.

Überlieferung

1 ZB Zürich, Ms Pestal 53, Umschlag 250/14
2 Blatt, 251 x 200 mm
4 Datum am Schluss

5 Original

Textkritik

Zeuge H
Z. 4 *St Petersburg*: lateinische Schrift
Z. 5 *Pestalozzi*: lateinische Schrift
Z. 6 *Gervais*: lateinische Schrift
Z. 7 *Gervais*: lateinische Schrift
Z. 8 *Lausanne*: lateinische Schrift
Z. 8 f. *Chatelanat-Gillieron*: lateinische Schrift
Z. 13 *Minister*: lateinische Schrift
Z. 15 *Svenske*: lateinische Schrift
Z. 15 *Busse*: lateinische Schrift
Z. 17 *Yverdon*: lateinische Schrift
Z. 18 *Strandmann*: lateinische Schrift
Z. 19 *Fellenberg*: lateinische Schrift
Z. 20 *Capodistria*: lateinische Schrift
Z. 21 *Fellenberg*: lateinische Schrift
Z. 22 *Subscribenten*: lateinische Schrift
Z. 23 *Cottas*: lateinische Schrift
Z. 26 Hauptwerk <z> der
Z. 30 *Muralt*: lateinische Schrift

Sacherklärung

I.

Johannes von Muralt (1780–1850) ⇒ Nr. 610

II.

In den Jahren 1816 und 1817 unternahm Baron Johann Gustav Magnus von Strandmann (1784–1843, ⇒ Z. 18) auf höheren Befehl hin mit vier Studenten des pädagogischen Instituts in St. Petersburg eine Reise durch England, Schottland, Frankreich und die Schweiz, um verschiedene Systeme der Elementarerziehung und der Agrikultur kennenzulernen. Seine Reise führte ihn auch zur Anstalt von Hofwyl, wo er jedoch von Philipp Emanuel von Fellenberg (1771–1844, ⇒ Nr. 426) weggeschickt und wegen homosexuellen Handlungen mit mehreren Bauernjungen aus Münchenbuchsee beim russischen Zaren Alexander I. (1777–1825, ⇒ Nr. 520) verklagt wurde. Der Vorfall erregte Aufsehen sowohl beim russischen Gesandten als auch beim Geheimen Rat von Bern, welche die Affäre zu bagatellisieren suchten. Der russische Adel unterstützte Baron von Strandmann in dieser Sache ebenfalls.

III.

Z. 6 *Gervais*: Alexander Gervais (1804–1881) war der älteste Sohn von Henri/Heinrich Gervais (1773–1832, ⇒ Z. 7). Seine Ausbildung absolvierte er zwischen 1816 und 1823 an der Pension Muralts (⇒ Nr. 1304) in St. Petersburg und im russischen Pagenkorps. Die damit eingeschlagene Militärlaufbahn beendete er 1861 als Generalleutnant.

Z. 7   *Gervais*: Henri/Heinrich Gervais (1773–1832) aus St. Petersburg machte sowohl als Militär als auch als Staatsmann Karriere: Er arbeitete als Truppenbefehlshaber (1795–1796), Konsul (1802–1804), im Ministerium (1808–1813) sowie im Departement der Heroldie (ab 1830). Zwischen 1817 und 1830 bereiste Gervais privat wie beruflich verschiedene europäische Städte.

Z. 8 f. *Chatelanat-Gillieron*: Maximilien Issac Chatelanat (1758–1825) aus Moudon (Kt. Vaud) studierte in Bern Theologie (1780–1783) und übernahm anschliessend verschiedene kirchliche Ämter. 1794 bis 1796 arbeitete er als Hauslehrer in Holland, wurde 1800 Inspektor des Erziehungswesens im Bezirk Oron (Kt. Waadt) und übersiedelte 1802 nach Lausanne. Chatelanat wurde 1813 als Abgeordneter in den Grossen Rat gewählt und war seit 1817 Mitglied des *Conseil Académique* der Universität Lausanne. 1798 heiratete er Jeanne Elise Anette Gilliéron (1776–1842). Da weder Chatelanat noch seine Frau eine Pension betrieben haben, ist anzunehmen, dass Alexander Gervais (1804–1881, ⇒ Z. 6) privat bei dem Ehepaar logierte.

Z. 13   *Minister*: Ioannes Antonios Kapodistrias (1776–1831) ⇒ Nr. 1387
Z. 15   *Svenske*: Karl Svenske (1796–1871) ⇒ Nr. 1555
Z. 15   *Busse*: Friedrich J. Busse (1799–1859) ⇒ Nr. 1555
Z. 18   *Strandmann*: Baron Johann Gustav Magnus von Strandmann (1784–1843) wurde in Sellie (Estland) geboren. Von 1805 bis 1827 war er als Aktuar, Übersetzer, Sekretär und Kurier im russischen Staatsdienst tätig und arbeitete in dieser Zeit in Russland, Deutschland, Schweden und England. Er starb in Riga (Lettland).
Z. 19   *Fellenberg*: Philipp Emanuel von Fellenberg (1771–1844) ⇒ Nr. 426
Z. 20   *Kaiser*: Zar Alexander I. von Russland (1777–1825) ⇒ Nr. 520
Z. 23   *Schriften*: Johann Heinrich Pestalozzi: Sämmtliche Schriften, 12 Bände. Stuttgart 1819–1824
Z. 23   *Anzeige*: ⇒ Nr. 2065

2075.
Munizipalität Yverdon

15. Juni 1819

à Monsieur Pestalozzy Chef de l'Institut.

du 15e Juin 1819.

Ayant crû entrevoir au premier apperçu que la lettre que vous avez pris la peine de nous écrire le 23e du mois écoulé, embrassoit un trop grand nombre d'objets, pour pouvoir être traités simultannément dans une de nos séances hebdomadaires; nous en avions remis l'examen à une Commission de nos Membres, ce qui joint au concours d'autres affaires ne nous a pas permis de nous en occuper plustot. Pour donc aller au but de ce qui essentiellement paroît devoir nous concerner dans votre Mémoire Monsieur, nous aurons l'honneur de vous dire, que dès l'instant de votre arrivée en cette Ville, nous n'avons cessé de prendre le plus vif intérêt à la prospérité de votre Etablissement soit par nos dispositions mentales, soit par l'exécution effective de constructions et d'arrangemens qui devvient en faciliter les moyens, d'après votre propre indication. Sous ce dernier rapport les comptes de notre administration nous rappellent qu'indépendamment de beaucoup de matériaux et d'ouvrages exécutés immédiatement par les employés publics, lesquels conséquemment ne figurent pas en ligne de compte, la Ville seule a fait face. 1° en 1804. à la mise en état des diverses pièces composant le Chateau, d'une Cave, de la construction d'un grand forneau œconomique dans la Cuisine, etc. 2° en 1805. convertir en Chambres à coucher le Grenier en face de l'hôtel de Ville, ainsi que la Chambre à resserrer attenante au dit Grenier. 3° en 1806. convertir en dortoirs l'Arsenal situé au 2^d Etage de la façade méridionale. 4° en 1807. convertir en dortoirs, le Grenier du 2^d Etage à la façade tournée sur la plaine, le tout encore aux fraix du public. 5° en 1808. mis à la disposition de Monsieur Pestalozzy, les prisons du Chateau, et accordé quelques autres réparations peu importantes. 6° en 1809. disposé une Chambre au 2^d Etage de la Tour des Gardes pour un Cabinet d'histoire naturelle. idem dans la même tour, au 1er Etage une Chambre et une Cuisine pour y servir de laboratoire de Chimie: changement des privés. 7° en 1810. construit différents escaliers dans l'intérieur du Chateau, planchers, poutraisons, réparations à la tour et façade d'ouëst, à la Chambre à lescives, suivi à l'Etablissement des nouvelles latrines. 8° en 1811. exécuté divers ouvrages de menuiserie, établi des fenêtres, portes, planchers, plafonds, caronner, plâtir, et blanchir dans les corridors. 9° en 1812. Etablissement d'une coulice pour l'écoutement des eaux de pluyes, et d'une rampe d'escaliers pour descendre dans la petite Rivière. 10° en 1813. Réparations de propreté et d'entretien faites aux fraix du public pour $^2/_3$, et l'autre $^1/_3$ par M[onsieu]r Pestalozzy. 11° en 1816. construire une Chambre au 3e Etage de la Tour des Gardes, fait un Cabinet de Minéralogie à l'Etage Supérieur de la Tour des Juifs. etc. etc. 12° en 1817. et 1818. quelques réparations assez peu importantes.

En additionnant la dépense de tous ces articles, l'on voit par le Résultat qu'elle s'élève à une somme de passé L[ouis d'or] 20,000 indépendamm[en]t de la translation des prisons hors du Chateau, qui a nécessité la construction d'un nouveau Bâtiment à cet usage, lequel a aussi absorbe à peu près un même Capital.

La masse de ces objets d'adjonctions jointe au Capital primitivement employé pour cette acquisition, et dont nous sommes charmé de vous laisser la jouissance gratuite, ne laisse cependant pas de faire une sensation assez vive dans les derniers publics pour que chacun puisse entrevoir dans notre fait une volonté bien prononcée de concourrir au succès de vos entreprises. A la vérité nous ne pûmes vous accorder la construction que vous nous demandâtes Monsieur il y a environ deux ans de nouvelles Chambres au 2^d Etage en face du Grenier, à l'usage de vos instituteurs, parceque d'un côté, les divisions qui régnoient alors dans l'intérieur de votre maison, et la diminution successive de vos Elèves, ne paroissant pas devoir nécessiter cette augmentation d'emplacemens, mais essentiellement encore parce que dans tous les cas, cette Construction ne pouvant être que défectueuse par le défaut de hauteur, la Ville ne pouvoit se livrer à une telle dépense qui par la suite auroit été pour elle une pure perte. En revanche l'on souscrivit très volontièrs à assurer à vos successeurs la jouissance du Chateau et de ses dépendances pendant cinq années depuis que vous auriez cessé de l'occper. Vous nous rappellez Monsieur de pertes que vous avez éprouvées précédemment dans cette administration: Nous vous assurons que déjà nous y primes la part la plus sincère; mais au fond qu'y pouvions-nous. Veuillez-vous ressouvenir aussi Monsieur, qu'alors une société de personnes respectables de notre Ville, partageant à votre égard les mêmes sentimens que nous, s'entendit spontannément pour venir à votre aide, et quant elle eût mis le doigt sur la cause des revers que vous éprouviez, et tracé la marche propre à remédier au passé, Sous lui témoignates le désir qu'on vous laissât pour la suite le soin d'agir seul dans votre Etablissement: il lui auroit donc comme à nous paru indiscrêt de plus penser à son mêler! Quant à votre institut des pauvres des deux Sexes formé à Clindy, nous n'aurions pas mieux crû pouvoir vous y être de quelque utilité, ni Vous y proposer des élèves, attendu dabord que nous ne sommes pas nous mêmes suffisamment éclairés sur son objet pour pouvoir édifier à cet égard les Parens, et que d'ailleurs il paroit parce que vous nous faites l'honneur de nous apprendre, que les jeunes gens de ce Canton ne possèdent pas à un assez haut degré les qualités et les talents requis pour le but proposé! Et relativement aux dortoirs du Chateau si pitoyables aujourdhui, Veuillez encore vous rappeller Monsieur que dans le principe il n'étoit question que d'un arrangement simple, salubre et capable de contenir les lits de jeunes élèves, dans la Classe surtout de ceux que le prospectus de votre institut avoit essentiellement en vuë: présentement qu'il s'agit de salons propres à recevoir et former en même tems l'éducation de Dames de distinction, l'on conçoit que ces modestes appartemens au travers de ces murs épais, ne doivent plus suffire, mais comme la présence de ces Etrangers doit tourner également à l'avantage de l'Etablissement, il pourra pas la même raison sans doute suffire de son côté aux changemens desirés.

Quoiqu'il en soit Monsieur, désirant toujours vous séconder autant que la chose est compatible avec nos devoirs, nous avons chargé une Commission de se rendre au Chateau pour y prendre note des restaurations que l'usure aura nécessitées, et nous en donner un rapport d'après lequel nous nous déciderons altérieurement.

En attendant agréez Monsieur la réïtération de notre considération très distinguée.

Überlieferung

1 Archives de ville, Yverdon, Ag 4, p. 323–325
5 Copia

Textkritik

Zeuge h
Z. 73   pertes < de pertes > que

Sacherklärung

I.

Munizipalität Yverdon ⇒ Nr. 643

II.

Pestalozzi hatte am 23. Mai 1819 (PSB XI, Nr. 5282) verschiedene bauliche Reparaturen am Schloss vorgeschlagen.

III.

Z. 6   lettre: PSB XI, Nr. 5282
Z. 13   Mémoire: Der Text der Eingabe ist nicht erhalten (vgl. PSB XI, S. 356, Nr. 5282), der Inhalt dürfte allerdings weitgehend identisch sein mit Pestalozzis Eingabe an das Stadtgericht Yverdon vom Mai 1821 (PSB XII, Nr. 5587).
Z. 77   société: Welche Gesellschaft bzw. welche Personen hier gemeint waren, ist unklar.
Z. 84   institut: ⇒ Nr. 1369
Z. 105   Commission: Die Commission de Bâtisse der Stadt Yverdon wurde im Juni 1819 vom Munizipalitätsrat Jean-Henri-Julien Doxat (*1774), dem Schwager von Jean Louis Doxat de Champvent (1773–1861, ⇒ Nr. 643), präsidiert.

Z. 107 *rapport*: Am 11. Juni 1819, vier Tage bevor die Munizipalität (⇒ Nr. 643) Pestalozzi mittels ihres Schreibens davon in Kenntnis setzte, wurde der Besuch des Schlosses durch die *Commission de Bâtisse* (⇒ Z. 105) und das anschliessende Verfassen eines Berichts beschlossen. Dadurch sollte festgestellt werden, welche Renovierungsarbeiten am Schloss tatsächlich von Nöten wären. Der geforderte *Rapport* wurde jedoch weder in den Protokollen der Munizipalität noch in den Büchern der *Commission de Bâtisse* vermerkt. Es bleibt somit offen, ob der beabsichtigte Besuch im Schloss überhaupt erfolgte, ebenso unklar bleibt, ob je ein *Rapport* verfasst wurde.

2076.
Baron Paul von Krüdener

20. Juni 1819

à Monsieur Pestalozzi.

Berne le $^8/_{20}$ Juin 1819.

Monsieur!
J'espere que le but dans quel Vous avez désiré aussi bien que les quatres Eléves russes qui se trouvent auprès de Vous la prolongation de leur sejour, doit être atteint maintenant. – Venant de recevoir l'ordre de les faire retourner dans leur pays, je les invite à s'y preparer, et j'ai cru devoir Vous en prévenir. –

Je ne puis laisser passer cette occasion sans Vous rémercier bien vivement de l'interêt que Vous avez pris à leurs études et des progrès qu'ils n'ont pu manquer de faire sous Votre direction. – Vous avez acquis par là des titres nouveaux aux sentiments dont l'Empereur se plait à honorer Votre merite. –

Recevez Monsieur lassurance de ma considération la plus distinguée.

B[aron] de Krudener

Überlieferung
1 ZB Zürich, Ms Pestal 52/53, Umschlag 171/3
2 Blatt, 242 x 196 mm
4 Datum am Schluss
5 Original

Textkritik
Zeuge H

Sacherklärung

I.
Baron Paul von Krüdener (1784–1858) ⇒ Nr. 2051

II.
Als russischer Gesandter in Bern war Baron Paul von Krüdener (1784–1858, ⇒ Nr. 2051) für die Kommunikation zwischen der russischen Regierung und Pestalozzi zuständig.

III.
Z. 8 *Eléves*: Alexander Grigoriewitsch Obodovskij (1795–1852, ⇒ Nr. 1555), Karl Svenske (1769–1871, ⇒ Nr. 1555), Matvej Maximowitsch Timajev (1798–1858, ⇒ Nr. 1555) und Friedrich J. Busse (1799–1859, ⇒ Nr. 1555)
Z. 15 f. *l'Empereur*: Zar Alexander I. von Russland (1777–1825) ⇒ Nr. 520

2077.
Munizipalität Yverdon

1. Juli 1819

à Monsieur Pestalozzy Chef de l'Institut en Ville.

du 1er Juillet 1819.

Les discussions épistolaires en politique, comme en matière d'administration, ne faisant en général que d'entraver la marche des affaires, surtout quand l'on n'est pas trop d'accord sur les points. Nous venons Monsieur en réponse à la lettre très étenduë que vous avez pris la peine de nous écrire le 24e du mois écoulé, Vous donnez dabord l'assurance que ni la Municipalité ni ce public en général, n'avons varié le moins du monde dans nos dispositions à l'égard de votre Etablissement et du succès que nous lui avons toujours désiré, moins encore dans les sentimens que nous vous avons voués personnellement. Il parôitroit plustôt par divers passages de vos deux dernières lettres; (dans lesquels véritablement nous ne reconnoissons pas cette touche de caractère qui vous est propre) que s'il est survenu quelques changemens dans nos relations respectîves, c'est chez vous Monsieur qu'ils ont pris naissance; ou plus probablement encore, il est à présumer qu'il s'y soit glissé qu'elqu'impulsion étrangère.

Quoiqu'il en soit, pour en revenir à l'objet au fond, nous nous rappellons et avec plaisir, de vous avoir dès le principe annoncé qu'à fur et mesure que votre Etablissement prendroit de l'aggrandissement et de la consistance nous nous empresserions de lui donner par des constructions nouvelles les aisances nécessaires, et en rapport des besoins. Cette déclaration n'empêche pas, que nous n'ayons peine à concevoir, comment les pièces et arrangemens que nous avons fait établir en conformité ci-devant, et qui paroissoient remplir vos vuës dans le temps même où votre Institut étoit le plus nombreux, deviennent tout-à-coup aujourd hui inconvenables et insuffisants, avec beaucoup moins de monde! Et quant à la maintenance de ce qui existe, il nous paroit, que si même il n'y a pas eû entre nous de traités par écrit, il est facile de nous règler d'après l'usage général: Ainsi la Ville comme Propriétaire, doit subvenir à l'entretien du Corps du Bâtiment proprement dit; les objets parcontre de propreté, de restauration de dégats, d'usure prématurée, doivent vous concerner comme Locataire: L'on doit donc très aisément s'entendre dans cette distinction. Rélativement enfin aux réparations nouvelles que vous paroissez désirer, comme vous ne les précisez pas entièrement et qu'on ne peut dès lors s'en faire une juste idée, la Municipalité vous réïtère Monsieur qu'ayant toujours à cœur de vous obliger, pour autant que la chose est compatible avec ses devoirs et le compte qu'elle a à rendre à ses concitoyens, Elle a chargé une délégation de ses Membres, d'en prendre sur place d'après votre indication un état spécifique, et de nous en faire un rapport suivant lequel nous puissions prendre une détermination.

Agréez etc.

Überlieferung

1 Archives de ville, Yverdon, Ag 4, p. 327–328
5 Copia

Textkritik

Zeuge h

Sacherklärung

I.

Munizipalität Yverdon ⇒ Nr. 643

II.

Da die Munizipalität Yverdon (⇒ Nr. 643) nicht wie von Pestalozzi wohl gewünscht und erwartet positiv auf sein Renovationsbegehren eintrat, entwickelte sich diese Angelegenheit zu einer grundsätzlichen Auseinandersetzung über die Pestalozzi von Yverdon zukommende Wertschätzung und allgemeine Unterstützung.

728

III.

Z. 9   lettre: PSB XI, Nr. 5290
Z. 16   lettres: PSB XI, Nr. 5288, Nr. 5290
Z. 45   délégation: Commission de Bâtisse (⇒ Nr. 2075)

2078.

J. G. Cottasche Buchhandlung

19. Juli 1819

S[eine]r Wohlgebohrn Herr Heinrich Pestalozzi in Iferten
5 belieben der J. G. Cotta'sche Buchhandlung:

Stuttgart, den 19. Juli 1819.

p[our] 1 Avertissement in d[as] Intel[ligenz]bl[att]   f 5 51
d[es] Morgenblatt 1819. N° 20.

Überlieferung

1 ZB Zürich, Ms Pestal 50/51, Umschlag 56/25
2 Blatt, 10 x 195 mm
3 untere Hälft abgerissen
4 Dorsualvermerk *Stuttgart. Cotta.*
5 Original

Textkritik

Zeuge H
Z. 4   *Herr*: vorgedruckt
Z. 4   *in*: vorgedruckt
Z. 5   < erhalten von > belieben
Z. 5   < erhalten von > *der J. G. Cotta'schen Buchhandlung*: vorgedruckt
Z. 6   *Stuttgart, den*: vorgedruckt
Z. 6   *181*: vorgedruckt

Sacherklärung

I.

J. G. Cottasche Buchhandlung ⇒ Nr. 1455 b

III.

Z. 4   *Iferten*: dt. Name für Yverdon
Z. 7   *f.*: Abkürzung für Gulden, eine weitverbreitete Gold- oder Silbermünze

2079.
Unbekannt

Sommer 1819

[Reg.] Die beiden Söhne von Monsieur Sandoval sollen auf Empfehlung von Monsieur Guerrero nach Yverdon geschickt werden.

Überlieferung

1   PSB XI, S. 288.28 ff.

Sacherklärung

I.

Möglicherweise handelt es sich beim Verfasser dieses Briefes um einen der Spanier, die 1819 ihre Söhne an Pestalozzis Institut untergebracht hatten. Infrage kämen dann Paolo Burrueso (⇒ Nr. 2057), Juan/Jean Martinez (⇒ Nr. 2307) oder Guillermo/ Guillaume Strachan (⇒ Nr. 1201 b).

III.

Z. 4   *Söhne*: Die beiden Söhne, die sich 1819 bei Jeanine Thérèse Guerrero-Martinez (⇒ Nr. 2086) in Marseille aufhielten, deren Sohn Diego Thomas Antoine André Pascal Marie Cécile (*1806, ⇒ Nr. 1677) zwischen 1817 und 1820 Pestalozzis Institut in Yverdon besuchte, konnten nicht näher bestimmt werden. Sie wurden nicht nach Yverdon geschickt.
Z. 4   *Sandoval*: Monsieur Sandoval konnte nicht näher bestimmt werden.
Z. 5   *Guerrero*: Louis Marie Guerrero (1777–1858) ⇒ Nr. 1677

2080.
John Synge

Sommer 1819

[Reg.] Synge teilt Pestalozzi mit, dass Subskriptionsgelder für die englische Pestalozzi-Ausgabe bei ihm eingetroffen seien.

Überlieferung

1   PSB XI, S. 315.5 f.

Sacherklärung

I.

John Synge (1788–1845) ⇒ Nr. 1500

II.

Der nur in einer Übersetzung und ohne Adressat erhaltene Brief von Pestalozzi, aus welchem dieser Hinweis auf einen Brief an Pestalozzi stammt, wurde von den Herausgebern der Briefausgabe Charles Mayo (1792–1846, ⇒ Nr. 2270) zugeschrieben, der sich zum Zeitpunkt des Briefes (10. Dezember 1819) in Yverdon aufgehalten hatte. Der Briefanfang von Pestalozzi («Es ist lange, sehr lange, dass ich keine Zeile mehr von Ihnen gesehn») weist nun nicht unbedingt auf einen Briefpartner hin, der in unmittelbarer Nähe lebte, sondern viel mehr auf einen Korrespondenten, mit dem schon einige Briefe gewechselt und der sich seit längerer Zeit nicht mehr gemeldet hatte. Beide Eigenschaften treffen auf Synge zu. Auch inhaltlich spricht einiges für Synge als Adressaten, war doch die Verbreitung der pestalozzischen Methode in England in ihrem Briefwechsel ein dominierendes Thema.

III.

Z. 4   *Subskriptionsgelder:* ⇒ Nr. 2044

Z. 5   *Ausgabe:* Pestalozzi regte in seiner *Address to the British Public* eine englische Herausgabe seiner Werke an, die jedoch nicht realisiert wurde (vgl. Stadler II, S. 467).

2081.
Charles Eugène Longuemare et Marie Augustine Fréville-Payen
Sommer 1819

[Reg.] Briefe mit unbekanntem Inhalt.

Überlieferung

1   PSB XI, S. 289.10 f.

Sacherklärung

I.

Charles Eugène Longuemare (1773–1845, ⇒ Nr. 1941) und Marie Augustine Fréville-Payen (1787–1876). Marie Augustine Payen (1787–1876) heiratete 1808 in Paris den Unternehmer Jean-Baptiste Augustin Joseph Fréville (1777–1860, ⇒ Nr. 1941), mit dem sie drei Söhne hatte, nämlich den in Yverdon weilenden Eugène (1809–1888, ⇒ Nr. 1941) sowie Ernest (1811–1830) und Augustin (1818–1889).

2081 a.
Charles Edward Herbert Orpen
Sommer / Herbst 1819

[Reg.] Orpen zeigt Pestalozzi den Eingang von Subskriptionsgeldern an.

1 PSB XI, S. 315.7 f.

Überlieferung

Sacherklärung

I.

Charles Edward Herbert Orpen (1791–1856) ⇒ Nr. 1925

III.

Z. 4   *Subskriptionsgeldern*: ⇒ Nr. 2044

2082.
Georges de Rougemont

1. August 1819

1ᵉʳ Août 1819.

Vous rappelez-vous l'idée que je vous ai communiquée de faire imprimer le premier discours que j'ai adressé aux audiences générales de Neuchâtel, mais de le faire précéder de quelques observations destinées à fixer l'attention de mes compatriotes sur leur bonheur, et sur les moyens de l'augmenter par une culture plus morale qu'ils ne l'ont reçue jusqu'à présent. Vous n'avez certainement pas cru que j'aye abandonné cette idée et son exécution ainsi que mon silence envers vous auront été attribués à leur véritable cause, à l'extrême affaiblissement de ma vuë et à l'ébranlement de mes nerfs, résultat chez moi moins de la vieillesse que de circonstances d'autant plus pénibles qu'elles m'isoloient et me forçoient à combattre des erreurs et des prétentions aussi nuisibles à mon pays que contraires à mes principes et à tous mes sentimens. Sans perdre de vue mes projets pour le bien de mon pays, je les ai ajournés jusques à ce que j'eusse frayé la nouvelle route que j'avois à parcourir; elle étoit pleine de ronces, elle n'est pas encore entièrement libre, cependant mes mouvemens commencent à être moins gênés.

La constitution semi-monarchique et semi-républicaine de Neuchâtel a eu et peut avoir encore les suites les plus heureuses. Je ne les ai trouvées indiqué nulle part avec plus de force que dans votre ouvrage intitulé à l'innocence de notre siècle. J'ai cru que le tableau qu'il renfermoit pouvoit être de la plus grande utilité à mes compatriotes, non seulement en faisant naître chez eux une foule d'idées qui ne se sont jamais présentées à leur esprit, mais en leur donnant de l'homme qui s'est peut-être le plus occupé du bien de l'humanité et qui s'en est occupé dans les vues les plus pures, une idée juste.

Cet homme envisagé comme livré à des opinions politiques et religieuses qui s'approchent beaucoup les unes du jacobinisme, les autres de l'indifférence sur toutes les religions positives; cet homme que je connois et que tout homme qui pense connoit aujourd'hui
35 comme faisant dépendre le bonheur du genre humain de l'obéissance à de sages loix et d'un profond sentiment religieux; cet homme doit être mis à la portée du vulgaire, afin qu'il soit aimé et sa doctrine jugée avec faveur par les hommes les moins capables d'une profonde réflexion, je dirai même par les hommes qui jusques
40 à présent ont été les plus prévenus contre lui et ses opinions.

Lorsque de mémoire j'ai cité, en les traduisant, quelques uns des paragraphes du nouveau livre dont je parle, j'ai vu de mes compatriotes les plus prononcés dans ce que le jargon moderne appelle ultra-royaliste s'écrier e s t - i l p o s s i b l e ? Quoi c'est de Pestalozzi!
45 C'est bien étrange! c'est bien étonnant! Et lorsque je leur répondois tranquillement; mais non, cela n'est pas étonnant, l'homme de l'humanité doit être religieux et anti-jacobin, je faisois une impression visible sur les hommes légers, moins visible mais plus forte sur les hommes réfléchis. Mon respectable ami, nous tendons tous au
50 même but; mais avec des moyens différens; Dieu vous en a donné de très grands; les miens sont peu considérables, mais deux points de contact m'unissent à vous: le but que nous nous proposons et la persévérance avec laquelle nous y marchons.

En vous envoyant la traduction ci-jointe, pour que vous l'exami-
55 niez, la corrigiez et mettiez le vrai sens aux mots que je puis n'avoir pas bien compris, je me permettrai sur le fonds des pensées quelques observations. Si toutes les villes suisses avoient conservés leurs seigneurs primitifs, et que tous ces petits princes eussent pu se coaliser entr'eux, ne croyez-vous pas que leurs sujets eussent été les
60 plus malheureux des hommes? Si, dans le XVme siécle, les Princes de Neuchâtel, de la maison de Frybourg et de Hochberg, gens despotes par goût et entreprenans par caractère, n'avoient pas été arrêtés par Berne, eussent-ils respecté des concessions dont l'acte avoit péri dans un incendie et qu'ils ne vouloient absolument pas rétablir? Si
65 nous étions sur les confins de Prusse, aurions-nous été ménagés comme des enfans chéris et presque gâtés? Non, sans doute; mais le point de vue sous lequel vous avez comparé Neuchâtel à la plupart des villes qui dominoient en Suisse avant 1798 n'en est pas moins juste et l'on ne peut se dissimuler que c'est à l'existence du Prince
70 et de son Conseil d'Etat que Neuchâtel doit cette égalité de température qui l'a rendu si productif en bonheur pour tous ses habitants sans distinction des citadins aux villageois; mais comment la main-

tenir, cette température, dans une république quelconque? Elle exclut tout privilège en faveur de famille quelconque; elle exclut d'un autre côté le régime convulsif d'une pure démocratie; elle ne peut donc se trouver que dans une constitution représentative et celle-ci donnera lieu je le crains bien aux plus viles intrigues. D'un autre côté ne nous les dissimulons pas, les intrigues de la Cour des Princes sont peut-être plus méprisables encore, et je les crois plus dangereuses. Comment éviter cet inconvénient sous l'un et l'autre régime? Cet inconvénient! je devrois dire ce plus grand des malheurs. Neuchâtel même n'en a pas trouvé le moyen, quoique l'éloignement de son prince laisse peu de marche à l'intrigue. Cet héritier du trône qu'on vient d'adorer, et qui annonce en effet les plus heureuses dispositions, n'ai-je pas vu l'intrigue l'environner depuis les combinaisons de la société, jusques à celle de la politique?

Le problème à résoudre me paroit se réduire au terme suivant: dans une république comment empêcher que l'action continuelle du Gouvernement au milieu d'une capitale ne donne à celle-ci et à ses citadins une trop grande influence qui finiroit par provoquer la plus dangereuse réaction? Dans une monarchie, comment prévenir la corruption qui naît du pouvoir même, et de l'espoir que chaque ambitieux se promet d'en tirer parti à son profit. De là la flatterie qui environne déjà le berceau des Princes. L'homme doit se sentir: quand il sent ce qui lui est dû, il sent facilement ce qu'il doit aux autres; alors l'opinion domine elle prévient l'aristocratie et règle la monarchie. Un tel état de choses suppose une éducation publique bien différente de celle qui a eu lieu jusques à présent et l'indépendance de fortune la plus grande, compatible avec l'ordre social. Telles sont, mon respectable ami, quelques idées que je me permets de vous soumettre, en vous priant de me répondre et de me renvoyer la feuille incluse dont je n'ai pas de copie, avec vos observations et corrections le plus tôt qu'il vous sera possible.

Je suis pour ma santé à la Brévine, l'un des vallons les plus élevés du Jura, où des eaux minérales convenables à ma santé, ajoutent à la bienfaisance d'un air pur. Le maire et le pasteur sont deux hommes également respectables; le premier fait une maladie considérable et l'affliction est générale; il trouve dans le second tous les secours dont il a besoin pour ses écritures. Le peuple est bon, les enfans sont bien instruits et l'on peut facilement concevoir en l'examinant de près la facilité de rendre une population heureuse et morale sans de grands efforts.

Quand vous me répondrez veuillez me dire un mot, de la longue
entrevue que vous avez eue avec le Prince Royal de Prusse et si
vous le jugez aussi avantageusement que je le fais; j'ai été quatre
jours de suite dans sa voiture, à parcourir le pays avec lui, ma place
m'appelant en quelque sorte à lui faire connoître la Principauté dont
il doit être un jour le souverain. Si je ne me trompe pas, il a tous les
élémens d'un très bon prince, bonté de coeur, fermeté de caractère,
esprit vif et cultivé. Je remettois tous les matins au général Knesebeck, la note des gens et des choses qu'il avoit à voir dans la course
du jour; et quand on tenoit compte au Prince de ce qu'il ne négligeoit rien, de ce qui pouvoit être utile ou agréable aux Neuchâtelois;
«c'est mon métier», répondit-il, il pouvoit ajouter «et mon plaisir»,
car jamais Prince n'a été plus vivement touché des sentimens qu'on
lui témoignoit. J'ai eu occasion de lui parler de vous, mon respectable ami, des Prussiens qui ont été dans votre institut et de la satisfaction dont il se priveroit en ne s'arrêtant pas à Yverdon: je suis
bien impatient de savoir l'impression qu'il aura faite sur vous.

Je vous réitère mon respectable ami de me répondre promptement, mais veuillez faire écrire la lettre d'une manière très lisible,
ma misérable vue ne me permettant presque plus de lire ce qui
n'est pas imprimé et recevez l'assurance de mon dévouement et de
ma vénération.

Überlieferung

1 Caisse de famille Rougemont, AR 350, 1819, f. 96–98
5 Copia

Textkritik

Zeuge h

Sacherklärung

I.

Georges de Rougemont (1758–1824) ⇒ Nr. 956

II.

Pestalozzi beantwortete diesen Brief am 12. August 1819 (Caisse famille Rougemont, AR 350). Da dieser Brief den Herausgebern der PSB nicht bekannt war, wird er hier abgedruckt.

A Monsieur
Monsieur de Rougemont

Yverdun den 12 August 1819

Hochgeachter Herr!
Verehrungswürdiger Freund! Ich freue mich äusserst, dass Sie den Gedanken Ihrer Rede an die *audience générale* von Neuenburg öffentlich bekannt zu machen, nicht aufgegeben haben. Die Vorzüge, die Neuenburg, seit dem es als zugewandter Ort in die Eidgenossenschaft aufgenommen worden ist, vor allen andern Kantonen genossen, sind so gross und entscheidend und es ist mir so wichtig, dass Neuenburg mein Urtheil darüber erkenne, dass ich Ihnen nicht genug sagen kann, wie sehr es mich freut, Sie wieder auf diesen Entschluss zurückkommen zu sehn. Ihre Rede wird die Aufmerksamkeit der Eidgenossenschaft rege machen und wir bedürfen es wahrlich in allen Kantonen, dass der Spiegel ihrer alten und ihrer neuen Verfassung uns nicht aus den Augen gerückt werde. Die Bekämpfung der Vorurtheile und Anmassungen, deren Neuenburg noch in einem kleinern Maass als viele andere Kantone schuldig ist, kann nicht anders, als in Ihrem Mund von gesegneten Folgen für uns werden. Man hört in unsren Winkelverfassungen die Stimme einer ganzen Welt nicht. Sie muss in unsrer Mitte erschallen, wenn sie gehört werden soll, und aus dem Mund von Männern, von denen auch die ersten unsrer Kantone in keiner Rücksicht sagen dürfen: er ist weniger als mir. – Man hat nie hoffen dürfen, dass Ihre Staatsansichten der eigentlichen Gemeinheit unsrer Eidsgenössischen Routinenansichten nicht als entgegenstehend betrachtet würden. Niemand dürfte an den Steinen und Dornen, die Ihnen in den Weg gelegt wurden, zweifeln. Gott Lob! dass Sie angefangen, auf diesem Weg sich freyer zu bewegen. Es ist ein Glück, dass Ihre Stellung Sie dem Kronprinzen bey seiner Reise so nahe gebracht. Auch ich habe ihn in einem hohen Grad wohlwollend, kraftvoll und entschieden gefunden. Ich war von 9. Uhr des Nachts bis fast um 11. Uhr bey ihm und redte mit der unbedingtesten Offenheit von den Bedürfnissen des Erziehungswesens. Meine Aeusserungen scheinen auch bey seinen Umgebungen Beyfall zu finden. Doch ich kenne den Hofboden nicht und will darüber nicht urtheilen; aber der Kronprinz zeigte ganz gewiss eine entschiedene Aufmerksamkeit auf den Gegenstand.

Die Schritte, die Sie meiner Ansichten halber in Ihrem Vaterland gethan haben, erheben mein Herz. Das Unrecht, das mir des *Jacobinismus* und der Irreligion halber gethan worden ist, thut mir unaussprechlich weh; aber ich wusste, dass man von diesem Urtheil, wenn ich meinen Weg richtig und standhaft verfolge, zurückkommen müsse, und habe mich jezt in meiner neuen Ausgabe von Lienhard und Gertrud, in Rücksicht auf diese zwey Gesichtspunkte, mit einer Bestimmtheit und Wärme ausgesprochen, die den diesfalls über mich ausgebreiteten Gerüchten so viel als gewiss ein Ende machen werden. Aber dass ich jezo schon auf der Tribüne eines monarchischrepublicanischen Staats auf eine Weise würde gerechtfertigt werden, wie Sie mich gerechtfertigt haben, das durfte ich doch nicht erwarten und verdient meinen innigsten, wärmsten Dank.

Ueber die Frage: wie wäre es um unser Vaterland gestanden, wenn die alten kleinen Herren unsrer kleinen Staaten geblieben wären, was sie waren und sich mit den damaligen Herren von Neuenburg zum Schutz ihrer Rechte gegen die Ansprüche des Volks vereiniget hätten, ohne dass dem Volk irgend ein gesetzliches und rechtliches Gegengewicht gegen die Verirrungen der Selbstsucht und Unrechtlichkeit dieser Herrenvereinigung in die Hand gegeben worden wäre? wäre unfehlbar der erbärmlichste Rechtlosigkeits- und Kraftlosigkeitszustand des Schweizerischen Volks entschieden und unausweichlich gewesen. Selber die Ausartung dieser willkührlichen und selbstsüchtigen Herrenvereins in einen asiatisch gewaltthätigen und blutdürstigen Regierungs*jacobinismus* und Regierungssansculottismus wäre allerdings unter m ö g l i c h e n Folgen eines solchen selbstsüchtigen und einseitigen Herren- und Fürstenvereins zu zählen gewesen und es hätte sich allerdings in einer festen Staatsform ein Rechtlosigkeitszustand des Schweizerlands gebildet, der demjenigen ganz gleich gewesen wäre, der unzweydeutig entstehen müsste, wenn wir das nahmenlose Unglück hätten, dass gegenwärtig in einem jeden unsrer XXII Kantone etwa 8. bis 10. Familien die Macht erhalten wurden, das *utile* und *honorivicum* des Regentenzustands in seinem ganzen Umfang in ihre Hand zu bringen und sich dann zur Sicherstellung und Beschützung ihrer in der Hand habenden Regierungsgewalt gegen alle und jede Ansprüche des Volks vereinigen würden, ohne diesem letzten irgend ein gesetzliches und rechtliches Gegengewicht gegen die Verirrungen einer oligarchischen Selbstsucht und Unrechtlichkeit und selber gegen die Möglichkeit der Ausartung einer solchen Regierungsunrechtlichkeit in einen asiatisch gewaltthätigen und blutdürstigen *Jacobinismus* zu gestatten und in der Hand zu lassen. Der Fall einer solchen Herrenvereinigung wäre indessen mit dem Geist der damaligen Zeit unvereinbar und bey den leidenschaftlichen Fehden des damaligen Herrenzustands für die Dauer unausführbar gewesen. Ob aber eine solche Vereinigung kleiner Oligarchien unter gewissen Umständen in unsrer Zeit nicht möglicher werden könnte, als damals eine solche Herren- und Fürstenverbindung, darüber mag ich mir den Kopf nicht zerbrechen; das aber weiss ich, dass das Gefühl der Schwäche im Menschengeschlecht allenthalben die Neigung zur Gewaltthätigkeit erzeugen; es kann nicht anders, als diese Neigung erzeugen. Der schwache Mensch will sicher seyn und dieses fast immer um jeden Preis. Indessen ist so viel gewiss, im ersten und andern Fall wäre das Versinken des Schweizerischen Volks in sclavische Rechtlosigkeit und Nationalnullität unausweichlich. Die Grimaçen der republicanischen Formen eines so geschlossenen, einseitigen Regentenbunds würden das Versinken des Volks und der Nation in die Elendigkeit der allgemeinen Nationalkraftlosigkeit und Nationalrechtlosigkeit durchaus nicht aufhalten. So sehr wir indessen von der Gefahr eines solchen Zustands entfernt seyn mögen, so dürfen wir uns doch nicht verhehlen, dass Neuenburg durch seinen Staatsrath verhindert, dass die Rathhausrechte der Gemeinde Neuenburg nicht in Regierungsrechte und *quasi* Souveränitätsrechte der Rathstube dieser Gemeinde und später der Familien, die in diesen Rathstuben sich die Stimmenmajorität, sey es wie und wodurch, immer zu erwerben gewusst hätten. Es ist gewiss nur durch das Daseyn und die constitutionelle Stelle dieses Staatsraths, welches die Rechte aller übrigen Theile Ihres Lands vor dem Uebergewicht der Stadtrechte von Neuenburg auf eine Weise geschützt, wodurch sich die hohen Segensfolgen, die Ihre Verfassung bis auf unsere Tage gehabt und der Unterschied des sittlichen, geistigen, häuslichen und bürgerlichen Zustands ihrer Einwohner gegen diejenigen so vieler anderer unserer Kantone erklären lässt und auf welchen ich den Ernst, die Unschuld und den Edelmuth meiner Schweizerischen Mitbürger in der von Ihnen bemerkten Stelle habe aufmerksam machen wollen. Ich kann Ihnen nicht verhehlen, es wandelt mich allemal eine innige Wehmuth an, wenn ich die hohen Denkmale des Patriotismus einzelner Bürger von Neuenburg, die selber weder Rathsherren noch Herren zu Bürgern in Neuenburg waren, sondern ihr Leben in einer jezo geheissnen gemeinbürgerlichen Thätigkeit durchgebracht haben, vor meinen Augen sehe; ich kann mich allemal nicht enthalten, mir selber zu sagen: mir hätten ganz gewiss in meiner lieben Vaterstadt und in mehrern Hauptstädten meines Vaterlands eben so hohe Denkmale des Patriotismus unsrer einzelnen Bürger, wenn der Mehrtheil unsrer bessern Köpfe nicht durch die Irrthümer unsrer Regierungsroutine von dem höhern Interesse und der erleuchtetern Thätigkeit unsrer gemeinbürgerlichen Berufe ab und in den einseitigen Canzley- und so geissenen Staatsdienst hingelockt werden. Diese Wehmuth erreicht den höchsten Grad des Schmerzens, wenn ich daran gedenke, dass in einigen dieser Hauptstädte weit aus mehr als der halbe Theil der so geheissenen regimentsfähigen Bürger nicht mehr in der Lage sind, durch ihren Beruf und Gewerb Weib und Kind, ich will nicht sagen mit Ehren, ich muss sagen nicht einmal zur Nothdurft zu erhalten, sondern allgemein genöthigt sind, das Gnadenbrod bey gnädigen Herren und Mitburgern zu suchen, von denen ihrer viele aber so arm sind als die, denen sie das Gnadenbrod zuerkennen.

Lieber Freund! Ich rede freymüthig, aber ich darf es; ich rede zu dem Herzen des edelsten und unbefangensten Schweizers, den ich kenne. Ich habe noch ein paar Gesichtspunkte Ihres Briefs zu beantworten und werde es durch die nächste Post thun. Indem ich diesen flüchtig hingeworfenen Brief noch einmal durchlese, finde ich ihn von einer Natur, dass ich beynahe auf den Gedanken komme, Sie fragen zu müssen, ob ich meinen zweyten Brief in diesem Styl an Sie absenden dürfe? - Doch nein; nächsten Posttag erhalten Sie unfehlbar mit wenigen Worten, was mir in Rücksicht auf Ihre Anfragen auf dem Herzen ligt. Ich wünsche von Herzen, dass Ihr Aufenthalt in Brévine Ihre dem Vaterland und der Menschheit wichtige Gesundheit stärke. Meine Gesundheit ist vortrefflich und meine Zufriedenheit mit meiner Lage könnte nicht grösser seyn. Die Resultate meiner Armenanstalt übertreffen alle meine Hoffnungen. Es bildet sich zwischen den armen Kindern beyderley Geschlechts ein kraftvolles häusliches Leben, davon die Welt kaum ein Beyspiel von dieser Art gesehen, und das Eigene der Erziehungsansichten von Schmid bewährt sich in dieser Anstalt mit jedem Tag, ich möchte fast sagen auf eine wunderbare Weise. Ihre Uebersetzung meiner Stellen habe ich abschreiben lassen; sie ist sehr gut. Ich will sie aber noch einmal sorgfältig durchlesen, um zu sehen, ob es mir möglich sey, irgend eine Stelle noch deutlicher auszudrücken.

Genehmigen Sie innig verehrter Freund die Versicherung meiner hochachtungsvollen und dankbarsten Ergebenheit und dass ich die Ehre habe euch zu dienen
hochgeachteter Herr
der Ehrwürdigster Freund
dero
gehorsamster Diener
Pestalozzi

P.S. Ich habe gehoffet Sie in Brevine besuchen zu können - die Menge der Freunden die diese Wuchen hieher kamen haben mich daran gehindert - aber wenn Sie wieder in Neuschatel oder St Aubin sind so sehe ich sie gewiss bald.

III.

Z. 6 *discours*: Diese Rede wurde von Georges de Rougemont (1758-1824, ⇒ Nr. 956) in den *Audiences Générales* von Neuchâtel vorgetragen (Caisse de famille Rougemont AR 247, f. 1-4).

Z. 25 *ouvrage*: Johann Heinrich Pestalozzi: An die Unschuld, den Ernst und den Edelmuth meines Zeitalters und meines Vaterlandes. Yverdon 1815 (PSW XXIV A)

Z. 103 *feuille*: Das Blatt mit der von Georges de Rougemont (1758-1824, ⇒ Nr. 956) angefertigten Übersetzung von einigen Paragrafen von Pestalozzis *Unschuld* ist nicht erhalten.

Z. 107 *maire*: David-Guillaume Huguenin (1765-1841) übernahm nach einer Uhrmacherlehre verschiedene öffentliche Funktionen in seiner Heimat-

Z. 107 gemeinde La Brévine (Kt. Neuchâtel), der er ab 1800 ad interim und ab 1803 definitiv und bis zu seinem Lebensende als Bürgermeister vorstand. 1831 wurde er zum Staatsrat ernannt. Er wurde zudem auch als Autor historisch-gesellschaftlicher Schriften sowie Erfinder zahlreicher Präzisionsgeräte bekannt.

Z. 107 *pasteur*: James Alexander Barrelet (1793–1856) war mit Cécile Sophie Louise de Gélieu (1788–1863) verheiratet und Pfarrer in La Brévine, Bevaix und Môtier (alle Kt. Neuchâtel).

Z. 115 *Prince*: König Friedrich Wilhelm IV. von Preussen (1795–1861) gelangte nach dem Tod seines Vaters, König Friedrich Wilhelm III. (1770–1840, ⇒ Nr. 568) auf den preussischen Thron und galt trotz seiner Nähe zur Romantik als Hoffnungsfigur der Nationalbewegung und liberalen Reformer. Nachdem er während der Revolution 1848/49 die vom Paulskirchenparlament angetragene deutsche Kaiserkrone abgelehnt hatte, isolierte sich Friedrich Wilhelm IV. mit seinem auf wenige Berater gestützten persönlichen Regiment, bis er nach einer schweren Erkrankung 1858 zugunsten von Prinzregent Wilhelm (1797–1888, ⇒ Nr. 2256) abtreten musste.

Z. 121 f. *Knesebeck*: Karl Friedrich von dem Knesebeck (1768–1848) war ein preussischer General, zuletzt seit 1847 im Rang eines Generalfeldmarschalls. Nachdem er sich seit dem Frieden von Tilsit 1807 auf seine väterlichen Güter in Karwe (bei Neuruppin) zurückgezogen hatte, kehrte er 1813 als königlicher Generaladjudant in die preussische Armee zurück und vertrat eine konservative militärische Defensivstrategie, die den Militärreformen widersprach. Entsprechend unterstützte er besonders seit seiner Teilnahme als Generalleutnant am Wiener Kongress 1814/15 restaurative Ansichten.

Z. 128 *Prussiens*: Die preussische Regierung (⇒ Nr. 1048) hatte seit 1809 insgesamt siebzehn Eleven zur Ausbildung nach Yverdon geschickt.

2083.
Elisabeth Krüsi-Näf
Anfang August 1819

[Reg.] Elisabeth Krüsi berichtet von ihrem Kuraufenthalt in Bad Schinznach.

Überlieferung

1   PSB XI, S. 283 f.

Sacherklärung

I.

Elisabeth Krüsi-Näf (1762–1836) ⇒ Nr. 594

II.

Elisabeth Krüsi-Näf (1762–1836, ⇒ Nr. 594) hatte sich von Juli bis September 1819 zur Kur in Bad Schinznach (⇒ Z. 4) aufgehalten.

III.

Z. 4   *Bad Schinznach*: 1654 wurde in Schinznach eine schwefelhaltige Quelle entdeckt, die 1670 durch eine Überschwemmung verschüttet und 1691 auf der anderen Flussseite wiedergefunden wurde. In der Folge entwickelte sich Schinznach zu einem bis heute bestehenden Thermalkurort.

2084.
Loertscher et fils
18. August 1819

[Reg.] *Lörtscher et fils* interessieren sich für den Kauf der Druckerei in Yverdon.

Überlieferung

1   PSB XI, S. 286.31 f.

Sacherklärung

I.

Jean-Nicolas Loertscher (1741–1814) aus Wimmis (Kt. Bern) ist in Vevey (Kt. Waadt), wo er später Bürger wird, zunächst als Buchbinder im Geschäft der Druckerfamilie Chenebié angestellt. 1781 wird er Teilhaber von François Louis Chenebié (1740–1826) und führt Verlag und Druckerei später mit seinen allesamt zu Druckern und Graveuren ausgebildeten Söhnen, Alexandre-Doron (*1773), Jean-Louis (1777–1853) und Vincent (1779–1841).

II.

Pestalozzi hatte seit Ende 1818 Kaufverhandlungen mit Johann Alois Schlosser (1777–1858, ⇒ Nr. 2019) geführt, die Anfang März zum Abschluss kamen (⇒ Nr. 2060). Wie der Brief Pestalozzis vom 3. Oktober 1819 aber zeigt (PSB XI, Nr. 5323), hatte Schlosser nur beschränkte finanzielle Mittel zur Verfügung.

III.

Z. 4   Druckerei: ⇒ Nr. 2019

2085.
Helena/Helene Maurer
20. August 1819

Kosse en Livonie ce ²⁰/₈. août 1819.

Gelobt sey Jesus Christus!
Theurer Vater Pestalozzi, Sie erlauben mir wohl auch von hier Ihnen sagen zu dürfen, wie sehr ich Sie liebe, u[n]d wie mein Herz mit Dank erfüllt ist für alle Ihre Liebe die Sie uns seit so vielen Jahren schenken. Auch von der theuren Frau von Krüdener muss ich Ihnen sagen, wie innig Sie Sie liebt, sie drückt Sie tausendmal an ihr Herz; unser Wunsch dass Sie, hier bei uns wären, wir hoffen es, zu unserm angebeteten Herrn, dass Er Sie uns noch hierher führen wird, dass Er uns noch die Gnade schenken wird, Sie hier zu bedienen, und Ihnen unsere innige Liebe zu zeigen. Sie würden gewiss hier auch unaussprechlich glücklich seyn, wo der Herr unser Gott so viele Wunder thut, wo Er so sichtbarlich wohnt – an dem Orte wo Er König ist, der auch seiner heiligen Mutter gewidmet ist. Wie würde Ihr Herz vor Freude schlagen, wenn Sie hier unsere Baurenkinder sähen, diese grosse Volk, gering geachtet, aber reich an allen Tugenden. Die hohe Schönheit, die sich die Griechen träumten finden wir hier unter diesen Volk dargestellt – Ein höherer Geist erzieht hier diese Kinder, die unter den Gebeten ihrer Eltern aufwachsen, Stille, Gehorsam, Ruhe ist der Hauptcharakter; das hohe Gepräge der Keuschheit u[n]d Reinheit, liegt auf der Stirne dieser Jungfrauen u[n]d Jünglinge – die Mütter unterrichten ihre Kinder selber bis in ein gewisses Alter, lesen, beten, u[n]d singen, u[n]d man muss die Gedachtnisse dieser Kinder bewundern, hier sieht man kein wildes Toben, rennen, rohes lachen, Tanzen, spielen, u[n]d weit glücklicher sind die Bauren als an andern Orten. Wir haben das Glück einen erweckten Schulmeister zu haben, der täglich mit den Kindern auf den Knien betet – ehe Fr[au] v[on] Kr[üdener] hier war, konnte man mit Mühe des Winters 9 Kinder in die Schule bekommen, weil ihnen die Eltern von so weiten hätten sollen Essen schikken, od[er] die Kinder nur trocken Brot essen, das konnte ihr Herz voll Liebe nicht sehen, letzten Winter wurden alle hier gespeist u[n]d es waren mehr wie 50 Kinder. Wie würde es Sie rühren, theurer Vater Pestalozzi, wenn Sie des Sontags diese Kinderschaar sähen, die von sehr weitem kommen um zu beten, 6, acht Stunden oft stehen u[n]d warten; vor ein paar Tagen sagte uns ein Mann, der seinen zwei jährigen Sohn auf dem Arm hat, der Kleine sagt immer: Prowa palwus; das ist zur Frau beten gehen; die kleinsten Kinder so bald sie Fr[au]

v[on] Kr[üdener] sehen falten sie ihre Händchen, weil alle wissen das sie von Gott spricht. – Auch da wo die Eltern gegen uns sind vom Adel, so lassen die Kinder ihnen keine Ruh, bis sie hergelassen werden zum Gebet, die Kinder wurden ergriffen u[nd] lehrten ihre kleinern Geschwister auf den Knien beten.

Wir machen auch hier die tägliche Erfahrung, dass alle menschliche Erziehung nichts ist, wir haben hier solche Kinder, z[um] B[eispiel] eine kleine aus der Schweiz die Fr[au] v[on] Kr[üdener] vor die Türe gesetzt wurde, weil die Mutter nicht wusste was mit dem unartigen Kinde anzufangen, u[n]d noch andere; das Gebet allein war im Stande u[n]d die Gnade des Herrn, dass sie von der Gewalt des Fürsten der Finsterniss befreit worden, sie sagt nun selber wie der Feind gewichen wäre, wie sie oft fürchterliche Gedanken gehabt hätte; jetzt ist sie so voll Liebe, sie betet oft wenn sie im Garten ist, lernt Psalmen, das Evang[elium] auswendig mit so viel Ueberzeugung u[n]d Glaube, die Kinder werden gelehrt alles aus Liebe zum Heiland zu thun.

A s m u s s , der in Dorpat eine Anstalt hat, war vor einigen Wochen bei uns, der Herr segnete seinen Aufenthalt, er war so gerührt u[n]d sagte zu Fr[au] v[on] Kr[üdener] – in Thränen, ewig werde er ihr dankbar seyn, sie hätte ihm nun auch für andere beten gelernt.

Ich sagte zu meiner lieben Mamma, o möchten doch alle, die bei unsern lieben H[er]r Pestalozzi sind zur Verherrlichung des Herrn leben – oh möchten alle so glücklich seyn, Christum den Herrn zu lieben u[n]d Ihm nachzufolgen, möchte diese Anstalt auf den Einzigen Eckstein auf Christum gegründet werden, u[n]d in der Zeit des Abfalles, der Verwirrung, der Neologie da Seelen für den Herrn gebildet werdet – laute Bekenner –, lebendige Christen, nicht Namenchristen; möchte diese Jugend dem Herrn gewidmet werdet –, möchten Sie alle zu den Füssen Christi gebracht werden, u[n]d keiner verloren gehen; alle gewaschen in dem Blute des Lammes, erleuchtet, belehrt regiert durch den heiligen Geist; u[nd] so in das Leben Christi eingehen; bitte nur, mein Kind, sagte meine geliebte Mamma, der Herr ist ja so barmherzig – Er wird sie dir alle schenken. Das ist auch mein innigster Wunsch, theurer Vater Pestalozzi, da Christus, mein Gott mir Gnade schenkte, mich aus der Finsterniss u[n]d den Sünden heraus riss, mich seine unendliche Barmherzigkeit schmecken liess, dass ich nichts anders als Christum will, mir so viele Seligkeit schenkt im Umgang mit Ihm, dass ich mir wünsche, dass alles gerettet werde, alles zur Wahrheit gelange – u[n]d besonders alle, die bei Ihnen aus- u[n]d eingehen, alle diese Kinder, dafür bitte ich täglich den Herrn.

Die Verfolgung u[n]d der Drang der Zeiten wird Wills Gott tausende von Schweizer hier nach Kosse führen, das grösser ist, wie der Canton Schaffhausen – das hofft meine Seele, so wie die theure Mamma, dass Wills Gott auch Sie hierher kommen werden, samt Ihren Kindern. Sie werden hier gewiss unaussprechlich glücklich seyn, u[nd] was wird denn erst Ihre Anstalt werden, wenn der Herr Sie mit dieser grossen Mission verbindet, wo Er so viele Gnaden thut, wo alles sich bekehrt was nur den Fuss hersetzt – wo diese Kinder dann alle zur Verherrlichung des Herrn erzogen werden – dass sie einst wie Säulen dastehn werden, einem jeden die Hand bieten, für Christum zeugen – leiden – schweigen – dulden denn anders ist kein Christenthum, man muss erzittern wenn man diese jetzige Jugend sieht – denen man nur Römerthum u[n]d Griechenthum lehrte – Tugenden in den Verfolgern der Christen bewundern lehrte, aber leider unbekant mit den wahren Christen aller Zeiten liess – die die hohe Glückseligkeit hatten vor der Welt verachtet zu werden, u[nd] alle Marter zu dulden aus Liebe zu dem dreieinigen Gott in Jesu. Ihre Methode hat schon eine neue Bahn gebrochen, nun muss sie immer höher schreiten; Es gehört viel Gebet dazu, u[n]d wenn Sie darin den Herrn um solche Lehrer bitten werden, wie sollte Er die ewige Liebe Ihnen nicht alles schenken.

Frau von Kr[üdener] war so glücklich hier zuerst die Freiheit der Bauren auszusprechen, wofür sie als Kind schon litt, aber ihre Bauren würden es als Strafe ansehen, wenn einer das Guth verlassen sollte.

Man sieht hier augenscheinlich wie der Geist Gottes wirkt; unser Gebet wird immer deutsch gehalten, ein Cap[itel] aus den Proph[eten], 1 aus dem Evang[elium] gelesen, u[nd] dennoch kommen Russen, Lätten, Esthen alle Sontage sehr weit her zum Gebet; diesen Winter waren an 200 Sold[at]en bei uns und in der Gegend einquartiert, auch die Offiziere waren bei uns, wir suchten den Soldaten Liebe zu zeigen, u[nd] gaben ihnen Essen, jedesmal nach dem Exerzieren, dann sprachen wir für ihre Seele, u[nd] dann wurde mit ihnen gebetet – die Erde wurde mit ihren Thränen benetzt, wie waren sie dankbar, der Capitain bekehrte sich, u[nd] liess uns von Riga sagen, dass die Sodaten ganz anders wären, dass keiner fluchte, keine mehr stähle u[nd] tränke, dass sie täglich beteten, u[nd] die Soldaten sagten dass ihr Cap[itain] sie mit so viel Liebe behandelte.

Wenn Sie uns auch tausend arme Kinder herbrächten, theurer Vater Pestalozzi, so würden sie durch des Herrn Gnade hier alle gespeist u[nd] gekleidet werden, wir haben den lebendigen Glauben, einen reichen Gott, der uns alles schickt; Frau v[on] Kr[üdener] hatte oft keinen Heller u[n]d tausende wurden gespeisst. – Hier sind so viele Menschen – ein jeder in seiner Art beschäftig, u[nd] der Herr schickt für alle was sie nöthig haben – Fr[au] v[on] Kr[üdener] legte diess Guth zu den Füssen des Herrn, widmete es wie ihre Vorfahren der heil[igen] Mutter, u[nd] schätzt sich unendlich glücklich nicht einen Halm als ihr Eigenthum anzusehen, sondern arm dem Herrn nach zufolgen, u[nd] alles vom Herrn zu erbitten. Verzeihen Sie, lieber Vater Pestalozzi, dass ich Sie so lange aufhalte – verzeihen Sie mir auch alles mit was ich Sie je kann beleidigt haben. Der dreieinige Gott in Jesu segne Sie, u[nd] die heil[ige] Mutter bitte für Sie; – Ihre lieben Hände küsse ich tausendmal; Fr[au] v[on] Kr[üdener] drückt Sie an ihr Herz, oh beten Sie auch für mich! Ihre Sie herzlich liebende u[nd] dankbare

Hélèna Maurer.

Darf ich bitten den lieben H[er]r Niederer u[nd] Krüsi zu grüssen, u[nd] meinen theuren Herman. Ich schicke Ihnen zwei Gedicht die Fr[au] v[on] Krüdener geschrieben hat.

Frau v[on] Kr[üdener] hofft dass Sie mit Ihren Kindern herkommen, wo die Armenanstalt Sie nichts kostet, wo Sie genug finden werden um tausende von Armen Kindern zu pflegen.

Überlieferung

1 ZB Zürich, Ms Pestal 53, Umschlag 206/1
2 Bogen, 208 x 125 mm
5 Original

Textkritik

Zeuge H
Z. 4   *Kosse en Livonie*: lateinische Schrift
Z. 11   *Wunsch <iste> dass*
Z. 40   *Prowa palwus*: lateinische Schrift
Z. 48 f. *z[um] B[eispiel]* ∫
Z. 52   *sie <das> von*
Z. 57 f. *die ... thun,* ∫
Z. 67   *gegründet <her> werden*
Z. 85   *Kosse*: lateinische Schrift
Z. 90   *viele <Wunder> Gnaden*
Z. 99   *liess* ∫
Z. 110   *immer <auf> deutsch*

Z. 140   *Héléna Maurer*: lateinische Schrift

Sacherklärung

I.

Helena/Helene Maurer (*1795) aus Schaffhausen ist von 1807 bis 1811 Schülerin am Töchterinstitut (⇒ Nr. 867) in Yverdon und danach als Lehrerin tätig, unter anderem bei Karl August von Wangenheim (1773–1850, ⇒ Nr. 977). 1817 wird sie Sekretärin der Erweckungspredigerin Barbara Juliane Freifrau von Krüdener-von Vietinghoff (1764–1824, ⇒ Nr. 1478) und begleitet sie auf Reisen durch Norddeutschland und Preussen.

III.

Z. 4   *Kosse*: Rittergut in der heutigen Gemeinde Viitina (Estland)
Z. 9   *Krüdener*: Freifrau Barbara Juliane von Krüdener-von Vietinghoff (1764–1824, ⇒ Nr. 1478)
Z. 30   *Schulmeister*: Auf dem Rittergut Kosse befand sich seit 1775 eine Dorfschule. Der Schulmeister konnte jedoch nicht näher bestimmt werden.
Z. 49   *kleine*: konnte nicht näher bestimmt werden
Z. 59   *A s m u s s* : Martin Asmuss (1784–1844) ⇒ Nr. 1222
Z. 59   *Dorpat*: Tartu (Estland)
Z. 59   *Anstalt*: ⇒ Nr. 1222
Z. 118   *Capitain*: konnte nicht näher bestimmt werden
Z. 141   *Niederer*: Johannes Niederer (1779–1843) ⇒ Nr. 507
Z. 141   *Krüsi*: Hermann Krüsi (1775–1844) ⇒ Nr. 588
Z. 142   *Herman*: Hermann Maurer (1804–1882) war von 1818 bis 1822 Zögling im Erziehungsinstitut (⇒ Nr. 1775) von Hermann Krüsi (1775–1844, ⇒ Nr. 588) in Yverdon; der Aufenthalt wurde von Johanna Consentius-Lorck (1774–1854, ⇒ Nr. 2089) finanziert. Nach 1820 wanderte er mit seiner Mutter Verena Margareta Maurer-Fischer (1775–1847, ⇒ Nr. 1350) nach Russland aus und liess sich mit ihr in Asek im Tal der Alma (wohl Akshiy im heutigen Kasachstan) nieder, wo er das erworbene Gut verwaltete und als Arzt tätig war.
Z. 142   *Gedicht*: Gedichte, die vermutlich auf das Jahr 1819 zu datieren sind, finden sich im Staatsarchiv der Russischen Föderation (Moskau), Fonds 967, inventaire 1, N° 23, 35, 37.

2086.
Louis Marie Guerrero
August/September 1819

[Reg.] Geurrero kündigt die Ankunft seiner Frau an und bittet Pestalozzi, eine Wohnung für sie zu mieten.

Überlieferung

1 PSB XI, S. 297.34 ff.

Sacherklärung

I.

Louis Marie Guerrero (1777–1858) ⇒ Nr. 1677

III.

Z. 4 *Frau*: Über Jeanine Thérèse Guerrero-Martinez aus Marseille, Frau des Louis Marie Guerrero (1777–1858, ⇒ Nr. 1677), die ihren Sohn Diego (*1806, ⇒ Nr. 1677) mehrmals an Pestalozzis Institut in Yverdon besucht hatte, ist weiter nichts bekannt.

2087.
Elisabeth Krüsi-Näf
Anfang September 1819

[Reg.] Elisabeth Krüsi teilt Pestalozzi mit, dass es ihr gesundheitlich besser gehe.

Überlieferung

1 PSB XI, S. 294.21 f.

Sacherklärung

I.

Elisabeth Krüsi-Näf (1762–1836) ⇒ Nr. 594

II.

Elisabeth Krüsi-Näf (1762–1836, ⇒ Nr. 594) war Anfang Juli 1819 zur Kur nach Bad Schinznach (Kt. Aargau) gereist.

2088.
Johannes Niederer
10. September 1819

S[alvo] T[itulo] Herrn Pestalozzi

Iferten den 10ten 7brs 1819.

Hiemit habe ich die Ehre, Ihnen im Namen H[errn] Krüsis einen Auszug aus einem Briefe von H[errn] Pfarrer Rosler, in Obertenningen, Oberamt Kirchheim an der Teck, Königreich Wirtemburg zu übermachen. Die Stelle enthält, wie Sie sehen werden, eine an Sie gerichtete Bitte. Ich denke Sie werden dem H[errn] Pfarrer selbst darauf antworten lassen und füge die Bitte hinzu, dass es so schnell als möglich geschehe. –

Sollte H[err] Orelli nicht schon als Bibliothekar der Bibliothek der Churer Kantonsschule für diese auf ein Exemplar Ihrer Werke subskribirt haben, so trägt mir H[err] Professor Hold auf, jene Bibliothek oder ihn dafür auf die Subscribenten Liste zu setzen.

Dr. Joh[annes] Niederer

Überlieferung

1 ZB Zürich, Ms Pestal 53/54, Umschlag 262/IV,109
2 Blatt, 219 x 179 mm
4 Datum am Schluss, Dorsualvermerk *Iverdon, d[en] 10ten 7bris 1819. Niederer,*
5 Original

Textkritik

Zeuge H

Z. 4	*Pestalozzi*: lateinische Schrift
Z. 7	*Rosler*: lateinische Schrift
Z. 7 f.	*Obertenningen*: lateinische Schrift
Z. 13	*Orelli*: lateinische Schrift
Z. 14	*diese auf* ⌠
Z. 15	*Professor*: lateinische Schrift
Z. 15 f.	*Bibliothek*: lateinische Schrift

Sacherklärung

I.

Johannes Niederer (1779–1843) ⇒ Nr. 507

III.

Z. 4   S[alvo] T[itulo]: mit Vorbehalt des Titels (lat.)

Z. 5	*Iferten*: dt. Name für Yverdon
Z. 6	*Krüsis*: Hermann Krüsi (1775–1844) ⇒ Nr. 588
Z. 7	*Briefe*: scheint nicht erhalten zu sein
Z. 7	*Rosler*: Gottfried Friedrich Rösler (1782–1845) ⇒ Nr. 1043
Z. 10	*Bitte*: Da der Brief von Gottfried Friedrich Rösler (1782–1845, ⇒ Nr. 1043) an Hermann Krüsi (1775–1844, ⇒ Nr. 588) nicht erhalten zu sein scheint (⇒ Z. 7), bleibt unklar, um was es sich bei dieser Bitte handelte.
Z. 13	*Orelli*: Johann Caspar von Orelli (1787–1849) ⇒ Nr. 851
Z. 14	*Werke*: Johann Heinrich Pestalozzi: Sämmtliche Schriften, 12 Bände. Stuttgart 1819–1824
Z. 15	*Hold*: Luzius Hold (1778–1852) studierte ab 1797 Sprachen in Halle, erhielt 1802 eine Anstellung als Lehrer für Latein und Griechisch am *Collegium Philosophicum* in Chur, lehrte von 1803 bis 1813 an der Kantonsschule Aarau, von wo er an die Kantonsschule nach Chur berufen wurde, wo er von 1814 bis 1850 Rektor war.

2089.
Johanna Consentius-Lorck
21. September 1819

Lausanne den 21ten September 1819

Sehr verehrter lieber Herr Pestalozzi
Entschuldigen Sie doch, ich bitte recht sehr, dass ich Ihnen von hier aus noch beschwerlich fallen muss. Da ich vermuthe dass Sie Briefe die ich erhalten werden bitte ich Sie selbige mir wo möglich unter einem Umschlag nach vevay Poste restant zu senden ich halte dieses für das sicherste. Bis zum 26ten 27ten denke ich aber auch in Genf zu sein, sollten Sie vieleicht schon Briefe für mich haben, dann möchte ich Sie recht sehr bitten um die Briefe nicht zu lange entbehren zu dürfen sie nach Genf, oder Geneve à Messieurs Ferrier L'Hôte et Gr mir nachzuschikken. Von Ihnen mein Verehrtester habe ich übrigens nichts erhalten. Sein Sie darüber ruhig u[nd] versichert, dass ich mit der aller ausgezeichnetsten Hochachtung u[nd] Liebe bin

Ihre
ergebenste Freundin
Johanna Consentius-Lork

Hätten Sie mahl die grosse Güte nachfragen zu lassen ob vieleicht unter Adresse an Niederer oder Krüsi für mich Briefe gekommen sind u[nd] in dem Fall ihnen entweder, meine Adresse auf zu geben

oder an Sich die Briefe zu nehmen um sie mir zukommen zu lassen.
25 Therese u[nd] Marie küssen Ihre liebe Hand.

Überlieferung

1 ZB Zürich, Ms Pestal 50/51, Umschlag 55/1
2 Blatt, 237 x 196 mm
4 Datum am Schluss
5 Original

Textkritik

Zeuge H
Z. 9   *vevay*: lateinische Schrift
Z. 9   *restant*: lateinische Schrift
Z. 13 f. *Geneve ... Gr*: lateinische Schrift
Z. 13   Messieurs < *Le J* > Ferrier

Sacherklärung

I.

Johanna Consentius-Lorck (1774–1854) aus Klaipeda (Memel, Litauen) heiratet dort 1796 den aus Cottbus stammenden angesehenen Kaufmann, Schifffahrts- und Handelsgerichtsassessor Friedrich Ludwig Consentius (1755–1818), mit dem sie fünf Kinder hat. Sie pflegt Kontakte zum preussischen Hof, speziell zur preussischen Königin Luise Auguste Wilhelmine Amalie (1776–1810, ⇒ Nr. 1160), hält sich während mehrerer Jahre in Lausanne und Frankfurt am Main auf, besucht 1819 Pestalozzis Institut in Yverdon und kehrt anschliessend nach Königsberg zurück.

III.

Z. 9   *vevay*: Vevey (Kt. Waadt)
Z. 9   *Poste restant*: postlagernd
Z. 13 f. *Ferrier L'Hôte et Gr*: Unter dem Namen *Ferrier L'Hoste & Cie* firmierte zwischen 1805 und 1826 eine der ältesten Genfer Privatbanken. Sie war aus dem Kommissions-, Transport und Bankhandelsgeschäft *Ferrier Darier & Cie* hervorgegangen, das Abraham-Etienne Ferrier (1761–1835) zusammen mit Jean-Louis Darier (1766–1860) 1795 gegründet und mit wechselnden Teilhabern geführt hatte. *Ferrier L'Hoste et Cie* spezialisierte sich unter der Leitung von Ferrier und Jean-Jacques L'Hoste (1764–1826) zusehends auf das Bankgeschäft. Nach dem Tod von L'Hoste führten Ferrier und später seine Söhne das Haus unter dem Namen *Ferrier & Cie*. weiter, bis es 1908 zur Fusion mit *Lullin & Cie* kam; die so entstandene Bank *Ferrier Lullin & Cie* wurde 2005 in die *Julius Bär Gruppe* integriert.
Z. 22   *Niederer*: Johannes Niederer (1779–1843) ⇒ Nr. 507
Z. 22   *Krüsi*: Hermann Krüsi (1775–1844) ⇒ Nr. 588
Z. 25   *Therese*: Über Johanna Therese Consentius (*1801) ist ausser dem Geburtsjahr nichts weiter bekannt.
Z. 25   *Marie*: Marie-Luise Consentius (1804–1833) wurde in Klaipeda (Litauen) geboren, wo sie auch starb.

2090.
Johann Alois Schlosser
September 1819

[Reg.] Schlosser teilt Pestalozzi mit, dass er die Druckerei zurzeit nicht bezahlen
könne und erkundigt sich, ob er sich nicht nur als Drucker niederlassen könne.

Überlieferung

1   PSB XI, S. 299.28 ff.

Sacherklärung

I.

Johann Alois Schlosser (1777–1858) ⇒ Nr. 2019

II.

Johann Alois Schlosser (1777–1858, ⇒ Nr. 2019) hatte sich Ende Dezember 1818 (⇒ Nr. 2019) nach den Kaufbedingungen für die Druckerei des Instituts in Yverdon erkundigt, die 1815 aus finanziellen Gründen geschlossen worden war.

III.

Z. 4   *Druckerei*: ⇒ Nr. 2019

2091.
Paolo Burrueso
Herbst 1819

[Reg.] Burrueso erkundigt sich nach den Fortschritten seines Sohnes.

Überlieferung

1   PSB XI, S. 300.32 f.

Sacherklärung

I.

Paolo Burrueso ⇒ Nr. 2057

III.

Z. 4   *Sohnes*: Joachim Burrueso ⇒ Nr. 2057

2092.

Ludolf Klesser

September/Oktober 1819

Bey der käuflichen Uebernahme der sich dahier befindlichen Buchdruckerey von Herrn Schlosser glaubte ich mich, aus den Briefen des Herrn Professor Schmidt an den ersten Käufer zu der Hoffnung berechtigt, dieselbe durch gütige Verwendung des Herrn Professors in Ihrem Namen in Thätigkeit setzen zu können, d[as] i[st] dass ich ohne Deponirung einer gewissen Summe und ohne sonstige Schwierigkeiten mein Geschäft fortsetzen könnte, bis sich die Lage der Dinge ändern, und ich allein oder in Verbindung mit dem Obengenanten öffentlich aufzutreten vermöge, um so mehr, da Sie wünschen, dass die Buchdruckerey so bald als möglich in Thätigkeit käme. Eu[e]r Wohlgeboren wären sonach ohne alle Verbindlichkeit, und ich als Eigenthümer nehme allen Schaden auf mich, selbst wenn ich auch eine ganze Zeit ohne Arbeit bliebe. Gegen meine Arbeiten werden sich keine Klagen erheben, denn über meine Fähigkeit in diesen sowohl als über meine Äufführung habe ich Zeugnisse bey mir. – Herrn Professor hätte ich nur höflichst zu bitten, sich für mich um die Arbeiten gefälligst zu verwenden, und zukommen zu lassen, von denen Sie in den Briefen an H[errn] Schlosser Erwähnung machten, und ich meiner Seits werde nichts unversucht lassen, auch von andern Orten her Arbeiten zu erhalten. – Vorschuss zu einer zu übernehmenden Arbeit würde ich nur in sehr seltenen Fällen bedingen, gewöhnlich aber nach Vollendung derselben den bedungenen Betrag fürs Ganze wünschen müssen. – Für Papierproben habe ich gesorgt, im Fall Nachfrage darnach geschähe, für deren Bestellung und Berichtigung der Zahlung auf meine Rechnung ich aber nicht haften kann. Der Fond, mit dem ich anzufangen gedachte, ohne Abzahlung der Buchdruckerey, beläuft sich in kurzer Zeit auf 300 Fl[orin], deren gänzlichen Eingang ich nicht erst abwarten zu dürfen glaubte. Dieses war meine Ansicht und mein Plan, freylich mitberechnet auf die Grossmuth Eu[e]r Wohlgeboren in thätiger Hülfe, die Sie mir auch gewiss nicht versagen werden bey näherer Prüfung meiner selbst, der ich hochachtungsvoll verharre

Eu[e]r Wohlgeboren
gehorsamster Diener
Ludolf Klesser

Überlieferung

1 ZB Zürich, Ms Pestal 52/53, Umschlag 166/1
2 Blatt, 234 x 194 mm
5 Original

Textkritik

Zeuge H
Z. 5   *Schlosser*: lateinische Schrift
Z. 6   *Schmidt*: lateinische Schrift
Z. 6   *an den ersten Käufer* ∫
Z. 9   *Deponirung*: lateinische Schrift
Z. 39 *Ludolf Klesser*: lateinische Schrift

Sacherklärung

I.

Ludolf Klesser, Buchdrucker aus Freiburg im Breisgau, konnte nicht näher bestimmt werden.

II.

1819 schickte Johann Alois Schlosser (1777–1858, ⇒ Nr. 2019) den Buchdrucker Ludolf Klesser (⇒ Sacherklärung I.) als seinen Vertreter nach Yverdon, damit dieser die von Pestalozzi gekaufte Druckerei an seiner Stelle übernähme. Pestalozzi war mit diesem Vorgehen jedoch nicht einverstanden und lehnte es ab, die noch nicht abbezahlte Druckerei einem mittellosen Fremden wie Klesser zu überlassen.

III.

Z. 4 f. *Buchdruckerey*: ⇒ Nr. 2019
Z. 5   *Schlosser*: Johann Alois Schlosser (1777–1858) ⇒ Nr. 2019
Z. 5   *Briefen*: scheinen nicht erhalten zu sein
Z. 6   *Schmidt*: Joseph Schmid (1785–1851) ⇒ Nr. 712
Z. 21   *Briefen*: PSB XI, Nr. 5225, Nr. 5234, Nr. 5247
Z. 31   *Fl[orin]*: andere Bezeichnung für Gulden

2093.
Charles Badham

Herbst 1819

[Reg.] Inhalt unbekannt.

Überlieferung

1 PSB XII, S. 46.5

Sacherklärung

I.

Charles Badham (1780–1845) ⇒ Nr. 2050

2094.
Henry Brook Parnell, Baron of Congleton
2. Oktober 1819

[Reg.] Parnell erläutert Pestalozzi seine Erziehungsvorstellungen.

Überlieferung

1   PSB XI, S. 308.10 ff.

Sacherklärung

I.

Henry Brook Parnell, Baron of Congleton (1776–1842) ist ein irischer Whig-Politiker, der trotz seiner anfänglichen Opposition gegen die Vereinigung Irlands mit Grossbritannien 1801 als Vertreter von *Queen's County* zunächst 1802, dann von 1806 bis 1832 Mitglied des britischen Parlaments in London ist und während der Regierungsjahre der Whig von 1830 bis 1833 und ab 1835 bis 1841 verschiedene Posten im Kriegsministerium bekleidet. Ausserdem äussert er sich als entschieden liberaler Publizist zu finanzpolitischen, strafrechtlichen und bürgerschaftlichen Fragen und kritisiert als solcher das Monopol der *Bank of England* und die finanzielle Überdehnung des britischen Kolonialreiches.

II.

Henry Brook Parnell, Baron von Congleton (1776–1842, ⇒ Sacherklärung I.) hatte im Herbst 1819 seine beiden Söhne John Vesey (1805–1883) und Henry Williams (1809–1896) nach Yverdon geschickt, die diesen Brief Pestalozzi mitgebracht haben dürften.

2095.
Johann Nepomuk Hautle
11. Oktober 1819

[Reg.] Betrifft eine Schuldforderung Pestalozzis gegenüber dem Appenzeller Statthalter Krüsi.

1 PSB XIII, S. 143.21 ff.

Überlieferung

Sacherklärung

I.

Johann Nepomuk Hautle (1765–1826) aus Appenzell lebt nach einem in Augsburg, Ingolstadt, Zürich und Besançon absolvierten Medizinstudium einige Zeit beim Zürcher Stadtarzt Hans Caspar Hirzel (1725–1803, ⇒ Nr. 65), ist später als Arzt und Politiker in seinem Heimatkanton tätig – Präsident der Schulkommission, Distriktsrichter (1800–1801), Reichsvogt (1807–1812), Zeugherr (1812–1821), Landesfähnrich der Kantonsregierung (1821–1826) – und gilt als einer der gelehrtesten Männer seiner Zeit.

III.

Z. 5   *Krüsi:* Anton Joseph Krüsi (1765–1848) aus Appenzell war 1794 als Landschreiber von Appenzell Innerrhoden in den Staatsdienst getreten und hatte das Amt des Unterstatthalters des Distrikts Appenzell (1799–1801), des Innerrhoder Landeshauptmanns (1803–1805) und des Landesstatthalters (1805–1821) inne. 1801 war er überdies Deputierter des Kantons Säntis an der Eidgenössischen Tagsatzung in Bern.

2096.
Georges de Rougemont
12. Oktober 1819

Yverdun M[onsieu]r Pestalozi

5   Du 12 Octobre 1819

Les vendanges ont retenu mon Secretaire à Neûchatel, mon respectable ami, et m'ont occupé ici d'une manière qui ne m'auroit pas permis de vous donner tout mon temps. Mercredi soir je serai libre, et s'il vous convient de venir Jeudy ou Vendredy, avec Mons[ieu]r
10 Schmit, Je vous recevrai avec le plus grand plaisir. Un mot de rèponse je vous prie par le courier de demain. Si vous venez, j'espère que ce sera de bonne heure, pour ne me quitter que tard, et en attendant, recevit je vous prie l'assurance de mon attachement et de ma vénération.

Überlieferung

1   Caisse de famille Rougemont, Inv. 245, S. 115
5   Copia

754

Zeuge H

Textkritik

Sacherklärung

I.

Georges de Rougemont (1758-1824) ⇒ Nr. 956

II.

Nach längerem Schweigen hatte sich Georges de Rougemont (1758-1824, ⇒ Nr. 956) am 1. August 1819 (⇒ Nr. 2082) wieder mit Pestalozzi in Verbindung gesetzt und ihm von seinen Publikationsplänen erzählt. Wohl als Folge davon hatten sich Pestalozzi und de Rougemont zu einem persönlichen Treffen verabredet.

III.

Z. 6   *Secretaire*: Damit könnte Monsieur Montandon gemeint sein, über den Georges de Rougemont (1758-1824, ⇒ Nr. 956) in seinem Testament schrieb: «Il est mon secrétaire, mais plus encore mon ami» (Caisse de famille Rougemont). Monsieur Montandon konnte nicht näher bestimmt werden. Auch ist unklar, ob es sich dabei um Jacques Louis Montandon (⇒ Nr. 1064) handelt, der 1809 für kurze Zeit bei Pestalozzi in Yverdon war, da der Name in Neuenburg sehr verbreitet ist.

Z. 10   *Schmit*: Joseph Schmid (1785-1851) ⇒ Nr. 712

2097.
David Vogel

18. Oktober 1819

Herrn
5 Herren Heinr[ich] Pestalozzi
im Erz[iehungs] Institut
in
Iferten.

Zürich d[en] 18. 8br 1819.

10 Lieber Freünd!
Dein lezter Brief v[om] 24t[en] Sept[ember] macht mir Hoffnung dass du dieses Späthjahr ins Argau kommest, ich freü mich dich dort zu sehen, solltest du nicht kommen können, so wünsch ich sehr Gottlieb zu sprechen.

15   Die f. 100. habe ich deinem Auftrag zufolge sogleich an Frau Krüsi bezahlt, und mir dieselben einstweilen, bis du das Geld remboursierest, von Herr Schirmschreiber Paur zurükbezahlen lassen von den Zinsgeldern. Du meldest gar nichts von der Rechnung die

ich mit dem Brief zugleich übersandt habe, ich ersuche nochmalen
mir dieselbe unterschrieben zukommen zu lassen nebst der vorjährigen welche noch in deinen Handen ist.

Ein alter Bekannter von dir, der ehmalige Gerichtschreiber Hoz von Wald bittet mich seinen Knaben dir zu empfelen, und glaubt dass weil er sehr gute Anlagen habe, sollte er vielleicht unter die Zahl derer im Armeninstitut aufgenohmen werden können die unentgeldlich oder gegen mässige Entschädigung angenohmen würden, den Knaben habe ich gesehen, er hat ein offnes Gesicht, scheint sehr verständig, ist gesund und genoss eine gute Erziehung. Der Vatter ist ein bey der neüen Ordnung zurükgesezter Mann, der ehmahls zur patriotischen Parthey gehörte, sich frey für die Revoluti[o]n erklärte, dabey aber sich keiner ungemässigten Schritte zu Schuld kommen liese. Könnte der Knab auf Probzeit angenohmen werden, so wäre es mir sehr lieb, denn der Vatter verdiente es; ich sende dir seinen Brief und den des Knaben, er verlangt sehr auf Antwort, ich bitte dich mir darüber deine Gesinnung zu meld[en].

Heüte erhielt ich die Innlage von Frau Krüsi; ich besorge Schmid habe durch rasches Wesen und unbegründtes Misstrauen die gute Frau schweer beleidigt, denn wenn auch der Vorfall mit dem Knecht einigen Verdacht auf Frau Krüsj werffen konnte, so sollte nach so vielen Beweisen von Treüe mit grosser Behutsamkeit gegen sie verfahren werden und wenn, wie ich keinen Augenblik zweifle, die Untersuchung zeigt, dass Sie rein von jeder Schuld ist, und wirklich so wie sie schreibt gegen Sie verfahren wurde, so fordert sie mit Recht die vollste Genugthuung, ich hoffe aber die Sache wird nicht so, wie mann ihr schrieb, sich verhalten haben, in jedem Fall bitte ich dich oder Gottlieb mir darüber Auskonft zu geben.

Das Gerücht sagt hier, dass das Haus Constanson in Yverdun falliert und dass du beträchtliche Subscriptions Gelder dort liegen habest, auch darüber beruhige mich, wenn dem wie ich hoffe nicht so ist.

Morgen ist die Versammlung der Stadtgemeinde im grossen Münster wegen Liquidation des Massenaschen Darlehns, von meinen Vorschlägen ist e i n e r so weit annehmlich gefunden worden, nämmlich einen Fond zu errichten aus freywilligen Beyträgen, dessen Bestimmung seyn würde in Zeit der Theürung Kornankäuffe zu machen und ein gewisses Quantum Früchte zu magasinieren. – Der Magen ist also, für welchen man das e r s t e und g r ö s s t e Bedürfniss fühlt; so wenig von Totalüberlastung der Rükbezahlten Gelder die Rede ist, so wird dennoch zu diesem oder irgend einem anderen Zwek ein Theil dieser Gelder überlassen werden. Gottlieb hat von

dem Schulthessischen Erbfall her auch Ansprueche, der zu erhaltende Betrag der ihm zu kommen wird, kann circa 17. Louisd'ors betragen; ich wünsche von ihm zu vernehmen, ob er geneigt seye, mir Vollmacht zu ertheilen, einen Theil davon auch zum Besten seiner Vatterstadt in seinem Namen beyzutragen.
Die für Deütschland so bedenklichen und für die Fürsten selbst gefährlichen Beschlüsse der Conferenz in Carlsbad erhalten auch hier allgemeine Missbilligung.

Lebe wohl, grüsse mir Gottlieb u[nd] Schmid
dein
Vogel.

Überlieferung

1 ZB Zürich, Ms Pestal 55a/56, Umschlag 380/15
2 Bogen, 238 x 199 mm
4 Datum am Schluss, Siegel, Stempel ZURICH 18 OCTB 1819
5 Original

Textkritik

Zeuge H

Z. 5	Herren Heinr[ich] Pestalozzi: lateinische Schrift
Z. 6	Institut: lateinische Schrift
Z. 8	I f e r t e n : lateinische Schrift
Z. 30 f.	Revoluti[o]n: lateinische Schrift
Z. 47	Yverdun: lateinische Schrift
Z. 48	Subscriptions: lateinische Schrift
Z. 52	Liquidation: lateinische Schrift
Z. 54	Fond: lateinische Schrift
Z. 56	magasinieren: lateinische Schrift
Z. 58	Total: lateinische Schrift
Z. 62	Louisd'ors: lateinische Schrift
Z. 67	Carlsbad: lateinische Schrift

Sacherklärung

I.

David Vogel (1760–1849) ⇒ Nr. 1187 a

II.

Am 6. Januar 1819 (⇒ Nr. 2026) hatte sich David Vogel (1769–1849, ⇒ Nr. 1187 a) bei Pestalozzi erkundigt, wie das im Testament von Anna Pestalozzi-Schulthess (1738–1815, ⇒ Nr. 3) Elisabeth Krüsi-Näf (1762–1836, ⇒ Nr. 594) zustehende Erbe ausbezahlt werden solle. Da die Armenanstalt (⇒ Nr. 1369) in Clindy Geld brauchte und die eigentlich dafür eingesetzten Mittel aus der Subskription noch nicht eingetroffen waren, hatte sich Joseph Schmid (1785-1851, ⇒ Nr. 712) gegen eine Auszahlung des Erbes gewehrt, was offenbar zu unschönen Szenen im März 1819 geführt hatte (PSB XI, S. 452).

III.

Z. 8	*Iferten*: dt. Name für Yverdon
Z. 11	*Brief*: scheint nicht erhalten zu sein
Z. 14	*Gottlieb*: Gottlieb Pestalozzi (1797-1863) ⇒ Nr. 594
Z. 15	*f.*: Abkürzung für Gulden, eine weitverbreitete Gold- oder Silbermünze
Z. 16	*Krüsi*: Elisabeth Krüsi-Näf (1762-1836) ⇒ Nr. 594
Z. 16 f.	*remboursierest*: zurückerstattest (frz.)
Z. 17	*Paur*: Salomon Paur (1771-1850) ⇒ Nr. 823
Z. 22	*Hoz*: Johannes Hotz von Wald (Kt. Zürich) war von 1799 bis 1803 Gerichtsschreiber des Distrikts Wald und 1804 Sekretär des Zunftgerichts des Kantons Zürich in der Gemeinde Wald.
Z. 23	*Knaben*: Da ein Knabe Hotz nicht in den Schülerlisten von Yverdon auftaucht, ist unklar, welcher Sohn von Johannes Hotz (⇒ Z. 22) hier gemeint gewesen sein könnte.
Z. 34	*Brief*: scheint nicht erhalten zu sein
Z. 36	*Innlage*: scheint nicht erhalten zu sein
Z. 36	*Schmid*: Joseph Schmid (1785-1851) ⇒ Nr. 712
Z. 38	*Vorfall*: Es ist unklar, was damit gemeint sein könnte.
Z. 47	*Constanson*: Marc-Charles Constançon (1781-1863) war in Yverdon als *Négociant* und *Banquier* tätig.
Z. 47 f.	*falliert*: Das Gerücht über einen Konkurs scheint sich nicht bewahrheitet zu haben, zumindest ist in den Akten kein Konkurs des Bankhauses nachweisbar.
Z. 52	*Liquidation*: Nach der zweiten Schlacht von Zürich vom 25./26. September 1799, in der die Franzosen die Russen besiegten, wurde die Stadt Zürich von General André Massena (1758-1817) unter Androhung der Plünderung eine kontributionsähnliche Zwangsanleihe von 800'000 Livres auferlegt. Aufgrund einer Konvention vom 25. April 1818 erstattete der französische Staat der Stadt etwas mehr als die Hälfte dieser Summe wieder zurück. Da das Anleihen seiner Zeit von einzelnen Bürgern bezahlt worden war, hatte sich freilich die Frage der Art und Weise der Verteilung der Gelder ergeben. David Vogel (1760-1849, ⇒ Nr. 1187 a) selbst hatte im Mai 1818 in einer anonym verfassten Schrift mit dem Titel *Über das Massena'sche Anleihen* eine lebhafte Diskussion angeregt, weil er für eine humanitäre Verwendung der Gelder plädierte. Der grösste Teil der Rückzahlungen ging schliesslich an die entsprechenden Bürger, für wohltätige Zwecke blieb wenig übrig.
Z. 62	*Louisd'ors*: frz. Goldmünze
Z. 67	*Beschlüsse*: Die Karlsbader Beschlüsse wurden auf Veranlassung des österreichischen Staatskanzlers Graf Clemens Wenzel von Metternich (1773-1859, ⇒ Nr. 1398) und in Abstimmung mit Preussen im August 1819 erarbeitet, am 20. September 1819 verabschiedet und 1848 wieder aufgehoben. Im Wesentlichen wurden vier Bereiche geregelt: 1) Das Universitätsgesetz bestimmte die Überwachung der Hochschulen durch Regierungsbevollmächtigte. Die Regierung konnte Professoren entlassen, falls ihre Lehren die Grundlagen der bestehenden Staatseinrichtungen untergraben sollten, auch wurden geheime Studentenverbindungen und

Burschenschaften verboten. 2) Mit dem Pressegesetz wurde die Pressefreiheit erheblich eingeschränkt und somit ein Instrument der Vorzensur errichtet. 3) Das Untersuchungsgesetz bot die Grundlage für die Gründung der Mainzer Zentraluntersuchungskommission, die sich der Aufdeckung revolutionärer Verschwörungen in den Bundesstaaten widmen sollte. Der Durch- und Umsetzung der drei Gesetze diente schliesslich 4) die Exekutionsordnung. Sie ermöglichte es dem Deutschen Bund, gegen nationale und revolutionäre Bewegungen in den deutschen Staaten unmittelbar vorzugehen.

2098.
J. G. Cottasche Buchhandlung
21. Oktober 1819

Stuttgart, den 21ᵉ Oct[o]b[e]r 1819

5 S[eine]r Wohlgebohrn
Herr Heinrich Pestalozzi in Iferten
erhalten von der J. G. C o t t a 'schen Buchhandlung:
50 Pestalozzi, Schriften 1ᵉ bis 3ᵉ B[an]d Frei Exemplare.

Überlieferung

1 ZB Zürich, Ms Pestal 50/51, Umschlag 56/26
2 Blatt, 165 x 100 mm
5 Original

Textkritik

Zeuge H
Z. 4   *Stuttgart, den*: vorgedruckt
Z. 4   *Oct[o]b[e]r*: lateinische Schrift
Z. 4   *18*: vorgedruckt
Z. 6   *Herr*: vorgedruckt
Z. 6   *Heinrich Pestalozzi*: lateinische Schrift
Z. 6   *in*: vorgedruckt
Z. 6   *Iferten*: lateinische Schrift
Z. 7   *erhalten ... Buchhandlung*: vorgedruckt

Sacherklärung

I.

J. G. Cottasche Buchhandlung ⇒ Nr. 1455 b

Z. 6 *Iferten*: dt. Name für Yverdon

2099.
Jacques, Comte de Hochepied
25. Oktober 1819

[Reg.] Comte de Hochepied legt Pestalozzi seine pädagogischen Überlegungen über seinen Sohn dar.

Überlieferung

1   PSB XII, S. 33.5 ff.

Sacherklärung

I.

Jacques, Comte de Hochepied (1765–1824) ⇒ Nr. 2067

III.

Z. 5 *Sohn*: Jean Edmond de Hochepied (1809–1840) weilte von 1818 bis 1821 bei Pestalozzi in Yverdon und amtierte später bis zu seinem Tod als niederländischer Vizekonsul in Izmir, wo er 1838 Hélène Elisabeth Giraud (1818–1900) heiratete und mit dieser ein Kind, Jacques Gérard (1839–1887), hatte.

2099 a.
John de Vesci
November 1819

[Reg.] Vesci teilt Pestalozzi mit, dass von dem für die Subskription eingegangenen Geld 150 Pfund bezogen werden können.

Überlieferung

1   PSB XI, S. 315.9 ff.

Sacherklärung

I.

John de Vesci (1771–1855) ⇒ Nr. 1500

III.

Z. 4   *Subskription*: Pestalozzi regte in seiner *Address to the British Public* eine englische Herausgabe seiner Werke an, die jedoch nicht realisiert wurde (vgl. Stadler II, S. 467). Trotzdem schien aber schon Geld zu diesem Zweck gesammelt worden zu sein.

2100.
Johann Alois Schlosser
2. November 1819

[Reg.] Schlosser will gerichtlich gegen Pestalozzi vorgehen, weil dieser die Druckerei
5   nicht an Klesser verkaufen wolle. Er wäre aber auch damit einverstanden, wenn Pestalozzi die Druckerei wieder selber übernehmen und ihm über Cotta die bisherigen Auslagen erstatten würde.

Überlieferung

1   PSB XI, S. 304.5 ff.

Sacherklärung

I.

Johann Alois Schlosser (1777–1858) ⇒ Nr. 2019

II.

⇒ Nr. 2092

III.

Z. 4   *Druckerei*: ⇒ Nr. 2019
Z. 5   *Klesser*: Ludolf Klesser ⇒ Nr. 2092
Z. 6   *Cotta*: Johann Friedrich Cotta, Freiherr von Cottendorf (1764–1832) ⇒ Nr. 617

2101.
Ludwig Rudolf Walthard
9. November 1819

Herrn
Pestalozzi
in
Yverdon

Bern, 9. Nov[ember] 1819.

Herrn Pestallozzi in Yverdon!
Die Cotta'sche Buchhandlung hat mir 4 Ex[emplare] der ersten Lieferung von Ihren Werken geschikt. Da ich nun bey I h n e n für mehrere Ex[emplare] subscribirt habe, so nehme ich die Freyheit, Sie zu fragen, ob ich die Subscriptionsexemplare von Ihnen zu erwarten habe, mir also die von Cotta als blosse Spekulationsexemplare ansehen solle, oder dieses die abzugebenden Subscriptionsexemplare seyen, und ich also von Yverdon aus nichts zu erwarten habe?

Hochachtend
dero
L[udwig] R[udolf] Walthard

Überlieferung
1   ZB Zürich, Ms Pestal 55a/56, Umschlag 382/2
2   Blatt, 235 x 192 mm
4   Datum am Schluss, Siegelspuren und -ausriss, Stempel *BERN*
5   Original

Textkritik
Zeuge H
Z. 5   *Pestallozzi*: lateinische Schrift
Z. 7   *Y v e r d o n* : lateinische Schrift
Z. 9   *Pestallozzi*: lateinische Schrift
Z. 9   *Yverdon*: lateinische Schrift
Z. 10   *Cotta*: lateinische Schrift
Z. 14   *Cotta*: lateinische Schrift
Z. 16   *Yverdon*: lateinische Schrift

Sacherklärung
I.
Ludwig Rudolf Walthard (1765–1832) ⇒ Nr. 1139 a

II.

Über zweieinhalb Jahre nach der Ankündigung der Subskription (PSW XXV, S. 23–45) und knapp zwei Jahre nach der Beendigung der Subskription am 12. Januar 1818 erschien im Herbst 1819 die erste Lieferung von Pestalozzis *Sämmtlichen Schriften*. Es zeigte sich, dass nicht nur bis zur Auslieferung der ersten vier Bände deutlich mehr Zeit verstrichen war als geplant, auch die Modalitäten des Vertriebs und der Bezahlung waren unklar. Einige Subskribenten wurden von der J. G. Cottaschen Buchhandlung (⇒ Nr. 1455 b) direkt beliefert, andere erhielten ihre Exemplare von den jeweiligen lokalen Subskribentensammlern und wieder andere erhielten ihre Bände erst auf Nachfrage zugeschickt. Ähnliche Unklarheiten zeigten sich auch bei der Begleichung der Rechnungen, sodass Pestalozzi nach Abschluss der Subskription im Sommer 1826 in zahlreichen Briefen die noch offenen Fragen mit den verschiedenen Subskribenten zu klären suchte (PSB XIII, Nr. 6180, Nr. 6187, Nr. 6196).

III.

Z. 10 *Buchhandlung*: J. G. Cottasche Buchhandlung ⇒ Nr. 1455 b
Z. 11 *Werken*: Johann Heinrich Pestalozzi: Sämmtliche Schriften, 12 Bände. Stuttgart 1819–1824

2102.
Johann Heinrich Zuppinger
12. November 1819

[Reg.] Zuppinger erkundigt sich nach seinem Sohn und gibt Anweisungen für den Unterricht.

Überlieferung

1   PSB XI, S. 325.16 ff.

Sacherklärung

I.

Johann Heinrich Zuppinger (1778–1854) aus Männedorf (Kt. Zürich) ist Fabrikant, Hauptmann und Kantonsrat (vor 1836) und seit 1835 Mitglied der *Schweizerischen Gemeinnützigen Gesellschaft*.

III.

Z. 4 *Sohn*: Karl Zuppinger (1803–1865) von Männedorf (Kt. Zürich) hielt sich in den Jahren 1819 und 1820 in Pestalozzis Anstalt in Yverdon auf, wurde später Fabrikant und 1860 zum Geschworenen der kantonalen Strafrechtspflege ernannt.

2103.
Louis Marie Guerrero
15. November 1819

[Reg.] Guerrero teilt Pestalozzi seine Überlegungen zur Erziehung seines Sohnes mit.
5 Wie aus der Antwort Pestalozzis zu schliessen ist, äusserte er sich zur Ernährung und befürchtete eine Kontaktaufnahme der Knaben des Instituts mit den Mädchen der Armenanstalt.

Überlieferung

1 PSB XI, S. 323.10 ff.

Sacherklärung

I.

Louis Marie Guerrero (1777–1858) ⇒ Nr. 1677

III.

Z. 4 *Sohnes*: Diego Thomas Antoine André Pascal Maire Cécile Guerrero (*1806) ⇒ Nr. 1677
Z. 7 *Armenanstalt*: ⇒ Nr. 1369

2104.
Daniel Jacob van Ewijck
17. November 1819

[Reg.] Ewijck schickt einen Wechsel, um die noch offenen Pensionskosten von van
5 Dapperen und Scholten zu decken. Zudem berichtet er Pestalozzi von der Entwicklung des Schulwesens und der Erziehung in den Niederlanden.

Überlieferung

1 PSB XI, S. 327.5 ff.

Sacherklärung

I.

Daniel Jacob van Ewijck (1786–1858) studiert in seiner Geburtsstadt Utrecht von 1802 bis 1809 Philosophie, danach Recht und übernimmt von 1812 bis 1818 nacheinander Stellen als Registrierungsbeamter, Gerichtskanzler und Sekretär des Departements für Unterricht, Künste und Wissenschaften. Ab 1816 ist er Mitglied des Stadtrats von Utrecht, wird 1818 zum Generalsekretär des Ministeriums für öffentliche Bildung ernannt und ist zudem Kommissar in der Abteilung Unterricht, Künste und Wissenschaften. Von 1824 bis 1831 ist er Abteilungsleiter des Innenministeriums, von 1832 bis 1850 Provinzgouverneur von Drenthe und Nord-Holland, danach bis 1855 königlicher Kommissar von Nord-Holland und bis zu seinem Tod Staatsminister. Seit 1820 mit Johanna Wijnanda Hermine Ram (1799–1835) verheiratet ist er Vater von sieben Kindern.

II.

Der holländische König Louis Napoleon Bonaparte (1778–1846, ⇒ Nr. 994) hatte im August 1808 beschlossen, zwei Eleven auf Staatskosten zur Ausbildung nach Yverdon zu schicken, Hendrik Scholten (1791–1873, ⇒ Nr. 994) und Dirk van Dapperen (1791–1822, ⇒ Nr. 994). Nach der Annektion Hollands durch Frankreich 1810 wurden sie wieder zurückgerufen, die noch ausstehenden Pensionskosten aber offenbar erst neun Jahre später definitiv beglichen.

III.

Z. 5   *Dapperen*: Dirk van Dapperen (1791–1822) ⇒ Nr. 994
Z. 5   *Scholten*: Hendrik Scholten (1791–1873) ⇒ Nr. 994

2105.
Johann Alois Schlosser
25. November 1819

[Reg.] Schlosser ist mit Pestalozzis Interpretation seiner finanziellen Situation und der damit zusammenhängenden Gültigkeit des übersandten Wechsels nicht einverstanden.

Überlieferung

1   PSB XI, S. 320.6 ff.

Sacherklärung

I.

Johann Alois Schlosser (1777–1858) ⇒ Nr. 2019

II.

Johann Alois Schlosser (1777–1858, ⇒ Nr. 2019) hatte sich Ende Dezember 1818 (⇒ Nr. 2019) nach den Kaufbedingungen für die Druckerei (⇒ Nr. 2019) in Yverdon erkundigt und Pestalozzi am 6. März den unterschriebenen Kaufvertrag zurückgeschickt. Im September 1819 musste er Pestalozzi aber mitteilen (⇒ Nr. 2090), dass er im Moment die Druckerei doch nicht bezahlen könne. In dieser Zeit hatte Schlosser auch Ludolf Klesser (⇒ Nr. 2092) als seinen Vertreter nach Yverdon geschickt, damit dieser die Druckerei an seiner Stelle übernähme. Pestalozzi war mit diesem Vorgehen jedoch nicht einverstanden.

III.

Z. 5　Wechsels: Johann Alois Schlosser (1777–1858, ⇒ Nr. 2019) hatte Pestalozzi im September 1819 (⇒ Nr. 2090) einen Wechsel geschickt, der aber nicht eingelöst werden konnte (PSB XI, Nr. 5335), weshalb Pestalozzi ihm mitteilte, dass er die Druckerei (⇒ Nr. 2019) so lange nicht aus der Hand geben werde, bis dafür bezahlt worden sei.

2106.
Heinrich Remigius Sauerländer
10. Dezember 1819

[Reg.] Sauerländer schickt Pestalozzi den zweiten Band von Haas' lateinischem
5　Handwörterbuch.

Überlieferung

1　PSB XII, S. 10.17 f.

Sacherklärung

I.
Heinrich Remigius Sauerländer (1776–1847) ⇒ Nr. 1084

III.
Z. 5　*Handwörterbuch*: Johann Gottfried Haas: Vollständiges lateinisch-deutsches und deutsch-lateinisches Handwörterbuch nach den besten grössern Werken, besonders nach Scheller, Bauer und Nemnich, ausgearbeitet und mit vielen tausend Wörtern vermehrt. Teil 1 und 2. Ronneburg/Leipzig 1804

2107.
J. G. Cottasche Buchhandlung
12. Dezember 1819

Stuttgart, den 12^n Dec[em]b[e]r 1819.
5　S[eine]r Wohlgebohrn Herr Heinrich Pestalozzi in Iferten
belieben der J. G. C o t t a 'schen Buchhandlung
1 Avertissement in die Allgem[eine] Zeitungs Beilage　　　　f 6.54.
1819 Nr. 124.

Überlieferung

1 ZB Zürich, Ms Pestal 50/51, Umschlag 561/27
2 Blatt, 122 x 192 mm
4 Dorsualvermerk *Stuttgart Cotta.*
5 Original

Textkritik

Zeuge H

Z. 4   *Stuttgart, den:* vorgedruckt
Z. 4   *Dec[em]b[e]r:* lateinische Schrift
Z. 4   *18:* vorgedruckt
Z. 5   *Herr:* vorgedruckt
Z. 5   *Heinrich Pestalozzi:* lateinische Schrift
Z. 5   *in:* vorgedruckt
Z. 5   *Iferten:* lateinische Schrift
Z. 6   *< erhalten von >* belieben
Z. 6   *belieben ... Buchhandlung:* vorgedruckt
Z. 7   *Avertissement:* lateinische Schrift

Sacherklärung

I.

J. G. Cottasche Buchhandlung ⇒ Nr. 1455 b

III.

Z. 5   *Iferten:* dt. Name für Yverdon
Z. 7   *Avertissement:* Anzeige (frz.)
Z. 7   *Allgem[eine] Zeitung:* Allgemeine Zeitung (1798–1803, 1807–1925)

2108.
Charles Badham

Winter 1820

[Reg.] Inhalt unbekannt.

Überlieferung

1 PSB XII, S. 46.5

Sacherklärung

I.

Charles Badham (1780–1845) ⇒ Nr. 2050

2109.
Louis Marie Guerrero
Ende 1819/Anfang 1820

[Reg.] Guerrero erkundigt sich nach seinem Sohn.

Überlieferung

1   PSB XII, S. 23.27 ff.

Sacherklärung

I.

Louis Marie Guerrero (1777–1858) ⇒ Nr. 1677

III.

Z. 4   *Sohn*: Diego Thomas Antoine André Pascal Marie Cécile Guerrero (*1806) ⇒ Nr. 1677

2110.
Paolo Burrueso
1. Januar 1820

[Reg.] Burrueso beauftragt Pestalozzi, seinem Sohn eine Geige zu kaufen.

Überlieferung

1   PSB XII, S. 53.25 ff.

Sacherklärung

I.

Paolo Burrueso ⇒ Nr. 2057

III.

Z. 4   *Sohn*: Joachim Burrueso ⇒ Nr. 2057

2111.
Johannes Niederer

1820

S[alvo] T[itulo] Herrn
Heinrich Pestalozzi
Wolgeboren
im
S c h l o s s

S[alvo] T[itulo] Herrn Heinrich Pestalozzi Wolgeboren, Ritter etc.
etc. im Schloss Iferten.

Euer Wolgeboren übermache beigebogen das Billet von J[un]gf[er] Brandts auf das Ihrige von diesem Morgen.

Für alles, was Sie meinen Zöglingen Lehrreiches und Gutes erweisen, werde ich Ihnen stets erkentlich seyn. Allein ich muss Sie bei diesem Anlas aufs Neue bitten, eine allfällige Correspondenz mit solchen durch mich gehen zu lassen, besonders aber alle Einladungen derselben zu Ihnen, an mich zu richten.

Schon vor ein paar Monaten berichtete mich H[err] Pfarrer Ruprecht Zollikofer von St. Gallen, er habe Ihnen ein Exemplar seiner Schrift in 2 Bänden: «Der Osten meines Vaterlandes während der Hungerjahre 1816 u[nd 18]17» zu meinen Handen übermacht. Sollten Sie es nicht empfangen haben, so bitte ich mir einen diessfälligen Schein aus, um ihn an H[errn] Zollikofer zu senden.

Ihr gehorsamster Diener
Niederer

Überlieferung

1 ZB Zürich, Ms Pestal 53/54, Umschlag 262/I,5
2 Bogen, 232 x 184 mm
4 Dorsualvermerk *1820. Niederer an Pestalozzi, über J[un]gf[e]r Brandts, an diesen zurückgeschickt.*
5 Original
6 Auf der Rückseite des Adressblattes *Herr Docter Niederer wohl gebohren*

Textkritik

Zeuge H
Z. 5   *Pestalozzi*: lateinische Schrift
Z. 9   *Pestalozzi*: lateinische Schrift
Z. 12   *Billet*: lateinische Schrift

Z. 12   *Brandts*: lateinische Schrift
Z. 16   *Correspondenz*: lateinische Schrift

Sacherklärung

I.

Johannes Niederer (1779–1843) ⇒ Nr. 507

II.

Auch nach der Trennung der beiden Institute von Johannes Niederer (1779–1843, ⇒ Nr. 507) und Pestalozzi beschränkte sich ihr (schriftlicher) Kontakt nicht nur auf gegenseitige Beschuldigungen, sondern gibt auch Zeugnis davon, dass trotz der Streitereien der beiden Institutsvorsteher die Schülerinnen und Schüler sowie die verschiedenen Lehrer einen mehr oder minder regen Austausch untereinander pflegten und dass beispielsweise auch Niederers Schülerinnen mit Pestalozzi Kontakte pflegen wollten und umgekehrt. Wie dieser Brief aber deutlich macht, war diese direkte Kontaktnahme nicht erwünscht.

III.

Z. 4   *S[alvo] T[itulo]*: mit Vorbehalt des Titels (lat.)
Z. 10 *Iferten*: dt. Name für Yverdon
Z. 12 *Billet*: scheint nicht erhalten zu sein
Z. 12 *Brandts*: Fanny Brandt (*1799) kam 1818 gemeinsam mit Susanne Maria/Marie Koch-Crommelin (1780–1820, ⇒ Nr. 1668/1) und deren Tochter Woltera Elisabeth (1810–1841) aus Amsterdam vermutlich als Elevin nach Yverdon; über ihr weiteres Leben ist nichts bekannt.
Z. 13 *Ihrige*: scheint nicht erhalten zu sein
Z. 20 *Zollikofer*: Ruprecht Zollikofer (1787–1872) ⇒ Nr. 1309
Z. 21 *Schrift*: Ruprecht Zollikofer: Der Osten meines Vaterlandes oder Die Kantone St. Gallen und Appenzell im Hungerjahr 1817, 2 Bände. St. Gallen 1818/19

2112.
Johannes von Muralt

1820

[Reg.] Inhalt unbekannt.

Überlieferung

1   ZB Zürich, Ms Pestal 826 b (Johannes von Muralt an Rosette Niederer-Kasthofer, 18. August 1820)

Sacherklärung

I.

Johannes von Muralt (1780–1850) ⇒ Nr. 610

2113.
Alphons Pfyffer

3. Januar 1820

[Reg.] Pfyffer übermittelt Pestalozzi seine Glückwünsche und teilt ihm mit, dass er
100 Schweizerfranken von der noch ausstehenden Rechnung bezahlen werde.

Überlieferung

1   PSB XII, S. 6.10 ff.

Sacherklärung

I.

Alphons Pfyffer (1753–1822) ⇒ Nr. 675

II.

Die Rechnung, die Alphons Pfyffer (1753–1822, ⇒ Nr. 675) hier zumindest teilweise begleichen wollte, stammte vom 10. November 1813 und belief sich auf über 300 Louis d'or.

III.

Z. 4   *Glückwünsche*: Pestalozzi feierte am 12. Januar 1820 seinen 74. Geburtstag.

2114.
Buchhandlung Josef Max und Comp.

21. Januar 1820

Herrn Dr. Pestalozzi
in
Iferten
in der Schweiz.

Fr[ei] Hoff

Herrn Pestalozzi in Iferten.

Breslau den 21. Januar 1820.

Hochzuehrender Herr!

Seit dem Monat July 1818, wo Ihr Schreiben v[om] 3^n des erw[ähnten] M[onats] in unsre Hände kam, und uns von dem richtigen Empfang des eingesandten Pränum[erations] Betrags für 8 Ex[em]p[lar]e der ersten Lieferung Ihrer Schriften unterrichtete, sind wir von Ihrer Seite ohne alle fernere Nachricht über den Fortgang dieses Unternehmens geblieben, f[ür] dessen Unterstüzung wir uns damals mit Vergnügen und ohne alles Nebenintresse verwendeten, da der Ertrag zu einem edlen Zwecke bestimmt war. Für alles Mühen aber sehen wir uns durch die lange Zögerung den wiederholten Mahnungen und Vorwürfen der Pränumeranten ausgesezt, welche unsern Versicherungen nicht glauben wollen, da von der Cottaischen Buchhandlung bereits die Ausgabe einer Abtheilung angekündigt ist.

Wir ersuchen Sie demzufolge recht dringend die uns bestimten Exemp[lar]e sogleich im Wege des Buchhandels über Leipzig an uns abzufertigen und uns durch Herrn Cotta umgehend von dem Empfang dieses Briefes, so wie von dem Abgange der Bücher zu benachrichtigen.

Sie werden uns auch in Zukunft bei der weiteren Fortsetzung dieses Unternehmens zur thätigen Beförderung desselben bereitwillig finden, wir hoffen aber auch dass Sie uns jetzt nicht länger in Ungewisheit lassen, und uns durch baldige Erfüllung Ihres Versprechens der Verbindlichkeit gegen die Pränumeranten überheben werden, und zeichnen in dieser angenehmen Erwartung mit vorzüglicher Hochachtung

Ihre
ergebenen Diener
Josef Max und Co.

Überlieferung

1 ZB Zürich, Ms Pestal 53, Umschlag 208/3
2 Bogen, 247 x 205 mm
4 Siegel, Stempel BRESLAU 22. JANR, Dorsualvermerk Breslau Max Co. Jos[eph]
5 Original

Textkritik

Zeuge H
Z. 4   *Pestalozzi*: lateinische Schrift
Z. 6   *Iferten*: lateinische Schrift
Z. 9   *Breslau*: lateinische Schrift
Z. 9   *Januar*: lateinische Schrift
Z. 10   *Pestalozzi*: lateinische Schrift
Z. 10   *Iferten*: lateinische Schrift
Z. 12   *July*: lateinische Schrift
Z. 22   *Cotta*: lateinische Schrift
Z. 25   *Exempl[lar]e*: lateinische Schrift
Z. 25   *Leipzig*: lateinische Schrift
Z. 26   *Cotta*: lateinische Schrift
Z. 38   *Josef Max und Co.*: lateinische Schrift

Sacherklärung

I.

Buchhandlung Josef Max und Comp. ⇒ Nr. 1835

III.

Z. 6   *Iferten*: dt. Name für Yverdon
Z. 8   *H o f f* : Hof (Bayern)
Z. 12   *Schreiben*: scheint nicht erhalten zu sein
Z. 15   *Schriften*: Johann Heinrich Pestalozzi: Sämmtliche Schriften, 12 Bände. Stuttgart 1819–1824
Z. 22 f.   *Buchhandlung*: J. G. Cottasche Buchhandlung ⇒ Nr. 1455 b
Z. 26   *Cotta*: Johann Friedrich Cotta, Freiherr von Cottendorf (1764–1832) ⇒ Nr. 617

2115.
Georg Heinrich Ludwig Nicolovius
22. Januar 1820

Herrn
Heinrich Pestalozzi.
in
Yverdun.

Berlin. d[en] 22. Jan[uar] 1820.

Ein alter Schuldner erscheint hier vor dir, lieber väterlicher Freund! aber mit freyer Stirne, da er keiner Untreue sich bewusst ist. Hundertmal habe ich an dich schreiben wollen, aber im unaufhörlichen Getreibe des Geschäftlebens lässt die ruhige Stunde sich nicht erlangen, die man zur Unterredung mit dem weisen Freunde wünscht. Je voller das Herz, desto weniger genügt der flüchtige Augenblick, zwischen Unruhe u[nd] Unruhe erhascht. Dass ich deiner eingedenk gewesen bin u[n]d dein Bild mir in aller seiner Würde vor Augen steht, beweise dir das anliegende an deinem vorjährigen Geburtstage angefangene, unvollendete Blatt. Auch heute kann ich nur auf kurze Zeit zu dir kommen, werde aber getrieben von deiner Bitte für H[er]rn Franke, der unser Minister Gehör giebt. Er will eine Unterstützung anweisen u[n]d vertraut deinem Zeugnisse, dass sie wohl benuzt u[n]d fruchtbar gemacht werde. Was dich u[n]d deine Welt betrift, so sehe ich seit langem begierig nach der Erscheinung deiner Schriften aus. Zögere nicht länger, damit das Intresse bey Vielen nicht erkalte u[n]d der Segen, der durch sie aufs neue verbreitet werden könnte, sich nicht vermindere. All dein Thun, so weit ich es aus deinen Briefen u[n]d andern Nachrichten kenne, erhebt mich; dein Thun u[n]d dein Leiden, in jugendlich männlicher Kraft. Ich preise Gott, dass er dir noch neue Ruhe u[n]d Gelingen geschenkt hat u[n]d einst die Zuversicht im Tode geben wird, dass dein Werk bestehen u[n]d dein Geist es beleben werde. Irre an dir bin ich niemals geworden; aber wohl besorgt, wenn ich von den Kämpfen hörte, wenn in der Ferne mir ungewiss blieb, welcher Geist für, welchen wider dich stritt. Sieh nun ruhig zurück auf den wunderbaren Gang deines Lebens, u[n]d fühle die Seligkeit, nicht dir gelebt zu haben, sondern dem Werk, dessen Ahndung dir in der Seele lag.

Uns hier betreffend, so darf ich nicht ungestörten Fortgangs mich rühmen. Es erheben sich, wie du in der Ferne hörst, Stürme dann u[n]d wann, die gerade Fahrt hindern, zurück werfen u[n]d im Kreise drehen. Aber nach den Stürmen wird, das lass uns zuversichtlich hoffen, das sanfte Säuseln der gereinigten Luft kommen, in welchem Gott uns erscheinen wird. Wie es aber auch sey, so werde ich den Polarstern nie aus dem Auge verlieren, u[n]d zu männlichem Muth mich auch ferner, wie schon oft, durch den Gedanken an dich stärken.

Bleibe du mir Freund u[nd] verstumme nicht! Liebe zu dir bleibt warm in meinem Herzen und ewiger Dank für jede Belebung die mir durch dich geworden ist. Gott stärke dich im neuen Jahre u[n]d erhalte deine Elias-Kraft bis du einst dich von der Erde aufschwingst!

dein treuer N[icolovius]

Berlin. d[en] 12. Jan[uar 18]19.

Heute, lieber alter Vater! an deinem Feste wird auch dem Stummen die Sprache wiedergegeben u[n]d sein volles Herz, das den ganzen Tag von dir bewegt worden, treibt ihn, dir noch in der späten Abendstunde Töne der Liebe u[nd] des Danks zuzurufen. Es ist mir nicht vergönnt, dich zu sehn, u[n]d die Worte des Lebens, die heute sich aus deinem Munde über dein Haus werden ergossen haben, mit meinen Ohren aufzunehmen; aber dennoch habe ich dich bey mir, habe dein Leben überdacht, u[n]d im Gefühl jeder Begeisterung, die mir durch dich geworden, Gott für dein Daseyn gedankt. Er stärke dein Alter u[n]d lasse dich Adler noch lange unter uns weilen, ehe du durch die Wolken zum hellen Licht aufsteigst! Wir bedürfen dein noch, denn eine schwächere Stimme würde nicht in die tauben Ohren u[n]d in die verstockten Herzen dringen, die auch jezt noch, unerachtet aller Zeichen u[n]d Wunder, unter uns gefunden werden. Ergeuss du deine Feuerströme, strafend u[nd] entzündend, dass auch durch dich das Land voll edlen Geistes werde, u[nd] sich läutre u[nd] verkläre.

Überlieferung

1 ZB Zürich, Ms Pestal 53/54, Umschlag 261/14 (H1) und Umschlag 262/13 (H2)
2 Bogen, 242 x 202 mm und Blatt, 239 x 199 mm
4 Siegelspuren, Stempel *FRANKFURT 26. JAN.* (1)
5 Original

Textkritik

Zeuge H
Z. 4–51 H1

Z. 5   Heinrich Pestalozzi: lateinische Schrift
Z. 7   Yverdun: lateinische Schrift
Z. 8   Jan[uar]: lateinische Schrift
Z. 38   sich ∫
Z. 52-69 H2

Sacherklärung

I.

Georg Heinrich Ludwig Nicolovius (1767–1839) ⇒ Nr. 423

III.

Z. 18   Blatt: ⇒ Z. 52–69
Z. 20   Franke: Heinrich Theodor Traugott Franke (1790–1851) ⇒ Nr. 1054
Z. 49   Elias: Georg Heinrich Ludwig Nicolovius (1767–1839, ⇒ Nr. 423) dürfte hier vermutlich auf den biblischen Propheten Elias angespielt haben, der als Symbol für Standhaftigkeit in Zeiten von Unterdrückung gilt.
Z. 53   Feste: Der 12. Januar war Pestalozzis Geburtstag.

2116.
David Vogel

22. Januar 1820

Herren
H[einrich] Pestalozzi
in
Iferten.

Zür[ich] d[en] 22. Jan[uar] 1820.

Mein th[eurer] Freünd!

In gegenseitigem Einverständniss mit unserem Freünd Schmidt sind nun alle nöthigen Maasregeln eingeleitet, die zu Bewürkung der Majorennitets Erklärung Gottliebs, zu Befriedigung der Lisabeth, u[nd] hauptsächlich für die Verhältnisse welche die Fortdauer deiner Institutionen begründen sollen, erforderlich sind. – Ich überzeügte mich aufs neüe dass Schmidt der Mann ist, wie ich keinen anderen kenne, der sich dazu eignet, neben Gottlieb zu stehen und deine Zwekke zu fördern.

Für Gottlieb kann auf keine Weise besser gesorgt werden, als wie du es willens bist, er wird dieser Ehrenvollen Stellung, wie ich hoffe, entsprechen, und bey dieser frohen Aussicht kannst du deine noch übrigen Tage, ohne Besorgniss für die Zukunft ruhig deinen Zwekken leben. – Möge es noch lange geschehen zum Seegen der

Menschheit. Lebe wohl; Mündlich wird Schmidt dir unsere Verhandlungen melden.

dein dich liebender Freünd
Vogel.

Herzliche Grüsse an Gottlieb.

Überlieferung

1   ZB Zürich, Ms Pestal 55a/56, Umschlag 380/16
2   Bogen, 238 x 200 mm
4   Datum am Schluss, Siegelspuren
5   Original

Textkritik

Zeuge H
Z. 5   *Pestalozzi*: lateinische Schrift

Sacherklärung

I.

David Vogel (1760-1849) ⇒ Nr. 1187 a

II.

David Vogel (1760-1849, ⇒ Nr. 1187 a) war seit 1813 als eine Art Vormund für Gottlieb Pestalozzi (1797-1863, ⇒ Nr. 594) aktiv, kümmerte sich um die korrekte Verteilung der Erbschaft von Anna Pestalozzi-Schulthess (1738-1815, ⇒ Nr. 3) und nahm die Rechte Gottliebs bei der Verteilung der Erbschaft von seiner Mutter, Anna Magdalena Custer-Pestalozzi, geborene Frölich (1767-1814, ⇒ Nr. 547) wahr.

III.

Z. 7   *I f e r t e n* : dt. Name für Yverdon
Z. 10   *Schmidt*: Joseph Schmid (1785-1851) ⇒ Nr. 712
Z. 11 f. *Majorennitets*: Volljährigkeit
Z. 12   *Gottliebs*: Gottlieb Pestalozzi (1797-1863) ⇒ Nr. 594
Z. 12   *Lisabeth*: Elisabeth Krüsi-Näf (1762-1836) ⇒ Nr. 594

2117.
Jacques-Philippe-Joseph-Edouard de Courten
23. Januar 1820

[Reg.] De Courten erkundigt sich für einen Bekannten, der sein Kind nach Yverdon schicken möchte, nach dem pädagogischen Konzept der Anstalt.

1 PSB XII, S. 11.22 ff.

Überlieferung

Sacherklärung

I.

Vermutlich handelt es sich hier um Jacques-Philippe-Joseph-Edouard de Courten (1796–1874), der aus einer renommierten Walliser Familie stammt, seit Anfang des 19. Jahrhunderts im französischen Saint-Claude (Jura) lebt und dort 1817 Françoise-Xavière-Josephine Brody de Mouton (1802–1882) heiratet. Sein erstes von vier Kindern, Marie-Isabelle, wird 1818 geboren.

III.

Z. 4   *Bekannten*: konnte nicht näher bestimmt werden
Z. 4   *Kind*: konnte nicht näher bestimmt werden

2118.
Preussisches Ministerium für geistliche, Unterrichts- und Medizinalangelegenheiten
29. Januar 1820

5 An
den Herrn Heinrich Pestalozzi
Wohlgeb[or]en
zu
Iferten
10 in der Schweiz

frei

Berlin etc.

Dem unterzeichneten Ministerio ist Ew[er] Wohlgeb[or]en Schreiben an den Wirkl[ich] Geh[eimen] Ober Reg[ierungs] Rath und Direktor
15 Herrn Nicolovius zum 9^tn v[origen] M[onats] u[n]d J[ahres] im Auszuge mitgetheilt worden, worin Sie den Kandidaten Franke zu einer Unterstützung während seines dortigen Aufenthalts empfohlen haben. Auf den Grund dieser Empfehlung und um die frühere Verbindung mit Ihnen und Ihren pädagogischen Anstalten wieder zu er-
20 neuern, hat das Ministerium dem etc. Franke für das laufende Jahr die Behufs seines weitern Aufenthalts in Iferten erforderliche Unterstützung bewilligt, und empfiehlt denselben Ihrer väterlichen Fürsorge mit dem Ersuchen, auch ihm das zu seyn, was Sie den früher aus Preussen dorthin gesandten jungen Männern, die jetzt schon
25 mit Nutzen und Beifall für den grossen Zweck der Volkserziehung

wirken, immer gewesen sind. Des herzlichsten Dankes des Ministerii für alles Freundliche, was Sie dem etc. Franke erweisen werden, dürfen Sie sich im voraus versichert halten.

Ministerium etc.
30   A[ltenstein]n

Überlieferung

1   Geheimes Preussisches StA Berlin-Dahlem, Rep. 76, VII Sekt. 1 aa, Nr. 4, Bd. 6, S. 63–63a
4   Datum am Schluss
5   Copia
6   Datierung folgt dem Teilabdruck dieses Briefes in P.St. 1902, S. 133

Textkritik

Zeuge h
Z. 6   *Heinrich Pestalozzi*: lateinische Schrift
Z. 14   *den* ʃ
Z. 15   *Nicolovius*: lateinische Schrift
Z. 16   *Franke*: lateinische Schrift
Z. 20   *Franke*: lateinische Schrift
Z. 27   *Franke*: lateinische Schrift

Sacherklärung

I.
Preussisches Ministerium für geistliche, Unterrichts- und Medizinalangelegenheiten ⇒ Nr. 1049

II.
Der Antrag auf finanzielle Unterstützung von Heinrich Theodor Traugott Franke (1790–1851, ⇒ Nr. 1054) wurde in der Sitzung vom 19. Januar 1820 behandelt (Geheimes Preussisches StA Berlin-Dahlem, Rep. 76 VII, Sekt. 1 aa, Nr. 4, Bd. 6, S. 60–61). Dabei wurde beschlossen, Franke mit 400 Reichstalern zu unterstützen und ihn zu beauftragen, am Ende seines Aufenthalts bei Pestalozzi einen schriftlichen Bericht zu verfassen, was ihm mit Brief vom 29. Januar 1820 mitgeteilt wurde (ebd., S. 62–62a).

III.
Z. 9   *Iferten*: dt. Name für Yverdon
Z. 13   *Schreiben*: PSB XI, Nr. 5328
Z. 15   *Nicolovius*: Georg Heinrich Ludwig Nicolovius (1767–1839) ⇒ Nr. 423
Z. 16   *Franke*: Heinrich Theodor Traugott Franke (1790–1851) ⇒ Nr. 1054
Z. 30   *A[ltenstei]n*: Karl von Altenstein (1770–1840) studierte an den Universitäten Erlangen, Göttingen und Jena Rechtswissenschaften, Philosophie und Naturwissenschaften, trat 1793 in die preussische Verwaltung ein und übernahm eine Stelle als Referendar bei der Kriegs- und Domänenkam-

mer in Ansbach. 1799 siedelte er nach Berlin über und stieg 1803 zum Geheimen Oberfinanzrat und Mitglied des Generaldirektoriums auf. 1808 folgte die Ernennung zum Finanzminister, zwei Jahre später demissionierte er allerdings wieder. Als Zivilgouverneur von Schlesien im Jahr 1813 blieb von Altenstein erfolglos, 1817 wurde er als Leiter des neugebildeten Ministeriums für Kultus, Unterricht und Medizinalwesen berufen und blieb bis 1838 in diesem Amt.

2119.
Edouard von Rosenberg
Januar/Februar 1820

[Reg.] Rosenberg erkundigt sich, wann er seinen Sohn nach Yverdon schicken könne.

Überlieferung

1   PSB XII, S. 21.17 ff.

Sacherklärung

I.

Edouard von Rosenberg (1769-1824) aus Mainz bildet sich an der Bergakademie in Freiberg (Sachsen) aus, tritt in die Dienste Napoleon I. Bonapartes (1769-1821, ⇒ Nr. 580) und leitet unter Auguste Frédéric Louis Viesse de Marmont, Herzog von Ragusa (Dubrovnik) die illyrischen Bergwerke, bis er 1813 ins Piemont kommt, wo er vom König von Sardinien zum Direktor der Königlichen Industrieanlagen der Tarentaise bestimmt und beauftragt wird, die Neuorganisation der Bergbauakademie in Moûtiers (Savoie) in die Wege zu leiten.

III.

Z. 4   *Sohn*: Gustave von Rosenberg besuchte zwischen 1820 und 1824 Pestalozzis Institut in Yverdon; über sein weiteres Leben ist nichts bekannt.

2120.
Auguste Droz
Februar 1820

[Reg.] Droz erkundigt sich nach der Gesundheit seines Sohns.

1 PSB XII, S. 36.15 f.

Überlieferung

Sacherklärung

I.

Auguste Droz ⇒ Nr. 1027

III.

Z. 4   Sohns: Eugène Droz (†1824) ⇒ Nr. 1943

2121.
J. G. Cottasche Buchhandlung
9. Februar 1820

Stuttgart, den 9^n Febr[uar] 1820.

5   S[einer] Wohlgeb[ohr]en Herr Heinrich Pestalozzi in Iferten
erhalten von der Cotta'schen Buchhandlung nach werthem Verlangen p[e]r Postwagen
12 Pestalozzi's sämmtl[iche] Schriften, 4^n Band.

Überlieferung

1   ZB Zürich, Ms Pestal 50/51, Umschlag 56/29
2   Blatt, 112 x 183 mm
4   Datum am Schluss
5   Original

Textkritik

Zeuge H
Z. 4   *Stuttgart, den*: vorgedruckt
Z. 4   *Febr[uar]*: lateinische Schrift
Z. 4   *18*: vorgedruckt
Z. 5   *Herr*: vorgedruckt
Z. 5   *Heinrich Pestalozzi*: lateinische Schrift
Z. 5   *in*: vorgedruckt
Z. 5   *Iferten*: lateinische Schrift
Z. 6   *erhalten ... Buchhandlung*: lateinische Schrift
Z. 7   *Postwagen*: lateinische Schrift

Sacherklärung

I.

J. G. Cottasche Buchhandlung ⇒ Nr. 1455 b

III.

Z. 5 *Iferten*: dt. Name für Yverdon

2122.
Johann/Jean Georg von Pöckelsheim
9. Februar 1820

[Reg.] Pöckelsheim teilt Pestalozzi mit, dass er sobald als möglich den noch offenen
5 Rechnungsbetrag begleichen werde.

Überlieferung

1 PSB XII, S. 135.18 ff. und PSB XIII, S. 308.23 ff.

Sacherklärung

I.

Johann/Jean Georg von Pöckelsheim (1764–1845) studiert in Berlin und Göttingen und arbeitet ab 1800 als Advokat und Antiquar in Offenbach. Zwischen 1804 und 1807 ist er in Neuwied (Rheinland-Pfalz) Herausgeber der *Deutschen Chronik* und der *Annalen der Zeit*, ab 1807 wohnt er in Bad Schwalbach (Hessen), gründet hier eine Leihbibliothek für Kurgäste, führt von 1808 bis 1814 das Wochenblatt *Gemeinnützige Anzeigen* und verlegt seit 1828 das Badeblatt *Aurora*.

II.

Johann/Jean Georg von Pöckelsheim (1764–1845, ⇒ Sacherklärung I.) hatte 1816 Bücher bei Pestalozzi bestellt (PSB X, Nr. 4515), die Rechnung dafür allerdings noch immer nicht beglichen.

2123.
Herr Benziger
13. Februar 1820

[Reg.] Benziger möchte einen Schüler in die Armenanstalt in Yverdon schicken,
5 damit er dort Französisch lerne.

Überlieferung

1 PSB XII, S. 14.30 ff.

Sacherklärung

I.

Herr Benziger kann nicht näher bestimmt werden.

III.

Z. 4   *Schüler*: Da Pestalozzi diese Anfrage negativ beantwortete (PSB XII, Nr. 5390), ist unklar, wer damit gemeint gewesen sein könnte.

2124.
Friedrich Wilhelm Carl Bierstedt
Februar 1820

[Reg.] Bierstedt möchte seine Söhne nach Yverdon schicken.

Überlieferung

1 PSB XII, S. 19.17 ff.

Sacherklärung

I.

Friedrich Wilhelm Carl Bierstedt (1781–1838) aus Potsdam ist bis 1829 als preussischer Rechnungsrat im kurhessischen Fulda tätig und anschliessend als Regierungskalkulator in Koblenz. Verschiedentlich wird er auch als preussischer Rechnungs-Kommissar geführt. Er veröffentlicht 1812 *Decimalbruch-Tabellen: Zur Auffindung des Werthes der gemeinen Brüche deren Nenner zwischen 1 und 1000 fallen* und war zweimal verheiratet.

III.

Z. 4   *Söhne*: Friedrich Wilhelm Carl Bierstedt (1781–1838, ⇒ Sacherklärung I.) hatte aus erster Ehe vier Kinder, die allerdings nicht namentlich bekannt sind. Die aus zweiter Ehe stammende Tochter kommt hier sicher nicht infrage, sie wurde 1837 geboren und verstarb ein Jahr später.

2125.
Jakob Samuel Schindler
Februar 1820

[Reg.] Schindler erkundigt sich, ob sein Sohn in Yverdon aufgenommen werden könne.

1   PSB XII, S. 25.18 ff.

Überlieferung

Sacherklärung

I.

Jakob Samuel Schindler (1762–1830) aus Mollis (Kt. Glarus) wuchs als Sohn eines Webers auf. Er lernte zunächst das väterliche Handwerk und verkaufte seine Produkte als Wanderhändler zunächst im Toggenburg (Kt. St. Gallen) und bald an den wichtigen Plätzen über die Landesgrenzen hinaus. Zu Beginn des 19. Jahrhunderts stieg er zum Inhaber eines umfangreichen Handweberei- und Handelsgeschäfts mit Garnhandel auf. 1820 gründete er in Mollis einen Webkeller. Ein weiterer Ausbau seines Unternehmens erfolgte 1825, als er mit seinem Schwiegersohn Melchior Jenny (1785–1863) die Firma *Jenny & Schindler* in Hard (Voralberg) gründete. In seinem Heimatkanton amtete Schindler zudem als Glarner Ratsherr, Chorrichter und Mitglied des Kriminalgerichts.

III.

Z. 4 *Sohn*: Damit dürfte wohl Dietrich Schindler (1795–1882) aus Mollis (Kt. Glarus) gemeint sein, der das Institut (⇒ Nr. 2426) von Philipp Emanuel von Fellenberg (1771–1844, ⇒ Nr. 426) in Hofwil besuchte und anschliessend Recht in Heidelberg, Bonn und Berlin studierte (1816–1820). Wohl mit Blick auf seine Tätigkeit als *Associé* bei der väterlichen Firma *Jenny & Schindler* in Hard bei Bregenz absolvierte er eine kaufmännische Lehre in Triest. 1821 wurde er Glarner Ratsherr, 1824 Pannervortrager, 1826 Zeugherr, 1834 Landesfähnrich sowie im selben Jahr und 1838 Tagsatzungsgesandter. Als Mitglied des kantonalen Verfassungsrats von 1836 beteiligte er sich intensiv an der Ausarbeitung der Glarner Verfassung, die die Aufhebung der konfessionellen Landesteilung brachte. 1837 wurde er zum Landammann gewählt. Schindler präsidierte 1827 den evangelischen, 1837 bis 1841 dann den neu gebildeten Kantonalschulrat. 1841 trat er von allen Ämtern zurück und übersiedelte 1842 nach Zürich.

2126.
Buchhandlung Orell Füssli
Februar 1820

[Reg.] Die Buchhandlung Orell Füssli bestellt zwei Exemplare der *Unschuld*.

Überlieferung

1   PSB XII, S. 26.30 f.

Sacherklärung

I.

Buchhandlung Orell Füssli ⇒ Nr. 1317 b

III.

Z. 4   *Unschuld*: Johann Heinrich Pestalozzi: An die Unschuld, den Ernst, und den Edelmuth meines Zeitalters und meines Vaterlandes. Ein Wort der Zeit. Yverdon 1815

2127.
Johannes Häfeli

Februar 1820

[Reg.] Häfeli bittet Pestalozzi um die Pensionskostenrechnung.

Überlieferung

1   PSB XII, S. 28.10

Sacherklärung

I.

Johannes Häfeli (*1799), von 1808 bis 1812 Schüler im pestalozzischen Institut in Yverdon, ist wahrscheinlich in Zürich als Tuchhändler und Schützenmeister tätig. 1830 heiratet er Maria Henrietta Hofmeister (1794–1836) und wird Vater zweier Töchter.

II.

Da der Vater Johannes Häfeli (1774–1846, ⇒ Nr. 1150 a) die Pensionskosten für seinen Sohn noch nicht beglichen hatte, wollte sich wohl der Sohn Johannes Häfeli (*1799, ⇒ Sacherklärung I.) selbst darum kümmern.

2128.
Stephan Gottlieb Roth

16. Februar 1820

[Reg.] Roth bittet Pestalozzi, seinen Sohn nach Hause zu schicken.

Überlieferung

1   PSB XII, S. 40.11 ff.

Sacherklärung

I.
Stephan Gottlieb Roth (1762–1847) ⇒ Nr. 1978

II.
Die Datierung des Briefes folgt einem Eintrag in Stephan Ludwig Roths (1796–1849, ⇒ Nr. 2187) Briefbuch (Otto Folberth (Hrsg.): Stephan Ludwig Roth: Gesammelte Schriften und Briefe. Band 2: Die Heimkehr. Das Jahr 1820. Kronstadt 1928, S. 32).

III.
Z. 4   *Sohn*: Stephan Ludwig Roth (1769–1849) ⇒ Nr. 2187

2129.
Franz Varrentrapp
17. Februar 1820

S[eine]r Wohlgebohrn
Herrn Pestalozzi
in
Iferten

Frankfurt d[en] 17 Febr[uar] 1820

Wohlgebohrner
hochzuehrender Herr!
Die von Ihnen im Jahr 1817 erlassene Anzeige freute mich sehr, und gerne wollte auch ich Ihrer öffentlichen Aufforderung zu folge nach meinen Kräften hierzu wirken, Sie werden daher in der hiesigen Ober Post Amts Zeitung 1817, N° 109, und in dem hiesigen Staats Ristretto 1817 – 101 beyfolgende Anzeige seiner Zeit gelesen haben, wovon ich Erstere mit f 5:8, Leztere mit f 3:20 bezahlt habe. Der directe Erfolg ist hinter meiner Erwartung geblieben, und vielleicht war eine bald darauf von H[errn] Geh[eim] Rath Willemer erschienener Bekanntmachung, welche man indess ungedruckt wünschen musste, Schuld hieran. Durch die Loebl[iche] Cottaische Buchhandlung bat ich Sie
1 Herr Georg Wil[helm] Clarus
1 — Joh[ann] Wilhelm Keyser
3 Franz Varrentrapp
unter die Subscribenten zu bemerken, obgleich diese Handlung, welcher ich die Zahlung auch aufgegeben, mir damals gemeldet, Sie habe Ihnen die Anzeige gemacht, die Zahlung aber unterlassen, die unter Subscript statt fände, so habe ich dennoch die Exemplare

nicht erhalten, auch die Namen in dem Subscribenten Verzeichniss
nicht gefunden, ich muss Sie daher um die Uebersendung um gefäl-
lige Nachricht, an wen ich die Zahlung leisten kann, bitten. Kann
beides durch die Cottaische Buchhandlung geschehen, so ist es mir
der Verminderung der Kosten wegen um so angenehmer, auch
wünsche ich sehr, wenn zu dem Subscribenten Verzeichniss noch
ein Nachtrag erscheint, dass Sie genannte Herrn darinn aufzunehmen die Güte haben –
    Indem ich mich Ihnen ergebenst empfehle, habe ich die Ehre
hochachtungsvoll zu seyn
                    E[u]er Wohlgebohrn
                        ergebenster
                      Franz Varrentrapp

Überlieferung

1   ZB Zürich, Ms Pestal 55a, Umschlag 375/1
2   Bogen, 232 x 175 mm
4   Datum am Schluss, Siegelspuren, Stempel FRANKFURT 47. FEBR 1820, Dorsualvermerk Frankfurt a[m]/m[ain], d[en] 17. Febr[uar] 1820. Franz Varrentrapp.
5   Original

Textkritik

Zeuge H

Z. 5	*Pestalozzi*: lateinische Schrift
Z. 7	*Iferten*: lateinische Schrift
Z. 8	*Febr[uar]*: lateinische Schrift
Z. 17	*directe*: lateinische Schrift
Z. 18	*Willemer*: lateinische Schrift
Z. 20	*Cottaische*: lateinische Schrift
Z. 22	*Georg Wil[helm] Clarus*: lateinische Schrift
Z. 23	*Joh[ann] Wilhelm Keyser*: lateinische Schrift
Z. 24	*Franz Varrentrapp*: lateinische Schrift
Z. 25	*Subscribenten*: lateinische Schrift
Z. 28	*Subscript*: lateinische Schrift
Z. 29	*Subscribenten*: lateinische Schrift
Z. 32	*Cottaische*: lateinische Schrift
Z. 34	*Subscribenten*: lateinische Schrift
Z. 41	*Franz Varrentrapp*: lateinische Schrift

Sacherklärung

I.

Franz Varrentrapp (1776–1831) übernimmt die von seinem Grossvater Franz Varrentrapp (1706–1786) gegründete, dann 1776 in *Varrentrapp Sohn & Wenner* umbenannte Buchhandlung in Frankfurt am Main, die zu den bedeutendsten Verlagen in Deutschland aufsteigt. 1811 wird der Verlag geteilt: Franz betreibt zusammen mit seinem Vater Johann Friedrich Varrentrapp (1742–1814) Sortiment und Verlag, während dessen Schwager Johann Friedrich Wenner (1772–1835, ⇒ Nr. 1681) die Druckerei und einen Teil des Verlags übernimmt.

III.

Z. 7   *Iferten*: dt. Name für Yverdon
Z. 11   *Anzeige*: PSW XXV, S. 39–45
Z. 16   *f*: Abkürzung für Gulden, eine weitverbreitete Gold- oder Silbermünze
Z. 18   *Willemer*: Johann Jakob von Willemer (1760–1838) ⇒ Nr. 875
Z. 19   *Bekanntmachung*: Im Mai 1817 veröffentlichte Johann Jakob von Willemer (1760–1838, ⇒ Nr. 875) in einer Frankfurter Zeitung einen Subskriptionsaufruf mit der Formulierung, Pestalozzi darbe im Alter und bitte deshalb um Unterstützung seiner Person. Pestalozzi reagierte umgehend und versuchte durch ein Flugblatt zu berichtigen, dass der Subskriptionsplan nichts mit seiner persönlichen wirtschaftlichen Situation und einer Verbesserung derselben zu tun habe, sondern allein dem Zweck der Sicherung seines Nachlasses und Weiterführung seines Lebenswerkes diene.
Z. 21   *Buchhandlung*: J. G. Cottasche Buchhandlung ⇒ Nr. 1455 b
Z. 22   *Clarus*: Georg Wilhelm Clarus (1779–1860) war in Frankfurt am Main als Handelsmann tätig, gehörte von 1821 bis 1823 dem dortigen Engeren Rat an, amtete von 1821 bis 1847 als Ratsherr und von 1847 bis 1860 als Senator.
Z. 23   *Keyser*: Johann Wilhelm Kayser (1774–1833) ⇒ Nr. 1438

2130.
Joseph Helferich
18. Februar 1820

[Reg.] Helferich teilt Pestalozzi mit, dass er im Herbst nach Yverdon reisen werde.

Überlieferung

1   PSB XII, S. 16.32 ff.

Sacherklärung

I.

Joseph Helferich (1762–1837) ⇒ Nr. 2001

II.

Joseph Helferich (1762–1837, ⇒ Nr. 2001) hatte 1818 seinen Zögling Karl Friedrich Reiner (1804–1884, ⇒ Nr. 2001) zu Pestalozzi geschickt.

2131.
J. G. Cottasche Buchhandlung
22. Februar 1820

Stuttgart, den 22^n Februar 1820

S[eine]r Wohlgebohrn Herr Pestalozzi in Iferten
erhalten von der J. G. Cotta'schen Buchhandlung
16 Pestalozzi Schriften 1^r–3^r B[an]d Sub[skriptions] Pr[eis]   f 90.40
noch 1   —   — 1^r–3^r — für H[errn] Lehrer
                                    Roth   —   —   5.40
  1   — Lienhard u[nd] Gertrud (für H[errn] Correvon Sohn)   5.40
  1   — Schriften 1^r–3^r B[an]d (f[ür] Herrn Buchholz,
                                    Erzieher)   5.40
  1   —   — 1^r–3^r — (f[ür] Demoiselle Mar[ie] Schmid)   5.40

Überlieferung

1 ZB Zürich, Ms Pestal 50/51, Umschlag 56/30
2 Blatt, 128 x 190 mm
4 Datum am Schluss, Dorsualvermerk *Stuttgart. Cotta.*
5 Original

Textkritik

Zeuge H
Z. 4   *Stuttgart, den*: vorgedruckt
Z. 4   *Februar*: lateinische Schrift
Z. 4   *18 < 1 > 2*
Z. 4   *18*: vorgedruckt
Z. 5   *Herr*: vorgedruckt
Z. 5   *Pestalozzi*: lateinische Schrift
Z. 5   *in*: vorgedruckt
Z. 5   *Iferten*: lateinische Schrift
Z. 6   *erhalten von der J. G. Cotta'schen Buchhandlung*: vorgedruckt
Z. 7   *Sub[skriptions] Pr[eis]*: lateinische Schrift
Z. 9   *Roth*: lateinische Schrift
Z. 10 *Correvon*: lateinische Schrift
Z. 11 *Buchholz*: lateinische Schrift
Z. 13 *Mar[ie] Schmid*: lateinische Schrift

Sacherklärung

I.

J. G. Cottasche Buchhandlung ⇒ Nr. 1455 b

III.

Z. 5 *Iferten*: dt. Name für Yverdon
Z. 7 *Schriften*: Johann Heinrich Pestalozzi: Sämmtliche Schriften, 12 Bände. Stuttgart 1819-1824
Z. 9 *Roth*: Stephan Ludwig Roth (1796-1849) ⇒ Nr. 2187
Z. 10 *Correvon*: Jules Charles Pierre François Correvon (1802-1865), Sohn des späteren Yverdoner Bürgermeisters Pierre François Correvon (1768-1840, ⇒ Nr. 2478), war promovierter Jurist und amtierte als Richter am Bezirksgericht Yverdon (1831-1846) sowie als Abgeordneter im Waadtländer Grossen Rat (1841-1849).
Z. 11 *Buchholz*: Daniel Friedrich/Frédéric Buchholz (1777-1839) wurde in Hittfeld bei Hamburg als Sohn eines Amtsvogts geboren und studierte ab 1797 in Göttingen Theologie. In der Zeit der Befreiungskriege war er 1806 bis 1816 Seekaplan und Brigade-Feldprediger der Deutschen Legion in englisch-hannoveranischen Diensten. 1817 besuchte er die Institution von Robert Owen (1771-1858) im schottischen New Lanark. Von Juni 1818 bis März 1821 hielt er sich in Yverdon bei Pestalozzi auf, wo er auch Übersetzungsarbeiten ins Englische ausführte und Englischunterricht an der Armenanstalt (⇒ Nr. 1369) in Clindy erteilte. Buchholz lebte zuletzt als Lehrer für Italienisch in Hannover.
Z. 13 *Schmid*: Marie Reidel-Schmid (1794-1864) ⇒ Nr. 1219

2132.
Jean Henri Voumard
26. Februar 1820

[Reg.] Voumard erkundigt sich, ob Herr Buchholz in Yverdon sei und bittet Pestalozzi,
5 ihm die beiden beiliegenden Briefe zu überreichen.

Überlieferung

1   PSB XII, S. 17.28 ff.

Sacherklärung

I.

Jean Henri Voumard aus Courtelary (Kt. Bern) erwirbt 1770 das Bürgerrecht von Neuchâtel. Er ist Uhrenhändler und Uhrenfabrikant, seine Firma *J. H. Voumard & Söhne* operiert von etwa 1801 bis um 1830 aus Le Locle mit Ablegern in Leipzig (1793-1810) und in Hamburg (ab etwa 1825). Ob hier der Firmengründer oder einer seine Söhne der Briefschreiber ist, muss aufgrund der fehlenden Lebensdaten offenbleiben.

III.

Z. 4 *Buchholz*: Daniel Friedrich/Frédéric Buchholz (1777-1843) ⇒ Nr. 2131
Z. 5 *Briefe*: scheinen nicht erhalten zu sein

2133.
Buchhandlung Orell Füssli
28. Februar 1820

[Reg.] Druckkostenrechnung.

Überlieferung

1   PSB XIII, S. 320.4 ff.

Sacherklärung
I.

Buchhandlung Orell Füssli ⇒ Nr. 1317 b

2134.
Charles Badham
Frühjahr 1820

[Reg.] Inhalt unbekannt.

Überlieferung

1   PSB XII, S. 46.5

Sacherklärung
I.

Charles Badham (1780–1845) ⇒ Nr. 2050

2135.
Balthasar Marti
März 1820

[Reg.] Marti erkundigt sich, ob ein 16-jähriger Knabe, der Lehrer werden möchte, ins
Institut aufgenommen werden könne.

Überlieferung

1   PSB XII, S. 41.17 ff.

Sacherklärung

I.

Balthasar Marti (1777–1836), Pfarrsohn aus Glarus, studiert Theologie in Basel. Er ist zuerst Pfarrer in Netstal (1799–1801) und von 1801 bis 1836 in Ennenda (beide Kt. Glarus), wo er auch Dekan wird (ab 1831). Marti ist seit 1806 mit Ursula Jenny (1787–1865) verheiratet.

III.

Z. 4 *Knabe*: Damit dürfte wohl David Aebli (1804–1838) aus Ennenda (Kt. Glarus) gemeint sein. Er trat im Mai 1820 als Eleve ins Institut in Yverdon ein und blieb dort bis 1824. Nach seiner Rückkehr betätigte er sich als Tagwenschreiber (Bürgergemeindeschreiber), Lehrer und Krämer.

2136.
Johanna Consentius-Lorck
10. März 1820

Herrn Pestallozzi
Wohlgeborn
in
Ifferten.

den 10ten März 1820

Sehr theurer, verehrter, lieber H[err] Pestalozzi
Indem ich u[nd] meine Kinder Sie aufs herzlichste grüssen, gedenken wir Ihrer mit dem wärmsten Dankgefühl, welches ich Ihnen auch bitte in meinem Nahmen H[errn] Schmidt auszusprechen, nie werden wir die viele Güte, welche er uns erwiesen vergessen u[nd] gewiss gerne jede Gelegenheit benutzen, um ihm diese Worte wie er uns that, auch thätlich zu beweisen. Roth habe ich hier gefunden, wo wir glüklich um 6 Uhr Abends angekommen sind u[nd] das bestelte warme Stübchen bezogen. In Neuschatel kamen wir beym schönsten Sonnenschein um 1 Uhr Mittags an als man sich eben zum Mittagsessen sezte, mir hat die Stadt vorzüglich gefallen, den Nachmittag fuhren wir im herunter geschlagenen Waagen beym angenehmsten Wetter u[nd] erfreuten uns des lieblichen Seins in der Schweiz, der Gegend die uns umgab, der prachtvollen Alpenkette, die beym Sonnenuntergang, wie ein Feuer-Meer sich unsern Augen darboth. Wie gross ist die Natur u[nd] wie viel grösser ihr Schöpfer u[nd] wie erhaben fühlt sich der Mensch im Sehn der Natur über sie u[nd] im Gedanken den über sie erhabener denken zu können u[n]d darin dann des höchsten Gedankens der Versichrung

darin, ihm, Gott anzugehören. Giebts eine höhere Ermuntrung? O –
dass wir sie fest fülten, seegneten die uns fluchen, wohl thun die
uns hassen, unsere Liebe alles umfasste beleuchtete erwärmte, wie
die liebe Sonne uns täglich ermunterte, ich es könnte wie Sie lieber,
lieber, unaussprechlich lieber Pestalozzi. Sie vergessen uns nicht
ganz – nein ich frage nicht, ich weiss es.
  Grüssen Sie Alles was unser gedenkt. Therese u[nd] Marie halten
mit mir Ihre liebe Hände u[nd] küssen Sie, aber am mehrsten

Ihre
Ihnen aufs treuste liebende
J[ohanna] C[onsentius]

sonst ein Freudentag für Preüssen, als Geburtstag der hochseeligen
Königin. An Roth habe ich 10 Schweizer Franken gezahlt, u[nd] an
Riol für den Abend vom 8ten März 15 Batzen

Überlieferung

1   ZB Zürich, Ms Pestal 50/51, Umschlag 55/2
2   Blatt, 232 x 186 mm
4   Datum am Schluss, Siegel
5   Original

Textkritik

Zeuge H
Z. 25   Sehn < des einen > der

Sacherklärung

I.

Johanna Consentius-Lorck (1774–1854) ⇒ Nr. 2089

II.

Johanna Consentius-Lorck (1774–1854, ⇒ Nr. 2089) war im Herbst 1819 nach Yverdon gereist und hatte ihren Sohn sowie zwei Töchter in Krüsis Institut (⇒ Nr. 1775) gebracht.

III.

Z. 7   *Ifferten*: dt. Name für Yverdon
Z. 10   *Kinder*: Johanna Therese (*1801, ⇒ Nr. 2089) und Marie-Luise Consentius (1804–1833, ⇒ Nr. 2089)
Z. 12   *Schmidt*: Joseph Schmid (1785–1851) ⇒ Nr. 712
Z. 15   *Roth*: Stephan Ludwig Roth (1796–1849) ⇒ Nr. 2187
Z. 17   *Neuschatel*: Neuchâtel (Kt. Neuenburg)

Z. 40   *Königin*: Königin Luise Auguste Wilhelmine Amalie von Preussen
        (1776-1810) ⇒ Nr. 1160
Z. 41   *Riol*: Riol konnte nicht näher bestimm werden. Möglicherweise war hier
        aber Paul Emil Thiriot (1780-1831, ⇒ Nr. 984) gemeint, der wie auch
        Stephan Ludwig Roth (1769-1849, ⇒ Nr. 2187) Lehrer in Yverdon, 1820
        allerdings schon ausgetreten war. Er hatte aber Kontakte zu Neuchâtel
        und könnte eventuell als Geiger für ein Konzert am Abend entlöhnt worden sein. Diese Vermutung lässt sich aber nicht weiter erhärten.

2137.
Jacques Pictet
März 1820

[Reg.] Pictet leitet Pestalozzi einen Brief von Etmerigo de Lippi weiter.

Überlieferung

1   PSB XII, S. 52.9 ff.

Sacherklärung

I.

Jacques Pictet konnte nicht näher bestimmt werden. Ein aktenkundig gewordener Jacques Pictet hält sich seit 1815 in Burma auf, weshalb er hier als Briefschreiber eher nicht infrage kommt.

II.

Wie aus der Antwort Pestalozzis auf diesen nicht erhaltenen Brief von Jacques Pictet (⇒ Sacherklärung I.) deutlich wird, hatte Pestalozzi seine Antwort an Amerigo de Lippi (⇒ Z. 4) nach Florenz adressiert. Da er nicht sicher wusste, ob de Lippi sich immer noch da aufhielt, hatte er eine Kopie seiner Antwort auch Pictet mitgeschickt mit der Bitte, diese an den aktuellen Aufenthaltsort de Lippis weiterzuleiten.

III.

Z. 4   *Brief*: scheint nicht erhalten zu sein
Z. 4   *Etmerigo de Lippi*: Damit dürfte wohl ein Amerigo de Lippi gemeint
        gewesen sein, der aber nicht näher bestimmt werden konnte.

2138.
Robert Dickinson
März 1820

[Reg.] Dickinson denkt darüber nach, seinen Sohn in ein anderes Institut zu schicken.

Überlieferung

1 PSB XII, S. 46.14 ff.

Sacherklärung

I.

Robert Dickinson ⇒ Nr. 1693

III.

Z. 4   *Sohn*: Stanhope Dickinson (*ev. um 1811) ⇒ Nr. 1693

2139.
André Guy Corderier
22. März 1820

[Reg.] Corderier kündigt die Ankunft seines Sohnes in Yverdon an.

Überlieferung

1 PSB XII, S. 42.35 f.

Sacherklärung

I.

André Guy Corderier (1776–1833) aus Lyon lebt dort als Kaufmann und ist mit Claudine Françoise Dumont (*1783) verheiratet.

III.

Z. 4   *Sohnes*: Christophe Charles Corderier (1805–1868) weilte von 1820 bis 1821 zur Ausbildung in Yverdon und lebte später in seiner Heimatstadt Lyon.

2140.
Johanna Consentius-Lorck
27. März 1820

Herrn Pestalozzi
Wohlgeborn
in
Ifferten in der Schweiz
frey.

den 27ten März. 1820 Frankfurth a[m]/m[ain]

Lieber, lieber, unaussprechlich lieber Pestalozzi. Schon so lange bin ich von Ihnen, u[nd] immer habe u[nd] kann ich nicht an Sie schreiben, u[nd] doch erfüllt Ihr Andenken, die Liebe zu Ihnen so sehr meine Seele. Ich glaube aber fest dass Sie dies fühlen u[nd] wissen ohne Worte? – Denn es lest sich nicht aussprechen wie ich u[nd] meine Kinder sie lieben, viel sprechen wir von Ihnen, ich muss immer alles lesen was ich von Ihnen habe, mehr wie zehn mahle haben wir dass schon zusammen gethan, sehen dabey Ihr liebes Bild an u[nd] sprechen mit Ihnen, Therese wusch es gestern u[nd] dann stekten wir es an den Gardinen in meinem Bette u[nd] die durchtriebnen Mädchen sagten, das trautste Altchen ist erst gewaschen u[nd] denn ins Bette gegangen. Ich sagte ach könnte ich ihn in seinem Bettchen so besuchen, in welchem er gewiss jezt liegt u[nd] ich ihn mir so lebhaft denken kann – Es war Palmsonntag 3 Uhr Nachmittags. Wie geht es Ihnen theurer ewig theurer Freund, haben Sie mein liebes Kind gesehen, es hat an mich wenige Worte geschrieben woraus keine wünschenswerthe Stimmung gegen den lieben Krüsi hervorleuchtet; ach u[nd] dass thut mir weh, sehr weh. Theurer Vater, Gott legte in Ihrem Herzen so grosse Liebe, so viele Liebe zum wohlthun, so viel Sinn, den zu segnen der uns flucht, den zu lieben der uns hasst, ach seegnen, lieben Sie auch Krüsi, Sie lieben Gott, Sich, mich u[nd] viele viele für die Sie sehr viel thaten, Ihr ganzes Leben weihten. Könnten Sie zu ihm gehen, auch sehen wie Sie Karl u[nd] Harald finden, welch ein Beyspiel, welch eine Wohlthat, welch ein Seegen brächten Sie mit dahin – Verzeihen Sie den Ausbruch meines Herzens, verzeihen Sie mir, der Sie schon so viel, so unendlich viel Nachsicht schenkten. Mit Ritter habe ich am mehrsten von Ihnen gesprochen. Gestern den ganzen Abend nichts als von Ihnen mit ihm gesprochen, wir lasen Ihren schönen Psalm «die Noth ist da» ich habe ihn Ewald in Karlsruhe versprechen müssen, der unter Ihre wärmsten Verehrern gehört. Lieber, lieber Pestalozzi

Sie haben nur Verehrer u[nd] Freunde, Sie werden viel sehr viel geliebt, ich kenne keinen Menschen der mehr geliebt wird wie Sie, auch es liebt aber gewiss auch kein Mensch mehr wie Sie, es kann keiner mehr lieben, denn Sie fassen die ganze Menschheit im Einzelnen Menschen. Stärke, Seegne Sie Gott in diesen heiligen Tagen ganz besonders. Ach der liebe, liebe Heiland wie noch viel mehr trug er, trug er ja unsere Schmerzen. Ritter geht als Professor nach Berlin, in derselben Zeit wenn ich hin zu gehen gedenke. Pfarrer Stein in Sachssenhausen hat Maria angenommen, Juni Monat ist die Einsegnung. Pfarrer Gessners machte Ihr Gruss grosse Freude, wenn Sie nach Zürich kommen erfreuen Sie sie ja mit Ihrem Besuch, sie lieben Sie w a h r h a f t denn sie sind wahrhafte Christen. Ach der liebe Gessner hat viel Leiden durch die Schwärmerei in der Schweiz die sich sehr v e r s c h i e d e n gestalten. Die welche unter unserm Geschlecht sich lächerlich äussert, ist bey weitem nicht die gefährlichste. Denken Sie sich wie es meinem Nahmen gegangen. Eine Begeisterte hat die jde sie ist untrüglich u[nd] kann jedem es an der Nase ansehn ob er den Geist Gottes hat u[nd] Salz in sich, die ihr nun so erscheinen mehr oder weniger deren Nahmen nimmt sie an, bis sie wieder einen findet der ihm den Preiss abgewinnt so hat sie mich gesehen diesen Sommer u[nd] nennt u[nd] unterschreibt sich seit dem Consentius, unter dessen Unterschrift, also viel zirkulirt, was u[nd] wo ich mir nicht denken kann, denn ich kenne die Person nicht, noch ihren Nahmen. Es geht mir also im kleinen, wie Ihnen im grossen mit Ihrer Methode, die viele gewiss verbreiten, die Sie so wenig kennen, wie sie Ihre Methode. Entschuldigen Sie mein geschwätz was ich um ihm allen werth zu nehmen noch dazu so sehr schlecht schreibe. Ach ich komme wenig im sprechen, aber noch weniger im schreiben zu recht, wollte Gott ich könnte um so besser in aller Stille nach seinem heiligen Willen leben, viel, viel Kraft danke ich dazu nächst Gott, Ihnen. Sein Sie versichert, dass ich nach treu sein für ewig strebe. Sie haben mich lieb, Sie vertrauen mich, ich kann daran nicht zweiflen. Sie werden mir auch ferner Worte der Wahrheit u[nd] des Lebens zurufen. Den lieben Herrn Schmidt wiederhole ich meinen erkenntlichsten Dank für die viele Güte die er uns erwies, u[nd] bitte, dass Sie es ihm mit unsern herzlichste Grüsse sagen, wir grüssen auch die lieben Schwestern Schmid, Gottlieb, Mamsell Scheperdt, Ginvis H[errn] Nev u[nd] Ihr ganzes Haus, was uns sehr lieb u[nd] werth ist. Therese u[nd] Marie wollen ihren Gruss an Sie selbst sagen. Meinen Karl sehen Sie für mich an! Ich küsse Ihre Hände u[nd] nätze sie mit Thränen des Dankes, den kein

Herz mehr fühlen kann, als das Ihre Ihnen eng verbundene ergebenste

Johanna C[onsentius]

Überlieferung

1 ZB Zürich, Ms Pestal 50/51, Umschlag 55/3
2 Bogen, 231 x 186 mm
4 Datum am Schluss, Siegelspuren, Stempel *FRANKFURT 30. MÄRZ 1820*
5 Original

Textkritik

Zeuge H
Z. 31 f. *u[nd] ... weihten* ⌠
Z. 44 f. *Einzelnen* < *und* > *Menschen*

Sacherklärung

I.

Johanna Consentius-Lorck (1774–1854) ⇒ Nr. 2089

II.

⇒ Nr. 2136

III.

Z. 7   *Ifferten*: dt. Name für Yverdon
Z. 18 *Therese*: Johanna Therese Consentius (*1801) ⇒ Nr. 2089
Z. 25 *Kind*: Karl Friedrich Consentius (1806–1845) besuchte von 1816 bis 1819 das von Christian Gotthilf Salzmann (1744–1811, ⇒ Nr. 933) gegründete Philanthropin in Schnepfenthal (⇒ Nr. 640) und anschliessend das Institut (⇒ Nr. 1775) von Hermann Krüsi (1775–1844, ⇒ Nr. 588) in Yverdon. Weiteres über seinen Lebensweg ist nicht bekannt.
Z. 26 *geschrieben*: scheint nicht erhalten zu sein
Z. 27 *Krüsi*: Hermann Krüsi (1775–1844) ⇒ Nr. 588
Z. 33 *Harald*: Hermann Maurer (1804–1882) ⇒ Nr. 2085
Z. 36 *Ritter*: Karl/Carl Ritter (1779–1859) ⇒ Nr. 908
Z. 38 *Psalm*: Johann Heinrich Pestalozzi: Erhebung in schweren Tagen für Frau Consentius. In: PSW XXVI, S. 185–191
Z. 39 *Ewald*: Johann Ludwig Ewald (1748–1822) ⇒ Nr. 529
Z. 49 *Stein*: Alexander Stein (1789–1834) ⇒ Nr. 1681
Z. 49 *Maria*: Marie-Luise Consentius (1804–1833) ⇒ Nr. 2089
Z. 50 *Gessners*: Johann Georg Gessner (1765–1843, ⇒ Nr. 586) und Anna Gessner-Lavater (1771–1852). Anna war die älteste Tochter von Johann Caspar Lavater (1741–1801, ⇒ Nr. 29) und begleitete 1793 ihren Vater auf eine mehrmonatige Reise, die bis nach Kopenhagen führte. Das seit 1795 verheiratete Paar hatte insgesamt acht Kinder.
Z. 57 *Begeisterte*: Diese Geschichte lässt sich historisch nicht rekonstruieren. Allerdings findet diese Polemik gegen religiösen Eifer ihre Parallele in der

zusammen mit Pestalozzi (PSB XIII, S. 72-76) geäusserten Kritik am religiösen Schwärmertum. Sie manifestierte sich konkret etwa an den entsprechenden Ansichten der gemeinsamen Bekannten Freifrau Barbara Juliane von Krüdener-von Vietinghoff (1764-1824, ⇒ Nr. 1478), die nach ihren missionarisch-pietistischen Wanderpredigten in der Schweiz mit der Schaffhauser Familie Maurer nach Russland ausgewandert war.

Z. 74 Schmidt: Joseph Schmid (1785-1851) ⇒ Nr. 712
Z. 77 Schmid: Marie Reidel-Schmid (1794-1864, ⇒ Nr. 1219) und Katharina Maria Pestalozzi-Schmid (1799-1853, ⇒ Nr. 2316)
Z. 77 f. Gottlieb: Gottlieb Pestalozzi (1797-1863) ⇒ Nr. 594
Z. 78 Scheperdt: Damit ist Eliza oder Frances Shepherd (*1796) gemeint. Eliza hielt sich mit Unterbrechungen von 1819/20 bis 1823 in Yverdon auf und übersetzte 1824 in Mournez (Savoyen) *Lienhard und Gertrud*. Frances, die sich 1818 in Yverdon aufhielt und von Charles Mayo (1792-1846, ⇒ Nr. 2270) nach Yverdon vermittelt worden sein soll, war die jüngste Tochter des Pfarrers John Shepherd (1759-1805) von Paddington und der Frances Benson (*1760), die 1782 heirateten und vermutlich auch die Eltern von Eliza waren.
Z. 78 Ginvis: unsichere Lesart. Der Name konnte nicht weiter bestimmt werden.
Z. 78 Nev: Johann Konrad Näf (1789-1832) ⇒ Nr. 2304

2141.
Paolo Burrueso
29. März 1820

[Reg.] Burrueso schickt 40 francs de France für kleinere Vergnügungen seines Sohnes.

Überlieferung

1 PSB XII, S. 53.25 ff.

Sacherklärung

I.

Paolo Burrueso ⇒ Nr. 2057

III.

Z. 4 f. Sohnes: Joachim Burruseo ⇒ Nr. 2057

2142.
James Stuart Ment
4. April 1820

[Reg.] Ment möchte seine Söhne nach Yverdon schicken.

Überlieferung

1 PSB XII, S. 49.32 ff.

Sacherklärung

I.

James Stuart Ment konnte nicht näher bestimmt werden.

III.

Z. 4   *Söhne*: Die Söhne sind in den Schülerlisten von Pestalozzis Instituten nicht verzeichnet, weshalb sie wahrscheinlich nicht nach Yverdon geschickt wurden.

2143.
Johanna Consentius-Lorck
16. April 1820

den 16ten April 1820 Frankfurt a[m]/m[ain]

Unmöglich kann ich Jemand nach Ifferten gehen hören ohne Ihnen unaussprechlich geliebter, Verehrter Herr Pestalozzi wenn auch nur sehr in Eile u[nd] durch ein Blatt meinen Gruss zu senden. Mit welcher innigen Liebe wir Ihnen angehören wir, besonders ich Ihrer gedenke spräche ich Ihnen nicht nur gerne aus, sondern schrie es auch gerne so laut aus dass alles was Ohren hat es hören sollte. Doch damit würden Sie am unzufriedensten sein u[nd] ich thue es nicht weil so etwas, die wahre Liebe, sich wohl manchmahl so äussern möchte, aber nicht kann ohne höhern Willen. Der allein kann auch stummen u[nd] todten Dingen Sprache u[nd] Leben geben, u[nd] giebts oft und unbewusst. So kann Ihnen, durch Gottes ewige Liebe, Ihrem Herzen, meine Liebe vieleicht fühlbar sein! ich glaubs, u[nd] erflehe Ihnen von Gott den Frieden der über alle Vernunft geht.

Es ist heute ein schöner Sonntag u[nd] der ruf der Gloken welcher mir von allen Seiten umgiebt zieht meinen Geist im Gedanke an Sie himmelwärts. Wie Licht u[nd] schön ist es doch hier auf Erden schon, wenn wir in der Liebe leben, was erhellt, was verklärt u[nd] reinigt sie nicht. Ja theurer lieber Pestalozzi durch keinen Menschen bin ich in diesem Glauben mehr gestärkt, als durch Sie! – Unaussprechlich sehne ich mich nach Ihnen, ich wäre so gerne bey Ihnen, ging mit Ihnen spaziren, denken Sie meiner wenn Sie spaziren gehen, ich thue es u[nd] werde es immer thun. Haben Sie meinen Brief erhalten? Sehn Sie meinen Karl u[nd] was sagen Sie mir von ihm, rein was Sie meinen, dass hat den mehrsten Seegen, wenn es auch nicht das angenehmste wäre. Ach könnte ich ihm doch eine Mutter sein wie ich ihm eine sein möchte. ich habe aus Preussen sehr liebe Briefe erhalten, ich glaube sie würden Ihnen auch gefallen, ich erhilt sie nur vor einer Stunde u[nd] will Ihnen mittheilen was sich ausziehn lasst, es verliehrt aber, wenn es nicht im ganzen zusammenhang bleibt u[nd] wie lasst sich das machen, Ich habe Krüsi gebeten er soll Ihnen seinen Brief von Wagner lesen lassen, dass ist mein u[nd] Karls Freund, auf den ich meine Hoffnung für die Zukunft setze, sagen Sie mir was Sie zu seinem Brief denken. Meine liebe Kinder küssen mit mir Ihre liebe lieben Hände theurer, theurer, lieber, liebster, einziger Vater Pestalozzi, Sie haben uns lieb denn ich habe Ihnen zu lieb als dass ich daran zweiflen könnte. Ewig bin ich u[nd] bleib ich Ihnen in Liebe ergebene

J[ohanna] C[onsentius]

Eben erhalte ich beyfolgendes Buch u[nd] kann es Ihnen schiken.

Haben Sie die Güte nach Bequemlichkeit an Niederer u[nd] Krüsi es mitzutheilen als I h r Eigenthum

Überlieferung

1 ZB Zürich, Ms Pestal 50/51, Umschlag 55/4
2 Blatt, 250 x 206 mm
4 Datum am Schluss
5 Original

Textkritik

Zeuge H

Sacherklärung

I.

Johanna Consentius-Lorck (1774–1854) ⇒ Nr. 2089

II.

⇒ Nr. 2136

III.

Z. 5   *Ifferten*: dt. Name für Yverdon
Z. 28   *Brief*: ⇒ Nr. 2140
Z. 28   *Karl*: Karl Friedrich Consentius (1806–1845) ⇒ Nr. 2140
Z. 32   *Briefe*: scheinen nicht erhalten zu sein
Z. 36   *Krüsi*: Hermann Krüsi (1775–1844) ⇒ Nr. 588
Z. 36   *Brief*: Dieser Brief ist im Nachlass Krüsi (ZB Zürich, Ms Pestal 851) nicht vorhanden.
Z. 36   *Wagner*: Da der erwähnte Brief (⇒ Z. 36) nicht erhalten ist, kann nicht mit Sicherheit bestimmt werden, welcher Wagner hier gemeint war. Am wahrscheinlichsten dürfte es sich um den Darmstädter Kirchen- und Schulrat Friedrich Ludwig Wagner (1764–1835, ⇒ Nr. 1883) gehandelt haben, der das Institut in Burgdorf besucht hatte und auch zu den Subskribenten zählte. Eine Verbindung Wagners zu Johanna Consentius-Lorck (1774–1854, ⇒ Nr. 2089) konnte allerdings nicht nachgewiesen werden.
Z. 39   *Kinder*: Johanna Therese Consentius (*1801, ⇒ Nr. 2089) und Marie-Luise Consentius (1804–1833, ⇒ Nr. 2089)
Z. 44   *Buch*: Johann Friedrich Meyer: Heilige Schrift in berichtigter Übersetzung, 3 Bände. Frankfurt am Main 1819
Z. 45   *Niederer*: Johannes Niederer (1779–1843) ⇒ Nr. 507

2144.
Johann Jakob Steffan
17. April 1820

Neuchâtel d[en] 17. April 1820.

Vater!
Auch hier kam ich w i e d e r zu neuen Documenten, dass du dich in Hingebung des a u s g e l i t t e n e n Menschenherzens zur Beförderung deiner Lebenszwecke, seit fünf langen und für deinen für folgende Geschlechter geheiligtem Ruf entwürdigende Weise in den Händen eines Wesens das den ehrwürdigen Titel M e n s c h, dokumentarisch in meiner Persohn mit Füssen getretten hat, mit Banden von einem Satan geschmiedet befindest. – Dadurch hast du seit diesem Zeitraume dein besseres Selbst dem gerechten Zweifel der Menschheit an deinen früher von jeder Seele und jedem Menschenherzen das gekannt was du wolltest, hochgefeierten Namen – preissgegeben. – Daher fordere ich dich im Namen deines und meines geliebten Vaterlandes, das Joseph Schmid in deiner Altersschwäche entwürdigt hat, und auch im Namen deiner Seele und deines Herzens das jedem Menschen heilig ist, auf: entweder mich,

meine ganze Existenz auf ewig im Angesichte des über den Gottesvergessensten Missbrauch und Entwürdigung deines Namens, empörten Vaterlandes der Verruchtheit zu überliefern, – oder:
Versöhnung
desselben mit Joseph Schmit
unter vier Menschen,
wodurch
dein höchstgefährdetes Leben
entweder mit dem Glanze der heitersten Frühlingssonne dem Himmel entschwebt – oder mit bedaurungswürdigen Thränen der Menschheit zu Grabe sinkt. –
Gott über'm Sternenzelt
wolle es gnädig verhüten!!!
Mein Leben dem Deinen zu weihn war seit zehn Jahren der festeste Entschluss meines H e r z e n s , demnach m u s s ich handeln, wenn auch unter Donner und Blitz die keine Liebe töden, aber worunter der Bösewicht
fürchterlich bebet!!!
Gott! Muth! und Demuth,
mit Schmid und mir.
Baldigen Entschluss

deinem
dir
ewig ergebenen
Steffan.

Überlieferung

1 ZB Zürich, Ms Pestal 55a, Umschlag 358/3
2 Bogen, 237 x 185 mm
4 Dorsualvermerk *Custer Pestalozzi*
5 Original

Textkritik

Zeuge H

Z. 4 *Neuchâtel*: lateinische Schrift
Z. 4 *April*: lateinische Schrift
Z. 6 *Documenten*: lateinische Schrift
Z. 10 f. *dokumentarisch*: lateinische Schrift
Z. 17 *Joseph Schmid*: lateinische Schrift
Z. 19 *Herzens <auf> das <was> jedem*
Z. 20 *Existenz*: lateinische Schrift
Z. 22 *Verruchtheit*: lateinische Schrift

Z. 23	*Versöhnung*: lateinische Schrift
Z. 25	*unter vier Menschen*: lateinische Schrift
Z. 26	*wodurch*: lateinische Schrift
Z. 33	*Mein Leben dem Deinen*: lateinische Schrift
Z. 33	*zehn Jahren*: lateinische Schrift
Z. 34	m u s s : lateinische Schrift
Z. 35	*Donner*: lateinische Schrift
Z. 35	un < ter > d
Z. 35	*Blitz*: lateinische Schrift
Z. 35	*Liebe*: lateinische Schrift
Z. 38	*Gott! Muth! und Demuth*: lateinische Schrift
Z. 40	*Baldigen Entschluss*: lateinische Schrift
Z. 44	*Steffan*: lateinische Schrift

Sacherklärung

I.

Johann Jakob Steffan (1790–1859) ⇒ Nr. 1603

II.

Johann Jakob Steffan (1790–1859, ⇒ Nr. 1603) arbeitete um 1817 in Fribourg und hielt sich immer wieder in Yverdon auf. Seine Bekanntschaft mit der Lehrerschaft des Instituts hatten zur Folge, dass auch er in den Lehrerstreit involviert wurde – er nahm für Johannes Niederer (1779–1843, ⇒ Nr. 507) Partei. Dieser Brief belegt zudem, mit welcher Intensität und apodiktischen Zuschreibungen der Streit um den «richtigen» Pestalozzi geführt wurde und dass sich auch nicht direkt Beteiligte genötigt sahen, Stellung zu beziehen.

III.

Z. 17   *Schmid*: Joseph Schmid (1785–1851) ⇒ Nr. 712

2145.
André Guy Corderier
5. Mai 1820

[Reg.] Inhalt unbekannt.

Überlieferung

1   PSB XII, S. 71.10

Sacherklärung

I.

André Guy Corderier (1776–1833) ⇒ Nr. 2139

2146.
Abel Dantour/d'Antour
Mai 1820

[Reg.] Dantour findet einige Posten auf der Pensionskostenrechnung seiner Zöglinge
übertrieben und lächerlich.

Überlieferung

1   PSB XII, S. 69.19 ff.

Sacherklärung

I.

Abel Dantour/d'Antour (*1760) ⇒ Nr. 1591

III.

Z. 4   *Zöglinge*: Jean und Louis de Moidan ⇒ Nr. 1591

2147.
Joseph Head Marshall, Baron d'Avray
21. Mai 1820

[Reg.] Marshall erkundigt sich nach dem Institut in Yverdon, da er darüber nachdenkt, seinen Sohn dorthin zu schicken.

Überlieferung

1   PSB XII, S. 64.22 ff.

Sacherklärung

I.

Joseph Head Marshall (1770–1838) ist Arzt und arbeitet zusammen mit dem englischen Mediziner Edward Jenner (1749–1823) an der Etablierung der Pockenschutzimpfung. Er führt sie in Neapel ein, wo er als Leibarzt des Königs beider Sizilien, Ferdinand I. (1751–1825), amtiert. 1815 wird er zum Baron d'Avray ernannt, weil er die französische Regierung vor der bevorstehenden Flucht Napoleon I. Bonapartes (1769–1821, ⇒ Nr. 580) von Elba warnt.

II.

William Marshall (⇒ Z. 5) stammte aus einer bildungsinteressierten Familie mit elf Geschwistern. Sein ältester Bruder Joseph Marshall de Brett, zweiter Baron d'Avray (1811–1871) wurde zusammen mit den Kindern des späteren französischen Königs Louis-Philippe I. (1773–1850) erzogen, wanderte aber wegen der Marginalisierung seiner Familie im Zuge dynastischer Wechsel 1848 nach Fredericton, New Brunswick (Kanada) aus, wo er als Schulleiter und *Superintendent of Education* als ultraprogressiver Schulreformer galt, weil er sich für landwirtschaftliche und berufliche Ausbildung stark machte und sich dabei auf Philipp Emanuel von Fellenberg (1771–1844, ⇒ Nr. 426) und Pestalozzi berief. Später wurde er Professor für moderne Sprachen am *King's College* in Fredericton und gab dort auch die lokale Tageszeitung heraus.

III.

Z. 5   *Sohn*: William Marshall besuchte von Juni 1820 bis April 1822 das Institut in Yverdon.

2148.
Jean Jacques Paschoud
24. Mai 1820

[Reg.] Paschoud teilt Pestalozzi mit, dass er das gewünschte englisch-deutsche Wörterbuch nicht vorrätig habe.

Überlieferung

1   PSB XII, S. 76.9 ff.

Sacherklärung

I.

Jean Jacques Paschoud (1768–1826) ⇒ Nr. 1216 a

2149.
Madame Doyle
28. Mai 1820

[Reg.] Madame Doyle erkundigt sich auf Empfehlung von Monsieur Estrada, ob sie ihren Sohn nach Yverdon schicken könne.

Überlieferung

1   PSB XII, S. 68.5 ff.

Sacherklärung

I.

Madame Doyle, möglicherweise eine Engländerin, konnte nicht näher bestimmt werden.

III.

Z. 4   *Estrada*: Alvaro Flórez Estrada (1769–1853) ⇒ Nr. 1929
Z. 5   *Sohn*: konnte nicht näher bestimmt werden

2150.
Frédéric César de Laharpe
30. Mai 1820

A Monsieur
Monsieur Pestalozzi
a Y v e r d u n

Lousanne 30e May 1820

Monsieur et respectable ami.
Le porteur de ce Billet est M[onsieu]r le Marquis Ridolfi de Florence, qui voyage en Suisse pour visiter les Etablissemens d'Education. Il étoit bien naturel qu'il desirât connoitre l'homme qui a découvert et frayé les nouvelles routes. – Quoique je ne vous aïe pas donné de mes Nouvelles depuis longtems, croyez cependant que je n'ai pas cessé de penser à vous, et de prendre un bien vif intérêt à tout ce qui vous concerne. Agréez, je vous prie, avec les assurances de ma Considération la plus distinguée, les Sentimens que vous ont voué tous les Gens de Bien, et que partage Surtout

Votre tout dévoué
Serviteur
F[rédéric] C[ésar] de la Harpe

Überlieferung

1   Privatbesitz. Fotokopie: ZB Zürich, Ms Pestal 52/53, Umschlag 181/5
2   Blatt, 231 x 178 mm
4   Siegelspuren
5   Original

Textkritik

Zeuge H
Z. 13   *mes* ⌡

Sacherklärung

I.
Frédéric César de Laharpe (1754–1838) ⇒ Nr. 722

III.

Z. 9   *Ridolfi:* Marquese Cosimo Ridolfi (1794-1865) stammte aus einer florentinischen Adelsfamilie und spiegelte in seinen Aktivitäten deren philanthropisches Gepräge: Zeitlebens setzte sich Ridolfi zur Bekämpfung der Nahrungsmittelknappheit mit Fragen der Agronomie auseinander. So gründete er auf seinem Grundstück in Meleto (Toskana) ein Landwirtschaftsinstitut, gab das *Giornale Agrario della Toscana* heraus, rief eine Sparkasse ins Leben, die Investitionen in die Landwirtschaft begünstigte, stand ab 1842 der renommierten, auf die Förderung landwirtschaftlicher Wissenschaften spezialisierten *Accademia Georgofili* vor und war von 1840 bis 1845 Professor für Agrarwissenschaft an der Universität Pisa. Daneben beteiligte sich Ridolfi auch an Erziehungsdebatten - 1818 verfasste er eine Dissertation über Joseph Lancaster (1778-1838, ⇒ Nr. 1487), dessen Methoden er verfocht - sowie an der politischen Gestaltung seines Landes: 1847 amtierte er als Innenminister und 1848 als Ministerpräsident des Grossherzogtums Toskana, 1859, nach dem Zusammenbruch der habsburg-lothringischen Herrschaft, nahm er als Erziehungsminister an der provisorischen Regierung der Toskana teil, und 1860, als der Anschluss der Toskana an Sardinien-Piemont formell vollzogen war, wurde er zum Senator des Königreichs ernannt.

2151.
André Guy Corderier
2. Juni 1820

[Reg.] Inhalt unbekannt.

Überlieferung

1   PSB XII, S. 71.10

Sacherklärung

I.

André Guy Corderier (1776-1833) ⇒ Nr. 2139

2152.
Stephan Gottlieb Roth
um Juni 1820

[Reg.] Inhalt unbekannt.

Überlieferung
1 Stephan Ludwig Roth: Gesammelte Schriften und Briefe. Otto Folberth (Hrsg.).
Band II. Kronstadt 1928, S. 296

Textkritik

Zeuge [a]

Sacherklärung

1.

Stephan Gottlieb Roth (1762–1847) ⇒ Nr. 1978

2153.
David Vogel

8. Juni 1820

H[errn]
5 Herren Pestalozzi, aelter.
im Schloss
zu
I f e r t e n.

Zürich den 8. Juny. 1820.

10 Lieber Freünd!
Bald ist ein Monat verflossen, dass ich die förmliche Übergabe meiner bisherigen vormundschaftlichen Besorgung in die Hände deines Enkels gelegt habe, noch habe ich keine Empfangsanzeige, noch weniger die förmliche Entlastung von seiner Seite erhalten; ich wün-
15 sche solche mit Beförderung zu empfangen. – Hingegen erhielt meine Frau, zwar mit blosser Addresse von H[errn] deinem Enkel, eine Schachtel mit Kostbarkeiten; als Geschenke betrachtet, welches mir indirecte zukommen soll, kann ich es nicht anderst annehmen, als dass mir erlaubt seye, dasselbe der künftigen Gattin Gottliebs
20 seiner Zeit wider zu übersenden. H[err] Schirmschreiber Paur hat die Zinse bezogen und ist dafür bezahlt; das wenige was ich zu thun hatte, that ich aus Freündschaft für dich u[nd] deine sel[ige] Gattin, diess lasse ich mir auf keine Weise bezahlen, als durch die Fortdaur deiner Liebe und das freündschaftliche Zutrauen von Seite Gottliebs;
25 einstweilen bleibe also das Geschenk m[einer] Frau als Depot, bis Gottlieb mir Gelegenheit giebt es zurükzugeben. –

Ich sende dir die Zuschrift von H[errn] Custer u[nd] m[eine] Antwort, ich hoffe künftiger Correspondenz mich dadurch entledigt zu haben.

dein dich herzlich liebender
Vogel

Überlieferung

1 ZB Zürich, Ms Pestal 55a/56, Umschlag 380/17
2 Bogen, 239 x 200 mm
4 Siegelspuren, Stempel *ZURICH 8 JUN 1820*
5 Original

Textkritik

Zeuge H
Z. 5   *Herren Pestalozzi*: lateinische Schrift
Z. 18   *indirecte*: lateinische Schrift
Z. 25   *Depot*: lateinische Schrift

Sacherklärung

I.

David Vogel (1760–1849) ⇒ Nr. 1187 a

II.

In einem Brief vom 22. Januar 1820 (⇒ Nr. 2116) hatte David Vogel (1760–1849, ⇒ Nr. 1187 a) Pestalozzi mitgeteilt, dass er nun alles vorbereitet habe, um die Volljährigkeitserklärung Gottlieb Pestalozzis (1797–1863, ⇒ Nr. 594) auszustellen und Elisabeth Krüsi-Näf (1762–1836, ⇒ Nr. 594) auszuzahlen, damit der Fortbestand des pestalozzischen Instituts gesichert werden könne. Im Frühjahr 1819 war es zu Streit über den ihr zustehenden Lohn und Erbschaft gekommen (⇒ Nr. 2159).

III.

Z. 8   *I f e r t e n* : dt. Name für Yverdon
Z. 13   *Enkels*: Gottlieb Pestalozzi (1797–1863) ⇒ Nr. 594
Z. 16   *Frau*: Anna Magdalena Vogel-Horner (1764–1841) ⇒ Nr. 1360
Z. 20   *Paur*: Salomon Paur (1771–1850) ⇒ Nr. 823
Z. 22   *Gattin*: Anna Pestalozzi-Schulthess (1738–1815) ⇒ Nr. 3
Z. 27   *Zuschrift*: scheint nicht erhalten zu sein
Z. 27   *Custer*: Laurenz Jakob Custer (1765–1822) ⇒ Nr. 748
Z. 27 f.   *Antwort*: scheint nicht erhalten zu sein

2154.
Edward Louis Wilson
Juni 1820

[Reg.] Wilson teilt Pestalozzi mit, dass er seinen Sohn aus finanziellen Gründen nicht
5 nach Yverdon schicken könne.

Überlieferung

1 PSB XII, S. 78.11 ff.

Sacherklärung

I.

Edward Louis Wilson aus Arundel St. Johns (Sussex) lebt zeitweilig in Paris. Möglicherweise handelt es sich dabei um Edward Wilson (*1781) aus Mersham (Kent), der 1801 Mary Arches heiratet. Denkbar wäre auch der Offizier Edward Lumley Wilson (1781–1851), der jedoch keinen Sohn namens Edward hat.

III.

Z. 4   *Sohn*: Möglicherweise handelt es sich hier um Edward Wilson (*1806), den Sohn von Edward Louis Wilson (⇒ Sacherklärung I.) und Mary Wilson-Arches. Er verliess Yverdon 1822 im Alter von 15 Jahren.

2155.
Louis Marie Guerrero
Juni 1820

[Reg.] Guerrero beauftragt Pestalozzi, seinem Sohn mitzuteilen, dass sein jüngerer
5 Bruder verstorben sei.

Überlieferung

1 PSB XII, S. 88.13 ff.

Sacherklärung

I.

Louis Marie Guerrero (1777–1858) ⇒ Nr. 1677

II.

Marius Guerrero (1817–1820, ⇒ Z. 4) verstarb am 15. Juni, der Brief dürfte wohl kurz darauf verfasst worden sein.

III.
Z. 4 Sohn: Diego Thomas Antoine André Pascal Marie Cécile Guerrero (*1806) ⇒ Nr. 1677
Z. 5 Bruder: Marius Guerrero (1817–1820), Sohn von Louis Marie Guerrero (⇒ Nr. 1677) und Jeanine Thérèse Guerrero-Martinez (⇒ Nr. 2086), starb im Alter von drei Jahren am 15. Juni 1820 in Marseille.

2156.
Jean Antoine Fatio
27. Juni 1820

[Reg.] Fatio bittet um ein Verzeichnis aller Spanier, die zurzeit im Institut leben.

Überlieferung
1 PSB XIV, S. 196.15 ff.

Sacherklärung
I.

Jean Antoine Fatio (1769–1855) ⇒ Nr. 1546

II.

Jean Antoine Fatio (1769–1855, ⇒ Nr. 1546) dürfte wohl deshalb ein Verzeichnis aller Spanier im Institut angefordert haben, um die Aufenthaltsgenehmigungen zu überprüfen (⇒ Nr. 2189).

III.

Z. 4 Spaniern: Damit dürften wohl Joachim Burrueso (⇒ Nr. 2057), Ferdinand Fernandez (⇒ Nr. 2012), Diego Thomas Antoine André Pascal Marie Cécile Guerrero (*1806, ⇒ Nr. 1677), dessen Familie aus Granada stammte, jedoch in Marseille lebte, Juan/Jean Martinez (⇒ Nr. 2307) und Edouard Strachan (⇒ Nr. 1438) gemeint sein.

2157.
Daniel Janvrin
Juni/Juli 1820

[Reg.] Inhalt unbekannt.

Überlieferung
1 PSB XII, S. 147.18 ff.

Sacherklärung

I.

Daniel Janvrin (um 1780–um 1851) ⇒ Nr. 1457 d

2158.
Jean Jacques Paschoud

5. Juli 1820

[Reg.] Bücherlieferung.

Überlieferung

1   PSB XII, S. 83.29 f.

Sacherklärung

I.

Jean Jacques Paschoud (1768–1826) ⇒ Nr. 1216 a

2159.
Elisabeth Krüsi-Näf

Juli 1820

[Reg.] Elisabeth Krüsi beklagt sich über ihre ökonomischen Verhältnisse und gibt
ihrem Gefühl der Benachteiligung Ausdruck.

Überlieferung

1   PSB XII, S. 84.19 ff.

Sacherklärung

I.

Elisabeth Krüsi-Näf (1762–1836) ⇒ Nr. 594

II.

Elisabeth Krüsi-Näf (1762–1836, ⇒ Nr. 594) war bis im September 1818 Haushälterin bei Pestalozzi gewesen. Im Frühjahr 1819 kam es zum Streit über den ihr zustehenden Lohn und um die Erbschaft, die sie von Anna Pestalozzi-Schulthess (1738–1815, ⇒ Nr. 3) noch zugute hatte. In die Lösung dieses Konflikts war auch David Vogel (1760–1849, ⇒ Nr. 1187 a) involviert, der sich am 8. Juni 1820 (⇒ Nr. 2153) schriftlich bei Pestalozzi beklagte, dass aus Yverdon noch keine Bestätigung wegen der finanziellen Regelung eingetroffen sei. Im Sommer 1819 hielt sie sich für einige Monate zur Kur in Bad Schinznach auf und zog anschliessend auf den Neuhof, bevor sie im Herbst 1820 wieder nach Yverdon zurückkehrte.

2160.
Johann von Gile(c)k
Juli 1820

[Reg.] Gile(c)k teilt Pestalozzi mit, dass er für die Pensionskosten seines Sohnes nicht
5 mehr als 600 Schweizer L[ivres] ausgeben will.

Überlieferung

1   PSB XII, S. 93.14 ff.

Sacherklärung

I.

Johann von Gile(c)k ⇒ Nr. 2029

III.

Z. 4   *Sohnes*: Georg Karl von Gileck war 1818 bis 1823 Schüler in Pestalozzis Institut in Yverdon.
Z. 5   *L[ivres]*: frz. Silberwährungseinheit

2161.
Edward Louis Wilson
Juli/August 1820

[Reg.] Wilson teilt Pestalozzi die Bedingungen mit, zu welchen er seinen Sohn nach
5 Yverdon schicken kann.

Überlieferung

1   PSB XII, S. 95.25 ff.

Sacherklärung

I.

Edward Louis Wilson ⇒ Nr. 2154

III.
Z. 4   *Sohn*: Edward Louis Wilson (*1806) ⇒ Nr. 2154

2162.
J. G. Cottasche Buchhandlung
3. *August 1820*

Tübingen, den 3. Aug[ust] 1820

5 Ew[er] Wohlgebohrn
erhalten hiebei per Postwagen:
1 Paket unter Ihrer Addresse, enthaltend:
Deutsche in Deutschland gedruckte Bücher.

J. G. Cotta'sche
10   Buchhandlung.

Überlieferung
1 ZB Zürich, Ms Pestal 50/51, Umschlag 56/31
2 Blatt, 175 x 152 mm
5 Original

Textkritik
Zeuge H
Z. 4   *Tübingen*: lateinische Schrift
Z. 9   *Cotta*: lateinische Schrift

Sacherklärung
I.
J. G. Cottasche Buchhandlung ⇒ Nr. 1455 b

III.
Z. 8   *Bücher*: Es ist unklar, welche Bücher hier bestellt worden sind.

2163.
Friedrich Christian Matthiae
9. *August 1820*

[Reg.] Matthiae schickt Pestalozzi eine schwedische Übersetzung der Elementarbü-
5 cher.

Überlieferung

1   PSB XII, S. 108.31 ff.

Sacherklärung

I.

Friedrich Christian Matthiae (1763–1822) besucht ab 1773 das evangelische Gymnasium in Erfurt und ab 1777 dasjenige seiner Vaterstadt Göttingen, wo er auch Philologie, Linguistik und Orientalische Sprachlehre studiert. 1787 wird er Lehrer für Latein und Griechisch an der Stadt- und Landesschule in Neuwied, 1789 avanciert er zum Direktor des Gymnasiums in Grünstadt (beide Rheinland-Pfalz). Im Zuge der Eingliederung des Städtchens ins französische *Département du Mont-Tonnerre* im Jahre 1797 wird die Schule aufgelöst. Matthiae unterrichtet in der Folge an der Zentralschule in Mainz. Dort wird er 1800 in den Stadtrat, 1801 in den Generalrat des Departements Mont-Tonnerre sowie in die *Commission zur Organisation der Schule zu Grünstadt* gewählt. Nach einer kurzen Tätigkeit als Leiter des wiedererrichteten Grünstadter Gymnasiums wechselt er 1804 ans Gymnasium nach Frankfurt am Main, wo er ab 1806 Rektor und ab 1812 auch als Oberschul- und Studienrat wirkt. Matthiae betätigt sich neben seinem pädagogischen Engagement auch als Übersetzer ausländischer Bücher und ist vor allem als Verfasser zahlreicher philologischer Schriften bekannt.

III.

Z. 4   *Übersetzung*: Pestalozzi's Elementar-böcker. Öfwersättning af C.A. Agardh och M. Bruzelius. Lund. Tryckt hos Agardh & comp. 1808–1812

2164.
Mister Sturt
August 1820

[Reg.] Sturt erkundigt sich nach den Gründen für die Erhöhung der Pensionskosten.

Überlieferung

1   PSB XII, S. 97.33 ff.

Sacherklärung

I.

Sturt ist wohl ein Kaufmann aus London, der seinen Sohn Richard von Juni 1819 bis August 1822 in Yverdon bei Pestalozzi unterrichten lässt. Möglicherweise ist damit Henry Sturt gemeint, der bis um 1839 gemeinsam mit James Carter Sharp *Warehouseman* vor allem für Textilien und Wolle in London ist. Beim Sohn könnte es sich um den Stellmacher Richard Sturt (1809–1881) handeln. Die Namen seiner Eltern sind allerdings mit James und Sarah angegeben.

II.

Auf Rat von englischen Freunden hatte Pestalozzi beschlossen, einen anglikanischen Pfarrer für den Religionsunterricht sowie für den Unterricht in Englisch, Latein und Griechisch anzustellen, weshalb er sich gezwungen sah, auch den Pensionspreis für die englischen Schüler zu erhöhen (PSB XII, Nr. 5495).

2165.
Samuel Emery
24. August 1820

[Reg.] Emery teilt Pestalozzi die Adresse seines Bruders in London mit.

Überlieferung

1   PSB XII, S. 97.5 f.

Sacherklärung

I.

Es ist unklar, um wen es sich bei Samuel Emery genau handelt. Gesichert ist, dass die Familie aus Étagnières (Kt. Waadt) stammt. Weil Pestalozzi die Namen der Brüder vermischt oder jedenfalls sehr unklar gebraucht, ist nicht zu sagen, wie der in Lausanne verbliebene wirklich heisst – mal erscheint er als Samuel, mal als François, mal als S. L. In den Akten überliefert ist ein Samuel Emery, *Voiturier*, jedoch ohne Lebensdaten. Ebenfalls zu finden ist dort ein Samuel-Benjamin Emery (1801–1839), der 1836 einen Pass für Grossbritannien beantragt. Allerdings ist unklar, ob er Fuhrmann ist, wie das der Brief Pestalozzis nahelegt (PSB XII, Nr. 5494).

II.

Pestalozzi hatte sich bei Samuel Emery (⇒ Sacherklärung I.) nach der Adresse sowie nach den Transportkosten zwischen England und Yverdon erkundigt, da er gelegentlich Schüler von da habe bzw. deren Rückreise organisieren müsse und die Eltern sich jeweils nach den Kosten dafür bei ihm erkundigten.

III.

Z. 4   *Bruders*: François Emery konnte nicht näher bestimmt werden

2166.
André Guy Corderier
August/September 1820

[Reg.] Corderier wünscht, dass sein Sohn die Ferien bei ihm verbringe.

Überlieferung

1 PSB XII, S. 100.19 ff.

Sacherklärung

I.

André Guy Corderier (1776–1833) ⇒ Nr. 2139

III.

Z. 4   *Sohn*: Christophe Charles Corderier (1805–1868) ⇒ Nr. 2139

2167.
Antoine Rolland
August/September 1820

[Reg.] Antoine Rolland teilt Pestalozzi die Adresse mit, an welche die persönlichen
5   Sachen seines Sohnes geschickt werden sollen.

Überlieferung

1 PSB XII, S. 102.19 ff.

Sacherklärung

I.

Antoine Rolland (*1770) ⇒ Nr. 2003

III.

Z. 5   *Sohnes*: César Émile Rolland (1805–1825) ⇒ Nr. 2003

2167 a.
Johanna Consentius-Lorck
zweite Hälfte 1820

[Reg.] Johanna Consentius schickt einen langen Brief aus Ibenheim über die Adresse
5   von Frau Krüsi an Pestalozzi.

Überlieferung

1 Nr. 2256

Sacherklärung

I.

Johanna Consentius-Lorck (1774–1854) ⇒ Nr. 2089

II.

Wann genau Johanna Consentius-Lorck (1774–1854, ⇒ Nr. 2089) diesen Brief aus Ibenheim bei Schnepfenthal an Pestalozzi gesandt hatte, ist unklar, er dürfte aber auf ihrer Rückreise von Frankfurt am Main nach Königsberg geschrieben worden sein. Am 16. Juni 1820 hatte sie sich noch in Frankfurt aufgehalten, am 12. Januar 1821 war sie spätestens wieder in Königsberg (⇒ Nr. 2256).

III.

Z. 5   *Krüsi*: Katharina Krüsi-Egger (1790–1848) ⇒ Nr. 1319

2168.
Georg Friedrich Fallenstein
2. September 1820

Dusseldorf am 2^n Sept[ember] 1820.

Die von mir bereits im J[ahr] 1817 auf Ihre Werke angemeldeten Subskribenten dringen wiederholt auf die Auslieferung.

Ich muss daher meine mehrfache dringende Bitte dringend wiederholen, mir die bestellte Zahl b a l d i g s t zukommen zu lassen.

Der Regierungs
Sekretär
Fallenstein

Überlieferung

1 ZB Zürich, Ms Pestal 50/51, Umschlag 80/3
2 Bogen, 212 x 131 mm
4 Datum am Schluss, Dorsualvermerk *Düsseldorf Fallenstein*.
5 Original

Textkritik

Zeuge H

Sacherklärung

I.

Georg Friedrich Fallenstein (1790–1853) ⇒ Nr. 1787

Z. 5   *im J[ahr]*: ⇒ Nr. 1787 und ⇒ Nr. 1870
Z. 7   *Bitte*: scheinen nicht erhalten zu sein

2169.
Enrico, Chevalier de Pontelli
8. September 1820

[Reg.] Pontelli erkundigt sich nach seinem Adoptivsohn.

Überlieferung

1   PSB XII, S. 103.5 ff.

Sacherklärung

I.

Enrico, Chevalier de Pontelli (um 1764–1832) stammt aus einer Patrizierfamilie aus Cortona (Toskana). Vom November 1800 bis März 1801 ist er einer der Gouverneure des toskanischen Triumvirats, das während der französischen Besetzung in Cortona installiert wird. Nach dem Ende der Etrurischen Regentschaft (1801–1807) wird er zum *Commissario Imperiale* der Versammlung der Klöster von Valdichiana und der Handelsgesellschaft *Veneri Minerbetti* ernannt. Pontelli kümmert sich aber vorrangig um die Verwaltung der familieneigenen Güter sowie um den religiösen Orden von Santo Stefano, dem er als Ritter vorsteht.

III.

Z. 4   *Adoptivsohn*: Léon(e) Pontelli war der Adoptivsohn von Enrico, Chevalier de Pontelli (um 1764–1832, ⇒ Sacherklärung I.) und hielt sich vom Juli 1820 bis zum Ende 1824 als Schüler an Pestalozzis Institut in Yverdon auf.

2170.
Johann Georg August von Hartmann
10. September 1820

Stuttgart d[en] 10ten 7ber 1820.

Als Sie mich vor vielen Jahren in Burgdorf mit so vieler Liebe aufnahmen und wir uns am Grabe zu Hindelbank mit Freundes-Wärme umarmten, hoffte ich in ununterbrochner Berührung mit Ihnen bleiben zu können. Aber mein vielseitiger und beschwerlicher Beruf hat mir die Mittheilung versagt, ungeachtet ich fortwährend an Ihnen hieng und fortwährend Ihr Schüler blieb. Ich schreibe dieses mit dankbarem Gefühle, damit wenn Sie etwa sich meines Namens nicht mehr errinnern sollten, Sie nicht glauben ein F r e m d e r wolle Ihnen mit einer Bitte beschwerlich fallen.

Nach dem Tode unsrer verewigten Königin übertrug mir der König die Leitung aller Ihrer hinterlassenen Wohlthätigkeits- Erziehungs- u[nd] Beschäftigungs-Anstalten. Unter diesen befindet sich eine ausgedehnte weibliche Erziehungs- u[nd] Unterrichts-Anstalt – das Catharinen-Stift – welches kürzlich einen sehr tüchtigen Lehrer aus Ihrer Schule, Ramsauer, verlor. Dieses Stift zählt gegenwärtig 220. Zöglinge, besonders aus den höhern Ständen der hiesigen Stadt. Ramsauer ertheilte mehreren Klassen desselben Unterricht im Kopf- und Ziffer-Rechnen, im Zeichnen und in der Formenlehre. Es hält sehr schwer diese Fächer durch einen tüchtigen Mann wieder auszufüllen und der König selbst gab mir den Auftrag, Sie zu bitten, ob Sie nicht einen geprüften Lehrer aus Ihrer Schule hiezu in Vorschlag bringen möchten. Ich schreibe nichts von dem bissherigen Gehalt dieser Stelle. Ramsauer, welcher zugleich den Prinzen von Oldenburg u[nd] den Schülern der Realschule Unterricht ertheilte, wurde aus verschiedenen Kassen bezahlt. Es fragt sich, was fordert der tüchtige Mann den Sie in Vorschlag bringen, für diesen Unterricht, wenn ihm noch Zeit zum eignen Fortschreiten übrig bleibt u[nd] wenn er für Kost u[nd] Logis selbst sorgen muss. Über die Eigenschaften welche von einem Lehrer eines solchen Instituts, ausser dem positiven Wissen, erfordert werden, darf ich Ihnen nichts sagen, nur wäre bei der Wahl auf einen Mann Rüksicht zu nehmen dessen Schweizer-Dialect der Verständlichkeit seines Vortrags, bei ungeübten Ohren, nicht nachtheilig werden könnte.

Einer Ihrer Herrn Lehrer wird wohl die Güte haben mir Ihre Ansichten und Vorschläge bald möglichst mitzutheilen und wenn Sie ihm zugleich einen freundlichen Gruss an mich auftragen, so wird es mich freuen dass meine Liebe erwiedert wird. Gott erhalte Sie noch lange zum Segen der Menschheit. Mit unwandelbarer Verehrung und Dankbarkeit

Geheimer Rath v[on] Hartmann.

Überlieferung

1 ZB Zürich, Ms Pestal 50/51, Umschlag 116/1
2 Blatt, 232 x 195 mm
5 Original

Textkritik

Zeuge H
Z. 32   u[nd]   <Unterkunft>   Logis

Sacherklärung

I.

Johann Georg August von Hartmann (1764–1849) ⇒ Nr. 1063

III.

Z. 6   *Grabe zu Hindelbank*: Hier ist wohl das Grabmal des deutschen Bildhauers Johann August Nahl (1710–1781) für die kurz nach der Geburt ihres Knaben verstorbene Hindelbanker Pfarrersgattin Maria Magdalena Langhans (1723–1751) gemeint. Betroffen von ihrem frühen Tod schuf Nahl, der sich in Hindelbank zur Gestaltung des Grabmals für den Offizier und Wiener Hofkämmerer Hieronymus von Erlach (1667–1748) aufgehalten hatte, ein Grabmal mit einer Auferstehungsszene: durch die aufbrechende Grabplatte tritt die Mutter, Maria Magdalena Langhans mit ihrem Kind auf dem Arm hervor. Versehen mit einer Inschrift Albrecht von Hallers (1708–1777) wurde dieses Grabmal in Hindelbank (Kt. Bern), damals eine Postkutschen-Station, zum Besuchsort zahlreicher Reisender.

Z. 14   *Königin*: Katharina Pawlowna von Württemberg (1788–1819) ⇒ Nr. 1394

Z. 14 f.   *König*: König Wilhelm I. Friedrich Karl von Württemberg (1781–1864) ⇒ Nr. 984

Z. 18   *Catharinen-Stift*: Das Katharinen-Stift wurde nach der Zusammenlegung der um ihre Existenz kämpfenden Privatinstitute von Wilhelm Christoph Tafinger (1786–1824) und von Gottfried Friedrich Rösler (1782–1845, ⇒ Nr. 1043), das zuletzt von Johannes Ramsauer (1790–1848, ⇒ Nr. 1525) geleitet wurde, am 18. August 1818 in Stuttgart als Institut für die höhere Mädchenbildung eröffnet und erhielt seinen Namen nach dem Tod seiner Gründerin, der württembergischen Königin Katharina Pawlowna von Württemberg (1788–1819, ⇒ Nr. 1394). Im ersten Jahr besuchten schon 205 Schülerinnen aus der Oberschicht die Schule, die zunächst von Karl August von Zoller (1773–1858) geleitet wurde, vormals Waisenhausdirektor und Schulinspektor in Stuttgart. Die Schule wurde nicht von staatlichen oder kirchlichen Instanzen beaufsichtigt, sondern unterstand königlichem Protektorat, die ein jeweils zu ernennender königlicher Kommissar, zuerst der Geheimrat und Reichsfreiherr Paul Friedrich Theodor Eugen von Maucler (1783–1859), ausübte. Am 1. April 1903 wurde die Schule in eine höhere städtische Mädchenschule umgewandelt.

Z. 19   *Ramsauer*: Johannes Ramsauer (1780–1848) ⇒ Nr. 1525

Z. 25   *Lehrer*: Da im Zeitraum von 1820 bis 1822 kein Briefwechsel Pestalozzis mit Johann Georg August von Hartmann (1764–1849, ⇒ Nr. 1063), Johannes Ramsauer (1780–1848, ⇒ Nr. 1525) oder auch Karl August von Wangenheim (1773–1850, ⇒ Nr. 977) überliefert ist, scheint aus Yverdon kein Vorschlag für die Wiederbesetzung der zuvor von Ramsauer bekleideten Lehrerstelle gemacht worden zu sein.

Z. 27   *Prinzen*: Peter Georg Paul Alexander (1810–1829, ⇒ Nr. 1561) und Konstantin Friedrich Peter von Oldenburg (1812–1881, ⇒ Nr. 1561)

2171.
Mgrdich/Mgrditsch (?) Nubar
September 1820

[Reg.] Nubar wünscht, dass sein Sohn bis zum Frühjahr in Yverdon bleibe und anschliessend nach Hause zurückkehre.

Überlieferung

1   PSB XII, S. 103.35 ff.

Sacherklärung

I.
Vater Nubar war ein armenischer Kaufmann in Smyrna und hiess möglicherweise Mgrdich/Mgrditsch. Möglicherweise war er in Paris Abgeordneter des ägyptischen Vizekönigs Mohamed Ali Pascha (1769–1849).

III.
Z. 4   *Sohn*: Garabet/Karabet/Karapet Nubar ⇒ Nr. 1788

2172.
Pietro/Pierre/Peter Jussuff
September 1820

[Reg.] Jussuff teilt Pestalozzi mit, dass Carabet nach seinem Aufenthalt in Paris nicht mehr nach Yverdon zurückkomme.

Überlieferung

1   PSB XII, S. 104.1 ff.

Sacherklärung

I.
Pietro/Pierre/Peter Jussuff (1778–1846) auch Bedros Yusufian, geboren in Smyrna (heute Izmir, Türkei) ist armenischer Herkunft, Inhaber mehrerer Handelshäuser und Bankier in Triest sowie Leiter von Geschäftsunternehmungen in Venedig, Wien und Manchester. Als Handelsagent des ägyptischen Vizekönigs Mohamed Ali Pascha (1769–1849) in Triest und durch seine Kontakte zum Wiener Hof besitzt er höchste politische Verbindungen und gilt nach seiner Naturalisierung nach mehr als 20-jährigem Aufenthalt in der österreichisch-ungarischen Monarchie als österreichischer Patriot, der sich als philanthropischer Stifter und Kunstmäzen in Triest, Wien und Ägypten betätigt.

III.

Z. 4   *Carabet*: Garabet/Karabet/Karapet Nubar ⇒ Nr. 1788

2173.
Charles Edward Herbert Orpen
26. September 1820

A Monsieur
Monsieur Pestalozzi,
a L'institut
Yverdon
P a y s d e V a u d – S u i s s e

Dublin
40 great george's St[reet] North
Septambre 26. 1820

Mon ami estimé
Un Monsieur Irlandais, (Leckey) qui s'interesse deja a vos projets va passer quelque tems a Yverdon – il veut etudier pour quelque tems votre methode – Permettez moi de vous le faire connaitre – Je ne doute point, qu'il se donnera a l'etude avec ardeur – Je sais bien qu'il n'y a rien qui vous interesse plus que l'introduction de vos idées (mises en pratique) dans nos pays d'Angleterre et d'Irlande – J'espère qu'il trouvera M[onsieu]r Greaves encore chez vous – On m'a dit recemment qu'à present vous avez plusieurs jeunes gens anglais – Cela me fait beaucoup de plaisir – Je puis vous assurer qu'ici on s'intéresse de plus en plus a votre methode – L'institut a Albeyleix que Lord de Vesci et autres ont établi attires de jour en jour plus de l'attention publique et l'école des pauvres sur les terres de M[onsieu]r Synge a eu un succes parfait.

Je suppose qu'avant que M[onsieu]r Lecky soit arrivé en Suisse vous aurez reçu un autre lettre de ma part avec un lettre de crédit pour la souscription pour quatre exemplaires de vos ouvrages que je promis d'acheter, vous me les remettrez par la premiere occasion –

Faites me complimens a tous mes amis en Yverdon. J'espere qu'ils ne m'oublient pas – J'écrivis il y a quelque mois a la famille Bezencenet – mais je n'ai reçu encore une reponse – Je crains que la lettre n'a eté perdue sur la route – J'espere que vous vous souvenez quelque fois de moi Je vous assure que je pense souvent de vous et que je parle partout de vos objets –

Je serais bien content de recevoir une lettre de votre part avant long tems – Croyez moi que je suis toujours votre ami devoué –
Charles Edward Herbert Orpen

Je ne savois que ce matin que M[onsieu]r L[ecky] parterait sitot:
40 autrement j'aurais écrit plus en détail –

Überlieferung

1 ZB Zürich, Ms Pestal 54 a, Umschlag 272/3
2 Bogen, 250 x 206 mm
4 Datum am Schluss
5 Original

Textkritik

Zeuge H

Sacherklärung

I.
Charles Edward Herbert Orpen (1791–1856) ⇒ Nr. 1925

III.

Z. 13	*Leckey*: John Lecky ⇒ Nr. 2374
Z. 19	*Greaves*: James Pierrepoint Greaves (1777–1842) ⇒ Nr. 1925
Z. 20	*gens*: 1820 befanden sich 30 Engländer im Institut.
Z. 22	*institut*: ⇒ Nr. 1955
Z. 23	*Vesci*: John de Vesci (1771–1855) ⇒ Nr. 1500
Z. 24	*l'école*: ⇒ Nr. 1500
Z. 25	*Synge*: John Synge (1788–1845) ⇒ Nr. 1500
Z. 28	*ouvrages*: Johann Heinrich Pestalozzi: Sämmtliche Schriften, 12 Bände. Stuttgart 1819–1824
Z. 32	*Bezencenet*: François Louis Bezencenet (1754–1826, ⇒ Nr. 1569) und Marie Gabrielle Bezencenet-Hutter (1754–1831, ⇒ Nr. 1925)
Z. 33	*lettre*: scheint nicht erhalten zu sein

2174.
Francis Cunningham
3. Oktober 1820

A Monsieur
Monsieur Pestalozzi
à Yverdun –

Lausanne le 3. Octobre 1820

Je me rejouis mon cher Monsieur infiniment de trouver une occasion de vous temoigner, ainsi qu'a Monsieur Schmid, ma reconnaissance des Bontés que vous avez eues pour moi pendant mon sejour à Yverdun. J'ai aussi du plaisir à vous exprimer la veritable satisfaction que J'ai eprouvé à voir tout ce qui se faisoit, plus particulierement dans les classes de calcul et de Géometrie Lundi matin. Les Acquisitions des Garçons dan ces branches d'education, surpasserent de beaucoup mon attente, et fournerent une preuve solide de l'effet de votre systeme mis en usage, et de sa grande utilité. J'espere que la connoissance en sera repandue en Angleterre et Je me tiendrai prèt à la recommander partout ou Je le pourrai. La Situation dans laquelle se trouve les petits Anglois qui sont au chateau, confies aux soins particuliers de Mon[sieu]r Mayo est tellement favorable que Je ne doute pas que cette circonstance engageroit beaucoup de personnes en Angleterre si elles la savoit d'envoyer leurs enfants a Yverdun pour leur Education. En Angleterre il y a un gout general pour l'instruction religieuse, et cest un grand objet un sine qua non avec la plupart de nos parens. Notre Nation a aussi beaucoup de prejugés sur ce point contre les ecoles du continent, et on craigne que dans ces ecoles on n'observe pas bien le Sabbat, on ne lit pas la Bible, on ne cultive pas l'habitude de la prière. Toutes ces choses sont indispensables selon nos idées Angloises d'une bonne education, et J'etois bien aise de trouver que Mon[sieu]r Mayo y faisoit attention.

J'avoue que mes propres idees sont tres fixes sur ces points. Je n'ai jamais vu la Religion faire des progres dans l'ame, soit chez l'Etranger soit chez moi qu'en proportion de l'attention qu'on faisoit à ces choses et Je suis intimement convaincu qu'il n'y a ni developpement ni discipline ni connoissance de veritable prix si ces choses ne sont pas le premier objet.

Si J'ose dire ce que Je ne dis vraiment que parceque Je me sens pour vous un veritable estime et respect Je ferais mention dune objection qu'on fait souvent à cet égard en Angleterre à votre Institution c'est qu'on regarde la Religion trop comme affaire secondaire, et qu'on ne l'enseigne pas les dogmes sur les quelles les catholiques et les protestans s'accordent egalement, par example celle de la corruption de l'homme la Divinité de Jesus Christ et notre entiere dependance sur son sacrifice pour la redemption. Nous ne considerons pas ces choses comme trop difficiles pour l'intelligence des enfants car J[e] pense bien que votre plus jeune classe comprend ce qui est bien plus difficile pour l'intelligence naturelle. Ces choses sont à la portée de tous, car elles sont tirées des simples recits de l'écriture sainte elles sont aussi de la plus haute importance car elles sont la Base et de la veritable Religion et de la pure morale.

Je dirais donc que Je crois que ce seroit plus selon le gout de notre nation de Savoir que la Religion n'etoit pas seulement un principe diffus parmi nos ecoliers, mais un objet plus direct d'instruction. Et Je suis bien persuadé d'apres les examples que J'ai eu parmi les pauvres qu'il n'y a point de Science qui sera plus propre à developper l'esprit tandis que le cœur sera profité au meme temps.

Je vous demande mille pardons de vous avoir aussi franchement déclaré le sentimens de beaucoup de mes compatriotes au sujet de votre institut sentiment qui Je crois a, plus que tout autre, empeché son introduction en Angleterre. J'espere bien que vous m'excuserez davoir ainsi occupé votre [temps] mais J'avois beaucoup à Cœur que ce qui me par[oit] etre une grande decouverte dans l'education soit [aussi] au meilleur objet, et que l'avancement de la veritable Religion fut le but de ces moyens que vous avez si bien su introduire.

Puissiez vous cher Monsieur être beni dans tous vos efforts qui conduisent a la Gloire de Dieu pour qui nous devons tous vivre et devant qui il nous faudroit bientot paraitre pour rendre compte de ce que nous avons fait ici bas.

Croyez a la sincérité de l'amitié que vous voue votre Serviteur très obligé

Francis Cunningham

Überlieferung

1 ZB Zürich, Ms Pestal 50/51, Umschlag 58/1
2 Bogen, 247 x 193 mm
4 Siegel
5 Original

Textkritik

Zeuge H
Z. 14   dan < ce >

Z. 32	*que* <*que*> *mes*
Z. 38	eigentlich: *dire dire*
Z. 42	*pas* <*selon*> *les*
Z. 45	*redemption.* <*Des*> *Nous*
Z. 60	*institut* <*ion*>
Z. 62-64	Siegelausriss
Z. 70	*Croyez* <*moi*> *a*

Sacherklärung

I.

Francis Cunningham (1785-1863) ist von 1814 bis 1830 Pfarrer in Pakefield und anschliessend bis 1862 Vikar in Lowestoft (beide Suffolk). Als evangelikaler Enthusiast und Mitglied der *British and Foreign Bible Society* – deren Niederlassung in Paris wird von Cunningham gegründet – bereist er um 1820 auch die Schweiz, wo er unter anderem in Basel und Genf weilt. Cunningham ist mit der Künstlerin Richenda Gurney (1782-1855) verheiratet, die ihrerseits aus einer renommierten Quäker-Familie stammt.

III.

Z. 9	*Schmid*: Joseph Schmid (1785-1851) ⇒ Nr. 712
Z. 19	*Anglois*: 1820 hielten sich 30 Engländer in Yverdon auf.
Z. 20	*Mayo*: Charles Mayo (1792-1846) ⇒ Nr. 2270
Z. 25	*sine qua non*: ohne die nicht (lat.)

2175.
Louis Coste
12. Oktober 1820

[Reg.] Coste erkundigt sich, ob sein Sohn in Yverdon aufgenommen werden könne.

Überlieferung

1   PSB XII, S. 105.24 ff.

Sacherklärung

I.

Louis Coste (*1780) aus Lyon ist dort als Kaufmann tätig und seit 1810 mit Anne-Marie Etiennette Charrasson (1792-1846) verheiratet.

III.

Z. 4	*Sohn*: Pierre Louis Coste (*1812) aus Lyon scheint letztlich nicht nach Yverdon gekommen zu sein.

2176.
Paolo Burrueso
Herbst 1820

[Reg.] Burrueso teilt Pestalozzi mit, dass Guerrero in Kürze nach Yverdon kommen werde, um seinen eigenen und Burruesos Sohn abzuholen.

Überlieferung

1 PSB XII, S. 114.27 ff.

Sacherklärung

I.

Paolo Burrueso ⇒ Nr. 2057

II.

Wie aus der Antwort Pestalozzis an Paolo Burrueso (⇒ Nr. 2057) deutlich wird, gab es einige Verwirrung darüber, wie die beiden Kinder nach Hause geschickt werden sollten, da Louis Marie Guerrero (1777–1858, ⇒ Nr. 1677) offenbar nicht nach Yverdon reiste, sondern darum bat (⇒ Nr. 2179), seinen Sohn (⇒ Nr. 1677) mit der Postkutsche reisen zu lassen (PSB XII, Nr. 5523).

III.

Z. 4   *Guerrero*: Louis Marie Guerrero (1777–1858) ⇒ Nr. 1677
Z. 5   *eigenen*: Diego Thomas Antoine André Pascal Marie Cécile Guerrero (*1806) ⇒ Nr. 1677
Z. 5   *Sohn*: Joachim Burrueso ⇒ Nr. 2057

2177.
André Guy Corderier
20. Oktober 1820

[Reg.] Corderier beklagt sich, dass er schon lange keinen Brief mehr aus Yverdon erhalten habe.

Überlieferung

1 PSB XII, S. 107.5 ff.

Sacherklärung

I.

André Guy Corderier (1776–1833) ⇒ Nr. 2139

2178.
Huber und Comp.
26. Oktober 1820

[Reg.] Bücherbestellung.

Überlieferung

1   PSB XII, S. 113.5

Sacherklärung

I.

Huber und Comp. ⇒ Nr. 1348 a

2179.
Louis Marie Guerrero
Oktober/November 1820

[Reg.] Betrifft die Abreise von Diego und Joachim.

Überlieferung

1   PSB XII, S. 119.24 ff.

Sacherklärung

I.

Louis Marie Guerrero (1777–1858) ⇒ Nr. 1677

II.

⇒ Nr. 2176

III.

Z. 4   *Diego*: Diego Thomas Antoine André Pascal Marie Cécile Guerrero (*1806) ⇒ Nr. 1677
Z. 4   *Joachim*: Joachim Burrueso ⇒ Nr. 2057

2180.
Charles Edward Herbert Orpen
7. November 1820

A Monsieur
Monsieur Henri Pestalozzi
Chateau
Yverdon
Suisse

Dublin. 40 great George's Street. North Novembre 7me 1820
Mon cher amis
Je vous dois, il y a long temps, douze Louis, ma souscription pour quatre exemplaires de vos ouvrages – que je promis, quand j'etais a Yverdun, de prendre – M[onsieu]r La Touche qui est un banquier ici a ecrit a ses correspondans a Londres «Mess[ieu]rs Puget, Bainbridge et Co» d'ordonner a leur correspondant à Lausanne de vous remettre cette somme – «M[onsieu]r De Molin» Je crois est le nom – Il vous payera de ma part douze Louis, et vous nous ferez venir, quand vous pourrez, les quatres exemplaires de la nouvelle edition de vos publications –

Je donnai, il y a quelque tems, une lettre pour vous, a un de mes amis, M[onsieu]r Lecky, qui partoit pour la Suisse – J'espere que vous l'avez deja vu – Il me ferait un grand plaisir de recevoir de vos nouvelles et de votre part et d'apprendre ce qu'on fait dans votre Institut a present. Peut etre M[onsieu]r Greaves aura le temps de me l'expliquer – M[onsieu]r Du Puget se porte bien a présent – il m'ecrivit l'autre jour que tout allait bien chez vous; mais je suis plus content de l'entendre de vous meme – Souvenez vous quelquesfois de moi? – Milord de Vesci veut ardemment que vous publieriez quelque lettre, ou addresse, sur les vues religieuses de votre projet; cela vous ferait beaucoup de bien dans l'opinion publique d'angleterre; parce que deux ou trois des revues, les plus estimés, ont parlé de vos principes comme ils les trouvaient dans l'ouvrage, miserable et faux, de Jullien – dont [j'ai] ose dire que sa religion ne valait rien. Dans ces vues, et que si vous en avait du tout, ce n'etait qu'une espece de Philosophie – de Theophilanthropisme – de Socinianisme – et Cela vous a fait un tort inconcevable dans ces pays ici – Il n'y a que peu de hommes qui savent la verite – et en meme temps l'opinion Publique s'egare, et on rejette vos ouvrages. Touttes mes complimens a tous mes amis N o m i n a t i o n a Yverdon et croyez moi que je suis votre ami sincere et devoué
Charles Edward H[erbert] Orpen

Überlieferung

1 ZB Zürich, Ms Pestal 54a, Umschlag 272/IV,109
2 Bogen, 248 x 206 mm
4 Datum am Schluss, Siegelspuren, vier Poststempel
5 Original

Textkritik

Zeuge H
Z. 33 Siegelausriss

Sacherklärung

I.

Charles Edward Herbert Orpen (1791–1856) ⇒ Nr. 1925

III.

Z. 12 *ouvrages*: Johann Heinrich Pestalozzi: Sämmtliche Schriften, 12 Bände. Stuttgart 1819–1824
Z. 13 *La Touche*: James Digges La Touche (1788–1827), Spross einer ursprünglich aus Frankreich stammenden Hugenottenfamilie, war Bankier und langjähriger Ehrensekretär der irischen Sonntagsschulgesellschaft.
Z. 14 f. *Puget, Bainbridge et Co.*: 1718 als Handelsgeschäft gegründet, wurde das Bankhaus *Pugets, Bainbridges and Company* von Thomas Bainbridge (†1836) und dessen Söhnen Edward Thomas (1798–1872) und Henry (1801–1880) sowie der Witwe von John Puget (†1805), Catherine Puget-Hawkins (1765–1842), geführt. Nach deren Rückzug und Thomas Bainbridges Tod führten die Söhne die Bank gemeinsam mit einem Sohn von James Digges La Touche (1788–1827, ⇒ Z. 13) weiter.
Z. 16 *De Molin*: Jean Samuel Antoine de Molin (1769–1851) ⇒ Nr. 1013
Z. 20 *lettre*: ⇒ Nr. 2173
Z. 21 *Lecky*: John Lecky ⇒ Nr. 2374
Z. 24 *Greaves*: James Pierrepoint Graves (1777–1842) ⇒ Nr. 1925
Z. 25 *Du Puget*: Louis Albert Dupuget (1796–1860) ⇒ Nr. 1189
Z. 26 *ecrivit*: scheint nicht erhalten zu sein
Z. 28 *Vesci*: John de Vesci (1771–1855) ⇒ Nr. 1500
Z. 31 *revues*: Im fraglichen Zeitraum erschienen in zahlreichen englischen Publikationen Artikel, die sich mit Pestalozzi und seinem Erziehungssystem befassten. Da Charles Edward Herbert Orpen (1791–1856, ⇒ Nr. 1925) die Titel der Zeitschriften nicht nannte, ist unklar, auf welche Texte er konkret anspielte.
Z. 32 *ouvrage*: Marc-Antoine Jullien: Esprit de la méthode d'éducation de Pestalozzi, suivie et pratiquée dans l'institut d'éducation d'Yverdun, en Suisse, 2 Bände. Mailand 1812

2181.
Joseph Christianowitsch von Hamel
17. November 1820

A Monsieur
Monsieur Pestalozzi
à
Yverdon
Suisse.

Genf d[en] 17ten Nov[ember] 1820.

Geschätzter Freund.

Ich bin so eben von einer Reise ins mittägliche Frankreich hieher zurückgekehrt u[n]d ergreife die Feder um mich bey Ihnen durch ein p[aar] Zeilen ins Andenken zu bringen, u[n]d Sie zu bitten, mir über den Gang Ihrer Anstalt u[n]d über Ihr Wirken überhaupt einiges mitzutheilen, indem ich in wenig Tagen meine Reise ins Vaterland anzutreten gedenke, u[n]d dort gerne einigen Personen, die sich für das Gedeihen Ihrer menschenfreundlichen Absichten sehr interessiren, Auskunft geben möchte.

Haben Sie daher die Gewogenheit, mir einige Worte hierüber zu schreiben u[n]d mir das Werkchen, welches Sie kürzlich über den gegenwärtigen Zustand Ihres Instituts herausgegeben haben, zukommen zu lassen. Eine Dame hat mich gebeten, Sie zu ersuchen ihr anzuzeigen, wo sie am besten sich Raths erholen könne um Ihre Prinzipien auf die Erziehung Ihrer Kinder anzuwenden. Wollen Sie mir gefälligst hierüber einige Worte sagen.

Ich hatte S[einer] K[öniglichen] H[oheit] dem Herzog von Kent über Ihre Anstalt u[n]d Ihre Wünsche in Hinsicht auf England geschrieben. Er billigte solche vollkommen u[n]d schrieb mir, er wünsche Sie nächstens selbst zu besuchen als leider! – der Tod der Welt diesen edlen Menschenfreund raubte.

Was macht H[err] Greaves u[n]d Herr Schmidt? Ich bitte Sie beyde Herren aufs schönste von mir zu grüssen und von mir die Versicherung der vollkommensten Hochachtung u[n]d Anhänglichkeit anzunehmen, mit welcher ich Zeit lebens verbleibe

Ihr
ergebenster
J[oseph] von Hamel

Ihr Paquet belieben Sie zu adressiren an
40 H[errn] Pachoud, libraire
à Genève.
Ich bitte Sie keine Zeit zu verlieren, da ich in wenig Tagen abreise. Wie weit ist die Herausgabe Ihrer sämmtlichen Werke gediehen?

Überlieferung

1 ZB Zürich, Ms Pestal 50/51, Umschlag 112/1
2 Bogen, 235 x 195 mm
4 Siegel, Stempel GENEVE
5 Original

Textkritik

Zeuge H
Z. 9 *Nov[ember]*: lateinische Schrift
Z. 31 *Greaves*: lateinische Schrift
Z. 31 *Schmidt*: lateinische Schrift
Z. 37 *Hamel*: lateinische Schrift
Z. 39 f. *H[errn] ... Genève*: lateinische Schrift

Sacherklärung

I.

Joseph Christianowitsch von Hamel (1788–1862), russisch-kaiserlicher Hofrat und Ritter des St. Annen-Ordens zweiter Klasse, studiert Medizin in St. Petersburg und wird zum Ordinarius der Kaiserlichen Akademie der Wissenschaften ernannt. Ab 1813 bereist er zu Studienzwecken Europa. Nach einem Besuch an der Pariser Industrieausstellung reist Hamel, inzwischen zum Universalgelehrten avanciert, durch Deutschland, Italien und die Schweiz. Im Sommer 1820 kommt er nach Chamonix, wo er den Montblanc aus Interesse an physiologischen Vorgängen gleich zweimal besteigt. 1829 erhält er den Lehrstuhl für «Technologie und Chemie für Kunst und Gewerbe» an der Akademie in St. Petersburg. Die Jahre 1839 bis 1856 verbringt er vorwiegend in Grossbritannien.

Quellen: Joseph Christianowitsch von Hamel: Der gegenseitige Unterricht: Geschichte seiner Einführung und Ausbreitung durch Dr. A. Bell, J. Lancaster und andere, ausführliche Beschreibung seiner Anwendung in den englischen und französischen Elementarschulen, so wie auch in einigen höheren Lehranstalten. Paris 1818

III.

Z. 11 *mittägliche Frankreich*: Wörtliche Übersetzung von *Le Midi de la France*, der Süden Frankreichs
Z. 20 *Werkchen*: Johann Heinrich Pestalozzi: Ein Wort über den gegenwärtigen Zustand meiner pädagogischen Bestrebungen und über die neue Organisation meiner Anstalt. Zürich 1820
Z. 22 *Dame*: Es ist unklar, um wen es sich hier bei dieser – möglicherweise adelige – Dame aus dem englischen Kontext gehandelt haben könnte.

Z. 26   *Herzog*: Edward Augustus, Duke of Kent and Strathearn (1767–1820) war der vierte Sohn des englischen Königs Georges III. William Frederick (1738–1820) und Vater der späteren Queen Victoria (1819–1901). Nach seiner militärischen Ausbildung scheiterte er zwischen 1791 und 1802 als Oberbefehlshaber der britischen Truppen in Halifax (Kanada) und anschliessend als Gouverneur in Gibraltar an seinen überzogenen Disziplinanforderungen und zog sich mit seiner 1818 geheirateten Ehefrau Marie Luise Victoria von Sachsen-Coburg-Saalfeld, Prinzessin von Leiningen (1786–1861) nach Schwaben und Sidmouth (Devon) zurück.
Z. 31   *Greaves*: James Pierrepoint Greaves (1777–1842) ⇒ Nr. 1925
Z. 31   *Schmidt*: Joseph Schmid (1785–1851) ⇒ Nr. 712
Z. 39   *Pachoud*: Jean Jacques Paschoud (1768–1826) ⇒ Nr. 1216 a
Z. 42   *Werke*: Johann Heinrich Pestalozzi: Sämmtliche Schriften, 12 Bände. Stuttgart 1819–1824

2182.
J. G. Cottasche Buchhandlung
19. November 1820

S[einer] Wohlgebohrn Herr Heinrich Pestalozzi in Iferten

5   Stuttgart, den 19^n Nov[em]b[e]r 1820.
erhalten von der J. G. Cotta'schen Buchhandlung
38 Pestalozzi's sämmtl[iche] Schriften 4^r B[an]d   Frei Exemplare
49 —   —   5^r 6^r B[an]d   Frei Exemplare
 1 — Lienhard und Gertrud, 4^r B[an]d Subs[criptions] Pr[eis] f 2.-
10 19 —   sämmtl[iche] Schriften 4^r bis 6^r B[an]d   102.36
 1 Pestalozzi Werke 6^r Th[ei]l B[o]g[en] 9 = Ende.   f 104.36

Überlieferung

1   ZB Zürich, Ms Pestal 50/51, Umschlag 56/32
2   Blatt, 125 x 198 mm
4   Dorsualvermerk *Stuttgart. Cotta.* Buchhaltungsnotizen
5   Original

Textkritik

Zeuge H
Z. 4   *Herr*: vorgedruckt
Z. 4   *Heinrich Pestalozzi*: lateinische Schrift
Z. 4   *in*: vorgedruckt
Z. 4   *Iferten*: lateinische Schrift
Z. 5   *Stuttgart, den*: vorgedruckt

Z. 5	*Nov[em]b[e]r*: lateinische Schrift
Z. 5	*18*: vorgedruckt
Z. 6	*erhalten ... Buchhandlung*: vorgedruckt

Sacherklärung

I.

J. G. Cottasche Buchhandlung ⇒ Nr. 1455 b

III.

Z. 4   *Iferten*: dt. Name für Yverdon

2183.
Louis-Joseph Arborio Gattinara, Marquis de Brème
20. November 1820

Turin 20 Novembre 1820

Monsieur

Admirateur avec toutes les personnes impartiales, du caractère et du talent signalés de mon Compatriote le Sofocle Italien, A l f i e r i, de la Ville d'Asti en Piemont, j'ai voulu lui procurer un defenseur contre les diatribes, quelque faibles qu'elles aient été, des Zoïles, Italiens surtout, qui ont tenté de flétrir son merite, incontestable. L'avocat M a r r é de Gênes a rempli cette tache avec beaucoup de jugement et de capacité, et reçut, d'après cela, la médaille en or, dont celle en bronze, que j'ai l'honneur de vous présenter ici, comme un gage de mon estime distinguée et de mon sincère attachement, est du petit nombre des copies que j'en ai fait tirer.

La lettre imprimée que j'y mis vous informera plus en détail des circonstances qui ont accompagné cette gravure, et d'une partie des intrigues aux quelles elle a donné lieu; elles prouvent, de plus en plus, que les hommes extraordinaires tels, qu'un Alfieri, un Pestalozzi, et quelques autres, que l'on n'ose plus même nommer, ne sauraient passer à l'immortalité sans être froissés sur leur route, par les oiseaux nocturnes, et les réptiles que leur mérite inquiète.

J'ai l'honneur d'être, Monsieur, avec un veritable respect
Votre très humble et très-obéiss[ant] Serviteur
Le Marquis de B r ê m e

Überlieferung

1   ZB Zürich, Ms Pestal 50, Umschlag 37/1

2   Blatt, 253 x 190 mm
4   Datum am Schluss
5   Original

Zeuge H

Textkritik

Sacherklärung

I.

Louis-Joseph Arborio Gattinara, Marquis de Brème (1754–1828) war der Sohn eines königlich-sardischen Diplomaten und stellt sich nach einer militärisch-diplomatischen Laufbahn ab 1805 in den Dienst Napoleon I. Bonapartes (1769–1821, ⇒ Nr. 580) im von ihm geschaffenen Königreich Italien, unter anderem als Innenminister und Senatspräsident. 1814 kehrt er nach Turin zurück, übernimmt eine leitende Funktion im Orden *Annonciade et grand croix de Saint-Maurice*, widmet sich der Wissenschafts- und Kunstförderung und ist als Autor tätig.

II.

Nachdem August Wilhelm von Schlegel (1767–1845, ⇒ Nr. 891) 1809 fundamentale Kritik an den Werken von Vittorio Alfieri (1749–1803, ⇒ Nr. 1385) geübt hatte und diese Diffamierung in italienischer Übersetzung erschienen war (1817), schrieb der an Wissenschaft und Literatur interessierte Louis-Joseph Arborio Gattinara, Marquis de Brème (1754–1828, ⇒ Sacherklärung I.) 1818 durch die *Accademia Reale delle Scienze* in Turin einen Preis von 3000 Francs für die beste Abhandlung zur Verteidigung des italienischen Poeten aus. Als Sieger erkoren wurde Gaetano Giovanni Marré (1771–1825, ⇒ Z. 11) bzw. dessen Abhandlung *Sul Merito Tragico di Vittorio Alfieri* (1821), für welche der Autor die erwähnte Medaille erhielt. Offenbar wurden in dieser Serie noch einige weitere Medaillen geprägt, wovon eine als Ehrenerweis an Pestalozzi ging.

III.

Z. 7   *A l f i e r i* : Vittorio Alfieri (1749–1803) ⇒ Nr. 1385
Z. 11   *Marré*: Gaetano Giovanni Marré (1771–1825) aus Chiavari (Ligurien) studierte Recht in Piacenza. Über Siena kehrte er in seine Geburtsstadt Genua zurück, wo er 1793 den Doktortitel erwarb und Anwalt wurde. Nach dem Sturz des aristokratischen Regimes (1797) wurde er stellvertretender Kommissar der Provisorischen Regierung der *Riviera di Levante* (1797), Redaktor der städtischen Gesetzeskommission, Mitglied der Kommission für öffentliche Bildung, Mitherausgeber des revolutionsfreundlichen Blatts *Lo Scrutatore* (Der Wahlhelfer, 1797) und Übersetzer mehrerer französischer Werke ins Italienische. Ab 1807 lehrte er an der Genueser Schule für Sprache und Geschichte die Fächer Sprache, Geschichte und französische Literatur und später allgemeine antike und moderne Literatur.

2184.
Charlotte Anne Chetwode-Walhouse
21. November 1820

A Monsieur
Monsieur Pestalozzi
Yverdun
La Suisse

Florence Hotel de Schneiderff Le 21e 9bre 1820

Mon cher Mons[ieur] Pestalozzi
Une semaine vient de s'ecouler depuis notre arrivée a Florence et jusqu'a ce moment je n'ai pas pu trouver une petite demi-heure pour vous assurer de ma vive reconnoissance que je ressentirai toujours / des bontès que vous avez temoignes a mon cher mari et moi pendant notre heureux sejour a Yverdun, ou vous etiez l'attrait qui nous a fixes pendant dix semaines – Nous avons fait un heureux voyage jusqu'a Milan ou nous avons passes une huitaine de jours enchantes de ses superbes edifices et magnifiques tableaux de la nous avons fait un petit tour au joli lac de Come, qu'on m'a f o r -c é e de declarer etoit plus beau que les lacs suisses, car les souvenirs de la Suisse me sont si cheres que mes yeux veulent etre d'accord avec mon cœur cependant il faut avouer que je n'ai rien vu qui m'a si fort frappée l'imagination que le paysage du Simplon – De Milan nous, passames les naissantes Appennins a Gênes; ville justement celebre a cause de ses beaux palais mais j'etois fatigue de monter des escaliers de marbre et mosaiques et apres tout de ne rien voir que la dorure et les mirois car les tristes habitans on vendus la plupart de leurs beaux tableaux aux Anglois qui y ont passés; de Gènes nous retournames sur nos pas une journee entiere et passant les jolies villes de plaisance Parme et Modene nous arrivames a Bologne; nous y sommes restes deux jours visitant sa grande et belle université; ils ont une école d'anatomie qui est tres celebre mais je n'avois pas assez de gout pour voir des têtes tranchèes etc. dans l'esprit de vin; mais j'etois fort interessé en voyant leurs mineraux fossiles etc. – apres tout nous voila dans la belle ville de Florence il y a tant de monde tant de voitures tant de bruit que la tête me tourne et je crains de mettre le pied dehors, on dit qu'il y a un millier d'Anglois ici et il n'y pas trois chambres a louer dans la ville ainsi nous sommes tres fortunés et tres contens de pouvoir rester ici ou nous avons trois belles chambres et tout ce qu'il nous faut mais c'est un peu cher. Nous avons trouvès notre compagne de voyage

Mons[ieur] Esdaile fort aimable il est allè rejoindre son ami Mons[ieur] Trotter qui a louè une maison a une demie lieue de la ville tout proche de Mons[ieur] Guérin je ne puis vous rien dire touchant cette ville car je n'ai pas eu le tems même d'entrer dans la galerie qui est tant vanté a cause de ses tableaux et ses sculpture, mais quand je [me] serai un peu remis de mon étonnement, de me trouver entouree de ce qu'on appelle le beau monde et de ses betises, je pourrai a mon aise contemplur les beaux arts et m'y livrer toute entierement – Il fait plus froid ici que je ne m'imaginois on ne peut se passer de feu nous avons eu beaucoupe de pluie mais le temps se remet – Nous avons l'intention de passer un mois ici peutêtre d'avantage et ensuite continuer notre voyage a Rome et a Naples on dit qu'il y'a beaucoup d'Anglois a Rome je n'aimerai pas d'y etre maintenant car on dit que si la guerre se rallume entre les Napolitains et les Autrichiens la bataille se livra a Rome; le peuple est tres content et paisible dans cette Duchè ainsi on nous assure que nous ne courrons point de risque restant ici – J'espere mon cher Mons[ieur] Pestalozzi que vous me donnerez bientot de vos nouvelles, et de votre propre main, apres avoir lu ce griffonnage je crains que vous ne me conseillez de prendre un secretaire mais votre bonte m'excuserait si vous voyiez combien de fois on m'interompe. Je vous prie de saluer de ma part Monsieur et les demoiselles Schmid et de faire mes amities a tous mes aimables Compatriotes a Yverdon – – Adieu mon cher Monsieur Pestalozzi agréez les amities tres sinceres de mon cher mari et moi et comptez toujours sur l'attachement et le respect avec laquelle je me souscris
      Votre tres affectionee et devouée
      Charlotte Anne Chetwode

Überlieferung

1 ZB Zürich, Ms Pestal 50/51, Umschlag 51/1
2 Bogen, 247 x 201 mm
4 Siegel, Stempel *MILANS*
5 Original

Textkritik

Zeuge H
Z. 19 *suisses,* <*mais*> *car*
Z. 21 *cep*<*a*>*endant*
Z. 23 *passames* ʃ
Z. 27 *tableaux* ʃ
Z. 28 *journee* <*entierres*> *entiere*

Z. 29	< P > plaisance
Z. 38	nous < * > sommes
Z. 46	Ausriss
Z. 46	mon ʃ étonnement ʃ de ʃ
Z. 49	ne ʃ
Z. 51	passer < ici > un
Z. 55 f.	peuple < sont > est

Sacherklärung

I.

Charlotte Anne Chetwode-Walhouse (um 1793–1837) stammt aus Hatherton (Staffordshire) und heiratet 1818 George Chetwode (1791–1870, ⇒ Z. 13), mit dem sie vier Kinder hat, von denen das erste, George Moreton (1819–1820), in Genf zur Welt kommt. Offenbar hat sich das Ehepaar um 1820 längere Zeit in Kontinentaleuropa aufgehalten und im Rahmen dieser Reise auch Pestalozzis Anstalt in Yverdon besucht.

III.

Z. 8	*Schneiderff*: Das Hotel Schneiderff galt als eines der besten Hotels in Florenz.
Z. 13	*mari*: George Chetwode (1791–1870) war nach Studien in Oxford ab 1814 als Pfarrer in Ashton-under-Lyne (Lancashire) und ab 1829 als ständiger Vikar in Chilton (Oxfordshire) tätig. Nach dem Tod seiner ersten Ehefrau Charlotte Anne Chetwode-Walhouse (um 1793–1837, ⇒ Sacherklärung I.) heiratete er drei weitere Male.
Z. 41	*Esdaile*: Damit ist möglicherweise Edward Jeffries Esdaile (1785–1867) gemeint, der aus einer Hugenottenfamilie stammte. Er lebte in der Grafschaft Somerset und amtierte dort 1824 als *High Sheriff*. Sein Sohn Edward Jeffries (1813–1881) heiratete die Tochter des britischen Romantikschriftstellers Percy Bysshe Shelley (1792–1822). Eine Verbindung zu Charlotte Anne Chetwode-Walhouse (um 1793–1837, ⇒ Sacherklärung I.) konnte allerdings nicht nachgewiesen werden.
Z. 42	*Trotter*: Dabei könnte es sich möglicherweise um den Vater von Gerard Trotter handeln, der 1819 bis 1824 in Yverdon war. Er konnte allerdings nicht näher bestimmt werden.
Z. 43	*Guérin*: Joseph Guerin (1767–1863) war mit Maria Lucy Eliza Shuldham (1783–1817) verheiratet und Pfarrer in Bagborough sowie in Norton Fitzwarren (beide Somerset).
Z. 62	*Monsieur*: Joseph Schmid (1785–1851) ⇒ Nr. 712
Z. 62	*demoiselles Schmid*: Marie Reidel-Schmid (1794–1864, ⇒ Nr. 1219) und Katharina Maria Pestalozzi-Schmid (1799–1853, ⇒ Nr. 2316)

2185.
André Guy Corderier
26. November 1820

[Reg.] Corderier kündigt seinen Besuch zu Weihnachten an.

Überlieferung

1 PSB XII, S. 120.7 ff.

Sacherklärung

I.

André Guy Corderier (1776–1833) ⇒ Nr. 2139

2186.
Johann Jakob Wagner
30. November 1820

[Reg.] Antwortvermerk «erhalten durch Gelegenheit den 10. Nov[ember] 1820, beantw[ortet] durch dieselbe Gelegenheit den 30. Nov[em]b[e]r» auf dem Brief Pestalozzis vom 2. November 1820.

Überlieferung

1 PSB XII, S. 387, Nr. 5519

Sacherklärung

I.

Johann Jakob Wagner (1757–1841) ⇒ Nr. 1497

II.

Pestalozzi hatte sich mit der Bitte an Johann Jakob Wagner (1757–1841, ⇒ Nr. 1497) gewandt, ihm Personen in Würzburg zu nennen, die er der Tochter eines Freundes empfehlen könne, die dorthin reisen werde (PSB XII, Nr. 5519).

2187.
Stephan Ludwig Roth
Dezember 1820

Kleinschelken, den ... Dezember 1820.

Lieber Herr Pestalozzi! Mit der alten Weise, womit man ehemals die Briefe anfing, will auch ich den Meinigen anfangen: Ich wünsche, dass Sie gesund wären und es Ihnen wohl ginge. Die wenigen Nachrichten, die ich in meiner Entfernung von Ihrem Befinden erhielt, waren mir sehr angenehm und es soll mich von Herzen freuen, wenn ich fortwährend hören werde, dass Sie noch immer kraftvoll und die Seele Ihrer ganzen Umgebung sind. Ich bin, Gott sei Dank, auch gesund und denke oft mit unbeschreiblicher Sehnsucht an das geliebte Yverdon, wo ich immer gerne gewesen bin, von wo ich ungern schied und wo ich auch jetzt noch sein möchte. Sie selbst haben es hundertfach erfahren, dass in jedem Strausse, den uns die Welt darbietet, auch Dornen verborgen sind; aus dieser Rücksicht erlasse ich mir eine nähere Auseinandersetzung meiner Lage und Gemütszustandes, den Sie am besten zu beurteilen imstande sind.

Wegen einigen Steinen habe ich (soviel ich glaube) die nötigen Schritte getan und wenn jetzt die Versprechungen dieser Menschen in Erfüllung gehen, so hoffe ich im Frühjahr Ihnen einige überschicken zu können. Abgeredetermassen werde ich das Kistchen oder was es sein wird, an Herrn von Henkelmüller unter Ihre Adresse spedieren und wünsche sehr, ich sollte Ihnen in den Wunsch kommen. Unseren bestehenden Zollgesetzen gemäss darf eigentlich ungearbeitetes Gold bei Konfiskation oder Zuchthausstrafe nicht ins Ausland versandt werden, allein vielleicht bezieht sich dies nur auf das Stangengold, welches ich nicht weiss; und in die Verlegenheit will ich weder Sie, noch mich bringen. Doch genug davon.

Die Ausarbeitung Ihres mir aufgetragenen Elementarbuches der lateinischen Sprache hat seit einiger Zeit das Studium der Mnemonik unterbrochen. Als ich zuerst Kästners Mnemonik zu Händen bekam, empfand ich eine ausserordentliche Freude. Ich habe nun das Buch durch und durch gearbeitet, Auszüge gemacht, wiederholt, versucht und dergleichen. Er verbreitet sich weitläufig über verschiedene Gegenstände, aber für unsern Zweck gibt er sehr wenig. Im einzigen § 2 des Anhangs sagt er etwas davon. Ihre Unterredungen über die Anwendung der Einbildungskraft hielt ich nun mit Kästners Werk über die Mnemonik und die 3 berühmtesten Stellen darüber zusammen und es ergab sich mir ohngefähr dieses, was ich Ihnen aus meinen Heften mitzuteilen, wegen Ihrer Liebe zur Sache, nicht scheue. Einiges Weniges aus ... Kunst, von der Sie oft in Unterredungen sprachen, glaube ich nun zu verstehen, und ich bin überzeugt, dass dieselbe dem Studium der Geographie und Geschichte einen ausserordentlichen Vorschub tun würde, einen minderen der Erlernung der Sprache. Erlauben Sie mir also eine kleine Literatur der Mnemonik hierher zu setzen. Vielleicht finden Sie oder Ihre jetzigen Lehrer der lateinischen Sprache etwas darin.

Clericus in pneumatolog. Sct. I. cap. 4. – Cronsatz in Systi de reflex. part. I. cap. 12. (Siehe im Heft Mnemonische Mittel die Literatur aus Walchs phil. Lex.)

Ueber die Plazierung (d[as] i[st] Fixierung eines Wortes, Gedankens oder einer Zahl an einem bestimmten Orte vermittels der Imagination) werde ich mir die Freiheit nehmen in einem anderen Briefe, insoweit ich es verstehe, meine geringen Erfahrungen Ihnen mitzuteilen. Jetzt nur etwas Weniges über die Erlernung der Sprachen vermittels der Mnemonik, die vorzüglich auf einer geschickten Anwendung der Imagination beruht. Zu dem Behufe teile ich die Worte in 1. primitiva und 2. derivata und 3. composita. Von den beiden Letzteren hat Bröder in seiner kleinen Grammatik Kap[itel] 6 «Von einigen Hülfsmitteln die Bedeutung vieler Wörter leichter zu finden und zu merken», gehandelt. Er sieht dabei 1. Struktur und dann auf die Endung. Da nun aber die Hauptschwierigkeit auf der Erlernung der Wurzelwörter, wovon er schweigt, beruht, so teile ich Ihnen sie mit, so gut als sich in einem Briefe tun lässt. Ich teile, wegen einer leichteren Uebersicht aus dem mnemonischen Gesichtspunkte, ein in 4 Klassen. Das Gemeinsame darin besteht in der T o n v e r w a n d t s c h a f t, wodurch die Einbildungskraft vermittels der Aehnlichkeit die Behaltung der Wörter sehr erleichtert.

1. Wörter, welche lateinischen Ursprungs sind. Ich nehme hiebei nur etliche, welche mit a anfangen; siehe Mnemonische Hülfsmittel.
2. Wörter, die mutmasslich nicht lateinischen Ursprungs sind, sondern aus einer gemeinsamen Ursprache sich herleiten als pater, mater, usw.
3. Wörter, welche unsre Sprache aus dem französischen einmal aufgenommen hat oder welche derjenige, welcher französisch kann, leichter behält als Baum = arbre, arbor.
4. Endlich solche, zu denen man etwas in Verbindung setzen muss, um sie zu behalten. Die Bemühung des Auswendiglernens geht dahin, eine nicht stattfindende Tonähnlichkeit durch eine eingebildete zu ersetzen, als bei passer etc.

Überlieferung
1 Stephan Ludwig Roth: Gesammelte Schriften und Briefe. Otto Folberth (Hrsg.). Band II. Kronstadt 1928, S. 33–35

Textkritik
Zeuge [a]

Sacherklärung
I.
Stephan Ludwig Roth (1796–1849) aus Seica Mica (Kleinschelken, Siebenbürgen) wird als Sohn des Lehrers und evangelischen Pfarrers Stephan Gottlieb Roth

(1762-1847, ⇒ Nr. 1978) in Medias (Mediasch) geboren. Er besucht die örtlichen Schulen und das Gymnasium in Sibiu (Hermannstadt). Unterstützt durch ein Stipendium beginnt er 1817 das Studium der Theologie an der Universität Tübingen. Dieses bricht er 1818 allerdings ab, um nach Yverdon zu Pestalozzi zu gehen, wo er ab Januar 1819 als Lateinlehrer tätig ist. Während seiner Rückreise in die Heimat im Jahre 1820 verfasst er eine Abhandlung über *Das Wesen des Staates als eine Erziehungsanstalt für die Bestimmung des Menschen*, aufgrund derer er von der Universität Tübingen zum Doktor der Philosophie und Magister der freien Künste promoviert wird. Roth wird 1821 Gymnasialprofessor in Medias, 1828 Konrektor und 1831 Rektor des Gymnasiums. Durch seinen Einsatz für Reformen, wie zum Beispiel mehr Unabhängigkeit der Schule und eine bessere Bezahlung der Lehrer, gerät er mit der weltlichen und kirchlichen Stadtobrigkeit in Konflikt. 1834 nimmt er die Wahl zum ersten Prediger der evangelischen Kirche in Medias an, ab 1837 amtet er als Pfarrer von Nemsa (Nimesch) und ab 1847 versieht er die Pfarrstelle in Mosna (Meschen). Im Kontext der in den 1840er-Jahren zunehmenden Magyarisierungsbestrebungen der Ungarn gegen anderssprachige Landesbewohner engagiert sich Roth schriftstellerisch und politisch für das Deutschtum in Siebenbürgen. Als die ungarische Armee Anfang 1849 in Medias einmarschiert, wird er verhaftet und nach Cluj-Napoca (Klausenburg) überführt, wo er im Mai 1849 gestützt auf ein Gerichtsurteil erschossen wird.

III.

Z. 23 *Henkelmüller*: Es ist unklar, welcher der beiden Söhne Hengelmüllers, Michael (1805-1874, ⇒ Nr. 1896) oder Karl (⇒ Nr. 1896), hier gemeint gewesen sein könnten, da sich beide zwischen 1818 und 1822 als Schüler in Yverdon aufgehalten haben.

Z. 30 *Elementarbuches*: Stephan Ludwig Roth (1796-1849, ⇒ Sacherklärung I.) arbeitete von 1818 bis 1820 an dem ihm von Pestalozzi aufgetragenen lateinischen Elementarbuch, ohne es zu Ende zu bringen. Am Schluss blieb es bei einer lateinischen Materialsammlung in Quartformat und mehreren Vorworten. Grund dafür waren Erkrankungen und Publikationen anderer Bücher während dieser Zeit, etwa *Ueber die mnemonischen Kunstmittel bei Erlernung von Sprachen*, *Der Sprachunterricht* sowie einen allgemeinen Leitfaden über den Sprachunterricht (vgl. Stephan Ludwig Roth: Gesammelte Schriften und Briefe, Band 2. Kronstadt 1928, S. 45; Michael Kroner: Stephan Ludwig Roth. Ein Leben für Fortschritt und Völkerverständigung. Cluj-Napoca 1977, S. 95-105).

Z. 31 f. *Memonik*: Merkhilfe (gr.)

Z. 32 *Kästners Mnemonik*: Christian August Lebrecht Kästner: Mnemonik oder die Gedächtnisskunst der Alten systematisch bearbeitet. Leipzig 1804

Z. 37 f. *Unterredungen*: Damit ist möglicherweise Pestalozzis *Rede an sein Haus* vom 12. Januar 1818 gemeint, worin er nochmals die Notwendigkeit betont, Kindern Kenntnisse «durch die Einbildungskraft richtig und genugthuend» beizubringen (PSW XXV, S. 299).

2188.
Buchhandlung Orell Füssli
11. Dezember 1820

[Reg.] Rechnungsangelegenheiten.

Überlieferung

1   PSB XIII, S. 320.12 ff.

Sacherklärung

I.

Buchhandlung Orell Füssli ⇒ Nr. 1317 b

2189.
Munizipalität Yverdon
12. Dezember 1820

a Monsieur Pestalozzy Chef de l'institut

Du 12ᵉ Décembre 1820.

Vous nous avez été dénoncé de la part de Monsieur le Juge de Paix, comme devant être imposé, d'après la loi sur les Etrangers, à une amende de L[ouis d'or] 24. pour avoir reçu dans votre Etablissement six pensionnaires dont les papiers n'ont point encore été présentés à la Police. Nous avons pris sur nous de renvoyer au moins pour le moment l'application pénale de cette loi à votre égard Monsieur, parcequ'il repugne infiniment à nos sentimens detre dans le cas de vous désobliger. Mais nous vous demandons instamment, Monsieur, de vouloir faire mettre en règle au plustôt les papiers de ces jeunes Gens et de tenir la main par la suite à ce que toutes les personnes de votre Maison se conforment éxactement pour leur séjour ici, au prescrit de la Loy, en déposant toujours à la P o l i c e   l e u r s papiers aussitôt leur arrivée; vu que nous ne pourrions plus sans nous exposer nous mêmes à des désagrémments vis à vis du Gouvernement, passer sur ces sortes de contraventions.

Agréez etc.

Überlieferung

1 Archives de ville, Yverdon, EG 17, f. 59
5 Copia

Textkritik

Zeuge h

Sacherklärung

I.

Munizipalität Yverdon ⇒ Nr. 643

II.

Am 27. Juni 1820 hatte sich der Friedensrichter Jean Antoine Fatio (1769–1855, ⇒ Nr. 1546) bei Pestalozzi nach einer Liste mit den Namen der spanischen Zöglinge erkundigt (⇒ Nr. 2155). Es hielten sich zur Zeit allerdings nur fünf Spanier in Yverdon auf, weshalb unklar ist, wer mit der sechsten Person gemeint gewesen sein könnte.

III.

Z. 6 *Juge de Paix*: Jean Antoine Fatio (1769–1855) ⇒ Nr. 1546
Z. 9 *pensionnaires*: Damit dürften Joachim Burrueso (⇒ Nr. 2057), Joseph/José Fernandez († 1825, ⇒ Nr. 2053), Diego Thomas Antoine André Pascal Marie Cécile Guerrero (*1806, ⇒ Nr. 1677), Juan/Jean Martinez (⇒ Nr. 2307) und Edouard Strachan (⇒ Nr. 1438) gemeint gewesen sein.

2190.
Munizipalität Yverdon
22. Dezember 1820

à Monsieur Pestalozzy Chef de l'Institut.

Du 22e Décembre 1820.

Nous avons vû avec satisfaction par votre honorée lettre de ce jour, que vous ayez reçu la notre du 12e Courant dans le vrai sens que nous vous l'avons addressée: Nous comprenons parfaitement, que la Loi qui soumet tout Etranger à ce Canton au dépôt de ses papiers, en arrivant, pour pouvoir y séjourner, doit nécessairement vous mettre dans l'embarras à l'égard de ceux de vos Elèves venant de Pays ou l'espèce des papiers requis chez Nous, n'est pas en usage; ou bien, auxquels on ne les accorderait, pas pour aller étudier dans le déhors; ou enfin qui sont parvenus ici à la faveur d'un Passeport sur lequel ils n'étaient mentionnés que secondairement, et que le porteur principal doit reprendre pour le retour, etc. etc. Mais dans tous ces cas également il ne dépend pas de nous d'apporter la plus légère modification à ce règlement qui est émané du Gouvernement et auquel nous sommes astreints de nous conformer strictement nous mêmes.

C'est pourquoi, Monsieur si vous vouliez faire la tentative d'obtenir un amendement à cet égard, et pour ces cas particuliers seulement, ce serait au Conseil d'Etat auquel il conviendroit que vous vous addressassiez directement; d'autant que la Loi même lui donne quelque latitude pour le séjour de certains Etrangers, et que pour l'intéret particulier de notre Commune, nous ne formerions aucune objection à la chose sous votre constante garantie.

Quant aux nouvelles réparations que vous nous demandés pour le Château, Nous avons encore autorisés Messieurs nos Inspecteurs aujourd'hui à faire retablir à neuf les fenêtres de la salle donnant sur la Plaine tant à cette fasçade qu'à celle sur la Cour: Mais il nous est impossible Monsieur, sans nous exposer au blame de nos Commettans de porter une atteinte trop sensible aux intérêts du Public; de souscrire à la réparation des continuelles dégradations que vos jeunes Gens occasionnent à ce Bâtiment, qui a déja couté tant en achat qu'en adjonctions et réfactures, des sommes aussi considérables à ce public: puisque du nombre de ces dernières par exemple, il n'y a pas de doute qu'avec peu de ménagement les quatre fourneaux qu'on a dû retablir au courant de cette année, auraient pu durer encore bien du tems. Nous sommes loin Monsieur de vous imputer personnellement la plus légère cause des faits dont nous nous plaignons; nous sentons très bien qu'occupé constamment de la partie morale de votre Etablissement, vous ne pouvez suffire à tous les soins de sa conservation matérielle, mais cet inconvénient aussi, ne doit pas refluer d'une manière onéreuse sur ce Public. Soyez persuadé Monsieur que c'est le sentiment du devoir seul qui nous dicte la franchise de ces observations, et que partout ailleurs nous serons toujours empressés de vous donner des preuves de notre sincère attachement, et de notre considération très particulière.

Überlieferung

1 Archives de ville, Yverdon EG 17, f. 61–62
5 Copia

Textkritik

Zeuge h
Z. 13 *accorderai < en > t*.

Z. 28   rép < é > arations

Sacherklärung

I.

Munizipalität Yverdon ⇒ Nr. 643

II.

In seiner Antwort (PSB XII, Nr. 5539) auf die erste Anfrage (⇒ Nr. 2189) der Munizipalität Yverdon (⇒ Nr. 643) wegen den fehlenden Aufenthaltspapieren einiger seiner Zöglinge hatte Pestalozzi darauf hingewiesen, dass die Eltern einiger Schüler es vorziehen würden, wenn ihre Kinder sich gewissermassen inkognito in Yverdon aufhalten würden oder dass die Kinder zwar im Pass ihrer Eltern eingetragen seien, diese Papier aber nicht bei der Polizei von Yverdon hätten deponiert werden können, da die Eltern diese zur Rückkehr in ihre Heimat bedurft hätten.

III.

Z. 6   *lettre*: PSB XII, Nr. 5539
Z. 7   *notre*: ⇒ Nr. 2189
Z. 23   *Conseil d'Etat*: ⇒ Nr. 667
Z. 29   *Inspecteurs*: Da es sich hier um bauliche Angelegenheiten handelte, dürften wohl Jean-Henri-Julien Doxat (*1774, ⇒ Nr. 2075), Munizipalitätsrat von Yverdon und Inspektor der *Commission de Bâtisse* sowie sein Stellvertreter und Schwager Jean Louis Doxat de Champvent (1773–1861, ⇒ Nr. 643) gemeint gewesen sein.

2191.
J. L. Ehrsam
22. Dezember 1820

[Reg.] Ehrsam erkundigt sich, ob sein Bruder nach Yverdon kommen könne.

Überlieferung

1   PSB XII, S. 132.8 ff.

Sacherklärung

I.

J. L. Ehrsam konnte nicht näher bestimmt werden. Möglicherweise handelt es sich bei Herrn Ehrsam um einen Mitarbeiter des Handelshaus *Blech, Fries et Cie* in Mulhouse, da der Brief Pestalozzis (PSB XII, Nr. 5547) dorthin adressiert ist.

Z. 4   *Bruder*: Der Bruder von J. L. Ehrsam (⇒ Sacherklärung I.) konnte nicht näher bestimmt werden. Er scheint aber nicht nach Yverdon gekommen zu sein.

2192.
Christian Ernst August Schwabe
27. Dezember 1820

British and Foreign School-Society

London d[en] 27sten Dec[embe]r 1820

Ew[er] Wohlgeb[or]en

im Namen der Brittischen und Ausländischen Schulgesellschaft und in meinem eignen, die Versicherung der ausgezeichnetsten Hochschätzung zu erneuern, veranlasst mich jetzt die Abreise eines jungen Mannes der in unserer Centralschule gebildet sich mit dem Unterricht in Volksschulen nach der Lancasterschen Lehrweise beschaftigt hat, und jetzt, aufgefodert von einigen englischen Menschenfreunden, Yverdun besuchen wird. Indem ich nicht Bedenken trage, diesen Jüngling Ihrer Wohlgewogenheit zu empfehlen, freue ich mich auch der Hoffnung, dass er ein Werkzeug der weitern Verbreitung des Segens seyn werde, den die Vorsehung Sie und Ihre Mitarbeiter am Geschäft der Erziehung so reichlich zu stiften fähig gemacht hat. Die Erndt ist so gross, noch sind der guten Arbeiter überall zu wenige und der Dämon des kleinlichen Eigennutzes und des Stolzes säet so fleissig sein Unkraut ein, dass es wohl nöthig ist, dass die Freunde des Guten an allen Orten recht eins werden und in frommem Zusammenwirken ihre Kräfte stärken und ihren Muth beleben. – Was soll ich von dem Fortgang der guten Volkserziehung in England sagen? Ich glaube fest, er bestehet, es wird besser, aber am rechten Geist fehlt es allerdings sehr oft. Wir sind zu arm an guten Lehrern, denn keine Anstalt bildet, keine Regierung pflegt sie. Auch ist bis jetzt noch gar keine Aussicht da zu Stiftung einer eigentlichen Schullehrerbildungsanstalt; ja sie möchte sogar wohl wenig helfen, so lange Volksjugendlehrern in der bürgerlichen Gesellschaft noch keine Achtung gebietende Stelle angewiesen ist. Unter diesen Verhaltnissen und im Kampf mit solchen Hindernissen haben die Einführung der Bellschen und Lancerstschen Lehrweise und die Einrichtung der zu ihrer Erhaltung und Verbreitung bestimmten Vereine ungemein wohlthätig gewirkt und gehören gewiss zu den schönsten Erscheinungen unserer Zeit. Leider erheben sich bei den

Unruhen unserer Tage und die dem Kampf politischer Partheien wieder nicht selten die Schrecksucht und das Mistrauen gegen die Aufklärung der niedern Stände; doch jedes Resultat sorgfältiger Nachforschung nach den Ursachen und Pflegemitteln der Zügellosigkeit und des Unfriedens beweiset nicht blos, dass unsere Schulanstalten dazu nicht nur nicht gehören, sondern dass in ihrem Gedeihen und der Ausdehnung ihres Einflusses das beste Mittel zur Heilung der Uebel der Zeit zu finden ist. –

Herr Hyrdes wird das Vergnügen haben, Ihnen ein Exemplar des letztens Jahresberichts der Schulgesellschaft zu überreichen. Mit der ausgezeichnetsten Hochachtung bin ich
 Ew[er] Wohlgeborn
       ergebener Diener
       E[rnst] Schwabe Dr.
   Königl[ich] Preuss[ischer] Gesandtschafts Prediger
    u[nd] Sekretär der Schulgesellschaft

Überlieferung

1 ZB Zürich, Ms Pestal 56, Umschlag 424/1
2 Bogen, 255 x 202 mm
4 gedruckter Briefkopf mit Bildern
5 Original

Textkritik

Zeuge H
Z. 13 *Yverdun*: lateinische Schrift

Sacherklärung

I.

Christian Ernst August Schwabe (1776–1843) wird in Erfurt geboren und kommt 1796 auf Vermittlung des Weimarer Generalsuperintendenten Johann Gottfried von Herder (1744–1803, ⇒ Nr. 833) als Hauslehrer nach London, wo er von 1799 bis zu seinem Tod als Prediger der 1762 gegründeten deutschen lutherischen St. Georgkirche in London amtiert sowie ab 1820 als Gesandter der preussischen Botschaft in London. Er pflegt viele Kontakte zur Londoner Oberschicht und unterrichtet die Söhne des Bankiers Nathan Mayer von Rothschild (1777–1836), Lionel Nathan (1808–1879), Anthony (1810–1876) und Nathaniel von Rothschild (1812–1870) ebenso in deutscher Sprache wie die spätere Queen Victoria (1819–1901). Ab 1819 ist Schwabe zudem Hofkaplan der Herzogin von Kent, Marie Louise Victoria von Sachsen-Coburg-Saalfeld (1786–1861), die Mutter der späteren Queen Victoria. Schwabe ist führendes Mitglied zahlreicher Vereinigungen in London, unter anderem der britischen und ausländischen Bibelgesellschaft, der *Friends of Foreigners in Distress* und Sekretär der *British and Foreign School Society* (⇒ Z. 4).

III.

Z. 4 British and Foreign School Society: Die British and Foreign School Society (BFSS) entstand 1814 durch Reorganisation und Umbenennung der 1808 gegründeten Society for Promoting the Lancasterian System for the Education of the Poor (The Royal Lancasterian Society), der Nonkonformisten angehörten und die das Armen- und Monitorenschulkonzept (⇒ Nr. 1487) von Joseph Lancaster (1778–1838, ⇒ Nr. 1487) unterstützte. Die realisierten Ziele der BFSS, die christliche Mission, die Verbreitung der Lancaster-Schulen und Stärkung der Armen- und Bibelbildung sowie das teilweise bis 1970 andauernde Engagement in der Lehrerbildung, teilte sie mit der konkurrierenden, 1811 gegründeten National Society um Andrew Bell (1753–1832, ⇒ Nr. 1487), die allerdings streng anglikanisch ausgerichtet war. Erst ab 1833 bekam die BFSS staatliche Unterstützung, zuvor hatte sie sich ausschliesslich durch private Spenden finanziert.

Z. 10 Mannes: Cassius Brutus Samuel Lodovico Laster Hyrdess (Hurdis) (*um 1799) wurde nach seiner Ausbildung in der Lancaster-Normalschule von Grossherzog Karl August von Sachsen-Weimar-Eisenach (1757–1828, ⇒ Nr. 811) auf die Übungsschule des Lehrerseminars in Eisenach berufen, scheiterte aber mit der Umsetzung des Bell-Lancaster-Systems (⇒ Nr. 1487) und unterrichtete bis 1820 in einer Lancaster'schen Schule in Ruhla (Thüringen). Augenscheinlich kehrte Hyrdess nach England zurück, war zwischenzeitlich in Gent tätig und wanderte nach dem Tod seiner 1822 geheirateten Frau Ann Davis 1839 nach Südaustralien aus.

Z. 10 Centralschule: Joseph Lancaster (1778–1838, ⇒ Nr. 1487) hatte 1805 in London eine von der BFSS (⇒ Z. 4) unterstützte Normalschule bzw. Zentralschule zur Ausbildung von Lehrkräften in dem von ihm mitbegründeten Monitorensystem (⇒ Nr. 1487) ins Leben gerufen. Die Zentralschule zur Lehrerbildung für Lancaster'sche Schulen sollte der Nukleus zur Durchsetzung dieser Unterrichtsmethode sein und fand in verschiedenen europäischen Staaten Nachahmung, etwa im Herzogtum Holstein in Eckernförde oder in Spanien.

Z. 11 Lancasterschen: ⇒ Nr. 1487
Z. 32 Bellschen: ⇒ Nr. 1487

Register der Briefabsender

Abs, Johann Christian Joseph Theodosius/Theodor (1781–1823) 62
Akademische Bibliotheks-Beamtung 67
Allen, William (1770–1843) 555
Ausset, Jean Jacques (François) (1774–1844) 672, 674

Baden. Karl Ludwig Friedrich, Grossherzog von siehe: Karl Ludwig Karl Friedrich, Grossherzog von Baden
Badham, Charles (1780–1845) 699, 718, 751, 766, 790
Baring-Gould, William (1770–1846) 420
Basset, Philippe (1763–1841) 236
Beck, Moritz (1787–1871) 277
Benziger (Herr) 781
Besserer, Cornelius Johann Jacob von (1774–1847) 171, 198, 384
Bezencenet, François Louis (1754–1826) 120, 425, 430
Bierstedt, Friedrich Wilhelm Carl (1781–1838) 782
Blendermann, Johann Jakob (1783–1862) 70
Blochmann, Karl Justus (1786–1855) 390
Bochaton, Jean-Marie (1771–1830) 247
Brandt, Karl (1769–1848) 277, 601, 608
Breslau. Universität 210
Brodie, Elizabeth siehe: Huntly-Brodie, Lady Elizabeth (1794–1864)
Brönner, Heinrich Ludwig (Buchhandlung) 219, 583
Brousson, Abraham Charles Samuel (1791–1831) 630, 658, 669–670
Bruch, Johann Heinrich (1801–1855) 715
Brühl, Graf Karl Friedrich Moritz Paul von (1772–1837) 74
Brunner, Hans Caspar (1776–1854) 226

Buess, Vinzenz Jakob (1765–1844) 604
Burrueso, Paolo 705, 749, 767, 798, 828
Buschmann, Gerhard von (1780–1856) 224

Carl Geroldsche Buchhandlung 132
Central Schulbücher Verlag 130, 250
Cérenville-Goumöens, Marie-Elisabeth de (1765–1835) 704
Chetwode-Walhouse, Charlotte Anne (um 1793–1837) 837
Christiana (Pseudonym) 682
Collmann, Carl Lorenz (1788–1866) 572
Combe, Rose Suzanne siehe: Maulaz-Combe, Rose Suzanne (1778–1868)
Consentius-Lorck, Johanna (1774–1854) 747, 791, 795, 799, 817
Constantin, Charles-Antoine 285
Corderier, André Guy (1776–1833) 794, 803, 807, 816, 828, 839
Coste, Louis (*1780) 827
Cotta, Johann Friedrich, Freiherr von Cottendorf (1764–1832) 375, 559, 568, 640
Courten, Jacques-Philippe-Joseph-Edouard de (1796–1874) 776
Crétet, Gabrielle siehe: Teisseire-Crétet, Gabrielle (1735–1829)
Cunningham, Francis (1785–1863) 825

Dambmann, Georg Peter (1761–1826) 395
Dantour/d'Antour, Abel (*1760) 804
De Bary, Samuel (1776–1853) 621
Decoppet, Louis (1788–1833) 698
Defferrari, Vassallo et Compagnie (Firma) 673
Denzel, Johann Bernhard Gottlieb (1773–1838) 117, 399
Dickinson, Robert 50–51, 793
Doux, Claude (1755–1841) 599
Doyle (Madame) 805

Droz, Auguste 564, 779
Dupuy, Eugène (*1785) 641
Dutoit/Du Toit, Johann Jacob (1750-1826) 527

Egger, Wilhelm/Guillaume (1792-1830) 341
Ehrsam, J. L. (Herr) 847
Emery, Samuel 816
Essich, Christian Friedrich (1778-1822) 136
Esslinger, David (1779-1828) 10, 272, 660
Estrada, Alvaro Flórez (1769-1853) 522, 596, 660
Ewers, Joseph Philipp Gustav (1781-1830) 238
Ewijck, Daniel Jacob van (1786-1858) 763

Faesch-Passavant, Margaretha Elisabeth (1783-1859) 492
Falk, Johannes Daniel (1768-1826) 675
Falk, Zacharias (1766-1837) 522
Fallenstein, Georg Friedrich (1790-1853) 138, 362, 818
Fatio, Jean Antoine (1769-1855) 811
Fellenberg, Philipp Emanuel von (1771-1844) 66, 121, 193, 197, 201
Fernandez, Joseph/José (†1825) 703, 714
Fischer-von Mützschefahl, Antonie von (*um 1784) 329
Fréville, Jean-Baptiste Augustin Joseph (1777-1860) 563, 590, 595, 607, 611, 707
Fréville-Payen, Marie Augustine (1787-1876) 730
Frickhöfer, Karl Christian (1791-1845) 411
Fröhlich, Gottlieb (1788-1828) 615
Fugger, Joseph Hugo, Reichsgraf von (1763-1840) 617

Gänsli, Jakob (1767-1850) 717
Gattinara, Louis-Joseph Arborio, Marquis de Brème (1754-1828) 835

Gauthier, Claude Prosper (1759-1835) 641
Geisler, Barth. Gottfr[ied] (1771-nach 1834) 643
Giesebrecht, Adolph (1790-1855) 356, 456
Gile(c)k, Johann von 668, 813
Gleim, Betty (1781-1827) 76, 638
Gonzenbach, Johann David/Jakob von (1777-1842) 352, 713, 718
Goumoëns, Marie-Elisabeth siehe: Cérenville-Goumöens, Marie-Elisabeth de (1765-1835)
Gouvet, François (1771-1859) 9, 589, 654
Gräff, Johann Heinrich/Heinrich (1765-1827) 138, 166, 563-564, 589, 596, 610-611, 705
Gramm, Josef Hermann (1769-1842) 125
Gruner, Karl Justus von (1777-1820) 195
Guerrero, Louis Marie (1777-1858) 570, 599, 673, 711, 745, 763, 767, 810, 829
Guimps-Burnand, Caroline-Elisabeth-Marie de (1774-1819) 68

Häfeli, Johannes (*1799) 784
Haenel, Johann Friedrich (1788-1837) 327
Hamel, Joseph Christianowitsch von (1788-1862) 832
Hartmann, Johann Georg August von (1764-1849) 819
Haude & Spener 310
Hautle, Johann Nepomuk (1765-1826) 752
Heer, Niklaus (1755-1822) 234
Helferich, Joseph (1762-1837) 621, 787
Hengelmüller, Michael (1770-1834) 420
Herdersche Buchhandlung 31
Heubner & Volke (Buchhandlung) 418
Hochepied, Jacques, Comte de (1765-1824) 714, 759
Holtzmann, Johann Michael (1774-1820) 16

Hopf, Johann Samuel (1784-1830)
258
Horner, Johann Kaspar (1774-1834)
340
Huber und Comp. (Firma) 829
Huntly-Brodie, Lady Elizabeth
(1794-1864) 570

Isler, Johann (Hans) Heinrich (Ludwig) (1793-1828) 299

Janvrin, Daniel (um 1780-um 1851)
811
Jean Pierre Amiet et Perceret (Firma)
580
Jenko, Joseph (1776-1858) 336
Jenni, Christian Albrecht
(1786-1861) 151
J. G. Cottasche Buchhandlung 43,
284, 406, 637, 656, 668, 712,
728, 758, 765, 780, 788, 814,
834
Johann Christian Hermannsche
Buchhandlung 282
Josef Max und Comp. (Buchhandlung)
255, 565, 771
Jullien, Marc Antoine (1775-1848) 44
Jussuff, Pietro/Pierre/Peter
(1778-1846) 822

Kageneck, Friedrich /Frédéric, Graf
von/de (1774/75-1840) 671, 697
Kapodistrias, Ioannes Antonio
(1776-1831) 674
Karl Ludwig Friedrich, Grossherzog
von Baden (1786-1818) 324
Kayssler, Adalbert Bartholomäus
(1769-1821) 209
Kieninger, Joseph (*1793) 25
Klein, Matthias (1782-1857) 58, 708
Klesser, Ludolf 750
Köln. Königliches Konsistorium 308
Krüdener, Paul, Baron von
(1784-1858) 699, 716, 725
Krüger, Johann Heinrich (1769-1848)
254
Krüsi, Hermann (1775-1844) 502
Krüsi-Näf, Elisabeth (1762-1836) 43,
738, 745, 812

Kupffer, Julius Christoph
(1784-1836) 626

Ladomus, Johann Jakob Friedrich
(1782-1854) 316, 560, 584
Laharpe, Frédéric César de
(1754-1838) 806
Lange, Johann Friedrich Wilhelm
(1786-1858) 88, 603, 605-606,
618, 620, 622, 644, 655
Leuzinger, Fridolin (1786-1856) 108
Lindner, Friedrich Wilhelm
(1779-1864) 302
Loertscher et fils (Druckerei) 739
Longuemare, Charles Eugène
(1773-1845) 563, 590, 595, 607,
611, 707, 730
Lorck, Johanna siehe: Consentius-
Lorck, Johanna (1774-1854)

Marsch, Gottlob Friedrich
(1761-1829) 145
Marshall, Joseph Head, Baron
d'Avray (1770-1838) 804
Marti, Balthasar (1777-1836) 790
Marx, Carl Michael (1794-1864) 12
Matthiae, Friedrich Christian
(1763-1822) 814
Maulaz-Combe, Rose Suzanne
(1778-1868) 32
Maurer, Helena/Helene (*1795) 740
Mayer, Johann Jakob (1790-1855)
587
Mayor, Mathias (1775-1847) 643
Mazzi, Felice (1776-1820) 593
Ment, James Stuart 799
Merwein (Herr) 709
Meyer, Andreas 292
Meyer von Schauensee, Franz Bernhard (1763-1848) 279
Meynadier (Monsieur) 455, 562, 590
Mieg, Johann Elias (1770-1842) 186,
204
Miville, Johann Friedrich
(1754-1820) 242
Monnier-Ormond, Henriette
(um 1758-1836) 42
Moritz, Friedrich/Frédéric William
(1783-1855) 285, 351
Müglich, Johann Karl August Gregor
(1793-1862) 236, 359

Mützschefahl, Antonie von siehe:
 Fischer-von Mützschefahl, Antonie von (*um 1784)
Muralt, Johannes von (1780–1850) 260, 678, 719, 769
Murbach, Johann Heinrich (1785–1842) 704
Muther, Wilhelm Albrecht (1789–1858) 27, 383
Muyden, Jakob Evert van (1781–1848) 207

Näf, Elisabeth siehe: Krüsi-Näf, Elisabeth (1762–1836)
Natorp, Bernhard Christoph Ludwig (1774–1846) 215
Neue Gelehrten-Buchhandlung 287
Nicolovius, Georg Heinrich Ludwig (1767–1839) 275, 381, 773
Niederer, Johannes (1779–1843) 24, 33, 35, 56, 184, 189, 357, 380, 393, 397, 415, 423, 437–438, 441, 444, 447, 451, 458–459, 461, 467, 471, 477, 481, 492, 496, 502, 504, 506, 523, 525, 530, 548–549, 557, 569, 666, 690, 695, 746, 768
Nonne, Karl Ludwig (1785–1854) 304
Nubar, Mgrdich/Mgrditsch (?) 822

Orell Füssli & Co. (Verlag) 377
Orell Füssli. Buchhandlung 394, 783, 790, 844
Ormond, Henriette siehe: Monnier-Ormond, Henriette (um 1758–1836)
Orpen, Charles Edward Herbert (1791–1856) 512, 576, 730, 823, 830

Parnell, Henry Brook, Baron of Congleton (1776–1842) 752
Paschoud, Jean Jacques (1768–1826) 12, 228, 422, 435, 558, 575, 590, 597, 608, 678, 805, 812
Payen, Marie Augustine siehe: Fréville-Payen, Marie Augustine (1787–1876)

Perthes, Friedrich Christoph (1772–1843) 104
Pestalozzi, Gottlieb (1797–1863) 69, 242
Pfister, Bernhard (1790–1859) 661
Pfleger, Friedrich Jakob (1790–1853) 421
Pfyffer, Alphons (1753–1822) 770
Pictet, Jacques 793
Pidoux, Auguste (1754–1821) 612
Pilkington, Jane siehe: Christiana (Pseudonym)
Pipino, Denis/Dionigi (*um 1771) 129, 569, 588
Pöckelsheim, Johann/Jean Georg von (1764–1845) 781
Pontelli, Enrico, Chevalier de (um 1764–1832) 819
Preussen
 – Königliches Konsistorium 213, 314
 – Ministerium für geistliche, Unterrichts- und Medizinalangelegenheiten 777
 – Staatsministerium 294

Rahn, Johann Heinrich (1777–1836) 52
Ramsauer, Johannes (1790–1848) 152, 231, 575
Rank, Andreas (1768–1855) 277
Ritter, Karl/Carl (1779–1859) 436, 591
Rodondo, Señor 192
Röckl, Joseph (1780–1826) 182, 228, 360
Rolland, Antoine (*1770) 625, 817
Rosenberg, Edouard von (1769–1824) 779
Roth, Stephan Gottlieb (1762–1847) 600, 784, 807
Roth, Stephan Ludwig (1796–1849) 840
Rougemont, Georges de (1758–1824) 731, 753

Sauerländer, Heinrich Remigius (1776–1847) 403, 416, 428, 765
Schaezler, Freiherr Johann Lorenz von (1762–1826) 6, 594

Schedius, Ludwig von (1768–1847) 45, 364
Schiegg, Johann Balthasar (1754–1830) 659
Schindler, Jakob Samuel (1762–1830) 782
Schlosser, Johann Alois (1777–1858) 656, 665, 671, 707, 749, 760, 764
Schmeller, Johann Andreas (1785–1852) 248
Schmid, Joseph (1785–1851) 3, 52, 81, 83, 86, 93–94, 96, 98, 100, 102, 111, 116, 127–128, 144, 150, 158, 161, 163, 165, 203, 519
Schütz, Lotte/Charlotte (1789–1817) 53
Schumacher, Christian Heinrich 47, 312
Schwabe, Christian Ernst August (1776–1843) 848
Si(e)ber, Leonhard (1771–1819) 600
Stähele, Johann Andreas (1794–1864) 277, 407, 414
Stammer, Heinrich (1785–1859) 462, 597
Steffan, Johann Jakob (1790–1859) 550, 801
Stock, John (1763/64–1842) 518
Strachan, Francesco/François 603
Strachan, Guillermo/Guillaume 642, 706
Sturt (Mister) 815
Sulzer, Josef Andreas (1778–1854) 51
Synge, John (1788–1845) 37, 645, 729
Syz, Kaspar (1785–1836) 708

Tayt, Graf 3
Teisseire-Crétet, Gabrielle (1735–1829) 92
Tobler, Johann Georg (1769–1843) 252, 358
Transehe, Karl Otto von (1761–1837) 18

Unbekannt 601, 634, 729

Varrentrapp, Franz (1776–1831) 785

Vay-von Adelsheim, Johanna von (1776–1862) 39
Vesci, John de (1771–1855) 687, 759
Vogel, David (1760–1849) 220, 425, 662, 754, 775, 808
Voumard, Jean Henri 789

Waadt. Regierung 79
Wagner, Johann Jakob (1757–1841) 840
Walhouse, Charlotte Anne siehe: Chetwode-Walhouse, Charlotte Anne (um 1793–1837)
Walthard, Ludwig Rudolf (1765–1832) 398, 761
Wehrli, Johann Jakob (1790–1855) 701
Wessenberg, Ignaz Heinrich von (1774–1860) 615
Westzynthius, Gil et Compagnie (Firma) 598, 697
Wick, Sebastian (1772–1833) 4
Wilson, Edward Louis 810, 813

Yverdon. Munizipalität 107, 435, 613, 721, 726, 844–845

Zeller, Christian Heinrich (1779–1860) 649
Zeller, Karl August (1774–1846) 69, 431
Ziemssen, Theodor (1777–1843) 166
Zöglinge und Freunde in Yverdon 387
Zollikofer, Ruprecht (1787–1872) 567, 586
Zschokke, Johannes Heinrich Daniel (1771–1848) 617
Zuberbühler, Johann Konrad (1787–1858) 315
Zuppinger, Johann Heinrich (1778–1854) 762

Register der Namen und Körperschaften

Aachen. Kirchen- und Schulkommission 178
Abadia, Francisco Javier (1774–1860) 673
Abegg, Friedrich Julius (1795–1820) 323
Abs, Johann Christian Joseph Theodosius/Theodor (1781–1823) 64–65, 85
Abs-Stumpp, Friederike Helene Charlotte (*1794/95) 64
Ackermann, Wilhelm Heinrich (1789–1848) 516
Ackland, Thomas Gilbank (1791–1844) 517
Adelsheim, Johanna von siehe: Vay-von Adelsheim, Johanna von (1776–1862)
Aders, Johann Jakob (1768–1825) 78, 639
Aebli, Anna siehe: Tschudy-Aebli, Anna (1790–1836)
Aebli, David (1804–1838) 791
Aepli, Alexander (1767–1832) 354
Aepli, Johann Melchior (1744–1813) 320
Aepli-Ott, Anna Magdalena siehe: Ladomus-Aepli, geborene Ott, Anna Magdalena (*1770)
Aischines (390/89–314 v.Chr.) 372
Aldama, Pantaleon 624
Alexander I., Zar von Russland (1777–1825) 14, 267, 326, 492, 592, 636–637, 674, 682, 701, 717, 720–721, 726
Alexander II., Zar von Russland (1818–1881) 268, 682
Alexander Christian Friedrich, Graf von Württemberg (1801–1844) 125
Alexander Paul Ludwig Konstantin, Herzog von Teck (1804–1885) 155
Alexandra Fjodorowna, Zarin von Russland (1798–1860) 682
Alfieri, Vittorio (1749–1803) 836
Allen, William (1770–1843) 516–517, 556

Altena, Johann (1766–1825) 180
Altenstein, Karl von (1770–1840) 778
Amalia Marie, Prinzessin von Schweden (1805–1853) 15
Amalie, Markgräfin von Baden (1754–1832) 14
Amalie, Prinzessin von Baden (1795–1869) 14
Amiet, Jean 583
Amrhyn, Josef/Joseph Karl Xaver Aloys Leopold Leodegar (1777–1848) 281
Andert, Eugène d' (1809–1876) 589, 642
Andert, Nestor d' (1807–1878) 589
Andert-Beaufort de Lamarre, Nancy d' (1822–1912) 589
Andert-Giroud de Fontanille, Louise Clotilde Vilhelmine d' (1822–1894) 589
Andrássy, Györgyi (1797–1872) 374
Andrássy de Csíkszentkirály et Krasznahorka, Istvan (1731–1812) 374
Andrássy-Festetics de Tolna, Maria, Gräfin von (1770–1828) 374
Anger, David (1764–1839) 8
Anna Pawlowna/Paulowna, Grossfürstin von Russland (1795–1865) 637
Anna Petrowna, Herzogin von Holstein-Gottorf (1708–1728) 593
Annaburg. Soldatenknaben-Institut 297
Anrep, Elisabeth Dorothea von siehe: Gersdorff-von Rennenkampf, geborene von Anrep, Elisabeth Dorothea von (1759–1844)
Armbruster, Carl Anton (1786–1840) 338
Arnoldi, Carl Wilhelm (*1777) 291
Arouet, François-Marie siehe: Voltaire (1694–1778)
Asbóth, Andreas von 372
Asmuss. Privatanstalt (Tartu) 744
Asmuss, Martin (1784–1844) 744
Attems, Anton von (1737–1826) 338
Aubertin, Minna 78, 639

August, Erbprinz von Sachsen-Gotha-Altenburg (1772–1822) 233
Augusta Marie Luise Katharina, Prinzessin von Sachsen-Weimar-Eisenach (1811–1890) 56
Auguste Wilhelmine Henriette, Prinzessin von Württemberg (1826–1898) 156
Augustin, Christian Friedrich Bernhard (1771–1856) 65
Ausset, Jean Jacques (François) (1774–1844) 151, 160, 672, 675
Ausset, Paul (Egide) (*1804) 151, 160, 672
Ausset, Pauline siehe: Hugonin-Ausset, Pauline (†1851)
Ausset, Victor (Albert) (*1806) 151, 160, 672
Ausset-Challand, Elisabeth Susanna 672
Ausset-Ludert, Elisabeth Marianne Christine (1778–1842) 151, 160, 672

B., E. von (Gutsbesitzer) 338
Babarczy, Antal von (1813–1881) 372
Babarczy, Emrich (Imre) von (1773–1840) 372
Babarczy, Imre (1818–1881) 372
Babartzi-von Finta, Therese von 372
Babington, Thomas (1758–1837) 517
Bach (Herr) 107
Baden
 – Amalie, Markgräfin von siehe: Amalie, Markgräfin von Baden (1754–1832)
 – Amalie, Prinzessin von siehe: Amalie, Prinzessin von Baden (1795–1869)
 – Elisabeth Marie (Alexandrine) Konstanze von siehe: Elisabeth Marie (Alexandrine) Konstanze von Baden (1802–1864)
 – Karl Friedrich, Grossherzog von siehe: Karl Friedrich, Grossherzog von Baden (1728–1811)
 – Karl Ludwig, Erbprinz von siehe: Karl Ludwig, Erbprinz von Baden (1755–1801)
 – Karl Ludwig Friedrich, Erbprinz siehe: Karl Ludwig Friedrich, Grossherzog von Baden (1786–1818)
 – Karl Ludwig Friedrich, Grossherzog von siehe: Karl Ludwig Friedrich, Grossherzog von Baden (1786–1818)
 – lateinische Schule 320
 – Ludwig I., Grossherzog von siehe: Ludwig I., Grossherzog von Baden (1763–1830)
 – Luise Marie Auguste, Prinzessin von siehe: Luise Marie Auguste, Prinzessin von Baden (1779–1826)
 – Wilhelm, Prinz von siehe: Wilhelm, Prinz von (1792–1859)
Badham, Charles (1780–1845) 699, 718, 752, 766, 790
Badham, Charles (1813–1884) 699
Badham, Charles David (1806–1857) 699
Badham, John 699
Badham, Robert 699
Baehr, Christian August (1795–1846) 124
Baggati, Josef (1756–1823) 68
Bagge, Ehregott Wilhelm Gottlieb (1781–1860) 30
Baier, Hermann Christoph (1775–1822) 171
Bainbridge, Edward Thomas (1798–1872) 831
Bainbridge, Henry (1801–1880) 831
Bainbridge, Thomas (†1836) 831
Balme, Louise Michelle siehe: Gouvet-Balme, Louise Michelle (1777–1851)
Balogh, Karolina von siehe: Gétzy-von Balogh, Karolina von
Balogh von Osca, Peter (1748–1818) 373
Bandon (Zögling) 100
Bansch, Johann Peter (1774–1854) 200
Baraux, François Emanuel Joseph (1750–1829) 9
Bardeleben, Henriette Leopoldine von siehe: Roeder-von Bardeleben, Henriette Leopoldine von (1766–1844)

Bardili, Heinrich Friedrich (1769–1839) 156
Baring-Gould, Alexander (1814–1899) 420
Baring-Gould, Charles (1807–1881) 420
Baring-Gould, Diane Amelia Sabine (1775–1858) 420
Baring-Gould, Edward (1804–1872) 420
Baring-Gould, Emily (1812–1893) 420
Baring-Gould, Harriet (1801–1857) 420
Baring-Gould, Margaret (1803–1853) 420
Baring-Gould, William (1770–1846) 420
Baring-Gould, William (1805–1839) 420
Barkoczy, Gräfin von 375
Barrelet, James Alexander (1793–1856) 738
Barrelet-de Gélieu, Cécile Sophie Louise de (1788–1863) 738
Bartakovits, Maria von siehe: Majthényi-von Bartakovits, Maria von
Bartakovits, Nina von siehe: Majthényi-von Bartakovits, Nina von
Bartsch, Heinrich Wilhelm (1787–1866) 72
Bartsch-Heineken, Henriette Amalia (1787–1819) 72
Basedow, Johann Bernhard (1724–1790) 266
Basse (Subskribent) 65
Basse, Gottfried (1778–1825) 65
Basse, Karl Georg Heinrich (1798–1874) 65
Basset, Karl Friedrich (*1785) 181
Basset, Philippe (1763–1841) 236, 395
Basset, Philippe (1790–1848) 236
Batthyány von Német-Uivar, Vince (1772–1827) 371
Batthyány-von Rudnyák, Josephine, Gräfin von (1778–1847) 371
Battier, Felix (1777–1829) 138
Bayard, Marie Marion siehe: Doux-Bayard, Marie Marion (*1771)

Bayern
– Maximilian I. Joseph, König von siehe: Maximilian I. Joseph, König von Bayern (1756–1825)
– Maximilian IV., Kurfürst von siehe: Maximilian I. Joseph, König von Bayern (1756–1825)
– Regierung 99, 361, 618
Beauharnais, Stéphanie, Prinzessin de siehe: Stéphanie de Beauharnais, Grossherzogin von Baden (1789–1860)
Beck, Moritz (1787–1871) 14, 115, 278, 411
Becker, Anna Elisabeth siehe: Deuster-Becker, Anna Elisabeth
Becker, C. A. F. 255
Becker, Johann Alois (1769–1859) 60
Becker-Hornbostel, Charlotte siehe: Perthes-Becker, geborene Hornbostel, Charlotte (1794–1874)
Beckers, Agnes Sibylla siehe: Keller-Beckers, Agnes Sibylla (1801–1885)
Beethoven, Ludwig van (1770–1827) 101, 339, 370–371
Bégré, Jacob (1751–1822) 582
Bégré, Jean Ferdinand Emanuel Charles (*1785) 582
Behrmann, Rudolf Gerhard (1773–1858) 107
Beilschmidt, Johann Christoph (1759–1825) 148
Beise, Jakob Georg Friedrich (1789–1865) 266
Bell, Andrew (1753–1832) 218, 271, 361, 850
Bell-Lancaster-Methode 55, 361, 654, 715, 850
Benson, Frances siehe: Shepherd-Benson, Frances (*1760)
Benzel-Sternau, Karl Christian Ernst, Graf von (1767–1849) 323
Benziger (Herr) 782
Berger, Johann Gottfried (†1826) 298
Bergerhoff, Christoph (†1862) 142
Berghorn, Maria Josefa siehe: Springsfeld-Berghorn, Maria Josefa (1750–1830)
Berlichingen-Rossach, Ernst Ludwig, Freiherr von (1739–1819) 156

Berling (Kontrolleur) 291
Berlinger, Maria Katharina siehe:
    Schmid-Berlinger, Maria Katharina (1762–1802)
Bernhardi, Johann Christian Arnold
    (1762–1837) 574
Bernhardi, Karl Christian Sigismund
    (1799–1874) 574
Bernhardt, Ernst (1782–1831) 218
Berta, Bartholomäus (1767–1829)
    374
Besserer, Cornelius Johann Jacob von
    (1774–1847) 177, 200, 386
Besserer-Fellinger, Margaretha Eleonora (1777–1812) 177
Besserer-vom Bruck, Katharina
    (1777–1814) 177
Beuthner, Johann Konrad 226
Bezencenet, François Louis
    (1754–1826) 120, 129, 425, 430,
    518, 580, 824
Bezencenet, Georges-Auguste
    (1771–um 1828) 580
Bezencenet, Jean-Jacques
    (1776–1812) 518
Bezencenet-Hutter, Marie Gabrielle
    (1754–1831) 518, 580, 824
Bibelgesellschaft (Basel) 246
Biberach, Lehranstalt 137
Bibliotheks-Beamtung, Akademische
    68
Bibliotheks- und Büchersammlungssozietät (Mollis) 253
Biederstedt, Dietrich Hermann
    (1762–1824) 170
Bierstedt (Sohn) 782
Bierstedt, Friedrich Wilhelm Carl
    (1781–1838) 782
Bignami, Carlo (1808–1885) 125
Bihler, Johann Nepomuk (†1835)
    101, 370
Billeter, Johann Caspar (1765–1844)
    301
Billig, Carl Valentin (1783–1826) 61
Binder, August (1787–1843) 354
Binder-Vonwiller, Susanna Maria
    Anna (†1828) 354
Bingley, U. B. 516, 579
Binterim, August (1784–1854) 178
Birkmann (Lehrer) 50
Birven, Josephine 180

Birven, Nicolaus Gerhard Joseph 180
Bischoff, Johann Jakob (1761–1825)
    245
Bischoff, Margaretha siehe: Preiswerk-Bischoff, Margaretha
    (1815–1882)
Bischoff-Merian, Anna Maria
    (1769–1822) 245
Bissing, Adolf von (1800–1880) 122
Bissing, Hans August von
    (1771–1841) 122
Bissing, Moritz von (1802–1860) 122
Bissing-von Grönna, Auguste von
    (†1841) 122
Blanco, Dominique 193
Blanco, Louis Joseph 193
Blankenhagen, Simon Johann
    (1725–1790) 629
Blendermann. Privatanstalt (Bremen)
    73
Blendermann, Ernst Hermann
    (1817–1865) 74
Blendermann, Johann Jacob
    (1816–1835) 74
Blendermann, Johann Jakob
    (1783–1862) 72–74, 101
Blendermann, Karoline Juliane
    Dorothee (*1820) 74
Blendermann, Marie Christine Charlotte (*1823) 74
Blendermann-Evers, Johanna Juliana
    Carolina (1786–1834) 74
Blessig, Philipp Jakob (1762–1832)
    269
Blochmann, Karl Justus (1786–1855)
    237, 393
Blumer, Anna Maria siehe: Hotz-Blumer, Anna Maria (1785–1856)
B. Metzler seel. Sohn & Co. (Firma)
    711
Bochaton, Jean-Marie (1771–1830)
    247
Bochaton, Jean Marie (1800–1823)
    247
Bock, Heinrich August von
    (1771–1863) 22
Bock-Wrangel, Sophie Auguste
    (1781–1825) 22
Bockholz, Eleonore Sophia Jakobina
    siehe: Deuster-Bockholz, Eleonore Sophia Jakobina

Bode, Johann (1769–1820) 681
Bodemüller (Arzt) 681
Bodmer, Margarete 654
Bodmer, Mathias (1759–1840) 654
Boecking, Bernhard (1781–1824) 180
Boecking-Clauss, Christine Catharina (1787–1861) 180
Böhm, Carl Joseph Friedrich von (1778–1844) 373
Böhm, Stephan 374
Bohnenblust, Johann (1785–1859) 270
Boisot, Georges (1774–1853) 80
Boleslawiec. Waisenhaus 255, 336
Bonaparte, Jérôme (1784–1860) 157
Bonaparte, Napoleon I. (1769–1821) 14–15, 61, 75, 149, 155, 234, 250, 267, 326, 379, 523, 779, 804, 836
Boniface, Alexandre Antoine (1790–1841) 518, 634
Bonstetten, Maria-Salomé von (1758–1805) 704
Borbély, Alexander von siehe: Borbély, Sandor (1768–1839)
Borbély, Gabor von (1761–1830) 373
Borbély, Sandor (1768–1839) 375
Borbély-von Vay, Johanna von (1779–1864) 373
Borgnis, Susanna Margaretha siehe: Glückert-Borgnis, Susanna Margaretha (*1782)
Born (Herr) 61
Born, Johann Georg/Iwan Martynowitsch von (1776–1850) 155
Bosse/Basse, Heinrich Christian Ludwig (*1790/91) 64, 66
Bourdillon, Jean-Jacques-Raymond (*1787) 267
Bouthenot, Clémentine siehe: Dupuy-Bouthenot, Clémentine
Boyen, Ludwig Leopold Gottlieb Hermann von (1771–1848) 434
Brandt, Charlotta Begnigna siehe: Kupffer-Brandt, Charlotta Begnigna
Brandt, Fanny (*1799) 769
Brandt, Johann Peter (1766–1835) 278, 630
Brandt, Karl (1769–1848) 278, 602, 610, 629

Braun, Gottlieb (1783–1835) 323
Braunsche Buchhandlung (Karlsruhe) 323
Braunschweig
– Karl II., Herzog von siehe: Karl II., Herzog von Braunschweig (1804–1873)
– Wilhelm, Herzog von siehe: Wilhelm, Herzog von Braunschweig (1806–1884)
Braunschweig-Lüneburg-Oels, Friedrich Wilhelm, Herzog von siehe: Friedrich Wilhelm, Herzog von Braunschweig-Lüneburg-Oels (1771–1815)
Braunschweig-Wolfenbüttel, Caroline Amalie Elisabeth, Herzogin von siehe: Caroline Amalie Elisabeth, Herzogin von Braunschweig-Wolfenbüttel (1768–1821)
Brehme, Friedrich (1781–1858) 268
Breitung, Luise siehe: Göritz-Breitung, Luise
Bremi, Johann Heinrich (1772–1837) 665
Breslau
– Central-Bibliothek 336
– Elisabetan (Gymnasium) 328, 334–336
– Lehrerverein 257
– Seminar 328, 335
– Universität 212
Bressler, Gottlieb Wilhelm, Graf von Bressler (†1814) 123
Bressler, Hans Wilhelm Carl, Graf von (1801–1865) 123
Bressler, geborene Gräfin von Reichenbach-Goschütz, Anna Henriette Emma (1806–1893) 123
Breuer, Theodor (1760–1835) 181
Breyer, Friedrich Wilhelm 149
Brieff, Jakob (1780–1861) 270
Brink, Johann Heinrich (1743–1817) 78, 156
British and Foreign School Society 849–850
Brodie, Elizabeth siehe: Huntly-Brodie, Lady Elizabeth (1794–1864)
Brody de Mouton, Françoise-Xavière-Josephine siehe: Courten-Brody

de Mouton, Françoise-Xavière-Josephine de (1802-1882)
Bröcking, Helena Catharina siehe: Wimmershoff-Bröcking, Helena Catharina
Brönner, Heinrich Karl Remigius (1789-1857) 220
Brönner, Heinrich Ludwig (1702-1769) 220
Brönner, Heinrich Ludwig (Buchhandlung) 220, 584
Brönner, Heinrich Remigius (1728-1798) 220
Broszowsky, Johann Wilhelm (*1785) 335
Brougham, Henry Peter (1778-1868) 517
Brousson, Abraham Charles Samuel (1791-1831) 117, 634, 659, 667, 669-670, 694, 697
Bruch, Johann Heinrich (1801-1855) 301, 715-716
Bruch, Johann Heinrich Adam (1768-1843) 301
Bruch, Paul Philipp (1767-1818) 301, 553, 715
Bruck, Katharina vom siehe: Besserer-vom Bruck, Katharina (1777-1814)
Brüger (Herr) 128
Brüggen, Diedrich Johann Ernst von der (1771-1836) 23
Brühl, Karl Friedrich Moritz Paul, Graf von (1772-1837) 75
Brühl-de Pourtalès, Jenny von (1795-1884) 75-76
Brüss, Christian Fr. 149
Brunn, Niklaus von (1766-1849) 247
Brunner, Hans Caspar (1776-1854) 227
Brunsvik, Caroline, Gräfin von siehe: Teleki-von Brunsvik, Caroline, Gräfin von (1782-1843)
Brunsvik, Franz, Graf von (1777-1849) 371
Brunsvik, Henriette, Gräfin von siehe: Chotek-von Brunsvik, Henriette, Gräfin von (1789-1857)
Brunsvik, Joseph, Graf von (1750-1827) 370
Brunsvik, Josephine, Gräfin von siehe: Stackelberg-von Deym, geborene von Brunsvik, Josephine, Gräfin von (1779-1821)
Brunsvik, Julia von siehe: Forray-von Brunsvik, Julia von (1786-1866)
Brunsvik, Therese, Gräfin von (1775-1861) 42, 370-371
Brunsvik-von Justh, Sidonie von (1801-1862) 371
Buchholz, Daniel Friedrich/Frédéric (1777-1839) 789
Buck, Anton 160
Buck, Ignaz 160
Buck, Jakob 160
Buess, Vinzenz Jakob (1765-1844) 605
Buess-von Hallwyl, Angelika Juliana Emerentiana (*1772) 605
Bujanovics, Ede (1776-1855) 375
Bunzlau. Waisenhaus siehe: Boleslawiec. Waisenhaus
Burckhardt, Carl Christian (1767-1846) 245
Burckhardt, Johann Jacob (1809-1888) 124
Burckhardt, Johann Jakob (1764-1841) 245
Burckhardt-Frey, Salome (1767-1822) 245
Burckhardt-Ryhiner, Anna Elise (1815-1899) 124
Burgdorf. Artistenschule 259
Burgmann, Elise von, geborene Baronin von Seeberg 372
Buri/Bury (Lehrer) 709
Buri/Bury, Caspar 709
Burkhart, Karl Friedrich Cölestin (1785-1857) 25, 297
Burnand, Caroline-Elisabeth-Marie siehe: Guimps-Burnand, Caroline-Elisabeth-Marie de (1774-1819)
Burret, Karl Joseph (1761-1828) 291
Burrueso, Joachim 706, 749, 767, 798, 811, 828-829, 845
Burrueso, Paolo 706, 729, 749, 767, 798, 828
Buschmann, Gerhard von (1780-1856) 226
Busse, Friedrich J. (1799-1859) 701, 717, 721, 726

Buttermann, Anton Sigmund Friedrich (1765–1834) 66
Buttersack, Christina Veronika siehe: Göritz-Buttersack, Christina Veronika (1769–1800)
Buxhoeveden, Alexander, Graf von (1783–1837) 240
Buxhoeveden, geborene Freiin von Dellingshausen, Julie Anna, Gräfin von (1793–1849) 240
Bylandt, Wilhelm, Graf von (1771–1855) 574

Calandar, Anna Catharina siehe: Fröbelius-Calandar, Anna Catharina (†1790)
Camenz, Karl Wilhelm Theophil (1769–1837) 297
Campe, Franz August Gottlob (1773–1826) 638
Campe, Joachim Heinrich (1746–1818) 638
Campe, Johann Wilhelm Julius (1792–1867) 638
Campe-Hoffmann, Elise (1786–1873) 638
Campenhausen, Hermann, Baron und Freiherr von (1773–1836) 21
Camplan, Marie Louise siehe: Rolland-Camplan, Marie Louise (*1771)
Capo d'Istria, Johannes siehe: Kapodistrias, Ioannes Antonios (1776–1831)
Carl Geroldsche Buchhandlung 134, 161
Caroline Amalie Elisabeth, Herzogin von Braunschweig-Wolfenbüttel (1768–1821) 14
Caullier, Marie Joséphine siehe: Renard-Caullier, Marie Joséphine (*1769)
Caverio (Herr) 714
Cécilie, Prinzessin von Schweden (1807–1844) 15
Central Schulbücher Verlag (Bayern) 131–132, 251
Cérenville, Henri (Charles Nicolas) de (1808–1871) 115, 704
Cérenville, Jean-Charles-Henri de (1781–1812) 704

Cérenville-Goumoëns, Marie-Elisabeth de (1765–1835) 704
Ceumern, Barbara (Babette) Elisabeth von siehe: Transehe-von Ceumern, Barbara (Babette) Elisabeth von (1767–1838)
Chaillou, Constantia siehe: Falk-Chaillou, Constantia (1742–1813)
Chaillou, Michel (1715–1787) 677
Challand, Elisabeth Susanna siehe: Ausset-Challand, Elisabeth Susanna
Chambeau, Johann Samuel (1783–1848) 682
Chapeaurouge, Ami de (1800–1860) 123
Chapeaurouge, Jacques de (1744–1805) 123
Charlotte, Herzogin von Hildburghausen (1787–1847) 306
Charlotte Mathilda, Königin von Württemberg (1766–1828) 157
Charrasson, Anne-Marie Etiennette siehe: Coste-Charrasson, Anne-Marie Etiennette (1792–1846)
Chatelanat, Maximilien Isaac (1758–1825) 721
Chatelanat-Gilliéron, Jeanne Elise Anette (1776–1842) 721
Chenebié, François Louis (1740–1826) 739
Chetwode, George (1791–1870) 839
Chetwode, George Moreton (1819–1820) 839
Chetwode-Walhouse, Charlotte Anne (um 1793–1837) 839
Chiffelle, David Amédée/Amadeus (1781–vor 1830) 555
Chiffelle-Gendre, Marie-Barbe (*1781) 555
Chodowiecki, Daniel Nikolaus (1726–1801) 148
Chodowiecki, Isaac Heinrich (Henri) (1767–1830) 148
Chotek-von Brunsvik, Henriette, Gräfin von (1789–1857) 370
Chotek von Chotkow, Hermann (1768–1822) 370
Christiana (Pseudonym) 686

Christin, Marianne siehe:
Constançon-Christin, Marianne
(1757-1780)
Clarus, Georg Wilhelm (1779-1860)
787
Claudius, Karoline siehe: Perthes-
Claudius, Karoline (1774-1821)
Claudius, Matthias (1740-1815) 106
Clauss, Christine Catharina siehe:
Boecking-Clauss, Christine Catharina (1787-1861)
Collins, Eduard (1791-1840) 268
Collins, Johann David (1761-1833)
268
Collins-Euler, Charlotte Anna Wilhelmine (1773-1831) 268
Collmann, Carl Lorenz (1788-1866)
155, 574
Collomb, Jean Etienne/Georges
(1767-1826) 548
Combe, David François (1773-1848)
33
Combe, Rose Suzanne siehe: Maulaz-
Combe, Rose Suzanne
(1778-1868)
Commerell, Juliane Elisabetha siehe:
Fetzer-Commerell, Juliane Elisabetha (1783-1823)
Comming, John 97, 624
Compes, Johann Laurenz (*1745)
143
Comte, Samuel Beat (1798-1853) 91,
115
Consalvi, Ercole (1757-1824) 621
Consentius, Friedrich Ludwig
(1755-1818) 748
Consentius, Johanna Therese (*1801)
748, 792, 797, 801
Consentius, Karl Friedrich
(1806-1845) 797, 801
Consentius, Marie-Luise (1804-1833)
748, 792, 797, 801
Consentius-Lorck, Johanna
(1774-1854) 382, 744, 748, 792,
797, 800-801, 818
Constançon, Charles Etienne
(1743-1828) 495, 548
Constançon, Marc-Charles
(1781-1863) 757
Constançon-Christin, Marianne
(1757-1780) 495

Constantin, Charles-Antoine 285
Constantin, Gaspard Felix Aristide
Antoine (*1803) 285
Coppenrath, Josef Heinrich
(1761-1853) 214
Coppenrathsche Buchhandlung 214
Corderier, André Guy (1776-1833)
794, 803, 807, 817, 828, 840
Corderier, Christophe Charles
(1805-1868) 794, 817
Corderier-Dumon, Claudine Françoise (*1783) 794
Correvon, Jules Charles Pierre
François (1802-1865) 789
Correvon, Pierre François
(1768-1840) 789
Coste, Louis (*1780) 827
Coste, Pierre Louis (*1812) 827
Coste-Charrasson, Anne-Marie Etiennette (1792-1846) 827
Cotta, Johann Friedrich, Freiherr von
Cottendorf (1764-1832) 42, 50,
68, 106, 110, 127, 135, 161,
169, 242, 320, 338, 370, 376,
407, 521, 560, 568, 640-641,
760, 772
Courten, Jacques-Philippe-Joseph-
Edouard de (1796-1874) 777
Courten, Marie-Isabelle de (*1818)
777
Courten-Brody de Mouton, Françoise-
Xavière-Josephine de
(1802-1882) 777
Courvoisier, Louis (1769-1847) 430
Cramer, Dorothea Caroline siehe:
Stammer-Cramer, Dorothea
Caroline (1801-1891)
Cramer, Johann Albert Reinhard
(1783-1846) 179
Creilsheim, Johann Ludwig Christoph
von (1767-1821) 179
Creizenach, Michael (1789-1842) 61
Cremer, Wilhelm Joseph 181, 363
Crétet, Gabrielle siehe: Teisseire-
Crétet, Gabrielle (1735-1829)
Crommelin, Susanna Maria/Marie
siehe: Koch-Crommelin, Susanna
Maria/Marie (1780-1820) 769
Csáky, Anna, Gräfin von, geborene
Baronin von Vécsey (1785-1851)
373

Csáky, Antal-Bruno, Graf von (1788–1860) 373
Cunningham, Francis (1785–1863) 827
Cunningham-Gurney, Richenda (1782–1855) 827
Custer, Laurenz Jakob (1765–1822) 35, 204, 427, 583, 665, 809
Custer-Pestalozzi, geborene Frölich, Anna Magdalena (1767–1814) 427, 776
Czermack (Lehrer) 681
Czermak, Karl (1809–1888) 681

Dael, Georg Simon Hug (1784–1854) 62
Dael-Freiin Köth von Wanscheid, Maria Sophia Theresia (1785–1853) 62
Dänemark und Norwegen, Wilhelmine Karoline, Prinzessin von siehe: Wilhelmine Karoline, Prinzessin von Dänemark und Norwegen (1747–1820)
Dahm, Bernhard (1778–1839) 62
Dambmann, Georg Peter (1761–1826) 396
Danckelmann, Carl Ludolf Friedrich, Graf von (1766–1819) 333
Dantour/d'Antour, Abel (*1760) 804
Dapp, Heinrich Wilhelm Gottfried (1758–1831) 402
Dapperen, Dirk van (1791–1822) 764
Darier, Jean-Louis (1766–1860) 748
Daub, Karl (1765–1836) 630
Daumiller, Johanna Margaretha Maria siehe: Heinzelmann-Daumiller, Johann Margaretha Maria (*1788)
Davis, Ann siehe: Hyrdess-Davis, Ann
De Bary, Samuel (1776–1853) 621
De Bary, Sophia siehe: Iselin-De Bary, Sophia (1809–1882)
Decoppet, Casimir (1758–1831) 698
Decoppet, Louis (1788–1833) 698
Decoppet-Herf, Philippine (um 1788–1824) 698
Decoppet-Perceret, Anne Françoise (1767–1832) 698
Defferrari, Vassallo et Compagnie (Firma) 673

De la Croix, Marie Victoire siehe: Thouvenot-De la Croix, Marie Victoire
Dellingshausen, Friedrich Adolf, Freiherr von (1769–1839) 240
Dellingshausen, Freiin Julie Anna von siehe: Buxhoeveden, geborene Freiin von Dellingshausen, Julie Anna, Gräfin von (1793–1849)
Demangeot, Sébastien François (1800–1874) 91
Denzel, Johann Bernhard Gottlieb (1773–1838) 119–120, 401, 413
Denzel-Hochstetter, Christiane Dorothea Charlotte (1779–1821) 120
Dessewffy, Joseph, Graf von (1771–1843) 375
Dessewffy, Stephan, Graf von (1776–1850) 375
Deuster, Gotthard (1793–1836) 292
Deuster, (Johann) Josef (*1788) 292
Deuster, Johann Wilhelm Christian (1785–nach 1838) 291
Deuster-Becker, Anna Elisabeth 291
Deuster-Bockholz, Eleonore Sophia Jakobina 292
Deuster-Freund, Anna Maria 292
Deuster-Goedert, Anna 291
Deuster-Goedert, Clara 292
Deym, Joseph, Graf von (1752–1804) 370
Deym-von Brunsvik, Josephine, Gräfin von siehe: Stackelberg-von Deym, geborene von Brunsvik, Josephine, Gräfin von (1779–1821)
Deym (von Stritez), Kasimir 375
Dickinson, Robert 50–51, 794
Dickinson, Stanhope (*ev. um 1811) 97, 794
Diehl, Gottfried (1786–1861) 413
Diespecker, Helena Sophia siehe: Henle-Diespecker, Helena Sophia (um 1766–1836)
Diesterweg, Friedrich Adolph Wilhelm (1790–1866) 148
Dietrich, Anna Barbara siehe: Stapfer-Dietrich, Anna Barbara (1790–1872)

Dietz, Hermann Joseph (1782–1862) 290
Dietzi, Joseph Anton 354
Dilg, Joseph (Jakob) (1758–1828) 245
Dillingen. Königlich-Bayrisches Lyceum 184
Dillmann, Georg Josef (1795–1857) 291
Dillmann, Johann (1792–1868) 291
Diözesan-Schullehrerlesegesellschaft Sinsheim 320
Döderlein, Rosine Eleonore siehe: Niethammer-Eckhardt, geborene Döderlein, Rosine Eleonore (1770–1832)
Doll, Christoph Heinrich (1776–1825) 15
Domingo, Tomas 624
Dominikus, Johann Jakob (1762–1819) 110
Donaueschingen. Gymnasium 322–323
Doux, Claude (1755–1841) 599
Doux, Marcelin (*1802) 599
Doux-Bayard, Marie Marion (*1771) 599
Doxat, Jean-Henri-Julien (*1774) 724, 847
Doxat de Champvent, Jean Louis (1773–1861) 724, 847
Doxat de Démoret, (Catherine) Marianne siehe: Thomasset-Doxat de Démoret, (Catherine) Marianne (1777–1839)
Doyle (Madame) 805
Doyle (Sohn) 805
Dreist, Karl August Gottlieb (1784–1836) 55
Droz, Auguste 564, 780
Droz, Eugène (†1824) 564, 780
Du Blaisel, Pauline-Anne-Albertine-Françoise-Camille-Louise, Marquise siehe: Kageneck-Du Blaisel, Pauline-Anne-Albertine-Françoise-Camille-Louise, Marquise de (1789–1854)
Du Pasquier, Jacques-Louis (1765–1839) 583
Du Pasquier-de Roulet Mézerac, Rose-Olympe-Adéline (1795–1852) 583

Du Seigneur, Anna Margarete siehe: Fäsi-Du Seigneur, Anna Margarete (1777–1856)
Dubois, Elisa Josepha siehe: Klein-Dubois, Elisa Josepha (1809–1872)
Dürieux, Egidius Joseph 180
Duff (Gebrüder) 517, 579
Dumont, Claudine Françoise siehe: Corderier-Dumon, Claudine Françoise (*1783)
Dunajský, Vavrinec (1784–1833) 349
Dunten, Georg Reinhold, Graf von (1766–1843) 271
Dunten, Nathalie Karoline Juliane von (1794–1862) 271
Duplan, François Joseph Samuel (1786–1857) 267
Dupuget, Louis Albert (1796–1860) 38, 91, 579, 831
Dupuy, Eugène (*1785) 641
Dupuy-Bouthenot, Clémentine 641
Dutoit/Du Toit, Johann Jacob (1750–1826) 529
Duval, François-David (1776–1854) 270
Duvoisin, Isabelle 15
Dyrssen, Johann (1781–1856) 270

Eberhard, Gottlob Christian 374
Eckart, Johanna Magdalena siehe: Girtanner-Eckart, Johanna Magdalena (1793–1873)
Eckhardt-Döderlein, Rosine Eleonore siehe: Niethammer-Eckhardt, geborene Döderlein, Rosine Eleonore (1770–1832)
Edward Augustus, Duke of Kent and Strathearn (1767–1820) 834
Egger, Katharina siehe: Krüsi-Egger, Katharina (1790–1848)
Egger, Wilhelm/Guillaume (1792–1830) 42, 156, 348, 370, 374
Eggers, Anna Marie siehe: Franke-Eggers, Anna Marie (1784–1837)
Egloff-Stadthof, Karl von (1784–1866) 185
Ehrsam (Bruder) 847
Ehrsam, J. L. (Herr) 847

Eibler, Renate siehe: Weissmann-Eibler, Renate (1794–1844)
Eiselen, Amalia Friederike Maria siehe: Gesell-Eiselen, Amalia Friederike Maria (1783–1855)
Eissl, Mathias (1776–1821) 419
Elisabeth Marie (Alexandrine) Konstanze von Baden (1802–1864) 233
Ellinger, Amalie Caroline siehe: Herder-Ellinger, Amalie Caroline von (1778–1803)
Emery, François 816
Emery, S. L. (Herr) 816
Emery, Samuel 816
Emery, Samuel-Benjamin (1801–1839) 816
Emil, Prinz von Hessen (1790–1856) 267
Engelhard, Moritz von (1779–1842) 240
Engelhardt, Georg, Baron von (1775–1862) 271
Engelhardt, Johann Gustav Engelbrecht von (1792–1817) 240
Engelhardt, Karl Wilhelm Reinhold von (1765–1806) 240
Engelhardt-von Grünewaldt, Katharina Luise von (1765–1842) 240
Engelschalk, Johann 374
Engelsohn, Ernst Gottfried von (1769–1840) 266
Erhard, Johann Michael (1771–1844) 126
Erlach, Hieronymus von (1667–1748) 821
Ernst II., Herzog von Sachsen-Gotha-Altenburg (1745–1804) 123
Erpf, Johann Heinrich (*1795) 85
Esdaile, Edward Jeffries (1785–1867) 839
Esdaile, Edward Jeffries (1813–1881) 839
Esseiva, Jean (1784–1856) 555
Essich, Christian Friedrich (1778–1832) 137
Esslingen. Seminar 120, 402
Esslinger, David (1779–1828) 11, 274–275, 660
Esslinger, Melchior (1803–1855) 11
Este, Victor de (*1752) 375

Ettlingen. Paedagogium 322
Etzler, Karl Friedrich (1766–1831) 334
Eugen Friedrich Heinrich, Herzog von Württemberg (1758–1822) 233
Euler, Charlotte Anna Wilhelmine siehe: Collins-Euler, Charlotte Anna Wilhelmine (1773–1831)
Euler, Leonhard (1707–1783) 268
Evers, Johanna Juliana Carolina siehe: Blendermann-Evers, Johanna Juliana Carolina (1786–1834)
Ewald, Johann Ludwig (1748–1822) 797
Ewers, Joseph Philipp Gustav (1781–1830) 21, 85, 239–240
Ewers, Lorenz Ferdinand (1742–1830) 241
Ewijck, Daniel Jacob van (1786–1858) 763
Ewijck-Ram, Johanna Wijnanda Hermine (1799–1835) 764

Faesch, Emanuel (1772–1827) 492
Faesch, François Alphonse (1802–1889) 492
Fäsch, Johann Jakob (1752–1832) 245
Faesch, Marie Valerie (1804–1895) 492
Fäsch, Ulrich (1780–1828) 245
Fäsch-Paravincini, Anna Margaretha (1785–1866) 245
Faesch-Passavant, Margaretha Elisabeth (1783–1859) 492
Fäsi, Johann Peter (1772–1836) 9
Fäsi-Du Seigneur, Anna Margarete (1777–1856) 9
Falk. Anstalt (Weimar) 677
Falk, Johann Daniel (1737–1808) 677
Falk, Johannes Daniel (1768–1826) 676–677
Falk, Zacharias (1766–1837) 522
Falk-Chaillou, Constantia (1742–1813) 677
Fallenstein, Adalbert Gustav (*1811) 364
Fallenstein, Georg Friedrich (1790–1853) 141, 162, 313, 363–364, 818
Fallenstein, Helene (1844–1819) 141

Fallenstein, Roderich (1815-1890) 364
Fallenstein-Benecke, Elisabeth (1792-1831) 141
Fallenstein-Souchay, Emilie (1805-1881) 141
Fatio, Jean Antoine (1769-1855) 117, 424, 667, 694, 697, 811, 845
Fehr, Johann Conrad (1777-1829) 354
Fehr-Ernst, Catharina Elisabeth (1785-1862) 354
Feigel, R. de F. J. 9, 595
F(e)laction, Louis Frédéric (1772-1841) 117
Feldmann, G. 270
Fellenberg. Armenschule 702
Fellenberg. Institut (Hofwyl) 783
Fellenberg. Landwirtschaftliche Schule (Hofwyl) 5
Fellenberg, Elisabeth Olympia von siehe: Leutwein-Fellenberg, Elisabeth Olympia (1804-1870)
Fellenberg, Philipp Emanuel von (1771-1844) 45, 52, 67, 82-85, 87, 91, 94-95, 97, 99, 101, 104, 114-115, 117, 122-125, 128-129, 145, 151, 160-162, 164, 166, 188, 194-195, 197-198, 202, 206, 208-209, 224, 266, 271, 274, 276, 278, 281, 306, 313, 333, 336, 360, 405, 410-411, 415, 417, 419, 443, 477, 553, 588, 636, 702, 720-721, 783, 805
Fellenberg-von Tscharner, Margaretha von (1778-1839) 83, 85, 87, 98, 161
Fellinger, Margaretha Eleonora siehe: Besserer-Fellinger, Margaretha Eleonora (1777-1812)
Fellner, Benedict/Benedek (†1827) 349
Fellner von Feldegg, Franz, Ritter von (†1857) 371
Fels, Hermann (1766-1838) 354
Ferdinand I., König beider Sizilien (1751-1825) 804
Ferdinand VII., König von Spanien (1784-1833) 523

Fernandez, Ferdinand 642, 703, 706, 715, 811
Fernandez, José 642, 703, 706
Fernandez, Joseph/José (†1825) 642, 703, 715, 845
Fernandez-Jauregui, Anna Maria siehe: Jauregui, Anna Maria
Ferrier, Abraham-Etienne (1761-1835) 748
Ferrier, François 558
Ferrier L'Hôste & Cie (Firma) 748
Festetics de Tolna, Maria, Gräfin von siehe: Andrássy-Festetics de Tolna, Maria, Gräfin von (1770-1828)
Fetzer, Karl Friedrich (1774/76-1849) 15
Fetzer-Commerell, Juliane Elisabetha (1783-1823) 15
Fiaux, Jenny siehe: Lange-Fiaux, Jenny (1784-um 1812)
Fiaux, Rosa Isialine siehe: Lange-Fiaux, Rosa Isialine
Fichard, Johann Carl von (1773-1829) 402
Finger, Andreas 283
Finger, Samuel Gottlieb (1751-1822) 283
Finta, Therese von siehe: Babartzi-von Finta, Therese von
Fischer (Kinder) 333
Fischer, Laurenz Hannibal (1784-1868) 307
Fischer, Maria Margaretha siehe: Speyr-Fischer, Maria Margaretha (1780-1861)
Fischer, Maximilian David Benjamin von (1763-1824) 333
Fischer-von Mützschefahl, Antonie von (*um 1784) 257, 328, 332
Fischer von Waldheim, Gotthelf (1771-1853) 681
Flick, Samuel (1772-1833) 134-135, 161
Flórez Estrada, Alvaro (1769-1853) 523, 596, 660, 806
Flórez Estrada, Alvaro 523, 596, 660
Flügel, Johann Heinrich (1761-1831) 200
Förster, August Wilhelm (1790-1826) 335-336

Fohrer, Wilhelm 313
Follenius, Ernst Ludwig (1769-1826) 290
Fontana, Jacques Xavier/Jakob Xaver (1795-1874) 553
Forgách, Franciska von siehe: Szécsen-von Forgách, Franciska, Gräfin von (1785-1867)
Forray, András, Baron von (1780-1830) 371
Forray-von Brunsvik, Julia von (1786-1866) 371
Four, Karl Friedrich von der (1770-1852) 269
Francillon, Albert Louis (1802-1840) 115
Francillon, Jacob (1770-1846) 115
Frank, Johann Ferdinand (1775-1830) 148
Frank, Johann Josef (*1771) 291
Franke, Heinrich Theodor Traugott (1790-1851) 73, 775, 778
Franke-Eggers, Anna Marie (1784-1837) 73
Frankreich
 – Louis XI., König von siehe: Louis XI., König von Frankreich (1423-1483)
 – Louis-Philippe I., König von siehe: Louis-Philippe I., König von Frankreich (1773-1850)
Franz (Lehrer) 62
Franzen, Margarethe siehe: Staudt-Franzen, Margarethe
Frege, Christian Gottlob (1747-1816) 355
Frege, Christiane Emilie siehe: Mayer-Frege, Christiane Emilie (1783-1857)
Frei, Hans Jakob (1782-1843) 521
Frei-Gallmann, Barbara (1784-1814) 521
Fremd, Johann Theodor (*1771) 132, 251
Fremerey, Johann (1739-1821) 180
Freudentheil, Gottlieb Wilhelm (1792-1869) 107
Freund, Anna Maria siehe: Deuster-Freund, Anna Maria
Fréville, Augustin (1818-1889) 730
Fréville, Ernest (1811-1830) 730

Fréville, Eugène (1809-1888) 563, 608, 612, 707, 730
Fréville, Jean-Baptiste Augustin Joseph (1777-1860) 563, 590, 595, 607, 611, 625, 707, 730
Fréville-Payen, Marie Augustine (1787-1876) 563, 730
Frey, Daniel (1778-1856) 427
Frey, Salome siehe: Burckhardt-Frey, Salome (1767-1822)
Freytag, Michael 15
Fribourg. Kollegium St. Michael 555
Frickhöfer, Karl Christian (1791-1845) 413
Friederike, Königin von Schweden (1781-1826) 15
Friederike Charlotte Marie, Prinzessin von Württemberg (1807-1873) 637
Friedrich, Herzog von Sachsen-Altenburg (1763-1834) 307
Friedrich I., König von Württemberg (1754-1816) 125, 157
Friedrich IV., Prinz von Sachsen-Gotha-Altenburg (1774-1825) 123
Friedrich Perthes & Comp. (Buchhandlung) 106
Friedrich Wilhelm, Herzog von Braunschweig-Lüneburg-Oels (1771-1815) 14
Friedrich Wilhelm I., König von Preussen (1688-1740) 147
Friedrich Wilhelm III., König von Preussen (1770-1840) 78-79, 147, 276, 434, 682, 738
Friedrich Wilhelm IV., König von Preussen (1795-1861) 738
Fries, Moritz Christian, Reichsgraf von (1777-1826) 102, 370
Fries, Salomon (1765-1838) 270
Friese, Karl Ferdinand (1770-1837) 297
Fritsch, Sophie Caroline von siehe: Hopffgarten-von Fritsch, Sophie Caroline von (1770-1837)
Fröbelius, Johann Michael (1754-1809) 269
Fröbelius-Calandar, Anna Catharina (†1790) 169
Fröbelius-Pasko, Dorothea 269

Fröhlich, Gottlieb (1788-1828) 615
Fröhlich, Johann Samuel 374
Frölich, Anna Magdalena siehe:
 Custer-Pestalozzi, geborene
 Frölich, Anna Magdalena
 (1767-1814)
Fromm, Ludwig (1787-1846) 259
Fuchs, Christian 374
Fürstenberg, Karl Egon II., Fürst zu
 siehe: Karl Egon II., Fürst zu
 Fürstenberg (1796-1854)
Fürstenberg-Stühlingen, Joseph
 Wenzel, Fürst zu siehe: Joseph
 Wenzel, Fürst zu Fürstenberg-
 Stühlingen (1728-1783)
Fues, Ludwig Wilhelm (1785-1817)
 310
Fues-Hoesch, Anna Johanna
 (1795-1884) 310
Füssli, Johann Heinrich (1745-1832)
 379
Fugger, Joseph Hugo, Reichsgraf von
 (1763-1840) 617
Fugger, Maximilian von (1801-1840)
 617
Funcken, Ebba Katharina von siehe:
 Schoultz von Ascheraden-von
 Funcken, Ebba Katharina
 (1762-1847)

Gady, Nicolas de (1766-1840) 554
Gänsli, Jakob (1767-1850) 717
Gänsli-Weber, Anna Elisabeth
 (1782-1838) 717
Galitzin, Alexander Nikolajewitsch
 (1773-1844) 701
Gallina, Franz von (1784-1832) 338
Gallmann, Barbara siehe: Frei-
 Gallmann, Barbara (1784-1814)
Gallmann-Näf, Elsbeth (1754-1829)
 521
Gardner, Elisabeth siehe: Sievers-
 Gardner, Elisabeth von
 (1780-1867)
Gattinara, Louis-Joseph Arborio,
 Marquis de Brème (1754-1828)
 836
Gauthier, Claude Prosper
 (1759-1835) 642
Géczy Garamszegi, Istvan
 (1775-1842) 373

Gedike, Ludwig Friedrich Gottlob
 Ernst (1760-1838) 303
Geisler, Barth. Gottfr[ied]
 (1771-nach 1834) 643
Geistinger, Joseph (1769-1829) 338
Gélieu, Cécile Sophie Louise de siehe:
 Barrelet-de Gélieu, Cécile Sophie
 Louise de (1788-1863)
Gelzer, Alexander (1794-1862) 705
Gemeine Bibliothek (Mollis) 253
Gendre, Marie-Barbe siehe: Chiffelle-
 Gendre, Marie-Barbe (*1781)
Gengenbach, Magdalena siehe: Tob-
 ler-Gengenbach, Magdalena
 (1779-1854)
Gensichon (Professor) 303
Georg, Grossherzog zu Mecklenburg-
 Strelitz (1779-1860) 357
Georg IV. August Friedrich, König des
 Vereinigten Königreichs von
 Grossbritannien und Irland
 (1762-1830) 14
Georges III. William Frederick, König
 des Vereinigten Königreichs von
 Grossbritannien und Irland
 (1738-1820) 834
Gerdau, Johann Gottfried Martin
 (1785-1855) 269
Gerhard, Johann David Friedrich
 (1769-1829) 333
Gerhard, Karl Theodor Christian
 (1773-1841) 334
Gerok, Christoph Friedrich von
 (1786-1865) 402
Gerold, Johann (1782-1806)
 134-135
Gerold, Joseph (1747-1800) 134
Gerold, Karl (1783-1854) 134-135
Gerold-Klebinder, Marie Magdalena
 (1757-1831) 134
Gersdorf-von Hohberg, Christiane
 Louise von (1721-1779) 303
Gersdorff, Dorothea Margarethe von
 siehe: Transehe-von Gersdorff,
 Dorothea Margarethe von
 (1784-1821)
Gersdorff-von Rennenkampf, gebo-
 rene von Anrep, Elisabeth
 Dorothea von (1759-1844) 271
Gersdorffsches Frauenzimmer-
 Institut (Görlitz) 303

Gervais, Alexander (1804–1881) 720–721
Gervais, Henri/Heinrich (1773–1832) 720–721
Gesell, Johann Gottlieb Ernst (1774–1842) 181
Gesell-Eiselen, Amalia Friederike Maria (1783–1855) 181
Gesellschaft deutscher Armenfreunde 303
Gesellschaft für Erziehung, Schweizerische 303
Gesellschaft, Naturforschende (Basel) 246
Gesellschaft, Naturforschende (Schweiz) 259
Gesellschaft, Schweizerische Gemeinnützige 247, 716, 762
Gesellschaft zur Beförderung des Guten und Gemeinnützigen (Basel) 124, 246
Gessner, Heinrich (1768–1813) 396
Gessner, Johann Georg (1765–1843) 384, 797
Gessner-Lavater, Anna (1771–1852) 797
Gétzy-von Balogh, Karolina von 373
Giesebrecht, Adolph (1790–1855) 255, 357, 457–458
Gileck, Georg Karl von 813
Gile(c)k, Johann von 668, 813
Gilliéron, Jeanne Elise Anette siehe: Chatelanat-Gilliéron, Jeanne Elise Anette (1776–1842)
Girard, Père Grégoire (1765–1850) 554
Giraud, Hélène Elisabeth siehe: Hochepied-Giraud, Hélène Elisabeth de (1818–1900)
Giroud de Fontanille, Louise Clotilde Vilhelmine siehe: Andert-Giroud de Fontanille, Louise Clotilde Vilhelmmine d' (1822–1894)
Girtanner, Daniel (1757–1844) 354–355
Girtanner, Julius (1773–1857) 354–355
Girtanner-Eckart, Johanna Magdalena (1793–1873) 354
Gleim, Betty (1781–1827) 77–78, 185, 639

Glückert, Johann Andreas (1776–1834) 62
Glückert, Johann Jakob (1808–1878) 62
Glückert-Borgnis, Susanna Margaretha (*1782) 62
Goedert, Anna siehe: Deuster-Goedert, Anna
Goedert, Clara siehe: Deuster-Goedert, Clara
Gömöry, Karoly (1779–1845) 374
Göpel-Zeller, Emma (1816–1893) 434
Göritz, Christian Ludwig von (1779–1841) 9
Göritz, Ludwig Friedrich (1764–1823) 402
Göritz-Breitung, Luise 9
Göritz-Buttersack, Christina Veronika (1769–1800) 402
Görres, Johann Joseph von (1776–1848) 290
Goethe, Johann Wolfgang von (1749–1831) 155, 676
Gontard, Carl von (1731–1791) 148
Gonzenbach, Carl Arnold von (1806–1885) 713, 718–719
Gonzenbach, David Hermann von (1805–1872) 713, 718–719
Gonzenbach, Johann David/Jakob von (1777–1842) 115, 354, 588, 713, 718
Gonzenbach, Karl August von (1779–1851) 355
Gordon, George, 5th Duke of siehe: Huntly, George, 5th Duke of Gordon, jetzt Marquess of (1770–1836)
Gostling, Henry 425
Goudat, W. (Herr) 286
Goumoëns, Marie Elisabeth siehe: Cérenville-Goumoëns, Marie-Elisabeth de (1765–1835)
Gouvet, François (1771–1859) 10, 589, 642, 654
Gouvet, Jean François Eugène (1810–1889) 10
Gouvet, Marie Françoise (1807–1887) 10
Gouvet-Balme, Louise Michelle (1777–1851) 10

Gräff, Johann Heinerich/Heinrich (1765-1827) 138, 166, 564-565, 589, 596-597, 610-611, 680, 705
Graf, Lorenz 271
Graff, Peter 294
Gramm, Josef Hermann (1769-1842) 126
Grashof, Karl Friedrich August (1770-1841) 310
Gravenhorst, Johann Ludwig Christian Carl (1777-1857) 213
Greaves, James Pierrepoint (1777-1842) 516, 579, 824, 831, 834
Gregor XIII. (1502-1585) 555
Grellet (Madame) 91, 129
Grellet, Alphonse 91, 129
Grellet du Peyrat, Joseph (1764-1849) 129
Grevel, Johanna siehe: Meisenburg-Grevel, Johanna (1788-1821)
Grimm, Johann Rudolf (1742-1826) 259
Griset, Karl von/Charles de, Baron von/de Forell (1787-1860) 554
Grönna, Auguste von siehe: Bissing-von Grönna, Auguste von (†1841)
Gronau, Karl (†1834) 269
Gross-Pestalozzi, Anna Barbara (1751-1832) 242
Grote, Friedrich von (1768-1836) 22
Grote, Therese, Freiin siehe: Richthofen, Therese, geborene Freiin Grote (1791-1811)
Grünewald, Peter Heinrich (1758-1835) 179
Grünewaldt, Johann Engelbrecht Christoph von (1796-1862) 87, 241
Grünewaldt, Katharina Luise von siehe: Engelhardt-von Grünewaldt, Katharina Luise von (1765-1842)
Grüning, Friedrich Heinrich (1794-1867) 297
Grundherr zu Altenthann und Weyerhaus, Karl Alexander (1768-1837) 154, 162

Gruner, Gottlieb Anton (1778-1844) 413
Gruner, Karl Justus von (1777-1820) 164, 196-197, 430
Gruner, Samuel von (1766-1824) 250
Günther, Wilhelm Adam (1795-1824) 9
Guerin, Edmund Arthur (1804-1895) 517, 579
Guerin, Joseph (1767-1863) 839
Guerin-Shuldham, Maria Lucy Eliza (1783-1817) 839
Guerrero, Diego Thomas Antoine André Pascal Marie Cécile (*1806) 151, 570, 674, 712, 729, 745, 763, 767, 811, 828-829, 845
Guerrero, Louis Marie (1777-1858) 570, 599, 673-674, 712, 729, 745, 763, 767, 810-811, 828-829
Guerrero, Marius (1817-1820) 810-811
Guerrero-Martinez, Jeanine Thérèse 729, 745, 811
Guimps-Burnand, Caroline-Elisabeth-Marie de (1774-1819) 68
Guinchard, Jean Joseph (1802-1878) 588
Guizetti, Johann Anton Franz (1762-1841) 680
Guizetti-Krüger, Elisabeth Henriette (1783-1853) 680
Gulat, Carl/Karl Joseph (1794-1860) 323
Gulat-Siegel, Sofie Sabine (1798-1875) 323
Guldenmann, Johann Christoph (1787-1862) 245
Guldenmann-Senn, Margaretha (1793-1861) 245
Gunnesch, Elisabeth siehe: Roth-Gunnesch, Elisabeth (1773-1835)
Gurney, Richenda siehe: Cunningham-Gurney, Richenda (1782-1855)
Gustav, Prinz von Schweden (1799-1877) 15

Gustav IV. Adolf, König von Schweden (1778-1837) 15
Guttentag, Samuel Simon (1786-1850) 335
Gysendörfer, Johannes (†1824) 270

Haase, Wilhelm 79
Hackländer, Johann Wilhelm (1784-1829) 177, 386
Häfeli, Johannes (1774-1846) 784
Häfeli, Johannes (*1799) 784
Häfeli-Hofmeister, Maria Henrietta (1794-1836) 784
Häffelin, Johann Casemir (1737-1827) 621
Haenel, Johann Friedrich (1788-1837) 328, 336
Häsch, Johann Kaspar 142
Hagelweide, Karl 335
Hagelweide, Karl (†1859) 336
Hagen, Friedrich Heinrich von der (1780-1856) 257
Hagenbuch, Johann (1789-1863) 379
Halder (Bankhaus) 257
Halder, Maria Elisabeth siehe: Steinmann-Halder, Maria Elisabeth
Haller, Albrecht von (1708-1777) 821
Hallwil, Abraham Johannes von (1746-1779) 605
Hallwil, Franziska Romana von (1758-1836) 422, 605
Hallwyl, Angelika Juliana Emerentiana von siehe: Buess-von Hallwyl, Angelika Juliana Emerentiana (*1772)
Hamel, Joseph Christianowitsch von (1788-1862) 85, 833
Hanff, Friedrich Christian (1783-1835) 270
Hangard, Jean Baptiste (1774-1827) 87, 95, 481, 491, 495, 502, 512, 548, 667, 694
Hanhart, Johannes (1773-1829) 161, 164
Harkort, Friedrich (1793-1880) 156
Harnisch, Christian Wilhelm (1787-1864) 257
Hartenkeil, Jakob Ignaz (1778-1843) 62

Hartmann, Johann Georg August von (1764-1849) 821
Hartmann, Klara/Claire von (*1774) 57, 115, 160, 424, 665
Hartung, Wilhelm 654
Hasert, Christian Adolf (1795-1864) 170
Hasler, Susanna siehe: Peter-Hasler, Susanna (*1803)
Hasselbach, Johann Peter (1790-1861) 290
Haude & Spener (Buchhandlung) 311
Haug, Georg Leonhard (*1745) 129
Haug, Hans Kaspar (*1778) 129
Haug, Jakob Christoph (*1776) 129
Haug, Johann Georg Gottlieb Heinrich (†1865) 234
Haug, Michael (1776-1852) 129
Haug, Wilhelm Heinrich (*1775) 129
Hauser, Heinrich 301
Hauser, Johann Jakob 553
Hausmann, Johann Friedrich Ludwig (1782-1859) 593
Hauswald (Frau) 62
Hautle, Johann Nepomuk (1765-1826) 753
Hawkins, Catherine siehe: Puget-Hawkins, Catherine (1765-1842)
Hay, Henry 554
Hebel, Johann Peter (1760-1826) 321, 323
Heer, Niklaus (1755-1822) 235
Hegel, Georg Wilhelm Friedrich (1770-1831) 402, 630
Heidelberg. Gymnasium 322
Heigner, Johann 291
Heilmann, Valentin Justus (1779-1862) 79
Heilmann-Platzhoff, Hermine (1788-1813) 79
Heinecken, Henriette Amalia siehe: Bartsch-Heineken, Henriette Amalia (1787-1819)
Heinsius, Johann Wilhelm Immanuel (1768-1817) 382
Heinzelmann, Johann David von (1785-1851) 9
Heinzelmann-Daumiller, Johanna Margaretha Maria von (*1788) 9
Heldenmaier, Beat Rudolf Friedrich (1795-1873) 91, 98, 115

Helfer (Organist) 257
Helferich, Gottlieb Heinrich (1768–1846) 233
Helferich, Joseph (1762–1837) 621, 787
Helvetisches Direktorium 85
Helvetische Gesellschaft 716
Hengelmüller, Karl 421, 843
Hengelmüller, Michael (1770–1834) 370, 420
Hengelmüller, Michael (1805–1874) 421, 843
Hengervar, Karl de siehe: Hengelmüller, Michael (1805–1874)
Henkenhaus, Heinrich (1779–1844) 143
Henle, Simon Wolf Jacob (1782–1856) 61
Henle, Wilhelm siehe: Henle, Simon Wolf Jacob (1782–1856)
Henle-Diespecker, Helena Sophia (um 1766–1836) 61
Hennicke, Johann August Philipp (1751–1828) 297
Henry Hay et Richard (Firma) 554
Hensch, Johann Philipp (1775–1846) 291
Hepp, G. Ph. 290
Herbart, Johann Friedrich (1776–1841) 336
Herder, Johann Gottfried von (1744–1803) 268, 676, 849
Herder, Wilhelm Ludwig Ernst von (1778–1842) 268
Herder-Ellinger, Amalie Caroline von (1778–1803) 268
Herder-Korn, Marie Katharina von (1798–1858) 268
Herdersche Buchhandlung 32, 656
Herf, Johann Daniel (1752–1816) 698
Herf, Philippine siehe: Decoppet-Herf, Philippine (um 1788–1824)
Hermann, Johann Christian (1751–1827) 283
Herzog, Christian Wilhelm (†1862) 143
Herzog von Effingen, Johannes (1773–1840) 195
Hess, Johann Jakob (1741–1828) 384

Hess-Wegmann, Barbara siehe: Stolz-Hess, geborene Wegmann, Barbara (1764–1829)
Hesselbarth (Regierungskalkulator) 148
Hessen. Emil, Prinz von siehe: Emil, Prinz von Hessen (1790–1856)
Hessen-Kassel
– Karoline Amalie, Prinzessin von siehe: Karoline Amalie, Herzogin von Sachsen-Gotha-Altenburg (1771–1848)
– Wilhelm IX., Kurfürst von siehe: Wilhelm IX., Kurfürst von Hessen-Kassel (1743–1821)
Heubner, Johann Gottlieb (1778–1859) 419
Heubner & Volke (Buchhandlung) 419
Heun, Johann Gottlieb Samuel Carl (1771–1854) 382
Heusler, Daniel (1771–1840) 246
Heusler, Samuel (1713–1770) 246
Heusler-Kuder, Anna Katharina (1777–1846) 246
Heus(s), Wilhelm Peter (1759–1824) 61
Heydt, Wilhelmine von der siehe: Wichelhaus-von der Heydt, Wilhelmine (1797–1872)
Heydweiller, Friedrich Jakob (1778–1848) 142
Hildburghausen, Charlotte, Herzogin von siehe: Charlotte, Herzogin von Hildburghausen (1787–1847)
Hilger, Johanna siehe: Simons-Hilger, Johanna (1780–1853)
Hiltebrandt, Justus Friedrich Jakob (1773–1845) 682
Hirschfeldt, Friedrich August (1766–1829) 267
Hirzel, Hans Caspar (1725–1803) 753
Hirzel, Hans Kaspar/Caspar (1751–1817) 224
Hitschmann, Hugo (*1878) 134
Hitschmann, Robert (1867–1927) 134
Hobmann, Wolfgang (1759–1826) 249
Hochberg, Luise Karoline von (1768–1820) 15

Hochberg, Wilhelm Ludwig August, Graf von siehe: Wilhelm Ludwig August, Graf von Hochberg (1792–1859)
Hochepied, Jacques, Comte de (1765–1824) 714, 759
Hochepied, Jacques Gérard de (1839–1887) 759
Hochepied, Jean Edmond de (1809–1840) 582, 714, 759
Hochepied-Giraud, Hélène Elisabeth de (1818–1900) 759
Hochepied-van Lennep, Sara Petronella de (1771–1854) 714
Hochstetter, Christiane Dorothea Charlotte siehe: Denzel-Hochstetter, Christiane Dorothea Charlotte (1779–1821)
Hochstetter, Johann Heinrich (1751–1796) 120
Hochstetter, Karl August Bernhard (1790–1867) 119, 401
Hölscher, Hermann Joseph (1765–1824) 283
Hölscher-Simonis, Maria Salome 283
Hoesch, Anna Johanna siehe: Fues-Hoesch, Anna Johanna (1795–1884)
Hoff, Georg Wilhelm Friedrich von (*1779) 185
Hoff-Stieler, Henriette Josephine Ferdinandine Louise von (†1824) 185
Hoffmann, Benjamin Gottlob (1748–1818) 638
Hoffmann, Elise siehe: Campe-Hoffmann, Elise (1786–1873)
Hoffmann, Péter (1791–1821) 349
Hoffmann & Campe (Buchhandlung) 638
Hoffmann von Fallersleben, August Heinrich (1798–1874) 339
Hofmann. Schule (Neapel) 135
Hofmann, Amalie 135
Hofmann, Charlotte (Mutter) 135
Hofmann, Charlotte (Tochter) 135
Hofmann, Ernst Friedrich Gottlieb (1789–1866) 155
Hofmann, Georg Franz/Franz Georg (1765–1838) 135
Hofmann, Karoline 135

Hofmann'sche Buchhandlung 106
Hofmeister, Maria Henrietta siehe: Häfeli-Hofmeister, Maria Henrietta (1794–1836)
Hohberg, Christiane Louise von siehe: Gersdorf-von Hohberg, Christiane Louise von (1721–1779)
Hohenadel, Franz (†vor 1855) 142
Hohenzollern-Hechingen, Maria Antonia, Prinzessin von (1781–1831) 430
Hohnhorst, Luise von siehe: Vincke-von Hohnhorst, Luise von (1798–1873)
Hold, Luzius (1778–1852) 747
Holland. Louis Napoleon Bonaparte, König von siehe: Louis Napoleon Bonaparte, König von Holland (1778–1846)
Holstein-Gottorf, Carl Friedrich, Herzog von (1700–1739) 593
Holtzmann, Johann Michael (1774–1820) 14, 18
Hopf, Johann Samuel (1784–1830) 259
Hopffgarten, Christian Adolph von (1751–1815) 56
Hopffgarten-von Fritsch, Sophie Caroline von (1770–1837) 56
Hornbostel, Charlotte siehe: Perthes-Becker, geborene Hornbostel, Charlotte (1794–1874)
Horner, Anna Magdalena siehe: Vogel-Horner, Anna Magdalena (1764–1841)
Horner, Johann Kaspar (1774–1834) 340
Horváth, Joseph von (1794–1850) 373
Hotz (Sohn) 757
Hotz, Heinrich (1779–1866) 379
Hotz, Johannes (1734–1801) 320
Hotz, Ursula (1774–1828) 379
Hotz-Blumer, Anna Maria (1785–1856) 379
Hotz (von Wald), Johannes 757
Huber, Charlotte siehe: Riggenbach-Huber, Charlotte (1795–1865)
Huber, Christoph (1773–1829) 138
Huber, Daniel (1768–1819) 246

Huber, Hans/Johann Jakob
(1752-1835) 301
Huber, Johann Rudolf (1766-1806)
245-246
Huber, Johann Rudolf (1797-1819)
246
Huber und Comp. (Firma) 829
Hünerwadel, Samuel Gottlieb
(1771-1848) 30
Hüsgen, Johann (1769-1841) 178
Hugonin, Jean François Samuel
(1774-1830) 92
Hugonin-Ausset, Pauline (†1851) 92
Huguenin, David-Guillaume
(1765-1841) 737
Humboldt, Alexander von
(1769-1859) 681
Humboldt, Wilhelm von (1767-1835)
217, 681
Huntly, George, 5th Duke of Gordon,
jetzt Marquess of (1770-1836)
571
Huntly-Brodie, Lady Elizabeth
(1794-1864) 571
Hunziker, Johann Georg (1774-1850)
427
Hutl, Rosa siehe: Lukács-Hutl, Rosa
von (um 1778-1851)
Hutter, Marie Gabrielle siehe: Bezencenet-Hutter, Marie Gabrielle
(1754-1831)
Hyrdess (Hurdis), Cassius Brutus
Samuel Lodovico Laster
(*um 1799) 850
Hyrdess-Davis, Ann 850

Idstein. Lehrerseminar 120, 413
Igelström, Alexander von
(1770-1855) 267
Iselin, Anna Maria siehe: Preiswerk-Iselin, Anna Maria (1758-1840)
Iselin, Johann Ludwig (1759-1838)
124
Iselin, Johann Rudolph (1796-1869)
124
Iselin-De Bary, Sophia (1809-1882)
124
Isler, Hans Jakob (1792-1874) 301,
715
Isler, Hans Jakob (1795-1854) 301,
715

Isler, Johann (Hans) Heinrich (Ludwig) (1793-1828) 300-301, 715
Ittner, Joseph Albrecht von
(1754-1825) 326

J. G. Cottasche Buchhandlung 44,
135, 214, 220, 257, 284, 311,
407, 584, 638, 657, 669, 713,
728, 758, 762, 766, 772, 781,
787-788, 814, 835
Jacobi, Friedrich Heinrich
(1743-1819) 51
Jäger, Friedrich Ferdinand
(1792-1849) 155
Jäger, Hermann Joseph (1792-1848)
313
Jäger, Johann Philipp (1781-1839)
555
Jagwitz, Wilhelm Jakob (1752-1826)
333
Jahn, Friedrich Ludwig (1778-1852)
149
Jakob und Gebrüder Buck (Weinhandlung) 160
Jankovits, Frau von siehe: Klobusitzky-Jankovits, Gräfin von
Jansen, Mathias Heinrich
(1794-1864) 181
Janvrin, Daniel (um 1780-um 1851)
435, 812
Janvrin, François (um 1779-1837)
435
Jarmerstedt, Georg Karl von
(1778-1851) 21
Jauregui, Anna Maria 703
Jean Pierre Amiet et Perceret (Firma)
582-583
Jeanrenaud, Daniel Henri
(1764-um 1850) 429
Jeanrenaud, Elmira siehe: Wetzel-Jeanrenaud, Elmira (*1803)
Jenko, Joseph (1776-1858) 338
Jenko, Thomas 338
Jenner, Eduard (1749-1823) 804
Jenni, Christian Albrecht
(1786-1861) 152
Jenni, Samuel Friedrich (1809-1849)
152
Jenny, Melchior (1785-1863) 783
Jenny, Salomon (1757-1822) 253

Jenny, Ursula siehe: Marti-Jenny, Ursula (1787–1865)
Jenny-Schiesser, Anna Katherina (1760–1837) 254
Johann Christian Hermannsche Buchhandlung 283, 467
Johann Rudolf de Peter Merian und Sohn (Firma) 711
Jones, T. W. (Schüler) 517, 556
Jones, Thomas 556
Jordan, Jean Camille (1772–1846) 634
Jordan, Jean Louis Frédéric (*1801) 425
Jordan, Louis 424
Josef Max und Comp. (Buchhandlung) 257, 567, 772
Joseph Anton Johann (Baptist), Erzherzog von Österreich (1776–1847) 233, 350, 372
Joseph Wenzel, Fürst zu Fürstenberg-Stühlingen (1728–1783) 322
Jullien, Adolphe (1805–1873) 45, 161
Jullien, Alfred 45, 161
Jullien, Auguste (1802–1833) 45, 161
Jullien, Marc Antoine (1775–1848) 45, 52, 83, 115, 160, 704
Jullien-Nioche, Sophie Jouvence (†1832) 45, 160
Jussuff, Pietro/Pierre/Peter (1778–1846) 822
Justh, Sidonie von siehe: Brunsvik-von Justh, Sidonie von (1801–1862)

Kageneck, Franz Georg (1812–1828) 672
Kageneck, Friedrich/Frédéric, Graf von/de (1774/75–1840) 672, 697
Kageneck-Du Blaisel, Pauline-Anne-Albertine-Françoise-Camille-Louise, Marquise de (1789–1854) 672
Kahlen, Fabian Georg Alexander von (1788–1845) 23
Kahlert, Johann Gottlieb (1756–1831) 335
Kalckreuth, Friedrich Ernst Adolf Karl, Graf von (1790–1873) 618
Kaliwoda, Leopold Johann (1705–1781) 134
Kalmann, Wilhelm Joseph (1759–1842) 338
Kamp, Johann Heinrich (1786–1853) 156
Kamp-Brink, Henriette (1783–1854) 156
Kapodistrias, Ioannes Antonios (1776–1831) 636, 674, 701, 721
Karalene. Seminar 336
Karl, Erzherzog von Österreich (1771–1847) 101
Karl II., Herzog von Braunschweig (1804–1873) 14
Karl August, Grossherzog von Sachsen-Weimar-Eisenach (1757–1828) 676, 850
Karl Egon II., Fürst zu Fürstenberg (1796–1854) 14
Karl Friedrich, Grossherzog von Baden (1728–1811) 14–15
Karl Friedrich Alexander, Prinz von Württemberg (1823–1891) 156
Karl Ludwig, Erbprinz von Baden (1755–1801) 14–15
Karl Ludwig Friedrich, Grossherzog von Baden (1786–1818) 14, 322, 326
Karl Wilhelm, Fürst von Nassau-Usingen (1735–1803) 413
Karl von Sachsen-Meiningen (1754–1782) 233
Karlsruhe. Lyceum 322–323
Karoline Amalie, Herzogin von Sachsen-Gotha-Altenburg (1771–1848) 233
Karolyi, György/Georg (1802–1877) 350
Karolyi, Jozsef/Joseph, Graf von (1768–1803) 349
Karolyi, Lajos/Ludwig (1799–1863) 350
Karthauss, Gottfried Friedrich Wilhelm (†1851) 181
Kasthofer, Gottlieb Rudolf (1767–1823) 427
Kasthofer, Karl (1777–1853) 481, 491, 512, 667, 694
Kasthofer, Rosette siehe: Niederer-Kasthofer, Rosette (1779–1857)
Katharina, Prinzessin von Württemberg (1783–1835) 157

Katharina II., Zarin von Russland
(1729-1796) 592
Katharina Friederike Charlotte, Prinzessin von Württemberg
(1821-1898) 156
Katharina Pawlowna, Königin von Württemberg (1788-1819) 155, 157, 162, 226, 234, 637, 821
Kaufmann, Fridolin
(1778-nach 1830) 380
Kaulen, Johann Albert (1773-1847) 201
Kaulfuss, Christian Gottlieb
(1780-1833) 338
Kawerau, Peter Friedrich Theodor
(1789-1844) 257
Kayser, Johann Wilhelm (1774-1833) 787
Kayser, Winand (1765-1842) 363
Kayssler, Adalbert Bartholomäus
(1769-1821) 210, 212
Keil, Friedrich August (1796-1859) 149
Keller, Johann Wilhelm (1794-1885) 179
Keller-Beckers, Agnes Sibylla
(1801-1885) 179
Keller-Zeller, Elise Rosalie (*1815) 434
Kent, Marie Louise Victoria, Herzogin von siehe: Marie Louise Victoire, Herzogin von Kent (1786-1861)
Kent and Strathearn, Edward Augustus, Duke of siehe: Edward Augustus, Duke of Kent and Strathearn (1767-1820)
Kephalides, August Wilhelm
(1789-1820) 335-336
Keresturi, Elisabeth Henriette von siehe: Reuss-von Keresturi, Elisabeth Henriette (1788-1855)
Keresturi, Franz (1735-1811) 681
Keresturi, Nikolaus (1792-1822) 681
Kettembeil, Georg Ferdinand
(†1857?) 283
Kieninger, Joseph (*1793) 26-27
Kieser, Enoch Christian von
(1784-1838) 155, 234
Kieser-Zeller, Irene (1814-1898) 434
Kindweiler, Johann Jakob
(1796-1845) 246

Kirchenpauer, Gustav Heinrich
(1808-1887) 267
Kirchenpauer, Julie siehe: Krause-Kirchenpauer, Julie (*1783)
Kirs, Imre/Emrich Christian Friedrich von (1775-1831) 374
Kladt, Adolf Mathias Nepomuk von
(1776-1848) 180
Klasmann, Adolf 291
Klebinder, Marie Magdalena siehe: Gerold-Klebinder, Marie Magdalena (1757-1831)
Klein, Franz (1806-1870) 708
Klein, Matthias (1782-1857) 60, 708
Klein-Dubois, Elisa Josepha
(1809-1872) 708
Kleiner, Franz Samuel (1777-1819) 429
Kleiner-Kyburz, Verena (1781-1826) 429
Kleinschmidt, Ernst Karl
(1775-1847) 323
Klemm, Joseph Amor (1763-1827) 60
Klesser, Ludolf 751, 760, 764
Klett, Jakob Friedrich (1781-1869) 234
Klinkhardt, Christian Gottfried
(1783-1848) 303
Klobusitzky-Jankovits, Gräfin von 374
Klönne, Carolina Wilhelmina siehe: Spankeren-Klönne, Carolina Wilhelmina van (1769-1845)
Knesebeck, Karl Friedrich von dem
(1768-1848) 738
Knonau. Privatschule 709
Knusert, Aloys/Alois/Aloise
(1789-1836) 50
Koblenz
– Institut Rossel siehe: Rossel. Institut (Koblenz)
– Konsistorium 110, 145
Koch, Woltera Elisabeth (1810-1841) 769
Koch-Crommelin, Susanna Maria/Marie (1780-1820) 769
Köffinger, Johann Paul (1786-1845) 372
Köln. Königliches Konsistorium 309-310

König, Friedrich Ludwig (1738–1807) 259
König, Friedrich Ludwig Albrecht (1778–1831) 259
König, Johann Georg (1781–1842) 15
Königsfeld, Johannes (1774–1851) 200
Köster, Arminius (1772–1848) 107
Köth von Wanscheid, Maria Sophia Theresia, Freiin siehe: Dael-Freiin Köth von Wanscheid, Maria Sophia Theresia (1785–1853)
Konstantin Friedrich Peter, Prinz von Oldenburg (1812–1881) 155, 821
Konstantin Pawlowitsch, Grossfürst von Russland (1779–1831) 637
Korn, Marie Katharina siehe: Herder-Korn, Marie Katharina von (1798–1858)
Kortüm, Johann Friedrich Christoph (1788–1854) 363
Koschak, Marie Leopoldine siehe: Pachler-Koschak, Marie Leopoldine (1794–1855)
Kottwitz, Carl Ferdinand Gottlob, Freiherr von (1781–1861) 335
Kottwitz, Johann Wilhelm, Freiherr von 334
Krause, Jakob (*1775) 267
Krause-Kirchenpauer, Julie (*1783) 267
Krauss, Daniel (1786–1846) 246
Krefeld. Schulkommission 143
Kron, Peter Daniel (um 1785–1849) 181
Kruber, Johann Justus (1759–1826) 682
Krüdener, Burchard Alexis Constantin, Baron von (1764–1824) 700
Krüdener, Paul, Baron von (1784–1858) 636, 674, 700, 717, 726
Krüdener-von Vietinghoff, Barbara Juliane, Freifrau von (1764–1824) 636, 700, 744, 798
Krüger, Elisabeth Henriette siehe: Guizetti-Krüger, Elisabeth Henriette (1783–1853)
Krüger, Heinrich Friedrich (1748–1819) 680

Krüger, Johann Heinrich (1769–1848) 255
Krüsi. Institut (Yverdon) 117, 278, 451, 455, 634, 744, 792, 797
Krüsi, Anton Joseph (1765–1848) 753
Krüsi, Hermann (1775–1844) 50, 74, 82, 108, 115, 117, 161, 259, 278, 313, 328, 350, 394, 402, 443, 446, 451, 455, 461, 467, 471, 476, 491, 502–503, 547, 549, 580, 602, 634, 744, 747–748, 797, 801
Krüsi, Jakob (1803–1854) 665
Krüsi-Egger, Katharina (1790–1848) 818
Krüsi-Näf, Elisabeth (1762–1836) 43, 100, 224, 427, 665, 738–739, 745, 756–757, 776, 809, 812
Krug, Karl (*1765) 180
Krug-Offermann, Anna Dorothea (1773–1838) 180
Kubli, Paulus (1782–1819) 270
Kuder, Anna Katharina siehe: Heusler-Kuder, Anna Katharina (1777–1846)
Kübler, Gottlob Friedrich (1787–1843) 155
Kündig, Jakob (1788–1833) 554
Künkel, Jean/Johannes 246
Künkel, Joseph Jakob 246
Kulenkamp-Platzmann, Charlotte Amalia (1777–1862) 102
Kummer, Paul Gotthelf (1750–1835) 242
Kunz, Anton Heinrich Wilhelm (1771–1824) 291
Kupffer, Jakob Leonhard (1747–1812) 629
Kupffer, Julius Christoph (1784–1836) 629
Kupffer-Brandt, Charlotta Begnigna 629
Kuthe, Engelhardt Jacob Christian (1776–1838) 65
Kyburz, Verena siehe: Kleiner-Kyburz, Verena (1781–1826)

L'Aspée, Jakob de (1789/90–1817) 467

L'Aspée, Johannes de (1783–1825) 413, 466–467
L'Hoste, Jean-Jacques (1764–1826) 748
La Touche, James Digges (1788–1827) 831
Laager, Jean (1791–1843) 38, 579
Ladomus, Johann Jakob Friedrich (1782–1854) 18, 319–320, 562, 586
Ladomus-Aepli, geborene Ott, Anna Magdalena (*1770) 320, 586
Laharpe, Frédéric César de (1754–1838) 637, 806
Laiml von Dedina, Alexander (1802–1868) 350
Laiml von Dedina, Friedrich 350
Laiml von Dedina, Wolfgang (1767–1839) 350
Lancaster, Joseph (1778–1838) 218, 271, 361, 807, 850
Lancaster, Methode siehe: Bell-Lancaster-Methode
Lange, Erziehungsanstalt (Vevey) 92, 97, 624
Lange, Johann Friedrich Wilhelm (1786–1858) 56, 82, 87, 91–92, 115, 145, 149, 161, 188, 192, 197, 206, 224, 411, 604, 606–607, 613, 619–620, 624, 645, 655
Lange, Johann Georg (1775–1826) 72
Lange-Fiaux, Jenny (1784–um 1812) 56
Lange-Fiaux, Rosa Isialine 56, 87, 619
Langhans, Maria Magdalena (1723–1851) 821
Lantz, Jakob (1782–1816) 269
Lantz, Karl Franz Rudolf (1792–1836) 269
Lauer, Friedrich (†1837) 292
Laufs, Johann Friedrich (1778–1830) 179
Laufs, Johann Meinrad (1768–1834) 142
Lauteren, Christian Philipp Anton Franz (1755–1843) 61
Lautz, Joseph Moses 11
Lavater, Anna siehe: Gessner-Lavater, Anna (1771–1852)

Lavater, David (1773–1828) 379
Lavater, Johann Caspar (1741–1801) 73, 797
Lázár, Zsigmond von (1740–1820) 373
Lecky, John 824, 831
Legrand, Johann Lukas (1755–1836) 246
Legrand, Wilhelm (1794–1874) 246
Legrand-La Roche, Ursula (1797–1853) 246
Lehmann, Julius/Julien Adolph 155
Leinich, Gottl. Friedrich August (1797–1877) 298
Leipzig. Bürgerschule 304
Lejeune Dirichlet (Rentmeister) 180
Lembke, Johann Rudolf (1778–1819) 323
Lempp, Albrecht Friedrich (1758–1819) 155
Lenau, Nikolaus (1802–1850) 125
Lennep, David George van (1712–1797) 714
Lennep, Jacob van (1769–1855) 714
Lennep, Sara Petronella van siehe: Hochepied-van Lennep, Sara Petronella de (1771–1854)
Lentner, Ignaz (1787–1853) 657
Lentner, Josef (1814–1852) 657
Lentner, Joseph (1755–1815) 657
Lenz, Gottlieb Eduard (1788–1829) 241
Lenzbourg, Louis Stanislas Xavier de (1778–1838) 554
Leopold II., Fürst zu Lippe-Detmold (1796–1851) 593
Lesebibliothek der beyden Diöcesen Kork und Bischofsheim, Geistliche 321
Lesegesellschaft Adelsheim (Pfarrer) 321
Lesegesellschaft, Allgemeine (Basel) 246
Lesegesellschaft Diözese Freyburg (Pfarrer) 322
Lesegesellschaft Kork (Lehrer) 321
Lesegesellschaft Mosbach (Pfarrer) 321
Lesegesellschaft Pforzheim 320

Lesegesellschaft Schopfheim
- Lehrer 321
- Pfarrer 321
Lesegesellschaft Stein (Diözese)
- Lehrer 321
- Pfarrer 321
Lesegesellschaft, Theologische (Schwanden) 253
Lesegesellschaft Wädenswil 301
Lesegesellschaft Wertheim
- Lehrer 322
- Pfarrer 321
Lesniowska, Franziska von (1781-1853) 125
Lesniowski, Eduard (1809-1826) 125
Lesniowski, Kasimir, Graf von (1771-1810) 125
Lesniowski, Stephan, Graf von (1806-1859) 125
Leuber, Rosa siehe: Werdmüller-Leuber, Rosa (1786-1843)
Leutwein, (Philipp) Karl (Ludwig) genannt Carlo (1808-1899) 124
Leutwein-von Fellenberg, Elisabeth Olympia (1804-1870) 124
Leuzinger, Fridolin (1786-1856) 110, 145, 634
Lieb, Sigmund Friedrich (1779-1828) 267
Lieber, Moritz Joseph Josia (1790-1860) 290
Liebherr, Joseph (1767-1840) 9
Liedemann, Johann Samuel (1756-1834) 374
Liepmann (Herr) 267
Lieth, Karl Ludwig Theodor (1776-1850) 79
Lindner, Friedrich Wilhelm (1779-1864) 92, 303
Linthkolonie 703
Linz, Franz Xaver 291
Lippe, Johann Karl Christian (1779-1853) 124
Lippe-Detmold, Leopold II., Fürst zu siehe: Leopold II., Fürst zu Lippe-Detmold (1796-1851)
Lippe-Detmold, Pauline, Fürstin zu siehe: Pauline, Fürstin zu Lippe-Detmold (1769-1820)
Lippi, Amerigo de 793

Liptay, Sandor, Baron von (1767-1828) 371
Lipthay, Anna, Baronin von siehe: Rudnyanszky-von Lipthay, Anna, Baronin von (1776-1858)
List, Friedrich (1789-1846) 234
Littrow, Joseph Johann (1781-1840) 372
Loen, Ernst von 335
Lörrach. Paedagogium 322-323
Loertscher, Alexandre-Doron (*1773) 739
Loertscher, Jean-Louis (1777-1853) 739
Loertscher, Jean-Nicolas (1741-1814) 739
Loertscher, Vincent (1779-1841) 739
Loertscher et fils (Firma) 739
Löschnig, Mathias (1771-1830) 340
Löwis of Menar, Wilhelmine von siehe: Transehe-von Löwis of Menar, Wilhelmine von (1822-1868)
Longuemare, Charles Eugène (1773-1845) 563, 590, 595, 607, 611, 625, 707, 730
Longuemare, Léon (1807-1897) 563, 590, 608, 612, 707
Lorck, Johanna siehe: Consentius-Lorck, Johanna (1774-1854)
Louis XI., König von Frankreich (1423-1483) 554
Louis Napoleon Bonaparte, König von Holland (1778-1846) 764
Louis-Philippe I., König von Frankreich (1773-1850) 804
Ludert, Elisabeth Marianne Christine siehe: Ausset-Ludert, Elisabeth Marianne Christine (1778-1842)
Ludwig I., Grossherzog von Baden (1763-1830) 324
Ludwig Friedrich Alexander, Herzog von Württemberg (1756-1817) 233
Lüneburg. Ritterakademie 358
Lüthy, David (1785-1862) 554
Lütscg, Johann Melchior (1792-1871) 703
Luise, Prinzessin von Württemberg (1764-1834) 233

Luise Auguste Wilhelmine Amalie, König von Preussen (1776-1810) 748, 793
Luise Marie Auguste, Prinzessin von Baden (1779-1826) 326
Lukács, Gregor Nikolaus von 373
Lukács, Móric (1812-1881) 373
Lukács-Hutl, Rosa von (um 1778-1851) 373
Luther, Martin (1483-1546) 277, 677
Lutzke, Johann Friedrich (um 1772-1849) 147
Luxemburg. Athenäum 466
Lynen, Laurenz XIX. Richard (1783-1857) 200
Lynen-Schleicher, Catharina Gertraud (1790-1850) 200

Mäder, Abel Théodore Guillaume (1765-1834) 462
Mahlberg. Lehranstalt 323
Majthényi, Adrienne von (†1837) 371
Majthényi, Alexander von (†1836) 371
Majthényi, Emrich (Imre) von 371
Majthényi-von Bartakovits, Maria 371
Majthényi-von Bartakovits, Nina von 371
Malchus, Carl August, Freiherr von (1770-1840) 234
Mallet, Friedrich Ludwig (1792-1865) 157
Mappes, Johann Conrad Ignaz (1764-1839) 61
Mappes, Johann Heinrich, Baron von (1757-1845) 61
Marcuard, Johann Rudolf (1721-1795) 226
Marcuard, Samuel Friedrich (1755-1820) 226
Marcuard Beuter & Comp. (Firma) 226
Maria Ludovica, Kaiserin von Österreich (1787-1816) 350
Marie Dorothea Wilhelmine, Erzherzogin von Österreich (1797-1855) 233, 372
Marie Louise Victoria, Herzogin von Kent (1786-1861) 849

Marie Luise Alexandrina, Prinzessin von Sachsen-Weimar-Eisenach (1808-1877) 56
Marija Pawlowna Romanowa, Erbgrossherzogin von Sachsen-Weimar-Eisenach (1786-1859) 55-56, 637
Mark, Anton Karl 339
Marmont, Auguste Frédéric Louis Viesse de, Herzog von Ragusa (Dubrovnik) (1774-1852) 779
Marré, Gaetano Giovanni (1771-1825) 836
Marsch, Gottlob Friedrich (1761-1829) 147
Marshall, Joseph Head, Baron d'Avray (1770-1838) 804
Marshall, William 804-805
Marshall de Brett, Joseph, zweiter Baron d'Avray (1811-1871) 804
Martens, Thomas (1768-1838) 72
Marti, Balthasar (1777-1836) 791
Marti, Johann Rudolf (1765-1824) 270
Marti-Jenny, Ursula (1787-1865) 791
Martinez, Jeanine Thérèse siehe: Guerrero-Martinez, Jeanine Thérèse
Martinez, Juan/Jean 729, 811, 845
Marx, Carl Michael (1794-1864) 14, 18, 160
Massena, André (1758-1817) 757
Masset, Adélaide Henriette Gabrielle Wilhelmine siehe: Pillichody-Masset, Adélaide Henriette Gabrielle Wilhelmine (1794-1817)
Masset, Charles-Louis (1734-1802) 115
Masset, Charles-Louis (1796-1865) 115
Masset-de Senarclens de Grancy, Alexandrine-Louise-Charlotte (1768-1815) 115
Matthiae, Friedrich Christian (1763-1822) 815
Matuschka, Heinrich, Graf von (1768-1845) 333
Maucler, Paul Friedrich Theodor Eugen, Reichsfreiherr von (1783-1859) 821

Maulaz-Combe, Rose Suzanne
 (1778–1868) 33
Maurer, Helena/Helene (*1795) 744
Maurer, Hermann (1804–1882) 744,
 797
Maurer, Johann Konrad (1798–1842)
 91, 115
Maurer-Fischer, Verena Margarete
 (1775–1847) 558, 744
Mauritius, Johann Ernst Gottlieb
 (1774–1840) 169
Max, Josef (1787–1873) 257
Maximilian I. Joseph, König von
 Bayern (1756–1825) 99, 184
Maydell, Reinhold Gottlieb von
 (1771–1846) 241
Mayer, Christian Adolph (1775–1843)
 355
Mayer, Johann Jakob (1790–1855)
 355, 588
Mayer-Frege, Christiane Emilie
 (1783–1857) 355
Mayo. Institut 558, 622
Mayo, Charles (1792–1846) 517,
 556, 558, 622, 730, 798, 827
Mayor, Mathias (1775–1847) 643
Mazzi, Felice (1776–1820) 593
Mecklenburg, Julie Johanna, Freiin
 von siehe: Röder, geborene Freiin von Mecklenburg, Julie Johanna, Freifrau von (1775–1842)
Mecklenburg-Strelitz, Georg, Grossherzog zu siehe: Georg, Grossherzog zu Mecklenburg-Strelitz
 (1779–1860)
Meerwein, Christian Friedrich
 (1770–1843) 711
Meerwein, Karl Friedrich
 (1800–1814) 711
Meiler, Joseph (†1824) 291
Meisenburg, Johann Wilhelm (*1784)
 143
Meisenburg-Grevel, Johanna
 (1788–1821) 143
Meister, Jakob Heinrich (1744–1826)
 378
Meletta, Johann Heinrich Josef
 (1771–1851) 61
Melin, Heinrich (Genrich) Jakob
 (1786–1861) 268

Mellin, Ludwig August, Graf von
 (1754–1835) 22
Mende, Ludwig Julius Caspar
 (1779–1832) 170
Ment (Sohn) 799
Ment, James Stuart 799
Mentges, Anton (1777–1833) 61
Mentz, Edoardo 5
Merian, Anna Maria siehe: Bischoff-Merian, Anna Maria (1769–1822)
Merian, Johann (1766–1800) 711
Merian, Johann Rudolf (1733–1820)
 711
Merian, Peter (1762–1813) 711
Merian-Sarasin, Maria (1737–1795)
 711
Mertens, Johannes Laurentius Aegidius (1773–1837) 143
Merwein (Sohn) 711
Merwein (Tochter) 711
Mészárós, Johanna, Baronin siehe:
 Teleki, Johanna, Gräfin, geborene
 Baronin Mészárós (1784–1844)
Metternich, Klemens Wenzel Lothar,
 Graf von (1773–1859) 757
Metzler, Benjamin (1650–1686) 711
Meusel, Johann Georg (1743–1820)
 30
Mewes, Martin 66
Meybohm, James/Jakob (*um 1756)
 267
Meyer, Andreas 293
Meyer, Daniel (1778–1864) 355–356
Meyer, Heinrich (1755–1828) 378
Meyer, Margaretha siehe: Si(e)ber-Meyer, Margaretha (*1767)
Meyer, Moritz (1778–1857) 553
Meyer-Schnewlin, Anna Magdalene,
 genannt Marie (1784–1868) 557
Meyer von Knonau, Ludwig
 (1769–1841) 379
Meyer von Schauensee, Franz Bernhard (1763–1848) 281, 553
Meynadier (Monsieur) 456, 563, 590
Meynadier, Auguste 456, 563
Michail, Grossfürst von Russland
 (1798–1849) 637
Michod, Abram Béat
 (um 1766–1818) 582

Michod, Louise Françoise Judith
  siehe: Simond-Michod, Louise
  Françoise Judith (1801–1841)
Middendorf, Theodor Johann von
  (1776–1856) 271
Mieg, Johann Elias (1770–1842)
  35–36, 67, 188, 206, 274, 593
Misany, Georg von (1771–1845) 154
Mittag, Friedrich (1775–1838) 291
Miville, Johann Friedrich
  (1754–1820) 244–245
Mölle, Johann Wilhelm (*1790) 65
Möller, Anton Wilhelm Peter
  (1762–1846) 215
Mogalla, Georg Philipp (1766–1831)
  334
Moidan, Jean de 804
Moidan, Louis de 804
Molin, Jean Samuel Antoine de
  (1769–1851) 206, 831
Moline, Mrs 517
Molitor, Johann Gerard (1779–1831)
  292
Monitorial System siehe: Bell-
  Lancaster-Methode
Monneron, (François) Louis
  (1774–1843) 192
Monnier, Charles Louis
  (1802–nach 1875) 42
Monnier, Jean-Pierre
  (um 1744–1804) 42
Monnier-Ormond, Henriette
  (um 1758–1836) 42
Montandon (Sekretär) 754
Montandon, Jacques Louis 754
Montgelas, Ludwig von (1814–1892)
  618
Montgelas, Maximilian Joseph, Graf
  von (1759–1838) 99, 124, 618
Morgenbesser, Ernst Friedrich Heinrich 335
Moritz, Friedrich/Frédéric William
  (1783–1855) 286, 352
Mouchet, Abraham John
  (1760–1846) 236, 395
Mouchet, George (um 1807/08–1879)
  236, 395, 425
Moulton, Marianne Amélie siehe:
  Streckeisen-Moultou, Marianne
  Amélie (*1803)

Müglich, Johann Karl August Gregor
  (1793–1862) 237, 359
Mühlenbruch, Christian Friedrich
  (1785–1843) 170
Mühlenfels, Wilhelmine Sophie
  Christiane von siehe: Ziemssen-
  von Mühlenfels, Wilhelmine Sophie Christiane (1782–1859)
Müller, Ignaz (1789–1820) 554
Müller, Johann Georg (1759–1819)
  206
Müller, Johannes von (1752–1809)
  206
Müller, Mathias Joseph (1764–1844)
  62
Münker, Johann Carl August
  (1791–1865) 66
Münzer (Herr) 296
Müthel, Christian Wilhelm
  (1771–1847) 23
Mundt, Johann Heinrich (1794–1865)
  386
Muralt. Schule (St. Petersburg) 268
Muralt, Johannes von (1780–1850)
  21, 85, 266, 268, 270, 276, 680,
  720, 770
Muralt, Leonhard von (1751–1822)
  680
Murat, Joachim (1767–1815) 135
Murbach, Johann Heinrich
  (1785–1842) 705
Musikgesellschaft, Schweizerische
  246
Muth, Peter (1784–1855) 419
Muther, Wilhelm Albrecht
  (1789–1858) 30–31, 384
Mutschefal, Antoinette von siehe:
  Fischer-von Mützschefahl, Antonie von (*um 1784)
Mutzepfal, Antoinette von siehe:
  Fischer-von Mützschefahl, Antonie von (*um 1784)
Muyden, Charlotte van siehe: Porta-
  van Muyden, Charlotte
  (1814–1894)
Muyden, Emma van siehe: Seigneux-
  van Muyden, Emma de
  (1800–1864)
Muyden, Jakob Evert van
  (1781–1848) 83, 85, 87, 98, 128,
  161, 206, 208

Muyden, Steven Carel Louis van
 (1811–1863) 208
Muyden, Théodora Pauline Elisabeth
 van (1812–1845) 208
Muyden-Porta, Louise Sophie van
 (1787–1845) 83, 85, 87, 98, 161,
 208

N., J. M. von siehe: Neuhold von
 Neuoldau, Johann (1756–1833)
Nabholz, Philipp (1782–1842) 455,
 548
Näf. Anstalt (Yverdon) 451, 516
Näf, Charles (1820–1892) 451
Näf, Elisabeth siehe: Krüsi-Näf, Elisabeth (1762–1836)
Näf, Elsbeth siehe: Gallmann-Näf,
 Elsbeth (1754–1829)
Näf, Georg (1769–1828) 355
Näf, Johann Konrad (1789–1832) 85,
 413, 451, 516, 518, 548, 580,
 798
Näf-Scherer, Charlotte Frédérique
 Catherine Françoise (1791–1848)
 451
Näff/Naeff, Johann Matthias
 (1773–1853) 355
Nägeli, Hans Georg (1773–1836) 101,
 218
Nahl, Johann August (1710–1781)
 821
Nassau
 – Regierung 120
 – Wilhelm Georg August Heinrich
 Belgus, Herzog von siehe: Wilhelm Georg August Heinrich
 Belgus, Herzog von Nassau
 (1792–1839)
Nassau-Usingen, Karl Wilhelm, Fürst
 von siehe: Karl Wilhelm, Fürst
 von Nassau-Usingen
 (1735–1803)
Natorp, Bernhard Christian Ludwig
 (1774–1846) 177, 215, 217–218,
 315
Negri (Herr) 681
Negri, Alexander von (1784–1854)
 681
Nehrlich, Karl (1773–1849) 586
Nehrlich-Ritsch, Maria 586

Neisch, Johann Friedrich Wilhelm
 (1785–1848) 148
Nepomuk d'Ester, Theodor Johann
 von (1766–1827) 291
Neubauer, Carl Gottlieb (1787–1860)
 142
Neubauer-Spiecker, Ermgard
 (1789–1848) 143
Neue Gelehrten-Buchhandlung 110,
 290
Neuhof. Armenanstalt 91
Neuhold von Neuoldau, Johann
 (1756–1833) 339
Neukirch, Johann Georg (1787–1857)
 134
Newton, Sir Isaac (1643–1727) 530
Nicolovius, Georg Heinrich Ludwig
 (1767–1839) 276, 775, 778
Nicolovius, Mathias Friedrich
 (1768–1836) 382
Niederer, Johann Jakob (1789–1849)
 438
Niederer, Johannes (1779–1843) 3–4,
 24–25, 35–37, 50, 57, 62, 64,
 74, 76, 108, 117, 185, 191–192,
 202, 204, 206, 253, 266, 313,
 328, 350, 357, 380, 394, 397,
 402, 416, 424, 438, 441, 443,
 446, 450–451, 455, 459,
 461–462, 467, 471, 476, 480,
 491, 495, 502–503, 505, 512,
 518, 525, 527, 547, 549–550,
 557, 569, 580, 583, 634, 637,
 654, 659, 665, 667, 670–671,
 694, 696, 744, 746, 748, 769,
 801, 803
Niederer-Kasthofer, Rosette
 (1779–1857) 25, 35, 37, 57, 157,
 443, 451, 455, 481, 491, 495,
 502, 505, 512, 548, 665, 667,
 694, 697
Niederlande
 – Wilhelm I., König der siehe:
 Wilhelm I., König der Niederlande (1772–1843)
 – Wilhelm II., Friedrich Georg
 Ludwig, König der siehe: Wilhelm II., Friedrich Georg Ludwig,
 König der Niederlande
 (1792–1849)

Niemeyer, August Hermann
(1754–1828) 231, 349
Niethammer, Friedrich Immanuel
(1766–1848) 99, 250
Niethammer-Eckhardt, geborene
Döderlein, Rosine Eleonore
(1770–1832) 99
Nikolaus I. Pawlowitsch, Zar von
Russland (1796–1855) 637, 682
Nioche, Sophie Jouvence siehe:
Jullien-Nioche, Sophie Jouvence
(†1832)
Nonne, Karl Ludwig (1785–1854)
306
Nubar, Garabet/Karabet/Karapet 145,
822–823
Nubar, Mgrdich/Mgrditsch (?) 822
Nubar Pasha, Boghos (1825–1899)
145

Oberlin, Johann Friedrich
(1740–1826) 246
Obodovskij, Alexander Grigoriewitsch
(1795–1852) 701, 717, 726
Oeder, Christian (um 1774–1837)
179
Oeding, Katharina Elisabeth von
siehe: Salome-Oeding, Katharina
Elisabeth von (1775–1831)
Oehler, Franz Gottlieb (†1836) 8
Oelrichs, Gerhard (1727–1789) 73
Oelrichs, Johann Gerhard
(1781–1823) 73
Oelschläger, Gottfried Friedrich
(1786–1816) 155–156
Oelsner, Johann Wilhelm
(1766–1848) 334
Oeri, Elisabetha siehe: Ott-Oeri,
Elisabetha (1785–1818)
Österreich
– Joseph Anton Johann (Baptist),
Erzherzog von siehe: Joseph Anton Johann (Baptist), Erzherzog
von Österreich (1776–1847)
– Karl, Erzherzog von siehe: Karl,
Erzherzog von Österreich
(1771–1847)
– Maria Ludovica, Kaiserin von
siehe: Maria Ludovica, Kaiserin
von Österreich (1787–1816)
– Marie Dorothea Wilhelmine,
Erzherzogin von siehe: Marie
Dorothea Wilhelmine, Erzherzogin von Österreich (1797–1855)
Offenburg. Gymnasium 322
Offermann, Anna Dorothea siehe:
Krug-Offermann, Anna Dorothea
(1773–1838)
Offerman, Caspar Wilhelm
(1777–1843) 180
Offermann, Johann Heinrich 180
Offermann, Johann Heinrich (*1793)
180
Oldenbourg, Rudolf (1811–1903) 131
Oldenburg
– Bibliothek 107
– Konstantin Friedrich Peter,
Prinz von siehe: Konstantin
Friedrich Peter, Prinz von Oldenburg (1812–1881)
– Peter Friedrich Georg, Prinz
von siehe: Peter Friedrich Georg,
Prinz von Oldenburg
(1784–1812)
– Peter Georg Paul Alexander,
Prinz von siehe: Peter Georg Paul
Alexander, Prinz von Oldenburg
(1810–1829)
– Therese, Herzogin von siehe:
Therese, Herzogin von Oldenburg (1815–1871)
Oppersdorf, Eduard Georg Maria,
Graf von (1800–1889) 122
Oranien-Nassau, Wilhelm Friedrich
Georg Ludwig von siehe: Wilhelm
II., Friedrich Georg Ludwig, König
der Niederlande (1792–1849)
Orell Füssli (Buchhandlung) 378–379,
394, 784, 790, 844
Orelli, Johann Caspar von
(1787–1849) 747
Ormond, Henriette siehe: Monnier-Ormond, Henriette
(um 1758–1836)
Orpen. Taubstummenschule (Dublin)
579
Orpen, Charles Edward Herbert
(1791–1856) 443, 446, 451, 455,
476, 512, 516–517, 548, 556,
578–579, 641, 648, 689, 731,
824, 831

Orpen-Sirr, Alicia Francis
(1796–1869) 516
Orsbach, Martin Joseph von
(1776–1846) 179
Oser, Christoph Rudolf (1826–1886)
247
Oser, Johann Heinrich (1784–1828)
246
Oser-Thurneysen, Maria Juliana
(1788–1853) 247
Osten, genannt Sacken, Alexander
von der (1789–1839) 271
Otrukotsy (Herr) 42
Ott, Anna Magdalena siehe: Ladomus-Aepli, geborene Ott, Anna
Magdalena (*1770)
Ott, Hans Conrad (1775–1858) 586
Ott-Oeri, Elisabetha (1785–1818) 586
Overberg, Bernhard Heinrich
(1754–1826) 315
Owen, Robert (1771–1858) 789

Pachler, Anton (1786–nach 1848)
339
Pachler, Karl (1789–1850) 339
Pachler-Koschak, Marie Leopoldine
(1794–1855) 339
Pahlen, Peter Ludwig, Graf von
(1745–1826) 271
Pander, Johann Martin (1765–1842)
21
Pander-von Wöhrmann, Ursula
Carolina Engel (1775–1845) 21
Paravey, Josephine siehe: Saglio-Paravey, Josephine (1803–1853)
Paravincini, Anna Margaretha siehe:
Fäsch-Paravincini, Anna Margaretha (1785–1866)
Paris, Johann/Jean (1740/41–1815)
65
Paris, Matthias 65
Parnell, Henry Brook, Baron von
Congleton (1776–1842) 752
Parnell, Henry Williams (1809–1896)
752
Parnell, John Vesey (1805–1883) 752
Pascha, Mohamed Ali (1769–1849)
822
Paschoud, Jean Jacques (1768–1826)
12, 228, 423, 435, 558, 575,
591, 597, 608, 678, 805, 812,
834
Pasko, Dorothea siehe: Fröbelius-Pasko, Dorothea
Passavant, Hans Franz (1751–1834)
492
Passavant, Karl Wilhelm
(1779–1846) 73
Passavant, Margaretha Elisabeth
siehe: Faesch-Passavant, Margaretha Elisabeth (1783–1859)
Passavant & Faesch (Bank) 492
Pastor, Konrad Gotthard
(1796–1835) 179
Pastor, Sophie Wilhelmine siehe:
Scheibler-Pastor, Sophie Wilhelmine (†1863)
Pastor-von Scheibler, Bertha
(1806–1867) 179
Paul I., Zar von Russland
(1754–1801) 271, 593
Pauline, Fürstin zu Lippe-Detmold
(1769–1820) 593
Pauline Luise Therese, Königin von
Württemberg (1800–1873) 233
Paur, Salomon (1771–1850) 427,
664–665, 757, 809
Péchy, Imre von (1753–1841) 373
Pély-von Vay, Frau von 373
Perceret, Anne Françoise siehe:
Decoppet-Perceret, Anne
Françoise (1767–1832)
Perceret, François Louis (1750–1823)
582
Perthes, Friedrich Christoph
(1772–1843) 106
Perthes & Besser (Buchhandlung)
107, 135
Perthes-Becker, geborene Hornbostel, Charlotte (1794–1874) 106
Perthes-Claudius, Karoline
(1774–1821) 106
Pertz, Georg Heinrich Jakob
(1795–1876) 111
Pest. Schule 349
Pestalozzi, Anna Barbara siehe:
Gross-Pestalozzi, Anna Barbara
(1751–1832)
Pestalozzi, Gottlieb (1797–1863) 69,
114, 145, 223–224, 233–234,
242, 349, 427, 441, 521, 580,

664–665, 703, 757, 776, 798, 809
Pestalozzi, Hans Jacob (1770–1801) 245, 390
Pestalozzi, Salomon (1753–1840) 378
Pestalozzi-Frölich, Anna Magdalena siehe: Custer-Pestalozzi, geborene Frölich, Anna Magdalena (1767–1814)
Pestalozzi-Schmid, Maria Katharina (1799–1853) 798, 839
Pestalozzi-Schulthess, Anna (1738–1815) 224, 390, 427, 664–665, 756, 776, 809, 812
Peter, Rudolf 600
Peter-Hasler, Susanna (*1803) 600
Peter von Hottingen, Rudolf (*1802) 600
Peter I., Zar von Russland (1672–1725) 593
Peter Friedrich Georg, Prinz von Oldenburg (1784–1812) 155, 269
Peter Georg Paul Alexander, Prinz von Oldenburg (1810–1829) 155, 821
Pethö, Gräfin von siehe: Schmidegg-von Pethö, Gräfin von
Petri, Johann Philipp (1787–1841) 413
Petrich, Andreas von (1768–1842) 350
Petz, Samuel 374
Pfeffinger, Johann Georg Adam (1790–1857) 91, 94
Pfeiffer, Joseph (1789–1858) 142
Pfenninger, Leonhard (*1802) 716
Pfister, Bernhard (1790–1859) 662
Pfister, Georg, Baron von (1772–1846) 123
Pfleger, Friedrich Jakob (1790–1853) 422
Pfleger, Rosina Elisabeth siehe: Rothpletz-Pfleger, Rosina Elisabeth (1766–1844)
Pforzheim. Pädagogium 321
Pfyffer, Alphons (1753–1822) 770
Philanthropin
– Dessau 266, 529
– Haldenstein/Marschlins 266, 355
– Schnepfenthal 266, 354, 558, 797
– Vechelde 266
Phull, Karl August Friedrich von (1767–1840) 157
Pictet, Jacques 793
Pictet de Rochemont, Charles (1755–1824) 361
Pidoux, Auguste (1754–1821) 613
Pigott, Wellesley Pol (1808–1890) 517, 579
Pilkington, Jane siehe: Christiana (Pseudonym)
Pillichody, (Louis–Rodolphe) François (1787–1843) 115
Pillichody-Masset, Adélaide Henriette Gabrielle Wilhelmine (1794–1817) 115
Pipino, Alessandro Gherardo (*1810) 130, 569, 588
Pipino, Denis/Dionigi (*um 1771) 130, 569, 588
Pipino, Jean-Baptiste 130, 569, 588
Platzhoff, Hermine siehe: Heilmann-Platzhoff, Hermine (1788–1813)
Platzhoff, Johann Jakob (1769–1843) 78
Platzmann, Charlotte Amalia siehe: Kulenkamp-Platzmann, Charlotte Amalia (1777–1862)
Ploss, Christoph Heinrich von (1757–1838) 355
Pl(o)um, Leonard (1768–1847) 179
Pluchart, Alexandre (1777–1829) 272
Pobeheim, Sophie von (1767–1857) 38
Pöckelsheim, Johann/Jean Georg von (1764–1845) 781
Pökel (Maurermeister) 65
Pohl (Stadtrichter) 382
Pohl, Joh[ann] Fri[edrich] 382
Polier, Jean Noé Godefroy (1782–1833) 15
Pontelli, Enrico, Chevalier de (um 1764–1832) 819
Pontelli, Léon(e) 819
Porta, Alexandre Théodore Abraham (1761–1831) 83
Porta, Andreas Rosius a (1754–1838) 567

Porta, Chatrina à siehe: Steiner-à
Porta, Chatrina (1788–1862)
Porta, Louise Sophie siehe: Muyden-
Porta, Louise Sophie van
(1787–1845)
Porta-von Muyden, Charlotte
(1814–1894) 208
Potsdam. Waisenhaus 147, 149, 382
Pourtalès, Jenny de siehe: Brühl-de
Pourtalès, Jenny von
(1795–1884)
Preiswerk, Dietrich (1780–1819) 124
Preiswerk, Dietrich (1808–1835) 124
Preiswerk-Bischoff, Margaretha
(1815–1882) 124
Preiswerk-Iselin, Anna Maria
(1758–1840) 245
Prêtre, Julien-Auguste (1777–1836)
680
Preuss, August Eduard (1801–1839)
65
Preussen
– Frederike Luise Charlotte Wilhelmine, Prinzessin von siehe: Alexandra Fjodorowna, Zarin von Russland (1798–1860)
– Friedrich Wilhelm I., König von siehe: Friedrich Wilhelm I., König von Preussen (1688–1740)
– Friedrich Wilhelm III., König von siehe: Friedrich Wilhelm III., König von Preussen (1770–1840)
– Friedrich Wilhelm IV., König von siehe: Friedrich Wilhelm IV., König von Preussen (1795–1861)
– Innenministerium, Sektion Unterricht, ab 1817: Ministerium für geistliche, Unterrichts- und Medizinalangelegenheiten 218, 778
– königliches Konsistorium 214, 218, 314
– Luise Auguste Wilhelmine Amalie, Königin von siehe: Luise Auguste Wilhelmine Amalie, König von Preussen (1776–1810)
– Staatsministerium 296, 738
– Wilhelm I., König von siehe: Wilhelm I., König von Preussen (1797–1888)
Pröpper, Paul Joseph, Freiherr von (1765–1848) 143

Puget, John (†1805) 831
Puget-Hawkins, Catherine
(1765–1842) 831
Puget, Bainbridge et Co. (Firma) 831
Pullen, Philip H. 517
Purgstall, Gottfried Wenzel von
(1773–1812) 339
Puschkin. Kaiserliches Lyzeum
270–271
Pustet, Friedrich (1798–1882) 131
Puthon, Eduard von (†vermutlich
1830) 101–102
Puthon, Johann Baptist, Freiherr von
(1776–1839) 102, 370
Puthon, Karl von (1780–1859) 102,
370
Puthon, Ludwig von (1807–1859)
102
Puthon, Rudolf von (1806–1864) 102

Quertier, A. (Monsieur) 518–519
Quindt (Kandidat der Theologie) 335

Radlow/Radloff, Karl Friedrich
(1783–1842) 267
Rahn, David (1769–1848) 378
Rahn, Hans Heinrich (1726–1801) 53
Rahn, Johann Heinrich (1777–1836)
52–53, 102
Rahn-Spoerlin, Salomé (1782–1861)
52
Ram, Johanna Wijnanda Hermine
siehe: Ewijck-Ram, Johanna
Wijnanda Hermine (1799–1835)
Ramsauer, Carl (1818–1883) 575
Ramsauer, Johannes (1790–1848)
154–155, 162, 233, 401, 451,
574–575, 821
Ramsauer-Schulthess, Wilhelmine
(1795–1874) 157, 162, 234, 575
Rank, Andreas (1786–1855) 91, 117,
161, 278
Rastatt
– Lyceum 562
– Seminar 562
Rath, (Gottfried) Christian
(1784–1850) 658
Raumer, Friedrich Ludwig Georg von
(1781–1873) 257
Rechberg, Aloys, Graf von
(1766–1849) 99

889

Reck, Johann Stephan (1779–1854) 294
Reichenbach, Georg Friedrich von (1771–1826) 9
Reichenbach-Goschütz, Anna Henriette Emma, Gräfin von siehe: Bressler, geborene Gräfin von Reichenbach-Goschütz, Anna Henriette Emma (1806–1893)
Reidel-Schmid, Marie (1794–1864) 789, 798, 839
Reigersberg, Heinrich Alois von (1770–1865) 99
Reimann, Johann August von (1771–1847) 386
Rein, Georg Carl Wilhelm (1767–1844) 382
Reiner, Charles Frederick siehe: Reiner, Karl Friedrich (1804–1884)
Reiner, Karl Friedrich (1804–1884) 621, 787
Reinhard, Gottlob Ferdinand (1783–1847) 106
Reinhard, Karl Friedrich Wilhelm, Graf von (1761–1837) 106
Reinhardt, Johann Friedrich Wilhelm (1779–1859) 201
Reinhar(d)t, Wilhelm Ludwig (1770–1844) 333
Reinherz, Arnold Ludwig Gerhard (1780–1827) 283
Reinhold, Karl Leonhard (1757–1823) 339
Remmy, Hoffmann & Comp. (Firma) 291
Renard, Eugène 92, 204
Renard, Félix-Eméric (1802–1883) 92, 204
Renard, Jean-Soulange (1805–1879) 92, 204
Renard-Caullier, Marie Joséphine (*1769) 204
Rengger, Albrecht (1764–1835) 195
Rennenkampf-von Anrep, Elisabeth Dorothea von siehe: Gersdorff-von Rennenkampf, geborene von Anrep, Elisabeth Dorothea von (1759–1844)
Rennenkampff, Alexander Reinhold, Edler von (1787–1869) 23

Résicourt, Emanuel de 92, 145
Reuss, Ferdinand Friedrich (1778–1852) 681
Reuss-von Keresturi, Elisabeth Henriette (1788–1855) 681
Reuter, Johann Wilhelm (1778–1832) 291
Reval. Domschule siehe: Tallin. Domschule
Reynold, Simon Frédéric Joseph de (1798–1871) 554
Rheiner, Susanna siehe: Steinmann-Rheiner, Susanna
Richter (Lehrer) 298
Richter, Eduard von (1790–1847) 240
Richter, Otto Friedrich von (1792–1816) 240
Richter, Otto Magnus Johann von (1755–1826) 240–241
Richthofen, Karl Friedrich Ernst (1787–1841) 336
Richthofen, Therese, geborene Freiin Grote (1791–1811) 336
Ridolfi, Cosimo, Marquese (1794–1865) 807
Riemann, Carl Friedrich (1756–1812) 148
Rigel, Anton(inus) Pius (1789–1869) 372
Riggenbach, Johannes (1790–1859) 138
Riggenbach-Huber, Charlotte (1795–1865) 138
Riol (Herr) 793
Ritsch, Maria siehe: Nehrlich-Ritsch, Maria
Ritter, Joseph 339
Ritter, Karl/Carl (1779–1859) 206, 436, 592, 797
Robert, Léopold (1794–1835) 582
Robolsky, Hermann (1795–1849) 65
Rochefoucault-Liancourt, François Alexandre Frédéric, Duc de la (1747–1827) 107
Rochow, Friedrich Eberhard von (1734–1805) 148
Rodondo (Señor) 193
Röck, Magnus (1781–1863) 339
Röckl, Joseph (1780–1826) 183, 227–228, 230, 361–362, 618

Roeder, Carl/Karl Ludwig (*1778) 323
Röder, Friedrich Eduard Ferdinand Reinhard, Freiherr von (1780–1867) 157
Roeder, Friedrich Erhard Leopold von (1768–1834) 257
Röder, geborene Freiin von Mecklenburg, Julie Johanna, Freifrau von (1775–1842) 157
Roeder-von Bardeleben, Henriette Leopoldine von (1766–1844) 257
Roeder-Walz, Caroline Julie Friderique 323
Römpler, Christian Andreas (†1829) 268
Rönneberg, Henriette (*1782) 73
Roesing, Johann Georg Hermann (um 1782–1854) 106
Rösler, Gottfried Friedrich (1782–1845) 156, 747, 821
Rösler, Heinrich (*1780) 303
Rohr, Sophie siehe: Salchli-Rohr, Sophie (1795–1833)
Rolland, Antoine (*1770) 625, 817
Rolland, Antoine Léon (1804–1811) 625
Rolland, César Émile (1805–1825) 625, 817
Rolland-Camplan, Marie Louise (*1771) 625
Rosenberg, Edouard (1769–1824) 779
Rosenberg, Gustave 779
Rosenstrauch, Wilhelm (1792–1870) 681
Rosenzweig, Johann/Jean (*1807) 115, 160
Rosenzweig, Johann Nepomuk (*1774) 115
Rosenzweig, Ludwig/Louis Lorenz Fidel (1806–1848) 115, 160
Rossel. Institut (Koblenz) 413
Rossel, Johann Philipp (1791–1831) 413
Rost, Johann Gottlob (1791–1865) 156
Rosti, Freifrau von siehe: Wodnyanszky-von Rosti, Freifrau von
Roth, Stephan Gottlieb (1762–1847) 601, 785, 808, 843

Roth, Stephan Ludwig (1796–1849) 785, 789, 792–793, 842–843
Roth-Gunnesch, Elisabeth (1773–1835) 601
Rother, Karl Heinrich (1779–1858) 334
Rothpletz, Karl Sigmund 422
Rothpletz-Pfleger, Rosina Elisabeth (1766–1844) 422
Rothschild, Anthony von (1810–1876) 849
Rothschild, Lionel Nathan von (1808–1879) 849
Rothschild, Nathan Mayer von (1777–1836) 849
Rothschild, Nathaniel von (1812–1870) 849
Rottmann, Charlotte (Friederike Elisabeth) siehe: Zeller-Rottmann, Charlotte (Friederike Elisabeth) (1793–1833)
Rougemont, Georges de (1758–1824) 734, 737, 754
Roulet, Rose-Olympe-Adéline de siehe: Du Pasquier-de Roulet Mézerac, Rose-Olympe-Adéline (1795–1852)
Roulet Mézerac, François de (1768–1845) 582
Roulet-Py, David (1781–1828) 582
Rudnyák, Josephine, Gräfin von siehe: Batthyány-von Rudnyák, Josephine, Gräfin von (1778–1847)
Rudnyánszky, Zsigmund Rudolf, Baron (1766–1845) 372
Rudnyanszky-von Lipthay, Anna, Baronin von (1776–1858) 372
Rudolf, (Anna) Maria Salome (1804–1867) 653
Rudolf, Jakob (1772–1830) 653
Rudolf-Rüegger, Verena (1773–1810) 653
Rüegger, Verena siehe: Rudolf-Rüegger, Verena (1773–1810)
Ruef, Joseph Heinrich (1786–1870) 259
Runge, Gustav Wilhelm (1789–1885) 218
Russland
– Alexander I., Zar von siehe:

Alexander I., Zar von Russland
(1777–1825)
– Alexander II., Zar von siehe:
Alexander II., Zar von Russland
(1818–1881)
– Alexandra Fjodorowna, Zarin
von siehe: Alexandra Fjodorowna, Zarin von Russland
(1798–1860)
– Anna Pawlowna/Paulowna,
Grossfürstin von siehe: Anna
Pawlowna/Paulowna, Grossfürstin von Russland (1795–1865)
– Anna Petrowna, Grossfürstin
von siehe: Anna Petrowna, Herzogin von Holstein-Gottorf
(1708–1728)
– Elisabeth Alexejewna siehe: Luise Marie Auguste von Baden
(1779–1826)
– Katharina II., Zarin von siehe:
Katharina II., Zarin von Russland
(1729–1796)
– Konstantin Pawlowitsch, Grossfürst von siehe: Konstantin
Pawlowitsch, Grossfürst von
Russland (1779–1831)
– Michail, Grossfürst von siehe:
Michail, Grossfürst von Russland
(1798–1849)
– Nikolaus I. Pawlowitsch, Zar
von siehe: Nikolaus I. Pawlowitsch, Zar von Russland
(1796–1855)
– Paul I., Zar von siehe: Paul I.,
Zar von Russland (1754–1801)
– Peter I., Zar von siehe: Peter I.,
Zar von Russland (1672–1725)
Sachsen-Altenburg, Friedrich, Herzog
von siehe: Friedrich, Herzog von
Sachsen-Altenburg (1763–1834)
Sachsen-Coburg-Saalfeld, Marie
Louise Victoria von siehe: Marie
Louise Victoria, Herzogin von
Kent (1786–1861)
Sachsen-Gotha-Altenburg
– August, Erbprinz von siehe:
August, Erbprinz von Sachsen-Gotha-Altenburg (1772–1822)
– Ernst II., Herzog von siehe:
Ernst II., Herzog von Sachsen-Gotha-Altenburg (1745–1804)
– Friedrich IV., Prinz von siehe:
Friedrich IV., Prinz von Sachsen-Gotha-Altenburg (1774–1825)
– Karoline Amalie, Herzogin von
siehe: Karoline Amalie, Herzogin
von Sachsen-Gotha-Altenburg
(1771–1848)
Sachsen-Hildburghausen
– Friedrich, Herzog von siehe:
Friedrich, Herzog von Sachsen-Altenburg (1763–1834)
– Regierung 307
Sachsen-Meiningen, Karl von siehe:
Karl von Sachsen-Meiningen
(1754–1782)
Sachsen-Weimar-Eisenach
– Augusta Marie Luise Katharina,
Prinzessin von siehe: Augusta
Marie Luise Katharina, Prinzessin
von Sachsen-Weimar-Eisenach
(1811–1890)
– Karl August, Grossherzog von
siehe: Karl August, Grossherzog
von Sachsen-Weimar-Eisenach
(1757–1828)
– Marie Luise Alexandrina, Prinzessin von siehe: Marie Luise
Alexandrina, Prinzessin von
Sachsen-Weimar-Eisenach
(1808–1877)
– Marija Pawlowna Romanowa,
Erbgrossherzogin von siehe: Marija Pawlowna, Erbgrossherzog
von Sachsen-Weimar-Eisenach
(1786–1859)
Sack (Major) 180
Sack, Friedrich Ferdinand Adolf
(1788–1842) 169
Sack, Friedrich Samuel Gottfried
(1738–1817) 169
Sack, Karl Heinrich (1789–1875) 169
Sadowski, Karl Friedrich
(1795–1852) 149
Saglio, Karl/Charles André Joseph
(1799–1862) 554
Saglio-Paravey, Josephine
(1803–1853) 554
Sailer, Johann Michael (1751–1832)
554
Salchli, Markus (1790–1839) 430

Salchli-Rohr, Sophie (1795–1833) 430
Salome, Karl/Jean Charles (1764–1821) 269
Salome-von Oeding, Katharina Elisabeth (1775–1831) 269
Salomon, Levin (1789–1836) 25
Salzmann. Institut siehe: Philanthropin. Schnepfental
Salzmann, Christian Gotthilf (1744–1811) 231, 558, 797
Samson-Hillemstjerna, Reinhold von (1778–1858) 22
Sandoval (Söhne) 729
Sandoval (Vater) 729
Sarasin, Maria siehe: Merian-Sarasin, Maria (1737–1795)
Sauerländer, Heinrich Remigius (1776–1847) 404–405, 415, 417, 422, 429, 765
Saussure-Chambrier, Charles-Henry-Guillaume-Hippolyte de (1801–1852) 123
Schaaffhausen, Hubert Josef (1780–1868) 290
Schacht, Theodor (1786–1870) 669
Schade, Karl 65
Schäfer, Franz (1768–1823) 562
Schaezler, Johann Lorenz, Freiherr von (1762–1826) 8, 595
Schanzenbach, Conrad von (1784/85–1854) 126
Schedius, Ludwig von (1768–1847) 42, 46–47, 349–350, 369, 374
Scheeler, Johann Georg, Graf von (1770–1826) 155
Scheffer-Boichorst, Franz-Theodor Hermann (1767–1843) 215, 315
Scheft (Professor) 349
Scheibler, Bertha von siehe: Pastor-von Scheibler, Bertha (1806–1867)
Scheibler, (Johann) Karl Wilhelm (1783–1847) 180
Scheibler-Pastor, Sophie Wilhelmine (†1863) 180
Scheidweiler, Carl (1777–1861) 291
Schellenberg, Karl Adolf Gottlob (1764–1835) 294
Schelling, Friedrich Wilhelm Joseph (1775–1854) 630

Scherer, Charlotte Frédérique Catherine Françoise siehe: Näf-Scherer, Charlotte Frédérique Catherine Françoise (1791–1848)
Scherer, Georg Kaspar (1757–1821) 356
Scherer/Schärer, Jean Samuel Michod (vermutlich 1790–1844) 582
Scherer, Marianne 582
Scheurer, Jakob (1790–1845) 429
Schiegg, Johann Balthasar (1754–1830) 106, 419, 659
Schiesser, Anna Katherina siehe: Jenny-Schiesser, Anna Katherina (1760–1837)
Schiferli, Rudolf Abraham von (1775–1837) 30, 384
Schildener, Karl S. (1777–1843) 170
Schiller, Johann Christoph Friedrich von (1759–1805) 402, 677
Schindler, Dietrich (1795–1882) 783
Schindler, Jakob Samuel (1762–1830) 254, 783
Schinkel, Karl Friedrich (1781–1841) 76
Schirmer, Johann Jakob (1764–1838) 356
Schlegel, August Wilhelm von (1767–1845) 836
Schlegel, Eduard (1746–1830) 587
Schlegel, Frau 587
Schlegel, Karl Wilhelm Friedrich von (1772–1829) 125
Schlegel-Wartmann, Magdalena siehe: Wartmann, Magdalena (1800–1859)
Schleicher, Catharina Gertraud siehe: Lynen-Schleicher, Catharina Gertraud (1790–1850)
Schlichtegroll, Adolf Heinrich (Friedrich) von (1765–1822) 250
Schlickum, Johann Peter Isaak (1772–1845) 201
Schlömer, Johann 181
Schlosser, Johann Alois (1777–1858) 656, 666, 671, 705, 707, 739, 749, 751, 760, 764–765
Schlüter, Johann Christoph (1767–1841) 215
Schmalhausen, Heinrich (1767–1846) 386

Schmeller, Johann Andreas
(1785–1852) 249
Schmid, Franz (1745–1810) 104
Schmid, Joseph (1785–1851) 3, 8,
24, 31, 37, 50, 52, 62, 64, 67,
78, 82, 84–85, 87, 92, 94–95,
97, 99–101, 104, 114, 117, 120,
128–129, 145, 149–150, 160,
162, 164, 166, 188, 192, 195,
197, 202, 204, 206, 208, 223,
242, 279, 306, 313, 328, 333,
361, 370, 376–377, 384, 394,
402, 411, 413, 427, 433–434,
443, 446, 451, 455, 461, 471,
476, 481, 491, 495, 502, 505,
512, 518, 521, 525, 527, 547,
549–550, 553, 560, 562, 568,
579, 598, 604, 634, 637,
655–656, 665, 667, 694, 703,
751, 754, 757, 776, 792, 798,
803, 827, 834, 839
Schmid, Katharina Maria siehe:
Pestalozzi-Schmid, Katharina Maria (1799–1853)
Schmid, Marie siehe: Reidel-Schmid, Marie (1794–1864)
Schmid-Berlinger, Maria Katharina
(1762–1802) 104
Schmidegg-von Pethö, Gräfin von
371
Schmidt, Karl Christian Ernst
(1774–1852) 55
Schmitz, Peter Wilhelm (1752–1819)
181
Schnell, Johannes (1751–1824) 259
Schnewlin, Anna Magdalene, genannt
Marie siehe: Meyer-Schnewlin,
Anna Magdalene, genannt Marie
(1784–1868)
Schneyder, Dorothea Margaretha
Elisabeth siehe: Zeimer-
Schneyder, Dorothea Margaretha
Elisabeth
Schnyder von Wartensee, Franz
Xaver (1786–1868) 390
Schöll, Johann Ulrich (1751–1823)
157
Schömann, Peter (1766–1850) 292
Schön, Heinrich Theodor von
(1773–1856) 433
Schönauer, Lukas (1801–1832) 123

Schollenbruch, Johann Gottfried
(1790–1847) 142
Scholten, Hendrik (1791–1873) 764
Schoultz von Ascheraden, Christoph,
Freiherr von (1761–1830) 23
Schoultz von Ascheraden, Friedrich
Reinhold, Freiherr von
(1766–1833) 22–23
Schoultz von Ascheraden-von
Funcken, Ebba Katharina
(1762–1847) 23
Schröder, Gottfried (um 1777–1849)
292
Schrötter, Friedrich Leopold von
(1743–1815) 382
Schubert, Franz (1797–1828) 339
Schuberth, Gottlieb Heinrich
(1778–1866) 267
Schütz, Lotte/Charlotte (1789–1817)
55, 94
Schulthess, Anna siehe: Pestalozzi-
Schulthess, Anna (1738–1815)
Schulthess, Dorothea (1787–1862)
157
Schulthess, Johann Georg
(1758–1802) 157
Schulthess, Katharina (1786–1868)
157
Schulthess, Paravicin (1757–1843) 11
Schulthess, Wilhelmine siehe: Ramsauer-Schulthess, Wilhelmine
(1795–1874)
Schultz, Johann Philipp von
(1780–1862) 23
Schultz-von Transehe, Magdalena
Sophie Ottilie von (1780–1841)
23
Schulze, Johann Christoph (*1756)
298
Schumacher. Privatanstalt (Düsseldorf) 50
Schumacher, Christian Heinrich 49,
142, 313, 364
Schuster, Károly István (1788–1849)
372
Schwabe, Christian Ernst August
(1776–1843) 849
Schwamberger, Joseph (1772–1850)
339
Schwarz (Professor) 349

Schwarz, Friedrich Heinrich Christian (1766–1837) 110, 630
Schwarz, Maria Karoline Josephine siehe: Stampa-Schwarz, Maria Karoline Josephine (*1820)
Schwarzenberg, Johann Sebastian (um 1754–1821) 291
Schwarzl, Michael (1783–1855) 339
Schweden
– Amalia Marie, Prinzessin von siehe: Amalia Marie, Prinzessin von Schweden (1805–1853)
– Cécilie, Prinzessin von siehe: Cécilie, Prinzessin von Schweden (1807–1844)
– Friederike, Königin von siehe: Friederike, Königin von Schweden (1781–1826)
– Gustav, Prinz von siehe: Gustav, Prinz von Schweden
– Gustav IV. Adolf, König von siehe: Gustav IV. Adolf, König von Schweden (1778–1837) (1799–1877)
– Sophie-Wilhelmine, Prinzessin von siehe: Sophie-Wilhelmine, Prinzessin von Schweden (1801–1865)
Schwürtz, Johann Simon (1765–1851) 257
Scopelli, Graf 87
Scott, Carl Wilhelm Weyde (1780–1836) 38, 83
Seeberg, Elise, Baronin von siehe: Burgmann, Elise von, geborene Baronin von Seeberg
Seideler, Gustav Johann (1755–1818) 680
Seifert, Philipp Daniel Benjamin (1767–1836) 171
Seigneux, Frédéric de (1800–1864) 208
Seigneux-van Muyden, Emma de (1817–1854) 208
Semen, Auguste 681
Senarclens de Grancy, Alexandrine-Louise-Charlotte de siehe: Masset-de Senarclens de Grancy, Alexandrine-Louise-Charlotte (1768–1815)

Senn, Margaretha siehe: Guldenmann-Senn, Margaretha (1793–1861)
Sensburg, Josef Ernst, Freiherr von (1787–1879) 326
Seyfert, Christian (†1849) 268
Sharp, James Carter 815
Shelley, Percy Bysshe (1792–1822) 839
Shepherd, Eliza 798
Shepherd, Frances (*1796) 798
Shepherd, John (1759–1805) 798
Shepherd-Benson, Frances (*1760) 798
Shuldham, Maria Lucy Eliza siehe: Guerin-Shuldham, Maria Lucy Eliza (1783–1817)
Siebel, Johanna Maria Christina siehe: Wülfing-Siebel, Johanna Maria Christina (1786–1859)
Si(e)ber, Leonhard (1771–1819) 600
Si(e)ber-Meyer, Margaretha (*1767) 600
Siegel, Sofie Sabine siehe: Gulat-Siegel, Sofie Sabine (1798–1875)
Siegfried, (Charlotte Dorothee) Sopie siehe: Zeller-Siegfried, (Charlotte Dorothee) Sophie (1791–1858)
Siegfried-Salchi, Anna Maria (1767–1837) 654
Sievers, Friedrich Karl von (1776–1850) 680
Sievers, Georg, Graf von (1778–1827) 271
Sievers-Gardner, Elisabeth von (1780–1867) 680
Simon, Johann Peter (1782–1867) 290
Simond, André Albert Henri (1795–1852) 634
Simond, Jean Louis (*1754) 634
Simond, Joseph (1714–1791) 634
Simond-Michod, Louise Françoise Judith (1801–1841) 634
Simonis, Maria Salome siehe: Hölscher-Simonis, Maria Salome
Simons, Johannes (1771–1817) 78
Simons-Hilger, Johanna (1780–1853) 78
Simonyi, Paul (1764–1835) 372

Sirr, Alicia Francis siehe: Orpen-Sirr, Alicia Francis (1796–1869)
Sivers, Friedrich August von (1766–1823) 22
Sizilien. Ferdinand I., König beider siehe: Ferdinand I., König beider Sizilien (1751–1825)
S. J. & A. W. Blankenhagen (Firma) 629
Smidt, Johann (1773–1857) 73
Société économique (Fribourg) 554
Solms-Laubach, Friedrich Ludwig Christian, Graf zu (1769–1822) 310
Sommer, August Ferdinand (1796–1852) 434
Sophie-Wilhelmine, Prinzessin von Schweden (1801–1865) 15
Sork, Heinrich Jochen (*1792) 294
Sork, Samuel Daniel Georg (*1779) 294
Souchay, Emilie siehe: Fallenstein-Souchay, Emilie (1805–1881)
Sozietät für die gesammte Mineralogie (Jena) 30, 241
Spanien. Ferdinand VII., König von siehe: Ferdinand VII., König von Spanien (1784–1833)
Spankeren, Eberhard van (1761–1840) 178
Spankeren-Klönne, Carolina Wilhelmina van (1769–1845) 179
Spears, Mrs 518
Spears (Töchter) 518
Speyr, Heinrich von (1782–1852) 247
Speyr, Johann Konrad von (1774–1833) 247
Speyr-Fischer, Maria Margaretha (1780–1861) 247
Spiecker, Ermgard siehe: Neubauer-Spiecker, Ermgard (1789–1848)
Spoerlin, Michael (1784–1857) 52
Spoerlin, Salomé siehe: Rahn-Spoerlin, Salomé (1782–1861)
Sportizzi (Grafen) 27
Springsfeld, Gottlob Carl (1748–1824) 629
Springsfeld-Berghorn, Maria Josefa (1750–1830) 630

St. Petersburg. St. Petrischule 155, 268
Stach, Karl (1785–1846) 291
Stackelberg, Christoph Adam von (1777–1841) 73, 370, 636
Stackelberg-von Deym, geborene von Brunsvik, Josephine, Gräfin von (1779–1821) 370
Stadion, Johann Philipp Karl Joseph von, Graf von Warthausen (1763–1824) 396
Stähele, Johann Andreas (1794–1864) 278, 410–411, 415
Staehelin, Sabine Katharina (†1820) 587
Staehler, Johann Jakob (*vor 1763) 290
Stammer, Heinrich (1785–1859) 466–467, 598
Stammer, Hennig Ludwig Adolf von (1770–1823) 297
Stammer-Cramer, Dorothea Caroline (1801–1891) 466
Stampa, Johannes (Jean) (*1806) 522
Stampa-Borgonovo, Johann/Giovanni 522
Stampa-Borgonovo, Johann Stampa von (1806–1886) 522
Stampa-Schwarz, Maria Karoline Josephine (*1820) 522
Stapfer, Heinrich (1740–1813) 379, 553
Stapfer, Johann Jakob (1786–1854) 553
Stapfer-Dietrich, Anna Barbara (1790–1872) 553
Staudt, Jakob (*vor 1801) 291
Staudt-Franzen, Margarethe 291
Staudt-Wilhelmi, Anna 291
Stechert (Lehrer) 148
Stechert (Schulvorsteher) 148
Stechert, C. (Herr) 148
Stechert, C. (Lehrer) (1783–1831) 148
Steeger, Johannes Abraham (1789–1858) 334
Steffan, Johann Jakob (1790–1859) 553, 803
Steffens, Johann Wilhelm, Freiherr von (1782–1867) 386
Stein, Alexander (1789–1834) 797

Stein, Heinrich Friedrich Karl, Freiherr vom (1757–1831) 156, 267, 297, 433
Steinbeck, Johann Carl Gotthelf (1754–1819) 333
Steiner, Gaudenz (1770–1851) 567
Steiner, Jakob (1796–1863) 117
Steiner-à Porta, Chatrina (1788–1862) 567
Steinmann, Gottfried (1766–1846) 85
Steinmann-Halder, Maria Elisabeth 85
Steinmann-Rheiner, Susanna 85
Stéphanie de Beauharnais, Grossherzogin von Baden (1789–1860) 14
Stern, Wilhelm (1792–1873) 18, 91, 115, 399
Stieglitz, Ludwig (1778–1843) 270
Stieglitz, Nikolaus (auch Nikolai Ivanovic) (1770–1820) 270
Stieglitz, Philipp (1769–1819) 270
Stieler, Henriette Josephine Ferdinandine Louise siehe: Hoff-Stieler, Henriette Josephine Ferdinandine Louise von (†1824)
Stock, Edward (1799–1852) 518–519
Stock, John (1763/64–1842) 518
Stockmeyer, Johann Jakob (1788–1821) 429
Stokar, Johann Friedrich (1800–1845) 124
Stolberg-Gedern, Prinzessin Luise von siehe: Luise, Prinzessin von Württemberg (1764–1834)
Stolz, Johann Jakob (1753–1821) 73
Stolz-Hess, geborene Wegmann, Barbara (1764–1829) 73
Strachan, Edouard 603, 706, 811, 845
Strachan, Francesco/François (1799–1821) 603
Strachan, Guillermo/Guillaume 642, 706, 729
Strandmann, Johann Gustav Magnus, Baron von (1784–1843) 720–721
Strasser, Josef Willibald (1769–1846) 380
Streckeisen, Emanuel (1743–1826) 123
Streckeisen, Georg (1801–1887) 123

Streckeisen-Moultou, Marianne Amélie (*1803) 123
Streiff, Konrad (1794–1825) 254
Striez, Friedrich Ludwig (1790–1873) 149
Stünzi, Heinrich/Henry 195
Stünzi, Wilhelm/Guillaume (*1798) 195
Stumpp, Friedrike Helene Charlotte siehe: Abs-Stumpp, Friederike Helene Charlotte (*1794/95)
Sturt (Mister) 815
Sturt, Henry 815
Sturt, James 815
Sturt, Richard (1809–1881) 815
Sturt, Sarah 815
Stuttgart
  – Katharinen-Stift 155–156, 821
  – Privatschule 155–156
Süskind, Johann Gottlieb (1767–1849) 257
Süvern, Johann Wilhelm von (1775–1829) 218
Sulzer, Elisabetha Wilhelmina siehe: Vogel-Sulzer, Elisabetha Wilhelmina (1798–1835)
Sulzer, Johann Anton (1752–1828) 51
Sulzer, Josef Andreas (1778–1854) 51
Sulzer-Terpin, Anna (1781–1818) 51
Suter, Jakob (1786–1844) 430
Svenske, Karl (1796–1871) 701, 717, 721, 726
Syberg zum Busch, Eleonore von siehe: Vincke-von Syberg zum Busch, Eleonore von (1788–1826)
Syberg zum Busch, Friedrich Heinrich Karl, Freiherr von (1761–1827) 79
Synge. Schule (Roundwood) 38, 579, 648, 824
Synge, John (1788–1845) 38, 83, 518, 579, 648, 690, 729, 824
Syz, Kaspar (1785–1836) 709
Syz-Treichler, Anna (1783–1849) 709
Szabó, Jánoshoz/János/Johann von (1783–1864) 42, 349, 374
Szécsen-von Forgách, Franciska, Gräfin von (1785–1867) 371

Szécsen von Temerin, Miklos, Graf von (1782-1871) 371
Szentgyörgyi, Jozsef von (1765-1832) 374
Szerdahely-von Tihanyi, Frau von 374
Sztáray, Maria Theresia von siehe: Waldstein-von Sztáray, Maria Theresia, Gräfin von (1776-1827)

Tafinger, Wilhelm Christoph (1768-1824) 821
Tallin. Domschule 241
Tappe, Wilhelm (1769-1823) 349
Taya, François-Cyprien-Jules-Rodolphe Marie, Baron du (1782-1865) 3
Tayt, Graf 3
Teisseire-Crétet, Gabrielle (1735-1829) 92, 145
Teleki, Blanka, Gräfin von (1806-1862) 370
Teleki, Emma, Gräfin von (1809-1893) 370
Teleki, Emmerich (Imre), Graf von (1782-1848) 370
Teleki, Johanna, Gräfin, geborene Baronin Mészárós (1784-1844) 372
Teleki, Ladislaus/Laszlo (1764-1821) 372
Teleki, Max, Graf von (1813-1872) 370
Teleki-von Brunsvik, Caroline, Gräfin von (1782-1843) 370
Tell, Wilhelm 677
Terpin, Anna siehe: Sulzer-Terpin, Anna (1781-1818)
Therese, Herzogin von Oldenburg (1815-1871) 157
Thienemann, Heinrich Wilhelm (1791-1848) 149
Thilo, Johann Friedrich Christian (1765-1835) 66
Thiriot, Paul Emil (1780-1831) 286, 793
Thomasset, Emmanuel (1772-um 1854) 161
Thomasset, Paul Henri Georges (1798-1841) 161
Thomasset-Doxat de Démoret, (Catherine) Marianne (1777-1839) 161
Thouvenot, Charles/Télémache/Télémaque 160
Thouvenot, Pierre (1757-1817) 160
Thouvenot-De la Croix, Marie Victoire 160
Thurneysen, Maria Juliana siehe: Oser-Thurneysen, Maria Juliana (1788-1853)
Thyssen, Johann Abraham (1790-1864) 201
Tieck, Ludwig (1773-1853) 208
Tihanyi, Frau von siehe: Szerdahely-von Tihanyi, Frau von
Tilemann, Carl Wilhelm (1772-1847) 291
Tilemann, Johann Friedrich Christian (1773-1854) 291
Timajev, Matvej Maximowitsch (1798-1858) 701, 717, 726
Timm, Hans Friedrich (1774-1851/52) 255
Tobias, Jakob Wulff 382
Tobias, Mathe siehe: Wallach-Tobias, Mathe
Tobler, Johann Georg (1769-1843) 235, 253, 358
Tobler-Gengenbach, Magdalena (1779-1854) 254
Tompa, Adam (†1855) 111
Torre, Luigi (*um 1758) 5
Transehe, Adam Heinrich Ernst (1813-1829) 21
Transehe, Alexander von (1749-1828) 23
Transehe, Alexander Theodor Otto von (1804-1820) 21
Transehe, Arthur Michael (1817-1846) 21
Transehe, August Ernst Konstantin von (1805-1875) 21
Transehe, Charlotte Helene Elisabeth von (1758-1834) 23
Transehe, Elise Charlotte Dorothea Marie Agnese (1808-1874) 21
Transehe, Erich Johann von (†1819) 21, 23
Transehe, Eugen von (1806-1882) 21

Transehe, Georg (1809–1887) 21
Transehe, Karl Friedrich Erich von (1802–1868) 21
Transehe, Karl Otto von (1761–1837) 20–21, 85, 240
Transehe, Magdalena Sophie Ottilie von siehe: Schultz-von Transehe, Magdalena Sophie Ottilie von (1780–1841)
Transehe, Nicolaus Johann von (1779–1858) 23
Transehe-von Ceumern, Barbara (Babette) Elisabeth von (1767–1838) 23
Transehe-von Gersdorff, Dorothea Margarethe von (1784–1821) 21
Transehe-von Löwis of Menar, Wilhelmine von (1822–1868) 21
Trautwein, Karl (1792–1854) 155
Trefzer, Johann Mathias (1796–1868) 562
Treichler, Anna siehe: Syz-Treichler, Anna (1783–1849)
Treuter, Johann Gottlieb Wilhelm (1780–1855) 681
Trotter, Gerard 839
Tscharner, Margaretha von siehe: Fellenberg-von Tscharner, Margaretha von (1778–1839)
Tschudy, Bartholome (1786–1852) 253
Tschudy-Aebli, Anna (1790–1836) 253
Türk, Wilhelm Christian von (1774–1846) 110, 149
Turgenjew, Alexander Iwanowitsch (1784–1845) 267
Turgenjew, Nikolai Iwanowitsch (1789–1871) 267

Uerlichs, Heinrich Joseph (†1819) 181
Uerményi, Maximilian von (1775–1836) 372
Uhlig (Schulvorsteher, Berlin) 149
Uhlig (Schulvorsteher, Potsdam) 148
Ungern-Sternberg, Karl Johann Emanuel von (1773–1830) 22
Unruh, Wilhelmine von (†1839) 157
Usteri, Paul (1768–1831) 379, 553

Uttenhoven, Anton Carl August von (1790–1828) 307
Uvarow, Sergej Semenowitsch (1786–1855) 271

Vác. Militär-Akademie 350
Vahl, Balzer Peter (1718–1792) 170
Vahl, Balzer Peter von (1755–1825) 170
Vahl, Gottfried Michael (1748–1811) 170
Varnbüler, Karl Friedrich Gottlob, Freiherr von (1746–1818) 156
Varrentrapp, Franz (1776–1831) 787
Varrentrapp, Johann Friedrich (1742–1814) 786
Vay, Frau von siehe: Pély-von Vay, Frau von
Vay, Johann Nikolaus, Baron von (1756–1824) 42, 350, 373
Vay, Johanna von siehe: Borbély-von Vay, Johanna von (1779–1864)
Vay, Katharina von siehe: Zeyk von Zeykfalva-von Vay, Katharina (1785–1871)
Vay, Lajos von (1803–1888) 42, 350
Vay, Nikolaus (Miklas), Freiherr von (1802–1894) 42, 350
Vay-von Adelsheim, Johanna von (1776–1862) 41, 47, 350, 370
Vécsey, Anna, Baronin von siehe: Csáky, Anna, Gräfin von, geborene Baronin von Vécsey (1785–1851)
Végh, István von (1763–1834) 371
Veikardt (Prediger) 303
Veleczky, Johann/János (1786–1854) 373
Vereinigtes Königreich von Grossbritannien und Irland
– Georg IV. August Friedrich, König des siehe: Georg IV. August Friedrich, König des Vereinigten Königreichs von Grossbritannien und Irland (1762–1830)
– Georges III. William Frederick, König des siehe: Georges III. William Frederick, König des Vereinigten Königreichs von Grossbritannien und Irland (1738–1820)
– Victoria, Königin des siehe: Vic-

toria, Königin des Vereinigten
Königreichs von Grossbritannien
und Irland (1819–1901)
Vesci, Schule (Abbeyleix) 38, 579,
648, 690, 824
Vesci, Catherine de (1802–1882) 579
Vesci, John de (1771–1855) 38, 83,
579, 648, 689–690, 759, 824,
831
Vesci, Thomas de (1803–1875) 579
Vesci, William John de (1806–1853)
579
Vetter, Johann Andreas (1805–1884)
64–65
Vetter, Karl Wilhelm (1741–1820)
178
Victor, Johann Michael 181
Victoria, Königin des Vereinigten
Königreichs von Grossbritannien
und Irland (1819–1901) 622,
834, 849
Vietinghoff, Barbara Juliane von
siehe: Krüdener-von Vietinghoff,
Barbara Juliane, Freifrau von
(1764–1824)
Villingen. Paedagogium 323
Vincke, Ludwig von (1774–1844) 214
Vincke-von Hohnhorst, Luise von
(1798–1873) 215
Vincke-von Syberg zum Busch, Eleonore von (1788–1826) 215
Vittinghof, genannt Schell von Schellenberg, Maximilian Friedrich,
Freiherr von (†1835) 143
Vogel, David (1760–1849) 223, 349,
379, 427, 664–665, 756–757,
776, 809, 812
Vogel, Georg Ludwig (1788–1879)
224, 665
Vogel, Louise (1800–1801) 665
Vogel-Horner, Anna Magdalena
(1764–1841) 224, 665, 809
Vogel-Sulzer, Elisabetha Wilhelmina
(1798–1835) 665
Volborth, Johann Friedrich August
(1768–1840) 269
Volke, Friedrich (1780–1830) 419
Voltaire (1694–1778) 530
Voumard, Jean Henri 789

Waadt. Regierung 80, 94, 117, 613,
847
Wagner, Friedrich (1776–1846) 358
Wagner, Friedrich Ludwig
(1764–1835) 396, 801
Wagner, Johann Christian
(1747–1825) 307
Wagner, Johann Jakob (1757–1841)
840
Wagner, Mathias (1787–1853) 111,
598
Waldburg zu Truchsess, Friedrich
Ludwig III., Graf von
(1776–1844) 430
Walder, Johann (1797–1862) 451
Waldstein, Albrecht von (1802–1868)
350, 373
Waldstein, Josef von (1801–1844)
350, 373
Waldstein-von Sztáray, Maria Theresia, Gräfin von (1776–1827)
350, 373
Waldstein-Wartenberg, Maria Elisabeth, Gräfin von (1769–1813)
349
Waldstein von Wartenberg, Emanuel
Johann Baptist Josef Leodegar,
Graf von (1773–1829) 350, 373
Walhouse, Charlotte Anne siehe:
Chetwode-Walhouse, Charlotte
Anne (um 1793–1837)
Wallach, David Isaak 382
Wallach-Tobias, Mathe 382
Wallenberg, Carl Ernst Gideon von
(1777–1830) 334
Walthard, Ludwig Rudolf
(1765–1832) 399, 761
Waltz, Caroline Julie Friderique siehe:
Roeder-Walz, Caroline Julie Friderique
Wambold zu Umstatt, Franz Christoph (1761–1832) 621
Wandelt, Karl (1784–um 1840) 276
Wangenheim, Karl August von
(1773–1850) 120, 234, 401, 574,
744, 821
Wartmann, Georg (1771–1855) 587
Wartmann, Magdalena (1800–1859)
587

Weber, Anna Elisabeth siehe: Gänsli-Weber, Anna Elisabeth (1782–1838)
Weber, Max (1864–1920) 141
Weber, Michael 374
Wechselseitiger Unterricht siehe: Bell-Lancaster-Methode
Weck, Franz/Louis Joseph François Xavier de (1746–1833) 554
Weerth, Peter de (1767–1855) 78
Weerth-Wülfing, Elisabeth Gertrud de (1774–1829) 78
Wegmann, Barbara siehe: Stolz-Hess, geborene Wegmann, Barbara (1764–1829)
Wehrli, Johann Jakob (1790–1855) 702
Weidmann, Hans Rudolf (1749–1829) 379
Weigand, Heinrich Joseph (†nach 1834) 291
Weilenmann, Johann Jakob (1787–1827) 52
Weinbeck, Heinrich (1774–1826) 201
Weinheim. Normalschule 320
Weinrich, Ludwig Alexander Theodor (1762–1830) 291
Weis (Herr) 291
Weise, Wilhelm Christian Gottlob (1757–1834) 298
Weiss, Christian (1774–1853) 297
Weiss, Christian Samuel (1780–1856) 297
Weissmann-Eibler, Renate (1794–1844) 156
Weitzer, Jakob Friedrich (1779–1833) 339
Wenner, Johann Friedrich (1772–1835) 787
Wentzel, Johann August (1768–1837) 334
Werdmüller, Felix (1775–1835) 224
Werdmüller-Leuber, Rosa (1786–1843) 224
Werdt, Armand Franz Johann von (1801–1841) 123
Werle, Ignatz (1777/8–1834) 339
Wessenberg, Ignaz Heinrich von (1774–1860) 380, 616
Westpreussen. Regierung 434

Westzynthius, Charles Adolf (1812–1845) 598
Westzynthius, Gil et Compagnie (Firma) 598, 698
Westzynthius, Stefanias Petterinpoika (1780–1847) 598
Wetter, Susanna siehe: Zellweger-Wetter, Susanna (1795–1882)
Wetzel, Isaak (1803–1835) 247
Wetzel, Johannes/Johann Jacob (1795–1829) 247
Wetzel-Jeanrenaud, Elmira (*1803) 247
Wetzlar, Gustav, Freiherr von Plankenstern (1789–1841) 82
Wetzlar, Gustav Karl, Freiherr von Plankenstern (1808–1862) 82
Wetzlar, Johann Adam, Freiherr von Plankenstern (1771–1866) 372
Wichelhaus, Johannes (1794–1874) 142
Wichelhaus-von der Heydt, Wilhelmine (1797–1872) 142
Wick, Sebastian (1772–1833) 5
Wider, Christian Friedrich (1767–1843) 402
Wiegand, Johann Carl Valentin 291
Wieland, Christoph Martin (1733–1813) 676
Wieland, Georg Karl Heinrich (1792–1824) 15
Wilberforce, William (1759–1833) 517
Wild, Babette 587
Wild, Bernhard (1776–1832) 356
Wild, Johann Jakob (1776–1852) 587
Wild, Johannes (1808–1887) 567, 587
Wildt, Franz Xaver (1780–1844) 402
Wilhelm, Herzog von Braunschweig (1806–1884) 14
Wilhelm, Prinz von Baden (1792–1859) 233
Wilhelm I., König der Niederlande (1772–1843) 629
Wilhelm I., König von Preussen (1797–1888) 738
Wilhelm I., Friedrich Karl, König von Württemberg (1781–1864) 155, 233, 821

Wilhelm II., Friedrich Georg Ludwig, König der Niederlande (1792–1849) 637
Wilhelm IX., Kurfürst von Hessen-Kassel (1743–1821) 233
Wilhelm Georg August Heinrich Belgus, Herzog von Nassau (1792–1839) 413
Wilhelm Ludwig August, Graf von Hochberg (1792–1859) 15
Wilhelmi, Anna siehe: Staudt-Wilhelmi, Anna
Wilhelmi, Johann David Carl (1786–1857) 320
Wilhelmine Karoline, Prinzessin von Dänemark und Norwegen (1747–1820) 233
Wilke (Privatlehrer) 142
Willemer, Johann Jakob von (1760–1838) 274, 787
Willerding, Agost (1808–1884) 349
Willerding, Jakob/Jakab (1781–1823/24) 348–349
Willerding, Julius (1810–1875) 349
Wilson, Edward (*1781) 810
Wilson, Edward (*1806) 810, 814
Wilson, Edward Louis 810, 813
Wilson, Edward Lumley (1781–1851) 810
Wilson-Arches, Mary 810
Wimmershoff, Carl (*1801) 142
Wimmershoff, Christian Wilhelm (†vor 1847) 142
Wimmershoff-Bröcking, Helena Catharina 142
Witte, Karl Heinrich Gottfried (1767–1845) 618
Wladimir der Heilige (um 960–1015) 592
Wmadasch, Georg 340
Wodnyanszky-von Rosti, Freifrau von 371
Wöhrmann (Lehrer) 241
Wöhrmann, Ursula Carolina Engel von siehe: Pander-von Wöhrmann, Ursula Carolina Engel (1775–1845)
Wolf, Ferdinand (1796–1866) 339
Wolkonski, Alexandrine (1804–1869) 492
Wolkonski, Dimitri (1805–1859) 492

Wolkonski, Gregor (1808–1882) 492
Wolkonski, Pjotr Michailowitsch (1776–1852) 492
Wolkonski, Sophia Grigojewna (1786–1868) 492
Wollschläger, Karl Ludwig Theodor (†1837) 326
Wood, C. T. (Mister) 580
Wrangel, Sophie Auguste siehe: Bock-Wrangel, Sophie Auguste (1781–1825)
Wrede, Gustav Friedrich, Prinz von (1802–1840) 123
Wrede, Karl Philipp, Fürst von (1767–1838) 99
Wülfing, Elisabeth Gertrud siehe: Weerth-Wülfing, Elisabeth Gertrud de (1774–1829)
Wülfing, Johann Friedrich (1780–1842) 78–79
Wülfing, Johann Jakob (1732–1801) 79
Wülfing-Siebel, Johanna Maria Christina (1786–1859) 78
Württemberg
– Alexander Christian Friedrich, Graf von siehe: Alexander Christian Friedrich, Graf von Württemberg (1801–1844)
– Alexander Paul Ludwig Konstantin, Herzog von Teck siehe: Alexander Paul Ludwig Konstantin, Herzog von Teck (1804–1885)
– Auguste Wilhelmine Henriette, Prinzessin von siehe: Auguste Wilhelmine Henriette, Prinzessin von Württemberg (1826–1898)
– Charlotte Mathilda, Königin von siehe: Charlotte Mathilda, Königin von Württemberg (1766–1828)
– Eugen Friedrich Heinrich, Herzog von siehe: Eugen Friedrich Heinrich, Herzog von Württemberg (1758–1822)
– Friederike Charlotte Marie von siehe: Friederike Charlotte Marie, Prinzessin von Württemberg (1807–1873)
– Friedrich I., König von siehe:

Friedrich I., König von Württemberg (1754–1816)
- Karl Friedrich Alexander, Prinz von siehe: Karl Friedrich Alexander, Prinz von Württemberg (1823–1891)
- Katharina, Prinzessin von siehe: Katharina, Prinzessin von Württemberg (1783–1835)
- Katharina Friederike Charlotte, Prinzessin von siehe: Katharina Friederike Charlotte, Prinzessin von Württemberg (1821–1898)
- Katharina Pawlowna, Königin von siehe: Katharina Pawlowna, Königin von Württemberg (1788–1819)
- Ludwig Friedrich Alexander, Herzog von siehe: Ludwig Friedrich Alexander, Herzog von Württemberg (1756–1817)
- Luise, Prinzessin von siehe: Luise, Prinzessin von Württemberg (1764–1834)
- Marie Dorothea Wilhelmine, Prinzessin von siehe: Marie Dorothea Wilhelmine, Erzherzogin von Österreich (1797–1855)
- Pauline Luise Therese, Königin von siehe: Pauline Luise Therese, Königin von Württemberg (1800–1873)
- Schulkonferenz 402
- Wilhelm I. Friedrich Karl, König von siehe: Wilhelm I. Friedrich Karl, König von Württemberg (1781–1864)

Würzburg. Privatschule 233, 575
Wyss, David von (1763–1839) 379
Wyss, Hans Konrad von (1749–1826) 378

Yusufian, Bedros siehe: Jussuff, Pietro/Pierre/Peter
Yverdon
- Armenanstalt 114, 195, 197, 230, 370, 467, 568, 579, 587, 643, 653, 674, 690, 703, 711, 717, 724, 756, 763, 789
- Commission de Bâtisse 724–725, 728, 847
- Druckerei 666, 671, 705, 707, 739, 749, 751, 760, 764–765
- Munizipalität 108, 117, 188, 192, 436, 438, 441, 615, 724–725, 727, 845, 847
- Töchterinstitut 37, 117, 157, 303, 443, 451, 455, 518, 548, 557, 634, 744
- Zöglinge und Freunde 390

Zaremba, Johann von (†1851) 335
Zarnack, Joachim August Christian (1777–1827) 147
Zarskoje Selo. Kaiserliches Lyzeum siehe: Puschkin. Kaiserliches Lyzeum
Zeerleder, Ludwig (1772–1840) 717
Zeimer, Johann Georg 186
Zeimer-Schneyder, Dorothea Margaretha Elisabeth 186
Zeimer/Zeymer, Georg 186
Zeimer/Zeymer, Ludwig 186
Zeller, Christian Heinrich (1779–1860) 246, 653–654
Zeller, Elise Rosalie siehe: Keller-Zeller, Elise Rosalie (*1815)
Zeller, Emma siehe: Göpel-Zeller, Emma (1816–1893)
Zeller, Irene siehe: Kieser-Zeller, Irene (1814–1898)
Zeller, Karl August (1774–1846) 69, 97, 433–434
Zeller, Paul (Ernst Ludwig) (1812–1867) 434
Zeller-Rottmann, Charlotte (Friederike Elisabeth) (1793–1833) 434
Zeller-Siegfried, (Charlotte Dorothee) Sophie (1791–1858) 654
Zellweger, Jakob (1790–1858) 356
Zellweger-Wetter, Susanna (1795–1882) 356
Zeyk von Zeykfalva, Daniel von (1778–1846) 374
Zeyk von Zeykfalva-von Vay, Katharina (1785–1871) 375
Ziehler, Johann 616
Ziemssen. Institut (Hanshagen) 169–170
Ziemssen, Alwine Luise (1810–1905) 169

Ziemssen, Christoph (1791–1868) 171
Ziemssen, Clara Maria (1815–1901) 169
Ziemssen, Johann Christoph (1747–1824) 170
Ziemssen, Rudolph (1813–1872) 169
Ziemssen, Theodor (1777–1843) 169–171
Ziemssen, Theodor Wilhelm (1808–1881) 169
Ziemssen, Wilhelmine Luise (1824–1912) 169
Ziemssen-von Mühlenfels, Wilhelmine Sophie Christiane (1782–1859) 169
Zimmermann, Christian Bernhard von (1771–1841) 23
Zimmermann, Karl (1785–1860) 266
Zinzendorf, Friedrich August, Graf von (1733–1804) 297
Zoeckell, Friedrich Wilhelm von (1759–1842) 21
Zoller, Karl August von (1773–1858) 821
Zollikofer, Caspar Tobias (1774–1843) 355–356
Zollikofer, Ruprecht (1787–1872) 567, 587, 769
Zschokke, Johannes Heinrich Daniel (1771–1848) 618
Zuber, Jean (1773–1852) 52
Zuberbühler, Johann Konrad (1787–1858) 316
Zürcher Hülfsgesellschaft 224
Zürich. Regierung 301
Zuppinger, Johann Heinrich (1778–1854) 762
Zuppinger, Karl (1803–1865) 762
Zwingli, Huldrych (1484–1531) 665